U0901343

目　录

下　册

第七卷　家庭

第八卷 生育

第九卷 老年人口

第十卷 死亡

第十一卷 住房

第十二卷 迁移和户口登记地

附 录

7 家庭

7-1 各地区家庭户规模

单位：户

地 区	家庭户户数	一人户	二人户	三人户	四人户	五人户	六人户	七人户	八人户	九人户	十人及以上户
全 省	**883386**	**177996**	**185053**	**172285**	**148086**	**97794**	**52442**	**24159**	**12100**	**6018**	**7454**
广州市	**128784**	**30709**	**30717**	**33823**	**18356**	**9657**	**3257**	**1167**	**596**	**250**	**252**
荔湾区	9395	1979	2316	3078	1203	561	176	53	18	6	5
越秀区	10850	1924	2521	3529	1486	895	290	113	59	14	19
海珠区	15289	2731	3770	5255	1994	1122	283	79	40	6	9
天河区	16578	5366	3981	4428	1706	799	211	53	21	7	6
白云区	20548	4486	5041	5354	3108	1613	505	196	137	54	54
黄埔区	5384	1767	1262	1396	597	257	73	25	4	2	1
番禺区	16703	4958	4716	3420	2239	977	276	74	26	8	9
花都区	8526	1622	1615	2003	1618	964	393	139	89	41	41
南沙区	6779	1969	1874	1155	1026	472	184	59	24	8	7
萝岗区	4255	1704	871	757	442	242	106	58	34	21	22
从化区	4643	509	643	1020	1082	679	389	164	77	44	36
增城区	9834	1692	2107	2428	1855	1075	373	153	66	41	45
韶关市	**24589**	**2787**	**5439**	**6229**	**5029**	**2774**	**1395**	**518**	**209**	**116**	**94**
武江区	2799	330	624	891	556	238	105	36	10	4	5
浈江区	3898	600	1109	1118	615	278	116	41	15	4	2
曲江区	2489	353	529	598	456	285	169	61	16	14	8
始兴县	1716	198	307	379	407	224	120	39	19	15	6
仁化县	1612	148	268	386	383	226	104	51	17	16	12
翁源县	2824	257	668	608	621	363	179	74	19	22	12
乳源瑶族自治县	1503	157	302	363	343	175	96	33	17	8	10
新丰县	1491	86	214	318	358	251	152	55	29	15	13
乐昌市	3419	339	773	824	722	397	211	85	43	10	15
南雄市	2840	319	644	744	568	336	143	45	22	7	11
深圳市	**108021**	**34729**	**30405**	**21139**	**12562**	**6233**	**1968**	**576**	**224**	**107**	**78**
罗湖区	8657	2462	2133	1950	1226	602	185	53	30	10	6
福田区	11138	2261	2467	3157	1643	1115	341	98	31	15	10
南山区	11257	2380	2630	3428	1622	906	205	51	20	9	7
宝安区	48698	17966	15061	7645	4883	2082	748	194	57	37	24
龙岗区	26434	9252	7624	4549	2926	1368	432	154	73	32	24
盐田区	1835	409	489	410	262	160	57	25	12	5	6
珠海市	**15496**	**3932**	**3263**	**3929**	**2284**	**1217**	**488**	**202**	**90**	**42**	**49**
香洲区	9579	2579	2014	2748	1274	647	207	68	24	12	6
斗门区	3515	695	607	715	668	410	204	100	51	28	37
金湾区	2402	658	642	466	342	160	77	34	15	3	6
汕头市	**35538**	**2146**	**4454**	**5776**	**7064**	**6903**	**4494**	**2469**	**1163**	**515**	**553**
龙湖区	4310	427	786	990	949	610	329	127	53	17	20
金平区	6935	662	1368	1961	1538	793	381	118	58	28	29
濠江区	1579	109	171	171	280	302	257	144	60	37	47
潮阳区	9851	357	818	1114	1862	2413	1627	934	416	164	147
潮南区	6829	179	471	591	998	1607	1175	836	472	228	272
澄海区	5532	376	731	832	1319	1099	696	301	100	41	37
南澳县	503	35	109	118	118	78	30	9	4	1	1
佛山市	**68092**	**17178**	**18438**	**13382**	**10092**	**5248**	**2352**	**752**	**356**	**177**	**116**
禅城区	10147	2113	2450	2775	1593	794	286	71	37	21	7
南海区	22667	5562	6271	4312	3431	1820	802	254	118	53	45
顺德区	25712	7553	7422	3958	3396	1836	943	328	150	78	47
三水区	5597	1190	1427	1267	958	444	193	61	33	15	10
高明区	3968	761	868	1069	714	355	129	38	18	9	7

7-1 续表 1

单位：户

地区	家庭户户数	一人户	二人户	三人户	四人户	五人户	六人户	七人户	八人户	九人户	十人及以上户
江门市	**38700**	**6035**	**7197**	**9779**	**8015**	**4397**	**2118**	**657**	**301**	**124**	**77**
蓬江区	6442	949	1364	1874	1217	658	265	73	30	9	4
江海区	2128	324	355	605	426	232	110	38	24	8	5
新会区	7937	1347	1704	2105	1508	748	346	97	49	20	12
台山市	8226	1316	1548	1903	1727	930	490	164	94	32	23
开平市	5719	763	907	1393	1291	778	394	104	55	17	17
鹤山市	4331	850	735	1030	825	524	236	88	20	19	5
恩平市	3918	487	585	868	1022	527	277	92	28	19	12
湛江市	**48152**	**4025**	**6843**	**7936**	**9992**	**7900**	**5213**	**2820**	**1485**	**732**	**1206**
赤坎区	2654	296	521	835	529	251	121	51	19	12	18
霞山区	4168	436	732	1232	990	426	192	81	43	13	21
坡头区	2474	240	377	421	599	388	213	112	52	23	48
麻章区	3197	271	349	418	693	635	386	203	111	50	81
遂溪县	5999	432	903	931	1312	1028	634	370	179	79	130
徐闻县	4719	349	593	656	1105	855	543	336	137	64	81
廉江市	9919	788	1445	1566	2079	1651	1077	581	307	178	247
雷州市	9343	877	1350	1204	1538	1531	1229	683	380	215	337
吴川市	5680	335	572	673	1147	1136	817	401	257	100	242
茂名市	**43712**	**4671**	**7554**	**7827**	**8592**	**6811**	**3821**	**2045**	**1013**	**579**	**798**
茂南区	5933	438	887	1448	1195	914	465	268	140	77	101
电白区	10594	648	1343	1539	2237	2097	1221	673	334	177	324
高州市	10560	1467	2115	1807	2006	1499	841	447	163	107	108
化州市	9089	1213	1665	1486	1694	1369	794	387	206	123	153
信宜市	7537	906	1544	1547	1460	931	499	270	170	96	113
肇庆市	**31605**	**3908**	**5461**	**6814**	**6814**	**4413**	**2294**	**1004**	**456**	**215**	**225**
端州区	4576	654	963	1489	829	392	135	64	28	15	7
鼎湖区	1384	196	269	320	309	180	67	23	10	7	2
广宁县	3630	518	730	693	782	507	228	97	45	15	15
怀集县	5874	434	778	1165	1333	1039	561	289	131	62	83
封开县	2998	300	521	536	631	438	302	136	68	31	35
德庆县	2558	290	357	449	584	428	237	108	49	26	30
高要市	5982	765	947	1070	1419	906	508	209	85	38	34
四会市	4603	751	896	1093	927	522	257	78	40	21	18
惠州市	**37111**	**7692**	**7099**	**6576**	**7033**	**4251**	**2297**	**958**	**496**	**288**	**420**
惠城区	14490	3474	3200	3006	2539	1205	581	204	120	58	102
惠阳区	6680	2064	1383	1012	1035	565	314	128	71	40	68
博罗县	7500	1186	1202	1212	1713	1128	577	222	105	63	93
惠东县	6077	677	887	884	1247	1051	626	305	167	108	127
龙门县	2365	292	429	462	500	303	199	99	33	18	30
梅州市	**33594**	**3715**	**6782**	**6847**	**6658**	**4707**	**2585**	**1135**	**587**	**276**	**302**
梅江区	3502	393	718	866	716	485	235	43	23	16	6
梅县区	3957	403	658	726	840	594	367	182	90	48	49
大埔县	3322	542	795	656	601	364	224	81	31	10	17
丰顺县	3743	329	781	746	771	551	297	117	73	33	44
五华县	8013	882	1657	1636	1460	1099	592	329	180	76	103
平远县	1845	149	384	410	395	262	162	51	18	8	5
蕉岭县	1776	242	408	392	332	210	110	47	19	7	8
兴宁市	7438	774	1381	1415	1543	1141	597	285	154	78	70

7-1 续表 2

单位：户

地 区	家庭户户 数	一人户	二人户	三人户	四人户	五人户	六人户	七人户	八人户	九人户	十人及以上户
汕尾市	**17099**	**995**	**1479**	**1945**	**3060**	**3473**	**2433**	**1476**	**927**	**498**	**812**
城区	3196	177	393	466	702	671	376	181	83	62	86
海丰县	5114	415	491	673	1095	1172	526	305	175	98	165
陆河县	1661	72	144	225	302	328	259	142	78	50	60
陆丰市	7128	332	450	582	961	1302	1272	849	591	289	501
河源市	**21608**	**2452**	**3292**	**3841**	**4505**	**3432**	**2022**	**960**	**468**	**266**	**370**
源城区	3235	425	370	593	727	539	337	106	63	29	46
紫金县	4342	329	639	677	876	734	490	273	115	81	126
龙川县	5415	703	989	1034	1006	748	452	226	111	56	91
连平县	2328	136	296	434	597	463	195	95	50	27	34
和平县	2933	273	531	614	659	425	226	100	56	20	28
东源县	3355	586	466	489	640	523	322	160	73	52	45
阳江市	**18523**	**2032**	**2978**	**3574**	**4286**	**2640**	**1521**	**684**	**362**	**190**	**258**
江城区	4984	369	606	1116	1276	782	432	175	105	53	68
阳西县	3741	536	763	663	780	466	274	128	64	29	38
阳东县	3316	408	521	546	805	498	273	121	72	31	41
阳春市	6483	720	1088	1249	1425	894	542	260	121	76	110
清远市	**29207**	**3674**	**5040**	**5899**	**6104**	**3967**	**2312**	**1058**	**544**	**278**	**331**
清城区	6249	700	986	1436	1359	828	501	205	108	69	58
清新区	5339	662	789	941	1231	796	489	179	109	58	85
佛冈县	2286	317	346	388	483	325	188	121	47	32	39
阳山县	2868	406	567	542	489	381	220	116	79	31	36
连山壮族瑶族自治县	689	75	99	148	142	96	71	28	13	10	7
连南瑶族自治县	1143	158	241	266	235	125	67	27	14	6	3
英德市	7404	893	1282	1463	1568	1025	584	304	140	60	85
连州市	3229	463	731	714	597	391	191	77	33	13	17
东莞市	**80855**	**32759**	**22189**	**11107**	**8365**	**3736**	**1676**	**571**	**286**	**95**	**71**
中山市	**30624**	**9015**	**7651**	**5263**	**4335**	**2296**	**1199**	**474**	**191**	**106**	**95**
潮州市	**18386**	**1508**	**2715**	**2914**	**4142**	**3473**	**2151**	**861**	**329**	**140**	**152**
湘桥区	4487	458	922	961	951	640	355	110	38	23	30
潮安区	7510	432	674	907	1822	1792	1138	455	155	61	74
饶平县	6388	617	1119	1046	1368	1041	658	297	136	56	49
揭阳市	**34889**	**1578**	**2757**	**4180**	**6927**	**7468**	**5353**	**3059**	**1682**	**855**	**1031**
榕城区	6077	291	536	820	1466	1341	898	432	162	61	69
揭东区	6364	480	709	922	1434	1281	836	385	169	80	68
揭西县	4952	339	433	586	810	1022	737	447	255	144	179
惠来县	5747	164	381	568	910	1022	948	667	448	261	377
普宁市	11750	304	697	1284	2307	2802	1934	1128	648	309	337
云浮市	**18801**	**2456**	**3301**	**3504**	**3870**	**2798**	**1492**	**715**	**334**	**168**	**165**
云城区	2676	279	352	576	616	417	237	96	50	23	31
云安区	1989	219	319	327	442	264	212	98	48	25	34
新兴县	3228	361	483	610	751	510	295	118	55	24	22
郁南县	3400	573	738	664	612	397	217	108	44	25	22
罗定市	7508	1024	1409	1327	1450	1209	531	295	136	71	55

7-1a 各地区家庭户规模（城市）

单位：户

地　区	家庭户户数	一人户	二人户	三人户	四人户	五人户	六人户	七人户	八人户	九人户	十人及以上户
全　省	**512897**	**131018**	**123884**	**112350**	**74679**	**40977**	**17510**	**6492**	**3103**	**1378**	**1508**
广州市	**104849**	**26191**	**25662**	**29170**	**13768**	**6967**	**1983**	**627**	**291**	**98**	**91**
荔湾区	9395	1979	2316	3078	1203	561	176	53	18	6	5
越秀区	10850	1924	2521	3529	1486	895	290	113	59	14	19
海珠区	15289	2731	3770	5255	1994	1122	283	79	40	6	9
天河区	16578	5366	3981	4428	1706	799	211	53	21	7	6
白云区	16232	3746	4227	4558	2307	1035	224	81	32	12	10
黄埔区	5384	1767	1262	1396	597	257	73	25	4	2	1
番禺区	13887	4262	3848	2862	1805	830	196	55	21	4	3
花都区	5207	1127	1054	1273	916	513	195	56	40	18	14
南沙区	2933	897	800	508	422	192	71	28	10	2	3
萝岗区	3627	1589	780	671	327	154	59	24	13	7	2
从化区	1770	211	328	536	353	209	85	19	14	9	7
增城区	3698	592	774	1076	653	400	120	41	18	11	13
韶关市	**7937**	**1035**	**1974**	**2529**	**1384**	**624**	**259**	**84**	**28**	**10**	**10**
武江区	2229	272	528	793	393	156	64	16	3	2	2
浈江区	3017	406	833	951	501	211	77	24	11	2	
曲江区	1167	187	277	341	183	102	50	16	5	3	3
乐昌市	667	69	160	172	140	68	34	17	6	1	1
南雄市	858	100	175	273	167	87	34	10	2	2	5
深圳市	**108021**	**34729**	**30405**	**21139**	**12562**	**6233**	**1968**	**576**	**224**	**107**	**78**
罗湖区	8657	2462	2133	1950	1226	602	185	53	30	10	6
福田区	11138	2261	2467	3157	1643	1115	341	98	31	15	10
南山区	11257	2380	2630	3428	1622	906	205	51	20	9	7
宝安区	48698	17966	15061	7645	4883	2082	748	194	57	37	24
龙岗区	26434	9252	7624	4549	2926	1368	432	154	73	32	24
盐田区	1835	409	489	410	262	160	57	25	12	5	6
珠海市	**11879**	**3120**	**2540**	**3313**	**1648**	**822**	**282**	**95**	**33**	**18**	**9**
香洲区	9453	2532	1952	2733	1273	647	206	68	24	12	6
斗门区	1032	171	209	291	189	100	44	15	7	5	1
金湾区	1394	417	379	288	186	75	32	12	2	1	1
汕头市	**17305**	**1389**	**2876**	**3768**	**3621**	**2683**	**1519**	**742**	**346**	**162**	**200**
龙湖区	3397	398	734	887	742	380	151	58	24	10	12
金平区	6817	659	1360	1941	1498	772	365	113	54	26	28
濠江区	987	74	112	124	182	180	145	80	38	20	32
潮阳区	2107	94	269	335	472	436	264	130	57	31	21
潮南区	2277	35	111	176	338	635	402	277	149	62	93
澄海区	1719	128	289	306	389	279	191	85	25	12	14

7-1a 续表 1

单位：户

地 区	家庭户户数	一人户	二人户	三人户	四人户	五人户	六人户	七人户	八人户	九人户	十人及以上户
佛山市	**61040**	**15610**	**16592**	**12171**	**8841**	**4590**	**2034**	**657**	**300**	**145**	**100**
禅城区	8755	1809	2140	2517	1328	649	213	55	28	12	3
南海区	21014	5206	5805	4058	3123	1661	721	235	107	51	45
顺德区	25506	7529	7406	3933	3335	1798	926	319	146	71	44
三水区	2538	443	568	746	468	205	75	20	6	3	2
高明区	3227	622	672	916	587	277	98	29	13	7	6
江门市	**20722**	**2846**	**3976**	**6212**	**4077**	**2222**	**939**	**266**	**115**	**41**	**27**
蓬江区	6411	944	1357	1868	1210	656	262	72	30	8	4
江海区	2128	324	355	605	426	232	110	38	24	8	5
新会区	3993	580	817	1328	726	355	136	35	9	6	1
台山市	2874	467	598	785	531	264	149	49	20	8	3
开平市	2568	266	380	770	607	345	145	27	16	3	10
鹤山市	1818	191	336	586	348	239	83	26	6	2	
恩平市	930	74	132	269	228	130	55	20	11	6	4
湛江市	**11699**	**1197**	**2141**	**3062**	**2493**	**1341**	**736**	**323**	**183**	**72**	**152**
赤坎区	2620	294	520	830	524	245	117	48	17	11	15
霞山区	3991	423	714	1211	931	398	176	72	38	10	18
坡头区	562	56	106	103	133	90	38	22	5	6	4
麻章区	316	39	64	51	48	49	26	16	9	4	9
遂溪县	159	9	44	25	29	26	12	9	4	1	1
廉江市	1280	135	222	298	281	162	96	42	20	6	17
雷州市	1492	175	317	347	251	148	119	44	40	14	38
吴川市	1279	66	153	197	297	223	152	70	51	22	50
茂名市	**10056**	**954**	**1713**	**2477**	**2081**	**1410**	**681**	**346**	**176**	**97**	**121**
茂南区	4039	298	690	1281	873	519	194	87	42	28	29
电白区	1460	89	292	322	272	211	130	68	41	12	22
高州市	1525	240	223	292	318	207	131	58	25	15	16
化州市	1344	112	171	226	282	269	127	73	34	21	27
信宜市	1688	215	337	357	337	203	99	61	34	20	27
肇庆市	**8203**	**1005**	**1734**	**2594**	**1624**	**768**	**286**	**105**	**48**	**23**	**15**
端州区	4576	654	963	1489	829	392	135	64	28	15	7
鼎湖区	390	27	71	109	99	58	18	4	3	1	
高要市	674	37	194	232	125	58	19	7	2		1
四会市	2563	286	506	766	571	261	113	31	16	6	7
惠州市	**16591**	**4535**	**3656**	**3380**	**2676**	**1311**	**598**	**175**	**116**	**62**	**83**
惠城区	11712	2938	2646	2608	1960	906	400	104	74	34	43
惠阳区	4808	1571	999	771	702	388	196	71	42	28	41
博罗县	72	26	11	1	15	17	2				

7-1a 续表 2

单位：户

地 区	家庭户户 数	一人户	二人户	三人户	四人户	五人户	六人户	七人户	八人户	九人户	十人及以上户
梅州市	**6723**	**747**	**1399**	**1632**	**1352**	**909**	**415**	**134**	**70**	**38**	**29**
梅江区	3132	353	640	802	629	431	201	34	22	14	5
梅县区	1154	106	181	239	252	174	101	51	24	11	15
五华县	109	14	21	18	14	17	16	5	1	1	1
兴宁市	2329	274	556	572	458	287	96	43	22	12	8
汕尾市	**3082**	**167**	**341**	**431**	**602**	**586**	**416**	**217**	**134**	**72**	**117**
城区	2141	126	299	362	471	426	227	102	47	41	40
陆丰市	941	41	42	69	130	160	189	115	87	31	77
河源市	**3193**	**422**	**366**	**589**	**718**	**529**	**332**	**104**	**60**	**28**	**45**
源城区	3193	422	366	589	718	529	332	104	60	28	45
阳江市	**4361**	**260**	**568**	**1143**	**1076**	**647**	**324**	**143**	**92**	**42**	**66**
江城区	3086	173	367	829	798	469	222	97	60	27	43
阳春市	1275	86	201	314	279	178	102	46	32	15	23
清远市	**7431**	**857**	**1228**	**1863**	**1694**	**951**	**475**	**189**	**96**	**44**	**35**
清城区	3701	421	653	977	810	439	225	90	45	23	17
清新区	1488	200	214	328	405	172	101	30	17	13	9
英德市	1198	123	186	308	276	168	77	36	17	2	6
连州市	1044	114	175	250	203	172	72	34	16	6	4
东莞市	**71292**	**28940**	**19362**	**9981**	**7359**	**3268**	**1474**	**513**	**256**	**75**	**65**
中山市	**19074**	**5698**	**4903**	**3534**	**2562**	**1350**	**613**	**231**	**86**	**47**	**52**
潮州市	**6325**	**568**	**1097**	**1172**	**1434**	**1068**	**594**	**218**	**78**	**45**	**51**
湘桥区	3292	372	786	790	678	390	184	48	18	13	13
潮安区	3033	195	311	382	756	678	410	170	60	32	38
揭阳市	**9626**	**410**	**836**	**1441**	**2354**	**2150**	**1290**	**604**	**303**	**122**	**115**
榕城区	4180	195	370	575	1006	930	606	274	124	44	58
揭东区	2047	146	231	346	547	342	249	119	47	9	11
普宁市	3400	69	236	521	801	879	435	211	132	69	47
云浮市	**3486**	**338**	**517**	**749**	**754**	**546**	**293**	**142**	**69**	**30**	**47**
云城区	1901	180	230	449	434	301	161	64	40	14	27
云安区	154	18	20	22	35	26	16	8	4	1	5
罗定市	1432	140	266	278	285	219	117	69	25	15	16

7-1b　各地区家庭户规模（镇）

单位：户

地　　区	家庭户户　数	一人户	二人户	三人户	四人户	五人户	六人户	七人户	八人户	九人户	十人及以上户
全　省	**130228**	**19026**	**22075**	**21973**	**25318**	**19031**	**11188**	**5580**	**2768**	**1458**	**1810**
广州市	**9305**	**2235**	**2281**	**1874**	**1561**	**799**	**325**	**109**	**65**	**31**	**23**
白云区	1558	338	297	319	276	167	87	26	29	8	11
番禺区	581	183	170	102	87	26	7	3	1	2	
花都区	828	139	162	207	175	102	28	9	3	2	
南沙区	1878	501	546	293	295	145	61	19	11	4	3
萝岗区	117	57	17	11	10	5	6	3	2	1	4
从化区	535	117	86	88	106	62	36	22	9	8	1
增城区	3808	900	1002	854	612	293	100	26	11	6	4
韶关市	**6081**	**673**	**1323**	**1445**	**1296**	**736**	**367**	**124**	**60**	**30**	**28**
武江区	144	20	20	22	42	24	10	4	1	1	1
浈江区	355	108	135	73	25	9	3	2			
曲江区	370	64	81	67	72	46	23	12	3	1	1
始兴县	714	102	142	168	158	81	41	11	5	5	2
仁化县	651	63	110	181	149	88	33	15	6	3	4
翁源县	946	71	250	207	207	124	56	16	5	5	5
乳源瑶族自治县	678	65	156	187	142	69	35	12	7	4	1
新丰县	735	34	99	176	171	125	76	25	15	7	6
乐昌市	1067	106	235	284	232	109	62	17	12	4	5
南雄市	420	40	95	81	97	60	28	9	6	2	3
珠海市	**2239**	**515**	**540**	**411**	**376**	**203**	**91**	**52**	**28**	**8**	**15**
香洲区	126	47	62	15	1		1				
斗门区	1105	227	215	219	219	118	45	30	16	6	11
金湾区	1008	241	263	178	156	85	45	22	12	2	4
汕头市	**8586**	**407**	**759**	**955**	**1655**	**2010**	**1327**	**794**	**366**	**153**	**160**
龙湖区	358	17	21	39	82	90	67	27	8	4	3
濠江区	50	6	10	4	12	8	5	3		1	
潮阳区	3609	85	170	309	602	988	669	437	207	62	79
潮南区	1722	68	154	165	260	355	279	194	111	72	65
澄海区	2455	201	320	347	605	506	286	126	38	14	12
南澳县	392	29	84	91	94	64	21	7	2		1
佛山市	**3993**	**1024**	**1171**	**662**	**608**	**299**	**148**	**34**	**22**	**19**	**5**
禅城区	1392	304	310	258	265	144	73	16	9	9	4
南海区	597	164	229	71	66	39	20	3	3	2	
三水区	1715	513	551	261	218	94	47	13	9	8	1
高明区	289	42	81	73	59	21	8	3	1		1
江门市	**4666**	**909**	**902**	**989**	**932**	**504**	**255**	**95**	**41**	**21**	**18**
新会区	1102	177	238	275	220	105	52	19	9	4	4
台山市	943	131	165	213	204	135	59	21	7	6	3
开平市	628	125	99	121	134	79	41	15	8	3	3
鹤山市	878	297	192	158	120	56	31	15	4	3	2
恩平市	1115	180	207	223	255	128	72	25	13	6	8

7-1b 续表 1

单位：户

地　　区	家庭户户　数	一人户	二人户	三人户	四人户	五人户	六人户	七人户	八人户	九人户	十人及以上户
湛江市	**9635**	**924**	**1410**	**1483**	**2002**	**1627**	**976**	**559**	**257**	**168**	**228**
霞山区	35	2	3	3	16	5	3	1	2	1	
坡头区	468	60	75	85	97	64	38	19	12	4	14
麻章区	948	115	98	126	194	167	118	56	34	17	23
遂溪县	1731	129	237	339	366	289	150	106	52	20	42
徐闻县	1997	223	349	340	425	286	174	103	37	26	34
廉江市	1837	122	273	296	442	329	165	102	35	36	37
雷州市	1549	204	236	165	270	273	186	99	48	38	30
吴川市	1070	69	139	129	192	213	143	72	38	26	48
茂名市	**7365**	**874**	**1132**	**1109**	**1432**	**1184**	**724**	**410**	**218**	**110**	**172**
茂南区	269	31	36	29	45	42	31	24	15	4	11
电白区	2757	184	323	404	592	542	324	181	85	43	78
高州市	1802	257	340	280	304	265	163	95	43	27	28
化州市	1377	295	195	190	244	178	118	61	42	24	31
信宜市	1160	107	238	205	248	157	88	49	33	12	23
肇庆市	**6922**	**1107**	**1101**	**1315**	**1468**	**1005**	**511**	**225**	**96**	**48**	**45**
鼎湖区	343	80	67	69	65	40	13	4	3	1	1
广宁县	1338	163	266	254	281	207	94	38	21	8	6
怀集县	1426	139	152	274	339	251	142	66	31	14	18
封开县	950	84	171	191	217	131	82	40	18	9	8
德庆县	765	138	126	170	142	100	42	24	8	8	6
高要市	1588	359	217	271	343	214	111	45	16	7	5
四会市	513	143	103	86	80	62	26	8	1	1	1
惠州市	**10224**	**2065**	**1758**	**1675**	**1973**	**1316**	**725**	**337**	**157**	**94**	**124**
惠城区	848	344	202	108	88	36	37	20	6	3	4
惠阳区	722	260	160	92	103	49	29	15	5	4	4
博罗县	4187	857	682	705	891	554	272	109	51	30	37
惠东县	3501	481	526	558	696	558	317	165	81	52	67
龙门县	967	123	189	211	195	119	69	29	15	5	12
梅州市	**9369**	**997**	**1817**	**1892**	**1888**	**1368**	**758**	**302**	**178**	**82**	**87**
梅江区	59	4	11	7	18	10	7	1		1	
梅县区	890	112	167	165	172	122	75	34	18	15	12
大埔县	1395	173	300	296	281	177	102	41	13	5	6
丰顺县	1733	140	321	349	357	289	148	55	39	17	18
五华县	2320	254	446	443	437	384	178	70	53	18	37
平远县	878	65	172	214	195	118	76	25	6	4	2
蕉岭县	893	128	182	202	175	109	57	21	9	5	4
兴宁市	1201	121	218	216	253	159	115	57	39	16	8
汕尾市	**6812**	**470**	**586**	**870**	**1303**	**1450**	**869**	**514**	**308**	**183**	**260**
城区	348	11	32	30	78	69	54	28	15	6	25
海丰县	3291	277	305	482	739	759	307	164	94	61	101
陆河县	902	37	91	142	164	184	124	72	38	26	24
陆丰市	2271	144	158	215	323	437	384	249	161	89	110

7-1b 续表 2 单位：户

地 区	家庭户户 数	一人户	二人户	三人户	四人户	五人户	六人户	七人户	八人户	九人户	十人及以上户
河源市	**5704**	**543**	**886**	**1070**	**1234**	**908**	**533**	**255**	**117**	**63**	**96**
紫金县	1628	112	230	246	363	278	190	96	41	26	47
龙川县	1559	183	249	337	317	213	132	59	31	14	25
连平县	857	47	123	152	227	155	78	39	19	8	9
和平县	856	86	142	200	183	120	67	32	11	7	8
东源县	805	114	143	136	144	142	66	30	15	8	8
阳江市	**4639**	**619**	**681**	**802**	**1127**	**652**	**376**	**184**	**100**	**43**	**55**
江城区	622	102	76	99	156	81	59	20	16	6	7
阳西县	1324	141	212	243	325	180	102	61	32	12	15
阳东县	1528	191	222	257	378	244	122	51	34	10	19
阳春市	1164	185	170	202	268	148	92	52	19	14	14
清远市	7049	989	1199	1377	1412	959	548	265	134	69	97
清城区	1437	180	182	256	303	226	139	61	37	24	29
清新区	864	125	136	149	179	132	72	31	14	10	16
佛冈县	972	154	160	187	197	137	66	39	15	7	11
阳山县	1026	114	208	222	179	132	79	40	30	9	12
连山壮族瑶族自治县	268	32	51	66	46	33	20	6	4	5	4
连南瑶族自治县	530	86	108	127	109	54	29	8	6	2	1
英德市	1685	262	287	314	351	212	127	72	26	10	22
连州市	267	35	67	56	47	32	16	9	3	1	2
东莞市	**948**	**553**	**222**	**100**	**45**	**20**	**5**	**3**			
中山市	**8291**	**2673**	**2007**	**1253**	**1188**	**560**	**360**	**147**	**48**	**37**	**18**
潮州市	**5596**	**427**	**805**	**812**	**1348**	**1091**	**669**	**251**	**98**	**46**	**49**
湘桥区	752	49	88	112	175	161	107	34	9	8	8
潮安区	1676	78	121	189	456	424	261	90	34	11	11
饶平县	3168	300	596	511	717	506	301	127	55	26	29
揭阳市	**8937**	**543**	**795**	**1100**	**1646**	**1780**	**1343**	**788**	**411**	**229**	**300**
榕城区	714	21	71	116	180	163	89	58	7	3	5
揭东区	1491	162	195	231	300	276	189	81	31	10	15
揭西县	1772	203	175	250	301	324	232	127	66	39	55
惠来县	2603	80	210	318	454	510	369	271	158	99	133
普宁市	2357	77	143	185	411	507	464	251	149	78	92
云浮市	**3867**	**479**	**700**	**779**	**826**	**559**	**278**	**132**	**60**	**25**	**28**
云城区	67	12	11	8	14	9	6	4	1	1	
云安区	345	32	56	59	76	49	41	19	7	2	4
新兴县	1221	131	172	254	294	202	88	42	20	7	10
郁南县	1379	197	291	298	273	161	87	37	17	11	7
罗定市	856	107	170	160	168	138	56	30	15	5	7

7-1c 各地区家庭户规模（乡村）

单位：户

地　　区	家庭户户数	一人户	二人户	三人户	四人户	五人户	六人户	七人户	八人户	九人户	十人及以上户
全　省	**240261**	**27952**	**39095**	**37962**	**48089**	**37786**	**23743**	**12088**	**6228**	**3182**	**4136**
广州市	**14630**	**2282**	**2774**	**2778**	**3027**	**1890**	**949**	**431**	**240**	**121**	**139**
白云区	2758	402	517	477	526	411	194	89	76	33	33
番禺区	2235	513	698	456	347	121	72	16	4	2	6
花都区	2491	356	399	522	527	350	169	74	46	21	27
南沙区	1968	572	527	353	310	135	52	13	4	2	1
萝岗区	511	58	73	75	105	83	41	30	19	12	16
从化区	2338	182	229	396	623	409	267	124	54	27	28
增城区	2328	200	331	498	590	382	153	86	37	24	28
韶关市	**10571**	**1080**	**2142**	**2255**	**2349**	**1413**	**768**	**310**	**121**	**76**	**56**
武江区	426	37	77	76	120	59	31	16	6	2	3
浈江区	525	86	140	95	89	58	35	15	4	2	2
曲江区	952	103	171	190	201	137	96	33	8	10	5
始兴县	1002	96	166	211	249	143	79	28	14	11	5
仁化县	960	85	158	205	235	138	71	36	11	13	8
翁源县	1877	186	418	401	415	239	123	58	14	17	6
乳源瑶族自治县	825	91	146	176	200	106	61	21	10	5	8
新丰县	757	52	115	142	186	126	75	29	14	9	8
乐昌市	1685	164	378	368	350	220	115	51	25	5	9
南雄市	1562	179	373	390	304	188	81	26	14	3	3
珠海市	**1378**	**296**	**183**	**205**	**260**	**192**	**115**	**55**	**29**	**17**	**25**
斗门区	1378	296	183	205	260	192	115	55	29	17	25
汕头市	**9647**	**351**	**819**	**1054**	**1788**	**2210**	**1649**	**933**	**450**	**201**	**193**
龙湖区	555	12	30	64	125	140	110	42	22	4	5
金平区	118	3	8	19	40	21	15	5	4	2	1
濠江区	541	28	49	43	87	114	107	61	22	15	15
潮阳区	4135	178	379	471	788	990	693	367	152	71	47
潮南区	2830	75	207	251	400	617	494	366	212	93	114
澄海区	1358	47	122	179	325	314	219	90	37	14	11
南澳县	111	7	25	27	24	14	9	2	2	1	
佛山市	**3058**	**544**	**675**	**549**	**644**	**359**	**171**	**60**	**33**	**13**	**10**
南海区	1056	191	236	183	241	119	61	16	8		
顺德区	206	24	17	26	62	38	17	9	5	8	3
三水区	1344	233	307	260	273	144	70	29	17	3	7
高明区	453	96	116	80	68	57	23	6	4	2	
江门市	**13313**	**2280**	**2320**	**2577**	**3006**	**1672**	**924**	**295**	**145**	**62**	**32**
蓬江区	31	5	6	6	7	2	3	1			
新会区	2842	591	648	503	563	288	158	43	31	11	7
台山市	4409	718	785	905	991	530	282	94	68	18	17
开平市	2522	372	428	502	549	354	208	62	31	12	5
鹤山市	1636	361	207	286	358	228	122	47	10	13	3
恩平市	1873	234	246	376	539	269	150	48	4	8	

7-1c 续表 1 单位：户

地　区	家庭户户数	一人户	二人户	三人户	四人户	五人户	六人户	七人户	八人户	九人户	十人及以上户
湛江市	**26818**	**1903**	**3292**	**3391**	**5498**	**4932**	**3500**	**1938**	**1045**	**492**	**825**
赤坎区	33	2	1	4	5	6	4	4	2	1	3
霞山区	142	11	16	19	44	23	13	7	3	2	4
坡头区	1444	124	196	233	369	234	137	72	36	14	30
麻章区	1934	117	187	242	450	419	242	131	68	29	48
遂溪县	4109	294	622	568	918	713	472	255	122	58	87
徐闻县	2723	126	244	316	680	569	370	233	101	38	47
廉江市	6801	531	950	972	1357	1159	817	437	252	135	192
雷州市	6302	498	797	692	1017	1110	924	540	292	163	269
吴川市	3331	200	280	347	657	700	522	260	169	52	144
茂名市	**26291**	**2843**	**4709**	**4241**	**5079**	**4217**	**2415**	**1288**	**620**	**373**	**505**
茂南区	1625	108	161	138	277	353	240	158	84	45	61
电白区	6377	374	727	813	1374	1345	767	424	209	121	223
高州市	7232	969	1553	1235	1384	1027	548	293	95	65	63
化州市	6368	806	1298	1070	1168	922	548	253	130	77	95
信宜市	4689	585	970	985	876	570	312	161	103	64	64
肇庆市	**16480**	**1796**	**2626**	**2905**	**3723**	**2639**	**1497**	**674**	**311**	**144**	**164**
鼎湖区	650	88	132	143	145	82	36	15	4	5	
广宁县	2293	355	465	439	501	300	133	59	25	6	9
怀集县	4448	295	626	891	994	787	419	223	100	47	65
封开县	2048	216	350	345	414	307	220	96	50	22	27
德庆县	1793	152	231	279	441	328	194	84	41	18	24
高要市	3720	368	537	567	951	635	377	158	67	32	28
四会市	1528	322	287	241	276	200	117	39	24	13	10
惠州市	**10296**	**1092**	**1685**	**1522**	**2384**	**1624**	**975**	**446**	**224**	**132**	**212**
惠城区	1931	192	351	290	491	263	145	80	41	21	55
惠阳区	1150	233	224	150	230	128	89	43	24	8	23
博罗县	3241	302	509	506	807	557	302	113	55	34	56
惠东县	2577	196	361	326	551	493	309	140	86	55	60
龙门县	1398	169	240	251	305	183	130	70	18	13	19
梅州市	**17501**	**1971**	**3567**	**3324**	**3418**	**2430**	**1411**	**699**	**340**	**156**	**186**
梅江区	311	36	67	57	69	44	27	8	2	2	1
梅县区	1913	185	310	322	416	298	191	97	48	22	22
大埔县	1927	369	495	361	320	187	122	41	18	5	10
丰顺县	2010	188	460	397	415	263	149	63	34	16	26
五华县	5584	615	1189	1175	1009	697	397	254	126	56	65
平远县	966	84	212	196	200	144	85	26	11	3	4
蕉岭县	882	114	225	190	157	101	53	26	9	3	4
兴宁市	3908	379	608	627	832	695	386	185	92	50	54

7-1c 续表 2

单位：户

地　　区	家庭户户　数	一人户	二人户	三人户	四人户	五人户	六人户	七人户	八人户	九人户	十人及以上户
汕尾市	**7204**	**358**	**552**	**645**	**1156**	**1437**	**1149**	**745**	**485**	**243**	**435**
城区	707	40	62	74	153	176	95	51	21	14	21
海丰县	1823	138	186	190	357	413	219	140	81	36	64
陆河县	758	34	54	83	139	144	135	69	40	24	36
陆丰市	3916	146	250	298	508	704	699	485	343	169	314
河源市	**12711**	**1487**	**2040**	**2182**	**2553**	**1996**	**1157**	**601**	**290**	**176**	**229**
源城区	42	2	5	4	9	10	5	2	2	1	1
紫金县	2715	218	410	431	513	457	300	177	74	55	80
龙川县	3856	520	740	697	689	535	319	167	80	43	66
连平县	1471	89	173	282	370	308	118	56	31	18	26
和平县	2077	186	390	414	476	305	159	68	45	14	20
东源县	2550	472	323	353	496	382	256	131	57	45	37
阳江市	**9524**	**1153**	**1730**	**1629**	**2083**	**1340**	**821**	**356**	**170**	**105**	**137**
江城区	1276	94	163	188	323	232	151	58	29	20	19
阳西县	2417	394	551	420	455	286	171	67	33	17	23
阳东县	1788	217	299	289	427	254	151	70	38	21	22
阳春市	4043	448	717	732	878	568	348	162	70	47	73
清远市	14727	1828	2613	2659	2998	2058	1289	604	314	165	199
清城区	1111	99	151	203	245	162	137	55	26	22	12
清新区	2986	337	439	465	647	492	316	117	77	35	60
佛冈县	1315	163	187	201	286	188	123	82	33	25	28
阳山县	1842	292	359	320	309	249	141	77	49	22	24
连山壮族瑶族自治县	422	42	47	82	95	63	52	23	9	5	3
连南瑶族自治县	613	73	133	139	126	71	38	19	9	3	3
英德市	4521	508	808	841	942	645	380	196	96	47	58
连州市	1917	314	490	408	347	187	103	35	15	6	12
东莞市	**8615**	**3266**	**2604**	**1026**	**962**	**447**	**197**	**55**	**30**	**21**	**6**
中山市	**3259**	**644**	**742**	**477**	**585**	**387**	**226**	**96**	**57**	**22**	**26**
潮州市	**6465**	**513**	**814**	**929**	**1360**	**1314**	**889**	**393**	**153**	**48**	**52**
湘桥区	444	37	49	59	98	89	65	29	11	2	8
潮安区	2801	159	242	335	610	690	467	195	61	17	25
饶平县	3220	318	523	535	651	535	358	170	81	30	19
揭阳市	**16326**	**625**	**1125**	**1638**	**2926**	**3537**	**2720**	**1666**	**969**	**503**	**615**
榕城区	1183	75	96	129	280	248	203	100	31	14	6
揭东区	2826	172	283	345	586	663	398	184	92	61	42
揭西县	3180	136	257	336	509	698	505	320	189	105	124
惠来县	3144	83	171	250	456	512	579	396	290	162	244
普宁市	5993	158	318	578	1095	1416	1035	666	367	161	199
云浮市	**11448**	**1638**	**2083**	**1976**	**2291**	**1693**	**921**	**441**	**204**	**113**	**89**
云城区	709	88	111	119	167	107	70	28	8	8	4
云安区	1491	169	243	246	331	189	156	71	38	22	26
新兴县	2007	230	311	356	456	308	207	76	35	17	11
郁南县	2021	376	446	366	339	236	130	71	27	14	16
罗定市	5220	777	972	889	996	852	359	195	96	51	32

7-2 各地区家庭户类别

单位：户

地 区	家庭户户数	一代户	二代户	三代户	四代户	五代及以上户
全 省	**883386**	**339479**	**367461**	**171150**	**5294**	**2**
广州市	**128784**	**58167**	**53374**	**17008**	**235**	
荔湾区	9395	3791	4305	1285	14	
越秀区	10850	3968	4911	1956	15	
海珠区	15289	6167	7126	1987	9	
天河区	16578	9190	6097	1282	9	
白云区	20548	9427	8489	2598	33	
黄埔区	5384	2894	2011	474	6	
番禺区	16703	9260	5936	1480	27	
花都区	8526	2956	3750	1790	31	
南沙区	6779	3587	2276	898	17	
萝岗区	4255	2505	1318	425	8	
从化区	4643	927	2435	1250	32	
增城区	9834	3496	4722	1582	34	
韶关市	**24589**	**6827**	**11911**	**5618**	**232**	
武江区	2799	798	1537	453	10	
浈江区	3898	1469	1846	561	21	
曲江区	2489	752	1109	601	27	
始兴县	1716	383	782	531	19	
仁化县	1612	343	796	453	19	
翁源县	2824	742	1354	684	44	
乳源瑶族自治县	1503	384	722	380	17	
新丰县	1491	234	746	492	20	
乐昌市	3419	927	1672	793	26	
南雄市	2840	794	1347	669	29	
深圳市	**108021**	**65067**	**33309**	**9593**	**51**	
罗湖区	8657	4490	3285	875	7	
福田区	11138	4631	4863	1639	6	
南山区	11257	5078	4703	1467	9	
宝安区	48698	33234	12121	3334	9	
龙岗区	26434	16753	7600	2061	20	
盐田区	1835	881	737	216	1	
珠海市	**15496**	**6777**	**6442**	**2224**	**53**	
香洲区	9579	4323	4146	1098	12	
斗门区	3515	1216	1444	821	34	
金湾区	2402	1238	852	305	7	
汕头市	**35538**	**5489**	**17821**	**11692**	**536**	
龙湖区	4310	1058	2139	1052	60	
金平区	6935	1667	3831	1406	31	
濠江区	1579	223	746	583	27	
潮阳区	9851	910	5209	3616	117	
潮南区	6829	572	3402	2711	144	
澄海区	5532	933	2263	2182	154	
南澳县	503	127	231	141	3	
佛山市	**68092**	**33900**	**24040**	**9980**	**171**	
禅城区	10147	4245	4400	1483	19	
南海区	22667	11296	8079	3239	54	
顺德区	25712	14446	7418	3779	69	
三水区	5597	2429	2308	845	15	
高明区	3968	1484	1834	635	15	

7-2 续表 1 单位：户

地 区	家庭户户数	一代户	二代户	三代户	四代户	五代及以上户
江门市	**38700**	**11470**	**18470**	**8586**	**175**	
蓬江区	6442	2097	3134	1197	14	
江海区	2128	584	1090	442	12	
新会区	7937	2726	3693	1489	29	
台山市	8226	2356	3805	2017	48	
开平市	5719	1386	2858	1445	30	
鹤山市	4331	1431	1832	1041	27	
恩平市	3918	889	2058	956	15	
湛江市	**48152**	**9442**	**26377**	**12046**	**288**	
赤坎区	2654	707	1480	459	7	
霞山区	4168	990	2563	612	3	
坡头区	2474	531	1445	492	6	
麻章区	3197	552	1823	799	22	
遂溪县	5999	1157	3281	1503	57	
徐闻县	4719	796	2430	1455	38	
廉江市	9919	1941	5156	2761	61	
雷州市	9343	1973	5074	2246	50	
吴川市	5680	794	3124	1720	42	
茂名市	**43712**	**10719**	**22187**	**10487**	**320**	
茂南区	5933	1092	3315	1501	25	
电白区	10594	1657	5876	2990	70	
高州市	10560	3196	4748	2510	105	
化州市	9089	2621	4533	1879	55	
信宜市	7537	2152	3715	1606	63	
肇庆市	**31605**	**7724**	**15701**	**7933**	**246**	
端州区	4576	1306	2426	830	15	
鼎湖区	1384	391	691	294	7	
广宁县	3630	996	1641	962	31	
怀集县	5874	1013	3211	1577	73	
封开县	2998	673	1432	859	33	
德庆县	2558	529	1254	751	24	
高要市	5982	1357	2949	1643	33	
四会市	4603	1458	2098	1016	31	
惠州市	**37111**	**13766**	**15522**	**7528**	**295**	
惠城区	14490	6224	5986	2227	52	
惠阳区	6680	3292	2306	1040	41	
博罗县	7500	2196	3338	1880	86	
惠东县	6077	1439	2833	1727	79	
龙门县	2365	615	1058	654	37	
梅州市	**33594**	**8910**	**14989**	**9351**	**344**	
梅江区	3502	944	1513	1019	26	
梅县区	3957	830	1586	1477	64	
大埔县	3322	1140	1394	758	30	
丰顺县	3743	926	1799	983	35	
五华县	8013	2406	3818	1719	70	
平远县	1845	450	776	591	28	
蕉岭县	1776	547	698	504	26	
兴宁市	7438	1668	3404	2301	65	

7-2 续表 2

单位：户

地 区	家庭户户数	一代户	二代户	三代户	四代户	五代及以上户
汕尾市	**17099**	**2186**	**9576**	**5150**	**186**	
城区	3196	515	1754	906	22	
海丰县	5114	782	2713	1572	46	
陆河县	1661	192	847	584	37	
陆丰市	7128	697	4262	2088	81	
河源市	**21608**	**4961**	**9695**	**6580**	**372**	
源城区	3235	744	1473	973	44	
紫金县	4342	832	1944	1466	100	
龙川县	5415	1451	2423	1461	79	
连平县	2328	341	1129	827	31	
和平县	2933	653	1421	818	40	
东源县	3355	940	1304	1034	78	
阳江市	**18523**	**4201**	**8931**	**5218**	**174**	
江城区	4984	791	2685	1459	49	
阳西县	3741	1095	1715	907	23	
阳东县	3316	806	1516	958	36	
阳春市	6483	1508	3015	1893	67	
清远市	**29207**	**7300**	**13120**	**8320**	**465**	**2**
清城区	6249	1457	2924	1795	73	
清新区	5339	1207	2442	1598	92	
佛冈县	2286	561	1023	670	33	
阳山县	2868	785	1156	860	66	1
连山壮族瑶族自治县	689	147	329	203	11	
连南瑶族自治县	1143	326	521	279	17	
英德市	7404	1839	3404	2043	117	1
连州市	3229	979	1322	872	55	
东莞市	**80855**	**54579**	**20757**	**5430**	**88**	
中山市	**30624**	**15931**	**9872**	**4704**	**118**	
潮州市	**18386**	**3589**	**8051**	**6423**	**323**	
湘桥区	4487	1207	2002	1232	46	
潮安区	7510	891	3221	3236	162	
饶平县	6388	1491	2828	1955	115	
揭阳市	**34889**	**3645**	**18294**	**12479**	**472**	
榕城区	6077	679	3154	2166	79	
揭东区	6364	942	3147	2197	78	
揭西县	4952	661	2208	1998	85	
惠来县	5747	510	3156	2020	60	
普宁市	11750	853	6629	4098	169	
云浮市	**18801**	**4828**	**9022**	**4801**	**150**	
云城区	2676	533	1309	811	24	
云安区	1989	448	934	585	23	
新兴县	3228	711	1529	954	33	
郁南县	3400	1102	1465	807	26	
罗定市	7508	2035	3784	1645	44	

7-2a 各地区家庭户类别（城市）

单位：户

地　区	家庭户户数	一代户	二代户	三代户	四代户	五代及以上户
全　省	**512897**	**244260**	**197134**	**70205**	**1298**	
广州市	**104849**	**49353**	**43247**	**12126**	**124**	
荔湾区	9395	3791	4305	1285	14	
越秀区	10850	3968	4911	1956	15	
海珠区	15289	6167	7126	1987	9	
天河区	16578	9190	6097	1282	9	
白云区	16232	7948	6776	1496	12	
黄埔区	5384	2894	2011	474	6	
番禺区	13887	7747	4908	1216	17	
花都区	5207	2036	2228	928	15	
南沙区	2933	1612	985	331	5	
萝岗区	3627	2318	1039	266	4	
从化区	1770	445	983	337	5	
增城区	3698	1238	1878	569	13	
韶关市	**7937**	**2539**	**4066**	**1302**	**30**	
武江区	2229	677	1238	308	5	
浈江区	3017	1051	1518	435	13	
曲江区	1167	394	547	220	6	
乐昌市	667	181	335	149	1	
南雄市	858	236	427	190	4	
深圳市	**108021**	**65067**	**33309**	**9593**	**51**	
罗湖区	8657	4490	3285	875	7	
福田区	11138	4631	4863	1639	6	
南山区	11257	5078	4703	1467	9	
宝安区	48698	33234	12121	3334	9	
龙岗区	26434	16753	7600	2061	20	
盐田区	1835	881	737	216	1	
珠海市	**11879**	**5329**	**5107**	**1429**	**15**	
香洲区	9453	4214	4128	1098	12	
斗门区	1032	353	483	195	2	
金湾区	1394	761	496	136	1	
汕头市	**17305**	**3568**	**9136**	**4430**	**171**	
龙湖区	3397	1002	1810	560	24	
金平区	6817	1658	3775	1355	29	
濠江区	987	148	467	357	15	
潮阳区	2107	264	1159	664	20	
潮南区	2277	135	1179	916	48	
澄海区	1719	361	745	577	35	

7-2a 续表 1　　单位：户

地　区	家庭户户数	一代户	二代户	三代户	四代户	五代及以上户
佛山市	**61040**	**30693**	**21459**	**8744**	**145**	
禅城区	8755	3660	3829	1250	15	
南海区	21014	10523	7510	2933	48	
顺德区	25506	14416	7319	3704	68	
三水区	2538	910	1261	363	3	
高明区	3227	1183	1539	494	11	
江门市	**20722**	**5953**	**10520**	**4189**	**61**	
蓬江区	6411	2087	3121	1189	14	
江海区	2128	584	1090	442	12	
新会区	3993	1254	2051	680	7	
台山市	2874	885	1380	598	11	
开平市	2568	515	1428	619	6	
鹤山市	1818	456	921	436	5	
恩平市	930	172	528	225	5	
湛江市	**11699**	**2888**	**6676**	**2110**	**25**	
赤坎区	2620	704	1465	444	7	
霞山区	3991	964	2449	574	3	
坡头区	562	150	310	100	1	
麻章区	316	97	140	78	1	
遂溪县	159	47	82	30		
廉江市	1280	296	705	274	5	
雷州市	1492	443	816	232	1	
吴川市	1279	188	709	377	6	
茂名市	**10056**	**2261**	**5548**	**2194**	**54**	
茂南区	4039	831	2406	796	6	
电白区	1460	304	822	330	4	
高州市	1525	404	730	379	12	
化州市	1344	239	759	333	12	
信宜市	1688	483	831	355	19	
肇庆市	**8203**	**2207**	**4498**	**1468**	**29**	
端州区	4576	1306	2426	830	15	
鼎湖区	390	79	240	69	3	
高要市	674	125	472	75	1	
四会市	2563	697	1360	495	10	
惠州市	**16591**	**7665**	**6569**	**2310**	**48**	
惠城区	11712	5158	4899	1628	27	
惠阳区	4808	2464	1649	674	21	
博罗县	72	43	21	7		

7-2a 续表 2

单位：户

地 区	家庭户户数	一代户	二代户	三代户	四代户	五代及以上户
梅州市	**6723**	**1728**	**3035**	**1914**	**47**	
梅江区	3132	855	1361	894	22	
梅县区	1154	214	492	433	16	
五华县	109	30	50	28		
兴宁市	2329	630	1132	559	9	
汕尾市	**3082**	**466**	**1676**	**917**	**23**	
城区	2141	391	1169	569	11	
陆丰市	941	74	507	348	12	
河源市	**3193**	**740**	**1451**	**959**	**43**	
源城区	3193	740	1451	959	43	
阳江市	**4361**	**674**	**2420**	**1232**	**36**	
江城区	3086	434	1790	839	22	
阳春市	1275	240	630	392	13	
清远市	**7431**	**1763**	**3707**	**1886**	**76**	
清城区	3701	921	1847	902	31	
清新区	1488	349	804	318	16	
英德市	1198	254	626	310	9	
连州市	1044	239	430	356	20	
东莞市	**71292**	**47998**	**18510**	**4714**	**70**	
中山市	**19074**	**10139**	**6284**	**2602**	**48**	
潮州市	**6325**	**1463**	**2819**	**1963**	**81**	
湘桥区	3292	1031	1524	719	18	
潮安区	3033	431	1295	1244	63	
揭阳市	**9626**	**1060**	**5365**	**3107**	**94**	
榕城区	4180	458	2241	1436	44	
揭东区	2047	322	1075	632	17	
普宁市	3400	280	2048	1038	33	
云浮市	**3486**	**707**	**1735**	**1017**	**27**	
云城区	1901	354	948	582	17	
云安区	154	32	73	47	2	
罗定市	1432	320	714	389	9	

7-2b 各地区家庭户类别（镇）

单位：户

地 区	家庭户户数	一代户	二代户	三代户	四代户	五代及以上户
全 省	**130228**	**36909**	**58664**	**33420**	**1236**	
广州市	**9305**	**4252**	**3643**	**1384**	**26**	
白云区	1558	589	636	326	7	
番禺区	581	329	203	46	2	
花都区	828	272	388	168		
南沙区	1878	983	567	322	7	
萝岗区	117	73	29	14	1	
从化区	535	185	242	106	2	
增城区	3808	1820	1577	403	7	
韶关市	**6081**	**1658**	**2885**	**1489**	**49**	
武江区	144	31	74	38	2	
浈江区	355	218	116	21		
曲江区	370	122	161	84	3	
始兴县	714	184	328	194	7	
仁化县	651	148	332	165	6	
翁源县	946	262	446	229	9	
乳源瑶族自治县	678	194	325	153	6	
新丰县	735	101	383	247	5	
乐昌市	1067	289	535	235	10	
南雄市	420	108	188	122	2	
珠海市	**2239**	**1008**	**834**	**381**	**16**	
香洲区	126	108	18			
斗门区	1105	423	460	212	9	
金湾区	1008	477	356	169	6	
汕头市	**8586**	**984**	**4009**	**3424**	**169**	
龙湖区	358	27	126	192	13	
濠江区	50	14	25	12		
潮阳区	3609	204	1905	1443	57	
潮南区	1722	195	792	697	37	
澄海区	2455	445	977	973	60	
南澳县	392	100	183	107	2	
佛山市	**3993**	**2117**	**1331**	**537**	**7**	
禅城区	1392	585	571	232	4	
南海区	597	391	134	72		
三水区	1715	1029	495	189	2	
高明区	289	113	131	43	1	
江门市	**4666**	**1570**	**2069**	**995**	**31**	
新会区	1102	355	540	201	6	
台山市	943	225	432	279	7	
开平市	628	191	294	140	3	
鹤山市	878	470	276	124	8	
恩平市	1115	329	528	252	6	

7-2b 续表 1 单位：户

地 区	家庭户户数	一代户	二代户	三代户	四代户	五代及以上户
湛江市	**9635**	**2052**	**5076**	**2438**	**70**	
霞山区	35	3	23	8		
坡头区	468	110	250	107	1	
麻章区	948	196	506	237	9	
遂溪县	1731	325	945	442	18	
徐闻县	1997	491	990	504	11	
廉江市	1837	336	975	510	16	
雷州市	1549	406	813	321	9	
吴川市	1070	184	572	308	5	
茂名市	**7365**	**1750**	**3610**	**1923**	**81**	
茂南区	269	59	123	84	2	
电白区	2757	423	1498	807	30	
高州市	1802	524	800	450	28	
化州市	1377	437	624	306	10	
信宜市	1160	307	565	277	10	
肇庆市	**6922**	**1862**	**3234**	**1788**	**38**	
鼎湖区	343	126	152	65		
广宁县	1338	335	603	392	8	
怀集县	1426	248	769	393	16	
封开县	950	211	454	283	3	
德庆县	765	217	354	189	4	
高要市	1588	492	721	371	4	
四会市	513	233	181	95	3	
惠州市	**10224**	**3643**	**4253**	**2231**	**97**	
惠城区	848	583	179	84	1	
惠阳区	722	394	229	94	4	
博罗县	4187	1449	1788	912	38	
惠东县	3501	948	1605	901	46	
龙门县	967	269	451	239	7	
梅州市	**9369**	**2397**	**4246**	**2627**	**99**	
梅江区	59	11	31	18		
梅县区	890	222	349	306	13	
大埔县	1395	395	624	361	15	
丰顺县	1733	394	847	478	15	
五华县	2320	654	1104	543	19	
平远县	878	205	382	276	15	
蕉岭县	893	260	373	252	8	
兴宁市	1201	256	536	395	13	
汕尾市	**6812**	**924**	**3819**	**2004**	**65**	
城区	348	36	184	122	6	
海丰县	3291	507	1786	971	27	
陆河县	902	115	474	296	17	
陆丰市	2271	266	1374	616	15	

7-2b 续表 2　　　　单位：户

地　区	家庭户户数	一代户	二代户	三代户	四代户	五代及以上户
河源市	**5704**	**1245**	**2661**	**1709**	**90**	
紫金县	1628	297	743	561	27	
龙川县	1559	378	750	409	22	
连平县	857	135	417	292	12	
和平县	856	192	421	233	9	
东源县	805	242	330	214	19	
阳江市	**4639**	**1140**	**2188**	**1277**	**33**	
江城区	622	152	282	185	3	
阳西县	1324	303	661	353	8	
阳东县	1528	368	742	408	10	
阳春市	1164	317	503	331	12	
清远市	7049	1866	3080	2005	97	
清城区	1437	333	612	474	18	
清新区	864	210	379	266	9	
佛冈县	972	274	448	240	9	
阳山县	1026	249	417	338	22	
连山壮族瑶族自治县	268	70	123	72	3	
连南瑶族自治县	530	160	235	128	8	
英德市	1685	486	752	422	25	
连州市	267	84	115	66	4	
东莞市	**948**	**762**	**166**	**20**		
中山市	**8291**	**4493**	**2520**	**1237**	**42**	
潮州市	**5596**	**1054**	**2516**	**1944**	**83**	
湘桥区	752	111	304	323	15	
潮安区	1676	149	782	714	32	
饶平县	3168	794	1430	907	37	
揭阳市	**8937**	**1136**	**4649**	**3041**	**112**	
榕城区	714	77	394	237	6	
揭东区	1491	258	709	504	20	
揭西县	1772	331	818	610	13	
惠来县	2603	283	1510	780	30	
普宁市	2357	187	1218	911	42	
云浮市	**3867**	**994**	**1876**	**966**	**31**	
云城区	67	18	29	17	2	
云安区	345	71	160	107	7	
新兴县	1221	259	616	339	7	
郁南县	1379	416	641	312	11	
罗定市	856	230	430	191	5	

7-2c 各地区家庭户类别（乡村）

单位：户

地　　区	家庭户户数	一代户	二代户	三代户	四代户	五代及以上户
全　省	**240261**	**58310**	**111663**	**67525**	**2760**	**2**
广州市	**14630**	**4563**	**6485**	**3497**	**84**	
白云区	2758	890	1078	777	14	
番禺区	2235	1184	825	218	8	
花都区	2491	647	1133	694	16	
南沙区	1968	993	724	246	5	
萝岗区	511	115	249	145	2	
从化区	2338	297	1211	806	25	
增城区	2328	438	1266	610	14	
韶关市	**10571**	**2631**	**4960**	**2827**	**153**	
武江区	426	90	225	107	3	
浈江区	525	200	212	105	8	
曲江区	952	236	402	297	18	
始兴县	1002	198	454	337	12	
仁化县	960	195	465	287	13	
翁源县	1877	480	907	454	35	
乳源瑶族自治县	825	189	397	227	11	
新丰县	757	133	363	245	15	
乐昌市	1685	458	802	409	15	
南雄市	1562	450	732	357	22	
珠海市	**1378**	**440**	**502**	**414**	**23**	
斗门区	1378	440	502	414	23	
汕头市	**9647**	**937**	**4676**	**3838**	**196**	
龙湖区	555	29	202	300	23	
金平区	118	9	56	51	2	
濠江区	541	61	254	214	11	
潮阳区	4135	442	2145	1508	41	
潮南区	2830	241	1430	1098	60	
澄海区	1358	127	541	632	58	
南澳县	111	27	48	34	1	
佛山市	**3058**	**1090**	**1250**	**699**	**19**	
南海区	1056	382	435	233	5	
顺德区	206	30	99	75	2	
三水区	1344	490	552	293	9	
高明区	453	188	164	98	3	
江门市	**13313**	**3946**	**5881**	**3402**	**84**	
蓬江区	31	10	13	8		
新会区	2842	1116	1102	607	16	
台山市	4409	1246	1993	1140	30	
开平市	2522	681	1136	686	20	
鹤山市	1636	506	634	481	15	
恩平市	1873	388	1002	479	4	

7-2c 续表 1 单位：户

地 区	家庭户户数	一代户	二代户	三代户	四代户	五代及以上户
湛江市	**26818**	**4501**	**14626**	**7498**	**193**	
赤坎区	33	3	15	15		
霞山区	142	23	90	29		
坡头区	1444	270	885	285	4	
麻章区	1934	259	1177	485	13	
遂溪县	4109	785	2254	1031	39	
徐闻县	2723	305	1440	951	27	
廉江市	6801	1310	3475	1976	40	
雷州市	6302	1124	3445	1693	41	
吴川市	3331	422	1844	1035	30	
茂名市	**26291**	**6708**	**13028**	**6370**	**185**	
茂南区	1625	202	785	621	17	
电白区	6377	931	3556	1854	36	
高州市	7232	2268	3219	1681	65	
化州市	6368	1945	3150	1240	33	
信宜市	4689	1362	2319	974	33	
肇庆市	**16480**	**3655**	**7970**	**4677**	**178**	
鼎湖区	650	186	299	160	4	
广宁县	2293	661	1039	570	23	
怀集县	4448	765	2442	1184	57	
封开县	2048	462	978	577	30	
德庆县	1793	313	899	562	19	
高要市	3720	740	1756	1197	27	
四会市	1528	528	556	427	18	
惠州市	**10296**	**2458**	**4701**	**2987**	**150**	
惠城区	1931	484	908	515	24	
惠阳区	1150	434	429	271	16	
博罗县	3241	704	1529	961	48	
惠东县	2577	491	1227	825	33	
龙门县	1398	346	607	415	30	
梅州市	**17501**	**4785**	**7709**	**4810**	**198**	
梅江区	311	79	121	107	4	
梅县区	1913	394	746	738	35	
大埔县	1927	745	770	397	15	
丰顺县	2010	532	952	505	20	
五华县	5584	1721	2664	1148	50	
平远县	966	244	394	315	13	
蕉岭县	882	287	325	252	18	
兴宁市	3908	782	1736	1347	43	

7-2c 续表 2

单位：户

地　区	家庭户户数	一代户	二代户	三代户	四代户	五代及以上户
汕尾市	**7204**	**796**	**4081**	**2229**	**98**	
城区	707	87	401	215	5	
海丰县	1823	276	926	602	19	
陆河县	758	77	373	288	20	
陆丰市	3916	356	2381	1124	54	
河源市	**12711**	**2977**	**5583**	**3912**	**239**	
源城区	42	4	22	14	1	
紫金县	2715	535	1201	906	72	
龙川县	3856	1073	1673	1052	58	
连平县	1471	205	712	535	19	
和平县	2077	461	1000	585	30	
东源县	2550	698	974	820	58	
阳江市	**9524**	**2386**	**4323**	**2709**	**105**	
江城区	1276	205	612	435	24	
阳西县	2417	793	1055	555	15	
阳东县	1788	438	774	551	25	
阳春市	4043	951	1882	1169	41	
清远市	14727	3671	6333	4429	292	2
清城区	1111	203	466	419	24	
清新区	2986	647	1258	1015	66	
佛冈县	1315	287	574	429	25	
阳山县	1842	536	739	523	44	1
连山壮族瑶族自治县	422	77	206	131	8	
连南瑶族自治县	613	166	286	151	10	
英德市	4521	1098	2026	1311	84	1
连州市	1917	657	778	451	31	
东莞市	**8615**	**5819**	**2081**	**696**	**19**	
中山市	**3259**	**1299**	**1067**	**865**	**27**	
潮州市	**6465**	**1073**	**2717**	**2516**	**159**	
湘桥区	444	65	175	190	14	
潮安区	2801	311	1145	1278	67	
饶平县	3220	697	1397	1048	78	
揭阳市	**16326**	**1449**	**8280**	**6331**	**266**	
榕城区	1183	143	519	493	28	
揭东区	2826	362	1362	1061	41	
揭西县	3180	330	1390	1388	72	
惠来县	3144	228	1646	1240	30	
普宁市	5993	387	3363	2149	94	
云浮市	**11448**	**3127**	**5411**	**2818**	**92**	
云城区	709	161	331	212	6	
云安区	1491	344	702	431	14	
新兴县	2007	452	914	615	26	
郁南县	2021	686	825	495	16	
罗定市	5220	1485	2639	1065	30	

7-3 各地区家庭户中民族混合户户数

单位：户、%

地 区	合 计	单一民族户		二个民族户		三个民族户		四个及以上民族户	
		户数	比重	户数	比重	户数	比重	户数	比重
全 省	**883386**	**871922**	**98.70**	**11318**	**1.28**	**140**	**0.02**	**6**	
广州市	**128784**	**127546**	**99.04**	**1226**	**0.95**	**11**	**0.01**	**1**	
荔湾区	9395	9351	99.53	44	0.47				
越秀区	10850	10741	98.99	108	1.00	1	0.01		
海珠区	15289	15188	99.34	100	0.66	1	0.01		
天河区	16578	16418	99.03	158	0.95	2	0.01		
白云区	20548	20322	98.90	222	1.08	3	0.01	1	0.01
黄埔区	5384	5321	98.83	61	1.14	1	0.03		
番禺区	16703	16442	98.44	260	1.56	1	0.01		
花都区	8526	8467	99.31	59	0.69				
南沙区	6779	6683	98.59	96	1.41				
萝岗区	4255	4206	98.84	49	1.16				
从化区	4643	4627	99.65	16	0.35				
增城区	9834	9780	99.46	52	0.53	1	0.01		
韶关市	**24589**	**24297**	**98.81**	**291**	**1.18**	**1**			
武江区	2799	2780	99.29	20	0.71				
浈江区	3898	3872	99.33	26	0.67				
曲江区	2489	2480	99.64	9	0.36				
始兴县	1716	1638	95.46	78	4.54				
仁化县	1612	1589	98.57	22	1.39	1	0.04		
翁源县	2824	2813	99.61	11	0.39				
乳源瑶族自治县	1503	1460	97.15	42	2.82		0.03		
新丰县	1491	1485	99.59	6	0.41				
乐昌市	3419	3401	99.50	17	0.50				
南雄市	2840	2781	97.92	59	2.08				
深圳市	**108021**	**104813**	**97.03**	**3176**	**2.94**	**32**	**0.03**		
罗湖区	8657	8558	98.86	98	1.13	1	0.01		
福田区	11138	10958	98.38	180	1.62				
南山区	11257	10964	97.39	289	2.57	4	0.04		
宝安区	48698	46764	96.03	1917	3.94	18	0.04		
龙岗区	26434	25765	97.47	660	2.50	8	0.03		
盐田区	1835	1803	98.24	32	1.73		0.02		
珠海市	**15496**	**15268**	**98.53**	**221**	**1.42**	**7**	**0.04**	**1**	**0.01**
香洲区	9579	9442	98.57	132	1.37	4	0.05	1	0.01
斗门区	3515	3472	98.78	42	1.20	1	0.02		
金湾区	2402	2354	97.99	47	1.95	1	0.06		
汕头市	**35538**	**35449**	**99.75**	**89**	**0.25**				
龙湖区	4310	4302	99.82	8	0.18				
金平区	6935	6921	99.81	13	0.19				
濠江区	1579	1573	99.65	6	0.35				
潮阳区	9851	9830	99.78	22	0.22				
潮南区	6829	6809	99.71	20	0.29				
澄海区	5532	5512	99.64	20	0.36				
南澳县	503	502	99.88	1	0.12				
佛山市	**68092**	**66859**	**98.19**	**1222**	**1.79**	**11**	**0.02**		
禅城区	10147	10090	99.43	58	0.57				
南海区	22667	22247	98.15	414	1.83	6	0.03		
顺德区	25712	25083	97.55	625	2.43	4	0.02		
三水区	5597	5500	98.27	97	1.73				
高明区	3968	3939	99.27	29	0.72	1	0.02		

7-3 续表 1

单位：户、%

地区	合计	单一民族户		二个民族户		三个民族户		四个及以上民族户	
		户数	比重	户数	比重	户数	比重	户数	比重
江门市	**38700**	**38292**	**98.94**	**407**	**1.05**	**2**			
蓬江区	6442	6345	98.50	97	1.50				
江海区	2128	2086	98.02	42	1.96	1	0.02		
新会区	7937	7853	98.95	82	1.04	1	0.01		
台山市	8226	8136	98.91	89	1.09				
开平市	5719	5682	99.36	36	0.64				
鹤山市	4331	4294	99.15	37	0.85				
恩平市	3918	3894	99.39	24	0.61				
湛江市	**48152**	**47917**	**99.51**	**235**	**0.49**				
赤坎区	2654	2641	99.51	13	0.49				
霞山区	4168	4153	99.65	14	0.35				
坡头区	2474	2456	99.28	18	0.72				
麻章区	3197	3192	99.85	5	0.15				
遂溪县	5999	5979	99.68	19	0.32				
徐闻县	4719	4698	99.55	21	0.45				
廉江市	9919	9820	99.01	99	0.99				
雷州市	9343	9325	99.81	18	0.19				
吴川市	5680	5653	99.52	28	0.48				
茂名市	**43712**	**43444**	**99.39**	**264**	**0.60**	**4**	**0.01**		
茂南区	5933	5887	99.23	46	0.77				
电白区	10594	10519	99.29	72	0.68	3	0.03		
高州市	10560	10490	99.34	68	0.64	2	0.02		
化州市	9089	9061	99.68	29	0.32				
信宜市	7537	7488	99.35	49	0.65				
肇庆市	**31605**	**31516**	**99.72**	**88**	**0.28**	**1**			
端州区	4576	4562	99.70	14	0.30				
鼎湖区	1384	1378	99.60	6	0.40				
广宁县	3630	3619	99.70	11	0.30				
怀集县	5874	5865	99.83	10	0.17				
封开县	2998	2990	99.74	8	0.26				
德庆县	2558	2554	99.85	4	0.15				
高要市	5982	5973	99.85	9	0.15				
四会市	4603	4575	99.39	27	0.60	1	0.01		
惠州市	**37111**	**36579**	**98.56**	**527**	**1.42**	**5**	**0.01**		
惠城区	14490	14254	98.37	231	1.60	4	0.03		
惠阳区	6680	6615	99.03	64	0.96	1	0.01		
博罗县	7500	7348	97.98	151	2.02				
惠东县	6077	6033	99.28	44	0.72				
龙门县	2365	2328	98.45	37	1.55				
梅州市	**33594**	**33545**	**99.85**	**50**	**0.15**				
梅江区	3502	3495	99.80	7	0.20				
梅县区	3957	3947	99.76	9	0.24				
大埔县	3322	3318	99.87	4	0.13				
丰顺县	3743	3736	99.83	6	0.17				
五华县	8013	8004	99.89	9	0.11				
平远县	1845	1842	99.87	2	0.13				
蕉岭县	1776	1773	99.86	3	0.14				
兴宁市	7438	7429	99.88	9	0.12				

7-3 续表 2

单位：户、%

地 区	合 计	单一民族户		二个民族户		三个民族户		四个及以上民族户	
		户数	比重	户数	比重	户数	比重	户数	比重
汕尾市	**17099**	**17072**	**99.84**	**27**	**0.16**				
城区	3196	3190	99.82	6	0.18				
海丰县	5114	5098	99.69	16	0.31				
陆河县	1661	1660	99.94	1	0.06				
陆丰市	7128	7124	99.94	4	0.06				
河源市	**21608**	**21460**	**99.32**	**148**	**0.68**				
源城区	3235	3194	98.75	40	1.25				
紫金县	4342	4331	99.75	11	0.25				
龙川县	5415	5393	99.60	22	0.40				
连平县	2328	2280	97.94	48	2.06				
和平县	2933	2925	99.73	8	0.27				
东源县	3355	3337	99.44	19	0.56				
阳江市	**18523**	**18415**	**99.42**	**108**	**0.58**				
江城区	4984	4971	99.75	13	0.25				
阳西县	3741	3728	99.66	13	0.34				
阳东县	3316	3306	99.71	10	0.29				
阳春市	6483	6410	98.87	73	1.13				
清远市	**29207**	**28699**	**98.26**	**492**	**1.68**	**17**	**0.06**		
清城区	6249	6208	99.33	41	0.65	1	0.02		
清新区	5339	5314	99.53	25	0.47				
佛冈县	2286	2279	99.67	8	0.33				
阳山县	2868	2848	99.31	20	0.69				
连山壮族瑶族自治县	689	448	65.01	228	33.07	13	1.92		
连南瑶族自治县	1143	1060	92.73	81	7.07	2	0.20		
英德市	7404	7359	99.39	45	0.61				
连州市	3229	3184	98.61	44	1.38	1	0.02		
东莞市	**80855**	**78983**	**97.68**	**1826**	**2.26**	**43**	**0.05**	**3**	
中山市	**30624**	**29944**	**97.78**	**674**	**2.20**	**6**	**0.02**		
潮州市	**18386**	**18309**	**99.58**	**77**	**0.42**				
湘桥区	4487	4451	99.20	36	0.80				
潮安区	7510	7479	99.58	31	0.42				
饶平县	6388	6379	99.85	10	0.15				
揭阳市	**34889**	**34814**	**99.78**	**76**	**0.22**				
榕城区	6077	6066	99.83	10	0.17				
揭东区	6364	6350	99.79	14	0.21				
揭西县	4952	4944	99.84	8	0.16				
惠来县	5747	5742	99.91	5	0.09				
普宁市	11750	11711	99.67	39	0.33				
云浮市	**18801**	**18703**	**99.48**	**97**	**0.52**	**1**	**0.01**		
云城区	2676	2668	99.67	9	0.33				
云安区	1989	1975	99.31	13	0.66	1	0.03		
新兴县	3228	3207	99.36	20	0.62	1	0.02		
郁南县	3400	3383	99.50	17	0.50				
罗定市	7508	7469	99.49	38	0.51				

7-3a　各地区家庭户中民族混合户户数（城市）

单位：户、%

地　　区	合　计	单一民族户		二个民族户		三个民族户		四个及以上民族户	
		户数	比重	户数	比重	户数	比重	户数	比重
全　省	**512897**	**504396**	**98.34**	**8392**	**1.64**	**104**	**0.02**	**4**	
广州市	**104849**	**103814**	**99.01**	**1025**	**0.98**	**11**	**0.01**		
荔湾区	9395	9351	99.53	44	0.47				
越秀区	10850	10741	98.99	108	1.00	1	0.01		
海珠区	15289	15188	99.34	100	0.66	1	0.01		
天河区	16578	16418	99.03	158	0.95	2	0.01		
白云区	16232	16043	98.84	186	1.15	3	0.02		
黄埔区	5384	5321	98.83	61	1.14	1	0.03		
番禺区	13887	13687	98.56	199	1.44	1	0.01		
花都区	5207	5168	99.26	39	0.74				
南沙区	2933	2878	98.15	54	1.85				
萝岗区	3627	3581	98.73	46	1.27				
从化区	1770	1763	99.64	6	0.36				
增城区	3698	3675	99.38	22	0.60	1	0.02		
韶关市	**7937**	**7886**	**99.35**	**51**	**0.65**				
武江区	2229	2215	99.39	14	0.61				
浈江区	3017	2996	99.29	21	0.71				
曲江区	1167	1162	99.56	5	0.44				
乐昌市	667	665	99.73	2	0.27				
南雄市	858	848	98.92	9	1.08				
深圳市	**108021**	**104813**	**97.03**	**3176**	**2.94**	**32**	**0.03**		
罗湖区	8657	8558	98.86	98	1.13	1	0.01		
福田区	11138	10958	98.38	180	1.62				
南山区	11257	10964	97.39	289	2.57	4	0.04		
宝安区	48698	46764	96.03	1917	3.94	18	0.04		
龙岗区	26434	25765	97.47	660	2.50	8	0.03		
盐田区	1835	1803	98.24	32	1.73		0.02		
珠海市	**11879**	**11704**	**98.52**	**169**	**1.42**	**6**	**0.05**	**1**	**0.01**
香洲区	9453	9319	98.58	129	1.36	4	0.05	1	0.01
斗门区	1032	1022	98.99	10	1.01				
金湾区	1394	1363	97.77	30	2.12	1	0.11		
汕头市	**17305**	**17274**	**99.82**	**31**	**0.18**				
龙湖区	3397	3390	99.80	7	0.20				
金平区	6817	6804	99.80	13	0.20				
濠江区	987	985	99.76	2	0.24				
潮阳区	2107	2106	99.94	1	0.06				
潮南区	2277	2277	100.00						
澄海区	1719	1712	99.59	7	0.41				

7-3a 续表 1 单位：户、%

地 区	合 计	单一民族户		二个民族户		三个民族户		四个及以上民族户	
		户数	比重	户数	比重	户数	比重	户数	比重
佛山市	**61040**	**59918**	**98.16**	**1111**	**1.82**	**11**	**0.02**		
禅城区	8755	8713	99.52	42	0.48				
南海区	21014	20619	98.12	389	1.85	6	0.03		
顺德区	25506	24877	97.53	625	2.45	4	0.02		
三水区	2538	2503	98.65	34	1.35				
高明区	3227	3206	99.35	20	0.63	1	0.02		
江门市	**20722**	**20483**	**98.85**	**239**	**1.15**	**1**			
蓬江区	6411	6315	98.50	96	1.50				
江海区	2128	2086	98.02	42	1.96	1	0.02		
新会区	3993	3939	98.65	54	1.35				
台山市	2874	2852	99.25	21	0.75				
开平市	2568	2552	99.36	17	0.64				
鹤山市	1818	1814	99.78	4	0.22				
恩平市	930	925	99.47	5	0.53				
湛江市	**11699**	**11661**	**99.67**	**38**	**0.33**				
赤坎区	2620	2607	99.51	13	0.49				
霞山区	3991	3976	99.64	14	0.36				
坡头区	562	560	99.67	2	0.33				
麻章区	316	314	99.63	1	0.37				
遂溪县	159	159	100.00						
廉江市	1280	1277	99.81	2	0.19				
雷州市	1492	1490	99.83	2	0.17				
吴川市	1279	1277	99.80	3	0.20				
茂名市	**10056**	**10005**	**99.49**	**51**	**0.50**	**1**	**0.01**		
茂南区	4039	4014	99.39	25	0.61				
电白区	1460	1448	99.17	11	0.76	1	0.08		
高州市	1525	1518	99.55	7	0.45				
化州市	1344	1341	99.81	3	0.19				
信宜市	1688	1683	99.67	6	0.33				
肇庆市	**8203**	**8169**	**99.59**	**33**	**0.41**				
端州区	4576	4562	99.70	14	0.30				
鼎湖区	390	389	99.78	1	0.22				
高要市	674	673	99.78	1	0.22				
四会市	2563	2545	99.33	17	0.67				
惠州市	**16591**	**16345**	**98.52**	**243**	**1.47**	**2**	**0.01**		
惠城区	11712	11525	98.41	185	1.58	1	0.01		
惠阳区	4808	4751	98.81	56	1.17	1	0.02		
博罗县	72	70	97.06	2	2.94				

7-3a 续表 2

单位：户、%

地　　区	合　计	单一民族户		二个民族户		三个民族户		四个及以上民族户	
		户数	比重	户数	比重	户数	比重	户数	比重
梅州市	**6723**	**6709**	**99.78**	**15**	**0.22**				
梅江区	3132	3125	99.78	7	0.22				
梅县区	1154	1150	99.63	4	0.37				
五华县	109	109	100.00						
兴宁市	2329	2325	99.85	4	0.15				
汕尾市	**3082**	**3078**	**99.87**	**4**	**0.13**				
城区	2141	2137	99.84	3	0.16				
陆丰市	941	941	99.92	1	0.08				
河源市	**3193**	**3152**	**98.73**	**40**	**1.27**				
源城区	3193	3152	98.73	40	1.27				
阳江市	**4361**	**4348**	**99.70**	**13**	**0.30**				
江城区	3086	3076	99.68	10	0.32				
阳春市	1275	1272	99.74	3	0.26				
清远市	**7431**	**7379**	**99.30**	**50**	**0.68**	**1**	**0.02**		
清城区	3701	3682	99.48	18	0.49	1	0.03		
清新区	1488	1481	99.53	7	0.47				
英德市	1198	1196	99.80	2	0.20				
连州市	1044	1021	97.78	23	2.17	1	0.05		
东莞市	**71292**	**69659**	**97.71**	**1592**	**2.23**	**38**	**0.05**	**3**	
中山市	**19074**	**18643**	**97.74**	**429**	**2.25**	**2**	**0.01**		
潮州市	**6325**	**6275**	**99.21**	**50**	**0.79**				
湘桥区	3292	3259	99.02	32	0.98				
潮安区	3033	3016	99.42	18	0.58				
揭阳市	**9626**	**9609**	**99.82**	**17**	**0.18**				
榕城区	4180	4174	99.85	6	0.15				
揭东区	2047	2039	99.60	8	0.40				
普宁市	3400	3397	99.91	3	0.09				
云浮市	**3486**	**3473**	**99.62**	**13**	**0.38**				
云城区	1901	1894	99.65	7	0.35				
云安区	154	153	99.73		0.27				
罗定市	1432	1425	99.56	6	0.44				

7-3b 各地区家庭户中民族混合户户数（镇）

单位：户、%

地　　区	合　计	单一民族户		二个民族户		三个民族户		四个及以上民族户	
		户数	比重	户数	比重	户数	比重	户数	比重
全　省	**130228**	**129144**	**99.17**	**1060**	**0.81**	**22**	**0.02**	**1**	
广州市	**9305**	**9225**	**99.14**	**79**	**0.85**			**1**	**0.01**
白云区	1558	1540	98.85	17	1.06			1	0.09
番禺区	581	575	98.94	6	1.06				
花都区	828	820	99.00	8	1.00				
南沙区	1878	1856	98.80	23	1.20				
萝岗区	117	117	100.00						
从化区	535	534	99.73	1	0.27				
增城区	3808	3784	99.37	24	0.63				
韶关市	**6081**	**6006**	**98.77**	**75**	**1.23**		**0.01**		
武江区	144	139	96.60	5	3.40				
浈江区	355	353	99.35	2	0.65				
曲江区	370	368	99.54	2	0.46				
始兴县	714	698	97.72	16	2.28				
仁化县	651	640	98.22	12	1.78				
翁源县	946	942	99.58	4	0.42				
乳源瑶族自治县	678	654	96.55	23	3.38		0.07		
新丰县	735	732	99.68	2	0.32				
乐昌市	1067	1063	99.55	5	0.45				
南雄市	420	417	99.12	4	0.88				
珠海市	**2239**	**2197**	**98.12**	**41**	**1.85**	**1**	**0.03**		
香洲区	126	124	97.87	3	2.13				
斗门区	1105	1082	98.00	21	1.94	1	0.06		
金湾区	1008	991	98.29	17	1.71				
汕头市	**8586**	**8553**	**99.62**	**33**	**0.38**				
龙湖区	358	358	100.00						
濠江区	50	50	100.00						
潮阳区	3609	3596	99.66	12	0.34				
潮南区	1722	1712	99.43	10	0.57				
澄海区	2455	2445	99.57	11	0.43				
南澳县	392	392	99.93		0.07				
佛山市	**3993**	**3923**	**98.25**	**70**	**1.75**				
禅城区	1392	1377	98.91	15	1.09				
南海区	597	591	98.99	6	1.01				
三水区	1715	1672	97.48	43	2.52				
高明区	289	283	98.18	5	1.82				
江门市	**4666**	**4617**	**98.96**	**48**	**1.04**				
新会区	1102	1095	99.41	7	0.59				
台山市	943	932	98.81	11	1.19				
开平市	628	622	99.03	6	0.97				
鹤山市	878	856	97.55	22	2.45				
恩平市	1115	1112	99.72	3	0.28				

7-3b 续表 1

单位：户、%

地　区	合　计	单一民族户		二个民族户		三个民族户		四个及以上民族户	
		户数	比重	户数	比重	户数	比重	户数	比重
湛江市	**9635**	**9593**	**99.57**	**42**	**0.43**				
霞山区	35	35	100.00						
坡头区	468	466	99.47	2	0.53				
麻章区	948	945	99.69	3	0.31				
遂溪县	1731	1728	99.82	3	0.18				
徐闻县	1997	1985	99.44	11	0.56				
廉江市	1837	1824	99.25	14	0.75				
雷州市	1549	1548	99.92	1	0.08				
吴川市	1070	1063	99.35	7	0.65				
茂名市	**7365**	**7310**	**99.26**	**52**	**0.71**	**2**	**0.02**		
茂南区	269	269	100.00						
电白区	2757	2745	99.56	12	0.44				
高州市	1802	1775	98.47	26	1.43	2	0.10		
化州市	1377	1374	99.77	3	0.23				
信宜市	1160	1148	99.03	11	0.97				
肇庆市	**6922**	**6905**	**99.75**	**17**	**0.24**	**1**	**0.01**		
鼎湖区	343	342	99.50	2	0.50				
广宁县	1338	1334	99.73	4	0.27				
怀集县	1426	1424	99.82	3	0.18				
封开县	950	949	99.92	1	0.08				
德庆县	765	763	99.77	2	0.23				
高要市	1588	1587	99.95	1	0.05				
四会市	513	506	98.79	6	1.08	1	0.13		
惠州市	**10224**	**10105**	**98.84**	**116**	**1.13**	**3**	**0.03**		
惠城区	848	816	96.31	28	3.36	3	0.34		
惠阳区	722	719	99.52	3	0.48				
博罗县	4187	4145	99.02	41	0.98				
惠东县	3501	3474	99.25	26	0.75				
龙门县	967	950	98.27	17	1.73				
梅州市	**9369**	**9356**	**99.86**	**13**	**0.14**				
梅江区	59	59	100.00						
梅县区	890	888	99.79	2	0.21				
大埔县	1395	1393	99.86	2	0.14				
丰顺县	1733	1730	99.83	3	0.17				
五华县	2320	2317	99.87	3	0.13				
平远县	878	876	99.77	2	0.23				
蕉岭县	893	892	99.91	1	0.09				
兴宁市	1201	1200	99.93	1	0.07				
汕尾市	**6812**	**6803**	**99.86**	**10**	**0.14**				
城区	348	348	100.00						
海丰县	3291	3282	99.73	9	0.27				
陆河县	902	902	100.00						
陆丰市	2271	2271	99.97	1	0.03				

7-3b 续表 2 单位：户、%

地 区	合 计	单一民族户		二个民族户		三个民族户		四个及以上民族户	
		户数	比重	户数	比重	户数	比重	户数	比重
河源市	**5704**	**5673**	**99.45**	**32**	**0.55**				
紫金县	1628	1622	99.65	6	0.35				
龙川县	1559	1550	99.43	9	0.57				
连平县	857	852	99.46	5	0.54				
和平县	856	854	99.80	2	0.20				
东源县	805	794	98.65	11	1.35				
阳江市	**4639**	**4610**	**99.39**	**28**	**0.61**				
江城区	622	620	99.69	2	0.31				
阳西县	1324	1319	99.64	5	0.36				
阳东县	1528	1523	99.66	5	0.34				
阳春市	1164	1148	98.59	16	1.41				
清远市	7049	6860	97.32	180	2.55	9	0.13		
清城区	1437	1421	98.93	15	1.07				
清新区	864	861	99.64	3	0.36				
佛冈县	972	967	99.56	4	0.44				
阳山县	1026	1019	99.33	7	0.67				
连山壮族瑶族自治县	268	172	64.11	89	33.23	7	2.66		
连南瑶族自治县	530	476	89.90	51	9.68	2	0.42		
英德市	1685	1676	99.48	9	0.52				
连州市	267	266	99.62	1	0.38				
东莞市	**948**	**940**	**99.12**	**7**	**0.70**	**2**	**0.18**		
中山市	**8291**	**8109**	**97.80**	**178**	**2.14**	**5**	**0.06**		
潮州市	**5596**	**5584**	**99.77**	**13**	**0.23**				
湘桥区	752	749	99.59	3	0.41				
潮安区	1676	1673	99.79	4	0.21				
饶平县	3168	3162	99.81	6	0.19				
揭阳市	**8937**	**8923**	**99.84**	**14**	**0.16**				
榕城区	714	713	99.85	1	0.15				
揭东区	1491	1490	99.93	1	0.07				
揭西县	1772	1771	99.94	1	0.06				
惠来县	2603	2601	99.92	2	0.08				
普宁市	2357	2348	99.62	9	0.38				
云浮市	**3867**	**3853**	**99.64**	**14**	**0.36**				
云城区	67	67	100.00						
云安区	345	344	99.88		0.12				
新兴县	1221	1215	99.58	5	0.42				
郁南县	1379	1372	99.51	7	0.49				
罗定市	856	855	99.82	2	0.18				

7-3c 各地区家庭户中民族混合户户数（乡村）

单位：户、%

地区	合计	单一民族户		二个民族户		三个民族户		四个及以上民族户	
		户数	比重	户数	比重	户数	比重	户数	比重
全省	**240261**	**238382**	**99.22**	**1866**	**0.78**	**14**	**0.01**		
广州市	**14630**	**14507**	**99.16**	**122**	**0.84**				
白云区	2758	2739	99.31	19	0.69				
番禺区	2235	2180	97.56	55	2.44				
花都区	2491	2479	99.52	12	0.48				
南沙区	1968	1949	99.05	19	0.95				
萝岗区	511	508	99.37	3	0.63				
从化区	2338	2330	99.64	8	0.36				
增城区	2328	2322	99.73	6	0.27				
韶关市	**10571**	**10405**	**98.43**	**165**	**1.56**	**1**	**0.01**		
武江区	426	425	99.70	1	0.30				
浈江区	525	523	99.56	2	0.44				
曲江区	952	950	99.79	2	0.21				
始兴县	1002	940	93.86	62	6.14				
仁化县	960	949	98.81	11	1.13	1	0.06		
翁源县	1877	1870	99.63	7	0.37				
乳源瑶族自治县	825	806	97.63	20	2.37				
新丰县	757	753	99.49	4	0.51				
乐昌市	1685	1674	99.38	10	0.62				
南雄市	1562	1515	97.05	46	2.95				
珠海市	**1378**	**1368**	**99.26**	**10**	**0.74**				
斗门区	1378	1368	99.26	10	0.74				
汕头市	**9647**	**9622**	**99.74**	**25**	**0.26**				
龙湖区	555	554	99.80	1	0.20				
金平区	118	118	100.00						
濠江区	541	538	99.41	3	0.59				
潮阳区	4135	4127	99.80	8	0.20				
潮南区	2830	2820	99.65	10	0.35				
澄海区	1358	1356	99.84	2	0.16				
南澳县	111	110	99.70		0.30				
佛山市	**3058**	**3017**	**98.66**	**41**	**1.34**				
南海区	1056	1037	98.24	19	1.76				
顺德区	206	206	100.00						
三水区	1344	1325	98.54	20	1.46				
高明区	453	450	99.37	3	0.63				
江门市	**13313**	**13192**	**99.09**	**120**	**0.90**	**1**	**0.01**		
蓬江区	31	30	98.58		1.42				
新会区	2842	2819	99.19	22	0.77	1	0.04		
台山市	4409	4352	98.71	57	1.29				
开平市	2522	2508	99.45	14	0.55				
鹤山市	1636	1624	99.30	11	0.70				
恩平市	1873	1857	99.15	16	0.85				

7-3c 续表 1

单位：户、%

地　区	合 计	单一民族户		二个民族户		三个民族户		四个及以上民族户	
		户数	比重	户数	比重	户数	比重	户数	比重
湛江市	**26818**	**26663**	**99.42**	**155**	**0.58**				
赤坎区	33	33	100.00						
霞山区	142	142	100.00						
坡头区	1444	1430	99.06	14	0.94				
麻章区	1934	1933	99.96	1	0.04				
遂溪县	4109	4093	99.61	16	0.39				
徐闻县	2723	2712	99.63	10	0.37				
廉江市	6801	6719	98.79	82	1.21				
雷州市	6302	6287	99.77	14	0.23				
吴川市	3331	3313	99.46	18	0.54				
茂名市	**26291**	**26129**	**99.38**	**161**	**0.61**	**2**	**0.01**		
茂南区	1625	1604	98.69	21	1.31				
电白区	6377	6326	99.20	49	0.77	2	0.03		
高州市	7232	7197	99.51	35	0.49				
化州市	6368	6346	99.64	23	0.36				
信宜市	4689	4657	99.32	32	0.68				
肇庆市	**16480**	**16442**	**99.77**	**38**	**0.23**				
鼎湖区	650	647	99.54	3	0.46				
广宁县	2293	2285	99.68	7	0.32				
怀集县	4448	4441	99.83	7	0.17				
封开县	2048	2041	99.66	7	0.34				
德庆县	1793	1791	99.88	2	0.12				
高要市	3720	3713	99.82	7	0.18				
四会市	1528	1524	99.69	5	0.31				
惠州市	**10296**	**10128**	**98.37**	**168**	**1.63**				
惠城区	1931	1913	99.06	18	0.94				
惠阳区	1150	1145	99.62	4	0.38				
博罗县	3241	3133	96.66	108	3.34				
惠东县	2577	2559	99.32	18	0.68				
龙门县	1398	1378	98.58	20	1.42				
梅州市	**17501**	**17480**	**99.88**	**21**	**0.12**				
梅江区	311	311	100.00						
梅县区	1913	1909	99.83	3	0.17				
大埔县	1927	1925	99.88	2	0.12				
丰顺县	2010	2006	99.82	4	0.18				
五华县	5584	5578	99.89	6	0.11				
平远县	966	966	99.95		0.05				
蕉岭县	882	881	99.80	2	0.20				
兴宁市	3908	3904	99.89	4	0.11				

7-3c 续表 2

单位：户、%

地 区	合 计	单一民族户		二个民族户		三个民族户		四个及以上民族户	
		户数	比重	户数	比重	户数	比重	户数	比重
汕尾市	**7204**	**7192**	**99.82**	**13**	**0.18**				
城区	707	705	99.67	2	0.33				
海丰县	1823	1816	99.63	7	0.38				
陆河县	758	757	99.88	1	0.12				
陆丰市	3916	3913	99.94	3	0.06				
河源市	**12711**	**12635**	**99.41**	**76**	**0.59**				
源城区	42	42	100.00						
紫金县	2715	2709	99.80	5	0.20				
龙川县	3856	3843	99.67	13	0.33				
连平县	1471	1428	97.06	43	2.94				
和平县	2077	2071	99.70	6	0.30				
东源县	2550	2542	99.69	8	0.31				
阳江市	**9524**	**9457**	**99.30**	**67**	**0.70**				
江城区	1276	1275	99.93	1	0.07				
阳西县	2417	2409	99.67	8	0.33				
阳东县	1788	1783	99.76	4	0.24				
阳春市	4043	3990	98.68	53	1.32				
清远市	14727	14460	98.18	262	1.78	6	0.04		
清城区	1111	1104	99.38	7	0.62				
清新区	2986	2971	99.50	15	0.50				
佛冈县	1315	1312	99.75	3	0.25				
阳山县	1842	1829	99.29	13	0.71				
连山壮族瑶族自治县	422	277	65.59	139	32.96	6	1.45		
连南瑶族自治县	613	583	95.18	30	4.82				
英德市	4521	4487	99.25	34	0.75				
连州市	1917	1896	98.92	21	1.08				
东莞市	**8615**	**8384**	**97.32**	**228**	**2.64**	**3**	**0.03**		
中山市	**3259**	**3192**	**97.95**	**67**	**2.05**				
潮州市	**6465**	**6450**	**99.78**	**14**	**0.22**				
湘桥区	444	443	99.89	1	0.11				
潮安区	2801	2791	99.63	10	0.37				
饶平县	3220	3217	99.89	3	0.11				
揭阳市	**16326**	**16282**	**99.73**	**44**	**0.27**				
榕城区	1183	1180	99.73	3	0.27				
揭东区	2826	2822	99.84	4	0.16				
揭西县	3180	3173	99.78	7	0.22				
惠来县	3144	3141	99.91	3	0.09				
普宁市	5993	5967	99.56	27	0.44				
云浮市	**11448**	**11377**	**99.38**	**70**	**0.61**	**1**	**0.01**		
云城区	709	707	99.71	2	0.29				
云安区	1491	1478	99.14	12	0.82	1	0.04		
新兴县	2007	1992	99.23	15	0.74	1	0.03		
郁南县	2021	2011	99.49	10	0.51				
罗定市	5220	5189	99.42	30	0.58				

7-4 各地区分年龄、性别的一人户

单位：户

地 区	合 计			14岁及以下			15-19岁		
	小计	男	女	小计	男	女	小计	男	女
全 省	**177996**	**111272**	**66724**	**2235**	**1256**	**979**	**5635**	**3452**	**2183**
广州市	**30709**	**18328**	**12381**	**197**	**99**	**98**	**739**	**456**	**283**
荔湾区	1979	1028	950	16	10	6	36	23	13
越秀区	1924	998	926	36	18	19	28	15	14
海珠区	2731	1415	1316	14	8	6	37	16	21
天河区	5366	3105	2261	23	12	11	121	72	49
白云区	4486	2797	1689	23	7	16	113	79	34
黄埔区	1767	1190	577	6	4	2	37	19	18
番禺区	4958	2947	2011	23	9	14	166	107	59
花都区	1622	1005	617	15	8	7	46	27	19
南沙区	1969	1272	697	5	3	2	70	47	24
萝岗区	1704	1266	438	3	2	1	41	28	13
从化区	509	273	236	12	6	5	6	3	3
增城区	1692	1030	662	20	11	9	37	20	17
韶关市	**2787**	**1446**	**1341**	**118**	**72**	**46**	**48**	**30**	**18**
武江区	330	159	171	5	3	2	3	2	2
浈江区	600	269	331	10	5	5	4	3	1
曲江区	353	210	143	8	4	5	4	3	1
始兴县	198	101	97	8	5	3	4	3	1
仁化县	148	88	60	7	3	4			
翁源县	257	147	110	15	12	3	2	1	1
乳源瑶族自治县	157	89	67	12	7	5	7	4	3
新丰县	86	48	38	3	2	1	2	1	1
乐昌市	339	174	165	22	10	12	11	9	3
南雄市	319	160	159	27	22	5	11	5	6
深圳市	**34729**	**22527**	**12202**	**141**	**77**	**64**	**1128**	**625**	**503**
罗湖区	2462	1150	1311	24	9	15	38	10	28
福田区	2261	1115	1146	31	16	16	34	14	21
南山区	2380	1421	959	18	10	9	29	14	15
宝安区	17966	12425	5541	51	31	20	695	372	323
龙岗区	9252	6195	3056	14	11	3	327	215	112
盐田区	409	221	188	3	1	3	5	2	3
珠海市	**3932**	**2306**	**1626**	**24**	**15**	**8**	**112**	**61**	**51**
香洲区	2579	1383	1196	18	12	6	70	35	35
斗门区	695	461	234	4	3	1	17	9	9
金湾区	658	462	196	1		1	25	18	7
汕头市	**2146**	**1158**	**988**	**44**	**23**	**21**	**32**	**23**	**9**
龙湖区	427	301	127	2		2	12	10	2
金平区	662	309	353	9	4	5	9	8	1
濠江区	109	51	58	4	1	2			
潮阳区	357	176	181	7	5	2	4	1	2
潮南区	179	91	88	18	10	7	4	3	1
澄海区	376	214	162	5	2	3	3	1	2
南澳县	35	15	21	1					
佛山市	**17178**	**11370**	**5808**	**96**	**61**	**35**	**604**	**407**	**196**
禅城区	2113	1173	940	12	11	1	68	36	31
南海区	5562	3796	1765	48	30	18	194	144	49
顺德区	7553	5193	2360	16	9	7	307	206	101
三水区	1190	709	480	7	3	4	27	16	12
高明区	761	498	262	13	8	5	8	5	3

7-4 续表 1

单位：户

地区	20-24岁			25-29岁			30-34岁		
	小计	男	女	小计	男	女	小计	男	女
全 省	**20111**	**12564**	**7547**	**31227**	**20539**	**10688**	**22685**	**15499**	**7186**
广州市	**3995**	**2406**	**1589**	**6640**	**4131**	**2509**	**4241**	**2755**	**1485**
荔湾区	178	100	78	276	164	112	215	129	86
越秀区	137	75	62	287	152	135	216	122	95
海珠区	210	125	85	406	212	194	363	222	141
天河区	1033	591	442	1498	875	623	812	509	303
白云区	638	403	235	1082	661	421	647	414	233
黄埔区	253	153	100	509	361	148	264	202	62
番禺区	679	381	298	1204	719	485	756	481	275
花都区	152	90	62	272	180	92	193	126	67
南沙区	257	190	67	366	266	100	236	161	75
萝岗区	305	204	101	502	389	114	289	233	56
从化区	20	15	6	35	22	13	45	30	16
增城区	133	81	53	203	130	73	205	129	76
韶关市	**78**	**44**	**33**	**160**	**99**	**61**	**106**	**72**	**35**
武江区	11	5	6	27	14	13	22	11	11
浈江区	25	11	14	44	22	21	23	15	8
曲江区	14	12	2	41	34	7	20	17	3
始兴县	3	2	1	6	4	2	7	7	
仁化县	4	2	2	10	7	2	4	3	1
翁源县	3	2	1	7	7	1	4	4	1
乳源瑶族自治县	3	1	1	5	2	4	3	3	1
新丰县	1	1		1		1	1	1	
乐昌市	3	1	2	9	6	4	11	6	5
南雄市	11	6	5	9	3	6	10	6	4
深圳市	**5749**	**3467**	**2282**	**9132**	**6039**	**3093**	**5858**	**4022**	**1835**
罗湖区	327	137	191	597	259	338	449	199	250
福田区	256	129	127	541	257	284	375	176	199
南山区	250	135	115	699	403	297	390	255	135
宝安区	3242	2038	1204	4978	3543	1435	3074	2315	759
龙岗区	1630	1005	625	2229	1534	695	1499	1039	460
盐田区	44	24	20	87	44	44	71	38	32
珠海市	**582**	**342**	**240**	**895**	**533**	**362**	**554**	**352**	**202**
香洲区	412	224	188	631	345	286	384	220	164
斗门区	82	58	24	134	95	39	89	65	24
金湾区	88	60	28	130	94	36	81	67	15
汕头市	**98**	**59**	**39**	**166**	**127**	**39**	**133**	**104**	**29**
龙湖区	46	33	14	72	57	14	62	48	14
金平区	24	9	15	36	25	11	30	22	8
濠江区	2	1	1	2	1	2	2	1	1
潮阳区	14	8	6	16	12	4	12	9	4
潮南区	4	1	2	13	9	4	6	6	
澄海区	8	7	1	27	22	5	20	17	3
南澳县	1	1		1	1		1	1	
佛山市	**1909**	**1297**	**611**	**2898**	**2007**	**891**	**2453**	**1782**	**671**
禅城区	252	149	102	332	197	135	264	161	103
南海区	614	423	191	871	649	222	811	590	221
顺德区	892	616	276	1485	1009	476	1166	875	291
三水区	101	72	29	133	98	35	136	94	42
高明区	50	37	13	77	55	22	77	63	15

7-4 续表 2

单位：户

地　区	35-39岁			40-44岁			45-49岁		
	小计	男	女	小计	男	女	小计	男	女
全　省	**17428**	**11869**	**5559**	**17615**	**11720**	**5895**	**14928**	**9736**	**5192**
广州市	**2988**	**1906**	**1083**	**2907**	**1840**	**1067**	**2250**	**1412**	**837**
荔湾区	153	85	68	175	99	76	148	84	64
越秀区	139	74	65	154	86	68	165	89	76
海珠区	250	146	104	243	144	99	196	104	92
天河区	497	286	210	408	242	167	308	188	120
白云区	459	311	148	477	318	159	314	208	106
黄埔区	172	122	49	144	107	38	121	87	34
番禺区	517	329	188	498	301	197	397	245	152
花都区	181	123	59	182	125	58	152	107	45
南沙区	244	164	80	243	159	84	172	107	66
萝岗区	161	123	38	139	106	33	93	69	24
从化区	43	23	20	56	33	23	35	21	14
增城区	172	120	53	188	122	67	149	103	47
韶关市	**142**	**91**	**51**	**179**	**115**	**64**	**259**	**137**	**122**
武江区	28	17	11	24	13	11	30	16	14
浈江区	28	18	10	43	24	19	54	23	31
曲江区	16	11	5	17	14	3	36	22	14
始兴县	13	8	5	16	11	4	22	13	9
仁化县	12	9	3	8	6	2	15	9	5
翁源县	10	5	5	15	9	6	22	13	9
乳源瑶族自治县	5	4	1	10	8	2	13	9	3
新丰县	3	3		7	4	2	10	5	5
乐昌市	16	10	6	29	19	10	24	13	11
南雄市	11	6	5	10	7	3	35	15	21
深圳市	**3734**	**2534**	**1200**	**3425**	**2272**	**1153**	**2331**	**1527**	**805**
罗湖区	287	143	144	239	131	108	174	94	81
福田区	258	125	133	243	141	102	185	92	94
南山区	292	177	116	256	178	78	162	100	62
宝安区	1820	1331	489	1582	1078	504	1125	805	319
龙岗区	1023	728	296	1047	715	332	649	414	236
盐田区	52	30	23	58	29	29	36	23	14
珠海市	**416**	**253**	**164**	**365**	**209**	**156**	**299**	**175**	**124**
香洲区	274	148	126	240	119	121	187	101	86
斗门区	71	52	19	52	36	16	42	25	16
金湾区	72	53	19	73	54	19	70	48	22
汕头市	**108**	**73**	**35**	**143**	**100**	**43**	**202**	**124**	**77**
龙湖区	39	30	9	55	42	13	31	23	8
金平区	23	15	9	41	24	16	72	38	35
濠江区	4	2	1	6	5	1	7	4	3
潮阳区	15	5	10	17	11	6	42	25	17
潮南区	4	4		8	5	3	15	9	6
澄海区	23	17	6	17	14	4	34	25	9
南澳县	1	1		1		1	1	1	
佛山市	**1931**	**1398**	**533**	**1937**	**1341**	**596**	**1769**	**1228**	**541**
禅城区	193	120	73	207	128	79	188	127	61
南海区	605	443	163	623	453	170	648	452	196
顺德区	926	694	232	896	616	279	741	515	226
三水区	132	87	45	110	76	34	122	80	43
高明区	74	54	20	101	67	34	70	54	16

7-4 续表 3

单位：户

地 区	50-54岁			55-59岁			60-64岁			65岁及以上		
	小计	男	女	小计	男	女	小计	男	女	小计	男	女
全 省	**10490**	**6922**	**3568**	**6572**	**4366**	**2207**	**6113**	**3691**	**2422**	**22957**	**9658**	**13299**
广州市	**1663**	**1040**	**623**	**1047**	**621**	**427**	**955**	**508**	**447**	**3086**	**1154**	**1932**
荔湾区	151	87	64	123	62	61	106	49	57	403	137	266
越秀区	157	94	63	138	81	57	126	61	64	341	133	208
海珠区	244	138	106	183	90	93	162	68	95	422	142	279
天河区	200	118	83	122	69	53	83	35	48	261	109	152
白云区	209	139	70	119	79	40	96	58	38	310	121	189
黄埔区	81	56	25	34	22	12	34	22	11	113	35	78
番禺区	210	135	75	93	63	30	93	60	32	324	119	206
花都区	110	73	37	53	35	18	55	31	24	210	80	130
南沙区	96	58	37	45	27	18	54	30	24	181	61	120
萝岗区	55	43	12	28	23	5	25	17	8	63	31	32
从化区	53	32	21	29	14	15	40	25	15	134	48	86
增城区	98	69	29	80	55	25	83	52	31	325	140	185
韶关市	**319**	**178**	**141**	**240**	**128**	**112**	**254**	**136**	**118**	**884**	**344**	**540**
武江区	35	18	16	30	16	15	30	15	15	84	29	55
浈江区	67	38	28	55	26	29	41	23	18	208	61	147
曲江区	40	23	17	20	14	6	28	17	11	108	40	68
始兴县	24	11	12	16	7	8	18	8	10	63	22	41
仁化县	15	9	5	12	9	3	18	8	9	43	21	22
翁源县	31	21	10	28	17	11	21	13	9	98	44	54
乳源瑶族自治县	16	11	5	10	6	4	16	6	10	57	28	29
新丰县	11	6	5	13	8	5	9	6	3	26	12	14
乐昌市	37	19	18	33	12	21	40	23	17	103	47	56
南雄市	45	21	24	23	14	10	35	17	18	92	40	53
深圳市	**1431**	**973**	**458**	**655**	**453**	**202**	**356**	**248**	**108**	**789**	**290**	**499**
罗湖区	111	72	40	66	35	30	41	26	15	108	35	72
福田区	115	60	54	64	35	28	36	25	12	123	46	77
南山区	131	74	57	49	30	19	34	17	17	70	30	40
宝安区	647	467	181	277	203	75	147	119	29	328	123	205
龙岗区	404	285	119	189	143	46	91	58	34	149	51	98
盐田区	24	16	8	10	7	3	5	3	2	12	5	7
珠海市	**210**	**128**	**82**	**102**	**69**	**33**	**78**	**43**	**35**	**296**	**127**	**169**
香洲区	136	76	60	62	38	24	40	21	20	125	46	80
斗门区	33	23	10	22	18	4	30	18	12	118	58	60
金湾区	41	29	12	18	14	4	7	4	4	52	23	29
汕头市	**195**	**125**	**70**	**172**	**90**	**81**	**183**	**75**	**108**	**669**	**234**	**435**
龙湖区	25	16	10	19	14	5	14	9	5	51	20	31
金平区	68	47	21	59	26	33	63	21	42	229	71	158
濠江区	11	7	5	10	8	3	15	8	7	46	14	32
潮阳区	35	18	17	41	19	22	25	10	16	130	54	76
潮南区	11	8	3	12	8	4	24	5	19	62	24	39
澄海区	41	27	13	27	13	14	37	22	16	134	47	86
南澳县	4	2	1	4	3	1	5	1	4	17	5	12
佛山市	**1035**	**724**	**311**	**486**	**349**	**137**	**368**	**210**	**158**	**1693**	**567**	**1126**
禅城区	149	85	64	78	42	35	62	28	33	310	87	223
南海区	339	241	98	145	114	32	114	63	51	550	194	356
顺德区	415	300	115	187	141	46	119	77	43	403	137	266
三水区	71	50	20	43	29	15	42	18	24	265	87	178
高明区	62	47	15	33	23	10	31	25	7	165	62	103

7-4　续表 4　　　　单位：户

地　区	合　计			14岁及以下			15-19岁		
	小计	男	女	小计	男	女	小计	男	女
江门市	**6035**	**3473**	**2562**	**108**	**54**	**54**	**108**	**72**	**36**
蓬江区	949	537	412	11	3	7	19	12	7
江海区	324	190	134	3		3	9	5	4
新会区	1347	794	553	22	12	10	20	17	3
台山市	1316	729	586	18	8	10	15	7	8
开平市	763	425	338	25	16	9	8	5	3
鹤山市	850	516	333	25	11	14	23	17	6
恩平市	487	282	205	5	3	2	13	8	6
湛江市	**4025**	**2208**	**1816**	**107**	**63**	**43**	**77**	**51**	**27**
赤坎区	296	148	148	4	1	4	6	2	4
霞山区	436	196	241	8	5	3	10	3	6
坡头区	240	137	103	2	1	1	5	4	1
麻章区	271	145	126	6	4	2	1	1	
遂溪县	432	259	173	15	8	7	6	5	1
徐闻县	349	179	170	6	4	2	3	2	1
廉江市	788	472	315	20	9	11	16	11	5
雷州市	877	485	392	27	18	9	17	14	3
吴川市	335	187	148	19	14	5	15	8	6
茂名市	**4671**	**2568**	**2103**	**279**	**150**	**129**	**241**	**170**	**71**
茂南区	438	229	209	7	4	3	11	6	5
电白区	648	363	285	32	18	14	13	7	7
高州市	1467	826	641	74	41	33	91	69	22
化州市	1213	621	592	109	60	49	85	60	25
信宜市	906	530	376	56	26	29	41	29	13
肇庆市	**3908**	**2232**	**1676**	**98**	**63**	**36**	**75**	**42**	**34**
端州区	654	291	363	4	3	1	9	4	5
鼎湖区	196	86	110	3	2	1	3	3	1
广宁县	518	281	237	15	6	9	10	5	5
怀集县	434	240	194	36	22	15	17	10	8
封开县	300	180	120	5	4	1	8	4	4
德庆县	290	205	84	6	4	2	3	2	1
高要市	765	459	307	21	15	6	9	5	4
四会市	751	490	261	8	7	2	16	9	7
惠州市	**7692**	**5057**	**2635**	**100**	**53**	**47**	**283**	**166**	**117**
惠城区	3474	2188	1286	42	27	15	136	76	60
惠阳区	2064	1447	617	11	5	6	88	57	31
博罗县	1186	781	405	23	8	15	41	22	19
惠东县	677	466	211	3	3		11	6	4
龙门县	292	175	117	20	10	10	7	4	3
梅州市	**3715**	**1899**	**1815**	**164**	**104**	**61**	**76**	**40**	**36**
梅江区	393	202	191	1	1	1	6	2	4
梅县区	403	171	233	7	5	2	6	3	3
大埔县	542	345	197	29	21	8	11	5	6
丰顺县	329	181	147	15	10	6	11	4	7
五华县	882	420	462	85	49	36	25	14	12
平远县	149	84	65	4	2	2			
蕉岭县	242	137	105	8	6	2	3	3	1
兴宁市	774	358	416	14	10	4	13	9	4

7-4 续表 5

单位：户

地 区	20-24岁			25-29岁			30-34岁		
	小计	男	女	小计	男	女	小计	男	女
江门市	**328**	**216**	**112**	**473**	**322**	**150**	**420**	**278**	**142**
蓬江区	72	47	25	147	95	53	112	83	29
江海区	24	16	8	40	26	13	33	23	10
新会区	74	50	24	97	69	29	76	52	25
台山市	28	15	13	36	28	8	39	22	17
开平市	19	16	3	35	23	12	43	29	15
鹤山市	86	55	31	105	75	29	90	52	38
恩平市	24	17	7	12	5	7	27	18	8
湛江市	**114**	**61**	**53**	**200**	**125**	**75**	**154**	**86**	**68**
赤坎区	14	9	5	35	24	10	21	11	11
霞山区	28	10	19	34	19	15	27	12	15
坡头区	6	5	1	10	4	6	7	5	3
麻章区	6	2	3	18	9	9	25	14	11
遂溪县	7	3	5	7	3	4	7	5	3
徐闻县	12	6	6	16	10	6	8	4	4
廉江市	15	11	4	23	16	7	11	9	3
雷州市	18	13	5	49	34	15	32	16	16
吴川市	8	2	5	9	7	2	14	12	3
茂名市	**184**	**103**	**80**	**196**	**103**	**92**	**134**	**73**	**61**
茂南区	15	9	6	30	21	10	15	10	5
电白区	26	19	8	24	13	11	20	10	10
高州市	57	36	21	52	28	24	28	17	11
化州市	58	22	37	64	32	32	59	28	31
信宜市	27	18	9	25	9	15	12	8	3
肇庆市	**103**	**62**	**41**	**215**	**124**	**91**	**209**	**135**	**74**
端州区	37	16	20	88	34	54	60	28	32
鼎湖区	6	3	2	7	4	3	6	4	2
广宁县	3	3		15	7	8	23	16	7
怀集县	10	5	5	14	9	4	16	12	4
封开县	2	2	1	5	5	1	8	4	5
德庆县	5	2	3	10	7	3	8	6	2
高要市	7	6	1	17	14	3	30	21	8
四会市	34	25	9	58	44	14	58	45	14
惠州市	**1024**	**656**	**368**	**1352**	**917**	**436**	**1003**	**717**	**286**
惠城区	547	324	223	724	452	272	455	320	135
惠阳区	305	219	86	392	302	90	317	232	85
博罗县	120	80	40	152	112	39	138	101	38
惠东县	41	29	13	78	46	32	86	59	27
龙门县	10	4	6	7	4	2	7	5	2
梅州市	**89**	**52**	**37**	**108**	**60**	**49**	**99**	**55**	**43**
梅江区	18	8	10	29	17	13	21	13	8
梅县区	7	4	3	8	5	3	11	5	6
大埔县	9	4	4	10	5	5	11	7	4
丰顺县	10	8	2	10	3	6	12	7	5
五华县	26	17	9	22	10	12	16	6	10
平远县	1		1	5	5		5	4	1
蕉岭县	3	2	1	7	3	3	2	1	1
兴宁市	16	9	7	18	11	7	20	12	9

7-4 续表 6 单位：户

地 区	35-39岁			40-44岁			45-49岁		
	小计	男	女	小计	男	女	小计	男	女
江门市	**454**	**304**	**150**	**521**	**343**	**178**	**532**	**348**	**184**
蓬江区	73	45	28	95	59	36	95	55	40
江海区	29	22	7	38	26	12	33	18	14
新会区	130	99	32	140	103	37	125	89	36
台山市	75	46	29	81	52	29	94	59	36
开平市	40	26	14	53	35	18	65	48	18
鹤山市	82	52	29	65	42	24	75	53	22
恩平市	25	13	12	48	26	23	45	27	19
湛江市	**169**	**105**	**64**	**242**	**156**	**86**	**283**	**179**	**105**
赤坎区	21	11	11	22	11	11	28	17	12
霞山区	31	14	17	37	20	17	44	23	21
坡头区	7	5	3	7	5	3	8	6	2
麻章区	12	6	6	19	13	7	19	14	5
遂溪县	15	10	5	26	16	10	26	22	4
徐闻县	10	10		18	13	5	32	21	11
廉江市	22	13	8	41	35	6	45	25	21
雷州市	44	31	14	54	35	19	61	42	19
吴川市	6	5	1	17	9	8	21	11	10
茂名市	**161**	**90**	**72**	**249**	**136**	**113**	**406**	**231**	**175**
茂南区	23	15	8	21	15	6	30	18	12
电白区	22	12	10	29	18	11	48	23	25
高州市	49	27	22	91	53	38	167	93	74
化州市	40	22	18	58	26	32	73	48	25
信宜市	27	15	12	51	24	27	87	49	39
肇庆市	**227**	**141**	**87**	**292**	**200**	**92**	**379**	**245**	**133**
端州区	58	24	34	64	35	29	61	36	26
鼎湖区	6	3	3	9	6	3	13	6	6
广宁县	17	10	7	23	15	8	56	36	19
怀集县	13	9	4	32	21	10	52	26	27
封开县	8	7	1	18	12	5	33	21	12
德庆县	15	12	4	18	13	6	26	19	7
高要市	35	20	14	47	33	14	55	37	19
四会市	77	56	21	82	65	17	83	65	18
惠州市	**845**	**611**	**234**	**824**	**571**	**253**	**682**	**452**	**230**
惠城区	384	264	120	353	233	120	320	216	105
惠阳区	255	188	67	238	163	75	183	110	73
博罗县	127	95	32	122	88	35	98	66	32
惠东县	61	51	11	87	69	18	57	42	14
龙门县	18	13	5	25	19	6	24	18	6
梅州市	**115**	**60**	**55**	**194**	**111**	**83**	**360**	**206**	**154**
梅江区	25	13	12	25	11	13	30	15	15
梅县区	10	5	5	19	9	11	31	19	12
大埔县	12	9	3	21	14	6	48	37	10
丰顺县	8	5	3	16	12	5	21	12	8
五华县	29	8	21	53	26	27	121	61	60
平远县	4	3	1	9	7	2	18	12	6
蕉岭县	7	4	4	12	5	6	18	10	9
兴宁市	20	14	7	40	27	13	74	39	34

7-4 续表 7

单位：户

地区	50-54岁			55-59岁			60-64岁			65岁及以上		
	小计	男	女	小计	男	女	小计	男	女	小计	男	女
江门市	**420**	**260**	**160**	**374**	**250**	**124**	**415**	**237**	**179**	**1883**	**790**	**1093**
蓬江区	64	37	27	38	24	14	44	18	26	178	58	120
江海区	22	13	10	19	11	8	16	7	9	59	22	37
新会区	73	51	22	60	41	18	84	44	40	446	166	279
台山市	115	71	43	112	78	34	157	95	62	545	248	297
开平市	67	39	28	64	47	16	60	36	25	283	105	178
鹤山市	50	27	23	41	28	13	28	19	9	181	85	95
恩平市	29	21	8	40	20	20	26	18	8	192	106	87
湛江市	**305**	**185**	**120**	**321**	**196**	**125**	**303**	**175**	**128**	**1751**	**827**	**924**
赤坎区	23	11	12	32	17	15	18	9	9	71	27	44
霞山区	37	18	19	35	18	17	33	16	17	112	38	74
坡头区	11	7	4	13	6	7	24	14	10	140	74	65
麻章区	16	8	8	18	13	5	18	13	6	113	49	63
遂溪县	41	26	15	34	26	9	36	23	13	212	114	98
徐闻县	25	18	7	32	22	10	25	15	10	162	54	108
廉江市	55	34	22	57	30	26	64	43	21	420	237	183
雷州市	65	49	16	67	46	21	57	30	27	385	158	228
吴川市	31	15	16	32	17	14	28	12	16	138	76	62
茂名市	**414**	**208**	**206**	**343**	**220**	**124**	**354**	**224**	**130**	**1711**	**860**	**851**
茂南区	33	20	13	24	13	11	34	16	18	195	83	112
电白区	56	22	34	57	41	15	51	35	15	270	145	125
高州市	124	67	57	85	56	29	117	80	37	531	259	272
化州市	100	45	54	88	49	39	84	42	42	393	186	208
信宜市	101	53	48	90	60	30	68	51	17	322	187	135
肇庆市	**357**	**231**	**126**	**299**	**196**	**103**	**353**	**217**	**136**	**1303**	**578**	**725**
端州区	48	26	21	32	16	16	43	18	26	151	50	100
鼎湖区	12	8	4	8	4	4	21	9	12	103	33	69
广宁县	47	26	22	54	38	16	52	31	21	203	88	115
怀集县	47	26	21	31	16	15	41	24	18	124	59	65
封开县	37	21	15	40	25	15	32	21	11	106	56	49
德庆县	39	30	9	29	23	6	39	32	7	93	57	36
高要市	66	50	16	58	41	17	75	48	27	347	170	176
四会市	62	44	18	47	33	14	51	35	15	177	63	114
惠州市	**459**	**327**	**131**	**240**	**165**	**74**	**168**	**114**	**54**	**713**	**308**	**405**
惠城区	172	114	58	90	61	29	45	25	20	206	77	129
惠阳区	121	87	35	43	28	16	23	17	5	87	38	49
博罗县	69	49	20	51	37	14	41	27	14	204	97	107
惠东县	60	50	10	38	29	9	34	28	7	120	53	67
龙门县	36	27	9	17	11	7	26	18	8	96	43	53
梅州市	**420**	**230**	**190**	**363**	**222**	**141**	**440**	**239**	**201**	**1286**	**521**	**765**
梅江区	36	22	14	37	24	13	42	28	14	123	49	74
梅县区	55	31	24	42	24	18	56	22	34	152	39	113
大埔县	78	54	23	64	48	16	81	60	21	170	80	90
丰顺县	32	18	14	30	22	8	36	21	16	128	60	68
五华县	101	42	59	66	36	30	72	38	34	265	114	152
平远县	17	9	8	14	7	7	16	8	8	56	26	30
蕉岭县	24	17	7	30	22	9	28	19	9	100	47	53
兴宁市	77	37	40	80	39	41	110	44	65	293	107	186

7-4 续表 8 单位：户

地 区	合 计			14岁及以下			15-19岁		
	小计	男	女	小计	男	女	小计	男	女
汕尾市	**995**	**751**	**244**	**32**	**16**	**16**	**12**	**10**	**2**
城区	177	118	59	5	1	4	1	1	
海丰县	415	304	111	15	10	5	9	9	
陆河县	72	57	15	2	2		1		
陆丰市	332	272	59	9	3	6	2	1	1
河源市	**2452**	**1452**	**1000**	**158**	**80**	**78**	**69**	**42**	**27**
源城区	425	265	160	4	2	2	14	4	10
紫金县	329	173	156	24	11	13	9	6	3
龙川县	703	394	309	75	37	38	24	18	6
连平县	136	87	50	7	6	1	8	7	2
和平县	273	147	125	19	10	10	5	4	2
东源县	586	386	200	29	15	14	8	3	5
阳江市	**2032**	**1247**	**785**	**75**	**43**	**32**	**37**	**19**	**18**
江城区	369	214	156	8	5	4	1		1
阳西县	536	318	218	29	15	14	14	11	3
阳东县	408	264	144	9	7	2	7	1	6
阳春市	720	452	268	30	17	13	16	7	9
清远市	**3674**	**2142**	**1532**	**190**	**109**	**81**	**72**	**45**	**27**
清城区	700	364	335	21	12	9	13	10	3
清新区	662	420	242	28	22	7	10	7	3
佛冈县	317	197	120	18	10	8	4	2	2
阳山县	406	230	176	22	11	11	11	4	7
连山壮族瑶族自治县	75	43	32	3	1	2	1		1
连南瑶族自治县	158	85	73	11	7	4	3	1	2
英德市	893	519	374	53	28	26	20	15	6
连州市	463	283	180	33	18	15	9	5	4
东莞市	**32759**	**21878**	**10881**	**88**	**50**	**38**	**1344**	**857**	**487**
中山市	**9015**	**6069**	**2946**	**41**	**22**	**19**	**455**	**267**	**188**
潮州市	**1508**	**837**	**670**	**15**	**4**	**11**	**18**	**8**	**10**
湘桥区	458	229	230	3		3	2	1	1
潮安区	432	262	170	3	1	3	5	3	3
饶平县	617	346	271	9	3	6	11	4	6
揭阳市	**1578**	**985**	**593**	**28**	**18**	**11**	**44**	**21**	**23**
榕城区	291	163	128				5	1	4
揭东区	480	318	162	7	3	3	9	4	5
揭西县	339	203	136	5	4	1	11	6	5
惠来县	164	94	70	3	1	2	3	2	1
普宁市	304	208	97	14	9	5	15	8	8
云浮市	**2456**	**1338**	**1118**	**131**	**81**	**50**	**59**	**40**	**19**
云城区	279	151	128	8	5	3	5	2	3
云安区	219	133	87	16	8	8	5	3	1
新兴县	361	196	164	12	8	4	7	4	3
郁南县	573	337	236	21	12	8	8	5	3
罗定市	1024	522	503	74	47	27	35	25	10

7-4 续表 9

单位：户

地　区	20-24岁			25-29岁			30-34岁		
	小计	男	女	小计	男	女	小计	男	女
汕尾市	**26**	**17**	**10**	**56**	**40**	**16**	**69**	**54**	**15**
城区	9	7	2	10	7	3	16	11	5
海丰县	10	6	4	29	21	8	35	27	8
陆河县	2	2		3	2	1	1	1	1
陆丰市	4	1	4	14	11	3	17	15	2
河源市	**113**	**68**	**45**	**164**	**94**	**70**	**154**	**98**	**56**
源城区	65	36	29	85	49	36	64	38	26
紫金县	7	6	2	12	7	5	13	7	6
龙川县	7	4	3	13	5	8	11	4	7
连平县	1	1		4	1	3	6	4	2
和平县	6	3	4	11	5	6	9	7	2
东源县	27	19	8	39	26	13	51	38	14
阳江市	**48**	**29**	**19**	**81**	**48**	**33**	**88**	**62**	**26**
江城区	7	4	4	24	12	12	25	17	8
阳西县	12	9	3	6	3	4	5	5	1
阳东县	17	10	7	25	20	5	22	18	4
阳春市	12	7	5	25	13	12	35	21	14
清远市	**129**	**73**	**56**	**208**	**116**	**92**	**195**	**116**	**78**
清城区	39	19	20	78	39	38	66	36	31
清新区	38	24	15	49	28	22	33	21	12
佛冈县	9	4	4	22	15	8	13	11	3
阳山县	9	5	4	8	6	2	9	7	2
连山壮族瑶族自治县				3	2		3	2	1
连南瑶族自治县	4	2	2	7	3	4	6	3	4
英德市	24	15	9	32	16	16	53	30	23
连州市	5	3	1	10	6	3	11	7	4
东莞市	**4231**	**2725**	**1505**	**6286**	**4255**	**2031**	**5341**	**3737**	**1604**
中山市	**1174**	**799**	**374**	**1823**	**1279**	**544**	**1287**	**873**	**414**
潮州市	**41**	**22**	**19**	**49**	**30**	**20**	**51**	**36**	**15**
湘桥区	19	10	9	26	15	11	21	14	7
潮安区	11	4	7	18	10	8	22	19	3
饶平县	11	8	3	5	4	1	9	3	6
揭阳市	**49**	**32**	**17**	**65**	**50**	**15**	**74**	**46**	**28**
榕城区	13	11	2	9	8	1	10	9	1
揭东区	9	7	2	16	12	4	18	14	4
揭西县	11	5	6	18	14	4	21	8	13
惠来县	5	3	2	8	5	3	7	5	2
普宁市	11	6	5	14	11	3	17	9	8
云浮市	**47**	**31**	**16**	**59**	**39**	**19**	**64**	**45**	**19**
云城区	11	7	4	20	11	10	15	11	4
云安区	2	1		5	3	2	6	5	1
新兴县	7	6	1	7	4	3	12	9	3
郁南县	10	7	3	7	6	1	12	7	5
罗定市	17	9	8	20	16	4	19	14	6

7-4 续表 10

单位：户

地 区	35-39岁			40-44岁			45-49岁		
	小计	男	女	小计	男	女	小计	男	女
汕尾市	**80**	**63**	**17**	**69**	**59**	**11**	**95**	**78**	**17**
城区	14	10	4	12	10	2	22	17	6
海丰县	43	32	11	30	24	7	37	31	5
陆河县	1	1	1	4	3	1	9	6	3
陆丰市	22	20	2	23	22	1	28	25	4
河源市	**152**	**101**	**51**	**202**	**133**	**70**	**263**	**179**	**84**
源城区	40	28	12	42	30	12	33	26	7
紫金县	26	12	14	17	10	7	31	20	11
龙川县	18	9	9	47	23	24	81	54	27
连平县	7	6	1	7	4	3	14	5	9
和平县	6	5	2	21	14	8	35	20	14
东源县	55	42	13	67	52	16	70	54	16
阳江市	**89**	**66**	**23**	**127**	**95**	**32**	**198**	**129**	**69**
江城区	21	14	8	34	24	10	37	31	6
阳西县	11	9	2	22	15	7	52	25	27
阳东县	21	15	6	29	25	4	26	17	10
阳春市	35	28	7	42	30	12	83	57	26
清远市	**207**	**144**	**63**	**261**	**168**	**93**	**353**	**231**	**122**
清城区	50	33	17	62	37	25	77	54	22
清新区	43	32	11	50	33	17	49	34	16
佛冈县	13	8	5	18	14	5	29	20	9
阳山县	19	13	6	27	19	7	42	23	19
连山壮族瑶族自治县	3	2	2	4	3		6	4	2
连南瑶族自治县	10	7	3	10	5	5	21	12	9
英德市	56	38	18	70	43	27	91	59	32
连州市	13	12	1	21	13	7	38	24	13
东莞市	**4386**	**3101**	**1285**	**4204**	**2851**	**1354**	**2967**	**2014**	**953**
中山市	**1053**	**716**	**338**	**1181**	**835**	**346**	**853**	**560**	**293**
潮州市	**48**	**33**	**15**	**80**	**57**	**23**	**122**	**88**	**34**
湘桥区	22	14	8	27	19	8	45	28	16
潮安区	17	14	3	30	22	9	40	33	7
饶平县	9	5	4	23	16	7	37	26	11
揭阳市	**61**	**46**	**16**	**103**	**67**	**35**	**101**	**74**	**27**
榕城区	11	8	3	14	9	5	22	18	4
揭东区	7	6	1	21	18	3	24	18	6
揭西县	21	15	6	30	15	15	20	11	9
惠来县	13	9	4	11	7	4	8	5	3
普宁市	9	8	2	26	19	8	28	23	5
云浮市	**64**	**39**	**24**	**109**	**62**	**47**	**225**	**120**	**105**
云城区	20	10	11	19	10	8	13	9	5
云安区	2	2		12	6	6	15	10	5
新兴县	14	11	3	20	13	7	29	18	11
郁南县	10	5	6	23	14	9	53	30	23
罗定市	17	12	5	36	18	18	115	54	61

7-4 续表 11 单位：户

地区	50-54岁			55-59岁			60-64岁			65岁及以上		
	小计	男	女	小计	男	女	小计	男	女	小计	男	女
汕尾市	**84**	**60**	**24**	**75**	**62**	**13**	**84**	**66**	**18**	**313**	**227**	**86**
城区	16	11	5	10	7	3	14	8	6	49	29	20
海丰县	29	19	10	22	18	3	23	16	8	134	91	43
陆河县	5	5	1	8	6	2	8	8		26	21	5
陆丰市	34	25	9	35	30	5	39	35	4	103	85	18
河源市	**224**	**162**	**62**	**172**	**115**	**56**	**155**	**101**	**54**	**627**	**279**	**348**
源城区	24	19	5	10	8	2	10	8	2	34	16	18
紫金县	33	23	10	23	17	6	21	10	11	113	44	69
龙川县	76	57	19	66	43	23	53	36	17	234	106	128
连平县	19	14	6	14	10	5	12	10	2	37	19	18
和平县	25	15	10	25	13	11	25	15	10	86	38	48
东源县	47	34	13	34	25	9	34	22	12	124	56	68
阳江市	**161**	**113**	**48**	**136**	**88**	**48**	**183**	**127**	**56**	**810**	**429**	**381**
江城区	29	19	10	26	16	10	29	17	12	128	56	72
阳西县	30	16	15	34	25	9	46	35	12	274	151	123
阳东县	34	26	8	28	21	7	44	25	19	145	79	66
阳春市	68	52	16	48	26	22	64	51	13	263	143	120
清远市	**323**	**203**	**120**	**300**	**213**	**87**	**318**	**213**	**105**	**1119**	**510**	**609**
清城区	34	18	16	29	18	11	40	20	21	189	68	122
清新区	45	33	13	46	33	13	63	48	15	207	108	100
佛冈县	29	20	9	27	23	4	28	20	8	107	50	57
阳山县	50	31	19	39	23	15	36	27	9	135	60	75
连山壮族瑶族自治县	9	6	3	7	5	3	9	4	5	27	14	13
连南瑶族自治县	20	13	7	15	9	6	16	8	8	36	15	21
英德市	83	46	37	89	67	22	80	54	26	242	109	133
连州市	53	38	16	49	35	14	47	34	13	175	87	88
东莞市	**1516**	**1112**	**404**	**571**	**451**	**120**	**401**	**276**	**125**	**1424**	**450**	**974**
中山市	**467**	**334**	**133**	**180**	**135**	**44**	**143**	**102**	**42**	**357**	**146**	**211**
潮州市	**145**	**103**	**42**	**138**	**91**	**47**	**187**	**107**	**80**	**613**	**258**	**355**
湘桥区	34	24	11	34	21	13	47	26	21	178	56	122
潮安区	44	33	11	35	27	8	48	28	20	159	68	90
饶平县	67	46	20	69	44	26	92	53	39	277	134	143
揭阳市	**119**	**88**	**31**	**154**	**116**	**38**	**172**	**113**	**59**	**608**	**314**	**294**
榕城区	21	14	7	22	17	5	37	21	16	128	48	80
揭东区	33	29	4	53	39	14	56	38	18	225	128	98
揭西县	27	23	4	36	26	10	39	20	19	99	56	43
惠来县	15	8	7	13	10	3	8	7	1	71	33	38
普宁市	23	14	9	31	25	6	31	26	5	85	50	35
云浮市	**226**	**140**	**86**	**207**	**135**	**71**	**245**	**161**	**84**	**1021**	**444**	**577**
云城区	19	12	7	18	13	5	19	12	7	112	50	62
云安区	27	19	9	21	16	4	24	17	7	86	42	43
新兴县	22	14	8	24	14	10	36	27	9	171	68	103
郁南县	75	49	27	63	43	21	61	41	20	229	118	111
罗定市	82	46	36	81	50	31	106	65	42	423	166	257

7-4a 各地区分年龄、性别的一人户（城市）

单位：户

地　区	合　计			14岁及以下			15-19岁		
	小计	男	女	小计	男	女	小计	男	女
全　省	**131018**	**82637**	**48381**	**725**	**401**	**323**	**4326**	**2619**	**1707**
广州市	**26191**	**15621**	**10570**	**151**	**78**	**72**	**609**	**380**	**229**
荔湾区	1979	1028	950	16	10	6	36	23	13
越秀区	1924	998	926	36	18	19	28	15	14
海珠区	2731	1415	1316	14	8	6	37	16	21
天河区	5366	3105	2261	23	12	11	121	72	49
白云区	3746	2336	1410	14	4	10	94	70	23
黄埔区	1767	1190	577	6	4	2	37	19	18
番禺区	4262	2585	1678	18	9	9	138	84	54
花都区	1127	702	425	12	7	5	30	17	13
南沙区	897	599	297	3	2	2	37	29	8
萝岗区	1589	1188	401	3	1	1	40	27	13
从化区	211	94	117	4	1	2	2	1	1
增城区	592	381	211	1	1		8	6	3
韶关市	**1035**	**474**	**561**	**14**	**8**	**6**	**10**	**7**	**4**
武江区	272	122	150	3	3	1	3	2	2
浈江区	406	168	238	7	3	4	2	2	1
曲江区	187	108	79	2	1	1	2	1	1
乐昌市	69	32	37	1		1	2	2	
南雄市	100	44	56	1	1		1		1
深圳市	**34729**	**22527**	**12202**	**141**	**77**	**64**	**1128**	**625**	**503**
罗湖区	2462	1150	1311	24	9	15	38	10	28
福田区	2261	1115	1146	31	16	16	34	14	21
南山区	2380	1421	959	18	10	9	29	14	15
宝安区	17966	12425	5541	51	31	20	695	372	323
龙岗区	9252	6195	3056	14	11	3	327	215	112
盐田区	409	221	188	3	1	3	5	2	3
珠海市	**3120**	**1738**	**1382**	**21**	**14**	**7**	**91**	**48**	**43**
香洲区	2532	1353	1178	18	12	6	69	34	35
斗门区	171	104	67	2	2		7	3	4
金湾区	417	281	137	1		1	15	11	4
汕头市	**1389**	**759**	**630**	**16**	**5**	**11**	**27**	**20**	**7**
龙湖区	398	279	119	2		2	12	10	2
金平区	659	308	352	9	4	5	9	8	1
濠江区	74	35	40	2	1	2			
潮阳区	94	40	54	1		1	2		2
潮南区	35	22	13	1		1	1	1	
澄海区	128	76	51	1		1	2	1	1

7-4a 续表 1

单位：户

地 区	20-24岁			25-29岁			30-34岁		
	小计	男	女	小计	男	女	小计	男	女
全 省	**17523**	**10830**	**6693**	**27443**	**17973**	**9470**	**19516**	**13291**	**6225**
广州市	**3572**	**2146**	**1426**	**5916**	**3686**	**2230**	**3748**	**2440**	**1307**
荔湾区	178	100	78	276	164	112	215	129	86
越秀区	137	75	62	287	152	135	216	122	95
海珠区	210	125	85	406	212	194	363	222	141
天河区	1033	591	442	1498	875	623	812	509	303
白云区	550	342	208	952	570	382	574	374	200
黄埔区	253	153	100	509	361	148	264	202	62
番禺区	609	347	263	1029	643	385	673	429	243
花都区	124	73	50	210	138	72	150	91	60
南沙区	136	110	26	188	145	43	103	74	28
萝岗区	284	190	95	481	374	107	278	225	53
从化区	9	7	2	19	9	10	23	11	11
增城区	48	33	15	63	44	18	77	53	24
韶关市	**45**	**22**	**23**	**98**	**56**	**42**	**56**	**33**	**23**
武江区	11	5	6	23	11	12	17	8	9
浈江区	18	8	10	33	16	17	13	7	6
曲江区	6	4	2	31	24	7	15	13	3
乐昌市	2	1	2	5	3	2	4	2	2
南雄市	8	4	4	6	2	4	6	4	3
深圳市	**5749**	**3467**	**2282**	**9132**	**6039**	**3093**	**5858**	**4022**	**1835**
罗湖区	327	137	191	597	259	338	449	199	250
福田区	256	129	127	541	257	284	375	176	199
南山区	250	135	115	699	403	297	390	255	135
宝安区	3242	2038	1204	4978	3543	1435	3074	2315	759
龙岗区	1630	1005	625	2229	1534	695	1499	1039	460
盐田区	44	24	20	87	44	44	71	38	32
珠海市	**492**	**275**	**216**	**756**	**427**	**329**	**454**	**274**	**181**
香洲区	408	222	186	626	341	285	382	218	164
斗门区	20	13	7	34	20	15	25	18	8
金湾区	63	40	23	96	66	30	47	38	9
汕头市	**77**	**48**	**29**	**133**	**103**	**29**	**116**	**89**	**27**
龙湖区	45	32	13	71	57	14	62	48	14
金平区	24	9	15	36	25	11	30	22	8
濠江区	2	1	1	2	1	2	2	1	1
潮阳区	2	2		5	5		9	7	1
潮南区				2	2		4	4	
澄海区	4	4		16	13	3	10	7	3

7-4a 续表 2

单位：户

地 区	35-39岁			40-44岁			45-49岁		
	小计	男	女	小计	男	女	小计	男	女
全 省	**14299**	**9626**	**4673**	**13860**	**9098**	**4761**	**10732**	**6922**	**3810**
广州市	**2528**	**1587**	**942**	**2410**	**1506**	**904**	**1888**	**1163**	**725**
荔湾区	153	85	68	175	99	76	148	84	64
越秀区	139	74	65	154	86	68	165	89	76
海珠区	250	146	104	243	144	99	196	104	92
天河区	497	286	210	408	242	167	308	188	120
白云区	377	248	128	390	258	132	262	171	91
黄埔区	172	122	49	144	107	38	121	87	34
番禺区	444	285	159	438	260	178	349	211	138
花都区	130	85	45	133	92	41	111	76	35
南沙区	128	79	49	99	62	38	66	41	25
萝岗区	152	117	35	133	101	32	86	63	23
从化区	22	11	11	26	11	15	15	7	8
增城区	66	47	18	66	45	20	62	42	19
韶关市	**64**	**36**	**28**	**74**	**40**	**34**	**92**	**38**	**54**
武江区	22	12	10	21	11	10	27	13	14
浈江区	18	11	8	35	18	18	31	10	21
曲江区	14	9	5	7	5	2	16	10	6
乐昌市	4	2	1	7	4	3	5	1	4
南雄市	6	3	4	4	3	1	14	5	9
深圳市	**3734**	**2534**	**1200**	**3425**	**2272**	**1153**	**2331**	**1527**	**805**
罗湖区	287	143	144	239	131	108	174	94	81
福田区	258	125	133	243	141	102	185	92	94
南山区	292	177	116	256	178	78	162	100	62
宝安区	1820	1331	489	1582	1078	504	1125	805	319
龙岗区	1023	728	296	1047	715	332	649	414	236
盐田区	52	30	23	58	29	29	36	23	14
珠海市	**333**	**190**	**142**	**294**	**156**	**138**	**227**	**125**	**102**
香洲区	269	145	124	230	114	116	176	94	82
斗门区	19	14	5	17	9	9	11	7	5
金湾区	44	31	13	47	34	13	40	24	15
汕头市	**87**	**59**	**28**	**120**	**83**	**37**	**136**	**79**	**57**
龙湖区	39	30	9	55	42	13	27	20	7
金平区	23	15	9	41	24	16	72	38	35
濠江区	2	2		3	2	1	5	2	2
潮阳区	6	1	5	9	5	4	14	5	9
潮南区	2	2		1	1		2	2	
澄海区	14	9	5	12	9	3	16	12	4

7-4a 续表 3 单位：户

地区	50-54岁			55-59岁			60-64岁			65岁及以上		
	小计	男	女	小计	男	女	小计	男	女	小计	男	女
全 省	**6802**	**4506**	**2296**	**3559**	**2326**	**1233**	**2821**	**1611**	**1210**	**9413**	**3433**	**5981**
广州市	**1447**	**891**	**556**	**890**	**512**	**379**	**769**	**393**	**376**	**2263**	**840**	**1423**
荔湾区	151	87	64	123	62	61	106	49	57	403	137	266
越秀区	157	94	63	138	81	57	126	61	64	341	133	208
海珠区	244	138	106	183	90	93	162	68	95	422	142	279
天河区	200	118	83	122	69	53	83	35	48	261	109	152
白云区	177	113	64	102	66	36	76	47	29	178	72	106
黄埔区	81	56	25	34	22	12	34	22	11	113	35	78
番禺区	188	123	65	81	54	27	74	51	23	223	89	134
花都区	82	53	28	23	14	9	27	15	12	95	40	54
南沙区	45	26	19	18	9	9	17	8	8	56	13	43
萝岗区	51	40	11	21	17	4	20	13	7	41	21	21
从化区	26	11	15	14	4	9	16	9	7	36	11	25
增城区	45	33	12	31	23	8	30	16	15	96	38	58
韶关市	**107**	**54**	**53**	**85**	**37**	**48**	**71**	**36**	**35**	**318**	**107**	**211**
武江区	30	15	15	23	10	14	23	10	13	68	23	45
浈江区	41	25	17	41	18	23	23	12	12	143	40	103
曲江区	16	7	9	5	4	1	11	8	3	62	22	40
乐昌市	10	4	5	5	1	4	5	3	2	19	8	10
南雄市	11	4	7	10	4	6	9	3	6	26	13	13
深圳市	**1431**	**973**	**458**	**655**	**453**	**202**	**356**	**248**	**108**	**789**	**290**	**499**
罗湖区	111	72	40	66	35	30	41	26	15	108	35	72
福田区	115	60	54	64	35	28	36	25	12	123	46	77
南山区	131	74	57	49	30	19	34	17	17	70	30	40
宝安区	647	467	181	277	203	75	147	119	29	328	123	205
龙岗区	404	285	119	189	143	46	91	58	34	149	51	98
盐田区	24	16	8	10	7	3	5	3	2	12	5	7
珠海市	**162**	**91**	**71**	**74**	**48**	**26**	**50**	**25**	**25**	**167**	**66**	**102**
香洲区	131	71	60	57	37	21	40	21	20	124	46	79
斗门区	7	5	3	6	4	2	5	3	2	18	9	9
金湾区	24	16	8	10	7	4	5	2	3	25	11	14
汕头市	**123**	**79**	**45**	**98**	**44**	**54**	**98**	**39**	**59**	**358**	**111**	**247**
龙湖区	22	13	9	12	8	4	9	6	3	42	14	29
金平区	68	47	21	59	26	33	63	21	42	227	69	157
濠江区	10	6	4	7	4	3	11	5	6	28	9	19
潮阳区	9	3	6	14	3	11	5	1	4	19	7	11
潮南区	1	1		1		1	2	1	1	16	6	10
澄海区	13	9	4	5	3	3	8	4	4	27	5	21

7-4a 续表 4

单位：户

地 区	合 计			14岁及以下			15-19岁		
	小计	男	女	小计	男	女	小计	男	女
佛山市	**15610**	**10376**	**5234**	**76**	**50**	**26**	**568**	**386**	**182**
禅城区	1809	988	821	12	11	1	60	31	28
南海区	5206	3544	1663	39	26	14	186	140	45
顺德区	7529	5180	2349	16	9	7	307	206	101
三水区	443	241	202	3	2	1	8	3	4
高明区	622	423	199	5	3	3	8	5	3
江门市	**2846**	**1562**	**1284**	**43**	**21**	**21**	**52**	**34**	**18**
蓬江区	944	534	410	11	3	7	19	12	7
江海区	324	190	134	3		3	9	5	4
新会区	580	327	253	13	8	5	7	7	
台山市	467	244	223	4	3	1	10	5	6
开平市	266	131	135	3	3	1	3	2	2
鹤山市	191	86	105	6	2	4	2	2	
恩平市	74	51	23	4	3	1	2	2	
湛江市	**1197**	**616**	**581**	**23**	**14**	**9**	**23**	**10**	**13**
赤坎区	294	147	147	4	1	4	6	2	4
霞山区	423	191	232	8	5	3	10	3	6
坡头区	56	36	20				1	1	
麻章区	39	20	19						
遂溪县	9	2	6						
廉江市	135	82	52	1	1		2	1	1
雷州市	175	93	83	9	6	2	2	1	1
吴川市	66	44	22	1	1		1	1	
茂名市	**954**	**540**	**414**	**34**	**19**	**15**	**28**	**13**	**15**
茂南区	298	156	142	7	4	3	7	3	4
电白区	89	43	46	2	1	1	3	2	1
高州市	240	159	81	3	2	2	3	2	2
化州市	112	58	54	11	7	4	4	1	3
信宜市	215	124	90	10	5	5	10	5	6
肇庆市	**1005**	**508**	**496**	**7**	**6**	**1**	**19**	**11**	**8**
端州区	654	291	363	4	3	1	9	4	5
鼎湖区	27	13	15						
高要市	37	25	12				3	2	1
四会市	286	179	107	3	3	1	7	5	2
惠州市	**4535**	**2983**	**1552**	**39**	**24**	**15**	**192**	**112**	**79**
惠城区	2938	1810	1128	36	23	13	127	68	58
惠阳区	1571	1157	414	3	2	2	64	44	20
博罗县	26	16	11				1		1

7-4a 续表 5 单位：户

地区	20-24岁			25-29岁			30-34岁		
	小计	男	女	小计	男	女	小计	男	女
佛山市	**1758**	**1187**	**571**	**2724**	**1869**	**854**	**2270**	**1645**	**625**
禅城区	207	118	89	295	173	122	227	135	92
南海区	579	400	180	830	611	219	753	543	210
顺德区	891	615	276	1482	1007	475	1162	872	290
三水区	31	18	13	44	27	17	54	34	20
高明区	49	37	12	73	52	21	74	61	13
江门市	**182**	**119**	**63**	**299**	**204**	**96**	**246**	**164**	**83**
蓬江区	72	47	25	147	95	53	111	82	29
江海区	24	16	8	40	26	13	33	23	10
新会区	51	36	15	54	39	15	42	25	17
台山市	13	7	6	20	16	4	27	14	13
开平市	8	5	3	11	8	3	14	10	4
鹤山市	12	6	6	26	19	6	16	7	9
恩平市	2	1	1	2	1	1	3	2	1
湛江市	**58**	**29**	**29**	**98**	**65**	**33**	**73**	**38**	**35**
赤坎区	14	9	5	34	24	10	21	11	11
霞山区	28	10	19	33	18	15	27	12	15
坡头区	1	1		1	1	1	1	1	
麻章区	1	1		2	1	1	1	1	
遂溪县							1		1
廉江市	1	1		5	4	1	2	1	1
雷州市	12	7	5	19	14	5	15	9	6
吴川市				4	3	1	5	4	1
茂名市	**38**	**23**	**15**	**71**	**45**	**26**	**31**	**21**	**11**
茂南区	12	7	5	25	19	6	11	7	4
电白区	9	6	3	18	8	10	7	4	2
高州市	11	8	3	13	9	3	8	6	2
化州市	2		2	8	6	2	3	2	1
信宜市	4	2	2	8	3	5	2	1	2
肇庆市	**55**	**27**	**28**	**126**	**63**	**63**	**99**	**53**	**46**
端州区	37	16	20	88	34	54	60	28	32
鼎湖区				2	1	1	2	1	1
高要市	1		1	7	7	1	6	4	2
四会市	17	11	6	28	21	7	32	21	11
惠州市	**777**	**504**	**273**	**992**	**670**	**322**	**664**	**471**	**193**
惠城区	510	306	205	657	404	253	404	273	131
惠阳区	260	196	64	327	261	66	253	192	62
博罗县	6	2	4	8	5	3	7	6	1

7-4a 续表 6　　单位：户

地区	35-39岁			40-44岁			45-49岁		
	小计	男	女	小计	男	女	小计	男	女
佛山市	**1774**	**1282**	**492**	**1803**	**1241**	**562**	**1622**	**1119**	**503**
禅城区	159	96	63	173	108	65	159	105	54
南海区	567	412	155	597	432	166	608	419	189
顺德区	926	694	232	893	615	278	738	512	226
三水区	52	29	23	45	24	20	54	35	20
高明区	70	51	18	95	62	33	62	48	15
江门市	**229**	**145**	**84**	**260**	**158**	**103**	**264**	**155**	**109**
蓬江区	72	45	27	95	58	36	95	55	40
江海区	29	22	7	38	26	12	33	18	14
新会区	50	33	18	62	39	23	52	32	21
台山市	41	28	13	31	18	13	35	19	16
开平市	13	7	6	15	7	8	27	17	11
鹤山市	18	6	12	16	6	10	13	7	6
恩平市	5	4	1	4	3	1	10	7	3
湛江市	**86**	**45**	**41**	**98**	**53**	**46**	**113**	**66**	**47**
赤坎区	21	11	11	22	11	11	28	17	11
霞山区	30	14	17	37	20	17	43	23	21
坡头区	1	1		4	2	2			
麻章区	1		1	4	2	1	5	3	2
遂溪县	1		1				1		1
廉江市	8	4	4	14	11	3	18	11	6
雷州市	22	15	7	12	3	10	14	7	6
吴川市	3	2	1	6	4	2	5	5	
茂名市	**54**	**35**	**20**	**77**	**45**	**31**	**110**	**65**	**45**
茂南区	20	13	7	18	12	6	26	15	11
电白区	6	2	3	9	7	2	6	2	3
高州市	20	16	4	27	16	10	56	35	21
化州市	2	1	1	8	1	7	5	4	1
信宜市	7	2	4	15	9	7	17	9	8
肇庆市	**96**	**47**	**49**	**99**	**60**	**39**	**93**	**55**	**38**
端州区	58	24	34	64	35	29	61	36	26
鼎湖区	1						1	1	
高要市	5	3	2	3	2	1	5	1	4
四会市	33	19	14	32	22	10	26	17	8
惠州市	**517**	**356**	**161**	**446**	**302**	**144**	**377**	**239**	**138**
惠城区	320	208	112	276	176	100	247	158	90
惠阳区	197	148	49	168	124	44	128	81	48
博罗县				2	2		1		1

7-4a　续表 7　　　　　　　　　　　　　　　　　　　　　　　　　　　　单位：户

地　区	50-54岁			55-59岁			60-64岁			65岁及以上		
	小计	男	女	小计	男	女	小计	男	女	小计	男	女
佛山市	**962**	**671**	**292**	**423**	**300**	**123**	**316**	**183**	**133**	**1316**	**443**	**873**
禅城区	132	73	60	71	38	32	56	23	32	260	76	184
南海区	330	235	95	131	101	30	109	60	48	477	164	312
顺德区	415	300	115	184	140	44	116	75	41	400	137	263
三水区	32	24	8	15	7	8	13	8	6	91	31	60
高明区	53	39	14	22	14	8	22	16	6	89	35	54
江门市	**203**	**116**	**87**	**154**	**100**	**54**	**170**	**74**	**96**	**742**	**272**	**469**
蓬江区	63	36	27	38	24	14	44	18	26	177	58	119
江海区	22	13	10	19	11	8	16	7	9	59	22	37
新会区	30	17	13	24	17	7	29	11	18	166	63	102
台山市	42	27	15	35	22	13	50	23	27	160	63	97
开平市	27	15	12	21	15	6	20	8	12	103	36	67
鹤山市	11	3	8	11	6	5	6	2	3	56	18	38
恩平市	8	5	3	7	6	1	5	4	1	22	12	9
湛江市	**100**	**48**	**51**	**96**	**54**	**42**	**92**	**48**	**45**	**337**	**147**	**191**
赤坎区	23	11	12	32	17	15	18	9	9	70	26	44
霞山区	37	18	19	35	18	17	32	16	17	102	35	67
坡头区	2	1	1	2	1	1	8	6	3	37	24	13
麻章区	1	1	1	2		2	4	2	2	20	11	10
遂溪县	1	1		1		1				5	2	3
廉江市	16	8	9	11	9	3	15	8	8	41	24	18
雷州市	12	4	9	10	7	3	10	5	5	38	15	24
吴川市	7	6	1	4	3	1	5	3	3	25	11	13
茂名市	**86**	**59**	**27**	**61**	**36**	**24**	**68**	**41**	**27**	**297**	**138**	**158**
茂南区	21	11	10	16	8	8	17	6	11	116	50	66
电白区	3	1	2	7	4	2	3	2	1	18	3	14
高州市	30	28	2	10	8	3	15	11	3	44	18	26
化州市	4	3	1	7	5	3	11	5	7	47	23	25
信宜市	27	15	13	20	11	9	22	18	4	72	44	27
肇庆市	**77**	**45**	**32**	**62**	**38**	**25**	**59**	**29**	**29**	**213**	**75**	**138**
端州区	48	26	21	32	16	16	43	18	26	151	50	100
鼎湖区	2	1	1	3	1	1	2	1		15	6	9
高要市	2	2		2	2		2	2		3	2	2
四会市	26	16	10	26	19	8	12	9	3	45	17	28
惠州市	**224**	**153**	**72**	**97**	**62**	**34**	**39**	**22**	**17**	**171**	**68**	**103**
惠城区	135	87	48	70	44	26	27	13	14	129	51	78
惠阳区	89	66	23	27	18	9	12	10	3	42	17	25
博罗县												

7-4a 续表 8 单位：户

地 区	合计			14岁及以下			15-19岁		
	小计	男	女	小计	男	女	小计	男	女
梅州市	**747**	**343**	**404**	**4**	**4**	**1**	**16**	**7**	**9**
梅江区	353	177	176	1	1	1	6	2	4
梅县区	106	41	65	1	1		3	2	1
五华县	14	6	8				2		2
兴宁市	274	120	155	2	2		4	3	2
汕尾市	**167**	**121**	**46**	**1**		**1**	**1**	**1**	
城区	126	87	39	1		1	1	1	
陆丰市	41	34	7				1	1	
河源市	**422**	**264**	**158**	**4**	**2**	**2**	**14**	**4**	**10**
源城区	422	264	158	4	2	2	14	4	10
阳江市	**260**	**146**	**114**	**7**	**3**	**4**			
江城区	173	95	78	5	2	3			
阳春市	86	50	36	2	1	1			
清远市	**857**	**464**	**393**	**22**	**14**	**9**	**18**	**12**	**6**
清城区	421	202	219	10	6	4	9	6	3
清新区	200	123	77	5	4	2	4	3	1
英德市	123	68	55	3	2	2	5	3	2
连州市	114	70	43	4	3	2	1		1
东莞市	**28940**	**19158**	**9782**	**75**	**38**	**37**	**1210**	**764**	**447**
中山市	**5698**	**3703**	**1995**	**32**	**18**	**15**	**292**	**165**	**128**
潮州市	**568**	**303**	**265**	**1**		**1**	**5**	**3**	**3**
湘桥区	372	183	190	1		1	1	1	
潮安区	195	120	75				4	2	3
揭阳市	**410**	**250**	**160**				**11**	**8**	**3**
榕城区	195	102	93				3	1	2
揭东区	146	97	49				3	2	1
普宁市	69	51	18				5	5	
云浮市	**338**	**180**	**159**	**14**	**7**	**6**	**11**	**8**	**3**
云城区	180	86	94	3	2	2	3	1	2
云安区	18	14	4						
罗定市	140	80	61	10	6	5	8	7	1

7-4a 续表 9 单位：户

地区	20-24岁			25-29岁			30-34岁		
	小计	男	女	小计	男	女	小计	男	女
梅州市	**27**	**14**	**12**	**47**	**27**	**20**	**36**	**20**	**16**
梅江区	18	8	10	29	16	13	20	13	8
梅县区	2	1	1	4	2	2	6	2	4
五华县				1		1	1	1	
兴宁市	7	5	2	13	9	4	8	4	5
汕尾市	**9**	**7**	**2**	**12**	**10**	**3**	**15**	**11**	**4**
城区	8	6	2	10	7	3	13	9	4
陆丰市	1	1		3	3		2	2	
河源市	**65**	**36**	**29**	**85**	**49**	**36**	**64**	**38**	**26**
源城区	65	36	29	85	49	36	64	38	26
阳江市	**4**	**2**	**3**	**13**	**8**	**5**	**18**	**9**	**9**
江城区	2	1	1	10	7	3	15	8	7
阳春市	2	1	2	3	2	2	3	2	2
清远市	**58**	**29**	**29**	**124**	**62**	**62**	**98**	**54**	**44**
清城区	27	11	16	64	30	34	52	26	26
清新区	23	12	11	41	22	19	23	14	9
英德市	6	5	2	12	5	7	17	10	7
连州市	2	2	1	8	5	3	7	5	3
东莞市	**3831**	**2440**	**1391**	**5646**	**3788**	**1858**	**4743**	**3293**	**1449**
中山市	**668**	**418**	**250**	**1082**	**747**	**334**	**847**	**557**	**291**
潮州市	**23**	**11**	**12**	**40**	**22**	**18**	**35**	**25**	**10**
湘桥区	18	8	9	25	15	11	21	14	7
潮安区	5	3	3	15	8	7	14	11	3
揭阳市	**17**	**13**	**4**	**22**	**16**	**6**	**28**	**23**	**5**
榕城区	6	6		6	5	1	10	9	1
揭东区	5	4	1	11	8	3	11	9	2
普宁市	6	3	3	5	3	2	6	5	2
云浮市	**17**	**11**	**5**	**27**	**16**	**11**	**18**	**11**	**7**
云城区	10	6	4	19	11	9	14	10	4
云安区									
罗定市	6	5	2	7	5	2	3	1	2

7-4a 续表 10 单位：户

地 区	35-39岁			40-44岁			45-49岁		
	小计	男	女	小计	男	女	小计	男	女
梅州市	**38**	**21**	**18**	**45**	**20**	**25**	**53**	**25**	**28**
梅江区	23	12	11	23	10	13	26	11	15
梅县区	4	2	2	4	1	2	6	4	2
五华县				1	1		1		1
兴宁市	11	6	5	18	8	10	21	10	11
汕尾市	**14**	**11**	**3**	**14**	**11**	**3**	**22**	**15**	**6**
城区	12	9	3	10	8	2	17	12	6
陆丰市	2	2		4	4	1	4	4	1
河源市	**40**	**28**	**12**	**42**	**30**	**12**	**33**	**26**	**7**
源城区	40	28	12	42	30	12	33	26	7
阳江市	**24**	**15**	**9**	**22**	**16**	**7**	**29**	**21**	**8**
江城区	17	10	7	15	10	5	18	14	4
阳春市	7	5	3	7	6	2	12	7	4
清远市	**78**	**51**	**28**	**78**	**43**	**35**	**92**	**63**	**28**
清城区	40	23	16	40	20	19	47	32	15
清新区	23	17	6	20	13	6	19	13	6
英德市	9	5	4	10	4	6	12	10	2
连州市	7	6	1	9	5	4	14	9	5
东莞市	**3864**	**2709**	**1155**	**3672**	**2468**	**1204**	**2560**	**1703**	**857**
中山市	**672**	**433**	**239**	**794**	**538**	**257**	**570**	**358**	**212**
潮州市	**31**	**22**	**9**	**47**	**33**	**14**	**66**	**45**	**22**
湘桥区	18	12	6	25	17	8	42	26	15
潮安区	12	10	3	22	16	6	25	18	6
揭阳市	**14**	**11**	**3**	**20**	**14**	**6**	**26**	**20**	**7**
榕城区	8	5	3	11	5	5	13	11	2
揭东区	4	4		8	7	1	9	6	3
普宁市	2	2		2	2		5	3	2
云浮市	**23**	**11**	**12**	**21**	**11**	**10**	**29**	**16**	**13**
云城区	18	8	11	17	8	8	7	4	3
云安区	1	1		3	1	1	2	2	
罗定市	3	2	2	2	2		21	10	10

7-4a 续表 11

单位：户

地 区	50-54岁			55-59岁			60-64岁			65岁及以上		
	小计	男	女	小计	男	女	小计	男	女	小计	男	女
梅州市	**76**	**42**	**34**	**73**	**40**	**33**	**85**	**38**	**47**	**247**	**86**	**161**
梅江区	31	18	13	32	20	13	34	23	11	110	44	66
梅县区	12	7	5	12	6	6	10	3	7	42	8	34
五华县	2	1	1	2	1	1	1		1	3	2	1
兴宁市	31	15	15	27	14	14	40	12	28	93	32	60
汕尾市	**10**	**6**	**3**	**11**	**8**	**4**	**8**	**8**	**1**	**49**	**33**	**17**
城区	9	6	3	7	6	1	6	6	1	32	19	13
陆丰市	1	1		4	2	2	2	2		17	14	4
河源市	**23**	**19**	**5**	**9**	**7**	**2**	**10**	**8**	**2**	**33**	**16**	**17**
源城区	23	19	5	9	7	2	10	8	2	33	16	17
阳江市	**17**	**10**	**7**	**28**	**17**	**12**	**25**	**15**	**10**	**73**	**31**	**42**
江城区	11	5	6	18	12	6	19	10	9	47	19	28
阳春市	6	5	1	11	5	6	7	5	2	26	12	14
清远市	**46**	**25**	**21**	**43**	**30**	**13**	**47**	**27**	**20**	**153**	**57**	**97**
清城区	16	7	10	16	11	6	16	9	8	85	23	62
清新区	7	4	3	10	8	2	9	4	6	16	9	7
英德市	10	5	6	6	4	2	10	6	3	23	11	12
连州市	12	9	3	10	8	3	12	8	4	29	13	16
东莞市	**1303**	**936**	**367**	**486**	**385**	**101**	**342**	**234**	**108**	**1209**	**398**	**810**
中山市	**307**	**221**	**86**	**123**	**90**	**32**	**100**	**79**	**21**	**212**	**79**	**132**
潮州市	**50**	**36**	**14**	**34**	**22**	**13**	**50**	**26**	**24**	**186**	**58**	**128**
湘桥区	28	18	10	23	13	10	36	19	17	136	40	96
潮安区	23	18	4	11	9	3	14	7	7	50	18	32
揭阳市	**27**	**19**	**8**	**35**	**29**	**7**	**43**	**25**	**18**	**167**	**73**	**94**
榕城区	13	8	4	16	13	3	22	11	12	87	27	60
揭东区	8	7	1	12	10	2	16	10	6	58	29	28
普宁市	6	3	3	8	6	2	5	5		23	17	6
云浮市	**23**	**14**	**9**	**21**	**15**	**6**	**22**	**14**	**8**	**115**	**47**	**68**
云城区	11	6	4	9	7	2	6	3	3	62	20	42
云安区	3	2		2	1		2	2		6	4	2
罗定市	10	6	4	10	6	3	14	9	6	47	23	24

7-4b 各地区分年龄、性别的一人户（镇）

单位：户

地 区	合 计			14岁及以下			15-19岁		
	小计	男	女	小计	男	女	小计	男	女
全 省	**19026**	**11922**	**7104**	**305**	**180**	**125**	**473**	**279**	**194**
广州市	**2235**	**1369**	**866**	**18**	**10**	**8**	**55**	**28**	**27**
白云区	338	215	123	6	3	3	6	3	3
番禺区	183	105	78	1		1	6	5	1
花都区	139	93	47				1	1	
南沙区	501	315	186	2	2		16	6	10
萝岗区	57	39	18				1		1
从化区	117	83	33	2	1	1	1	1	1
增城区	900	519	381	7	4	4	25	13	12
韶关市	**673**	**359**	**314**	**20**	**11**	**9**	**7**	**4**	**3**
武江区	20	14	6						
浈江区	108	61	47						
曲江区	64	40	23	2	1	1			
始兴县	102	48	53	2	1	1	1		1
仁化县	63	40	23	1		1			
翁源县	71	29	42	5	4	1	1	1	
乳源瑶族自治县	65	32	33	2	1		1	1	
新丰县	34	19	15	1	1				
乐昌市	106	53	53	3	1	2	2	2	1
南雄市	40	22	18	4	2	1	1	1	1
珠海市	**515**	**367**	**148**				**18**	**12**	**6**
香洲区	47	30	18				1	1	
斗门区	227	157	70				7	5	3
金湾区	241	181	60				10	7	3
汕头市	**407**	**205**	**202**	**19**	**11**	**8**	**4**	**2**	**2**
龙湖区	17	11	6						
濠江区	6		6						
潮阳区	85	46	40	2	1	1	1	1	
潮南区	68	32	37	12	7	5	1		1
澄海区	201	106	96	4	2	2	1		1
南澳县	29	11	18	1					
佛山市	**1024**	**697**	**327**	**4**	**3**	**2**	**27**	**16**	**11**
禅城区	304	185	119				8	5	3
南海区	164	125	39	3	2	2	3	2	2
三水区	513	363	151				16	10	6
高明区	42	24	18	1	1				
江门市	**909**	**538**	**371**	**21**	**11**	**10**	**17**	**9**	**8**
新会区	177	98	79	1		1	1		1
台山市	131	74	57	1		1			
开平市	125	78	48	5	3	2	1		1
鹤山市	297	185	112	13	7	6	12	7	5
恩平市	180	104	75	1		1	3	1	2

7-4b 续表 1

单位：户

地　区	20-24岁			25-29岁			30-34岁		
	小计	男	女	小计	男	女	小计	男	女
全　省	**1391**	**945**	**446**	**2133**	**1425**	**709**	**1754**	**1166**	**588**
广州市	**233**	**144**	**89**	**370**	**237**	**132**	**286**	**181**	**105**
白云区	47	32	15	69	47	22	41	21	21
番禺区	22	16	6	39	21	17	29	18	10
花都区	11	4	7	26	16	10	17	14	4
南沙区	46	32	14	68	47	21	59	41	18
萝岗区	17	12	5	17	9	7	3	2	1
从化区	9	6	3	14	11	3	21	18	3
增城区	80	42	38	137	86	52	115	67	48
韶关市	**16**	**13**	**3**	**38**	**27**	**10**	**29**	**19**	**10**
武江区				1	1		3	2	1
浈江区	2	1	1	6	4	2	7	5	2
曲江区	8	8		9	9		3	2	1
始兴县	1	1		4	3	1	3	3	
仁化县	3	2	1	7	6	1	4	3	1
翁源县				2	2		1	1	
乳源瑶族自治县				5	1	4	2	1	1
新丰县				1		1			
乐昌市	1	1		2	1	1	4	1	3
南雄市	1	1	1	1	1		2	1	1
珠海市	**54**	**41**	**13**	**78**	**60**	**18**	**68**	**54**	**14**
香洲区	4	2	2	5	4	2	2	2	
斗门区	25	20	6	38	29	10	31	23	8
金湾区	25	20	5	34	28	6	35	29	6
汕头市	**11**	**5**	**5**	**16**	**12**	**4**	**13**	**10**	**3**
龙湖区	2	1	1						
濠江区									
潮阳区	4	2	1	2	1	1	2		3
潮南区	2		2	4	2	1	2	2	
澄海区	3	2	1	10	8	2	8	8	
南澳县				1	1				
佛山市	**129**	**95**	**34**	**146**	**114**	**32**	**127**	**95**	**32**
禅城区	44	31	13	37	24	13	36	25	11
南海区	21	15	6	23	20	3	18	15	3
三水区	63	48	15	83	68	15	70	54	16
高明区	1		1	3	3	1	2	1	1
江门市	**60**	**41**	**19**	**63**	**39**	**23**	**71**	**43**	**28**
新会区	2	2		6	2	4	7	6	1
台山市	3	2	1	1	1		2	1	1
开平市	3	3		5	2	3	10	4	5
鹤山市	45	30	16	45	30	14	41	24	18
恩平市	7	4	2	6	4	2	12	8	4

7-4b 续表 2 单位：户

地 区	35-39岁			40-44岁			45-49岁		
	小计	男	女	小计	男	女	小计	男	女
全 省	**1681**	**1178**	**504**	**1919**	**1315**	**604**	**1810**	**1221**	**589**
广州市	**242**	**165**	**77**	**293**	**191**	**102**	**184**	**120**	**64**
白云区	33	25	8	44	30	14	25	18	7
番禺区	23	14	8	17	10	7	7	3	4
花都区	10	6	4	18	14	5	15	11	4
南沙区	58	41	17	79	52	27	54	33	21
萝岗区	1		1	1	1		3	3	
从化区	14	9	5	18	14	4	6	4	2
增城区	104	70	34	115	70	45	75	49	26
韶关市	**43**	**29**	**14**	**59**	**39**	**20**	**77**	**40**	**36**
武江区	3	3		2	1	1	1	1	
浈江区	7	5	2	7	5	2	16	9	7
曲江区	1	1		5	3	1	7	2	5
始兴县	8	5	3	12	9	3	12	6	6
仁化县	7	5	2	5	4	1	9	6	3
翁源县	3	1	2	7	3	3	7	1	6
乳源瑶族自治县	3	2	1	4	3	1	8	6	2
新丰县	1	1		3	1	2	6	2	3
乐昌市	10	5	4	15	10	5	8	6	2
南雄市	1	1					3	1	3
珠海市	**60**	**45**	**15**	**57**	**42**	**15**	**61**	**43**	**18**
香洲区	5	3	2	10	5	5	11	7	4
斗门区	28	20	8	22	17	5	20	12	7
金湾区	27	22	5	26	20	6	31	24	7
汕头市	**13**	**9**	**4**	**10**	**7**	**3**	**32**	**22**	**10**
龙湖区							3	2	1
濠江区									
潮阳区	4	1	3	1	1		5	5	
潮南区				5	4	1	9	4	5
澄海区	8	7	1	3	2	1	14	11	4
南澳县	1	1		1		1	1	1	
佛山市	**129**	**95**	**34**	**106**	**78**	**29**	**115**	**85**	**30**
禅城区	34	24	10	34	20	14	29	22	7
南海区	27	23	5	15	14	2	24	20	5
三水区	64	46	17	53	41	13	59	41	17
高明区	4	2	2	4	3	1	3	2	1
江门市	**68**	**49**	**20**	**76**	**52**	**24**	**82**	**55**	**26**
新会区	8	7	2	17	11	6	15	12	3
台山市	7	6	1	8	4	4	13	5	8
开平市	8	7	1	8	6	2	13	9	4
鹤山市	34	21	13	28	20	8	26	18	7
恩平市	12	9	3	16	11	5	15	12	4

7-4b 续表 3

单位：户

地　区	50-54岁			55-59岁			60-64岁			65岁及以上		
	小计	男	女	小计	男	女	小计	男	女	小计	男	女
全　省	**1394**	**941**	**453**	**1053**	**718**	**336**	**1090**	**694**	**396**	**4023**	**1862**	**2162**
广州市	**108**	**75**	**33**	**68**	**44**	**24**	**86**	**52**	**34**	**292**	**121**	**171**
白云区	18	15	3	4	4		11	7	4	35	11	24
番禺区	6	4	2	2	1	1	7	3	4	24	8	15
花都区	7	6	2	7	6	1	7	6	1	19	9	10
南沙区	23	14	9	14	9	5	20	13	8	64	27	37
萝岗区	3	3		5	4	1	1	1		5	4	1
从化区	9	8	1	4	2	2	6	4	2	11	5	6
增城区	42	26	16	30	17	14	33	18	15	136	57	78
韶关市	**88**	**50**	**38**	**55**	**27**	**28**	**54**	**32**	**22**	**188**	**68**	**120**
武江区	3	2	1	2	1	1	2	2	1	4	3	2
浈江区	16	10	6	8	5	4	8	6	2	31	12	20
曲江区	10	6	4	5	3	2	2	1	1	13	4	9
始兴县	10	5	6	9	4	5	10	4	6	29	8	21
仁化县	6	4	2	3	3		6	3	3	12	6	6
翁源县	8	5	3	7	2	5	4	3	1	25	5	20
乳源瑶族自治县	7	3	4	4	2	2	4	1	3	26	12	15
新丰县	4	2	2	4	2	2	3	2	1	10	6	4
乐昌市	13	7	6	10	3	7	11	7	4	28	10	17
南雄市	11	7	4	3	3	1	4	3	1	9	4	6
珠海市	**35**	**28**	**7**	**18**	**12**	**5**	**10**	**7**	**3**	**57**	**23**	**34**
香洲区	5	5		5	1	4				1		1
斗门区	14	10	4	5	5	1	8	5	3	29	12	18
金湾区	16	13	4	8	7	1	3	2	1	27	11	15
汕头市	**44**	**29**	**16**	**37**	**21**	**17**	**40**	**18**	**23**	**169**	**60**	**109**
龙湖区	2	2	1	2	2	1	3	2	2	5	3	2
濠江区										6		6
潮阳区	14	10	4	12	7	5	5	3	3	32	12	20
潮南区	2	1	1	6	5	1	6	1	5	18	5	13
澄海区	22	14	8	14	5	9	22	12	10	93	35	59
南澳县	3	2	1	2	1	1	4		4	15	5	10
佛山市	**58**	**42**	**16**	**36**	**29**	**7**	**20**	**13**	**7**	**127**	**33**	**94**
禅城区	16	12	4	7	4	3	6	5	1	51	11	39
南海区	9	6	3	6	5	2				15	6	9
三水区	29	21	8	19	16	3	11	6	5	47	13	35
高明区	3	3	1	4	4		3	3	1	14	3	11
江门市	**59**	**32**	**27**	**54**	**37**	**17**	**71**	**48**	**23**	**268**	**123**	**145**
新会区	7	6	2	7	5	3	21	14	7	85	34	50
台山市	10	6	5	10	8	3	22	14	8	55	29	26
开平市	12	5	7	16	15	1	7	7		38	16	22
鹤山市	16	7	9	6	3	3	4	3	1	27	14	13
恩平市	13	8	5	14	7	7	17	10	7	64	30	34

7-4b 续表 4

单位：户

地 区	合 计			14岁及以下			15-19岁		
	小计	男	女	小计	男	女	小计	男	女
湛江市	**924**	**522**	**403**	**15**	**7**	**8**	**10**	**6**	**5**
霞山区	2	1	1						
坡头区	60	35	25	1	1	1	1	1	1
麻章区	115	61	54	1	1	1	1	1	
遂溪县	129	76	53	1	1				
徐闻县	223	111	111	4	2	2	2	1	1
廉江市	122	72	50	1		1	2	1	1
雷州市	204	132	72	2	1	1	1	1	
吴川市	69	33	36	4	2	3	3	1	2
茂名市	**874**	**482**	**392**	**35**	**22**	**13**	**29**	**19**	**9**
茂南区	31	19	12				2	2	
电白区	184	105	79	9	6	3	3	1	2
高州市	257	145	113	11	6	5	8	6	2
化州市	295	147	147	7	6	1	11	6	5
信宜市	107	66	40	8	5	3	5	4	1
肇庆市	**1107**	**726**	**381**	**13**	**10**	**4**	**12**	**5**	**7**
鼎湖区	80	44	36	1	1		2	1	
广宁县	163	78	85	3	2	1	2	2	
怀集县	139	96	43	4	3	1	2		2
封开县	84	48	37	1	1		1		1
德庆县	138	99	39	1		1	2	1	1
高要市	359	254	105	4	3	1	2	1	1
四会市	143	108	35				1	1	1
惠州市	**2065**	**1376**	**688**	**24**	**11**	**13**	**71**	**38**	**34**
惠城区	344	273	71				6	4	1
惠阳区	260	127	134				17	7	10
博罗县	857	571	286	15	5	9	38	20	18
惠东县	481	338	143	1	1		7	5	2
龙门县	123	68	55	8	4	4	3	1	2
梅州市	**997**	**513**	**484**	**33**	**20**	**13**	**14**	**9**	**4**
梅江区	4	3	1						
梅县区	112	44	68	1	1	1	1		1
大埔县	173	96	77	4	2	3	2	1	1
丰顺县	140	77	63	7	4	3	4	3	1
五华县	254	125	129	13	8	5	6	5	1
平远县	65	38	27	3	2	2			
蕉岭县	128	80	48	3	2	1			
兴宁市	121	50	70	2	2				
汕尾市	**470**	**348**	**121**	**10**	**6**	**4**	**8**	**6**	**2**
城区	11	7	4	1	1	1			
海丰县	277	201	76	4	3	1	6	6	
陆河县	37	28	9	1	1				
陆丰市	144	112	32	4	2	2	1		1

7-4b 续表 5

单位：户

地　区	20-24岁			25-29岁			30-34岁		
	小计	男	女	小计	男	女	小计	男	女
湛江市	**24**	**12**	**13**	**67**	**38**	**29**	**58**	**31**	**26**
霞山区				1	1				
坡头区	1	1		7	3	4	4	2	2
麻章区	5	1	3	13	6	7	22	12	10
遂溪县	1		1	3	2	2	2	1	1
徐闻县	8	3	5	13	8	5	6	3	3
廉江市	7	5	2	5	1	4	5	4	1
雷州市	1	1		23	17	6	16	7	9
吴川市	1		1	1		1	3	3	1
茂名市	**36**	**17**	**18**	**59**	**26**	**33**	**54**	**22**	**32**
茂南区	2	1	1	2		2	1	1	
电白区	4	3	1	3	2	1	7	2	4
高州市	5	4	1	21	9	11	11	3	8
化州市	21	6	16	32	12	19	35	16	19
信宜市	3	3		2	2				
肇庆市	**24**	**17**	**7**	**46**	**32**	**15**	**55**	**41**	**14**
鼎湖区	3	2	1	4	3	1	3	2	1
广宁县	2	2		4	1	3	7	5	3
怀集县	6	4	3	6	4	2	11	8	4
封开县	1	1		1	1		1	2	
德庆县	4	1	3	8	5	3	6	4	2
高要市	2	1	1	5	4	1	13	8	5
四会市	7	6	1	18	12	6	13	12	1
惠州市	**198**	**117**	**81**	**300**	**200**	**100**	**280**	**203**	**77**
惠城区	30	14	16	53	37	16	44	40	4
惠阳区	19	6	13	33	14	19	36	18	18
博罗县	103	69	35	136	101	35	119	89	31
惠东县	38	26	12	75	45	29	78	55	23
龙门县	7	2	6	4	2	1	3	2	1
梅州市	**29**	**17**	**11**	**31**	**17**	**14**	**28**	**17**	**11**
梅江区									
梅县区	2	1	1				2	1	1
大埔县	6	3	3	6	3	3	5	3	3
丰顺县	7	6	1	5	1	4	7	5	2
五华县	7	5	2	13	6	7	5	2	3
平远县	1			3	3		4	3	1
蕉岭县	2	1	1	4	3	1	2	1	
兴宁市	4	2	2	1	1		3	2	1
汕尾市	**10**	**7**	**3**	**31**	**21**	**10**	**34**	**26**	**8**
城区							1		1
海丰县	9	6	3	24	17	7	28	22	6
陆河县	1	1		2	1	1		1	
陆丰市				5	3	2	5	4	1

7-4b 续表 6 单位：户

地区	35-39岁			40-44岁			45-49岁		
	小计	男	女	小计	男	女	小计	男	女
湛江市	**49**	**38**	**12**	**79**	**53**	**27**	**83**	**58**	**24**
霞山区									
坡头区	3	2	1	2	1	1	2	2	
麻章区	8	4	4	10	5	5	9	6	2
遂溪县	10	8	2	18	11	7	14	11	3
徐闻县	9	9		13	8	5	23	13	9
廉江市	4	4		8	6	1	10	5	5
雷州市	15	10	5	26	20	6	21	20	1
吴川市	1	1		3	1	2	4	1	4
茂名市	**42**	**18**	**24**	**66**	**31**	**35**	**69**	**41**	**28**
茂南区							1	1	
电白区	3	1	2	12	7	6	18	8	10
高州市	15	6	9	22	12	10	15	10	5
化州市	22	10	12	26	11	15	26	16	10
信宜市	2	2	1	7	2	5	10	7	3
肇庆市	**74**	**45**	**29**	**89**	**65**	**25**	**117**	**82**	**36**
鼎湖区	3	1	2	7	4	3	6	3	3
广宁县	12	5	6	10	5	5	18	12	6
怀集县	7	5	2	14	13	1	21	15	6
封开县	1	1		4	3	2	8	4	4
德庆县	12	8	4	10	6	4	15	11	4
高要市	21	9	12	24	17	7	32	22	10
四会市	19	16	3	21	17	4	17	14	3
惠州市	**272**	**210**	**62**	**279**	**194**	**86**	**205**	**145**	**60**
惠城区	58	54	4	60	48	11	58	50	9
惠阳区	39	23	17	47	19	28	25	11	14
博罗县	106	77	29	90	63	26	73	49	24
惠东县	57	47	9	69	54	16	39	29	9
龙门县	12	9	4	14	9	4	10	6	4
梅州市	**37**	**22**	**15**	**67**	**38**	**29**	**97**	**50**	**46**
梅江区	1	1					1	1	1
梅县区	2	1	2	9	4	5	8	4	4
大埔县	10	7	3	13	8	5	16	12	5
丰顺县	4	2	2	10	7	3	7	4	2
五华县	10	5	5	19	11	9	36	13	23
平远县	3	3		4	3	1	4	2	2
蕉岭县	6	3	3	7	2	6	11	8	4
兴宁市	2	1	1	5	4	1	14	8	5
汕尾市	**50**	**38**	**12**	**35**	**28**	**7**	**53**	**44**	**9**
城区	1	1					1	1	
海丰县	41	30	11	24	18	5	30	24	5
陆河县	1		1	3	1	1	5	4	1
陆丰市	9	8	1	9	9		16	14	3

7-4b 续表 7

单位：户

地区	50-54岁			55-59岁			60-64岁			65岁及以上		
	小计	男	女	小计	男	女	小计	男	女	小计	男	女
湛江市	**73**	**50**	**24**	**83**	**55**	**29**	**62**	**34**	**28**	**320**	**141**	**179**
霞山区										1		1
坡头区	3	1	1	6	3	3	6	4	1	24	14	11
麻章区	11	5	6	8	6	2	5	4	2	23	11	13
遂溪县	17	12	5	13	10	3	11	6	5	41	15	25
徐闻县	18	13	5	20	14	6	15	7	8	90	29	61
廉江市	5	4	1	15	9	6	6	5	1	54	29	25
雷州市	14	12	1	14	10	4	11	5	6	59	27	32
吴川市	6	2	4	8	4	4	7	3	4	28	18	11
茂名市	**59**	**32**	**26**	**74**	**58**	**15**	**63**	**41**	**22**	**290**	**153**	**137**
茂南区	6	5	1	3	2	1	3	3		14	6	8
电白区	13	8	6	19	16	3	18	10	8	75	42	33
高州市	10	3	7	22	18	4	24	16	8	94	50	44
化州市	22	12	10	16	15	1	14	8	6	63	30	34
信宜市	7	4	3	14	8	6	6	5	1	44	26	18
肇庆市	**114**	**87**	**27**	**78**	**54**	**24**	**117**	**84**	**33**	**366**	**206**	**161**
鼎湖区	9	6	3	3	2	1	9	5	4	32	15	17
广宁县	7	4	4	15	8	6	15	9	6	69	25	44
怀集县	18	14	4	10	6	4	16	11	4	24	13	11
封开县	11	7	4	7	4	2	12	7	5	36	17	19
德庆县	17	14	3	8	6	2	14	12	2	42	30	12
高要市	40	32	8	28	23	5	43	34	10	144	99	45
四会市	12	11	1	8	6	3	7	6	1	20	8	12
惠州市	**134**	**98**	**36**	**63**	**45**	**18**	**60**	**41**	**19**	**178**	**76**	**102**
惠城区	21	17	4	6	6		3	3		6		6
惠阳区	18	11	7	9	7	2	3	2	1	14	9	5
博罗县	43	30	14	26	18	8	22	13	10	86	38	48
惠东县	37	30	6	15	11	4	20	16	4	46	19	27
龙门县	15	10	5	7	4	4	12	8	4	27	11	17
梅州市	**113**	**59**	**54**	**93**	**60**	**33**	**107**	**57**	**50**	**351**	**147**	**204**
梅江区	1	1					1	1		1		1
梅县区	18	9	9	8	6	2	16	7	9	44	12	33
大埔县	18	10	8	20	12	8	17	12	5	57	24	33
丰顺县	14	6	8	10	8	2	12	7	6	54	24	30
五华县	30	17	13	19	13	7	22	10	13	75	32	43
平远县	6	3	3	7	4	3	6	4	2	23	11	12
蕉岭县	15	10	5	16	12	4	14	10	4	49	29	20
兴宁市	12	3	9	13	5	7	19	7	12	49	16	32
汕尾市	**44**	**32**	**11**	**37**	**34**	**3**	**41**	**30**	**11**	**117**	**76**	**41**
城区	1	1		1	1		1		1	5	3	2
海丰县	24	17	6	14	13	1	16	10	6	59	35	24
陆河县	4	4		5	4	1	3	3		12	9	3
陆丰市	16	11	5	17	16	1	21	16	4	41	29	12

7-4b 续表 8

单位：户

地 区	合 计			14岁及以下			15-19岁		
	小计	男	女	小计	男	女	小计	男	女
河源市	**543**	**334**	**208**	**11**	**7**	**4**	**14**	**9**	**6**
紫金县	112	60	52				6	5	1
龙川县	183	114	69	5	4	1	3	2	1
连平县	47	27	21	1	1		1	1	
和平县	86	52	34	4	2	2	3	1	2
东源县	114	82	33	1		1	2		2
阳江市	**619**	**388**	**232**	**13**	**9**	**4**	**7**	**4**	**3**
江城区	102	68	34	1	1				
阳西县	141	79	62	7	4	3	3	2	1
阳东县	191	128	63	2	2	1	2	1	1
阳春市	185	113	72	3	2	1	2	1	1
清远市	989	589	399	33	23	9	16	11	5
清城区	180	114	66	5	3	2	3	3	
清新区	125	81	45	5	4	2	1		1
佛冈县	154	101	53	5	4	2	2	1	1
阳山县	114	62	52	5	4	1	1		1
连山壮族瑶族自治县	32	18	14						
连南瑶族自治县	86	50	36	4	3		1		1
英德市	262	144	118	6	5	2	7	6	2
连州市	35	19	16	3	1	2	1	1	
东莞市	**553**	**395**	**158**				**8**	**5**	**3**
中山市	**2673**	**1879**	**794**	**5**		**5**	**126**	**81**	**45**
潮州市	**427**	**240**	**187**	**3**	**1**	**2**	**7**	**4**	**3**
湘桥区	49	25	24	2		2			
潮安区	78	46	32						
饶平县	300	169	131	1	1		7	4	3
揭阳市	**543**	**334**	**209**	**7**	**5**	**1**	**15**	**7**	**8**
榕城区	21	13	8				1		1
揭东区	162	112	50	1		1	2	1	1
揭西县	203	121	83	4	4		9	5	4
惠来县	80	43	37				1	1	
普宁市	77	45	32	2	2		2		2
云浮市	**479**	**259**	**220**	**21**	**13**	**7**	**7**	**4**	**3**
云城区	12	7	5	2	1	1	1		1
云安区	32	20	12	2	2				
新兴县	131	65	66	1	1	1	1		1
郁南县	197	113	84	6	5	1	2	1	1
罗定市	107	54	53	9	5	5	3	2	1

7-4b 续表 9

单位：户

地　区	20-24岁			25-29岁			30-34岁		
	小计	男	女	小计	男	女	小计	男	女
河源市	**17**	**11**	**6**	**36**	**18**	**18**	**36**	**24**	**12**
紫金县	4	3	1	5	3	2	6	4	2
龙川县	2	1	2	8	4	4	4	1	4
连平县				2	1	1	5	3	2
和平县	3	1	2	7	2	6	6	4	1
东源县	7	5	2	14	8	6	16	12	4
阳江市	**18**	**9**	**9**	**54**	**33**	**21**	**51**	**36**	**15**
江城区	3	1	2	12	4	8	9	8	1
阳西县	3	1	1	5	2	3	1	1	
阳东县	9	4	5	19	16	3	19	15	4
阳春市	3	2	1	19	12	7	21	12	10
清远市	32	17	15	61	37	24	64	36	28
清城区	12	8	4	13	10	3	13	9	4
清新区	3	1	2	2	1	2	5	3	2
佛冈县	5	4	2	21	13	8	11	9	3
阳山县	2		2	4	2	2	2	2	1
连山壮族瑶族自治县				1	1		1		1
连南瑶族自治县	3	1	2	6	2	4	6	3	3
英德市	6	3	3	14	8	6	25	10	14
连州市	1	1					1	1	1
东莞市	**38**	**33**	**5**	**76**	**53**	**23**	**95**	**60**	**35**
中山市	**423**	**324**	**98**	**620**	**428**	**192**	**355**	**244**	**111**
潮州市	**9**	**5**	**5**	**8**	**6**	**2**	**6**	**4**	**2**
湘桥区	1	1							
潮安区	3		3	3	2	1	2	2	
饶平县	6	4	2	5	4	1	4	2	2
揭阳市	**19**	**11**	**9**	**25**	**20**	**5**	**32**	**11**	**21**
榕城区	2	2		1	1				
揭东区	1	1		3	2	1	4	2	2
揭西县	9	4	5	13	11	2	19	7	12
惠来县	4	2	2	6	4	2	4	2	2
普宁市	3	2	2	2	2		5		5
云浮市	**10**	**8**	**2**	**9**	**7**	**3**	**14**	**9**	**5**
云城区									
云安区	1			1	1		1	1	
新兴县	4	4		3	1	1	5	4	1
郁南县	4	2	2	4	3	1	7	3	4
罗定市	1	1		2	2		2	2	

7-4b 续表 10

单位：户

地区	35-39岁			40-44岁			45-49岁		
	小计	男	女	小计	男	女	小计	男	女
河源市	**55**	**35**	**20**	**57**	**35**	**21**	**63**	**38**	**25**
紫金县	20	8	11	8	5	3	13	8	5
龙川县	11	5	6	19	9	11	20	11	9
连平县	3	2	1	2	1	1	6	2	4
和平县	4	3		9	6	3	12	7	4
东源县	18	15	2	19	15	4	12	9	3
阳江市	**37**	**29**	**8**	**56**	**43**	**13**	**56**	**40**	**16**
江城区	4	3	1	16	13	3	13	13	
阳西县	3	3	1	7	5	2	14	7	8
阳东县	16	13	3	19	16	3	10	7	3
阳春市	14	11	3	14	9	5	19	13	6
清远市	73	51	22	87	56	32	110	71	38
清城区	11	10	1	18	14	5	25	18	7
清新区	12	9	2	12	9	3	12	8	4
佛冈县	11	7	4	12	9	3	15	10	4
阳山县	8	5	3	5	3	2	14	8	7
连山壮族瑶族自治县	2	1	1	2	1		2	2	
连南瑶族自治县	7	5	2	7	4	3	14	9	5
英德市	21	14	8	30	16	14	26	16	10
连州市	1	1		2	1	1	1	1	1
东莞市	**76**	**50**	**27**	**110**	**81**	**28**	**80**	**61**	**18**
中山市	**305**	**216**	**89**	**308**	**231**	**78**	**233**	**166**	**66**
潮州市	**8**	**4**	**4**	**12**	**9**	**3**	**19**	**14**	**5**
湘桥区	2	2	1	1	1		1	1	
潮安区	2	2					4	4	
饶平县	4	1	3	11	8	3	14	9	5
揭阳市	**32**	**22**	**10**	**44**	**24**	**21**	**35**	**20**	**15**
榕城区				2	2		1		1
揭东区	2	1	1	6	5	1	6	4	2
揭西县	18	13	5	25	11	14	12	6	6
惠来县	10	6	4	8	4	4	5	2	3
普宁市	2	2		3	2	2	11	8	3
云浮市	**16**	**9**	**7**	**28**	**19**	**9**	**43**	**25**	**18**
云城区				1	1				
云安区				2	1		2	2	
新兴县	8	5	3	9	6	3	11	6	5
郁南县	7	3	4	13	9	4	16	7	9
罗定市	1	1		4	2	2	14	10	4

7-4b 续表 11 单位：户

地区	50-54岁			55-59岁			60-64岁			65岁及以上		
	小计	男	女	小计	男	女	小计	男	女	小计	男	女
河源市	**56**	**39**	**17**	**40**	**30**	**10**	**33**	**25**	**8**	**125**	**64**	**61**
紫金县	12	6	7	6	6		7	5	2	27	8	19
龙川县	23	18	5	20	14	6	12	10	2	56	36	20
连平县	7	5	2	3	2	1	6	5	1	11	4	7
和平县	7	6	2	6	5	1	5	3	2	21	12	9
东源县	7	5	1	5	4	2	4	3	1	10	5	5
阳江市	**42**	**32**	**10**	**35**	**20**	**15**	**38**	**27**	**11**	**212**	**106**	**106**
江城区	10	10		6	4	2	2	1	1	28	12	17
阳西县	6	1	4	8	4	4	11	9	2	73	39	34
阳东县	13	9	4	11	6	4	12	8	5	59	31	28
阳春市	14	12	3	11	6	5	12	9	3	53	25	28
清远市	85	55	30	84	56	28	85	53	32	259	123	136
清城区	13	8	5	9	6	3	14	7	7	47	20	27
清新区	9	9	1	15	9	6	15	13	2	34	16	18
佛冈县	11	8	3	8	6	2	10	7	3	41	24	18
阳山县	11	5	6	10	5	5	14	9	5	39	21	18
连山壮族瑶族自治县	4	3	1	4	3	1	5	2	3	10	5	6
连南瑶族自治县	9	6	3	9	6	3	7	4	3	13	7	7
英德市	24	14	10	27	19	8	17	10	8	58	25	33
连州市	3	2	1	4	3	1	4	2	2	16	7	9
东莞市	**28**	**25**	**3**	**15**	**10**	**5**	**15**	**12**	**3**	**12**	**5**	**7**
中山市	**129**	**94**	**36**	**45**	**37**	**8**	**27**	**15**	**13**	**97**	**44**	**53**
潮州市	**42**	**29**	**13**	**45**	**28**	**17**	**66**	**40**	**26**	**202**	**96**	**106**
湘桥区	2	2		8	5	2	8	5	3	25	9	16
潮安区	6	4	2	6	5	1	13	9	4	39	18	22
饶平县	34	22	11	32	17	14	45	26	18	137	69	68
揭阳市	**36**	**28**	**8**	**49**	**35**	**14**	**50**	**36**	**14**	**201**	**116**	**85**
榕城区	1	1		1		1	2	2		9	4	5
揭东区	15	12	3	17	10	7	19	17	2	85	57	28
揭西县	9	8	1	22	17	5	21	12	9	43	23	20
惠来县	6	2	4	4	3	1	3	2	1	28	14	13
普宁市	5	5		5	5		5	3	2	36	18	18
云浮市	**47**	**27**	**21**	**45**	**27**	**18**	**45**	**30**	**15**	**193**	**80**	**112**
云城区	1	1		2	2	1	1	1	1	5	2	3
云安区	5	3	3	5	3	2	3	2	1	10	5	5
新兴县	9	3	6	10	4	6	11	9	3	58	22	36
郁南县	24	18	6	21	16	6	19	12	7	74	34	40
罗定市	9	2	6	7	3	4	10	6	4	46	18	28

7-4c 各地区分年龄、性别的一人户（乡村）

单位：户

地 区	合 计			14岁及以下			15-19岁		
	小计	男	女	小计	男	女	小计	男	女
全 省	**27952**	**16713**	**11239**	**1206**	**675**	**531**	**836**	**554**	**282**
广州市	**2282**	**1337**	**945**	**28**	**11**	**17**	**75**	**47**	**27**
白云区	402	246	156	4		4	14	6	8
番禺区	513	257	255	4		4	21	18	4
花都区	356	210	145	3	1	2	15	9	6
南沙区	572	358	213				17	11	6
萝岗区	58	39	19						
从化区	182	96	86	6	3	3	3	1	1
增城区	200	130	70	11	6	5	4	1	3
韶关市	**1080**	**613**	**466**	**84**	**54**	**30**	**32**	**19**	**12**
武江区	37	23	14	2		1			
浈江区	86	39	47	3	2	2	2	2	
曲江区	103	62	40	5	2	3	2	2	1
始兴县	96	53	44	6	4	2	3	3	1
仁化县	85	48	37	6	3	3			
翁源县	186	118	68	9	8	2	2	1	1
乳源瑶族自治县	91	57	34	10	6	4	5	3	2
新丰县	52	30	23	2	1	1	2	1	1
乐昌市	164	90	74	18	10	9	7	5	2
南雄市	179	94	85	23	19	4	9	4	5
珠海市	**296**	**200**	**96**	**2**	**1**	**1**	**3**	**1**	**2**
斗门区	296	200	96	2	1	1	3	1	2
汕头市	**351**	**194**	**157**	**10**	**8**	**2**	**2**	**1**	**1**
龙湖区	12	11	2						
金平区	3	2	1						
濠江区	28	17	11	1	1	1			
潮阳区	178	91	87	3	3				
潮南区	75	38	38	4	3	1	1	1	
澄海区	47	32	14	1	1		1		1
南澳县	7	4	3						
佛山市	**544**	**297**	**248**	**15**	**7**	**8**	**9**	**5**	**4**
南海区	191	127	64	5	3	3	5	3	3
顺德区	24	14	11						
三水区	233	105	128	3	1	2	3	2	1
高明区	96	51	45	6	4	3			
江门市	**2280**	**1372**	**908**	**45**	**22**	**23**	**38**	**29**	**10**
蓬江区	5	3	2						
新会区	591	369	221	8	4	4	13	11	2
台山市	718	411	307	14	6	8	5	2	2
开平市	372	217	155	16	10	6	4	3	1
鹤山市	361	245	116	7	2	5	9	8	1
恩平市	234	127	107				8	4	4

7-4c 续表 1 单位：户

地区	20-24岁			25-29岁			30-34岁		
	小计	男	女	小计	男	女	小计	男	女
全省	**1196**	**789**	**408**	**1651**	**1141**	**510**	**1415**	**1042**	**373**
广州市	**190**	**116**	**74**	**354**	**208**	**146**	**207**	**134**	**73**
白云区	41	29	11	61	44	17	32	19	13
番禺区	47	18	29	137	55	82	55	33	22
花都区	17	13	4	36	27	9	25	21	4
南沙区	75	48	27	111	75	35	74	46	28
萝岗区	3	2	1	5	5		7	6	1
从化区	2	1	1	3	2	1	2	1	1
增城区	5	5		3		3	13	9	4
韶关市	**16**	**9**	**7**	**24**	**15**	**9**	**22**	**19**	**3**
武江区				3	3	1	2	1	
浈江区	5	2	3	5	2	2	3	2	1
曲江区	1		1	1	1	1	2	2	
始兴县	2	1	1	2	1	1	4	4	
仁化县	1		1	3	2	1	1	1	
翁源县	3	2	1	5	5	1	3	2	1
乳源瑶族自治县	2	1	1	1	1		2	2	
新丰县	1	1					1	1	
乐昌市				2	2		3	3	
南雄市	1	1	1	2		2	2	1	1
珠海市	**37**	**26**	**11**	**61**	**47**	**15**	**32**	**24**	**8**
斗门区	37	26	11	61	47	15	32	24	8
汕头市	**11**	**6**	**5**	**17**	**11**	**6**	**4**	**4**	
龙湖区				1	1				
金平区									
濠江区									
潮阳区	8	3	5	8	6	2	1	1	
潮南区	1	1		7	4	3			
澄海区	1	1		1	1	1	2	2	
南澳县							1	1	
佛山市	**22**	**15**	**6**	**28**	**24**	**5**	**57**	**41**	**15**
南海区	13	8	5	19	19		40	32	8
顺德区	2	2		3	2	2	5	3	2
三水区	7	6	1	6	3	2	12	6	6
高明区				1		1	1	1	
江门市	**85**	**56**	**30**	**111**	**79**	**31**	**103**	**71**	**31**
蓬江区							1		
新会区	21	12	9	38	28	10	28	21	7
台山市	12	6	7	16	11	5	10	7	3
开平市	8	7	1	18	14	5	20	15	5
鹤山市	28	19	9	34	26	8	32	21	12
恩平市	16	12	4	4		4	12	8	4

7-4c 续表 2

单位：户

地区	35-39岁			40-44岁			45-49岁		
	小计	男	女	小计	男	女	小计	男	女
全 省	**1448**	**1066**	**383**	**1836**	**1307**	**529**	**2387**	**1594**	**793**
广州市	**218**	**154**	**64**	**205**	**143**	**62**	**178**	**129**	**49**
白云区	50	38	11	42	29	13	27	19	8
番禺区	51	29	22	43	31	12	41	31	10
花都区	41	31	10	31	19	12	26	20	6
南沙区	59	44	15	65	45	20	53	33	20
萝岗区	7	6	2	5	4	1	5	4	1
从化区	8	4	4	12	8	3	14	10	4
增城区	3	3		8	6	1	13	12	1
韶关市	**35**	**26**	**9**	**46**	**36**	**10**	**90**	**59**	**32**
武江区	3	3		1	1		2	2	
浈江区	2	2		1	1		7	4	3
曲江区	2	2		6	5	1	13	10	3
始兴县	5	3	2	4	3	1	10	7	4
仁化县	5	4	1	3	2	1	6	4	2
翁源县	7	4	3	9	6	3	15	12	3
乳源瑶族自治县	3	3		6	5	1	5	4	1
新丰县	1	1		3	3		4	2	1
乐昌市	3	2	1	8	6	2	11	6	5
南雄市	4	3	1	6	5	1	18	9	9
珠海市	**24**	**18**	**7**	**14**	**11**	**3**	**11**	**7**	**4**
斗门区	24	18	7	14	11	3	11	7	4
汕头市	**9**	**5**	**4**	**14**	**10**	**4**	**34**	**23**	**11**
龙湖区							1	1	
金平区									
濠江区	2	1	1	3	3		2	1	1
潮阳区	5	2	2	7	5	2	23	15	8
潮南区	1	1		1		1	4	3	1
澄海区	1	1		3	3		4	3	1
南澳县									
佛山市	**28**	**20**	**7**	**28**	**22**	**5**	**33**	**24**	**9**
南海区	11	8	3	11	8	3	16	13	3
顺德区				3	2	2	3	3	
三水区	16	12	5	13	12	1	9	4	6
高明区	1	1		1	1		5	4	1
江门市	**157**	**110**	**47**	**185**	**134**	**51**	**187**	**138**	**49**
蓬江区	1			1	1		1		
新会区	72	60	12	61	53	8	58	45	13
台山市	27	13	15	43	31	13	47	35	11
开平市	19	12	7	31	22	8	25	22	3
鹤山市	30	25	5	21	15	6	37	28	9
恩平市	8		8	28	12	16	20	8	12

7-4c 续表 3 单位：户

地　区	50-54岁			55-59岁			60-64岁			65岁及以上		
	小计	男	女	小计	男	女	小计	男	女	小计	男	女
全　省	**2295**	**1476**	**819**	**1960**	**1322**	**638**	**2203**	**1385**	**817**	**9520**	**4364**	**5157**
广州市	**108**	**74**	**35**	**89**	**66**	**24**	**100**	**63**	**37**	**531**	**193**	**338**
白云区	14	10	4	13	9	4	9	4	5	98	38	60
番禺区	16	8	8	10	8	2	12	6	6	78	22	57
花都区	21	14	7	23	15	8	21	10	11	96	30	66
南沙区	27	18	9	13	8	4	17	9	8	61	20	41
萝岗区	2	1	1	2	2		4	4	1	17	6	11
从化区	18	13	5	11	8	3	18	12	6	87	32	55
增城区	12	10	1	18	15	3	19	18	1	93	45	49
韶关市	**124**	**74**	**50**	**101**	**64**	**36**	**128**	**68**	**61**	**378**	**170**	**208**
武江区	2	2		5	5		5	3	2	12	3	9
浈江区	9	4	5	5	3	2	10	5	5	34	10	24
曲江区	15	10	5	11	8	3	14	8	6	33	14	19
始兴县	13	7	7	7	4	3	8	4	4	34	14	20
仁化县	9	5	4	9	6	3	11	5	6	31	16	16
翁源县	23	16	6	20	15	6	17	9	8	73	38	34
乳源瑶族自治县	9	8	1	6	4	3	12	5	7	31	17	14
新丰县	7	3	3	9	6	3	5	3	2	16	6	10
乐昌市	14	8	7	18	8	11	24	13	11	57	29	29
南雄市	23	11	13	11	8	3	22	11	11	57	23	34
珠海市	**12**	**9**	**4**	**11**	**10**	**2**	**18**	**10**	**7**	**72**	**38**	**34**
斗门区	12	9	4	11	10	2	18	10	7	72	38	34
汕头市	**28**	**18**	**10**	**36**	**26**	**10**	**45**	**18**	**26**	**142**	**64**	**79**
龙湖区	1	1		4	4		2	1	1	4	3	1
金平区										3	2	1
濠江区	1	1	1	3	3		5	3	1	12	5	7
潮阳区	13	6	7	15	9	6	15	6	9	79	34	46
潮南区	7	6	1	4	3	1	15	3	13	28	13	15
澄海区	5	4	1	8	5	3	7	5	2	14	7	7
南澳县	1	1		2	1		1			3		2
佛山市	**15**	**12**	**4**	**27**	**20**	**7**	**33**	**15**	**18**	**251**	**91**	**159**
南海区				8	8		5	3	3	58	24	35
顺德区				3	2	2	3	2	2	3		3
三水区	9	6	4	9	6	4	19	5	14	127	44	83
高明区	6	6		7	5	2	6	6		62	24	39
江门市	**158**	**112**	**45**	**166**	**113**	**53**	**174**	**115**	**60**	**873**	**394**	**479**
蓬江区	1	1								1		1
新会区	36	29	7	28	20	8	34	19	15	195	69	127
台山市	63	39	24	67	49	18	85	58	27	329	156	174
开平市	28	19	8	27	18	9	33	21	12	143	54	89
鹤山市	23	17	6	24	18	5	18	13	5	98	53	45
恩平市	8	8		20	8	12	4	4		107	63	44

7-4c 续表 4 单位：户

地 区	合 计			14岁及以下			15-19岁		
	小计	男	女	小计	男	女	小计	男	女
湛江市	**1903**	**1070**	**833**	**68**	**42**	**26**	**44**	**35**	**9**
赤坎区	2	1	1						
霞山区	11	4	7						
坡头区	124	66	58	1	1		3	3	
麻章区	117	64	53	4	3	1			
遂溪县	294	180	114	14	8	7	6	5	1
徐闻县	126	68	58	2	2		1	1	
廉江市	531	318	213	18	8	9	11	8	2
雷州市	498	260	237	16	10	6	13	12	1
吴川市	200	110	91	13	11	2	11	7	4
茂名市	**2843**	**1546**	**1297**	**210**	**109**	**101**	**184**	**138**	**46**
茂南区	108	54	55				2	1	1
电白区	374	215	159	21	11	10	7	3	3
高州市	969	522	448	59	33	26	80	61	19
化州市	806	416	390	91	47	44	70	53	18
信宜市	585	339	246	38	17	21	26	20	6
肇庆市	**1796**	**998**	**799**	**78**	**47**	**30**	**44**	**25**	**19**
鼎湖区	88	30	59	2	1	1	2	1	
广宁县	355	204	151	13	5	8	8	4	5
怀集县	295	144	151	33	19	14	16	10	6
封开县	216	132	84	4	3	1	7	4	3
德庆县	152	107	45	5	4	1	1	1	
高要市	368	179	189	17	12	5	3	2	2
四会市	322	202	119	5	4	1	8	4	4
惠州市	**1092**	**697**	**395**	**37**	**18**	**19**	**20**	**15**	**4**
惠城区	192	105	87	7	5	2	3	3	
惠阳区	233	163	70	8	3	4	7	6	1
博罗县	302	194	108	8	2	6	2	2	
惠东县	196	128	68	2	2		4	1	2
龙门县	169	107	62	12	5	6	4	2	1
梅州市	**1971**	**1043**	**927**	**127**	**80**	**47**	**47**	**23**	**24**
梅江区	36	23	13						
梅县区	185	86	99	5	3	2	2	1	1
大埔县	369	249	120	25	19	6	9	3	6
丰顺县	188	104	84	9	6	3	6	1	5
五华县	615	290	325	72	41	31	18	9	9
平远县	84	46	38	1					
蕉岭县	114	57	57	4	4	1	3	2	1
兴宁市	379	188	191	11	6	4	9	6	2

7-4c 续表 5 单位：户

地 区	20-24岁			25-29岁			30-34岁		
	小计	男	女	小计	男	女	小计	男	女
湛江市	**32**	**21**	**11**	**34**	**22**	**13**	**23**	**17**	**7**
赤坎区									
霞山区									
坡头区	3	2	1	1	1	1	3	3	1
麻章区	1	1		3	1	1	3	2	2
遂溪县	7	3	4	4	1	3	5	4	1
徐闻县	4	3	1	3	2	1	2	1	1
廉江市	6	5	1	13	11	2	4	4	
雷州市	4	4		7	3	4	1		1
吴川市	7	2	4	3	3		6	5	1
茂名市	**110**	**63**	**47**	**66**	**33**	**33**	**49**	**31**	**18**
茂南区	1	1		4	2	3	3	2	1
电白区	13	10	3	3	3		7	3	3
高州市	41	24	17	19	9	9	9	7	2
化州市	35	16	19	25	14	11	21	11	11
信宜市	20	12	8	15	5	11	9	8	2
肇庆市	**24**	**18**	**6**	**43**	**30**	**13**	**55**	**41**	**13**
鼎湖区	3	2	1	1	1		2	1	
广宁县	1	1		12	6	5	16	11	5
怀集县	4	2	2	7	5	2	5	5	
封开县	2	1	1	4	3	1	7	2	5
德庆县	1	1		2	1	1	1	1	
高要市	4	4		4	3	2	11	9	2
四会市	9	8	2	12	10	2	13	11	2
惠州市	**49**	**35**	**14**	**60**	**47**	**13**	**59**	**43**	**15**
惠城区	7	5	2	15	11	3	7	7	
惠阳区	26	17	9	32	27	5	28	23	5
博罗县	10	9	1	7	6	1	12	6	6
惠东县	4	2	1	4	1	2	8	5	4
龙门县	2	2	1	3	2	1	4	4	1
梅州市	**34**	**20**	**14**	**31**	**16**	**15**	**35**	**19**	**16**
梅江区				1	1		1	1	
梅县区	3	2	1	4	3	1	2	2	1
大埔县	2	1	1	5	2	2	6	5	1
丰顺县	3	2	1	4	2	3	4	2	3
五华县	19	12	7	9	4	4	10	3	7
平远县				2	2		1	1	
蕉岭县	1	1		3		3	1		1
兴宁市	5	2	3	3	1	2	10	6	3

7-4c 续表 6

单位：户

地 区	35-39岁			40-44岁			45-49岁		
	小计	男	女	小计	男	女	小计	男	女
湛江市	**33**	**22**	**12**	**64**	**51**	**13**	**87**	**54**	**33**
赤坎区							1		
霞山区									
坡头区	4	3	1	2	2		6	4	2
麻章区	4	2	2	6	5	1	5	4	1
遂溪县	5	2	3	8	5	3	10	10	
徐闻县	1	1		5	5		9	8	2
廉江市	11	6	5	20	18	2	18	8	9
雷州市	7	6	1	16	13	3	26	15	12
吴川市	2	2		8	3	5	11	5	7
茂名市	**65**	**37**	**28**	**107**	**59**	**48**	**227**	**125**	**102**
茂南区	3	2	1	3	3		3	3	1
电白区	13	8	5	8	5	3	25	13	12
高州市	15	6	9	43	24	19	97	48	48
化州市	16	11	5	25	14	11	42	28	14
信宜市	18	11	8	29	14	15	61	33	27
肇庆市	**58**	**49**	**8**	**103**	**75**	**29**	**169**	**109**	**59**
鼎湖区	2	2		2	1		5	3	3
广宁县	6	5	1	13	10	3	37	25	13
怀集县	6	4	2	18	8	10	31	11	20
封开县	7	6	1	13	9	4	25	16	9
德庆县	4	4		9	6	2	11	8	4
高要市	9	8	1	20	13	7	18	13	5
四会市	25	21	4	29	27	3	41	34	7
惠州市	**56**	**45**	**11**	**99**	**75**	**24**	**100**	**68**	**32**
惠城区	6	2	3	17	8	9	15	8	7
惠阳区	19	17	2	23	20	3	30	18	11
博罗县	21	17	4	30	22	8	24	17	7
惠东县	5	4	1	18	15	2	18	13	5
龙门县	6	5	1	11	9	2	14	12	2
梅州市	**40**	**17**	**23**	**82**	**53**	**28**	**211**	**131**	**80**
梅江区	1	1	1	2	2	1	3	3	
梅县区	3	2	2	7	3	3	17	12	6
大埔县	2	2		8	7	1	32	26	6
丰顺县	4	3	2	6	4	2	14	8	6
五华县	19	3	16	33	15	18	84	49	36
平远县	1		1	5	4	1	14	10	4
蕉岭县	2	1	1	4	4	1	7	2	5
兴宁市	7	6	1	17	15	2	39	21	18

7-4c 续表 7

单位：户

地区	50-54岁			55-59岁			60-64岁			65岁及以上		
	小计	男	女	小计	男	女	小计	男	女	小计	男	女
湛江市	**132**	**87**	**45**	**142**	**87**	**55**	**149**	**93**	**56**	**1094**	**539**	**555**
赤坎区										1	1	1
霞山区				1		1	1			8	3	6
坡头区	7	4	3	5	3	3	11	4	6	79	37	42
麻章区	4	2	2	9	7	2	10	7	2	69	28	41
遂溪县	24	13	10	21	16	5	25	16	9	167	98	69
徐闻县	7	5	2	12	8	4	9	8	2	72	25	47
廉江市	34	22	12	31	13	18	42	31	12	325	185	140
雷州市	39	33	6	43	29	15	36	20	16	288	116	172
吴川市	18	7	11	20	11	9	16	7	9	85	47	38
茂名市	**269**	**117**	**153**	**209**	**125**	**84**	**223**	**141**	**81**	**1125**	**569**	**556**
茂南区	6	3	3	5	3	2	15	8	7	65	27	38
电白区	39	13	26	31	21	10	30	23	7	177	100	77
高州市	84	35	48	52	30	22	78	52	26	394	191	202
化州市	74	30	44	65	30	35	60	30	30	283	134	149
信宜市	67	35	32	56	41	15	41	29	12	206	117	89
肇庆市	**166**	**99**	**67**	**158**	**104**	**54**	**177**	**103**	**74**	**723**	**297**	**426**
鼎湖区	2	2		3	1	2	9	3	7	56	13	44
广宁县	40	22	18	39	30	9	37	22	15	134	64	70
怀集县	29	12	17	21	11	11	25	12	13	100	46	54
封开县	26	15	11	33	20	13	19	13	6	70	40	30
德庆县	22	16	6	21	17	4	25	20	5	51	28	23
高要市	23	16	8	28	17	12	30	13	18	200	70	130
四会市	24	17	7	12	9	4	31	21	10	113	38	75
惠州市	**100**	**77**	**23**	**80**	**58**	**22**	**69**	**51**	**18**	**364**	**165**	**199**
惠城区	16	10	6	15	11	3	15	9	6	71	26	45
惠阳区	14	10	4	8	3	5	8	6	2	31	13	18
博罗县	26	20	6	24	19	6	19	14	5	119	59	59
惠东县	24	20	4	24	19	5	14	12	2	74	34	40
龙门县	21	17	4	10	7	3	14	10	4	69	32	36
梅州市	**232**	**129**	**103**	**197**	**122**	**75**	**248**	**145**	**103**	**688**	**288**	**400**
梅江区	4	3	2	5	4	1	7	4	3	12	5	7
梅县区	25	14	11	22	12	9	30	12	17	65	19	46
大埔县	60	44	16	44	36	8	64	47	17	113	56	56
丰顺县	19	12	6	20	14	6	24	14	10	74	36	38
五华县	69	24	46	44	22	22	49	28	21	188	80	108
平远县	11	6	5	7	3	4	9	4	6	33	16	18
蕉岭县	9	7	2	15	10	5	14	9	5	51	18	33
兴宁市	35	19	16	40	20	20	51	26	26	152	58	94

7-4c 续表 8 单位：户

地区	合计			14岁及以下			15-19岁		
	小计	男	女	小计	男	女	小计	男	女
汕尾市	**358**	**282**	**77**	**20**	**9**	**11**	**3**	**3**	
城区	40	25	15	2		2			
海丰县	138	103	35	11	7	5	2	2	
陆河县	34	28	6	1	1				
陆丰市	146	126	20	5	1	4			
河源市	**1487**	**853**	**634**	**144**	**72**	**72**	**41**	**29**	**12**
源城区	2	1	1						
紫金县	218	113	105	24	11	13	4	2	2
龙川县	520	280	240	70	33	37	21	16	5
连平县	89	60	29	6	5	1	7	6	2
和平县	186	95	91	15	8	7	2	2	
东源县	472	304	168	29	15	14	6	3	3
阳江市	**1153**	**714**	**439**	**55**	**31**	**24**	**30**	**15**	**15**
江城区	94	50	44	3	2	1	1		1
阳西县	394	239	155	22	10	11	10	9	2
阳东县	217	136	81	7	5	1	4		4
阳春市	448	289	159	25	13	11	14	6	8
清远市	1828	1089	739	135	71	63	37	22	15
清城区	99	49	50	7	3	3	2	2	
清新区	337	216	121	17	14	4	5	4	1
佛冈县	163	96	67	13	7	6	2	1	1
阳山县	292	167	124	17	7	10	11	4	7
连山壮族瑶族自治县	42	25	17	3	1	2	1		
连南瑶族自治县	73	35	38	7	4	3	2	1	1
英德市	508	307	201	44	21	22	8	6	2
连州市	314	194	120	26	14	12	7	4	3
东莞市	**3266**	**2325**	**941**	**14**	**12**	**2**	**126**	**89**	**37**
中山市	**644**	**487**	**157**	**4**	**4**		**37**	**22**	**16**
潮州市	**513**	**295**	**218**	**12**	**3**	**9**	**5**	**1**	**4**
湘桥区	37	21	16	1		1	1	1	1
潮安区	159	96	62	3	1	3	1	1	
饶平县	318	178	140	8	2	6	3		3
揭阳市	**625**	**401**	**224**	**22**	**12**	**10**	**19**	**6**	**12**
榕城区	75	49	27				1		1
揭东区	172	108	64	6	3	2	4	1	3
揭西县	136	83	53	1		1	2	1	1
惠来县	83	50	33	3	1	2	2	1	1
普宁市	158	111	47	13	8	5	9	3	6
云浮市	**1638**	**899**	**739**	**96**	**60**	**36**	**41**	**28**	**13**
云城区	88	58	30	3	2	1	1	1	
云安区	169	99	70	14	6	8	4	3	1
新兴县	230	132	98	11	7	3	5	4	1
郁南县	376	224	152	14	7	7	6	4	2
罗定市	777	388	389	54	37	18	24	16	8

7-4c 续表 9

单位：户

地　区	20-24岁			25-29岁			30-34岁		
	小计	男	女	小计	男	女	小计	男	女
汕尾市	**7**	**3**	**5**	**12**	**9**	**3**	**20**	**17**	**3**
城区	1	1					2	2	
海丰县	1		1	5	3	1	7	6	1
陆河县	1	1		1	1				1
陆丰市	4		4	6	5	1	10	9	1
河源市	**32**	**22**	**10**	**43**	**27**	**16**	**54**	**37**	**17**
源城区									
紫金县	4	3	1	7	5	3	7	4	4
龙川县	4	3	1	5	1	4	6	3	3
连平县	1	1		2		2	2	2	
和平县	3	1	2	4	3	1	3	3	1
东源县	20	14	6	25	18	7	36	26	10
阳江市	**25**	**18**	**7**	**14**	**6**	**8**	**19**	**16**	**3**
江城区	3	2	1	3	1	2	2	2	
阳西县	9	7	2	2	1	1	4	3	1
阳东县	8	5	2	7	4	2	3	3	
阳春市	6	4	2	3		3	10	8	2
清远市	38	27	11	24	18	6	32	27	6
清城区	1	1		2		2	2	1	1
清新区	12	11	1	6	5	1	5	4	1
佛冈县	3	1	3	1	1		2	2	
阳山县	7	5	2	4	4		7	6	1
连山壮族瑶族自治县				1	1		2	1	1
连南瑶族自治县	1	1		1	1				
英德市	12	7	5	6	4	2	12	11	1
连州市	2	1	1	2	1	1	3	2	1
东莞市	**361**	**252**	**109**	**564**	**414**	**150**	**504**	**384**	**120**
中山市	**82**	**57**	**26**	**122**	**104**	**18**	**84**	**73**	**12**
潮州市	**9**	**6**	**3**	**1**	**1**		**11**	**7**	**3**
湘桥区	1	1		1	1				
潮安区	3	2	2	1	1		6	6	
饶平县	5	3	1				5	1	3
揭阳市	**13**	**8**	**4**	**19**	**14**	**5**	**14**	**12**	**3**
榕城区	5	2	2	2	2				
揭东区	3	2	1	2	2		3	3	
揭西县	2	1	1	5	3	2	2	1	1
惠来县	1	1		2	1	1	3	3	
普宁市	2	2		8	6	2	6	5	2
云浮市	**20**	**11**	**8**	**23**	**17**	**6**	**32**	**25**	**7**
云城区	1	1		1		1	1	1	
云安区	1	1		4	2	2	5	4	1
新兴县	3	2	1	4	3	1	7	5	1
郁南县	6	5	1	3	3		5	4	1
罗定市	10	3	6	11	10	2	14	11	3

7-4c 续表 10

单位：户

地区	35-39岁			40-44岁			45-49岁		
	小计	男	女	小计	男	女	小计	男	女
汕尾市	**16**	**13**	**2**	**21**	**20**	**1**	**21**	**19**	**2**
城区	1		1	2	2		4	4	
海丰县	2	2		7	6	1	7	7	
陆河县	1	1		1	1		3	1	2
陆丰市	11	10	1	10	10		8	8	
河源市	**57**	**38**	**19**	**103**	**67**	**36**	**167**	**115**	**52**
源城区									
紫金县	6	4	3	10	5	5	18	12	6
龙川县	6	3	3	28	14	14	61	43	18
连平县	4	3	1	5	3	2	8	3	5
和平县	3	1	1	12	8	4	23	13	10
东源县	38	27	11	49	37	12	58	45	13
阳江市	**28**	**22**	**6**	**49**	**36**	**13**	**113**	**68**	**45**
江城区	1	1		3	2	2	7	4	3
阳西县	8	6	2	15	10	5	38	18	19
阳东县	6	2	3	10	9	1	16	10	7
阳春市	13	12	1	21	15	5	52	36	16
清远市	56	42	14	96	70	26	152	97	55
清城区				4	4	1	4	4	
清新区	8	5	3	19	11	8	19	13	6
佛冈县	1	1	1	6	5	1	15	10	5
阳山县	11	8	3	22	16	6	28	16	12
连山壮族瑶族自治县	1	1	1	2	2		4	2	1
连南瑶族自治县	3	2	1	3	2	2	7	3	4
英德市	26	20	6	29	24	6	53	34	19
连州市	6	6		10	7	3	23	15	8
东莞市	**445**	**342**	**104**	**423**	**301**	**122**	**327**	**249**	**78**
中山市	**77**	**67**	**10**	**79**	**67**	**12**	**51**	**35**	**16**
潮州市	**9**	**7**	**2**	**22**	**16**	**7**	**37**	**29**	**8**
湘桥区	2	1	1	2	2	1	3	2	1
潮安区	3	3		9	6	3	11	10	1
饶平县	5	3	1	12	8	3	23	17	6
揭阳市	**16**	**13**	**3**	**38**	**30**	**8**	**40**	**35**	**5**
榕城区	2	2		2	2		8	7	1
揭东区	1	1		7	6	1	9	8	1
揭西县	3	2	1	5	4	1	8	5	3
惠来县	3	3		3	3		3	3	
普宁市	6	5	2	22	16	6	13	13	
云浮市	**25**	**20**	**5**	**61**	**32**	**29**	**152**	**79**	**73**
云城区	2	2		1	1		6	4	2
云安区	1	1		8	4	4	11	6	5
新兴县	6	6		11	7	4	18	11	6
郁南县	3	1	2	10	5	5	38	23	14
罗定市	13	10	3	30	14	16	80	34	46

7-4c 续表 11

单位：户

地 区	50-54岁			55-59岁			60-64岁			65岁及以上		
	小计	男	女	小计	男	女	小计	男	女	小计	男	女
汕尾市	**31**	**22**	**9**	**27**	**21**	**6**	**35**	**29**	**6**	**147**	**118**	**29**
城区	6	5	1	2	1	1	7	2	5	12	7	5
海丰县	6	2	3	8	6	2	7	6	1	75	56	19
陆河县	1	1	1	3	2	1	5	5		15	13	2
陆丰市	18	14	4	14	11	3	16	16		45	43	3
河源市	**145**	**104**	**41**	**122**	**78**	**45**	**111**	**67**	**44**	**470**	**199**	**271**
源城区	1	1		1	1	1				1		1
紫金县	21	17	4	17	11	6	15	5	9	86	35	51
龙川县	53	39	14	46	29	17	41	26	15	178	70	108
连平县	12	9	3	11	8	3	6	6	1	26	15	10
和平县	17	9	8	19	8	11	20	12	8	66	27	39
东源县	41	29	12	29	22	7	30	19	11	114	52	62
阳江市	**102**	**71**	**31**	**72**	**51**	**21**	**121**	**86**	**35**	**525**	**292**	**232**
江城区	9	4	4	3	1	2	9	6	3	53	26	27
阳西县	25	14	10	26	21	5	35	26	10	201	112	89
阳东县	21	16	4	18	14	3	32	18	14	87	48	38
阳春市	48	36	12	27	15	11	45	37	8	184	106	78
清远市	192	124	69	172	127	45	186	134	52	707	330	377
清城区	5	4	2	4	2	3	10	4	6	57	24	33
清新区	29	20	9	21	16	5	39	31	8	157	83	75
佛冈县	18	12	6	19	17	1	17	13	5	66	27	39
阳山县	38	25	13	29	19	10	22	18	4	96	39	57
连山壮族瑶族自治县	4	3	1	3	1	2	4	2	1	17	9	8
连南瑶族自治县	10	6	4	6	3	3	9	4	5	23	9	14
英德市	49	27	22	55	44	12	53	38	15	161	73	88
连州市	38	26	11	35	25	10	32	24	8	129	67	63
东莞市	**185**	**150**	**34**	**69**	**56**	**14**	**44**	**30**	**14**	**204**	**47**	**157**
中山市	**31**	**20**	**12**	**12**	**8**	**4**	**16**	**8**	**8**	**49**	**24**	**26**
潮州市	**53**	**38**	**15**	**58**	**42**	**17**	**71**	**41**	**30**	**226**	**104**	**121**
湘桥区	4	4	1	4	3	1	4	3	1	17	7	10
潮安区	15	10	5	17	13	4	21	12	9	69	32	37
饶平县	33	24	9	38	26	12	47	26	21	140	65	75
揭阳市	**56**	**42**	**15**	**70**	**53**	**17**	**79**	**51**	**28**	**240**	**125**	**115**
榕城区	7	5	2	5	4	1	13	9	5	31	17	15
揭东区	10	10		23	19	4	21	11	10	83	42	41
揭西县	18	15	3	14	9	5	18	8	10	56	33	24
惠来县	9	6	3	9	7	2	5	5		43	18	25
普宁市	13	6	6	19	14	5	22	19	3	27	16	11
云浮市	**156**	**100**	**57**	**141**	**93**	**48**	**178**	**118**	**60**	**714**	**317**	**397**
云城区	8	6	3	6	4	2	12	8	3	46	28	18
云安区	20	14	6	14	12	2	19	13	6	70	34	36
新兴县	13	11	2	15	10	5	24	18	6	113	46	67
郁南县	51	31	20	42	27	15	42	29	13	155	85	71
罗定市	64	38	26	64	40	24	82	50	32	330	125	205

7-5 全省不同规模的家庭户类别

单位：户

户规模	家庭户户数	一代户	二代户	三代户	四代户	五代及以上户
总 计	**883386**	**339479**	**367461**	**171150**	**5294**	**2**
一人户	177996	177996				
二人户	185053	147998	37056			
三人户	172285	8047	158038	6199		
四人户	148086	3016	111067	33892	111	
五人户	97794	1263	41383	54540	609	
六人户	52442	546	13226	37365	1304	1
七人户	24159	263	4187	18423	1286	
八人户	12100	194	1543	9464	898	
九人户	6018	69	516	4952	481	
十人及以上户	7454	87	445	6315	606	1

7-5a 全省不同规模的家庭户类别（城市）

单位：户

户规模	家庭户户数	一代户	二代户	三代户	四代户	五代及以上户
总 计	**512897**	**244260**	**197134**	**70205**	**1298**	
一人户	131018	131018				
二人户	123884	103525	20358			
三人户	112350	5783	103641	2926		
四人户	74679	2191	54492	17968	28	
五人户	40977	889	13858	26063	167	
六人户	17510	383	3397	13359	370	
七人户	6492	205	889	5056	343	
八人户	3103	161	317	2450	176	
九人户	1378	41	96	1144	97	
十人及以上户	1508	64	86	1241	117	

7-5b 全省不同规模的家庭户类别（镇）

单位：户

户规模	家庭户户数	一代户	二代户	三代户	四代户	五代及以上户
总 计	**130228**	**36909**	**58664**	**33420**	**1236**	
一人户	19026	19026				
二人户	22075	16637	5438			
三人户	21973	700	20223	1050		
四人户	25318	278	19688	5331	21	
五人户	19031	139	8815	9958	120	
六人户	11188	66	2905	7927	290	
七人户	5580	24	1000	4242	313	
八人户	2768	13	363	2191	202	
九人户	1458	11	133	1191	123	
十人及以上户	1810	15	100	1529	167	

7-5c 全省不同规模的家庭户类别（乡村）

单位：户

户规模	家庭户户数	一代户	二代户	三代户	四代户	五代及以上户
总 计	**240261**	**58310**	**111663**	**67525**	**2760**	**2**
一人户	27952	27952				
二人户	39095	27835	11259			
三人户	37962	1565	34174	2223		
四人户	48089	547	36887	10594	61	
五人户	37786	235	18710	18519	322	
六人户	23743	97	6923	16079	643	1
七人户	12088	34	2299	9125	630	
八人户	6228	20	864	4823	520	
九人户	3182	17	287	2617	261	
十人及以上户	4136	9	260	3546	322	1

7-6 各地区有60岁及以上老年人口的家庭户

单位：户

地 区	合 计	一个60岁及以上老年人的户				二个60岁及以上老年人的户				三个60岁及以上老年人的户
		小 计	单身老人户	一个老年人与未成年的亲属户	其 他	小 计	只有一对老夫妇的户	一对老夫妇与未成年的亲属户	其 他	
全 省	**262266**	**153559**	**29070**	**2595**	**121894**	**105745**	**26411**	**4004**	**75329**	**2962**
广州市	**32166**	**17709**	**4041**	**100**	**13569**	**14136**	**4442**	**140**	**9554**	**320**
荔湾区	3330	1899	509	7	1383	1387	451	16	920	44
越秀区	4292	2268	466	18	1784	1954	429	21	1504	70
海珠区	4807	2585	584	7	1994	2165	726	14	1424	57
天河区	2898	1527	344	4	1179	1351	459	9	883	20
白云区	4306	2360	406	22	1932	1901	507	23	1372	44
黄埔区	923	499	146	2	350	420	166	7	247	4
番禺区	2756	1568	417	10	1141	1161	472	14	675	27
花都区	2500	1380	265	8	1107	1105	272	11	822	15
南沙区	1472	816	234	2	579	647	256	5	386	9
萝岗区	581	338	88	1	249	239	81	1	158	3
从化区	1572	968	175	8	786	597	137	6	454	7
增城区	2730	1502	407	10	1085	1208	487	13	708	20
韶关市	**9633**	**5834**	**1138**	**152**	**4544**	**3703**	**1270**	**232**	**2201**	**96**
武江区	915	514	114	4	396	392	153	7	232	10
浈江区	1572	874	249	12	613	678	315	29	334	19
曲江区	1029	622	136	10	476	399	131	21	247	8
始兴县	704	487	81	12	394	207	50	9	148	10
仁化县	627	391	61	6	324	230	61	16	152	6
翁源县	1119	727	119	29	579	380	130	31	219	12
乳源瑶族自治县	591	370	73	9	289	215	61	17	136	6
新丰县	621	378	35	7	336	235	47	9	179	9
乐昌市	1348	806	143	21	642	536	188	43	304	7
南雄市	1106	665	127	43	495	431	132	49	250	10
深圳市	**10920**	**6676**	**1145**	**43**	**5489**	**4137**	**1008**	**70**	**3059**	**106**
罗湖区	1276	781	149	9	623	486	156	5	325	9
福田区	2300	1194	159	4	1031	1075	279	15	782	30
南山区	1771	932	104	4	824	809	164	14	631	30
宝安区	3270	2260	475	13	1772	999	211	20	768	11
龙岗区	2050	1361	240	11	1110	665	163	15	486	24
盐田区	253	148	17	1	130	103	35	1	67	2
珠海市	**3352**	**1866**	**373**	**12**	**1481**	**1456**	**432**	**21**	**1003**	**30**
香洲区	1772	950	166	9	775	809	255	13	542	13
斗门区	1140	664	148	3	513	463	122	4	337	13
金湾区	440	253	59		193	184	55	4	124	3
汕头市	**15074**	**8864**	**852**	**30**	**7981**	**6002**	**1106**	**71**	**4825**	**209**
龙湖区	1452	819	65	2	752	616	169	3	444	17
金平区	2777	1583	292	5	1286	1162	322	7	833	33
濠江区	724	452	61	4	387	265	47	3	215	7
潮阳区	4209	2550	155	12	2383	1620	211	25	1384	39
潮南区	2944	1683	86	7	1590	1212	122	20	1071	49
澄海区	2730	1647	171	1	1475	1022	200	12	809	61
南澳县	238	130	22	1	107	106	35	2	70	2
佛山市	**15363**	**8485**	**2062**	**49**	**6375**	**6741**	**1846**	**70**	**4825**	**137**
禅城区	2781	1413	372	5	1036	1346	446	23	877	21
南海区	4943	2666	664	11	1991	2246	606	14	1626	32
顺德区	4970	2889	522	16	2350	2020	341	10	1668	62
三水区	1553	867	307	9	551	670	288	11	371	16
高明区	1116	650	196	8	445	460	164	12	283	6

7-6 续表 1

单位：户

地 区	合 计	一个60岁及以上老年人的户				二个60岁及以上老年人的户				三个60岁及以上老年人的户
		小 计	单身老人户	一个老年人与未成年的亲属户	其 他	小 计	只有一对老夫妇的户	一对老夫妇与未成年的亲属户	其 他	
江门市	**15979**	**9400**	**2298**	**58**	**7043**	**6416**	**1644**	**121**	**4652**	**163**
蓬江区	1990	1040	222	6	812	934	249	13	672	16
江海区	621	355	74	1	280	258	50	3	206	7
新会区	2888	1593	530	8	1056	1268	472	25	771	26
台山市	4321	2792	702	17	2073	1482	321	33	1128	47
开平市	2677	1589	343	10	1236	1060	226	18	816	28
鹤山市	1680	956	209	4	743	693	150	6	537	31
恩平市	1802	1075	218	13	843	720	175	23	522	8
湛江市	**19504**	**10413**	**2054**	**199**	**8161**	**8908**	**2220**	**360**	**6329**	**183**
赤坎区	919	506	89	4	413	402	126	5	271	11
霞山区	1277	684	145	12	528	587	171	11	405	6
坡头区	1058	572	164	7	402	480	170	7	303	6
麻章区	1272	670	131	7	532	585	141	12	432	17
遂溪县	2593	1329	248	37	1043	1227	309	84	833	38
徐闻县	1839	966	186	12	767	855	186	14	654	19
廉江市	4478	2412	483	62	1867	2034	487	143	1404	32
雷州市	3506	1946	443	38	1465	1542	436	48	1058	18
吴川市	2562	1329	165	20	1143	1196	194	35	968	37
茂名市	**17906**	**10371**	**2065**	**468**	**7838**	**7353**	**1922**	**714**	**4717**	**183**
茂南区	2236	1219	229	16	975	1004	274	26	705	12
电白区	4023	2247	321	38	1888	1736	340	108	1288	40
高州市	4677	2827	648	125	2054	1795	521	221	1053	55
化州市	3808	2168	478	151	1540	1604	414	195	994	36
信宜市	3163	1909	390	138	1382	1214	373	165	676	40
肇庆市	**12530**	**7717**	**1655**	**198**	**5864**	**4682**	**1124**	**294**	**3265**	**130**
端州区	1480	847	194	4	649	620	217	3	400	14
鼎湖区	566	342	123	5	214	218	87	7	123	6
广宁县	1709	1053	255	46	753	639	166	73	400	16
怀集县	2132	1370	165	95	1110	741	113	112	515	22
封开县	1327	833	137	23	673	481	109	47	324	13
德庆县	1109	733	132	13	589	366	56	10	301	9
高要市	2645	1560	421	10	1128	1051	228	30	794	34
四会市	1562	979	228	3	748	567	148	12	407	16
惠州市	**9412**	**5755**	**881**	**66**	**4808**	**3541**	**783**	**104**	**2653**	**116**
惠城区	2804	1694	251	12	1431	1083	253	27	802	27
惠阳区	1195	763	109	6	647	415	85	6	324	17
博罗县	2432	1461	245	17	1199	937	231	35	672	33
惠东县	2018	1237	154	18	1065	754	114	15	625	27
龙门县	964	600	122	13	465	353	100	22	231	12
梅州市	**16048**	**10010**	**1727**	**333**	**7950**	**5838**	**1499**	**477**	**3862**	**200**
梅江区	1580	952	165	4	783	606	180	20	405	23
梅县区	2068	1354	208	19	1127	677	133	21	522	36
大埔县	1655	1049	250	41	757	582	186	42	354	24
丰顺县	1811	1039	164	41	834	748	203	63	482	24
五华县	3603	2182	337	162	1683	1380	309	240	830	41
平远县	866	519	72	8	439	336	91	19	227	11
蕉岭县	873	573	128	6	439	291	94	12	185	9
兴宁市	3592	2342	403	51	1888	1219	303	59	857	32

7-6 续表 2

单位：户

地 区	合 计	一个60岁及以上老年人的户				二个60岁及以上老年人的户				三个60岁及以上老年人的户
		小 计	单身老人户	一个老年人与未成年的亲属户	其 他	小 计	只有一对老夫妇的户	一对老夫妇与未成年的亲属户	其 他	
汕尾市	**7374**	**4180**	**397**	**31**	**3752**	**3066**	**374**	**55**	**2638**	**128**
城区	1233	700	63		637	524	79	9	437	8
海丰县	2282	1388	157	12	1219	854	112	12	730	39
陆河县	803	492	34	8	449	289	21	9	258	22
陆丰市	3057	1600	143	11	1446	1399	162	24	1213	58
河源市	**9007**	**5564**	**782**	**194**	**4588**	**3328**	**694**	**297**	**2337**	**116**
源城区	966	601	44	3	553	354	67	5	282	11
紫金县	1964	1176	134	39	1003	759	133	57	569	29
龙川县	2438	1499	286	77	1136	914	246	118	550	26
连平县	976	604	49	14	541	362	52	22	288	10
和平县	1228	733	111	38	584	478	114	59	305	18
东源县	1435	952	158	23	771	460	82	36	342	23
阳江市	**8179**	**4670**	**993**	**89**	**3588**	**3413**	**807**	**168**	**2437**	**96**
江城区	2140	1188	157	7	1023	910	153	13	743	43
阳西县	1791	1079	320	37	722	704	225	55	424	9
阳东县	1547	892	189	8	695	630	138	20	472	25
阳春市	2700	1512	327	38	1147	1169	291	80	799	19
清远市	**12033**	**7636**	**1437**	**216**	**5984**	**4251**	**978**	**300**	**2973**	**146**
清城区	2254	1244	229	20	995	973	238	22	712	37
清新区	2251	1508	270	29	1209	711	159	37	515	33
佛冈县	921	617	135	15	467	295	58	15	222	9
阳山县	1357	920	171	36	713	425	84	41	300	13
连山壮族瑶族自治县	310	197	36	3	159	110	24	8	77	3
连南瑶族自治县	431	275	52	14	209	153	41	15	96	3
英德市	2922	1893	322	50	1522	999	206	86	707	30
连州市	1587	982	222	49	711	587	169	76	343	18
东莞市	**9540**	**5318**	**1825**	**45**	**3448**	**4146**	**1678**	**55**	**2413**	**76**
中山市	**5722**	**3386**	**501**	**15**	**2871**	**2287**	**377**	**13**	**1897**	**48**
潮州市	**8683**	**5322**	**800**	**49**	**4473**	**3233**	**728**	**71**	**2433**	**129**
湘桥区	1938	1125	225	4	896	784	236	10	538	30
潮安区	3650	2331	206	3	2122	1272	162	9	1100	47
饶平县	3096	1866	369	41	1456	1178	331	52	795	53
揭阳市	**15947**	**9376**	**780**	**90**	**8505**	**6291**	**718**	**158**	**5414**	**281**
榕城区	2763	1620	165	3	1452	1114	188	6	920	29
揭东区	3034	1863	282	16	1566	1129	213	28	888	41
揭西县	2713	1577	138	24	1415	1059	85	40	934	77
惠来县	2532	1377	78	27	1272	1109	93	42	974	46
普宁市	4905	2937	116	20	2801	1880	139	42	1699	88
云浮市	**7893**	**5006**	**1266**	**157**	**3584**	**2817**	**762**	**213**	**1841**	**70**
云城区	1068	658	131	9	517	403	81	12	310	7
云安区	837	505	109	17	379	322	83	24	215	10
新兴县	1537	967	207	19	740	553	118	29	407	17
郁南县	1491	977	290	36	650	503	163	58	282	11
罗定市	2961	1900	529	75	1296	1036	318	91	628	25

7-6a　各地区有60岁及以上老年人口的家庭户（城市）

单位：户

地　区	合　计	一个60岁及以上老年人的户				二个60岁及以上老年人的户				三个60岁及以上老年人的户
		小　计	单　身老人户	一个老年人与未成年的亲属户	其　他	小　计	只有一对老夫妇的户	一对老夫妇与未成年的亲属户	其　他	
全　省	**110054**	**62284**	**12234**	**429**	**49621**	**46640**	**13023**	**708**	**32909**	**1130**
广州市	**24739**	**13571**	**3032**	**74**	**10465**	**10915**	**3449**	**107**	**7360**	**252**
荔湾区	3330	1899	509	7	1383	1387	451	16	920	44
越秀区	4292	2268	466	18	1784	1954	429	21	1504	70
海珠区	4807	2585	584	7	1994	2165	726	14	1424	57
天河区	2898	1527	344	4	1179	1351	459	9	883	20
白云区	2788	1573	254	17	1302	1191	355	14	822	25
黄埔区	923	499	146	2	350	420	166	7	247	4
番禺区	2138	1241	297	8	937	885	330	10	545	11
花都区	1287	709	121	5	584	571	157	7	406	7
南沙区	507	266	73	1	192	239	81	3	155	3
萝岗区	385	221	61	1	158	162	63	1	99	2
从化区	462	264	51	1	212	197	82		115	1
增城区	921	519	126	3	390	394	150	6	238	8
韶关市	**2868**	**1632**	**389**	**23**	**1220**	**1205**	**505**	**40**	**660**	**31**
武江区	702	389	91	2	296	307	120	5	181	7
浈江区	1168	647	166	7	475	503	223	15	265	18
曲江区	446	265	74	3	188	179	78	4	96	2
乐昌市	243	145	24	2	119	97	42	7	48	1
南雄市	309	186	34	9	142	120	41	9	70	3
深圳市	**10920**	**6676**	**1145**	**43**	**5489**	**4137**	**1008**	**70**	**3059**	**106**
罗湖区	1276	781	149	9	623	486	156	5	325	9
福田区	2300	1194	159	4	1031	1075	279	15	782	30
南山区	1771	932	104	4	824	809	164	14	631	30
宝安区	3270	2260	475	13	1772	999	211	20	768	11
龙岗区	2050	1361	240	11	1110	665	163	15	486	24
盐田区	253	148	17	1	130	103	35	1	67	2
珠海市	**2227**	**1200**	**217**	**10**	**973**	**1011**	**321**	**16**	**674**	**16**
香洲区	1770	948	165	9	774	808	254	13	542	13
斗门区	260	135	22	1	113	123	40	2	81	1
金湾区	197	116	30		86	80	27	2	51	1
汕头市	**6710**	**3755**	**456**	**10**	**3289**	**2865**	**682**	**19**	**2164**	**90**
龙湖区	967	499	51	2	446	456	161	2	293	12
金平区	2724	1547	289	5	1253	1145	318	7	820	32
濠江区	443	270	39	2	229	167	27	2	137	6
潮阳区	914	509	23		485	399	72	2	325	6
潮南区	924	536	18	1	517	371	27	2	341	17
澄海区	738	394	35		359	327	77	3	247	17

7-6a 续表 1 单位：户

地　区	合　计	一个60岁及以上老年人的户				二个60岁及以上老年人的户				三个60岁及以上老年人的户
		小　计	单　身老人户	一个老年人与未成年的亲属户	其　他	小　计	只有一对老夫妇的户	一对老夫妇与未成年的亲属户	其　他	
佛山市	**13192**	**7297**	**1632**	**36**	**5629**	**5782**	**1510**	**56**	**4216**	**114**
禅城区	2412	1247	315	5	927	1147	389	23	735	17
南海区	4469	2406	585	9	1812	2034	548	14	1472	29
顺德区	4872	2836	516	16	2304	1975	341	10	1623	62
三水区	648	353	104	3	246	291	123	2	165	4
高明区	791	454	111	3	340	335	108	7	220	2
江门市	**7350**	**4053**	**912**	**16**	**3125**	**3232**	**865**	**46**	**2321**	**65**
蓬江区	1981	1034	221	6	807	930	248	12	669	16
江海区	621	355	74	1	280	258	50	3	206	7
新会区	1221	622	194	2	425	595	231	10	354	5
台山市	1338	825	211	5	609	496	111	5	381	17
开平市	1133	661	123		539	464	105	9	349	8
鹤山市	693	352	61	2	289	333	89	4	239	9
恩平市	364	204	27	1	176	157	31	3	124	3
湛江市	**4149**	**2174**	**429**	**24**	**1721**	**1939**	**574**	**41**	**1323**	**36**
赤坎区	904	497	88	4	405	396	125	5	266	11
霞山区	1214	653	134	12	507	556	163	11	382	6
坡头区	260	122	45		78	135	68		67	2
麻章区	154	86	24	1	61	68	30		38	
遂溪县	71	27	5	1	21	44	21	2	21	
廉江市	498	237	56		181	256	62	12	181	5
雷州市	472	267	48	4	215	201	57	5	139	4
吴川市	577	286	30	3	253	281	47	6	228	10
茂名市	**3606**	**1951**	**364**	**59**	**1527**	**1620**	**454**	**88**	**1078**	**34**
茂南区	1374	678	133	9	536	689	208	20	462	7
电白区	449	238	21	4	213	205	38	13	155	6
高州市	594	338	58	5	274	247	63	9	175	9
化州市	540	306	58	8	240	227	54	13	161	6
信宜市	649	390	94	32	264	252	92	33	127	7
肇庆市	**2453**	**1409**	**272**	**5**	**1133**	**1019**	**323**	**8**	**688**	**25**
端州区	1480	847	194	4	649	620	217	3	400	14
鼎湖区	125	71	16	1	54	52	24		28	2
高要市	167	94	4		90	69	12	1	56	3
四会市	681	397	57		340	277	70	3	204	6
惠州市	**2719**	**1685**	**210**	**15**	**1461**	**1006**	**216**	**27**	**764**	**27**
惠城区	1978	1212	156	9	1047	751	171	21	559	16
惠阳区	734	471	54	6	411	252	44	5	203	11
博罗县	6	3			3	3	1		2	

7-6a 续表 2 单位：户

地 区	合 计	一个60岁及以上老年人的户				二个60岁及以上老年人的户				三个60岁及以上老年人的户
		小 计	单身老人户	一个老年人与未成年的亲属户	其 他	小 计	只有一对老夫妇的户	一对老夫妇与未成年的亲属户	其 他	
梅州市	**3069**	**1873**	**332**	**21**	**1519**	**1156**	**329**	**38**	**789**	**40**
梅江区	1382	819	144	4	671	542	164	20	359	21
梅县区	565	347	52	3	292	205	37	7	161	12
五华县	57	40	4	4	32	17	5	1	12	
兴宁市	1065	667	132	10	524	391	123	10	258	7
汕尾市	**1210**	**649**	**58**	**1**	**590**	**544**	**67**	**6**	**470**	**18**
城区	770	430	39		391	333	52	6	276	8
陆丰市	440	219	19	1	199	211	16	1	195	10
河源市	**946**	**587**	**43**	**3**	**541**	**348**	**66**	**4**	**278**	**11**
源城区	946	587	43	3	541	348	66	4	278	11
阳江市	**1715**	**901**	**98**	**3**	**799**	**776**	**122**	**12**	**641**	**38**
江城区	1228	649	65	1	582	546	64	6	476	33
阳春市	487	252	33	2	217	229	58	7	165	5
清远市	**2349**	**1393**	**200**	**22**	**1171**	**923**	**228**	**31**	**664**	**34**
清城区	1153	642	101	10	532	493	143	12	339	17
清新区	334	222	26	2	195	106	25	5	76	5
英德市	388	252	32	6	214	133	25	2	105	3
连州市	475	277	41	5	231	190	35	11	144	8
东莞市	**8320**	**4630**	**1550**	**38**	**3041**	**3622**	**1441**	**48**	**2133**	**68**
中山市	**3427**	**2019**	**312**	**8**	**1700**	**1377**	**273**	**10**	**1094**	**31**
潮州市	**2689**	**1611**	**236**	**2**	**1372**	**1052**	**252**	**9**	**792**	**26**
湘桥区	1288	732	172	2	558	546	194	8	344	10
潮安区	1401	879	64		815	506	58	1	448	16
揭阳市	**4057**	**2418**	**210**	**5**	**2203**	**1586**	**237**	**13**	**1335**	**53**
榕城区	1924	1106	109	1	997	793	133	5	655	24
揭东区	843	532	74	4	454	301	73	3	226	9
普宁市	1290	780	27		753	491	32	5	455	20
云浮市	**1341**	**798**	**137**	**13**	**649**	**526**	**102**	**20**	**404**	**17**
云城区	716	427	68	4	356	284	53	5	226	5
云安区	52	32	7		24	19	2		16	2
罗定市	572	340	61	9	270	222	47	14	161	10

7-6b 各地区有60岁及以上老年人口的家庭户（镇）

单位：户

地区	合计	一个60岁及以上老年人的户				二个60岁及以上老年人的户				三个60岁及以上老年人的户
		小计	单身老人户	一个老年人与未成年的亲属户	其他	小计	只有一对老夫妇的户	一对老夫妇与未成年的亲属户	其他	
全省	**48221**	**29005**	**5113**	**507**	**23385**	**18619**	**4141**	**754**	**13724**	**597**
广州市	**2482**	**1394**	**378**	**6**	**1009**	**1071**	**426**	**13**	**632**	**17**
白云区	480	272	46	1	225	203	59	6	138	6
番禺区	133	87	31		56	44	27		17	2
花都区	250	133	27	2	105	117	23	1	93	1
南沙区	534	302	84	1	217	228	79	2	148	4
萝岗区	23	17	5		11	6	1		5	
从化区	134	91	18		73	42	10	1	31	1
增城区	928	492	169	2	322	432	227	4	201	4
韶关市	**2247**	**1394**	**242**	**37**	**1115**	**834**	**277**	**50**	**507**	**19**
武江区	47	28	7	1	21	17	4	1	13	2
浈江区	152	80	39	3	38	71	45	6	20	1
曲江区	140	85	15	1	68	54	17	4	34	1
始兴县	280	204	39	3	163	73	18	4	51	2
仁化县	219	136	18	3	114	82	24	6	53	1
翁源县	351	217	29	9	179	130	55	6	69	3
乳源瑶族自治县	249	153	30	2	121	94	33	4	57	2
新丰县	277	163	14	2	148	112	22	1	89	2
乐昌市	388	234	38	5	191	149	48	12	89	4
南雄市	146	94	14	8	73	50	11	7	32	1
珠海市	**540**	**314**	**67**	**1**	**246**	**218**	**63**	**2**	**152**	**8**
香洲区	3	2	1		1	1	1			
斗门区	295	176	37	1	139	114	34		79	5
金湾区	242	136	29		107	104	28	2	73	2
汕头市	**4002**	**2468**	**209**	**7**	**2252**	**1473**	**209**	**19**	**1245**	**61**
龙湖区	193	129	8		121	64	4		60	1
濠江区	22	13	6		6	10	6		4	
潮阳区	1553	989	37	5	947	546	38	4	504	19
潮南区	784	447	24		423	319	38	7	274	17
澄海区	1263	789	115	1	672	451	96	6	349	24
南澳县	186	101	19	1	82	84	27	1	55	1
佛山市	**829**	**423**	**147**	**2**	**275**	**395**	**136**	**4**	**255**	**11**
禅城区	369	166	57		109	199	58		141	4
南海区	98	53	15	2	36	42	14		29	3
三水区	280	158	58		100	119	49	2	68	3
高明区	81	47	17	1	29	34	16	2	16	1
江门市	**1951**	**1235**	**339**	**10**	**886**	**683**	**185**	**14**	**485**	**32**
新会区	429	261	106	1	154	161	61		100	7
台山市	522	341	76	5	260	173	31	7	134	8
开平市	242	153	44		109	85	15	2	68	4
鹤山市	218	136	31	1	105	74	13		61	7
恩平市	540	344	80	4	259	191	65	4	121	5

7-6b 续表 1 单位：户

地 区	合 计	一个60岁及以上老年人的户				二个60岁及以上老年人的户				三个60岁及以上老年人的户
		小 计	单 身老人户	一个老年人与未成年的亲属户	其 他	小 计	只有一对老夫妇的户	一对老夫妇与未成年的亲属户	其 他	
湛江市	**3804**	**2042**	**382**	**41**	**1619**	**1728**	**413**	**63**	**1252**	**34**
霞山区	10	5	1		3	5			5	
坡头区	195	117	30	2	85	77	20	2	56	1
麻章区	342	181	29	1	152	157	30	3	124	3
遂溪县	691	342	52	7	283	337	68	20	249	12
徐闻县	733	411	105	7	298	317	94	5	218	5
廉江市	820	438	60	12	365	377	80	22	274	5
雷州市	532	304	70	10	223	228	73	2	153	
吴川市	482	245	35	2	208	230	49	8	173	7
茂名市	**2999**	**1760**	**353**	**60**	**1347**	**1199**	**283**	**99**	**817**	**40**
茂南区	121	71	16	2	53	49	13	2	34	1
电白区	1058	598	93	8	498	450	86	22	342	10
高州市	773	476	118	18	340	283	81	28	175	15
化州市	508	286	77	9	200	215	45	21	150	6
信宜市	538	328	49	23	256	202	58	27	116	8
肇庆市	**2840**	**1815**	**484**	**46**	**1285**	**998**	**222**	**71**	**706**	**27**
鼎湖区	133	83	41	1	41	49	16	3	30	1
广宁县	608	365	84	14	267	236	61	21	154	7
怀集县	524	336	40	16	281	184	20	25	138	4
封开县	434	270	48	8	214	162	39	14	110	1
德庆县	306	204	56	3	145	99	21	2	76	2
高要市	675	440	187	4	250	226	52	6	168	9
四会市	161	116	27	1	88	43	13	1	29	2
惠州市	**2657**	**1626**	**238**	**16**	**1372**	**1002**	**217**	**29**	**756**	**28**
惠城区	81	44	9		36	37	13		24	
惠阳区	134	83	16		67	49	16	1	32	2
博罗县	1134	688	108	5	575	433	99	15	319	14
惠东县	962	591	66	7	517	360	47	6	306	12
龙门县	346	220	40	3	177	124	43	7	75	1
梅州市	**4283**	**2678**	**458**	**96**	**2125**	**1555**	**381**	**120**	**1054**	**50**
梅江区	22	15	1		14	7	1	1	5	
梅县区	487	336	60	7	268	145	27	7	111	6
大埔县	624	396	73	15	307	219	68	22	130	10
丰顺县	810	441	66	13	362	362	92	19	250	7
五华县	976	600	97	40	463	363	76	46	242	13
平远县	372	226	29	6	191	140	33	6	101	6
蕉岭县	407	267	63	2	203	135	42	6	87	4
兴宁市	586	397	67	13	317	184	41	14	128	5
汕尾市	**2872**	**1666**	**158**	**12**	**1497**	**1165**	**119**	**25**	**1021**	**41**
城区	160	105	6		99	55	5	2	48	1
海丰县	1347	803	75	5	722	524	51	9	464	21
陆河县	409	251	15	6	229	149	12	7	131	9
陆丰市	955	508	62		446	437	51	7	378	11

7-6b 续表 2

单位：户

地 区	合 计	一个60岁及以上老年人的户				二个60岁及以上老年人的户				三个60岁及以上老年人的户
		小 计	单身老人户	一个老年人与未成年的亲属户	其 他	小 计	只有一对老夫妇的户	一对老夫妇与未成年的亲属户	其 他	
河源市	**2143**	**1345**	**158**	**35**	**1151**	**775**	**150**	**52**	**573**	**23**
紫金县	657	392	34	5	353	258	41	18	199	8
龙川县	566	373	68	16	288	189	42	14	132	5
连平县	337	205	17	3	185	130	22	6	101	2
和平县	303	188	25	6	157	112	25	8	79	3
东源县	279	188	15	6	167	87	19	6	62	5
阳江市	**1932**	**1127**	**250**	**13**	**864**	**784**	**173**	**24**	**587**	**21**
江城区	281	169	30	1	138	107	21	3	83	5
阳西县	597	358	84	5	268	234	58	12	163	5
阳东县	608	347	71	1	275	252	41	2	210	9
阳春市	445	253	65	6	183	190	53	7	131	2
清远市	2780	1783	343	51	1389	968	209	65	694	29
清城区	546	311	61	7	244	227	44	5	178	8
清新区	399	265	48	5	212	130	27	8	95	5
佛冈县	329	223	52	5	166	103	24	6	74	3
阳山县	473	316	52	12	252	154	29	14	111	2
连山壮族瑶族自治县	119	74	15	1	57	44	13	2	29	1
连南瑶族自治县	203	130	20	8	101	71	15	9	47	2
英德市	586	382	75	9	298	196	43	17	136	8
连州市	125	83	20	4	60	41	14	3	25	1
东莞市	**60**	**46**	**27**		**20**	**13**	**7**		**7**	
中山市	**1380**	**841**	**124**	**5**	**712**	**528**	**61**	**2**	**465**	**11**
潮州市	**2740**	**1634**	**267**	**10**	**1356**	**1055**	**277**	**22**	**756**	**51**
湘桥区	409	243	33	1	209	156	30	2	124	11
潮安区	809	520	53		468	276	36	2	238	12
饶平县	1522	871	182	9	680	623	211	18	393	28
揭阳市	**4086**	**2402**	**251**	**23**	**2128**	**1606**	**185**	**35**	**1387**	**79**
榕城区	269	164	12	1	152	104	19		85	1
揭东区	754	491	104	4	382	254	46	4	204	9
揭西县	868	523	64	6	454	323	29	8	286	22
惠来县	1086	588	31	7	550	469	46	17	406	29
普宁市	1109	635	41	5	590	456	45	6	405	18
云浮市	**1595**	**1012**	**238**	**36**	**737**	**569**	**149**	**46**	**374**	**14**
云城区	28	21	6		14	7	1	1	6	
云安区	140	87	14	3	70	50	14	4	32	2
新兴县	532	315	69	3	242	211	48	6	156	6
郁南县	539	357	93	12	252	180	56	18	106	2
罗定市	356	233	56	18	158	121	30	17	73	3

7-6c 各地区有60岁及以上老年人口的家庭户（乡村）

单位：户

地区	合计	一个60岁及以上老年人的户				二个60岁及以上老年人的户				三个60岁及以上老年人的户
		小计	单身老人户	一个老年人与未成年的亲属户	其他	小计	只有一对老夫妇的户	一对老夫妇与未成年的亲属户	其他	
全省	**103990**	**62270**	**11723**	**1659**	**48889**	**40486**	**9248**	**2542**	**28696**	**1234**
广州市	**4945**	**2744**	**631**	**20**	**2094**	**2150**	**568**	**20**	**1562**	**51**
白云区	1037	515	107	4	405	508	93	4	411	14
番禺区	486	240	90	2	148	232	115	4	113	14
花都区	963	538	117	2	419	418	92	3	323	7
南沙区	431	248	78	1	169	180	97	1	83	2
萝岗区	172	100	21		79	71	16		55	1
从化区	976	612	105	6	501	358	45	5	308	5
增城区	881	490	112	5	373	383	110	4	269	8
韶关市	**4517**	**2808**	**506**	**93**	**2209**	**1663**	**487**	**142**	**1035**	**46**
武江区	166	97	17	2	79	68	28	2	38	1
浈江区	252	146	44	2	100	104	47	8	49	1
曲江区	444	272	47	6	219	166	36	13	117	6
始兴县	424	283	42	9	232	134	32	6	97	7
仁化县	408	256	43	3	210	148	37	11	100	5
翁源县	768	510	90	20	400	250	75	25	150	9
乳源瑶族自治县	342	217	43	6	167	121	28	13	79	4
新丰县	345	215	21	5	188	123	25	8	90	7
乐昌市	717	426	81	13	332	289	98	24	167	2
南雄市	651	385	79	26	281	260	80	33	148	6
珠海市	**585**	**352**	**89**	**1**	**261**	**226**	**47**	**2**	**177**	**7**
斗门区	585	352	89	1	261	226	47	2	177	7
汕头市	**4363**	**2641**	**187**	**14**	**2440**	**1665**	**216**	**34**	**1415**	**57**
龙湖区	292	191	6		185	96	5	1	91	4
金平区	53	36	3		33	16	4		13	1
濠江区	259	169	16	1	152	88	14	1	73	1
潮阳区	1742	1052	94	7	951	676	101	19	556	14
潮南区	1236	699	43	6	650	522	57	10	455	15
澄海区	728	464	21		444	244	27	4	213	20
南澳县	52	29	3		26	22	7		15	1
佛山市	**1342**	**764**	**283**	**10**	**471**	**565**	**201**	**11**	**354**	**13**
南海区	377	207	64		143	170	45		125	
顺德区	98	53	6		47	45			45	
三水区	625	356	146	6	204	260	115	7	137	9
高明区	243	149	68	4	77	90	40	4	47	4
江门市	**6678**	**4111**	**1047**	**32**	**3032**	**2501**	**593**	**61**	**1846**	**66**
蓬江区	9	5	1		5	4			3	
新会区	1238	711	229	5	477	513	180	15	318	14
台山市	2461	1626	415	8	1204	813	179	20	613	22
开平市	1302	774	176	10	588	512	106	8	399	15
鹤山市	769	468	116	2	350	287	48	2	236	15
恩平市	899	527	111	8	408	372	79	16	277	

7-6c 续表 1

单位：户

地 区	合 计	一个60岁及以上老年人的户				二个60岁及以上老年人的户				三个60岁及以上老年人的户
		小 计	单 身老人户	一个老年人与未成年的亲属户	其 他	小 计	只有一对老夫妇的户	一对老夫妇与未成年的亲属户	其 他	
湛江市	**11552**	**6198**	**1243**	**134**	**4820**	**5241**	**1232**	**255**	**3754**	**113**
赤坎区	16	9	1		8	6			6	
霞山区	53	26	9		18	26	8		18	
坡头区	603	333	89	5	238	267	82	5	180	3
麻章区	776	403	79	5	319	360	81	8	270	13
遂溪县	1830	960	192	29	738	845	219	63	563	26
徐闻县	1107	555	81	5	469	538	92	9	437	14
廉江市	3161	1737	367	49	1320	1402	345	108	949	22
雷州市	2503	1376	324	25	1027	1113	307	41	765	14
吴川市	1504	798	101	16	682	685	97	21	567	20
茂名市	**11302**	**6660**	**1347**	**349**	**4964**	**4533**	**1186**	**527**	**2821**	**108**
茂南区	741	470	79	5	385	266	53	4	209	5
电白区	2515	1410	207	26	1177	1080	217	72	791	25
高州市	3310	2013	472	102	1439	1265	377	184	704	32
化州市	2760	1576	343	134	1100	1161	316	162	683	23
信宜市	1976	1191	247	82	862	761	223	105	433	24
肇庆市	**7236**	**4493**	**900**	**147**	**3446**	**2665**	**579**	**215**	**1871**	**78**
鼎湖区	307	187	66	3	119	117	47	5	66	3
广宁县	1101	688	171	32	486	403	105	52	246	9
怀集县	1608	1033	125	79	829	557	93	87	377	18
封开县	893	563	89	15	459	318	70	33	215	12
德庆县	803	530	76	10	444	267	35	8	224	7
高要市	1803	1025	230	7	789	756	164	23	569	22
四会市	721	466	144	2	321	247	65	8	174	8
惠州市	**4037**	**2443**	**432**	**36**	**1976**	**1532**	**350**	**49**	**1133**	**61**
惠城区	745	438	86	3	349	295	70	6	219	11
惠阳区	327	209	39		170	114	25		89	4
博罗县	1291	770	137	12	621	501	130	20	351	20
惠东县	1056	647	88	11	548	394	67	8	319	15
龙门县	619	380	82	10	288	228	57	15	156	11
梅州市	**8696**	**5459**	**937**	**217**	**4306**	**3128**	**790**	**319**	**2018**	**109**
梅江区	176	118	19		98	57	15		42	2
梅县区	1016	671	95	9	567	327	69	7	251	18
大埔县	1031	653	177	26	450	363	118	20	224	15
丰顺县	1001	598	98	27	472	386	111	44	232	17
五华县	2570	1543	236	118	1188	999	229	194	576	28
平远县	495	293	43	3	248	196	58	13	126	6
蕉岭县	467	305	65	4	236	156	52	6	97	5
兴宁市	1941	1278	203	29	1047	644	138	35	471	19

7-6c 续表 2

单位：户

地区	合计	一个60岁及以上老年人的户				二个60岁及以上老年人的户				三个60岁及以上老年人的户
		小计	单身老人户	一个老年人与未成年的亲属户	其他	小计	只有一对老夫妇的户	一对老夫妇与未成年的亲属户	其他	
汕尾市	**3292**	**1866**	**181**	**19**	**1665**	**1358**	**188**	**23**	**1146**	**69**
城区	302	166	19		147	136	22	1	113	
海丰县	934	586	82	7	497	330	62	3	266	18
陆河县	394	241	19	2	220	139	9	2	127	13
陆丰市	1662	873	61	10	802	752	95	16	640	38
河源市	**5918**	**3632**	**581**	**156**	**2896**	**2204**	**478**	**240**	**1487**	**82**
源城区	20	14	1		13	6	1		5	
紫金县	1306	784	100	34	649	501	91	39	371	22
龙川县	1872	1127	218	61	848	725	203	104	417	20
连平县	640	399	32	11	356	232	30	16	187	8
和平县	925	545	85	33	427	366	89	51	227	14
东源县	1156	764	144	17	604	374	63	30	280	18
阳江市	**4533**	**2642**	**645**	**73**	**1925**	**1853**	**512**	**132**	**1209**	**37**
江城区	631	370	62	5	303	256	68	4	184	5
阳西县	1194	721	236	31	454	470	167	42	260	3
阳东县	939	545	118	7	420	378	97	19	262	16
阳春市	1768	1006	229	30	748	750	181	67	503	12
清远市	6903	4460	893	143	3423	2361	541	205	1615	83
清城区	555	290	68	3	219	252	51	6	195	12
清新区	1518	1021	196	22	802	475	106	24	345	22
佛冈县	592	394	83	9	301	191	34	9	148	7
阳山县	884	603	118	24	461	270	55	26	189	11
连山壮族瑶族自治县	191	124	21	2	101	66	11	6	48	1
连南瑶族自治县	228	145	32	6	107	82	26	6	50	2
英德市	1948	1260	214	35	1010	669	138	66	466	19
连州市	987	623	162	41	420	355	120	61	174	9
东莞市	**1160**	**642**	**248**	**7**	**387**	**511**	**230**	**7**	**273**	**8**
中山市	**914**	**526**	**65**	**2**	**459**	**383**	**43**	**2**	**337**	**6**
潮州市	**3255**	**2077**	**297**	**37**	**1744**	**1126**	**199**	**41**	**885**	**52**
湘桥区	241	150	20	1	129	82	12	1	69	9
潮安区	1440	932	90	3	839	489	68	7	414	19
饶平县	1574	995	187	32	776	555	119	33	402	24
揭阳市	**7804**	**4556**	**319**	**62**	**4174**	**3099**	**296**	**110**	**2692**	**149**
榕城区	570	349	45	1	304	217	36	1	180	4
揭东区	1437	841	104	8	729	574	95	21	458	23
揭西县	1845	1054	74	18	961	736	56	32	648	55
惠来县	1446	789	47	20	722	639	46	26	567	17
普宁市	2506	1523	49	16	1458	934	63	31	840	50
云浮市	**4957**	**3196**	**892**	**108**	**2197**	**1722**	**510**	**148**	**1064**	**39**
云城区	324	210	57	6	147	112	27	7	78	2
云安区	645	386	88	14	285	252	66	20	166	6
新兴县	1005	652	138	16	498	342	70	22	250	11
郁南县	951	620	197	25	399	322	107	40	176	9
罗定市	2032	1328	412	48	868	693	240	59	394	11

7-7 各地区有65岁及以上老年人口的家庭户

单位：户

地 区	合 计	一个65岁及以上老年人的户				二个65岁及以上老年人的户				三个65岁及以上老年人的户
		小 计	单身老人户	一个老年人与未成年的亲属户	其 他	小 计	只有一对老夫妇的户	一对老夫妇与未成年的亲属户	其 他	
全 省	**184122**	**125589**	**22957**	**1642**	**100990**	**57753**	**17149**	**1672**	**38931**	**781**
广州市	**22028**	**14194**	**3086**	**63**	**11046**	**7755**	**2751**	**55**	**4949**	**79**
荔湾区	2354	1568	403	4	1161	776	269	7	500	10
越秀区	3132	1961	341	12	1608	1157	279	10	867	14
海珠区	3335	2120	421	4	1695	1203	430	7	766	12
天河区	1910	1131	261	2	868	771	273	2	496	8
白云区	2834	1829	310	12	1506	992	310	4	678	14
黄埔区	655	402	113	2	287	251	112	3	136	1
番禺区	1860	1224	324	7	893	630	284	9	337	6
花都区	1672	1112	210	6	896	555	184	3	368	5
南沙区	999	629	181	1	447	367	166	1	201	3
萝岗区	365	250	63	1	187	113	47		66	2
从化区	1095	768	134	5	629	324	94	3	227	2
增城区	1818	1198	325	7	867	616	303	6	308	3
韶关市	**6904**	**4814**	**884**	**96**	**3834**	**2075**	**788**	**93**	**1194**	**16**
武江区	637	418	84	3	330	217	87	3	127	2
浈江区	1143	746	208	6	532	395	201	10	185	2
曲江区	752	525	108	7	409	226	82	9	135	1
始兴县	504	391	63	8	320	112	30	3	80	1
仁化县	447	326	43	4	278	119	41	7	71	2
翁源县	807	596	98	16	482	211	76	14	121	1
乳源瑶族自治县	447	310	57	6	247	135	44	10	81	2
新丰县	448	314	26	4	284	132	30	3	99	2
乐昌市	935	643	103	11	529	290	116	13	160	2
南雄市	785	545	92	31	422	239	81	21	137	1
深圳市	**6594**	**4398**	**789**	**18**	**3592**	**2155**	**609**	**24**	**1522**	**41**
罗湖区	791	529	108	4	417	258	96	2	160	4
福田区	1525	904	123	2	779	611	183	3	425	10
南山区	1129	661	70	2	589	455	106	7	342	13
宝安区	1796	1340	328	9	1004	449	106	7	337	7
龙岗区	1187	862	149		714	318	94	4	220	7
盐田区	165	103	12		90	63	24		39	
珠海市	**2271**	**1468**	**296**	**5**	**1167**	**795**	**284**	**9**	**501**	**9**
香洲区	1215	756	125	4	627	454	167	5	281	5
斗门区	770	516	118	1	396	252	86	1	165	2
金湾区	287	196	52		144	89	31	2	55	1
汕头市	**10295**	**7283**	**669**	**20**	**6594**	**2968**	**598**	**31**	**2339**	**44**
龙湖区	996	666	51	2	613	327	101	2	225	3
金平区	1906	1297	229	4	1063	605	170	2	434	4
濠江区	493	360	46	1	313	131	29		102	2
潮阳区	2849	2069	130	8	1930	764	110	9	645	16
潮南区	1991	1360	62	4	1294	619	67	14	537	12
澄海区	1899	1422	133	1	1287	469	102	3	364	7
南澳县	162	110	17		92	52	18	1	32	1
佛山市	**10661**	**7091**	**1693**	**31**	**5366**	**3531**	**1219**	**29**	**2283**	**39**
禅城区	1970	1204	310	2	892	759	310	10	438	7
南海区	3373	2161	550	6	1605	1202	415	3	784	11
顺德区	3383	2409	403	12	1994	959	201	7	750	15
三水区	1135	781	265	5	511	347	178	4	165	7
高明区	801	536	165	7	364	265	115	5	145	

7-7 续表 1

单位：户

地区	合计	一个65岁及以上老年人的户				二个65岁及以上老年人的户				三个65岁及以上老年人的户
		小计	单身老人户	一个老年人与未成年的亲属户	其他	小计	只有一对老夫妇的户	一对老夫妇与未成年的亲属户	其他	
江门市	**11199**	**7805**	**1883**	**32**	**5891**	**3355**	**1029**	**45**	**2281**	**39**
蓬江区	1406	863	178	2	683	538	162	4	372	5
江海区	413	281	58		223	130	32	1	97	2
新会区	1929	1296	446	3	847	626	292	8	326	8
台山市	3063	2299	545	11	1744	753	199	11	543	10
开平市	1881	1336	283	8	1046	539	138	10	392	5
鹤山市	1222	828	181	1	646	387	100	2	286	8
恩平市	1286	902	192	8	702	383	107	11	265	1
湛江市	**14234**	**8784**	**1751**	**151**	**6881**	**5391**	**1603**	**189**	**3599**	**60**
赤坎区	662	416	71	2	343	244	82	1	161	2
霞山区	914	555	112	7	436	358	110	3	245	1
坡头区	784	512	139	6	366	269	106	5	158	3
麻章区	907	567	113	5	450	336	104	8	224	4
遂溪县	1933	1126	212	34	880	794	230	52	512	13
徐闻县	1352	798	162	11	625	550	143	6	401	4
廉江市	3278	2049	420	41	1589	1214	362	69	782	14
雷州市	2520	1578	385	28	1164	936	316	24	597	6
吴川市	1884	1182	138	17	1027	690	150	21	519	13
茂名市	**13138**	**8667**	**1711**	**316**	**6640**	**4419**	**1395**	**328**	**2696**	**52**
茂南区	1670	1066	195	12	860	598	194	13	391	5
电白区	2915	1882	270	29	1583	1022	254	54	714	11
高州市	3405	2290	531	82	1676	1105	388	99	618	10
化州市	2845	1864	393	98	1373	971	304	94	573	10
信宜市	2302	1565	321	95	1148	722	255	68	399	15
肇庆市	**8918**	**6317**	**1303**	**126**	**4888**	**2573**	**733**	**121**	**1719**	**28**
端州区	1065	687	150	1	535	375	145	1	229	4
鼎湖区	390	269	103	3	163	120	59	2	59	1
广宁县	1209	867	203	29	635	339	106	31	202	4
怀集县	1501	1092	124	61	907	405	72	49	284	4
封开县	999	722	106	13	603	274	74	18	181	3
德庆县	781	582	93	9	481	197	36	4	158	2
高要市	1858	1294	347	7	940	557	152	11	394	7
四会市	1116	804	177	3	624	307	90	4	213	4
惠州市	**6814**	**4816**	**713**	**39**	**4064**	**1965**	**522**	**33**	**1410**	**33**
惠城区	1986	1362	206	6	1150	612	177	5	430	12
惠阳区	864	632	87	3	541	229	56	1	173	3
博罗县	1751	1244	204	11	1029	497	159	14	324	10
惠东县	1519	1084	120	11	952	431	66	5	359	4
龙门县	694	494	96	6	392	197	63	8	125	3
梅州市	**11562**	**8277**	**1286**	**206**	**6784**	**3234**	**925**	**185**	**2124**	**52**
梅江区	1157	828	123	2	704	321	107	4	209	8
梅县区	1522	1140	152	12	976	372	84	10	278	9
大埔县	1163	834	169	27	638	323	111	11	202	6
丰顺县	1301	883	128	22	732	411	126	23	262	7
五华县	2604	1797	265	105	1427	799	195	107	497	8
平远县	637	440	56	2	382	194	63	3	127	3
蕉岭县	647	484	100	4	380	161	53	3	105	2
兴宁市	2532	1871	293	31	1547	653	185	24	444	8

7-7 续表 2

单位：户

地区	合计	一个65岁及以上老年人的户				二个65岁及以上老年人的户				三个65岁及以上老年人的户
		小计	单身老人户	一个老年人与未成年的亲属户	其他	小计	只有一对老夫妇的户	一对老夫妇与未成年的亲属户	其他	
汕尾市	**5293**	**3630**	**313**	**19**	**3298**	**1618**	**243**	**24**	**1351**	**46**
城区	853	583	49		534	268	48	6	213	3
海丰县	1654	1202	134	9	1059	434	69	7	358	18
陆河县	623	443	26	4	413	171	12	4	155	9
陆丰市	2162	1401	103	6	1291	745	113	7	625	16
河源市	**6735**	**4691**	**627**	**125**	**3939**	**2005**	**473**	**118**	**1413**	**38**
源城区	698	492	34	3	456	204	42		162	2
紫金县	1491	999	113	22	864	479	96	16	367	13
龙川县	1838	1267	234	50	983	565	168	58	338	6
连平县	705	498	37	8	453	204	34	10	160	3
和平县	913	622	86	28	508	286	77	23	186	5
东源县	1090	813	124	14	675	267	56	11	200	10
阳江市	**6033**	**4005**	**810**	**64**	**3130**	**2005**	**566**	**90**	**1349**	**24**
江城区	1557	1020	128	4	889	528	104	6	419	9
阳西县	1384	945	274	29	642	438	164	30	244	1
阳东县	1091	731	145	8	578	351	93	12	246	9
阳春市	2001	1309	263	24	1022	688	204	43	441	5
清远市	**8621**	**6301**	**1119**	**124**	**5058**	**2288**	**613**	**112**	**1564**	**31**
清城区	1574	1028	189	7	833	542	159	7	377	4
清新区	1575	1199	207	12	979	367	95	16	257	10
佛冈县	655	486	107	10	369	165	43	6	115	4
阳山县	993	755	135	21	599	238	57	15	165	
连山壮族瑶族自治县	227	167	27	1	138	61	14	3	43	
连南瑶族自治县	305	229	36	9	184	75	21	4	50	
英德市	2146	1597	242	36	1319	542	127	38	377	8
连州市	1145	840	175	29	637	300	97	23	181	5
东莞市	**6378**	**4098**	**1424**	**21**	**2652**	**2259**	**1169**	**20**	**1071**	**22**
中山市	**3768**	**2635**	**357**	**12**	**2266**	**1117**	**240**	**5**	**872**	**16**
潮州市	**6015**	**4440**	**613**	**24**	**3802**	**1549**	**417**	**18**	**1114**	**26**
湘桥区	1331	949	178	3	768	376	131	3	242	6
潮安区	2511	1947	159		1788	558	92	2	465	6
饶平县	2173	1544	277	21	1246	615	195	13	407	14
揭阳市	**11016**	**7817**	**608**	**53**	**7156**	**3131**	**436**	**54**	**2641**	**68**
榕城区	1861	1352	128	2	1222	507	106	5	396	2
揭东区	2138	1574	225	11	1338	557	128	10	419	7
揭西县	1991	1395	99	15	1281	569	58	11	500	27
惠来县	1775	1175	71	17	1087	583	58	16	509	17
普宁市	3251	2320	85	8	2227	915	86	12	817	16
云浮市	**5644**	**4060**	**1021**	**96**	**2943**	**1565**	**538**	**88**	**939**	**19**
云城区	757	549	112	7	430	206	54	2	150	2
云安区	603	416	86	10	320	183	60	11	112	3
新兴县	1150	814	171	14	629	328	88	16	224	7
郁南县	1086	804	229	25	550	281	113	24	143	1
罗定市	2049	1476	423	40	1013	567	224	34	309	6

7-7a 各地区有65岁及以上老年人口的家庭户（城市）

单位：户

地区	合计	一个65岁及以上老年人的户				二个65岁及以上老年人的户				三个65岁及以上老年人的户
		小计	单身老人户	一个老年人与未成年的亲属户	其他	小计	只有一对老夫妇的户	一对老夫妇与未成年的亲属户	其他	
全省	**74838**	**49401**	**9413**	**239**	**39749**	**25154**	**8205**	**263**	**16686**	**284**
广州市	**16878**	**10750**	**2263**	**44**	**8443**	**6067**	**2106**	**43**	**3918**	**61**
荔湾区	2354	1568	403	4	1161	776	269	7	500	10
越秀区	3132	1961	341	12	1608	1157	279	10	867	14
海珠区	3335	2120	421	4	1695	1203	430	7	766	12
天河区	1910	1131	261	2	868	771	273	2	496	8
白云区	1767	1156	178	10	969	604	203	1	400	7
黄埔区	655	402	113	2	287	251	112	3	136	1
番禺区	1416	931	223	5	703	480	196	7	276	5
花都区	863	555	94	2	459	307	110	2	195	1
南沙区	326	196	56		140	130	48	1	81	1
萝岗区	230	152	41	1	111	77	37		40	1
从化区	310	203	36	1	167	107	58		49	
增城区	580	373	96	2	275	206	91	3	112	2
韶关市	**2066**	**1364**	**318**	**14**	**1032**	**699**	**314**	**17**	**368**	**4**
武江区	490	314	68	1	245	174	70	2	101	2
浈江区	856	558	143	5	410	297	141	7	149	1
曲江区	333	224	62	2	160	109	54	2	53	
乐昌市	169	117	19	1	98	52	25	2	26	
南雄市	218	151	26	6	119	66	25	4	38	1
深圳市	**6594**	**4398**	**789**	**18**	**3592**	**2155**	**609**	**24**	**1522**	**41**
罗湖区	791	529	108	4	417	258	96	2	160	4
福田区	1525	904	123	2	779	611	183	3	425	10
南山区	1129	661	70	2	589	455	106	7	342	13
宝安区	1796	1340	328	9	1004	449	106	7	337	7
龙岗区	1187	862	149		714	318	94	4	220	7
盐田区	165	103	12		90	63	24		39	
珠海市	**1495**	**933**	**167**	**4**	**761**	**556**	**206**	**7**	**343**	**6**
香洲区	1213	755	124	4	627	453	167	5	281	5
斗门区	159	94	18	1	75	64	27	1	37	1
金湾区	123	84	25		59	39	13	1	25	
汕头市	**4535**	**3055**	**358**	**6**	**2691**	**1468**	**363**	**6**	**1099**	**13**
龙湖区	664	405	42	2	361	257	95	2	161	2
金平区	1866	1267	227	4	1036	596	168	2	426	4
濠江区	301	217	28		189	82	15		67	2
潮阳区	591	398	19		379	191	30		162	2
潮南区	616	421	16		405	194	16	2	176	1
澄海区	497	348	27		321	147	40		107	2

7-7a 续表 1 单位：户

地 区	合 计	一个65岁及以上老年人的户				二个65岁及以上老年人的户				三个65岁及以上老年人的户
		小 计	单身老人户	一个老年人与未成年的亲属户	其 他	小 计	只有一对老夫妇的户	一对老夫妇与未成年的亲属户	其 他	
佛山市	**9056**	**6003**	**1316**	**22**	**4666**	**3019**	**986**	**23**	**2011**	**34**
禅城区	1704	1038	260	2	777	659	267	10	382	7
南海区	3011	1921	477	5	1439	1082	368	3	711	9
顺德区	3327	2376	400	12	1964	937	201	7	728	15
三水区	460	306	91		215	151	75	1	76	3
高明区	554	363	89	3	271	191	75	2	114	
江门市	**5149**	**3385**	**742**	**7**	**2637**	**1745**	**555**	**15**	**1175**	**19**
蓬江区	1399	858	177	2	679	536	161	4	371	5
江海区	413	281	58		223	130	32	1	97	2
新会区	846	533	166	1	367	310	150	2	158	3
台山市	962	702	160	2	540	256	74	1	181	4
开平市	774	528	103		425	243	65	5	173	3
鹤山市	510	316	56		260	191	56	1	134	3
恩平市	246	166	22	1	143	80	17	1	61	
湛江市	**2977**	**1813**	**337**	**14**	**1461**	**1151**	**382**	**19**	**750**	**13**
赤坎区	651	409	70	2	338	239	81	1	157	2
霞山区	865	523	102	7	414	341	103	3	235	1
坡头区	194	116	36		80	77	39		38	1
麻章区	107	68	20	1	47	39	21		18	
遂溪县	59	25	5	1	20	33	17	2	14	
廉江市	368	208	41		167	156	49	7	100	4
雷州市	309	199	38	2	158	109	38	1	69	1
吴川市	424	264	24	2	238	156	33	5	118	3
茂名市	**2660**	**1718**	**297**	**42**	**1379**	**933**	**309**	**37**	**587**	**8**
茂南区	1049	637	116	8	513	409	141	9	259	2
电白区	340	228	18	4	206	109	25	6	78	2
高州市	423	282	44	3	235	141	45	5	91	
化州市	399	262	47	6	209	136	38	8	90	1
信宜市	449	307	72	20	215	139	61	10	69	2
肇庆市	**1726**	**1123**	**213**	**1**	**909**	**597**	**212**	**4**	**381**	**6**
端州区	1065	687	150	1	535	375	145	1	229	4
鼎湖区	84	53	15		39	30	15		16	
高要市	110	67	3		64	42	9	1	32	1
四会市	467	317	45		272	150	43	1	105	1
惠州市	**1886**	**1316**	**171**	**6**	**1139**	**561**	**152**	**4**	**405**	**10**
惠城区	1367	931	129	3	799	428	125	3	300	7
惠阳区	517	381	42	3	336	133	27	1	105	3
博罗县	3	3			3					

7-7a 续表 2 单位：户

地 区	合 计	一个65岁及以上老年人的户				二个65岁及以上老年人的户				三个65岁及以上老年人的户
		小 计	单身老人户	一个老年人与未成年的亲属户	其 他	小 计	只有一对老夫妇的户	一对老夫妇与未成年的亲属户	其 他	
梅州市	**2194**	**1580**	**247**	**9**	**1324**	**600**	**194**	**11**	**395**	**14**
梅江区	1018	714	109	2	602	296	102	4	190	8
梅县区	405	294	42	2	250	108	24	2	82	4
五华县	36	22	3	2	17	14	3	1	10	
兴宁市	735	550	93	3	454	183	65	4	114	3
汕尾市	**840**	**552**	**49**		**503**	**282**	**38**	**6**	**238**	**6**
城区	515	351	32		318	162	30	5	127	3
陆丰市	325	202	17		185	120	9	1	111	3
河源市	**685**	**481**	**33**	**3**	**445**	**203**	**42**		**161**	**2**
源城区	685	481	33	3	445	203	42		161	2
阳江市	**1257**	**783**	**73**	**3**	**707**	**466**	**81**	**5**	**380**	**8**
江城区	886	550	47	1	502	329	45	3	281	7
阳春市	371	233	26	2	205	137	36	2	99	1
清远市	**1615**	**1108**	**153**	**8**	**947**	**502**	**141**	**7**	**355**	**5**
清城区	795	508	85	2	421	286	91	4	192	2
清新区	205	156	16	1	138	49	16		33	
英德市	270	201	23	2	176	68	13	1	54	1
连州市	345	244	29	3	212	98	20	2	76	2
东莞市	**5551**	**3582**	**1208**	**18**	**2355**	**1947**	**996**	**17**	**935**	**22**
中山市	**2254**	**1543**	**211**	**8**	**1324**	**702**	**174**	**5**	**523**	**8**
潮州市	**1795**	**1305**	**186**	**2**	**1117**	**487**	**139**	**3**	**344**	**2**
湘桥区	857	592	136	2	454	263	104	2	157	2
潮安区	938	713	50		663	223	35	1	188	1
揭阳市	**2718**	**1960**	**167**	**3**	**1790**	**757**	**145**	**5**	**607**	**1**
榕城区	1305	932	87	1	844	373	82	4	287	1
揭东区	588	447	58	2	387	141	44	1	96	
普宁市	825	581	23		558	244	20		224	
云浮市	**908**	**649**	**115**	**8**	**527**	**257**	**62**	**5**	**190**	**3**
云城区	501	353	62	2	289	148	37	1	110	1
云安区	34	24	6		18	10	2		7	
罗定市	373	272	47	6	219	99	22	5	73	2

7-7b 各地区有65岁及以上老年人口的家庭户（镇）

单位：户

地 区	合 计	一个65岁及以上老年人的户				二个65岁及以上老年人的户				三个65岁及以上老年人的户
		小 计	单身老人户	一个老年人与未成年的亲属户	其 他	小 计	只有一对老夫妇的户	一对老夫妇与未成年的亲属户	其 他	
全 省	**33902**	**23790**	**4023**	**311**	**19456**	**9954**	**2655**	**293**	**7005**	**158**
广州市	**1666**	**1084**	**292**	**5**	**786**	**576**	**266**	**4**	**305**	**7**
白云区	327	206	34	1	170	117	41	3	73	4
番禺区	91	69	24		45	21	11		10	1
花都区	154	98	19	2	77	55	15		40	1
南沙区	375	240	64	1	175	135	52		83	1
萝岗区	13	11	5		6	3	1		2	
从化区	93	72	11		61	21	5	1	16	
增城区	612	389	136	1	253	223	141	1	81	
韶关市	**1585**	**1124**	**188**	**21**	**915**	**457**	**172**	**14**	**271**	**4**
武江区	33	22	4	1	17	10	3		7	
浈江区	106	69	31	1	37	37	29	1	7	1
曲江区	99	70	13	1	56	29	7	2	20	
始兴县	188	152	29	1	122	36	10	1	25	
仁化县	152	108	12	2	94	44	16	3	25	
翁源县	253	176	25	3	147	76	37	1	39	1
乳源瑶族自治县	192	132	26	2	105	59	23	2	34	1
新丰县	196	135	10		124	61	14		48	
乐昌市	269	187	28	3	156	81	27	2	52	1
南雄市	97	74	9	6	58	23	6	2	15	
珠海市	**368**	**255**	**57**	**1**	**197**	**111**	**43**	**1**	**66**	**2**
香洲区	2	1	1			1	1			
斗门区	203	142	29	1	113	60	24		36	1
金湾区	163	112	27		85	50	18	1	31	1
汕头市	**2785**	**2062**	**169**	**5**	**1889**	**707**	**116**	**9**	**581**	**16**
龙湖区	128	104	5		100	23	3		20	
濠江区	16	9	6		3	8	5		2	
潮阳区	1078	806	32	4	770	264	25	1	238	7
潮南区	528	356	18		338	167	21	4	143	5
澄海区	909	703	93	1	608	203	49	3	152	4
南澳县	126	84	15		69	41	14	1	26	1
佛山市	**592**	**380**	**127**	**2**	**251**	**209**	**98**		**111**	**2**
禅城区	266	166	51		115	100	43		57	
南海区	75	47	15	2	30	27	12		15	2
三水区	195	129	47		82	65	31		33	1
高明区	56	39	14	1	24	17	11		6	
江门市	**1348**	**990**	**268**	**5**	**717**	**355**	**113**	**5**	**237**	**3**
新会区	276	191	85		106	86	37		48	
台山市	377	286	55	2	229	90	18	3	69	1
开平市	161	119	37		82	42	8	1	33	
鹤山市	155	120	27	1	93	34	8		26	1
恩平市	379	273	64	2	207	105	42	1	61	1

7-7b 续表 1　　单位：户

地　区	合　计	一个65岁及以上老年人的户				二个65岁及以上老年人的户				三个65岁及以上老年人的户
		小　计	单身老人户	一个老年人与未成年的亲属户	其　他	小　计	只有一对老夫妇的户	一对老夫妇与未成年的亲属户	其　他	
湛江市	**2750**	**1711**	**320**	**32**	**1359**	**1029**	**292**	**32**	**705**	**10**
霞山区	7	5	1		3	2			2	
坡头区	146	106	24	1	80	40	12	1	27	1
麻章区	246	156	23	1	132	90	22	3	65	1
遂溪县	503	290	40	6	244	209	44	10	156	4
徐闻县	537	337	90	6	241	199	74	2	124	1
廉江市	568	360	54	9	298	206	54	11	141	1
雷州市	373	223	59	9	156	149	52	2	95	
吴川市	370	232	28	1	204	135	35	3	96	3
茂名市	**2178**	**1423**	**290**	**39**	**1094**	**745**	**205**	**48**	**492**	**10**
茂南区	87	58	14		44	28	11	2	16	1
电白区	769	485	75	4	405	283	64	11	207	2
高州市	551	372	94	14	264	176	59	12	105	3
化州市	370	233	63	5	165	134	32	10	92	2
信宜市	402	275	44	16	215	124	39	13	73	2
肇庆市	**1991**	**1443**	**366**	**27**	**1049**	**540**	**144**	**26**	**370**	**8**
鼎湖区	91	63	32	1	30	28	12	1	14	
广宁县	414	289	69	6	214	122	40	9	73	3
怀集县	363	261	24	10	227	101	14	7	80	1
封开县	313	225	36	4	184	88	26	4	57	
德庆县	223	163	42	2	119	59	15	1	44	
高要市	472	349	143	3	203	120	33	3	84	2
四会市	115	92	20	1	72	21	4		17	1
惠州市	**1872**	**1346**	**178**	**9**	**1159**	**522**	**135**	**8**	**379**	**4**
惠城区	55	40	6		34	16	6		10	
惠阳区	98	70	14		56	28	10		17	
博罗县	777	550	85	4	460	225	69	4	152	2
惠东县	710	517	46	4	467	191	24	3	164	2
龙门县	232	169	27	1	141	63	27	1	36	
梅州市	**3007**	**2173**	**351**	**58**	**1765**	**821**	**222**	**45**	**554**	**13**
梅江区	15	12	1		11	3	1		2	
梅县区	356	282	44	5	232	72	14	2	55	2
大埔县	433	316	57	11	248	116	36	5	75	1
丰顺县	562	376	54	7	316	183	58	6	119	4
五华县	667	478	75	25	378	187	37	22	128	2
平远县	270	187	23	2	162	82	22	2	58	2
蕉岭县	294	217	49	1	168	76	24	2	50	1
兴宁市	410	306	49	7	250	103	30	6	67	1
汕尾市	**2023**	**1442**	**117**	**7**	**1318**	**567**	**77**	**10**	**480**	**15**
城区	110	84	5		79	26	3	1	21	
海丰县	945	691	59	4	628	245	31	5	209	9
陆河县	317	228	12	3	213	85	7	3	75	4
陆丰市	652	439	41		398	211	36	1	174	2

7-7b 续表 2 单位：户

地 区	合 计	一个65岁及以上老年人的户				二个65岁及以上老年人的户				三个65岁及以上老年人的户
		小 计	单 身 老人户	一个老年人与未成年的亲属户	其 他	小 计	只有一对老夫妇的户	一对老夫妇与未成年的亲属户	其 他	
河源市	**1557**	**1097**	**125**	**21**	**951**	**451**	**101**	**13**	**337**	**9**
紫金县	484	325	27	3	295	153	29	3	121	6
龙川县	410	304	56	10	239	105	30	4	71	1
连平县	234	161	11	2	148	73	13	2	58	
和平县	224	153	21	3	130	69	17	3	49	1
东源县	205	153	10	3	140	51	11	1	38	1
阳江市	**1393**	**955**	**212**	**11**	**731**	**432**	**114**	**16**	**303**	**6**
江城区	203	141	28	1	112	61	13	3	46	
阳西县	442	303	73	5	226	137	40	8	89	1
阳东县	419	282	59	1	222	133	29	2	103	3
阳春市	330	228	53	4	171	101	33	3	65	1
清远市	1961	1451	259	30	1162	505	135	22	347	5
清城区	365	249	47	3	199	116	30	2	84	
清新区	291	221	34	2	186	69	16	3	50	1
佛冈县	233	171	41	4	125	61	19	2	40	1
阳山县	344	267	39	8	220	78	22	3	52	
连山壮族瑶族自治县	85	63	10		53	22	7	1	15	
连南瑶族自治县	136	106	13	5	88	30	7	3	20	
英德市	419	309	58	6	245	108	29	8	71	2
连州市	87	65	16	2	46	22	7	1	15	1
东莞市	**33**	**28**	**12**		**17**	**5**	**2**		**3**	
中山市	**928**	**670**	**97**	**2**	**571**	**252**	**42**		**210**	**6**
潮州市	**1899**	**1351**	**202**	**4**	**1145**	**533**	**163**	**6**	**364**	**15**
湘桥区	298	222	25		197	73	20		53	3
潮安区	552	435	39		395	115	16		99	3
饶平县	1049	695	137	4	554	345	127	6	212	9
揭阳市	**2843**	**2011**	**201**	**15**	**1795**	**814**	**106**	**15**	**693**	**19**
榕城区	179	136	9	1	126	43	6		37	
揭东区	550	410	85	3	322	140	27	2	110	1
揭西县	622	451	43	3	405	162	18	3	142	9
惠来县	747	485	28	5	452	255	26	8	221	7
普宁市	745	530	36	3	491	214	29	2	184	2
云浮市	**1122**	**795**	**193**	**18**	**584**	**323**	**109**	**19**	**195**	**4**
云城区	21	17	5		12	4	1	1	3	
云安区	98	69	10	2	57	27	10		17	1
新兴县	393	256	58	3	196	135	39	3	93	2
郁南县	376	285	74	6	205	92	38	7	47	
罗定市	234	168	46	7	115	65	22	7	36	1

7-7c 各地区有65岁及以上老年人口的家庭户（乡村）

单位：户

地区	合计	一个65岁及以上老年人的户				二个65岁及以上老年人的户				三个65岁及以上老年人的户
		小计	单身老人户	一个老年人与未成年的亲属户	其他	小计	只有一对老夫妇的户	一对老夫妇与未成年的亲属户	其他	
全省	**75382**	**52398**	**9520**	**1092**	**41786**	**22645**	**6289**	**1116**	**15240**	**339**
广州市	**3484**	**2361**	**531**	**14**	**1817**	**1112**	**379**	**7**	**726**	**10**
白云区	740	467	98	1	368	270	66		204	3
番禺区	353	224	78	2	144	129	76	2	51	
花都区	654	459	96	2	361	192	59	1	132	3
南沙区	298	194	61		132	103	66		37	1
萝岗区	122	87	17		70	34	10		24	
从化区	691	493	87	5	402	196	32	2	162	2
增城区	625	437	93	4	340	188	70	3	115	1
韶关市	**3254**	**2327**	**378**	**62**	**1887**	**919**	**302**	**62**	**555**	**8**
武江区	114	81	12	2	68	33	13	1	18	
浈江区	181	120	34	1	85	61	31	2	28	
曲江区	320	231	33	5	194	88	21	5	61	1
始兴县	316	239	34	7	198	76	20	2	54	1
仁化县	295	218	31	2	185	75	25	4	46	2
翁源县	554	420	73	12	335	134	39	12	83	
乳源瑶族自治县	255	178	31	4	142	76	21	8	47	2
新丰县	252	180	16	3	161	70	16	3	51	1
乐昌市	497	340	57	8	275	156	65	10	82	1
南雄市	470	320	57	19	244	149	51	15	84	1
珠海市	**408**	**280**	**72**		**208**	**128**	**35**	**1**	**92**	**1**
斗门区	408	280	72		208	128	35	1	92	1
汕头市	**2974**	**2165**	**142**	**9**	**2014**	**794**	**119**	**17**	**659**	**15**
龙湖区	204	156	4		152	47	3		43	1
金平区	40	30	3		27	10	2		8	
濠江区	176	134	11	1	122	41	9		33	
潮阳区	1179	865	79	5	781	309	56	8	245	6
潮南区	847	583	28	4	551	258	31	8	219	6
澄海区	493	371	14		358	119	14		105	2
南澳县	36	26	3		23	11	4		6	
佛山市	**1013**	**707**	**251**	**7**	**449**	**303**	**135**	**6**	**161**	**3**
南海区	286	194	58		135	93	34		58	
顺德区	56	33	3		30	23			23	
三水区	480	346	127	5	215	131	72	3	55	3
高明区	191	134	62	3	69	57	29	3	25	
江门市	**4702**	**3430**	**873**	**20**	**2537**	**1255**	**361**	**26**	**869**	**17**
蓬江区	7	5	1		4	2			2	
新会区	807	572	195	2	374	230	105	6	120	5
台山市	1724	1311	329	7	974	408	108	7	293	6
开平市	945	689	143	8	538	254	65	4	186	2
鹤山市	558	391	98		293	163	36	1	126	4
恩平市	661	463	107	4	352	198	48	8	143	

7-7c 续表 1 单位：户

地 区	合 计	一个65岁及以上老年人的户				二个65岁及以上老年人的户				三个65岁及以上老年人的户
		小 计	单身老人户	一个老年人与未成年的亲属户	其 他	小 计	只有一对老夫妇的户	一对老夫妇与未成年的亲属户	其 他	
湛江市	**8508**	**5260**	**1094**	**105**	**4061**	**3211**	**929**	**138**	**2143**	**37**
赤坎区	11	7	1		5	4			4	
霞山区	42	27	8		19	15	7		8	
坡头区	444	290	79	5	206	152	55	4	92	2
麻章区	553	343	69	4	270	207	61	5	141	3
遂溪县	1372	811	167	28	616	551	169	41	342	9
徐闻县	815	461	72	5	384	351	69	4	278	3
廉江市	2342	1481	325	32	1124	852	260	51	541	9
雷州市	1839	1156	288	17	851	679	226	20	433	4
吴川市	1091	685	85	15	586	399	82	12	305	7
茂名市	**8300**	**5527**	**1125**	**235**	**4167**	**2740**	**881**	**243**	**1616**	**33**
茂南区	535	371	65	3	303	162	43	3	117	2
电白区	1806	1169	177	20	972	630	164	38	429	7
高州市	2431	1636	394	65	1178	787	284	82	422	7
化州市	2077	1369	283	88	998	701	234	76	392	7
信宜市	1452	982	206	59	717	459	156	45	258	11
肇庆市	**5202**	**3751**	**723**	**97**	**2931**	**1437**	**377**	**92**	**967**	**14**
鼎湖区	214	152	56	2	94	61	32		29	
广宁县	795	578	134	23	421	216	66	22	129	1
怀集县	1138	831	100	51	680	304	58	42	203	3
封开县	686	497	70	9	419	186	48	14	124	3
德庆县	559	419	51	7	361	138	21	3	114	1
高要市	1277	879	200	4	674	395	110	8	278	3
四会市	533	395	113	2	281	136	43	3	91	2
惠州市	**3055**	**2154**	**364**	**23**	**1767**	**882**	**234**	**22**	**626**	**19**
惠城区	564	391	71	3	316	168	46	2	120	5
惠阳区	250	180	31		149	69	18		50	1
博罗县	971	691	119	7	565	272	91	9	172	8
惠东县	809	567	74	7	485	240	42	2	195	2
龙门县	462	325	68	6	251	133	37	8	89	3
梅州市	**6361**	**4524**	**688**	**140**	**3695**	**1813**	**509**	**129**	**1175**	**25**
梅江区	125	103	12		90	22	4		17	1
梅县区	761	564	65	5	494	193	46	5	142	3
大埔县	730	518	113	16	389	207	74	6	127	5
丰顺县	738	507	74	16	416	228	68	17	143	4
五华县	1902	1297	188	78	1031	598	155	84	359	6
平远县	367	253	33		220	112	41	2	69	2
蕉岭县	353	266	51	4	212	86	29	1	55	1
兴宁市	1387	1016	152	21	843	367	90	14	262	4

7-7c 续表 2 单位：户

地区	合计	一个65岁及以上老年人的户				二个65岁及以上老年人的户				三个65岁及以上老年人的户
		小计	单身老人户	一个老年人与未成年的亲属户	其他	小计	只有一对老夫妇的户	一对老夫妇与未成年的亲属户	其他	
汕尾市	**2430**	**1635**	**147**	**12**	**1477**	**769**	**128**	**8**	**632**	**26**
城区	228	148	12		136	80	15		65	
海丰县	710	512	75	6	431	189	39	2	148	9
陆河县	306	215	15		200	86	5	1	80	5
陆丰市	1186	760	45	6	709	414	69	5	340	11
河源市	**4493**	**3114**	**470**	**102**	**2542**	**1351**	**331**	**105**	**916**	**28**
源城区	13	12	1		11	1			1	
紫金县	1007	673	86	19	569	326	67	14	246	7
龙川县	1428	963	178	40	744	460	138	54	267	5
连平县	471	338	26	6	305	131	21	8	102	2
和平县	689	469	65	25	378	217	60	19	138	4
东源县	885	660	114	11	535	216	45	10	162	9
阳江市	**3384**	**2267**	**525**	**51**	**1692**	**1106**	**371**	**69**	**666**	**10**
江城区	469	329	53	2	274	138	47		91	2
阳西县	942	641	201	24	416	301	124	22	155	
阳东县	672	449	86	7	356	218	65	10	143	5
阳春市	1301	848	184	18	646	449	135	37	277	3
清远市	5045	3741	707	86	2949	1282	337	83	862	21
清城区	414	271	57	2	212	140	38	1	101	2
清新区	1079	822	157	10	655	249	62	12	174	9
佛冈县	423	315	66	5	244	104	25	4	75	3
阳山县	648	488	96	12	380	160	35	12	113	
连山壮族瑶族自治县	142	103	17	1	85	39	8	2	29	
连南瑶族自治县	168	123	23	4	96	45	14	2	30	
英德市	1457	1087	161	27	899	366	85	29	252	5
连州市	713	531	129	24	378	179	70	20	89	3
东莞市	**794**	**487**	**204**	**3**	**280**	**307**	**171**	**3**	**133**	
中山市	**587**	**422**	**49**	**2**	**371**	**163**	**24**		**139**	**2**
潮州市	**2321**	**1783**	**226**	**18**	**1540**	**529**	**115**	**8**	**406**	**9**
湘桥区	176	135	17	1	118	40	7	1	33	2
潮安区	1022	799	69		730	220	41	1	178	3
饶平县	1123	849	140	17	692	269	68	7	195	5
揭阳市	**5455**	**3846**	**240**	**35**	**3572**	**1560**	**185**	**34**	**1341**	**48**
榕城区	377	284	31		253	92	18	1	73	1
揭东区	999	717	83	6	629	277	57	7	213	6
揭西县	1369	945	56	12	877	406	40	8	358	18
惠来县	1028	691	43	12	636	328	32	8	288	9
普宁市	1681	1209	27	5	1178	457	38	11	409	14
云浮市	**3613**	**2616**	**714**	**70**	**1832**	**985**	**367**	**64**	**554**	**13**
云城区	235	180	45	5	130	54	16	1	37	1
云安区	471	323	70	8	245	146	47	11	88	2
新兴县	757	558	113	11	433	193	49	13	132	5
郁南县	709	519	155	18	346	189	76	16	97	1
罗定市	1441	1036	330	27	679	402	179	22	200	3

7-8 全省家庭户户主年龄、性别构成

单位：人、%

年 龄	家庭户人口			户 主			户主率		
	合计	男	女	合计	男	女	合计	男	女
总 计	**2865038**	**1480722**	**1384316**	**859272**	**671616**	**187656**	**29.99**	**45.36**	**13.56**
14岁及以下	**520515**	**285723**	**234792**	**539**	**325**	**214**	**0.10**	**0.11**	**0.09**
15-19岁	**185983**	**102578**	**83405**	**7633**	**4736**	**2896**	**4.10**	**4.62**	**3.47**
15	32696	18523	14173	340	210	130	1.04	1.13	0.92
16	34278	19229	15048	751	452	299	2.19	2.35	1.99
17	38187	21282	16906	1338	836	502	3.50	3.93	2.97
18	39581	21421	18160	2141	1348	793	5.41	6.29	4.37
19	41241	22123	19118	3063	1890	1173	7.43	8.54	6.14
20-24岁	**232045**	**120540**	**111505**	**31759**	**20571**	**11188**	**13.69**	**17.07**	**10.03**
20	43371	22955	20416	3931	2406	1524	9.06	10.48	7.47
21	42346	22157	20189	4509	2818	1691	10.65	12.72	8.38
22	47057	24416	22642	6280	3991	2289	13.34	16.35	10.11
23	49196	25315	23881	7823	5134	2688	15.90	20.28	11.26
24	50074	25697	24378	9216	6220	2996	18.41	24.21	12.29
25-29岁	**283921**	**142856**	**141065**	**71061**	**50809**	**20252**	**25.03**	**35.57**	**14.36**
25	59112	29940	29173	12513	8544	3969	21.17	28.54	13.61
26	56050	28334	27716	13118	9194	3924	23.40	32.45	14.16
27	54788	27240	27548	13996	9998	3998	25.55	36.70	14.51
28	58234	29370	28864	15742	11501	4240	27.03	39.16	14.69
29	55737	27973	27764	15691	11571	4120	28.15	41.37	14.84
30-34岁	**259158**	**132465**	**126693**	**83658**	**63673**	**19985**	**32.28**	**48.07**	**15.77**
30	52443	26477	25965	15417	11599	3818	29.40	43.81	14.70
31	52681	26890	25791	16119	12119	4000	30.60	45.07	15.51
32	51179	26285	24894	16552	12643	3910	32.34	48.10	15.71
33	53842	27628	26214	18390	14009	4382	34.16	50.70	16.71
34	49014	25185	23830	17180	13304	3876	35.05	52.82	16.27
35-39岁	**212765**	**110127**	**102638**	**84708**	**66198**	**18510**	**39.81**	**60.11**	**18.03**
35	45727	23809	21918	16735	13019	3716	36.60	54.68	16.96
36	47301	24539	22763	18119	14112	4006	38.30	57.51	17.60
37	42245	21784	20461	17098	13278	3819	40.47	60.95	18.67
38	36589	18835	17755	15141	11835	3306	41.38	62.84	18.62
39	40903	21160	19742	17615	13953	3662	43.07	65.94	18.55
40-44岁	**232783**	**118567**	**114217**	**105068**	**84344**	**20724**	**45.14**	**71.14**	**18.14**
40	42893	21969	20924	18852	14855	3997	43.95	67.62	19.10
41	47009	24033	22976	20902	16673	4229	44.46	69.37	18.41
42	48543	24714	23829	21817	17458	4359	44.94	70.64	18.29
43	47157	23956	23201	21584	17459	4125	45.77	72.88	17.78
44	47181	23893	23288	21913	17900	4013	46.44	74.91	17.23
45-49岁	**227943**	**115630**	**112313**	**110342**	**91656**	**18686**	**48.41**	**79.27**	**16.64**
45	50366	25508	24857	23585	19255	4331	46.83	75.48	17.42
46	45557	23083	22474	21806	18037	3769	47.87	78.14	16.77
47	49475	25114	24361	23975	19898	4077	48.46	79.23	16.74
48	40031	20343	19688	19675	16594	3080	49.15	81.57	15.65
49	42515	21583	20932	21301	17873	3428	50.10	82.81	16.38
50-54岁	**193134**	**98348**	**94787**	**98631**	**82809**	**15822**	**51.07**	**84.20**	**16.69**
50	44498	22976	21522	22744	19127	3617	51.11	83.25	16.81
51	40800	20521	20279	20654	17242	3412	50.62	84.02	16.82
52	45613	23486	22126	23577	19875	3702	51.69	84.62	16.73
53	39667	20088	19579	20212	16968	3245	50.96	84.47	16.57
54	22558	11277	11281	11444	9598	1846	50.73	85.11	16.37
55-59岁	**142623**	**71959**	**70664**	**73221**	**61487**	**11734**	**51.34**	**85.45**	**16.61**
55	23582	11909	11673	11934	9981	1954	50.61	83.81	16.74
56	26259	13307	12952	13597	11493	2105	51.78	86.36	16.25
57	31348	15781	15567	16001	13459	2542	51.05	85.29	16.33
58	32737	16614	16123	16954	14306	2647	51.79	86.11	16.42
59	28697	14347	14350	14735	12249	2486	51.35	85.37	17.33
60-64岁	**130671**	**65340**	**65331**	**67615**	**55327**	**12287**	**51.74**	**84.68**	**18.81**
60	30164	15128	15036	15522	12912	2610	51.46	85.35	17.36
61	28828	14393	14435	14836	12263	2573	51.46	85.20	17.82
62	26159	13017	13142	13623	11097	2526	52.08	85.25	19.22
63	24595	12255	12339	12753	10233	2520	51.85	83.49	20.42
64	20925	10546	10379	10880	8823	2058	52.00	83.66	19.83
65岁及以上	**243495**	**116590**	**126906**	**125039**	**89682**	**35357**	**51.35**	**76.92**	**27.86**

7-8a 全省家庭户户主年龄、性别构成（城市）

单位：人、%

年龄	家庭户人口			户主			户主率		
	合计	男	女	合计	男	女	合计	男	女
总计	**1423936**	**737189**	**686747**	**507967**	**371534**	**136432**	**35.67**	**50.40**	**19.87**
14岁及以下	**221325**	**121735**	**99590**	**355**	**206**	**149**	**0.16**	**0.17**	**0.15**
15-19岁	**74732**	**41965**	**32767**	**6453**	**3952**	**2501**	**8.63**	**9.42**	**7.63**
15	13419	7755	5665	286	170	117	2.13	2.19	2.06
16	13593	7830	5763	623	372	251	4.58	4.75	4.35
17	15094	8497	6597	1124	699	425	7.44	8.22	6.44
18	15790	8728	7063	1804	1118	686	11.43	12.81	9.71
19	16835	9155	7680	2616	1594	1023	15.54	17.41	13.31
20-24岁	**111519**	**57568**	**53950**	**27560**	**17443**	**10117**	**24.71**	**30.30**	**18.75**
20	18776	9919	8857	3387	2026	1361	18.04	20.43	15.36
21	19148	9952	9196	3892	2370	1522	20.33	23.81	16.55
22	22737	11733	11004	5454	3378	2076	23.99	28.79	18.87
23	24693	12604	12090	6845	4416	2429	27.72	35.04	20.09
24	26164	13360	12803	7982	5254	2728	30.51	39.33	21.31
25-29岁	**164299**	**82716**	**81583**	**60149**	**41993**	**18156**	**36.61**	**50.77**	**22.25**
25	32487	16379	16108	10811	7225	3586	33.28	44.11	22.26
26	31858	16111	15747	11187	7696	3491	35.11	47.77	22.17
27	32090	15973	16118	11963	8325	3638	37.28	52.12	22.57
28	34384	17367	17017	13208	9426	3782	38.41	54.27	22.22
29	33480	16886	16593	12980	9321	3659	38.77	55.20	22.05
30-34岁	**154860**	**79193**	**75668**	**66016**	**48420**	**17596**	**42.63**	**61.14**	**23.25**
30	31134	15754	15380	12485	9130	3355	40.10	57.95	21.82
31	31314	15981	15333	12948	9402	3546	41.35	58.83	23.12
32	30503	15583	14920	13101	9616	3485	42.95	61.71	23.36
33	32601	16747	15854	14370	10535	3835	44.08	62.91	24.19
34	29308	15128	14181	13112	9736	3376	44.74	64.36	23.81
35-39岁	**129231**	**67311**	**61920**	**61197**	**45432**	**15766**	**47.35**	**67.49**	**25.46**
35	27513	14310	13203	12418	9220	3197	45.13	64.43	24.22
36	29038	15160	13878	13422	9959	3462	46.22	65.70	24.95
37	25546	13211	12335	12210	8973	3237	47.80	67.92	26.24
38	22322	11598	10724	10838	8026	2812	48.55	69.20	26.22
39	24812	13032	11780	12310	9253	3057	49.61	71.00	25.95
40-44岁	**135273**	**70681**	**64592**	**68067**	**51265**	**16802**	**50.32**	**72.53**	**26.01**
40	25904	13621	12284	13009	9689	3320	50.22	71.13	27.03
41	27884	14492	13392	13821	10367	3454	49.57	71.54	25.79
42	28417	14891	13526	14270	10734	3537	50.22	72.08	26.15
43	26998	14189	12809	13743	10428	3315	50.90	73.50	25.88
44	26070	13488	12582	13224	10047	3177	50.72	74.49	25.25
45-49岁	**117675**	**60947**	**56729**	**60249**	**46415**	**13834**	**51.20**	**76.16**	**24.39**
45	27367	14236	13131	13916	10556	3361	50.85	74.15	25.59
46	24394	12688	11706	12440	9554	2886	51.00	75.30	24.66
47	25657	13355	12302	13163	10166	2997	51.30	76.12	24.36
48	19650	10108	9542	10094	7876	2218	51.37	77.92	23.24
49	20607	10560	10047	10636	8264	2372	51.61	78.26	23.61
50-54岁	**91845**	**47295**	**44550**	**47331**	**36934**	**10397**	**51.53**	**78.09**	**23.34**
50	21397	11236	10161	11281	8789	2492	52.72	78.22	24.53
51	19695	10061	9634	10136	7881	2255	51.47	78.33	23.41
52	21890	11287	10603	11301	8873	2428	51.62	78.61	22.90
53	18586	9524	9062	9475	7384	2091	50.98	77.53	23.07
54	10277	5186	5091	5138	4007	1131	50.00	77.27	22.22
55-59岁	**64123**	**31759**	**32364**	**31229**	**24456**	**6773**	**48.70**	**77.01**	**20.93**
55	11291	5714	5577	5579	4343	1236	49.42	76.01	22.16
56	11708	5753	5955	5760	4515	1245	49.20	78.49	20.91
57	13886	6865	7021	6710	5259	1451	48.32	76.60	20.67
58	14391	7165	7227	7033	5562	1471	48.87	77.63	20.35
59	12846	6262	6584	6146	4777	1369	47.85	76.28	20.80
60-64岁	**58468**	**28344**	**30124**	**27834**	**21358**	**6476**	**47.61**	**75.35**	**21.50**
60	13505	6562	6942	6396	5013	1383	47.36	76.40	19.92
61	12958	6266	6692	6110	4743	1367	47.15	75.70	20.43
62	11648	5593	6055	5610	4271	1339	48.16	76.37	22.11
63	10970	5325	5644	5245	3930	1315	47.81	73.79	23.30
64	9388	4598	4790	4473	3401	1072	47.65	73.97	22.38
65岁及以上	**100585**	**47675**	**52909**	**51526**	**33660**	**17866**	**51.23**	**70.60**	**33.77**

7-8b 全省家庭户户主年龄、性别构成（镇）

单位：人、%

年 龄	家庭户人口			户 主			户主率		
	合计	男	女	合计	男	女	合计	男	女
总 计	**487413**	**251755**	**235658**	**126809**	**104574**	**22235**	**26.02**	**41.54**	**9.44**
14岁及以下	**94535**	**52016**	**42520**	**67**	**31**	**35**	**0.07**	**0.06**	**0.08**
15-19岁	**35303**	**19353**	**15949**	**561**	**350**	**211**	**1.59**	**1.81**	**1.32**
15	5953	3359	2594	17	12	4	0.28	0.37	0.16
16	6504	3641	2863	59	40	19	0.90	1.10	0.65
17	7391	4122	3270	110	66	44	1.49	1.59	1.35
18	7591	4110	3481	165	109	56	2.18	2.66	1.61
19	7864	4122	3742	210	123	88	2.67	2.97	2.34
20-24岁	**40375**	**21187**	**19188**	**2168**	**1558**	**610**	**5.37**	**7.35**	**3.18**
20	7997	4361	3636	270	184	86	3.37	4.22	2.35
21	7605	4015	3590	321	228	93	4.22	5.68	2.58
22	8239	4280	3959	440	306	134	5.34	7.15	3.38
23	8351	4345	4005	521	375	146	6.24	8.63	3.66
24	8183	4186	3997	617	465	152	7.54	11.11	3.79
25-29岁	**43598**	**22000**	**21598**	**5567**	**4324**	**1243**	**12.77**	**19.65**	**5.76**
25	9522	4862	4660	914	668	245	9.59	13.75	5.26
26	8690	4419	4271	997	747	250	11.48	16.91	5.85
27	8366	4162	4203	1050	833	217	12.55	20.02	5.16
28	8734	4384	4351	1239	985	255	14.19	22.47	5.85
29	8287	4174	4113	1367	1090	277	16.50	26.12	6.74
30-34岁	**38856**	**19922**	**18934**	**8200**	**6754**	**1446**	**21.10**	**33.90**	**7.64**
30	8012	4068	3944	1400	1135	265	17.47	27.90	6.71
31	7876	4012	3864	1506	1243	263	19.12	30.97	6.81
32	7697	3952	3745	1610	1345	265	20.92	34.05	7.08
33	8035	4167	3868	1883	1543	339	23.43	37.03	8.77
34	7235	3722	3513	1802	1488	314	24.90	39.98	8.94
35-39岁	**31551**	**16180**	**15371**	**10229**	**8574**	**1655**	**32.42**	**52.99**	**10.76**
35	6837	3512	3325	1891	1565	326	27.66	44.57	9.81
36	6934	3573	3361	2130	1784	346	30.72	49.93	10.30
37	6299	3212	3088	2075	1741	334	32.94	54.21	10.82
38	5282	2698	2583	1843	1546	296	34.89	57.31	11.47
39	6199	3184	3015	2289	1937	352	36.93	60.85	11.67
40-44岁	**36391**	**18313**	**18078**	**14900**	**12790**	**2110**	**40.94**	**69.84**	**11.67**
40	6504	3290	3215	2506	2119	387	38.52	64.40	12.04
41	7143	3626	3516	2841	2426	415	39.77	66.89	11.81
42	7476	3781	3695	3061	2627	435	40.95	69.47	11.76
43	7556	3775	3780	3175	2729	447	42.02	72.27	11.81
44	7713	3840	3872	3317	2890	426	43.01	75.26	11.01
45-49岁	**38387**	**19263**	**19125**	**18056**	**15707**	**2349**	**47.04**	**81.54**	**12.28**
45	8235	4145	4089	3669	3172	498	44.56	76.51	12.17
46	7467	3714	3753	3434	2991	443	45.98	80.53	11.79
47	8358	4188	4169	3969	3433	536	47.48	81.96	12.85
48	6816	3440	3377	3281	2902	379	48.13	84.36	11.22
49	7511	3775	3737	3704	3210	494	49.32	85.04	13.23
50-54岁	**34352**	**17221**	**17132**	**17453**	**15132**	**2321**	**50.80**	**87.87**	**13.55**
50	7944	4063	3882	4005	3505	501	50.42	86.26	12.90
51	7236	3587	3648	3647	3139	507	50.40	87.51	13.91
52	8098	4148	3950	4201	3669	532	51.88	88.45	13.48
53	7024	3465	3559	3572	3092	480	50.84	89.23	13.48
54	4050	1957	2093	2028	1727	300	50.06	88.24	14.35
55-59岁	**25984**	**13040**	**12944**	**13723**	**11742**	**1981**	**52.81**	**90.05**	**15.30**
55	4099	2025	2074	2101	1805	295	51.25	89.16	14.24
56	4896	2476	2420	2585	2225	359	52.79	89.88	14.84
57	5850	2954	2896	3088	2662	426	52.79	90.11	14.71
58	5913	2998	2915	3164	2710	453	53.50	90.40	15.55
59	5225	2586	2639	2786	2339	447	53.32	90.43	16.94
60-64岁	**23894**	**11998**	**11897**	**12965**	**10722**	**2243**	**54.26**	**89.36**	**18.85**
60	5539	2806	2733	3018	2522	496	54.49	89.88	18.15
61	5305	2702	2603	2858	2427	432	53.89	89.82	16.59
62	4752	2352	2400	2589	2117	472	54.48	90.02	19.65
63	4517	2229	2288	2438	1960	479	53.98	87.91	20.93
64	3782	1909	1873	2061	1696	365	54.49	88.85	19.46
65岁及以上	**44187**	**21264**	**22923**	**22920**	**16889**	**6031**	**51.87**	**79.43**	**26.31**

7-8c　全省家庭户户主年龄、性别构成（乡村）

单位：人、%

年　龄	家庭户人口			户　主			户主率		
	合计	男	女	合计	男	女	合计	男	女
总　计	**953689**	**491778**	**461912**	**224497**	**195509**	**28988**	**23.54**	**39.76**	**6.28**
14岁及以下	**204654**	**111972**	**92682**	**117**	**88**	**29**	**0.06**	**0.08**	**0.03**
15-19岁	**75949**	**41260**	**34688**	**619**	**434**	**185**	**0.81**	**1.05**	**0.53**
15	13324	7409	5914	37	28	9	0.28	0.37	0.15
16	14181	7759	6422	69	40	29	0.49	0.52	0.46
17	15702	8663	7039	104	72	33	0.66	0.83	0.46
18	16200	8583	7617	172	121	51	1.06	1.41	0.67
19	16542	8846	7696	237	174	63	1.43	1.96	0.82
20-24岁	**80152**	**41785**	**38366**	**2031**	**1569**	**462**	**2.53**	**3.76**	**1.20**
20	16598	8676	7922	274	196	78	1.65	2.26	0.99
21	15593	8190	7403	297	221	76	1.90	2.69	1.03
22	16081	8402	7679	386	308	78	2.40	3.66	1.02
23	16152	8366	7786	457	344	113	2.83	4.11	1.45
24	15728	8151	7577	617	501	116	3.92	6.15	1.53
25-29岁	**76024**	**38139**	**37885**	**5344**	**4492**	**852**	**7.03**	**11.78**	**2.25**
25	17104	8699	8405	789	651	138	4.61	7.48	1.64
26	15502	7804	7698	934	752	183	6.03	9.63	2.37
27	14332	7105	7228	982	839	143	6.85	11.81	1.98
28	15115	7619	7496	1295	1090	204	8.57	14.31	2.73
29	13971	6913	7058	1344	1160	184	9.62	16.78	2.61
30-34岁	**65442**	**33350**	**32092**	**9441**	**8499**	**943**	**14.43**	**25.48**	**2.94**
30	13296	6655	6641	1532	1334	198	11.52	20.05	2.98
31	13490	6896	6594	1665	1474	191	12.34	21.37	2.90
32	12979	6750	6229	1841	1681	160	14.19	24.90	2.58
33	13206	6714	6492	2137	1930	207	16.18	28.75	3.19
34	12471	6335	6136	2266	2079	186	18.17	32.83	3.04
35-39岁	**51983**	**26636**	**25347**	**13281**	**12192**	**1090**	**25.55**	**45.77**	**4.30**
35	11377	5987	5390	2426	2233	193	21.32	37.30	3.58
36	11329	5806	5523	2567	2369	198	22.66	40.80	3.59
37	10399	5361	5038	2812	2564	248	27.04	47.83	4.93
38	8986	4538	4448	2461	2263	198	27.39	49.86	4.45
39	9892	4944	4948	3016	2763	252	30.49	55.89	5.10
40-44岁	**61119**	**29572**	**31546**	**22101**	**20289**	**1812**	**36.16**	**68.61**	**5.74**
40	10484	5059	5425	3338	3047	291	31.84	60.23	5.36
41	11983	5915	6068	4239	3880	360	35.38	65.60	5.93
42	12651	6042	6608	4485	4097	388	35.46	67.81	5.87
43	12603	5992	6611	4666	4302	364	37.03	71.80	5.51
44	13398	6565	6834	5372	4962	410	40.10	75.59	6.00
45-49岁	**71881**	**35421**	**36460**	**32036**	**29534**	**2503**	**44.57**	**83.38**	**6.86**
45	14764	7127	7637	6000	5527	473	40.64	77.56	6.19
46	13696	6680	7016	5932	5492	440	43.31	82.21	6.27
47	15460	7571	7889	6844	6299	544	44.27	83.20	6.90
48	13565	6795	6769	6300	5817	484	46.44	85.59	7.14
49	14396	7248	7148	6961	6399	562	48.35	88.29	7.86
50-54岁	**66937**	**33832**	**33105**	**33847**	**30743**	**3104**	**50.57**	**90.87**	**9.38**
50	15156	7677	7479	7458	6834	624	49.21	89.01	8.35
51	13869	6873	6996	6871	6222	649	49.54	90.53	9.27
52	15625	8051	7574	8075	7333	742	51.68	91.08	9.80
53	14056	7098	6958	7165	6492	674	50.98	91.45	9.68
54	8230	4133	4097	4278	3863	415	51.98	93.47	10.13
55-59岁	**52516**	**27160**	**25356**	**28269**	**25289**	**2980**	**53.83**	**93.11**	**11.75**
55	8192	4170	4022	4254	3832	422	51.93	91.89	10.49
56	9655	5078	4577	5252	4752	500	54.40	93.57	10.93
57	11611	5962	5650	6203	5538	665	53.43	92.90	11.77
58	12432	6452	5981	6757	6034	723	54.35	93.53	12.09
59	10626	5499	5127	5803	5133	670	54.61	93.35	13.06
60-64岁	**48308**	**24998**	**23311**	**26816**	**23247**	**3569**	**55.51**	**93.00**	**15.31**
60	11120	5760	5361	6108	5376	731	54.93	93.35	13.64
61	10565	5426	5139	5867	5093	774	55.53	93.87	15.06
62	9759	5072	4687	5425	4709	716	55.59	92.84	15.27
63	9108	4701	4408	5070	4343	726	55.66	92.39	16.48
64	7755	4039	3716	4347	3725	621	56.05	92.23	16.71
65岁及以上	**98725**	**47651**	**51074**	**50593**	**39133**	**11460**	**51.25**	**82.12**	**22.44**

生育

8-1 各地区分性别、孩次的出生人口
（2014.11.1-2015.10.31）

单位：人

地 区	出生人数				第一孩			
	合计	男	女	性别比（女=100）	合计	男	女	性别比（女=100）
全 省	**29876**	**16246**	**13630**	**119.20**	**15660**	**8385**	**7275**	**115.25**
广州市	**3660**	**1965**	**1695**	**115.94**	**2264**	**1185**	**1078**	**109.96**
荔湾区	225	135	90	150.00	147	84	63	133.33
越秀区	211	118	92	128.09	134	75	59	126.32
海珠区	443	245	197	124.26	281	149	132	113.27
天河区	437	235	203	116.02	263	137	126	107.96
白云区	598	312	286	109.08	384	194	190	102.24
黄埔区	184	102	81	125.44	118	69	49	139.13
番禺区	420	205	215	95.41	253	121	132	91.42
花都区	386	226	160	140.83	226	127	99	127.89
南沙区	151	73	78	93.53	100	49	51	95.95
萝岗区	124	69	56	123.59	74	39	35	113.93
从化区	201	109	92	118.49	111	59	51	115.38
增城区	280	135	144	94.00	173	83	90	91.99
韶关市	**800**	**424**	**376**	**112.62**	**396**	**198**	**198**	**100.02**
武江区	78	44	34	127.86	46	27	19	147.38
浈江区	67	34	33	104.66	40	21	19	108.01
曲江区	77	41	37	109.73	36	16	21	76.72
始兴县	69	39	30	128.74	39	22	17	133.16
仁化县	55	32	23	139.05	27	14	13	105.91
翁源县	114	61	53	114.72	42	20	22	89.13
乳源瑶族自治县	64	30	35	85.56	31	12	19	65.89
新丰县	55	28	28	100.00	31	14	18	78.41
乐昌市	126	66	60	109.30	55	28	27	101.68
南雄市	94	51	44	115.55	48	24	24	101.39
深圳市	**3373**	**1834**	**1539**	**119.15**	**1974**	**1011**	**964**	**104.92**
罗湖区	257	139	118	118.18	169	84	86	98.08
福田区	351	181	170	106.75	219	106	112	94.44
南山区	491	275	215	127.86	300	155	145	107.41
宝安区	1466	814	651	125.00	830	449	381	117.92
龙岗区	744	387	358	108.24	426	199	227	87.65
盐田区	65	37	27	134.92	31	17	13	133.33
珠海市	**447**	**235**	**213**	**110.47**	**258**	**132**	**126**	**104.16**
香洲区	275	137	138	99.35	158	74	83	89.25
斗门区	108	56	52	106.50	62	31	30	102.93
金湾区	64	42	22	188.89	39	26	13	203.85
汕头市	**1701**	**904**	**797**	**113.46**	**839**	**439**	**400**	**109.58**
龙湖区	134	70	64	109.64	77	39	39	99.44
金平区	194	102	92	111.58	120	64	56	113.79
濠江区	87	42	45	94.37	39	20	19	108.19
潮阳区	630	345	285	120.93	286	147	139	105.48
潮南区	448	235	214	109.71	215	117	98	119.54
澄海区	190	101	89	112.52	91	46	44	104.63
南澳县	18	10	8	117.10	12	6	6	109.09
佛山市	**1945**	**1037**	**908**	**114.14**	**1130**	**588**	**543**	**108.33**
禅城区	316	178	138	128.47	187	106	81	131.25
南海区	782	395	387	102.25	452	216	237	91.23
顺德区	594	329	265	124.46	341	191	150	127.47
三水区	128	69	59	117.33	70	36	34	108.36
高明区	124	65	60	109.04	80	38	42	92.10

8-1 续表 1 单位：人

地区	第二孩				第三孩			
	合计	男	女	性别比（女=100）	合计	男	女	性别比（女=100）
全 省	**10818**	**5912**	**4906**	**120.50**	**2577**	**1489**	**1088**	**136.83**
广州市	**1262**	**699**	**564**	**123.91**	**119**	**74**	**45**	**165.73**
荔湾区	74	48	26	184.62	3	3		
越秀区	74	43	31	136.67	2	1	1	100.00
海珠区	149	88	62	141.51	9	7	2	300.00
天河区	163	91	73	124.62	11	8	3	233.33
白云区	191	102	90	113.87	22	15	7	215.21
黄埔区	58	29	29	97.56	6	4	2	200.00
番禺区	154	77	76	100.72	13	7	6	115.12
花都区	137	88	49	178.53	20	9	10	92.64
南沙区	47	22	24	92.19	1	1	1	71.94
萝岗区	43	24	19	124.10	7	5	2	328.97
从化区	74	41	34	121.26	15	9	7	130.40
增城区	97	47	50	93.92	9	5	4	144.20
韶关市	**335**	**182**	**153**	**119.16**	**60**	**37**	**23**	**158.28**
武江区	27	13	13	101.28	4	2	2	106.46
浈江区	24	13	11	113.34	3	1	2	33.31
曲江区	38	23	15	147.51	3	2	1	213.72
始兴县	25	14	11	131.76	4	2	2	84.66
仁化县	21	13	8	154.63	6	5	1	516.60
翁源县	55	31	25	125.26	14	9	5	180.22
乳源瑶族自治县	25	13	13	99.38	7	4	3	114.32
新丰县	21	12	9	136.64	2	1	1	149.45
乐昌市	58	29	29	99.26	9	6	3	162.22
南雄市	40	21	18	116.89	7	5	2	240.46
深圳市	**1213**	**705**	**508**	**138.71**	**153**	**94**	**59**	**160.93**
罗湖区	76	50	26	196.77	9	3	6	57.14
福田区	117	66	51	128.57	12	7	5	140.00
南山区	179	108	71	153.03	7	7		
宝安区	530	301	229	131.73	90	55	35	156.25
龙岗区	282	163	119	136.47	31	20	11	175.00
盐田区	30	17	13	130.00	3	2	1	133.33
珠海市	**170**	**93**	**77**	**120.34**	**16**	**9**	**7**	**133.71**
香洲区	105	56	48	116.67	12	6	5	116.67
斗门区	41	21	19	108.82	4	3	1	200.00
金湾区	25	15	9	163.16				
汕头市	**536**	**283**	**253**	**111.48**	**220**	**130**	**90**	**144.73**
龙湖区	44	24	20	117.11	12	8	4	180.02
金平区	66	35	31	112.50	8	3	5	60.00
濠江区	30	13	17	76.03	15	7	8	91.61
潮阳区	163	93	70	131.53	114	71	43	163.61
潮南区	142	71	72	98.32	59	34	25	133.14
澄海区	86	45	41	108.92	12	8	4	190.51
南澳县	5	3	2	158.20	1		1	50.00
佛山市	**740**	**400**	**340**	**117.67**	**64**	**42**	**22**	**191.82**
禅城区	123	68	56	121.82	4	2	2	100.00
南海区	294	157	137	115.20	33	19	14	141.76
顺德区	226	119	107	110.96	22	18	4	400.00
三水区	54	31	23	131.89	3	2	1	150.00
高明区	43	25	17	146.37	2	1	1	200.00

8-1 续表 2

单位：人

地 区	第四孩				第五孩及以上			
	合计	男	女	性别比（女=100）	合计	男	女	性别比（女=100）
全 省	**607**	**332**	**275**	**120.36**	**214**	**129**	**85**	**152.33**
广州市	**14**	**7**	**7**	**89.85**	**1**		**1**	
荔湾区	1		1					
越秀区	1		1					
海珠区	2	1	1	100.00				
天河区								
白云区	1	1						
黄埔区	1	1	1	100.00				
番禺区								
花都区	4	2	2	95.60				
南沙区	2	1	1	100.00	1		1	
萝岗区								
从化区	1	1	1	100.00				
增城区								
韶关市	**9**	**7**	**2**	**335.88**	**1**			**100.00**
武江区					1			100.00
浈江区								
曲江区								
始兴县								
仁化县	1		1					
翁源县	1	1	1	85.18				
乳源瑶族自治县	1	1						
新丰县								
乐昌市	4	4	1	635.91				
南雄市	1	1						
深圳市	**23**	**14**	**9**	**167.68**	**9**	**9**		
罗湖区	2	1	1	100.00	1	1		
福田区	3	2	1	200.00				
南山区	3	3			1	1		
宝安区	11	4	7	66.67	4	4		
龙岗区	3	3			3	3		
盐田区	1	1						
珠海市	**2**	**1**	**1**	**136.70**	**1**		**1**	
香洲区	1		1					
斗门区	1	1			1		1	
金湾区	1	1						
汕头市	**71**	**34**	**37**	**92.06**	**35**	**19**	**16**	**115.24**
龙湖区	1		1					
金平区	1	1						
濠江区	2	1	1	61.38	2	2	1	262.92
潮阳区	48	24	24	99.14	19	11	8	130.01
潮南区	18	7	11	60.05	14	6	7	85.74
澄海区	2	2						
南澳县								
佛山市	**9**	**5**	**4**	**137.41**	**2**	**2**		
禅城区	2	2						
南海区	2	2			2	2		
顺德区	4	2	3	50.00				
三水区	1		1					
高明区								

8-1 续表 3

单位：人

地 区	出生人数				第一孩			
	合计	男	女	性别比(女=100)	合计	男	女	性别比(女=100)
江门市	**1092**	**559**	**532**	**105.05**	**632**	**333**	**300**	**111.13**
蓬江区	218	109	109	100.30	123	61	62	98.58
江海区	76	37	38	97.26	43	24	19	125.00
新会区	279	133	145	91.60	162	80	83	96.38
台山市	167	88	80	109.88	100	56	44	127.82
开平市	147	78	68	114.54	89	48	41	115.69
鹤山市	124	61	63	97.67	72	37	35	105.20
恩平市	81	52	29	181.49	44	28	16	174.94
湛江市	**2318**	**1337**	**981**	**136.27**	**1029**	**586**	**443**	**132.20**
赤坎区	164	103	61	170.69	111	74	38	196.86
霞山区	119	68	51	135.19	59	31	28	111.54
坡头区	161	93	68	136.36	62	34	28	122.19
麻章区	130	69	61	113.76	50	26	23	113.12
遂溪县	197	107	90	119.20	101	57	44	131.26
徐闻县	243	130	113	114.22	96	53	44	120.13
廉江市	471	287	185	155.30	225	136	89	153.42
雷州市	569	326	242	134.84	216	105	110	95.83
吴川市	265	154	111	138.10	109	69	40	171.17
茂名市	**1654**	**887**	**767**	**115.72**	**719**	**390**	**330**	**118.25**
茂南区	188	101	87	115.44	84	42	41	101.89
电白区	511	284	226	125.63	223	132	91	145.99
高州市	385	217	168	128.63	172	94	77	122.23
化州市	356	172	183	94.13	135	69	66	104.47
信宜市	215	113	102	111.43	106	52	54	95.54
肇庆市	**1002**	**566**	**436**	**129.61**	**512**	**296**	**216**	**136.92**
端州区	125	68	57	119.23	72	42	30	141.46
鼎湖区	38	18	20	91.37	20	7	13	54.63
广宁县	100	62	38	161.91	53	32	21	152.24
怀集县	211	119	93	128.24	112	61	51	121.33
封开县	99	62	38	162.42	38	26	13	200.00
德庆县	100	57	43	131.84	41	25	16	153.59
高要市	126	67	59	114.44	68	40	28	145.27
四会市	201	113	88	127.36	108	63	45	139.44
惠州市	**1266**	**682**	**584**	**116.77**	**630**	**330**	**299**	**110.29**
惠城区	538	283	255	111.13	294	146	147	99.04
惠阳区	209	112	97	115.17	108	56	52	108.34
博罗县	242	126	116	108.74	102	55	46	119.14
惠东县	187	106	81	131.34	90	51	38	133.04
龙门县	90	55	35	155.07	36	21	15	142.06
梅州市	**982**	**550**	**433**	**127.03**	**507**	**296**	**210**	**140.92**
梅江区	95	50	45	112.21	56	33	23	147.38
梅县区	166	100	66	152.11	87	56	31	179.69
大埔县	65	35	31	113.60	35	19	16	122.22
丰顺县	110	66	44	149.90	56	36	19	186.93
五华县	173	106	68	156.49	82	51	31	162.29
平远县	63	34	29	116.67	31	17	14	122.84
蕉岭县	58	30	28	109.90	35	19	16	122.24
兴宁市	251	128	123	104.25	125	65	60	106.63

8-1 续表 4

单位：人

地 区	第二孩				第三孩			
	合计	男	女	性别比（女=100）	合计	男	女	性别比（女=100）
江门市	**432**	**217**	**215**	**100.73**	**22**	**7**	**15**	**48.63**
蓬江区	89	47	42	110.61	6	1	5	16.67
江海区	31	13	17	75.76	2	1	1	50.00
新会区	111	52	59	87.73	4	1	3	31.84
台山市	63	30	34	88.26	4	2	2	82.13
开平市	58	31	27	112.81				
鹤山市	44	21	23	92.68	6	2	4	58.81
恩平市	36	23	13	182.71	1	1		
湛江市	**787**	**453**	**334**	**135.56**	**350**	**213**	**137**	**155.80**
赤坎区	45	24	21	116.65	6	4	2	164.36
霞山区	49	32	17	186.54	7	3	4	89.85
坡头区	69	43	27	160.44	25	13	12	105.07
麻章区	46	24	22	108.07	25	13	12	104.30
遂溪县	62	35	28	125.30	23	10	12	82.12
徐闻县	90	49	41	117.71	42	20	22	90.81
廉江市	150	87	62	139.72	74	48	26	181.57
雷州市	187	116	70	165.38	100	70	30	236.64
吴川市	90	44	46	95.20	47	32	15	205.70
茂名市	**565**	**291**	**274**	**106.35**	**276**	**153**	**122**	**125.37**
茂南区	70	36	34	105.00	26	19	7	291.37
电白区	188	95	93	101.67	79	43	36	121.48
高州市	117	65	52	123.39	81	45	36	126.38
化州市	122	61	61	100.90	64	29	36	80.25
信宜市	68	35	33	103.95	25	17	9	196.56
肇庆市	**390**	**210**	**180**	**116.54**	**79**	**45**	**34**	**133.73**
端州区	50	23	26	88.89	3	2	1	300.00
鼎湖区	17	11	6	178.73	1			100.00
广宁县	39	25	15	168.65	8	5	3	200.00
怀集县	64	36	29	124.21	25	15	10	146.88
封开县	47	25	21	118.58	12	8	4	221.57
德庆县	41	24	18	136.87	14	6	8	72.23
高要市	47	20	27	76.19	10	5	5	113.94
四会市	86	46	39	117.76	7	3	4	85.48
惠州市	**485**	**257**	**228**	**112.64**	**126**	**75**	**51**	**147.51**
惠城区	211	117	95	123.39	31	20	10	200.00
惠阳区	73	36	37	95.32	21	14	7	199.96
博罗县	111	54	57	96.07	26	12	13	93.64
惠东县	55	29	27	108.37	35	21	15	142.48
龙门县	34	21	13	164.76	14	8	6	128.24
梅州市	**391**	**205**	**187**	**109.62**	**69**	**41**	**28**	**148.40**
梅江区	33	14	19	74.49	6	3	3	83.88
梅县区	76	41	35	118.12	3	3		
大埔县	25	14	12	116.31	4	2	2	73.47
丰顺县	38	21	18	116.42	10	6	5	126.48
五华县	64	35	29	121.84	19	16	3	539.93
平远县	28	15	14	106.90	4	2	1	151.14
蕉岭县	20	10	10	92.12	3	2	1	145.63
兴宁市	107	56	51	110.16	20	8	12	67.12

8-1 续表 5

单位：人

地　区	第四孩				第五孩及以上			
	合计	男	女	性别比（女=100）	合计	男	女	性别比（女=100）
江门市	**6**	**3**	**3**	**91.86**				
蓬江区	1	1						
江海区	1		1					
新会区	2	1	1	100.00				
台山市								
开平市								
鹤山市	2	1	1	100.00				
恩平市								
湛江市	**113**	**59**	**54**	**110.02**	**39**	**26**	**13**	**195.08**
赤坎区	2	2						
霞山区	3	2	1	150.00				
坡头区	3	3	1	401.14	1	1	1	100.00
麻章区	7	5	2	243.58	2	1	1	100.00
遂溪县	11	5	7	70.74	1	1		
徐闻县	11	5	5	103.35	4	3	1	320.77
廉江市	18	12	6	201.20	5	4	1	305.99
雷州市	44	20	25	80.63	22	14	7	197.07
吴川市	14	6	7	84.76	5	3	2	139.02
茂名市	**71**	**37**	**34**	**107.35**	**22**	**16**	**6**	**247.54**
茂南区	7	3	3	100.00	2		2	
电白区	15	9	7	133.06	5	5		
高州市	11	8	3	305.03	4	4		
化州市	28	10	19	51.74	7	4	2	173.11
信宜市	10	7	3	219.49	5	3	2	130.51
肇庆市	**13**	**8**	**4**	**191.40**	**8**	**6**	**2**	**317.97**
端州区								
鼎湖区								
广宁县								
怀集县	5	2	3	92.23	6	5	1	576.70
封开县	2	2						
德庆县	3	2	1	300.00	2	1	1	61.52
高要市	1	1			1	1		
四会市	1	1	1	100.00				
惠州市	**23**	**19**	**4**	**477.50**	**2**	**1**	**2**	**33.49**
惠城区	1		1		1		1	
惠阳区	7	6	1	698.10				
博罗县	4	4						
惠东县	7	5	1	457.07				
龙门县	4	4	1	611.24	1	1	1	94.68
梅州市	**12**	**6**	**7**	**86.53**	**3**	**2**	**2**	**125.42**
梅江区								
梅县区								
大埔县	1		1					
丰顺县	5	3	3	106.27	1	1		
五华县	6	3	3	101.65	2	1	2	65.58
平远县								
蕉岭县								
兴宁市								

8-1 续表 6

单位：人

地 区	出生人数				第一孩			
	合计	男	女	性别比（女=100）	合计	男	女	性别比（女=100）
汕尾市	**708**	**409**	**299**	**136.68**	**334**	**206**	**127**	**162.05**
城区	140	65	75	86.23	66	32	34	93.39
海丰县	223	134	89	149.39	103	62	41	151.97
陆河县	59	39	20	192.92	41	27	14	196.40
陆丰市	287	172	115	149.78	123	85	38	221.91
河源市	**997**	**552**	**446**	**123.76**	**421**	**242**	**179**	**135.50**
源城区	209	115	94	121.81	86	51	35	143.14
紫金县	204	117	87	134.47	84	51	32	159.79
龙川县	266	148	119	124.40	116	68	47	144.49
连平县	79	39	40	96.60	33	14	20	69.02
和平县	120	73	47	155.43	45	28	17	159.28
东源县	118	60	58	102.84	58	31	27	113.83
阳江市	**582**	**314**	**268**	**117.45**	**274**	**147**	**127**	**116.54**
江城区	172	93	79	118.05	95	54	41	131.71
阳西县	76	38	38	100.90	35	22	14	158.83
阳东县	84	49	35	142.33	39	22	17	126.33
阳春市	250	134	116	115.03	104	50	54	91.33
清远市	**1437**	**785**	**652**	**120.37**	**701**	**373**	**327**	**114.00**
清城区	343	177	167	106.01	192	98	94	103.26
清新区	212	118	94	126.13	113	57	56	102.80
佛冈县	91	50	41	121.01	44	21	22	95.30
阳山县	144	79	65	120.89	61	35	26	138.11
连山壮族瑶族自治县	36	18	17	105.94	20	10	10	96.19
连南瑶族自治县	55	33	22	147.43	24	14	11	124.91
英德市	396	221	175	126.69	171	96	76	126.37
连州市	159	89	71	125.18	75	43	32	131.73
东莞市	**1725**	**921**	**803**	**114.74**	**983**	**506**	**477**	**106.21**
中山市	**997**	**517**	**480**	**107.84**	**595**	**323**	**273**	**118.22**
潮州市	**590**	**325**	**265**	**122.51**	**286**	**150**	**136**	**110.14**
湘桥区	141	77	63	121.99	77	38	39	99.22
潮安区	252	128	124	103.41	133	61	72	84.23
饶平县	197	119	78	153.44	76	51	25	200.40
揭阳市	**1861**	**1070**	**790**	**135.44**	**835**	**485**	**350**	**138.26**
榕城区	255	148	107	138.39	149	83	66	126.69
揭东区	411	210	201	104.58	151	71	80	89.18
揭西县	140	75	65	115.58	65	36	28	128.62
惠来县	266	153	113	135.53	111	75	35	213.43
普宁市	788	484	304	158.97	359	218	141	154.55
云浮市	**738**	**373**	**365**	**102.10**	**341**	**169**	**172**	**97.92**
云城区	123	57	65	88.37	68	33	35	94.12
云安区	95	48	47	102.61	36	15	21	70.44
新兴县	97	50	47	105.24	48	26	22	117.78
郁南县	133	67	66	102.93	67	36	31	112.79
罗定市	290	150	140	106.86	121	59	62	94.81

8-1 续表 7 单位：人

地　区	第二孩				第三孩			
	合计	男	女	性别比(女=100)	合计	男	女	性别比(女=100)
汕尾市	**211**	**111**	**100**	**111.19**	**101**	**57**	**44**	**129.84**
城区	50	24	25	97.26	13	3	10	25.00
海丰县	72	40	31	129.06	36	22	14	164.71
陆河县	14	8	5	163.79	3	2	1	248.97
陆丰市	76	38	38	98.59	49	30	19	155.14
河源市	**384**	**200**	**184**	**108.76**	**144**	**84**	**60**	**141.03**
源城区	95	53	42	128.23	24	10	14	72.73
紫金县	68	29	38	75.89	37	26	11	242.64
龙川县	91	47	44	107.04	41	22	19	110.92
连平县	35	18	18	100.02	10	7	3	286.39
和平县	51	30	21	140.78	20	13	7	185.54
东源县	44	23	21	109.14	12	6	6	102.79
阳江市	**239**	**128**	**111**	**115.48**	**59**	**34**	**25**	**135.07**
江城区	70	37	33	109.53	6	3	4	73.24
阳西县	28	13	16	82.35	10	3	7	43.55
阳东县	35	20	15	136.69	9	7	2	408.21
阳春市	106	59	47	123.91	34	21	13	167.81
清远市	**591**	**323**	**267**	**120.97**	**130**	**75**	**54**	**139.51**
清城区	130	71	59	118.80	19	7	13	52.27
清新区	81	50	31	161.32	18	11	7	155.60
佛冈县	38	21	17	123.27	8	6	2	315.02
阳山县	65	35	30	115.27	18	8	10	84.12
连山壮族瑶族自治县	13	8	6	133.17	2		1	29.62
连南瑶族自治县	21	13	8	166.19	6	5	1	364.30
英德市	180	92	87	105.82	41	29	12	246.55
连州市	63	34	29	117.81	18	10	8	114.43
东莞市	**633**	**352**	**281**	**125.06**	**96**	**58**	**39**	**148.99**
中山市	**358**	**172**	**186**	**92.79**	**39**	**21**	**18**	**118.18**
潮州市	**232**	**134**	**99**	**135.80**	**55**	**29**	**26**	**114.07**
湘桥区	57	36	21	170.53	6	3	2	143.43
潮安区	88	48	41	117.18	24	14	10	132.47
饶平县	87	50	37	136.59	25	12	13	94.24
揭阳市	**581**	**353**	**228**	**154.95**	**305**	**162**	**143**	**113.13**
榕城区	66	42	24	172.83	33	19	14	139.63
揭东区	168	98	70	140.21	76	35	41	85.28
揭西县	42	25	16	156.14	24	11	13	84.38
惠来县	73	41	31	130.97	47	19	28	67.04
普宁市	233	147	86	170.47	123	77	46	166.45
云浮市	**282**	**145**	**137**	**105.46**	**94**	**46**	**48**	**96.24**
云城区	41	19	22	85.55	13	5	8	57.02
云安区	40	23	17	139.93	15	7	8	89.86
新兴县	37	20	18	110.98	9	4	5	73.16
郁南县	54	27	27	98.63	10	4	6	69.54
罗定市	111	57	54	104.55	47	26	21	127.18

8-1 续表 8 单位：人

地 区	第四孩				第五孩及以上			
	合计	男	女	性别比（女=100）	合计	男	女	性别比（女=100）
汕尾市	**40**	**21**	**19**	**108.36**	**24**	**14**	**9**	**152.83**
城区	7	2	5	44.73	4	4	1	512.24
海丰县	10	7	3	250.80	3	2	1	200.00
陆河县	2	1	1	299.49				
陆丰市	22	10	11	92.11	17	9	8	115.93
河源市	**37**	**21**	**16**	**130.62**	**11**	**4**	**7**	**55.26**
源城区	3	1	3	25.00	1		1	
紫金县	11	8	3	293.97	5	2	3	66.67
龙川县	15	9	6	153.05	4	2	2	77.59
连平县	1		1		1	1		
和平县	4	3	1	282.21	1		1	
东源县	3		3		1		1	
阳江市	**9**	**4**	**5**	**75.18**	**1**	**1**		
江城区	1		1					
阳西县	2	1	2	42.84				
阳东县	1		1					
阳春市	5	3	2	166.53	1	1		
清远市	**10**	**7**	**3**	**296.21**	**6**	**6**	**1**	**643.92**
清城区					2	2		
清新区								
佛冈县	1	1			1	1		
阳山县	1	1						
连山壮族瑶族自治县	1	1						
连南瑶族自治县	3	1	1	101.44	1		1	
英德市	2	2			2	2		
连州市	3	2	1	158.62	1	1		
东莞市	**9**	**4**	**5**	**86.28**	**3**	**2**	**2**	**100.00**
中山市	**4**	**2**	**2**	**82.27**	**2**		**2**	
潮州市	**12**	**10**	**2**	**503.78**	**5**	**2**	**3**	**72.25**
湘桥区	1		1		1		1	
潮安区	5	5			2	1	1	100.00
饶平县	6	5	1	388.61	2	1	1	100.00
揭阳市	**105**	**53**	**52**	**102.29**	**35**	**18**	**17**	**104.86**
榕城区	7	4	3	115.39				
揭东区	12	6	7	84.50	3		3	
揭西县	8	2	6	33.59	1		1	
惠来县	19	9	10	91.11	17	9	8	107.54
普宁市	59	33	26	125.20	14	9	5	194.78
云浮市	**18**	**11**	**7**	**149.87**	**3**	**3**	**1**	**391.89**
云城区	1	1						
云安区	3	2	1	150.00	1	1		
新兴县	1		1		1		1	
郁南县	3	1	1	100.00				
罗定市	10	6	3	199.23	2	2		

8-1a　各地区分性别、孩次的出生人口（城市）
（2014.11.1-2015.10.31）

单位：人

地　区	出生人数				第一孩			
	合计	男	女	性别比（女=100）	合计	男	女	性别比（女=100）
全　省	**15595**	**8408**	**7187**	**117.00**	**9061**	**4758**	**4303**	**110.57**
广州市	**2926**	**1569**	**1357**	**115.64**	**1839**	**974**	**865**	**112.53**
荔湾区	225	135	90	150.00	147	84	63	133.33
越秀区	211	118	92	128.09	134	75	59	126.32
海珠区	443	245	197	124.26	281	149	132	113.27
天河区	437	235	203	116.02	263	137	126	107.96
白云区	447	226	221	102.50	298	146	152	96.36
黄埔区	184	102	81	125.44	118	69	49	139.13
番禺区	356	169	187	90.16	213	101	111	90.83
花都区	263	146	117	124.22	153	85	68	125.68
南沙区	70	38	33	115.38	48	28	20	137.50
萝岗区	91	48	43	112.50	59	33	26	125.64
从化区	68	35	33	104.26	38	18	21	86.21
增城区	131	72	59	121.88	88	50	38	131.71
韶关市	**198**	**104**	**94**	**111.53**	**117**	**62**	**55**	**111.64**
武江区	56	32	23	137.21	36	23	14	168.00
浈江区	52	27	25	106.06	30	15	15	105.26
曲江区	27	14	14	100.00	14	6	8	78.57
乐昌市	25	14	11	127.78	14	8	6	130.00
南雄市	38	18	20	87.88	22	9	13	71.43
深圳市	**3373**	**1834**	**1539**	**119.15**	**1974**	**1011**	**964**	**104.92**
罗湖区	257	139	118	118.18	169	84	86	98.08
福田区	351	181	170	106.75	219	106	112	94.44
南山区	491	275	215	127.86	300	155	145	107.41
宝安区	1466	814	651	125.00	830	449	381	117.92
龙岗区	744	387	358	108.24	426	199	227	87.65
盐田区	65	37	27	134.92	31	17	13	133.33
珠海市	**355**	**183**	**172**	**106.53**	**203**	**101**	**102**	**99.25**
香洲区	275	137	138	99.35	158	74	83	89.25
斗门区	40	23	18	129.63	21	12	9	135.71
金湾区	39	23	16	142.42	24	14	9	152.63
汕头市	**667**	**353**	**313**	**112.76**	**374**	**201**	**173**	**116.08**
龙湖区	98	51	48	106.35	58	28	30	94.87
金平区	188	99	89	111.96	117	63	54	116.07
濠江区	48	25	23	110.53	24	13	10	126.92
潮阳区	102	60	42	144.12	62	31	31	100.00
潮南区	182	93	89	104.11	94	54	40	133.33
澄海区	48	25	23	107.69	20	12	8	155.56

8-1a 续表 1

单位：人

地 区	第二孩				第三孩			
	合计	男	女	性别比(女=100)	合计	男	女	性别比(女=100)
全 省	**5633**	**3116**	**2517**	**123.82**	**760**	**456**	**304**	**149.66**
广州市	**993**	**544**	**450**	**120.92**	**82**	**47**	**35**	**133.19**
荔湾区	74	48	26	184.62	3	3		
越秀区	74	43	31	136.67	2	1	1	100.00
海珠区	149	88	62	141.51	9	7	2	300.00
天河区	163	91	73	124.62	11	8	3	233.33
白云区	132	70	62	113.33	17	10	7	140.00
黄埔区	58	29	29	97.56	6	4	2	200.00
番禺区	132	62	70	89.71	11	5	6	83.33
花都区	94	54	39	137.21	14	5	9	50.00
南沙区	19	9	10	91.67	1		1	
萝岗区	30	13	17	80.00	2	2		
从化区	27	16	11	137.50	3	1	1	100.00
增城区	41	21	19	109.52	3	1	2	50.00
韶关市	**75**	**40**	**35**	**116.82**	**6**	**2**	**3**	**74.70**
武江区	17	8	9	88.24	2	1	1	200.00
浈江区	20	11	9	116.67	2	1	2	50.00
曲江区	13	7	6	130.00				
乐昌市	10	6	4	142.86				
南雄市	14	8	6	130.00	2	1	1	50.00
深圳市	**1213**	**705**	**508**	**138.71**	**153**	**94**	**59**	**160.93**
罗湖区	76	50	26	196.77	9	3	6	57.14
福田区	117	66	51	128.57	12	7	5	140.00
南山区	179	108	71	153.03	7	7		
宝安区	530	301	229	131.73	90	55	35	156.25
龙岗区	282	163	119	136.47	31	20	11	175.00
盐田区	30	17	13	130.00	3	2	1	133.33
珠海市	**137**	**74**	**62**	**119.20**	**13**	**8**	**5**	**140.89**
香洲区	105	56	48	116.67	12	6	5	116.67
斗门区	16	9	7	127.27	1	1		
金湾区	16	9	7	128.57				
汕头市	**214**	**110**	**104**	**105.84**	**61**	**35**	**26**	**133.45**
龙湖区	33	18	14	126.32	8	5	4	120.00
金平区	63	33	30	109.68	8	3	5	60.00
濠江区	15	8	8	100.00	8	4	4	90.91
潮阳区	26	20	6	320.00	11	6	5	125.00
潮南区	54	22	32	69.23	22	15	7	200.00
澄海区	24	10	14	68.75	4	3	1	300.00

8-1a 续表 2 单位：人

地区	第四孩				第五孩及以上			
	合计	男	女	性别比(女=100)	合计	男	女	性别比(女=100)
全 省	**108**	**58**	**50**	**117.48**	**32**	**20**	**13**	**157.28**
广州市	**10**	**5**	**6**	**80.24**	**1**		**1**	
荔湾区	1		1					
越秀区	1		1					
海珠区	2	1	1	100.00				
天河区								
白云区								
黄埔区	1	1	1	100.00				
番禺区								
花都区	3	2	1	200.00				
南沙区	2	1	1	100.00	1		1	
萝岗区								
从化区								
增城区								
韶关市	**1**		**1**					
武江区								
浈江区								
曲江区								
乐昌市	1		1					
南雄市								
深圳市	**23**	**14**	**9**	**167.68**	**9**	**9**		
罗湖区	2	1	1	100.00	1	1		
福田区	3	2	1	200.00				
南山区	3	3			1	1		
宝安区	11	4	7	66.67	4	4		
龙岗区	3	3			3	3		
盐田区	1	1						
珠海市	**1**		**1**		**1**		**1**	
香洲区	1		1					
斗门区					1		1	
金湾区								
汕头市	**11**	**6**	**5**	**111.53**	**7**	**2**	**5**	**33.23**
龙湖区								
金平区	1	1						
濠江区								
潮阳区	4	4						
潮南区	6	1	5	25.00	6	1	5	25.00
澄海区								

8-1a 续表 3

单位：人

地 区	出生人数				第一孩			
	合计	男	女	性别比（女=100）	合计	男	女	性别比（女=100）
佛山市	**1753**	**942**	**810**	**116.32**	**1018**	**540**	**478**	**112.90**
禅城区	280	161	119	134.75	165	98	67	146.97
南海区	730	370	361	102.51	422	204	219	93.10
顺德区	593	328	265	123.89	340	190	150	126.47
三水区	61	37	24	155.88	36	22	13	168.42
高明区	89	47	42	112.50	56	26	30	88.89
江门市	**687**	**351**	**336**	**104.34**	**422**	**220**	**202**	**108.86**
蓬江区	217	109	108	101.53	122	61	61	100.00
江海区	76	37	38	97.26	43	24	19	125.00
新会区	158	82	76	107.32	96	48	47	101.96
台山市	73	39	34	116.67	54	30	24	123.08
开平市	83	42	41	102.13	55	28	27	103.23
鹤山市	51	25	26	93.94	36	20	16	125.00
恩平市	29	16	13	127.59	17	9	8	123.53
湛江市	**443**	**281**	**163**	**172.25**	**261**	**165**	**96**	**171.68**
赤坎区	160	101	59	171.00	108	72	37	196.77
霞山区	110	63	47	133.82	55	29	26	110.53
坡头区	33	18	15	116.00	20	11	10	106.25
麻章区	11	6	5	137.50	4	2	2	75.00
遂溪县	5	2	2	100.00	2	1	1	100.00
廉江市	42	30	12	240.00	25	17	7	233.33
雷州市	43	33	10	337.50	21	16	5	325.00
吴川市	39	27	12	221.43	25	17	8	222.22
茂名市	**323**	**171**	**151**	**113.44**	**172**	**92**	**80**	**115.48**
茂南区	92	49	43	113.21	48	25	24	103.45
电白区	50	22	28	80.00	31	17	14	115.38
高州市	43	30	13	233.33	23	16	7	237.50
化州市	92	48	44	110.29	46	23	23	102.86
信宜市	45	22	23	93.10	23	11	12	93.33
肇庆市	**276**	**148**	**128**	**115.46**	**156**	**86**	**70**	**123.92**
端州区	125	68	57	119.23	72	42	30	141.46
鼎湖区	12	4	8	55.56	6	1	5	27.27
高要市	18	8	10	84.62	10	5	4	116.67
四会市	121	68	54	125.64	68	37	30	122.73
惠州市	**564**	**301**	**264**	**113.98**	**318**	**160**	**158**	**100.94**
惠城区	419	219	201	109.22	245	121	124	97.70
惠阳区	144	81	63	127.40	74	39	35	112.50
博罗县	1	1						

8-1a 续表 4 单位：人

地区	第二孩				第三孩			
	合计	男	女	性别比（女=100）	合计	男	女	性别比（女=100）
佛山市	**669**	**359**	**309**	**116.23**	**57**	**38**	**19**	**196.34**
禅城区	110	60	51	118.00	4	2	2	100.00
南海区	276	146	130	112.79	29	17	12	137.50
顺德区	226	119	107	110.96	22	18	4	400.00
三水区	24	14	10	142.86	1	1		
高明区	32	20	12	172.22	1	1	1	100.00
江门市	**249**	**126**	**123**	**102.74**	**13**	**4**	**9**	**39.30**
蓬江区	89	47	42	111.76	6	1	5	16.67
江海区	31	13	17	75.76	2	1	1	50.00
新会区	61	33	28	120.00	1		1	
台山市	17	7	9	80.00	2	2		
开平市	28	14	14	100.00				
鹤山市	12	5	7	66.67	2		2	
恩平市	12	7	5	125.00				
湛江市	**140**	**86**	**54**	**160.55**	**36**	**24**	**12**	**201.79**
赤坎区	44	24	20	120.59	6	4	2	150.00
霞山区	46	29	17	175.00	6	3	3	100.00
坡头区	9	6	4	150.00	4	2	2	100.00
麻章区	6	4	2	233.33	1	1	1	100.00
遂溪县	3	2	2	100.00				
廉江市	9	5	4	133.33	9	7	1	600.00
雷州市	14	10	4	266.67	6	5	1	400.00
吴川市	10	7	3	266.67	4	3	2	150.00
茂名市	**103**	**52**	**51**	**102.22**	**40**	**25**	**16**	**155.48**
茂南区	35	19	16	115.00	8	5	3	150.00
电白区	10	2	8	28.57	9	3	6	60.00
高州市	11	7	4	160.00	9	7	2	400.00
化州市	29	16	13	125.00	12	7	5	157.14
信宜市	18	8	10	83.33	3	2	1	300.00
肇庆市	**110**	**55**	**55**	**101.43**	**9**	**6**	**3**	**172.10**
端州区	50	23	26	88.89	3	2	1	300.00
鼎湖区	6	3	3	116.67				
高要市	5	1	4	40.00	3	1	1	100.00
四会市	50	28	22	125.00	3	2	1	300.00
惠州市	**208**	**113**	**95**	**118.42**	**31**	**23**	**9**	**263.31**
惠城区	158	87	71	122.00	16	11	4	266.67
惠阳区	49	25	24	103.57	16	11	4	260.00
博罗县	1	1						

8-1a 续表 5 单位：人

地 区	第四孩				第五孩及以上			
	合计	男	女	性别比(女=100)	合计	男	女	性别比(女=100)
佛山市	**8**	**4**	**4**	**109.65**	**2**	**2**		
禅城区	1	1						
南海区	2	2			2	2		
顺德区	4	2	3	50.00				
三水区	1		1					
高明区								
江门市	**3**	**1**	**2**	**44.40**				
蓬江区	1	1						
江海区	1		1					
新会区								
台山市								
开平市								
鹤山市	1		1					
恩平市								
湛江市	**7**	**6**	**1**	**414.41**				
赤坎区	1	1						
霞山区	3	2	1	150.00				
坡头区								
麻章区								
遂溪县								
廉江市								
雷州市	3	3						
吴川市								
茂名市	**6**	**2**	**4**	**52.25**	**1**	**1**	**1**	**100**
茂南区	1	1						
电白区								
高州市								
化州市	5	1	3	40.00	1	1	1	100
信宜市	1		1					
肇庆市	**1**	**1**	**1**	**100.00**				
端州区								
鼎湖区								
高要市								
四会市	1	1	1	100.00				
惠州市	**7**	**5**	**1**	**365.78**				
惠城区	1		1					
惠阳区	5	5						
博罗县								

8-1a 续表6

单位：人

地　区	出生人数				第一孩			
	合计	男	女	性别比(女=100)	合计	男	女	性别比(女=100)
梅州市	**190**	**108**	**83**	**130.16**	**103**	**62**	**41**	**150.67**
梅江区	88	46	41	111.86	51	30	21	143.33
梅县区	40	26	13	195.45	19	12	7	181.82
五华县	3	2	1	200.00				
兴宁市	60	33	27	123.33	33	20	13	146.67
汕尾市	**106**	**54**	**52**	**104.30**	**58**	**31**	**26**	**119.27**
城区	78	38	41	93.22	43	21	23	90.91
陆丰市	28	16	11	143.75	14	11	4	300.00
河源市	**208**	**114**	**94**	**121.92**	**85**	**50**	**35**	**141.82**
源城区	208	114	94	121.92	85	50	35	141.82
阳江市	**124**	**72**	**52**	**137.73**	**71**	**42**	**28**	**149.66**
江城区	87	54	33	161.76	54	35	19	189.47
阳春市	37	18	19	95.65	17	7	10	75.00
清远市	**362**	**193**	**169**	**113.82**	**198**	**95**	**103**	**91.54**
清城区	160	78	82	95.29	99	43	56	77.59
清新区	80	47	33	142.86	38	19	20	96.00
英德市	78	40	38	104.17	38	19	19	100.00
连州市	45	28	17	169.70	23	14	9	150.00
东莞市	**1534**	**813**	**720**	**112.90**	**875**	**445**	**430**	**103.47**
中山市	**641**	**331**	**310**	**106.77**	**360**	**187**	**173**	**108.41**
潮州市	**185**	**101**	**84**	**119.41**	**109**	**49**	**60**	**81.76**
湘桥区	101	58	43	133.93	65	31	34	90.91
潮安区	84	43	41	104.26	45	18	26	70.00
揭阳市	**521**	**304**	**217**	**139.88**	**267**	**145**	**122**	**118.90**
榕城区	176	105	71	147.06	110	62	48	128.26
揭东区	122	58	65	89.06	54	23	30	76.67
普宁市	223	141	81	174.07	104	60	44	137.93
云浮市	**160**	**82**	**78**	**104.31**	**81**	**40**	**41**	**97.92**
云城区	89	45	43	105.13	51	26	26	100.00
云安区	7	3	4	88.89	2		2	20.00
罗定市	65	33	32	105.00	28	14	13	105.88

8-1a 续表 7

单位：人

地 区	第二孩				第三孩			
	合计	男	女	性别比(女=100)	合计	男	女	性别比(女=100)
梅州市	**78**	**40**	**38**	**105.92**	**9**	**6**	**4**	**148.33**
梅江区	31	13	18	76.00	6	3	3	100.00
梅县区	19	12	7	181.82	2	2		
五华县	1	1			2	1	1	100.00
兴宁市	27	13	13	100.00				
汕尾市	**38**	**19**	**19**	**95.96**	**7**	**2**	**5**	**43.44**
城区	28	15	13	115.79	4	1	3	20.00
陆丰市	10	4	6	55.56	3	1	1	100.00
河源市	**94**	**53**	**41**	**129.69**	**24**	**10**	**14**	**72.73**
源城区	94	53	41	129.69	24	10	14	72.73
阳江市	**43**	**25**	**18**	**137.33**	**8**	**4**	**4**	**114.44**
江城区	30	19	12	158.33	2		2	
阳春市	13	7	7	100.00	6	4	2	250.00
清远市	**147**	**85**	**62**	**137.11**	**16**	**12**	**4**	**291.63**
清城区	57	32	25	126.92	3	2	1	200.00
清新区	37	24	13	193.75	5	4	1	500.00
英德市	35	17	18	91.30	5	4	1	500.00
连州市	18	12	6	200.00	4	2	2	133.33
东莞市	**568**	**314**	**254**	**123.53**	**80**	**50**	**30**	**166.67**
中山市	**255**	**132**	**123**	**107.89**	**23**	**10**	**13**	**75.00**
潮州市	**62**	**41**	**21**	**197.97**	**12**	**8**	**3**	**256.58**
湘桥区	32	25	8	320.00	4	2	2	150.00
潮安区	30	17	13	126.67	8	6	2	350.00
揭阳市	**178**	**110**	**68**	**161.40**	**64**	**43**	**21**	**203.51**
榕城区	42	28	14	207.69	20	12	8	137.50
揭东区	49	24	24	100.00	18	10	8	125.00
普宁市	87	57	30	190.00	26	21	5	466.67
云浮市	**59**	**32**	**27**	**115.50**	**17**	**7**	**10**	**65.90**
云城区	30	16	14	116.00	7	3	4	71.43
云安区	5	3	2	175.00				
罗定市	24	13	12	106.67	10	4	6	62.50

8-1a 续表 8 单位：人

地区	第四孩				第五孩及以上			
	合计	男	女	性别比(女=100)	合计	男	女	性别比(女=100)
梅州市								
梅江区								
梅县区								
五华县								
兴宁市								
汕尾市	**3**	**1**	**1**	**100.00**	**1**	**1**		
城区	3	1	1	100.00				
陆丰市					1	1		
河源市	**3**	**1**	**3**	**25.00**	**1**		**1**	
源城区	3	1	3	25.00	1		1	
阳江市	**2**		**2**					
江城区	1		1					
阳春市	1		1					
清远市					**2**	**2**		
清城区					1	1		
清新区								
英德市								
连州市					1	1		
东莞市	**8**	**3**	**5**	**66.67**	**3**	**2**	**2**	**100.00**
中山市	**2**	**2**			**2**		**2**	
潮州市	**2**	**2**						
湘桥区								
潮安区	2	2						
揭阳市	**10**	**5**	**5**	**91.65**	**3**	**2**	**1**	**148.77**
榕城区	4	3	1	300.00				
揭东区	1		1		1		1	
普宁市	5	2	3	50.00	2	2		
云浮市	**2**	**2**			**2**	**2**		
云城区	1	1						
云安区								
罗定市	1	1			2	2		

8-1b 各地区分性别、孩次的出生人口（镇）
（2014.11.1-2015.10.31）

单位：人

地 区	出生人数				第一孩			
	合计	男	女	性别比(女=100)	合计	男	女	性别比(女=100)
全 省	**4795**	**2605**	**2190**	**118.92**	**2319**	**1254**	**1064**	**117.83**
广州市	**253**	**138**	**116**	**119.16**	**151**	**76**	**76**	**99.71**
白云区	68	43	25	172.22	41	26	15	172.73
番禺区	11	3	8	37.50	7	2	5	40.00
花都区	35	23	12	192.31	18	8	10	81.82
南沙区	34	14	20	70.83	19	8	12	64.29
萝岗区	4	2	2	100.00	3	1	1	100.00
从化区	16	12	4	283.33	10	7	3	250.00
增城区	85	41	44	91.67	53	23	30	78.13
韶关市	**214**	**114**	**100**	**114.47**	**105**	**48**	**57**	**83.71**
武江区	3	2	2	100.00				
浈江区	5	2	3	50.00	4	2	2	66.67
曲江区	18	9	9	106.67	9	4	5	87.50
始兴县	26	14	13	107.41	15	8	7	113.33
仁化县	26	16	10	160.87	12	7	5	154.55
翁源县	43	24	19	124.14	17	7	11	62.50
乳源瑶族自治县	19	10	9	115.00	10	4	6	64.29
新丰县	26	13	13	100.00	17	8	10	76.19
乐昌市	31	15	16	92.59	14	5	9	53.33
南雄市	17	10	7	154.55	7	4	3	140.00
珠海市	**59**	**34**	**25**	**138.64**	**33**	**18**	**15**	**126.42**
香洲区	34	16	19	82.76	18	7	11	58.82
斗门区	25	19	6	316.67	15	12	3	342.86
金湾区	493	260	233	111.43	232	123	109	113.01
汕头市	**9**	**5**	**4**	**140.00**	**5**	**3**	**2**	**133.33**
濠江区	2	1		300.00				
潮阳区	262	144	117	123.16	127	69	58	119.15
潮南区	115	51	63	80.77	48	23	24	95.00
澄海区	93	51	43	118.75	43	23	20	113.04
南澳县	13	7	6	123.81	8	4	4	123.08
佛山市	**101**	**45**	**56**	**81.09**	**52**	**20**	**32**	**62.68**
禅城区	36	17	19	89.47	22	8	14	57.14
南海区	12	5	8	60.00	6	2	5	33.33
三水区	43	20	24	82.35	20	8	11	75.00
高明区	9	4	5	75.00	4	2	2	100.00
江门市	**127**	**73**	**54**	**134.29**	**63**	**37**	**26**	**143.23**
新会区	43	20	22	91.67	20	9	10	90.91
台山市	15	7	7	100.00	8	5	4	125.00
开平市	14	10	4	220.00	7	4	3	166.67
鹤山市	27	15	12	126.67	13	8	5	166.67
恩平市	28	20	8	250.00	15	11	4	240.00

8-1b 续表 1 单位：人

地　　区	第二孩				第三孩			
	合计	男	女	性别比 (女=100)	合计	男	女	性别比 (女=100)
全　省	**1739**	**946**	**793**	**119.32**	**559**	**312**	**247**	**126.68**
广州市	**92**	**55**	**37**	**147.56**	**8**	**6**	**3**	**229.92**
白云区	23	14	10	142.86	1	1		
番禺区	4	1	3	33.33				
花都区	15	13	2	700.00	2	2		
南沙区	15	7	8	80.00				
萝岗区	1	1			1		1	
从化区	6	4	1	300.00	1	1		
增城区	29	16	13	121.43	4	2	2	100.00
韶关市	**89**	**52**	**37**	**141.99**	**19**	**14**	**6**	**231.06**
武江区	2	1	1	100.00	1	1	1	100.00
浈江区	1		1					
曲江区	8	4	4	100.00	1	1		
始兴县	10	6	4	133.33	1		1	
仁化县	12	7	5	145.45	2	2		400.00
翁源县	18	11	7	170.00	7	5	2	266.67
乳源瑶族自治县	7	5	2	240.00	1	1		200.00
新丰县	8	5	3	166.67	1	1		200.00
乐昌市	15	8	7	127.27	2	2	1	300.00
南雄市	9	5	4	133.33	1	1		
珠海市	**25**	**16**	**10**	**161.30**	**1**		**1**	
香洲区	16	9	7	127.27	1		1	
斗门区	9	6	2	260.00				
金湾区	152	81	71	114.59	74	41	33	123.64
汕头市	**4**	**2**	**2**	**150.00**				
濠江区	1	1		200.00				
潮阳区	58	33	25	135.00	52	32	20	162.50
潮南区	43	21	22	94.44	15	4	11	33.33
澄海区	42	21	20	104.35	6	4	2	250.00
南澳县	4	3	2	150.00	1		1	50.00
佛山市	**43**	**22**	**21**	**105.58**	**5**	**2**	**3**	**70.68**
禅城区	13	8	5	160.00				
南海区	5	3	2	200.00	2		2	
三水区	21	10	11	87.50	3	1	1	100.00
高明区	5	1	3	40.00	1	1		
江门市	**60**	**33**	**28**	**119.00**	**3**	**2**	**1**	**272.35**
新会区	22	10	12	84.62	1	1		
台山市	7	3	4	75.00				
开平市	7	5	2	300.00				
鹤山市	12	6	6	87.50	2	1	1	100.00
恩平市	12	9	4	250.00				

8-1b 续表 2

单位：人

地 区	第四孩				第五孩及以上			
	合计	男	女	性别比(女=100)	合计	男	女	性别比(女=100)
全 省	**131**	**63**	**67**	**94.05**	**47**	**29**	**19**	**151.52**
广州市	**1**	**1**						
白云区	1	1						
番禺区								
花都区								
南沙区								
萝岗区								
从化区								
增城区								
韶关市	**1**	**1**						
武江区								
浈江区								
曲江区								
始兴县								
仁化县								
翁源县	1	1						
乳源瑶族自治县								
新丰县								
乐昌市								
南雄市								
珠海市	**1**	**1**						
香洲区								
斗门区	1	1						
金湾区	25	8	17	46.10	11	7	4	200.42
汕头市								
濠江区								
潮阳区	20	6	14	45.45	5	4	1	300.00
潮南区	4		4		6	4	2	150.00
澄海区	2	2						
南澳县								
佛山市	**1**	**1**						
禅城区	1	1						
南海区								
三水区								
高明区								
江门市	**1**	**1**						
新会区								
台山市								
开平市								
鹤山市	1	1						
恩平市								

8-1b 续表 3

单位：人

地区	出生人数				第一孩			
	合计	男	女	性别比(女=100)	合计	男	女	性别比(女=100)
湛江市	**480**	**263**	**216**	**121.61**	**190**	**97**	**94**	**103.29**
霞山区	3	1	1	100.00	1		1	
坡头区	52	31	21	147.06	15	8	7	108.33
麻章区	51	23	28	81.25	17	10	7	141.67
遂溪县	64	37	28	131.43	32	17	14	122.22
徐闻县	100	55	45	122.73	39	20	18	111.11
廉江市	90	44	46	94.59	41	19	22	83.33
雷州市	58	37	21	176.47	21	10	11	88.89
吴川市	62	36	26	136.67	24	12	12	100.00
茂名市	**328**	**164**	**163**	**100.70**	**135**	**73**	**62**	**118.59**
茂南区	20	9	11	84.62	7	4	3	125.00
电白区	169	88	81	109.59	67	39	29	134.62
高州市	58	27	31	86.11	26	11	15	76.47
化州市	52	29	23	125.00	19	12	6	190.00
信宜市	29	11	18	63.64	16	7	9	81.82
肇庆市	**170**	**104**	**66**	**156.00**	**88**	**52**	**36**	**145.76**
鼎湖区	8	4	3	125.00	3	1	3	33.33
广宁县	28	17	11	158.33	16	9	7	125.00
怀集县	44	31	13	250.00	19	13	6	233.33
封开县	34	20	14	142.11	18	12	6	200.00
德庆县	21	13	8	166.67	10	6	4	155.56
高要市	28	14	14	100.00	17	8	9	91.67
四会市	7	3	3	100.00	4	3	1	200.00
惠州市	**304**	**163**	**140**	**116.75**	**142**	**77**	**65**	**118.67**
惠城区	33	16	17	91.67	13	7	6	125.00
惠阳区	16	7	10	72.73	10	3	6	57.14
博罗县	120	61	59	103.57	53	28	24	117.39
惠东县	108	66	42	157.50	56	34	22	152.38
龙门县	26	14	12	110.00	11	4	7	63.64
梅州市	**281**	**152**	**130**	**116.81**	**152**	**86**	**66**	**129.28**
梅县区	12	6	6	100.00	7	3	4	83.33
大埔县	25	13	11	116.67	13	7	6	122.22
丰顺县	54	29	25	117.65	28	16	12	129.41
五华县	58	36	22	160.87	32	21	11	200.00
平远县	36	17	18	95.65	21	12	9	136.36
蕉岭县	32	17	15	118.92	18	9	9	104.35
兴宁市	65	32	32	100.00	33	17	16	105.56
汕尾市	**319**	**182**	**137**	**132.98**	**148**	**87**	**61**	**142.38**
城区	28	10	18	57.69	12	6	7	80.00
海丰县	167	99	68	146.67	76	45	31	147.06
陆河县	37	23	14	163.33	26	16	10	157.14
陆丰市	86	49	37	132.69	34	21	14	152.63

8-1b 续表 4 单位：人

地区	第二孩				第三孩			
	合计	男	女	性别比(女=100)	合计	男	女	性别比(女=100)
湛江市	**177**	**99**	**78**	**126.53**	**95**	**54**	**41**	**133.65**
霞山区	1	1			1	1	1	100.00
坡头区	26	15	11	147.06	9	6	3	180.00
麻章区	20	8	12	70.00	13	4	9	46.67
遂溪县	19	11	8	140.00	11	6	5	133.33
徐闻县	37	22	14	157.14	20	9	11	81.82
廉江市	35	17	17	100.00	11	5	6	80.00
雷州市	19	11	7	150.00	17	15	2	600.00
吴川市	21	12	9	140.00	12	9	3	250.00
茂名市	**120**	**55**	**66**	**83.16**	**56**	**30**	**26**	**116.28**
茂南区	4	1	3	25.00	5	3	2	200.00
电白区	68	32	36	87.88	28	15	12	127.27
高州市	21	8	13	60.00	9	7	3	266.67
化州市	21	12	9	128.57	10	4	6	60.00
信宜市	6	2	4	60.00	4	1	3	25.00
肇庆市	**65**	**40**	**25**	**160.84**	**15**	**10**	**5**	**192.64**
鼎湖区	3	3		700.00				
广宁县	12	8	4	225.00				
怀集县	19	14	5	287.50	4	3	2	133.33
封开县	12	5	7	77.78	4	2	1	150.00
德庆县	8	5	3	183.33	3	2	1	250.00
高要市	8	4	4	83.33	3	2	1	300.00
四会市	3	1	2	33.33				
惠州市	**115**	**59**	**56**	**104.83**	**38**	**19**	**18**	**103.54**
惠城区	18	9	10	85.71	1		1	
惠阳区	6	3	3	133.33	1		1	
博罗县	53	25	27	92.31	12	4	7	57.14
惠东县	28	15	14	107.69	20	14	6	216.67
龙门县	9	7	2	275.00	4	1	2	50.00
梅州市	**101**	**54**	**47**	**116.29**	**23**	**11**	**13**	**84.75**
梅县区	5	2	2	100.00	1	1		
大埔县	10	6	4	150.00	2	1	1	50.00
丰顺县	19	11	8	136.36	6	2	4	60.00
五华县	17	11	7	157.14	5	3	2	150.00
平远县	14	4	10	45.83	1	1		
蕉岭县	12	7	4	172.73	2		1	33.33
兴宁市	24	13	12	107.69	7	3	4	60.00
汕尾市	**94**	**51**	**43**	**120.24**	**49**	**31**	**18**	**166.98**
城区	10	3	6	55.56	3	1	2	33.33
海丰县	53	29	24	118.52	28	19	9	210.00
陆河县	9	6	3	216.67	1		1	50.00
陆丰市	22	13	9	138.46	17	11	6	166.67

8-1b　续表 5

单位：人

地　区	第四孩				第五孩及以上			
	合计	男	女	性别比(女=100)	合计	男	女	性别比(女=100)
湛江市	**12**	**8**	**4**	**199.50**	**5**	**5**		
霞山区								
坡头区	2	2						
麻章区	1	1	1	100.00				
遂溪县	2	1	1	100.00	1	1		
徐闻县	3	2	1	200.00	1	1		
廉江市	1	1			1	1		
雷州市					1	1		
吴川市	4	2	2	100.00	1	1		
茂名市	**14**	**6**	**8**	**75.70**	**2**		**2**	
茂南区	3	1	2	50.00	1		1	
电白区	6	2	3	66.67				
高州市	2	1	1	100.00				
化州市	3	1	1	100.00				
信宜市	2	1	1	100.00	1		1	
肇庆市	**2**	**1**		**316.46**	**1**	**1**		**141.70**
鼎湖区								
广宁县								
怀集县	1	1			1	1		
封开县	1	1						
德庆县								
高要市								
四会市								
惠州市	**9**	**9**			**1**		**1**	
惠城区								
惠阳区								
博罗县	3	3						
惠东县	4	4						
龙门县	1	1			1		1	
梅州市	**4**		**4**		**1**	**1**		
梅县区								
大埔县	1		1					
丰顺县	1		1					
五华县	3		3		1	1		
平远县								
蕉岭县								
兴宁市								
汕尾市	**19**	**9**	**10**	**87.94**	**8**	**4**	**4**	**88.80**
城区	3	1	2	33.33	1		1	
海丰县	7	5	3	166.67	3	2	1	200.00
陆河县	1	1	1	200.00				
陆丰市	8	3	5	57.14	5	2	3	75.00

8-1b 续表 6 单位: 人

地 区	出生人数				第一孩			
	合计	男	女	性别比(女=100)	合计	男	女	性别比(女=100)
河源市	**253**	**133**	**120**	**110.84**	**127**	**67**	**59**	**113.97**
紫金县	68	37	32	114.71	35	21	14	146.67
龙川县	82	42	40	105.88	46	25	22	113.51
连平县	39	22	17	129.73	18	9	9	95.00
和平县	33	21	12	165.52	14	7	7	106.25
东源县	30	11	19	61.29	13	6	7	83.33
阳江市	**130**	**76**	**55**	**138.32**	**55**	**31**	**24**	**131.28**
江城区	16	7	9	77.78	9	4	5	80.00
阳西县	19	11	8	133.33	10	5	5	100.00
阳东县	48	27	20	134.29	19	11	8	146.15
阳春市	48	30	17	176.19	18	12	7	175.00
清远市	340	192	148	129.49	167	89	78	114.61
清城区	100	59	41	141.86	53	31	22	139.13
清新区	23	14	9	163.64	15	9	6	137.50
佛冈县	47	29	18	163.64	26	14	12	113.04
阳山县	46	24	21	114.29	16	8	8	110.00
连山壮族瑶族自治县	16	9	7	127.78	9	4	5	91.67
连南瑶族自治县	17	11	6	178.57	9	6	3	200.00
英德市	80	40	40	98.04	33	14	19	75.00
连州市	12	6	6	109.09	5	3	3	100.00
东莞市	**3**	**2**	**2**	**100.00**	**3**	**2**	**2**	**100.00**
中山市	**250**	**128**	**123**	**103.95**	**155**	**82**	**73**	**113.33**
潮州市	**162**	**84**	**78**	**108.50**	**71**	**43**	**28**	**155.05**
湘桥区	31	12	18	66.67	8	5	4	120.00
潮安区	56	26	30	88.24	30	14	16	88.89
饶平县	75	46	29	155.17	33	24	8	300.00
揭阳市	**371**	**217**	**154**	**141.15**	**179**	**108**	**71**	**151.48**
榕城区	25	17	8	200.00	15	7	7	100.00
揭东区	56	35	20	175.00	31	18	13	138.46
揭西县	38	21	17	123.53	20	11	9	122.22
惠来县	103	54	50	108.33	43	29	14	200.00
普宁市	149	90	59	153.85	69	42	27	155.56
云浮市	**156**	**81**	**75**	**107.53**	**72**	**39**	**33**	**115.40**
云城区	3	2	1	150.00				
云安区	16	9	7	122.22	10	6	4	166.67
新兴县	43	24	20	119.35	22	11	10	112.50
郁南县	55	28	27	104.65	25	13	12	105.00
罗定市	39	19	20	92.31	15	8	7	111.11

8-1b 续表 7

单位：人

地 区	第二孩				第三孩			
	合计	男	女	性别比(女=100)	合计	男	女	性别比(女=100)
河源市	**86**	**41**	**45**	**92.72**	**30**	**19**	**11**	**177.65**
紫金县	22	8	14	53.33	9	8	2	400.00
龙川县	25	12	13	90.91	7	4	4	100.00
连平县	16	10	6	150.00	4	3	1	350.00
和平县	12	8	4	211.11	5	3	1	266.67
东源县	11	4	7	58.33	4	1	3	40.00
阳江市	**61**	**32**	**28**	**115.01**	**13**	**11**	**2**	**538.01**
江城区	6	2	4	50.00	1	1		
阳西县	8	5	3	175.00	1	1	1	100.00
阳东县	23	12	12	100.00	5	5	1	800.00
阳春市	24	14	10	141.67	6	5	1	600.00
清远市	139	83	56	146.58	31	18	14	127.81
清城区	39	24	14	166.67	9	4	5	80.00
清新区	7	5	2	200.00	1	1		
佛冈县	16	11	5	222.22	4	3	1	600.00
阳山县	25	14	11	135.71	5	2	3	50.00
连山壮族瑶族自治县	6	4	2	220.00	1			100.00
连南瑶族自治县	6	4	3	133.33	1	1		200.00
英德市	36	18	17	104.55	10	6	4	160.00
连州市	5	3	2	125.00	1	1	1	100.00
东莞市								
中山市	**79**	**34**	**45**	**75.00**	**16**	**11**	**5**	**233.33**
潮州市	**73**	**36**	**36**	**100.14**	**15**	**3**	**12**	**24.27**
湘桥区	20	8	12	62.50	1		1	
潮安区	18	11	8	133.33	7	1	6	14.29
饶平县	35	18	16	112.50	7	2	5	40.00
揭阳市	**108**	**73**	**35**	**211.29**	**46**	**20**	**25**	**79.74**
榕城区	7	6	1	600.00	3	3		
揭东区	20	13	7	185.71	4	4		
揭西县	11	7	4	175.00	5	3	2	150.00
惠来县	30	17	13	123.08	12	1	11	9.09
普宁市	39	30	9	333.33	21	9	12	75.00
云浮市	**61**	**30**	**31**	**97.73**	**22**	**11**	**11**	**100.35**
云城区	2	1	1	50.00	1	1		
云安区	4	2	2	80.00	2	1	2	50.00
新兴县	17	9	8	116.67	5	3	2	166.67
郁南县	24	14	10	137.50	6	1	4	28.57
罗定市	16	6	10	53.85	8	5	3	150.00

8-1b 续表 8

单位：人

地 区	第四孩				第五孩及以上			
	合计	男	女	性别比（女=100）	合计	男	女	性别比（女=100）
河源市	**10**	**4**	**6**	**77.11**	**1**	**1**		
紫金县	3	1	2	50.00				
龙川县	4	2	2	100.00	1	1		
连平县	1		1		1	1		
和平县	2	2		400.00				
东源县	1		1					
阳江市	**1**	**1**	**1**	**118.03**				
江城区								
阳西县	1	1						
阳东县	1		1					
阳春市								
清远市	2	2	1	295.01	1	1		
清城区								
清新区								
佛冈县	1	1			1	1		
阳山县								
连山壮族瑶族自治县								
连南瑶族自治县								
英德市					1	1		
连州市	1	1	1	100.00				
东莞市								
中山市								
潮州市	**3**	**2**	**1**	**246.35**	**1**		**1**	
湘桥区	1		1		1		1	
潮安区	1	1						
饶平县	1	1						
揭阳市	**24**	**9**	**16**	**55.31**	**15**	**8**	**7**	**105.38**
榕城区								
揭东区								
揭西县	2		2					
惠来县	7	4	3	133.33	10	3	7	42.86
普宁市	15	5	11	42.86	5	5		
云浮市	**1**	**1**						
云城区								
云安区								
新兴县								
郁南县								
罗定市	1	1						

8-1c 各地区分性别、孩次的出生人口（乡村）
（2014.11.1-2015.10.31）

单位：人

地区	出生人数				第一孩			
	合计	男	女	性别比（女=100）	合计	男	女	性别比（女=100）
全　省	**9486**	**5233**	**4253**	**123.05**	**4280**	**2373**	**1908**	**124.36**
广州市	**481**	**258**	**223**	**116.05**	**273**	**136**	**137**	**99.39**
白云区	84	43	41	106.25	44	22	23	94.44
番禺区	53	33	20	170.00	33	18	16	112.50
花都区	88	57	31	183.87	54	33	21	157.14
南沙区	46	21	25	83.33	33	14	19	71.88
萝岗区	30	19	11	170.83	13	6	7	75.00
从化区	116	62	54	114.29	62	34	28	123.26
增城区	64	23	41	56.25	33	10	23	44.44
韶关市	**388**	**205**	**183**	**112.17**	**174**	**89**	**86**	**103.47**
武江区	19	10	9	109.09	10	5	5	91.67
浈江区	11	6	5	133.33	6	4	2	166.67
曲江区	32	18	15	120.69	14	6	8	68.75
始兴县	43	25	17	144.12	24	14	10	147.37
仁化县	29	16	13	122.73	15	7	8	78.57
翁源县	70	37	34	109.30	25	13	12	113.33
乳源瑶族自治县	45	20	26	75.51	21	8	13	66.67
新丰县	29	14	14	100.00	14	6	8	81.25
乐昌市	71	37	33	111.43	28	15	12	123.08
南雄市	39	22	17	133.33	18	10	8	136.36
珠海市	**34**	**18**	**16**	**109.09**	**23**	**12**	**10**	**121.43**
斗门区	34	18	16	109.09	23	12	10	121.43
汕头市	**541**	**291**	**250**	**116.22**	**234**	**115**	**119**	**96.97**
龙湖区	27	14	12	113.04	15	8	7	107.69
金平区	6	3	3	100.00	3	1	2	50.00
濠江区	38	16	22	73.53	15	7	8	84.62
潮阳区	266	140	126	111.11	97	47	50	93.02
潮南区	152	91	61	147.73	74	40	33	120.83
澄海区	49	25	24	106.06	27	11	16	68.18
南澳县	5	2	2	100.00	4	2	2	83.33
佛山市	**91**	**49**	**42**	**115.94**	**60**	**28**	**33**	**85.82**
南海区	40	21	19	114.29	24	11	13	80.00
顺德区	2	2			2	2		
三水区	24	13	12	110.00	15	6	9	62.50
高明区	26	14	12	111.76	20	10	10	100.00
江门市	**278**	**136**	**142**	**95.59**	**148**	**76**	**72**	**105.96**
蓬江区	1		1		1		1	
新会区	78	31	47	65.96	47	22	25	88.00
台山市	80	41	39	105.88	37	22	16	135.71
开平市	50	27	23	116.67	27	15	12	133.33
鹤山市	46	21	24	87.50	24	9	15	63.16
恩平市	24	16	8	200.00	12	8	4	200.00

8-1c 续表 1　　　　单位：人

地 区	第二孩				第三孩			
	合计	男	女	性别比(女=100)	合计	男	女	性别比(女=100)
全 省	**3446**	**1849**	**1596**	**115.86**	**1258**	**721**	**537**	**134.21**
广州市	**177**	**100**	**77**	**129.94**	**29**	**22**	**7**	**304.47**
白云区	36	18	18	100.00	4	4		
番禺区	18	14	4	350.00	2	2		
花都区	29	21	8	262.50	4	3	1	300.00
南沙区	13	7	6	110.00	1	1		
萝岗区	13	10	3	366.67	4	3	1	350.00
从化区	41	21	21	100.00	12	6	5	125.00
增城区	28	10	18	57.14	3	3		
韶关市	**171**	**90**	**82**	**109.85**	**35**	**21**	**14**	**147.50**
武江区	7	4	3	142.86	1		1	50.00
浈江区	4	2	2	150.00	1		1	
曲江区	17	11	6	200.00	2	1	1	100.00
始兴县	15	9	7	130.77	3	2	1	200.00
仁化县	10	6	4	166.67	4	4	1	600.00
翁源县	37	20	18	108.70	7	4	3	125.00
乳源瑶族自治县	18	7	11	70.00	5	3	3	100.00
新丰县	14	8	6	123.08	1			100.00
乐昌市	32	14	18	78.95	7	4	3	133.33
南雄市	17	8	8	100.00	3	3	1	400.00
珠海市	**8**	**3**	**5**	**57.14**	**2**	**1**	**1**	**200.00**
斗门区	8	3	5	57.14	2	1	1	200.00
汕头市	**170**	**92**	**79**	**116.14**	**85**	**55**	**31**	**176.96**
龙湖区	8	3	4	75.00	4	3	1	600.00
金平区	3	2	1	200.00				
濠江区	13	4	9	50.00	6	3	3	80.00
潮阳区	79	40	40	100.00	51	33	19	175.00
潮南区	46	28	18	153.85	22	15	7	220.00
澄海区	20	14	6	211.11	2	1	1	50.00
南澳县	1	1		200.00				
佛山市	**28**	**18**	**10**	**189.15**	**3**	**3**		
南海区	13	8	5	150.00	3	3		
顺德区								
三水区	9	7	2	300.00				
高明区	6	4	2	166.67				
江门市	**122**	**57**	**64**	**89.08**	**7**	**2**	**5**	**30.40**
蓬江区								
新会区	27	8	19	42.11	2		2	
台山市	40	19	20	94.44	2		2	
开平市	23	12	12	100.00				
鹤山市	20	11	9	116.67	2	2	1	200.00
恩平市	12	8	4	200.00				

8-1c 续表 2 单位：人

地　区	第四孩				第五孩及以上			
	合计	男	女	性别比(女=100)	合计	男	女	性别比(女=100)
全　省	**368**	**210**	**158**	**132.47**	**134**	**81**	**53**	**151.45**
广州市	**2**	**1**	**2**	**39.23**				
白云区								
番禺区								
花都区	1		1					
南沙区								
萝岗区								
从化区	1	1	1	100.00				
增城区								
韶关市	**7**	**6**	**1**	**433.65**	**1**			**100.00**
武江区					1			100.00
浈江区								
曲江区								
始兴县								
仁化县	1		1					
翁源县	1		1					
乳源瑶族自治县	1	1						
新丰县								
乐昌市	4	4						
南雄市	1	1						
珠海市	**1**	**1**						
斗门区	1	1						
汕头市	**35**	**20**	**15**	**139.74**	**17**	**10**	**8**	**126.65**
龙湖区	1		1					
金平区								
濠江区	1	1	1	100.00	2	1	1	200.00
潮阳区	25	14	11	133.33	14	7	7	100.00
潮南区	8	6	3	200.00	1	1		
澄海区								
南澳县								
佛山市								
南海区								
顺德区								
三水区								
高明区								
江门市	**2**	**1**	**1**	**100.00**				
蓬江区								
新会区	2	1	1	100.00				
台山市								
开平市								
鹤山市								
恩平市								

8-1c 续表 3

单位：人

地区	出生人数				第一孩			
	合计	男	女	性别比（女=100）	合计	男	女	性别比（女=100）
湛江市	**1395**	**793**	**602**	**131.81**	**578**	**324**	**254**	**127.92**
赤坎区	4	3	2	160.00	3	2	1	200.00
霞山区	7	4	2	183.33	4	2	1	200.00
坡头区	75	44	31	139.22	26	15	10	147.06
麻章区	68	40	28	142.11	29	15	14	105.26
遂溪县	128	68	60	114.29	67	39	28	136.67
徐闻县	143	74	69	108.64	58	32	25	126.67
廉江市	339	213	126	169.16	159	100	59	170.00
雷州市	467	256	211	121.23	174	80	94	84.62
吴川市	163	91	73	124.62	59	39	20	194.44
茂名市	**1004**	**552**	**452**	**121.90**	**412**	**224**	**188**	**119.32**
茂南区	76	43	33	128.21	28	14	14	94.12
电白区	292	174	118	147.22	125	77	48	162.07
高州市	284	160	124	128.36	123	67	56	120.00
化州市	211	95	116	81.82	70	33	37	90.48
信宜市	141	80	61	132.50	67	33	33	100.00
肇庆市	**556**	**314**	**242**	**129.86**	**269**	**158**	**111**	**142.22**
鼎湖区	19	10	9	109.52	11	5	6	85.71
广宁县	72	45	27	163.33	37	23	14	166.67
怀集县	167	87	80	109.18	93	48	45	107.27
封开县	66	42	24	174.19	21	14	7	200.00
德庆县	79	44	35	124.00	30	18	12	152.94
高要市	80	45	35	128.57	41	27	14	188.24
四会市	73	42	31	133.33	36	23	13	171.43
惠州市	**398**	**218**	**180**	**120.86**	**169**	**93**	**76**	**122.62**
惠城区	86	49	37	130.30	36	18	18	100.00
惠阳区	49	24	24	100.00	25	14	11	123.08
博罗县	121	64	57	112.24	49	27	22	121.05
惠东县	79	40	39	103.03	34	18	16	107.14
龙门县	64	41	23	179.49	25	17	8	207.14
梅州市	**511**	**291**	**220**	**131.87**	**251**	**149**	**103**	**144.51**
梅江区	7	4	3	116.67	5	3	2	200.00
梅县区	114	68	46	146.43	61	41	21	196.00
大埔县	41	21	19	111.76	23	12	10	122.22
丰顺县	57	37	19	190.91	27	20	7	287.50
五华县	112	68	44	153.33	50	30	21	142.86
平远县	27	16	11	152.17	10	5	5	100.00
蕉岭县	26	13	13	100.00	16	10	7	146.67
兴宁市	126	63	64	98.33	58	28	31	89.66

8-1c 续表 4 单位：人

地　　区	第二孩				第三孩			
	合计	男	女	性别比(女=100)	合计	男	女	性别比(女=100)
湛江市	**471**	**268**	**203**	**132.41**	**219**	**135**	**84**	**160.08**
赤坎区	1		1					
霞山区	2	2		500.00				
坡头区	34	22	12	175.00	13	6	7	75.00
麻章区	21	12	9	133.33	11	8	3	275.00
遂溪县	40	22	18	121.05	11	4	8	50.00
徐闻县	53	26	27	96.88	22	11	11	100.00
廉江市	106	65	41	157.14	54	35	19	187.50
雷州市	155	95	59	160.98	77	51	26	194.44
吴川市	59	25	35	70.97	30	20	10	200.00
茂名市	**342**	**185**	**157**	**117.37**	**179**	**98**	**80**	**122.38**
茂南区	31	16	14	111.76	13	11	2	650.00
电白区	110	61	49	123.33	43	25	18	136.36
高州市	85	50	35	142.11	63	32	32	100.00
化州市	72	33	39	86.36	42	18	25	71.43
信宜市	44	24	20	123.08	18	14	5	300.00
肇庆市	**215**	**115**	**101**	**113.80**	**56**	**30**	**26**	**117.29**
鼎湖区	8	5	3	157.14				
广宁县	27	16	11	150.00	8	5	3	200.00
怀集县	45	21	24	89.66	20	12	8	150.00
封开县	35	20	15	136.84	9	6	2	266.67
德庆县	34	19	15	128.57	11	4	7	50.00
高要市	33	15	18	81.82	4	2	3	66.67
四会市	33	18	15	118.75	4	1	3	33.33
惠州市	**162**	**85**	**77**	**111.16**	**57**	**33**	**24**	**139.75**
惠城区	35	21	14	158.33	14	9	5	200.00
惠阳区	17	7	10	66.67	4	3	2	150.00
博罗县	57	28	29	96.00	14	8	6	140.00
惠东县	27	14	13	109.09	15	7	8	85.71
龙门县	25	15	11	138.89	10	6	4	183.33
梅州市	**213**	**111**	**102**	**107.96**	**36**	**25**	**11**	**218.37**
梅江区	2	1	1	50.00	1		1	
梅县区	52	26	26	103.23	1	1		
大埔县	16	8	8	100.00	2	1	1	100.00
丰顺县	19	10	10	100.00	4	4	1	400.00
五华县	46	24	22	106.67	12	12		
平远县	15	10	4	244.44	2	1	1	66.67
蕉岭县	8	2	6	35.71	1	1		
兴宁市	55	30	26	116.67	13	5	7	71.43

8-1c 续表 5

单位：人

地　区	第四孩				第五孩及以上			
	合计	男	女	性别比（女=100）	合计	男	女	性别比（女=100）
湛江市	**93**	**45**	**48**	**93.58**	**34**	**21**	**13**	**156.03**
赤坎区								
霞山区								
坡头区	1	1	1	100.00	1	1	1	100.00
麻章区	6	4	2	300.00	2	1	1	100.00
遂溪县	10	4	6	66.67				
徐闻县	8	3	4	80.00	3	2	1	200.00
廉江市	17	11	6	180.00	4	2	1	200.00
雷州市	42	17	25	70.59	20	13	7	180.00
吴川市	10	5	6	80.00	5	2	2	100.00
茂名市	**51**	**29**	**22**	**128.44**	**19**	**15**	**4**	**368.13**
茂南区	3	2	2	100.00	1		1	
电白区	10	7	3	200.00	5	5		
高州市	9	7	2	400.00	4	4		
化州市	21	7	14	50.00	5	4	2	200.00
信宜市	8	6	2	400.00	5	3	2	200.00
肇庆市	**9**	**6**	**3**	**194.37**	**7**	**6**	**2**	**369.11**
鼎湖区								
广宁县								
怀集县	4	2	3	66.67	5	4	1	500.00
封开县	2	2						
德庆县	3	2	1	300.00	1	1	1	100.00
高要市	1	1			1	1		
四会市								
惠州市	**8**	**6**	**3**	**210.97**	**2**	**1**	**1**	**51.81**
惠城区					1		1	
惠阳区	2	1	1	100.00				
博罗县	1	1						
惠东县	2	1	1	100.00				
龙门县	3	2	1	400.00	1	1		
梅州市	**8**	**6**	**2**	**253.85**	**2**	**1**	**2**	**59.84**
梅江区								
梅县区								
大埔县								
丰顺县	4	3	2	150.00	1	1		
五华县	3	3			2		2	
平远县								
蕉岭县								
兴宁市								

8-1c 续表 6

单位：人

地 区	出生人数				第一孩			
	合计	男	女	性别比(女=100)	合计	男	女	性别比(女=100)
汕尾市	**283**	**173**	**110**	**156.51**	**128**	**88**	**40**	**220.20**
城区	33	16	16	100.00	11	6	5	125.00
海丰县	56	34	22	157.89	27	17	10	166.67
陆河县	22	16	6	261.54	15	11	4	300.00
陆丰市	173	106	66	160.38	75	54	21	252.94
河源市	**536**	**304**	**232**	**131.20**	**209**	**125**	**84**	**147.94**
源城区	1			100.00				
紫金县	136	80	55	145.90	49	31	18	170.00
龙川县	184	105	79	133.78	69	44	26	170.83
连平县	40	17	23	72.41	15	5	10	46.15
和平县	87	52	35	151.79	31	20	10	194.12
东源县	88	49	40	122.50	45	25	20	125.00
阳江市	**328**	**167**	**161**	**103.82**	**148**	**74**	**74**	**99.18**
江城区	70	33	37	88.64	33	15	18	85.71
阳西县	57	27	30	91.89	26	17	9	190.91
阳东县	36	22	14	153.85	21	11	10	111.11
阳春市	165	85	80	106.41	69	31	38	81.08
清远市	735	400	334	119.64	335	189	146	129.59
清城区	83	40	43	92.00	40	23	16	142.11
清新区	110	57	52	109.52	60	30	30	100.00
佛冈县	44	21	23	88.57	17	7	10	73.33
阳山县	99	55	44	124.07	45	27	18	150.00
连山壮族瑶族自治县	20	9	10	90.91	11	6	6	100.00
连南瑶族自治县	37	21	16	135.14	15	7	8	94.44
英德市	239	142	96	147.56	100	62	38	165.63
连州市	103	54	49	111.76	47	26	21	127.59
东莞市	**187**	**106**	**81**	**131.33**	**104**	**60**	**45**	**132.61**
中山市	**106**	**59**	**47**	**125.00**	**80**	**53**	**27**	**192.86**
潮州市	**243**	**140**	**103**	**135.60**	**106**	**58**	**48**	**119.69**
湘桥区	10	8	2	375.00	4	3	1	300.00
潮安区	112	59	53	111.29	58	28	30	94.29
饶平县	122	73	48	152.38	44	26	17	153.33
揭阳市	**969**	**550**	**419**	**131.05**	**389**	**232**	**157**	**147.33**
榕城区	54	27	27	97.14	24	14	10	138.46
揭东区	233	117	116	100.95	66	30	36	81.82
揭西县	102	54	48	112.77	45	26	19	131.58
惠来县	163	100	64	156.72	67	46	21	222.73
普宁市	417	252	164	153.33	186	116	70	164.44
云浮市	**421**	**210**	**211**	**99.34**	**188**	**90**	**98**	**91.97**
云城区	31	10	21	50.00	17	8	10	78.57
云安区	72	36	36	100.00	24	8	15	54.17
新兴县	54	26	28	95.12	27	15	12	122.22
郁南县	78	40	39	101.75	42	22	19	117.86
罗定市	186	98	88	110.91	78	37	42	88.46

8-1c 续表 7

单位：人

地 区	第二孩				第三孩			
	合计	男	女	性别比(女=100)	合计	男	女	性别比(女=100)
汕尾市	**78**	**41**	**38**	**108.80**	**44**	**24**	**21**	**116.93**
城区	12	6	6	100.00	6	1	5	25.00
海丰县	18	11	7	166.67	8	3	5	75.00
陆河县	5	2	2	100.00	2	2		
陆丰市	44	21	23	94.44	29	18	11	155.56
河源市	**203**	**105**	**98**	**107.29**	**90**	**55**	**35**	**157.38**
源城区								
紫金县	46	22	24	88.89	28	19	9	210.00
龙川县	66	35	31	113.79	34	18	16	113.33
连平县	19	8	11	71.43	6	4	2	250.00
和平县	39	22	17	125.00	15	9	6	166.67
东源县	33	19	14	135.71	8	5	3	166.67
阳江市	**135**	**71**	**65**	**109.52**	**38**	**19**	**19**	**95.58**
江城区	34	16	18	90.48	3	2	2	100.00
阳西县	21	8	13	62.50	9	2	6	37.50
阳东县	12	9	3	266.67	3	2	1	200.00
阳春市	69	38	31	123.33	23	12	10	120.00
清远市	305	156	149	104.61	82	46	36	126.96
清城区	35	15	20	73.91	8	1	7	12.50
清新区	37	21	16	130.77	12	6	6	100.00
佛冈县	22	10	12	83.33	4	3	1	200.00
阳山县	40	20	20	104.17	13	7	7	100.00
连山壮族瑶族自治县	7	3	4	87.50	1		1	
连南瑶族自治县	15	9	5	183.33	5	4	1	450.00
英德市	109	58	52	111.36	26	19	7	266.67
连州市	40	19	21	93.10	14	7	6	111.11
东莞市	**65**	**38**	**27**	**139.29**	**17**	**8**	**9**	**88.89**
中山市	**24**	**6**	**18**	**33.33**				
潮州市	**97**	**56**	**41**	**135.91**	**29**	**18**	**11**	**171.43**
湘桥区	5	4	1	350.00	1	1		
潮安区	40	20	20	104.35	9	7	3	266.67
饶平县	53	32	21	155.56	18	10	8	128.57
揭阳市	**296**	**170**	**125**	**135.92**	**195**	**99**	**97**	**102.28**
榕城区	16	7	9	75.00	10	5	5	85.71
揭东区	99	61	39	157.14	54	21	33	63.33
揭西县	31	18	12	150.00	19	8	11	72.73
惠来县	43	25	18	136.84	35	18	17	105.56
普宁市	107	60	47	126.67	77	47	30	157.89
云浮市	**162**	**83**	**79**	**105.02**	**55**	**28**	**27**	**106.18**
云城区	9	2	7	30.00	5	1	4	16.67
云安区	32	19	13	145.00	13	6	6	100.00
新兴县	21	11	10	106.67	4	1	3	20.00
郁南县	30	13	17	76.00	4	3	1	200.00
罗定市	70	38	32	120.00	29	18	11	157.14

8-1c 续表 8 单位：人

地区	第四孩				第五孩及以上			
	合计	男	女	性别比（女=100）	合计	男	女	性别比（女=100）
汕尾市	**18**	**10**	**7**	**138.04**	**15**	**10**	**5**	**195.44**
城区	1		1		4	4		
海丰县	2	2						
陆河县	1	1						
陆丰市	14	8	6	120.00	11	6	5	125.00
河源市	**24**	**16**	**8**	**205.08**	**9**	**3**	**7**	**44.54**
源城区								
紫金县	8	7	1	800.00	5	2	3	66.67
龙川县	12	8	4	175.00	3	1	2	50.00
连平县								
和平县	2	1	1	200.00	1		1	
东源县	2		2		1		1	
阳江市	**6**	**3**	**3**	**117.07**	**1**	**1**		
江城区								
阳西县	2		2					
阳东县								
阳春市	4	3	1	300.00	1	1		
清远市	8	6	2	296.51	4	3	1	316.82
清城区					1	1		
清新区								
佛冈县					1	1		
阳山县	1	1						
连山壮族瑶族自治县	1	1						
连南瑶族自治县	2	1	1	66.67	1		1	
英德市	2	2			1	1		
连州市	2	1	1	200.00				
东莞市	**1**	**1**						
中山市	**2**		**2**					
潮州市	**7**	**6**	**1**	**523.39**	**4**	**2**	**2**	**100.00**
湘桥区								
潮安区	3	3			2	1	1	100.00
饶平县	5	3	1	300.00	2	1	1	100.00
揭阳市	**71**	**40**	**31**	**127.60**	**18**	**9**	**9**	**99.44**
榕城区	3	1	2	33.33				
揭东区	11	6	6	100.00	2		2	
揭西县	6	2	4	50.00	1		1	
惠来县	11	5	7	71.43	7	6	1	600.00
普宁市	39	27	13	212.50	8	3	5	66.67
云浮市	**15**	**8**	**7**	**112.55**	**1**	**1**	**1**	**95.94**
云城区								
云安区	3	2	1	150.00	1	1		
新兴县	1		1		1		1	
郁南县	3	1	1	100.00				
罗定市	8	5	3	150.00				

8-2 全省育龄妇女分年龄、孩次的生育状况
(2014.11.1-2015.10.31)

单位：人、‰

年龄	平均育龄妇女人数	出生人数	生育率	第一孩		第二孩		第三孩及以上	
				出生数	生育率	出生数	生育率	出生数	生育率
总　计	**878955**	**29937**	**34.06**	**15669**	**17.83**	**10847**	**12.34**	**3422**	**3.89**
15-19岁	**103878**	**637**	**6.13**	**549**	**5.29**	**84**	**0.81**	**3**	**0.03**
15	16302	11	0.70	11	0.70				
16	19081	36	1.88	31	1.65	4	0.23		
17	21184	82	3.87	71	3.33	11	0.51		0.02
18	22645	163	7.19	140	6.20	22	0.96		0.02
19	24666	345	13.98	296	11.98	47	1.90	2	0.10
20-24岁	**137343**	**6889**	**50.16**	**4995**	**36.37**	**1671**	**12.17**	**223**	**1.62**
20	25388	633	24.93	517	20.37	111	4.36	5	0.20
21	26074	987	37.86	750	28.77	218	8.35	19	0.74
22	27452	1353	49.30	997	36.31	319	11.62	38	1.37
23	27894	1719	61.62	1234	44.25	427	15.32	57	2.05
24	30534	2197	71.95	1497	49.02	597	19.54	104	3.39
25-29岁	**153948**	**11903**	**77.32**	**6841**	**44.44**	**4070**	**26.44**	**991**	**6.44**
25	32120	2510	78.16	1628	50.70	734	22.85	148	4.61
26	30790	2505	81.35	1530	49.69	800	25.99	174	5.67
27	31071	2460	79.18	1390	44.75	858	27.62	212	6.81
28	30904	2377	76.91	1273	41.20	871	28.17	233	7.54
29	29062	2050	70.54	1019	35.07	807	27.77	224	7.70
30-34岁	**133569**	**6602**	**49.43**	**2312**	**17.31**	**3184**	**23.84**	**1106**	**8.28**
30	27833	1722	61.86	730	26.22	757	27.18	235	8.46
31	27169	1499	55.17	552	20.33	713	26.24	234	8.61
32	27382	1335	48.76	438	16.00	662	24.16	236	8.61
33	26772	1157	43.20	346	12.94	583	21.77	227	8.49
34	24414	890	36.45	245	10.04	471	19.27	174	7.14
35-39岁	**109320**	**2323**	**21.25**	**589**	**5.39**	**1198**	**10.96**	**536**	**4.90**
35	23788	713	29.97	183	7.70	381	16.02	149	6.25
36	23023	581	25.25	140	6.06	304	13.21	138	5.97
37	20483	436	21.29	107	5.24	223	10.87	106	5.17
38	20168	315	15.60	84	4.15	154	7.63	77	3.82
39	21858	279	12.75	76	3.47	136	6.24	66	3.04
40-44岁	**124234**	**982**	**7.90**	**262**	**2.11**	**409**	**3.29**	**311**	**2.50**
40	23540	258	10.97	76	3.22	122	5.17	61	2.58
41	25032	222	8.88	58	2.30	95	3.81	69	2.77
42	25130	183	7.29	45	1.79	70	2.80	68	2.70
43	24847	162	6.52	43	1.72	62	2.51	57	2.29
44	25685	156	6.08	41	1.60	59	2.31	56	2.17
45-49岁	**116663**	**601**	**5.15**	**120**	**1.03**	**229**	**1.97**	**252**	**2.16**
45	25182	131	5.19	36	1.41	46	1.84	49	1.94
46	24850	116	4.66	23	0.92	45	1.79	48	1.95
47	23233	113	4.85	19	0.81	43	1.87	51	2.18
48	21272	116	5.47	22	1.01	43	2.01	52	2.46
49	22126	125	5.65	21	0.94	52	2.37	52	2.33

8-2a 全省育龄妇女分年龄、孩次的生育状况（城市）（2014.11.1-2015.10.31）

单位：人、‰

年 龄	平均育龄妇女人数	出生人数	生育率	第一孩		第二孩		第三孩及以上	
				出生数	生育率	出生数	生育率	出生数	生育率
总 计	**497564**	**15614**	**31.38**	**9066**	**18.22**	**5644**	**11.34**	**904**	**1.82**
15-19岁	**47388**	**275**	**5.81**	**243**	**5.13**	**31**	**0.66**	**1**	**0.02**
15	6644	5	0.79	5	0.79				
16	8200	13	1.63	11	1.40	2	0.23		
17	9422	34	3.64	29	3.12	5	0.52		
18	10606	76	7.13	67	6.33	8	0.79		
19	12515	147	11.74	130	10.38	16	1.28	1	0.08
20-24岁	**76316**	**3123**	**40.92**	**2397**	**31.40**	**675**	**8.85**	**51**	**0.67**
20	13408	256	19.11	219	16.30	36	2.72	1	0.09
21	14127	429	30.35	338	23.93	87	6.14	4	0.28
22	15220	598	39.31	467	30.65	123	8.07	9	0.59
23	15782	783	49.61	600	38.04	170	10.74	13	0.83
24	17779	1057	59.44	773	43.48	260	14.61	24	1.35
25-29岁	**93610**	**6447**	**68.87**	**4209**	**44.96**	**1953**	**20.87**	**284**	**3.04**
25	19143	1238	64.67	889	46.44	316	16.52	33	1.71
26	18657	1305	69.93	900	48.24	361	19.37	43	2.32
27	18997	1351	71.12	871	45.83	416	21.89	64	3.39
28	18987	1355	71.39	843	44.39	435	22.92	77	4.08
29	17826	1198	67.19	707	39.64	424	23.81	67	3.73
30-34岁	**81787**	**3813**	**46.62**	**1578**	**19.29**	**1921**	**23.49**	**314**	**3.83**
30	16965	977	57.61	497	29.29	417	24.61	63	3.71
31	16611	848	51.07	370	22.30	410	24.69	68	4.09
32	16873	783	46.43	304	18.02	410	24.29	70	4.12
33	16419	678	41.30	240	14.61	374	22.81	64	3.88
34	14919	526	35.23	167	11.17	309	20.74	49	3.32
35-39岁	**67192**	**1309**	**19.48**	**395**	**5.88**	**764**	**11.38**	**149**	**2.22**
35	14698	431	29.34	123	8.35	258	17.57	50	3.42
36	14234	337	23.70	91	6.36	202	14.21	45	3.13
37	12636	231	18.25	70	5.56	137	10.86	23	1.83
38	12388	162	13.09	60	4.87	88	7.08	14	1.14
39	13236	147	11.13	51	3.87	79	5.97	17	1.29
40-44岁	**71283**	**461**	**6.47**	**173**	**2.42**	**220**	**3.09**	**68**	**0.96**
40	14080	139	9.89	48	3.44	73	5.16	18	1.29
41	14719	118	8.03	40	2.69	58	3.96	20	1.38
42	14422	85	5.93	30	2.05	41	2.85	15	1.03
43	13951	63	4.50	28	2.03	25	1.81	9	0.66
44	14112	55	3.92	27	1.91	23	1.60	6	0.41
45-49岁	**59989**	**186**	**3.10**	**71**	**1.18**	**78**	**1.31**	**37**	**0.61**
45	13601	46	3.35	22	1.58	20	1.46	4	0.30
46	13129	34	2.58	14	1.09	12	0.92	7	0.57
47	11879	31	2.57	10	0.86	13	1.07	8	0.64
48	10564	37	3.49	13	1.22	16	1.47	9	0.81
49	10816	39	3.61	12	1.11	18	1.68	9	0.82

8-2b 全省育龄妇女分年龄、孩次的生育状况（镇）
（2014.11.1-2015.10.31）

单位：人、‰

年 龄	平均育龄妇女人数	出生人数	生育率	第一孩		第二孩		第三孩及以上	
				出生数	生育率	出生数	生育率	出生数	生育率
总 计	**138266**	**4813**	**34.81**	**2322**	**16.79**	**1746**	**12.63**	**745**	**5.39**
15-19岁	**19475**	**99**	**5.06**	**82**	**4.19**	**15**	**0.76**	**2**	**0.11**
15	3230	1	0.27	1	0.27				
16	3895	4	1.05	4	1.05				
17	4158	13	3.08	11	2.76	1	0.20		0.12
18	4130	25	6.17	21	5.12	4	0.93		0.12
19	4062	55	13.63	44	10.81	10	2.52	1	0.30
20-24岁	**21381**	**1205**	**56.34**	**861**	**40.28**	**302**	**14.14**	**41**	**1.92**
20	4015	114	28.39	87	21.73	25	6.16	2	0.51
21	4170	177	42.41	127	30.52	43	10.27	7	1.61
22	4319	227	52.46	164	37.92	55	12.75	8	1.79
23	4273	304	71.24	220	51.60	77	18.01	7	1.63
24	4604	383	83.14	262	57.01	103	22.30	18	3.84
25-29岁	**22444**	**1850**	**82.42**	**943**	**42.02**	**706**	**31.46**	**201**	**8.93**
25	4746	405	85.42	251	52.89	125	26.40	29	6.13
26	4488	406	90.50	218	48.61	149	33.30	39	8.60
27	4526	396	87.43	193	42.63	156	34.47	47	10.33
28	4453	354	79.53	163	36.56	148	33.32	43	9.65
29	4231	288	68.17	118	27.97	127	30.01	43	10.19
30-34岁	**19642**	**1000**	**50.91**	**293**	**14.90**	**473**	**24.09**	**234**	**11.92**
30	4113	260	63.22	86	20.98	123	29.85	51	12.39
31	4005	240	59.94	75	18.75	114	28.46	51	12.73
32	4009	204	50.99	62	15.36	92	23.06	50	12.56
33	3904	171	43.72	40	10.24	83	21.31	48	12.17
34	3610	125	34.56	30	8.23	61	16.81	34	9.53
35-39岁	**16151**	**365**	**22.62**	**85**	**5.29**	**149**	**9.23**	**131**	**8.10**
35	3514	102	29.05	27	7.58	45	12.74	31	8.73
36	3390	90	26.55	21	6.15	37	10.81	33	9.59
37	2989	73	24.35	17	5.66	30	10.18	25	8.51
38	2964	55	18.53	11	3.82	23	7.59	21	7.12
39	3295	46	13.84	10	2.95	15	4.49	21	6.40
40-44岁	**19484**	**174**	**8.91**	**34**	**1.77**	**62**	**3.17**	**77**	**3.98**
40	3553	39	10.92	10	2.69	14	4.00	15	4.23
41	3805	38	9.89	8	2.21	16	4.13	14	3.55
42	3931	35	8.94	6	1.54	11	2.88	18	4.51
43	4019	30	7.54	4	0.97	10	2.40	17	4.17
44	4176	32	7.62	7	1.56	11	2.60	14	3.46
45-49岁	**19689**	**121**	**6.14**	**23**	**1.19**	**39**	**1.97**	**59**	**2.98**
45	4095	25	6.02	8	1.90	7	1.70	10	2.42
46	4121	22	5.40	5	1.29	6	1.41	11	2.69
47	3902	22	5.71	3	0.78	7	1.84	12	3.09
48	3656	22	6.02	3	0.69	8	2.21	11	3.12
49	3914	30	7.6	5	1.22	11	2.73	14	3.65

8-2c 全省育龄妇女分年龄、孩次的生育状况（乡村）（2014.11.1-2015.10.31）

单位：人、‰

年　龄	平均育龄妇女人数	出生人数	生育率	第一孩		第二孩		第三孩及以上	
				出生数	生育率	出生数	生育率	出生数	生育率
总　计	**243125**	**9511**	**39.12**	**4281**	**17.61**	**3457**	**14.22**	**1772**	**7.29**
15-19岁	**37016**	**263**	**7.10**	**225**	**6.07**	**38**	**1.02**		**0.01**
15	6427	5	0.83	5	0.83				
16	6986	18	2.64	16	2.28	3	0.36		
17	7604	35	4.58	30	3.90	5	0.68		
18	7909	62	7.81	52	6.59	10	1.21		
19	8089	143	17.62	122	15.04	21	2.55		0.04
20-24岁	**39647**	**2562**	**64.62**	**1737**	**43.82**	**694**	**17.50**	**131**	**3.29**
20	7966	263	32.98	211	26.54	49	6.21	2	0.23
21	7778	382	49.06	285	36.62	88	11.32	9	1.12
22	7914	529	66.79	366	46.30	141	17.84	21	2.65
23	7839	632	80.57	413	52.74	181	23.08	37	4.75
24	8151	757	92.91	461	56.57	234	28.75	62	7.60
25-29岁	**37894**	**3606**	**95.16**	**1689**	**44.57**	**1411**	**37.24**	**506**	**13.35**
25	8232	867	105.34	488	59.33	292	35.53	86	10.48
26	7645	794	103.85	412	53.87	289	37.86	93	12.13
27	7547	714	94.54	327	43.29	286	37.94	100	13.31
28	7464	667	89.40	268	35.85	287	38.46	113	15.09
29	7005	564	80.51	194	27.74	256	36.50	114	16.27
30-34岁	**32140**	**1790**	**55.68**	**441**	**13.73**	**790**	**24.58**	**558**	**17.37**
30	6754	484	71.71	147	21.71	216	32.02	121	17.97
31	6552	411	62.66	107	16.30	189	28.82	115	17.54
32	6499	347	53.44	72	11.13	159	24.51	116	17.80
33	6449	308	47.72	66	10.31	125	19.41	116	18.00
34	5885	240	40.71	49	8.30	100	17.06	90	15.35
35-39岁	**25976**	**649**	**25.00**	**109**	**4.19**	**285**	**10.96**	**256**	**9.85**
35	5576	180	32.22	34	6.05	78	13.99	68	12.18
36	5399	154	28.50	28	5.23	65	12.07	61	11.21
37	4858	133	27.29	20	4.16	55	11.32	57	11.81
38	4816	98	20.25	12	2.48	44	9.08	42	8.69
39	5328	86	16.08	15	2.77	43	8.01	28	5.30
40-44岁	**33467**	**347**	**10.37**	**55**	**1.65**	**127**	**3.80**	**165**	**4.92**
40	5907	80	13.58	18	3.04	35	5.89	27	4.65
41	6508	66	10.21	10	1.49	21	3.27	35	5.45
42	6776	63	9.25	9	1.40	18	2.65	35	5.20
43	6878	69	10.01	10	1.52	27	3.98	31	4.51
44	7398	69	9.32	8	1.03	26	3.49	36	4.81
45-49岁	**36985**	**294**	**7.95**	**25**	**0.68**	**112**	**3.04**	**156**	**4.23**
45	7485	61	8.09	6	0.83	20	2.61	35	4.65
46	7599	60	7.87	3	0.43	27	3.51	30	3.93
47	7452	60	8.04	6	0.74	23	3.15	31	4.14
48	7052	58	8.16	6	0.87	19	2.70	32	4.58
49	7396	56	7.6	4	0.56	24	3.2	28	3.84

8-3 各地区按活产子女数分的15-50岁妇女人数

单位：人

地 区	合 计	活产0个	活产1个	活产2个	活产3个	活产4个	活产5个及以上	妇女平均活产子女数
全 省	**896029**	**326967**	**238148**	**230999**	**72960**	**20338**	**6618**	**1.15**
广州市	**120028**	**46938**	**44959**	**23488**	**3868**	**644**	**132**	**0.89**
荔湾区	7309	2767	3300	1087	130	17	7	0.82
越秀区	9291	4007	4179	933	146	22	3	0.71
海珠区	14276	5992	5985	1936	290	63	11	0.77
天河区	14992	7425	5305	1939	262	50	11	0.68
白云区	22986	9717	7643	4707	771	119	29	0.87
黄埔区	4205	1451	1856	769	115	13	1	0.90
番禺区	14730	5317	5238	3596	491	79	9	0.97
花都区	8508	2723	3239	2182	305	49	10	1.03
南沙区	5732	1790	2110	1627	180	20	4	1.05
萝岗区	3692	1319	1389	807	151	18	8	0.97
从化区	5198	1764	1443	1444	440	88	17	1.17
增城区	9111	2665	3271	2459	587	106	22	1.15
韶关市	**22119**	**6549**	**7009**	**6858**	**1407**	**261**	**36**	**1.18**
武江区	2488	778	1039	558	91	21	2	1.01
浈江区	3056	982	1332	635	87	20	1	0.96
曲江区	2714	1213	680	675	126	18	2	0.92
始兴县	1605	441	520	544	83	17	1	1.20
仁化县	1541	364	477	554	125	18	3	1.33
翁源县	2467	632	528	981	261	58	6	1.43
乳源瑶族自治县	1359	356	447	425	109	19	4	1.26
新丰县	1641	488	416	540	159	33	6	1.30
乐昌市	2864	712	782	1078	235	48	9	1.36
南雄市	2385	584	789	868	131	11	1	1.25
深圳市	**111235**	**43639**	**36546**	**25241**	**4742**	**868**	**199**	**0.95**
罗湖区	9931	4604	3206	1718	312	68	23	0.80
福田区	13385	5851	4941	2107	402	67	18	0.80
南山区	12490	5219	5018	1905	273	57	17	0.80
宝安区	48362	18318	14527	12658	2372	405	81	1.01
龙岗区	24931	8852	8105	6385	1290	244	56	1.04
盐田区	2136	795	749	468	93	27	4	0.98
珠海市	**14482**	**4823**	**5890**	**3104**	**527**	**96**	**41**	**0.99**
香洲区	8637	2912	3850	1538	272	42	23	0.93
斗门区	3420	1083	1189	934	164	37	13	1.10
金湾区	2425	829	851	633	91	17	5	1.02
汕头市	**44780**	**19644**	**7044**	**9420**	**5505**	**2249**	**918**	**1.25**
龙湖区	4677	1727	1163	1426	305	46	10	1.10
金平区	6526	2519	2050	1570	328	53	6	0.98
濠江区	2305	1081	239	412	371	139	63	1.32
潮阳区	13768	6459	1463	2004	2335	1076	432	1.38
潮南区	10837	5259	1055	1588	1667	872	396	1.36
澄海区	6214	2446	958	2280	459	61	11	1.16
南澳县	453	153	117	140	40	3		1.17
佛山市	**64312**	**18894**	**22312**	**19480**	**3073**	**477**	**77**	**1.13**
禅城区	9587	3216	3746	2243	311	63	7	0.99
南海区	23389	6527	7815	7497	1314	199	37	1.19
顺德区	22931	6991	7390	7277	1097	151	25	1.13
三水区	4983	1280	1913	1524	219	42	5	1.17
高明区	3423	881	1447	939	132	22	3	1.12

8-3 续表 1

单位：人

地　　区	合　计	活产0个	活产1个	活产2个	活产3个	活产4个	活产5个及以上	妇女平均活产子女数
江门市	**35530**	**11612**	**13172**	**9341**	**1189**	**171**	**47**	**1.02**
蓬江区	6332	2005	2625	1476	194	25	7	0.99
江海区	2221	715	844	571	73	16	2	1.03
新会区	6682	1936	2687	1820	200	34	6	1.06
台山市	7025	2448	2532	1851	181	14		0.97
开平市	5348	1880	1890	1324	193	40	20	1.01
鹤山市	4127	1279	1645	1026	143	25	8	1.03
恩平市	3795	1349	948	1272	205	17	4	1.11
湛江市	**53316**	**22005**	**8584**	**11061**	**7484**	**3132**	**1050**	**1.33**
赤坎区	2554	919	997	483	120	33	2	0.97
霞山区	4098	1370	1410	975	268	60	14	1.09
坡头区	2591	1057	403	651	347	112	21	1.27
麻章区	3875	1747	500	809	559	225	35	1.26
遂溪县	6676	2939	852	1333	1032	404	117	1.32
徐闻县	5266	2059	778	1421	818	161	29	1.30
廉江市	10003	3893	1483	2256	1546	636	189	1.41
雷州市	11123	4869	1315	1805	1621	990	523	1.47
吴川市	7130	3151	846	1329	1172	511	120	1.36
茂名市	**41959**	**15758**	**6303**	**9841**	**7242**	**2314**	**501**	**1.42**
茂南区	6548	2425	1735	1447	692	212	36	1.18
电白区	12278	4835	1725	2540	2318	702	158	1.41
高州市	8855	2757	1302	2771	1619	361	45	1.51
化州市	7824	3309	817	1574	1427	573	125	1.43
信宜市	6454	2433	724	1508	1186	466	137	1.53
肇庆市	**30578**	**10567**	**7960**	**8341**	**2705**	**744**	**263**	**1.21**
端州区	4119	1309	1980	763	62	5	1	0.90
鼎湖区	1431	524	428	393	74	11	1	1.04
广宁县	2910	827	774	1073	216	18	2	1.25
怀集县	6309	2498	896	1330	987	419	178	1.44
封开县	2940	1065	452	802	425	139	56	1.42
德庆县	2519	942	447	753	311	58	9	1.25
高要市	5775	2085	1316	1844	458	63	10	1.16
四会市	4576	1318	1666	1384	172	30	6	1.11
惠州市	**39695**	**12545**	**9924**	**12697**	**3623**	**759**	**147**	**1.26**
惠城区	14619	4531	4661	4370	876	152	28	1.15
惠阳区	6688	1930	1847	2226	553	109	23	1.27
博罗县	8540	2690	1691	3220	779	140	21	1.30
惠东县	7678	2838	1270	2088	1114	304	64	1.34
龙门县	2169	555	455	793	301	53	11	1.48
梅州市	**31216**	**10047**	**6550**	**9865**	**3674**	**872**	**208**	**1.34**
梅江区	3187	909	1249	922	97	9	2	1.08
梅县区	4080	1156	1045	1572	271	33	4	1.26
大埔县	2424	689	495	935	258	43	4	1.37
丰顺县	3260	1117	551	932	513	111	35	1.40
五华县	7730	3330	848	1523	1441	460	129	1.38
平远县	1719	383	423	771	127	13	2	1.40
蕉岭县	1481	329	438	642	65	8		1.32
兴宁市	7335	2133	1502	2570	902	195	33	1.40

8-3 续表 2　　单位：人

地　区	合　计	活产0个	活产1个	活产2个	活产3个	活产4个	活产5个及以上	妇女平均活产子女数
汕尾市	**24252**	**11812**	**2618**	**3918**	**3156**	**1694**	**1053**	**1.32**
城区	4154	1807	656	895	567	183	47	1.23
海丰县	6292	2614	912	1499	931	262	74	1.29
陆河县	2318	1078	279	392	344	167	58	1.32
陆丰市	11488	6314	771	1133	1315	1081	874	1.36
河源市	**22533**	**6877**	**4105**	**7472**	**3152**	**741**	**186**	**1.44**
源城区	4273	1307	1062	1435	400	59	9	1.27
紫金县	4750	1500	678	1442	836	231	63	1.54
龙川县	4725	1313	839	1530	764	215	64	1.56
连平县	2686	919	469	959	280	50	11	1.29
和平县	2706	791	495	972	376	63	10	1.43
东源县	3392	1047	562	1134	496	124	30	1.46
阳江市	**18048**	**5352**	**4421**	**6237**	**1731**	**269**	**37**	**1.29**
江城区	5591	1726	1778	1711	329	43	4	1.14
阳西县	3103	966	486	1072	484	87	9	1.44
阳东县	3203	961	707	1218	280	32	6	1.29
阳春市	6150	1698	1450	2236	638	108	19	1.36
清远市	**28250**	**8144**	**7355**	**9380**	**2664**	**562**	**145**	**1.31**
清城区	6637	1852	2253	2082	388	54	9	1.18
清新区	5461	1758	1297	1761	500	111	33	1.27
佛冈县	2347	777	461	763	286	48	12	1.32
阳山县	2549	765	643	677	337	95	33	1.39
连山壮族瑶族自治县	655	190	164	201	89	11	1	1.34
连南瑶族自治县	889	186	227	351	96	20	9	1.51
英德市	7245	1946	1565	2701	797	190	46	1.43
连州市	2466	671	745	844	172	32	2	1.25
东莞市	**79375**	**26799**	**21732**	**25190**	**4752**	**759**	**144**	**1.14**
中山市	**28468**	**8302**	**9690**	**9031**	**1272**	**144**	**29**	**1.13**
潮州市	**20472**	**8000**	**3397**	**6646**	**2035**	**343**	**51**	**1.19**
湘桥区	4765	1833	1240	1447	213	29	3	1.03
潮安区	9420	3795	1276	3189	980	165	16	1.20
饶平县	6286	2372	881	2010	842	149	32	1.30
揭阳市	**48142**	**23302**	**5370**	**8996**	**6648**	**2608**	**1217**	**1.24**
榕城区	8077	3767	985	1974	1120	204	27	1.14
揭东区	7340	3189	988	1875	1038	205	45	1.21
揭西县	6513	3077	848	1219	933	327	108	1.22
惠来县	8953	4781	714	1205	1103	681	469	1.28
普宁市	17258	8487	1836	2723	2454	1190	569	1.29
云浮市	**17239**	**5359**	**3209**	**5392**	**2511**	**630**	**138**	**1.43**
云城区	2806	785	803	929	236	46	7	1.28
云安区	1969	581	307	669	318	77	17	1.52
新兴县	3385	1270	658	1097	291	54	15	1.19
郁南县	2648	707	546	913	384	85	13	1.48
罗定市	6431	2016	894	1784	1282	368	86	1.59

8-4 全省按年龄和活产子女数分的15-50岁妇女人数

单位：人

年龄	合计	活产0个	活产1个	活产2个	活产3个	活产4个	活产5个及以上
总计	**896029**	**326967**	**238148**	**230999**	**72960**	**20338**	**6618**
15-19岁	**98464**	**97381**	**852**	**189**	**38**	**4**	
15	15138	15129	7	1	1		
16	17420	17359	50	5	6		
17	20694	20541	119	30	3	1	
18	21607	21307	231	59	9		
19	23606	23044	445	95	19	3	
20-24岁	**133419**	**112473**	**15575**	**4786**	**516**	**62**	**6**
20	25650	24411	1021	206	10	2	
21	25048	22790	1774	456	27	1	
22	27017	23262	2811	847	82	15	1
23	27807	22088	4266	1274	159	18	2
24	27897	19923	5703	2005	238	26	3
25-29岁	**156226**	**71757**	**52001**	**27140**	**4601**	**642**	**86**
25	33064	20923	8284	3363	451	42	2
26	31054	16584	9463	4252	661	89	6
27	30404	13647	10432	5272	921	111	20
28	31631	11628	11912	6739	1150	183	20
29	30072	8975	11910	7514	1418	217	38
30-34岁	**135611**	**24641**	**53755**	**44354**	**10488**	**1985**	**388**
30	27927	6892	11248	7867	1597	272	50
31	27624	5662	11162	8496	1940	312	52
32	26607	4549	10592	8870	2123	396	76
33	28052	4280	11048	9701	2437	487	99
34	25400	3259	9704	9419	2391	518	110
35-39岁	**109528**	**9483**	**40838**	**43794**	**11905**	**2722**	**786**
35	23325	2638	8834	8857	2351	527	118
36	24138	2235	9288	9410	2519	525	158
37	21807	1808	8091	8814	2405	536	153
38	19073	1421	7078	7790	2113	514	156
39	21186	1380	7546	8923	2517	620	200
40-44岁	**122000**	**6258**	**39703**	**51629**	**17697**	**5115**	**1597**
40	22446	1347	7754	9491	2864	781	210
41	24535	1344	8330	10411	3245	916	287
42	25426	1287	8413	10733	3603	1069	320
43	24730	1153	7835	10387	3917	1075	362
44	24864	1127	7371	10607	4067	1273	418
45-49岁	**118453**	**4236**	**30386**	**49867**	**22831**	**8086**	**3047**
45	26400	1114	7722	11003	4513	1568	481
46	23859	885	6603	9988	4406	1452	524
47	25743	858	6582	10969	4860	1773	700
48	20625	671	4665	8709	4368	1557	656
49	21826	708	4815	9197	4684	1736	687
50岁	**22326**	**737**	**5038**	**9239**	**4883**	**1722**	**708**

8-5 各地区按存活子女数分的15-50岁妇女人数

单位：人

地 区	合 计	存活0个	存活1个	存活2个	存活3个	存活4个	存活5个及以上	妇女平均存活子女数
全 省	**896029**	**329882**	**237278**	**229762**	**72531**	**20053**	**6522**	**1.15**
广州市	**120028**	**47297**	**44799**	**23333**	**3840**	**637**	**123**	**0.88**
荔湾区	7309	2776	3299	1080	129	17	7	0.81
越秀区	9291	4026	4170	925	145	23	2	0.71
海珠区	14276	6019	5971	1927	288	61	11	0.77
天河区	14992	7492	5275	1909	257	48	11	0.67
白云区	22986	9760	7621	4690	770	120	25	0.87
黄埔区	4205	1477	1846	756	112	13	1	0.89
番禺区	14730	5358	5211	3582	490	79	9	0.96
花都区	8508	2764	3220	2164	302	48	10	1.02
南沙区	5732	1811	2105	1615	176	20	3	1.04
萝岗区	3692	1324	1388	806	148	18	8	0.96
从化区	5198	1796	1432	1434	434	85	17	1.16
增城区	9111	2692	3261	2445	587	105	20	1.15
韶关市	**22119**	**6608**	**7001**	**6841**	**1382**	**254**	**33**	**1.18**
武江区	2488	785	1036	554	90	21	2	1.01
浈江区	3056	986	1331	633	86	19	1	0.96
曲江区	2714	1216	681	672	125	18	2	0.91
始兴县	1605	452	517	539	79	17	1	1.19
仁化县	1541	374	474	553	121	17	3	1.31
翁源县	2467	637	531	982	256	55	6	1.42
乳源瑶族自治县	1359	361	444	424	109	18	4	1.26
新丰县	1641	491	415	541	157	31	5	1.29
乐昌市	2864	717	781	1077	234	48	8	1.35
南雄市	2385	590	790	867	126	11	1	1.24
深圳市	**111235**	**43964**	**36419**	**25099**	**4717**	**840**	**196**	**0.94**
罗湖区	9931	4627	3200	1714	306	63	21	0.80
福田区	13385	5902	4919	2085	397	65	18	0.79
南山区	12490	5231	5019	1897	271	56	16	0.79
宝安区	48362	18426	14489	12603	2368	394	81	1.01
龙岗区	24931	8977	8046	6334	1283	236	56	1.03
盐田区	2136	801	746	465	92	27	3	0.97
珠海市	**14482**	**4924**	**5852**	**3051**	**524**	**94**	**38**	**0.97**
香洲区	8637	2991	3819	1496	270	41	21	0.91
斗门区	3420	1097	1186	925	164	36	12	1.09
金湾区	2425	836	848	630	90	16	5	1.02
汕头市	**44780**	**19734**	**7048**	**9368**	**5487**	**2236**	**907**	**1.24**
龙湖区	4677	1739	1168	1413	303	45	10	1.10
金平区	6526	2536	2046	1560	328	51	6	0.98
濠江区	2305	1082	239	414	371	136	63	1.32
潮阳区	13768	6479	1465	1999	2332	1067	426	1.37
潮南区	10837	5273	1059	1577	1662	874	392	1.35
澄海区	6214	2470	956	2267	451	60	10	1.15
南澳县	453	155	117	138	40	3		1.16
佛山市	**64312**	**19010**	**22298**	**19413**	**3050**	**465**	**77**	**1.13**
禅城区	9587	3232	3740	2236	309	62	7	0.98
南海区	23389	6575	7810	7466	1305	196	37	1.18
顺德区	22931	7025	7386	7262	1088	146	25	1.13
三水区	4983	1287	1915	1518	217	41	5	1.16
高明区	3423	891	1447	931	131	21	3	1.11

8-5 续表 1

单位：人

地　区	合　计	存活0个	存活1个	存活2个	存活3个	存活4个	存活5个及以上	妇女平均存活子女数
江门市	**35530**	**11714**	**13147**	**9289**	**1174**	**164**	**42**	**1.02**
蓬江区	6332	2017	2623	1468	193	24	7	0.99
江海区	2221	724	844	564	72	16	2	1.02
新会区	6682	1951	2675	1822	194	34	6	1.06
台山市	7025	2462	2532	1840	178	13		0.97
开平市	5348	1912	1878	1312	190	40	16	0.99
鹤山市	4127	1288	1645	1019	142	25	8	1.03
恩平市	3795	1360	950	1263	204	12	4	1.10
湛江市	**53316**	**22157**	**8551**	**11025**	**7456**	**3097**	**1030**	**1.32**
赤坎区	2554	944	982	477	118	31	2	0.95
霞山区	4098	1376	1412	973	265	59	13	1.09
坡头区	2591	1063	399	650	345	112	20	1.27
麻章区	3875	1755	498	810	555	223	34	1.25
遂溪县	6676	2949	857	1329	1029	398	115	1.31
徐闻县	5266	2079	775	1415	811	158	27	1.29
廉江市	10003	3901	1483	2262	1543	629	185	1.41
雷州市	11123	4926	1307	1778	1617	980	515	1.46
吴川市	7130	3165	838	1331	1172	506	118	1.35
茂名市	**41959**	**15903**	**6246**	**9803**	**7225**	**2288**	**493**	**1.41**
茂南区	6548	2448	1722	1445	688	210	35	1.17
电白区	12278	4869	1704	2534	2314	702	155	1.41
高州市	8855	2817	1285	2745	1609	354	45	1.50
化州市	7824	3330	811	1563	1424	575	120	1.42
信宜市	6454	2439	723	1516	1190	448	137	1.52
肇庆市	**30578**	**10631**	**7953**	**8316**	**2688**	**727**	**263**	**1.21**
端州区	4119	1315	1979	759	61	4	1	0.90
鼎湖区	1431	527	429	390	72	11	1	1.03
广宁县	2910	832	777	1067	215	17	2	1.25
怀集县	6309	2505	898	1329	985	414	178	1.44
封开县	2940	1073	450	799	424	138	56	1.41
德庆县	2519	947	446	752	310	55	9	1.25
高要市	5775	2098	1316	1837	453	61	10	1.15
四会市	4576	1334	1658	1383	167	27	6	1.11
惠州市	**39695**	**12700**	**9866**	**12633**	**3610**	**739**	**147**	**1.25**
惠城区	14619	4601	4631	4340	872	146	28	1.14
惠阳区	6688	1977	1824	2207	553	105	23	1.26
博罗县	8540	2710	1696	3203	775	136	21	1.30
惠东县	7678	2852	1262	2090	1109	301	64	1.34
龙门县	2169	561	454	792	300	51	11	1.47
梅州市	**31216**	**10095**	**6551**	**9859**	**3637**	**868**	**205**	**1.34**
梅江区	3187	913	1248	920	95	9	2	1.07
梅县区	4080	1165	1042	1571	267	31	4	1.26
大埔县	2424	694	495	932	256	43	4	1.37
丰顺县	3260	1120	551	935	508	110	35	1.40
五华县	7730	3347	847	1521	1429	459	127	1.38
平远县	1719	385	424	769	126	13	1	1.40
蕉岭县	1481	332	439	640	63	8		1.31
兴宁市	7335	2140	1504	2572	892	195	31	1.40

8-5 续表 2 单位：人

地区	合计	存活0个	存活1个	存活2个	存活3个	存活4个	存活5个及以上	妇女平均存活子女数
汕尾市	**24252**	**11872**	**2602**	**3903**	**3138**	**1690**	**1046**	**1.31**
城区	4154	1837	647	886	557	180	46	1.21
海丰县	6292	2637	907	1495	921	260	72	1.28
陆河县	2318	1081	278	392	343	167	58	1.31
陆丰市	11488	6318	769	1131	1317	1083	870	1.36
河源市	**22533**	**6944**	**4103**	**7432**	**3141**	**733**	**180**	**1.43**
源城区	4273	1324	1057	1428	397	59	9	1.26
紫金县	4750	1516	678	1433	831	229	62	1.53
龙川县	4725	1332	833	1523	765	213	59	1.55
连平县	2686	923	471	954	280	49	10	1.29
和平县	2706	800	499	964	372	61	10	1.42
东源县	3392	1050	564	1130	496	123	30	1.46
阳江市	**18048**	**5423**	**4414**	**6191**	**1721**	**262**	**36**	**1.28**
江城区	5591	1740	1780	1704	324	41	3	1.13
阳西县	3103	974	487	1065	484	83	9	1.43
阳东县	3203	976	702	1211	278	31	6	1.28
阳春市	6150	1733	1444	2210	636	107	19	1.35
清远市	**28250**	**8273**	**7332**	**9318**	**2635**	**551**	**140**	**1.30**
清城区	6637	1895	2236	2062	383	54	7	1.17
清新区	5461	1788	1282	1754	493	110	33	1.26
佛冈县	2347	780	462	763	283	47	12	1.32
阳山县	2549	768	645	679	333	92	31	1.38
连山壮族瑶族自治县	655	192	163	200	88	11	1	1.34
连南瑶族自治县	889	188	229	349	94	20	9	1.50
英德市	7245	1985	1564	2674	791	185	46	1.42
连州市	2466	676	751	838	168	31	2	1.24
东莞市	**79375**	**27306**	**21511**	**24959**	**4719**	**736**	**143**	**1.12**
中山市	**28468**	**8358**	**9676**	**8998**	**1265**	**141**	**29**	**1.13**
潮州市	**20472**	**8082**	**3391**	**6610**	**2008**	**331**	**49**	**1.18**
湘桥区	4765	1838	1246	1441	209	29	3	1.02
潮安区	9420	3854	1269	3164	962	158	15	1.19
饶平县	6286	2391	876	2005	838	145	32	1.29
揭阳市	**48142**	**23416**	**5326**	**8974**	**6623**	**2592**	**1211**	**1.24**
榕城区	8077	3807	960	1969	1113	201	27	1.14
揭东区	7340	3229	972	1860	1033	201	45	1.20
揭西县	6513	3082	849	1217	931	325	108	1.22
惠来县	8953	4793	711	1202	1102	679	465	1.28
普宁市	17258	8505	1832	2726	2444	1185	565	1.29
云浮市	**17239**	**5469**	**3192**	**5345**	**2490**	**608**	**134**	**1.42**
云城区	2806	797	803	920	233	46	7	1.27
云安区	1969	587	308	665	316	76	17	1.51
新兴县	3385	1274	659	1095	289	52	15	1.18
郁南县	2648	722	543	906	382	83	13	1.47
罗定市	6431	2089	880	1758	1270	350	82	1.56

8-6 全省按年龄和存活子女数分的15-50岁妇女人数

单位：人

年 龄	合计	存活0个	存活1个	存活2个	存活3个	存活4个	存活5个及以上
总 计	**896029**	**329882**	**237278**	**229762**	**72531**	**20053**	**6522**
15-19岁	**98464**	**97388**	**846**	**189**	**37**	**4**	
15	15138	15129	7	1	1		
16	17420	17360	50	5	5		
17	20694	20541	119	30	3	1	
18	21607	21309	230	59	9		
19	23606	23049	440	95	18	3	
20-24岁	**133419**	**112606**	**15503**	**4732**	**514**	**60**	**5**
20	25650	24423	1012	203	10	2	
21	25048	22806	1766	448	27	1	
22	27017	23283	2796	842	82	14	
23	27807	22116	4254	1259	158	18	2
24	27897	19978	5675	1981	237	25	2
25-29岁	**156226**	**72259**	**51722**	**26973**	**4561**	**629**	**81**
25	33064	21013	8223	3340	447	39	2
26	31054	16671	9420	4219	653	85	6
27	30404	13746	10383	5231	915	110	18
28	31631	11733	11845	6717	1137	181	19
29	30072	9097	11850	7466	1409	214	37
30-34岁	**135611**	**25271**	**53476**	**44112**	**10419**	**1950**	**382**
30	27927	7011	11186	7832	1583	266	50
31	27624	5766	11124	8448	1927	307	51
32	26607	4682	10527	8825	2113	385	75
33	28052	4432	10976	9650	2415	481	98
34	25400	3380	9664	9358	2380	511	108
35-39岁	**109528**	**9979**	**40696**	**43562**	**11846**	**2676**	**770**
35	23325	2751	8790	8816	2338	513	117
36	24138	2336	9262	9363	2504	517	155
37	21807	1908	8061	8765	2394	527	151
38	19073	1505	7056	7743	2108	511	150
39	21186	1479	7526	8874	2503	607	196
40-44岁	**122000**	**6787**	**39612**	**51379**	**17595**	**5051**	**1576**
40	22446	1431	7731	9462	2847	765	209
41	24535	1436	8317	10362	3234	902	284
42	25426	1406	8397	10667	3583	1059	314
43	24730	1270	7819	10331	3888	1063	358
44	24864	1243	7347	10557	4044	1262	411
45-49岁	**118453**	**4756**	**30385**	**49593**	**22725**	**7986**	**3008**
45	26400	1244	7697	10951	4489	1543	476
46	23859	976	6607	9958	4373	1425	520
47	25743	974	6587	10895	4849	1747	691
48	20625	773	4663	8646	4361	1536	646
49	21826	788	4830	9145	4653	1734	676
50岁	**22326**	**836**	**5039**	**9221**	**4834**	**1697**	**701**

8-7 全省按年龄分的15-50岁妇女平均活产子女数和平均存活子女数

单位：人

年 龄	活产子女总数			存活子女总数			存活子女数占活产子女数的百分比	妇女平均活产子女数	妇女平均存活子女数
	合计	男	女	合计	男	女			
总 计	**1035760**	**578416**	**457345**	**1029444**	**574716**	**454728**	**99.39**	**1.16**	**1.15**
15-19岁	**1362**	**725**	**638**	**1353**	**722**	**631**	**99.32**	**0.01**	**0.01**
15	12	8	5	12	8	5	100.00		
16	77	46	32	75	44	31	97.33		
17	193	91	102	193	91	102	100.00	0.01	0.01
18	377	214	163	376	213	163	99.61	0.02	0.02
19	703	367	336	697	366	331	99.18	0.03	0.03
20-24岁	**26980**	**14613**	**12367**	**26773**	**14492**	**12281**	**99.23**	**0.20**	**0.20**
20	1472	822	649	1456	813	643	98.94	0.06	0.06
21	2772	1500	1272	2746	1485	1262	99.08	0.11	0.11
22	4816	2587	2229	4783	2570	2212	99.30	0.18	0.18
23	7375	3986	3389	7330	3960	3370	99.38	0.27	0.26
24	10544	5718	4827	10458	5664	4794	99.18	0.38	0.37
25-29岁	**123107**	**67894**	**55214**	**122303**	**67436**	**54867**	**99.35**	**0.79**	**0.78**
25	16539	9084	7455	16409	9009	7401	99.22	0.50	0.50
26	20341	11241	9101	20194	11159	9035	99.28	0.66	0.65
27	24295	13379	10915	24134	13298	10836	99.34	0.80	0.79
28	29676	16329	13347	29512	16240	13272	99.45	0.94	0.93
29	32256	17860	14396	32054	17730	14323	99.37	1.07	1.07
30-34岁	**183911**	**102207**	**81704**	**182774**	**101537**	**81236**	**99.38**	**1.36**	**1.35**
30	33126	18495	14631	32923	18363	14560	99.39	1.19	1.18
31	35497	19661	15837	35301	19549	15751	99.45	1.29	1.28
32	36687	20413	16274	36451	20272	16178	99.36	1.38	1.37
33	40235	22202	18032	39965	22048	17917	99.33	1.43	1.42
34	38366	21436	16931	38134	21305	16829	99.39	1.51	1.50
35-39岁	**179234**	**100428**	**78805**	**178166**	**99819**	**78347**	**99.40**	**1.64**	**1.63**
35	36331	20265	16066	36099	20127	15972	99.36	1.56	1.55
36	38615	21600	17015	38397	21482	16915	99.44	1.60	1.59
37	35892	20032	15860	35688	19914	15774	99.43	1.65	1.64
38	31891	17883	14008	31713	17774	13938	99.44	1.67	1.66
39	36504	20648	15856	36269	20521	15748	99.36	1.72	1.71
40-44岁	**225084**	**125984**	**99100**	**223806**	**125235**	**98571**	**99.43**	**1.84**	**1.83**
40	39571	22064	17507	39368	21949	17419	99.49	1.76	1.75
41	44078	24643	19435	43854	24501	19353	99.49	1.80	1.79
42	46702	26171	20531	46413	25996	20416	99.38	1.84	1.83
43	46599	26042	20557	46313	25880	20433	99.39	1.88	1.87
44	48135	27064	21070	47858	26908	20950	99.43	1.94	1.92
45-49岁	**247244**	**138924**	**108320**	**245755**	**138032**	**107723**	**99.40**	**2.09**	**2.07**
45	52132	29013	23119	51806	28826	22980	99.38	1.97	1.96
46	48381	27289	21092	48089	27100	20989	99.40	2.03	2.02
47	53935	30293	23642	53606	30112	23495	99.39	2.10	2.08
48	44932	25356	19576	44644	25186	19458	99.36	2.18	2.16
49	47865	26973	20892	47609	26808	20801	99.47	2.19	2.18
50岁	**48838**	**27640**	**21197**	**48515**	**27444**	**21071**	**99.34**	**2.19**	**2.17**

8-8 全省按年龄、夫妇为独生子女情况和存活子女数分的15-50岁妇女人数

单位：人

年龄	合计							双独	
	合计	存活0个	存活1个	存活2个	存活3个	存活4个	存活5个及以上	小计	存活0个
总计	**604347**	**51704**	**229840**	**225718**	**71131**	**19569**	**6385**	**6202**	**1551**
15-19岁	**1656**	**589**	**841**	**186**	**36**	**4**		**18**	**8**
15	18	9	7	1	1				
16	103	42	50	5	5			2	2
17	226	74	117	30	3	1		4	2
18	475	181	227	57	9			5	2
19	835	282	439	93	17	3		8	2
20-24岁	**29471**	**8753**	**15420**	**4723**	**510**	**60**	**5**	**283**	**128**
20	1903	680	1008	203	10	2		12	6
21	3320	1085	1760	447	27	1		31	15
22	5447	1727	2783	841	82	14		42	21
23	8121	2449	4237	1258	157	18	2	72	28
24	10680	2812	5632	1975	234	25	2	125	58
25-29岁	**102793**	**19457**	**51222**	**26860**	**4547**	**626**	**81**	**1660**	**707**
25	16060	4064	8178	3333	446	39	2	212	110
26	18418	4125	9348	4202	653	85	6	284	136
27	20600	4059	10289	5211	912	110	18	331	156
28	23557	3836	11704	6682	1135	181	19	386	145
29	24159	3373	11703	7433	1401	212	37	447	160
30-34岁	**119676**	**10763**	**52391**	**43834**	**10363**	**1943**	**382**	**2240**	**474**
30	23482	2796	11017	7782	1572	265	50	442	123
31	24024	2410	10932	8410	1916	305	51	476	111
32	23670	2020	10311	8774	2104	385	75	468	102
33	25284	1987	10737	9581	2402	478	98	458	70
34	23216	1549	9395	9286	2368	509	108	396	68
35-39岁	**102381**	**4997**	**39192**	**43030**	**11753**	**2646**	**763**	**835**	**99**
35	21559	1323	8552	8740	2324	503	117	245	26
36	22555	1182	8963	9254	2487	514	155	192	24
37	20429	964	7753	8660	2380	523	149	184	26
38	17864	738	6754	7632	2086	507	147	100	10
39	19974	789	7170	8744	2477	599	195	114	13
40-44岁	**115462**	**3672**	**37648**	**50341**	**17283**	**4969**	**1550**	**590**	**82**
40	21242	776	7409	9283	2811	756	206	133	17
41	23209	766	7915	10179	3178	890	282	106	14
42	24035	751	7959	10448	3522	1046	309	119	10
43	23422	669	7426	10114	3820	1045	349	124	28
44	23554	711	6937	10317	3953	1231	404	108	13
45-49岁	**112000**	**2929**	**28458**	**47959**	**22028**	**7707**	**2919**	**481**	**38**
45	24976	739	7218	10673	4389	1493	465	109	9
46	22601	583	6199	9656	4278	1384	501	85	6
47	24421	619	6184	10544	4708	1693	672	121	13
48	19481	487	4371	8317	4203	1475	628	94	6
49	20520	501	4486	8768	4450	1662	653	72	5
50岁	**20909**	**544**	**4668**	**8786**	**4611**	**1615**	**685**	**94**	**15**

8-8 续表 1

单位：人

年 龄	双独					单独			
	存活1个	存活2个	存活3个	存活4个	存活5个及以上	小 计	存活0个	存活1个	存活2个
总 计	**3170**	**1314**	**138**	**19**	**9**	**21705**	**3670**	**13075**	**4312**
15-19岁	**8**	**2**				**90**	**24**	**60**	**4**
15						2	2		
16						7	3	4	
17	1					9	3	6	
18	3					26	10	15	
19	3	2				46	6	35	3
20-24岁	**125**	**27**	**2**			**1475**	**498**	**851**	**119**
20	5	1				78	24	46	6
21	14	3				158	62	82	14
22	15	6				264	92	153	19
23	35	8	2			416	131	250	31
24	57	9				560	189	319	48
25-29岁	**761**	**184**	**7**			**5942**	**1665**	**3404**	**812**
25	84	17	1			888	330	447	106
26	111	37				1036	365	544	123
27	139	35	1			1182	338	700	138
28	181	58	3			1365	325	809	211
29	247	37	3			1470	307	904	234
30-34岁	**1301**	**448**	**14**	**3**	**1**	**6968**	**972**	**4444**	**1425**
30	255	61	2	1		1428	256	921	236
31	288	76	1	1		1424	214	904	272
32	247	115	3		1	1371	195	874	279
33	284	98	4	1		1514	181	962	339
34	227	98	3	1		1231	125	783	299
35-39岁	**425**	**279**	**26**	**2**	**3**	**3923**	**310**	**2443**	**1020**
35	131	80	6	1		1107	110	705	264
36	97	66	5		1	968	73	600	257
37	92	59	4	1	1	769	59	473	205
38	50	33	8			621	40	384	170
39	55	41	4		1	458	28	280	125
40-44岁	**291**	**179**	**35**	**2**	**2**	**1962**	**113**	**1158**	**565**
40	67	41	8			447	31	250	134
41	48	39	6			423	23	272	106
42	65	37	7			392	24	219	122
43	61	24	10	1		381	22	229	107
44	50	38	5		2	319	12	187	95
45-49岁	**210**	**172**	**49**	**9**	**3**	**1180**	**78**	**627**	**323**
45	51	34	14	2		323	23	177	92
46	36	33	7	2		273	19	165	58
47	53	46	6	2		232	16	123	63
48	40	32	12	2	3	181	13	84	54
49	30	27	9	2		170	7	78	57
50岁	**48**	**23**	**5**	**3**		**166**	**11**	**90**	**44**

8-8 续表 2

单位：人

年 龄	单 独			均非独生子女						
	存活3个	存活4个	存活5个及以上	小 计	存活0个	存活1个	存活2个	存活3个	存活4个	存活5个及以上
总 计	**528**	**96**	**25**	**576440**	**46483**	**213594**	**220093**	**70465**	**19454**	**6351**
15-19岁	**2**			**1547**	**557**	**774**	**179**	**33**	**4**	
15				16	7	7	1	1		
16				94	37	47	5	5		
17				213	69	110	30	3	1	
18				444	169	209	57	9		
19	2			780	274	401	87	14	3	
20-24岁	**8**			**27712**	**8126**	**14444**	**4578**	**500**	**60**	**5**
20	1			1813	649	957	196	9	2	
21				3130	1008	1664	430	27	1	
22				5140	1614	2615	815	82	14	
23	4			7633	2291	3952	1219	151	18	2
24	4			9995	2565	5256	1917	231	25	2
25-29岁	**52**	**9**		**95191**	**17085**	**47057**	**25865**	**4487**	**617**	**81**
25	5			14960	3624	7647	3210	439	39	2
26	4			17098	3624	8693	4041	649	85	6
27	5	2		19086	3565	9450	5038	906	109	18
28	15	5		21805	3366	10714	6414	1117	176	19
29	23	2		22242	2906	10552	7162	1376	210	37
30-34岁	**104**	**20**	**4**	**110467**	**9317**	**46646**	**41961**	**10245**	**1920**	**377**
30	12	2	1	21611	2416	9840	7485	1559	261	49
31	25	7	2	22125	2085	9740	8062	1891	297	50
32	19	3		21831	1724	9190	8380	2082	382	74
33	26	5	2	23311	1735	9491	9144	2372	473	96
34	22	3		21589	1357	8385	8890	2342	506	108
35-39岁	**122**	**25**	**3**	**97624**	**4588**	**36325**	**41731**	**11605**	**2619**	**757**
35	22	4	3	20207	1187	7716	8395	2296	499	114
36	31	8		21395	1086	8266	8932	2451	506	154
37	26	5		19477	879	7187	8396	2350	516	147
38	23	4		17143	688	6320	7429	2055	503	147
39	21	4		19403	748	6835	8578	2452	594	195
40-44岁	**111**	**11**	**4**	**112910**	**3478**	**36199**	**49597**	**17137**	**4956**	**1544**
40	26	4	2	20662	728	7092	9109	2777	752	204
41	21			22680	729	7596	10033	3151	890	282
42	24	3		23524	717	7675	10289	3491	1043	309
43	20	2	1	22917	619	7136	9982	3790	1043	348
44	20	3	1	23127	685	6700	10184	3928	1229	402
45-49岁	**115**	**24**	**13**	**110339**	**2813**	**27621**	**47463**	**21865**	**7674**	**2903**
45	19	11	2	24544	708	6990	10547	4356	1480	463
46	27	1	4	22243	558	5997	9565	4244	1381	497
47	24	3	3	24068	590	6008	10435	4678	1689	669
48	24	4	2	19206	468	4247	8231	4167	1470	623
49	21	6	2	20278	490	4378	8685	4420	1655	651
50岁	**13**	**7**	**1**	**20649**	**519**	**4529**	**8719**	**4593**	**1605**	**684**

9 老年人口

9-1 各地区分性别、身体健康状况的60岁及以上老年人口

单位：人

地区	60岁及以上人口			健康		
	合计	男	女	小计	男	女
全省	**376848**	**183573**	**193274**	**176237**	**92436**	**83801**
广州市	**47408**	**22513**	**24894**	**26145**	**13117**	**13028**
荔湾区	4914	2277	2638	2532	1280	1251
越秀区	6367	3030	3337	3730	1841	1889
海珠区	7074	3363	3712	3999	2030	1969
天河区	4309	2130	2179	2557	1317	1240
白云区	6648	3147	3501	3840	1936	1904
黄埔区	1351	645	706	725	366	359
番禺区	4000	1898	2102	2636	1273	1363
花都区	3654	1666	1988	1884	893	991
南沙区	2142	973	1169	1161	570	591
萝岗区	831	411	421	379	203	176
从化区	2185	1026	1159	832	421	411
增城区	3931	1948	1984	1871	987	884
韶关市	**13561**	**6381**	**7180**	**6144**	**3149**	**2996**
武江区	1326	650	676	692	353	339
浈江区	2285	1099	1187	1248	632	616
曲江区	1444	662	781	774	382	392
始兴县	931	389	542	263	127	137
仁化县	870	401	469	357	178	179
翁源县	1523	755	768	600	333	267
乳源瑶族自治县	818	388	430	460	230	230
新丰县	885	436	449	266	154	111
乐昌市	1927	896	1031	660	346	314
南雄市	1552	705	847	825	415	410
深圳市	**16149**	**7666**	**8483**	**10568**	**5259**	**5309**
罗湖区	2021	894	1126	1307	628	679
福田区	3629	1745	1884	2375	1196	1178
南山区	2681	1272	1409	1808	871	937
宝安区	4610	2245	2366	2960	1494	1466
龙岗区	2833	1330	1503	1860	938	922
盐田区	374	179	195	258	132	126
珠海市	**4881**	**2392**	**2489**	**2646**	**1357**	**1289**
香洲区	2626	1254	1372	1407	693	714
斗门区	1625	832	793	878	480	398
金湾区	630	306	324	361	185	176
汕头市	**21501**	**10262**	**11239**	**10844**	**5653**	**5190**
龙湖区	2096	1026	1069	1277	667	610
金平区	3993	1945	2047	1866	976	890
濠江区	1003	463	541	357	192	165
潮阳区	5912	2885	3026	2686	1479	1207
潮南区	4263	1994	2269	1922	1000	922
澄海区	3884	1791	2093	2552	1247	1304
南澳县	351	158	193	183	92	91
佛山市	**22552**	**10395**	**12157**	**14457**	**7008**	**7449**
禅城区	4179	1939	2239	2838	1370	1469
南海区	7361	3490	3871	4649	2311	2338
顺德区	7144	3171	3973	4744	2219	2525
三水区	2267	1034	1233	1396	678	718
高明区	1601	760	841	829	429	400

9-1 续表 1 单位：人

地区	基本健康			不健康，但生活能自理			生活不能自理		
	小计	男	女	小计	男	女	小计	男	女
全　省	**156570**	**72470**	**84100**	**37565**	**16026**	**21539**	**6475**	**2641**	**3834**
广州市	**17379**	**7848**	**9531**	**3009**	**1214**	**1795**	**874**	**334**	**540**
荔湾区	1874	830	1044	392	127	265	117	40	77
越秀区	2239	1024	1214	302	134	168	97	31	65
海珠区	2604	1140	1464	388	153	235	84	40	44
天河区	1563	737	826	156	63	93	34	13	20
白云区	2121	947	1175	396	158	239	290	106	183
黄埔区	534	242	293	71	28	44	19	9	10
番禺区	1184	549	635	144	60	84	37	16	20
花都区	1483	656	827	241	96	144	47	21	26
南沙区	820	343	477	133	53	80	28	7	21
萝岗区	374	173	201	67	29	38	12	6	6
从化区	1021	467	554	275	111	164	57	27	30
增城区	1562	741	821	445	203	242	54	17	36
韶关市	**5872**	**2608**	**3264**	**1317**	**531**	**786**	**228**	**94**	**134**
武江区	576	271	304	49	21	28	9	4	5
浈江区	851	390	461	144	58	86	43	19	24
曲江区	552	235	318	97	39	58	20	7	13
始兴县	480	204	276	169	53	116	18	5	13
仁化县	432	182	250	67	33	33	15	8	7
翁源县	706	331	375	197	83	114	21	9	12
乳源瑶族自治县	277	124	153	74	33	41	7	1	6
新丰县	438	210	228	155	64	91	26	7	19
乐昌市	993	432	561	225	92	133	50	27	23
南雄市	567	230	338	141	54	86	19	6	13
深圳市	**4541**	**2013**	**2529**	**647**	**248**	**400**	**392**	**147**	**245**
罗湖区	422	179	243	111	33	78	181	54	127
福田区	1090	473	617	122	56	66	43	20	23
南山区	752	347	405	93	39	55	28	16	12
宝安区	1325	625	700	213	81	132	112	44	68
龙岗区	852	348	505	97	35	62	24	10	14
盐田区	100	41	59	11	3	7	5	3	2
珠海市	**1846**	**864**	**982**	**318**	**138**	**180**	**72**	**33**	**39**
香洲区	1048	488	560	132	54	79	38	20	19
斗门区	571	274	297	149	66	82	27	12	15
金湾区	226	103	124	37	18	19	6	1	5
汕头市	**8583**	**3775**	**4808**	**1774**	**718**	**1056**	**301**	**117**	**184**
龙湖区	696	310	386	108	43	65	14	6	8
金平区	1890	887	1003	191	62	129	45	20	25
濠江区	459	195	264	168	69	98	19	6	14
潮阳区	2506	1094	1412	598	263	335	122	50	72
潮南区	1826	797	1029	450	175	275	66	22	44
澄海区	1082	444	638	222	90	132	28	9	19
南澳县	124	48	76	37	15	22	7	3	4
佛山市	**6575**	**2790**	**3785**	**1221**	**476**	**745**	**299**	**121**	**178**
禅城区	1123	476	647	163	67	96	55	27	27
南海区	2172	964	1208	443	179	263	97	35	62
顺德区	1939	771	1168	360	144	216	100	37	63
三水区	694	293	402	143	46	97	34	17	16
高明区	646	287	359	112	39	73	14	5	9

9-1 续表 2

单位：人

地区	60岁及以上人口			健康		
	合计	男	女	小计	男	女
江门市	**22557**	**11127**	**11429**	**11331**	**5991**	**5340**
蓬江区	2958	1393	1565	1426	726	700
江海区	895	407	487	422	214	208
新会区	4189	2049	2140	2294	1205	1089
台山市	5749	2886	2863	2494	1355	1139
开平市	3788	1858	1931	2098	1082	1016
鹤山市	2432	1158	1273	1190	605	585
恩平市	2546	1376	1170	1407	803	604
湛江市	**28900**	**14771**	**14128**	**12751**	**7119**	**5633**
赤坎区	1342	650	693	775	399	376
霞山区	1878	938	940	904	486	418
坡头区	1556	840	716	604	350	254
麻章区	1909	938	972	702	390	312
遂溪县	3946	2048	1897	1665	936	728
徐闻县	2744	1322	1422	1235	650	585
廉江市	6586	3538	3047	2962	1714	1249
雷州市	5095	2508	2586	1894	1050	844
吴川市	3844	1990	1855	2010	1143	866
茂名市	**25821**	**13470**	**12351**	**10167**	**5786**	**4381**
茂南区	3411	1698	1712	1192	641	551
电白区	5838	3006	2832	2448	1350	1098
高州市	6580	3502	3078	2967	1736	1230
化州市	5528	2895	2632	2000	1149	850
信宜市	4465	2369	2096	1560	909	651
肇庆市	**17530**	**8125**	**9404**	**7246**	**3644**	**3603**
端州区	2130	989	1141	1046	500	546
鼎湖区	802	353	449	445	208	237
广宁县	2380	1115	1264	897	462	434
怀集县	2916	1306	1610	830	432	398
封开县	1839	841	997	742	369	372
德庆县	1504	742	762	463	239	223
高要市	3805	1786	2019	1864	943	921
四会市	2155	992	1163	960	489	471
惠州市	**13260**	**6335**	**6926**	**5980**	**3097**	**2883**
惠城区	3960	1877	2083	1828	925	903
惠阳区	1675	786	888	663	341	322
博罗县	3462	1649	1813	1607	833	774
惠东县	2827	1367	1460	1302	679	623
龙门县	1337	656	681	580	320	260
梅州市	**22348**	**10864**	**11484**	**8996**	**4841**	**4154**
梅江区	2244	1082	1162	1475	756	720
梅县区	2823	1292	1530	1157	605	552
大埔县	2276	1125	1151	799	448	351
丰顺县	2611	1288	1323	789	432	357
五华县	5089	2560	2529	1636	893	743
平远县	1232	581	651	605	314	291
蕉岭县	1191	593	598	527	303	224
兴宁市	4882	2343	2539	2007	1090	917

9-1 续表 3

单位：人

地　区	基本健康			不健康，但生活能自理			生活不能自理		
	小计	男	女	小计	男	女	小计	男	女
江门市	**9172**	**4244**	**4929**	**1776**	**778**	**999**	**276**	**115**	**162**
蓬江区	1349	597	752	155	58	96	27	12	16
江海区	412	171	240	54	18	36	7	3	4
新会区	1629	727	902	232	100	132	35	16	18
台山市	2430	1153	1277	708	334	374	117	44	73
开平市	1422	668	754	236	91	145	33	17	16
鹤山市	1043	469	574	169	71	98	30	13	17
恩平市	889	458	431	222	105	117	28	10	18
湛江市	**11625**	**5589**	**6036**	**4082**	**1854**	**2227**	**442**	**210**	**232**
赤坎区	448	204	244	100	40	60	19	7	12
霞山区	805	370	435	148	71	77	22	11	10
坡头区	688	358	330	233	119	114	30	13	17
麻章区	877	413	465	308	128	180	21	7	15
遂溪县	1603	787	816	619	292	327	59	33	26
徐闻县	957	438	519	498	210	288	54	24	30
廉江市	2664	1349	1315	874	434	440	85	42	43
雷州市	2180	1016	1164	926	399	528	94	43	51
吴川市	1403	655	748	375	162	213	58	29	28
茂名市	**11833**	**5955**	**5878**	**3424**	**1561**	**1863**	**397**	**168**	**229**
茂南区	1708	837	871	396	173	224	114	47	67
电白区	2535	1276	1259	780	346	434	74	33	41
高州市	2908	1454	1454	654	287	367	51	24	27
化州市	2561	1301	1260	890	411	479	77	34	42
信宜市	2121	1087	1034	703	344	359	82	30	52
肇庆市	**7943**	**3504**	**4439**	**2075**	**862**	**1214**	**265**	**116**	**149**
端州区	938	421	516	131	56	74	15	11	4
鼎湖区	276	112	165	70	30	40	10	4	6
广宁县	1164	514	650	272	115	158	46	24	23
怀集县	1438	609	829	577	242	335	72	23	48
封开县	910	402	508	168	64	105	18	7	11
德庆县	765	378	387	251	110	141	24	15	10
高要市	1536	679	857	357	145	212	49	20	29
四会市	916	389	526	249	101	148	30	13	17
惠州市	**5761**	**2629**	**3131**	**1294**	**527**	**767**	**226**	**81**	**145**
惠城区	1764	797	967	284	125	160	84	30	54
惠阳区	784	360	424	205	76	128	23	9	14
博罗县	1462	655	807	339	143	196	54	18	37
惠东县	1186	560	626	300	114	186	40	15	25
龙门县	565	257	308	166	69	98	26	10	15
梅州市	**10636**	**4940**	**5696**	**2346**	**950**	**1397**	**369**	**133**	**237**
梅江区	633	282	351	108	39	69	28	6	22
梅县区	1369	580	788	253	91	162	44	16	28
大埔县	1119	531	587	306	129	177	53	18	35
丰顺县	1403	686	718	370	156	214	49	14	35
五华县	2823	1417	1407	559	220	339	70	30	41
平远县	515	216	299	92	40	52	19	10	9
蕉岭县	529	233	296	116	46	70	19	11	8
兴宁市	2246	996	1250	542	230	312	87	28	60

9-1 续表 4 单位：人

地区	60岁及以上人口			健康		
	合计	男	女	小计	男	女
汕尾市	**10741**	**5837**	**4904**	**3944**	**2293**	**1651**
城区	1773	931	842	764	431	332
海丰县	3246	1771	1475	1133	662	471
陆河县	1141	650	491	327	210	117
陆丰市	4580	2485	2095	1721	990	731
河源市	**12584**	**6042**	**6543**	**3283**	**1853**	**1429**
源城区	1347	643	704	458	248	210
紫金县	2782	1358	1424	587	347	240
龙川县	3402	1621	1781	988	556	432
连平县	1370	668	702	375	213	162
和平县	1741	841	900	504	274	230
东源县	1943	911	1032	371	216	155
阳江市	**11812**	**6080**	**5732**	**4198**	**2370**	**1828**
江城区	3159	1607	1552	1294	717	576
阳西县	2514	1331	1183	740	434	306
阳东县	2231	1167	1064	1007	578	429
阳春市	3909	1975	1933	1157	641	516
清远市	**16626**	**7918**	**8708**	**7022**	**3676**	**3346**
清城区	3302	1547	1754	1663	832	830
清新区	3048	1505	1544	1400	751	649
佛冈县	1241	604	637	547	296	251
阳山县	1815	846	969	854	432	422
连山壮族瑶族自治县	429	211	218	138	75	64
连南瑶族自治县	592	263	329	176	92	84
英德市	3988	1891	2097	1236	671	565
连州市	2210	1051	1159	1008	527	481
东莞市	**14174**	**6791**	**7383**	**8249**	**4230**	**4019**
中山市	**8483**	**4006**	**4477**	**4344**	**2195**	**2149**
潮州市	**12189**	**5758**	**6430**	**5460**	**2885**	**2575**
湘桥区	2784	1317	1467	1470	773	697
潮安区	5024	2371	2653	2346	1235	1111
饶平县	4381	2071	2310	1644	876	767
揭阳市	**22906**	**11513**	**11392**	**8220**	**4647**	**3573**
榕城区	3980	1960	2020	1922	1044	879
揭东区	4266	2168	2098	1631	888	743
揭西县	3949	2042	1907	1024	608	416
惠来县	3745	1834	1911	1211	706	505
普宁市	6966	3510	3456	2431	1401	1030
云浮市	**10867**	**5326**	**5541**	**4243**	**2266**	**1976**
云城区	1486	716	770	569	298	271
云安区	1181	583	598	478	253	225
新兴县	2130	1020	1110	832	429	403
郁南县	2026	1007	1019	817	445	373
罗定市	4044	2000	2044	1547	841	706

9-1 续表 5 单位：人

地 区	基本健康			不健康，但生活能自理			生活不能自理		
	小计	男	女	小计	男	女	小计	男	女
汕尾市	**5401**	**2869**	**2532**	**1180**	**571**	**609**	**215**	**103**	**112**
城区	796	402	394	179	84	95	35	14	21
海丰县	1625	870	755	416	206	210	72	33	39
陆河县	669	368	301	133	66	68	11	6	5
陆丰市	2311	1229	1082	451	215	236	97	50	47
河源市	**6897**	**3235**	**3663**	**2157**	**856**	**1301**	**247**	**97**	**150**
源城区	735	336	399	127	47	79	27	11	16
紫金县	1604	762	842	524	224	300	67	26	41
龙川县	1810	839	971	551	206	345	52	20	33
连平县	756	362	394	213	81	133	25	12	13
和平县	876	423	453	324	131	193	38	14	24
东源县	1116	513	603	418	167	251	38	15	22
阳江市	**5330**	**2690**	**2641**	**2082**	**933**	**1149**	**201**	**88**	**113**
江城区	1345	668	677	467	202	265	54	19	34
阳西县	1207	629	578	528	248	279	39	19	20
阳东县	894	448	446	300	130	170	30	11	19
阳春市	1885	944	940	788	352	435	79	38	41
清远市	**7787**	**3487**	**4300**	**1576**	**662**	**914**	**240**	**92**	**148**
清城区	1413	611	802	186	81	105	40	23	17
清新区	1394	659	735	215	83	132	39	12	27
佛冈县	565	258	307	107	41	66	22	8	13
阳山县	737	309	428	189	92	97	34	13	21
连山壮族瑶族自治县	207	98	109	77	36	41	7	2	5
连南瑶族自治县	298	126	172	98	38	60	20	6	13
英德市	2197	1000	1198	503	204	299	52	17	36
连州市	975	426	549	201	87	113	27	11	16
东莞市	**4836**	**2128**	**2708**	**824**	**328**	**496**	**266**	**105**	**161**
中山市	**3276**	**1412**	**1864**	**557**	**257**	**300**	**306**	**142**	**164**
潮州市	**5233**	**2285**	**2948**	**1326**	**527**	**800**	**170**	**62**	**108**
湘桥区	1020	428	592	254	99	155	39	16	23
潮安区	2232	971	1260	389	143	246	57	22	36
饶平县	1981	886	1095	683	284	399	73	24	49
揭阳市	**11088**	**5240**	**5848**	**3091**	**1421**	**1670**	**506**	**205**	**301**
榕城区	1707	762	945	283	126	157	67	29	39
揭东区	2007	994	1012	533	246	287	95	39	56
揭西县	2254	1113	1141	566	280	286	105	41	64
惠来县	1778	800	979	661	287	374	95	42	53
普宁市	3342	1572	1770	1048	482	567	144	55	89
云浮市	**4955**	**2365**	**2590**	**1487**	**615**	**871**	**182**	**79**	**103**
云城区	757	351	406	133	51	82	27	16	11
云安区	546	259	287	138	63	75	19	7	12
新兴县	969	465	505	294	110	185	34	16	17
郁南县	906	433	473	272	120	151	31	9	22
罗定市	1776	857	919	650	271	379	71	30	41

9-1a 各地区分性别、身体健康状况的60岁及以上老年人口（城市）

单位：人

地 区	60岁及以上人口			健 康		
	合计	男	女	小计	男	女
全 省	**161057**	**77147**	**83910**	**90283**	**45622**	**44661**
广州市	**36360**	**17322**	**19039**	**20943**	**10492**	**10451**
荔湾区	4914	2277	2638	2532	1280	1251
越秀区	6367	3030	3337	3730	1841	1889
海珠区	7074	3363	3712	3999	2030	1969
天河区	4309	2130	2179	2557	1317	1240
白云区	4109	1992	2116	2521	1278	1243
黄埔区	1351	645	706	725	366	359
番禺区	3056	1462	1594	2144	1037	1107
花都区	1882	857	1025	1022	476	546
南沙区	751	348	403	481	237	244
萝岗区	557	276	280	293	153	140
从化区	658	306	353	265	128	138
增城区	1333	635	697	675	350	326
韶关市	**4133**	**1978**	**2155**	**2445**	**1220**	**1225**
武江区	1023	506	516	517	261	255
浈江区	1704	814	890	1023	510	512
曲江区	628	299	330	403	201	202
乐昌市	341	157	184	185	93	92
南雄市	436	201	235	318	155	164
深圳市	**16149**	**7666**	**8483**	**10568**	**5259**	**5309**
罗湖区	2021	894	1126	1307	628	679
福田区	3629	1745	1884	2375	1196	1178
南山区	2681	1272	1409	1808	871	937
宝安区	4610	2245	2366	2960	1494	1466
龙岗区	2833	1330	1503	1860	938	922
盐田区	374	179	195	258	132	126
珠海市	**3272**	**1565**	**1707**	**1800**	**887**	**913**
香洲区	2613	1242	1370	1398	685	713
斗门区	381	191	190	236	122	114
金湾区	278	132	147	165	80	85
汕头市	**9743**	**4705**	**5038**	**5005**	**2585**	**2419**
龙湖区	1441	722	719	925	479	446
金平区	3921	1913	2008	1855	971	884
濠江区	622	291	331	237	124	113
潮阳区	1326	654	672	662	343	319
潮南区	1330	595	735	547	274	273
澄海区	1103	530	573	779	394	385

9-1a 续表 1

单位：人

地 区	基本健康			不健康，但生活能自理			生活不能自理		
	小计	男	女	小计	男	女	小计	男	女
全 省	**58519**	**26449**	**32070**	**9643**	**4008**	**5635**	**2612**	**1068**	**1544**
广州市	**12980**	**5878**	**7103**	**1888**	**744**	**1144**	**549**	**207**	**341**
荔湾区	1874	830	1044	392	127	265	117	40	77
越秀区	2239	1024	1214	302	134	168	97	31	65
海珠区	2604	1140	1464	388	153	235	84	40	44
天河区	1563	737	826	156	63	93	34	13	20
白云区	1327	611	716	167	72	95	94	32	62
黄埔区	534	242	293	71	28	44	19	9	10
番禺区	780	365	415	102	47	55	30	13	16
花都区	740	332	408	96	37	60	23	12	11
南沙区	226	97	129	36	13	23	8	2	7
萝岗区	233	109	124	24	11	13	7	3	3
从化区	333	153	180	48	19	29	12	6	6
增城区	527	238	289	106	42	64	25	6	19
韶关市	**1467**	**672**	**795**	**173**	**68**	**105**	**48**	**18**	**30**
武江区	469	229	241	29	13	16	8	3	4
浈江区	571	266	305	84	29	55	27	9	18
曲江区	199	83	116	19	12	7	7	3	4
乐昌市	129	55	74	24	7	17	4	2	1
南雄市	98	40	58	16	6	10	3	1	2
深圳市	**4541**	**2013**	**2529**	**647**	**248**	**400**	**392**	**147**	**245**
罗湖区	422	179	243	111	33	78	181	54	127
福田区	1090	473	617	122	56	66	43	20	23
南山区	752	347	405	93	39	55	28	16	12
宝安区	1325	625	700	213	81	132	112	44	68
龙岗区	852	348	505	97	35	62	24	10	14
盐田区	100	41	59	11	3	7	5	3	2
珠海市	**1265**	**588**	**678**	**162**	**69**	**93**	**46**	**22**	**23**
香洲区	1044	484	559	132	54	79	38	20	19
斗门区	124	60	64	16	7	8	5	3	3
金湾区	97	43	54	14	8	6	2		2
汕头市	**3929**	**1794**	**2134**	**700**	**282**	**418**	**110**	**43**	**67**
龙湖区	444	211	233	63	27	36	9	5	5
金平区	1845	867	978	178	56	122	43	20	23
濠江区	268	120	148	108	45	63	9	2	7
潮阳区	522	243	279	122	60	62	20	7	12
潮南区	583	243	340	177	71	106	23	7	16
澄海区	267	112	155	51	22	29	5	2	4

9-1a 续表 2

单位：人

地　区	60岁及以上人口			健　康		
	合计	男	女	小计	男	女
佛山市	**19370**	**8909**	**10461**	**12814**	**6189**	**6624**
禅城区	3601	1671	1930	2449	1186	1264
南海区	6689	3170	3520	4371	2171	2200
顺德区	7000	3101	3899	4686	2189	2497
三水区	949	437	513	684	331	354
高明区	1130	531	599	624	313	311
江门市	**10635**	**5089**	**5546**	**5567**	**2823**	**2744**
蓬江区	2945	1388	1557	1417	722	695
江海区	895	407	487	422	214	208
新会区	1811	859	952	1092	538	554
台山市	1807	881	926	894	465	428
开平市	1613	795	818	1007	518	489
鹤山市	1042	477	565	467	213	254
恩平市	523	282	240	269	152	117
湛江市	**6170**	**3105**	**3065**	**3129**	**1652**	**1477**
赤坎区	1320	640	680	759	392	367
霞山区	1784	894	890	872	468	404
坡头区	400	217	182	111	59	52
麻章区	222	115	108	112	62	50
遂溪县	116	58	58	63	33	30
廉江市	763	408	356	408	213	195
雷州市	681	341	341	252	146	106
吴川市	883	433	451	551	279	273
茂名市	**5454**	**2775**	**2679**	**2116**	**1173**	**943**
茂南区	2221	1111	1110	838	443	396
电白区	666	328	338	247	136	111
高州市	857	440	417	380	218	163
化州市	793	406	387	331	191	140
信宜市	917	490	427	319	186	133
肇庆市	**3514**	**1653**	**1861**	**1799**	**874**	**925**
端州区	2130	989	1141	1046	500	546
鼎湖区	182	85	97	90	42	47
高要市	242	127	115	131	69	62
四会市	961	452	508	533	263	270
惠州市	**3802**	**1807**	**1996**	**1831**	**925**	**906**
惠城区	2770	1328	1442	1386	704	683
惠阳区	1023	474	549	442	220	222
博罗县	9	4	5	2	1	1

9-1a 续表 3 单位：人

地区	基本健康			不健康，但生活能自理			生活不能自理		
	小计	男	女	小计	男	女	小计	男	女
佛山市	**5459**	**2281**	**3177**	**857**	**340**	**517**	**241**	**98**	**143**
禅城区	959	404	555	148	59	90	44	22	22
南海区	1958	857	1101	282	113	169	78	29	50
顺德区	1867	735	1132	347	140	207	100	37	63
三水区	221	89	133	33	10	22	11	7	4
高明区	453	197	257	47	18	28	7	3	3
江门市	**4384**	**1991**	**2393**	**586**	**231**	**356**	**97**	**44**	**53**
蓬江区	1347	596	751	155	58	96	27	12	16
江海区	412	171	240	54	18	36	7	3	4
新会区	664	303	361	43	13	30	12	5	7
台山市	695	320	375	187	78	108	32	17	15
开平市	544	254	289	57	19	37	6	3	3
鹤山市	510	236	274	58	26	32	6	2	5
恩平市	213	110	103	33	17	16	7	3	4
湛江市	**2433**	**1160**	**1273**	**530**	**254**	**276**	**79**	**39**	**40**
赤坎区	445	203	243	97	38	59	18	7	11
霞山区	752	347	405	139	68	72	20	11	9
坡头区	238	130	108	42	23	19	9	5	4
麻章区	86	45	41	23	8	15	2		2
遂溪县	37	14	22	16	10	6	1	1	
廉江市	299	160	140	50	30	20	6	5	1
雷州市	306	138	168	114	51	63	10	6	4
吴川市	270	124	146	49	26	23	13	3	10
茂名市	**2575**	**1253**	**1323**	**626**	**294**	**332**	**137**	**55**	**81**
茂南区	1093	538	556	199	96	104	90	35	55
电白区	301	137	164	102	47	54	15	8	8
高州市	379	178	201	93	43	50	4	1	3
化州市	370	173	197	83	37	47	8	5	3
信宜市	431	227	204	148	71	77	19	6	12
肇庆市	**1458**	**659**	**800**	**225**	**102**	**123**	**32**	**18**	**14**
端州区	938	421	516	131	56	74	15	11	4
鼎湖区	74	33	41	16	8	8	2	1	
高要市	99	53	46	10	5	5	1		1
四会市	347	151	196	68	32	35	14	6	8
惠州市	**1686**	**770**	**916**	**234**	**94**	**140**	**52**	**17**	**35**
惠城区	1220	557	663	122	54	68	41	13	28
惠阳区	459	210	249	112	40	72	10	4	6
博罗县	7	3	4						

9-1a 续表 4 单位：人

地　区	60岁及以上人口			健　康		
	合计	男	女	小计	男	女
梅州市	**4329**	**2058**	**2271**	**2426**	**1244**	**1181**
梅江区	1979	955	1024	1358	692	666
梅县区	795	363	433	415	205	210
五华县	75	44	31	18	14	5
兴宁市	1481	697	783	634	334	300
汕尾市	**1789**	**948**	**841**	**739**	**411**	**328**
城区	1117	592	526	457	257	201
陆丰市	672	356	316	281	155	127
河源市	**1322**	**631**	**690**	**452**	**244**	**208**
源城区	1322	631	690	452	244	208
阳江市	**2601**	**1294**	**1307**	**1173**	**617**	**556**
江城区	1876	942	934	894	474	420
阳春市	726	353	373	280	143	136
清远市	**3352**	**1585**	**1767**	**1925**	**950**	**975**
清城区	1682	785	898	1026	502	524
清新区	455	220	235	306	147	159
英德市	535	263	272	242	124	117
连州市	680	317	363	353	177	176
东莞市	**12357**	**5921**	**6436**	**7145**	**3660**	**3484**
中山市	**5213**	**2520**	**2693**	**2723**	**1398**	**1325**
潮州市	**3794**	**1812**	**1982**	**2160**	**1117**	**1043**
湘桥区	1856	896	960	1078	566	511
潮安区	1937	916	1022	1083	551	532
揭阳市	**5793**	**2889**	**2904**	**2730**	**1488**	**1243**
榕城区	2810	1388	1422	1460	783	677
揭东区	1163	580	584	534	283	251
普宁市	1820	921	899	736	421	315
云浮市	**1905**	**915**	**990**	**793**	**411**	**382**
云城区	1013	475	538	398	203	195
云安区	75	41	35	40	21	18
罗定市	817	400	417	356	187	169

9-1a 续表 5 单位：人

地 区	基本健康			不健康，但生活能自理			生活不能自理		
	小计	男	女	小计	男	女	小计	男	女
梅州市	**1554**	**679**	**875**	**287**	**110**	**178**	**62**	**25**	**37**
梅江区	508	225	284	88	32	57	24	6	18
梅县区	319	133	186	48	19	29	13	5	8
五华县	28	16	13	20	10	11	8	5	3
兴宁市	699	306	393	130	49	81	17	8	9
汕尾市	**851**	**444**	**407**	**172**	**82**	**89**	**28**	**10**	**17**
城区	543	279	264	99	50	50	17	6	11
陆丰市	307	165	143	73	33	40	11	4	6
河源市	**724**	**331**	**393**	**120**	**46**	**74**	**25**	**10**	**15**
源城区	724	331	393	120	46	74	25	10	15
阳江市	**1053**	**508**	**545**	**336**	**156**	**181**	**39**	**14**	**25**
江城区	706	347	359	249	112	137	26	9	18
阳春市	347	161	186	87	44	44	12	5	7
清远市	**1200**	**543**	**657**	**194**	**83**	**111**	**33**	**9**	**24**
清城区	578	252	326	62	26	36	17	5	13
清新区	135	67	68	13	5	7	2		2
英德市	226	109	117	61	27	34	6	2	3
连州市	261	115	146	59	24	34	8	2	7
东莞市	**4243**	**1876**	**2367**	**737**	**292**	**445**	**232**	**93**	**139**
中山市	**1916**	**846**	**1070**	**315**	**157**	**158**	**258**	**119**	**139**
潮州市	**1358**	**584**	**774**	**236**	**96**	**140**	**39**	**15**	**24**
湘桥区	626	266	360	127	55	73	25	10	15
潮安区	732	318	414	109	41	67	14	5	9
揭阳市	**2555**	**1173**	**1382**	**424**	**185**	**240**	**83**	**44**	**39**
榕城区	1154	516	637	151	68	83	45	21	24
揭东区	551	261	290	72	32	39	6	3	3
普宁市	850	396	455	202	84	117	32	20	12
云浮市	**886**	**407**	**479**	**195**	**78**	**116**	**31**	**19**	**12**
云城区	510	227	283	87	33	54	18	12	6
云安区	23	14	9	11	5	7	1		1
罗定市	352	166	187	96	40	56	13	7	6

9-1b 各地区分性别、身体健康状况的60岁及以上老年人口（镇）

单位：人

地　区	60岁及以上人口			健　康		
	合计	男	女	小计	男	女
全　省	**68583**	**33637**	**34946**	**29973**	**16021**	**13952**
广州市	**3640**	**1746**	**1893**	**2003**	**1017**	**986**
白云区	733	339	393	483	237	246
番禺区	182	87	95	120	62	57
花都区	370	179	191	216	107	108
南沙区	774	349	424	445	211	233
萝岗区	29	19	9	7	4	3
从化区	181	88	93	98	53	45
增城区	1372	684	688	634	341	293
韶关市	**3158**	**1500**	**1658**	**1377**	**704**	**673**
武江区	68	34	34	46	24	22
浈江区	225	119	106	125	69	56
曲江区	195	89	106	93	48	45
始兴县	358	150	207	130	66	64
仁化县	304	138	166	152	71	81
翁源县	488	244	243	194	104	90
乳源瑶族自治县	348	161	186	184	90	94
新丰县	402	201	201	145	81	64
乐昌市	574	272	302	188	92	95
南雄市	198	92	106	121	60	61
珠海市	**783**	**400**	**383**	**485**	**265**	**220**
香洲区	13	12	2	9	8	1
斗门区	418	214	204	281	153	128
金湾区	352	174	178	195	104	91
汕头市	**5606**	**2599**	**3007**	**2727**	**1378**	**1349**
龙湖区	258	122	136	136	74	61
濠江区	32	12	20	12	5	7
潮阳区	2138	1025	1114	890	483	407
潮南区	1139	524	614	406	215	191
澄海区	1767	794	973	1146	533	613
南澳县	272	122	150	138	68	69
佛山市	**1269**	**592**	**677**	**844**	**405**	**439**
禅城区	578	269	309	389	184	205
南海区	149	71	78	109	53	56
三水区	412	188	225	259	123	136
高明区	129	65	64	87	45	42
江门市	**2686**	**1383**	**1303**	**1219**	**697**	**523**
新会区	604	311	293	349	199	150
台山市	695	341	354	191	113	78
开平市	344	175	169	193	103	90
鹤山市	306	155	152	176	98	78
恩平市	736	401	336	310	184	127

9-1b 续表 1

单位：人

地区	基本健康			不健康，但生活能自理			生活不能自理		
	小计	男	女	小计	男	女	小计	男	女
全 省	**29834**	**13849**	**15985**	**7618**	**3276**	**4342**	**1158**	**491**	**667**
广州市	**1311**	**593**	**718**	**276**	**116**	**160**	**50**	**20**	**30**
白云区	201	83	119	29	10	19	19	10	10
番禺区	43	16	27	16	7	9	3	1	2
花都区	144	66	78	10	6	5			
南沙区	292	123	169	26	12	14	12	3	8
萝岗区	15	11	4	6	5	1	1		1
从化区	61	28	33	17	6	11	4	1	4
增城区	555	267	289	172	71	101	11	6	6
韶关市	**1346**	**611**	**735**	**362**	**147**	**215**	**72**	**38**	**34**
武江区	18	8	10	3	2	1			
浈江区	70	37	33	24	8	15	7	5	2
曲江区	70	31	38	30	9	21	2	1	1
始兴县	159	64	95	59	17	42	9	3	7
仁化县	133	57	76	13	6	7	6	4	2
翁源县	221	109	112	63	27	36	10	4	6
乳源瑶族自治县	119	48	71	41	23	18	4		4
新丰县	195	94	101	53	22	31	9	5	4
乐昌市	298	136	162	64	28	36	24	16	8
南雄市	65	27	38	12	4	8	1	1	
珠海市	**236**	**111**	**125**	**52**	**21**	**32**	**9**	**3**	**6**
香洲区	4	4	1						
斗门区	102	48	54	29	11	18	5	2	3
金湾区	129	59	70	23	10	13	4	1	3
汕头市	**2252**	**975**	**1277**	**507**	**198**	**308**	**120**	**48**	**73**
龙湖区	100	39	61	21	8	14	2	1	1
濠江区	12	4	7	8	2	6			
潮阳区	917	411	506	249	98	152	81	33	48
潮南区	621	267	354	96	38	59	16	5	11
澄海区	506	216	290	98	39	59	17	6	11
南澳县	97	38	59	33	14	19	5	3	2
佛山市	**355**	**158**	**196**	**46**	**17**	**28**	**24**	**11**	**13**
禅城区	165	72	93	14	8	6	10	5	5
南海区	36	17	20	2		2	3	2	2
三水区	115	52	63	28	9	19	10	3	6
高明区	39	18	20	2		2	1	1	
江门市	**1130**	**542**	**588**	**292**	**129**	**163**	**44**	**15**	**29**
新会区	208	91	117	41	17	24	6	4	2
台山市	341	159	183	142	64	77	21	6	15
开平市	129	67	62	20	3	17	3	2	1
鹤山市	116	52	65	11	3	8	2	2	1
恩平市	335	174	161	78	41	37	13	3	10

9-1b 续表 2

单位：人

地　区	60岁及以上人口			健　康		
	合计	男	女	小计	男	女
湛江市	**5680**	**2881**	**2799**	**2677**	**1481**	**1196**
霞山区	14	6	8	6	3	3
坡头区	275	147	129	116	71	46
麻章区	521	261	260	212	121	91
遂溪县	1100	552	548	456	245	210
徐闻县	1067	522	545	571	293	278
廉江市	1210	621	589	595	329	266
雷州市	762	385	376	320	184	136
吴川市	731	387	343	401	234	167
茂名市	**4312**	**2245**	**2067**	**1698**	**961**	**737**
茂南区	172	89	83	59	29	29
电白区	1531	795	736	607	344	263
高州市	1091	579	512	408	239	169
化州市	759	383	376	322	180	143
信宜市	760	400	360	302	169	133
肇庆市	**3955**	**1912**	**2043**	**1794**	**936**	**858**
鼎湖区	190	94	95	127	67	60
广宁县	861	402	460	320	172	148
怀集县	715	328	387	224	117	107
封开县	601	274	326	283	135	148
德庆县	418	222	196	168	87	81
高要市	959	495	465	589	316	273
四会市	210	97	113	84	43	41
惠州市	**3756**	**1815**	**1940**	**2040**	**1060**	**980**
惠城区	122	60	63	54	31	23
惠阳区	196	95	101	96	48	49
博罗县	1615	788	826	877	464	413
惠东县	1347	643	704	777	398	379
龙门县	475	229	247	236	119	117
梅州市	**5989**	**2921**	**3067**	**2448**	**1316**	**1132**
梅江区	29	14	15	2	1	1
梅县区	646	293	353	210	116	94
大埔县	865	422	443	334	187	148
丰顺县	1188	591	597	362	195	167
五华县	1395	693	702	572	303	268
平远县	529	256	273	320	162	158
蕉岭县	557	289	268	290	167	122
兴宁市	780	363	416	359	185	174
汕尾市	**4125**	**2222**	**1903**	**1490**	**858**	**632**
城区	215	118	97	57	35	22
海丰县	1915	1034	881	761	437	324
陆河县	582	328	254	195	121	74
陆丰市	1414	743	670	477	264	212

9-1b 续表 3

单位：人

地区	基本健康			不健康，但生活能自理			生活不能自理		
	小计	男	女	小计	男	女	小计	男	女
湛江市	**2174**	**1016**	**1158**	**746**	**343**	**403**	**82**	**40**	**42**
霞山区	8	3	6						
坡头区	131	68	62	25	7	17	4	1	3
麻章区	218	97	121	85	41	44	6	2	5
遂溪县	455	224	231	171	73	98	18	10	9
徐闻县	339	159	180	135	59	76	21	10	11
廉江市	419	196	223	175	86	89	21	10	11
雷州市	341	152	189	95	46	49	6	4	2
吴川市	264	118	146	60	31	30	5	4	1
茂名市	**2006**	**1012**	**994**	**546**	**238**	**309**	**62**	**34**	**28**
茂南区	92	48	43	16	8	8	5	3	2
电白区	689	348	341	214	91	124	21	12	9
高州市	563	290	274	108	44	65	11	6	5
化州市	339	162	178	87	35	52	10	6	4
信宜市	323	165	158	121	61	61	15	6	8
肇庆市	**1699**	**791**	**908**	**401**	**159**	**242**	**61**	**26**	**35**
鼎湖区	50	23	27	10	3	6	3		3
广宁县	442	186	257	87	36	51	12	7	5
怀集县	342	152	190	135	56	79	14	4	11
封开县	262	123	139	50	13	37	7	4	3
德庆县	201	111	90	41	18	23	9	6	3
高要市	312	155	156	48	20	28	11	3	8
四会市	90	41	50	31	12	19	5	1	3
惠州市	**1362**	**619**	**743**	**303**	**116**	**187**	**51**	**21**	**30**
惠城区	57	23	34	7	3	4	4	3	1
惠阳区	69	36	34	29	12	16	2		2
博罗县	589	268	321	123	47	76	25	8	17
惠东县	461	201	259	98	38	60	13	6	6
龙门县	186	91	95	46	15	31	7	3	4
梅州市	**2816**	**1309**	**1506**	**623**	**259**	**364**	**102**	**37**	**65**
梅江区	19	11	8	8	2	6			
梅县区	374	162	211	53	12	41	10	4	6
大埔县	420	190	230	90	40	51	19	5	14
丰顺县	660	323	337	143	65	78	23	7	16
五华县	638	312	326	164	69	95	21	9	13
平远县	168	76	92	32	14	18	9	4	4
蕉岭县	213	97	116	46	20	26	9	5	4
兴宁市	324	138	186	86	38	49	11	3	8
汕尾市	**2160**	**1144**	**1016**	**411**	**188**	**224**	**64**	**33**	**31**
城区	125	66	58	25	13	12	8	3	5
海丰县	956	506	451	164	73	91	33	18	15
陆河县	326	180	146	55	24	31	6	3	3
陆丰市	753	393	361	167	78	90	16	9	8

9-1b 续表 4

单位：人

地 区	60岁及以上人口			健 康		
	合计	男	女	小计	男	女
河源市	**2988**	**1447**	**1541**	**827**	**464**	**363**
紫金县	931	456	475	256	151	105
龙川县	771	371	401	221	121	100
连平县	486	237	250	132	73	59
和平县	423	207	216	119	69	50
东源县	377	177	200	99	50	49
阳江市	**2762**	**1406**	**1355**	**1044**	**578**	**466**
江城区	398	202	197	112	66	46
阳西县	843	435	407	312	173	139
阳东县	882	458	424	370	207	163
阳春市	639	311	328	251	132	118
清远市	3818	1814	2004	1780	925	856
清城区	790	378	411	329	169	161
清新区	542	270	271	295	160	134
佛冈县	444	212	231	218	114	104
阳山县	630	291	339	359	175	184
连山壮族瑶族自治县	166	75	92	55	26	29
连南瑶族自治县	279	125	153	121	62	59
英德市	798	379	419	323	177	147
连州市	169	82	87	80	43	37
东莞市	**81**	**45**	**37**	**61**	**35**	**27**
中山市	**1958**	**888**	**1070**	**1085**	**536**	**549**
潮州市	**3911**	**1818**	**2093**	**1535**	**824**	**712**
湘桥区	588	263	325	251	132	119
潮安区	1118	516	602	444	242	202
饶平县	2204	1038	1166	840	450	390
揭阳市	**5900**	**2941**	**2959**	**1810**	**1048**	**762**
榕城区	375	177	198	197	102	95
揭东区	1052	552	500	261	155	106
揭西县	1248	631	617	353	204	149
惠来县	1624	792	832	501	294	207
普宁市	1601	789	813	498	293	205
云浮市	**2208**	**1061**	**1148**	**1026**	**533**	**494**
云城区	35	16	19	18	10	8
云安区	195	92	103	109	55	54
新兴县	758	349	409	368	182	186
郁南县	738	365	373	373	198	175
罗定市	483	239	244	158	88	71

9-1b 续表 5

单位：人

地 区	基本健康			不健康，但生活能自理			生活不能自理		
	小计	男	女	小计	男	女	小计	男	女
河源市	**1616**	**751**	**865**	**488**	**210**	**278**	**58**	**23**	**35**
紫金县	536	238	298	118	59	59	21	8	13
龙川县	398	189	210	138	54	84	14	7	7
连平县	252	120	132	93	40	53	10	4	6
和平县	248	117	131	50	19	31	6	2	4
东源县	181	87	95	88	38	50	8	2	5
阳江市	**1231**	**614**	**618**	**446**	**198**	**247**	**40**	**16**	**24**
江城区	193	96	96	86	36	50	8	3	5
阳西县	373	194	179	147	63	84	11	5	6
阳东县	355	180	176	143	66	77	13	6	8
阳春市	310	143	167	70	33	37	8	2	6
清远市	1662	726	935	323	141	182	53	22	31
清城区	393	173	220	56	27	29	12	10	2
清新区	203	92	111	39	16	23	5	2	3
佛冈县	186	85	101	36	12	24	4	2	3
阳山县	220	92	128	45	22	23	6	2	4
连山壮族瑶族自治县	83	37	46	25	11	13	4		4
连南瑶族自治县	110	45	65	41	17	24	7	1	6
英德市	401	172	229	64	29	36	10	2	8
连州市	67	30	36	18	6	12	5	3	2
东莞市	**20**	**10**	**10**						
中山市	**747**	**287**	**460**	**103**	**52**	**52**	**23**	**13**	**10**
潮州市	**1862**	**799**	**1063**	**461**	**179**	**282**	**52**	**16**	**36**
湘桥区	244	100	144	84	28	56	8	3	5
潮安区	569	235	334	90	36	54	15	4	11
饶平县	1049	464	585	286	115	172	28	9	19
揭阳市	**2952**	**1375**	**1578**	**977**	**459**	**518**	**161**	**59**	**101**
榕城区	135	52	83	32	21	12	10	2	8
揭东区	544	271	273	202	109	93	45	17	27
揭西县	730	353	377	145	65	80	21	9	12
惠来县	762	341	421	312	136	175	48	21	28
普宁市	781	357	424	286	128	158	36	11	26
云浮市	**897**	**406**	**491**	**254**	**106**	**148**	**31**	**16**	**15**
云城区	12	4	8	2	1	1	3	1	2
云安区	64	27	37	18	7	10	3	2	2
新兴县	302	132	170	79	29	50	9	6	3
郁南县	270	126	144	87	37	50	9	4	5
罗定市	248	117	132	69	31	38	7	4	3

9-1c 各地区分性别、身体健康状况的60岁及以上老年人口（乡村）

单位：人

地　区	60岁及以上人口			健　康		
	合计	男	女	小计	男	女
全　省	**147208**	**72790**	**74418**	**55980**	**30793**	**25187**
广州市	**7407**	**3445**	**3962**	**3200**	**1608**	**1592**
白云区	1806	815	991	837	421	415
番禺区	763	349	413	372	174	199
花都区	1403	630	772	646	310	337
南沙区	617	275	342	236	121	114
萝岗区	246	115	131	79	46	33
从化区	1346	632	713	468	240	228
增城区	1227	628	599	562	296	265
韶关市	**6271**	**2904**	**3367**	**2321**	**1224**	**1098**
武江区	236	110	126	129	68	61
浈江区	356	166	190	100	52	48
曲江区	621	275	346	278	133	145
始兴县	573	239	334	133	61	72
仁化县	566	263	303	205	107	98
翁源县	1035	511	525	406	229	177
乳源瑶族自治县	471	227	244	276	140	136
新丰县	483	235	248	121	74	47
乐昌市	1012	467	545	287	160	127
南雄市	918	412	506	386	200	186
珠海市	**826**	**426**	**399**	**361**	**205**	**156**
斗门区	826	426	399	361	205	156
汕头市	**6152**	**2958**	**3193**	**3111**	**1690**	**1421**
龙湖区	397	183	214	216	114	103
金平区	71	32	40	12	6	6
濠江区	349	160	190	109	63	45
潮阳区	2448	1206	1241	1134	653	481
潮南区	1794	875	920	968	511	458
澄海区	1014	467	547	627	320	307
南澳县	79	36	43	46	24	22
佛山市	**1913**	**893**	**1019**	**799**	**413**	**386**
南海区	523	249	273	170	88	82
顺德区	144	71	74	59	30	29
三水区	905	410	495	453	224	229
高明区	341	164	177	118	71	47
江门市	**9236**	**4656**	**4580**	**4545**	**2472**	**2073**
蓬江区	13	5	8	10	4	6
新会区	1775	879	895	853	468	385
台山市	3247	1664	1583	1409	777	633
开平市	1831	888	943	899	462	437
鹤山市	1083	526	557	546	294	252
恩平市	1287	693	594	828	467	360

9-1c　续表 1

单位：人

地　区	基本健康			不健康，但生活能自理			生活不能自理		
	小计	男	女	小计	男	女	小计	男	女
全　省	**68217**	**32172**	**36046**	**20305**	**8742**	**11563**	**2705**	**1082**	**1622**
广州市	**3087**	**1377**	**1710**	**845**	**354**	**491**	**275**	**106**	**169**
白云区	593	253	340	201	76	124	176	65	112
番禺区	361	168	193	25	6	20	4	2	2
花都区	598	257	341	134	54	80	24	9	15
南沙区	303	123	180	71	29	42	8	2	6
萝岗区	126	53	73	37	14	23	5	2	2
从化区	627	286	340	210	86	124	41	20	21
增城区	480	236	244	167	89	78	18	6	11
韶关市	**3059**	**1325**	**1734**	**782**	**316**	**466**	**108**	**38**	**70**
武江区	88	35	53	17	6	11	2	1	1
浈江区	210	87	123	36	21	15	9	5	4
曲江区	283	120	163	48	18	30	12	4	8
始兴县	322	140	182	110	36	74	9	3	6
仁化县	299	125	174	53	27	26	9	4	5
翁源县	485	222	263	134	55	78	11	5	6
乳源瑶族自治县	158	75	83	33	10	23	3	1	2
新丰县	244	116	127	102	42	59	17	2	14
乐昌市	566	241	324	137	57	80	22	9	13
南雄市	404	163	242	112	44	68	15	5	10
珠海市	**345**	**166**	**179**	**104**	**48**	**55**	**17**	**7**	**9**
斗门区	345	166	179	104	48	55	17	7	9
汕头市	**2402**	**1005**	**1397**	**568**	**238**	**330**	**71**	**26**	**45**
龙湖区	153	61	92	24	8	16	3	1	3
金平区	45	20	25	13	6	7	2		2
濠江区	179	71	109	51	22	29	10	4	6
潮阳区	1066	439	627	226	105	121	21	9	12
潮南区	622	287	335	177	67	110	27	10	17
澄海区	309	117	193	72	29	43	6	1	4
南澳县	27	10	17	4	1	3	2	1	1
佛山市	**761**	**350**	**411**	**319**	**118**	**200**	**34**	**12**	**22**
南海区	178	90	88	159	66	93	16	5	11
顺德区	72	36	36	14	5	9			
三水区	358	152	206	82	27	55	13	7	6
高明区	154	72	82	64	21	43	6		6
江门市	**3658**	**1710**	**1948**	**898**	**419**	**479**	**135**	**55**	**80**
蓬江区	3	1	2						
新会区	756	333	423	148	71	78	17	8	9
台山市	1394	675	719	379	191	189	65	22	43
开平市	749	346	402	160	68	91	24	12	12
鹤山市	416	181	235	99	41	58	21	10	11
恩平市	341	174	166	111	48	63	8	4	4

9-1c 续表 2

单位：人

地 区	60岁及以上人口			健 康		
	合计	男	女	小计	男	女
湛江市	**17050**	**8786**	**8264**	**6946**	**3986**	**2960**
赤坎区	22	9	13	16	7	9
霞山区	79	38	42	25	14	11
坡头区	881	476	405	376	220	157
麻章区	1166	562	604	379	207	171
遂溪县	2730	1439	1291	1147	659	488
徐闻县	1677	800	877	664	357	307
廉江市	4612	2509	2103	1960	1171	789
雷州市	3651	1782	1869	1322	720	602
吴川市	2230	1170	1060	1057	630	427
茂名市	**16055**	**8450**	**7606**	**6353**	**3652**	**2701**
茂南区	1018	498	520	295	169	126
电白区	3641	1883	1758	1594	870	724
高州市	4632	2483	2149	2179	1280	899
化州市	3976	2106	1869	1346	778	567
信宜市	2788	1479	1309	940	555	385
肇庆市	**10060**	**4560**	**5501**	**3653**	**1833**	**1820**
鼎湖区	431	174	257	228	98	130
广宁县	1519	714	805	577	290	287
怀集县	2201	979	1223	606	315	291
封开县	1238	567	671	459	235	225
德庆县	1085	520	566	295	153	142
高要市	2603	1165	1439	1145	559	586
四会市	984	443	541	343	183	160
惠州市	**5702**	**2713**	**2989**	**2109**	**1112**	**997**
惠城区	1068	489	578	388	190	198
惠阳区	456	217	239	124	73	51
博罗县	1838	856	982	728	368	361
惠东县	1480	724	756	525	281	245
龙门县	861	427	434	344	200	143
梅州市	**12030**	**5884**	**6146**	**4122**	**2281**	**1841**
梅江区	236	113	122	115	62	53
梅县区	1381	636	745	532	285	247
大埔县	1412	704	708	465	262	203
丰顺县	1423	697	726	427	237	190
五华县	3620	1823	1797	1046	576	470
平远县	703	325	378	286	152	133
蕉岭县	634	304	331	238	136	101
兴宁市	2621	1283	1339	1014	571	443

9-1c 续表 3

单位：人

地 区	基本健康			不健康，但生活能自理			生活不能自理		
	小计	男	女	小计	男	女	小计	男	女
湛江市	**7017**	**3412**	**3605**	**2806**	**1257**	**1549**	**280**	**131**	**150**
赤坎区	3	1	1	3	1	1	1		1
霞山区	44	20	24	9	4	5	2		1
坡头区	320	160	160	166	89	78	18	7	10
麻章区	573	271	302	201	79	122	13	5	8
遂溪县	1111	549	563	432	209	223	40	23	17
徐闻县	618	278	339	363	151	212	32	14	19
廉江市	1945	993	952	650	318	332	58	27	31
雷州市	1534	726	807	718	302	415	78	33	45
吴川市	869	413	456	265	105	160	39	21	18
茂名市	**7252**	**3691**	**3561**	**2252**	**1029**	**1223**	**198**	**78**	**120**
茂南区	523	251	272	181	69	112	19	9	10
电白区	1545	791	754	465	209	256	38	13	25
高州市	1965	986	979	453	201	253	35	17	19
化州市	1852	966	885	720	339	381	58	23	35
信宜市	1367	696	671	433	212	221	48	17	32
肇庆市	**4786**	**2055**	**2731**	**1450**	**600**	**849**	**172**	**72**	**100**
鼎湖区	152	55	97	44	18	26	5	2	3
广宁县	722	329	393	185	78	107	35	16	18
怀集县	1096	457	639	442	186	256	57	20	38
封开县	648	279	369	118	50	68	12	3	9
德庆县	564	267	298	211	92	119	16	8	7
高要市	1125	470	654	298	119	179	36	17	19
四会市	479	198	281	150	56	95	11	6	6
惠州市	**2713**	**1240**	**1473**	**756**	**317**	**439**	**124**	**44**	**80**
惠城区	487	217	270	155	68	87	38	15	24
惠阳区	257	115	142	64	24	40	10	4	6
博罗县	865	384	481	215	95	120	29	9	20
惠东县	725	359	367	202	76	126	27	8	19
龙门县	379	166	213	120	53	67	19	7	12
梅州市	**6266**	**2951**	**3315**	**1436**	**581**	**855**	**206**	**71**	**135**
梅江区	106	46	59	11	5	6	4		4
梅县区	676	285	391	152	60	92	21	7	14
大埔县	698	341	357	215	89	126	34	12	21
丰顺县	744	363	381	226	90	136	26	7	19
五华县	2157	1089	1068	375	142	233	41	16	25
平远县	347	140	207	60	26	34	10	6	4
蕉岭县	316	136	180	71	26	45	10	6	4
兴宁市	1223	553	670	325	142	183	60	17	43

9-1c 续表 4 单位：人

地　　区	60岁及以上人口			健　康		
	合计	男	女	小计	男	女
汕尾市	**4826**	**2667**	**2160**	**1716**	**1025**	**691**
城区	442	222	220	249	140	109
海丰县	1331	737	594	371	224	147
陆河县	559	322	237	132	89	43
陆丰市	2495	1386	1109	963	572	391
河源市	**8274**	**3963**	**4311**	**2004**	**1145**	**858**
源城区	26	12	14	6	4	2
紫金县	1851	902	948	331	196	135
龙川县	2630	1250	1380	767	434	332
连平县	883	431	452	244	140	103
和平县	1318	634	684	385	205	180
东源县	1566	733	833	272	166	106
阳江市	**6449**	**3380**	**3069**	**1980**	**1174**	**806**
江城区	885	464	421	288	177	111
阳西县	1672	896	776	429	261	167
阳东县	1349	708	640	637	371	266
阳春市	2544	1312	1232	627	365	262
清远市	9456	4519	4936	3316	1801	1515
清城区	830	384	446	308	162	146
清新区	2052	1015	1037	800	444	356
佛冈县	797	391	406	329	183	147
阳山县	1185	555	630	496	257	238
连山壮族瑶族自治县	263	136	127	83	48	35
连南瑶族自治县	313	137	176	55	30	24
英德市	2656	1249	1407	672	370	301
连州市	1361	652	709	575	307	268
东莞市	**1736**	**825**	**911**	**1043**	**535**	**508**
中山市	**1313**	**598**	**714**	**536**	**261**	**275**
潮州市	**4485**	**2129**	**2356**	**1764**	**944**	**820**
湘桥区	339	157	182	142	75	67
潮安区	1968	939	1029	819	442	376
饶平县	2177	1033	1144	804	426	377
揭阳市	**11213**	**5683**	**5530**	**3679**	**2111**	**1568**
榕城区	795	395	400	265	159	106
揭东区	2051	1036	1015	836	450	386
揭西县	2701	1411	1290	671	404	267
惠来县	2121	1042	1080	710	412	298
普宁市	3545	1800	1745	1197	686	511
云浮市	**6754**	**3350**	**3403**	**2423**	**1323**	**1101**
云城区	438	225	213	153	85	68
云安区	911	450	460	328	176	152
新兴县	1372	671	701	465	247	217
郁南县	1287	642	645	444	247	198
罗定市	2745	1361	1384	1033	567	466

9-1c 续表 5

单位：人

地 区	基本健康			不健康，但生活能自理			生活不能自理		
	小计	男	女	小计	男	女	小计	男	女
汕尾市	**2391**	**1281**	**1110**	**597**	**301**	**296**	**123**	**59**	**63**
城区	128	56	72	55	21	34	9	5	5
海丰县	669	365	304	252	133	119	39	15	24
陆河县	343	189	155	79	42	37	5	2	2
陆丰市	1251	672	579	211	105	106	70	38	33
河源市	**4557**	**2153**	**2404**	**1549**	**600**	**949**	**164**	**64**	**99**
源城区	11	5	6	7	2	5	2	1	1
紫金县	1068	523	544	406	165	241	46	18	28
龙川县	1412	651	761	413	152	261	38	13	26
连平县	504	242	262	120	41	79	15	8	7
和平县	628	306	322	274	112	162	32	12	20
东源县	935	426	508	330	129	201	30	13	17
阳江市	**3046**	**1568**	**1478**	**1300**	**579**	**721**	**122**	**58**	**64**
江城区	446	225	221	132	54	78	19	8	12
阳西县	834	435	399	381	185	196	28	14	14
阳东县	539	268	270	157	63	93	16	5	11
阳春市	1228	640	588	631	276	355	58	31	28
清远市	4925	2218	2707	1059	439	621	155	62	93
清城区	442	186	257	68	28	41	11	9	3
清新区	1056	500	556	164	61	102	32	10	22
佛冈县	379	173	206	71	29	43	17	7	11
阳山县	517	217	300	145	70	74	28	11	17
连山壮族瑶族自治县	124	61	63	52	25	27	3	2	1
连南瑶族自治县	189	81	107	57	21	37	12	5	7
英德市	1570	719	852	378	148	229	36	12	25
连州市	648	281	367	124	57	67	14	7	7
东莞市	**573**	**242**	**331**	**87**	**36**	**51**	**33**	**12**	**21**
中山市	**612**	**279**	**334**	**139**	**49**	**90**	**26**	**10**	**16**
潮州市	**2013**	**903**	**1111**	**629**	**252**	**377**	**78**	**31**	**48**
湘桥区	150	63	88	42	17	26	6	3	3
潮安区	931	418	513	190	66	125	28	13	15
饶平县	932	422	510	397	170	227	45	15	30
揭阳市	**5581**	**2693**	**2888**	**1690**	**777**	**913**	**263**	**102**	**161**
榕城区	418	193	225	100	37	63	12	5	6
揭东区	911	462	449	259	105	154	44	19	25
揭西县	1525	760	764	421	215	206	84	32	52
惠来县	1016	458	558	349	151	198	46	21	26
普宁市	1711	819	891	561	269	291	77	25	52
云浮市	**3172**	**1552**	**1619**	**1038**	**431**	**607**	**120**	**44**	**76**
云城区	234	120	114	44	17	28	7	3	3
云安区	459	218	241	109	51	58	15	5	10
新兴县	667	333	334	215	81	135	25	11	14
郁南县	636	307	329	185	83	102	22	5	17
罗定市	1176	575	601	485	200	285	51	19	32

9-2 全省分年龄、性别、身体健康状况的60岁及以上老年人口

单位：人

年 龄	60岁及以上人口			健 康		
	合计	男	女	小计	男	女
总 计	**376850**	**183573**	**193277**	**176237**	**92436**	**83801**
60-64岁	**131676**	**66164**	**65513**	**81888**	**43043**	**38846**
60	30453	15366	15088	19992	10515	9477
61	29061	14582	14479	18451	9698	8753
62	26341	13174	13167	16213	8465	7748
63	24789	12408	12381	14772	7765	7008
64	21031	10634	10397	12459	6599	5860
65-69岁	**87017**	**44490**	**42527**	**45274**	**24171**	**21103**
65	21493	10981	10512	12081	6457	5624
66	20134	10410	9724	10817	5788	5029
67	16753	8384	8369	8586	4478	4107
68	15142	7723	7419	7414	3985	3430
69	13494	6991	6503	6376	3463	2913
70-74岁	**57781**	**28995**	**28786**	**23204**	**12457**	**10748**
70	13605	7012	6592	5831	3153	2678
71	12088	6123	5965	5069	2697	2372
72	11118	5552	5566	4431	2381	2050
73	10734	5336	5398	4114	2247	1867
74	10237	4972	5265	3760	1979	1781
75-79岁	**45562**	**22061**	**23501**	**14336**	**7542**	**6794**
75	10115	5101	5014	3569	1941	1627
76	8844	4307	4538	2892	1499	1393
77	9382	4565	4816	2886	1540	1346
78	8768	4165	4603	2618	1357	1262
79	8454	3924	4530	2371	1205	1166
80-84岁	**32224**	**13767**	**18457**	**7645**	**3665**	**3980**
80	7897	3478	4419	2048	996	1052
81	7004	3029	3974	1718	809	910
82	6774	2907	3868	1584	779	805
83	5731	2328	3404	1303	598	705
84	4817	2024	2793	992	483	509
85-89岁	**15883**	**6052**	**9832**	**2931**	**1243**	**1687**
85	4581	1888	2693	944	415	528
86	3302	1259	2043	628	267	361
87	3282	1216	2066	579	231	348
88	2681	958	1723	464	194	269
89	2037	731	1306	316	135	180
90-94岁	**5392**	**1704**	**3689**	**800**	**266**	**534**
90	1833	585	1248	293	99	193
91	1189	370	819	170	57	114
92	998	326	672	157	55	102
93	765	256	509	105	30	76
94	607	166	441	74	25	49
95-99岁	**1154**	**314**	**840**	**144**	**44**	**99**
95	436	143	293	55	14	41
96	271	68	203	34	14	21
97	204	51	153	23	7	16
98	148	30	118	19	6	13
99	94	22	72	12	4	9
100岁及以上	**160**	**27**	**133**	**15**	**6**	**10**

9-2 续表

单位：人

年龄	基本健康			不健康，但生活能自理			生活不能自理		
	小计	男	女	小计	男	女	小计	男	女
总　计	**156570**	**72470**	**84100**	**37565**	**16026**	**21539**	**6477**	**2641**	**3836**
60-64岁	**44877**	**20653**	**24224**	**4392**	**2176**	**2216**	**519**	**292**	**227**
60	9520	4376	5144	823	399	424	119	76	43
61	9609	4376	5233	892	445	447	108	63	46
62	9134	4189	4945	894	459	435	100	59	40
63	8979	4140	4839	943	452	491	95	50	45
64	7635	3571	4064	840	420	420	97	44	54
65-69岁	**35998**	**17469**	**18529**	**5168**	**2550**	**2618**	**577**	**300**	**276**
65	8312	3975	4338	992	499	493	108	50	58
66	8075	4000	4076	1100	544	556	142	78	64
67	7051	3353	3698	997	497	500	119	56	63
68	6573	3176	3396	1052	502	550	104	60	44
69	5987	2965	3022	1027	507	520	104	56	48
70-74岁	**27526**	**13250**	**14276**	**6356**	**2951**	**3404**	**696**	**337**	**359**
70	6317	3158	3159	1326	636	690	130	65	65
71	5675	2790	2885	1225	574	650	119	61	58
72	5309	2531	2778	1225	567	659	153	73	80
73	5194	2419	2775	1286	611	675	140	59	81
74	5030	2351	2679	1293	563	730	154	79	75
75-79岁	**22774**	**10849**	**11924**	**7440**	**3194**	**4245**	**1012**	**476**	**537**
75	5018	2466	2552	1363	601	762	166	92	73
76	4451	2138	2313	1312	573	740	189	97	92
77	4739	2274	2464	1573	680	892	184	71	114
78	4355	2036	2319	1562	668	894	232	104	128
79	4211	1935	2276	1631	673	958	241	111	130
80-84岁	**15708**	**6648**	**9060**	**7530**	**2917**	**4613**	**1341**	**537**	**805**
80	3857	1661	2197	1733	711	1022	259	110	148
81	3498	1507	1991	1520	596	924	267	118	149
82	3299	1399	1900	1605	629	975	286	99	187
83	2739	1118	1621	1421	508	913	268	104	164
84	2314	963	1351	1251	472	778	260	105	155
85-89岁	**7115**	**2766**	**4349**	**4531**	**1623**	**2908**	**1307**	**419**	**888**
85	2177	900	1277	1172	470	702	288	102	186
86	1527	594	933	884	308	576	262	89	173
87	1427	552	875	998	355	643	278	78	200
88	1137	431	706	833	253	581	247	80	168
89	847	288	559	643	237	406	232	70	161
90-94岁	**2141**	**713**	**1428**	**1741**	**518**	**1224**	**710**	**207**	**503**
90	741	247	495	590	175	415	209	64	145
91	488	153	335	384	114	270	147	46	101
92	375	128	248	331	102	228	135	41	94
93	302	113	189	250	80	170	107	34	74
94	235	73	162	187	47	140	112	22	90
95-99岁	**387**	**116**	**271**	**358**	**87**	**271**	**265**	**67**	**199**
95	145	56	89	152	42	110	85	31	53
96	84	22	62	87	21	66	66	12	54
97	68	18	50	59	13	46	53	13	40
98	59	11	48	33	6	27	37	6	30
99	31	8	23	27	5	21	25	5	20
100岁及以上	**45**	**6**	**39**	**50**	**9**	**41**	**50**	**6**	**43**

9-2a 全省分年龄、性别、身体健康状况的60岁及以上老年人口（城市）

单位：人

年 龄	60岁及以上人口			健 康		
	合计	男	女	小计	男	女
总 计	**161058**	**77147**	**83912**	**90283**	**45622**	**44661**
60-64岁	**59245**	**28953**	**30292**	**41218**	**20823**	**20394**
60	13741	6743	6998	9955	5039	4917
61	13143	6410	6733	9200	4650	4550
62	11776	5704	6072	8153	4050	4103
63	11110	5435	5675	7543	3827	3716
64	9475	4661	4814	6367	3258	3108
65-69岁	**39285**	**19384**	**19901**	**23778**	**12065**	**11713**
65	9654	4785	4869	6177	3158	3018
66	9336	4596	4739	5805	2941	2863
67	7564	3653	3911	4571	2271	2300
68	6795	3361	3434	3879	1955	1925
69	5936	2989	2948	3347	1740	1607
70-74岁	**23514**	**11393**	**12120**	**11796**	**6045**	**5751**
70	5641	2776	2865	3012	1548	1464
71	5111	2536	2575	2644	1350	1295
72	4478	2151	2327	2209	1116	1093
73	4297	2052	2245	2073	1091	981
74	3986	1878	2109	1857	939	918
75-79岁	**18455**	**8928**	**9527**	**7693**	**4007**	**3686**
75	4115	2069	2046	1919	1014	905
76	3636	1749	1886	1563	797	765
77	3807	1829	1978	1521	792	729
78	3543	1685	1858	1421	746	675
79	3355	1596	1759	1269	657	613
80-84岁	**12235**	**5376**	**6859**	**3893**	**1911**	**1982**
80	3026	1341	1685	1048	500	548
81	2768	1190	1578	920	447	473
82	2592	1162	1430	801	407	394
83	2056	880	1176	615	289	327
84	1793	803	990	508	268	240
85-89岁	**5871**	**2352**	**3518**	**1439**	**614**	**826**
85	1746	776	970	483	226	256
86	1207	466	741	287	113	173
87	1205	457	748	283	115	168
88	971	358	613	230	95	135
89	742	295	447	156	64	93
90-94岁	**1971**	**630**	**1341**	**391**	**127**	**264**
90	677	224	452	135	46	89
91	421	123	299	90	27	63
92	362	129	233	79	28	51
93	285	96	189	56	18	38
94	225	58	168	31	8	24
95-99岁	**426**	**118**	**309**	**67**	**27**	**40**
95	164	59	104	22	7	14
96	118	32	86	20	10	10
97	66	14	52	12	5	6
98	49	4	45	9	3	6
99	30	8	22	5	2	3
100岁及以上	**57**	**12**	**45**	**8**	**2**	**6**

9-2a 续表

单位：人

年 龄	基本健康			不健康，但生活能自理			生活不能自理		
	小计	男	女	小计	男	女	小计	男	女
总 计	**58519**	**26449**	**32070**	**9643**	**4008**	**5635**	**2614**	**1068**	**1546**
60-64岁	**16662**	**7490**	**9173**	**1184**	**538**	**646**	**181**	**102**	**79**
60	3500	1570	1930	239	103	136	47	32	15
61	3675	1633	2042	227	103	123	41	24	17
62	3367	1533	1834	227	105	121	29	16	14
63	3272	1470	1802	269	123	146	26	14	12
64	2848	1284	1564	223	103	120	37	16	21
65-69岁	**13879**	**6526**	**7353**	**1397**	**685**	**712**	**230**	**107**	**123**
65	3144	1469	1675	279	131	148	54	27	27
66	3185	1483	1701	294	144	150	52	28	25
67	2669	1232	1437	278	137	141	46	13	34
68	2602	1249	1353	277	138	140	37	20	17
69	2280	1093	1187	269	135	133	41	20	21
70-74岁	**9953**	**4513**	**5440**	**1495**	**688**	**806**	**269**	**147**	**123**
70	2274	1056	1218	305	148	157	50	24	26
71	2117	1009	1108	302	147	156	47	30	17
72	1916	876	1040	301	130	170	53	29	24
73	1869	796	1073	298	136	162	58	28	29
74	1778	776	1002	289	128	161	62	35	27
75-79岁	**8532**	**3996**	**4536**	**1823**	**744**	**1079**	**407**	**182**	**226**
75	1829	897	932	311	133	179	55	24	31
76	1658	782	876	330	127	203	85	42	42
77	1820	848	973	394	169	225	71	20	51
78	1642	743	899	380	152	228	100	44	57
79	1582	726	856	407	163	244	97	51	46
80-84岁	**5878**	**2524**	**3354**	**1893**	**701**	**1192**	**571**	**239**	**331**
80	1441	609	832	421	178	243	117	54	63
81	1329	553	776	402	136	265	116	53	64
82	1246	543	702	414	162	252	131	49	82
83	976	430	546	353	123	230	111	38	73
84	887	389	499	303	102	201	95	45	51
85-89岁	**2625**	**1074**	**1550**	**1277**	**489**	**788**	**530**	**175**	**355**
85	801	356	445	354	155	199	108	38	69
86	568	223	345	240	96	144	112	34	78
87	536	222	315	264	86	178	122	35	87
88	411	157	254	230	73	156	100	32	67
89	308	117	191	188	79	110	89	36	53
90-94岁	**812**	**273**	**539**	**467**	**146**	**321**	**300**	**84**	**217**
90	284	101	184	160	47	113	97	31	67
91	181	51	130	103	30	73	48	15	33
92	147	58	89	86	27	59	50	15	34
93	115	41	74	67	25	43	47	13	35
94	85	22	63	51	18	33	58	10	48
95-99岁	**158**	**47**	**110**	**94**	**15**	**79**	**108**	**28**	**80**
95	61	24	37	40	10	30	41	18	23
96	37	12	25	28	5	23	33	5	28
97	24	5	19	13		13	18	4	14
98	26	2	24	6		6	8		8
99	10	4	6	7		7	8	2	6
100岁及以上	**20**	**6**	**14**	**13**		**12**	**17**	**4**	**13**

9-2b 全省分年龄、性别、身体健康状况的60岁及以上老年人口（镇）

单位：人

年 龄	60岁及以上人口			健 康		
	合计	男	女	小计	男	女
总 计	**68584**	**33637**	**34947**	**29973**	**16021**	**13952**
60-64岁	**24102**	**12147**	**11955**	**14116**	**7541**	**6575**
60	5583	2840	2743	3501	1887	1613
61	5342	2730	2612	3217	1739	1478
62	4803	2390	2413	2758	1431	1327
63	4559	2255	2304	2557	1393	1164
64	3815	1932	1883	2084	1091	993
65-69岁	**15671**	**8199**	**7472**	**7633**	**4220**	**3413**
65	3944	2058	1886	2079	1166	914
66	3612	1870	1742	1806	964	842
67	2966	1563	1403	1436	794	642
68	2724	1423	1301	1240	684	556
69	2424	1284	1140	1073	613	460
70-74岁	**10526**	**5372**	**5154**	**3887**	**2142**	**1745**
70	2565	1356	1209	1009	580	430
71	2181	1099	1082	856	452	405
72	2027	1048	979	717	418	299
73	1874	942	932	679	371	308
74	1880	927	953	626	322	304
75-79岁	**8313**	**4019**	**4294**	**2401**	**1249**	**1152**
75	1859	923	935	591	314	277
76	1591	759	832	471	239	232
77	1710	849	862	490	266	224
78	1605	783	822	450	238	212
79	1549	706	843	400	192	208
80-84岁	**5833**	**2457**	**3376**	**1275**	**602**	**673**
80	1398	613	785	324	163	161
81	1246	540	706	264	130	135
82	1270	514	756	293	132	160
83	1033	427	606	225	100	124
84	886	362	523	169	77	92
85-89岁	**2895**	**1080**	**1815**	**505**	**220**	**285**
85	824	326	498	151	65	86
86	604	230	374	102	50	52
87	572	224	348	108	43	64
88	502	173	329	86	39	47
89	392	127	265	58	22	36
90-94岁	**1007**	**307**	**701**	**126**	**41**	**85**
90	329	104	225	53	16	37
91	240	75	165	22	11	11
92	184	55	129	23	5	18
93	135	37	99	17	2	14
94	119	36	83	10	6	4
95-99岁	**211**	**53**	**157**	**29**	**5**	**24**
95	76	23	54	12	1	11
96	29	9	20	4		4
97	40	9	32	3	1	2
98	39	10	29	3	2	1
99	26	3	23	7	1	5
100岁及以上	**26**	**3**	**23**	**1**		**1**

9-2b 续表 单位：人

年龄	基本健康			不健康，但生活能自理			生活不能自理		
	小计	男	女	小计	男	女	小计	男	女
总计	**29834**	**13849**	**15985**	**7618**	**3276**	**4342**	**1158**	**491**	**667**
60-64岁	**8902**	**4058**	**4844**	**982**	**492**	**490**	**102**	**56**	**46**
60	1883	846	1037	181	93	87	19	13	6
61	1882	868	1013	223	114	109	21	9	12
62	1830	849	981	191	94	97	24	16	8
63	1778	769	1010	203	86	117	21	8	14
64	1529	726	803	184	104	80	17	11	7
65-69岁	**6839**	**3361**	**3478**	**1090**	**548**	**543**	**108**	**69**	**39**
65	1633	770	863	215	114	101	17	10	8
66	1544	769	775	240	123	117	23	15	8
67	1296	642	653	214	111	104	21	16	5
68	1235	607	629	222	115	107	27	18	9
69	1132	574	558	200	86	114	20	11	9
70-74岁	**5233**	**2573**	**2661**	**1281**	**600**	**681**	**125**	**58**	**67**
70	1245	630	616	282	132	150	28	14	14
71	1061	524	537	241	113	128	23	11	12
72	1032	498	534	247	119	128	32	13	19
73	922	446	476	257	119	138	16	7	9
74	974	475	498	254	117	137	26	12	14
75-79岁	**4233**	**2015**	**2218**	**1500**	**660**	**840**	**180**	**95**	**85**
75	965	453	512	270	134	136	33	22	10
76	818	384	433	263	114	149	40	22	18
77	888	437	451	299	133	166	33	12	21
78	790	385	404	324	139	185	41	20	21
79	772	355	417	344	140	203	34	19	15
80-84岁	**2868**	**1217**	**1651**	**1467**	**555**	**912**	**223**	**82**	**140**
80	693	302	391	346	136	210	34	12	22
81	651	284	368	291	105	186	40	22	18
82	608	247	361	317	118	199	53	17	36
83	497	209	288	265	102	163	46	16	31
84	419	176	243	248	93	155	50	16	33
85-89岁	**1287**	**477**	**810**	**858**	**300**	**559**	**244**	**83**	**161**
85	410	159	251	205	78	127	58	24	34
86	269	98	171	185	62	123	48	19	28
87	248	93	155	172	73	99	45	14	31
88	206	75	132	165	45	120	45	15	30
89	154	52	102	132	42	90	49	11	38
90-94岁	**402**	**133**	**269**	**354**	**96**	**258**	**125**	**37**	**88**
90	140	52	88	103	25	78	33	11	22
91	92	30	62	93	25	69	33	9	23
92	71	19	52	68	21	47	22	9	13
93	48	16	32	51	12	39	19	6	13
94	51	15	36	39	13	26	19	2	17
95-99岁	**59**	**15**	**44**	**76**	**23**	**53**	**47**	**10**	**37**
95	20	6	14	35	13	22	10	3	7
96	9	2	7	10	5	5	5	2	3
97	11	3	8	17	3	14	10	1	9
98	13	3	10	9	2	7	14	3	11
99	6	1	5	6	1	5	7		7
100岁及以上	**11**	**1**	**10**	**10**	**2**	**8**	**4**		**4**

9-2c 全省分年龄、性别、身体健康状况的60岁及以上老年人口（乡村）

单位：人

年龄	60岁及以上人口			健康		
	合计	男	女	小计	男	女
总计	**147209**	**72790**	**74419**	**55980**	**30793**	**25187**
60-64岁	**48329**	**25063**	**23266**	**26555**	**14678**	**11876**
60	11129	5782	5347	6536	3589	2947
61	10576	5442	5134	6035	3310	2725
62	9762	5080	4682	5302	2984	2318
63	9120	4718	4402	4673	2545	2128
64	7742	4041	3701	4008	2250	1758
65-69岁	**32061**	**16907**	**15154**	**13862**	**7885**	**5977**
65	7896	4138	3758	3825	2133	1692
66	7186	3944	3242	3206	1883	1323
67	6223	3168	3055	2579	1413	1166
68	5623	2938	2685	2295	1346	949
69	5133	2719	2415	1956	1109	847
70-74岁	**23741**	**12230**	**11512**	**7521**	**4270**	**3252**
70	5399	2880	2519	1809	1025	784
71	4796	2488	2308	1569	896	673
72	4612	2352	2261	1505	847	658
73	4563	2342	2221	1362	785	577
74	4371	2168	2203	1276	717	560
75-79岁	**18794**	**9114**	**9680**	**4242**	**2286**	**1956**
75	4141	2108	2033	1059	613	446
76	3618	1798	1820	859	462	396
77	3865	1888	1977	875	482	394
78	3620	1697	1922	748	372	375
79	3550	1622	1928	702	357	345
80-84岁	**14156**	**5934**	**8222**	**2477**	**1152**	**1325**
80	3473	1524	1949	675	333	343
81	2990	1300	1690	534	232	302
82	2912	1231	1681	491	240	251
83	2643	1021	1622	463	209	254
84	2138	859	1279	315	138	176
85-89岁	**7118**	**2620**	**4498**	**986**	**410**	**577**
85	2010	786	1225	309	124	186
86	1491	563	928	240	104	136
87	1504	535	970	188	72	116
88	1208	427	782	148	60	87
89	904	309	594	101	49	52
90-94岁	**2414**	**767**	**1647**	**283**	**97**	**185**
90	827	257	571	104	37	67
91	527	173	355	58	19	39
92	453	142	310	55	21	34
93	344	123	221	33	9	23
94	263	72	191	32	11	21
95-99岁	**517**	**143**	**374**	**48**	**12**	**36**
95	196	61	135	21	5	16
96	124	27	97	10	4	6
97	98	28	70	9	1	8
98	60	16	45	7	2	5
99	39	11	27	1	1	
100岁及以上	**78**	**12**	**65**	**6**	**4**	**3**

9-2c 续表

单位：人

年 龄	基本健康			不健康，但生活能自理			生活不能自理		
	小计	男	女	小计	男	女	小计	男	女
总 计	**68217**	**32172**	**36046**	**20305**	**8742**	**11563**	**2706**	**1082**	**1623**
60-64岁	**19313**	**9105**	**10207**	**2226**	**1146**	**1080**	**236**	**133**	**102**
60	4137	1960	2177	403	202	201	53	31	22
61	4053	1875	2177	442	227	215	46	29	17
62	3937	1808	2129	476	260	216	47	28	19
63	3929	1902	2027	471	243	228	47	29	19
64	3258	1560	1697	433	214	220	43	17	26
65-69岁	**15280**	**7582**	**7698**	**2681**	**1317**	**1364**	**238**	**124**	**115**
65	3535	1736	1799	498	255	244	37	14	23
66	3347	1748	1599	566	277	289	67	36	31
67	3087	1479	1608	505	249	256	52	27	25
68	2736	1321	1415	553	250	303	40	21	18
69	2576	1298	1277	558	286	273	43	25	18
70-74岁	**12339**	**6164**	**6175**	**3580**	**1663**	**1917**	**301**	**132**	**169**
70	2798	1472	1326	739	356	383	52	27	26
71	2497	1258	1239	681	315	366	49	20	29
72	2362	1158	1204	678	317	361	67	30	37
73	2403	1177	1226	731	357	375	66	23	43
74	2279	1100	1179	750	318	432	65	32	33
75-79岁	**10010**	**4839**	**5171**	**4117**	**1791**	**2327**	**425**	**199**	**226**
75	2223	1116	1108	781	334	447	78	46	32
76	1975	972	1003	720	331	388	65	33	32
77	2030	989	1040	879	378	501	80	38	42
78	1924	908	1016	857	377	481	91	40	51
79	1858	854	1004	880	370	510	111	42	69
80-84岁	**6962**	**2907**	**4055**	**4169**	**1660**	**2509**	**548**	**215**	**333**
80	1724	750	974	966	397	569	108	44	64
81	1518	670	848	827	355	473	111	43	68
82	1446	609	836	873	349	524	102	33	70
83	1266	478	788	803	283	520	111	51	61
84	1008	399	609	700	277	423	116	44	72
85-89岁	**3203**	**1214**	**1988**	**2396**	**835**	**1561**	**533**	**161**	**372**
85	966	385	581	613	237	376	122	40	82
86	690	273	418	459	151	308	102	36	67
87	643	237	405	562	196	366	112	29	82
88	519	200	320	438	134	304	103	33	70
89	385	119	265	323	117	207	94	23	71
90-94岁	**926**	**307**	**619**	**920**	**276**	**645**	**285**	**87**	**198**
90	317	93	223	328	103	224	79	23	56
91	215	73	142	188	59	129	66	22	44
92	157	50	107	176	54	123	64	17	47
93	139	56	83	132	43	89	40	15	26
94	98	35	64	96	16	80	36	10	25
95-99岁	**171**	**53**	**117**	**188**	**49**	**139**	**111**	**29**	**82**
95	64	26	38	77	19	58	34	10	23
96	38	8	30	49	11	38	27	5	23
97	33	10	24	30	9	20	26	8	18
98	21	6	14	18	4	14	14	3	11
99	15	3	12	13	5	9	10	3	7
100岁及以上	**14**		**14**	**28**	**6**	**22**	**29**	**3**	**26**

9-3 各地区分性别、主要生活来源的60岁及以上老年人口

单位：人

地区	60岁及以上人口			劳动收入			离退休金养老金		
	合计	男	女	小计	男	女	小计	男	女
全省	**376848**	**183573**	**193274**	**57058**	**39679**	**17379**	**110647**	**58034**	**52613**
广州市	**47408**	**22513**	**24894**	**2393**	**1624**	**769**	**34516**	**16785**	**17731**
荔湾区	4914	2277	2638	61	36	25	4675	2178	2498
越秀区	6367	3030	3337	84	53	31	6118	2917	3201
海珠区	7074	3363	3712	82	55	27	6652	3193	3458
天河区	4309	2130	2179	110	81	29	3730	1878	1853
白云区	6648	3147	3501	421	292	129	4226	2135	2091
黄埔区	1351	645	706	37	31	6	1093	544	550
番禺区	4000	1898	2102	314	231	84	2697	1277	1421
花都区	3654	1666	1988	243	175	69	1518	782	736
南沙区	2142	973	1169	245	147	98	1474	668	807
萝岗区	831	411	421	87	61	25	375	190	185
从化区	2185	1026	1159	183	117	66	748	381	367
增城区	3931	1948	1984	525	346	180	1209	644	564
韶关市	**13561**	**6381**	**7180**	**2004**	**1230**	**774**	**4041**	**2270**	**1771**
武江区	1326	650	676	106	62	43	848	454	393
浈江区	2285	1099	1187	86	59	27	1546	826	720
曲江区	1444	662	781	209	119	90	447	257	190
始兴县	931	389	542	151	85	65	55	37	18
仁化县	870	401	469	140	92	47	127	77	50
翁源县	1523	755	768	307	210	97	152	103	49
乳源瑶族自治县	818	388	430	157	89	68	170	97	73
新丰县	885	436	449	130	89	41	149	93	56
乐昌市	1927	896	1031	466	269	196	302	176	125
南雄市	1552	705	847	253	154	99	246	150	96
深圳市	**16149**	**7666**	**8483**	**1179**	**925**	**254**	**8161**	**4068**	**4093**
罗湖区	2021	894	1126	90	67	23	1255	615	639
福田区	3629	1745	1884	138	111	27	2561	1291	1270
南山区	2681	1272	1409	114	77	36	1714	848	865
宝安区	4610	2245	2366	539	434	106	1496	748	748
龙岗区	2833	1330	1503	271	215	56	955	472	482
盐田区	374	179	195	28	22	6	181	92	88
珠海市	**4881**	**2392**	**2489**	**272**	**218**	**54**	**3163**	**1582**	**1581**
香洲区	2626	1254	1372	98	79	19	1983	967	1016
斗门区	1625	832	793	132	107	25	760	404	356
金湾区	630	306	324	42	32	10	419	211	209
汕头市	**21501**	**10262**	**11239**	**2895**	**2330**	**565**	**4803**	**2659**	**2144**
龙湖区	2096	1026	1069	225	193	33	844	467	377
金平区	3993	1945	2047	154	131	23	2747	1419	1328
濠江区	1003	463	541	135	109	25	66	49	17
潮阳区	5912	2885	3026	710	653	57	408	263	145
潮南区	4263	1994	2269	652	520	132	96	71	25
澄海区	3884	1791	2093	953	671	282	580	350	229
南澳县	351	158	193	66	52	13	62	39	23
佛山市	**22552**	**10395**	**12157**	**2584**	**1728**	**856**	**10479**	**5223**	**5256**
禅城区	4179	1939	2239	221	151	71	3313	1546	1767
南海区	7361	3490	3871	1006	673	332	3105	1598	1507
顺德区	7144	3171	3973	878	581	297	2795	1403	1392
三水区	2267	1034	1233	286	187	100	751	397	355
高明区	1601	760	841	193	136	57	515	279	235

9-3 续表 1

单位：人

地区	最低生活保障金			财产性收入			家庭其他成员供养			其他		
	小计	男	女	小计	男	女	小计	男	女	小计	男	女
全省	**10344**	**5991**	**4353**	**2537**	**1426**	**1112**	**180990**	**70647**	**110343**	**15271**	**7796**	**7476**
广州市	**556**	**255**	**302**	**494**	**257**	**236**	**8154**	**2971**	**5183**	**1295**	**621**	**674**
荔湾区	12	7	5	7	2	5	140	43	97	19	11	8
越秀区	8	5	3	5	3	2	121	37	83	31	15	17
海珠区	6	2	4	68	33	35	238	67	172	29	13	16
天河区	7	2	4	51	29	22	357	115	242	54	26	28
白云区	92	35	57	132	67	65	1510	499	1010	267	118	149
黄埔区	28	14	14	14	6	8	154	39	115	25	12	13
番禺区	39	11	28	78	35	43	807	319	488	64	26	39
花都区	78	29	49	67	38	29	1550	537	1012	199	105	94
南沙区	6	3	3	4	2	2	338	117	221	75	36	39
萝岗区	16	11	4	40	23	17	271	105	166	44	20	24
从化区	118	68	50	3	3		1029	408	621	104	51	54
增城区	148	67	81	26	18	8	1639	683	956	384	189	195
韶关市	**353**	**195**	**158**	**16**	**12**	**5**	**6803**	**2513**	**4289**	**343**	**161**	**182**
武江区	10	5	5	7	3	3	302	99	203	54	26	29
浈江区	26	5	21	1	1		575	187	388	52	21	31
曲江区	25	14	11	3	2	1	722	252	469	37	18	19
始兴县	50	23	27	2	2		647	230	417	26	12	14
仁化县	27	14	13	1	1		544	203	341	31	13	18
翁源县	43	26	17	1	1		992	401	591	28	14	14
乳源瑶族自治县	22	16	7				432	169	262	37	18	20
新丰县	35	22	13				563	227	336	8	4	3
乐昌市	72	46	26				1041	381	660	46	23	23
南雄市	43	24	20	1	1		985	364	621	23	12	11
深圳市	**91**	**33**	**58**	**156**	**68**	**88**	**5841**	**2219**	**3622**	**720**	**353**	**368**
罗湖区	2	2	1	19	7	12	603	179	424	52	25	27
福田区	28	9	19	14	6	7	819	297	523	69	30	39
南山区	16	9	7	13	5	7	652	247	405	172	86	87
宝安区	20	7	13	66	29	37	2300	937	1362	189	90	99
龙岗区	24	7	17	39	18	21	1315	501	815	230	118	112
盐田区	1		1	5	3	2	151	57	94	8	4	4
珠海市	**42**	**26**	**16**	**32**	**23**	**9**	**1205**	**459**	**745**	**169**	**84**	**85**
香洲区	2	1	1	10	7	3	460	166	295	74	35	39
斗门区	36	23	13	22	16	6	592	238	354	83	44	39
金湾区	4	2	2				153	56	97	11	5	6
汕头市	**266**	**132**	**134**	**55**	**37**	**18**	**13076**	**4890**	**8186**	**406**	**215**	**191**
龙湖区	29	15	14	20	12	8	928	316	612	50	24	27
金平区	52	23	29	7	5	2	980	341	639	52	26	26
濠江区	29	14	15				758	280	478	15	10	5
潮阳区	76	40	36	7	5	2	4593	1857	2736	117	68	50
潮南区	33	17	16	15	12	3	3367	1318	2049	101	56	45
澄海区	41	20	21	6	3	4	2241	719	1522	62	27	35
南澳县	7	3	3				208	59	149	9	4	4
佛山市	**262**	**121**	**141**	**552**	**273**	**279**	**7954**	**2698**	**5256**	**720**	**351**	**369**
禅城区	7	1	6	33	20	13	532	189	343	72	32	39
南海区	66	31	35	324	156	169	2636	913	1723	224	118	106
顺德区	60	26	34	143	71	72	3082	1011	2071	186	80	106
三水区	24	11	13	46	23	23	1005	340	665	155	78	77
高明区	105	52	53	6	4	2	699	245	454	83	43	40

9-3 续表 2

单位：人

地　区	60岁及以上人口			劳动收入			离退休金养老金		
	合计	男	女	小计	男	女	小计	男	女
江门市	**22557**	**11127**	**11429**	**3841**	**2726**	**1115**	**5240**	**2937**	**2303**
蓬江区	2958	1393	1565	227	164	63	1802	901	901
江海区	895	407	487	122	90	32	352	176	176
新会区	4189	2049	2140	895	615	280	1017	587	430
台山市	5749	2886	2863	1175	842	333	713	448	265
开平市	3788	1858	1931	582	415	167	711	438	273
鹤山市	2432	1158	1273	402	275	127	454	249	205
恩平市	2546	1376	1170	438	325	113	191	138	53
湛江市	**28900**	**14771**	**14128**	**7967**	**5064**	**2903**	**4991**	**2950**	**2041**
赤坎区	1342	650	693	66	43	24	949	504	445
霞山区	1878	938	940	84	53	30	1226	681	544
坡头区	1556	840	716	415	281	134	171	149	22
麻章区	1909	938	972	563	348	215	208	132	76
遂溪县	3946	2048	1897	1363	834	528	308	190	118
徐闻县	2744	1322	1422	755	459	296	422	238	184
廉江市	6586	3538	3047	2102	1329	773	900	521	379
雷州市	5095	2508	2586	1452	899	553	449	292	157
吴川市	3844	1990	1855	1166	816	350	357	242	115
茂名市	**25821**	**13470**	**12351**	**7529**	**5005**	**2524**	**2810**	**1726**	**1084**
茂南区	3411	1698	1712	553	342	211	1495	874	622
电白区	5838	3006	2832	1746	1161	585	321	225	96
高州市	6580	3502	3078	2283	1558	726	389	242	147
化州市	5528	2895	2632	1928	1259	669	380	223	157
信宜市	4465	2369	2096	1018	686	333	224	162	62
肇庆市	**17530**	**8125**	**9404**	**3277**	**1906**	**1372**	**2857**	**1716**	**1141**
端州区	2130	989	1141	99	48	51	1339	724	615
鼎湖区	802	353	449	180	106	74	83	57	26
广宁县	2380	1115	1264	657	364	292	233	158	75
怀集县	2916	1306	1610	467	265	202	133	93	41
封开县	1839	841	997	388	217	172	127	74	54
德庆县	1504	742	762	317	181	136	195	149	46
高要市	3805	1786	2019	853	527	327	300	205	94
四会市	2155	992	1163	315	198	118	446	256	189
惠州市	**13260**	**6335**	**6926**	**1504**	**1093**	**412**	**2724**	**1570**	**1154**
惠城区	3960	1877	2083	231	181	50	1569	850	718
惠阳区	1675	786	888	158	132	26	198	121	76
博罗县	3462	1649	1813	409	283	125	455	283	172
惠东县	2827	1367	1460	388	294	93	334	213	121
龙门县	1337	656	681	319	202	117	169	103	67
梅州市	**22348**	**10864**	**11484**	**2579**	**1741**	**837**	**2700**	**1814**	**886**
梅江区	2244	1082	1162	112	81	31	970	574	396
梅县区	2823	1292	1530	230	170	61	252	166	85
大埔县	2276	1125	1151	290	194	97	177	132	44
丰顺县	2611	1288	1323	280	206	73	222	142	80
五华县	5089	2560	2529	781	507	274	234	175	60
平远县	1232	581	651	175	103	72	183	141	42
蕉岭县	1191	593	598	138	89	49	177	135	42
兴宁市	4882	2343	2539	572	391	181	485	348	137

9-3 续表 3

单位：人

地 区	最低生活保障金			财产性收入			家庭其他成员供养			其 他		
	小计	男	女	小计	男	女	小计	男	女	小计	男	女
江门市	**537**	**334**	**203**	**140**	**82**	**58**	**11505**	**4375**	**7130**	**1293**	**672**	**621**
蓬江区	16	10	6	32	15	17	837	285	551	44	18	25
江海区	8	5	4	4	2	2	389	127	262	20	8	12
新会区	74	40	34	45	30	15	1951	682	1269	206	94	112
台山市	200	136	64	22	15	7	3244	1238	2005	395	207	188
开平市	115	63	52	18	7	11	2148	815	1332	215	119	96
鹤山市	48	35	13	10	6	4	1329	501	827	189	92	97
恩平市	75	45	30	9	7	2	1608	726	882	225	135	90
湛江市	**1097**	**675**	**422**	**108**	**63**	**45**	**13257**	**5264**	**7993**	**1480**	**756**	**724**
赤坎区	8	2	6	9	5	5	232	66	166	77	30	47
霞山区	10	3	7	8	6	3	470	155	316	79	40	40
坡头区	61	44	17	11	8	2	825	321	504	73	37	36
麻章区	71	48	23	5	4	1	879	311	568	183	94	89
遂溪县	149	92	57	15	8	7	1845	771	1074	266	153	113
徐闻县	112	52	60	7	5	2	1321	498	824	126	69	56
廉江市	338	239	99	31	19	12	3018	1330	1688	197	99	97
雷州市	235	127	108	19	8	12	2655	1048	1606	284	134	150
吴川市	111	66	46	2	1	1	2012	765	1247	195	99	96
茂名市	**1092**	**656**	**436**	**85**	**54**	**31**	**12847**	**5275**	**7572**	**1458**	**753**	**705**
茂南区	88	38	51	20	12	7	1153	392	761	101	40	61
电白区	244	151	93	24	16	8	2985	1186	1799	517	267	251
高州市	235	151	84	26	17	9	3329	1371	1958	317	163	153
化州市	297	173	125	13	7	6	2567	1058	1509	342	176	166
信宜市	227	144	83	2	2		2813	1268	1545	181	107	74
肇庆市	**645**	**367**	**277**	**88**	**38**	**50**	**10127**	**3840**	**6287**	**536**	**258**	**278**
端州区	15	7	7	36	9	27	548	160	388	93	41	53
鼎湖区	20	9	11	4	2	3	495	170	325	19	9	10
广宁县	108	66	43	1	1		1316	497	819	64	29	35
怀集县	106	58	48	7	4	3	2131	846	1285	72	40	31
封开县	107	61	46				1170	468	702	45	22	24
德庆县	70	47	24				865	333	532	57	32	25
高要市	133	75	58	33	19	15	2347	899	1448	138	61	77
四会市	85	45	40	6	3	3	1254	465	788	49	25	24
惠州市	**505**	**279**	**226**	**112**	**74**	**38**	**8026**	**3116**	**4910**	**389**	**203**	**186**
惠城区	61	37	24	42	27	15	1948	723	1225	110	59	51
惠阳区	56	23	33	48	34	14	1155	443	712	60	33	27
博罗县	148	88	60	13	7	5	2304	923	1381	134	64	70
惠东县	140	74	66	6	4	2	1906	754	1151	54	27	26
龙门县	99	56	44	4	2	2	713	273	440	32	20	12
梅州市	**937**	**525**	**412**	**86**	**55**	**31**	**15003**	**6228**	**8776**	**1043**	**501**	**542**
梅江区	33	19	15	21	12	9	1006	349	658	101	47	54
梅县区	118	58	60	9	8	2	2014	809	1205	198	81	117
大埔县	106	73	32	7	4	3	1602	680	922	95	42	53
丰顺县	69	40	28	12	8	4	1945	843	1102	83	47	36
五华县	205	123	82	17	10	7	3546	1585	1961	306	160	146
平远县	60	31	29	6	3	3	721	260	460	87	42	45
蕉岭县	39	23	16	2	2	1	804	324	480	30	20	10
兴宁市	307	156	151	11	8	3	3364	1378	1987	143	62	81

9-3 续表 4 单位：人

地 区	60岁及以上人口			劳动收入			离退休金养老金		
	合计	男	女	小计	男	女	小计	男	女
汕尾市	**10741**	**5837**	**4904**	**1650**	**1463**	**186**	**675**	**480**	**195**
城区	1773	931	842	182	175	8	163	117	46
海丰县	3246	1771	1475	504	440	64	280	194	86
陆河县	1141	650	491	163	135	28	36	29	8
陆丰市	4580	2485	2095	800	714	86	196	141	55
河源市	**12584**	**6042**	**6543**	**1336**	**912**	**424**	**1070**	**747**	**324**
源城区	1347	643	704	51	43	8	369	240	129
紫金县	2782	1358	1424	203	152	52	183	139	43
龙川县	3402	1621	1781	361	246	114	210	147	63
连平县	1370	668	702	284	176	108	105	79	25
和平县	1741	841	900	312	198	115	76	60	16
东源县	1943	911	1032	125	97	28	127	81	46
阳江市	**11812**	**6080**	**5732**	**2494**	**1747**	**747**	**1242**	**783**	**460**
江城区	3159	1607	1552	394	308	86	674	405	269
阳西县	2514	1331	1183	634	455	179	53	35	19
阳东县	2231	1167	1064	629	438	191	58	41	16
阳春市	3909	1975	1933	837	546	291	458	302	156
清远市	**16626**	**7918**	**8708**	**2623**	**1751**	**872**	**2278**	**1344**	**934**
清城区	3302	1547	1754	267	190	77	855	484	371
清新区	3048	1505	1544	530	358	171	231	153	78
佛冈县	1241	604	637	163	114	49	84	52	32
阳山县	1815	846	969	286	181	106	155	98	57
连山壮族瑶族自治县	429	211	218	72	48	23	69	39	31
连南瑶族自治县	592	263	329	77	48	29	66	41	24
英德市	3988	1891	2097	791	516	275	513	300	212
连州市	2210	1051	1159	438	296	142	305	175	129
东莞市	**14174**	**6791**	**7383**	**1603**	**1229**	**374**	**8219**	**3813**	**4406**
中山市	**8483**	**4006**	**4477**	**671**	**517**	**154**	**6209**	**2820**	**3389**
潮州市	**12189**	**5758**	**6430**	**2305**	**1746**	**559**	**1759**	**994**	**765**
湘桥区	2784	1317	1467	430	328	102	962	519	443
潮安区	5024	2371	2653	1023	814	209	339	205	134
饶平县	4381	2071	2310	851	604	247	457	270	187
揭阳市	**22906**	**11513**	**11392**	**4287**	**3389**	**898**	**1614**	**1043**	**572**
榕城区	3980	1960	2020	597	520	77	621	363	258
揭东区	4266	2168	2098	930	750	180	192	132	60
揭西县	3949	2042	1907	661	531	130	288	192	96
惠来县	3745	1834	1911	777	576	201	221	158	64
普宁市	6966	3510	3456	1322	1012	310	291	197	94
云浮市	**10867**	**5326**	**5541**	**2063**	**1333**	**730**	**1096**	**710**	**386**
云城区	1486	716	770	242	158	84	220	150	70
云安区	1181	583	598	235	151	85	60	47	13
新兴县	2130	1020	1110	539	331	208	208	136	72
郁南县	2026	1007	1019	331	220	111	220	142	79
罗定市	4044	2000	2044	717	474	243	388	236	152

9-3 续表 5　　　　单位：人

地　区	最低生活保障金			财产性收入			家庭其他成员供养			其　他		
	小计	男	女	小计	男	女	小计	男	女	小计	男	女
汕尾市	**352**	**231**	**122**	**36**	**25**	**11**	**7470**	**3304**	**4166**	**557**	**333**	**224**
城区	38	23	14	5	3	1	1257	538	719	128	75	53
海丰县	151	93	59	8	7	1	2207	979	1228	95	59	36
陆河县	40	30	10	4	3	1	881	445	435	16	8	9
陆丰市	123	85	38	19	11	8	3125	1342	1783	318	192	126
河源市	**683**	**354**	**330**	**28**	**20**	**8**	**8688**	**3605**	**5083**	**779**	**403**	**375**
源城区	32	15	17	10	8	3	823	310	513	63	27	36
紫金县	192	106	86	11	7	4	1972	833	1139	221	121	100
龙川县	131	66	65	4	3	1	2558	1082	1476	138	76	61
连平县	108	61	47				790	309	481	83	42	40
和平县	91	47	44	1	1		1166	484	682	95	51	43
东源县	130	59	71	1		1	1380	587	792	180	86	94
阳江市	**621**	**402**	**219**	**42**	**26**	**17**	**6987**	**2877**	**4110**	**425**	**245**	**180**
江城区	117	64	53	21	14	8	1835	746	1090	118	71	47
阳西县	227	159	68	4	1	3	1519	636	883	76	45	31
阳东县	88	51	37	6	4	2	1386	598	788	65	35	30
阳春市	190	128	62	12	7	4	2247	898	1349	166	94	72
清远市	**706**	**449**	**257**	**65**	**45**	**20**	**10193**	**3935**	**6258**	**762**	**395**	**367**
清城区	51	36	15	27	19	8	1858	696	1163	244	122	122
清新区	146	102	44	12	8	4	1960	797	1163	170	87	83
佛冈县	92	59	33	9	7	2	835	349	486	58	24	34
阳山县	103	65	38	4	2	2	1204	458	746	64	43	21
连山壮族瑶族自治县	19	11	8				220	86	134	50	27	23
连南瑶族自治县	45	17	28				355	133	222	49	23	25
英德市	150	92	58	4	2	2	2441	931	1510	89	50	39
连州市	101	68	33	9	6	3	1321	487	834	38	20	18
东莞市	**96**	**42**	**54**	**261**	**151**	**111**	**3539**	**1345**	**2194**	**456**	**210**	**246**
中山市	**38**	**17**	**21**	**28**	**23**	**5**	**1126**	**422**	**704**	**411**	**208**	**204**
潮州市	**285**	**159**	**127**	**26**	**21**	**5**	**7461**	**2658**	**4802**	**353**	**181**	**173**
湘桥区	37	23	15	2	1	1	1327	436	891	26	10	16
潮安区	95	57	38	16	13	3	3353	1181	2172	197	100	97
饶平县	153	79	74	8	6	2	2781	1041	1739	131	71	60
揭阳市	**554**	**332**	**222**	**79**	**54**	**25**	**15201**	**6055**	**9146**	**1170**	**641**	**529**
榕城区	59	36	23	27	20	7	2355	854	1501	320	167	153
揭东区	122	75	47	11	8	3	2751	1061	1690	259	141	118
揭西县	104	73	31	8	7	1	2770	1166	1603	118	73	46
惠来县	150	69	81	16	7	9	2389	922	1467	191	102	90
普宁市	120	80	40	17	12	5	4936	2051	2885	280	158	122
云浮市	**625**	**409**	**216**	**48**	**25**	**23**	**6529**	**2598**	**3931**	**505**	**251**	**255**
云城区	81	54	26	20	13	7	882	324	559	42	18	24
云安区	69	51	18	1	1		781	316	464	34	16	18
新兴县	97	54	42	5	2	3	1218	465	753	64	32	32
郁南县	150	101	49	4	2	2	1233	495	738	88	48	40
罗定市	229	148	81	18	7	10	2415	998	1417	278	137	141

9-3a 各地区分性别、主要生活来源的60岁及以上老年人口（城市）

单位：人

地 区	60岁及以上人口			劳动收入			离退休金养老金		
	合计	男	女	小计	男	女	小计	男	女
全 省	**161057**	**77147**	**83910**	**12215**	**9090**	**3125**	**87906**	**44754**	**43152**
广州市	**36360**	**17322**	**19039**	**1012**	**728**	**284**	**30145**	**14655**	**15491**
荔湾区	4914	2277	2638	61	36	25	4675	2178	2498
越秀区	6367	3030	3337	84	53	31	6118	2917	3201
海珠区	7074	3363	3712	82	55	27	6652	3193	3458
天河区	4309	2130	2179	110	81	29	3730	1878	1853
白云区	4109	1992	2116	131	102	29	3168	1611	1556
黄埔区	1351	645	706	37	31	6	1093	544	550
番禺区	3056	1462	1594	216	163	53	2110	1012	1098
花都区	1882	857	1025	84	61	23	827	428	398
南沙区	751	348	403	67	44	23	514	237	277
萝岗区	557	276	280	51	39	12	303	150	152
从化区	658	306	353	16	10	6	421	223	198
增城区	1333	635	697	73	53	19	534	282	252
韶关市	**4133**	**1978**	**2155**	**155**	**99**	**56**	**2779**	**1465**	**1314**
武江区	1023	506	516	14	10	4	790	413	376
浈江区	1704	814	890	53	38	15	1241	626	615
曲江区	628	299	330	18	13	6	407	225	182
乐昌市	341	157	184	52	26	25	176	94	82
南雄市	436	201	235	19	13	6	166	107	59
深圳市	**16149**	**7666**	**8483**	**1179**	**925**	**254**	**8161**	**4068**	**4093**
罗湖区	2021	894	1126	90	67	23	1255	615	639
福田区	3629	1745	1884	138	111	27	2561	1291	1270
南山区	2681	1272	1409	114	77	36	1714	848	865
宝安区	4610	2245	2366	539	434	106	1496	748	748
龙岗区	2833	1330	1503	271	215	56	955	472	482
盐田区	374	179	195	28	22	6	181	92	88
珠海市	**3272**	**1565**	**1707**	**120**	**95**	**25**	**2415**	**1190**	**1225**
香洲区	2613	1242	1370	88	69	19	1983	967	1016
斗门区	381	191	190	19	15	4	260	137	123
金湾区	278	132	147	14	11	2	172	86	86
汕头市	**9743**	**4705**	**5038**	**612**	**524**	**88**	**4303**	**2322**	**1981**
龙湖区	1441	722	719	70	61	9	817	446	371
金平区	3921	1913	2008	136	118	18	2734	1414	1320
濠江区	622	291	331	65	53	12	53	39	15
潮阳区	1326	654	672	116	107	9	299	174	125
潮南区	1330	595	735	98	87	11	37	30	6
澄海区	1103	530	573	127	98	28	364	219	145

9-3a 续表 1 单位：人

地区	最低生活保障金			财产性收入			家庭其他成员供养			其他		
	小计	男	女	小计	男	女	小计	男	女	小计	男	女
全省	**1566**	**761**	**806**	**1903**	**1026**	**876**	**52100**	**18916**	**33185**	**5367**	**2600**	**2767**
广州市	**169**	**69**	**100**	**448**	**228**	**220**	**3828**	**1286**	**2542**	**757**	**355**	**403**
荔湾区	12	7	5	7	2	5	140	43	97	19	11	8
越秀区	8	5	3	5	3	2	121	37	83	31	15	17
海珠区	6	2	4	68	33	35	238	67	172	29	13	16
天河区	7	2	4	51	29	22	357	115	242	54	26	28
白云区	7	1	6	121	62	59	516	145	371	166	70	95
黄埔区	28	14	14	14	6	8	154	39	115	25	12	13
番禺区	27	11	15	76	33	43	565	218	348	62	26	37
花都区	38	14	24	60	34	26	720	238	483	153	82	72
南沙区	2	1	1	3	1	2	135	48	87	32	18	14
萝岗区	2	1	1	35	19	16	139	53	87	26	13	13
从化区	14	6	9	1	1		186	59	127	19	6	13
增城区	19	5	15	7	6	2	558	226	332	141	64	77
韶关市	**16**	**6**	**9**	**10**	**5**	**4**	**1038**	**342**	**696**	**135**	**61**	**74**
武江区	3	1	2	7	3	3	159	55	104	51	24	27
浈江区	5	2	3	1	1		367	130	236	38	18	21
曲江区	3	1	2	2	1	1	176	51	125	21	8	13
乐昌市	2	1	1				99	31	68	13	6	7
南雄市	2	1	1				237	75	162	12	5	7
深圳市	**91**	**33**	**58**	**156**	**68**	**88**	**5841**	**2219**	**3622**	**720**	**353**	**368**
罗湖区	2	2	1	19	7	12	603	179	424	52	25	27
福田区	28	9	19	14	6	7	819	297	523	69	30	39
南山区	16	9	7	13	5	7	652	247	405	172	86	87
宝安区	20	7	13	66	29	37	2300	937	1362	189	90	99
龙岗区	24	7	17	39	18	21	1315	501	815	230	118	112
盐田区	1		1	5	3	2	151	57	94	8	4	4
珠海市	**4**	**2**	**2**	**14**	**9**	**5**	**635**	**229**	**406**	**84**	**40**	**44**
香洲区	1	1		9	6	3	458	165	294	74	35	39
斗门区	1	1	1	5	3	3	93	34	59	3	2	1
金湾区	2		1				84	30	54	6	3	3
汕头市	**87**	**39**	**48**	**32**	**22**	**10**	**4554**	**1712**	**2843**	**154**	**85**	**69**
龙湖区	14	7	8	18	11	7	475	175	300	46	21	25
金平区	51	22	29	7	5	2	942	329	613	52	26	26
濠江区	11	5	6				481	186	295	11	8	3
潮阳区	6	2	4				893	361	532	12	10	2
潮南区				6	6		1177	461	716	13	11	2
澄海区	4	3	2	1		1	587	200	387	20	9	11

9-3a 续表 2 单位：人

地 区	60岁及以上人口			劳动收入			离退休金养老金		
	合计	男	女	小计	男	女	小计	男	女
佛山市	**19370**	**8909**	**10461**	**2044**	**1379**	**666**	**9547**	**4740**	**4807**
禅城区	3601	1671	1930	130	92	38	2994	1394	1600
南海区	6689	3170	3520	896	603	293	2808	1447	1361
顺德区	7000	3101	3899	870	575	296	2792	1400	1392
三水区	949	437	513	58	43	15	505	263	242
高明区	1130	531	599	89	65	24	448	237	212
江门市	**10635**	**5089**	**5546**	**1077**	**753**	**324**	**4486**	**2412**	**2074**
蓬江区	2945	1388	1557	224	162	62	1799	900	899
江海区	895	407	487	122	90	32	352	176	176
新会区	1811	859	952	209	141	68	785	424	361
台山市	1807	881	926	213	144	69	486	288	198
开平市	1613	795	818	130	97	33	595	357	238
鹤山市	1042	477	565	122	77	45	369	201	168
恩平市	523	282	240	56	41	15	100	65	35
湛江市	**6170**	**3105**	**3065**	**504**	**354**	**151**	**3083**	**1797**	**1286**
赤坎区	1320	640	680	56	37	19	948	503	445
霞山区	1784	894	890	68	44	24	1225	681	544
坡头区	400	217	182	31	22	9	126	110	16
麻章区	222	115	108	61	38	23	31	25	6
遂溪县	116	58	58	22	15	7	22	11	11
廉江市	763	408	356	62	40	22	297	185	112
雷州市	681	341	341	65	51	15	156	107	48
吴川市	883	433	451	138	107	31	279	175	104
茂名市	**5454**	**2775**	**2679**	**938**	**640**	**298**	**2010**	**1194**	**816**
茂南区	2221	1111	1110	134	83	51	1377	803	575
电白区	666	328	338	126	94	32	94	60	34
高州市	857	440	417	216	150	66	245	145	100
化州市	793	406	387	304	194	109	127	77	50
信宜市	917	490	427	158	119	40	167	110	57
肇庆市	**3514**	**1653**	**1861**	**254**	**153**	**101**	**1845**	**1011**	**834**
端州区	2130	989	1141	99	48	51	1339	724	615
鼎湖区	182	85	97	34	19	15	32	21	11
高要市	242	127	115	23	22	1	75	44	31
四会市	961	452	508	97	63	34	399	222	177
惠州市	**3802**	**1807**	**1996**	**213**	**172**	**41**	**1643**	**890**	**753**
惠城区	2770	1328	1442	128	102	26	1487	802	685
惠阳区	1023	474	549	84	68	16	155	88	68
博罗县	9	4	5	1	1				

9-3a　续表 3　　　　单位：人

地　区	最低生活保障金			财产性收入			家庭其他成员供养			其　他		
	小计	男	女	小计	男	女	小计	男	女	小计	男	女
佛山市	**181**	**80**	**101**	**500**	**246**	**254**	**6570**	**2217**	**4353**	**528**	**247**	**281**
禅城区	4		4	29	18	11	381	140	240	63	26	36
南海区	60	26	35	303	148	155	2406	834	1572	216	112	104
顺德区	60	26	34	124	59	65	3002	981	2022	151	60	91
三水区	3	2	1	39	17	22	316	97	219	29	14	15
高明区	53	26	28	5	4	1	465	165	300	70	35	35
江门市	**136**	**79**	**57**	**95**	**51**	**44**	**4407**	**1575**	**2832**	**434**	**219**	**215**
蓬江区	16	10	6	32	15	17	830	283	548	44	18	25
江海区	8	5	4	4	2	2	389	127	262	20	8	12
新会区	11	7	5	37	23	14	726	248	478	42	16	26
台山市	44	30	14	10	7	3	917	340	577	137	72	65
开平市	40	16	24	8	2	6	752	273	479	88	51	37
鹤山市	9	7	2	2	2	1	481	162	319	58	28	30
恩平市	8	5	3	2	1	1	312	144	168	45	27	19
湛江市	**60**	**27**	**33**	**50**	**30**	**20**	**2163**	**757**	**1406**	**310**	**141**	**169**
赤坎区	7	2	5	9	5	5	223	64	159	77	30	47
霞山区	6	2	4	8	6	3	417	132	285	59	29	30
坡头区	8	6	2	2	1	1	212	68	143	20	11	10
麻章区	2	2					123	45	77	5	3	2
遂溪县	2	1	1				69	31	38	1		1
廉江市	10	6	4	26	17	9	331	142	188	37	17	20
雷州市	5	1	4	4	1	2	388	149	238	64	31	33
吴川市	20	7	13				401	125	276	45	19	26
茂名市	**113**	**61**	**52**	**31**	**17**	**14**	**2165**	**762**	**1403**	**197**	**101**	**96**
茂南区	20	11	9	14	8	6	622	186	436	55	21	34
电白区	3	2	1	14	8	7	404	151	253	24	13	11
高州市	26	13	13	2	1	1	332	111	221	36	20	16
化州市	34	16	17	1		1	304	110	194	24	9	15
信宜市	31	19	11				503	204	299	58	38	20
肇庆市	**33**	**16**	**17**	**46**	**15**	**31**	**1216**	**405**	**811**	**122**	**54**	**67**
端州区	15	7	7	36	9	27	548	160	388	93	41	53
鼎湖区	3	2	1	3	1	1	105	39	66	5	2	3
高要市	1	1	1	1	1		132	55	78	8	4	4
四会市	13	6	8	6	3	3	430	151	279	15	7	8
惠州市	**28**	**14**	**14**	**75**	**52**	**22**	**1737**	**624**	**1113**	**106**	**55**	**52**
惠城区	13	7	6	38	26	13	1027	353	674	77	38	38
惠阳区	16	7	9	36	27	10	703	268	435	29	16	12
博罗县							7	3	4	1		1

9-3a 续表 4 单位：人

地区	60岁及以上人口			劳动收入			离退休金养老金		
	合计	男	女	小计	男	女	小计	男	女
梅州市	**4329**	**2058**	**2271**	**200**	**145**	**55**	**1403**	**856**	**547**
梅江区	1979	955	1024	67	48	19	950	557	393
梅县区	795	363	433	43	29	13	136	88	48
五华县	75	44	31	13	10	3	2	2	
兴宁市	1481	697	783	78	58	20	315	209	106
汕尾市	**1789**	**948**	**841**	**219**	**205**	**15**	**255**	**181**	**73**
城区	1117	592	526	105	98	6	151	106	45
陆丰市	672	356	316	115	106	9	103	76	28
河源市	**1322**	**631**	**690**	**51**	**43**	**8**	**369**	**240**	**129**
源城区	1322	631	690	51	43	8	369	240	129
阳江市	**2601**	**1294**	**1307**	**210**	**166**	**45**	**903**	**542**	**361**
江城区	1876	942	934	142	119	23	619	364	255
阳春市	726	353	373	68	47	21	284	178	106
清远市	**3352**	**1585**	**1767**	**243**	**176**	**67**	**1185**	**674**	**511**
清城区	1682	785	898	74	56	18	698	387	311
清新区	455	220	235	28	23	5	82	55	27
英德市	535	263	272	70	50	21	166	97	69
连州市	680	317	363	70	47	23	240	135	105
东莞市	**12357**	**5921**	**6436**	**1363**	**1049**	**314**	**7085**	**3287**	**3798**
中山市	**5213**	**2520**	**2693**	**405**	**305**	**100**	**3819**	**1805**	**2015**
潮州市	**3794**	**1812**	**1982**	**461**	**384**	**76**	**1193**	**643**	**549**
湘桥区	1856	896	960	183	147	36	952	510	442
潮安区	1937	916	1022	278	237	40	241	133	108
揭阳市	**5793**	**2889**	**2904**	**744**	**653**	**91**	**851**	**512**	**338**
榕城区	2810	1388	1422	377	336	41	596	343	252
揭东区	1163	580	584	179	161	18	76	49	27
普宁市	1820	921	899	188	157	32	179	120	59
云浮市	**1905**	**915**	**990**	**210**	**143**	**67**	**426**	**271**	**155**
云城区	1013	475	538	105	75	30	202	134	68
云安区	75	41	35	23	15	8	6	6	
罗定市	817	400	417	81	52	29	218	132	87

9-3a 续表 5　　　　单位：人

地　区	最低生活保障金			财产性收入			家庭其他成员供养			其　他		
	小计	男	女	小计	男	女	小计	男	女	小计	男	女
梅州市	**166**	**76**	**90**	**29**	**18**	**11**	**2320**	**872**	**1448**	**210**	**90**	**120**
梅江区	23	13	11	20	11	9	819	279	540	99	46	53
梅县区	19	9	10	3	2	1	534	214	320	60	20	40
五华县	4	2	2				52	26	26	4	4	
兴宁市	121	53	67	5	4	1	915	353	562	47	20	27
汕尾市	**28**	**22**	**6**	**13**	**8**	**4**	**1153**	**463**	**691**	**121**	**69**	**52**
城区	13	10	3	5	3	1	759	323	435	85	51	34
陆丰市	15	12	3	8	5	3	395	140	255	36	18	19
河源市	**30**	**14**	**16**	**10**	**8**	**3**	**799**	**300**	**499**	**63**	**27**	**36**
源城区	30	14	16	10	8	3	799	300	499	63	27	36
阳江市	**87**	**44**	**44**	**28**	**18**	**10**	**1305**	**491**	**814**	**68**	**35**	**33**
江城区	55	27	27	20	14	7	993	390	603	46	27	19
阳春市	33	16	16	7	4	3	312	100	211	22	7	15
清远市	**37**	**22**	**14**	**35**	**22**	**12**	**1702**	**622**	**1080**	**151**	**68**	**83**
清城区	6	5	1	18	13	6	786	276	509	100	48	52
清新区	5	4	1	5	3	2	313	126	188	22	9	13
英德市	8	4	4	3	1	2	272	105	167	15	6	9
连州市	18	10	9	9	6	3	330	115	215	14	5	9
东莞市	**65**	**27**	**38**	**222**	**129**	**93**	**3202**	**1237**	**1965**	**420**	**193**	**227**
中山市	**24**	**6**	**18**	**21**	**16**	**5**	**560**	**200**	**360**	**383**	**187**	**195**
潮州市	**32**	**20**	**12**	**15**	**13**	**2**	**2021**	**713**	**1308**	**73**	**38**	**35**
湘桥区	12	8	5	1	1		689	224	465	20	7	13
潮安区	19	12	7	14	12	2	1332	489	843	53	32	22
揭阳市	**112**	**65**	**47**	**49**	**34**	**15**	**3753**	**1464**	**2289**	**284**	**160**	**124**
榕城区	35	20	15	23	16	7	1623	587	1035	157	86	71
揭东区	38	19	19	11	8	3	816	316	501	42	27	15
普宁市	39	26	14	15	11	5	1314	561	753	84	47	38
云浮市	**67**	**38**	**29**	**24**	**14**	**10**	**1132**	**426**	**705**	**46**	**23**	**23**
云城区	29	18	11	20	13	7	628	221	407	29	14	15
云安区	5	4	1	1			39	14	25	2	1	
罗定市	33	17	17	3	1	2	465	191	274	16	8	8

9-3b 各地区分性别、主要生活来源的60岁及以上老年人口（镇）

单位：人

地　区	60岁及以上人口			劳动收入			离退休金养老金		
	合计	男	女	小计	男	女	小计	男	女
全　省	**68583**	**33637**	**34946**	**11019**	**7851**	**3169**	**12888**	**7633**	**5255**
广州市	**3640**	**1746**	**1893**	**441**	**289**	**152**	**1875**	**918**	**957**
白云区	733	339	393	59	46	14	378	178	200
番禺区	182	87	95	27	15	11	86	46	40
花都区	370	179	191	27	21	6	195	102	93
南沙区	774	349	424	64	38	26	634	283	351
萝岗区	29	19	9	2	2		13	10	3
从化区	181	88	93	19	14	4	57	26	31
增城区	1372	684	688	244	153	91	513	273	240
韶关市	**3158**	**1500**	**1658**	**421**	**261**	**160**	**878**	**561**	**318**
武江区	68	34	34	26	15	11	14	13	2
浈江区	225	119	106	5	4	1	161	113	48
曲江区	195	89	106	20	13	7	26	19	6
始兴县	358	150	207	48	29	19	48	32	17
仁化县	304	138	166	29	18	11	91	54	37
翁源县	488	244	243	76	49	27	137	90	47
乳源瑶族自治县	348	161	186	48	26	22	153	86	68
新丰县	402	201	201	47	30	17	124	79	45
乐昌市	574	272	302	101	62	40	102	64	38
南雄市	198	92	106	23	15	7	22	12	10
珠海市	**783**	**400**	**383**	**63**	**53**	**10**	**410**	**216**	**194**
香洲区	13	12	2	10	10				
斗门区	418	214	204	25	22	3	163	92	71
金湾区	352	174	178	29	21	8	247	124	123
汕头市	**5606**	**2599**	**3007**	**1014**	**778**	**237**	**363**	**237**	**126**
龙湖区	258	122	136	69	53	16	15	12	3
濠江区	32	12	20	3	2	1	1	1	
潮阳区	2138	1025	1114	223	210	14	78	63	15
潮南区	1139	524	614	180	137	44	23	16	7
澄海区	1767	794	973	500	342	159	187	108	79
南澳县	272	122	150	39	35	4	58	36	22
佛山市	**1269**	**592**	**677**	**228**	**148**	**80**	**464**	**232**	**232**
禅城区	578	269	309	91	59	32	319	153	167
南海区	149	71	78	30	20	11	48	21	27
三水区	412	188	225	85	54	31	86	48	38
高明区	129	65	64	22	15	7	11	11	1
江门市	**2686**	**1383**	**1303**	**555**	**394**	**161**	**306**	**216**	**91**
新会区	604	311	293	145	94	51	114	89	25
台山市	695	341	354	113	90	23	78	50	28
开平市	344	175	169	59	44	15	40	26	14
鹤山市	306	155	152	70	49	22	14	8	6
恩平市	736	401	336	168	117	50	60	42	18

9-3b 续表 1

单位：人

地区	最低生活保障金			财产性收入			家庭其他成员供养			其他		
	小计	男	女	小计	男	女	小计	男	女	小计	男	女
全　省	**2159**	**1218**	**941**	**296**	**196**	**100**	**39329**	**15239**	**24090**	**2892**	**1500**	**1391**
广州市	**81**	**38**	**43**	**28**	**19**	**9**	**1106**	**424**	**682**	**109**	**57**	**51**
白云区	12	7	6	7	4	3	268	101	167	8	4	4
番禺区	1		1				66	26	41	2		2
花都区	2		2				142	52	90	5	4	1
南沙区	1		1	1	1		61	21	40	13	7	7
萝岗区	5	4	1	1	1		8	3	5			
从化区	5	4	1	1	1		93	41	53	6	1	4
增城区	54	23	31	18	12	6	468	182	286	75	41	33
韶关市	**103**	**51**	**52**	**2**	**2**		**1690**	**598**	**1093**	**62**	**27**	**35**
武江区	1	1					27	5	21			
浈江区	11		11				43	2	41	5		5
曲江区	8	3	5	1	1		137	51	86	3	2	2
始兴县	16	6	11	2	1		240	81	159	3	1	2
仁化县	4	2	2				172	61	111	9	3	6
翁源县	1	1					261	97	164	13	7	6
乳源瑶族自治县	2	1	1				140	47	93	4	2	3
新丰县	10	8	3				215	83	133	6	3	3
乐昌市	42	26	16				313	112	201	15	8	7
南雄市	8	4	4				143	59	84	3	2	1
珠海市	**13**	**6**	**7**	**9**	**7**	**3**	**234**	**91**	**142**	**54**	**27**	**28**
香洲区	1		1	1	1		2	1	1			
斗门区	10	5	5	8	6	3	163	64	98	49	25	24
金湾区	2	1					69	26	43	5	1	3
汕头市	**78**	**36**	**42**	**15**	**12**	**3**	**4036**	**1485**	**2552**	**100**	**52**	**48**
龙湖区	6	4	2	2	1	1	166	51	114	1	1	
濠江区	2		2				26	9	17			
潮阳区	38	21	17	2	2		1777	716	1061	20	12	7
潮南区	6	1	5	6	6		871	338	533	52	27	26
澄海区	20	8	12	5	3	3	1032	324	708	22	10	12
南澳县	5	2	3				165	47	119	5	2	3
佛山市	**8**	**3**	**5**	**9**	**5**	**4**	**525**	**185**	**341**	**34**	**20**	**15**
禅城区	3	1	2	4	2	2	152	48	103	9	6	3
南海区							68	29	39	3	2	2
三水区	3	1	3	4	3	1	224	77	147	10	5	5
高明区	1	1		1		1	82	31	51	12	7	5
江门市	**72**	**44**	**28**	**9**	**6**	**3**	**1545**	**613**	**932**	**199**	**111**	**88**
新会区	7	5	3	2	1	1	301	104	197	33	18	16
台山市	9	7	2	2	1	1	440	165	275	52	28	24
开平市	10	5	5	1	1		200	86	114	33	12	21
鹤山市	10	6	3	1	1		189	75	114	23	16	7
恩平市	36	20	15	3	2	1	413	182	231	57	37	20

9-3b 续表 2

单位：人

地 区	60岁及以上人口			劳动收入			离退休金养老金		
	合计	男	女	小计	男	女	小计	男	女
湛江市	**5680**	**2881**	**2799**	**1319**	**864**	**455**	**1285**	**758**	**527**
霞山区	14	6	8				1	1	
坡头区	275	147	129	97	64	33	35	30	6
麻章区	521	261	260	105	70	36	116	66	50
遂溪县	1100	552	548	217	140	76	263	163	100
徐闻县	1067	522	545	231	142	89	365	200	165
廉江市	1210	621	589	291	180	111	348	191	157
雷州市	762	385	376	149	105	44	126	80	46
吴川市	731	387	343	229	163	66	31	26	4
茂名市	**4312**	**2245**	**2067**	**1266**	**851**	**415**	**391**	**258**	**133**
茂南区	172	89	83	39	22	17	41	24	17
电白区	1531	795	736	451	313	138	134	92	42
高州市	1091	579	512	381	256	125	83	52	31
化州市	759	383	376	242	154	87	120	76	43
信宜市	760	400	360	153	105	48	15	15	
肇庆市	**3955**	**1912**	**2043**	**652**	**399**	**253**	**719**	**503**	**216**
鼎湖区	190	94	95	36	25	11	38	28	9
广宁县	861	402	460	185	106	79	170	111	60
怀集县	715	328	387	83	51	33	88	60	28
封开县	601	274	326	99	56	42	75	41	34
德庆县	418	222	196	59	30	30	151	118	33
高要市	959	495	465	166	115	51	173	127	46
四会市	210	97	113	24	16	8	24	18	6
惠州市	**3756**	**1815**	**1940**	**392**	**292**	**100**	**752**	**465**	**287**
惠城区	122	60	63	21	18	3	10	9	1
惠阳区	196	95	101	23	18	5	29	23	6
博罗县	1615	788	826	165	117	47	343	206	137
惠东县	1347	643	704	101	85	16	246	155	90
龙门县	475	229	247	82	53	28	124	72	52
梅州市	**5989**	**2921**	**3067**	**615**	**421**	**195**	**786**	**565**	**221**
梅江区	29	14	15	2	2		1	1	
梅县区	646	293	353	41	33	9	58	40	18
大埔县	865	422	443	92	65	27	104	73	32
丰顺县	1188	591	597	97	76	20	171	106	65
五华县	1395	693	702	207	130	78	126	96	30
平远县	529	256	273	40	26	14	134	100	34
蕉岭县	557	289	268	55	34	21	122	91	31
兴宁市	780	363	416	81	55	26	69	58	12
汕尾市	**4125**	**2222**	**1903**	**536**	**474**	**62**	**365**	**258**	**107**
城区	215	118	97	31	30	1	9	8	1
海丰县	1915	1034	881	256	223	33	265	182	83
陆河县	582	328	254	61	52	9	28	21	8
陆丰市	1414	743	670	189	169	20	63	47	16

9-3b 续表 3

单位：人

地 区	最低生活保障金			财产性收入			家庭其他成员供养			其 他		
	小计	男	女	小计	男	女	小计	男	女	小计	男	女
湛江市	**167**	**95**	**72**	**38**	**21**	**17**	**2510**	**968**	**1542**	**360**	**175**	**185**
霞山区							8	3	5	6	2	3
坡头区	12	8	4	4	4	1	118	37	81	9	4	4
麻章区	16	10	5	3	2	1	222	83	139	58	29	29
遂溪县	30	13	17	13	6	7	481	182	299	95	47	48
徐闻县	37	17	19	5	4	1	382	134	248	47	25	22
廉江市	29	17	11	2	1	1	474	197	277	66	35	31
雷州市	22	15	7	10	4	6	412	165	247	42	16	26
吴川市	22	14	8				412	166	246	38	17	20
茂名市	**143**	**102**	**41**	**23**	**17**	**6**	**2213**	**878**	**1335**	**276**	**140**	**136**
茂南区	9	7	2	6	4	2	73	31	42	4	2	2
电白区	47	34	13				781	296	486	117	60	57
高州市	42	28	14	9	7	3	520	209	311	56	27	29
化州市	9	7	2	7	5	2	348	122	226	34	17	16
信宜市	36	26	10	1	1		491	219	272	65	35	31
肇庆市	**125**	**71**	**54**	**11**	**6**	**5**	**2344**	**877**	**1466**	**104**	**55**	**48**
鼎湖区	3	2	1	1			110	37	73	1	1	
广宁县	23	15	7	1	1		474	164	310	8	5	4
怀集县	29	18	11	3	2	1	492	185	307	20	13	8
封开县	31	18	14				378	149	228	18	10	8
德庆县	9	5	4				185	61	124	14	8	6
高要市	21	11	10	6	3	3	555	223	333	38	16	22
四会市	9	3	6				150	58	92	3	3	1
惠州市	**185**	**97**	**88**	**26**	**16**	**9**	**2273**	**877**	**1395**	**128**	**68**	**61**
惠城区	9	4	4				81	27	54	1	1	
惠阳区	1	1		3	3	1	122	42	80	16	8	9
博罗县	68	37	31	13	7	5	960	388	572	66	33	34
惠东县	77	39	38	6	4	2	888	344	544	30	16	15
龙门县	32	16	15	3	2	1	221	75	146	14	10	4
梅州市	**234**	**130**	**103**	**29**	**19**	**10**	**4092**	**1675**	**2418**	**232**	**112**	**120**
梅江区							26	11	15			
梅县区	37	18	19	5	4	1	495	194	301	9	4	5
大埔县	22	16	6	4	2	3	601	251	350	40	15	25
丰顺县	22	14	8	7	4	2	837	362	476	55	28	26
五华县	61	39	22	5	4	1	920	387	533	76	38	38
平远县	19	9	11	4	2	1	302	106	196	30	13	17
蕉岭县	11	6	5	1		1	361	152	208	7	6	2
兴宁市	62	30	32	3	2	1	550	212	337	15	7	8
汕尾市	**132**	**76**	**56**	**17**	**11**	**6**	**2857**	**1282**	**1575**	**218**	**121**	**97**
城区	3	1	3				153	67	87	18	12	6
海丰县	83	47	36	8	7	1	1240	537	703	63	37	26
陆河县	19	12	7				462	238	224	10	4	7
陆丰市	26	16	10	9	4	5	1002	440	561	126	68	58

9-3b 续表 4 单位：人

地 区	60岁及以上人口			劳动收入			离退休金养老金		
	合计	男	女	小计	男	女	小计	男	女
河源市	**2988**	**1447**	**1541**	**218**	**169**	**49**	**423**	**308**	**115**
紫金县	931	456	475	43	40	3	128	99	28
龙川县	771	371	401	48	36	11	142	98	44
连平县	486	237	250	52	34	18	78	54	24
和平县	423	207	216	49	37	12	53	39	14
东源县	377	177	200	26	21	5	22	18	5
阳江市	**2762**	**1406**	**1355**	**519**	**382**	**138**	**253**	**172**	**80**
江城区	398	202	197	75	60	15	26	19	8
阳西县	843	435	407	182	138	44	49	31	19
阳东县	882	458	424	156	112	45	48	33	15
阳春市	639	311	328	106	72	35	129	90	39
清远市	3818	1814	2004	501	347	154	709	426	283
清城区	790	378	411	98	66	32	130	78	52
清新区	542	270	271	74	55	20	95	58	38
佛冈县	444	212	231	45	37	8	73	43	30
阳山县	630	291	339	82	54	28	106	68	38
连山壮族瑶族自治县	166	75	92	14	9	5	55	29	26
连南瑶族自治县	279	125	153	35	22	12	50	30	20
英德市	798	379	419	112	77	36	191	111	80
连州市	169	82	87	39	26	13	9	9	
东莞市	**81**	**45**	**37**	**22**	**18**	**3**	**53**	**27**	**27**
中山市	**1958**	**888**	**1070**	**150**	**128**	**23**	**1450**	**605**	**844**
潮州市	**3911**	**1818**	**2093**	**763**	**575**	**188**	**483**	**287**	**196**
湘桥区	588	263	325	155	111	45	7	5	2
潮安区	1118	516	602	276	214	62	39	29	10
饶平县	2204	1038	1166	332	251	81	438	253	185
揭阳市	**5900**	**2941**	**2959**	**949**	**761**	**188**	**605**	**413**	**193**
榕城区	375	177	198	58	50	7	18	15	3
揭东区	1052	552	500	181	156	25	90	65	25
揭西县	1248	631	617	157	120	38	249	161	88
惠来县	1624	792	832	278	208	69	194	134	60
普宁市	1601	789	813	275	227	48	54	38	17
云浮市	**2208**	**1061**	**1148**	**394**	**248**	**146**	**316**	**208**	**108**
云城区	35	16	19	18	9	9			
云安区	195	92	103	43	29	14	8	7	1
新兴县	758	349	409	118	73	45	167	106	60
郁南县	738	365	373	137	87	50	115	82	32
罗定市	483	239	244	77	49	28	27	13	14

9-3b 续表 5

单位：人

地区	最低生活保障金			财产性收入			家庭其他成员供养			其他		
	小计	男	女	小计	男	女	小计	男	女	小计	男	女
河源市	**151**	**76**	**75**	**11**	**7**	**3**	**1955**	**758**	**1197**	**231**	**129**	**102**
紫金县	47	21	26	8	6	3	587	223	364	118	67	52
龙川县	31	14	17	2	1	1	489	186	303	60	35	25
连平县	41	26	16				288	108	180	27	14	12
和平县	18	10	8				282	111	172	20	10	10
东源县	13	5	8				309	129	180	6	4	2
阳江市	**160**	**95**	**65**	**5**	**3**	**2**	**1737**	**703**	**1035**	**87**	**52**	**35**
江城区	21	14	8				274	108	166	2	1	1
阳西县	89	51	38	1		1	499	203	297	22	12	10
阳东县	37	22	16	5	3	2	599	267	332	37	23	15
阳春市	12	8	4				366	125	241	25	16	10
清远市	155	86	69	22	17	5	2262	858	1404	169	80	90
清城区	15	10	6	9	7	2	477	187	290	61	31	30
清新区	36	20	16	2	2		306	123	182	28	12	16
佛冈县	31	17	14	8	5	2	253	97	155	34	12	22
阳山县	23	13	10	3	2	1	404	146	258	11	8	4
连山壮族瑶族自治县	8	4	4				83	30	53	6	2	4
连南瑶族自治县	8	2	6				178	66	112	8	4	4
英德市	25	15	10				451	167	284	19	10	10
连州市	9	5	4				110	40	70	2	1	1
东莞市							**7**		**7**			
中山市	**8**	**6**	**2**	**5**	**5**		**324**	**129**	**195**	**21**	**15**	**6**
潮州市	**87**	**52**	**36**	**10**	**7**	**3**	**2452**	**835**	**1617**	**115**	**61**	**54**
湘桥区	16	10	6				407	136	271	3	2	2
潮安区	20	13	7	2	1	1	739	239	500	42	20	22
饶平县	51	28	22	8	6	2	1305	460	845	70	40	30
揭阳市	**168**	**97**	**71**	**21**	**14**	**7**	**3856**	**1498**	**2358**	**301**	**159**	**142**
榕城区	6	4	2	4	4		264	90	174	25	14	12
揭东区	30	20	10				698	281	417	53	30	22
揭西县	38	26	12	4	3	1	758	295	462	42	26	16
惠来县	71	30	41	11	5	6	966	365	600	104	50	55
普宁市	23	17	6	2	2		1171	467	704	77	39	38
云浮市	**89**	**56**	**33**	**6**	**2**	**4**	**1312**	**506**	**806**	**92**	**41**	**51**
云城区	3	2	1				13	4	9	1		1
云安区	9	6	3				129	48	81	6	2	4
新兴县	24	15	9	4	1	3	419	144	275	26	10	17
郁南县	34	19	16	2	1	1	420	159	260	31	17	14
罗定市	20	14	6				330	151	180	28	13	16

9-3c 各地区分性别、主要生活来源的60岁及以上老年人口（乡村）

单位：人

地区	60岁及以上人口			劳动收入			离退休金养老金		
	合计	男	女	小计	男	女	小计	男	女
全省	**147208**	**72790**	**74418**	**33823**	**22738**	**11085**	**9853**	**5647**	**4206**
广州市	**7407**	**3445**	**3962**	**940**	**607**	**333**	**2496**	**1212**	**1283**
白云区	1806	815	991	231	145	86	680	345	335
番禺区	763	349	413	72	53	20	501	218	283
花都区	1403	630	772	132	92	40	497	251	245
南沙区	617	275	342	115	66	49	326	147	179
萝岗区	246	115	131	33	20	13	59	29	30
从化区	1346	632	713	148	92	56	270	131	138
增城区	1227	628	599	208	139	69	162	89	73
韶关市	**6271**	**2904**	**3367**	**1428**	**870**	**558**	**384**	**245**	**139**
武江区	236	110	126	66	38	29	44	29	16
浈江区	356	166	190	28	18	11	143	87	57
曲江区	621	275	346	171	94	78	15	13	2
始兴县	573	239	334	103	56	47	7	6	1
仁化县	566	263	303	111	74	37	37	23	13
翁源县	1035	511	525	231	161	70	15	12	2
乳源瑶族自治县	471	227	244	110	63	46	16	11	5
新丰县	483	235	248	83	59	23	25	14	11
乐昌市	1012	467	545	313	181	132	24	19	5
南雄市	918	412	506	212	126	86	58	31	27
珠海市	**826**	**426**	**399**	**88**	**70**	**18**	**338**	**176**	**162**
斗门区	826	426	399	88	70	18	338	176	162
汕头市	**6152**	**2958**	**3193**	**1269**	**1028**	**240**	**137**	**100**	**37**
龙湖区	397	183	214	86	78	8	12	9	3
金平区	71	32	40	18	13	5	13	5	9
濠江区	349	160	190	66	54	12	11	10	2
潮阳区	2448	1206	1241	371	336	35	31	26	6
潮南区	1794	875	920	374	297	77	36	25	11
澄海区	1014	467	547	326	232	94	29	23	6
南澳县	79	36	43	27	18	10	4	3	1
佛山市	**1913**	**893**	**1019**	**312**	**201**	**111**	**468**	**251**	**217**
南海区	523	249	273	80	50	29	249	130	119
顺德区	144	71	74	8	6	2	3	3	
三水区	905	410	495	143	89	54	161	85	75
高明区	341	164	177	82	56	26	55	32	23
江门市	**9236**	**4656**	**4580**	**2209**	**1579**	**630**	**448**	**310**	**138**
蓬江区	13	5	8	3	2	1	3	1	2
新会区	1775	879	895	541	379	161	118	74	44
台山市	3247	1664	1583	850	609	241	149	109	40
开平市	1831	888	943	393	274	119	75	55	21
鹤山市	1083	526	557	209	149	60	71	40	31
恩平市	1287	693	594	214	166	48	32	32	

9-3c 续表 1

单位：人

地区	最低生活保障金			财产性收入			家庭其他成员供养			其他		
	小计	男	女	小计	男	女	小计	男	女	小计	男	女
全省	**6619**	**4013**	**2606**	**339**	**204**	**135**	**89560**	**36492**	**53068**	**7013**	**3695**	**3318**
广州市	**306**	**147**	**159**	**17**	**10**	**7**	**3219**	**1260**	**1959**	**429**	**208**	**221**
白云区	72	27	46	4	1	3	726	254	472	93	43	50
番禺区	12		12	2	2		176	76	99			
花都区	38	15	23	7	4	3	687	247	440	41	20	21
南沙区	4	2	1	1		1	142	49	94	29	11	18
萝岗区	8	6	2	4	3	1	124	50	74	18	7	11
从化区	98	58	41				750	308	442	80	43	37
增城区	74	40	34				614	276	338	168	84	84
韶关市	**234**	**138**	**97**	**4**	**4**		**4074**	**1574**	**2501**	**146**	**73**	**73**
武江区	5	3	3				116	39	78	4	2	2
浈江区	10	3	7				166	55	110	8	3	5
曲江区	14	10	4				409	150	258	13	8	5
始兴县	33	17	16	1	1		407	149	258	23	11	12
仁化县	23	12	11	1	1		373	142	230	22	10	12
翁源县	42	25	17	1	1		731	304	427	16	8	8
乳源瑶族自治县	20	14	6				292	122	169	33	16	17
新丰县	25	15	10				347	144	203	2	1	
乐昌市	29	19	10				629	238	390	18	10	9
南雄市	34	19	15	1	1		605	230	376	8	6	3
珠海市	**25**	**18**	**7**	**8**	**7**	**1**	**336**	**139**	**197**	**31**	**17**	**14**
斗门区	25	18	7	8	7	1	336	139	197	31	17	14
汕头市	**101**	**56**	**45**	**7**	**2**	**5**	**4485**	**1694**	**2792**	**152**	**78**	**74**
龙湖区	8	4	4				287	89	198	3	2	2
金平区	1	1					39	13	26			
濠江区	16	9	7				251	85	166	4	2	3
潮阳区	31	16	15	5	2	2	1924	781	1143	85	45	40
潮南区	27	15	11	3		3	1320	519	801	35	18	17
澄海区	17	9	7				622	195	428	20	9	12
南澳县	2	1	1				42	12	30	4	2	2
佛山市	**74**	**39**	**35**	**43**	**22**	**21**	**859**	**296**	**563**	**157**	**84**	**73**
南海区	5	5		21	8	13	162	50	111	5	5	
顺德区				20	12	8	80	30	50	35	20	15
三水区	17	8	9	2	2		465	166	299	117	59	58
高明区	51	25	26				152	50	103	1	1	
江门市	**329**	**211**	**118**	**36**	**25**	**11**	**5554**	**2187**	**3366**	**660**	**343**	**317**
蓬江区	1						6	2	4			
新会区	56	29	27	6	6		924	331	594	130	61	70
台山市	147	99	48	10	7	3	1886	734	1153	206	107	99
开平市	65	42	22	9	5	5	1195	456	739	94	56	38
鹤山市	30	21	8	7	4	3	659	264	394	108	48	60
恩平市	32	20	12	4	4		883	400	483	123	71	51

9-3c 续表 2

单位：人

地 区	60岁及以上人口			劳动收入			离退休金养老金		
	合计	男	女	小计	男	女	小计	男	女
湛江市	**17050**	**8786**	**8264**	**6143**	**3846**	**2297**	**623**	**396**	**227**
赤坎区	22	9	13	10	6	5	1	1	
霞山区	79	38	42	16	9	6			
坡头区	881	476	405	287	195	92	10	9	1
麻章区	1166	562	604	396	240	156	61	41	20
遂溪县	2730	1439	1291	1124	679	445	22	15	7
徐闻县	1677	800	877	525	317	207	58	38	19
廉江市	4612	2509	2103	1749	1110	639	255	146	109
雷州市	3651	1782	1869	1237	744	493	168	104	64
吴川市	2230	1170	1060	799	546	253	48	41	7
茂名市	**16055**	**8450**	**7606**	**5326**	**3514**	**1812**	**408**	**274**	**134**
茂南区	1018	498	520	380	237	143	78	48	30
电白区	3641	1883	1758	1169	754	415	94	74	20
高州市	4632	2483	2149	1686	1152	535	61	45	17
化州市	3976	2106	1869	1383	910	473	134	70	63
信宜市	2788	1479	1309	708	462	246	42	38	5
肇庆市	**10060**	**4560**	**5501**	**2371**	**1354**	**1017**	**293**	**202**	**90**
鼎湖区	431	174	257	110	62	49	14	8	5
广宁县	1519	714	805	472	258	214	63	47	16
怀集县	2201	979	1223	384	214	170	46	33	13
封开县	1238	567	671	290	160	129	53	33	20
德庆县	1085	520	566	257	151	106	44	31	13
高要市	2603	1165	1439	664	390	274	51	34	17
四会市	984	443	541	194	118	76	23	16	7
惠州市	**5702**	**2713**	**2989**	**899**	**629**	**271**	**329**	**215**	**114**
惠城区	1068	489	578	81	60	21	71	40	32
惠阳区	456	217	239	50	45	5	13	10	3
博罗县	1838	856	982	243	165	78	112	77	35
惠东县	1480	724	756	287	209	78	88	58	31
龙门县	861	427	434	238	149	88	45	30	15
梅州市	**12030**	**5884**	**6146**	**1763**	**1176**	**588**	**510**	**393**	**117**
梅江区	236	113	122	43	31	12	18	15	3
梅县区	1381	636	745	146	108	39	57	38	19
大埔县	1412	704	708	198	129	70	72	60	12
丰顺县	1423	697	726	183	130	53	51	36	15
五华县	3620	1823	1797	561	368	194	106	77	30
平远县	703	325	378	135	77	58	49	41	8
蕉岭县	634	304	331	83	56	28	55	44	11
兴宁市	2621	1283	1339	412	277	135	101	82	19

9-3c 续表 3

单位：人

地区	最低生活保障金			财产性收入			家庭其他成员供养			其他		
	小计	男	女	小计	男	女	小计	男	女	小计	男	女
湛江市	**869**	**553**	**316**	**20**	**12**	**8**	**8584**	**3539**	**5046**	**810**	**440**	**370**
赤坎区	1						9	2	7			
霞山区	4	1	3				45	19	26	14	9	6
坡头区	41	31	10	4	3	1	495	216	280	44	22	22
麻章区	53	36	18	2	2		533	182	351	120	61	59
遂溪县	118	79	39	2	2		1295	558	737	170	106	64
徐闻县	75	35	41	2	1	1	939	364	575	79	45	34
廉江市	299	215	84	2		2	2214	991	1223	93	47	46
雷州市	208	111	97	6	3	3	1855	733	1121	178	87	91
吴川市	69	45	25	2	1	1	1199	474	726	112	63	49
茂名市	**836**	**493**	**343**	**31**	**21**	**11**	**8469**	**3635**	**4834**	**985**	**512**	**473**
茂南区	60	20	39				459	176	283	42	17	25
电白区	194	115	79	10	8	2	1799	739	1061	376	194	182
高州市	167	110	58	15	9	6	2478	1051	1426	225	117	108
化州市	255	149	105	5	2	4	1915	826	1089	285	149	135
信宜市	161	99	62	2	2		1819	844	974	58	35	23
肇庆市	**487**	**280**	**207**	**31**	**17**	**14**	**6567**	**2558**	**4010**	**311**	**149**	**162**
鼎湖区	13	5	8	1		1	280	93	187	13	5	7
广宁县	86	50	36				842	333	509	56	25	31
怀集县	77	40	37	4	2	2	1639	662	978	51	28	24
封开县	76	43	33				792	319	473	27	12	15
德庆县	62	42	20				680	272	408	42	23	19
高要市	111	63	48	26	14	12	1660	622	1038	92	41	51
四会市	63	37	26				673	256	417	30	15	15
惠州市	**291**	**168**	**123**	**12**	**5**	**6**	**4016**	**1615**	**2402**	**154**	**81**	**73**
惠城区	40	26	14	3	1	2	841	343	497	32	19	12
惠阳区	40	16	24	8	4	3	330	132	197	15	9	6
博罗县	80	51	29				1336	531	805	66	31	35
惠东县	63	35	28				1018	410	608	24	12	12
龙门县	68	40	28	1		1	492	197	294	18	10	8
梅州市	**537**	**318**	**219**	**29**	**18**	**11**	**8590**	**3681**	**4910**	**601**	**299**	**302**
梅江区	10	6	4	1	1		161	59	103	2	1	1
梅县区	63	32	31	1	1		985	401	584	129	57	72
大埔县	83	58	26	2	2		1000	429	572	55	27	28
丰顺县	47	27	20	5	4	2	1108	482	626	28	19	10
五华县	140	83	58	12	6	6	2574	1172	1402	226	118	108
平远县	40	23	18	3	1	2	418	154	264	57	29	28
蕉岭县	28	17	11	1	1		444	172	272	22	14	9
兴宁市	124	73	51	3	2	1	1900	813	1087	81	35	46

9-3c 续表 4 单位：人

地 区	60岁及以上人口			劳动收入			离退休金养老金		
	合计	男	女	小计	男	女	小计	男	女
汕尾市	**4826**	**2667**	**2160**	**894**	**785**	**109**	**55**	**41**	**15**
城区	442	222	220	47	47		2	2	
海丰县	1331	737	594	248	217	32	15	11	3
陆河县	559	322	237	102	82	20	8	8	
陆丰市	2495	1386	1109	496	439	58	30	19	11
河源市	**8274**	**3963**	**4311**	**1067**	**700**	**367**	**278**	**199**	**80**
源城区	26	12	14						
紫金县	1851	902	948	160	111	49	55	40	15
龙川县	2630	1250	1380	313	210	103	68	49	19
连平县	883	431	452	232	142	90	27	26	2
和平县	1318	634	684	263	161	103	23	21	2
东源县	1566	733	833	99	76	23	105	63	42
阳江市	**6449**	**3380**	**3069**	**1764**	**1200**	**564**	**87**	**69**	**18**
江城区	885	464	421	177	129	48	28	22	6
阳西县	1672	896	776	452	317	135	4	4	
阳东县	1349	708	640	473	326	147	10	9	1
阳春市	2544	1312	1232	663	428	235	45	34	11
清远市	9456	4519	4936	1879	1228	651	383	244	140
清城区	830	384	446	94	68	27	27	19	8
清新区	2052	1015	1037	427	281	146	54	40	14
佛冈县	797	391	406	118	77	41	11	9	2
阳山县	1185	555	630	204	127	78	48	29	19
连山壮族瑶族自治县	263	136	127	57	39	18	15	10	5
连南瑶族自治县	313	137	176	42	26	16	16	12	5
英德市	2656	1249	1407	608	389	219	156	93	64
连州市	1361	652	709	328	222	106	56	31	24
东莞市	**1736**	**825**	**911**	**219**	**162**	**57**	**1081**	**500**	**581**
中山市	**1313**	**598**	**714**	**116**	**84**	**31**	**940**	**410**	**530**
潮州市	**4485**	**2129**	**2356**	**1081**	**787**	**294**	**83**	**63**	**19**
湘桥区	339	157	182	93	71	22	4	4	
潮安区	1968	939	1029	469	363	107	60	43	17
饶平县	2177	1033	1144	519	353	166	19	17	2
揭阳市	**11213**	**5683**	**5530**	**2594**	**1974**	**620**	**159**	**118**	**41**
榕城区	795	395	400	162	133	29	8	5	2
揭东区	2051	1036	1015	570	434	137	26	19	8
揭西县	2701	1411	1290	503	411	92	39	31	8
惠来县	2121	1042	1080	500	368	132	28	24	4
普宁市	3545	1800	1745	858	628	230	58	39	19
云浮市	**6754**	**3350**	**3403**	**1460**	**943**	**517**	**353**	**231**	**123**
云城区	438	225	213	118	73	45	18	16	2
云安区	911	450	460	169	107	62	46	35	12
新兴县	1372	671	701	420	258	162	41	30	11
郁南县	1287	642	645	194	132	61	106	59	46
罗定市	2745	1361	1384	559	373	186	143	91	51

9-3c 续表 5

单位：人

地区	最低生活保障金			财产性收入			家庭其他成员供养			其他		
	小计	男	女	小计	男	女	小计	男	女	小计	男	女
汕尾市	**193**	**133**	**59**	**6**	**5**	**1**	**3460**	**1559**	**1901**	**218**	**143**	**75**
城区	21	13	8				345	148	197	26	12	14
海丰县	68	46	23				967	442	525	32	22	10
陆河县	21	17	3	4	3	1	419	207	211	6	4	2
陆丰市	83	58	25	3	3		1728	762	967	155	106	49
河源市	**503**	**264**	**239**	**7**	**5**	**2**	**5934**	**2548**	**3386**	**485**	**247**	**238**
源城区	1	1					24	11	14			
紫金县	145	85	60	3	2	1	1385	610	775	103	54	49
龙川县	100	52	48	2	2		2069	896	1173	78	42	36
连平县	67	35	31				502	200	301	56	28	28
和平县	73	37	36	1	1		884	373	511	75	41	33
东源县	117	54	63	1		1	1070	458	613	173	82	91
阳江市	**373**	**263**	**110**	**9**	**5**	**4**	**3945**	**1684**	**2261**	**270**	**159**	**111**
江城区	41	23	18	1		1	568	247	321	70	43	27
阳西县	138	107	30	3	1	2	1020	434	587	54	33	22
阳东县	50	30	21	1	1		787	331	457	27	12	15
阳春市	145	104	41	4	3	1	1569	673	896	118	71	47
清远市	514	341	174	8	5	3	6229	2455	3774	441	247	195
清城区	29	22	8				596	232	363	83	43	40
清新区	105	77	27	5	2	2	1341	547	793	120	66	54
佛冈县	61	41	19	1	1		582	251	331	24	11	13
阳山县	80	52	28	1		1	799	312	488	52	35	17
连山壮族瑶族自治县	10	7	3				137	56	81	44	24	19
连南瑶族自治县	38	15	23				177	66	111	40	19	21
英德市	118	73	45	1	1		1717	659	1058	55	34	21
连州市	74	53	21				881	332	549	23	14	9
东莞市	**31**	**16**	**16**	**39**	**21**	**18**	**330**	**108**	**222**	**36**	**18**	**19**
中山市	**6**	**4**	**2**	**2**	**2**		**241**	**92**	**149**	**8**	**6**	**2**
潮州市	**167**	**87**	**79**	**1**	**1**	**1**	**2988**	**1110**	**1878**	**165**	**81**	**84**
湘桥区	9	5	4	1	1	1	231	76	155	3	2	1
潮安区	55	32	24				1282	453	829	102	49	53
饶平县	102	50	52				1475	581	894	61	31	30
揭阳市	**274**	**171**	**104**	**9**	**6**	**3**	**7592**	**3092**	**4500**	**585**	**323**	**263**
榕城区	18	12	6				469	177	292	138	68	71
揭东区	53	35	18				1237	464	772	164	84	81
揭西县	66	47	19	4	4		2012	871	1141	77	47	30
惠来县	79	39	40	5	2	3	1423	557	866	87	52	35
普宁市	58	38	20				2451	1023	1429	119	72	47
云浮市	**469**	**315**	**154**	**18**	**9**	**9**	**4085**	**1666**	**2420**	**367**	**187**	**181**
云城区	49	34	14				241	98	143	12	4	8
云安区	55	41	14	1	1		613	254	359	26	12	14
新兴县	73	40	34	1	1	1	799	322	477	38	22	15
郁南县	116	82	33	2	1	1	813	335	478	57	31	26
罗定市	176	117	59	14	6	8	1619	657	963	234	117	117

9-4 全省分年龄、性别、主要生活来源的60岁及以上老年人口

单位：人

年龄	60岁及以上人口			劳动收入			离退休金养老金		
	合计	男	女	小计	男	女	小计	男	女
总　计	**376850**	**183573**	**193277**	**57058**	**39679**	**17379**	**110647**	**58034**	**52613**
60-64岁	**131676**	**66164**	**65513**	**36168**	**24722**	**11446**	**37796**	**19116**	**18680**
60	30453	15366	15088	9844	6776	3068	8221	4010	4210
61	29061	14582	14479	8494	5716	2778	8338	4192	4146
62	26341	13174	13167	7063	4788	2276	7575	3805	3770
63	24789	12408	12381	5990	4080	1910	7257	3748	3509
64	21031	10634	10397	4776	3362	1414	6405	3360	3045
65-69岁	**87017**	**44490**	**42527**	**13931**	**9950**	**3980**	**27976**	**15027**	**12949**
65	21493	10981	10512	4293	2981	1312	6759	3663	3096
66	20134	10410	9724	3442	2481	961	6566	3495	3071
67	16753	8384	8369	2536	1804	731	5432	2862	2571
68	15142	7723	7419	2048	1496	552	4871	2600	2271
69	13494	6991	6503	1612	1188	424	4347	2408	1940
70-74岁	**57781**	**28995**	**28786**	**4648**	**3383**	**1265**	**17070**	**9217**	**7853**
70	13605	7012	6592	1315	941	373	4061	2247	1814
71	12088	6123	5965	1049	766	282	3689	1999	1690
72	11118	5552	5566	864	640	224	3248	1754	1494
73	10734	5336	5398	755	560	195	3142	1648	1494
74	10237	4972	5265	665	475	190	2929	1569	1361
75-79岁	**45562**	**22061**	**23501**	**1672**	**1229**	**444**	**13866**	**7537**	**6329**
75	10115	5101	5014	496	355	140	3102	1741	1360
76	8844	4307	4538	372	277	95	2673	1439	1234
77	9382	4565	4816	305	229	77	2875	1537	1338
78	8768	4165	4603	273	192	81	2649	1437	1212
79	8454	3924	4530	226	176	51	2567	1381	1186
80-84岁	**32224**	**13767**	**18457**	**458**	**286**	**172**	**8789**	**4647**	**4142**
80	7897	3478	4419	136	93	43	2214	1162	1052
81	7004	3029	3974	99	61	38	2014	1017	997
82	6774	2907	3868	91	61	29	1896	1002	894
83	5731	2328	3404	80	37	43	1429	781	648
84	4817	2024	2793	52	33	19	1236	685	551
85-89岁	**15883**	**6052**	**9832**	**143**	**89**	**53**	**3838**	**1938**	**1900**
85	4581	1888	2693	59	35	23	1216	635	580
86	3302	1259	2043	33	21	12	777	383	393
87	3282	1216	2066	19	11	9	754	391	363
88	2681	958	1723	14	8	6	624	304	319
89	2037	731	1306	18	14	4	468	224	244
90-94岁	**5392**	**1704**	**3689**	**32**	**17**	**15**	**1070**	**464**	**606**
90	1833	585	1248	7	1	6	361	170	192
91	1189	370	819	3	2	1	241	100	141
92	998	326	672	9	5	4	190	78	112
93	765	256	509	8	5	3	167	71	95
94	607	166	441	5	4	1	111	45	66
95-99岁	**1154**	**314**	**840**	**5**	**3**	**3**	**218**	**86**	**132**
95	436	143	293	1		1	97	46	50
96	271	68	203				53	24	29
97	204	51	153	1	1		31	8	23
98	148	30	118	2	2		29	5	24
99	94	22	72	2		2	10	4	6
100岁及以上	**160**	**27**	**133**				**25**	**3**	**22**

9-4 续表 单位：人

年 龄	最低生活保障金			财产性收入			家庭其他成员供养			其 他		
	小计	男	女	小计	男	女	小计	男	女	小计	男	女
总 计	**10344**	**5991**	**4353**	**2537**	**1426**	**1112**	**180992**	**70647**	**110345**	**15271**	**7796**	**7476**
60-64岁	**2221**	**1340**	**881**	**1233**	**698**	**535**	**48642**	**17383**	**31259**	**5615**	**2904**	**2711**
60	441	257	184	290	164	126	10309	3466	6844	1348	693	655
61	457	277	180	240	141	99	10304	3630	6674	1229	627	602
62	411	246	165	276	144	132	9855	3575	6280	1160	616	544
63	508	314	194	217	135	82	9778	3583	6195	1039	548	491
64	404	246	158	211	115	95	8396	3129	5267	838	420	418
65-69岁	**2029**	**1309**	**720**	**619**	**342**	**276**	**38943**	**15986**	**22957**	**3519**	**1875**	**1644**
65	431	283	148	154	85	70	9015	3543	5472	840	427	414
66	433	270	164	143	79	64	8686	3601	5085	863	484	379
67	385	247	138	126	70	57	7602	3070	4532	672	331	341
68	415	265	150	106	59	48	7108	2972	4137	595	333	262
69	365	245	120	89	51	39	6531	2800	3731	549	301	249
70-74岁	**1939**	**1228**	**711**	**346**	**207**	**139**	**31451**	**13690**	**17762**	**2327**	**1271**	**1056**
70	417	289	128	72	39	33	7206	3191	4015	533	305	228
71	394	221	173	75	43	32	6371	2817	3554	510	276	233
72	388	247	142	56	38	19	6121	2639	3481	440	234	207
73	399	255	144	89	55	34	5902	2580	3322	447	238	209
74	340	216	125	54	33	21	5851	2462	3389	396	217	179
75-79岁	**1764**	**1059**	**705**	**181**	**94**	**87**	**26387**	**11288**	**15099**	**1692**	**855**	**837**
75	363	225	138	35	19	16	5746	2562	3185	374	198	176
76	323	199	124	37	17	20	5101	2213	2888	338	161	177
77	362	216	146	39	21	17	5452	2371	3081	348	190	158
78	367	213	154	41	23	18	5091	2130	2961	347	170	177
79	349	206	143	29	13	16	4997	2012	2985	285	135	150
80-84岁	**1394**	**696**	**699**	**98**	**52**	**46**	**20288**	**7560**	**12728**	**1197**	**526**	**671**
80	357	184	173	31	16	15	4858	1881	2977	301	143	158
81	289	158	131	20	8	12	4326	1667	2659	256	120	136
82	267	132	135	17	12	5	4238	1583	2655	265	116	149
83	251	118	133	20	9	10	3746	1313	2433	206	70	136
84	229	103	126	11	7	4	3120	1117	2003	169	78	91
85-89岁	**685**	**265**	**420**	**43**	**26**	**17**	**10556**	**3468**	**7087**	**618**	**265**	**354**
85	174	74	100	12	8	4	2951	1058	1893	170	77	93
86	153	67	86	12	6	6	2202	731	1471	126	51	74
87	146	56	90	11	6	5	2224	697	1527	127	54	73
88	123	39	85	5	2	2	1809	565	1244	106	39	68
89	89	30	59	4	3	1	1370	417	953	89	43	46
90-94岁	**254**	**81**	**173**	**13**	**5**	**8**	**3789**	**1062**	**2728**	**234**	**75**	**160**
90	85	30	55	3	2	1	1299	358	941	78	25	53
91	62	22	39	2		2	835	235	600	47	11	36
92	45	12	33	7	2	5	705	212	493	43	17	26
93	30	8	23				525	160	365	35	12	23
94	32	9	24	2	2		425	97	328	32	10	22
95-99岁	**48**	**12**	**37**	**2**		**2**	**817**	**191**	**626**	**64**	**23**	**41**
95	16	2	13	1		1	303	87	216	19	8	11
96	15	4	11				183	36	147	20	4	16
97	6	3	3	1		1	156	36	120	11	4	6
98	5	1	5				106	20	86	6	2	4
99	7	2	5				69	12	56	8	4	3
100岁及以上	**9**	**2**	**7**	**1**		**1**	**119**	**19**	**100**	**6**	**3**	**2**

9-4a　全省分年龄、性别、主要生活来源的60岁及以上老年人口（城市）

单位：人

年　龄	60岁及以上人口			劳动收入			离退休金养老金		
	合计	男	女	小计	男	女	小计	男	女
总　计	**161058**	**77147**	**83912**	**12215**	**9090**	**3125**	**87906**	**44754**	**43152**
60-64岁	**59245**	**28953**	**30292**	**8593**	**6376**	**2217**	**30447**	**15062**	**15384**
60	13741	6743	6998	2569	1926	644	6765	3238	3526
61	13143	6410	6733	2075	1505	571	6736	3339	3398
62	11776	5704	6072	1595	1178	417	6092	2980	3113
63	11110	5435	5675	1353	1008	345	5709	2885	2823
64	9475	4661	4814	1000	760	240	5145	2621	2524
65-69岁	**39285**	**19384**	**19901**	**2671**	**2001**	**670**	**22128**	**11486**	**10642**
65	9654	4785	4869	879	658	221	5304	2770	2534
66	9336	4596	4739	717	536	181	5181	2683	2498
67	7564	3653	3911	457	331	126	4299	2185	2114
68	6795	3361	3434	359	274	84	3863	1982	1881
69	5936	2989	2948	260	203	57	3482	1866	1615
70-74岁	**23514**	**11393**	**12120**	**668**	**509**	**158**	**13316**	**6935**	**6381**
70	5641	2776	2865	219	163	56	3141	1705	1436
71	5111	2536	2575	151	114	38	2923	1519	1404
72	4478	2151	2327	126	101	24	2533	1293	1240
73	4297	2052	2245	98	77	21	2443	1248	1195
74	3986	1878	2109	75	55	20	2277	1170	1107
75-79岁	**18455**	**8928**	**9527**	**201**	**154**	**47**	**11080**	**5839**	**5241**
75	4115	2069	2046	68	52	16	2407	1307	1099
76	3636	1749	1886	40	31	9	2183	1144	1038
77	3807	1829	1978	35	28	6	2320	1207	1114
78	3543	1685	1858	30	23	7	2138	1127	1011
79	3355	1596	1759	28	19	9	2032	1053	979
80-84岁	**12235**	**5376**	**6859**	**55**	**30**	**25**	**6948**	**3566**	**3382**
80	3026	1341	1685	17	9	8	1769	892	877
81	2768	1190	1578	14	10	4	1589	772	817
82	2592	1162	1430	10	8	2	1507	777	730
83	2056	880	1176	10	2	8	1086	580	506
84	1793	803	990	4	1	3	997	545	452
85-89岁	**5871**	**2352**	**3518**	**17**	**14**	**3**	**2979**	**1456**	**1523**
85	1746	776	970	8	5	3	934	481	453
86	1207	466	741	3	3		608	281	328
87	1205	457	748	2	2		587	297	291
88	971	358	613	2	2		482	221	261
89	742	295	447	3	3		367	176	191
90-94岁	**1971**	**630**	**1341**	**7**	**4**	**3**	**818**	**343**	**474**
90	677	224	452				280	129	151
91	421	123	299				184	71	113
92	362	129	233	5	2	3	146	61	85
93	285	96	189	2	1	1	126	51	75
94	225	58	168				82	32	50
95-99岁	**426**	**118**	**309**	**3**	**2**	**2**	**171**	**65**	**107**
95	164	59	104				72	33	40
96	118	32	86				48	22	26
97	66	14	52	1	1		24	6	18
98	49	4	45	1	1		19	1	19
99	30	8	22	2		2	8	4	5
100岁及以上	**57**	**12**	**45**				**19**	**2**	**17**

9-4a 续表

单位：人

<table>
<tr><th rowspan="2">年　龄</th><th colspan="3">最低生活保障金</th><th colspan="3">财产性收入</th><th colspan="3">家庭其他成员供养</th><th colspan="3">其　他</th></tr>
<tr><th>小计</th><th>男</th><th>女</th><th>小计</th><th>男</th><th>女</th><th>小计</th><th>男</th><th>女</th><th>小计</th><th>男</th><th>女</th></tr>
<tr><td>总　计</td><td>1566</td><td>761</td><td>806</td><td>1903</td><td>1026</td><td>876</td><td>52102</td><td>18916</td><td>33186</td><td>5367</td><td>2600</td><td>2767</td></tr>
<tr><td>60-64岁</td><td>419</td><td>209</td><td>210</td><td>917</td><td>497</td><td>420</td><td>16754</td><td>5728</td><td>11026</td><td>2115</td><td>1080</td><td>1035</td></tr>
<tr><td>60</td><td>83</td><td>41</td><td>42</td><td>216</td><td>120</td><td>96</td><td>3620</td><td>1158</td><td>2461</td><td>488</td><td>260</td><td>228</td></tr>
<tr><td>61</td><td>77</td><td>37</td><td>39</td><td>159</td><td>89</td><td>70</td><td>3634</td><td>1211</td><td>2423</td><td>462</td><td>229</td><td>232</td></tr>
<tr><td>62</td><td>75</td><td>34</td><td>41</td><td>208</td><td>104</td><td>104</td><td>3356</td><td>1173</td><td>2183</td><td>450</td><td>235</td><td>215</td></tr>
<tr><td>63</td><td>92</td><td>51</td><td>41</td><td>177</td><td>106</td><td>71</td><td>3375</td><td>1180</td><td>2195</td><td>404</td><td>205</td><td>200</td></tr>
<tr><td>64</td><td>93</td><td>46</td><td>47</td><td>157</td><td>78</td><td>79</td><td>2770</td><td>1006</td><td>1764</td><td>311</td><td>151</td><td>159</td></tr>
<tr><td>65-69岁</td><td>335</td><td>181</td><td>154</td><td>476</td><td>254</td><td>222</td><td>12407</td><td>4823</td><td>7584</td><td>1268</td><td>639</td><td>629</td></tr>
<tr><td>65</td><td>81</td><td>48</td><td>33</td><td>117</td><td>60</td><td>56</td><td>2959</td><td>1111</td><td>1848</td><td>315</td><td>138</td><td>177</td></tr>
<tr><td>66</td><td>83</td><td>43</td><td>40</td><td>103</td><td>53</td><td>50</td><td>2915</td><td>1097</td><td>1818</td><td>337</td><td>185</td><td>151</td></tr>
<tr><td>67</td><td>64</td><td>33</td><td>30</td><td>101</td><td>55</td><td>46</td><td>2417</td><td>941</td><td>1477</td><td>227</td><td>108</td><td>119</td></tr>
<tr><td>68</td><td>58</td><td>29</td><td>29</td><td>85</td><td>46</td><td>40</td><td>2227</td><td>914</td><td>1312</td><td>203</td><td>116</td><td>87</td></tr>
<tr><td>69</td><td>50</td><td>28</td><td>22</td><td>70</td><td>40</td><td>30</td><td>1889</td><td>759</td><td>1129</td><td>186</td><td>92</td><td>94</td></tr>
<tr><td>70-74岁</td><td>262</td><td>145</td><td>118</td><td>256</td><td>145</td><td>111</td><td>8261</td><td>3284</td><td>4977</td><td>751</td><td>376</td><td>375</td></tr>
<tr><td>70</td><td>52</td><td>29</td><td>23</td><td>53</td><td>27</td><td>26</td><td>2007</td><td>775</td><td>1232</td><td>169</td><td>77</td><td>92</td></tr>
<tr><td>71</td><td>56</td><td>29</td><td>27</td><td>59</td><td>30</td><td>29</td><td>1752</td><td>749</td><td>1003</td><td>170</td><td>95</td><td>74</td></tr>
<tr><td>72</td><td>53</td><td>29</td><td>24</td><td>41</td><td>29</td><td>12</td><td>1586</td><td>627</td><td>959</td><td>140</td><td>72</td><td>68</td></tr>
<tr><td>73</td><td>51</td><td>27</td><td>24</td><td>68</td><td>40</td><td>28</td><td>1488</td><td>594</td><td>894</td><td>150</td><td>67</td><td>83</td></tr>
<tr><td>74</td><td>50</td><td>31</td><td>19</td><td>35</td><td>19</td><td>16</td><td>1427</td><td>538</td><td>888</td><td>123</td><td>64</td><td>59</td></tr>
<tr><td>75-79岁</td><td>222</td><td>112</td><td>109</td><td>133</td><td>66</td><td>67</td><td>6300</td><td>2524</td><td>3776</td><td>520</td><td>233</td><td>287</td></tr>
<tr><td>75</td><td>36</td><td>17</td><td>19</td><td>29</td><td>14</td><td>15</td><td>1455</td><td>622</td><td>833</td><td>120</td><td>56</td><td>64</td></tr>
<tr><td>76</td><td>47</td><td>25</td><td>22</td><td>25</td><td>11</td><td>14</td><td>1249</td><td>503</td><td>746</td><td>92</td><td>35</td><td>57</td></tr>
<tr><td>77</td><td>45</td><td>24</td><td>21</td><td>26</td><td>15</td><td>12</td><td>1281</td><td>505</td><td>776</td><td>100</td><td>50</td><td>49</td></tr>
<tr><td>78</td><td>48</td><td>23</td><td>25</td><td>31</td><td>17</td><td>14</td><td>1185</td><td>441</td><td>744</td><td>112</td><td>53</td><td>58</td></tr>
<tr><td>79</td><td>46</td><td>24</td><td>22</td><td>21</td><td>8</td><td>13</td><td>1130</td><td>453</td><td>677</td><td>97</td><td>39</td><td>58</td></tr>
<tr><td>80-84岁</td><td>188</td><td>75</td><td>113</td><td>75</td><td>39</td><td>36</td><td>4587</td><td>1517</td><td>3070</td><td>382</td><td>149</td><td>233</td></tr>
<tr><td>80</td><td>53</td><td>22</td><td>31</td><td>22</td><td>11</td><td>11</td><td>1073</td><td>363</td><td>710</td><td>92</td><td>44</td><td>48</td></tr>
<tr><td>81</td><td>37</td><td>19</td><td>17</td><td>19</td><td>7</td><td>12</td><td>1024</td><td>346</td><td>679</td><td>84</td><td>35</td><td>48</td></tr>
<tr><td>82</td><td>34</td><td>12</td><td>21</td><td>12</td><td>9</td><td>3</td><td>946</td><td>325</td><td>620</td><td>84</td><td>31</td><td>53</td></tr>
<tr><td>83</td><td>37</td><td>15</td><td>22</td><td>15</td><td>7</td><td>7</td><td>838</td><td>258</td><td>580</td><td>70</td><td>18</td><td>52</td></tr>
<tr><td>84</td><td>27</td><td>6</td><td>21</td><td>7</td><td>5</td><td>2</td><td>706</td><td>225</td><td>481</td><td>52</td><td>21</td><td>31</td></tr>
<tr><td>85-89岁</td><td>98</td><td>29</td><td>69</td><td>33</td><td>19</td><td>14</td><td>2532</td><td>747</td><td>1785</td><td>211</td><td>87</td><td>124</td></tr>
<tr><td>85</td><td>23</td><td>7</td><td>16</td><td>9</td><td>7</td><td>2</td><td>722</td><td>252</td><td>471</td><td>50</td><td>24</td><td>26</td></tr>
<tr><td>86</td><td>22</td><td>7</td><td>15</td><td>10</td><td>3</td><td>6</td><td>515</td><td>155</td><td>359</td><td>50</td><td>17</td><td>33</td></tr>
<tr><td>87</td><td>17</td><td>2</td><td>15</td><td>8</td><td>4</td><td>4</td><td>543</td><td>138</td><td>404</td><td>48</td><td>14</td><td>34</td></tr>
<tr><td>88</td><td>22</td><td>8</td><td>14</td><td>3</td><td>2</td><td>1</td><td>427</td><td>112</td><td>315</td><td>35</td><td>13</td><td>22</td></tr>
<tr><td>89</td><td>14</td><td>4</td><td>10</td><td>4</td><td>3</td><td>1</td><td>325</td><td>89</td><td>236</td><td>28</td><td>19</td><td>9</td></tr>
<tr><td>90-94岁</td><td>36</td><td>9</td><td>27</td><td>10</td><td>5</td><td>4</td><td>1007</td><td>243</td><td>764</td><td>94</td><td>26</td><td>68</td></tr>
<tr><td>90</td><td>11</td><td>4</td><td>7</td><td>2</td><td>2</td><td></td><td>351</td><td>79</td><td>272</td><td>33</td><td>11</td><td>23</td></tr>
<tr><td>91</td><td>7</td><td>2</td><td>5</td><td>1</td><td></td><td>1</td><td>213</td><td>49</td><td>164</td><td>16</td><td></td><td>16</td></tr>
<tr><td>92</td><td>9</td><td>1</td><td>7</td><td>6</td><td>2</td><td>4</td><td>183</td><td>58</td><td>124</td><td>15</td><td>4</td><td>10</td></tr>
<tr><td>93</td><td>4</td><td>1</td><td>3</td><td></td><td></td><td></td><td>138</td><td>36</td><td>102</td><td>16</td><td>7</td><td>8</td></tr>
<tr><td>94</td><td>6</td><td>1</td><td>5</td><td>2</td><td>2</td><td></td><td>123</td><td>20</td><td>102</td><td>14</td><td>3</td><td>10</td></tr>
<tr><td>95-99岁</td><td>5</td><td></td><td>5</td><td>1</td><td></td><td>1</td><td>219</td><td>41</td><td>179</td><td>26</td><td>10</td><td>16</td></tr>
<tr><td>95</td><td>1</td><td></td><td>1</td><td>1</td><td></td><td>1</td><td>82</td><td>22</td><td>60</td><td>7</td><td>5</td><td>2</td></tr>
<tr><td>96</td><td>1</td><td></td><td>1</td><td></td><td></td><td></td><td>58</td><td>6</td><td>51</td><td>11</td><td>4</td><td>8</td></tr>
<tr><td>97</td><td>2</td><td></td><td>2</td><td></td><td></td><td></td><td>36</td><td>6</td><td>30</td><td>3</td><td>2</td><td>2</td></tr>
<tr><td>98</td><td>1</td><td></td><td>1</td><td></td><td></td><td></td><td>25</td><td>3</td><td>22</td><td>3</td><td></td><td>3</td></tr>
<tr><td>99</td><td></td><td></td><td></td><td></td><td></td><td></td><td>19</td><td>4</td><td>15</td><td>1</td><td></td><td>1</td></tr>
<tr><td>100岁及以上</td><td>1</td><td></td><td>1</td><td>1</td><td></td><td>1</td><td>35</td><td>10</td><td>26</td><td></td><td></td><td></td></tr>
</table>

9-4b 全省分年龄、性别、主要生活来源的60岁及以上老年人口（镇）

单位：人

年 龄	60岁及以上人口			劳动收入			离退休金养老金		
	合计	男	女	小计	男	女	小计	男	女
总 计	**68584**	**33637**	**34947**	**11019**	**7851**	**3169**	**12888**	**7633**	**5255**
60-64岁	**24102**	**12147**	**11955**	**7138**	**4987**	**2151**	**4248**	**2368**	**1880**
60	5583	2840	2743	1964	1377	587	848	464	384
61	5342	2730	2612	1691	1189	502	946	516	429
62	4803	2390	2413	1358	912	447	861	478	383
63	4559	2255	2304	1188	827	361	885	493	392
64	3815	1932	1883	937	682	255	708	416	292
65-69岁	**15671**	**8199**	**7472**	**2627**	**1940**	**687**	**3421**	**2066**	**1355**
65	3944	2058	1886	834	594	240	860	518	342
66	3612	1870	1742	645	479	165	806	467	339
67	2966	1563	1403	480	362	118	649	401	248
68	2724	1423	1301	373	275	98	589	355	234
69	2424	1284	1140	295	229	66	516	324	191
70-74岁	**10526**	**5372**	**5154**	**862**	**641**	**221**	**2122**	**1313**	**810**
70	2565	1356	1209	242	177	65	553	337	216
71	2181	1099	1082	203	149	54	452	276	176
72	2027	1048	979	152	111	41	394	257	137
73	1874	942	932	137	110	26	360	214	146
74	1880	927	953	128	94	34	363	228	135
75-79岁	**8313**	**4019**	**4294**	**297**	**221**	**76**	**1564**	**966**	**598**
75	1859	923	935	82	55	27	393	246	148
76	1591	759	832	71	59	12	280	168	113
77	1710	849	862	56	44	12	292	179	113
78	1605	783	822	49	34	14	302	186	116
79	1549	706	843	39	28	11	296	187	109
80-84岁	**5833**	**2457**	**3376**	**67**	**44**	**22**	**970**	**598**	**371**
80	1398	613	785	17	14	3	245	149	97
81	1246	540	706	14	10	4	216	139	78
82	1270	514	756	13	8	5	214	122	92
83	1033	427	606	11	7	5	165	110	55
84	886	362	523	11	6	6	129	80	50
85-89岁	**2895**	**1080**	**1815**	**22**	**15**	**7**	**421**	**252**	**169**
85	824	326	498	6	4	2	135	74	61
86	604	230	374	7	4	3	83	54	29
87	572	224	348	4	4	1	91	53	38
88	502	173	329	3	2	1	62	44	18
89	392	127	265	1		1	50	27	23
90-94岁	**1007**	**307**	**701**	**7**	**3**	**4**	**116**	**59**	**57**
90	329	104	225	3		3	37	19	18
91	240	75	165				30	18	12
92	184	55	129	1	1	1	19	9	10
93	135	37	99	3	2	1	17	8	9
94	119	36	83				13	5	8
95-99岁	**211**	**53**	**157**				**24**	**11**	**13**
95	76	23	54				12	7	5
96	29	9	20				1	1	1
97	40	9	32				6	1	5
98	39	10	29				5	3	2
99	26	3	23						
100岁及以上	**26**	**3**	**23**				**2**	**1**	**1**

9-4b 续表 单位：人

年 龄	最低生活保障金			财产性收入			家庭其他成员供养			其 他		
	小计	男	女	小计	男	女	小计	男	女	小计	男	女
总 计	**2159**	**1218**	**941**	**296**	**196**	**100**	**39330**	**15239**	**24091**	**2892**	**1500**	**1391**
60-64岁	**510**	**292**	**217**	**158**	**111**	**47**	**10970**	**3837**	**7133**	**1078**	**552**	**526**
60	113	62	51	39	26	13	2355	776	1579	263	134	129
61	105	62	43	43	28	15	2318	814	1503	240	120	120
62	93	54	39	27	17	10	2245	815	1430	218	114	104
63	103	58	45	24	20	4	2171	763	1409	188	94	94
64	95	56	40	24	19	6	1881	670	1211	169	90	80
65-69岁	**397**	**256**	**141**	**55**	**36**	**19**	**8481**	**3514**	**4967**	**689**	**386**	**303**
65	80	50	31	13	8	5	1991	804	1187	165	84	81
66	75	45	30	14	9	5	1903	780	1123	170	90	80
67	84	57	28	7	5	2	1615	663	952	130	75	55
68	87	57	30	12	9	3	1553	660	892	111	67	43
69	70	47	23	10	6	4	1420	607	813	113	70	43
70-74岁	**399**	**237**	**163**	**34**	**22**	**13**	**6676**	**2919**	**3758**	**432**	**240**	**191**
70	87	55	32	9	5	5	1578	727	851	96	55	40
71	85	39	46	4	3	1	1340	584	756	96	47	49
72	75	46	28	5	3	2	1308	580	727	94	50	44
73	78	51	27	8	5	3	1223	524	700	67	38	29
74	74	46	29	7	6	1	1228	504	724	79	50	30
75-79岁	**372**	**222**	**151**	**27**	**15**	**12**	**5755**	**2450**	**3305**	**299**	**147**	**152**
75	86	54	33	3	2		1221	527	694	73	39	34
76	71	46	26	6	2	4	1099	456	643	63	27	35
77	70	44	26	9	5	4	1221	544	678	63	34	29
78	69	39	30	4	3	1	1122	491	631	59	29	30
79	76	39	37	5	3	2	1091	431	660	42	18	25
80-84岁	**276**	**135**	**141**	**14**	**8**	**6**	**4275**	**1560**	**2715**	**232**	**112**	**120**
80	70	33	37	7	4	3	999	384	615	59	30	30
81	65	37	29	1	1		900	331	569	49	23	26
82	54	26	29	1	1		937	330	607	51	27	24
83	42	20	22	3	1	2	777	274	503	35	16	19
84	45	20	25	2	1	1	661	240	421	37	16	21
85-89岁	**133**	**54**	**79**	**5**	**4**	**1**	**2208**	**713**	**1496**	**106**	**44**	**62**
85	38	18	20	1		1	613	215	398	31	15	16
86	31	15	15	2	2		462	149	313	19	6	14
87	26	11	14	2	2		425	142	282	25	11	13
88	24	5	19				401	119	281	12	4	9
89	15	4	11				308	87	220	19	8	11
90-94岁	**54**	**18**	**36**	**1**		**1**	**786**	**211**	**575**	**43**	**17**	**26**
90	19	5	14				256	78	178	15	2	13
91	11	5	6				190	47	143	9	4	5
92	12	5	7	1		1	142	36	106	9	5	4
93	6	2	4				104	23	81	6	2	4
94	7	1	6				95	27	68	4	4	1
95-99岁	**14**	**3**	**10**	**1**		**1**	**161**	**35**	**125**	**11**	**3**	**7**
95	5		5				55	15	41	4	1	3
96	3	2	2				23	7	15	2		2
97	1	1		1		1	30	6	24	3	1	2
98	3	1	2				30	5	25	1	1	
99	2		2				22	2	20	1	1	1
100岁及以上	**4**	**1**	**3**				**18**	**1**	**17**	**2**		**2**

9-4c 全省分年龄、性别、主要生活来源的60岁及以上老年人口（乡村）

单位：人

年龄	60岁及以上人口			劳动收入			离退休金养老金		
	合计	男	女	小计	男	女	小计	男	女
总计	**147209**	**72790**	**74419**	**33823**	**22738**	**11085**	**9853**	**5647**	**4206**
60-64岁	**48329**	**25063**	**23266**	**20437**	**13359**	**7078**	**3101**	**1685**	**1416**
60	11129	5782	5347	5311	3474	1837	608	308	300
61	10576	5442	5134	4727	3022	1705	656	337	319
62	9762	5080	4682	4110	2698	1412	622	347	274
63	9120	4718	4402	3449	2245	1205	663	370	293
64	7742	4041	3701	2840	1920	919	553	324	229
65-69岁	**32061**	**16907**	**15154**	**8633**	**6009**	**2624**	**2427**	**1475**	**952**
65	7896	4138	3758	2581	1729	852	595	375	220
66	7186	3944	3242	2081	1466	614	579	345	234
67	6223	3168	3055	1599	1112	487	484	275	209
68	5623	2938	2685	1316	946	370	419	263	156
69	5133	2719	2415	1057	756	301	350	217	133
70-74岁	**23741**	**12230**	**11512**	**3118**	**2232**	**886**	**1631**	**969**	**662**
70	5399	2880	2519	854	601	253	368	206	162
71	4796	2488	2308	694	504	191	314	204	111
72	4612	2352	2261	587	428	159	321	204	118
73	4563	2342	2221	521	373	148	338	185	153
74	4371	2168	2203	463	326	136	289	171	118
75-79岁	**18794**	**9114**	**9680**	**1174**	**854**	**321**	**1223**	**732**	**490**
75	4141	2108	2033	345	249	97	302	188	113
76	3618	1798	1820	260	187	74	210	127	83
77	3865	1888	1977	215	157	58	263	152	111
78	3620	1697	1922	194	134	61	209	124	86
79	3550	1622	1928	159	128	31	239	141	97
80-84岁	**14156**	**5934**	**8222**	**336**	**211**	**125**	**871**	**483**	**388**
80	3473	1524	1949	103	71	32	200	121	79
81	2990	1300	1690	71	41	30	208	106	103
82	2912	1231	1681	67	45	23	176	104	72
83	2643	1021	1622	59	28	31	177	91	86
84	2138	859	1279	37	26	11	110	61	49
85-89岁	**7118**	**2620**	**4498**	**104**	**61**	**43**	**438**	**230**	**207**
85	2010	786	1225	45	27	18	147	80	67
86	1491	563	928	23	14	9	86	49	37
87	1504	535	970	13	5	8	75	41	34
88	1208	427	782	9	4	5	79	40	39
89	904	309	594	14	11	3	51	21	30
90-94岁	**2414**	**767**	**1647**	**18**	**11**	**7**	**136**	**62**	**74**
90	827	257	571	4	1	3	45	22	23
91	527	173	355	3	2	1	27	10	16
92	453	142	310	3	2	1	25	9	16
93	344	123	221	3	2	1	24	13	11
94	263	72	191	5	4	1	15	8	7
95-99岁	**517**	**143**	**374**	**2**	**1**	**1**	**22**	**10**	**13**
95	196	61	135	1		1	12	6	6
96	124	27	97				4	2	2
97	98	28	70				1	1	
98	60	16	45	1	1		4	1	4
99	39	11	27				1		1
100岁及以上	**78**	**12**	**65**				**4**		**4**

9-4c 续表

单位：人

年 龄	最低生活保障金			财产性收入			家庭其他成员供养			其 他		
	小计	男	女	小计	男	女	小计	男	女	小计	男	女
总 计	**6619**	**4013**	**2606**	**339**	**204**	**135**	**89562**	**36492**	**53070**	**7013**	**3695**	**3318**
60-64岁	**1293**	**839**	**454**	**158**	**91**	**68**	**20918**	**7818**	**13100**	**2421**	**1272**	**1150**
60	245	154	91	34	17	17	4334	1531	2803	596	298	298
61	275	177	98	38	24	14	4352	1605	2747	528	277	250
62	243	158	85	41	22	19	4254	1587	2667	492	267	225
63	314	205	109	16	9	7	4232	1641	2591	447	249	198
64	216	145	72	29	19	11	3745	1454	2291	359	180	179
65-69岁	**1297**	**872**	**425**	**87**	**52**	**35**	**18055**	**7649**	**10406**	**1562**	**850**	**712**
65	270	185	85	24	16	8	4065	1628	2438	360	205	155
66	275	181	93	26	17	9	3869	1725	2143	357	209	148
67	237	157	80	18	10	8	3570	1466	2103	315	148	167
68	270	179	91	9	4	5	3329	1397	1932	281	149	131
69	245	170	75	10	5	5	3223	1433	1790	250	138	111
70-74岁	**1277**	**846**	**431**	**55**	**40**	**15**	**16515**	**7487**	**9027**	**1145**	**654**	**490**
70	278	204	73	10	8	2	3621	1689	1932	268	173	96
71	253	154	99	12	10	2	3279	1483	1795	245	134	110
72	261	171	90	10	5	5	3227	1432	1795	207	111	95
73	269	178	92	13	10	3	3191	1463	1728	231	133	98
74	216	139	77	12	8	4	3197	1420	1777	194	103	91
75-79岁	**1170**	**725**	**445**	**22**	**13**	**8**	**14332**	**6314**	**8018**	**873**	**475**	**397**
75	240	154	86	3	2	1	3070	1412	1658	181	103	78
76	205	129	77	6	4	2	2753	1253	1500	183	99	85
77	248	148	99	4	2	2	2950	1322	1627	186	107	80
78	250	151	99	6	3	3	2784	1198	1586	176	88	88
79	227	144	83	4	2	1	2775	1128	1647	146	79	67
80-84岁	**930**	**485**	**445**	**9**	**5**	**4**	**11427**	**4484**	**6943**	**583**	**265**	**318**
80	234	129	105	2	1	1	2786	1133	1652	149	69	80
81	187	102	85				2401	990	1412	123	61	61
82	179	94	86	4	2	1	2356	928	1428	130	58	72
83	172	84	89	2	1	2	2131	781	1350	101	35	65
84	157	77	80	1	1		1753	652	1101	80	41	39
85-89岁	**454**	**183**	**272**	**5**	**3**	**2**	**5816**	**2009**	**3807**	**302**	**134**	**167**
85	113	48	65	2	2		1615	591	1024	89	38	51
86	100	44	56	1	1		1225	427	798	57	28	28
87	103	43	60	1		1	1257	416	841	55	29	25
88	78	26	51	1		1	982	334	648	59	23	37
89	60	21	38				737	240	497	41	15	26
90-94岁	**164**	**54**	**111**	**2**		**2**	**1996**	**608**	**1388**	**98**	**32**	**65**
90	54	21	33	1		1	693	201	492	30	13	18
91	44	15	29	1		1	431	139	292	21	6	15
92	25	5	19				381	118	263	19	8	11
93	20	5	16				284	101	183	13	2	10
94	20	7	13				208	50	158	14	3	11
95-99岁	**29**	**8**	**21**				**437**	**115**	**322**	**27**	**9**	**17**
95	10	2	7				166	50	116	8	2	6
96	11	2	8				103	22	80	7	1	6
97	3	2	1				90	24	66	5	2	3
98	2		2				51	13	39	2	1	1
99	5	2	3				27	6	21	5	4	2
100岁及以上	**4**	**1**	**3**				**66**	**8**	**58**	**4**	**3**	

9-5 各地区分性别、婚姻状况的60岁及以上老年人口

单位：人

地　区	60岁及以上人口			未　婚		
	合计	男	女	小计	男	女
全　省	**376848**	**183573**	**193274**	**4853**	**4336**	**516**
广州市	**47408**	**22513**	**24894**	**441**	**267**	**174**
荔湾区	4914	2277	2638	62	32	30
越秀区	6367	3030	3337	83	38	45
海珠区	7074	3363	3712	56	30	26
天河区	4309	2130	2179	28	12	16
白云区	6648	3147	3501	43	23	20
黄埔区	1351	645	706	4	1	2
番禺区	4000	1898	2102	55	32	23
花都区	3654	1666	1988	19	15	4
南沙区	2142	973	1169	17	12	6
萝岗区	831	411	421	5	4	1
从化区	2185	1026	1159	33	33	1
增城区	3931	1948	1984	35	34	1
韶关市	**13561**	**6381**	**7180**	**104**	**96**	**8**
武江区	1326	650	676	7	4	3
浈江区	2285	1099	1187	8	6	2
曲江区	1444	662	781	13	12	1
始兴县	931	389	542	7	5	1
仁化县	870	401	469	6	6	
翁源县	1523	755	768	15	14	1
乳源瑶族自治县	818	388	430	11	11	
新丰县	885	436	449	7	7	
乐昌市	1927	896	1031	26	26	
南雄市	1552	705	847	5	5	
深圳市	**16149**	**7666**	**8483**	**58**	**45**	**13**
罗湖区	2021	894	1126	7	3	3
福田区	3629	1745	1884	10	9	1
南山区	2681	1272	1409	6	3	3
宝安区	4610	2245	2366	20	18	2
龙岗区	2833	1330	1503	14	11	3
盐田区	374	179	195	1		
珠海市	**4881**	**2392**	**2489**	**36**	**32**	**4**
香洲区	2626	1254	1372	11	7	4
斗门区	1625	832	793	23	22	1
金湾区	630	306	324	2	2	
汕头市	**21501**	**10262**	**11239**	**143**	**119**	**24**
龙湖区	2096	1026	1069	14	13	1
金平区	3993	1945	2047	32	22	10
濠江区	1003	463	541	12	11	1
潮阳区	5912	2885	3026	36	32	4
潮南区	4263	1994	2269	16	9	6
澄海区	3884	1791	2093	31	28	3
南澳县	351	158	193	3	2	
佛山市	**22552**	**10395**	**12157**	**162**	**110**	**51**
禅城区	4179	1939	2239	21	9	12
南海区	7361	3490	3871	54	45	9
顺德区	7144	3171	3973	47	19	28
三水区	2267	1034	1233	18	16	2
高明区	1601	760	841	21	21	

9-5 续表 1 单位：人

地区	有配偶			离婚			丧偶		
	小计	男	女	小计	男	女	小计	男	女
全省	**281134**	**155764**	**125371**	**3046**	**1564**	**1482**	**87814**	**21909**	**65905**
广州市	**36584**	**19776**	**16809**	**800**	**342**	**458**	**9582**	**2129**	**7453**
荔湾区	3593	1979	1614	154	70	84	1105	196	909
越秀区	4850	2624	2226	172	73	100	1261	295	966
海珠区	5485	3005	2480	156	54	103	1377	273	1103
天河区	3584	1929	1655	75	37	38	622	152	470
白云区	5121	2756	2365	88	32	56	1396	336	1060
黄埔区	1070	575	495	21	6	15	256	62	194
番禺区	3175	1691	1484	32	18	13	739	157	582
花都区	2868	1497	1371	24	9	14	744	145	599
南沙区	1562	831	731	19	9	10	544	121	423
萝岗区	653	369	284	10	3	6	164	35	129
从化区	1556	849	707	25	15	9	571	129	441
增城区	3068	1672	1396	25	15	10	803	226	577
韶关市	**9662**	**5307**	**4356**	**147**	**86**	**61**	**3648**	**893**	**2755**
武江区	1033	584	449	32	16	17	254	47	207
浈江区	1736	972	763	29	17	12	513	103	410
曲江区	1017	551	466	16	9	7	398	90	308
始兴县	596	314	283	9	4	4	319	67	253
仁化县	604	325	279	9	4	5	251	66	185
翁源县	1058	612	446	17	13	4	432	116	317
乳源瑶族自治县	569	309	260	5	3	2	233	66	167
新丰县	617	352	265	12	9	3	249	68	181
乐昌市	1342	707	636	14	9	5	545	155	390
南雄市	1089	582	508	5	3	2	453	116	338
深圳市	**13814**	**7064**	**6751**	**154**	**56**	**98**	**2122**	**501**	**1621**
罗湖区	1526	776	750	26	8	18	462	107	355
福田区	3209	1636	1573	32	15	18	378	85	293
南山区	2372	1201	1172	29	10	19	273	59	214
宝安区	3937	2049	1888	51	18	33	603	161	442
龙岗区	2444	1235	1208	11	6	6	365	79	286
盐田区	326	167	159	5		4	42	11	31
珠海市	**3901**	**2104**	**1797**	**50**	**23**	**27**	**894**	**233**	**661**
香洲区	2165	1141	1023	41	16	25	410	90	320
斗门区	1232	691	542	6	5	1	364	114	250
金湾区	504	272	232	3	1	1	120	30	91
汕头市	**15767**	**8812**	**6955**	**126**	**56**	**70**	**5465**	**1275**	**4189**
龙湖区	1646	920	726	5	3	2	431	91	340
金平区	2990	1700	1290	52	21	31	919	201	717
濠江区	691	395	296	3	1	1	298	55	242
潮阳区	4327	2435	1893	23	12	11	1526	407	1119
潮南区	3164	1738	1426	13	3	10	1071	243	827
澄海区	2699	1489	1211	27	15	12	1126	259	867
南澳县	250	135	115	3	1	3	95	19	76
佛山市	**17225**	**9212**	**8013**	**161**	**72**	**89**	**5004**	**1001**	**4004**
禅城区	3259	1747	1512	36	16	20	862	167	695
南海区	5745	3101	2644	56	26	30	1506	318	1188
顺德区	5351	2837	2514	40	21	19	1706	294	1412
三水区	1679	894	785	19	7	12	551	117	433
高明区	1190	632	559	10	3	7	380	105	275

9-5 续表 2 单位：人

地　区	60岁及以上人口			未　婚		
	合计	男	女	小计	男	女
江门市	**22557**	**11127**	**11429**	**322**	**304**	**18**
蓬江区	2958	1393	1565	24	15	9
江海区	895	407	487	6	5	1
新会区	4189	2049	2140	40	36	5
台山市	5749	2886	2863	149	148	1
开平市	3788	1858	1931	39	38	1
鹤山市	2432	1158	1273	43	43	1
恩平市	2546	1376	1170	21	20	
湛江市	**28900**	**14771**	**14128**	**478**	**451**	**27**
赤坎区	1342	650	693	6	2	4
霞山区	1878	938	940	6	3	3
坡头区	1556	840	716	27	26	1
麻章区	1909	938	972	33	33	1
遂溪县	3946	2048	1897	80	76	4
徐闻县	2744	1322	1422	40	39	1
廉江市	6586	3538	3047	139	136	4
雷州市	5095	2508	2586	98	90	8
吴川市	3844	1990	1855	49	47	2
茂名市	**25821**	**13470**	**12351**	**420**	**399**	**21**
茂南区	3411	1698	1712	15	14	1
电白区	5838	3006	2832	98	92	7
高州市	6580	3502	3078	138	135	4
化州市	5528	2895	2632	90	81	9
信宜市	4465	2369	2096	78	77	1
肇庆市	**17530**	**8125**	**9404**	**265**	**250**	**15**
端州区	2130	989	1141	8	6	2
鼎湖区	802	353	449	7	6	1
广宁县	2380	1115	1264	42	41	1
怀集县	2916	1306	1610	37	36	1
封开县	1839	841	997	38	38	1
德庆县	1504	742	762	46	45	1
高要市	3805	1786	2019	49	45	4
四会市	2155	992	1163	38	33	5
惠州市	**13260**	**6335**	**6926**	**164**	**152**	**12**
惠城区	3960	1877	2083	24	20	4
惠阳区	1675	786	888	13	11	2
博罗县	3462	1649	1813	47	47	
惠东县	2827	1367	1460	52	47	4
龙门县	1337	656	681	28	27	1
梅州市	**22348**	**10864**	**11484**	**286**	**268**	**18**
梅江区	2244	1082	1162	13	9	4
梅县区	2823	1292	1530	26	26	1
大埔县	2276	1125	1151	64	60	4
丰顺县	2611	1288	1323	30	30	1
五华县	5089	2560	2529	69	67	2
平远县	1232	581	651	11	10	
蕉岭县	1191	593	598	12	11	1
兴宁市	4882	2343	2539	61	56	5

9-5 续表 3

单位：人

地　区	有配偶			离　婚			丧　偶		
	小计	男	女	小计	男	女	小计	男	女
江门市	**16905**	**9545**	**7360**	**154**	**85**	**69**	**5175**	**1194**	**3982**
蓬江区	2332	1241	1091	34	14	20	568	123	445
江海区	660	353	307	8	3	5	221	46	174
新会区	3258	1795	1463	23	14	9	868	204	664
台山市	4012	2382	1630	54	27	26	1534	328	1206
开平市	2873	1622	1252	13	11	3	863	188	676
鹤山市	1819	985	833	9	5	4	560	125	435
恩平市	1951	1166	786	13	10	3	561	180	381
湛江市	**22316**	**12402**	**9915**	**232**	**143**	**89**	**5873**	**1775**	**4098**
赤坎区	1060	591	469	28	10	18	249	46	203
霞山区	1519	830	689	33	21	12	320	84	236
坡头区	1204	695	509	8	5	3	317	114	203
麻章区	1444	792	652	16	11	6	416	102	314
遂溪县	3048	1702	1346	38	24	14	780	247	534
徐闻县	2088	1128	961	20	10	10	596	145	450
廉江市	5114	2903	2211	34	28	6	1298	472	826
雷州市	3823	2071	1752	32	23	9	1140	324	817
吴川市	3017	1690	1327	23	12	11	755	241	515
茂名市	**19409**	**11059**	**8350**	**158**	**103**	**55**	**5834**	**1909**	**3925**
茂南区	2573	1420	1153	26	13	13	796	251	545
电白区	4470	2526	1943	25	18	8	1245	370	875
高州市	4938	2880	2058	38	28	10	1466	459	1006
化州市	4250	2407	1842	42	24	18	1146	383	763
信宜市	3179	1826	1353	27	20	7	1181	446	735
肇庆市	**12391**	**6605**	**5786**	**111**	**57**	**53**	**4762**	**1213**	**3550**
端州区	1686	887	799	21	7	14	415	89	326
鼎湖区	583	306	277	6	2	3	206	39	168
广宁县	1686	895	791	15	10	5	637	169	468
怀集县	1918	996	922	12	5	7	949	268	681
封开县	1190	638	552	14	6	7	596	159	437
德庆县	998	562	436	9	6	3	452	129	323
高要市	2799	1497	1302	20	10	10	938	235	703
四会市	1532	825	708	16	11	5	569	124	445
惠州市	**9533**	**5387**	**4146**	**67**	**29**	**38**	**3496**	**766**	**2730**
惠城区	2948	1651	1296	25	7	18	964	199	764
惠阳区	1202	687	515	8	4	3	451	83	368
博罗县	2415	1354	1061	13	6	7	987	241	745
惠东县	2034	1163	871	14	6	9	727	151	576
龙门县	933	532	402	7	6	1	368	91	277
梅州市	**15957**	**9228**	**6729**	**148**	**85**	**63**	**5956**	**1281**	**4675**
梅江区	1699	977	723	23	17	6	508	79	429
梅县区	1949	1119	830	25	12	13	822	136	687
大埔县	1614	944	670	13	10	3	585	112	473
丰顺县	1942	1095	847	10	4	6	629	159	470
五华县	3603	2098	1505	27	13	15	1391	383	1008
平远县	888	499	389	4	2	2	329	70	260
蕉岭县	829	507	321	11	6	4	340	68	272
兴宁市	3434	1990	1443	36	22	14	1351	275	1076

9-5 续表 4 单位：人

地　区	60岁及以上人口			未　婚		
	合计	男	女	小计	男	女
汕尾市	**10741**	**5837**	**4904**	**167**	**159**	**8**
城区	1773	931	842	22	19	3
海丰县	3246	1771	1475	56	56	
陆河县	1141	650	491	25	24	1
陆丰市	4580	2485	2095	64	59	5
河源市	**12584**	**6042**	**6543**	**163**	**153**	**10**
源城区	1347	643	704	8	7	1
紫金县	2782	1358	1424	40	40	
龙川县	3402	1621	1781	32	30	2
连平县	1370	668	702	30	26	4
和平县	1741	841	900	11	11	
东源县	1943	911	1032	42	39	3
阳江市	**11812**	**6080**	**5732**	**265**	**260**	**5**
江城区	3159	1607	1552	24	24	
阳西县	2514	1331	1183	124	121	3
阳东县	2231	1167	1064	36	36	1
阳春市	3909	1975	1933	80	79	1
清远市	**16626**	**7918**	**8708**	**364**	**351**	**13**
清城区	3302	1547	1754	36	36	
清新区	3048	1505	1544	88	84	4
佛冈县	1241	604	637	42	39	4
阳山县	1815	846	969	57	56	1
连山壮族瑶族自治县	429	211	218	8	7	
连南瑶族自治县	592	263	329	4	4	
英德市	3988	1891	2097	77	72	4
连州市	2210	1051	1159	52	52	
东莞市	**14174**	**6791**	**7383**	**72**	**57**	**15**
中山市	**8483**	**4006**	**4477**	**159**	**127**	**32**
潮州市	**12189**	**5758**	**6430**	**170**	**155**	**15**
湘桥区	2784	1317	1467	28	25	3
潮安区	5024	2371	2653	72	67	5
饶平县	4381	2071	2310	69	63	6
揭阳市	**22906**	**11513**	**11392**	**293**	**269**	**24**
榕城区	3980	1960	2020	51	44	6
揭东区	4266	2168	2098	93	90	3
揭西县	3949	2042	1907	63	60	3
惠来县	3745	1834	1911	25	21	4
普宁市	6966	3510	3456	61	54	8
云浮市	**10867**	**5326**	**5541**	**321**	**311**	**10**
云城区	1486	716	770	51	51	
云安区	1181	583	598	38	38	1
新兴县	2130	1020	1110	47	45	2
郁南县	2026	1007	1019	83	82	1
罗定市	4044	2000	2044	101	95	6

9-5 续表 5

单位：人

地　　区	有配偶			离　婚			丧　偶		
	小计	男	女	小计	男	女	小计	男	女
汕尾市	**8281**	**4936**	**3345**	**65**	**39**	**25**	**2228**	**703**	**1525**
城区	1374	804	571	16	8	8	361	100	261
海丰县	2465	1506	959	16	10	6	709	200	510
陆河县	830	510	320	3	2	1	282	113	169
陆丰市	3611	2116	1496	30	20	10	875	291	585
河源市	**8806**	**4943**	**3863**	**74**	**35**	**39**	**3542**	**911**	**2631**
源城区	1011	564	447	5	2	3	323	70	253
紫金县	1995	1122	873	22	7	14	725	189	536
龙川县	2353	1326	1027	12	6	6	1004	258	745
连平县	960	541	419	7	4	3	373	97	276
和平县	1218	671	547	12	7	5	500	152	348
东源县	1268	718	549	16	10	7	617	144	473
阳江市	**8759**	**4968**	**3791**	**98**	**64**	**34**	**2690**	**788**	**1903**
江城区	2442	1400	1042	32	16	16	660	167	493
阳西县	1778	1022	756	14	10	4	597	178	419
阳东县	1704	973	732	17	15	2	473	144	329
阳春市	2835	1574	1261	34	24	11	959	299	661
清远市	**11377**	**6303**	**5073**	**129**	**79**	**50**	**4756**	**1185**	**3571**
清城区	2484	1328	1156	23	13	10	759	170	588
清新区	2046	1181	865	17	10	7	897	229	668
佛冈县	785	453	332	13	9	4	401	103	298
阳山县	1167	643	524	12	10	2	579	138	441
连山壮族瑶族自治县	290	161	128	3	2		129	40	89
连南瑶族自治县	384	213	171	3	2	1	200	44	156
英德市	2676	1494	1182	41	22	19	1194	303	891
连州市	1546	832	714	16	10	6	596	158	439
东莞市	**11192**	**6081**	**5111**	**65**	**26**	**39**	**2845**	**627**	**2218**
中山市	**6340**	**3430**	**2910**	**79**	**29**	**49**	**1906**	**420**	**1486**
潮州市	**8544**	**4764**	**3780**	**49**	**27**	**22**	**3426**	**814**	**2613**
湘桥区	2013	1122	890	12	8	4	731	162	569
潮安区	3491	1976	1514	20	9	11	1441	319	1122
饶平县	3041	1665	1376	17	10	7	1255	333	921
揭阳市	**16891**	**9625**	**7265**	**82**	**55**	**27**	**5640**	**1564**	**4076**
榕城区	2929	1655	1274	8	6	2	992	254	737
揭东区	3008	1741	1268	16	8	8	1149	330	819
揭西县	2998	1693	1305	17	12	5	871	277	594
惠来县	2823	1573	1251	12	6	6	885	235	651
普宁市	5132	2964	2168	29	23	6	1743	469	1274
云浮市	**7479**	**4214**	**3264**	**98**	**72**	**25**	**2969**	**728**	**2241**
云城区	1046	582	464	9	7	2	380	76	304
云安区	812	449	364	8	4	4	322	92	230
新兴县	1480	813	667	15	13	2	587	148	439
郁南县	1374	772	602	18	8	10	550	145	406
罗定市	2766	1598	1168	47	40	7	1130	267	863

9-5a 各地区分性别、婚姻状况的60岁及以上老年人口（城市）

单位：人

地　区	60岁及以上人口			未　婚		
	合计	男	女	小计	男	女
全　省	**161057**	**77147**	**83910**	**1165**	**830**	**335**
广州市	**36360**	**17322**	**19039**	**333**	**178**	**155**
荔湾区	4914	2277	2638	62	32	30
越秀区	6367	3030	3337	83	38	45
海珠区	7074	3363	3712	56	30	26
天河区	4309	2130	2179	28	12	16
白云区	4109	1992	2116	34	21	14
黄埔区	1351	645	706	4	1	2
番禺区	3056	1462	1594	48	30	18
花都区	1882	857	1025	4	2	2
南沙区	751	348	403	6	4	2
萝岗区	557	276	280	1	1	1
从化区	658	306	353			
增城区	1333	635	697	7	6	1
韶关市	**4133**	**1978**	**2155**	**10**	**5**	**5**
武江区	1023	506	516	4	1	3
浈江区	1704	814	890	2	1	2
曲江区	628	299	330	3	3	
乐昌市	341	157	184			
南雄市	436	201	235	1	1	
深圳市	**16149**	**7666**	**8483**	**58**	**45**	**13**
罗湖区	2021	894	1126	7	3	3
福田区	3629	1745	1884	10	9	1
南山区	2681	1272	1409	6	3	3
宝安区	4610	2245	2366	20	18	2
龙岗区	2833	1330	1503	14	11	3
盐田区	374	179	195	1		
珠海市	**3272**	**1565**	**1707**	**11**	**8**	**4**
香洲区	2613	1242	1370	11	7	4
斗门区	381	191	190	1	1	
金湾区	278	132	147			
汕头市	**9743**	**4705**	**5038**	**53**	**40**	**14**
龙湖区	1441	722	719	4	4	
金平区	3921	1913	2008	30	20	10
濠江区	622	291	331	6	6	1
潮阳区	1326	654	672	2	2	
潮南区	1330	595	735	4	1	2
澄海区	1103	530	573	7	6	1

9-5a 续表 1 单位：人

地 区	有配偶			离 婚			丧 偶		
	小计	男	女	小计	男	女	小计	男	女
全 省	**126136**	**68496**	**57640**	**1726**	**750**	**976**	**32029**	**7070**	**24959**
广州市	**28452**	**15389**	**13063**	**732**	**305**	**427**	**6843**	**1449**	**5394**
荔湾区	3593	1979	1614	154	70	84	1105	196	909
越秀区	4850	2624	2226	172	73	100	1261	295	966
海珠区	5485	3005	2480	156	54	103	1377	273	1103
天河区	3584	1929	1655	75	37	38	622	152	470
白云区	3271	1773	1498	76	30	46	727	168	559
黄埔区	1070	575	495	21	6	15	256	62	194
番禺区	2437	1298	1139	30	18	11	541	116	425
花都区	1539	789	750	14	5	9	326	61	264
南沙区	584	313	271	5	2	3	156	29	127
萝岗区	455	257	198	7	1	6	93	17	75
从化区	514	275	239	7	4	3	137	26	110
增城区	1069	572	497	14	5	9	243	53	190
韶关市	**3136**	**1746**	**1390**	**64**	**34**	**30**	**923**	**193**	**730**
武江区	813	463	350	28	13	15	178	30	148
浈江区	1293	720	572	22	12	10	387	81	306
曲江区	457	251	205	9	6	3	160	39	121
乐昌市	247	131	116	4	2	1	91	24	67
南雄市	327	181	146	1	1	1	107	19	88
深圳市	**13814**	**7064**	**6751**	**154**	**56**	**98**	**2122**	**501**	**1621**
罗湖区	1526	776	750	26	8	18	462	107	355
福田区	3209	1636	1573	32	15	18	378	85	293
南山区	2372	1201	1172	29	10	19	273	59	214
宝安区	3937	2049	1888	51	18	33	603	161	442
龙岗区	2444	1235	1208	11	6	6	365	79	286
盐田区	326	167	159	5		4	42	11	31
珠海市	**2701**	**1424**	**1278**	**42**	**17**	**25**	**518**	**117**	**401**
香洲区	2152	1130	1022	40	16	24	410	90	320
斗门区	318	174	144				62	16	46
金湾区	231	120	112	1	1		45	11	35
汕头市	**7448**	**4154**	**3294**	**72**	**28**	**44**	**2169**	**484**	**1686**
龙湖区	1184	660	523	4	2	2	250	56	194
金平区	2946	1674	1271	51	21	30	895	198	697
濠江区	443	250	193	2	1	1	171	35	136
潮阳区	1037	584	453	1		1	285	68	217
潮南区	995	528	467	6		6	326	66	260
澄海区	844	458	387	8	4	4	243	61	182

9-5a 续表 2 单位：人

地　区	60岁及以上人口			未　婚		
	合计	男	女	小计	男	女
佛山市	**19370**	**8909**	**10461**	**121**	**77**	**44**
禅城区	3601	1671	1930	17	7	10
南海区	6689	3170	3520	50	42	8
顺德区	7000	3101	3899	44	18	26
三水区	949	437	513	3	3	
高明区	1130	531	599	7	7	
江门市	**10635**	**5089**	**5546**	**86**	**69**	**17**
蓬江区	2945	1388	1557	24	15	9
江海区	895	407	487	6	5	1
新会区	1811	859	952	16	11	5
台山市	1807	881	926	29	28	1
开平市	1613	795	818	4	3	1
鹤山市	1042	477	565	6	6	
恩平市	523	282	240	1	1	
湛江市	**6170**	**3105**	**3065**	**29**	**20**	**8**
赤坎区	1320	640	680	5	2	4
霞山区	1784	894	890	5	2	3
坡头区	400	217	182	4	4	1
麻章区	222	115	108	2	2	
遂溪县	116	58	58			
廉江市	763	408	356			
雷州市	681	341	341	7	6	1
吴川市	883	433	451	4	4	
茂名市	**5454**	**2775**	**2679**	**34**	**34**	
茂南区	2221	1111	1110	6	6	
电白区	666	328	338			
高州市	857	440	417	3	3	
化州市	793	406	387	10	10	
信宜市	917	490	427	15	15	
肇庆市	**3514**	**1653**	**1861**	**11**	**8**	**3**
端州区	2130	989	1141	8	6	2
鼎湖区	182	85	97	2	2	
高要市	242	127	115			
四会市	961	452	508	1	1	
惠州市	**3802**	**1807**	**1996**	**16**	**11**	**5**
惠城区	2770	1328	1442	11	7	4
惠阳区	1023	474	549	4	3	1
博罗县	9	4	5			

9-5a 续表 3 单位：人

地 区	有配偶			离 婚			丧 偶		
	小计	男	女	小计	男	女	小计	男	女
佛山市	**14898**	**7959**	**6939**	**145**	**65**	**80**	**4206**	**808**	**3398**
禅城区	2810	1507	1303	35	15	20	738	141	597
南海区	5244	2835	2409	54	26	29	1341	267	1074
顺德区	5237	2773	2464	40	21	19	1679	290	1389
三水区	738	393	345	8	1	7	200	39	161
高明区	869	451	418	7	2	5	247	71	176
江门市	**8293**	**4511**	**3782**	**78**	**37**	**41**	**2178**	**472**	**1706**
蓬江区	2324	1237	1087	34	14	20	563	122	441
江海区	660	353	307	8	3	5	221	46	174
新会区	1464	776	688	11	5	7	320	67	253
台山市	1302	754	548	11	7	4	465	91	373
开平市	1291	715	575	6	4	2	312	71	241
鹤山市	822	424	399	4	2	2	210	45	164
恩平市	430	252	179	4	1	2	88	28	59
湛江市	**5015**	**2773**	**2242**	**76**	**37**	**39**	**1051**	**274**	**777**
赤坎区	1045	583	462	28	10	18	242	45	197
霞山区	1449	792	657	32	21	12	298	79	219
坡头区	322	178	143	1	1	1	72	35	38
麻章区	176	101	75	1	1	1	42	10	32
遂溪县	98	52	47				17	6	11
廉江市	669	377	292				95	31	64
雷州市	555	305	251	10	4	6	109	26	83
吴川市	701	385	315	3	2	2	175	41	134
茂名市	**4200**	**2357**	**1843**	**42**	**18**	**24**	**1177**	**366**	**811**
茂南区	1726	943	783	22	9	13	467	154	314
电白区	510	279	231	4	1	3	151	47	104
高州市	686	392	293	8	4	3	160	40	120
化州市	604	342	262	3	1	1	176	52	124
信宜市	675	400	274	6	2	3	222	73	149
肇庆市	**2769**	**1468**	**1301**	**38**	**17**	**21**	**696**	**160**	**536**
端州区	1686	887	799	21	7	14	415	89	326
鼎湖区	139	73	66	3	1	2	38	9	29
高要市	207	113	94	1	1	1	34	13	20
四会市	737	395	342	13	8	5	210	48	161
惠州市	**2885**	**1619**	**1266**	**27**	**8**	**18**	**875**	**169**	**706**
惠城区	2127	1194	933	21	6	16	610	121	489
惠阳区	752	421	330	5	3	3	262	47	215
博罗县	6	3	3				3	1	2

9-5a 续表 4 单位：人

地　区	60岁及以上人口			未　婚		
	合计	男	女	小计	男	女
梅州市	**4329**	**2058**	**2271**	**23**	**19**	**4**
梅江区	1979	955	1024	11	7	4
梅县区	795	363	433	3	2	1
五华县	75	44	31			
兴宁市	1481	697	783	10	10	
汕尾市	**1789**	**948**	**841**	**24**	**21**	**3**
城区	1117	592	526	10	9	1
陆丰市	672	356	316	14	12	1
河源市	**1322**	**631**	**690**	**8**	**7**	**1**
源城区	1322	631	690	8	7	1
阳江市	**2601**	**1294**	**1307**	**11**	**11**	
江城区	1876	942	934	9	9	
阳春市	726	353	373	2	2	
清远市	**3352**	**1585**	**1767**	**19**	**19**	
清城区	1682	785	898	5	5	
清新区	455	220	235	2	2	
英德市	535	263	272	6	6	
连州市	680	317	363	6	6	
东莞市	**12357**	**5921**	**6436**	**65**	**53**	**12**
中山市	**5213**	**2520**	**2693**	**116**	**86**	**31**
潮州市	**3794**	**1812**	**1982**	**31**	**26**	**6**
湘桥区	1856	896	960	13	10	3
潮安区	1937	916	1022	18	16	3
揭阳市	**5793**	**2889**	**2904**	**75**	**63**	**12**
榕城区	2810	1388	1422	35	28	6
揭东区	1163	580	584	22	21	1
普宁市	1820	921	899	18	14	5
云浮市	**1905**	**915**	**990**	**30**	**30**	
云城区	1013	475	538	16	16	
云安区	75	41	35	5	5	
罗定市	817	400	417	9	9	

9-5a 续表 5 单位：人

地区	有配偶			离婚			丧偶		
	小计	男	女	小计	男	女	小计	男	女
梅州市	**3277**	**1856**	**1421**	**37**	**23**	**13**	**991**	**159**	**833**
梅江区	1515	867	649	19	13	6	434	68	366
梅县区	593	330	263	8	4	4	191	26	165
五华县	54	35	19				20	9	12
兴宁市	1115	624	490	10	7	3	346	56	291
汕尾市	**1426**	**827**	**598**	**15**	**7**	**8**	**325**	**92**	**233**
城区	882	515	367	9	2	7	216	65	151
陆丰市	544	312	232	6	5	1	109	27	82
河源市	**995**	**554**	**441**	**5**	**2**	**3**	**314**	**69**	**246**
源城区	995	554	441	5	2	3	314	69	246
阳江市	**2044**	**1150**	**894**	**25**	**10**	**15**	**521**	**123**	**399**
江城区	1491	845	646	18	8	10	358	80	279
阳春市	553	305	248	7	2	5	163	43	120
清远市	**2537**	**1372**	**1165**	**25**	**16**	**9**	**770**	**177**	**593**
清城区	1310	701	609	11	8	3	357	71	286
清新区	339	181	158	3	2	2	110	34	76
英德市	389	215	173	6	4	2	134	37	97
连州市	500	275	225	6	3	3	169	34	135
东莞市	**9802**	**5315**	**4487**	**56**	**23**	**33**	**2434**	**530**	**1904**
中山市	**4003**	**2176**	**1827**	**50**	**23**	**27**	**1043**	**236**	**807**
潮州市	**2762**	**1559**	**1202**	**20**	**10**	**10**	**980**	**216**	**764**
湘桥区	1382	773	609	11	7	4	450	106	344
潮安区	1379	786	593	10	4	6	530	110	420
揭阳市	**4291**	**2446**	**1845**	**12**	**6**	**7**	**1414**	**374**	**1040**
榕城区	2099	1189	910	5	4	1	671	166	505
揭东区	815	465	350	4		4	322	93	229
普宁市	1377	792	585	3	2	2	421	114	307
云浮市	**1387**	**775**	**611**	**10**	**6**	**3**	**478**	**103**	**375**
云城区	734	405	328	5	4	1	258	49	209
云安区	52	31	21				18	5	14
罗定市	601	339	262	5	2	2	202	49	153

9-5b 各地区分性别、婚姻状况的60岁及以上老年人口（镇）

单位：人

地 区	60岁及以上人口			未 婚		
	合计	男	女	小计	男	女
全 省	**68583**	**33637**	**34946**	**782**	**727**	**55**
广州市	**3640**	**1746**	**1893**	**22**	**14**	**7**
白云区	733	339	393			
番禺区	182	87	95	5	2	3
花都区	370	179	191	1		1
南沙区	774	349	424	9	6	3
萝岗区	29	19	9			
从化区	181	88	93	3	3	
增城区	1372	684	688	4	4	
韶关市	**3158**	**1500**	**1658**	**25**	**25**	
武江区	68	34	34	1	1	
浈江区	225	119	106	1	1	
曲江区	195	89	106	1	1	
始兴县	358	150	207	1	1	
仁化县	304	138	166			
翁源县	488	244	243	3	3	
乳源瑶族自治县	348	161	186	2	2	
新丰县	402	201	201	2	2	
乐昌市	574	272	302	14	14	
南雄市	198	92	106			
珠海市	**783**	**400**	**383**	**7**	**6**	**1**
香洲区	13	12	2			
斗门区	418	214	204	5	4	1
金湾区	352	174	178	2	2	
汕头市	**5606**	**2599**	**3007**	**38**	**31**	**7**
龙湖区	258	122	136	5	5	
濠江区	32	12	20			
潮阳区	2138	1025	1114	15	14	1
潮南区	1139	524	614	5	1	4
澄海区	1767	794	973	12	10	2
南澳县	272	122	150	1	1	
佛山市	**1269**	**592**	**677**	**15**	**9**	**6**
禅城区	578	269	309	4	2	2
南海区	149	71	78	2		2
三水区	412	188	225	3	1	2
高明区	129	65	64	7	7	
江门市	**2686**	**1383**	**1303**	**47**	**47**	
新会区	604	311	293	5	5	
台山市	695	341	354	19	19	
开平市	344	175	169	4	4	
鹤山市	306	155	152	8	8	
恩平市	736	401	336	12	12	

9-5b 续表 1

单位：人

地 区	有配偶			离 婚			丧 偶		
	小计	男	女	小计	男	女	小计	男	女
全 省	**50379**	**28328**	**22052**	**377**	**208**	**170**	**17045**	**4375**	**12670**
广州市	**2814**	**1529**	**1285**	**21**	**12**	**9**	**783**	**191**	**592**
白云区	571	308	264	3		3	159	32	127
番禺区	129	71	58				48	14	34
花都区	306	161	146	3	2	1	60	17	43
南沙区	553	296	257	8	4	3	204	43	160
萝岗区	23	17	7				5	3	3
从化区	128	76	53	1	1	1	48	9	39
增城区	1103	602	501	6	6	1	259	73	186
韶关市	**2256**	**1252**	**1004**	**37**	**21**	**16**	**839**	**202**	**637**
武江区	51	29	22	1	1	1	15	4	11
浈江区	179	108	71	5	3	2	41	7	34
曲江区	141	76	65	3	1	2	49	10	39
始兴县	229	125	104	6	3	3	122	22	100
仁化县	229	122	107	3	1	3	71	15	57
翁源县	358	209	149	5	3	2	122	29	92
乳源瑶族自治县	247	133	114	1		1	97	26	71
新丰县	297	167	130	5	4		98	28	70
乐昌市	390	211	179	7	5	2	162	42	120
南雄市	135	73	62	1		1	63	19	44
珠海市	**608**	**350**	**259**	**4**	**1**	**3**	**164**	**43**	**121**
香洲区	13	12	1	1		1			
斗门区	323	185	137	1	1	1	89	24	65
金湾区	273	152	120	1		1	75	19	56
汕头市	**3869**	**2139**	**1729**	**23**	**12**	**11**	**1677**	**417**	**1261**
龙湖区	182	102	80	1	1		70	14	57
濠江区	22	12	10				10		10
潮阳区	1480	830	651	6	4	2	637	178	459
潮南区	823	449	374	1		1	310	74	235
澄海区	1168	642	526	12	7	4	576	135	441
南澳县	194	105	89	3	1	3	74	16	58
佛山市	**967**	**519**	**449**	**5**	**2**	**4**	**282**	**63**	**219**
禅城区	449	240	209	1	1		123	25	98
南海区	119	65	54	2		2	27	6	21
三水区	310	165	146	1	1	1	98	22	76
高明区	88	49	39	1		1	34	10	24
江门市	**1952**	**1152**	**800**	**14**	**12**	**2**	**673**	**172**	**501**
新会区	462	267	194	5	5		133	34	99
台山市	480	276	204	3	2	1	193	45	148
开平市	262	155	107				78	16	62
鹤山市	216	129	87	1	1		81	17	65
恩平市	531	324	207	6	5	1	188	60	128

9-5b 续表 2　　　　单位：人

地　区	60岁及以上人口			未　婚		
	合计	男	女	小计	男	女
湛江市	**5680**	**2881**	**2799**	**48**	**46**	**2**
霞山区	14	6	8			
坡头区	275	147	129	3	2	1
麻章区	521	261	260	6	6	1
遂溪县	1100	552	548	6	5	1
徐闻县	1067	522	545	10	10	
廉江市	1210	621	589	6	6	
雷州市	762	385	376	10	10	
吴川市	731	387	343	7	7	
茂名市	**4312**	**2245**	**2067**	**70**	**68**	**2**
茂南区	172	89	83	1		1
电白区	1531	795	736	24	24	
高州市	1091	579	512	20	20	
化州市	759	383	376	11	11	
信宜市	760	400	360	14	13	1
肇庆市	**3955**	**1912**	**2043**	**43**	**41**	**2**
鼎湖区	190	94	95	3	3	
广宁县	861	402	460	12	11	1
怀集县	715	328	387	10	9	1
封开县	601	274	326	6	6	
德庆县	418	222	196	4	4	
高要市	959	495	465	7	6	1
四会市	210	97	113	2	2	
惠州市	**3756**	**1815**	**1940**	**31**	**28**	**2**
惠城区	122	60	63			
惠阳区	196	95	101			
博罗县	1615	788	826	15	15	
惠东县	1347	643	704	8	6	2
龙门县	475	229	247	7	7	
梅州市	**5989**	**2921**	**3067**	**74**	**70**	**4**
梅江区	29	14	15			
梅县区	646	293	353	5	5	
大埔县	865	422	443	17	16	1
丰顺县	1188	591	597	11	10	1
五华县	1395	693	702	27	25	2
平远县	529	256	273	2	2	
蕉岭县	557	289	268	3	3	
兴宁市	780	363	416	9	9	
汕尾市	**4125**	**2222**	**1903**	**46**	**43**	**3**
城区	215	118	97	3	3	
海丰县	1915	1034	881	22	22	
陆河县	582	328	254	7	6	1
陆丰市	1414	743	670	14	12	2

9-5b 续表 3

单位：人

地区	有配偶			离婚			丧偶		
	小计	男	女	小计	男	女	小计	男	女
湛江市	**4455**	**2478**	**1977**	**41**	**24**	**17**	**1135**	**333**	**803**
霞山区	11	6	6				3	1	3
坡头区	216	127	89	2	2	1	53	15	38
麻章区	397	221	176	6	4	2	111	30	81
遂溪县	883	488	395	11	6	6	200	53	147
徐闻县	818	452	367	6	2	4	232	58	174
廉江市	942	524	418	5	4	1	257	87	170
雷州市	599	330	269	4	4		149	42	107
吴川市	588	331	257	6	3	3	129	46	83
茂名市	**3255**	**1864**	**1391**	**14**	**11**	**3**	**973**	**302**	**671**
茂南区	130	74	56				41	16	25
电白区	1185	674	511	1		1	320	96	224
高州市	796	471	325	9	9	1	266	80	186
化州市	596	331	265	1		1	151	41	110
信宜市	548	315	233	3	2	1	195	70	125
肇庆市	**2848**	**1576**	**1271**	**23**	**11**	**12**	**1041**	**284**	**757**
鼎湖区	145	81	64	1	1		41	10	31
广宁县	625	328	297	5	2	3	219	61	159
怀集县	494	259	235	4	2	3	207	58	149
封开县	401	212	189	7	2	4	187	54	133
德庆县	314	192	122	3	2	1	97	24	73
高要市	722	425	297	2	1	1	229	62	167
四会市	147	79	68	1	1		61	15	46
惠州市	**2746**	**1565**	**1181**	**14**	**4**	**11**	**965**	**218**	**747**
惠城区	94	51	43				28	9	20
惠阳区	147	85	62	1		1	49	10	38
博罗县	1161	667	494	2		2	437	107	330
惠东县	1009	571	439	7	1	6	322	65	257
龙门县	335	191	144	4	2	1	129	28	101
梅州市	**4333**	**2494**	**1839**	**39**	**20**	**20**	**1543**	**338**	**1205**
梅江区	19	11	8	1	1		9	1	8
梅县区	428	249	179	7	4	3	207	36	171
大埔县	631	362	269	5	2	3	212	42	170
丰顺县	927	515	412	4	1	3	246	64	182
五华县	995	572	423	13	7	6	360	89	270
平远县	391	222	170	1			135	32	103
蕉岭县	399	250	149	4	2	2	151	34	117
兴宁市	542	313	229	4	2	3	224	40	184
汕尾市	**3190**	**1907**	**1283**	**18**	**11**	**8**	**870**	**261**	**609**
城区	155	102	54	3	2	1	52	10	42
海丰县	1491	898	592	9	5	4	394	108	285
陆河县	436	266	170	1	1		137	54	83
陆丰市	1108	641	467	4	2	2	287	88	199

9-5b 续表 4　　　　单位：人

地　区	60岁及以上人口			未　婚		
	合计	男	女	小计	男	女
河源市	**2988**	**1447**	**1541**	**34**	**31**	**3**
紫金县	931	456	475	6	6	
龙川县	771	371	401	5	5	
连平县	486	237	250	19	16	3
和平县	423	207	216	1	1	
东源县	377	177	200	3	3	
阳江市	**2762**	**1406**	**1355**	**43**	**43**	**1**
江城区	398	202	197	3	3	
阳西县	843	435	407	23	23	
阳东县	882	458	424	9	8	1
阳春市	639	311	328	9	9	
清远市	3818	1814	2004	68	64	4
清城区	790	378	411	11	11	
清新区	542	270	271	15	13	2
佛冈县	444	212	231	10	8	2
阳山县	630	291	339	12	12	
连山壮族瑶族自治县	166	75	92	2	2	
连南瑶族自治县	279	125	153	2	2	
英德市	798	379	419	13	12	1
连州市	169	82	87	5	5	
东莞市	**81**	**45**	**37**			
中山市	**1958**	**888**	**1070**	**29**	**27**	**2**
潮州市	**3911**	**1818**	**2093**	**51**	**47**	**4**
湘桥区	588	263	325	9	9	
潮安区	1118	516	602	20	19	1
饶平县	2204	1038	1166	21	18	3
揭阳市	**5900**	**2941**	**2959**	**55**	**50**	**5**
榕城区	375	177	198	2	2	
揭东区	1052	552	500	25	24	1
揭西县	1248	631	617	13	11	2
惠来县	1624	792	832	4	4	
普宁市	1601	789	813	11	9	2
云浮市	**2208**	**1061**	**1148**	**36**	**34**	**1**
云城区	35	16	19	2	2	
云安区	195	92	103	4	4	
新兴县	758	349	409	6	5	1
郁南县	738	365	373	17	17	1
罗定市	483	239	244	7	7	

9-5b 续表 5 单位：人

地　区	有配偶			离　婚			丧　偶		
	小计	男	女	小计	男	女	小计	男	女
河源市	**2142**	**1207**	**935**	**11**	**5**	**7**	**801**	**205**	**596**
紫金县	702	399	303	2	1	1	221	50	172
龙川县	557	306	251	2	1	2	207	59	148
连平县	337	193	144	3	1	1	128	27	101
和平县	297	167	130	4	1	3	120	37	83
东源县	249	142	107	1	1		125	32	93
阳江市	**2066**	**1177**	**889**	**19**	**9**	**10**	**633**	**177**	**456**
江城区	286	170	116	7	3	4	102	25	77
阳西县	610	353	257	5	3	2	205	57	148
阳东县	698	397	301	4	2	2	171	52	119
阳春市	472	257	215	3	2	2	155	43	112
清远市	2623	1456	1167	32	20	12	1094	273	821
清城区	573	310	263	7	4	3	199	54	145
清新区	372	213	159	4	2	2	151	41	109
佛冈县	292	164	128	5	4	1	137	36	101
阳山县	420	230	189	2	2		196	46	150
连山壮族瑶族自治县	113	62	52				51	11	40
连南瑶族自治县	188	105	83	1		1	87	17	70
英德市	550	307	243	11	6	5	224	54	170
连州市	115	64	50	1		1	49	13	36
东莞市	**73**	**43**	**30**				**8**	**2**	**7**
中山市	**1396**	**738**	**659**	**13**	**5**	**8**	**520**	**118**	**402**
潮州市	**2772**	**1513**	**1259**	**9**	**5**	**5**	**1079**	**253**	**826**
湘桥区	404	221	183				175	33	142
潮安区	758	421	336	4	2	3	336	74	262
饶平县	1610	871	739	5	3	2	568	146	422
揭阳市	**4429**	**2487**	**1942**	**19**	**12**	**7**	**1398**	**392**	**1006**
榕城区	279	150	130	1	1		92	24	68
揭东区	719	424	295	5	2	3	302	102	200
揭西县	1003	552	451	3	3		229	65	164
惠来县	1238	691	547	2		2	380	97	283
普宁市	1189	670	519	8	6	2	394	104	290
云浮市	**1586**	**882**	**704**	**21**	**13**	**8**	**566**	**131**	**434**
云城区	22	12	10				12	3	9
云安区	130	72	58	2	1		59	15	44
新兴县	571	300	270	3	2	1	179	41	137
郁南县	524	303	221	9	2	7	188	43	144
罗定市	340	196	144	7	7		129	29	99

9-5c 各地区分性别、婚姻状况的60岁及以上老年人口（乡村）

单位：人

地区	60岁及以上人口			未婚		
	合计	男	女	小计	男	女
全省	**147208**	**72790**	**74418**	**2906**	**2780**	**126**
广州市	**7407**	**3445**	**3962**	**86**	**75**	**11**
白云区	1806	815	991	9	3	6
番禺区	763	349	413	2		2
花都区	1403	630	772	14	13	1
南沙区	617	275	342	2	2	1
萝岗区	246	115	131	4	3	
从化区	1346	632	713	30	30	1
增城区	1227	628	599	24	24	
韶关市	**6271**	**2904**	**3367**	**69**	**66**	**3**
武江区	236	110	126	3	3	
浈江区	356	166	190	5	5	
曲江区	621	275	346	9	8	1
始兴县	573	239	334	5	4	1
仁化县	566	263	303	6	6	
翁源县	1035	511	525	12	12	1
乳源瑶族自治县	471	227	244	9	9	
新丰县	483	235	248	5	5	
乐昌市	1012	467	545	11	11	
南雄市	918	412	506	4	4	
珠海市	**826**	**426**	**399**	**18**	**18**	
斗门区	826	426	399	18	18	
汕头市	**6152**	**2958**	**3193**	**52**	**48**	**3**
龙湖区	397	183	214	5	4	1
金平区	71	32	40	2	2	
濠江区	349	160	190	6	6	
潮阳区	2448	1206	1241	19	16	2
潮南区	1794	875	920	7	7	
澄海区	1014	467	547	12	12	
南澳县	79	36	43	1	1	
佛山市	**1913**	**893**	**1019**	**26**	**24**	**2**
南海区	523	249	273	3	3	
顺德区	144	71	74	3	2	2
三水区	905	410	495	13	13	
高明区	341	164	177	7	7	
江门市	**9236**	**4656**	**4580**	**189**	**188**	**1**
蓬江区	13	5	8			
新会区	1775	879	895	20	20	
台山市	3247	1664	1583	101	101	
开平市	1831	888	943	30	30	
鹤山市	1083	526	557	30	29	1
恩平市	1287	693	594	8	8	

9-5c 续表 1 单位：人

地区	有配偶			离婚			丧偶		
	小计	男	女	小计	男	女	小计	男	女
全 省	**104619**	**58940**	**45679**	**942**	**606**	**337**	**38740**	**10464**	**28276**
广州市	**5318**	**2857**	**2461**	**47**	**25**	**23**	**1956**	**489**	**1468**
白云区	1278	675	603	9	1	8	510	136	374
番禺区	608	322	287	2		2	150	27	123
花都区	1023	547	476	7	3	4	359	67	292
南沙区	425	222	203	6	3	3	184	49	135
萝岗区	174	95	79	2	2		66	15	51
从化区	914	499	415	16	10	6	385	94	292
增城区	896	498	398	5	5		301	101	200
韶关市	**4270**	**2308**	**1962**	**46**	**31**	**15**	**1886**	**497**	**1388**
武江区	169	92	77	3	2	1	62	13	49
浈江区	264	144	120	2	2	1	85	15	70
曲江区	419	223	195	4	2	2	189	41	148
始兴县	368	189	179	3	2	2	197	45	153
仁化县	375	203	172	5	3	2	179	51	128
翁源县	700	403	298	12	9	2	311	87	224
乳源瑶族自治县	322	176	147	4	3	1	136	40	96
新丰县	320	185	135	8	5	2	151	40	111
乐昌市	706	365	341	3	2	1	292	89	203
南雄市	628	328	299	3	2	1	283	77	206
珠海市	**592**	**331**	**261**	**4**	**4**		**213**	**74**	**139**
斗门区	592	331	261	4	4		213	74	139
汕头市	**4451**	**2519**	**1932**	**31**	**16**	**15**	**1618**	**375**	**1243**
龙湖区	280	157	123	1	1		111	21	90
金平区	44	26	18	1		1	24	4	20
濠江区	227	133	94	1	1		116	20	96
潮阳区	1810	1021	789	15	8	7	604	161	443
潮南区	1347	762	585	6	3	3	435	103	332
澄海区	687	389	298	8	4	4	307	63	244
南澳县	56	31	25				21	3	18
佛山市	**1360**	**734**	**626**	**11**	**5**	**5**	**517**	**130**	**387**
南海区	382	202	180				138	45	93
顺德区	114	65	50				27	5	23
三水区	631	336	294	9	5	5	253	57	196
高明区	233	132	101	1	1	1	99	24	75
江门市	**6660**	**3882**	**2778**	**62**	**36**	**27**	**2324**	**550**	**1775**
蓬江区	8	4	4				4	1	3
新会区	1332	752	581	7	5	2	415	103	313
台山市	2229	1353	877	40	18	22	877	192	685
开平市	1320	751	569	7	6	1	474	101	373
鹤山市	780	432	348	5	2	2	269	63	206
恩平市	990	590	400	4	4		285	91	194

9-5c 续表 2 单位：人

地 区	60岁及以上人口			未 婚		
	合计	男	女	小计	男	女
湛江市	**17050**	**8786**	**8264**	**401**	**385**	**17**
赤坎区	22	9	13			
霞山区	79	38	42	1	1	
坡头区	881	476	405	20	20	
麻章区	1166	562	604	24	24	
遂溪县	2730	1439	1291	74	71	3
徐闻县	1677	800	877	30	29	1
廉江市	4612	2509	2103	133	129	4
雷州市	3651	1782	1869	81	74	7
吴川市	2230	1170	1060	38	36	2
茂名市	**16055**	**8450**	**7606**	**316**	**297**	**19**
茂南区	1018	498	520	9	9	
电白区	3641	1883	1758	74	67	7
高州市	4632	2483	2149	115	111	4
化州市	3976	2106	1869	69	60	9
信宜市	2788	1479	1309	50	50	
肇庆市	**10060**	**4560**	**5501**	**211**	**201**	**10**
鼎湖区	431	174	257	3	2	
广宁县	1519	714	805	30	30	
怀集县	2201	979	1223	27	27	
封开县	1238	567	671	33	32	1
德庆县	1085	520	566	42	41	1
高要市	2603	1165	1439	43	39	3
四会市	984	443	541	35	30	5
惠州市	**5702**	**2713**	**2989**	**118**	**113**	**4**
惠城区	1068	489	578	12	12	
惠阳区	456	217	239	9	8	1
博罗县	1838	856	982	33	33	
惠东县	1480	724	756	43	41	2
龙门县	861	427	434	20	19	1
梅州市	**12030**	**5884**	**6146**	**189**	**179**	**10**
梅江区	236	113	122	3	2	1
梅县区	1381	636	745	18	18	
大埔县	1412	704	708	47	44	3
丰顺县	1423	697	726	19	19	
五华县	3620	1823	1797	41	41	
平远县	703	325	378	9	8	
蕉岭县	634	304	331	9	8	
兴宁市	2621	1283	1339	43	37	5

9-5c 续表 3

单位：人

地区	有配偶			离婚			丧偶		
	小计	男	女	小计	男	女	小计	男	女
湛江市	**12846**	**7150**	**5696**	**115**	**83**	**33**	**3687**	**1169**	**2518**
赤坎区	15	8	7				7	1	6
霞山区	59	32	27				19	5	14
坡头区	665	389	276	4	2	2	192	65	127
麻章区	870	470	400	9	6	3	262	61	201
遂溪县	2066	1163	904	27	18	9	563	187	376
徐闻县	1270	676	594	14	8	6	364	87	277
廉江市	3504	2002	1502	29	25	5	946	353	593
雷州市	2669	1437	1233	19	16	3	882	256	626
吴川市	1728	973	755	13	8	6	451	153	298
茂名市	**11954**	**6838**	**5116**	**101**	**74**	**28**	**3684**	**1241**	**2443**
茂南区	717	403	314	4	4		288	82	206
电白区	2775	1573	1202	20	16	3	773	227	547
高州市	3456	2017	1439	20	15	6	1040	340	700
化州市	3050	1734	1316	39	23	16	819	290	529
信宜市	1956	1111	846	18	15	3	764	303	461
肇庆市	**6775**	**3561**	**3214**	**49**	**29**	**20**	**3025**	**768**	**2257**
鼎湖区	299	152	147	2		1	127	19	108
广宁县	1060	567	494	10	8	2	418	109	309
怀集县	1425	738	687	7	3	4	742	211	532
封开县	789	426	363	7	4	3	409	105	304
德庆县	684	370	314	6	4	1	354	105	250
高要市	1870	959	911	16	8	8	675	159	516
四会市	648	350	298	2	2		299	61	238
惠州市	**3902**	**2203**	**1699**	**26**	**17**	**9**	**1656**	**379**	**1277**
惠城区	726	406	321	3	1	2	325	70	255
惠阳区	304	181	123	2	2		141	26	115
博罗县	1248	684	564	10	6	5	547	134	413
惠东县	1025	592	433	7	5	2	404	86	319
龙门县	598	341	258	4	4		239	63	176
梅州市	**8347**	**4878**	**3469**	**72**	**42**	**30**	**3421**	**785**	**2637**
梅江区	165	99	66	3	3		65	10	56
梅县区	928	540	388	11	5	6	425	74	351
大埔县	983	582	401	8	8		373	70	303
丰顺县	1015	580	435	5	3	3	383	95	288
五华县	2553	1491	1062	15	6	9	1011	285	726
平远县	496	277	220	3	1	1	195	38	157
蕉岭县	430	257	172	7	4	3	189	34	155
兴宁市	1777	1053	724	21	13	9	781	180	601

9-5c 续表 4　　　　单位：人

地　区	60岁及以上人口			未　婚		
	合计	男	女	小计	男	女
汕尾市	**4826**	**2667**	**2160**	**97**	**95**	**2**
城区	442	222	220	8	7	1
海丰县	1331	737	594	34	34	
陆河县	559	322	237	18	18	
陆丰市	2495	1386	1109	36	35	1
河源市	**8274**	**3963**	**4311**	**121**	**115**	**6**
源城区	26	12	14			
紫金县	1851	902	948	34	34	
龙川县	2630	1250	1380	28	26	2
连平县	883	431	452	10	10	1
和平县	1318	634	684	10	10	
东源县	1566	733	833	39	36	3
阳江市	**6449**	**3380**	**3069**	**211**	**206**	**4**
江城区	885	464	421	13	13	
阳西县	1672	896	776	102	99	3
阳东县	1349	708	640	27	27	
阳春市	2544	1312	1232	69	68	1
清远市	9456	4519	4936	276	267	9
清城区	830	384	446	21	21	
清新区	2052	1015	1037	71	69	2
佛冈县	797	391	406	33	31	2
阳山县	1185	555	630	45	44	1
连山壮族瑶族自治县	263	136	127	6	6	
连南瑶族自治县	313	137	176	2	2	
英德市	2656	1249	1407	58	54	4
连州市	1361	652	709	41	41	
东莞市	**1736**	**825**	**911**	**7**	**4**	**3**
中山市	**1313**	**598**	**714**	**14**	**14**	
潮州市	**4485**	**2129**	**2356**	**87**	**82**	**5**
湘桥区	339	157	182	6	6	
潮安区	1968	939	1029	33	32	2
饶平县	2177	1033	1144	48	45	3
揭阳市	**11213**	**5683**	**5530**	**163**	**156**	**7**
榕城区	795	395	400	14	14	
揭东区	2051	1036	1015	45	44	1
揭西县	2701	1411	1290	50	49	1
惠来县	2121	1042	1080	21	17	4
普宁市	3545	1800	1745	33	31	2
云浮市	**6754**	**3350**	**3403**	**255**	**246**	**9**
云城区	438	225	213	33	33	
云安区	911	450	460	30	29	1
新兴县	1372	671	701	42	40	1
郁南县	1287	642	645	66	65	1
罗定市	2745	1361	1384	85	78	6

9-5c 续表 5

单位：人

地区	有配偶			离婚			丧偶		
	小计	男	女	小计	男	女	小计	男	女
汕尾市	**3665**	**2201**	**1464**	**32**	**22**	**10**	**1032**	**349**	**683**
城区	337	187	150	4	4		93	25	68
海丰县	974	607	367	7	5	2	316	91	224
陆河县	394	244	150	1	1		145	58	87
陆丰市	1960	1163	797	20	13	8	479	175	304
河源市	**5669**	**3182**	**2487**	**57**	**29**	**29**	**2427**	**637**	**1789**
源城区	17	10	7				9	1	7
紫金县	1293	722	570	20	6	14	504	139	364
龙川县	1796	1020	776	10	5	4	797	199	597
连平县	624	349	275	4	2	2	245	71	175
和平县	921	504	417	8	6	2	380	115	265
东源县	1019	577	442	16	9	7	493	112	381
阳江市	**4649**	**2640**	**2008**	**54**	**45**	**9**	**1536**	**488**	**1048**
江城区	665	384	281	8	5	3	200	62	138
阳西县	1168	669	499	10	7	2	392	121	271
阳东县	1006	576	430	13	13		302	92	210
阳春市	1809	1011	798	24	19	4	642	213	429
清远市	6216	3475	2741	72	42	29	2892	735	2157
清城区	601	316	284	6	2	4	202	45	157
清新区	1334	786	548	10	6	4	636	154	482
佛冈县	493	289	204	7	5	3	265	67	197
阳山县	747	412	335	10	7	2	383	91	292
连山壮族瑶族自治县	176	100	77	2	2		78	29	49
连南瑶族自治县	196	107	89	2	2		113	27	87
英德市	1737	971	766	25	12	13	836	212	625
连州市	932	493	439	9	7	2	378	110	268
东莞市	**1317**	**723**	**595**	**9**	**3**	**6**	**403**	**96**	**308**
中山市	**940**	**516**	**424**	**16**	**2**	**14**	**343**	**67**	**277**
潮州市	**3011**	**1691**	**1320**	**19**	**11**	**8**	**1368**	**344**	**1023**
湘桥区	226	128	99	2	1	1	106	23	83
潮安区	1354	769	585	6	3	3	575	135	440
饶平县	1431	794	636	11	7	5	687	187	500
揭阳市	**8171**	**4692**	**3478**	**51**	**37**	**14**	**2828**	**799**	**2030**
榕城区	551	316	235	2	1	1	228	64	165
揭东区	1474	852	622	7	6	1	525	135	390
揭西县	1995	1141	854	14	9	5	642	212	430
惠来县	1585	881	704	9	6	4	506	138	368
普宁市	2566	1502	1064	19	16	3	927	251	677
云浮市	**4506**	**2557**	**1949**	**67**	**53**	**14**	**1925**	**494**	**1431**
云城区	291	165	125	4	3	1	110	24	86
云安区	630	346	284	6	3	3	245	72	173
新兴县	910	513	397	13	11	1	408	107	301
郁南县	850	470	380	9	5	3	363	102	261
罗定市	1826	1063	762	35	30	5	799	189	610

9-6 全省分年龄、性别、婚姻状况的60岁及以上老年人口

单位：人

年 龄	60岁及以上人口			未 婚		
	合计	男	女	小计	男	女
总 计	**376850**	**183573**	**193277**	**4853**	**4336**	**516**
60-64岁	**131676**	**66164**	**65513**	**1645**	**1444**	**201**
60	30453	15366	15088	368	320	48
61	29061	14582	14479	358	309	49
62	26341	13174	13167	332	292	40
63	24789	12408	12381	351	312	38
64	21031	10634	10397	237	211	26
65-69岁	**87017**	**44490**	**42527**	**1089**	**981**	**107**
65	21493	10981	10512	278	251	27
66	20134	10410	9724	245	217	28
67	16753	8384	8369	198	177	21
68	15142	7723	7419	193	179	14
69	13494	6991	6503	175	157	17
70-74岁	**57781**	**28995**	**28786**	**885**	**818**	**67**
70	13605	7012	6592	239	217	22
71	12088	6123	5965	139	129	11
72	11118	5552	5566	174	164	10
73	10734	5336	5398	186	172	15
74	10237	4972	5265	147	137	10
75-79岁	**45562**	**22061**	**23501**	**677**	**629**	**49**
75	10115	5101	5014	146	141	6
76	8844	4307	4538	149	140	9
77	9382	4565	4816	134	117	17
78	8768	4165	4603	128	119	9
79	8454	3924	4530	120	111	9
80-84岁	**32224**	**13767**	**18457**	**390**	**338**	**52**
80	7897	3478	4419	118	105	13
81	7004	3029	3974	85	71	13
82	6774	2907	3868	71	63	8
83	5731	2328	3404	64	57	7
84	4817	2024	2793	53	43	10
85-89岁	**15883**	**6052**	**9832**	**129**	**102**	**28**
85	4581	1888	2693	49	40	9
86	3302	1259	2043	24	20	4
87	3282	1216	2066	27	17	10
88	2681	958	1723	14	12	2
89	2037	731	1306	15	13	2
90-94岁	**5392**	**1704**	**3689**	**29**	**19**	**9**
90	1833	585	1248	8	6	1
91	1189	370	819	9	6	3
92	998	326	672	8	5	3
93	765	256	509	2	1	1
94	607	166	441	2	1	1
95-99岁	**1154**	**314**	**840**	**7**	**4**	**3**
95	436	143	293	3	2	1
96	271	68	203	2	2	1
97	204	51	153	1		1
98	148	30	118			
99	94	22	72	1	1	
100岁及以上	**160**	**27**	**133**	**1**	**1**	

9-6 续表

单位：人

年 龄	有配偶			离 婚			丧 偶		
	小计	男	女	小计	男	女	小计	男	女
总 计	**281134**	**155764**	**125371**	**3046**	**1564**	**1482**	**87817**	**21909**	**65908**
60-64岁	**116725**	**60939**	**55786**	**1267**	**665**	**602**	**12040**	**3116**	**8923**
60	27472	14297	13175	303	155	148	2311	593	1718
61	25978	13477	12501	283	145	138	2443	652	1791
62	23263	12105	11158	288	155	133	2458	622	1836
63	21663	11306	10357	229	121	107	2547	668	1879
64	18350	9753	8596	164	88	75	2281	582	1700
65-69岁	**72340**	**39690**	**32650**	**694**	**407**	**287**	**12893**	**3411**	**9482**
65	18437	9936	8501	189	104	85	2589	690	1899
66	16949	9373	7575	151	95	56	2789	725	2064
67	13863	7450	6413	150	86	64	2543	671	1871
68	12332	6824	5508	105	63	42	2512	657	1855
69	10760	6107	4653	99	59	39	2461	668	1793
70-74岁	**42510**	**24349**	**18161**	**395**	**224**	**172**	**13991**	**3604**	**10386**
70	10466	5959	4508	103	60	43	2797	777	2020
71	9169	5246	3922	94	53	41	2686	695	1991
72	8159	4654	3505	69	39	29	2717	695	2022
73	7646	4441	3205	62	31	31	2839	692	2147
74	7070	4049	3021	68	40	28	2952	746	2206
75-79岁	**28238**	**17090**	**11149**	**314**	**143**	**171**	**16332**	**4200**	**12132**
75	6882	4135	2746	77	41	35	3010	783	2227
76	5751	3413	2338	53	26	26	2891	727	2164
77	5764	3536	2228	50	24	26	3434	888	2545
78	5125	3141	1984	75	29	46	3439	876	2563
79	4716	2865	1852	59	22	37	3558	925	2632
80-84岁	**14880**	**9338**	**5541**	**205**	**70**	**135**	**16749**	**4020**	**12729**
80	3958	2481	1476	56	22	34	3765	870	2895
81	3424	2116	1308	46	14	32	3449	828	2621
82	3077	1973	1104	46	15	31	3581	856	2725
83	2438	1487	950	26	9	17	3204	775	2429
84	1984	1281	703	31	9	21	2750	692	2059
85-89岁	**5155**	**3473**	**1682**	**118**	**43**	**75**	**10481**	**2434**	**8047**
85	1725	1141	584	37	14	23	2770	694	2076
86	1141	751	390	23	9	14	2114	479	1635
87	1019	696	323	22	9	13	2214	494	1720
88	725	503	221	16	8	7	1926	433	1493
89	546	381	165	20	3	17	1457	334	1122
90-94岁	**1120**	**777**	**343**	**45**	**10**	**34**	**4199**	**897**	**3302**
90	427	299	128	12	4	8	1387	277	1110
91	258	169	89	9		9	913	195	718
92	197	137	60	13	5	8	780	180	600
93	137	103	34	4	1	3	622	151	471
94	100	69	31	8	1	7	497	95	402
95-99岁	**151**	**100**	**52**	**7**	**1**	**5**	**989**	**209**	**780**
95	66	48	19	1		1	366	94	272
96	34	22	11	3	1	1	233	43	190
97	23	13	10				181	38	143
98	16	9	6				132	20	112
99	13	7	6	3		3	77	13	64
100岁及以上	**15**	**8**	**6**	**1**		**1**	**143**	**17**	**126**

9-6a 全省分年龄、性别、婚姻状况的60岁及以上老年人口（城市）

单位：人

年龄	60岁及以上人口			未婚		
	合计	男	女	小计	男	女
总计	**161058**	**77147**	**83912**	**1165**	**830**	**335**
60-64岁	**59245**	**28953**	**30292**	**451**	**305**	**146**
60	13741	6743	6998	113	78	35
61	13143	6410	6733	106	70	36
62	11776	5704	6072	95	67	28
63	11110	5435	5675	76	49	26
64	9475	4661	4814	61	40	21
65-69岁	**39285**	**19384**	**19901**	**255**	**181**	**74**
65	9654	4785	4869	73	51	22
66	9336	4596	4739	58	39	19
67	7564	3653	3911	47	33	14
68	6795	3361	3434	45	35	10
69	5936	2989	2948	32	23	8
70-74岁	**23514**	**11393**	**12120**	**174**	**137**	**36**
70	5641	2776	2865	56	43	13
71	5111	2536	2575	26	20	6
72	4478	2151	2327	30	24	6
73	4297	2052	2245	37	28	9
74	3986	1878	2109	26	22	4
75-79岁	**18455**	**8928**	**9527**	**135**	**108**	**27**
75	4115	2069	2046	10	9	1
76	3636	1749	1886	36	31	5
77	3807	1829	1978	32	22	10
78	3543	1685	1858	32	25	6
79	3355	1596	1759	25	20	5
80-84岁	**12235**	**5376**	**6859**	**92**	**64**	**28**
80	3026	1341	1685	31	26	5
81	2768	1190	1578	24	14	10
82	2592	1162	1430	16	12	4
83	2056	880	1176	14	9	5
84	1793	803	990	7	3	3
85-89岁	**5871**	**2352**	**3518**	**44**	**29**	**15**
85	1746	776	970	19	14	4
86	1207	466	741	7	3	4
87	1205	457	748	10	7	4
88	971	358	613	3	2	1
89	742	295	447	5	3	2
90-94岁	**1971**	**630**	**1341**	**11**	**4**	**7**
90	677	224	452	3	2	1
91	421	123	299	3	1	3
92	362	129	233	3	1	2
93	285	96	189	1		1
94	225	58	168	1		1
95-99岁	**426**	**118**	**309**	**3**	**2**	**1**
95	164	59	104	3	2	1
96	118	32	86			
97	66	14	52			
98	49	4	45			
99	30	8	22			
100岁及以上	**57**	**12**	**45**			

9-6a　续表

单位：人

年　龄	有配偶			离　婚			丧　偶		
	小计	男	女	小计	男	女	小计	男	女
总　计	**126136**	**68496**	**57640**	**1726**	**750**	**976**	**32031**	**7070**	**24960**
60-64岁	**53467**	**27323**	**26144**	**809**	**352**	**457**	**4520**	**974**	**3545**
60	12584	6415	6169	197	81	116	847	169	678
61	11929	6035	5894	195	87	108	913	218	695
62	10585	5375	5210	171	79	92	926	184	742
63	9917	5110	4807	140	58	82	976	217	759
64	8451	4388	4063	105	46	59	857	187	670
65-69岁	**33649**	**17949**	**15700**	**369**	**179**	**190**	**5012**	**1076**	**3936**
65	8503	4472	4030	104	50	54	974	212	762
66	8083	4286	3796	85	42	43	1110	230	881
67	6498	3393	3105	75	36	39	944	192	752
68	5695	3079	2616	51	25	26	1004	222	782
69	4871	2719	2152	55	26	29	979	220	759
70-74岁	**18053**	**10041**	**8012**	**186**	**90**	**96**	**5101**	**1125**	**3975**
70	4491	2469	2022	54	27	27	1041	238	803
71	4025	2258	1767	52	24	28	1009	234	775
72	3421	1881	1540	32	13	19	995	233	762
73	3205	1803	1402	26	13	12	1030	208	822
74	2912	1630	1281	23	13	10	1026	212	814
75-79岁	**12178**	**7397**	**4781**	**168**	**64**	**103**	**5975**	**1359**	**4616**
75	2943	1774	1169	42	17	26	1120	269	851
76	2528	1489	1039	28	12	16	1043	218	826
77	2458	1509	949	25	9	15	1292	288	1004
78	2239	1383	855	37	16	21	1236	261	975
79	2010	1241	769	35	11	25	1284	324	961
80-84岁	**6210**	**4003**	**2207**	**108**	**37**	**71**	**5825**	**1271**	**4553**
80	1639	1041	598	23	10	13	1333	264	1069
81	1463	910	553	30	8	22	1251	258	993
82	1291	850	441	24	9	15	1261	292	969
83	991	632	359	14	4	9	1037	235	802
84	826	571	255	17	7	11	943	222	721
85-89岁	**2075**	**1439**	**636**	**59**	**24**	**35**	**3691**	**860**	**2832**
85	702	495	208	17	8	9	1008	259	749
86	448	299	149	10	4	6	743	160	583
87	407	277	130	15	6	10	772	168	604
88	294	210	83	10	5	5	664	140	524
89	224	158	66	8	1	7	505	133	372
90-94岁	**430**	**298**	**132**	**23**	**3**	**20**	**1507**	**325**	**1182**
90	173	124	48	6	1	5	495	97	398
91	96	59	36	3		3	320	63	257
92	71	52	19	8	2	6	279	74	206
93	53	39	14	1		1	230	57	173
94	37	24	13	5		5	182	34	148
95-99岁	**70**	**44**	**26**	**5**	**1**	**4**	**349**	**71**	**278**
95	29	20	9				132	38	94
96	23	14	9	2	1	1	92	17	76
97	8	4	5				57	10	47
98	3	3	1				46	2	44
99	6	4	2	2		2	22	4	18
100岁及以上	**6**	**3**	**3**				**51**	**9**	**42**

9-6b　全省分年龄、性别、婚姻状况的60岁及以上老年人口（镇）

单位：人

年　龄	60岁及以上人口			未　婚		
	合计	男	女	小计	男	女
总　计	**68584**	**33637**	**34947**	**782**	**727**	**55**
60-64岁	**24102**	**12147**	**11955**	**263**	**246**	**17**
60	5583	2840	2743	64	57	7
61	5342	2730	2612	60	57	3
62	4803	2390	2413	43	40	2
63	4559	2255	2304	57	53	4
64	3815	1932	1883	40	39	1
65-69岁	**15671**	**8199**	**7472**	**169**	**155**	**14**
65	3944	2058	1886	36	34	2
66	3612	1870	1742	45	41	4
67	2966	1563	1403	35	32	2
68	2724	1423	1301	26	23	3
69	2424	1284	1140	28	25	3
70-74岁	**10526**	**5372**	**5154**	**154**	**143**	**11**
70	2565	1356	1209	38	35	3
71	2181	1099	1082	25	23	2
72	2027	1048	979	25	24	1
73	1874	942	932	33	30	4
74	1880	927	953	33	31	2
75-79岁	**8313**	**4019**	**4294**	**110**	**107**	**3**
75	1859	923	935	29	27	1
76	1591	759	832	27	27	
77	1710	849	862	19	19	
78	1605	783	822	15	14	1
79	1549	706	843	20	20	
80-84岁	**5833**	**2457**	**3376**	**60**	**54**	**6**
80	1398	613	785	20	16	5
81	1246	540	706	13	13	
82	1270	514	756	10	10	1
83	1033	427	606	9	9	
84	886	362	523	7	6	1
85-89岁	**2895**	**1080**	**1815**	**23**	**20**	**3**
85	824	326	498	8	7	2
86	604	230	374	5	4	
87	572	224	348	5	5	
88	502	173	329	3	3	1
89	392	127	265	2	2	
90-94岁	**1007**	**307**	**701**	**3**	**2**	**1**
90	329	104	225	3	2	1
91	240	75	165			
92	184	55	129			
93	135	37	99			
94	119	36	83			
95-99岁	**211**	**53**	**157**			
95	76	23	54			
96	29	9	20			
97	40	9	32			
98	39	10	29			
99	26	3	23			
100岁及以上	**26**	**3**	**23**			

9-6b 续表 单位：人

年 龄	有配偶			离 婚			丧 偶		
	小计	男	女	小计	男	女	小计	男	女
总 计	**50379**	**28328**	**22052**	**377**	**208**	**170**	**17046**	**4375**	**12671**
60-64岁	**21239**	**11216**	**10023**	**129**	**77**	**52**	**2471**	**608**	**1863**
60	5003	2647	2356	29	15	14	488	121	366
61	4790	2556	2234	25	16	9	467	102	365
62	4207	2198	2009	34	21	13	519	130	388
63	3930	2049	1880	26	17	9	547	135	411
64	3309	1766	1543	15	8	7	451	119	332
65-69岁	**12875**	**7248**	**5627**	**89**	**55**	**34**	**2538**	**740**	**1797**
65	3354	1866	1488	24	11	13	530	148	382
66	3004	1670	1335	20	14	6	544	146	398
67	2408	1356	1052	20	12	9	503	162	340
68	2185	1246	939	13	10	3	501	144	357
69	1924	1110	813	12	9	4	461	140	320
70-74岁	**7563**	**4450**	**3113**	**61**	**33**	**28**	**2749**	**747**	**2002**
70	1954	1141	813	15	7	8	557	172	385
71	1602	938	664	13	9	4	541	128	413
72	1469	878	591	12	8	3	522	139	383
73	1290	764	526	10	3	7	540	146	394
74	1247	729	518	11	5	5	589	161	428
75-79岁	**4982**	**3046**	**1936**	**42**	**22**	**21**	**3179**	**845**	**2334**
75	1231	737	494	11	8	3	588	151	437
76	980	588	392	10	4	6	573	140	433
77	1017	627	390	4	3	1	670	200	470
78	904	577	327	11	4	7	675	188	487
79	849	517	333	6	2	4	674	167	507
80-84岁	**2572**	**1601**	**970**	**28**	**10**	**19**	**3173**	**793**	**2381**
80	669	418	250	8	2	6	701	177	524
81	580	372	208	8	3	6	645	152	492
82	547	334	214	3		3	710	171	539
83	420	258	163	4	3	1	599	158	442
84	355	219	136	5	2	3	519	135	384
85-89岁	**918**	**607**	**312**	**18**	**10**	**8**	**1935**	**443**	**1493**
85	306	195	111	7	3	4	503	121	382
86	203	130	74	4	3	1	392	93	299
87	172	122	49	2	2		393	95	299
88	136	92	44	2	1	1	361	78	283
89	101	68	33	2	1	1	286	56	230
90-94岁	**205**	**140**	**64**	**9**	**2**	**7**	**791**	**162**	**629**
90	74	52	21	4	2	2	249	48	201
91	47	36	12	3		3	189	38	151
92	35	20	15	1		1	147	35	113
93	30	19	11	1		1	105	18	87
94	19	13	6	1		1	100	23	77
95-99岁	**24**	**17**	**7**	**1**		**1**	**186**	**36**	**150**
95	11	9	2				65	14	51
96	3	2	1				27	7	19
97	3	3					37	5	32
98	3	2	1				36	8	28
99	3	1	2	1		1	22	2	20
100岁及以上	**2**	**1**	**1**				**24**	**1**	**23**

9-6c 全省分年龄、性别、婚姻状况的60岁及以上老年人口（乡村）

单位：人

年龄	60岁及以上人口			未婚		
	合计	男	女	小计	男	女
总计	**147209**	**72790**	**74419**	**2906**	**2780**	**126**
60-64岁	**48329**	**25063**	**23266**	**931**	**893**	**38**
60	11129	5782	5347	192	185	6
61	10576	5442	5134	192	182	10
62	9762	5080	4682	194	185	10
63	9120	4718	4402	218	210	8
64	7742	4041	3701	136	131	4
65-69岁	**32061**	**16907**	**15154**	**665**	**646**	**19**
65	7896	4138	3758	169	166	3
66	7186	3944	3242	143	138	5
67	6223	3168	3055	116	112	4
68	5623	2938	2685	122	121	1
69	5133	2719	2415	115	109	6
70-74岁	**23741**	**12230**	**11512**	**557**	**538**	**20**
70	5399	2880	2519	145	138	7
71	4796	2488	2308	88	85	3
72	4612	2352	2261	119	117	3
73	4563	2342	2221	116	114	3
74	4371	2168	2203	88	84	5
75-79岁	**18794**	**9114**	**9680**	**433**	**414**	**19**
75	4141	2108	2033	108	104	3
76	3618	1798	1820	86	83	4
77	3865	1888	1977	83	77	6
78	3620	1697	1922	81	80	2
79	3550	1622	1928	75	71	4
80-84岁	**14156**	**5934**	**8222**	**238**	**221**	**18**
80	3473	1524	1949	67	63	4
81	2990	1300	1690	48	44	3
82	2912	1231	1681	44	42	3
83	2643	1021	1622	41	39	2
84	2138	859	1279	39	33	7
85-89岁	**7118**	**2620**	**4498**	**62**	**52**	**10**
85	2010	786	1225	22	18	4
86	1491	563	928	13	12	
87	1504	535	970	12	6	6
88	1208	427	782	8	8	
89	904	309	594	8	8	
90-94岁	**2414**	**767**	**1647**	**14**	**13**	**1**
90	827	257	571	2	2	
91	527	173	355	5	5	
92	453	142	310	5	4	1
93	344	123	221	1	1	
94	263	72	191	1	1	
95-99岁	**517**	**143**	**374**	**4**	**3**	**1**
95	196	61	135			
96	124	27	97	2	2	1
97	98	28	70	1		1
98	60	16	45			
99	39	11	27	1	1	
100岁及以上	**78**	**12**	**65**	**1**	**1**	

9-6c 续表

单位：人

年 龄	有配偶			离 婚			丧 偶		
	小计	男	女	小计	男	女	小计	男	女
总 计	**104619**	**58940**	**45679**	**942**	**606**	**337**	**38741**	**10464**	**28277**
60-64岁	**42019**	**22400**	**19620**	**329**	**237**	**93**	**5049**	**1534**	**3515**
60	9885	5235	4649	77	59	18	976	303	673
61	9258	4886	4372	63	42	21	1063	332	731
62	8471	4532	3939	83	55	28	1014	308	706
63	7816	4147	3669	62	46	17	1024	316	708
64	6589	3599	2990	44	34	9	973	276	697
65-69岁	**25817**	**14493**	**11324**	**236**	**173**	**63**	**5344**	**1595**	**3749**
65	6581	3599	2982	61	43	18	1085	330	755
66	5862	3417	2445	47	39	7	1135	349	786
67	4957	2701	2256	54	38	16	1096	317	779
68	4452	2499	1953	42	28	14	1007	291	716
69	3965	2278	1688	32	25	7	1021	307	714
70-74岁	**16894**	**9858**	**7036**	**149**	**101**	**47**	**6141**	**1733**	**4409**
70	4021	2349	1672	34	26	7	1199	367	833
71	3542	2050	1492	30	19	10	1136	333	803
72	3268	1895	1373	25	18	7	1200	323	877
73	3151	1874	1277	26	16	11	1269	338	931
74	2912	1690	1222	34	22	12	1337	372	965
75-79岁	**11079**	**6647**	**4432**	**104**	**57**	**47**	**7178**	**1995**	**5182**
75	2707	1624	1083	23	16	7	1303	364	939
76	2243	1336	907	14	11	3	1275	369	905
77	2288	1399	889	22	11	10	1472	400	1072
78	1983	1181	802	27	9	18	1529	428	1101
79	1857	1107	751	18	10	8	1600	435	1165
80-84岁	**6098**	**3734**	**2364**	**69**	**23**	**45**	**7751**	**1956**	**5795**
80	1650	1022	628	25	11	14	1731	429	1303
81	1382	834	547	7	3	4	1554	417	1136
82	1238	789	449	19	6	13	1610	394	1216
83	1026	598	428	9	2	7	1567	382	1185
84	802	491	312	8	1	7	1288	334	954
85-89岁	**2161**	**1427**	**735**	**41**	**9**	**31**	**4854**	**1132**	**3722**
85	716	451	265	13	2	11	1259	314	945
86	490	323	167	9	2	8	979	226	753
87	440	297	143	4	1	3	1049	231	818
88	295	201	94	4	3	2	901	215	686
89	220	155	65	10	1	9	666	146	520
90-94岁	**486**	**339**	**147**	**13**	**5**	**8**	**1901**	**410**	**1491**
90	181	122	59	2	1	1	643	132	511
91	115	74	41	3		3	404	94	310
92	91	64	26	4	2	1	353	72	282
93	54	46	9	2	1	1	287	76	211
94	45	33	12	2	1	1	215	37	177
95-99岁	**58**	**39**	**20**	**1**		**1**	**454**	**102**	**352**
95	26	19	7	1		1	169	42	127
96	8	6	2				114	19	95
97	11	6	5				87	23	64
98	9	5	4				51	11	40
99	4	3	1				33	7	26
100岁及以上	**7**	**4**	**3**	**1**		**1**	**69**	**7**	**62**

9-7 各地区分性别、受教育程度的60岁及以上老年人口

单位：人

地区	60岁及以上人口			未上过学			小学		
	合计	男	女	小计	男	女	小计	男	女
全省	**377800**	**184061**	**193739**	**68166**	**15070**	**53097**	**188005**	**88940**	**99066**
广州市	**47676**	**22642**	**25034**	**4227**	**739**	**3488**	**18644**	**7702**	**10942**
荔湾区	4950	2295	2656	257	30	227	1675	586	1089
越秀区	6451	3064	3388	188	23	165	1360	475	885
海珠区	7107	3379	3728	325	43	281	1883	646	1238
天河区	4321	2137	2184	172	37	135	1166	478	688
白云区	6661	3155	3506	746	129	617	2906	1182	1725
黄埔区	1361	649	712	102	10	92	542	222	321
番禺区	4007	1901	2106	586	125	461	2186	995	1191
花都区	3657	1667	1990	415	73	342	1857	766	1091
南沙区	2150	977	1173	501	63	438	1202	575	627
萝岗区	836	415	421	106	23	83	403	191	212
从化区	2187	1028	1159	315	49	266	1124	492	631
增城区	3987	1976	2011	514	135	379	2339	1095	1244
韶关市	**13579**	**6389**	**7191**	**3057**	**466**	**2590**	**6302**	**3037**	**3265**
武江区	1329	651	677	158	19	139	486	214	272
浈江区	2290	1101	1189	242	31	211	856	365	491
曲江区	1447	663	785	299	33	267	692	317	375
始兴县	932	389	542	314	44	269	455	212	243
仁化县	870	401	469	289	45	244	431	238	192
翁源县	1523	755	768	334	48	286	761	378	383
乳源瑶族自治县	819	389	430	185	40	145	502	255	247
新丰县	885	436	449	144	21	123	405	176	230
乐昌市	1927	896	1031	653	131	522	937	509	428
南雄市	1558	707	851	439	54	384	777	372	405
深圳市	**16159**	**7674**	**8485**	**1591**	**325**	**1267**	**4943**	**2022**	**2921**
罗湖区	2021	894	1126	157	14	143	474	139	335
福田区	3634	1750	1884	178	43	135	760	282	478
南山区	2685	1275	1411	141	21	120	574	231	343
宝安区	4610	2245	2366	654	154	500	1855	823	1032
龙岗区	2833	1330	1503	423	88	335	1127	486	641
盐田区	375	180	195	38	4	34	153	60	92
珠海市	**4900**	**2403**	**2497**	**701**	**144**	**557**	**2023**	**931**	**1092**
香洲区	2632	1257	1375	221	40	181	891	360	531
斗门区	1634	838	796	374	80	294	806	424	382
金湾区	634	307	327	106	24	82	327	147	180
汕头市	**21526**	**10273**	**11253**	**4118**	**864**	**3254**	**11183**	**5179**	**6004**
龙湖区	2103	1030	1073	336	63	273	833	394	438
金平区	4009	1951	2058	442	106	336	1536	610	925
濠江区	1003	463	541	471	91	380	420	279	141
潮阳区	5912	2885	3026	1435	326	1109	3377	1703	1674
潮南区	4263	1994	2269	668	114	553	2571	1134	1437
澄海区	3884	1792	2093	636	135	501	2285	972	1313
南澳县	351	158	193	129	28	102	160	86	74
佛山市	**22655**	**10444**	**12211**	**2974**	**550**	**2424**	**13591**	**6061**	**7530**
禅城区	4215	1955	2260	439	76	364	2086	904	1182
南海区	7403	3510	3894	850	149	701	4867	2256	2611
顺德区	7160	3177	3983	1194	256	937	4417	1933	2484
三水区	2269	1037	1233	283	43	241	1353	571	782
高明区	1607	766	842	209	26	182	868	397	471

9-7 续表 1　　单位：人

地区	初中			普通高中			中职		
	小计	男	女	小计	男	女	小计	男	女
全　省	**80216**	**52033**	**28183**	**25036**	**17249**	**7787**	**6008**	**3505**	**2502**
广州市	**12310**	**6831**	**5478**	**6391**	**3707**	**2684**	**1863**	**913**	**950**
荔湾区	1523	800	724	903	514	390	214	117	97
越秀区	1779	872	907	1414	726	688	426	178	248
海珠区	2119	1113	1006	1415	774	641	441	210	231
天河区	1148	549	599	773	416	357	257	117	140
白云区	1760	1034	726	735	486	249	183	98	85
黄埔区	358	202	156	180	112	68	65	29	36
番禺区	740	466	274	268	179	89	82	48	34
花都区	956	548	408	254	170	84	80	43	38
南沙区	338	254	84	65	54	11	23	17	6
萝岗区	235	140	95	54	37	17	17	11	6
从化区	532	329	203	153	114	39	23	14	8
增城区	821	524	297	177	125	52	52	32	19
韶关市	**2782**	**1847**	**935**	**803**	**580**	**223**	**291**	**186**	**105**
武江区	433	252	181	128	80	47	54	31	22
浈江区	703	387	316	233	150	83	118	65	53
曲江区	297	198	99	85	58	27	44	30	14
始兴县	130	105	25	24	21	3	6	5	1
仁化县	109	85	24	28	22	7	8	6	1
翁源县	323	239	84	58	48	10	21	17	4
乳源瑶族自治县	84	61	23	29	19	10	8	6	2
新丰县	219	148	71	79	64	15	12	9	3
乐昌市	261	195	66	48	38	10	9	7	2
南雄市	223	178	45	90	80	11	11	8	3
深圳市	**4655**	**2402**	**2253**	**2518**	**1451**	**1068**	**696**	**316**	**380**
罗湖区	647	304	343	396	223	173	92	39	53
福田区	1098	505	593	739	415	324	235	103	132
南山区	696	298	398	527	298	229	194	88	106
宝安区	1296	781	515	489	282	207	112	48	64
龙岗区	815	453	362	320	199	121	55	34	21
盐田区	103	62	42	48	34	14	8	4	4
珠海市	**1154**	**690**	**464**	**503**	**327**	**175**	**175**	**85**	**90**
香洲区	702	371	330	371	226	145	142	66	76
斗门区	312	226	85	94	74	20	25	14	11
金湾区	141	93	48	38	27	10	8	5	2
汕头市	**4115**	**2758**	**1357**	**1455**	**1011**	**444**	**235**	**144**	**91**
龙湖区	402	238	164	281	169	112	75	41	33
金平区	1102	618	484	625	400	225	116	70	45
濠江区	95	79	16	13	11	3	2	2	1
潮阳区	908	691	217	166	146	20	16	10	6
潮南区	859	613	247	150	119	32	7	7	
澄海区	706	489	217	213	160	52	15	10	5
南澳县	44	31	12	7	6	1	4	4	1
佛山市	**4111**	**2537**	**1573**	**1096**	**722**	**374**	**377**	**220**	**157**
禅城区	895	498	397	366	208	158	168	87	81
南海区	1184	758	425	298	208	91	86	54	32
顺德区	1165	737	428	235	156	79	66	40	26
三水区	478	309	169	99	76	24	28	18	10
高明区	390	236	154	98	75	23	29	21	8

9-7 续表 2　　单位：人

地　区	大学专科			大学本科			研究生及以上		
	小计	男	女	小计	男	女	小计	男	女
全　省	**6492**	**4474**	**2017**	**3745**	**2685**	**1061**	**130**	**104**	**26**
广州市	**2366**	**1458**	**908**	**1797**	**1233**	**565**	**78**	**59**	**19**
荔湾区	221	144	77	153	102	51	4	3	1
越秀区	723	418	305	536	357	179	26	16	10
海珠区	521	314	207	381	260	120	22	19	4
天河区	402	250	152	388	276	112	15	13	1
白云区	208	137	71	118	85	33	4	4	
黄埔区	59	38	21	53	35	18	1	1	
番禺区	77	47	30	65	40	26	3	1	2
花都区	46	30	16	49	37	12			
南沙区	15	11	4	4	3	2	1	1	
萝岗区	11	8	4	10	6	4			
从化区	27	21	6	13	9	4	1		1
增城区	57	42	15	27	22	5	1	1	
韶关市	**287**	**223**	**64**	**59**	**50**	**9**			
武江区	51	38	13	19	17	3			
浈江区	116	86	31	22	17	5			
曲江区	26	23	3	5	4	1			
始兴县	2	1		1	1				
仁化县	5	4		1	1				
翁源县	22	20	1	5	5				
乳源瑶族自治县	11	8	3						
新丰县	22	15	7	3	3				
乐昌市	17	15	2	1	1				
南雄市	16	14	3	1	1				
深圳市	**1001**	**623**	**378**	**732**	**513**	**218**	**22**	**21**	**1**
罗湖区	141	93	48	113	81	32	2	2	
福田区	351	212	138	261	179	82	11	10	1
南山区	313	177	136	236	157	78	4	4	
宝安区	112	79	33	88	73	15	4	4	
龙岗区	70	53	17	24	17	7			
盐田区	14	9	6	10	7	3			
珠海市	**215**	**131**	**84**	**123**	**88**	**35**	**6**	**5**	**1**
香洲区	187	109	78	112	79	33	5	4	1
斗门区	17	13	3	7	7	1			
金湾区	11	8	2	4	2	1			
汕头市	**270**	**204**	**65**	**146**	**108**	**37**	**4**	**4**	
龙湖区	110	75	35	63	45	17	4	4	
金平区	120	96	24	68	50	18			
濠江区	1	1							
潮阳区	9	7	1	1	1				
潮南区	5	5		2	2				
澄海区	19	16	4	10	9	1			
南澳县	5	4	2	1		1			
佛山市	**311**	**224**	**87**	**194**	**130**	**64**			
禅城区	159	113	45	103	70	33			
南海区	78	59	20	41	26	15			
顺德区	46	29	16	38	26	12			
三水区	18	14	4	9	7	2			
高明区	10	9	1	3	1	2			

9-7 续表 3 单位：人

地 区	60岁及以上人口			未上过学			小 学		
	合计	男	女	小计	男	女	小计	男	女
江门市	**22788**	**11254**	**11534**	**2757**	**598**	**2160**	**12802**	**5900**	**6902**
蓬江区	2964	1396	1568	204	30	174	1521	594	927
江海区	896	408	488	177	36	141	513	226	287
新会区	4214	2061	2153	634	116	518	2445	1176	1269
台山市	5901	2970	2931	762	179	583	3359	1592	1767
开平市	3817	1874	1943	471	95	376	2189	1021	1168
鹤山市	2439	1163	1276	206	47	160	1451	635	815
恩平市	2556	1381	1174	303	95	208	1324	656	668
湛江市	**28904**	**14774**	**14129**	**7202**	**2007**	**5195**	**13147**	**6801**	**6347**
赤坎区	1345	651	693	125	24	101	401	150	252
霞山区	1879	938	941	124	31	94	598	232	366
坡头区	1556	840	716	412	105	307	737	419	318
麻章区	1909	938	972	494	127	366	911	452	459
遂溪县	3946	2048	1897	1079	366	712	1887	998	890
徐闻县	2744	1322	1422	701	165	536	1424	689	735
廉江市	6586	3538	3047	1431	487	944	3272	1713	1558
雷州市	5095	2508	2586	1831	439	1393	2118	1165	953
吴川市	3846	1991	1855	1005	263	741	1799	984	816
茂名市	**25838**	**13477**	**12361**	**5225**	**1357**	**3868**	**13649**	**7154**	**6495**
茂南区	3412	1698	1713	522	132	390	1407	630	776
电白区	5843	3007	2835	1653	375	1278	2935	1670	1265
高州市	6589	3506	3083	1346	373	973	3750	2028	1722
化州市	5530	2896	2634	814	256	558	2954	1454	1499
信宜市	4465	2369	2096	890	221	669	2604	1372	1232
肇庆市	**17552**	**8137**	**9416**	**3528**	**699**	**2829**	**9421**	**4210**	**5211**
端州区	2130	989	1141	273	47	226	733	261	472
鼎湖区	802	353	449	139	14	124	480	207	273
广宁县	2383	1117	1266	278	47	230	1482	616	866
怀集县	2916	1306	1610	775	153	622	1571	716	855
封开县	1839	841	997	495	100	395	1013	499	514
德庆县	1504	742	762	277	54	223	761	346	415
高要市	3805	1786	2019	958	236	722	2176	1059	1118
四会市	2174	1002	1172	334	48	286	1205	506	699
惠州市	**13292**	**6351**	**6941**	**2206**	**359**	**1847**	**6542**	**2931**	**3611**
惠城区	3961	1877	2084	385	48	337	1723	645	1078
惠阳区	1680	790	890	281	54	227	825	364	461
博罗县	3462	1649	1813	628	105	523	1849	850	999
惠东县	2841	1374	1467	685	119	566	1451	753	698
龙门县	1348	661	687	227	34	194	694	319	375
梅州市	**22389**	**10880**	**11509**	**3446**	**572**	**2874**	**10287**	**4463**	**5824**
梅江区	2245	1082	1163	119	5	114	615	195	420
梅县区	2824	1293	1530	323	30	293	1053	371	682
大埔县	2296	1134	1162	407	75	331	1208	542	666
丰顺县	2611	1288	1324	568	143	425	1406	712	694
五华县	5103	2565	2538	862	183	679	2966	1430	1535
平远县	1232	581	651	299	34	265	546	232	314
蕉岭县	1193	594	599	149	14	136	481	179	302
兴宁市	4886	2344	2542	719	88	631	2012	801	1212

9-7 续表 4 单位：人

地区	初中			普通高中			中职		
	小计	男	女	小计	男	女	小计	男	女
江门市	**5535**	**3566**	**1970**	**1197**	**849**	**348**	**229**	**142**	**87**
蓬江区	738	445	292	262	168	95	95	56	39
江海区	161	109	52	32	25	7	8	7	1
新会区	816	542	274	211	150	61	48	32	16
台山市	1448	947	501	290	220	70	24	17	7
开平市	946	605	341	180	129	51	17	11	6
鹤山市	626	380	246	107	74	33	27	12	15
恩平市	800	537	263	113	83	30	10	6	4
湛江市	**6230**	**4218**	**2012**	**1563**	**1207**	**355**	**321**	**204**	**117**
赤坎区	470	247	223	185	119	66	64	42	22
霞山区	619	329	290	279	176	103	71	35	36
坡头区	306	227	78	85	74	12	9	7	1
麻章区	373	249	123	121	99	22	6	5	1
遂溪县	828	563	265	123	101	22	15	10	5
徐闻县	456	336	120	127	108	20	22	14	8
廉江市	1506	1051	455	267	203	64	69	48	21
雷州市	842	645	197	207	182	25	48	34	14
吴川市	830	570	260	169	146	23	18	8	10
茂名市	**5144**	**3514**	**1630**	**1327**	**1063**	**264**	**232**	**177**	**55**
茂南区	894	524	369	359	241	118	94	66	28
电白区	960	709	250	230	198	32	34	27	7
高州市	1128	793	334	291	249	42	38	32	6
化州市	1425	914	511	288	229	58	25	21	5
信宜市	738	573	166	159	145	14	41	31	10
肇庆市	**3489**	**2370**	**1119**	**663**	**522**	**141**	**229**	**161**	**67**
端州区	630	346	283	228	153	74	115	66	48
鼎湖区	151	105	46	24	20	5	4	3	
广宁县	542	383	158	55	48	6	16	12	5
怀集县	484	367	116	63	51	12	14	11	3
封开县	287	204	83	26	22	4	10	9	1
德庆县	344	238	106	90	76	14	22	20	3
高要市	547	385	162	73	65	8	35	31	4
四会市	504	340	164	104	88	16	12	9	3
惠州市	**3137**	**2026**	**1110**	**861**	**627**	**235**	**233**	**165**	**67**
惠城区	1113	671	442	392	263	129	133	86	47
惠阳区	395	240	154	124	94	30	23	17	6
博罗县	792	539	253	150	116	34	19	17	2
惠东县	517	358	160	121	91	30	37	30	7
龙门县	319	218	101	74	63	11	20	15	5
梅州市	**6461**	**4169**	**2292**	**1729**	**1300**	**429**	**230**	**174**	**56**
梅江区	920	475	444	426	283	143	60	38	22
梅县区	1073	626	447	332	230	102	22	17	6
大埔县	546	403	143	114	94	20	8	7	1
丰顺县	492	322	169	123	93	30	13	9	4
五华县	1048	765	283	174	145	29	36	24	11
平远县	280	216	64	73	67	6	18	18	
蕉岭县	408	271	137	119	98	22	20	18	2
兴宁市	1695	1090	605	366	289	77	53	43	10

9-7 续表 5 单位：人

地　区	大学专科			大学本科			研究生及以上		
	小计	男	女	小计	男	女	小计	男	女
江门市	**185**	**133**	**52**	**82**	**68**	**15**	**1**		**1**
蓬江区	85	55	30	59	48	12	1		1
江海区	4	4		2	2				
新会区	52	39	13	7	7	1			
台山市	10	7	3	9	8	1			
开平市	12	11	1	1	1				
鹤山市	17	11	6	5	3	2			
恩平市	5	5							
湛江市	**320**	**250**	**70**	**111**	**81**	**30**	**9**	**6**	**3**
赤坎区	58	41	18	35	25	10	6	4	2
霞山区	126	92	34	59	41	19	2	2	
坡头区	4	4		3	3				
麻章区	5	5		1	1				
遂溪县	14	11	2				1		1
徐闻县	12	9	3	1	1				
廉江市	39	36	4	2	1	1			
雷州市	42	37	5	6	6				
吴川市	20	16	4	3	3				
茂名市	**204**	**165**	**40**	**55**	**46**	**9**	**2**	**2**	
茂南区	102	76	26	34	28	6	1	1	
电白区	24	22	2	7	6	1			
高州市	26	23	3	9	8	2	1	1	
化州市	21	18	2	3	3	1			
信宜市	31	26	6	2	2				
肇庆市	**156**	**126**	**31**	**63**	**46**	**17**	**3**	**2**	**1**
端州区	93	72	21	57	42	15	2	1	1
鼎湖区	3	3							
广宁县	11	10	1						
怀集县	7	6	1	3	1	1			
封开县	8	7	1						
德庆县	8	7	1	1	1				
高要市	14	11	3	1		1			
四会市	12	9	3	1	1				
惠州市	**225**	**165**	**60**	**85**	**75**	**11**	**3**	**3**	
惠城区	149	106	42	64	55	9	1	1	
惠阳区	25	14	11	6	6				
博罗县	18	16	2	4	4		1	1	
惠东县	19	16	3	10	8	2			
龙门县	14	13	1	1	1				
梅州市	**169**	**144**	**25**	**66**	**59**	**7**	**1**	**1**	
梅江区	71	57	15	33	27	6			
梅县区	14	13	1	6	6		1	1	
大埔县	9	9		4	4				
丰顺县	9	7	1	1	1				
五华县	11	10	1	7	7				
平远县	11	11		4	3				
蕉岭县	12	11	1	3	2				
兴宁市	32	25	6	9	8	1			

9-7 续表 6

单位：人

地 区	60岁及以上人口			未上过学			小 学		
	合计	男	女	小计	男	女	小计	男	女
汕尾市	**10753**	**5843**	**4910**	**4440**	**1533**	**2907**	**4409**	**2762**	**1647**
城区	1780	935	845	571	169	402	765	413	352
海丰县	3249	1772	1477	1058	335	723	1448	857	591
陆河县	1142	650	492	426	172	254	572	366	206
陆丰市	4583	2486	2097	2385	856	1528	1624	1126	498
河源市	**12619**	**6057**	**6562**	**2943**	**609**	**2334**	**6666**	**3208**	**3458**
源城区	1350	644	706	205	34	171	577	239	337
紫金县	2784	1359	1425	798	170	628	1361	714	647
龙川县	3423	1630	1792	754	143	611	1881	887	993
连平县	1375	670	705	369	83	286	702	345	357
和平县	1743	842	901	374	91	283	1097	541	556
东源县	1944	912	1032	443	90	354	1048	482	566
阳江市	**11833**	**6092**	**5741**	**3132**	**843**	**2290**	**6143**	**3316**	**2827**
江城区	3174	1615	1559	579	132	447	1621	815	805
阳西县	2515	1331	1184	877	260	617	1324	804	520
阳东县	2233	1169	1065	666	229	436	1145	606	539
阳春市	3911	1976	1934	1010	221	789	2053	1091	962
清远市	**16653**	**7930**	**8723**	**3962**	**769**	**3194**	**9047**	**4530**	**4517**
清城区	3313	1553	1760	542	87	455	1903	868	1035
清新区	3056	1508	1547	663	127	537	1778	919	858
佛冈县	1242	604	638	215	38	177	668	318	350
阳山县	1817	847	969	581	116	465	939	503	437
连山壮族瑶族自治县	431	211	219	94	25	68	232	117	115
连南瑶族自治县	593	263	330	141	30	111	314	144	170
英德市	3990	1891	2098	1165	214	951	2137	1138	999
连州市	2213	1052	1161	562	132	430	1076	524	552
东莞市	**14186**	**6796**	**7390**	**2388**	**493**	**1895**	**8457**	**3919**	**4539**
中山市	**8488**	**4009**	**4479**	**1472**	**314**	**1158**	**4632**	**2139**	**2493**
潮州市	**12194**	**5761**	**6433**	**2591**	**477**	**2114**	**6797**	**3168**	**3629**
湘桥区	2786	1319	1468	410	66	345	1433	600	833
潮安区	5026	2372	2655	866	170	696	3110	1405	1705
饶平县	4381	2071	2310	1315	242	1074	2254	1163	1091
揭阳市	**22931**	**11533**	**11398**	**4322**	**1055**	**3267**	**13265**	**6590**	**6675**
榕城区	3980	1960	2020	600	156	444	2362	1106	1256
揭东区	4291	2187	2104	688	191	498	2649	1314	1335
揭西县	3949	2042	1907	613	148	465	2296	1167	1128
惠来县	3745	1834	1911	1378	362	1015	1776	988	788
普宁市	6966	3510	3456	1044	198	845	4183	2015	2167
云浮市	**10885**	**5341**	**5544**	**1883**	**296**	**1586**	**6053**	**2916**	**3137**
云城区	1487	717	770	224	30	194	860	406	453
云安区	1181	583	598	308	50	258	641	339	302
新兴县	2130	1020	1110	330	39	291	1168	557	611
郁南县	2036	1014	1021	332	56	277	1163	562	601
罗定市	4052	2007	2044	687	121	566	2221	1051	1170

9-7 续表 7

单位：人

地区	初中			普通高中			中职		
	小计	男	女	小计	男	女	小计	男	女
汕尾市	**1467**	**1182**	**285**	**309**	**267**	**42**	**67**	**43**	**24**
城区	322	247	74	79	70	9	27	22	5
海丰县	537	415	122	143	118	25	29	15	14
陆河县	116	88	28	20	20		4	1	3
陆丰市	492	432	61	67	60	8	6	5	1
河源市	**2288**	**1651**	**637**	**538**	**433**	**105**	**88**	**73**	**14**
源城区	344	211	133	162	112	49	22	15	7
紫金县	490	360	129	88	73	15	25	22	3
龙川县	603	443	160	151	128	23	18	16	2
连平县	242	188	54	42	36	6	10	9	
和平县	225	171	54	38	31	7	6	6	
东源县	383	278	105	58	52	6	7	6	2
阳江市	**1903**	**1408**	**495**	**494**	**396**	**98**	**82**	**63**	**18**
江城区	688	463	224	206	146	60	37	23	14
阳西县	260	219	42	46	44	3	5	4	1
阳东县	334	257	77	80	69	11	5	5	1
阳春市	621	469	152	161	137	24	35	31	3
清远市	**2735**	**1941**	**794**	**594**	**467**	**126**	**172**	**109**	**64**
清城区	621	422	199	129	97	31	45	23	22
清新区	525	387	138	48	44	5	33	24	9
佛冈县	276	183	93	67	53	14	11	8	3
阳山县	230	177	54	49	38	11	9	7	2
连山壮族瑶族自治县	76	49	27	13	9	4	10	6	4
连南瑶族自治县	88	55	33	34	25	9	12	7	6
英德市	532	414	117	117	94	24	21	17	5
连州市	386	255	131	136	108	29	31	18	13
东莞市	**2445**	**1689**	**756**	**628**	**506**	**122**	**101**	**69**	**33**
中山市	**1576**	**1018**	**558**	**483**	**325**	**158**	**120**	**62**	**58**
潮州市	**2102**	**1534**	**567**	**553**	**454**	**99**	**70**	**55**	**16**
湘桥区	642	426	215	215	158	57	37	24	14
潮安区	831	604	227	208	181	26	7	6	1
饶平县	629	504	125	130	115	15	26	25	1
揭阳市	**4317**	**3103**	**1214**	**820**	**633**	**186**	**105**	**69**	**36**
榕城区	760	516	244	185	134	51	32	16	17
揭东区	772	547	225	138	106	32	30	21	9
揭西县	902	623	279	125	91	34	3	2	1
惠来县	462	375	88	97	81	16	14	11	3
普宁市	1420	1042	378	275	222	53	26	20	6
云浮市	**2261**	**1579**	**682**	**512**	**400**	**111**	**93**	**76**	**17**
云城区	290	194	96	74	55	19	15	11	3
云安区	192	158	35	30	27	3	8	7	1
新兴县	478	305	173	116	87	30	21	17	4
郁南县	383	266	117	118	95	22	26	23	3
罗定市	917	656	261	174	137	37	23	17	6

9-7 续表 8 单位：人

地　区	大学专科			大学本科			研究生及以上		
	小计	男	女	小计	男	女	小计	男	女
汕尾市	**50**	**45**	**5**	**11**	**11**		**1**		**1**
城区	14	12	2	2	2		1		1
海丰县	26	23	3	8	8				
陆河县	2	2							
陆丰市	8	8							
河源市	**81**	**68**	**13**	**15**	**14**	**1**			
源城区	32	26	6	8	7	1			
紫金县	19	16	3	4	4				
龙川县	16	13	3	1	1				
连平县	7	7		3	3				
和平县	3	3							
东源县	4	4							
阳江市	**68**	**56**	**12**	**11**	**10**	**1**			
江城区	33	25	8	11	10	1			
阳西县	1	1	1						
阳东县	3	3		1	1				
阳春市	30	27	3						
清远市	**116**	**95**	**21**	**27**	**20**	**8**			
清城区	53	41	12	19	14	5			
清新区	8	7	1	1	1				
佛冈县	4	4	1						
阳山县	8	8		1		1			
连山壮族瑶族自治县	5	5		1	1				
连南瑶族自治县	4	3	1						
英德市	15	12	3	2	2				
连州市	19	15	4	3	2	2			
东莞市	**107**	**76**	**31**	**58**	**43**	**15**	**2**	**2**	
中山市	**139**	**97**	**42**	**66**	**55**	**11**			
潮州市	**65**	**58**	**7**	**16**	**16**	**1**			
湘桥区	38	35	3	11	10	1			
潮安区	3	3		3	3				
饶平县	24	20	4	3	3				
揭阳市	**89**	**72**	**16**	**13**	**10**	**3**			
榕城区	35	27	7	6	5	1			
揭东区	9	7	2	4	2	2			
揭西县	10	10		1	1				
惠来县	18	17	1						
普宁市	17	11	6	2	2				
云浮市	**70**	**63**	**7**	**13**	**10**	**3**	**1**	**1**	
云城区	19	16	3	6	4	2			
云安区	2	2							
新兴县	14	13	1	1	1		1	1	
郁南县	12	11	1	1	1	1			
罗定市	24	21	2	6	5	1			

9-7a 各地区分性别、受教育程度的60岁及以上老年人口（城市）

单位：人

地　区	60岁及以上人口			未上过学			小　学		
	合计	男	女	小计	男	女	小计	男	女
全　省	**161548**	**77390**	**84157**	**18748**	**3688**	**15059**	**70346**	**30223**	**40123**
广州市	**36565**	**17417**	**19147**	**2459**	**408**	**2051**	**12257**	**4822**	**7435**
荔湾区	4950	2295	2656	257	30	227	1675	586	1089
越秀区	6451	3064	3388	188	23	165	1360	475	885
海珠区	7107	3379	3728	325	43	281	1883	646	1238
天河区	4321	2137	2184	172	37	135	1166	478	688
白云区	4113	1995	2118	378	72	306	1664	688	975
黄埔区	1361	649	712	102	10	92	542	222	321
番禺区	3062	1465	1597	379	75	305	1582	713	869
花都区	1884	858	1027	180	38	142	866	344	522
南沙区	759	353	407	224	31	193	339	181	158
萝岗区	561	280	281	59	11	47	231	109	122
从化区	660	307	353	46	6	40	274	97	177
增城区	1334	636	698	149	33	116	675	284	391
韶关市	**4141**	**1982**	**2160**	**428**	**42**	**386**	**1486**	**589**	**897**
武江区	1025	508	517	79	11	68	325	130	195
浈江区	1708	816	892	123	11	112	582	227	354
曲江区	631	299	332	81	6	76	257	112	145
乐昌市	341	157	184	63	7	56	160	68	92
南雄市	436	201	235	82	7	75	163	52	110
深圳市	**16159**	**7674**	**8485**	**1591**	**325**	**1267**	**4943**	**2022**	**2921**
罗湖区	2021	894	1126	157	14	143	474	139	335
福田区	3634	1750	1884	178	43	135	760	282	478
南山区	2685	1275	1411	141	21	120	574	231	343
宝安区	4610	2245	2366	654	154	500	1855	823	1032
龙岗区	2833	1330	1503	423	88	335	1127	486	641
盐田区	375	180	195	38	4	34	153	60	92
珠海市	**3283**	**1571**	**1712**	**314**	**60**	**254**	**1154**	**465**	**689**
香洲区	2618	1245	1373	221	40	181	885	356	529
斗门区	385	194	191	44	8	36	152	61	91
金湾区	280	132	148	49	12	37	116	48	69
汕头市	**9767**	**4715**	**5052**	**1628**	**354**	**1274**	**4279**	**1929**	**2349**
龙湖区	1449	725	723	172	37	135	458	210	248
金平区	3938	1919	2019	431	103	328	1485	589	896
濠江区	622	291	331	272	58	214	271	168	103
潮阳区	1326	654	672	368	86	281	685	370	315
潮南区	1330	595	735	254	38	216	764	335	429
澄海区	1103	530	573	132	32	100	615	257	357

9-7a 续表 1 单位：人

地 区	初 中			普通高中			中 职		
	小计	男	女	小计	男	女	小计	男	女
全 省	**40561**	**23396**	**17165**	**17413**	**10900**	**6513**	**4941**	**2638**	**2303**
广州市	**10003**	**5325**	**4678**	**5909**	**3325**	**2584**	**1779**	**853**	**926**
荔湾区	1523	800	724	903	514	390	214	117	97
越秀区	1779	872	907	1414	726	688	426	178	248
海珠区	2119	1113	1006	1415	774	641	441	210	231
天河区	1148	549	599	773	416	357	257	117	140
白云区	1084	625	459	537	334	203	146	73	73
黄埔区	358	202	156	180	112	68	65	29	36
番禺区	634	387	246	245	158	87	80	46	34
花都区	507	266	241	176	114	62	71	36	35
南沙区	140	99	40	33	24	8	15	11	4
萝岗区	194	111	83	43	27	15	15	9	6
从化区	206	113	93	83	56	28	17	11	6
增城区	311	187	124	106	69	37	31	17	15
韶关市	**1286**	**718**	**568**	**471**	**312**	**159**	**215**	**125**	**90**
武江区	380	209	171	121	75	46	52	30	22
浈江区	545	285	260	212	132	80	110	60	50
曲江区	167	94	73	63	42	21	36	22	14
乐昌市	85	56	28	17	14	4	8	7	1
南雄市	110	74	36	58	49	9	9	6	3
深圳市	**4655**	**2402**	**2253**	**2518**	**1451**	**1068**	**696**	**316**	**380**
罗湖区	647	304	343	396	223	173	92	39	53
福田区	1098	505	593	739	415	324	235	103	132
南山区	696	298	398	527	298	229	194	88	106
宝安区	1296	781	515	489	282	207	112	48	64
龙岗区	815	453	362	320	199	121	55	34	21
盐田区	103	62	42	48	34	14	8	4	4
珠海市	**877**	**477**	**399**	**433**	**270**	**163**	**172**	**83**	**89**
香洲区	694	363	330	371	226	145	142	66	76
斗门区	112	71	41	40	30	10	21	11	10
金湾区	71	43	28	21	13	7	8	5	2
汕头市	**2165**	**1303**	**862**	**1080**	**701**	**379**	**215**	**127**	**88**
龙湖区	307	164	143	262	151	111	73	40	33
金平区	1093	611	482	624	399	225	116	70	45
濠江区	67	55	11	10	8	2	2	2	1
潮阳区	196	140	57	56	44	11	12	6	6
潮南区	271	184	87	38	34	4	1	1	
澄海区	231	148	82	91	65	27	10	7	3

9-7a 续表 2 单位：人

地　　区	大学专科			大学本科			研究生及以上		
	小计	男	女	小计	男	女	小计	男	女
全　省	**5796**	**3871**	**1925**	**3617**	**2573**	**1044**	**127**	**102**	**25**
广州市	**2308**	**1412**	**896**	**1773**	**1213**	**559**	**77**	**59**	**18**
荔湾区	221	144	77	153	102	51	4	3	1
越秀区	723	418	305	536	357	179	26	16	10
海珠区	521	314	207	381	260	120	22	19	4
天河区	402	250	152	388	276	112	15	13	1
白云区	185	117	68	115	81	33	4	4	
黄埔区	59	38	21	53	35	18	1	1	
番禺区	76	46	30	63	39	25	3	1	2
花都区	41	28	14	43	33	10			
南沙区	6	3	3	3	2	1	1	1	
萝岗区	10	7	3	9	5	4			
从化区	24	19	6	10	6	4			
增城区	41	30	12	19	16	4	1	1	
韶关市	**207**	**156**	**51**	**47**	**38**	**9**			
武江区	50	36	13	19	16	3			
浈江区	113	83	31	22	17	5			
曲江区	22	19	3	5	4	1			
乐昌市	8	5	2	1	1				
南雄市	14	12	2	1	1				
深圳市	**1001**	**623**	**378**	**732**	**513**	**218**	**22**	**21**	**1**
罗湖区	141	93	48	113	81	32	2	2	
福田区	351	212	138	261	179	82	11	10	1
南山区	313	177	136	236	157	78	4	4	
宝安区	112	79	33	88	73	15	4	4	
龙岗区	70	53	17	24	17	7			
盐田区	14	9	6	10	7	3			
珠海市	**207**	**124**	**83**	**122**	**87**	**35**	**6**	**5**	**1**
香洲区	187	109	78	112	79	33	5	4	1
斗门区	10	7	3	6	6				
金湾区	10	8	2	4	2	1			
汕头市	**255**	**192**	**63**	**142**	**105**	**37**	**4**	**4**	
龙湖区	109	74	35	63	45	17	4	4	
金平区	120	96	24	68	50	18			
濠江区	1	1							
潮阳区	7	6	1	1	1				
潮南区				2	2				
澄海区	17	14	3	7	6	1			

9-7a 续表 3 单位：人

地 区	60岁及以上人口			未上过学			小 学		
	合计	男	女	小计	男	女	小计	男	女
佛山市	**19447**	**8946**	**10501**	**2508**	**468**	**2040**	**11443**	**5074**	**6369**
禅城区	3637	1687	1950	358	61	297	1698	724	974
南海区	6708	3179	3529	783	143	640	4324	1997	2326
顺德区	7016	3107	3909	1139	238	901	4331	1885	2447
三水区	949	437	513	101	9	92	513	214	299
高明区	1137	537	600	127	16	110	577	253	324
江门市	**10730**	**5145**	**5585**	**998**	**211**	**787**	**5608**	**2361**	**3248**
蓬江区	2951	1391	1560	201	30	172	1514	591	922
江海区	896	408	488	177	36	141	513	226	287
新会区	1827	868	958	212	44	168	1008	438	569
台山市	1870	918	952	143	33	110	932	396	535
开平市	1616	797	819	137	27	110	827	364	463
鹤山市	1043	478	566	59	14	45	580	234	346
恩平市	526	285	241	69	28	41	235	111	124
湛江市	**6173**	**3107**	**3066**	**909**	**227**	**682**	**1994**	**871**	**1123**
赤坎区	1322	642	680	123	24	100	388	145	242
霞山区	1785	894	891	113	28	85	537	204	332
坡头区	400	217	182	88	20	68	165	83	82
麻章区	222	115	108	58	15	43	84	44	40
遂溪县	116	58	58	37	14	23	50	27	23
廉江市	763	408	356	95	34	61	243	114	130
雷州市	681	341	341	178	37	141	221	110	111
吴川市	883	433	451	216	54	162	308	144	163
茂名市	**5457**	**2777**	**2681**	**779**	**166**	**613**	**2331**	**1105**	**1226**
茂南区	2222	1111	1111	214	45	169	835	348	487
电白区	666	328	338	199	38	161	287	162	125
高州市	858	440	417	103	17	86	407	204	203
化州市	795	407	388	68	17	50	398	180	218
信宜市	917	490	427	195	49	146	403	211	193
肇庆市	**3532**	**1661**	**1871**	**504**	**104**	**400**	**1461**	**569**	**892**
端州区	2130	989	1141	273	47	226	733	261	472
鼎湖区	182	85	97	24	2	22	108	50	58
高要市	242	127	115	72	29	43	109	56	53
四会市	978	460	518	134	26	108	511	203	308
惠州市	**3809**	**1810**	**1999**	**370**	**50**	**320**	**1537**	**567**	**969**
惠城区	2771	1328	1443	226	26	201	1027	353	674
惠阳区	1028	478	550	143	24	119	504	212	292
博罗县	9	4	5	1		1	6	3	3

9-7a 续表 4

单位：人

地区	初中			普通高中			中职		
	小计	男	女	小计	男	女	小计	男	女
佛山市	**3631**	**2203**	**1428**	**999**	**641**	**358**	**364**	**209**	**156**
禅城区	814	442	372	342	192	151	166	86	80
南海区	1116	709	407	281	192	89	84	53	32
顺德区	1162	734	428	235	156	79	65	38	26
三水区	224	137	87	60	42	18	25	15	10
高明区	315	181	134	81	60	21	24	17	7
江门市	**2844**	**1708**	**1136**	**809**	**543**	**266**	**214**	**130**	**84**
蓬江区	735	444	291	262	168	95	95	56	39
江海区	161	109	52	32	25	7	8	7	1
新会区	389	234	154	123	84	39	40	26	14
台山市	592	353	240	169	111	58	20	13	7
开平市	497	295	202	125	88	37	17	11	6
鹤山市	302	169	132	57	36	22	26	11	14
恩平市	168	105	64	40	32	9	9	5	4
湛江市	**1971**	**1126**	**845**	**701**	**473**	**228**	**221**	**128**	**92**
赤坎区	466	244	221	182	117	65	64	42	22
霞山区	603	319	284	274	173	101	70	34	36
坡头区	111	82	28	28	24	4	2	2	
麻章区	50	30	20	28	23	5	2	2	
遂溪县	25	14	11	3	2	1			
廉江市	302	182	120	61	36	25	36	21	15
雷州市	162	101	60	53	41	12	31	20	11
吴川市	252	153	99	72	58	14	15	6	9
茂名市	**1401**	**827**	**574**	**560**	**385**	**175**	**167**	**116**	**50**
茂南区	648	360	288	298	192	106	92	64	28
电白区	97	58	39	49	41	8	12	8	4
高州市	228	133	95	68	46	22	25	19	6
化州市	227	138	89	82	55	27	10	7	3
信宜市	200	137	63	63	52	11	28	19	10
肇庆市	**955**	**563**	**391**	**311**	**220**	**91**	**130**	**76**	**54**
端州区	630	346	283	228	153	74	115	66	48
鼎湖区	37	25	12	10	6	3	1		
高要市	36	25	10	13	10	3	5	4	1
四会市	252	167	86	61	50	10	9	6	3
惠州市	**1095**	**642**	**452**	**429**	**284**	**146**	**142**	**90**	**52**
惠城区	838	488	350	343	220	122	129	82	47
惠阳区	255	153	101	87	63	23	13	8	5
博罗县	2	1	1						

9-7a 续表 5 单位：人

地区	大学专科			大学本科			研究生及以上		
	小计	男	女	小计	男	女	小计	男	女
佛山市	**309**	**223**	**86**	**193**	**129**	**64**			
禅城区	158	113	44	102	69	33			
南海区	78	59	20	41	26	15			
顺德区	46	29	16	38	26	12			
三水区	17	13	4	9	7	2			
高明区	10	9	1	3	1	2			
江门市	**175**	**125**	**50**	**81**	**66**	**14**	**1**		**1**
蓬江区	85	55	30	59	48	12	1		1
江海区	4	4		2	2				
新会区	47	35	12	7	7	1			
台山市	7	6	2	7	7	1			
开平市	11	10	1	1	1				
鹤山市	16	10	6	4	3	1			
恩平市	4	4							
湛江市	**263**	**198**	**65**	**106**	**76**	**30**	**9**	**6**	**2**
赤坎区	58	41	18	35	25	10	6	4	2
霞山区	126	92	34	59	41	19	2	2	
坡头区	4	4		1	1				
麻章区	1	1							
遂溪县									
廉江市	25	21	4	1		1			
雷州市	31	26	5	6	6				
吴川市	18	14	4	3	3				
茂名市	**166**	**132**	**35**	**52**	**44**	**8**	**2**	**2**	
茂南区	101	74	26	34	28	6	1	1	
电白区	17	15	1	6	6				
高州市	17	14	3	9	7	2	1	1	
化州市	7	7		3	3	1			
信宜市	25	21	4	2	2				
肇庆市	**109**	**82**	**27**	**60**	**44**	**15**	**2**	**1**	**1**
端州区	93	72	21	57	42	15	2	1	1
鼎湖区	1	1							
高要市	6	3	3	1		1			
四会市	10	7	3	1	1				
惠州市	**166**	**115**	**51**	**69**	**60**	**9**	**1**	**1**	
惠城区	145	104	41	63	54	9	1	1	
惠阳区	21	11	10	6	6				
博罗县									

9-7a 续表 6

单位：人

地 区	60岁及以上人口			未上过学			小 学		
	合计	男	女	小计	男	女	小计	男	女
梅州市	**4330**	**2058**	**2272**	**294**	**18**	**276**	**1265**	**415**	**850**
梅江区	1979	955	1025	102	5	97	502	158	344
梅县区	795	363	433	55	4	52	212	66	147
五华县	75	44	31	8		8	37	16	20
兴宁市	1481	697	783	129	9	120	514	175	339
汕尾市	**1791**	**949**	**842**	**561**	**148**	**413**	**714**	**406**	**309**
城区	1119	593	526	323	95	228	464	246	218
陆丰市	672	356	316	237	53	185	251	160	90
河源市	**1324**	**633**	**692**	**197**	**33**	**164**	**560**	**229**	**330**
源城区	1324	633	692	197	33	164	560	229	330
阳江市	**2603**	**1294**	**1309**	**381**	**76**	**305**	**1281**	**605**	**677**
江城区	1877	942	936	250	57	193	911	419	493
阳春市	726	353	373	131	19	112	370	186	184
清远市	**3354**	**1586**	**1768**	**541**	**79**	**462**	**1693**	**761**	**932**
清城区	1682	785	898	267	35	232	846	373	473
清新区	455	220	235	82	11	71	256	124	131
英德市	535	263	272	86	14	71	289	135	154
连州市	682	318	364	106	19	88	303	130	173
东莞市	**12368**	**5926**	**6442**	**2040**	**427**	**1613**	**7352**	**3395**	**3957**
中山市	**5217**	**2523**	**2694**	**773**	**187**	**586**	**2615**	**1180**	**1435**
潮州市	**3798**	**1814**	**1984**	**558**	**101**	**457**	**2058**	**889**	**1168**
湘桥区	1858	897	961	219	34	185	892	361	531
潮安区	1940	916	1023	339	67	272	1165	528	637
揭阳市	**5793**	**2889**	**2904**	**701**	**180**	**521**	**3291**	**1513**	**1778**
榕城区	2810	1388	1422	380	93	287	1597	747	850
揭东区	1163	580	584	132	37	94	752	356	396
普宁市	1820	921	899	190	50	140	942	409	533
云浮市	**1905**	**915**	**990**	**214**	**25**	**189**	**1025**	**456**	**569**
云城区	1013	475	538	134	16	118	560	246	314
云安区	75	41	35	16	1	15	35	19	16
罗定市	817	400	417	64	8	56	430	190	240

9-7a 续表 7 单位：人

地 区	初 中			普通高中			中 职		
	小计	男	女	小计	男	女	小计	男	女
梅州市	**1787**	**948**	**839**	**735**	**490**	**245**	**103**	**69**	**34**
梅江区	806	404	403	408	268	140	60	38	22
梅县区	358	179	179	146	94	52	11	8	3
五华县	18	16	2	11	11				
兴宁市	604	349	255	171	117	54	32	23	9
汕尾市	**362**	**266**	**97**	**102**	**86**	**16**	**31**	**26**	**5**
城区	224	160	64	67	58	9	26	22	4
陆丰市	139	106	33	35	28	7	5	4	1
河源市	**344**	**210**	**133**	**162**	**112**	**49**	**22**	**15**	**7**
源城区	344	210	133	162	112	49	22	15	7
阳江市	**618**	**382**	**237**	**222**	**158**	**64**	**46**	**30**	**16**
江城区	471	291	180	168	120	49	33	20	13
阳春市	147	90	57	53	38	16	13	10	3
清远市	**704**	**455**	**249**	**218**	**158**	**59**	**90**	**47**	**42**
清城区	358	231	127	97	69	28	43	21	22
清新区	84	57	27	15	14	1	14	9	5
英德市	107	78	29	32	21	11	9	5	4
连州市	155	89	66	73	53	20	24	12	12
东莞市	**2156**	**1474**	**682**	**573**	**458**	**115**	**91**	**60**	**32**
中山市	**1143**	**701**	**442**	**379**	**253**	**126**	**111**	**56**	**55**
潮州市	**805**	**538**	**267**	**282**	**209**	**74**	**41**	**27**	**15**
湘桥区	476	304	172	185	131	55	37	23	14
潮安区	329	234	95	97	78	19	4	4	1
揭阳市	**1307**	**847**	**460**	**382**	**278**	**104**	**60**	**32**	**28**
榕城区	612	398	215	157	110	47	30	15	16
揭东区	201	132	70	63	45	18	14	8	6
普宁市	494	318	176	163	123	39	15	9	6
云浮市	**452**	**281**	**171**	**137**	**94**	**43**	**31**	**21**	**10**
云城区	222	141	80	62	44	18	11	7	3
云安区	21	17	4	2	2		1	1	
罗定市	209	122	87	73	48	25	19	13	6

9-7a 续表 8

单位：人

地 区	大学专科			大学本科			研究生及以上		
	小计	男	女	小计	男	女	小计	男	女
梅州市	**104**	**82**	**21**	**42**	**36**	**7**	**1**	**1**	
梅江区	69	55	14	32	27	6			
梅县区	8	8		4	4		1	1	
五华县	1		1						
兴宁市	25	19	6	6	5	1			
汕尾市	**18**	**16**	**2**	**2**	**2**		**1**		**1**
城区	13	11	2	2	2		1		1
陆丰市	5	5							
河源市	**32**	**26**	**6**	**8**	**7**	**1**			
源城区	32	26	6	8	7	1			
阳江市	**44**	**34**	**9**	**11**	**10**	**1**			
江城区	32	24	8	11	10	1			
阳春市	12	10	2						
清远市	**84**	**67**	**17**	**25**	**18**	**6**			
清城区	52	41	11	19	14	5			
清新区	3	3		1	1				
英德市	10	8	2	2	2				
连州市	18	14	4	3	2	2			
东莞市	**98**	**70**	**28**	**56**	**41**	**15**	**2**	**2**	
中山市	**129**	**90**	**39**	**66**	**55**	**11**			
潮州市	**40**	**37**	**3**	**13**	**13**	**1**			
湘桥区	38	35	3	11	10	1			
潮安区	3	3		3	3				
揭阳市	**42**	**31**	**11**	**9**	**8**	**1**			
榕城区	26	20	6	6	5	1			
揭东区	1	1		1	1				
普宁市	15	11	5	2	2				
云浮市	**39**	**33**	**5**	**8**	**5**	**2**			
云城区	19	16	3	6	4	2			
云安区									
罗定市	20	17	2	2	2	1			

9-7b 各地区分性别、受教育程度的60岁及以上老年人口（镇）

单位：人

地区	60岁及以上人口			未上过学			小学		
	合计	男	女	小计	男	女	小计	男	女
全省	**68694**	**33701**	**34993**	**14350**	**3207**	**11143**	**35329**	**16835**	**18495**
广州市	**3649**	**1751**	**1897**	**455**	**89**	**367**	**2138**	**929**	**1209**
白云区	740	344	396	113	18	95	363	138	225
番禺区	182	87	95	13	3	10	134	56	78
花都区	370	179	191	39	7	31	218	98	120
南沙区	774	349	424	118	17	101	493	210	283
萝岗区	29	19	9	1		1	17	9	7
从化区	181	88	93	21	6	16	95	38	58
增城区	1374	685	689	150	38	113	818	380	438
韶关市	**3159**	**1500**	**1659**	**635**	**91**	**544**	**1525**	**692**	**833**
武江区	68	34	34	20	2	19	29	15	15
浈江区	225	119	106	28	4	24	109	55	54
曲江区	195	89	106	39	6	34	101	39	62
始兴县	358	150	207	100	10	90	180	77	103
仁化县	304	138	166	70	9	61	146	66	79
翁源县	488	244	243	78	9	69	213	96	117
乳源瑶族自治县	348	161	186	52	8	44	191	84	107
新丰县	402	201	201	38	6	33	152	58	94
乐昌市	574	272	302	162	31	131	286	146	139
南雄市	199	92	107	47	6	41	118	55	63
珠海市	**788**	**403**	**385**	**136**	**27**	**109**	**434**	**213**	**221**
香洲区	13	12	2				5	4	2
斗门区	420	216	204	79	15	64	219	111	108
金湾区	354	175	179	57	12	45	210	99	111
汕头市	**5607**	**2600**	**3007**	**1247**	**261**	**986**	**3217**	**1484**	**1734**
龙湖区	258	122	136	73	14	58	132	67	65
濠江区	32	12	20	11	1	10	19	9	10
潮阳区	2138	1025	1114	531	117	414	1248	621	627
潮南区	1139	524	614	185	30	155	667	287	380
澄海区	1768	795	973	350	75	275	1028	438	590
南澳县	272	122	150	96	22	74	123	62	61
佛山市	**1269**	**592**	**677**	**180**	**29**	**151**	**795**	**360**	**435**
禅城区	578	269	309	82	15	67	388	180	208
南海区	149	71	78	24	3	21	103	54	48
三水区	412	188	225	59	10	48	234	93	141
高明区	129	65	64	15		15	70	33	37
江门市	**2725**	**1404**	**1321**	**404**	**97**	**307**	**1581**	**789**	**792**
新会区	606	312	294	101	20	82	349	176	173
台山市	714	351	363	130	37	92	439	221	218
开平市	356	183	173	29	4	24	240	112	128
鹤山市	306	155	152	33	9	24	173	81	93
恩平市	743	404	339	111	27	84	380	200	180

9-7b 续表 1

单位：人

地区	初中			普通高中			中职		
	小计	男	女	小计	男	女	小计	男	女
全省	**14161**	**9754**	**4408**	**3495**	**2792**	**703**	**728**	**569**	**158**
广州市	**804**	**541**	**262**	**158**	**127**	**31**	**39**	**24**	**16**
白云区	192	132	59	50	40	10	17	10	7
番禺区	22	16	6	9	9				
花都区	85	56	29	17	11	6	2	1	1
南沙区	133	98	35	16	15	1	4	3	2
萝岗区	9	9	1	2	1	1			
从化区	49	33	16	7	6	1	3	1	1
增城区	313	196	116	58	44	14	14	9	5
韶关市	**685**	**475**	**210**	**176**	**132**	**45**	**61**	**46**	**15**
武江区	15	15		2	2		1	1	1
浈江区	73	49	24	5	5	1	7	4	3
曲江区	41	31	9	7	6	2	5	5	
始兴县	59	48	11	12	9	2	4	3	1
仁化县	59	39	19	22	17	5	5	4	1
翁源县	124	78	47	27	21	6	21	17	4
乳源瑶族自治县	64	43	21	25	15	9	6	4	2
新丰县	127	76	51	51	37	14	10	8	2
乐昌市	98	73	26	19	14	5	1	1	1
南雄市	25	23	2	7	6	1	1	1	
珠海市	**164**	**120**	**44**	**46**	**37**	**9**	**2**	**2**	
香洲区	8	8							
斗门区	87	62	25	29	23	7	2	2	
金湾区	70	50	20	17	14	3			
汕头市	**935**	**688**	**247**	**186**	**152**	**35**	**11**	**7**	**3**
龙湖区	43	31	12	9	8	1	1	1	
濠江区	2	2							
潮阳区	300	232	68	57	52	5	2	2	
潮南区	243	173	69	41	32	10	1	1	
澄海区	309	222	87	74	56	18	4	1	3
南澳县	39	28	11	5	4	1	3	2	1
佛山市	**234**	**157**	**77**	**49**	**37**	**12**	**9**	**8**	**1**
禅城区	81	56	25	23	16	7	2	1	1
南海区	20	12	8	2		2	2	2	
三水区	99	66	33	17	15	2	2	2	
高明区	34	24	11	7	5	1	3	3	
江门市	**621**	**423**	**198**	**103**	**82**	**21**	**6**	**5**	**1**
新会区	117	88	29	31	22	8	4	3	1
台山市	123	73	50	18	17	1	1	1	
开平市	71	55	17	16	11	4			
鹤山市	77	48	30	22	16	6	1	1	
恩平市	232	159	73	17	16	2	1		

9-7b 续表 2 单位：人

地区	大学专科			大学本科			研究生及以上		
	小计	男	女	小计	男	女	小计	男	女
全省	**528**	**458**	**70**	**101**	**87**	**14**	**2**		**2**
广州市	**35**	**28**	**7**	**18**	**14**	**5**	**1**		**1**
白云区	4	4		1	1				
番禺区	1	1		2	1	1			
花都区	5	3	2	5	3	2			
南沙区	8	7	2	2	1	1			
萝岗区									
从化区	3	2	1	1	1		1		1
增城区	14	11	3	7	6	1			
韶关市	**67**	**55**	**12**	**9**	**9**				
武江区									
浈江区	2	2							
曲江区	2	2							
始兴县	2	1		1	1				
仁化县	3	3							
翁源县	20	19	1	5	5				
乳源瑶族自治县	11	7	3						
新丰县	21	14	7	3	2				
乐昌市	7	7		1	1				
南雄市									
珠海市	**4**	**4**	**1**	**1**	**1**	**1**			
香洲区									
斗门区	4	3	1	1	1	1			
金湾区									
汕头市	**9**	**6**	**3**	**3**	**2**	**1**			
龙湖区	1	1							
濠江区									
潮阳区									
潮南区	1	1							
澄海区	2	1	1	2	2				
南澳县	5	4	2	1		1			
佛山市	**2**	**1**	**1**	**1**	**1**				
禅城区	1		1	1	1				
南海区									
三水区	1	1							
高明区									
江门市	**9**	**7**	**2**						
新会区	4	3	1						
台山市	3	2	1						
开平市	1	1							
鹤山市	1	1							
恩平市	1	1							

9-7b 续表 3

单位：人

地区	60岁及以上人口			未上过学			小学		
	合计	男	女	小计	男	女	小计	男	女
湛江市	**5680**	**2881**	**2799**	**1206**	**304**	**902**	**2673**	**1308**	**1365**
霞山区	14	6	8	1		1	8	2	6
坡头区	275	147	129	66	14	53	122	66	56
麻章区	521	261	260	115	31	84	258	128	130
遂溪县	1100	552	548	193	54	139	521	249	271
徐闻县	1067	522	545	219	52	167	514	230	284
廉江市	1210	621	589	213	60	153	585	278	307
雷州市	762	385	376	218	44	174	325	167	158
吴川市	731	387	343	181	49	132	341	188	153
茂名市	**4313**	**2245**	**2067**	**876**	**223**	**653**	**2305**	**1187**	**1118**
茂南区	172	89	83	19	4	15	77	37	40
电白区	1531	795	736	428	109	319	754	416	338
高州市	1092	579	513	245	68	177	607	327	280
化州市	759	383	376	77	25	52	368	156	213
信宜市	760	400	360	107	17	90	499	252	247
肇庆市	**3955**	**1912**	**2043**	**696**	**127**	**569**	**2165**	**963**	**1202**
鼎湖区	190	94	95	22	4	18	122	55	68
广宁县	861	402	460	110	18	92	522	212	310
怀集县	715	328	387	148	23	125	390	170	220
封开县	601	274	326	139	25	114	320	144	176
德庆县	418	222	196	59	8	51	154	66	88
高要市	959	495	465	196	45	151	527	268	259
四会市	210	97	113	23	4	19	130	48	82
惠州市	**3762**	**1819**	**1942**	**617**	**93**	**524**	**1835**	**831**	**1004**
惠城区	122	60	63	16		16	64	27	37
惠阳区	196	95	101	20	2	18	93	38	55
博罗县	1615	788	826	254	44	210	841	386	455
惠东县	1353	646	706	258	41	217	623	290	334
龙门县	476	229	247	69	6	62	214	90	124
梅州市	**6001**	**2927**	**3074**	**914**	**137**	**776**	**2671**	**1136**	**1536**
梅江区	29	14	15	1		1	11	3	8
梅县区	647	294	353	72	7	65	243	88	155
大埔县	870	424	447	134	22	111	404	157	247
丰顺县	1189	591	598	191	34	157	590	300	290
五华县	1397	695	703	226	48	177	681	307	374
平远县	529	256	273	89	6	82	221	77	145
蕉岭县	558	290	268	68	7	61	196	72	124
兴宁市	781	363	417	133	12	121	326	132	193
汕尾市	**4132**	**2225**	**1907**	**1764**	**609**	**1155**	**1573**	**985**	**588**
城区	217	119	98	66	16	50	119	74	45
海丰县	1918	1035	883	642	186	456	749	446	303
陆河县	582	328	254	222	85	137	264	168	96
陆丰市	1416	744	672	834	322	512	440	296	144

9-7b 续表 4

单位：人

地区	初中			普通高中			中职		
	小计	男	女	小计	男	女	小计	男	女
湛江市	**1323**	**884**	**439**	**376**	**309**	**67**	**62**	**42**	**20**
霞山区	6	4	1						
坡头区	49	34	15	32	28	4	5	4	1
麻章区	105	68	38	37	30	8	3	2	1
遂溪县	294	180	113	67	50	17	13	8	5
徐闻县	222	148	74	87	77	10	16	9	7
廉江市	316	210	106	74	55	19	15	11	4
雷州市	164	125	40	41	37	4	9	7	1
吴川市	168	116	52	38	32	6	2	1	1
茂名市	**865**	**607**	**259**	**206**	**175**	**31**	**36**	**32**	**4**
茂南区	56	33	24	19	15	4			
电白区	272	207	64	62	51	11	10	8	2
高州市	179	131	48	43	36	7	9	9	
化州市	229	129	100	65	57	8	10	8	2
信宜市	129	107	23	17	16	1	6	6	
肇庆市	**797**	**573**	**224**	**174**	**143**	**31**	**79**	**68**	**11**
鼎湖区	35	26	9	5	5		3	3	
广宁县	188	138	50	25	22	4	9	5	4
怀集县	133	103	31	28	21	8	9	7	2
封开县	113	81	32	14	10	4	8	8	
德庆县	117	75	42	59	48	11	20	18	3
高要市	170	120	49	32	29	3	27	24	3
四会市	41	30	10	10	9	1	3	3	
惠州市	**924**	**592**	**332**	**247**	**186**	**61**	**75**	**61**	**15**
惠城区	28	20	9	10	9	1	1	1	
惠阳区	49	29	21	22	17	4	8	7	1
博罗县	394	258	136	92	69	23	15	13	2
惠东县	323	204	120	87	64	23	35	27	7
龙门县	129	82	47	36	28	9	17	12	4
梅州市	**1783**	**1138**	**645**	**484**	**384**	**101**	**85**	**72**	**12**
梅江区	17	10	7	1	1				
梅县区	249	137	112	74	54	20	5	5	
大埔县	248	173	75	68	56	12	8	7	1
丰顺县	304	183	121	85	60	25	12	8	4
五华县	373	246	127	85	65	20	19	16	4
平远县	146	106	40	49	44	5	12	12	
蕉岭县	202	133	69	64	53	11	17	15	2
兴宁市	245	150	94	58	51	7	11	10	1
汕尾市	**574**	**457**	**117**	**150**	**126**	**25**	**34**	**16**	**19**
城区	28	25	2	3	3		1		1
海丰县	346	263	83	121	98	23	28	14	14
陆河县	72	54	18	17	16		4	1	3
陆丰市	128	114	14	10	9	1	1	1	1

9-7b 续表 5　　　　单位：人

地　区	大学专科			大学本科			研究生及以上		
	小计	男	女	小计	男	女	小计	男	女
湛江市	**36**	**30**	**5**	**3**	**3**		**1**		**1**
霞山区									
坡头区				1	1				
麻章区	2	2		1	1				
遂溪县	13	10	2				1		1
徐闻县	9	6	3						
廉江市	6	6		1	1				
雷州市	5	5							
吴川市	1	1							
茂名市	**22**	**20**	**2**	**3**	**2**	**1**			
茂南区	1	1							
电白区	4	3	1	1		1			
高州市	7	7		1	1				
化州市	8	8	1						
信宜市	2	2		1	1				
肇庆市	**40**	**36**	**4**	**3**	**2**	**1**			
鼎湖区	3	3							
广宁县	7	6	1						
怀集县	4	4	1	3	1	1			
封开县	7	7	1						
德庆县	7	6	1	1	1				
高要市	8	8							
四会市	3	2	1						
惠州市	**47**	**41**	**6**	**17**	**15**	**2**			
惠城区	1	1		1	1				
惠阳区	4	3	2						
博罗县	15	15		4	4				
惠东县	16	13	3	10	8	2			
龙门县	11	10	1	1	1				
梅州市	**44**	**41**	**3**	**19**	**19**	**1**			
梅江区				1	1				
梅县区	4	4	1	1	1				
大埔县	7	7		1	1				
丰顺县	5	4	1	1	1				
五华县	6	6		7	7				
平远县	8	8		3	3				
蕉岭县	8	7	1	3	2				
兴宁市	5	5		3	3				
汕尾市	**28**	**25**	**3**	**9**	**9**				
城区	1	1							
海丰县	23	21	3	8	8				
陆河县	2	2							
陆丰市	1	1							

9-7b 续表 6

单位：人

地区	60岁及以上人口			未上过学			小学		
	合计	男	女	小计	男	女	小计	男	女
河源市	**2989**	**1447**	**1542**	**683**	**157**	**526**	**1400**	**607**	**792**
紫金县	931	456	475	243	65	178	395	167	228
龙川县	771	371	401	139	19	120	353	145	207
连平县	487	237	250	127	31	96	237	107	130
和平县	423	207	216	60	15	46	242	106	136
东源县	377	177	200	113	27	86	173	82	91
阳江市	**2762**	**1406**	**1356**	**820**	**232**	**587**	**1360**	**741**	**619**
江城区	398	202	197	121	29	92	190	108	82
阳西县	843	435	407	303	85	218	428	266	161
阳东县	883	458	424	261	90	170	429	225	204
阳春市	639	311	328	135	28	107	314	142	172
清远市	3825	1817	2008	857	170	688	2016	975	1042
清城区	794	380	413	171	37	135	465	226	239
清新区	542	270	271	94	22	72	323	152	171
佛冈县	445	213	232	65	11	54	223	104	119
阳山县	632	292	340	164	26	138	318	160	158
连山壮族瑶族自治县	166	75	92	25	5	19	75	29	45
连南瑶族自治县	279	125	154	52	8	44	137	59	79
英德市	798	379	419	241	51	190	388	201	187
连州市	169	82	87	46	11	36	87	44	43
东莞市	**81**	**45**	**37**	**10**	**3**	**7**	**45**	**18**	**27**
中山市	**1958**	**888**	**1070**	**362**	**58**	**303**	**1201**	**557**	**644**
潮州市	**3911**	**1818**	**2093**	**967**	**166**	**802**	**2102**	**994**	**1108**
湘桥区	588	263	325	115	24	91	358	152	206
潮安区	1118	516	602	231	41	190	652	287	364
饶平县	2204	1038	1166	621	101	520	1092	555	537
揭阳市	**5916**	**2956**	**2960**	**1217**	**301**	**916**	**3136**	**1543**	**1594**
榕城区	375	177	198	40	12	28	281	121	159
揭东区	1068	568	501	208	60	149	610	318	292
揭西县	1248	631	617	153	36	117	622	303	319
惠来县	1624	792	832	557	152	405	728	384	345
普宁市	1601	789	813	259	42	217	896	417	479
云浮市	**2213**	**1064**	**1149**	**306**	**35**	**272**	**1155**	**521**	**634**
云城区	35	16	19	6	1	6	27	14	13
云安区	195	92	103	36	5	32	111	50	61
新兴县	758	349	409	83	6	76	363	154	209
郁南县	743	368	375	97	16	81	368	161	208
罗定市	483	240	244	84	7	76	286	142	144

9-7b 续表 7

单位：人

地　区	初　中			普通高中			中　职		
	小计	男	女	小计	男	女	小计	男	女
河源市	**616**	**437**	**179**	**201**	**166**	**35**	**45**	**39**	**5**
紫金县	194	138	56	64	53	10	18	16	2
龙川县	172	117	55	82	68	14	12	9	2
连平县	92	72	20	16	12	3	9	8	
和平县	89	61	28	24	19	6	4	4	
东源县	69	49	20	16	15	2	2	2	1
阳江市	**425**	**297**	**129**	**115**	**97**	**18**	**22**	**20**	**2**
江城区	71	56	16	14	7	7	2	1	1
阳西县	87	62	25	19	17	2	3	3	
阳东县	146	103	43	41	35	6	4	3	1
阳春市	121	76	45	41	38	3	12	12	
清远市	683	466	217	179	140	39	61	42	19
清城区	135	97	38	19	18	1	2	2	
清新区	92	69	23	11	11		17	13	4
佛冈县	107	63	44	40	29	12	8	5	3
阳山县	109	75	34	27	21	7	6	4	2
连山壮族瑶族自治县	43	24	19	10	6	4	9	5	4
连南瑶族自治县	48	30	18	28	20	8	11	5	5
英德市	124	89	35	33	28	6	8	7	1
连州市	25	19	6	10	8	2	1	1	
东莞市	**25**	**22**	**3**	**2**	**2**				
中山市	**303**	**211**	**92**	**76**	**52**	**24**	**6**	**3**	**3**
潮州市	**649**	**489**	**160**	**145**	**126**	**18**	**22**	**21**	**1**
湘桥区	101	74	27	14	13	1			
潮安区	195	152	43	39	34	4	1	1	
饶平县	353	263	90	92	79	13	21	20	1
揭阳市	**1232**	**854**	**378**	**257**	**198**	**59**	**29**	**22**	**7**
榕城区	33	27	6	10	8	2	2	1	1
揭东区	186	139	48	44	37	6	10	8	2
揭西县	376	224	152	85	56	29	2	1	1
惠来县	239	176	63	73	59	14	10	7	3
普宁市	397	287	110	45	38	8	5	5	
云浮市	**519**	**325**	**194**	**164**	**122**	**42**	**43**	**38**	**5**
云城区	1	1	1				1	1	
云安区	38	28	9	8	7	1	2	2	
新兴县	203	106	97	80	56	24	17	14	3
郁南县	178	112	66	66	49	17	22	20	2
罗定市	99	77	22	11	10	1	2	2	

9-7b 续表 8

单位：人

地区	大学专科			大学本科			研究生及以上		
	小计	男	女	小计	男	女	小计	男	女
河源市	**42**	**37**	**4**	**3**	**3**				
紫金县	16	15	1	2	2				
龙川县	14	12	2	1	1				
连平县	6	5		1	1				
和平县	3	3							
东源县	3	3							
阳江市	**20**	**18**	**2**	**1**	**1**				
江城区	1	1							
阳西县	1	1	1						
阳东县	2	2		1	1				
阳春市	16	15	1						
清远市	27	23	4	2	2				
清城区	1		1						
清新区	5	4	1						
佛冈县	2	2	1						
阳山县	7	7							
连山壮族瑶族自治县	5	4		1	1				
连南瑶族自治县	3	3							
英德市	4	3	1	1	1				
连州市	1	1							
东莞市									
中山市	**10**	**6**	**3**						
潮州市	**22**	**18**	**4**	**3**	**3**				
湘桥区	1	1							
潮安区									
饶平县	21	17	4	3	3				
揭阳市	**41**	**37**	**4**	**4**	**2**	**2**			
榕城区	8	7	1						
揭东区	7	5	2	3	1	2			
揭西县	10	10		1	1				
惠来县	15	14	1						
普宁市									
云浮市	**25**	**23**	**2**	**1**	**1**				
云城区									
云安区									
新兴县	13	12	1						
郁南县	11	10	1	1	1				
罗定市	1	1							

9-7c 各地区分性别、受教育程度的60岁及以上老年人口（乡村）

单位：人

地区	60岁及以上人口			未上过学			小学		
	合计	男	女	小计	男	女	小计	男	女
全省	**147558**	**72969**	**74589**	**35069**	**8174**	**26895**	**82330**	**41882**	**40448**
广州市	**7462**	**3473**	**3989**	**1313**	**242**	**1071**	**4249**	**1951**	**2298**
白云区	1809	816	993	255	39	216	880	355	524
番禺区	763	349	413	193	47	146	470	226	244
花都区	1403	630	772	196	28	168	772	324	449
南沙区	617	275	342	159	15	144	370	184	186
萝岗区	246	115	131	47	11	35	155	72	83
从化区	1346	632	713	248	38	210	755	358	397
增城区	1279	655	624	214	64	151	846	431	415
韶关市	**6279**	**2907**	**3372**	**1993**	**334**	**1660**	**3290**	**1756**	**1535**
武江区	236	110	126	59	6	52	132	70	62
浈江区	357	166	191	91	16	74	166	83	83
曲江区	621	275	346	179	21	158	334	166	168
始兴县	574	239	335	214	34	179	275	135	140
仁化县	566	263	303	219	35	184	285	172	113
翁源县	1035	511	525	256	38	218	547	282	265
乳源瑶族自治县	471	227	244	133	32	101	311	171	140
新丰县	483	235	248	106	16	90	253	117	136
乐昌市	1012	467	545	428	93	335	491	295	196
南雄市	923	414	509	309	41	268	496	265	232
珠海市	**829**	**429**	**400**	**252**	**58**	**194**	**435**	**253**	**183**
斗门区	829	429	400	252	58	194	435	253	183
汕头市	**6152**	**2958**	**3193**	**1243**	**249**	**995**	**3687**	**1766**	**1921**
龙湖区	397	183	214	91	12	80	243	118	125
金平区	71	32	40	12	3	9	50	21	29
濠江区	349	160	190	188	32	156	130	102	28
潮阳区	2448	1206	1241	536	122	414	1444	712	732
潮南区	1794	875	920	229	46	183	1140	512	628
澄海区	1014	467	547	154	28	125	643	277	366
南澳县	79	36	43	33	5	28	37	24	13
佛山市	**1939**	**906**	**1033**	**287**	**54**	**233**	**1353**	**627**	**726**
南海区	546	260	286	42	3	40	440	204	236
顺德区	144	71	74	54	18	36	86	48	38
三水区	908	412	495	124	23	100	606	263	343
高明区	341	164	177	67	10	57	221	111	110
江门市	**9333**	**4706**	**4627**	**1356**	**289**	**1066**	**5612**	**2750**	**2862**
蓬江区	13	5	8	2		2	8	3	5
新会区	1782	881	900	321	53	268	1088	562	527
台山市	3317	1701	1616	490	109	380	1988	974	1013
开平市	1845	895	950	306	64	242	1122	545	577
鹤山市	1089	530	559	115	24	91	698	321	377
恩平市	1287	693	594	123	40	83	709	345	364

9-7c 续表 1

单位：人

地 区	初 中			普通高中			中 职		
	小计	男	女	小计	男	女	小计	男	女
全 省	**25494**	**18884**	**6610**	**4128**	**3557**	**571**	**339**	**299**	**41**
广州市	**1503**	**965**	**538**	**324**	**255**	**69**	**45**	**36**	**8**
白云区	484	277	207	149	112	37	20	15	5
番禺区	84	62	21	14	12	2	2	2	
花都区	364	226	137	61	45	16	8	6	2
南沙区	66	56	9	17	15	2	4	4	1
萝岗区	32	20	11	9	8	1	1	1	
从化区	277	182	94	62	52	10	3	2	1
增城区	198	140	57	13	11	1	6	6	
韶关市	**810**	**654**	**156**	**155**	**136**	**19**	**15**	**14**	**1**
武江区	38	28	10	5	3	2	1	1	
浈江区	84	53	31	15	13	2	1	1	
曲江区	89	73	16	15	10	5	4	4	
始兴县	71	56	14	13	12	1	2	2	
仁化县	50	46	5	7	5	2	2	2	
翁源县	198	161	37	31	27	4	1	1	
乳源瑶族自治县	20	18	2	4	4	1	2	2	
新丰县	92	72	20	28	27	1	2	1	1
乐昌市	78	66	12	11	10	1			
南雄市	88	81	7	26	24	1	1	1	
珠海市	**113**	**93**	**20**	**24**	**21**	**3**	**1**	**1**	**1**
斗门区	113	93	20	24	21	3	1	1	1
汕头市	**1016**	**768**	**248**	**189**	**159**	**30**	**10**	**10**	
龙湖区	51	42	9	10	10		1	1	
金平区	9	7	2	1	1				
濠江区	27	22	4	4	3	1			
潮阳区	411	319	92	54	50	3	1	1	
潮南区	346	255	91	71	53	18	4	4	
澄海区	167	119	48	48	40	8	2	2	
南澳县	5	3	2	2	2		2	2	
佛山市	**246**	**178**	**68**	**49**	**44**	**4**	**4**	**3**	**1**
南海区	48	37	11	16	16				
顺德区	3	3					2	2	
三水区	155	106	49	22	18	3	1	1	
高明区	41	32	9	11	10	1	1	1	1
江门市	**2070**	**1434**	**636**	**284**	**224**	**60**	**8**	**6**	**2**
蓬江区	3	2	1						
新会区	310	219	91	58	44	14	4	3	1
台山市	733	521	211	103	92	11	3	3	
开平市	378	256	122	39	30	9			
鹤山市	248	163	84	28	22	6	1		1
恩平市	400	273	127	55	36	20			

9-7c 续表 2 单位：人

地区	大学专科			大学本科			研究生及以上		
	小计	男	女	小计	男	女	小计	男	女
全省	**168**	**146**	**22**	**28**	**25**	**3**	**2**	**2**	
广州市	**23**	**19**	**4**	**6**	**5**	**1**			
白云区	19	15	4	3	3				
番禺区									
花都区				1	1				
南沙区	1	1							
萝岗区	1	1							
从化区				2	1	1			
增城区	1	1							
韶关市	**13**	**12**	**1**	**2**	**2**				
武江区	1	1							
浈江区	1	1							
曲江区	2	2							
始兴县									
仁化县	2	2		1	1				
翁源县	2	2							
乳源瑶族自治县	1	1							
新丰县	1								
乐昌市	3	3							
南雄市	2	1	1	1	1				
珠海市	**3**	**3**							
斗门区	3	3							
汕头市	**6**	**6**		**1**	**1**				
龙湖区									
金平区									
濠江区									
潮阳区	1	1							
潮南区	4	4							
澄海区	1	1		1	1				
南澳县									
佛山市									
南海区									
顺德区									
三水区									
高明区									
江门市	**1**	**1**		**2**	**1**	**1**			
蓬江区									
新会区	1	1							
台山市				1	1				
开平市									
鹤山市				1		1			
恩平市									

9-7c 续表 3

单位：人

地区	60岁及以上人口			未上过学			小学		
	合计	男	女	小计	男	女	小计	男	女
湛江市	**17051**	**8787**	**8264**	**5088**	**1477**	**3611**	**8480**	**4621**	**3859**
赤坎区	22	9	13	2		2	14	4	9
霞山区	79	38	42	11	2	8	53	26	28
坡头区	881	476	405	258	71	186	450	270	181
麻章区	1166	562	604	321	81	239	569	279	290
遂溪县	2730	1439	1291	849	298	551	1317	721	595
徐闻县	1677	800	877	482	113	370	910	459	451
廉江市	4612	2509	2103	1123	393	730	2443	1322	1122
雷州市	3651	1782	1869	1435	357	1078	1573	888	684
吴川市	2232	1171	1060	608	160	448	1151	652	499
茂名市	**16068**	**8455**	**7613**	**3570**	**968**	**2602**	**9014**	**4863**	**4151**
茂南区	1018	498	520	289	83	206	494	246	249
电白区	3646	1885	1762	1026	228	798	1895	1092	803
高州市	4639	2487	2153	997	288	709	2736	1497	1239
化州市	3976	2106	1869	669	214	455	2187	1119	1068
信宜市	2788	1479	1309	588	155	433	1702	909	793
肇庆市	**10066**	**4564**	**5502**	**2328**	**468**	**1859**	**5795**	**2678**	**3118**
鼎湖区	431	174	257	92	8	84	250	102	147
广宁县	1522	715	807	168	29	139	960	404	556
怀集县	2201	979	1223	627	131	497	1181	546	635
封开县	1238	567	671	355	75	280	693	355	338
德庆县	1085	520	566	218	45	173	607	280	327
高要市	2603	1165	1439	689	162	528	1541	734	806
四会市	986	445	541	178	18	160	564	255	308
惠州市	**5721**	**2721**	**3000**	**1219**	**216**	**1003**	**3170**	**1532**	**1638**
惠城区	1068	489	578	143	23	121	633	266	367
惠阳区	456	217	239	118	28	90	229	115	114
博罗县	1838	856	982	372	60	312	1001	461	541
惠东县	1488	728	761	427	78	349	828	463	364
龙门县	872	432	440	159	28	131	480	228	252
梅州市	**12058**	**5895**	**6162**	**2239**	**417**	**1822**	**6351**	**2912**	**3438**
梅江区	236	113	122	17	1	16	103	35	68
梅县区	1381	636	745	195	19	176	598	218	380
大埔县	1425	710	715	273	53	220	804	385	419
丰顺县	1423	697	726	377	109	268	816	412	404
五华县	3631	1826	1804	628	134	494	2247	1107	1141
平远县	703	325	378	211	28	183	325	155	169
蕉岭县	635	304	331	82	7	75	286	108	178
兴宁市	2625	1284	1341	457	67	390	1173	494	679

9-7c 续表 4 单位：人

地 区	初 中			普通高中			中 职		
	小计	男	女	小计	男	女	小计	男	女
湛江市	**2936**	**2207**	**729**	**486**	**425**	**61**	**38**	**34**	**5**
赤坎区	4	3	1	3	2				
霞山区	11	6	5	4	3	1			
坡头区	145	111	35	25	22	4	1	1	
麻章区	217	152	65	56	46	10	1	1	
遂溪县	509	368	140	53	48	5	2	2	
徐闻县	234	188	47	41	31	9	6	5	1
廉江市	889	659	229	132	112	20	18	15	2
雷州市	516	420	97	113	104	9	9	7	1
吴川市	411	301	110	59	56	3	1	1	
茂名市	**2878**	**2080**	**798**	**561**	**503**	**58**	**29**	**29**	
茂南区	189	132	57	42	34	8	3	3	
电白区	591	443	148	120	107	13	11	11	
高州市	721	529	191	180	167	13	4	4	
化州市	968	646	321	141	118	23	5	5	
信宜市	409	329	80	79	77	2	6	6	
肇庆市	**1738**	**1234**	**504**	**178**	**159**	**19**	**20**	**17**	**3**
鼎湖区	79	54	25	9	8	1			
广宁县	354	245	109	29	26	3	7	6	1
怀集县	350	265	86	35	30	5	5	4	1
封开县	174	124	50	12	12	1	2	1	1
德庆县	227	163	64	30	28	2	2	2	
高要市	342	239	103	28	26	3	3	3	
四会市	211	143	68	33	28	5			
惠州市	**1118**	**792**	**326**	**185**	**157**	**28**	**15**	**14**	**1**
惠城区	247	164	84	40	34	6	2	2	
惠阳区	90	58	32	16	13	3	3	3	
博罗县	397	280	116	58	48	10	5	5	
惠东县	194	154	40	34	27	7	2	2	
龙门县	190	136	54	37	35	2	3	2	1
梅州市	**2891**	**2083**	**808**	**509**	**426**	**83**	**43**	**32**	**10**
梅江区	97	62	35	18	15	3	1	1	
梅县区	466	310	156	113	82	31	7	4	2
大埔县	298	230	68	46	38	8			
丰顺县	187	139	49	38	33	5	1	1	
五华县	656	502	154	78	69	9	16	9	7
平远县	134	110	24	24	23	1	6	6	
蕉岭县	206	139	67	55	45	10	3	3	
兴宁市	847	591	256	137	121	16	10	10	

9-7c 续表 5 单位：人

地 区	大学专科			大学本科			研究生及以上		
	小计	男	女	小计	男	女	小计	男	女
湛江市	**21**	**21**		**2**	**2**				
赤坎区									
霞山区									
坡头区				1	1				
麻章区	2	2							
遂溪县	1	1							
徐闻县	3	3		1	1				
廉江市	8	8							
雷州市	6	6							
吴川市	1	1							
茂名市	**16**	**13**	**3**						
茂南区	1	1							
电白区	3	3							
高州市	2	2							
化州市	5	4	2						
信宜市	5	3	2						
肇庆市	**8**	**8**							
鼎湖区									
广宁县	4	4							
怀集县	2	2							
封开县	1	1							
德庆县	1	1							
高要市									
四会市									
惠州市	**13**	**9**	**4**				**1**	**1**	
惠城区	2	1	1						
惠阳区									
博罗县	3	1	2				1	1	
惠东县	4	4							
龙门县	4	3	1						
梅州市	**21**	**20**	**1**	**4**	**4**				
梅江区	2	1	1						
梅县区	2	2		2	2				
大埔县	2	2		2	2				
丰顺县	4	4							
五华县	4	4							
平远县	3	3							
蕉岭县	4	4							
兴宁市	1	1							

9-7c 续表 6 单位：人

地区	60岁及以上人口			未上过学			小学		
	合计	男	女	小计	男	女	小计	男	女
汕尾市	**4830**	**2668**	**2161**	**2115**	**776**	**1339**	**2122**	**1372**	**750**
城区	444	223	221	182	59	123	182	93	89
海丰县	1331	737	594	416	149	267	699	411	287
陆河县	560	322	238	204	87	118	308	199	110
陆丰市	2495	1386	1109	1313	481	832	933	669	264
河源市	**8306**	**3977**	**4328**	**2063**	**420**	**1643**	**4707**	**2372**	**2335**
源城区	26	12	14	8	1	7	17	10	7
紫金县	1853	903	950	555	105	450	966	547	419
龙川县	2652	1260	1392	614	124	491	1528	742	786
连平县	888	434	455	242	52	190	465	237	228
和平县	1320	635	685	314	76	238	855	435	421
东源县	1567	734	833	330	62	268	875	400	475
阳江市	**6468**	**3391**	**3076**	**1932**	**534**	**1398**	**3501**	**1970**	**1531**
江城区	898	472	426	208	46	162	519	288	231
阳西县	1672	896	777	574	175	399	897	538	359
阳东县	1351	710	640	405	139	266	716	381	335
阳春市	2546	1313	1233	745	174	570	1369	763	606
清远市	9474	4528	4947	2564	521	2043	5337	2794	2543
清城区	837	388	449	104	16	88	592	269	323
清新区	2059	1018	1041	487	94	394	1199	643	556
佛冈县	797	391	406	151	27	123	445	215	231
阳山县	1185	555	630	416	90	327	621	343	278
连山壮族瑶族自治县	264	137	128	69	20	49	157	87	70
连南瑶族自治县	314	138	176	89	22	68	176	85	92
英德市	2657	1249	1408	839	149	689	1460	802	657
连州市	1362	652	710	409	103	306	686	350	336
东莞市	**1736**	**825**	**911**	**338**	**63**	**274**	**1060**	**506**	**555**
中山市	**1313**	**598**	**714**	**337**	**69**	**269**	**816**	**402**	**414**
潮州市	**4486**	**2130**	**2356**	**1066**	**210**	**856**	**2637**	**1284**	**1353**
湘桥区	340	158	182	76	8	68	183	87	96
潮安区	1968	939	1029	295	61	234	1292	589	703
饶平县	2177	1033	1144	695	141	554	1162	609	554
揭阳市	**11222**	**5688**	**5534**	**2404**	**574**	**1830**	**6837**	**3534**	**3303**
榕城区	795	395	400	180	51	129	484	237	247
揭东区	2059	1040	1019	349	94	255	1287	640	648
揭西县	2701	1411	1290	460	112	348	1674	864	809
惠来县	2121	1042	1080	821	211	610	1047	604	443
普宁市	3545	1800	1745	595	107	489	2345	1189	1156
云浮市	**6767**	**3361**	**3405**	**1362**	**236**	**1126**	**3873**	**1939**	**1934**
云城区	440	226	214	84	14	70	272	145	127
云安区	911	450	460	256	44	211	495	270	225
新兴县	1372	671	701	248	33	215	806	403	402
郁南县	1293	646	647	235	40	196	795	401	393
罗定市	2752	1368	1384	540	106	434	1506	719	786

9-7c 续表 7 单位：人

地区	初中			普通高中			中职		
	小计	男	女	小计	男	女	小计	男	女
汕尾市	**531**	**460**	**71**	**57**	**56**	**1**	**1**	**1**	
城区	70	62	8	9	9				
海丰县	191	153	39	22	21	1	1	1	
陆河县	44	33	10	4	4				
陆丰市	225	211	14	23	23				
河源市	**1328**	**1004**	**324**	**175**	**155**	**21**	**21**	**19**	**2**
源城区									
紫金县	296	222	73	24	20	5	7	6	1
龙川县	431	326	105	69	61	9	6	6	
连平县	151	116	34	26	24	2	1	1	
和平县	136	110	26	14	12	1	2	2	
东源县	314	229	85	42	38	4	5	4	1
阳江市	**860**	**730**	**130**	**157**	**141**	**16**	**14**	**13**	**1**
江城区	145	117	29	24	19	4	2	2	
阳西县	173	156	17	27	26	1	2	1	1
阳东县	188	154	34	39	34	5	1	1	
阳春市	353	303	50	67	62	5	9	9	
清远市	1348	1019	328	197	169	28	22	19	3
清城区	128	94	35	12	10	3			
清新区	349	261	87	22	19	4	1	1	
佛冈县	169	120	49	27	25	2	3	3	1
阳山县	121	101	20	21	17	4	3	3	
连山壮族瑶族自治县	33	25	8	3	3		1	1	
连南瑶族自治县	40	24	15	6	5	1	2	1	
英德市	301	247	54	52	45	7	5	5	
连州市	207	147	59	54	46	7	6	5	1
东莞市	**264**	**193**	**70**	**54**	**46**	**8**	**10**	**9**	**1**
中山市	**129**	**106**	**24**	**27**	**20**	**8**	**2**	**2**	
潮州市	**647**	**507**	**141**	**126**	**119**	**6**	**7**	**7**	
湘桥区	65	49	17	16	15	2	1	1	
潮安区	307	218	90	72	69	3	2	2	
饶平县	275	241	34	38	36	2	5	5	
揭阳市	**1778**	**1402**	**376**	**180**	**158**	**23**	**17**	**15**	**1**
榕城区	114	91	23	17	16	2			
揭东区	385	277	108	32	24	8	6	4	1
揭西县	527	399	128	40	35	5	1	1	
惠来县	223	198	25	24	22	2	4	4	
普宁市	529	437	92	67	61	6	6	6	
云浮市	**1290**	**974**	**316**	**211**	**185**	**26**	**19**	**16**	**3**
云城区	68	52	15	12	11	1	3	3	
云安区	133	112	21	20	18	2	5	5	1
新兴县	275	199	77	37	31	6	5	3	1
郁南县	205	154	51	52	46	5	4	3	1
罗定市	609	456	152	90	78	11	2	2	

9-7c 续表 8

单位：人

地区	大学专科			大学本科			研究生及以上		
	小计	男	女	小计	男	女	小计	男	女
汕尾市	**4**	**4**							
城区									
海丰县	2	2							
陆河县									
陆丰市	1	1							
河源市	**7**	**5**	**3**	**3**	**3**				
源城区									
紫金县	3	1	2	2	2				
龙川县	2	1	1						
连平县	2	2		2	2				
和平县									
东源县	1	1							
阳江市	**4**	**3**	**1**						
江城区									
阳西县									
阳东县	1	1							
阳春市	3	2	1						
清远市	5	5		1		1			
清城区									
清新区									
佛冈县	2	2							
阳山县	1	1		1		1			
连山壮族瑶族自治县									
连南瑶族自治县	1								
英德市	1	1							
连州市									
东莞市	**9**	**6**	**3**	**2**	**2**				
中山市									
潮州市	**2**	**2**							
湘桥区									
潮安区									
饶平县	2	2							
揭阳市	**6**	**4**	**2**						
榕城区									
揭东区	1	1							
揭西县									
惠来县	3	3							
普宁市	2		2						
云浮市	**7**	**7**		**5**	**4**	**1**	**1**	**1**	
云城区									
云安区	1	1							
新兴县	1	1		1	1		1	1	
郁南县	1	1		1		1			
罗定市	3	3		3	3				

9-8 全省分年龄、性别、受教育程度的60岁及以上老年人口

单位：人

年龄	60岁及以上人口			未上过学			小学		
	合计	男	女	小计	男	女	小计	男	女
总计	**377802**	**184061**	**193742**	**68169**	**15070**	**53099**	**188005**	**88940**	**99066**
60-64岁	**132036**	**66340**	**65696**	**9690**	**1997**	**7693**	**63734**	**27017**	**36718**
60	30533	15399	15134	1975	426	1548	13841	5687	8154
61	29140	14621	14519	1962	373	1590	13536	5630	7906
62	26420	13221	13199	1840	392	1448	12989	5456	7533
63	24843	12432	12412	2002	403	1600	12642	5531	7112
64	21099	10667	10432	1910	403	1507	10726	4714	6013
65-69岁	**87240**	**44620**	**42620**	**9834**	**2212**	**7622**	**47122**	**22157**	**24965**
65	21550	11015	10535	2020	428	1593	11257	5114	6143
66	20180	10438	9742	2102	490	1612	10884	5137	5747
67	16793	8405	8388	1972	447	1525	9199	4211	4988
68	15178	7745	7433	1886	422	1464	8387	4071	4317
69	13539	7017	6522	1853	425	1428	7394	3624	3770
70-74岁	**57911**	**29064**	**28847**	**11217**	**2667**	**8550**	**30936**	**15680**	**15256**
70	13631	7025	6606	2374	617	1758	7267	3646	3622
71	12112	6137	5974	2138	556	1581	6653	3296	3357
72	11143	5568	5575	2170	496	1674	5976	3046	2930
73	10762	5351	5411	2220	503	1717	5655	2911	2744
74	10263	4982	5281	2315	495	1820	5385	2782	2603
75-79岁	**45676**	**22120**	**23556**	**12830**	**3052**	**9778**	**22767**	**12170**	**10597**
75	10142	5115	5028	2443	557	1885	5140	2801	2338
76	8867	4316	4551	2372	586	1787	4464	2389	2075
77	9400	4573	4827	2626	617	2009	4765	2581	2185
78	8789	4177	4611	2657	637	2020	4301	2276	2025
79	8478	3939	4539	2733	655	2078	4097	2123	1974
80-84岁	**32298**	**13800**	**18498**	**12848**	**2848**	**10000**	**14681**	**7597**	**7085**
80	7914	3484	4430	2891	640	2251	3747	1948	1800
81	7027	3044	3983	2620	604	2016	3274	1671	1603
82	6788	2912	3875	2659	603	2056	3114	1592	1523
83	5744	2332	3412	2514	513	2001	2480	1284	1197
84	4825	2027	2798	2163	488	1676	2065	1103	962
85-89岁	**15921**	**6070**	**9852**	**7745**	**1590**	**6155**	**6527**	**3300**	**3227**
85	4592	1894	2698	2051	451	1601	1966	1025	941
86	3311	1261	2050	1606	350	1256	1382	675	708
87	3289	1219	2070	1668	340	1328	1301	647	654
88	2687	961	1725	1415	258	1156	1038	542	496
89	2043	734	1309	1006	191	815	840	411	429
90-94岁	**5403**	**1706**	**3697**	**3165**	**570**	**2595**	**1856**	**867**	**989**
90	1838	587	1251	1063	196	867	643	296	346
91	1191	370	821	688	115	572	424	201	223
92	999	326	673	589	111	477	331	158	173
93	767	257	511	460	91	369	249	122	127
94	607	166	441	365	55	310	210	90	119
95-99岁	**1157**	**316**	**841**	**727**	**123**	**604**	**348**	**142**	**206**
95	436	143	293	260	49	211	143	69	75
96	273	70	203	170	24	145	80	32	48
97	204	51	153	137	26	111	56	19	37
98	149	30	119	95	12	83	47	14	33
99	94	22	72	65	11	54	21	9	13
100岁及以上	**161**	**27**	**134**	**114**	**11**	**102**	**34**	**10**	**24**

9-8 续表 1

单位：人

年 龄	初 中			普通高中			中 职		
	小计	男	女	小计	男	女	小计	男	女
总 计	**80216**	**52033**	**28183**	**25036**	**17249**	**7787**	**6008**	**3505**	**2502**
60-64岁	**39274**	**24485**	**14789**	**13545**	**9229**	**4316**	**2013**	**1099**	**915**
60	9603	5914	3690	3748	2530	1218	445	245	200
61	9123	5613	3511	3245	2199	1046	431	234	197
62	7700	4815	2885	2732	1843	889	388	205	183
63	7034	4383	2652	2084	1437	647	386	221	165
64	5813	3761	2052	1736	1220	517	363	194	170
65-69岁	**20582**	**13680**	**6903**	**5694**	**3943**	**1752**	**1670**	**967**	**703**
65	5753	3751	2002	1586	1110	476	364	213	152
66	4938	3292	1646	1338	920	418	386	206	180
67	3726	2473	1253	1085	750	335	358	208	150
68	3268	2161	1108	922	626	296	301	167	134
69	2898	2004	894	764	536	227	261	173	88
70-74岁	**10177**	**6930**	**3247**	**2854**	**1973**	**881**	**1061**	**623**	**438**
70	2719	1870	849	660	473	187	221	139	82
71	2142	1478	663	624	422	202	201	125	76
72	1915	1289	626	568	394	174	207	122	85
73	1812	1235	577	540	372	168	219	112	108
74	1590	1058	532	464	313	151	213	125	87
75-79岁	**5948**	**4023**	**1925**	**1698**	**1182**	**516**	**820**	**525**	**295**
75	1551	1055	496	448	327	121	198	129	69
76	1209	782	427	310	209	101	164	100	64
77	1163	788	375	361	254	107	172	106	66
78	1056	721	335	317	214	103	161	102	59
79	969	677	292	262	179	83	126	88	37
80-84岁	**2907**	**1994**	**913**	**832**	**618**	**214**	**344**	**225**	**119**
80	748	504	244	218	163	54	111	72	39
81	710	473	237	188	128	59	77	51	26
82	618	424	194	177	134	43	73	46	27
83	458	317	141	139	109	29	54	38	16
84	373	275	98	111	83	28	29	18	11
85-89岁	**1025**	**718**	**307**	**324**	**241**	**82**	**79**	**55**	**24**
85	345	253	92	119	89	30	33	19	14
86	205	148	57	59	46	13	18	12	6
87	201	143	59	62	44	18	11	10	1
88	157	103	54	45	35	10	7	6	1
89	117	72	45	38	28	11	10	7	3
90-94岁	**245**	**171**	**74**	**70**	**51**	**19**	**18**	**10**	**8**
90	82	60	22	30	19	11	4	3	1
91	49	34	15	13	11	2	4	2	2
92	55	37	18	11	8	2	5	2	3
93	36	26	10	14	12	2	4	2	2
94	23	14	9	3	1	2	1	1	
95-99岁	**48**	**29**	**19**	**17**	**12**	**5**	**2**	**1**	**1**
95	19	14	5	10	9	1	2	1	1
96	12	8	4	4		4			
97	9	4	5	2	2				
98	5	2	3	1	1				
99	3	1	2						
100岁及以上	**9**	**4**	**5**	**2**	**1**	**1**			

9-8 续表 2

单位：人

年龄	大学专科			大学本科			研究生及以上		
	小计	男	女	小计	男	女	小计	男	女
总 计	**6492**	**4474**	**2017**	**3745**	**2685**	**1061**	**130**	**104**	**26**
60-64岁	**2695**	**1775**	**920**	**1012**	**679**	**333**	**73**	**60**	**13**
60	640	411	230	260	170	90	22	17	5
61	616	418	198	211	142	69	15	13	2
62	566	375	191	196	127	69	8	7	2
63	486	314	172	189	126	62	20	17	3
64	387	258	129	155	113	43	8	6	2
65-69岁	**1631**	**1136**	**495**	**681**	**504**	**177**	**26**	**21**	**5**
65	411	285	126	153	112	41	6	2	4
66	395	284	112	132	105	27	4	4	
67	315	211	104	131	98	34	7	7	
68	294	211	83	113	83	31	7	6	1
69	216	145	71	151	107	45	2	2	
70-74岁	**934**	**668**	**266**	**717**	**509**	**208**	**15**	**13**	**2**
70	228	164	64	160	116	44	3	2	1
71	199	146	53	150	109	41	5	5	
72	182	131	52	123	87	35	3	3	
73	176	124	52	138	92	45	3	2	1
74	149	104	45	147	104	43	1	1	
75-79岁	**769**	**547**	**222**	**834**	**616**	**218**	**8**	**4**	**4**
75	160	112	48	202	133	69	2	1	1
76	174	122	52	174	129	45			
77	149	104	45	160	121	39	3	2	1
78	142	109	34	154	118	36			
79	144	101	43	144	115	29	3	1	2
80-84岁	**330**	**247**	**83**	**348**	**266**	**82**	**6**	**4**	**2**
80	94	69	25	103	86	17	3	2	1
81	66	51	16	91	66	25			
82	81	63	18	63	48	15	1	1	
83	51	35	16	47	36	11	1	1	
84	37	29	8	44	31	13	1		1
85-89岁	**104**	**84**	**20**	**115**	**81**	**35**	**2**	**1**	**1**
85	35	27	8	40	29	11	1		1
86	19	13	5	23	18	5			
87	22	20	2	23	15	8	1	1	
88	14	11	3	11	6	5			
89	13	12	1	18	13	5			
90-94岁	**20**	**13**	**7**	**29**	**25**	**5**			
90	6	4	3	11	9	2			
91	6	2	3	8	6	3			
92	4	4		6	6				
93	1	1		3	3				
94	4	3	1	2	2				
95-99岁	**8**	**5**	**3**	**8**	**5**	**3**			
95	1	1		1	1				
96	5	3	1	3	3				
97	1	1							
98				1		1			
99	2		2	3	1	2			
100岁及以上	**1**		**1**	**1**	**1**				

9-8a 全省分年龄、性别、受教育程度的60岁及以上老年人口（城市）

单位：人

年 龄	60岁及以上人口			未上过学			小 学		
	合计	男	女	小计	男	女	小计	男	女
总 计	**161549**	**77390**	**84159**	**18749**	**3688**	**15061**	**70346**	**30223**	**40123**
60-64岁	**59404**	**29030**	**30374**	**2971**	**631**	**2340**	**23859**	**9675**	**14185**
60	13771	6757	7015	615	146	469	5178	2024	3154
61	13178	6427	6751	601	115	486	5038	2021	3017
62	11812	5721	6091	597	127	470	4772	1930	2842
63	11138	5449	5689	602	128	474	4772	1997	2775
64	9504	4676	4828	555	113	441	4099	1702	2398
65-69岁	**39408**	**19449**	**19959**	**2805**	**565**	**2241**	**18393**	**7878**	**10515**
65	9685	4801	4884	572	108	464	4338	1841	2497
66	9361	4612	4749	632	130	502	4369	1856	2513
67	7588	3664	3925	579	106	473	3613	1516	2097
68	6815	3370	3445	503	112	391	3301	1455	1846
69	5958	3002	2956	519	109	410	2773	1210	1563
70-74岁	**23586**	**11434**	**12152**	**2825**	**571**	**2254**	**10886**	**4791**	**6095**
70	5658	2783	2875	608	135	473	2620	1116	1505
71	5121	2543	2578	543	136	407	2431	1058	1373
72	4495	2161	2334	525	94	431	2102	941	1161
73	4313	2063	2249	551	89	462	1969	899	1070
74	3999	1883	2116	598	118	480	1764	778	986
75-79岁	**18520**	**8962**	**9558**	**3282**	**664**	**2619**	**8330**	**3930**	**4400**
75	4132	2078	2054	646	125	521	1808	905	902
76	3648	1753	1895	621	135	486	1611	760	851
77	3819	1836	1983	655	121	534	1791	842	949
78	3550	1688	1862	693	143	550	1591	736	854
79	3370	1607	1763	668	139	529	1529	686	843
80-84岁	**12278**	**5394**	**6884**	**3431**	**642**	**2789**	**5422**	**2461**	**2961**
80	3040	1345	1694	753	132	622	1381	602	778
81	2779	1196	1582	728	146	582	1249	543	707
82	2602	1167	1435	727	145	581	1136	522	614
83	2059	881	1178	663	112	552	853	398	455
84	1799	805	994	560	107	453	803	396	407
85-89岁	**5890**	**2361**	**3529**	**2215**	**420**	**1795**	**2544**	**1144**	**1400**
85	1754	780	974	590	137	453	771	363	407
86	1213	468	745	447	78	369	547	229	318
87	1208	459	749	491	87	404	504	220	284
88	973	359	614	413	62	351	393	186	207
89	743	295	448	273	55	218	329	145	184
90-94岁	**1977**	**630**	**1347**	**962**	**155**	**807**	**750**	**292**	**458**
90	679	224	454	350	66	284	239	95	145
91	423	123	301	192	22	170	176	64	112
92	362	129	233	173	31	142	131	58	73
93	287	96	191	134	22	111	114	45	69
94	225	58	168	114	14	100	90	30	60
95-99岁	**429**	**119**	**310**	**221**	**35**	**186**	**150**	**49**	**101**
95	164	59	104	80	19	61	61	23	38
96	120	34	86	57	7	50	43	16	27
97	66	14	52	38	6	32	20	5	15
98	50	4	46	26	1	25	22	3	19
99	30	8	22	20	3	17	4	3	1
100岁及以上	**57**	**12**	**46**	**36**	**6**	**30**	**12**	**2**	**10**

9-8a 续表 1

单位：人

年龄	初中			普通高中			中职		
	小计	男	女	小计	男	女	小计	男	女
总计	**40561**	**23396**	**17165**	**17413**	**10900**	**6513**	**4941**	**2638**	**2303**
60-64岁	**18422**	**10134**	**8288**	**9072**	**5552**	**3521**	**1652**	**823**	**829**
60	4312	2386	1926	2482	1488	995	353	184	169
61	4251	2288	1963	2179	1331	848	349	169	180
62	3575	1947	1628	1838	1111	727	320	150	171
63	3442	1899	1543	1387	869	517	315	162	153
64	2842	1614	1228	1187	753	434	314	158	157
65-69岁	**10699**	**6285**	**4415**	**3994**	**2500**	**1495**	**1376**	**736**	**641**
65	2932	1694	1238	1033	645	388	292	159	133
66	2595	1532	1063	955	589	365	330	160	171
67	1915	1113	803	771	482	289	288	154	133
68	1731	1005	726	647	399	248	255	131	124
69	1526	941	585	590	385	205	211	131	79
70-74岁	**5410**	**3224**	**2186**	**2084**	**1336**	**748**	**855**	**441**	**415**
70	1421	864	558	479	321	158	170	93	77
71	1204	739	465	468	293	175	155	85	70
72	1000	579	421	413	259	154	170	89	81
73	927	543	384	389	250	138	186	84	103
74	857	500	358	336	213	123	174	90	84
75-79岁	**3409**	**2043**	**1366**	**1291**	**829**	**462**	**686**	**410**	**276**
75	854	506	347	325	219	106	156	93	63
76	713	403	310	237	146	91	138	78	60
77	657	394	263	274	180	95	145	83	62
78	599	364	235	246	148	98	142	86	56
79	586	375	211	209	137	73	105	69	35
80-84岁	**1838**	**1175**	**664**	**646**	**453**	**193**	**292**	**179**	**113**
80	452	286	167	171	123	48	91	53	39
81	450	273	177	139	88	51	67	41	26
82	396	255	141	138	98	41	65	39	26
83	286	184	101	116	88	28	46	30	15
84	254	177	77	82	56	26	23	15	8
85-89岁	**606**	**418**	**188**	**251**	**181**	**70**	**62**	**41**	**21**
85	196	142	54	96	70	26	28	15	13
86	123	89	34	44	34	10	10	7	4
87	115	80	35	45	30	15	9	8	1
88	103	64	39	34	26	8	5	4	1
89	69	42	27	32	21	10	9	7	3
90-94岁	**144**	**100**	**45**	**59**	**42**	**17**	**17**	**8**	**8**
90	46	36	10	26	17	10	3	2	1
91	29	19	9	11	9	2	4	2	2
92	35	21	14	8	7	1	5	2	3
93	23	16	7	10	8	2	4	2	2
94	11	7	4	3	1	2	1	1	
95-99岁	**27**	**16**	**11**	**14**	**9**	**5**	**1**	**1**	**1**
95	12	9	3	8	7	1	1	1	1
96	8	4	4	4		4			
97	6	2	5	1	1				
98				1	1				
99	1	1							
100岁及以上	**6**	**2**	**3**	**1**		**1**			

9-8a 续表 2

单位：人

年龄	大学专科			大学本科			研究生及以上		
	小计	男	女	小计	男	女	小计	男	女
总计	**5796**	**3871**	**1925**	**3617**	**2573**	**1044**	**127**	**102**	**25**
60-64岁	**2387**	**1513**	**874**	**969**	**644**	**325**	**72**	**59**	**13**
60	563	351	212	247	161	87	21	16	5
61	542	354	188	203	135	68	15	13	2
62	514	329	185	187	121	66	8	7	2
63	419	257	163	181	119	61	20	17	3
64	348	222	126	151	108	43	8	6	2
65-69岁	**1467**	**994**	**473**	**647**	**472**	**175**	**26**	**21**	**5**
65	366	246	120	146	105	41	6	2	4
66	352	244	108	124	97	27	4	4	
67	288	193	96	127	94	34	7	7	
68	267	187	80	106	76	30	6	6	1
69	194	124	70	144	100	44	2	2	
70-74岁	**823**	**571**	**252**	**688**	**486**	**203**	**14**	**13**	**1**
70	201	140	61	156	113	43	3	2	1
71	171	121	49	145	106	38	5	5	
72	168	117	50	115	80	35	3	3	
73	155	108	48	133	88	44	2	2	
74	128	85	44	141	99	42	1	1	
75-79岁	**696**	**482**	**214**	**818**	**601**	**218**	**8**	**4**	**4**
75	144	99	46	199	130	69	2	1	1
76	156	103	52	172	127	45			
77	138	98	41	156	117	39	3	2	1
78	128	95	34	151	115	36			
79	129	88	41	141	112	29	3	1	2
80-84岁	**301**	**219**	**82**	**344**	**263**	**81**	**5**	**4**	**1**
80	88	64	24	101	84	17	2	2	
81	56	41	16	89	65	24			
82	77	59	18	63	48	15	1	1	
83	48	32	16	47	36	11	1	1	
84	32	24	8	44	31	13	1		1
85-89岁	**96**	**76**	**20**	**114**	**80**	**35**	**2**	**1**	**1**
85	31	23	8	40	29	11	1		1
86	18	13	5	23	18	5			
87	20	18	2	22	14	8	1	1	
88	13	10	3	11	6	5			
89	13	12	1	18	13	5			
90-94岁	**18**	**11**	**7**	**27**	**22**	**5**			
90	5	3	3	9	7	2			
91	5	1	3	7	5	3			
92	4	4		6	6				
93	1	1		3	3				
94	4	3	1	2	2				
95-99岁	**7**	**4**	**3**	**8**	**5**	**3**			
95				1	1				
96	5	3	1	3	3				
97	1	1							
98				1		1			
99	2		2	3	1	2			
100岁及以上	**1**		**1**	**1**	**1**				

9-8b 全省分年龄、性别、受教育程度的60岁及以上老年人口（镇）

单位：人

年龄	60岁及以上人口			未上过学			小学		
	合计	男	女	小计	男	女	小计	男	女
总计	**68694**	**33701**	**34993**	**14350**	**3207**	**11143**	**35329**	**16835**	**18495**
60-64岁	**24149**	**12171**	**11978**	**2183**	**450**	**1733**	**12293**	**5119**	**7174**
60	5597	2847	2750	461	95	366	2632	1080	1552
61	5353	2734	2619	452	88	364	2591	1080	1511
62	4812	2397	2415	408	91	316	2535	1038	1497
63	4565	2257	2308	437	76	360	2505	1052	1453
64	3822	1936	1886	426	100	326	2030	869	1161
65-69岁	**15701**	**8218**	**7483**	**2108**	**475**	**1633**	**8841**	**4240**	**4601**
65	3955	2065	1890	450	90	360	2140	998	1142
66	3616	1871	1745	452	97	354	2087	991	1096
67	2969	1566	1403	405	108	297	1690	803	887
68	2728	1427	1301	404	93	311	1550	754	796
69	2432	1290	1143	397	87	310	1374	694	680
70-74岁	**10539**	**5379**	**5161**	**2387**	**587**	**1800**	**5773**	**2975**	**2798**
70	2568	1357	1211	520	142	378	1381	707	674
71	2183	1101	1082	456	127	329	1243	600	643
72	2028	1049	979	485	109	376	1094	592	501
73	1877	943	934	417	100	317	1048	535	513
74	1882	928	955	509	109	400	1007	540	467
75-79岁	**8326**	**4029**	**4297**	**2750**	**681**	**2069**	**4247**	**2304**	**1943**
75	1862	924	937	558	128	431	937	510	427
76	1594	763	832	497	120	377	845	452	393
77	1711	849	862	579	164	415	870	480	390
78	1605	783	822	535	130	405	840	469	371
79	1554	710	844	580	140	441	756	394	362
80-84岁	**5836**	**2458**	**3378**	**2610**	**579**	**2031**	**2621**	**1396**	**1225**
80	1400	614	787	591	130	461	654	362	292
81	1246	540	706	524	118	407	567	301	266
82	1271	514	756	577	129	448	563	282	281
83	1033	427	606	482	105	377	454	242	212
84	886	362	523	436	98	338	383	209	174
85-89岁	**2898**	**1082**	**1815**	**1544**	**315**	**1230**	**1142**	**600**	**542**
85	824	326	498	406	89	317	346	182	163
86	604	230	374	319	76	243	237	118	119
87	574	224	349	310	68	242	219	119	101
88	502	173	329	285	50	235	192	102	90
89	394	129	265	224	32	192	149	78	70
90-94岁	**1008**	**307**	**701**	**603**	**99**	**504**	**351**	**173**	**178**
90	330	105	225	189	32	157	123	63	60
91	240	75	165	147	27	120	82	41	41
92	184	55	129	104	16	88	69	32	37
93	135	37	99	87	12	75	41	19	22
94	119	36	83	76	12	64	35	18	17
95-99岁	**211**	**53**	**157**	**144**	**19**	**125**	**55**	**26**	**29**
95	76	23	54	48	4	44	23	15	9
96	29	9	20	19	4	16	8	4	4
97	40	9	32	29	5	24	9	1	7
98	39	10	29	30	5	26	8	5	4
99	26	3	23	18	2	16	7	1	6
100岁及以上	**26**	**3**	**23**	**20**	**1**	**19**	**5**	**1**	**3**

9-8b 续表 1

单位：人

年 龄	初 中			普通高中			中 职		
	小计	男	女	小计	男	女	小计	男	女
总 计	**14161**	**9754**	**4408**	**3495**	**2792**	**703**	**728**	**569**	**158**
60-64岁	**7242**	**4706**	**2537**	**1926**	**1506**	**420**	**242**	**169**	**72**
60	1820	1150	671	553	438	115	59	31	28
61	1722	1104	618	476	370	106	52	39	13
62	1411	914	497	370	281	89	46	37	9
63	1216	805	410	307	239	69	45	36	9
64	1074	733	341	220	178	41	41	27	13
65-69岁	**3612**	**2569**	**1042**	**797**	**656**	**141**	**190**	**143**	**48**
65	1030	710	321	259	207	52	39	27	12
66	817	564	253	179	148	31	41	33	8
67	671	492	179	136	115	22	42	31	11
68	579	421	158	136	112	24	30	22	9
69	514	383	131	86	74	12	38	30	7
70-74岁	**1719**	**1279**	**440**	**400**	**314**	**86**	**148**	**130**	**18**
70	503	370	133	98	80	18	39	36	4
71	340	257	83	83	66	16	35	29	6
72	332	249	83	76	62	14	24	21	3
73	288	213	75	79	59	20	24	20	4
74	256	191	66	65	47	17	25	23	2
75-79岁	**947**	**719**	**228**	**215**	**180**	**36**	**96**	**83**	**13**
75	264	200	64	59	50	10	30	27	3
76	175	125	50	44	36	8	18	15	3
77	183	142	42	44	37	7	20	17	3
78	171	130	40	35	30	5	13	12	1
79	154	122	32	33	27	6	14	12	2
80-84岁	**429**	**327**	**103**	**109**	**95**	**14**	**41**	**36**	**4**
80	104	78	26	29	23	6	14	14	
81	110	82	28	27	23	4	8	8	1
82	97	72	26	23	22	1	8	7	1
83	74	60	14	13	12	2	6	5	1
84	44	35	9	16	15	1	4	2	1
85-89岁	**157**	**120**	**37**	**40**	**36**	**4**	**10**	**7**	**3**
85	57	41	17	12	11		3	2	1
86	37	28	9	7	5	2	4	3	2
87	32	25	6	10	10		1	1	
88	16	13	2	7	5	1	2	2	
89	16	13	3	4	4	1			
90-94岁	**45**	**29**	**17**	**5**	**3**	**2**			
90	15	8	7	2	1	1			
91	9	4	4						
92	8	6	2	2	1	1			
93	6	5	1	1	1				
94	8	6	1						
95-99岁	**8**	**5**	**3**	**2**	**2**				
95	3	2	1	1	1				
96	2	1							
97	2	2	1	1	1				
98									
99	1		1						
100岁及以上	**1**		**1**	**1**	**1**				

9-8b 续表 2

单位：人

年 龄	大学专科			大学本科			研究生及以上		
	小计	男	女	小计	男	女	小计	男	女
总 计	**528**	**458**	**70**	**101**	**87**	**14**	**2**		**2**
60-64岁	**229**	**195**	**33**	**34**	**26**	**8**			
60	62	47	15	11	8	3			
61	52	46	6	8	7	1			
62	35	31	3	7	4	3			
63	49	44	6	6	5	1			
64	30	27	3	2	2				
65-69岁	**125**	**109**	**16**	**27**	**26**	**1**			
65	31	28	3	6	6				
66	32	29	3	8	8				
67	23	17	6	2	2				
68	22	19	3	6	6				
69	18	17	1	5	5				
70-74岁	**88**	**76**	**12**	**23**	**18**	**5**	**1**		**1**
70	22	19	4	3	2	1			
71	23	20	3	5	3	2			
72	12	10	1	6	6				
73	15	12	3	5	4	1	1		1
74	16	15	2	3	2	1			
75-79岁	**57**	**49**	**8**	**12**	**12**				
75	11	9	2	2	2				
76	13	13		2	2				
77	10	6	4	4	4				
78	10	10		2	2				
79	13	12	1	3	3				
80-84岁	**22**	**22**		**3**	**3**		**1**		**1**
80	4	4		2	2		1		1
81	8	8		1	1				
82	3	3							
83	3	3							
84	3	3							
85-89岁	**4**	**4**		**1**	**1**				
85	2	2							
86									
87	1	1		1	1				
88	1	1							
89									
90-94岁	**2**	**2**		**1**	**1**				
90	1	1							
91	1	1		1	1				
92									
93									
94									
95-99岁	**1**	**1**							
95	1	1							
96									
97									
98									
99									
100岁及以上									

9-8c 全省分年龄、性别、受教育程度的60岁及以上老年人口（乡村）

单位：人

年龄	60岁及以上人口			未上过学			小学		
	合计	男	女	小计	男	女	小计	男	女
总计	**147560**	**72969**	**74590**	**35070**	**8174**	**26896**	**82330**	**41882**	**40448**
60-64岁	**48483**	**25138**	**23345**	**4536**	**916**	**3620**	**27582**	**12223**	**15358**
60	11165	5795	5369	899	185	714	6031	2583	3448
61	10609	5460	5149	909	169	740	5907	2529	3378
62	9796	5103	4693	835	174	661	5682	2488	3194
63	9141	4725	4415	964	198	766	5365	2482	2884
64	7773	4055	3719	929	190	739	4597	2142	2455
65-69岁	**32131**	**16952**	**15179**	**4921**	**1172**	**3748**	**19887**	**10038**	**9849**
65	7910	4149	3761	998	229	769	4779	2274	2505
66	7203	3955	3248	1018	263	755	4428	2290	2138
67	6235	3175	3060	988	233	754	3896	1892	2004
68	5635	2949	2687	980	217	763	3536	1861	1675
69	5148	2725	2423	937	229	707	3247	1721	1527
70-74岁	**23786**	**12252**	**11534**	**6005**	**1509**	**4495**	**14277**	**7914**	**6363**
70	5405	2885	2520	1246	339	907	3266	1822	1443
71	4807	2493	2314	1139	294	845	2979	1638	1341
72	4620	2358	2262	1160	294	866	2780	1513	1267
73	4572	2345	2228	1251	314	938	2637	1477	1161
74	4381	2171	2210	1208	269	940	2614	1464	1150
75-79岁	**18829**	**9129**	**9700**	**6797**	**1707**	**5091**	**10190**	**5936**	**4254**
75	4148	2113	2036	1239	304	934	2395	1386	1009
76	3625	1800	1825	1254	330	924	2008	1177	831
77	3870	1888	1982	1392	332	1060	2104	1259	845
78	3633	1706	1927	1429	364	1065	1871	1071	800
79	3554	1622	1931	1484	376	1108	1812	1043	769
80-84岁	**14184**	**5947**	**8236**	**6807**	**1627**	**5180**	**6638**	**3740**	**2899**
80	3474	1525	1949	1546	379	1167	1713	983	730
81	3002	1307	1695	1368	340	1028	1457	827	630
82	2915	1231	1684	1356	329	1027	1416	788	628
83	2652	1024	1628	1369	296	1073	1173	643	530
84	2140	859	1280	1167	282	885	879	499	381
85-89岁	**7133**	**2626**	**4507**	**3986**	**855**	**3131**	**2841**	**1556**	**1286**
85	2014	788	1226	1055	225	830	850	480	370
86	1495	563	931	839	196	643	599	327	272
87	1507	536	971	866	184	681	577	308	270
88	1212	430	782	716	146	570	453	254	199
89	906	310	596	509	104	406	362	187	175
90-94岁	**2418**	**769**	**1650**	**1599**	**315**	**1284**	**755**	**403**	**352**
90	830	258	572	525	99	426	281	139	142
91	527	173	355	348	66	282	165	95	70
92	454	142	311	312	64	248	130	68	63
93	345	124	221	239	57	183	94	58	36
94	263	72	191	175	29	146	84	43	41
95-99岁	**517**	**143**	**374**	**362**	**68**	**294**	**142**	**67**	**76**
95	196	61	135	131	25	106	59	31	28
96	124	27	97	93	14	80	29	12	18
97	98	28	70	71	15	55	27	13	14
98	60	16	45	39	7	32	17	7	10
99	39	11	27	28	7	20	10	4	6
100岁及以上	**78**	**12**	**65**	**58**	**5**	**54**	**17**	**6**	**11**

9-8c 续表 1 单位：人

年 龄	初 中			普通高中			中 职		
	小计	男	女	小计	男	女	小计	男	女
总 计	**25494**	**18884**	**6610**	**4128**	**3557**	**571**	**339**	**299**	**41**
60-64岁	**13610**	**9645**	**3965**	**2546**	**2171**	**375**	**120**	**107**	**13**
60	3471	2378	1094	713	604	108	33	30	3
61	3151	2221	930	589	497	92	30	26	5
62	2714	1954	759	524	451	73	22	19	3
63	2377	1678	698	390	329	61	26	23	3
64	1897	1414	483	330	288	41	9	9	
65-69岁	**6272**	**4826**	**1446**	**903**	**788**	**115**	**103**	**89**	**14**
65	1790	1347	444	295	259	36	33	27	6
66	1526	1196	330	204	183	22	15	13	2
67	1140	869	271	178	154	24	28	23	5
68	958	734	224	139	115	24	15	14	1
69	857	680	177	88	77	10	12	12	1
70-74岁	**3048**	**2427**	**621**	**370**	**323**	**47**	**57**	**52**	**5**
70	794	636	158	83	72	11	11	10	1
71	598	483	115	73	62	11	11	10	1
72	583	462	121	79	73	6	13	12	1
73	597	479	118	72	63	9	9	8	1
74	476	368	108	63	52	11	13	12	1
75-79岁	**1592**	**1261**	**331**	**192**	**174**	**18**	**38**	**32**	**6**
75	433	349	84	64	59	5	11	9	3
76	321	253	67	29	27	2	7	7	1
77	323	252	71	43	37	6	6	6	
78	286	226	59	36	36		6	4	2
79	229	180	49	20	15	5	7	7	
80-84岁	**640**	**493**	**147**	**77**	**71**	**7**	**12**	**10**	**1**
80	191	140	51	17	17		5	5	
81	150	119	32	22	17	4	3	3	
82	125	98	27	16	15	1			
83	98	72	26	10	10		2	2	
84	75	64	11	13	12	2	2	1	1
85-89岁	**262**	**181**	**82**	**33**	**24**	**9**	**7**	**6**	
85	92	70	22	12	8	4	2	2	
86	45	31	15	8	7	1	3	3	
87	55	37	17	7	4	3	1	1	
88	38	26	13	4	3	1			
89	32	17	16	3	3				
90-94岁	**55**	**42**	**13**	**6**	**6**		**1**	**1**	
90	21	16	4	1	1		1	1	
91	12	10	2	2	1				
92	11	10	1						
93	8	6	2	3	3				
94	4		4						
95-99岁	**12**	**7**	**5**	**1**	**1**				
95	5	4	1	1	1				
96	2	2							
97	1	1							
98	4	2	3						
99	1		1						
100岁及以上	**3**	**2**	**1**						

9-8c 续表 2

单位：人

年 龄	大学专科			大学本科			研究生及以上		
	小计	男	女	小计	男	女	小计	男	女
总 计	**168**	**146**	**22**	**28**	**25**	**3**	**2**	**2**	
60-64岁	**79**	**66**	**13**	**9**	**9**		**1**	**1**	
60	15	12	2	2	2		1	1	
61	21	18	4	1	1				
62	17	14	3	2	2				
63	17	13	4	2	2				
64	9	9		3	3				
65-69岁	**39**	**33**	**5**	**7**	**6**	**1**			
65	14	12	2	1	1				
66	11	10	1						
67	3	1	2	2	2				
68	6	6		1	1				
69	4	4		2	2	1			
70-74岁	**23**	**21**	**2**	**6**	**5**	**1**			
70	5	5		1	1				
71	6	5	1	1		1			
72	3	3		2	2				
73	5	4	1						
74	4	4		3	3				
75-79岁	**16**	**16**	**1**	**4**	**4**				
75	4	4		2	2				
76	5	5							
77	1	1		1	1				
78	4	4		2	2				
79	2	1	1						
80-84岁	**7**	**6**	**1**	**1**		**1**	**1**	**1**	
80	2	1	1						
81	2	2		1		1			
82	1	1		1		1	1	1	
83									
84	2	2							
85-89岁	**4**	**4**							
85	3	3							
86									
87	1	1							
88									
89									
90-94岁				**1**	**1**				
90				1	1				
91									
92									
93									
94									
95-99岁									
95									
96									
97									
98									
99									
100岁及以上									

10 死亡

10-1 各地区分年龄、性别的死亡人口
（2014.11.1-2015.10.31）

单位：人

地 区	死亡人口			0岁			1-4岁		
	合计	男	女	小计	男	女	小计	男	女
全 省	**11366**	**6586**	**4780**	**38**	**21**	**17**	**49**	**31**	**18**
广州市	**1072**	**619**	**453**				**4**	**2**	**2**
荔湾区	137	80	57						
越秀区	185	97	88						
海珠区	168	92	76				1	1	
天河区	63	37	26				1		1
白云区	126	69	58						
黄埔区	27	19	9						
番禺区	60	35	25				1	1	
花都区	71	41	31				1		1
南沙区	59	36	23						
萝岗区	20	12	8						
从化区	71	49	22						
增城区	84	53	31						
韶关市	**407**	**234**	**173**	**4**	**2**	**2**			
武江区	28	15	12	1		1			
浈江区	45	26	19						
曲江区	38	24	13						
始兴县	36	19	17	1	1	1			
仁化县	20	12	7						
翁源县	67	30	37						
乳源瑶族自治县	35	20	15	1	1				
新丰县	38	26	12						
乐昌市	55	32	24	1	1				
南雄市	45	29	16						
深圳市	**946**	**502**	**444**	**4**	**1**	**2**	**16**	**13**	**3**
罗湖区	65	34	31						
福田区	31	19	12	1		1	1	1	
南山区	149	81	67	1		1	1	1	
宝安区	515	268	246				13	11	2
龙岗区	164	88	76	1	1				
盐田区	22	12	10						
珠海市	**68**	**39**	**29**						
香洲区	23	14	9						
斗门区	35	18	18						
金湾区	9	6	3						
汕头市	**737**	**412**	**324**	**3**		**3**	**3**		**3**
龙湖区	61	40	21						
金平区	111	50	61	1		1	1		1
濠江区	41	21	19						
潮阳区	227	125	101	2		2	1		1
潮南区	172	108	64						
澄海区	111	58	53				1		1
南澳县	14	10	4						
佛山市	**507**	**279**	**229**	**1**	**1**				
禅城区	82	53	29						
南海区	125	61	63						
顺德区	171	100	71						
三水区	69	35	34						
高明区	62	30	32	1	1				

10-1 续表 1

单位：人

地 区	5-9岁			10-14岁			15-19岁			20-24岁		
	小计	男	女	小计	男	女	小计	男	女	小计	男	女
全 省	**23**	**16**	**7**	**20**	**14**	**7**	**50**	**38**	**13**	**75**	**58**	**17**
广州市				**1**	**1**		**5**	**5**	**1**	**5**	**5**	
荔湾区												
越秀区				1	1					1	1	
海珠区										1	1	
天河区												
白云区												
黄埔区												
番禺区												
花都区							1	1		1	1	
南沙区							2	2				
萝岗区										1	1	
从化区							3	2	1	1	1	
增城区										1	1	
韶关市	**2**	**1**	**1**	**1**		**1**	**1**		**1**	**2**	**2**	
武江区												
浈江区												
曲江区										1	1	
始兴县										1	1	
仁化县												
翁源县	1		1	1		1	1		1			
乳源瑶族自治县												
新丰县	1	1										
乐昌市												
南雄市										1	1	
深圳市	**1**	**1**		**4**	**4**		**1**	**1**		**9**	**7**	**2**
罗湖区							1	1				
福田区												
南山区	1	1								2	2	
宝安区				2	2					7	4	2
龙岗区				1	1							
盐田区												
珠海市										**1**	**1**	
香洲区												
斗门区										1	1	
金湾区												
汕头市	**1**	**1**		**1**	**1**		**4**	**1**	**3**	**2**	**1**	**1**
龙湖区	1	1					1	1	1			
金平区												
濠江区										1	1	
潮阳区				1	1		2		2	1		1
潮南区												
澄海区												
南澳县												
佛山市										**6**	**1**	**4**
禅城区												
南海区										3		3
顺德区										3	1	1
三水区												
高明区												

10-1 续表 2

单位：人

地 区	25-29岁			30-34岁			35-39岁			40-44岁		
	小计	男	女	小计	男	女	小计	男	女	小计	男	女
全 省	**92**	**64**	**28**	**108**	**70**	**38**	**142**	**91**	**51**	**249**	**171**	**78**
广州市	**7**	**5**	**1**	**7**	**3**	**3**	**7**	**7**		**15**	**13**	**3**
荔湾区	1	1										
越秀区	1	1								4	2	2
海珠区				1		1	1	1		2	2	
天河区										2	2	
白云区	1		1	1		1						
黄埔区										1	1	
番禺区				1	1		3	3		2	2	
花都区							1	1		2	2	
南沙区	2	2					1	1				
萝岗区				1		1						
从化区	1	1		2	2		1	1		1		1
增城区	1	1								1	1	
韶关市	**3**	**3**		**3**	**2**	**1**	**4**	**3**		**6**	**4**	**2**
武江区										1	1	
浈江区										2	1	1
曲江区	1	1		1	1		1	1		1	1	
始兴县												
仁化县												
翁源县	1	1		1		1				1	1	
乳源瑶族自治县							1	1		1	1	
新丰县							1	1				
乐昌市	1	1		1		1						
南雄市				1	1					2	1	1
深圳市	**10**	**10**		**17**	**10**	**7**	**19**	**9**	**10**	**41**	**23**	**18**
罗湖区												
福田区							1		1			
南山区	1	1		3	2	1	2		2	7	4	3
宝安区	9	9		11	7	4	13	7	7	24	11	13
龙岗区				3	1	1	3	3		8	7	1
盐田区												
珠海市	**1**		**1**	**1**	**1**					**1**	**1**	
香洲区				1	1							
斗门区	1		1							1	1	
金湾区												
汕头市	**6**	**5**	**1**	**6**	**5**	**1**	**12**	**9**	**3**	**15**	**8**	**7**
龙湖区	1	1								2	2	1
金平区	1	1					2	2		3	1	2
濠江区	1	1										
潮阳区	1		1	4	2	1	5	4	1	6	2	4
潮南区	3	3		1	1		4	3	1	3	3	
澄海区				2	2		1	1		1	1	
南澳县												
佛山市	**7**	**4**	**3**	**5**	**2**	**3**	**9**	**5**	**4**	**13**	**6**	**7**
禅城区				1		1	1	1		3	2	1
南海区	2	2					3	2	2	3		3
顺德区	3	1	1	1	1		1	1		6	3	3
三水区	3	1	1	1		1	2		2	1	1	
高明区				1	1	1	1	1	1			

10-1 续表 3 单位：人

地 区	45-49岁			50-54岁			55-59岁			60-64岁		
	小计	男	女	小计	男	女	小计	男	女	小计	男	女
全 省	**371**	**261**	**110**	**523**	**377**	**146**	**700**	**461**	**239**	**898**	**631**	**266**
广州市	**31**	**22**	**9**	**50**	**35**	**15**	**76**	**49**	**27**	**90**	**61**	**29**
荔湾区	1	1		9	6	3	11	8	3	9	5	4
越秀区	1	1		7	2	5	11	5	6	22	16	6
海珠区	7	2	5	5	5		14	9	5	19	13	6
天河区	4	3	1	1		1	4	3	1	7	4	2
白云区	4	4		5	3	3	5	1	4	3	1	1
黄埔区	1	1		1	1		1	1		2	1	1
番禺区	2		2	1		1	4	3	1	7	3	4
花都区	2	1	1	7	6	1	5	5		6	5	1
南沙区	1		1	2	2		5	4	1	3	3	1
萝岗区	2	2		1	1		1	1		2	2	
从化区	2	2		3	3	1	5	3	2	7	5	1
增城区	4	4		7	7		8	5	3	4	2	2
韶关市	**21**	**17**	**4**	**21**	**16**	**5**	**32**	**23**	**8**	**39**	**28**	**11**
武江区	2	1	1	1		1	2	1	2	3	2	1
浈江区	2	2	1	2	2		4	4		2	2	1
曲江区	3	2	1	1	1	1	3	3	1	3	2	1
始兴县	1	1		2	2		3	2	1	4	3	1
仁化县	1	1	1	1		1	1	1				
翁源县	4	4		3	2	1	5	4	1	7	3	4
乳源瑶族自治县	2	1	1	3	3		1	1		4	3	1
新丰县	3	3		2	1		4	2	1	3	2	1
乐昌市	1	1		3	3	1	7	4	3	8	8	
南雄市	3	2	1	3	3	1	3	2	1	4	3	1
深圳市	**46**	**37**	**9**	**40**	**31**	**9**	**50**	**28**	**22**	**51**	**32**	**19**
罗湖区	1	1		1	1					3	2	1
福田区				1	1		2	2				
南山区	9	5	3	6	5	1	11	5	5	6	2	4
宝安区	26	22	4	26	20	7	26	13	13	33	22	11
龙岗区	8	7	1	3	3		10	7	3	7	4	3
盐田区	2	1		3	1	1	1			1	1	
珠海市	**3**	**1**	**2**	**1**	**1**		**5**	**1**	**4**	**8**	**5**	**3**
香洲区							2		2	3	2	1
斗门区	2		2	1	1		3	1	2	4	2	2
金湾区	1	1								1	1	
汕头市	**26**	**16**	**10**	**38**	**29**	**9**	**35**	**22**	**14**	**54**	**38**	**16**
龙湖区	4	2	2	4	3	2	4	4	1	4	4	
金平区	4	1	3	4	2	2	6	2	4	6	2	4
濠江区	2	1	1	1	1		4	3	1	3	2	1
潮阳区	7	6	1	11	10	1	7	5	2	22	12	9
潮南区	6	5	1	11	8	4	7	5	1	8	6	1
澄海区	3	1	2	6	5	1	7	3	4	11	11	
南澳县				1	1		1					
佛山市	**16**	**12**	**4**	**18**	**15**	**3**	**32**	**25**	**8**	**45**	**32**	**13**
禅城区	3	2	1	4	4		6	2	4	6	4	2
南海区	3	3		5	5		5	5		13	9	4
顺德区	7	4	3	4	3	1	12	10	1	16	13	3
三水区	1	1		2	2		5	4	1	5	3	2
高明区	1	1		3	2	1	5	3	1	4	3	1

10-1 续表 4 单位：人

地　区	65-69岁			70-74岁			75-79岁			80-84岁		
	小计	男	女	小计	男	女	小计	男	女	小计	男	女
全　省	**1001**	**679**	**322**	**1129**	**758**	**371**	**1582**	**918**	**664**	**1838**	**952**	**885**
广州市	**98**	**69**	**29**	**111**	**68**	**43**	**137**	**72**	**65**	**201**	**105**	**96**
荔湾区	9	6	3	8	2	6	25	15	10	31	15	16
越秀区	11	6	5	20	12	7	21	11	9	42	23	19
海珠区	9	8	1	16	6	11	20	11	9	37	25	13
天河区	6	3	2	6	2	3	9	4	4	13	8	6
白云区	19	12	7	19	16	3	16	5	11	15	9	6
黄埔区	2	1	1	4	1	4	6	4	1	4	2	1
番禺区	10	10		10	7	3	4	1	3	6	2	4
花都区	6	5	1	6	4	2	6	4	3	13	4	10
南沙区	11	6	5	5	5	1	9	7	3	8	1	7
萝岗区	3	1	2	2	2		1		1	2		2
从化区	7	5	1	5	5		10	7	3	13	7	6
增城区	5	4	1	11	7	4	9	2	7	18	10	8
韶关市	**32**	**20**	**12**	**42**	**28**	**14**	**63**	**32**	**31**	**67**	**32**	**35**
武江区	3	2	1	4	3	1	5	3	2	4	2	2
浈江区	2	1	1	2	2		8	5	3	15	6	8
曲江区	2	2		3	3		4	2	2	6	3	3
始兴县	2	1	1	2	2		4	1	3	9	4	6
仁化县	1	1		5	4	1	5	2	3	1	1	1
翁源县	8	4	4	7	5	2	8	4	5	9	2	7
乳源瑶族自治县	4	2	1	3	1	1	5	3	2	6	4	2
新丰县	2	1	1	4	3	1	7	4	3	4	3	1
乐昌市	5	4	2	6	1	6	10	5	5	6	4	3
南雄市	5	3	2	6	6	1	6	3	3	6	4	1
深圳市	**63**	**43**	**20**	**63**	**48**	**15**	**130**	**68**	**62**	**164**	**70**	**94**
罗湖区	3	2	1	7	6	1	9	6	3	12	5	7
福田区	2		2	4	4		4	2	2	10	5	5
南山区	16	9	7	11	7	3	27	17	10	20	13	7
宝安区	29	22	7	29	20	9	75	35	40	86	29	57
龙岗区	11	10	1	10	8	1	14	7	7	31	15	15
盐田区	2		1	3	2	1	1			4	3	1
珠海市	**6**	**4**	**2**	**6**	**4**	**2**	**10**	**6**	**4**	**9**	**5**	**3**
香洲区	2	1	1	4	3	1	4	4		4	3	2
斗门区	4	3	1	3	1	1	4	1	3	4	3	1
金湾区							2	1	1			
汕头市	**62**	**40**	**22**	**69**	**51**	**18**	**113**	**69**	**44**	**109**	**50**	**58**
龙湖区	9	5	4	3	3		5	4	1	6	4	3
金平区	9	4	5	11	9	2	12	8	4	19	6	13
濠江区	2	2		4	3	1	5	4	1	4	2	3
潮阳区	17	12	5	29	19	10	30	17	13	38	16	22
潮南区	14	9	5	12	10	1	39	26	12	24	14	10
澄海区	10	7	3	9	5	3	19	8	12	15	8	7
南澳县	1	1		2	1	1	4	3	1	2	1	1
佛山市	**56**	**30**	**27**	**52**	**30**	**23**	**61**	**34**	**27**	**72**	**43**	**29**
禅城区	9	7	2	3	2	1	13	11	2	16	9	7
南海区	19	8	11	20	14	6	9	3	6	15	7	8
顺德区	15	9	6	16	9	7	25	15	10	18	15	3
三水区	9	4	5	6	2	4	7	3	4	10	5	5
高明区	4	2	2	7	3	4	6	2	4	13	7	6

10-1 续表 5 单位：人

地区	85-89岁			90-94岁			95-99岁			100岁及以上		
	小计	男	女	小计	男	女	小计	男	女	小计	男	女
全省	**1450**	**636**	**814**	**725**	**269**	**456**	**237**	**62**	**175**	**65**	**7**	**58**
广州市	**148**	**70**	**78**	**53**	**19**	**34**	**18**	**6**	**12**	**8**	**1**	**6**
荔湾区	22	14	8	8	5	3	3	2	1			
越秀区	24	10	14	8	3	5	6	1	5	4		4
海珠区	26	8	18	5		5	2		2	1		1
天河区	8	4	3	1	1							
白云区	23	11	12	9	3	7	4	1	3	1	1	
黄埔区	3	2	1	1	1		1	1				
番禺区	5	2	3	3		3				1		1
花都区	10	3	7	5		5	1	1				
南沙区	8	5	3	2		2						
萝岗区	3	1	2	1		1						
从化区	8	4	4	3	2	1	1		1			
增城区	9	5	4	6	4	2						
韶关市	**41**	**15**	**27**	**17**	**5**	**12**	**4**	**1**	**3**	**2**		**1**
武江区	2	1										
浈江区	5	3	2	3		3						
曲江区	7	3	4	2	1	1	1	1	1	1		1
始兴县	5	1	4	2	1	1						
仁化县	2	1	1	1	1	1						
翁源县	5	1	4	4	1	3	2		2			
乳源瑶族自治县	4		3							1		1
新丰县	3	3		1		1						
乐昌市	4	1	4	2	1	1						
南雄市	5	1	4	1		1						
深圳市	**117**	**36**	**81**	**64**	**18**	**46**	**31**	**14**	**18**	**7**		**7**
罗湖区	14	6	8	8	4	4	3		3	2		2
福田区	3	3					1		1			
南山区	13	3	10	9	2	6	1		1	1		1
宝安区	59	18	42	26	7	20	18	11	7	2		2
龙岗区	24	6	18	20	4	15	8	3	6	1		1
盐田区	3	1	3	1	1							
珠海市	**6**	**3**	**3**	**6**	**2**	**4**	**1**		**1**			
香洲区	2	1	1	2	1	1	1		1			
斗门区	4	2	2	3	1	2						
金湾区				1		1						
汕头市	**108**	**51**	**57**	**47**	**9**	**37**	**18**	**4**	**14**	**4**	**1**	**3**
龙湖区	12	5	7	3	1	2	1	1		1	1	
金平区	21	11	11	11	2	9	2	1	1			
濠江区	5		4	4	1	3	3		3			
潮阳区	28	16	12	12	2	10	2	1	1			
潮南区	24	11	13	9	3	6	7	1	5	2		2
澄海区	16	6	10	8	1	7	3		3			
南澳县	2	1	1	1		1						
佛山市	**59**	**24**	**35**	**34**	**11**	**23**	**18**	**3**	**15**	**5**	**1**	**3**
禅城区	8	5	3	3	1	2	4	2	2	1		1
南海区	11	6	5	10		10	6		6			
顺德区	24	7	16	10	4	6	6		6	3	1	1
三水区	11	5	6	4	3	1	1	1		1		1
高明区	6	1	6	7	3	3	1		1			

10-1 续表 6

单位：人

地　　区	死亡人口			0岁			1-4岁		
	合计	男	女	小计	男	女	小计	男	女
江门市	**625**	**338**	**287**				**3**	**1**	**2**
蓬江区	78	47	31						
江海区	20	10	10						
新会区	90	52	38						
台山市	195	106	89				2	1	1
开平市	116	58	58				1		1
鹤山市	62	36	25						
恩平市	65	28	36						
湛江市	**699**	**429**	**270**	**1**	**1**		**3**	**2**	**1**
赤坎区	24	15	9						
霞山区	26	15	11	1	1				
坡头区	27	18	9						
麻章区	22	11	11						
遂溪县	98	60	37						
徐闻县	55	33	22				2	1	1
廉江市	226	140	86						
雷州市	145	87	58						
吴川市	77	50	27				1	1	
茂名市	**713**	**464**	**249**	**6**	**6**		**2**	**1**	**1**
茂南区	71	51	20						
电白区	183	122	61	2	2		1	1	
高州市	131	75	56						
化州市	161	104	57	2	2		1		1
信宜市	167	112	55	3	3				
肇庆市	**595**	**337**	**258**	**1**		**1**	**4**	**2**	**2**
端州区	53	25	28						
鼎湖区	22	14	8						
广宁县	84	45	39						
怀集县	126	89	37	1		1	2	1	1
封开县	62	32	30				1		1
德庆县	54	30	24						
高要市	122	70	53				1	1	
四会市	73	33	40						
惠州市	**419**	**257**	**162**				**1**	**1**	
惠城区	135	76	59						
惠阳区	44	23	21						
博罗县	80	48	32						
惠东县	87	59	28				1	1	
龙门县	72	50	22						
梅州市	**741**	**421**	**320**	**2**	**2**		**4**	**2**	**1**
梅江区	34	20	14	1	1		1	1	
梅县区	73	42	30				1		1
大埔县	76	41	34						
丰顺县	101	49	52				1	1	
五华县	215	135	80						
平远县	41	24	17						
蕉岭县	46	25	20						
兴宁市	155	85	70	1	1		1	1	

10-1 续表 7

单位：人

地 区	5-9岁			10-14岁			15-19岁			20-24岁		
	小计	男	女	小计	男	女	小计	男	女	小计	男	女
江门市	**1**	**1**					**1**	**1**		**2**	**2**	
蓬江区										1	1	
江海区												
新会区												
台山市							1	1		1	1	
开平市												
鹤山市	1	1										
恩平市												
湛江市	**2**	**1**	**1**	**3**	**1**	**2**	**8**	**8**		**10**	**9**	**1**
赤坎区				1	1							
霞山区												
坡头区							1	1				
麻章区												
遂溪县	1	1		1		1						
徐闻县	1		1				2	2		1	1	
廉江市							1	1		2	2	
雷州市				1		1	1	1		4	3	1
吴川市							2	2		2	2	
茂名市	**2**	**2**	**1**	**2**	**2**		**9**	**5**	**4**	**9**	**8**	**1**
茂南区							1		1	1	1	
电白区							4	3	2	1		1
高州市												
化州市	2	2	1				3	2	1	2	2	
信宜市				2	2		1		1	5	5	
肇庆市	**1**	**1**		**1**	**1**		**1**	**1**		**2**	**2**	
端州区												
鼎湖区												
广宁县	1	1										
怀集县										1	1	
封开县							1	1				
德庆县				1	1					1	1	
高要市												
四会市												
惠州市							**1**	**1**		**2**	**1**	**1**
惠城区							1	1				
惠阳区												
博罗县												
惠东县										1		1
龙门县										1	1	
梅州市	**2**	**1**	**1**	**1**		**1**	**1**	**1**		**3**	**1**	**2**
梅江区												
梅县区				1		1	1	1				
大埔县												
丰顺县	1	1								1	1	
五华县												
平远县												
蕉岭县												
兴宁市	1		1							2		2

10-1 续表 8 单位：人

地区	25-29岁			30-34岁			35-39岁			40-44岁		
	小计	男	女	小计	男	女	小计	男	女	小计	男	女
江门市	**5**	**3**	**2**	**6**	**1**	**5**	**2**		**2**	**13**	**7**	**5**
蓬江区							1		1	1	1	
江海区	1	1								1	1	
新会区	2	1	1	1	1							
台山市	1	1		1		1				2	2	
开平市							1		1	3	2	1
鹤山市	2	1	1									
恩平市				4		4				6	1	4
湛江市	**5**	**2**	**3**	**8**	**6**	**1**	**9**	**2**	**7**	**13**	**11**	**3**
赤坎区										2	2	
霞山区				1	1					2	1	1
坡头区	1	1										
麻章区	1		1				1	1				
遂溪县				1	1					2	1	1
徐闻县	1		1	1	1					1	1	
廉江市				2	1	1	2	1	1	1		1
雷州市	1	1		3	3		5		5	1	1	
吴川市	1		1				1		1	4	4	
茂名市	**11**	**7**	**4**	**8**	**7**	**1**	**7**	**3**	**4**	**18**	**12**	**6**
茂南区	3	2	1	1	1		1		1	2	1	2
电白区	2	2		2	2		4	2	2	4	3	2
高州市				4	4					2	2	
化州市	2		2	2	1	1	2	1	2	6	5	1
信宜市	5	3	2							3	2	2
肇庆市	**6**	**3**	**3**	**4**	**4**		**6**	**5**	**2**	**15**	**11**	**4**
端州区							1	1		1	1	
鼎湖区										1	1	
广宁县				1	1					2	2	
怀集县	2	2	1	1	1		2	2		5	2	3
封开县	2	1	1							2	1	1
德庆县				1	1		3	1	1			
高要市				1	1		1	1		2	2	
四会市	1	1	1	1	1		1		1	2	2	
惠州市	**3**	**3**		**5**	**1**	**4**	**3**	**3**		**13**	**9**	**4**
惠城区	1	1		3		3				5	4	1
惠阳区				1	1		1	1				
博罗县				1		1	2	2		2	1	1
惠东县										3	2	1
龙门县	2	2		1	1					2	2	
梅州市	**3**		**2**	**8**	**6**	**2**	**11**	**6**	**5**	**10**	**8**	**2**
梅江区	1		1				3	2	1	1	1	1
梅县区	1		1	1	1		2	2		1		1
大埔县				1		1	1		1	1	1	
丰顺县	1		1	2	2		2	1	2			
五华县				3	3		1	1		4	4	
平远县										1	1	
蕉岭县										1	1	
兴宁市				1		1	2		2	1	1	

10-1 续表 9

单位：人

地区	45-49岁			50-54岁			55-59岁			60-64岁		
	小计	男	女	小计	男	女	小计	男	女	小计	男	女
江门市	**19**	**8**	**11**	**28**	**21**	**7**	**36**	**32**	**4**	**43**	**27**	**16**
蓬江区	4	2	2	4	3	1	6	5	1	6	3	3
江海区	2		2				2	1	1	2	1	1
新会区	6	2	4	5	4	1	7	7		8	6	2
台山市	4	2	2	12	9	3	8	7	1	14	10	4
开平市	2	1	2	2	1	1	10	9	1	5	1	4
鹤山市	1	1		5	4	1	3	2	1	4	3	1
恩平市				1		1	1	1		5	4	1
湛江市	**18**	**11**	**7**	**30**	**21**	**9**	**38**	**20**	**17**	**40**	**23**	**17**
赤坎区				1	1	1				2	2	
霞山区				1	1	1	1	1				
坡头区				1	1		2	1	1	3	2	1
麻章区							1		1	1	1	
遂溪县	5	2	3	4	3	1	2		2	5	3	2
徐闻县	2	1	1	2	1	1	3	2	1	4	2	2
廉江市	8	6	2	11	10	1	12	6	6	12	6	6
雷州市	2	1	1	3	1	1	14	8	6	9	3	6
吴川市	1	1		7	4	3	4	3	1	4	3	1
茂名市	**25**	**15**	**10**	**40**	**27**	**14**	**36**	**13**	**23**	**53**	**41**	**12**
茂南区	4	2	2	4	3	1	3	2	1	7	6	2
电白区	9	8	1	9	8	2	12	5	6	14	10	3
高州市	2	2		14	5	8	9	3	6	6	6	
化州市	6	3	3	6	5	1	4	1	4	7	4	4
信宜市	4	1	3	7	5	2	9	2	6	19	15	4
肇庆市	**26**	**20**	**6**	**24**	**13**	**10**	**45**	**32**	**14**	**41**	**26**	**15**
端州区	3	1	2	1		1	4	3	1	5	3	2
鼎湖区	1			1	1					3	2	
广宁县	5	4	1	4		4	8	5	3	6	4	3
怀集县	7	7		8	7	1	10	7	3	9	7	2
封开县	2	2	1	2	2	1	5	4	2	4	2	2
德庆县	2	1	1	3	2	1	5	3	3	3	1	2
高要市	6	5	1	2	1	1	8	5	3	6	4	3
四会市	1	1		3	1	2	5	5		4	3	1
惠州市	**8**	**8**		**17**	**14**	**3**	**17**	**11**	**6**	**42**	**30**	**12**
惠城区				3	3		10	5	4	12	9	3
惠阳区				2	2		1	1		3	3	
博罗县	2	2		6	5	1	1	1		10	6	5
惠东县	5	5		3	2	1	3	2	1	8	5	3
龙门县	1	1		4	2	1	2	2	1	9	8	1
梅州市	**16**	**13**	**3**	**34**	**26**	**8**	**57**	**40**	**16**	**71**	**57**	**14**
梅江区	1	1		1	1	1	1		1	4	4	
梅县区	3	2	1	4	4	1	4	4		3	3	1
大埔县	2	2		2	2		8	5	2	5	3	2
丰顺县	1	1		6	6		9	6	3	9	5	4
五华县	5	5		7	4	2	19	13	5	26	23	3
平远县	1	1		2	1	1	2	2		3	2	
蕉岭县	1			2	2		3	2	1	5	3	1
兴宁市	2	1	1	10	6	4	11	9	2	16	13	3

10-1 续表 10 单位：人

地 区	65-69岁			70-74岁			75-79岁			80-84岁		
	小计	男	女	小计	男	女	小计	男	女	小计	男	女
江门市	**57**	**37**	**19**	**60**	**36**	**24**	**73**	**43**	**30**	**103**	**46**	**57**
蓬江区	5	3	2	7	7	1	11	7	4	11	6	5
江海区	2	1	1	3	2	1	2	2		3	1	2
新会区	5	3	2	5	4	1	10	6	5	16	7	9
台山市	19	12	7	17	9	7	22	9	13	31	17	14
开平市	11	7	3	19	9	10	16	12	4	23	10	13
鹤山市	5	4	1	5	3	2	9	5	4	11	4	7
恩平市	11	7	4	5	3	2	3	2		9	2	7
湛江市	**58**	**46**	**12**	**80**	**52**	**28**	**98**	**71**	**26**	**115**	**63**	**52**
赤坎区	2	2	1	2	2		4	3	1	4	1	4
霞山区	6	5	1	4	1	2	4	1	3	1		1
坡头区	1		1	5	4	1	4	2	2	6	5	1
麻章区	3	1	1	6	3	3	1	1	1	5	3	2
遂溪县	8	4	4	6	6		18	16	2	17	12	5
徐闻县	2	2		8	6	3	6	4	2	10	7	4
廉江市	22	19	2	25	16	10	32	22	11	36	17	19
雷州市	7	6	1	20	12	7	20	17	3	18	10	8
吴川市	7	6	1	4	2	2	8	6	3	17	9	8
茂名市	**75**	**53**	**22**	**75**	**57**	**19**	**105**	**67**	**37**	**103**	**67**	**36**
茂南区	7	6	1	7	6	2	11	8	2	7	7	1
电白区	17	14	3	14	9	4	29	15	13	25	15	10
高州市	11	4	7	18	15	4	19	14	6	21	9	12
化州市	23	20	3	19	14	4	13	7	7	24	17	8
信宜市	17	10	7	17	13	5	33	23	9	25	19	5
肇庆市	**62**	**40**	**22**	**66**	**47**	**19**	**91**	**47**	**43**	**81**	**40**	**41**
端州区	7	4	3	4	2	1	7	4	3	7	4	3
鼎湖区	1	1		3	2	1	3	3		3	2	1
广宁县	7	5	3	12	8	4	14	5	8	11	3	8
怀集县	16	12	4	17	11	6	17	10	7	15	10	4
封开县	5	1	4	8	5	3	14	8	6	8	6	2
德庆县	3	2	1	6	5	1	9	5	4	5	3	1
高要市	16	10	5	14	13	2	18	9	9	18	7	11
四会市	7	4	2	3	2	1	9	3	5	14	5	10
惠州市	**33**	**26**	**7**	**38**	**25**	**13**	**72**	**51**	**21**	**70**	**43**	**27**
惠城区	12	9	3	9	5	4	28	18	9	21	13	8
惠阳区	3	3	1	4	1	3	10	6	3	7	3	3
博罗县	9	8	1	10	7	3	8	4	3	12	8	5
惠东县	2	2		9	8	1	18	16	2	12	9	3
龙门县	7	5	2	6	5	1	9	6	3	17	9	8
梅州市	**60**	**39**	**21**	**81**	**51**	**31**	**95**	**54**	**42**	**115**	**55**	**61**
梅江区	1		1	3	2	1	8	5	4	3	1	2
梅县区	3	3	1	3	2	2	15	11	4	10	5	6
大埔县	10	7	3	7	6	1	8	4	4	12	3	8
丰顺县	7	2	6	8	5	3	12	6	6	14	7	7
五华县	16	10	6	34	22	12	27	16	12	37	20	17
平远县	3	2	1	4	3	1	7	4	3	8	4	4
蕉岭县	3	2	1	6	3	3	5	2	3	6	3	3
兴宁市	16	13	3	16	8	8	14	7	7	25	11	14

10-1 续表 11 单位：人

地区	85-89岁			90-94岁			95-99岁			100岁及以上		
	小计	男	女	小计	男	女	小计	男	女	小计	男	女
江门市	**96**	**44**	**52**	**66**	**23**	**43**	**6**	**2**	**4**	**5**	**1**	**4**
蓬江区	12	7	5	7	2	5	1	1		2		2
江海区	1		1	3	1	2	1		1			
新会区	17	9	8	10	4	6						
台山市	33	17	17	26	8	18				1		1
开平市	10	3	6	11	2	8	3	1	2	2	1	2
鹤山市	11	5	5	5	2	3	2	1	1			
恩平市	12	3	10	5	4	1						
湛江市	**94**	**47**	**47**	**56**	**32**	**25**	**7**	**3**	**5**	**5**		**5**
赤坎区	2	2	1	2	1	1	1		1			
霞山区	3	2	1	1	1					1		1
坡头区	2	1	2	1	1		1	1				
麻章区	2	1	1	1		1	1		1			
遂溪县	13	4	10	13	6	6	1	1		2		2
徐闻县	9	3	6	1	1		1		1			
廉江市	36	21	14	19	11	8	1	1		2		2
雷州市	19	10	9	13	8	4	3		3			
吴川市	7	4	3	6	2	4						
茂名市	**81**	**48**	**33**	**33**	**20**	**13**	**12**	**4**	**8**	**2**		**2**
茂南区	8	7	2	3	1	3						
电白区	17	13	4	10	7	3	7	3	3	2		2
高州市	16	10	6	6	2	4	3	1	2			
化州市	23	10	12	11	8	2	2		2			
信宜市	16	8	8	2	2	1	1		1			
肇庆市	**79**	**33**	**46**	**28**	**7**	**21**	**10**	**1**	**9**	**3**		**3**
端州区	8	1	7	2	1	1	2		2	1		1
鼎湖区	2	1	1	1		1	1		1			
广宁县	9	6	3	4	1	3	1		1			
怀集县	7	5	2	5	3	2	1		1			
封开县	7	1	6	3	1	2						
德庆县	10	4	7	3	1	3						
高要市	20	10	11	6	1	5	3	1	2	1		1
四会市	15	6	9	4		4	2		2	1		1
惠州市	**53**	**21**	**32**	**27**	**4**	**23**	**11**	**3**	**8**	**1**		**1**
惠城区	14	6	8	10		10	4		4	1		1
惠阳区	10	3	7	3	1	3						
博罗县	11	3	8	5	1	3						
惠东县	9	3	6	6	1	5	5	2	3			
龙门县	8	5	3	3	1	2	1	1	1			
梅州市	**98**	**34**	**64**	**50**	**21**	**28**	**18**	**3**	**14**	**3**	**1**	**1**
梅江区	3	1	2	2	1	1	1		1			
梅县区	10	4	6	6	2	4	4	1	3			
大埔县	13	5	9	4	2	2	2	1	2	1	1	
丰顺县	19	5	14	7	2	5	2	1	2			
五华县	20	10	9	9	2	7	5		5	1		1
平远县	6	2	3	3	1	2	1		1			
蕉岭县	9	3	6	2	2	1						
兴宁市	19	5	14	16	9	8	2		2			

10-1 续表 12

单位：人

地 区	死亡人口			0岁			1-4岁		
	合计	男	女	小计	男	女	小计	男	女
汕尾市	323	191	132						
城区	62	36	26						
海丰县	106	58	47						
陆河县	48	26	21						
陆丰市	108	70	37						
河源市	414	246	168	5	3	2	2	2	
源城区	20	13	6						
紫金县	94	55	39	2	2				
龙川县	134	78	55	3	1	2	1	1	
连平县	34	22	12						
和平县	61	38	22						
东源县	72	40	32						
阳江市	376	228	147	3	3		2	1	1
江城区	77	49	27	1	1		2	1	1
阳西县	102	68	34	2	2				
阳东县	65	39	26						
阳春市	132	72	60	1	1				
清远市	606	351	255	5		5	3	2	1
清城区	108	60	48	1		1			
清新区	117	68	49				1	1	
佛冈县	55	28	27	1		1			
阳山县	80	46	34	2		2			
连山壮族瑶族自治县	13	10	3						
连南瑶族自治县	21	16	6						
英德市	136	85	51	1		1	1	1	
连州市	76	39	37	1		1	1		1
东莞市	272	149	123						
中山市	224	136	88						
潮州市	400	210	191	1	1		1		1
湘桥区	101	57	44						
潮安区	167	92	75						
饶平县	132	61	71	1	1		1		1
揭阳市	857	525	332				2	1	2
榕城区	114	66	48						
揭东区	164	101	63						
揭西县	143	85	58						
惠来县	145	94	51				1	1	
普宁市	291	178	112				2		2
云浮市	365	219	146	2	1	1	1	1	
云城区	48	25	23	1		1			
云安区	42	24	17	1		1			
新兴县	78	35	43						
郁南县	72	48	23	1	1		1	1	
罗定市	126	87	39						

10-1　续表 13　　　　　　　　　　　　　　　　　　　　　　　　　　　　　　单位：人

地　区	5-9岁			10-14岁			15-19岁			20-24岁		
	小计	男	女	小计	男	女	小计	男	女	小计	男	女
汕尾市	**1**		**1**							**2**	**1**	**1**
城区												
海丰县										1		1
陆河县												
陆丰市	1		1							1	1	
河源市	**4**	**4**					**5**	**5**		**3**	**3**	
源城区										1	1	
紫金县	3	3					2	2				
龙川县	1	1					2	2				
连平县										1	1	
和平县							1	1		1	1	
东源县												
阳江市	**3**		**3**				**2**	**1**	**1**	**3**	**3**	
江城区												
阳西县	1		1				1	1		1	1	
阳东县							1		1	1	1	
阳春市	2		2									
清远市	**1**	**1**		**1**	**1**		**3**	**3**		**1**	**1**	
清城区							1	1				
清新区												
佛冈县												
阳山县							1	1		1	1	
连山壮族瑶族自治县												
连南瑶族自治县												
英德市	1	1					1	1				
连州市				1	1					1	1	
东莞市				**1**	**1**					**2**	**2**	
中山市										**2**	**2**	
潮州市	**2**	**2**								**1**	**1**	
湘桥区												
潮安区	1	1								1	1	
饶平县	1	1										
揭阳市				**4**	**3**	**1**	**7**	**6**	**1**	**5**	**3**	**2**
榕城区							3	3		1	1	
揭东区							1	1				
揭西县							2	1	1	1		1
惠来县				2	1	1	1	1		1		1
普宁市				2	2					2	2	
云浮市				**2**		**2**	**1**	**1**	**1**	**4**	**4**	**1**
云城区										1	1	
云安区												
新兴县							1	1	1	1		1
郁南县										1	1	
罗定市				2		2				2	2	

10-1 续表 14 单位：人

地 区	25-29岁			30-34岁			35-39岁			40-44岁		
	小计	男	女	小计	男	女	小计	男	女	小计	男	女
汕尾市	**1**		**1**	**5**	**3**	**2**	**4**	**3**	**1**	**4**	**3**	**1**
城区	1		1	2	1	1				2	1	1
海丰县							2	2				
陆河县										1		
陆丰市				3	1	1	1	1	1	1	1	
河源市	**3**	**1**	**2**	**4**	**2**	**2**	**3**	**3**		**6**	**5**	**1**
源城区										1	1	
紫金县										1	1	
龙川县	3	1	2	1		1				4	3	1
连平县							1	1				
和平县				1	1	1	2	2				
东源县				2	2					1	1	
阳江市	**2**	**2**	**1**	**2**	**1**	**1**	**8**	**3**	**5**	**8**	**6**	**2**
江城区	1	1		1	1		2		2	2	2	
阳西县	1	1	1	1		1	2	1	1	4	3	1
阳东县							3	2	1	2	2	
阳春市							1		1	1		1
清远市	**8**	**6**	**2**	**6**	**5**	**1**	**8**	**7**	**1**	**21**	**17**	**3**
清城区	1	1		3	3		1	1		4	4	
清新区	2	2		1	1		1	1		5	4	1
佛冈县							2	2		2	1	1
阳山县	2	1	1	2	1	1				1		1
连山壮族瑶族自治县										1	1	
连南瑶族自治县										2	2	
英德市	1	1					2	2		3	3	
连州市	2	1	1	1	1		1	1	1	3	2	1
东莞市							**9**	**7**	**3**	**3**	**2**	**2**
中山市				**2**	**2**		**5**	**4**	**2**	**14**	**9**	**5**
潮州市	**4**	**3**	**2**	**2**	**1**	**1**	**3**	**1**	**1**	**4**	**3**	**1**
湘桥区	1		1	1		1	1	1		1	1	
潮安区	3	2	1	1	1		1	1		3	3	
饶平县	1	1					1		1	1		1
揭阳市	**4**	**4**		**6**	**4**	**3**	**8**	**6**	**2**	**12**	**8**	**3**
榕城区							1	1		2	1	1
揭东区	1	1		1	1		1	1		1		1
揭西县				1		1				4	3	1
惠来县	2	2		1	1		3	3		3	3	
普宁市	2	2		3	2	2	3	2	2	2	2	
云浮市	**3**	**2**	**1**	**4**	**4**		**6**	**5**	**1**	**5**	**5**	
云城区				1	1		1		1	1	1	
云安区							1	1		1	1	
新兴县	1		1	1	1							
郁南县				1	1		1	1		2	2	
罗定市	2	2		1	1		3	3		2	2	

10-1 续表 15

单位：人

地区	45-49岁			50-54岁			55-59岁			60-64岁		
	小计	男	女	小计	男	女	小计	男	女	小计	男	女
汕尾市	**5**	**5**		**15**	**11**	**4**	**20**	**15**	**5**	**36**	**21**	**15**
城区	1	1		2	1	1	5	4	1	8	5	3
海丰县				5	4	1	7	7		13	6	7
陆河县				1	1		1	1		3	1	1
陆丰市	3	3		8	6	2	7	3	4	12	9	4
河源市	**12**	**9**	**3**	**20**	**14**	**6**	**21**	**15**	**5**	**29**	**22**	**7**
源城区	1		1	1	1	1	3	3		1	1	
紫金县	2		2	4	3	1	4	4		7	5	3
龙川县	4	4		8	5	2	7	4	3	9	6	2
连平县	4	3		2	1	1	2	1	1	3	2	1
和平县	1	1		4	2	2	2	1		7	6	1
东源县	1	1		3	3		4	3	1	2	2	1
阳江市	**11**	**8**	**4**	**17**	**10**	**6**	**19**	**16**	**3**	**22**	**16**	**6**
江城区	3	2	1	2		2	2	1	1	6	6	
阳西县	4	4		4	4	1	7	6	1	3	1	2
阳东县				4	3	2	4	4		3	2	1
阳春市	5	2	3	6	4	2	6	5	1	11	8	3
清远市	**27**	**14**	**12**	**32**	**23**	**9**	**37**	**23**	**14**	**38**	**28**	**10**
清城区	5	2	3	4	4		7	5	3	4	4	
清新区	3	1	2	7	3	3	10	5	6	13	9	4
佛冈县	3	1	2	5	3	2	1	1	1	2	2	
阳山县	1		1	6	5	1	1	1		5	2	2
连山壮族瑶族自治县	1	1					1	1				
连南瑶族自治县	1	1		2	1		2	1		1	1	
英德市	9	7	2	6	5	1	7	5	2	5	4	1
连州市	5	2	3	3	1	1	8	5	2	8	5	3
东莞市	**18**	**13**	**5**	**15**	**10**	**5**	**13**	**8**	**5**	**27**	**13**	**14**
中山市	**3**	**2**	**2**	**16**	**9**	**6**	**18**	**11**	**7**	**25**	**23**	**2**
潮州市	**6**	**5**	**1**	**26**	**18**	**8**	**24**	**19**	**5**	**32**	**23**	**8**
湘桥区	1	1	1	7	5	2	7	4	4	9	7	2
潮安区	3	3		12	9	3	10	10	1	10	7	3
饶平县	1	1		7	4	2	6	5	1	13	10	3
揭阳市	**25**	**17**	**8**	**25**	**18**	**7**	**55**	**34**	**21**	**78**	**58**	**21**
榕城区	3	2	1	6	5	1	7	3	4	11	7	4
揭东区	6	3	3	6	5	1	12	5	6	15	13	2
揭西县	5	4	1	7	4	3	7	6	1	6	3	3
惠来县	3	3		1	1		10	6	4	14	10	4
普宁市	8	5	3	5	3	2	20	14	6	32	25	8
云浮市	**12**	**11**	**1**	**16**	**14**	**2**	**33**	**22**	**11**	**32**	**26**	**6**
云城区	1	1	1	1	1		3	1	2	6	5	1
云安区				3	3		3	2	1	2	1	1
新兴县	2	1	1	4	2	2	3	3	1	6	5	1
郁南县	2	2		2	2		11	6	5	7	7	1
罗定市	6	6		6	6		13	10	2	11	9	2

10-1 续表 16 单位：人

地区	65-69岁			70-74岁			75-79岁			80-84岁		
	小计	男	女	小计	男	女	小计	男	女	小计	男	女
汕尾市	**26**	**19**	**7**	**27**	**20**	**7**	**41**	**24**	**17**	**59**	**32**	**26**
城区	7	4	3	4	3	1	7	6	1	12	5	7
海丰县	6	5	1	5	4	1	11	5	6	21	12	9
陆河县	3	2		3	3		8	3	5	10	5	5
陆丰市	11	7	4	14	9	5	15	9	6	16	10	5
河源市	**33**	**24**	**10**	**55**	**38**	**17**	**69**	**44**	**25**	**69**	**32**	**36**
源城区	3	1	2	1	1		3	1	1	1	1	1
紫金县	11	9	2	12	8	4	13	10	3	18	4	15
龙川县	6	5	1	20	14	6	22	12	10	23	13	9
连平县	4	4		4	2	1	5	4	1	7	3	5
和平县	3	2	1	10	7	4	9	5	3	9	6	3
东源县	7	3	4	7	5	2	17	11	6	11	6	5
阳江市	**25**	**19**	**6**	**36**	**28**	**8**	**49**	**33**	**16**	**71**	**36**	**35**
江城区	7	5	2	5	5		12	10	2	13	6	7
阳西县	7	6	1	9	8	1	9	6	3	21	13	8
阳东县	6	5	2	3	2	1	12	5	7	13	7	6
阳春市	6	3	2	18	13	6	16	12	4	24	11	13
清远市	**67**	**41**	**26**	**69**	**49**	**20**	**72**	**45**	**27**	**92**	**53**	**39**
清城区	17	10	7	8	7	1	9	3	6	15	10	5
清新区	11	7	4	13	11	1	9	8	1	16	11	5
佛冈县	5	2	3	4	2	2	8	4	4	9	5	4
阳山县	12	6	5	10	5	4	15	11	4	13	8	5
连山壮族瑶族自治县	1		1	2	2		3	1	1	2	2	
连南瑶族自治县	2	1	1	3	3		3	1	1	3	2	1
英德市	14	11	3	24	16	8	13	8	5	23	13	10
连州市	4	2	2	6	3	4	13	8	6	11	2	9
东莞市	**30**	**17**	**14**	**22**	**18**	**4**	**32**	**18**	**14**	**41**	**22**	**19**
中山市	**25**	**23**	**2**	**23**	**14**	**10**	**15**	**4**	**12**	**33**	**17**	**16**
潮州市	**33**	**23**	**10**	**37**	**21**	**17**	**68**	**34**	**34**	**68**	**28**	**40**
湘桥区	9	7	2	12	8	4	15	7	8	18	9	9
潮安区	10	7	3	14	9	5	26	14	12	36	15	21
饶平县	13	9	4	12	4	8	27	13	14	14	4	10
揭阳市	**76**	**50**	**26**	**72**	**46**	**26**	**142**	**78**	**64**	**141**	**89**	**52**
榕城区	11	8	3	8	5	3	13	5	7	23	16	7
揭东区	9	7	2	20	14	6	28	20	9	24	11	13
揭西县	13	10	3	13	8	5	20	10	10	29	17	12
惠来县	9	5	4	8	6	2	27	17	11	22	16	6
普宁市	34	20	14	23	14	9	54	26	28	43	29	14
云浮市	**24**	**18**	**7**	**43**	**28**	**15**	**48**	**25**	**23**	**55**	**23**	**33**
云城区	7	4	2	3	1	2	5	4	2	7	4	4
云安区	2	1	1	5	4	2	7	4	3	6	2	4
新兴县	5	3	1	8	5	3	11	5	7	17	7	10
郁南县	4	3	1	9	6	3	6	3	3	10	5	5
罗定市	7	6	1	18	12	6	19	10	10	14	4	10

10-1 续表 17

单位：人

地区	85-89岁			90-94岁			95-99岁			100岁及以上		
	小计	男	女	小计	男	女	小计	男	女	小计	男	女
汕尾市	**37**	**18**	**19**	**22**	**14**	**7**	**12**	**2**	**10**	**7**	**1**	**5**
城区	5	1	4	4	2	1	1		1	1		1
海丰县	15	7	8	7	5	2	8		8	5	1	4
陆河县	6	3	3	7	4	3	3	1	1			
陆丰市	10	6	4	4	3	1	1	1				
河源市	**37**	**12**	**25**	**24**	**6**	**19**	**10**	**6**	**5**	**2**		**2**
源城区	3	2	1	1	1							
紫金县	5	2	4	6	1	5	5	3	2			
龙川县	6	3	4	10	2	9	3	1	2	1		1
连平县	1		1	1		1						
和平县	9	3	5	3	1	1	1	1	1			
东源县	13	2	11	3	1	2	2	2		1		1
阳江市	**50**	**21**	**29**	**34**	**17**	**16**	**8**	**3**	**5**	**1**		**1**
江城区	12	5	6	8	5	4						
阳西县	15	8	6	9	3	5				1		1
阳东县	3	1	3	7	4	2	2	2	1			
阳春市	20	7	13	10	5	5	6	1	5			
清远市	**65**	**21**	**44**	**38**	**10**	**27**	**12**		**11**	**2**		**2**
清城区	17	3	14	13	4	9						
清新区	12	3	9	9		9	4		4	1		1
佛冈县	10	4	6	2	1	1	1		1			
阳山县	7	2	5	2	2	1	2		2			
连山壮族瑶族自治县	1											
连南瑶族自治县	2	1	1									
英德市	11	4	7	9	2	6	5		5			
连州市	6	4	2	2	1	1				1		1
东莞市	**34**	**15**	**20**	**20**	**5**	**15**	**5**	**1**	**4**			
中山市	**28**	**15**	**13**	**10**	**3**	**7**	**5**		**5**			
潮州市	**52**	**15**	**37**	**23**	**9**	**14**	**11**	**1**	**10**	**2**		**2**
湘桥区	10	3	7	6	4	2	2	1	1	1		1
潮安区	23	8	16	10	3	7	3		3			
饶平县	18	4	14	7	2	4	6		6	1		1
揭阳市	**127**	**73**	**54**	**48**	**22**	**26**	**12**	**4**	**8**	**8**		**8**
榕城区	18	6	12	7	3	4	1		1	1		1
揭东区	24	13	11	9	5	3	4	1	3	1		1
揭西县	25	13	12	8	5	3						
惠来县	25	17	8	6	1	5	4	2	2	4		4
普宁市	35	24	11	19	8	11	3	2	2	2		2
云浮市	**41**	**20**	**21**	**25**	**10**	**15**	**7**	**1**	**7**	**1**		**1**
云城区	3	1	2	7	2	5	2		2			
云安区	5	2	3	4	1	2	1	1	1			
新兴县	12	3	9	5		5	1		1	1		1
郁南县	8	4	4	5	3	1	1		1			
罗定市	14	11	2	6	3	2	1		1			

10-1a 各地区分年龄、性别的死亡人口（城市）
（2014.11.1-2015.10.31）

单位：人

地 区	死亡人口			0岁			1-4岁		
	合计	男	女	小计	男	女	小计	男	女
全 省	**4154**	**2349**	**1805**	**10**	**3**	**6**	**23**	**16**	**7**
广州市	**762**	**435**	**326**				**4**	**2**	**2**
荔湾区	137	80	57						
越秀区	185	97	88						
海珠区	168	92	76				1	1	
天河区	63	37	26				1		1
白云区	65	36	29						
黄埔区	27	19	9						
番禺区	33	20	12				1	1	
花都区	37	24	13				1		1
南沙区	16	8	8						
萝岗区	10	7	3						
从化区	14	11	2						
增城区	8	5	4						
韶关市	**67**	**41**	**26**	**1**		**1**			
武江区	15	7	8	1		1			
浈江区	29	18	11						
曲江区	11	11	1						
乐昌市	5	2	3						
南雄市	7	2	4						
深圳市	**946**	**502**	**444**	**4**	**1**	**2**	**16**	**13**	**3**
罗湖区	65	34	31						
福田区	31	19	12	1		1	1	1	
南山区	149	81	67	1		1	1	1	
宝安区	515	268	246				13	11	2
龙岗区	164	88	76	1	1				
盐田区	22	12	10						
珠海市	**37**	**22**	**14**						
香洲区	23	14	9						
斗门区	9	5	5						
金湾区	4	3	1						
汕头市	**292**	**154**	**138**	**2**		**2**	**1**		**1**
龙湖区	36	24	12						
金平区	107	47	60	1		1	1		1
濠江区	25	12	13						
潮阳区	48	26	22	1		1			
潮南区	56	32	24						
澄海区	19	12	6						

10-1a　续表 1　　　　单位：人

地　区	5-9岁			10-14岁			15-19岁			20-24岁		
	小计	男	女	小计	男	女	小计	男	女	小计	男	女
全　省	**2**	**1**	**1**	**6**	**6**		**10**	**10**	**1**	**26**	**20**	**7**
广州市				**1**	**1**		**2**	**1**	**1**	**4**	**4**	
荔湾区												
越秀区				1	1					1	1	
海珠区										1	1	
天河区												
白云区												
黄埔区												
番禺区												
花都区												
南沙区							1	1				
萝岗区										1	1	
从化区							1		1			
增城区										1	1	
韶关市												
武江区												
浈江区												
曲江区												
乐昌市												
南雄市												
深圳市	**1**	**1**		**4**	**4**		**1**	**1**		**9**	**7**	**2**
罗湖区							1	1				
福田区												
南山区	1	1								2	2	
宝安区				2	2					7	4	2
龙岗区				1	1							
盐田区												
珠海市												
香洲区												
斗门区												
金湾区												
汕头市												
龙湖区												
金平区												
濠江区												
潮阳区												
潮南区												
澄海区												

10-1a 续表 2　　单位：人

地 区	25-29岁			30-34岁			35-39岁			40-44岁		
	小计	男	女	小计	男	女	小计	男	女	小计	男	女
全 省	**33**	**27**	**6**	**36**	**19**	**17**	**56**	**38**	**18**	**118**	**70**	**48**
广州市	**4**	**3**	**1**	**4**	**1**	**3**	**2**	**2**		**13**	**11**	**2**
荔湾区	1	1										
越秀区	1	1								4	2	2
海珠区				1		1	1	1		2	2	
天河区										2	2	
白云区	1		1	1		1						
黄埔区										1	1	
番禺区				1	1		1	1		2	2	
花都区										2	2	
南沙区												
萝岗区												
从化区	1	1										
增城区												
韶关市				**1**		**1**	**1**	**1**		**3**	**2**	**1**
武江区										1	1	
浈江区										1		1
曲江区							1	1		1	1	
乐昌市				1		1						
南雄市										1	1	1
深圳市	**10**	**10**		**17**	**10**	**7**	**19**	**9**	**10**	**41**	**23**	**18**
罗湖区												
福田区							1		1			
南山区	1	1		3	2	1	2		2	7	4	3
宝安区	9	9		11	7	4	13	7	7	24	11	13
龙岗区				3	1	1	3	3		8	7	1
盐田区												
珠海市				**1**	**1**							
香洲区				1	1							
斗门区												
金湾区												
汕头市	**2**	**2**					**3**	**3**		**8**	**4**	**4**
龙湖区	1	1								2	2	1
金平区	1	1					2	2		3	1	2
濠江区												
潮阳区							1	1		1		1
潮南区										1	1	
澄海区												

10-1a 续表 3

单位：人

地　区	45-49岁			50-54岁			55-59岁			60-64岁		
	小计	男	女	小计	男	女	小计	男	女	小计	男	女
全　省	**143**	**96**	**46**	**187**	**129**	**58**	**254**	**160**	**94**	**330**	**229**	**101**
广州市	**19**	**13**	**6**	**34**	**23**	**11**	**55**	**35**	**21**	**73**	**51**	**22**
荔湾区	1	1		9	6	3	11	8	3	9	5	4
越秀区	1	1		7	2	5	11	5	6	22	16	6
海珠区	7	2	5	5	5		14	9	5	19	13	6
天河区	4	3	1	1		1	4	3	1	7	4	2
白云区	1	1		3	3		4	1	3	1	1	
黄埔区	1	1		1	1		1	1		2	1	1
番禺区							2	1	1	4	2	2
花都区	1	1		6	5	1	3	3		4	4	
南沙区							1		1	1	1	
萝岗区	1	1					1	1		2	2	
从化区	1	1		1	1	1	1	1		1	1	
增城区				1	1		2	1	1	1		1
韶关市	**3**	**2**	**1**	**3**	**3**	**1**	**5**	**4**	**1**	**2**	**2**	**1**
武江区	1	1	1	1		1	2	1	1	1	1	
浈江区	1	1		1	1		3	3		1		1
曲江区	1	1		1	1		1	1		1	1	
乐昌市				1	1					1	1	
南雄市				1	1							
深圳市	**46**	**37**	**9**	**40**	**31**	**9**	**50**	**28**	**22**	**51**	**32**	**19**
罗湖区	1	1		1	1					3	2	1
福田区				1	1		2	2				
南山区	9	5	3	6	5	1	11	5	5	6	2	4
宝安区	26	22	4	26	20	7	26	13	13	33	22	11
龙岗区	8	7	1	3	3		10	7	3	7	4	3
盐田区	2	1		3	1	1	1			1	1	
珠海市	**2**		**1**				**4**		**3**	**7**	**4**	**3**
香洲区							2		2	3	2	1
斗门区	1		1				1		1	3	1	2
金湾区										1	1	
汕头市	**9**	**4**	**5**	**13**	**7**	**6**	**16**	**9**	**7**	**20**	**15**	**5**
龙湖区	2	1	2	3	2	2	2	2		3	3	
金平区	4	1	3	4	2	2	6	2	4	6	2	4
濠江区	2	1	1				2	1	1	2	1	1
潮阳区							4	2	1	4	4	
潮南区	1	1		4	2	1				2	2	
澄海区				2	1	1	2	1	1	3	3	

10-1a 续表 4

单位：人

地区	65-69岁			70-74岁			75-79岁			80-84岁		
	小计	男	女	小计	男	女	小计	男	女	小计	男	女
全省	**361**	**241**	**120**	**364**	**242**	**121**	**574**	**339**	**235**	**701**	**356**	**345**
广州市	**57**	**38**	**18**	**72**	**37**	**35**	**107**	**57**	**50**	**153**	**87**	**66**
荔湾区	9	6	3	8	2	6	25	15	10	31	15	16
越秀区	11	6	5	20	12	7	21	11	9	42	23	19
海珠区	9	8	1	16	6	11	20	11	9	37	25	13
天河区	6	3	2	6	2	3	9	4	4	13	8	6
白云区	7	4	3	7	6	1	10	1	8	8	6	3
黄埔区	2	1	1	4	1	4	6	4	1	4	2	1
番禺区	4	4		5	4	1	4	1	3	4	2	2
花都区	3	2	1	4	2	2	6	4	2	6	3	3
南沙区	3	1	3				3	2	1	3	1	3
萝岗区	1	1		1	1		1		1	1		1
从化区	1	1		1	1		4	3	1	2	2	
增城区							1	1		2	1	1
韶关市	**2**	**1**	**2**	**5**	**4**	**1**	**12**	**6**	**5**	**17**	**9**	**8**
武江区	1		1	1	1	1	4	3	1	3	2	2
浈江区	1	1		2	2		4	3	1	11	5	5
曲江区				1	1		1	1	1	2	2	
乐昌市				1	1	1	2		2			
南雄市	1		1	1	1		1		1	1		1
深圳市	**63**	**43**	**20**	**63**	**48**	**15**	**130**	**68**	**62**	**164**	**70**	**94**
罗湖区	3	2	1	7	6	1	9	6	3	12	5	7
福田区	2		2	4	4		4	2	2	10	5	5
南山区	16	9	7	11	7	3	27	17	10	20	13	7
宝安区	29	22	7	29	20	9	75	35	40	86	29	57
龙岗区	11	10	1	10	8	1	14	7	7	31	15	15
盐田区	2		1	3	2	1	1			4	3	1
珠海市	**4**	**2**	**1**	**5**	**4**	**1**	**5**	**4**		**5**	**3**	**2**
香洲区	2	1	1	4	3	1	4	4		4	3	2
斗门区	1	1		1	1					1	1	
金湾区							1					
汕头市	**27**	**15**	**13**	**24**	**19**	**6**	**35**	**21**	**14**	**45**	**18**	**27**
龙湖区	7	3	4	2	2		2	2		3	2	1
金平区	9	4	5	8	6	2	12	8	4	19	6	13
濠江区	2	1		3	2		3	2	1	2		2
潮阳区	4	4		5	2	2	6	2	4	6	4	2
潮南区	5	1	4	5	5		11	6	5	10	4	6
澄海区	2	2		2	1	1	1	1		4	2	3

10-1a 续表 5

单位：人

地区	85-89岁			90-94岁			95-99岁			100岁及以上		
	小计	男	女	小计	男	女	小计	男	女	小计	男	女
全 省	**538**	**234**	**305**	**255**	**81**	**174**	**95**	**28**	**67**	**31**	**4**	**28**
广州市	**106**	**52**	**55**	**31**	**12**	**19**	**14**	**5**	**9**	**8**	**1**	**6**
荔湾区	22	14	8	8	5	3	3	2	1			
越秀区	24	10	14	8	3	5	6	1	5	4		4
海珠区	26	8	18	5		5	2		2	1		1
天河区	8	4	3	1	1							
白云区	14	8	6	4	1	3	1	1		1	1	
黄埔区	3	2	1	1	1		1	1				
番禺区	2	1	1	1		1				1		1
花都区	3		3	1		1						
南沙区	3	3	1	1		1						
萝岗区	1	1	1	1		1						
从化区												
增城区	1		1									
韶关市	**9**	**7**	**2**	**2**		**2**	**1**	**1**				
武江区												
浈江区	4	3	1	2		2						
曲江区	3	3					1	1				
乐昌市	1	1										
南雄市	2	1	1									
深圳市	**117**	**36**	**81**	**64**	**18**	**46**	**31**	**14**	**18**	**7**		**7**
罗湖区	14	6	8	8	4	4	3		3	2		2
福田区	3	3					1		1			
南山区	13	3	10	9	2	6	1		1	1		1
宝安区	59	18	42	26	7	20	18	11	7	2		2
龙岗区	24	6	18	20	4	15	8	3	6	1		1
盐田区	3	1	3	1	1							
珠海市	**2**	**1**	**1**	**2**	**1**	**1**	**1**		**1**			
香洲区	2	1	1	2	1	1	1		1			
斗门区												
金湾区												
汕头市	**55**	**30**	**24**	**22**	**5**	**18**	**6**	**1**	**4**	**4**	**1**	**3**
龙湖区	6	3	3	2	1	1				1	1	
金平区	20	11	10	11	2	9	2	1	1			
濠江区	4		3	3	1	2	1		1			
潮阳区	9	5	4	6	1	5	1		1			
潮南区	13	9	5				1		1	2		2
澄海区	3	3		1		1						

10-1a 续表 6

单位：人

地 区	死亡人口			0岁			1-4岁		
	合计	男	女	小计	男	女	小计	男	女
佛山市	**406**	**235**	**171**	**1**	**1**				
禅城区	76	49	26						
南海区	106	56	50						
顺德区	169	99	71						
三水区	22	13	10						
高明区	33	18	14	1	1				
江门市	**230**	**139**	**92**						
蓬江区	77	47	30						
江海区	20	10	10						
新会区	30	19	11						
台山市	46	31	15						
开平市	33	17	17						
鹤山市	13	9	4						
恩平市	12	7	4						
湛江市	**114**	**77**	**38**	**1**	**1**				
赤坎区	23	15	8						
霞山区	25	15	10	1	1				
坡头区	7	6	1						
麻章区	1	1							
遂溪县	2	1	2						
廉江市	31	24	7						
雷州市	9	4	5						
吴川市	16	11	4						
茂名市	**141**	**96**	**44**						
茂南区	40	31	9						
电白区	17	11	6						
高州市	15	10	4						
化州市	26	16	10						
信宜市	44	28	15						
肇庆市	**91**	**42**	**50**						
端州区	53	25	28						
鼎湖区	1	1							
高要市	3	2	1						
四会市	34	14	21						
惠州市	**115**	**64**	**50**						
惠城区	94	51	43						
惠阳区	21	13	8						

10-1a 续表 7

单位：人

地　区	5-9岁			10-14岁			15-19岁			20-24岁		
	小计	男	女	小计	男	女	小计	男	女	小计	男	女
佛山市										**6**	**1**	**4**
禅城区												
南海区										3		3
顺德区										3	1	1
三水区												
高明区												
江门市										**1**	**1**	
蓬江区										1	1	
江海区												
新会区												
台山市												
开平市												
鹤山市												
恩平市												
湛江市				**1**	**1**		**1**	**1**				
赤坎区				1	1							
霞山区												
坡头区							1	1				
麻章区												
遂溪县												
廉江市												
雷州市												
吴川市							1	1				
茂名市												
茂南区												
电白区												
高州市												
化州市												
信宜市												
肇庆市												
端州区												
鼎湖区												
高要市												
四会市												
惠州市							**1**	**1**				
惠城区							1	1				
惠阳区												

10-1a 续表 8

单位：人

地区	25-29岁			30-34岁			35-39岁			40-44岁		
	小计	男	女	小计	男	女	小计	男	女	小计	男	女
佛山市	**5**	**4**	**1**	**4**	**2**	**2**	**8**	**5**	**3**	**13**	**6**	**7**
禅城区				1		1	1	1		3	2	1
南海区	2	2					3	2	2	3		3
顺德区	3	1	1	1	1		1	1		6	3	3
三水区	1	1					1		1	1	1	
高明区				1	1	1	1	1	1			
江门市	**1**	**1**		**1**		**1**	**1**		**1**	**3**	**2**	**1**
蓬江区							1		1	1	1	
江海区	1	1								1	1	
新会区												
台山市				1		1						
开平市										2	1	1
鹤山市												
恩平市												
湛江市	**1**	**1**		**1**	**1**					**5**	**4**	**1**
赤坎区										2	2	
霞山区				1	1					2	1	1
坡头区	1	1										
麻章区												
遂溪县												
廉江市												
雷州市												
吴川市										1	1	
茂名市	**3**	**2**	**1**	**1**		**1**	**2**	**1**	**1**	**6**	**3**	**3**
茂南区	3	2	1				1		1	2	1	2
电白区							1	1				
高州市										2	2	
化州市				1		1				1		1
信宜市										1		1
肇庆市	**1**	**1**	**1**	**1**	**1**		**1**	**1**	**1**	**2**	**2**	
端州区							1	1		1	1	
鼎湖区												
高要市												
四会市	1	1	1	1	1		1		1	1	1	
惠州市				**1**		**1**	**1**	**1**		**4**	**3**	**1**
惠城区				1		1				4	3	1
惠阳区							1	1				

10-1a 续表 9

单位：人

地 区	45-49岁			50-54岁			55-59岁			60-64岁		
	小计	男	女	小计	男	女	小计	男	女	小计	男	女
佛山市	**14**	**10**	**4**	**13**	**11**	**2**	**28**	**20**	**8**	**37**	**27**	**9**
禅城区	3	2	1	3	3		6	2	4	6	4	2
南海区	3	3		3	3		5	5		9	8	2
顺德区	7	4	3	4	3	1	12	10	1	15	12	3
三水区				1	1		1	1	1	3	1	1
高明区	1	1		2	1	1	4	3	1	4	3	1
江门市	**9**	**3**	**6**	**9**	**8**	**1**	**15**	**13**	**2**	**16**	**9**	**8**
蓬江区	4	2	2	4	3	1	6	5	1	6	2	3
江海区	2		2				2	1	1	2	1	1
新会区	2		2	2	2		4	4		3	2	1
台山市	1	1		1	1					3	1	2
开平市	1		1	1	1		3	3	1			
鹤山市				1	1					1	1	
恩平市										2	2	
湛江市	**2**	**2**		**10**	**6**	**3**	**3**	**1**	**1**	**4**	**4**	
赤坎区				1	1	1				2	2	
霞山区				1	1	1	1	1				
坡头区				1	1		1	1		1	1	
麻章区										1	1	
遂溪县												
廉江市	1	1		4	2	1						
雷州市							1		1			
吴川市	1	1		3	2	1				1	1	
茂名市	**9**	**5**	**3**	**8**	**5**	**2**	**5**	**3**	**2**	**10**	**7**	**3**
茂南区	2	2	1	2	2		1	1		4	4	
电白区	3	2	1				1		1	1		1
高州市	1	1		1	1		1		1			
化州市	2	1	1	2	1	1	1	1				
信宜市				3	2	2	2	2		5	3	2
肇庆市	**4**	**1**	**2**	**2**		**2**	**6**	**6**	**1**	**9**	**5**	**4**
端州区	3	1	2	1		1	4	3	1	5	3	2
鼎湖区												
高要市							1	1		1	1	
四会市	1	1		1		1	2	2		3	1	1
惠州市				**4**	**4**		**9**	**5**	**4**	**12**	**9**	**3**
惠城区				3	3		9	4	4	10	7	3
惠阳区				1	1		1	1		2	2	

10-1a 续表 10

单位：人

地 区	65-69岁			70-74岁			75-79岁			80-84岁		
	小计	男	女	小计	男	女	小计	男	女	小计	男	女
佛山市	**41**	**26**	**15**	**40**	**25**	**15**	**54**	**33**	**21**	**53**	**33**	**20**
禅城区	9	7	2	1	1		12	11	1	16	9	7
南海区	14	8	6	20	14	6	9	3	6	12	5	8
顺德区	15	9	6	16	9	7	25	15	10	18	15	3
三水区	3	2	1	1	1		2	2		3	1	2
高明区	1		1	3	1	1	5	2	3	4	3	1
江门市	**21**	**18**	**3**	**21**	**13**	**8**	**34**	**25**	**9**	**33**	**15**	**18**
蓬江区	5	3	2	7	7	1	11	7	4	11	6	5
江海区	2	1	1	3	2	1	2	2		3	1	2
新会区				1	1		7	5	2	5	1	4
台山市	7	7		5	3	2	6	4	2	7	5	3
开平市	3	3	1	3	1	3	7	6	1	5	2	3
鹤山市	3	3		1		1	1	1		1		1
恩平市	2	1		1		1	1	1		1	1	
湛江市	**19**	**17**	**2**	**12**	**8**	**4**	**20**	**14**	**5**	**16**	**6**	**10**
赤坎区	2	2	1	1	1		4	3	1	4	1	4
霞山区	6	5	1	3	1	2	4	1	3	1		1
坡头区				1	1		1		1	2	2	1
麻章区	1	1										
遂溪县	2	1	1									
廉江市	6	6		5	4	1	7	7		4	1	2
雷州市				1	1		2	2		1		1
吴川市	3	3		1		1	1		1	3	3	1
茂名市	**6**	**4**	**2**	**20**	**15**	**6**	**33**	**25**	**8**	**19**	**14**	**5**
茂南区	2	2	1	6	4	2	9	7	2	3	3	
电白区				1	1		3	2	1	2	1	1
高州市				1	1		3	3		4	3	2
化州市	3	2	1	4	3	1	5	3	2	5	3	1
信宜市	1	1		9	6	3	13	10	3	5	4	1
肇庆市	**11**	**5**	**6**	**6**	**4**	**3**	**12**	**6**	**6**	**13**	**6**	**6**
端州区	7	4	3	4	2	1	7	4	3	7	4	3
鼎湖区							1	1				
高要市	1		1	1	1							
四会市	3	1	2	2	1	1	5	1	3	6	2	3
惠州市	**9**	**5**	**4**	**7**	**4**	**4**	**21**	**15**	**6**	**18**	**12**	**6**
惠城区	7	4	3	6	3	3	18	13	6	14	10	4
惠阳区	2	1	1	2	1	1	3	3		3	2	2

10-1a 续表 11 单位：人

地区	85-89岁			90-94岁			95-99岁			100岁及以上		
	小计	男	女	小计	男	女	小计	男	女	小计	男	女
佛山市	**48**	**19**	**29**	**25**	**8**	**17**	**14**	**3**	**12**	**4**	**1**	**2**
禅城区	8	5	3	2		2	4	2	2			
南海区	11	6	5	8		8	3		3			
顺德区	24	7	16	10	4	6	6		6	3	1	1
三水区	4	1	3	1	1		1	1		1		1
高明区	1		1	5	3	2	1		1			
江门市	**35**	**21**	**14**	**23**	**9**	**14**	**3**	**1**	**3**	**3**		**3**
蓬江区	12	7	5	7	2	5	1	1		2		2
江海区	1		1	3	1	2	1		1			
新会区	5	3	2	3	2	1						
台山市	8	7	2	7	4	4						
开平市	2		2	3	1	3	1		1	1		1
鹤山市	5	3	2				1		1			
恩平市	2	1	1									
湛江市	**9**	**6**	**4**	**5**	**3**	**2**	**2**		**2**	**3**		**3**
赤坎区	2	2	1	2	1	1	1		1			
霞山区	3	2	1	1	1					1		1
坡头区	1	1										
麻章区												
遂溪县										1		1
廉江市	2	1	1							1		1
雷州市	1		1				1		1			
吴川市				2	1	1						
茂名市	**14**	**7**	**7**	**4**	**3**	**1**	**1**		**1**			
茂南区	3	2	1	1	1							
电白区	2	2		1	1							
高州市	2		2									
化州市	2	1	1	1	1		1		1			
信宜市	5	2	3	1		1						
肇庆市	**13**	**4**	**10**	**6**	**1**	**5**	**3**		**3**	**1**		**1**
端州区	8	1	7	2	1	1	2		2	1		1
鼎湖区												
高要市												
四会市	5	2	3	3		3	1		1			
惠州市	**14**	**5**	**8**	**9**		**9**	**3**		**3**	**1**		**1**
惠城区	9	3	6	7		7	3		3	1		1
惠阳区	5	3	3	2		2						

10-1a 续表 12

单位：人

地 区	死亡人口			0岁			1-4岁		
	合计	男	女	小计	男	女	小计	男	女
梅州市	**74**	**39**	**35**	**1**	**1**		**1**	**1**	
梅江区	25	15	10	1	1		1	1	
梅县区	15	7	7						
五华县	2	2							
兴宁市	33	15	18						
汕尾市	**47**	**26**	**22**						
城区	37	21	16						
陆丰市	10	4	6						
河源市	**19**	**13**	**6**						
源城区	19	13	6						
阳江市	**46**	**30**	**16**						
江城区	26	19	8						
阳春市	20	12	8						
清远市	**69**	**35**	**35**	**1**		**1**			
清城区	33	18	14	1		1			
清新区	11	3	8						
英德市	11	6	5						
连州市	15	7	8						
东莞市	**227**	**123**	**105**						
中山市	**97**	**56**	**40**						
潮州市	**129**	**72**	**57**						
湘桥区	71	39	31						
潮安区	59	33	25						
揭阳市	**198**	**120**	**78**				**2**		**2**
榕城区	71	43	28						
揭东区	45	23	21						
普宁市	83	54	29				2		2
云浮市	**45**	**26**	**19**						
云城区	27	13	13						
云安区	2	1	1						
罗定市	17	12	5						

10-1a 续表 13

单位：人

地 区	5-9岁			10-14岁			15-19岁			20-24岁		
	小计	男	女	小计	男	女	小计	男	女	小计	男	女
梅州市							**1**	**1**				
梅江区												
梅县区							1	1				
五华县												
兴宁市												
汕尾市	**1**		**1**									
城区												
陆丰市	1		1									
河源市										**1**	**1**	
源城区										1	1	
阳江市												
江城区												
阳春市												
清远市				**1**	**1**		**1**	**1**		**1**	**1**	
清城区												
清新区												
英德市							1	1				
连州市				1	1					1	1	
东莞市										**2**	**2**	
中山市										**2**	**2**	
潮州市										**1**	**1**	
湘桥区												
潮安区										1	1	
揭阳市							**3**	**3**				
榕城区							2	2				
揭东区							1	1				
普宁市												
云浮市										**1**	**1**	
云城区												
云安区												
罗定市										1	1	

10-1a 续表 14　　　　单位：人

地区	25-29岁			30-34岁			35-39岁			40-44岁		
	小计	男	女	小计	男	女	小计	男	女	小计	男	女
梅州市	**1**		**1**	**1**		**1**	**3**	**3**	**1**	**1**	**1**	**1**
梅江区	1		1				2	1	1	1	1	1
梅县区							1	1				
五华县												
兴宁市				1		1						
汕尾市				**1**	**1**	**1**				**1**	**1**	**1**
城区				1	1	1				1	1	1
陆丰市												
河源市										**1**	**1**	
源城区										1	1	
阳江市	**1**	**1**					**1**		**1**			
江城区	1	1										
阳春市							1		1			
清远市	**2**	**2**					**2**	**2**		**4**	**3**	**1**
清城区	1	1								2	2	
清新区	1	1					1	1		1		1
英德市							1	1				
连州市							1	1		2	1	1
东莞市							**8**	**7**	**2**	**3**	**2**	**2**
中山市				**2**	**2**					**6**	**3**	**3**
潮州市	**3**	**2**	**1**	**1**		**1**				**1**	**1**	
湘桥区	1		1	1		1				1	1	
潮安区	2	2										
揭阳市				**1**	**1**		**2**	**2**		**2**		**2**
榕城区										1		1
揭东区				1	1					1		1
普宁市							2	2				
云浮市							**2**	**2**		**1**	**1**	
云城区										1	1	
云安区												
罗定市							2	2				

10-1a 续表 15

单位：人

地区	45-49岁			50-54岁			55-59岁			60-64岁		
	小计	男	女	小计	男	女	小计	男	女	小计	男	女
梅州市				**3**	**1**	**3**	**2**	**1**	**1**	**9**	**8**	**1**
梅江区							1		1	3	3	
梅县区				1	1					1	1	
五华县										2	2	
兴宁市				3		3	1	1		3	2	1
汕尾市	**1**	**1**		**1**	**1**	**1**	**4**	**2**	**2**	**5**	**4**	**1**
城区	1	1		1	1	1	3	2	1	3	3	1
陆丰市	1	1					1		1	1	1	
河源市	**1**		**1**	**1**	**1**	**1**	**3**	**3**		**1**	**1**	
源城区	1		1	1	1	1	3	3		1	1	
阳江市	**1**	**1**		**1**		**1**				**5**	**5**	
江城区	1	1		1		1				3	3	
阳春市										2	2	
清远市	**2**	**1**	**1**	**2**	**1**	**1**	**6**	**3**	**4**	**4**	**3**	**1**
清城区	1		1	1	1		2	1	1	1	1	
清新区							2	1	2			
英德市				1		1				2	2	
连州市	1	1	1				2	1	1	1		1
东莞市	**17**	**12**	**5**	**15**	**10**	**5**	**10**	**5**	**5**	**23**	**10**	**13**
中山市				**6**	**3**	**3**	**10**	**8**	**2**	**13**	**11**	**2**
潮州市				**10**	**7**	**3**	**7**	**5**	**2**	**13**	**10**	**3**
湘桥区				4	2	2	5	2	2	7	6	1
潮安区				6	4	2	3	3		6	4	3
揭阳市	**3**	**2**	**1**	**10**	**6**	**4**	**12**	**7**	**5**	**14**	**10**	**5**
榕城区	2	1	1	3	2	1	4	2	2	6	4	2
揭东区	1	1		2	1	1	3		3	2	1	1
普宁市				5	3	2	5	5		6	5	2
云浮市	**2**	**1**	**1**	**2**	**2**		**5**	**3**	**2**	**3**	**3**	
云城区	1	1	1				2	1	2	3	3	
云安区												
罗定市	1	1		2	2		2	2				

10-1a 续表 16

单位：人

地 区	65-69岁			70-74岁			75-79岁			80-84岁		
	小计	男	女	小计	男	女	小计	男	女	小计	男	女
梅州市	**9**	**7**	**2**	**3**	**2**	**1**	**12**	**8**	**5**	**9**	**1**	**8**
梅江区	1		1	2	2		6	5	1	2		2
梅县区	1	1	1				3	2	1	2		2
五华县												
兴宁市	7	6	1	1		1	4	1	3	5	1	4
汕尾市	**5**	**3**	**1**	**3**	**3**		**8**	**4**	**4**	**10**	**4**	**6**
城区	5	3	1	3	3		4	3	1	9	3	6
陆丰市							4	1	3	1	1	1
河源市	**3**	**1**	**2**	**1**	**1**		**3**	**1**	**1**	**1**	**1**	**1**
源城区	3	1	2	1	1		3	1	1	1	1	1
阳江市	**7**	**5**	**2**	**4**	**4**		**7**	**6**	**1**	**11**	**4**	**7**
江城区	5	3	2	1	1		4	4		5	2	3
阳春市	2	2		3	3		3	2	1	6	2	4
清远市	**5**	**3**	**2**	**9**	**6**	**3**	**4**	**1**	**2**	**13**	**7**	**6**
清城区	4	2	2	4	3	1	2	1	1	8	6	2
清新区				1	1		1		1	1		1
英德市	1	1		3	2	2				2	1	2
连州市	1		1	2	1	1	1	1	1	3	1	2
东莞市	**23**	**12**	**12**	**15**	**13**	**2**	**30**	**17**	**13**	**33**	**18**	**15**
中山市	**8**	**6**	**2**	**13**	**8**	**5**	**2**		**2**	**18**	**6**	**11**
潮州市	**12**	**10**	**2**	**14**	**10**	**4**	**16**	**9**	**7**	**27**	**11**	**16**
湘桥区	8	6	2	7	5	2	11	5	5	15	7	8
潮安区	4	4		7	5	2	5	4	2	12	4	8
揭阳市	**22**	**16**	**6**	**20**	**12**	**8**	**26**	**14**	**12**	**37**	**29**	**8**
榕城区	7	5	2	5	3	2	8	3	5	16	14	2
揭东区	4	3	1	4	3	1	6	5	1	6	3	3
普宁市	11	8	3	11	6	5	12	6	6	15	12	3
云浮市	**6**	**4**	**2**	**4**	**2**	**2**	**4**	**3**	**1**	**5**	**2**	**3**
云城区	4	3	1	3	1	2	3	2	1	3	2	1
云安区				1								
罗定市	2	2	1	1	1		1	1		2		2

10-1a 续表 17

单位：人

地区	85-89岁			90-94岁			95-99岁			100岁及以上		
	小计	男	女	小计	男	女	小计	男	女	小计	男	女
梅州市	**9**	**2**	**7**	**7**	**4**	**3**	**3**	**1**	**2**			
梅江区	2	1	1	1	1	1	1		1			
梅县区	3	1	2				2	1	1			
五华县												
兴宁市	4	1	3	5	4	2						
汕尾市	**3**	**1**	**1**	**1**		**1**	**1**		**1**			
城区	3	1	1	1		1	1		1			
陆丰市												
河源市	**3**	**2**	**1**	**1**	**1**							
源城区	3	2	1	1	1							
阳江市	**6**	**3**	**4**	**2**	**2**		**1**		**1**			
江城区	4	2	2	2	2							
阳春市	2	1	2				1		1			
清远市	**7**	**1**	**6**	**6**	**1**	**5**	**1**		**1**			
清城区	2		2	5	1	4						
清新区	2		2	1		1	1		1			
英德市	1		1									
连州市	2	1	1									
东莞市	**27**	**12**	**15**	**18**	**5**	**13**	**3**		**3**			
中山市	**13**	**3**	**10**	**3**	**3**		**2**		**2**			
潮州市	**15**	**6**	**10**	**8**	**2**	**6**	**1**		**1**	**1**		**1**
湘桥区	8	2	6	3	2	1				1		1
潮安区	7	4	4	5		5	1		1			
揭阳市	**29**	**15**	**14**	**12**	**2**	**10**	**4**	**3**	**1**	**1**		**1**
榕城区	9	5	4	4	1	3	1		1	1		1
揭东区	9	2	7	3	1	2	1	1				
普宁市	11	8	3	5		5	2	2				
云浮市	**5**	**1**	**3**	**3**	**1**	**3**	**2**		**2**			
云城区	3	1	2	3	1	3	1		1			
云安区												
罗定市	2	1	1				1		1			

10-1b 各地区分年龄、性别的死亡人口（镇）
（2014.11.1-2015.10.31）

单位：人

地　　区	死亡人口			0岁			1-4岁		
	合计	男	女	小计	男	女	小计	男	女
全　省	**2103**	**1236**	**867**	**6**	**3**	**2**	**8**	**4**	**4**
广州市	**108**	**66**	**42**						
白云区	25	14	11						
番禺区	6	3	3						
花都区	4	2	2						
南沙区	28	20	8						
从化区	8	4	4						
增城区	38	23	15						
韶关市	**81**	**45**	**36**	**1**	**1**				
浈江区	2	1	2						
曲江区	5	2	3						
始兴县	11	6	5						
仁化县	3	2	1						
翁源县	14	8	6						
乳源瑶族自治县	11	5	6						
新丰县	14	8	6						
乐昌市	14	7	7	1	1				
南雄市	7	6	2						
珠海市	**11**	**8**	**3**						
斗门区	6	5	1						
金湾区	5	3	2						
汕头市	**232**	**132**	**100**	**1**		**1**	**1**		**1**
龙湖区	11	7	4						
濠江区	1		1						
潮阳区	89	51	38	1		1			
潮南区	55	32	23						
澄海区	66	35	31				1		1
南澳县	11	8	3						
佛山市	**29**	**16**	**13**						
禅城区	6	3	3						
南海区	3	3							
三水区	14	6	8						
高明区	6	3	3						
江门市	**67**	**37**	**30**						
新会区	9	7	3						
台山市	19	8	10						
开平市	10	4	6						
鹤山市	7	5	2						
恩平市	21	13	8						

10-1b 续表 1 单位：人

地 区	5-9岁			10-14岁			15-19岁			20-24岁		
	小计	男	女	小计	男	女	小计	男	女	小计	男	女
全 省	**5**	**3**	**3**	**2**	**2**		**14**	**8**	**6**	**12**	**7**	**4**
广州市							**1**	**1**				
白云区												
番禺区												
花都区												
南沙区							1	1				
从化区												
增城区												
韶关市							**1**		**1**	**1**	**1**	
浈江区												
曲江区												
始兴县												
仁化县												
翁源县							1		1			
乳源瑶族自治县												
新丰县												
乐昌市												
南雄市										1	1	
珠海市												
斗门区												
金湾区												
汕头市							**3**		**3**	**1**		**1**
龙湖区							1		1			
濠江区												
潮阳区							2		2	1		1
潮南区												
澄海区												
南澳县												
佛山市												
禅城区												
南海区												
三水区												
高明区												
江门市	**1**	**1**					**1**	**1**		**1**	**1**	
新会区												
台山市							1	1		1	1	
开平市												
鹤山市	1	1										
恩平市												

10-1b 续表 2

单位：人

地 区	25-29岁			30-34岁			35-39岁			40-44岁		
	小计	男	女	小计	男	女	小计	男	女	小计	男	女
全 省	**17**	**11**	**6**	**23**	**18**	**5**	**28**	**19**	**8**	**35**	**26**	**8**
广州市	**3**	**3**					**1**	**1**				
白云区												
番禺区												
花都区												
南沙区	2	2					1	1				
从化区												
增城区	1	1										
韶关市	**1**						**2**	**2**		**1**	**1**	
浈江区												
曲江区												
始兴县												
仁化县												
翁源县										1	1	
乳源瑶族自治县												
新丰县							1	1				
乐昌市												
南雄市												
珠海市												
斗门区												
金湾区												
汕头市	**3**	**1**	**1**	**5**	**3**	**1**	**2**	**2**		**1**		**1**
龙湖区												
濠江区												
潮阳区	1		1	2	1	1				1		1
潮南区	1	1		1	1		1	1				
澄海区				1	1		1	1				
南澳县												
佛山市	**1**	**1**										
禅城区												
南海区												
三水区	1	1										
高明区												
江门市	**1**	**1**								**2**	**1**	
新会区	1	1										
台山市												
开平市												
鹤山市												
恩平市										2	1	

10-1b 续表 3

单位：人

地区	45-49岁			50-54岁			55-59岁			60-64岁		
	小计	男	女	小计	男	女	小计	男	女	小计	男	女
全省	**63**	**48**	**15**	**98**	**64**	**34**	**135**	**93**	**41**	**173**	**118**	**56**
广州市	**1**	**1**		**6**	**4**	**2**	**8**	**6**	**2**	**7**	**5**	**2**
白云区	1	1		1		1						
番禺区				1		1				3	1	2
花都区							1	1				
南沙区							3	3		2	2	
从化区							1	1	1			
增城区				4	4		3	2	1	2	2	
韶关市	**3**	**2**	**1**	**3**	**2**	**1**	**5**	**3**	**2**	**8**	**7**	**1**
浈江区	1		1									
曲江区	1	1								1	1	1
始兴县										2	2	
仁化县				1			1	1				
翁源县	1	1		1	1		1	1		1	1	
乳源瑶族自治县				1	1							
新丰县							1	1		1		
乐昌市				1		1	1		1	2	2	
南雄市							1	1	1	1	1	
珠海市				**1**	**1**							
斗门区				1	1							
金湾区												
汕头市	**11**	**9**	**2**	**14**	**10**	**4**	**10**	**6**	**4**	**20**	**16**	**4**
龙湖区	2	2		1	1		1	1		1	1	
濠江区												
潮阳区	4	4		5	4	1	2	1	1	9	6	2
潮南区	2	2		5	2	2	2	2		2	1	1
澄海区	3	1	2	3	3		4	2	3	8	8	
南澳县				1	1							
佛山市				**3**	**3**		**1**	**1**		**3**	**2**	**1**
禅城区				1	1							
南海区				2	2					2	2	
三水区							1	1		1	1	1
高明区				1	1							
江门市	**2**	**1**	**1**	**4**	**3**	**2**	**3**	**3**		**5**	**5**	
新会区				1	1		1	1		2	2	
台山市	2	1	1	2	1	1	1	1		1	1	
开平市												
鹤山市				1	1							
恩平市				1		1	1	1		3	2	

10-1b 续表 4

单位：人

地区	65-69岁			70-74岁			75-79岁			80-84岁		
	小计	男	女	小计	男	女	小计	男	女	小计	男	女
全省	**201**	**138**	**63**	**220**	**159**	**60**	**315**	**168**	**147**	**320**	**171**	**149**
广州市	**16**	**9**	**6**	**18**	**15**	**3**	**13**	**6**	**7**	**16**	**5**	**11**
白云区	6	3	3	8	8		1		1	4	1	3
番禺区				1	1							
花都区							1		1	1		1
南沙区	7	4	3	3	3		3	3		3		3
从化区	1	1					1	1		2	1	1
增城区	3	2	1	6	3	3	6	1	5	6	3	3
韶关市	**8**	**5**	**3**	**7**	**4**	**3**	**17**	**11**	**6**	**9**	**4**	**6**
浈江区							2	1	1			
曲江区				1	1		1	1	1			
始兴县										3	2	1
仁化县												
翁源县	1		1	2	2		2	1	1	2		2
乳源瑶族自治县	1	1		1			2	1	1	2		1
新丰县	1		1	1	1		4	2	2	2	1	
乐昌市	2	2	1	1		1	4	3	1	1		1
南雄市	2	1	1				2	2				
珠海市	**1**	**1**					**3**	**2**	**1**	**1**	**1**	
斗门区	1	1					1	1	1	1	1	
金湾区							1	1				
汕头市	**15**	**11**	**5**	**22**	**17**	**5**	**39**	**21**	**19**	**32**	**18**	**14**
龙湖区	1	1		1	1		1	1		1		1
濠江区												
潮阳区	5	4	1	11	9	2	11	7	4	19	7	11
潮南区	5	4	1	2	2		11	5	6	6	5	1
澄海区	4	2	2	5	4	2	13	5	8	5	4	1
南澳县	1	1		2	1		3	2	1	1	1	
佛山市	**1**	**1**		**5**	**2**	**2**	**2**		**2**	**5**	**1**	**3**
禅城区				2	1	1	1		1			
南海区												
三水区	1	1		1		1	1		1	2		2
高明区				2	1	1				3	1	1
江门市	**6**	**4**	**2**	**9**	**4**	**4**	**9**	**4**	**5**	**12**	**6**	**6**
新会区							3	1	2			
台山市	2	1	1	3	1	2	3		3	1	1	
开平市	2	1	1	2	1	1	1	1		3	2	2
鹤山市	1	1		1		1	1	1		3	2	2
恩平市	1	1		4	3	1	2	1		4	1	3

10-1b 续表 5

单位：人

地　区	85-89岁			90-94岁			95-99岁			100岁及以上		
	小计	男	女	小计	男	女	小计	男	女	小计	男	女
全　省	**262**	**126**	**135**	**114**	**38**	**76**	**43**	**10**	**33**	**10**		**10**
广州市	**11**	**7**	**3**	**9**	**3**	**5**						
白云区				3		3						
番禺区	1	1										
花都区	1	1										
南沙区	3	2	1	1		1						
从化区	1		1	1	1	1						
增城区	6	4	2	4	3	1						
韶关市	**10**	**2**	**7**	**3**		**3**						
浈江区												
曲江区	1		1	1		1						
始兴县	1		1	1		1						
仁化县												
翁源县	2	1	1									
乳源瑶族自治县	2		2									
新丰县												
乐昌市	2		2									
南雄市	1	1		1		1						
珠海市	**1**	**1**	**1**	**2**	**1**	**1**						
斗门区	1	1	1	1	1							
金湾区				1		1						
汕头市	**33**	**15**	**18**	**15**	**2**	**13**	**4**		**4**			
龙湖区	3	1	2									
濠江区				1		1						
潮阳区	11	7	4	2		2						
潮南区	7	2	5	6	1	5	1		1			
澄海区	10	4	6	5	1	4	3		3			
南澳县	2	1	1	1		1						
佛山市	**5**	**2**	**3**	**3**	**2**	**1**				**1**		**1**
禅城区				1	1					1		1
南海区												
三水区	4	2	2	2	1	1						
高明区	1		1									
江门市	**3**	**2**	**1**	**6**	**1**	**5**	**1**		**1**			
新会区				2	1	1						
台山市				3		3						
开平市	1		1	1		1	1		1			
鹤山市												
恩平市	2	2		1		1						

10-1b 续表 6

单位：人

地 区	死亡人口			0岁			1-4岁		
	合计	男	女	小计	男	女	小计	男	女
湛江市	**129**	**72**	**57**						
坡头区	4	2	1						
麻章区	5	2	3						
遂溪县	28	17	11						
徐闻县	20	16	4						
廉江市	31	15	16						
雷州市	23	14	10						
吴川市	17	6	11						
茂名市	**117**	**74**	**43**				**2**	**1**	**1**
茂南区	7	3	3						
电白区	46	32	14				1	1	
高州市	20	13	7						
化州市	23	14	8				1		1
信宜市	22	12	10						
肇庆市	**117**	**70**	**47**	**1**		**1**			
鼎湖区	4	2	2						
广宁县	26	15	12						
怀集县	32	24	8	1		1			
封开县	15	7	7						
德庆县	8	4	4						
高要市	28	16	12						
四会市	4	2	2						
惠州市	**85**	**52**	**33**						
惠城区	3		3						
惠阳区	3	1	3						
博罗县	23	19	4						
惠东县	29	16	14						
龙门县	26	17	9						
梅州市	**206**	**108**	**98**				**1**	**1**	
梅江区	1		1						
梅县区	18	13	5						
大埔县	20	6	14						
丰顺县	43	19	24				1	1	
五华县	58	37	21						
平远县	15	7	8						
蕉岭县	22	12	9						
兴宁市	30	13	16						
汕尾市	**130**	**74**	**56**						
城区	10	6	4						
海丰县	53	30	23						
陆河县	26	14	12						
陆丰市	41	25	16						

10-1b 续表 7 单位：人

地区	5-9岁			10-14岁			15-19岁			20-24岁		
	小计	男	女	小计	男	女	小计	男	女	小计	男	女
湛江市							**1**	**1**		**1**	**1**	
坡头区												
麻章区												
遂溪县												
徐闻县							1	1		1	1	
廉江市												
雷州市												
吴川市												
茂名市	**1**		**1**				**3**	**2**	**1**	**2**	**1**	**1**
茂南区												
电白区							1	1		1		1
高州市												
化州市	1		1				1	1	1	1	1	
信宜市							1		1			
肇庆市										**1**	**1**	
鼎湖区												
广宁县												
怀集县										1	1	
封开县												
德庆县												
高要市												
四会市												
惠州市										**1**		**1**
惠城区												
惠阳区												
博罗县												
惠东县										1		1
龙门县												
梅州市	**1**		**1**									
梅江区												
梅县区												
大埔县												
丰顺县												
五华县												
平远县												
蕉岭县												
兴宁市	1		1									
汕尾市										**1**		**1**
城区												
海丰县										1		1
陆河县												
陆丰市												

10-1b 续表 8

单位：人

地区	25-29岁			30-34岁			35-39岁			40-44岁		
	小计	男	女	小计	男	女	小计	男	女	小计	男	女
湛江市	**2**		**2**	**4**	**4**		**3**		**3**			
坡头区												
麻章区	1		1									
遂溪县				1	1							
徐闻县	1		1	1	1							
廉江市				1	1							
雷州市				1	1		2		2			
吴川市							1		1			
茂名市				**2**	**1**	**1**	**2**	**2**		**2**	**1**	**1**
茂南区				1	1							
电白区							1	1		1	1	
高州市												
化州市				1	1	1	1	1				
信宜市										1		1
肇庆市	**1**		**1**	**1**	**1**		**1**	**1**		**2**	**1**	**1**
鼎湖区												
广宁县												
怀集县				1	1					1	1	1
封开县	1		1									
德庆县												
高要市							1	1		1	1	
四会市												
惠州市	**1**	**1**					**1**	**1**		**5**	**4**	**1**
惠城区												
惠阳区												
博罗县							1	1		1	1	
惠东县										3	2	1
龙门县	1	1								1	1	
梅州市	**1**		**1**	**4**	**4**	**1**	**2**	**1**	**1**	**3**	**3**	
梅江区												
梅县区	1		1	1	1							
大埔县				1		1	1		1	1	1	
丰顺县				1	1		1		1			
五华县				2	2		1	1		1	1	
平远县												
蕉岭县												
兴宁市										1	1	
汕尾市				**1**	**1**		**2**	**2**	**1**	**1**	**1**	
城区				1	1					1	1	
海丰县							1	1				
陆河县												
陆丰市							1	1	1			

10-1b 续表 9

单位：人

地　区	45-49岁			50-54岁			55-59岁			60-64岁		
	小计	男	女	小计	男	女	小计	男	女	小计	男	女
湛江市	**5**	**3**	**1**	**3**	**2**	**1**	**14**	**7**	**7**	**3**	**1**	**2**
坡头区							1		1			
麻章区							1		1			
遂溪县	1	1		2	2	1	1		1			
徐闻县										1	1	
廉江市	1	1					7	4	4	1		1
雷州市	2	1	1				2	2				
吴川市				1	1		2	1	1	1		1
茂名市	**5**	**5**	**1**	**6**	**3**	**2**	**7**	**4**	**4**	**9**	**5**	**3**
茂南区	1		1	2	1	1						
电白区	2	2		1	1		2	2		4	2	2
高州市	1	1		2	1	1	1	1		1	1	
化州市	1	1		1	1		2		2			
信宜市	1	1		1		1	2	1	2	3	2	1
肇庆市	**5**	**5**		**4**	**3**	**2**	**12**	**8**	**4**	**12**	**7**	**4**
鼎湖区												
广宁县				1		1	4	4		5	3	2
怀集县	2	2		3	3	1	4	3	2	3	1	1
封开县	1	1								2	1	1
德庆县										1		
高要市	1	1					4	1	2	1	1	
四会市										1	1	
惠州市	**1**	**1**		**2**	**1**	**2**	**3**	**2**	**1**	**7**	**4**	**4**
惠城区												
惠阳区												
博罗县	1	1					1	1		1		1
惠东县				1		1	1		1	2		2
龙门县				1	1	1	1	1		4	4	1
梅州市	**5**	**4**		**10**	**7**	**3**	**15**	**11**	**4**	**18**	**10**	**9**
梅江区												
梅县区	1	1		3	2	1	1	1		1	1	
大埔县	1	1		1	1		2	1	1	2		2
丰顺县	1	1		1	1		4	3	1	5	3	2
五华县	1	1		1		1	4	3	1	5	3	2
平远县				1		1				1	1	
蕉岭县				2	2		1	1		2	2	1
兴宁市	1	1		2	1	1	2	2		3	1	2
汕尾市	**2**	**2**		**6**	**3**	**2**	**10**	**8**	**2**	**12**	**5**	**7**
城区	1	1		1		1	1	1		1		1
海丰县				4	3	1	6	6		7	3	5
陆河县							1	1				
陆丰市	1	1		1	1	1	1		1	4	2	1

10-1b 续表 10 单位：人

地区	65-69岁			70-74岁			75-79岁			80-84岁		
	小计	男	女	小计	男	女	小计	男	女	小计	男	女
湛江市	**13**	**8**	**5**	**13**	**12**	**1**	**14**	**10**	**4**	**24**	**12**	**12**
坡头区				2	2					1	1	
麻章区							1	1		2	2	1
遂溪县	1	1		2	2		5	5		6	3	3
徐闻县	1	1		4	4		2	1	1	5	4	1
廉江市	6	4	2	2	1	1	4	2	1	4	1	2
雷州市	1		1	2	2		1	1		2	1	1
吴川市	3	3	1				2		2	3		3
茂名市	**8**	**6**	**2**	**7**	**6**	**1**	**12**	**7**	**4**	**23**	**14**	**9**
茂南区							2	1	1	1	1	
电白区	2	2		4	3	1	6	3	2	10	4	6
高州市				1	1		1	1		3	1	3
化州市	2	2		1	1		2	1	1	6	5	1
信宜市	4	2	2	1	1		2	2		3	3	
肇庆市	**15**	**9**	**6**	**20**	**16**	**5**	**15**	**9**	**7**	**11**	**4**	**7**
鼎湖区				1	1		1	1				
广宁县	2	2		5	4	2	4	2	2	4		4
怀集县	4	3	1	5	4	1	4	4	1	1	1	
封开县	1		1	3	1	1	4	2	2	1	1	
德庆县	1	1		1	1		1		1			
高要市	6	3	3	4	4		1		1	3	1	2
四会市										1	1	1
惠州市	**7**	**6**	**1**	**12**	**9**	**2**	**12**	**8**	**4**	**18**	**10**	**8**
惠城区										1		1
惠阳区	1	1					2		2	1		1
博罗县	3	3		5	3	2	3	3		4	4	
惠东县				3	3		4	3	1	5	4	1
龙门县	2	2	1	3	3		2	1	1	6	2	4
梅州市	**11**	**6**	**5**	**19**	**12**	**7**	**33**	**16**	**16**	**30**	**16**	**14**
梅江区							1		1			
梅县区	1	1					6	5	1	1	1	
大埔县	1	1	1				3	1	2	3		3
丰顺县	3		3	4	2	1	5	2	3	4	2	2
五华县	3	3		8	6	2	10	4	6	11	7	4
平远县				1	1		3	2	1	4	2	2
蕉岭县	2	1	1	4	2	2	2	2	1	3	1	2
兴宁市	1	1		3	1	2	3	1	2	4	3	2
汕尾市	**13**	**8**	**5**	**12**	**10**	**2**	**18**	**8**	**10**	**25**	**14**	**11**
城区	1	1		1	1	1	1	1		2	1	1
海丰县	5	4	1	3	3		6	2	5	10	5	5
陆河县	1			2	2		5	2	3	5	2	3
陆丰市	7	4	4	6	4	1	6	3	3	8	6	2

10-1b 续表 11

单位：人

地区	85-89岁			90-94岁			95-99岁			100岁及以上		
	小计	男	女	小计	男	女	小计	男	女	小计	男	女
湛江市	**21**	**5**	**16**	**6**	**4**	**2**	**1**	**1**	**1**	**1**		**1**
坡头区	1		1									
麻章区	1		1				1		1			
遂溪县	6	1	5	2	1	1	1	1		1		1
徐闻县	2	1	1	1	1							
廉江市	4		4									
雷州市	5	1	4	2	2							
吴川市	3	2	2	1		1						
茂名市	**19**	**15**	**4**	**6**	**1**	**5**	**2**	**1**	**1**			
茂南区				1		1						
电白区	7	6	1	2	1	1						
高州市	7	6	1	3		3	1	1				
化州市	3	3	1	1		1						
信宜市	2	1	2				1		1			
肇庆市	**11**	**5**	**5**	**4**	**1**	**3**	**1**		**1**			
鼎湖区												
广宁县	2	1	1	1		1						
怀集县	1	1		1	1							
封开县	1		1									
德庆县												
高要市	4	2	2	1		1						
四会市	1	1	1				1		1			
惠州市	**8**	**3**	**5**	**3**	**1**	**2**	**5**	**2**	**3**			
惠城区	1		1									
惠阳区												
博罗县	2	1	1									
惠东县	2	1	1	2	1	1	4	1	3			
龙门县	2	1	1	1		1	1	1				
梅州市	**34**	**12**	**21**	**13**	**5**	**8**	**6**	**1**	**6**	**1**		**1**
梅江区												
梅县区	2	1	1	1		1	1		1			
大埔县	3		3	2	1	1	1	1	1			
丰顺县	11	3	8	1		1	1		1			
五华县	8	6	2	2	1	1	2		2	1		1
平远县	2	1	2	1	1		1		1			
蕉岭县	3		3	1	1							
兴宁市	4	2	3	4	1	4	1		1			
汕尾市	**14**	**7**	**7**	**7**	**4**	**3**	**5**	**2**	**3**	**2**		**2**
城区										1		1
海丰县	7	4	4	1		1	2		2	1		1
陆河县	4	2	2	3	2	1	2	1	1			
陆丰市	3	1	1	3	2	1	1	1				

10-1b 续表 12 单位：人

地 区	死亡人口			0岁			1-4岁		
	合计	男	女	小计	男	女	小计	男	女
河源市	**78**	**49**	**29**						
紫金县	23	15	8						
龙川县	20	14	6						
连平县	8	4	4						
和平县	17	9	8						
东源县	10	8	2						
阳江市	**89**	**56**	**33**	**1**	**1**				
江城区	16	10	6						
阳西县	27	19	8						
阳东县	22	13	9						
阳春市	25	14	11	1	1				
清远市	161	96	65				1	1	1
清城区	41	22	19						
清新区	32	20	13						
佛冈县	17	10	7						
阳山县	27	19	8						
连山壮族瑶族自治县	5	2	2						
连南瑶族自治县	8	7	1						
英德市	24	12	12				1	1	
连州市	7	5	2				1		1
中山市	**73**	**40**	**32**						
潮州市	**115**	**61**	**55**	**1**	**1**		**1**		**1**
湘桥区	16	10	6						
潮安区	39	25	14						
饶平县	60	25	35	1	1		1		1
揭阳市	**208**	**134**	**74**						
榕城区	16	7	8						
揭东区	33	26	7						
揭西县	46	27	19						
惠来县	62	40	22						
普宁市	51	33	18						
云浮市	**66**	**45**	**22**	**1**	**1**		**1**	**1**	
云城区	3	1	2						
云安区	5	4	2						
新兴县	20	11	10						
郁南县	20	15	5	1	1		1	1	
罗定市	18	14	4						

10-1b 续表 13

单位：人

地区	5-9岁			10-14岁			15-19岁			20-24岁		
	小计	男	女	小计	男	女	小计	男	女	小计	男	女
河源市	**1**	**1**										
紫金县	1	1										
龙川县												
连平县												
和平县												
东源县												
阳江市	**1**		**1**				**1**	**1**		**1**	**1**	
江城区												
阳西县	1		1				1	1		1	1	
阳东县												
阳春市												
清远市				1	1		2	2				
清城区							1	1				
清新区												
佛冈县												
阳山县							1	1				
连山壮族瑶族自治县												
连南瑶族自治县												
英德市												
连州市				1	1							
中山市												
潮州市	**1**	**1**										
湘桥区												
潮安区												
饶平县	1	1										
揭阳市				**1**	**1**		**1**	**1**		**3**	**3**	
榕城区							1	1		1	1	
揭东区												
揭西县												
惠来县				1	1							
普宁市										2	2	
云浮市							**1**		**1**			
云城区												
云安区												
新兴县							1		1			
郁南县												
罗定市												

10-1b 续表 14

单位：人

地区	25-29岁			30-34岁			35-39岁			40-44岁		
	小计	男	女	小计	男	女	小计	男	女	小计	男	女
河源市				**1**	**1**					**2**	**1**	
紫金县												
龙川县										1	1	
连平县												
和平县												
东源县				1	1					1	1	
阳江市	**1**		**1**				**3**	**2**	**1**	**3**	**3**	
江城区							1		1	1	1	
阳西县	1		1				1	1		1	1	
阳东县							1	1		1	1	
阳春市												
清远市	2	1	1	3	2	1	2	2		5	4	1
清城区							1	1		2	2	
清新区	1	1		1	1							
佛冈县							1	1		1	1	
阳山县	1		1	2	1	1				1		1
连山壮族瑶族自治县												
连南瑶族自治县												
英德市										1	1	
连州市	1	1		1	1					1	1	
中山市							**3**	**2**	**2**	**3**	**2**	**2**
潮州市	**1**	**1**					**1**	**1**		**2**	**1**	**1**
湘桥区												
潮安区							1	1		1	1	
饶平县	1	1								1		1
揭阳市	**1**	**1**		**1**		**1**	**2**	**2**		**2**	**2**	
榕城区												
揭东区	1	1					1	1				
揭西县				1		1						
惠来县							1	1		2	2	
普宁市												
云浮市				**1**	**1**					**1**	**1**	
云城区												
云安区												
新兴县												
郁南县										1	1	
罗定市				1	1							

10-1b 续表 15

单位：人

地区	45-49岁			50-54岁			55-59岁			60-64岁		
	小计	男	女	小计	男	女	小计	男	女	小计	男	女
河源市	**2**	**1**	**1**	**4**	**3**	**1**	**5**	**3**	**1**	**8**	**5**	**3**
紫金县	1		1	1	1		1	1		3	1	2
龙川县	1	1		1	1		1		1	1	1	
连平县							1	1		1	1	
和平县				2		1	1	1		2	1	
东源县				1	1		1	1		1	1	1
阳江市	**2**	**1**	**1**	**5**	**3**	**2**	**3**	**3**		**4**	**1**	**3**
江城区				1		1				1	1	
阳西县	1	1		2	1	1	1	1		1		1
阳东县				1	1	1	1	1		1		1
阳春市	1		1	1	1		2	2		1		1
清远市	5	1	4	6	6	1	10	6	4	10	6	3
清城区	2		2	2	2		2	1	1	2	2	
清新区	1		1	2	1	1	3	2	2	5	3	2
佛冈县	1		1	1	1		1		1	1	1	
阳山县										1		1
连山壮族瑶族自治县							1	1				
连南瑶族自治县										1	1	
英德市	2	1	1	1	1		2	2	1			
连州市				1	1		1	1				
中山市	**3**	**2**	**2**	**3**		**3**	**5**	**3**	**2**	**8**	**8**	
潮州市				**7**	**4**	**3**	**9**	**7**	**2**	**8**	**6**	**2**
湘桥区				2	1	1	2	2	1	1	1	
潮安区				4	3	1	4	4				
饶平县				2	1	1	3	2	1	7	5	2
揭阳市	**8**	**7**	**1**	**6**	**4**	**2**	**9**	**6**	**3**	**25**	**18**	**7**
榕城区										4	2	2
揭东区	1	1		3	3		2	1	1	1	1	
揭西县	2	1	1	3	1	2	2	2		2	1	1
惠来县	2	2					3	3		6	5	1
普宁市	3	3					2		2	12	9	3
云浮市	**3**	**3**	**1**	**2**	**1**	**1**	**6**	**6**	**1**	**6**	**5**	**1**
云城区										1	1	
云安区				1	1		1	1				
新兴县	1		1	1		1	1	1		2	2	
郁南县				1	1		2	2		2	2	
罗定市	2	2					2	2	1	2	1	1

10-1b 续表 16 单位：人

地　区	65-69岁			70-74岁			75-79岁			80-84岁		
	小计	男	女	小计	男	女	小计	男	女	小计	男	女
河源市	**8**	**6**	**1**	**9**	**7**	**2**	**14**	**10**	**4**	**13**	**5**	**7**
紫金县	6	5	1	3	2	1	4	3	1	4	1	3
龙川县	1	1		2	2		5	4	2	4	2	2
连平县							1			2		1
和平县	1			3	3		1		1	3	2	1
东源县							2	2		1	1	
阳江市	**7**	**6**	**1**	**13**	**9**	**3**	**11**	**6**	**4**	**19**	**12**	**8**
江城区	1	1		2	2		3	2	1	3	2	1
阳西县	2	2		3	3	1	2	1	1	6	4	2
阳东县	3	2	1	2	2		2	1	2	5	2	3
阳春市	1	1		5	2	2	3	2	1	5	3	2
清远市	27	16	11	17	14	3	21	12	8	19	12	7
清城区	6	4	2	2	2		6	2	4	2	1	1
清新区	4	2	2	3	3		3	3		3	2	1
佛冈县	2	1	1	1	1	1	2	1	1	5	3	2
阳山县	9	5	4	4	4		5	5		2	2	1
连山壮族瑶族自治县	1						1		1	1	1	
连南瑶族自治县	2	1		2	2							
英德市	4	2	2	2	1	2	3	1	2	6	3	2
连州市				2	2	1						
中山市	**13**	**13**		**6**	**2**	**5**	**10**	**2**	**8**	**10**	**6**	**3**
潮州市	**9**	**6**	**3**	**12**	**4**	**7**	**22**	**10**	**12**	**16**	**9**	**7**
湘桥区				4	2	2	3	1	2	2	2	1
潮安区	3	2	1	2		2	9	5	4	9	5	4
饶平县	6	4	2	6	2	4	10	4	6	5	2	3
揭阳市	**20**	**13**	**7**	**13**	**9**	**4**	**42**	**22**	**20**	**28**	**17**	**10**
榕城区	1	1		1	1		1		1	4	1	3
揭东区	2	2		5	4	1	9	8	1	2	2	
揭西县	7	5	2	4	2	2	9	4	5	6	3	3
惠来县	4	2	2	1		1	9	5	4	12	8	4
普宁市	6	3	3	2	2		14	5	9	3	3	
云浮市	**4**	**3**	**1**	**8**	**7**	**1**	**11**	**6**	**5**	**10**	**6**	**4**
云城区							1		1	1	1	1
云安区							2	1	1			
新兴县	1	1		2	1	1	2	1	1	6	3	3
郁南县	1	1	1	5	4	1	1	1	1	1	1	1
罗定市	2	2		2	2		6	4	2	1	1	

10-1b 续表 17

单位：人

地区	85-89岁			90-94岁			95-99岁			100岁及以上		
	小计	男	女	小计	男	女	小计	男	女	小计	男	女
河源市	**6**	**2**	**4**	**3**	**1**	**2**	**3**	**2**	**1**	**1**		**1**
紫金县							1	1				
龙川县	1	1	1	2	1	1	1	1		1		1
连平县												
和平县	2		2	1	1		1		1			
东源县	3	1	2				1	1				
阳江市	**8**	**4**	**4**	**5**	**2**	**3**	**3**	**1**	**2**			
江城区	1		1	2	1	1						
阳西县	2	2		1		1						
阳东县	1	1	1	2	1	1	1	1	1			
阳春市	4	2	2				2		2			
清远市	19	8	11	10	2	7	2		2	1		1
清城区	10	3	7	5	2	3						
清新区	3	2	2	2		2	2		2			
佛冈县	2	2	1	1	1	1						
阳山县	2	2	1									
连山壮族瑶族自治县												
连南瑶族自治县	1											
英德市	1		1	2		2						
连州市				1		1				1		1
中山市	**3**	**2**	**2**	**3**		**3**	**2**		**2**			
潮州市	**14**	**6**	**8**	**5**	**3**	**3**	**6**	**1**	**5**	**1**		**1**
湘桥区	1	1		1	1		1	1				
潮安区	5	4	2	3	2	1	1		1			
饶平县	8	2	6	2		2	4		4	1		1
揭阳市	**36**	**24**	**12**	**6**	**3**	**3**	**2**	**1**	**1**	**3**		**3**
榕城区	2		2									
揭东区	5	2	3				1		1			
揭西县	8	6	2	2	2							
惠来县	13	8	5	4	1	3	1	1		1		1
普宁市	8	8								2		2
云浮市	**6**	**3**	**2**	**4**	**1**	**4**	**1**		**1**			
云城区				1		1						
云安区												
新兴县	2	1	1	1		1	1		1			
郁南县	2	1	1	1	1	1	1		1			
罗定市	1	1		1		1						

10-1c 各地区分年龄、性别的死亡人口（乡村）（2014.11.1-2015.10.31）

单位：人

地 区	死亡人口			0岁			1-4岁		
	合计	男	女	小计	男	女	小计	男	女
全 省	**5109**	**3001**	**2108**	**22**	**14**	**8**	**19**	**12**	**7**
广州市	**202**	**117**	**85**						
白云区	37	19	18						
番禺区	21	12	10						
花都区	31	15	16						
南沙区	16	8	7						
萝岗区	10	5	5						
从化区	49	33	16						
增城区	38	26	13						
韶关市	**259**	**148**	**111**	**2**	**1**	**1**			
武江区	13	8	5						
浈江区	14	7	7						
曲江区	21	11	10						
始兴县	26	13	12	1	1	1			
仁化县	17	10	7						
翁源县	53	22	31						
乳源瑶族自治县	24	15	9	1	1				
新丰县	24	18	6						
乐昌市	36	22	14						
南雄市	31	21	10						
珠海市	**20**	**9**	**12**						
斗门区	20	9	12						
汕头市	**213**	**127**	**86**				**1**		**1**
龙湖区	14	9	5						
金平区	4	3	1						
濠江区	14	9	5						
潮阳区	90	49	41				1		1
潮南区	61	45	17						
澄海区	27	11	16						
南澳县	3	2	1						
佛山市	**73**	**28**	**44**						
南海区	16	3	13						
顺德区	2	2							
三水区	32	16	16						
高明区	23	8	15						
江门市	**328**	**162**	**166**				**3**	**1**	**2**
蓬江区	1								
新会区	51	27	24						
台山市	131	67	64				2	1	1
开平市	72	37	35				1		1
鹤山市	42	23	19						
恩平市	32	8	24						

10-1c 续表 1

单位：人

地 区	5-9岁			10-14岁			15-19岁			20-24岁		
	小计	男	女	小计	男	女	小计	男	女	小计	男	女
全 省	**15**	**11**	**4**	**12**	**6**	**7**	**26**	**20**	**6**	**37**	**31**	**6**
广州市							**3**	**3**		**2**	**2**	
白云区												
番禺区												
花都区							1	1		1	1	
南沙区												
萝岗区												
从化区							2	2		1	1	
增城区												
韶关市	**2**	**1**	**1**	**1**		**1**	**1**		**1**	**1**	**1**	
武江区												
浈江区												
曲江区										1	1	
始兴县										1	1	
仁化县												
翁源县	1		1	1		1	1		1			
乳源瑶族自治县												
新丰县	1	1										
乐昌市												
南雄市												
珠海市										**1**	**1**	
斗门区										1	1	
汕头市	**1**	**1**		**1**	**1**		**1**	**1**		**1**	**1**	
龙湖区	1	1					1	1				
金平区												
濠江区										1	1	
潮阳区				1	1							
潮南区												
澄海区												
南澳县												
佛山市												
南海区												
顺德区												
三水区												
高明区												
江门市												
蓬江区												
新会区												
台山市												
开平市												
鹤山市												
恩平市												

10-1c 续表 2

单位：人

地 区	25-29岁			30-34岁			35-39岁			40-44岁		
	小计	男	女	小计	男	女	小计	男	女	小计	男	女
全 省	**42**	**27**	**16**	**49**	**33**	**16**	**58**	**34**	**24**	**96**	**74**	**22**
广州市				**3**	**2**	**1**	**4**	**4**		**2**	**1**	**1**
白云区												
番禺区							2	2				
花都区							1	1				
南沙区												
萝岗区				1		1						
从化区				2	2		1	1		1		1
增城区										1	1	
韶关市	**2**	**2**		**2**	**2**	**1**	**1**	**1**		**2**	**2**	
武江区												
浈江区										1	1	
曲江区	1	1		1	1							
始兴县												
仁化县												
翁源县	1	1		1		1						
乳源瑶族自治县							1	1		1	1	
新丰县												
乐昌市	1	1										
南雄市				1	1					1	1	
珠海市	**1**		**1**							**1**	**1**	
斗门区	1		1							1	1	
汕头市	**2**	**2**		**2**	**2**		**6**	**4**	**3**	**6**	**4**	**1**
龙湖区												
金平区												
濠江区	1	1										
潮阳区				1	1		3	2	1	3	2	1
潮南区	1	1					3	1	1	1	1	
澄海区				1	1					1	1	
南澳县												
佛山市	**1**		**1**	**1**		**1**	**1**		**1**			
南海区												
顺德区												
三水区	1		1	1		1	1		1			
高明区												
江门市	**4**	**2**	**2**	**5**	**1**	**4**	**1**		**1**	**8**	**4**	**4**
蓬江区												
新会区	1		1	1	1							
台山市	1	1								2	2	
开平市							1		1	2	2	
鹤山市	2	1	1									
恩平市				4		4				4		4

10-1c 续表 3

单位：人

地　区	45-49岁			50-54岁			55-59岁			60-64岁		
	小计	男	女	小计	男	女	小计	男	女	小计	男	女
全　省	**165**	**117**	**49**	**238**	**184**	**54**	**311**	**208**	**103**	**394**	**284**	**110**
广州市	**11**	**7**	**4**	**9**	**8**	**1**	**13**	**9**	**4**	**11**	**5**	**5**
白云区	1	1		1		1	1		1	1		1
番禺区	2		2				2	2				
花都区	1		1	1	1		1	1		2	1	1
南沙区	1		1	2	2		2	1	1	1		1
萝岗区	1	1		1	1							
从化区	1	1		2	2		3	2	1	5	4	1
增城区	4	4		3	3		4	3	1	1		1
韶关市	**15**	**12**	**3**	**14**	**11**	**3**	**21**	**16**	**5**	**29**	**20**	**9**
武江区							1			2	1	1
浈江区	1	1		1	1		1	1		2	2	
曲江区	1	1	1	1		1	3	2	1	2	1	1
始兴县	1	1		2	2		3	2	1	2	1	1
仁化县	1	1	1	1		1	1	1				
翁源县	2	2		2	2	1	4	3	1	6	2	4
乳源瑶族自治县	2	1	1	2	2		1	1		4	3	1
新丰县	3	3		2	1		2	1	1	2	2	
乐昌市	1	1		2	2		6	4	2	6	6	
南雄市	3	2	1	3	2	1	1	1		3	2	1
珠海市	**1**		**1**	**1**	**1**		**1**	**1**	**1**	**1**	**1**	
斗门区	1		1	1	1		1	1	1	1	1	
汕头市	**6**	**4**	**3**	**11**	**11**		**9**	**7**	**3**	**15**	**7**	**8**
龙湖区				1	1		1	1	1	1	1	
金平区												
濠江区				1	1		2	2		1	1	1
潮阳区	3	2	1	6	6		1	1		9	2	7
潮南区	3	1	1	3	3		4	3	1	3	3	
澄海区				1	1		1		1	1	1	
南澳县												
佛山市	**2**	**2**		**2**	**1**	**1**	**3**	**3**		**5**	**3**	**3**
南海区										3		3
顺德区										2	2	
三水区	1	1		1	1		2	2		1	1	
高明区	1	1		1		1	1	1				
江门市	**7**	**4**	**4**	**15**	**10**	**5**	**18**	**16**	**2**	**21**	**13**	**8**
蓬江区												
新会区	4	2	2	2	1	1	2	2		3	2	1
台山市	1		1	9	7	2	7	6	1	10	8	2
开平市	2	1	1	1		1	6	6		5	1	4
鹤山市	1	1		3	2	1	3	2	1	3	2	1
恩平市												

10-1c 续表 4

单位：人

地区	65-69岁			70-74岁			75-79岁			80-84岁		
	小计	男	女	小计	男	女	小计	男	女	小计	男	女
全省	**440**	**300**	**140**	**546**	**356**	**189**	**694**	**411**	**282**	**817**	**425**	**392**
广州市	**26**	**22**	**4**	**21**	**16**	**5**	**17**	**9**	**8**	**32**	**14**	**18**
白云区	6	5	1	4	3	1	5	4	1	3	3	
番禺区	6	6		4	2	2				2		2
花都区	3	3		2	2					7	1	6
南沙区	1	1		2	1	1	4	2	2	1		1
萝岗区	2		2	1	1					1		1
从化区	5	4	1	3	3		5	3	3	8	4	5
增城区	3	3		5	4	1	3		3	10	6	4
韶关市	**21**	**14**	**7**	**31**	**20**	**10**	**34**	**15**	**19**	**40**	**19**	**21**
武江区	2	2		3	2	1	2		1	1		
浈江区	1		1	1	1		2	1	2	4	1	3
曲江区	2	2		2	2		2	1	1	4	1	3
始兴县	2	1	1	2	2		3	1	2	6	2	4
仁化县	1	1		5	4	1	5	2	2	1	1	1
翁源县	6	4	2	5	3	2	6	2	4	7	2	5
乳源瑶族自治县	3	2	1	2	1	1	3	2	2	4	3	1
新丰县	1	1		2	2		3	2	1	2	1	1
乐昌市	3	2	1	4		4	5	2	3	6	4	2
南雄市	2	1	1	6	5	1	3	1	1	5	4	1
珠海市	**1**	**1**	**1**	**1**		**1**	**3**	**1**	**2**	**3**	**1**	**1**
斗门区	1	1	1	1		1	3	1	2	3	1	1
汕头市	**20**	**15**	**5**	**23**	**15**	**8**	**39**	**27**	**12**	**32**	**15**	**17**
龙湖区	2	2					2	1	1	3	2	1
金平区				3	3							
濠江区	1	1		1	1	1	2	2		2	1	1
潮阳区	8	5	3	13	8	5	13	7	6	13	5	8
潮南区	4	4		4	3	1	17	15	1	8	6	3
澄海区	5	4	1	1	1	1	5	1	4	5	1	4
南澳县							1	1		1		
佛山市	**15**	**3**	**11**	**7**	**2**	**6**	**5**	**1**	**4**	**14**	**8**	**5**
南海区	5		5							3	3	
顺德区												
三水区	6	1	5	5	1	3	5	1	3	5	3	1
高明区	4	2	1	3	1	2	1		1	6	2	4
江门市	**29**	**15**	**14**	**30**	**19**	**11**	**30**	**14**	**16**	**58**	**26**	**33**
蓬江区												
新会区	5	3	2	4	3	1	1		1	11	6	5
台山市	10	5	6	9	6	3	14	6	8	23	11	11
开平市	5	4	2	14	7	7	8	5	3	14	6	8
鹤山市	1		1	3	3		8	4	4	7	2	5
恩平市	8	4	4							4		4

10-1c 续表 5

单位：人

地　区	85-89岁			90-94岁			95-99岁			100岁及以上		
	小计	男	女	小计	男	女	小计	男	女	小计	男	女
全　省	**650**	**276**	**374**	**356**	**150**	**206**	**99**	**24**	**75**	**23**	**3**	**20**
广州市	**31**	**11**	**19**	**14**	**4**	**10**	**4**	**1**	**3**			
白云区	9	3	6	3	1	1	3		3			
番禺区	2		2	2		2						
花都区	6	2	4	4		4	1	1				
南沙区	2	1	1	1		1						
萝岗区	2		1									
从化区	7	4	3	2	1	1	1		1			
增城区	3	1	1	3	1	1						
韶关市	**23**	**5**	**17**	**12**	**4**	**8**	**3**		**3**	**1**		**1**
武江区	2	1										
浈江区	1		1	1		1						
曲江区	3		3	2	1	1	1		1	1		1
始兴县	4	1	3	1	1							
仁化县	2	1	1	1	1	1						
翁源县	3		3	4	1	3	2		2			
乳源瑶族自治县	2		2							1		1
新丰县	3	2		1		1						
乐昌市	2		2	2	1	1						
南雄市	3		3	1		1						
珠海市	**3**	**1**	**1**	**2**		**2**						
斗门区	3	1	1	2		2						
汕头市	**20**	**5**	**15**	**9**	**3**	**7**	**9**	**3**	**5**			
龙湖区	3	2	2	1		1	1	1				
金平区	1		1									
濠江区	1		1				2		2			
潮阳区	8	3	5	3	1	2	1	1				
潮南区	3		3	3	1	1	4	1	3			
澄海区	4		4	1		1	1		1			
南澳县												
佛山市	**7**	**3**	**4**	**6**	**2**	**4**	**3**		**3**			
南海区				3		3	3		3			
顺德区												
三水区	2	2		1	1							
高明区	4	1	4	2	1	1	1		1			
江门市	**58**	**22**	**36**	**37**	**13**	**23**	**2**	**2**		**3**	**1**	**2**
蓬江区												
新会区	12	6	6	5	1	4						
台山市	25	10	15	16	5	11				1		1
开平市	7	3	4	6	2	5	1	1		2	1	1
鹤山市	6	2	4	5	2	3	1	1				
恩平市	8		8	4	4							

10-1c 续表 6

单位：人

地 区	死亡人口			0岁			1-4岁		
	合计	男	女	小计	男	女	小计	男	女
湛江市	**455**	**280**	**175**				**3**	**2**	**1**
赤坎区	1								
霞山区	1		1						
坡头区	15	9	6						
麻章区	16	7	8						
遂溪县	67	43	25						
徐闻县	35	17	18				2	1	1
廉江市	164	101	62						
雷州市	113	69	43						
吴川市	44	32	11				1	1	
茂名市	**455**	**293**	**162**	**6**	**6**				
茂南区	25	17	8						
电白区	120	79	41	2	2				
高州市	97	52	45						
化州市	112	74	39	2	2				
信宜市	102	71	30	3	3				
肇庆市	**386**	**225**	**161**				**4**	**2**	**2**
鼎湖区	16	11	5						
广宁县	57	30	27						
怀集县	94	65	29				2	1	1
封开县	47	25	22				1		1
德庆县	46	25	21						
高要市	92	52	40				1	1	
四会市	34	17	17						
惠州市	**219**	**140**	**79**				**1**	**1**	
惠城区	38	25	14						
惠阳区	20	10	10						
博罗县	57	29	28						
惠东县	58	43	14				1	1	
龙门县	46	33	13						
梅州市	**460**	**274**	**186**	**1**	**1**		**2**	**1**	**1**
梅江区	9	5	4						
梅县区	41	22	18				1		1
大埔县	55	35	20						
丰顺县	58	30	28						
五华县	155	96	59						
平远县	26	16	9						
蕉岭县	24	13	11						
兴宁市	92	56	36	1	1		1	1	

10-1c 续表 7　　　　单位：人

地区	5-9岁			10-14岁			15-19岁			20-24岁		
	小计	男	女	小计	男	女	小计	男	女	小计	男	女
湛江市	**2**	**1**	**1**	**2**		**2**	**5**	**5**		**9**	**7**	**1**
赤坎区												
霞山区												
坡头区							1	1				
麻章区												
遂溪县	1	1		1		1						
徐闻县	1		1				1	1				
廉江市							1	1		2	2	
雷州市				1		1	1	1		4	3	1
吴川市							1	1		2	2	
茂名市	**2**	**2**		**2**	**2**		**6**	**3**	**2**	**7**	**7**	
茂南区							1		1	1	1	
电白区							3	2	2			
高州市												
化州市	2	2					2	2		2	2	
信宜市				2	2					5	5	
肇庆市	**1**	**1**		**1**	**1**		**1**	**1**		**2**	**2**	
鼎湖区												
广宁县	1	1										
怀集县										1	1	
封开县							1	1				
德庆县				1	1					1	1	
高要市												
四会市												
惠州市										**1**	**1**	
惠城区												
惠阳区												
博罗县												
惠东县												
龙门县										1	1	
梅州市	**1**	**1**		**1**		**1**				**3**	**1**	**2**
梅江区												
梅县区				1		1						
大埔县												
丰顺县	1	1								1	1	
五华县												
平远县												
蕉岭县												
兴宁市										2		2

10-1c 续表 8 单位：人

地 区	25-29岁			30-34岁			35-39岁			40-44岁		
	小计	男	女	小计	男	女	小计	男	女	小计	男	女
湛江市	**3**	**1**	**1**	**3**	**1**	**1**	**6**	**2**	**4**	**9**	**7**	**2**
赤坎区												
霞山区												
坡头区												
麻章区							1	1				
遂溪县										2	1	1
徐闻县										1	1	
廉江市				1		1	2	1	1	1		1
雷州市	1	1		1	1		3		3	1	1	
吴川市	1		1							3	3	
茂名市	**8**	**5**	**3**	**5**	**5**		**3**		**3**	**10**	**8**	**2**
茂南区												
电白区	2	2		2	2		2		2	3	2	2
高州市				4	4							
化州市	2		2				2		2	5	5	
信宜市	5	3	2							2	2	
肇庆市	**3**	**2**	**1**	**2**	**2**		**4**	**3**	**1**	**11**	**8**	**4**
鼎湖区										1	1	
广宁县				1	1					2	2	
怀集县	2	2	1				2	2		4	2	2
封开县	1	1								2	1	1
德庆县				1	1		2	1	1			
高要市				1	1					2	2	
四会市										1	1	
惠州市	**2**	**2**		**4**	**1**	**2**	**1**	**1**		**3**	**2**	**1**
惠城区	1	1		1		1				1	1	
惠阳区				1	1							
博罗县				1		1	1	1		1		1
惠东县												
龙门县	1	1		1	1					1	1	
梅州市	**1**		**1**	**2**	**2**		**5**	**2**	**3**	**6**	**4**	**1**
梅江区							1	1				
梅县区							1	1		1		1
大埔县												
丰顺县	1		1	1	1		2	1	1			
五华县				1	1					3	3	
平远县												
蕉岭县										1	1	
兴宁市							2		2			

10-1c 续表 9 单位：人

地　区	45-49岁			50-54岁			55-59岁			60-64岁		
	小计	男	女	小计	男	女	小计	男	女	小计	男	女
湛江市	**11**	**5**	**6**	**17**	**12**	**5**	**22**	**12**	**9**	**32**	**17**	**15**
赤坎区												
霞山区												
坡头区							1		1	2	2	1
麻章区										1	1	
遂溪县	4	1	3	2	2		1		1	5	3	2
徐闻县	2	1	1	2	1	1	3	2	1	3	1	2
廉江市	6	4	2	7	7		5	2	2	11	6	5
雷州市				3	1	1	10	6	4	9	3	6
吴川市				3	1	2	2	2		2	2	
茂名市	**11**	**5**	**6**	**27**	**18**	**9**	**24**	**6**	**18**	**35**	**28**	**7**
茂南区	1		1	1	1		2	1	1	3	2	2
电白区	3	3		8	7	2	8	3	5	8	8	
高州市				11	4	7	7	2	6	6	6	
化州市	4	2	2	4	4		2		2	7	4	4
信宜市	3		3	3	3		5		5	11	9	2
肇庆市	**17**	**14**	**4**	**17**	**10**	**6**	**27**	**18**	**9**	**21**	**14**	**7**
鼎湖区	1			1	1					3	2	
广宁县	5	4	1	3		3	5	2	3	2	1	1
怀集县	5	5		5	5		6	5	1	7	6	1
封开县	2	1	1	2	2	1	5	4	2	2	1	1
德庆县	1	1	1	2	1	1	5	2	3	2	1	1
高要市	4	3	1	2	1	1	3	3	1	5	3	3
四会市				2	1	1	3	3		1	1	
惠州市	**7**	**7**		**11**	**10**	**2**	**5**	**5**	**1**	**23**	**18**	**5**
惠城区							1	1		2	2	
惠阳区				1	1					1	1	
博罗县	1	1		6	5	1				9	6	3
惠东县	5	5		2	2		2	2		6	5	1
龙门县	1	1		2	2	1	2	1	1	5	4	1
梅州市	**11**	**9**	**2**	**20**	**18**	**2**	**39**	**29**	**11**	**44**	**39**	**5**
梅江区	1	1		1	1	1				2	2	
梅县区	2	2	1	1	1		2	2		2	1	1
大埔县	1	1		1	1		6	5	1	3	3	
丰顺县				4	4		4	3	2	4	2	2
五华县	4	4		6	4	1	15	10	4	19	18	1
平远县	1	1		1	1		2	1		2	1	
蕉岭县				1			2	1	1	2	2	
兴宁市	1		1	5	5		9	6	2	11	11	

10-1c 续表 10 单位：人

地区	65-69岁			70-74岁			75-79岁			80-84岁		
	小计	男	女	小计	男	女	小计	男	女	小计	男	女
湛江市	**26**	**21**	**5**	**54**	**32**	**23**	**64**	**47**	**17**	**74**	**45**	**30**
赤坎区												
霞山区												
坡头区	1		1	2	1	1	3	2	1	3	2	1
麻章区	2	1	1	6	3	3	1		1	3	1	1
遂溪县	6	3	3	4	4		13	11	2	10	9	2
徐闻县	1	1		4	2	3	4	3	1	5	3	3
廉江市	9	9		18	11	7	21	12	9	28	14	14
雷州市	6	6		16	9	7	16	13	3	14	9	6
吴川市	1	1		3	2	1	6	6		10	7	3
茂名市	**60**	**43**	**17**	**48**	**36**	**12**	**60**	**35**	**25**	**60**	**39**	**21**
茂南区	4	4		2	2					3	3	1
电白区	15	11	3	8	5	3	20	10	10	13	10	3
高州市	11	4	7	17	13	4	15	9	6	13	6	7
化州市	18	16	2	14	11	4	7	4	4	14	9	5
信宜市	12	8	5	8	6	2	18	12	6	17	12	5
肇庆市	**36**	**26**	**10**	**39**	**28**	**11**	**63**	**33**	**30**	**57**	**30**	**27**
鼎湖区	1			2	1	1	2	1		3	2	1
广宁县	5	3	3	6	5	2	10	4	6	7	3	5
怀集县	11	9	2	12	7	5	13	7	7	14	10	4
封开县	3	1	2	5	3	2	9	5	4	6	5	2
德庆县	2	1	1	4	4	1	8	5	3	4	3	1
高要市	9	8	2	9	8	2	18	9	8	15	6	9
四会市	4	4		1	1		4	2	2	8	2	6
惠州市	**18**	**15**	**2**	**19**	**12**	**7**	**39**	**28**	**12**	**35**	**21**	**14**
惠城区	5	5		3	2	1	9	6	3	6	3	2
惠阳区	1	1		3		3	5	3	2	3	2	1
博罗县	6	5	1	5	3	1	5	1	3	8	3	5
惠东县	2	2		6	5	1	14	13	1	7	5	2
龙门县	4	3	1	3	2	1	6	5	2	11	8	4
梅州市	**40**	**26**	**14**	**59**	**37**	**23**	**51**	**30**	**21**	**76**	**38**	**38**
梅江区				1		1	2		2	1	1	
梅县区	2	2		3	2	2	6	4	2	7	3	4
大埔县	9	7	2	7	6	1	5	2	2	9	3	6
丰顺县	4	2	3	4	3	2	7	4	4	10	5	4
五华县	13	7	6	27	16	10	18	12	6	27	13	13
平远县	3	2		2	2		4	2	1	4	2	2
蕉岭县	1			3	1	1	2		2	4	2	1
兴宁市	7	5	2	13	7	5	7	5	2	15	7	7

10-1c 续表 11

单位：人

地　区	85-89岁			90-94岁			95-99岁			100岁及以上		
	小计	男	女	小计	男	女	小计	男	女	小计	男	女
湛江市	**63**	**36**	**27**	**45**	**24**	**21**	**4**	**2**	**2**	**1**		**1**
赤坎区												
霞山区												
坡头区	1		1	1	1		1	1				
麻章区	1	1	1	1		1						
遂溪县	8	3	5	11	6	6						
徐闻县	7	2	5				1		1			
廉江市	29	20	9	19	11	8	1	1		1		1
雷州市	13	9	4	10	6	4	1		1			
吴川市	3	2	1	3	1	2						
茂名市	**47**	**26**	**21**	**22**	**15**	**7**	**10**	**3**	**7**	**2**		**2**
茂南区	5	4	1	2		2						
电白区	8	5	3	7	5	2	7	3	3	2		2
高州市	7	4	4	4	2	2	2		2			
化州市	18	7	11	9	7	2	2		2			
信宜市	9	6	3	2	2							
肇庆市	**55**	**24**	**30**	**19**	**6**	**13**	**6**	**1**	**5**	**2**		**2**
鼎湖区	1	1		1								
广宁县	7	5	2	3	1	2	1		1			
怀集县	6	3	2	4	2	2	1		1			
封开县	6	1	5	3	1	2						
德庆县	10	4	6	3	1	2						
高要市	16	8	8	4	1	3	3	1	2	1		1
四会市	9	3	6	1		1	1		1	1		1
惠州市	**31**	**12**	**19**	**16**	**3**	**12**	**3**	**1**	**2**			
惠城区	5	3	1	3		3	1		1			
惠阳区	4		4	2	1	1						
博罗县	9	2	7	5	1	3						
惠东县	7	2	5	4		4	1	1				
龙门县	6	4	2	2	1	1	1		1			
梅州市	**56**	**20**	**36**	**30**	**12**	**18**	**9**	**2**	**7**	**2**	**1**	
梅江区	1		1	1	1							
梅县区	5	2	2	5	2	3	2	1	1			
大埔县	10	5	6	2	1	1	1		1	1	1	
丰顺县	8	2	6	5	2	4	2	1	1			
五华县	12	4	7	7	1	6	3		3			
平远县	3	1	2	2		1						
蕉岭县	6	3	3	1	1							
兴宁市	11	2	9	6	4	2	1		1			

10-1c 续表 12

单位：人

地区	死亡人口			0岁			1-4岁		
	合计	男	女	小计	男	女	小计	男	女
汕尾市	**146**	**91**	**54**						
城区	15	9	6						
海丰县	52	28	24						
陆河县	22	12	9						
陆丰市	56	41	15						
河源市	**317**	**184**	**133**	**5**	**3**	**2**	**1**	**1**	
源城区									
紫金县	71	40	31	2	2				
龙川县	114	65	49	3	1	2	1	1	
连平县	26	18	9						
和平县	44	30	14						
东源县	61	32	30						
阳江市	**241**	**142**	**99**	**2**	**2**		**2**	**1**	**1**
江城区	35	21	14	1	1		2	1	1
阳西县	75	49	26	2	2				
阳东县	44	26	18						
阳春市	87	46	41						
清远市	375	220	155	4		4	1	1	
清城区	34	19	15						
清新区	74	45	29				1	1	
佛冈县	38	18	20	1		1			
阳山县	52	27	25	2		2			
连山壮族瑶族自治县	8	8	1						
连南瑶族自治县	13	9	4						
英德市	101	67	34	1		1			
连州市	55	28	27	1		1			
东莞市	**45**	**26**	**19**						
中山市	**55**	**39**	**16**						
潮州市	**155**	**76**	**79**						
湘桥区	14	8	7						
潮安区	69	33	36						
饶平县	72	36	37						
揭阳市	**451**	**271**	**180**				**1**	**1**	
榕城区	27	16	12						
揭东区	86	52	34						
揭西县	97	58	39						
惠来县	83	54	29				1	1	
普宁市	157	91	66						
云浮市	**254**	**148**	**105**	**1**		**1**			
云城区	19	10	8	1		1			
云安区	34	19	15	1		1			
新兴县	58	24	34						
郁南县	52	33	18						
罗定市	91	61	30						

10-1c 续表 13

单位：人

地区	5-9岁			10-14岁			15-19岁			20-24岁		
	小计	男	女	小计	男	女	小计	男	女	小计	男	女
汕尾市										**1**	**1**	
城区												
海丰县												
陆河县												
陆丰市										1	1	
河源市	**3**	**3**					**5**	**5**		**1**	**1**	
源城区												
紫金县	2	2					2	2				
龙川县	1	1					2	2				
连平县										1	1	
和平县							1	1		1	1	
东源县												
阳江市	**2**		**2**				**1**		**1**	**2**	**2**	
江城区												
阳西县										1	1	
阳东县							1		1	1	1	
阳春市	2		2									
清远市	1	1								1	1	
清城区												
清新区												
佛冈县												
阳山县										1	1	
连山壮族瑶族自治县												
连南瑶族自治县												
英德市	1	1										
连州市												
东莞市				**1**	**1**							
中山市												
潮州市	**1**	**1**										
湘桥区												
潮安区	1	1										
饶平县												
揭阳市				**3**	**2**	**1**	**3**	**2**	**1**	**2**		**2**
榕城区												
揭东区												
揭西县							2	1	1	1		1
惠来县				1		1	1	1		1		1
普宁市				2	2							
云浮市				**2**		**2**	**1**	**1**		**4**	**3**	**1**
云城区										1	1	
云安区												
新兴县							1	1		1		1
郁南县										1	1	
罗定市				2		2				2	2	

10-1c 续表 14　　　　单位：人

地　区	25-29岁			30-34岁			35-39岁			40-44岁		
	小计	男	女	小计	男	女	小计	男	女	小计	男	女
汕尾市	**1**		**1**	**3**	**1**	**1**	**2**	**1**		**2**	**1**	
城区	1		1									
海丰县							1	1				
陆河县												
陆丰市				3	1	1				1	1	
河源市	**3**	**1**	**2**	**3**	**2**	**2**	**3**	**3**		**4**	**3**	**1**
源城区												
紫金县										1	1	
龙川县	3	1	2	1		1				3	2	1
连平县							1	1				
和平县				1	1	1	2	2				
东源县				1	1							
阳江市	**1**	**1**		**2**	**1**	**1**	**4**	**1**	**3**	**5**	**4**	**2**
江城区				1	1		1		1	1	1	
阳西县	1	1		1		1	1		1	2	2	1
阳东县							2	1	1	1	1	
阳春市										1		1
清远市	4	3	1	3	3		4	3	1	12	10	1
清城区				3	3							
清新区										4	4	
佛冈县							1	1		1	1	1
阳山县	1	1										
连山壮族瑶族自治县										1	1	
连南瑶族自治县										2	2	
英德市	1	1					1	1		2	2	
连州市	1	1	1	1	1		1		1	1	1	1
东莞市							**1**		**1**			
中山市							**2**	**2**		**4**	**4**	
潮州市	**1**		**1**	**1**	**1**		**2**	**1**	**1**	**2**	**2**	
湘桥区							1	1				
潮安区	1		1	1	1					2	2	
饶平县							1		1			
揭阳市	**3**	**3**		**4**	**3**	**2**	**4**	**3**	**2**	**7**	**6**	**1**
榕城区							1	1		1	1	
揭东区												
揭西县										4	3	1
惠来县	2	2		1	1		2	2		1	1	
普宁市	2	2		3	2	2	2		2	2	2	
云浮市	**2**	**2**	**1**	**3**	**3**		**4**	**4**	**1**	**3**	**3**	
云城区				1	1		1		1			
云安区							1	1		1	1	
新兴县	1		1	1	1							
郁南县				1	1		1	1		1	1	
罗定市	2	2					2	2		2	2	

10-1c 续表 15

单位：人

地区	45-49岁			50-54岁			55-59岁			60-64岁		
	小计	男	女	小计	男	女	小计	男	女	小计	男	女
汕尾市	**1**	**1**		**8**	**7**	**1**	**6**	**5**	**1**	**19**	**12**	**7**
城区							1	1		4	2	1
海丰县				1	1		1	1		6	3	2
陆河县				1	1					2	1	1
陆丰市	1	1		6	5	1	4	3	1	8	5	3
河源市	**9**	**8**	**1**	**15**	**10**	**4**	**13**	**10**	**4**	**20**	**15**	**4**
源城区												
紫金县	1		1	3	2	1	3	3		5	4	1
龙川县	3	3		6	4	2	6	4	2	7	5	2
连平县	3	3		2	1	1	1		1	2	1	1
和平县	1	1		2	1	1	1	1		5	4	1
东源县	1	1		2	2		3	2	1	1	1	
阳江市	**9**	**6**	**3**	**11**	**8**	**3**	**15**	**13**	**3**	**14**	**11**	**3**
江城区	2	1	1				2	1	1	2	2	
阳西县	3	3		2	2		6	6	1	2	1	1
阳东县				3	2	1	3	3		2	2	
阳春市	4	2	2	5	3	2	4	3	1	8	6	2
清远市	19	13	7	24	17	7	21	15	6	25	19	6
清城区	2	2		1	1		3	3	1	1	1	
清新区	2	1	1	5	2	2	5	2	2	7	6	1
佛冈县	2	1	1	4	2	2	1	1		1	1	
阳山县	1		1	6	5	1	1	1		4	2	2
连山壮族瑶族自治县	1	1										
连南瑶族自治县	1	1		1	1		1	1				
英德市	7	6	1	5	5		5	4	1	4	2	1
连州市	4	1	2	2	1	1	5	4	1	7	5	2
东莞市	**1**	**1**					**3**	**3**		**4**	**3**	**1**
中山市				**6**	**6**		**4**		**4**	**4**	**4**	
潮州市	**6**	**5**	**1**	**9**	**7**	**2**	**8**	**7**	**1**	**11**	**8**	**3**
湘桥区	1	1	1	2	2		1		1	1		1
潮安区	3	3		3	2	1	4	3	1	4	3	1
饶平县	1	1		5	3	1	3	3		6	5	1
揭阳市	**14**	**7**	**6**	**9**	**8**	**1**	**35**	**22**	**13**	**39**	**30**	**9**
榕城区	1	1		3	3		2	1	2	1	1	
揭东区	4	1	3	1	1		7	4	2	12	11	1
揭西县	3	3		4	3	1	5	4	1	4	2	2
惠来县	1	1		1	1		7	3	4	8	5	3
普宁市	5	2	3				14	9	5	14	11	3
云浮市	**7**	**7**		**11**	**10**	**1**	**22**	**14**	**8**	**23**	**18**	**5**
云城区				1	1		1	1		3	2	1
云安区				3	3		3	1	1	1	1	1
新兴县	1	1		3	2	1	2	1	1	4	3	1
郁南县	2	2		1	1		9	4	5	5	5	1
罗定市	3	3		3	3		8	6	2	10	8	2

10-1c 续表 16

单位：人

地 区	65-69岁			70-74岁			75-79岁			80-84岁		
	小计	男	女	小计	男	女	小计	男	女	小计	男	女
汕尾市	**8**	**7**	**1**	**12**	**8**	**5**	**15**	**12**	**3**	**24**	**14**	**9**
城区	1		1				2	2		1	1	
海丰县	1	1		2	1	1	5	3	1	11	7	5
陆河县	2	2		1	1		3	1	2	5	2	2
陆丰市	4	4		9	5	4	5	5		6	4	3
河源市	**23**	**16**	**7**	**45**	**30**	**15**	**52**	**33**	**20**	**55**	**26**	**29**
源城区												
紫金县	5	5	1	9	6	3	9	7	2	14	3	12
龙川县	5	4	1	18	12	6	17	9	9	19	12	7
连平县	3	3		3	2	1	4	3	1	6	2	3
和平县	2	1	1	7	4	3	7	5	2	6	4	1
东源县	7	3	4	7	5	2	15	9	6	10	5	5
阳江市	**12**	**8**	**4**	**19**	**15**	**5**	**31**	**21**	**11**	**41**	**21**	**20**
江城区	1	1		3	3		5	4	1	5	2	3
阳西县	5	4	1	6	5	1	7	5	2	15	9	6
阳东县	3	2	1	1		1	10	4	5	8	4	3
阳春市	3	1	2	10	7	3	9	7	2	13	6	7
清远市	35	22	13	42	28	14	47	31	16	60	34	26
清城区	8	4	3	2	2		1		1	5	3	2
清新区	7	5	2	9	7	1	5	5		12	9	4
佛冈县	3	1	2	3	1	1	6	3	3	4	2	2
阳山县	2	1	2	6	2	4	10	6	4	11	7	4
连山壮族瑶族自治县				1	1		1	1		1	1	
连南瑶族自治县							3	1	1	2	1	1
英德市	9	8	1	19	14	5	9	7	2	15	9	6
连州市	4	2	1	3		3	12	7	5	9	1	7
东莞市	**7**	**5**	**2**	**7**	**5**	**2**	**2**	**1**	**1**	**8**	**4**	**4**
中山市	**4**	**4**		**4**	**4**		**4**	**2**	**2**	**6**	**4**	**2**
潮州市	**12**	**7**	**5**	**12**	**7**	**5**	**30**	**15**	**15**	**25**	**8**	**17**
湘桥区	1	1		1	1		1	1		2	1	1
潮安区	4	2	3	5	3	2	12	5	7	15	5	9
饶平县	7	5	2	6	2	3	17	9	8	9	2	7
揭阳市	**34**	**21**	**13**	**39**	**25**	**14**	**74**	**42**	**32**	**77**	**43**	**34**
榕城区	2	2	1	2	1	1	3	2	1	3	2	2
揭东区	3	2	1	11	7	4	13	7	7	15	6	10
揭西县	6	5	1	9	6	3	11	6	5	23	14	9
惠来县	5	3	2	7	6	1	18	11	7	9	8	2
普宁市	17	9	8	11	6	5	28	16	13	25	14	11
云浮市	**14**	**10**	**4**	**31**	**19**	**12**	**34**	**16**	**17**	**40**	**15**	**25**
云城区	3	1	1				1	1		3	1	2
云安区	2	1	1	5	3	1	5	3	2	6	2	4
新兴县	3	2	1	6	4	2	9	4	5	11	4	7
郁南县	3	2	1	4	2	2	5	3	2	9	5	4
罗定市	3	3		16	10	6	13	5	8	11	3	8

10-1c 续表 17

单位：人

地　区	85-89岁			90-94岁			95-99岁			100岁及以上		
	小计	男	女	小计	男	女	小计	男	女	小计	男	女
汕尾市	**20**	**9**	**10**	**13**	**10**	**3**	**6**		**6**	**5**	**1**	**4**
城区	2		2	2	2							
海丰县	8	3	5	6	5	1	6		6	5	1	3
陆河县	2	1	1	4	2	2						
陆丰市	8	5	3	1	1							
河源市	**28**	**8**	**20**	**20**	**4**	**17**	**7**	**3**	**4**	**1**		**1**
源城区												
紫金县	5	2	4	6	1	5	4	2	2			
龙川县	5	2	3	9	1	7	2		2			
连平县	1		1	1		1						
和平县	7	3	4	2	1	1	1	1				
东源县	10	1	9	3	1	2	1	1		1		1
阳江市	**35**	**14**	**21**	**27**	**13**	**14**	**4**	**2**	**2**	**1**		**1**
江城区	7	3	3	4	2	3						
阳西县	13	6	6	8	3	5				1		1
阳东县	2		2	4	3	1	1	1				
阳春市	13	4	9	10	5	5	3	1	2			
清远市	39	12	27	22	7	15	9		9	1		1
清城区	5		5	3	1	3						
清新区	6	1	5	6		6	1		1	1		1
佛冈县	8	3	5	1	1	1	1		1			
阳山县	5	1	4	2	2	1	2		2			
连山壮族瑶族自治县												
连南瑶族自治县	1											
英德市	9	4	6	7	2	5	5		5			
连州市	4	3	1	1	1							
东莞市	**8**	**3**	**5**	**2**		**2**	**2**	**1**	**1**			
中山市	**12**	**10**	**2**	**4**		**4**	**2**		**2**			
潮州市	**22**	**3**	**19**	**9**	**5**	**5**	**5**	**1**	**4**			
湘桥区	1		1	2	1	2	2	1	1			
潮安区	11	1	10	3	2	1	1		1			
饶平县	10	2	8	5	2	2	2		2			
揭阳市	**62**	**35**	**27**	**30**	**17**	**13**	**7**	**1**	**6**	**4**		**4**
榕城区	6	1	5	2	2	1						
揭东区	10	9	1	6	4	1	2		2	1		1
揭西县	17	7	10	6	3	3						
惠来县	11	9	3	2		2	3	1	2	3		3
普宁市	17	9	8	14	8	6	2		2			
云浮市	**31**	**16**	**15**	**18**	**9**	**9**	**4**	**1**	**3**	**1**		**1**
云城区				3	1	1	1		1			
云安区	4	2	2	3	1	2	1	1	1			
新兴县	10	1	9	3		3	1		1	1		1
郁南县	5	3	3	3	3	1	1		1			
罗定市	11	10	2	5	3	2						

10-2 全省分年龄、性别的死亡人口状况
(2014.11.1-2015.10.31)

单位：人、‰

年 龄	2015年5月1日人口			死亡人口			死亡率		
	合计	男	女	合计	男	女	合计	男	女
总 计	**3083642**	**1612775**	**1470868**	**11366**	**6586**	**4780**	**3.69**	**4.08**	**3.25**
0-4岁	**170906**	**92974**	**77932**	**87**	**52**	**35**	**0.51**	**0.56**	**0.45**
0	18638	10201	8437	38	21	17	2.02	2.04	2.00
1	33118	18092	15026	19	13	6	0.58	0.71	0.43
2	37719	20294	17425	12	10	2	0.32	0.49	0.13
3	42483	23039	19444	11	6	4	0.25	0.27	0.23
4	38949	21349	17601	7	2	5	0.19	0.11	0.28
5-9岁	**188483**	**103030**	**85453**	**23**	**16**	**7**	**0.12**	**0.15**	**0.08**
5	39467	21680	17787	6	5	1	0.16	0.24	0.07
6	40248	21899	18348	3	2	1	0.07	0.09	0.06
7	39235	21394	17841	4	3	1	0.09	0.12	0.06
8	35795	19523	16272	5	4	1	0.15	0.20	0.08
9	33737	18533	15204	4	2	2	0.13	0.11	0.16
10-14岁	**151966**	**84695**	**67271**	**20**	**14**	**7**	**0.13**	**0.16**	**0.10**
10	31803	17636	14167	3	3	1	0.11	0.15	0.06
11	31370	17369	14002	3		3	0.08		0.18
12	29075	16079	12996	4	4		0.12	0.22	
13	28694	16264	12430	5	3	2	0.18	0.18	0.18
14	31024	17348	13676	5	4	1	0.17	0.26	0.07
15-19岁	**217013**	**118391**	**98622**	**50**	**38**	**13**	**0.23**	**0.32**	**0.13**
15	34635	19469	15165	9	6	2	0.25	0.32	0.16
16	38817	21376	17442	11	8	2	0.27	0.39	0.13
17	45450	24727	20723	8	5	3	0.17	0.20	0.12
18	47294	25647	21647	7	5	3	0.16	0.18	0.13
19	50818	27173	23645	16	14	3	0.32	0.50	0.11
20-24岁	**281447**	**147812**	**133634**	**75**	**58**	**17**	**0.27**	**0.39**	**0.13**
20	54146	28452	25694	14	8	6	0.25	0.27	0.24
21	52272	27182	25090	17	14	3	0.32	0.50	0.13
22	56905	29844	27061	18	14	4	0.32	0.47	0.16
23	58802	30958	27844	10	9	2	0.17	0.28	0.05
24	59322	31376	27946	16	14	2	0.27	0.44	0.07
25-29岁	**326803**	**170278**	**156525**	**92**	**64**	**28**	**0.28**	**0.38**	**0.18**
25	69625	36499	33126	25	17	8	0.36	0.46	0.24
26	65438	34320	31118	21	15	6	0.32	0.43	0.20
27	62907	32439	30468	19	13	6	0.30	0.39	0.20
28	66332	34652	31679	13	10	3	0.20	0.28	0.10
29	62500	32367	30134	15	11	4	0.24	0.33	0.14

10-2 续表 1

单位：人、‰

年 龄	2015年5月1日人口			死亡人口			死亡率		
	合计	男	女	合计	男	女	合计	男	女
30-34岁	**285806**	**149913**	**135893**	**108**	**70**	**38**	**0.38**	**0.47**	**0.28**
30	58440	30443	27997	22	16	6	0.38	0.52	0.22
31	58076	30400	27676	19	16	4	0.34	0.52	0.14
32	56419	29754	26666	13	10	3	0.23	0.32	0.12
33	59186	31079	28107	24	12	12	0.40	0.38	0.43
34	53685	28238	25448	30	17	13	0.56	0.61	0.49
35-39岁	**233004**	**123203**	**109801**	**142**	**91**	**51**	**0.61**	**0.74**	**0.46**
35	49888	26499	23389	30	24	6	0.60	0.90	0.27
36	51601	27399	24202	29	15	15	0.57	0.54	0.61
37	46252	24393	21859	28	22	5	0.60	0.91	0.25
38	40265	21143	19122	27	14	13	0.66	0.64	0.69
39	44998	23769	21229	28	16	11	0.62	0.69	0.54
40-44岁	**253643**	**131356**	**122287**	**249**	**171**	**78**	**0.98**	**1.30**	**0.64**
40	47130	24629	22502	34	22	12	0.72	0.88	0.54
41	51311	26718	24592	57	42	14	1.10	1.59	0.57
42	52836	27356	25480	53	38	16	1.01	1.37	0.62
43	51203	26407	24796	52	35	18	1.02	1.31	0.72
44	51164	26246	24917	53	35	18	1.04	1.34	0.73
45-49岁	**244636**	**125875**	**118760**	**371**	**261**	**110**	**1.52**	**2.07**	**0.93**
45	54497	28027	26470	67	46	20	1.22	1.64	0.77
46	49174	25257	23917	82	54	28	1.67	2.15	1.17
47	53115	27306	25809	57	37	20	1.08	1.34	0.79
48	42620	21941	20679	70	55	15	1.65	2.52	0.73
49	45229	23344	21886	95	69	27	2.10	2.93	1.21
50-54岁	**201750**	**104233**	**97518**	**523**	**377**	**146**	**2.59**	**3.61**	**1.50**
50	46914	24525	22390	104	71	33	2.21	2.89	1.46
51	42867	21949	20918	142	99	44	3.32	4.49	2.10
52	47682	24915	22766	109	86	23	2.29	3.44	1.02
53	41074	21090	19985	84	62	21	2.04	2.96	1.07
54	23212	11754	11458	84	59	25	3.61	5.03	2.16
55-59岁	**145992**	**74548**	**71444**	**700**	**461**	**239**	**4.79**	**6.19**	**3.34**
55	24277	12433	11844	98	59	39	4.05	4.78	3.28
56	26883	13802	13080	147	103	44	5.47	7.49	3.33
57	32085	16350	15735	136	89	47	4.25	5.47	2.98
58	33464	17179	16286	167	115	52	4.99	6.70	3.19
59	29284	14784	14500	151	94	57	5.16	6.35	3.96
60-64岁	**132515**	**66667**	**65848**	**898**	**631**	**266**	**6.77**	**9.47**	**4.04**
60	30645	15473	15172	189	128	61	6.17	8.28	4.02
61	29227	14680	14547	156	104	52	5.34	7.11	3.55
62	26504	13279	13225	166	121	45	6.25	9.09	3.40
63	24949	12506	12443	193	136	57	7.74	10.88	4.58
64	21189	10729	10460	194	142	52	9.16	13.26	4.95

10-2 续表 2

单位：人、‰

年龄	2015年5月1日人口			死亡人口			死亡率		
	合计	男	女	合计	男	女	合计	男	女
65–69岁	**87705**	**44934**	**42771**	**1001**	**679**	**322**	**11.42**	**15.12**	**7.53**
65	21644	11079	10565	206	138	68	9.50	12.41	6.45
66	20278	10513	9765	220	164	57	10.86	15.55	5.80
67	16896	8472	8424	193	129	63	11.41	15.27	7.53
68	15252	7790	7462	185	113	72	12.10	14.49	9.62
69	13635	7080	6556	198	136	62	14.54	19.23	9.48
70–74岁	**58479**	**29440**	**29039**	**1129**	**758**	**371**	**19.30**	**25.75**	**12.77**
70	13738	7101	6637	198	144	54	14.40	20.21	8.19
71	12209	6201	6008	186	131	55	15.22	21.07	9.19
72	11257	5646	5611	232	153	79	20.63	27.19	14.04
73	10877	5425	5452	230	142	88	21.16	26.13	16.22
74	10397	5067	5330	283	189	94	27.18	37.22	17.63
75–79岁	**46459**	**22601**	**23859**	**1582**	**918**	**664**	**34.06**	**40.62**	**27.85**
75	10274	5195	5080	241	144	97	23.41	27.64	19.08
76	9009	4390	4619	293	167	126	32.47	38.03	27.19
77	9557	4674	4883	308	188	120	32.28	40.24	24.66
78	8960	4291	4670	352	208	144	39.25	48.49	30.76
79	8658	4051	4608	389	211	178	44.96	52.19	38.60
80–84岁	**33166**	**14223**	**18943**	**1838**	**952**	**885**	**55.40**	**66.94**	**46.74**
80	8102	3586	4516	390	220	170	48.11	61.25	37.68
81	7183	3120	4063	370	182	188	51.56	58.45	46.28
82	6979	3006	3973	383	204	180	54.92	67.76	45.21
83	5918	2417	3502	364	184	179	61.48	76.35	51.22
84	4983	2094	2890	330	162	168	66.27	77.31	58.26
85–89岁	**16632**	**6381**	**10251**	**1450**	**636**	**814**	**87.17**	**99.68**	**79.38**
85	4759	1967	2792	336	164	172	70.69	83.36	61.77
86	3454	1325	2129	302	130	173	87.54	97.77	81.18
87	3439	1285	2155	288	127	161	83.67	99.06	74.50
88	2821	1028	1793	266	119	148	94.39	115.47	82.30
89	2158	776	1383	257	97	160	119.01	124.44	115.97
90–94岁	**5775**	**1853**	**3923**	**725**	**269**	**456**	**125.61**	**145.28**	**116.33**
90	1955	642	1312	204	96	108	104.37	149.58	82.24
91	1274	405	869	164	66	98	128.72	162.04	113.18
92	1049	350	699	117	43	74	111.85	122.80	106.37
93	835	277	559	138	40	98	165.12	144.87	175.15
94	663	178	485	102	24	78	154.27	136.41	160.84
95–99岁	**1276**	**340**	**936**	**237**	**62**	**175**	**185.94**	**182.83**	**187.07**
95	480	157	323	88	32	56	182.24	200.60	173.31
96	295	74	221	55	14	41	186.49	187.31	186.22
97	219	52	167	32	7	25	145.33	132.71	149.29
98	170	32	138	34	7	27	202.21	230.91	195.52
99	112	24	88	29	2	26	255.35	98.82	298.81
100岁及以上	**187**	**29**	**158**	**65**	**7**	**58**	**346.34**	**242.77**	**365.44**

10-2a 全省分年龄、性别的死亡人口状况（城市）
（2014.11.1-2015.10.31）

单位：人、‰

年龄	2015年5月1日人口			死亡人口			死亡率		
	合计	男	女	合计	男	女	合计	男	女
总计	**1602826**	**844783**	**758043**	**4154**	**2349**	**1805**	**2.59**	**2.78**	**2.38**
0-4岁	**77144**	**42021**	**35123**	**33**	**19**	**14**	**0.43**	**0.46**	**0.38**
0	7944	4331	3613	10	3	6	1.24	0.80	1.76
1	16100	8858	7242	11	8	3	0.67	0.86	0.43
2	17189	9231	7958	5	5		0.30	0.55	
3	19103	10329	8774	6	3	2	0.30	0.32	0.28
4	16808	9271	7536	2		2	0.09		0.21
5-9岁	**79574**	**43676**	**35898**	**2**	**1**	**1**	**0.03**	**0.03**	**0.02**
5	16533	9166	7367				0.02	0.04	
6	16880	9210	7670						
7	16598	9067	7531						
8	15359	8370	6990	1	1		0.07	0.13	
9	14203	7863	6340	1		1	0.05		0.11
10-14岁	**61903**	**34640**	**27263**	**6**	**6**		**0.10**	**0.18**	
10	13385	7499	5885	3	3		0.20	0.36	
11	12912	7216	5696						
12	11728	6506	5221	1	1		0.13	0.23	
13	11366	6414	4952	2	2		0.18	0.31	
14	12513	7005	5508						
15-19岁	**98554**	**54815**	**43739**	**10**	**10**	**1**	**0.10**	**0.17**	**0.02**
15	14574	8448	6126						
16	16665	9502	7162	1	1		0.09	0.15	
17	20559	11321	9238	2	2		0.09	0.16	
18	21800	12194	9606	1	1		0.05	0.09	
19	24956	13349	11607	6	5	1	0.24	0.39	0.06
20-24岁	**154009**	**80765**	**73245**	**26**	**20**	**7**	**0.17**	**0.24**	**0.09**
20	27861	14434	13427	5	2	3	0.18	0.15	0.22
21	27577	14185	13391	5	5		0.19	0.37	
22	31247	16385	14863	5	3	2	0.16	0.17	0.15
23	33056	17479	15577	6	4	2	0.18	0.25	0.10
24	34268	18282	15987	5	5		0.15	0.29	
25-29岁	**200696**	**105833**	**94863**	**33**	**27**	**6**	**0.16**	**0.26**	**0.06**
25	41560	21988	19572	5	4	1	0.13	0.18	0.07
26	39910	21196	18714	7	6	1	0.17	0.28	0.04
27	38942	20340	18602	7	5	2	0.17	0.25	0.08
28	41225	21830	19395	9	8	1	0.22	0.35	0.08
29	39059	20478	18581	5	4	1	0.13	0.21	0.04

10-2a 续表 1 单位：人、‰

年 龄	2015年5月1日人口			死亡人口			死亡率		
	合计	男	女	合计	男	女	合计	男	女
30-34岁	**176346**	**93206**	**83140**	**36**	**19**	**17**	**0.21**	**0.20**	**0.21**
30	36029	18956	17073	5	2	3	0.15	0.11	0.19
31	35664	18804	16860	2	1	1	0.07	0.08	0.06
32	34761	18397	16364	2		2	0.05		0.11
33	36887	19498	17389	13	6	7	0.34	0.31	0.37
34	33004	17550	15455	14	9	5	0.43	0.53	0.31
35-39岁	**145061**	**77417**	**67644**	**56**	**38**	**18**	**0.38**	**0.48**	**0.27**
35	30790	16403	14387	14	12	2	0.44	0.70	0.15
36	32383	17369	15014	10	5	5	0.31	0.32	0.30
37	28660	15202	13458	7	6	1	0.25	0.42	0.06
38	25198	13378	11820	14	7	7	0.56	0.52	0.59
39	28030	15065	12965	11	7	4	0.38	0.47	0.29
40-44岁	**151320**	**80451**	**70869**	**118**	**70**	**48**	**0.78**	**0.88**	**0.68**
40	29157	15642	13515	21	12	9	0.73	0.79	0.65
41	31207	16552	14655	21	12	10	0.69	0.72	0.65
42	31722	16933	14789	25	16	9	0.78	0.97	0.58
43	30102	16042	14060	17	10	7	0.58	0.65	0.50
44	29132	15282	13849	33	19	14	1.15	1.27	1.01
45-49岁	**130415**	**68625**	**61790**	**143**	**96**	**46**	**1.09**	**1.40**	**0.75**
45	30505	16122	14383	24	18	7	0.80	1.09	0.48
46	27206	14372	12833	35	20	15	1.27	1.36	1.17
47	28391	14950	13440	22	15	7	0.77	0.97	0.55
48	21621	11297	10324	28	23	6	1.32	2.01	0.55
49	22693	11883	10810	33	22	11	1.47	1.85	1.05
50-54岁	**98223**	**51550**	**46673**	**187**	**129**	**58**	**1.90**	**2.51**	**1.23**
50	23178	12347	10831	37	20	17	1.59	1.63	1.54
51	21236	11110	10125	57	38	19	2.70	3.46	1.87
52	23416	12321	11095	31	26	5	1.30	2.08	0.44
53	19628	10241	9387	35	25	10	1.79	2.41	1.11
54	10766	5531	5235	27	20	7	2.52	3.69	1.28
55-59岁	**66444**	**33551**	**32892**	**254**	**160**	**94**	**3.83**	**4.78**	**2.86**
55	11788	6096	5692	39	21	18	3.35	3.45	3.24
56	12123	6087	6036	51	39	11	4.19	6.47	1.89
57	14410	7277	7134	46	29	17	3.17	3.94	2.39
58	14887	7547	7339	61	40	21	4.11	5.34	2.85
59	13235	6544	6691	57	31	26	4.32	4.72	3.92
60-64岁	**59582**	**29146**	**30436**	**330**	**229**	**101**	**5.54**	**7.86**	**3.32**
60	13818	6784	7034	76	51	25	5.54	7.55	3.59
61	13207	6449	6758	51	34	17	3.83	5.25	2.47
62	11839	5739	6100	58	40	18	4.92	7.05	2.92
63	11177	5474	5703	66	45	21	5.93	8.22	3.72
64	9540	4700	4840	79	59	20	8.25	12.47	4.14

10-2a 续表 2

单位：人、‰

年龄	2015年5月1日人口			死亡人口			死亡率		
	合计	男	女	合计	男	女	合计	男	女
65-69岁	**39563**	**19551**	**20012**	**361**	**241**	**120**	**9.12**	**12.32**	**5.99**
65	9719	4824	4895	76	50	26	7.85	10.41	5.32
66	9394	4636	4758	85	59	26	9.08	12.83	5.42
67	7628	3688	3940	69	45	24	9.03	12.07	6.18
68	6837	3383	3454	68	44	24	9.99	13.01	7.03
69	5985	3020	2965	62	43	19	10.36	14.13	6.52
70-74岁	**23782**	**11561**	**12221**	**364**	**242**	**121**	**15.29**	**20.95**	**9.94**
70	5690	2806	2884	59	45	14	10.43	16.19	4.83
71	5150	2562	2588	43	31	12	8.30	11.95	4.70
72	4539	2187	2352	78	49	29	17.10	22.25	12.30
73	4352	2087	2266	84	46	38	19.39	22.02	16.96
74	4051	1919	2132	99	71	28	24.55	37.25	13.12
75-79岁	**18795**	**9131**	**9664**	**574**	**339**	**235**	**30.54**	**37.12**	**24.31**
75	4173	2108	2064	71	50	21	16.95	23.56	10.20
76	3701	1777	1924	108	60	48	29.17	33.98	24.73
77	3874	1870	2004	113	69	44	29.27	37.00	22.05
78	3618	1732	1887	130	80	50	36.06	46.24	26.71
79	3429	1644	1786	151	80	72	44.14	48.44	40.19
80-84岁	**12621**	**5555**	**7066**	**701**	**356**	**345**	**55.55**	**64.06**	**48.86**
80	3110	1381	1729	151	88	63	48.56	63.99	36.24
81	2843	1227	1616	153	71	82	53.92	57.85	50.93
82	2678	1199	1479	139	64	75	51.96	53.47	50.73
83	2110	910	1200	115	63	52	54.40	68.70	43.55
84	1879	837	1042	143	70	73	75.98	83.41	70.01
85-89岁	**6148**	**2475**	**3673**	**538**	**234**	**305**	**87.56**	**94.41**	**82.94**
85	1814	811	1003	127	62	65	70.19	76.28	65.27
86	1271	496	775	119	55	64	93.65	110.45	82.90
87	1268	481	787	113	44	69	89.22	91.77	87.67
88	1013	378	635	82	36	45	80.54	96.32	71.13
89	781	308	473	97	36	61	124.36	118.10	128.44
90-94岁	**2100**	**672**	**1428**	**255**	**81**	**174**	**121.48**	**120.33**	**122.02**
90	714	238	476	62	25	38	87.24	103.58	79.07
91	451	135	316	58	22	36	129.08	162.56	114.77
92	373	132	241	44	11	34	118.78	79.77	140.20
93	309	105	205	48	15	33	156.45	143.84	162.88
94	252	62	190	42	9	33	165.93	139.73	174.46
95-99岁	**478**	**129**	**348**	**95**	**28**	**67**	**198.63**	**212.82**	**193.35**
95	185	65	120	44	16	27	235.39	248.82	228.11
96	126	35	91	19	6	13	149.68	171.84	141.17
97	71	14	57	9		9	124.17		154.97
98	57	5	52	12	3	9	210.01	566.91	174.87
99	38	10	28	12	2	9	301.56	237.72	324.31
100岁及以上	**70**	**14**	**56**	**31**	**4**	**28**	**448.56**	**260.19**	**495.23**

10-2b 全省分年龄、性别的死亡人口状况（镇）
（2014.11.1-2015.10.31）

单位：人、‰

年 龄	2015年5月1日人口			死亡人口			死亡率		
	合计	男	女	合计	男	女	合计	男	女
总 计	**511723**	**266248**	**245475**	**2103**	**1236**	**867**	**4.11**	**4.64**	**3.53**
0-4岁	**29818**	**16380**	**13438**	**13**	**7**	**6**	**0.45**	**0.44**	**0.46**
0	3267	1773	1494	6	3	2	1.77	1.96	1.56
1	5596	3122	2474	3	2	1	0.47	0.55	0.36
2	6485	3533	2952	2	1	1	0.34	0.21	0.50
3	7477	4102	3376	1	1		0.17	0.30	
4	6993	3851	3142	2		2	0.22		0.49
5-9岁	**34692**	**18989**	**15702**	**5**	**3**	**3**	**0.16**	**0.14**	**0.17**
5	7156	3921	3235	1		1	0.19		0.41
6	7370	4016	3354	1	1		0.14	0.25	
7	7242	3932	3310	1	1		0.11	0.20	
8	6614	3658	2956	1	1		0.21	0.26	0.15
9	6309	3461	2848	1		1	0.14		0.32
10-14岁	**28544**	**15784**	**12760**	**2**	**2**		**0.05**	**0.10**	
10	5975	3298	2677						
11	5820	3210	2609						
12	5488	2945	2543	1	1		0.09	0.17	
13	5379	3021	2358						
14	5882	3309	2573	1	1		0.18	0.31	
15-19岁	**40244**	**21360**	**18884**	**14**	**8**	**6**	**0.35**	**0.37**	**0.32**
15	6310	3476	2833	3	2	1	0.43	0.56	0.27
16	7491	3862	3629	2	1	1	0.31	0.38	0.22
17	8706	4545	4161	1		1	0.08		0.16
18	8858	4704	4154	3	1	2	0.29	0.15	0.45
19	8879	4773	4106	6	4	2	0.65	0.81	0.46
20-24岁	**44712**	**23804**	**20908**	**12**	**7**	**4**	**0.26**	**0.31**	**0.21**
20	9111	5091	4020	1		1	0.16	0.08	0.27
21	8557	4544	4012	7	4	3	0.86	0.92	0.79
22	9077	4749	4329	1	1		0.14	0.27	
23	9100	4791	4309						
24	8867	4629	4238	2	2		0.18	0.34	
25-29岁	**47273**	**24418**	**22855**	**17**	**11**	**6**	**0.36**	**0.44**	**0.28**
25	10392	5420	4972	8	5	3	0.77	0.90	0.63
26	9464	4943	4521	2	1	1	0.26	0.20	0.32
27	9067	4611	4456	6	4	1	0.62	0.93	0.29
28	9444	4847	4598						
29	8906	4597	4309	1	1	1	0.14	0.13	0.14

10-2b 续表 1

单位：人、‰

年 龄	2015年5月1日人口			死亡人口			死亡率		
	合计	男	女	合计	男	女	合计	男	女
30-34岁	**41713**	**21735**	**19977**	**23**	**18**	**5**	**0.55**	**0.83**	**0.24**
30	8633	4479	4155	4	4		0.49	0.95	
31	8459	4385	4073	7	6	1	0.81	1.28	0.30
32	8228	4290	3939	4	4		0.47	0.90	
33	8618	4537	4080	5	2	3	0.57	0.46	0.70
34	7775	4045	3730	3	2	1	0.38	0.57	0.17
35-39岁	**33945**	**17741**	**16204**	**28**	**19**	**8**	**0.82**	**1.09**	**0.52**
35	7300	3807	3493	6	4	2	0.83	1.08	0.56
36	7480	3942	3538	5	4	1	0.66	1.00	0.28
37	6764	3519	3245	7	5	2	0.99	1.43	0.52
38	5718	2983	2735	6	4	2	1.06	1.48	0.59
39	6684	3490	3193	4	2	2	0.62	0.55	0.70
40-44岁	**38943**	**19894**	**19048**	**35**	**26**	**8**	**0.90**	**1.33**	**0.44**
40	7009	3612	3397	3	3	1	0.46	0.73	0.18
41	7669	3960	3709	8	7	1	1.05	1.67	0.40
42	7995	4092	3903	10	6	3	1.21	1.56	0.83
43	8053	4091	3962	9	6	3	1.08	1.48	0.67
44	8217	4140	4077	5	5		0.63	1.15	0.11
45-49岁	**40394**	**20553**	**19840**	**63**	**48**	**15**	**1.57**	**2.33**	**0.78**
45	8728	4451	4277	14	11	3	1.58	2.48	0.65
46	7870	3954	3916	9	9		1.18	2.35	
47	8826	4498	4329	7	5	2	0.74	1.05	0.41
48	7126	3644	3482	13	7	6	1.80	2.01	1.59
49	7844	4007	3837	21	16	5	2.66	3.88	1.38
50-54岁	**35418**	**17978**	**17439**	**98**	**64**	**34**	**2.76**	**3.56**	**1.94**
50	8271	4275	3996	27	20	8	3.31	4.60	1.94
51	7485	3756	3729	24	11	12	3.15	3.04	3.27
52	8348	4331	4017	22	15	7	2.64	3.49	1.72
53	7187	3595	3592	11	8	3	1.52	2.15	0.88
54	4127	2021	2106	14	10	4	3.36	4.97	1.81
55-59岁	**26502**	**13441**	**13060**	**135**	**93**	**41**	**5.09**	**6.94**	**3.17**
55	4199	2097	2102	16	10	6	3.76	4.87	2.67
56	4991	2554	2437	27	19	7	5.37	7.60	3.04
57	5959	3035	2924	36	26	10	6.04	8.59	3.40
58	6037	3096	2940	28	21	7	4.65	6.70	2.49
59	5316	2659	2658	28	17	11	5.28	6.35	4.21
60-64岁	**24239**	**12231**	**12008**	**173**	**118**	**56**	**7.15**	**9.63**	**4.62**
60	5615	2860	2755	31	20	11	5.48	6.85	4.05
61	5368	2742	2625	28	17	11	5.16	6.18	4.09
62	4832	2410	2421	34	26	9	7.14	10.75	3.54
63	4584	2271	2313	36	28	8	7.93	12.30	3.64
64	3841	1947	1893	44	27	17	11.45	14.05	8.78

10-2b 续表 2

单位：人、‰

年 龄	2015年5月1日人口			死亡人口			死亡率		
	合计	男	女	合计	男	女	合计	男	女
65-69岁	**15802**	**8286**	**7516**	**201**	**138**	**63**	**12.74**	**16.71**	**8.35**
65	3978	2080	1898	43	31	12	10.79	15.08	6.08
66	3637	1888	1749	46	35	10	12.55	18.78	5.81
67	2989	1581	1409	45	34	11	14.98	21.25	7.93
68	2746	1434	1312	31	13	17	11.15	9.20	13.28
69	2452	1303	1149	37	25	12	15.22	19.08	10.85
70-74岁	**10652**	**5460**	**5192**	**220**	**159**	**60**	**20.61**	**29.21**	**11.56**
70	2596	1378	1218	46	35	11	17.59	25.25	8.91
71	2206	1115	1091	43	30	13	19.34	26.74	11.76
72	2048	1064	984	41	30	11	19.92	27.75	11.45
73	1903	963	940	48	35	13	25.12	36.03	13.94
74	1899	939	960	43	31	12	22.43	32.62	12.46
75-79岁	**8483**	**4123**	**4360**	**315**	**168**	**147**	**37.12**	**40.69**	**33.74**
75	1898	945	953	64	34	30	33.69	35.92	31.48
76	1621	778	843	53	26	27	32.66	33.82	31.58
77	1741	868	873	57	31	25	32.55	36.18	28.93
78	1637	805	832	77	43	34	47.24	53.63	41.08
79	1586	728	859	64	33	31	40.35	45.31	36.14
80-84岁	**5987**	**2538**	**3448**	**320**	**171**	**149**	**53.42**	**67.46**	**43.08**
80	1430	630	801	52	29	24	36.53	45.33	29.61
81	1278	558	720	68	38	30	53.12	68.37	41.30
82	1304	535	769	70	42	28	53.62	79.06	35.91
83	1066	443	622	71	34	37	66.62	77.79	58.66
84	909	373	537	59	28	31	64.63	74.53	57.75
85-89岁	**3036**	**1148**	**1889**	**262**	**126**	**135**	**86.21**	**110.01**	**71.74**
85	859	340	519	56	27	29	64.83	78.78	55.68
86	634	247	388	59	32	27	93.76	129.77	70.84
87	599	236	364	53	23	30	88.65	99.47	81.63
88	528	188	340	47	27	20	88.53	141.52	59.24
89	416	138	279	47	17	29	112.36	126.88	105.20
90-94岁	**1066**	**324**	**742**	**114**	**38**	**76**	**107.28**	**116.88**	**103.09**
90	350	110	240	35	14	21	101.44	128.25	89.22
91	256	80	176	29	12	17	113.49	151.55	96.05
92	191	57	135	17	4	14	89.83	64.88	100.33
93	142	38	104	14	4	10	101.28	113.56	96.83
94	126	39	87	18	4	15	144.07	92.56	167.47
95-99岁	**233**	**57**	**176**	**43**	**10**	**33**	**186.29**	**179.24**	**188.55**
95	83	24	59	15	5	10	183.17	198.16	177.09
96	31	10	21	9	2	7	286.34	162.11	345.66
97	44	9	35	6	2	5	145.98	207.24	130.22
98	45	10	34	9	2	7	204.81	178.24	212.82
99	29	3	26	3		3	119.44		132.77
100岁及以上	**30**	**3**	**27**	**10**		**10**	**331.09**		**366.28**

10-2c 全省分年龄、性别的死亡人口状况（乡村）（2014.11.1-2015.10.31）

单位：人、‰

年龄	2015年5月1日人口			死亡人口			死亡率		
	合计	男	女	合计	男	女	合计	男	女
总　计	**969093**	**501744**	**467349**	**5109**	**3001**	**2108**	**5.27**	**5.98**	**4.51**
0-4岁	**63944**	**34573**	**29371**	**41**	**25**	**15**	**0.64**	**0.73**	**0.52**
0	7427	4097	3330	22	14	8	2.97	3.38	2.45
1	11421	6112	5309	6	4	2	0.52	0.57	0.46
2	14045	7530	6515	5	4	1	0.35	0.53	0.13
3	15902	8608	7295	4	2	2	0.23	0.19	0.27
4	15149	8226	6922	4	2	2	0.28	0.28	0.28
5-9岁	**74217**	**40365**	**33852**	**15**	**11**	**4**	**0.20**	**0.28**	**0.11**
5	15778	8593	7185	5	5		0.30	0.55	
6	15998	8673	7324	2	1	1	0.12	0.10	0.14
7	15396	8396	7000	3	2	1	0.18	0.21	0.15
8	13822	7495	6327	3	2	1	0.20	0.26	0.13
9	13224	7208	6016	3	2	1	0.21	0.27	0.13
10-14岁	**61519**	**34271**	**27248**	**12**	**6**	**7**	**0.20**	**0.17**	**0.24**
10	12443	6838	5605	1		1	0.06		0.14
11	12639	6943	5697	3		3	0.20		0.45
12	11859	6627	5232	2	2		0.13	0.23	
13	11949	6829	5120	3	1	2	0.27	0.14	0.44
14	12629	7034	5595	4	3	1	0.35	0.49	0.17
15-19岁	**78215**	**42217**	**35998**	**26**	**20**	**6**	**0.33**	**0.48**	**0.16**
15	13751	7545	6206	6	4	2	0.43	0.56	0.26
16	14662	8011	6650	7	5	1	0.46	0.66	0.22
17	16185	8862	7324	5	3	2	0.31	0.35	0.26
18	16635	8749	7886	4	3	1	0.23	0.34	0.11
19	16982	9050	7932	4	4		0.26	0.49	
20-24岁	**82725**	**43244**	**39482**	**37**	**31**	**6**	**0.45**	**0.71**	**0.16**
20	17174	8927	8247	7	5	2	0.41	0.57	0.24
21	16139	8452	7686	4	4		0.26	0.50	
22	16580	8711	7869	12	10	2	0.73	1.15	0.27
23	16646	8688	7958	4	4		0.26	0.51	
24	16187	8465	7722	9	7	2	0.56	0.83	0.27
25-29岁	**78834**	**40027**	**38806**	**42**	**27**	**16**	**0.54**	**0.66**	**0.40**
25	17673	9091	8583	11	8	4	0.65	0.86	0.42
26	16064	8181	7883	12	8	4	0.73	0.93	0.52
27	14898	7488	7410	7	3	3	0.45	0.45	0.45
28	15662	7976	7687	4	2	2	0.24	0.24	0.23
29	14536	7292	7244	9	6	3	0.60	0.79	0.40

10-2c 续表 1

单位：人、‰

年龄	2015年5月1日人口			死亡人口			死亡率		
	合计	男	女	合计	男	女	合计	男	女
30-34岁	**67747**	**34972**	**32775**	**49**	**33**	**16**	**0.72**	**0.95**	**0.48**
30	13777	7008	6769	12	9	3	0.90	1.35	0.43
31	13953	7211	6743	10	9	2	0.73	1.19	0.23
32	13430	7067	6363	7	6	1	0.52	0.82	0.20
33	13681	7043	6637	6	4	3	0.47	0.51	0.43
34	12906	6643	6263	13	6	7	0.99	0.87	1.12
35-39岁	**53997**	**28044**	**25954**	**58**	**34**	**24**	**1.08**	**1.21**	**0.94**
35	11798	6288	5510	10	8	2	0.88	1.31	0.39
36	11739	6088	5650	15	5	9	1.24	0.87	1.64
37	10828	5672	5155	14	11	3	1.26	1.91	0.56
38	9349	4782	4566	7	2	5	0.71	0.43	1.01
39	10284	5213	5072	13	7	5	1.25	1.41	1.08
40-44岁	**63381**	**31011**	**32370**	**96**	**74**	**22**	**1.52**	**2.40**	**0.67**
40	10964	5375	5589	9	7	3	0.86	1.24	0.50
41	12435	6206	6229	27	24	3	2.17	3.86	0.50
42	13119	6331	6788	19	15	4	1.43	2.34	0.59
43	13048	6275	6773	26	18	8	2.02	2.89	1.21
44	13815	6824	6991	15	11	4	1.05	1.60	0.52
45-49岁	**73827**	**36697**	**37130**	**165**	**117**	**49**	**2.24**	**3.18**	**1.31**
45	15264	7454	7810	28	17	11	1.85	2.34	1.39
46	14099	6931	7168	38	25	13	2.73	3.68	1.81
47	15898	7858	8040	29	17	11	1.81	2.22	1.40
48	13874	7000	6874	29	25	4	2.09	3.61	0.55
49	14692	7454	7239	41	31	10	2.78	4.16	1.36
50-54岁	**68109**	**34705**	**33405**	**238**	**184**	**54**	**3.50**	**5.29**	**1.63**
50	15466	7903	7563	39	31	8	2.54	3.94	1.08
51	14147	7082	7065	61	49	13	4.34	6.87	1.81
52	15918	8264	7654	56	45	11	3.55	5.46	1.48
53	14260	7254	7006	38	30	8	2.66	4.14	1.12
54	8319	4202	4117	43	29	14	5.16	6.81	3.47
55-59岁	**53047**	**27555**	**25492**	**311**	**208**	**103**	**5.86**	**7.54**	**4.05**
55	8290	4240	4050	43	28	15	5.20	6.66	3.67
56	9768	5161	4608	69	45	25	7.10	8.65	5.37
57	11715	6038	5677	55	35	20	4.67	5.74	3.52
58	12541	6535	6006	78	54	24	6.20	8.28	3.94
59	10732	5582	5151	66	46	20	6.15	8.25	3.87
60-64岁	**48694**	**25290**	**23404**	**394**	**284**	**110**	**8.10**	**11.25**	**4.69**
60	11212	5829	5383	82	57	25	7.30	9.83	4.56
61	10652	5489	5163	78	54	24	7.30	9.76	4.68
62	9833	5129	4703	73	54	19	7.41	10.59	3.94
63	9189	4761	4427	90	63	27	9.84	13.24	6.18
64	7809	4081	3727	71	56	15	9.14	13.78	4.05

10-2c 续表 2

单位：人、‰

年 龄	2015年5月1日人口			死亡人口			死亡率		
	合计	男	女	合计	男	女	合计	男	女
65-69岁	**32340**	**17097**	**15243**	**440**	**300**	**140**	**13.59**	**17.55**	**9.15**
65	7947	4175	3772	86	56	31	10.88	13.39	8.10
66	7247	3989	3258	89	69	21	12.32	17.19	6.35
67	6278	3203	3075	79	51	28	12.60	15.99	9.07
68	5670	2974	2696	86	56	30	15.12	18.72	11.15
69	5198	2756	2441	99	69	30	19.03	24.89	12.42
70-74岁	**24045**	**12420**	**11625**	**546**	**356**	**189**	**22.70**	**28.69**	**16.29**
70	5453	2917	2536	93	63	30	17.03	21.69	11.65
71	4853	2523	2330	100	70	30	20.69	27.81	12.98
72	4670	2395	2276	114	75	39	24.38	31.44	16.96
73	4622	2375	2247	98	61	37	21.21	25.73	16.43
74	4447	2210	2238	141	87	54	31.61	39.15	24.15
75-79岁	**19182**	**9346**	**9835**	**694**	**411**	**282**	**36.17**	**44.01**	**28.71**
75	4204	2141	2062	106	60	46	25.18	28.01	22.24
76	3688	1835	1852	132	80	51	35.70	43.73	27.75
77	3943	1936	2007	138	87	51	35.11	45.17	25.40
78	3705	1754	1951	144	85	59	38.83	48.35	30.27
79	3642	1679	1963	174	99	75	47.74	58.85	38.24
80-84岁	**14558**	**6130**	**8429**	**817**	**425**	**392**	**56.10**	**69.34**	**46.47**
80	3562	1575	1987	186	103	84	52.36	65.20	42.18
81	3061	1335	1726	149	73	76	48.73	54.84	44.00
82	2998	1272	1726	174	97	77	58.14	76.48	44.61
83	2742	1063	1680	178	87	91	64.93	82.30	53.93
84	2195	884	1311	129	64	64	58.63	72.71	49.13
85-89岁	**7448**	**2758**	**4689**	**650**	**276**	**374**	**87.23**	**100.11**	**79.66**
85	2085	816	1270	153	75	78	73.54	92.29	61.50
86	1549	583	967	124	43	81	79.98	73.43	83.93
87	1572	568	1004	122	60	62	77.30	105.06	61.60
88	1281	462	818	138	56	82	107.77	120.55	100.54
89	960	330	630	113	43	70	117.54	129.33	111.36
90-94岁	**2610**	**857**	**1753**	**356**	**150**	**206**	**136.42**	**175.58**	**117.29**
90	891	295	596	106	57	49	119.25	194.68	81.96
91	567	190	377	77	32	45	135.32	166.12	119.81
92	484	161	323	56	29	27	115.22	178.67	83.67
93	384	134	250	75	21	54	195.67	154.47	217.85
94	284	77	207	42	12	30	148.45	156.22	145.57
95-99岁	**565**	**154**	**412**	**99**	**24**	**75**	**175.08**	**158.90**	**181.12**
95	212	68	144	29	11	18	135.45	155.27	126.08
96	137	29	109	27	6	21	197.37	215.20	192.67
97	104	29	75	17	5	12	159.36	173.28	153.94
98	67	17	51	13	3	10	193.84	159.45	205.00
99	44	11	33	13		13	304.18		408.02
100岁及以上	**87**	**12**	**75**	**23**	**3**	**20**	**269.61**	**279.66**	**267.95**

10-3 各地区分性别、受教育程度的6岁及以上死亡人口（2014.11.1-2015.10.31）

单位：人

地 区	6岁及以上死亡人口			未上过学			小 学		
	合计	男	女	小计	男	女	小计	男	女
全 省	**11272**	**6529**	**4744**	**3036**	**950**	**2086**	**5201**	**3261**	**1940**
广州市	**1067**	**617**	**451**	**155**	**35**	**120**	**473**	**254**	**219**
荔湾区	137	80	57	10	4	6	60	24	36
越秀区	185	97	88	11	2	9	72	23	49
海珠区	167	91	76	21	4	18	60	28	32
天河区	62	37	25	6		6	12	6	7
白云区	126	69	58	38	8	29	52	38	15
黄埔区	27	19	9	4	1	3	11	8	3
番禺区	59	34	25	8	3	5	39	21	18
花都区	71	41	30	15		15	36	22	14
南沙区	59	36	23	12	5	7	35	22	13
萝岗区	20	12	8	4	1	3	8	4	4
从化区	71	49	22	8	3	5	39	25	13
增城区	84	53	31	19	4	15	49	34	16
韶关市	**402**	**232**	**171**	**128**	**28**	**100**	**172**	**122**	**50**
武江区	27	15	11	4	1	3	10	6	3
浈江区	45	26	19	8		8	18	12	6
曲江区	38	24	13	13	5	9	14	10	4
始兴县	35	18	16	13	2	11	13	9	4
仁化县	20	12	7	6	1	5	11	9	2
翁源县	67	30	37	28	2	26	24	16	8
乳源瑶族自治县	34	20	15	12	4	7	19	12	6
新丰县	37	26	11	8	3	5	15	11	4
乐昌市	55	31	24	21	7	14	23	15	8
南雄市	45	29	16	13	2	11	24	20	4
深圳市	**927**	**488**	**439**	**230**	**67**	**163**	**292**	**141**	**151**
罗湖区	65	34	31	15	1	14	21	10	11
福田区	29	18	11	1	1		12	5	7
南山区	147	80	66	21	6	15	32	17	15
宝安区	502	257	244	143	44	99	154	75	79
龙岗区	163	87	76	48	14	34	64	31	34
盐田区	22	12	10	2	1	1	8	3	5
珠海市	**68**	**39**	**29**	**19**	**6**	**13**	**23**	**16**	**7**
香洲区	23	14	9	4	2	3	6	4	2
斗门区	35	18	18	12	3	9	14	10	4
金湾区	9	6	3	2		1	3	2	1
汕头市	**730**	**412**	**318**	**200**	**58**	**142**	**370**	**231**	**139**
龙湖区	61	40	21	20	11	10	20	15	5
金平区	109	50	59	20	4	16	57	27	30
濠江区	40	21	19	23	5	18	13	12	1
潮阳区	223	125	98	62	16	46	116	71	45
潮南区	172	108	64	35	9	26	106	72	34
澄海区	110	58	52	34	11	22	52	29	23
南澳县	14	10	4	5	2	3	6	5	1
佛山市	**507**	**278**	**229**	**112**	**28**	**84**	**257**	**158**	**99**
禅城区	82	53	29	9	2	7	29	18	11
南海区	125	61	63	40	12	28	61	37	23
顺德区	171	100	71	31	10	21	101	66	35
三水区	69	35	34	13	3	10	38	21	18
高明区	61	29	32	19	1	18	27	16	11

10-3 续表 1

单位：人

地区	初中			普通高中			中职		
	小计	男	女	小计	男	女	小计	男	女
全 省	**2156**	**1655**	**501**	**583**	**451**	**131**	**120**	**82**	**38**
广州市	**229**	**185**	**44**	**127**	**86**	**41**	**31**	**22**	**9**
荔湾区	41	33	8	15	10	5	6	5	1
越秀区	36	29	7	37	22	16	5	3	2
海珠区	29	23	6	37	26	12	12	8	4
天河区	11	8	3	20	15	6	1		1
白云区	30	20	9	4	3	1			
黄埔区	8	6	1	3	2	1	1	1	1
番禺区	10	8	2	2	2				
花都区	16	15	1	2	2		2	2	
南沙区	8	7	1	2	1	1	1	1	
萝岗区	6	5		1	1		1	1	
从化区	21	17	3	2	2		1	1	
增城区	13	12	1	2	2		1	1	
韶关市	**76**	**61**	**15**	**19**	**17**	**2**	**3**	**2**	**1**
武江区	8	5	3	3	2	1	2	1	1
浈江区	11	9	2	5	4	1			
曲江区	8	7	1	1	1		1	1	
始兴县	6	5	1	1	1				
仁化县	1	1							
翁源县	12	9	3	2	2		1		1
乳源瑶族自治县	3	3							
新丰县	13	11	2	1	1				
乐昌市	7	5	2	3	3				
南雄市	7	5	1	2	2				
深圳市	**221**	**150**	**71**	**97**	**70**	**27**	**28**	**17**	**11**
罗湖区	14	12	2	9	7	2	2	1	2
福田区	7	5	2	4	3	1	2	1	1
南山区	21	13	9	31	19	12	10	5	4
宝安区	139	88	51	35	26	9	11	9	2
龙岗区	34	29	4	13	10	3	3	1	1
盐田区	6	3	3	5	4	1			
珠海市	**19**	**12**	**7**	**6**	**4**	**3**	**1**	**1**	
香洲区	8	5	3	4	2	2			
斗门区	8	3	4	1	1	1	1	1	
金湾区	3	3		1	1				
汕头市	**131**	**104**	**27**	**24**	**15**	**8**	**2**	**1**	**1**
龙湖区	13	9	4	5	3	2			
金平区	21	14	7	9	4	5	2	1	1
濠江区	4	4							
潮阳区	41	35	6	5	4	1			
潮南区	28	24	4	3	3				
澄海区	23	16	7	2	2				
南澳县	2	2							
佛山市	**87**	**56**	**31**	**27**	**21**	**6**	**14**	**8**	**6**
禅城区	30	22	8	6	4	2	4	3	1
南海区	12	3	9	6	5	2	5	3	2
顺德区	25	15	10	10	7	3	1		1
三水区	11	8	3	1	1		4	1	2
高明区	9	8	1	3	3		1	1	

10-3 续表 2

单位：人

地 区	大学专科			大学本科			研究生		
	小计	男	女	小计	男	女	小计	男	女
全 省	**91**	**66**	**25**	**79**	**60**	**19**	**6**	**4**	**3**
广州市	**26**	**14**	**11**	**25**	**21**	**5**	**1**		**1**
荔湾区	2	2		2	2		1		1
越秀区	12	8	4	10	9	1			
海珠区	4	1	2	5	1	4			
天河区	3	1	2	8	8				
白云区	3		3						
黄埔区	1	1							
番禺区									
花都区									
南沙区	1	1							
萝岗区									
从化区									
增城区									
韶关市	**4**	**2**	**2**	**1**	**1**				
武江区				1	1				
浈江区	2	1	2						
曲江区	1	1							
始兴县									
仁化县									
翁源县									
乳源瑶族自治县									
新丰县									
乐昌市									
南雄市									
深圳市	**17**	**13**	**4**	**40**	**27**	**14**	**2**	**2**	
罗湖区	1	1		3	2	1			
福田区	1	1		1	1				
南山区	7	4	3	21	13	9	2	2	
宝安区	7	7		13	9	4			
龙岗区				1	1				
盐田区	1								
珠海市				**1**	**1**				
香洲区				1	1				
斗门区									
金湾区									
汕头市	**3**	**2**	**1**	**1**	**1**				
龙湖区	2	2	1	1	1				
金平区									
濠江区									
潮阳区									
潮南区									
澄海区									
南澳县									
佛山市	**6**	**4**	**2**	**1**	**1**		**1**	**1**	
禅城区	2	2		1	1				
南海区	2	2							
顺德区							1	1	
三水区	1	1	1						
高明区	1		1						

10-3 续表 3

单位：人

地 区	6岁及以上死亡人口			未上过学			小 学		
	合计	男	女	小计	男	女	小计	男	女
江门市	**622**	**337**	**285**	**135**	**22**	**113**	**329**	**200**	**128**
蓬江区	78	47	31	7		7	42	25	17
江海区	20	10	10	6	2	4	11	6	5
新会区	90	52	38	19	4	15	47	30	17
台山市	193	105	88	43	9	34	109	61	48
开平市	115	58	57	32	4	28	57	35	21
鹤山市	62	36	25	10	2	8	35	21	14
恩平市	65	28	36	18	1	17	28	22	6
湛江市	**695**	**426**	**269**	**236**	**106**	**130**	**295**	**199**	**96**
赤坎区	24	15	9	3		3	13	10	3
霞山区	25	14	11	1		1	8	3	4
坡头区	27	18	9	8	4	4	14	10	4
麻章区	22	11	11	10	3	7	8	4	4
遂溪县	98	60	37	46	26	19	34	22	13
徐闻县	53	32	21	14	4	11	25	19	7
廉江市	226	140	86	76	33	43	103	68	35
雷州市	145	87	58	59	28	31	56	40	17
吴川市	76	49	27	19	7	12	34	24	10
茂名市	**702**	**454**	**248**	**202**	**94**	**109**	**328**	**230**	**98**
茂南区	71	51	20	13	6	7	28	25	3
电白区	180	119	61	53	24	29	89	63	26
高州市	131	75	56	52	24	28	51	29	22
化州市	156	100	56	31	15	16	87	58	29
信宜市	164	109	55	52	25	27	73	55	18
肇庆市	**590**	**335**	**256**	**152**	**39**	**113**	**284**	**181**	**103**
端州区	53	25	28	15	2	12	12	6	7
鼎湖区	21	13	8	5		5	11	9	3
广宁县	84	45	39	15	4	11	41	22	19
怀集县	124	88	35	17	5	12	73	55	18
封开县	61	32	29	17	3	14	29	16	13
德庆县	54	30	24	15	4	11	23	15	8
高要市	122	69	53	47	19	28	60	41	19
四会市	73	33	40	22	2	20	34	17	16
惠州市	**418**	**256**	**162**	**109**	**28**	**81**	**211**	**143**	**68**
惠城区	135	76	59	33	9	24	66	36	30
惠阳区	44	23	21	12	1	11	25	16	10
博罗县	80	48	32	22	4	17	32	20	11
惠东县	86	58	28	27	8	19	50	43	8
龙门县	72	50	22	15	5	10	38	29	10
梅州市	**734**	**416**	**319**	**182**	**35**	**147**	**339**	**208**	**130**
梅江区	32	18	14	4		4	11	4	7
梅县区	72	42	30	14		14	27	17	10
大埔县	76	41	34	26	7	19	33	22	11
丰顺县	100	47	52	28	6	22	48	26	23
五华县	215	135	80	44	7	36	127	87	40
平远县	41	24	17	16	5	11	15	11	4
蕉岭县	45	25	20	12	3	9	14	7	7
兴宁市	153	83	70	38	6	32	65	36	29

10-3 续表 4 单位：人

地　区	初　中			普通高中			中　职		
	小计	男	女	小计	男	女	小计	男	女
江门市	**115**	**80**	**35**	**31**	**25**	**6**	**9**	**6**	**3**
蓬江区	16	10	6	8	7	2	3	3	
江海区	2	1	1	2	1	1			
新会区	15	12	3	7	5	2	2	1	1
台山市	31	27	4	8	7	1	1	1	
开平市	20	13	7	4	4		2	1	1
鹤山市	12	10	2	2	2	1	1		1
恩平市	19	5	13						
湛江市	**126**	**92**	**34**	**26**	**20**	**6**	**6**	**5**	**1**
赤坎区	4	2	2	2	1	1			
霞山区	8	3	5	7	6	1			
坡头区	4	4	1						
麻章区	5	4	1						
遂溪县	14	10	4	1	1		2	2	
徐闻县	12	8	4	1	1		1	1	
廉江市	41	34	7	6	5	1			
雷州市	20	13	7	7	4	3	3	1	1
吴川市	17	13	4	3	2	1	1	1	
茂名市	**138**	**105**	**33**	**26**	**20**	**6**	**5**	**2**	**2**
茂南区	14	8	6	9	7	2	3	2	2
电白区	34	28	6	4	4				
高州市	24	19	5	4	4				
化州市	35	27	9	3	1	2			
信宜市	30	23	7	7	5	2	2	1	1
肇庆市	**129**	**95**	**33**	**18**	**14**	**3**	**3**	**2**	**1**
端州区	17	11	6	5	4	1	1	1	1
鼎湖区	4	3		1					
广宁县	25	16	8	3	2	1			
怀集县	28	23	5	4	3	1	1	1	
封开县	13	11	2	2	2	1			
德庆县	14	10	4	1	1				
高要市	13	7	6	2	2				
四会市	15	12	3	1	1				
惠州市	**80**	**69**	**11**	**15**	**13**	**1**	**2**	**1**	**1**
惠城区	31	27	4	4	3	1	1	1	
惠阳区	3	3		3	3				
博罗县	26	22	3	1	1				
惠东县	5	4	1	3	3				
龙门县	15	13	2	3	3		1		1
梅州市	**164**	**131**	**33**	**38**	**33**	**5**	**7**	**5**	**1**
梅江区	14	12	2	3	1	1	1	1	
梅县区	19	15	4	11	10	1	1	1	
大埔县	14	10	4	2	2				
丰顺县	20	14	6	2	1	1			
五华县	30	29	1	7	7		4	3	1
平远县	8	6	2	2	2				
蕉岭县	16	12	4	2	2				
兴宁市	43	34	9	8	7	1			

10-3 续表 5

单位：人

地区	大学专科			大学本科			研究生		
	小计	男	女	小计	男	女	小计	男	女
江门市	**2**	**2**		**1**	**1**				
蓬江区	2	2							
江海区				1	1				
新会区									
台山市									
开平市									
鹤山市	1	1		1	1				
恩平市									
湛江市	**3**	**3**	**1**	**2**	**2**		**1**		**1**
赤坎区	2	1	1						
霞山区	1	1		1	1				
坡头区									
麻章区									
遂溪县							1		1
徐闻县									
廉江市									
雷州市									
吴川市	1	1		1	1				
茂名市	**2**	**2**		**1**	**1**				
茂南区	2	2		1	1				
电白区									
高州市									
化州市									
信宜市									
肇庆市	**3**	**3**	**1**	**1**	**1**	**1**			
端州区	1		1	1	1	1			
鼎湖区									
广宁县	1	1							
怀集县	1	1							
封开县									
德庆县									
高要市									
四会市	1	1							
惠州市	**1**	**1**							
惠城区									
惠阳区	1	1							
博罗县									
惠东县									
龙门县	1	1							
梅州市	**5**	**3**	**2**						
梅江区									
梅县区									
大埔县	1		1						
丰顺县	1	1							
五华县	3	1	1						
平远县									
蕉岭县									
兴宁市									

10-3 续表 6

单位：人

地区	6岁及以上死亡人口			未上过学			小学		
	合计	男	女	小计	男	女	小计	男	女
汕尾市	**323**	**191**	**132**	**143**	**64**	**79**	**137**	**88**	**49**
城区	62	36	26	26	13	13	26	14	12
海丰县	106	58	47	38	12	26	50	29	21
陆河县	48	26	21	21	8	13	24	16	8
陆丰市	108	70	37	58	31	27	37	29	8
河源市	**408**	**242**	**166**	**132**	**40**	**93**	**177**	**118**	**59**
源城区	20	13	6	3	2	1	5	3	2
紫金县	92	53	39	42	13	29	34	25	9
龙川县	130	76	53	36	7	29	57	38	18
连平县	34	21	12	7	3	4	16	10	7
和平县	61	38	22	19	7	12	29	21	8
东源县	72	40	32	25	7	18	36	22	14
阳江市	**370**	**224**	**146**	**137**	**50**	**86**	**161**	**119**	**41**
江城区	74	48	26	22	7	15	36	31	5
阳西县	100	67	33	32	14	18	48	35	13
阳东县	65	39	26	26	12	14	22	16	6
阳春市	131	71	60	56	17	39	55	38	17
清远市	**597**	**348**	**249**	**182**	**55**	**127**	**289**	**189**	**100**
清城区	107	60	47	27	6	21	53	30	23
清新区	115	66	49	47	16	30	52	37	15
佛冈县	54	28	26	13	4	9	30	16	14
阳山县	78	46	32	28	11	17	35	23	12
连山壮族瑶族自治县	13	10	3	1			7	5	2
连南瑶族自治县	21	16	6	3	1	1	12	8	4
英德市	133	83	50	42	10	31	67	51	16
连州市	75	39	36	22	6	17	32	19	13
东莞市	**272**	**149**	**123**	**63**	**22**	**41**	**142**	**74**	**68**
中山市	**224**	**136**	**88**	**51**	**9**	**42**	**113**	**82**	**32**
潮州市	**398**	**209**	**190**	**123**	**32**	**92**	**204**	**120**	**85**
湘桥区	101	57	44	24	6	17	51	32	19
潮安区	167	92	75	43	11	32	94	53	41
饶平县	130	60	70	56	14	42	60	35	25
揭阳市	**855**	**524**	**331**	**250**	**110**	**140**	**437**	**278**	**160**
榕城区	114	66	48	27	8	19	67	41	25
揭东区	164	101	63	27	9	18	106	66	40
揭西县	143	85	58	36	15	20	72	47	25
惠来县	144	93	51	75	37	38	47	35	12
普宁市	289	178	111	85	40	45	146	89	57
云浮市	**362**	**217**	**145**	**96**	**23**	**72**	**167**	**110**	**57**
云城区	47	25	23	14	2	11	21	13	8
云安区	40	24	17	12	3	9	19	12	7
新兴县	78	35	43	29	3	27	33	20	12
郁南县	70	47	23	13	4	9	35	24	11
罗定市	126	87	39	28	11	17	58	40	18

10-3 续表 7

单位：人

地　区	初　中			普通高中			中　职		
	小计	男	女	小计	男	女	小计	男	女
汕尾市	**32**	**28**	**4**	**9**	**9**		**1**	**1**	
城区	8	7	1	2	2				
海丰县	12	11	1	4	4				
陆河县	2	2							
陆丰市	9	7	2	3	3		1	1	
河源市	**81**	**67**	**14**	**16**	**16**				
源城区	8	4	3	3	3				
紫金县	15	14	1	2	2				
龙川县	30	24	6	7	7				
连平县	10	9	2						
和平县	11	8	2	1	1				
东源县	8	8		2	2				
阳江市	**67**	**51**	**16**	**5**	**3**	**2**			
江城区	15	10	4	1		1			
阳西县	18	16	2	2	2				
阳东县	17	11	6	1		1			
阳春市	18	14	4	2	1	1			
清远市	**100**	**83**	**17**	**12**	**11**	**1**	**4**	**3**	**1**
清城区	20	19	2	1	1		2	1	1
清新区	15	12	3	2	2				
佛冈县	10	7	3	1	1				
阳山县	9	8	2	1	1		1	1	
连山壮族瑶族自治县	3	3		2	1				
连南瑶族自治县	4	3		2	2				
英德市	22	19	2	2	2				
连州市	17	12	4	3	2	1			
东莞市	**49**	**37**	**12**	**17**	**15**	**2**			
中山市	**43**	**32**	**11**	**12**	**8**	**3**			
潮州市	**56**	**44**	**11**	**12**	**10**	**2**	**1**	**1**	
湘桥区	20	13	7	4	4	1	1	1	
潮安区	25	23	3	4	4				
饶平县	11	9	2	3	2	1			
揭阳市	**138**	**110**	**28**	**26**	**23**	**3**	**3**	**3**	
榕城区	13	10	3	5	4	1	1	1	
揭东区	24	20	4	6	6				
揭西县	29	19	10	6	4	2			
惠来县	22	21	1	1	1				
普宁市	49	40	9	8	8		2	2	
云浮市	**76**	**64**	**12**	**19**	**17**	**2**	**2**	**2**	
云城区	10	7	2	2	1	1			
云安区	6	5	1	3	3				
新兴县	13	10	3	1	1	1	1	1	
郁南县	15	13	2	6	5	1	1	1	
罗定市	33	29	4	6	6				

10-3 续表 8　　单位：人

地 区	大学专科			大学本科			研究生		
	小计	男	女	小计	男	女	小计	男	女
汕尾市	**2**	**2**							
城区									
海丰县	2	2							
陆河县									
陆丰市									
河源市				**1**	**1**				
源城区				1	1				
紫金县									
龙川县									
连平县									
和平县									
东源县									
阳江市									
江城区									
阳西县									
阳东县									
阳春市									
清远市	**6**	**4**	**1**	**3**	**3**		**1**		**1**
清城区	2	2		2	2				
清新区									
佛冈县	1	1							
阳山县	2	2	1	1	1		1		1
连山壮族瑶族自治县									
连南瑶族自治县									
英德市									
连州市	1	1	1						
东莞市	**2**	**2**							
中山市	**5**	**5**							
潮州市	**1**	**1**		**1**	**1**				
湘桥区				1	1				
潮安区	1	1							
饶平县									
揭阳市	**1**	**1**							
榕城区	1	1							
揭东区									
揭西县									
惠来县									
普宁市									
云浮市	**2**	**1**	**1**	**1**	**1**				
云城区	1	1							
云安区									
新兴县	1	1	1						
郁南县									
罗定市				1	1				

10-4 各地区分性别、婚姻状况的15岁及以上死亡人口
（2014.11.1-2015.10.31）

单位：人

地　区	15岁及以上死亡人口			未　婚		
	合计	男	女	小计	男	女
全　省	**11236**	**6505**	**4731**	**512**	**443**	**69**
广州市	**1066**	**615**	**451**	**43**	**37**	**7**
荔湾区	137	80	57	5	4	1
越秀区	184	96	88	4	4	
海珠区	167	91	76	8	7	1
天河区	62	37	25	1	1	
白云区	126	69	58	4	1	3
黄埔区	27	19	9	1	1	
番禺区	59	34	25	3	3	
花都区	71	41	30	4	3	1
南沙区	59	36	23	4	4	
萝岗区	20	12	8	1	1	
从化区	71	49	22	5	4	1
增城区	84	53	31	3	3	
韶关市	**400**	**231**	**169**	**14**	**10**	**4**
武江区	27	15	11			
浈江区	45	26	19	1		1
曲江区	38	24	13	3	3	
始兴县	35	18	16	1	1	
仁化县	20	12	7			
翁源县	66	30	36	4	2	2
乳源瑶族自治县	34	20	15	1	1	
新丰县	37	25	11	1	1	
乐昌市	55	31	24	1	1	1
南雄市	45	29	16	1	1	
深圳市	**922**	**483**	**439**	**42**	**33**	**10**
罗湖区	65	34	31	2	2	
福田区	29	18	11	1		1
南山区	146	79	66	6	4	2
宝安区	500	255	244	29	22	7
龙岗区	161	86	76	4	4	
盐田区	22	12	10			
珠海市	**68**	**39**	**29**	**1**	**1**	
香洲区	23	14	9			
斗门区	35	18	18	1	1	
金湾区	9	6	3			
汕头市	**728**	**410**	**318**	**24**	**17**	**7**
龙湖区	60	39	21	3	2	1
金平区	109	50	59	5	3	2
濠江区	40	21	19	2	2	
潮阳区	222	124	98	7	5	2
潮南区	172	108	64	3	3	
澄海区	110	58	52	4	2	2
南澳县	14	10	4	1	1	
佛山市	**507**	**278**	**229**	**26**	**15**	**11**
禅城区	82	53	29	3	1	2
南海区	125	61	63	10	5	6
顺德区	171	100	71	7	6	1
三水区	69	35	34	3	2	1
高明区	61	29	32	2	1	1

10-4 续表 1

单位：人

地　区	有配偶			离　婚			丧　偶		
	小计	男	女	小计	男	女	小计	男	女
全　省	**6485**	**4486**	**1999**	**127**	**90**	**36**	**4112**	**1485**	**2627**
广州市	**635**	**444**	**191**	**21**	**15**	**7**	**366**	**120**	**246**
荔湾区	81	56	25	4	2	2	47	18	29
越秀区	113	76	37	4		4	62	16	47
海珠区	91	62	29	5	5		63	18	46
天河区	45	31	13	1	1		15	3	11
白云区	77	46	31	4	4		41	17	24
黄埔区	18	13	5	1	1		7	4	4
番禺区	39	27	12				17	4	13
花都区	40	34	7				26	4	22
南沙区	36	26	10				19	6	13
萝岗区	12	8	3				7	3	4
从化区	35	30	5	1	1	1	30	15	15
增城区	48	35	13	1	1		32	13	18
韶关市	**233**	**163**	**70**	**8**	**6**	**2**	**146**	**52**	**94**
武江区	18	12	6	1		1	8	4	4
浈江区	29	21	8	1		1	15	5	9
曲江区	22	17	5	1	1		12	4	8
始兴县	16	12	5	1	1		17	5	12
仁化县	14	9	5	1	1		5	3	2
翁源县	26	18	8	1	1		34	9	25
乳源瑶族自治县	23	16	7	1			10	2	7
新丰县	23	17	6	1	1		11	6	5
乐昌市	37	24	13	2	2		15	5	10
南雄市	24	18	6	1	1		19	9	10
深圳市	**563**	**334**	**230**	**13**	**7**	**6**	**304**	**110**	**194**
罗湖区	11	8	2				53	24	29
福田区	17	12	4				11	5	6
南山区	99	59	40	2	1	1	39	15	24
宝安区	321	180	141	9	4	4	141	48	92
龙岗区	98	63	35	1	1		57	17	41
盐田区	18	10	7				3	1	2
珠海市	**41**	**28**	**13**	**4**	**2**	**2**	**22**	**8**	**14**
香洲区	14	12	3	1		1	8	3	5
斗门区	20	11	9	3	2	1	11	4	7
金湾区	6	5	1				2	1	1
汕头市	**420**	**307**	**112**	**6**	**4**	**2**	**279**	**82**	**197**
龙湖区	35	27	8	1		1	22	10	11
金平区	56	38	18				48	10	39
濠江区	21	16	5				18	3	15
潮阳区	133	94	39				82	25	57
潮南区	108	83	24	4	3	1	58	19	39
澄海区	58	42	16	1	1		47	13	35
南澳县	9	7	2				4	2	2
佛山市	**307**	**210**	**98**	**5**	**4**	**1**	**169**	**50**	**119**
禅城区	54	40	13				25	11	14
南海区	75	45	30				39	12	27
顺德区	109	78	31	4	3	1	50	13	37
三水区	39	24	15				26	9	17
高明区	30	22	8	1	1		28	5	23

10-4 续表 2

单位：人

地区	15岁及以上死亡人口			未婚		
	合计	男	女	小计	男	女
江门市	**621**	**336**	**285**	**27**	**25**	**2**
蓬江区	78	47	31	7	6	1
江海区	20	10	10	1	1	
新会区	90	52	38	2	2	
台山市	193	105	88	14	14	
开平市	115	58	57	2	2	
鹤山市	61	36	25	2	1	1
恩平市	64	28	36			
湛江市	**690**	**425**	**265**	**41**	**40**	**1**
赤坎区	23	14	9			
霞山区	25	14	11			
坡头区	27	18	9	1	1	
麻章区	22	11	11	1	1	
遂溪县	96	59	36	6	6	
徐闻县	53	32	20	6	6	
廉江市	226	140	86	12	12	
雷州市	143	87	57	10	9	1
吴川市	76	49	27	6	6	
茂名市	**701**	**453**	**248**	**46**	**42**	**4**
茂南区	71	51	20	3	2	1
电白区	180	119	61	12	10	2
高州市	131	75	56	4	4	
化州市	156	100	56	11	11	1
信宜市	162	107	55	16	16	1
肇庆市	**589**	**333**	**256**	**23**	**21**	**2**
端州区	53	25	28			
鼎湖区	21	13	8			
广宁县	83	44	39	5	5	
怀集县	124	88	35	5	5	
封开县	61	32	29	3	3	
德庆县	53	29	24	4	4	
高要市	122	69	53	3	2	1
四会市	73	33	40	3	3	1
惠州市	**418**	**256**	**162**	**23**	**20**	**3**
惠城区	135	76	59	7	5	1
惠阳区	44	23	21	3	3	1
博罗县	80	48	32	2	1	1
惠东县	86	58	28	7	7	
龙门县	72	50	22	4	4	
梅州市	**732**	**416**	**317**	**27**	**23**	**4**
梅江区	32	18	14	1		1
梅县区	71	42	29	3	3	1
大埔县	76	41	34	3	3	
丰顺县	100	47	52	2	2	
五华县	215	135	80	4	4	
平远县	41	24	17	3	2	
蕉岭县	45	25	20	2	2	
兴宁市	152	83	69	8	6	2

10-4 续表 3　　单位：人

地　区	有配偶			离　婚			丧　偶		
	小计	男	女	小计	男	女	小计	男	女
江门市	**326**	**223**	**103**	**7**	**5**	**2**	**261**	**82**	**178**
蓬江区	45	33	12	2	1	1	25	8	18
江海区	12	8	3				7	1	7
新会区	50	36	15	1	1		37	14	23
台山市	89	60	29	3	2	1	87	29	58
开平市	65	43	21	1	1		48	12	36
鹤山市	29	23	6				30	12	19
恩平市	37	19	18				26	8	18
湛江市	**415**	**271**	**144**	**9**	**8**	**1**	**225**	**106**	**119**
赤坎区	16	12	4				7	2	5
霞山区	16	11	5	1	1		9	3	6
坡头区	19	12	7	1	1		6	4	1
麻章区	15	8	6				7	2	5
遂溪县	50	30	19	2	2		39	22	17
徐闻县	34	24	11				13	3	10
廉江市	121	85	36	2	2		90	40	50
雷州市	96	57	39	3	3		34	18	16
吴川市	48	31	17	1		1	21	12	9
茂名市	**433**	**292**	**140**	**7**	**5**	**2**	**215**	**113**	**102**
茂南区	51	37	14				17	12	5
电白区	114	80	34	3	1	2	52	28	24
高州市	82	53	29	2	2		43	16	27
化州市	91	64	27	1	1		52	24	28
信宜市	95	57	37	1	1		51	33	17
肇庆市	**320**	**222**	**98**	**5**	**3**	**1**	**242**	**87**	**154**
端州区	31	19	12	2	1	1	20	5	15
鼎湖区	14	10	4				7	3	4
广宁县	45	27	17	1	1		33	11	22
怀集县	78	60	18	2	2		39	22	18
封开县	31	16	15				27	13	14
德庆县	24	17	7				26	9	18
高要市	65	50	15				54	17	37
四会市	34	23	11				36	7	28
惠州市	**226**	**165**	**61**	**3**	**3**		**166**	**69**	**97**
惠城区	72	51	21	1	1		55	19	36
惠阳区	22	16	6				19	5	14
博罗县	45	33	13				33	14	18
惠东县	50	37	13				29	15	15
龙门县	38	29	8	1	1		30	16	14
梅州市	**407**	**283**	**124**	**12**	**9**	**3**	**287**	**101**	**186**
梅江区	23	17	6	1		1	8	1	7
梅县区	38	31	8	3	3	1	26	6	20
大埔县	41	26	15	2	2		29	10	19
丰顺县	52	30	22	3	2	1	42	12	30
五华县	117	80	37	1	1		93	49	44
平远县	25	17	8				14	5	9
蕉岭县	24	18	6				20	5	14
兴宁市	88	65	23	1		1	55	12	43

10-4 续表 4

单位：人

地区	15岁及以上死亡人口			未婚		
	合计	男	女	小计	男	女
汕尾市	**322**	**191**	**131**	**14**	**11**	**2**
城区	62	36	26	6	4	1
海丰县	106	58	47	3	2	1
陆河县	48	26	21	1	1	
陆丰市	107	70	36	3	3	
河源市	**404**	**238**	**166**	**17**	**16**	**1**
源城区	20	13	6	1	1	
紫金县	89	50	39	5	5	
龙川县	129	75	53	8	7	1
连平县	34	21	12	1	1	
和平县	61	38	22	2	2	
东源县	72	40	32	1	1	
阳江市	**368**	**224**	**144**	**22**	**19**	**3**
江城区	74	48	26	3	3	
阳西县	100	67	33	11	10	1
阳东县	65	39	26	4	3	1
阳春市	129	71	58	4	3	1
清远市	**596**	**347**	**249**	**27**	**26**	**1**
清城区	107	60	47	6	6	
清新区	115	66	49	3	3	
佛冈县	54	28	26			
阳山县	78	46	32	6	5	1
连山壮族瑶族自治县	13	10	3			
连南瑶族自治县	21	16	6			
英德市	133	83	50	7	7	
连州市	74	38	36	6	5	1
东莞市	**271**	**148**	**123**	**10**	**8**	**2**
中山市	**224**	**136**	**88**	**5**	**5**	
潮州市	**396**	**207**	**190**	**16**	**16**	**1**
湘桥区	101	57	44	4	3	1
潮安区	166	91	75	7	7	
饶平县	129	59	70	5	5	
揭阳市	**851**	**521**	**330**	**38**	**34**	**4**
榕城区	114	66	48	5	5	
揭东区	164	101	63	6	6	
揭西县	143	85	58	11	9	2
惠来县	142	92	50	5	3	2
普宁市	288	177	111	11	11	
云浮市	**361**	**217**	**143**	**25**	**23**	**1**
云城区	47	25	23	2	2	
云安区	40	24	17	2	2	
新兴县	78	35	43	3	2	1
郁南县	70	47	23	7	7	
罗定市	124	87	38	10	10	

10-4 续表 5

单位：人

地区	有配偶			离婚			丧偶		
	小计	男	女	小计	男	女	小计	男	女
汕尾市	**187**	**130**	**58**	**3**	**3**		**118**	**47**	**71**
城区	29	23	7	2	2		25	7	18
海丰县	60	41	19	1	1		41	14	27
陆河县	25	16	9				21	8	12
陆丰市	72	50	23				31	17	14
河源市	**216**	**156**	**59**	**5**	**3**	**1**	**166**	**62**	**104**
源城区	13	10	4				5	3	2
紫金县	43	32	11	1		1	41	14	27
龙川县	71	49	22	1	1		48	18	30
连平县	20	14	5	1	1		12	5	7
和平县	33	25	9				25	12	13
东源县	35	26	9	2	2		34	11	24
阳江市	**208**	**151**	**57**	**4**	**3**	**1**	**135**	**51**	**84**
江城区	44	34	10				27	11	16
阳西县	64	48	16	1		1	24	9	16
阳东县	37	25	12	2	2		22	9	13
阳春市	63	45	18	1	1		61	22	39
清远市	**330**	**238**	**92**	**2**	**2**	**1**	**236**	**82**	**155**
清城区	62	44	18				39	9	30
清新区	65	48	18				47	16	31
佛冈县	28	18	10	1	1		26	10	16
阳山县	35	24	11	1		1	36	17	19
连山壮族瑶族自治县	11	9	2				2		1
连南瑶族自治县	16	13	3				5	2	3
英德市	75	60	15				50	16	34
连州市	37	22	15				31	12	20
东莞市	**171**	**118**	**52**				**91**	**21**	**69**
中山市	**148**	**115**	**33**	**2**	**2**		**69**	**14**	**55**
潮州市	**209**	**148**	**62**	**3**	**1**	**2**	**167**	**42**	**125**
湘桥区	55	42	13				42	11	31
潮安区	85	63	22				74	21	54
饶平县	69	42	27	3	1	2	51	10	41
揭阳市	**505**	**355**	**149**	**4**	**3**	**1**	**305**	**129**	**175**
榕城区	58	40	18	1	1		51	20	30
揭东区	103	74	29	2	1	1	53	20	33
揭西县	90	55	35				42	21	20
惠来县	85	64	21	1	1		52	24	28
普宁市	169	122	46				108	43	65
云浮市	**186**	**135**	**51**	**4**	**3**	**1**	**146**	**56**	**90**
云城区	28	18	10				17	5	12
云安区	22	15	6				16	6	10
新兴县	35	23	13	1	1	1	38	10	29
郁南县	38	26	13	1	1		24	13	11
罗定市	63	53	10	2	2		50	22	28

11 住房

11-1 各地区家庭户按住房间数分的户数

单位：户、间/户

地 区	家庭户数	住房间数										平均每户住房间数
		一间	二间	三间	四间	五间	六间	七间	八间	九间	十间及以上	
全 省	**823545**	**188187**	**157368**	**196275**	**100655**	**55640**	**59395**	**14626**	**23223**	**9348**	**18829**	**3.27**
广州市	**124365**	**34633**	**36918**	**32958**	**8650**	**3615**	**3503**	**740**	**1200**	**617**	**1530**	**2.55**
荔湾区	9199	2694	4117	2068	206	45	36	8	12	2	11	2.03
越秀区	10468	2317	4670	3035	353	56	22		6	5	4	2.17
海珠区	15023	3057	7510	3609	685	63	49	9	14	6	21	2.18
天河区	16388	5475	5436	4423	866	124	39	4	1		19	2.08
白云区	19811	6199	6270	4710	849	405	549	125	204	156	345	2.47
黄埔区	5198	2025	1786	992	306	30	26	4	9	6	14	2.00
番禺区	16256	6180	2754	4068	1323	698	505	106	133	76	413	2.60
花都区	8161	1169	921	3165	894	468	703	148	257	162	273	3.67
南沙区	6153	2101	859	1119	894	529	349	85	92	35	91	2.93
萝岗区	4005	1850	449	757	229	185	208	50	119	55	103	2.73
从化区	4540	151	787	1894	744	346	372	70	102	32	42	3.60
增城区	9164	1415	1360	3121	1300	665	644	132	251	81	194	3.44
韶关市	**24180**	**664**	**4368**	**7935**	**3718**	**2310**	**2722**	**628**	**1018**	**214**	**603**	**3.99**
武江区	2786	179	1035	1138	165	80	74	16	27	29	42	2.94
浈江区	3821	200	1515	1477	273	116	129	22	59	5	25	2.89
曲江区	2383	54	429	1003	315	179	261	41	61	18	21	3.69
始兴县	1712	21	202	513	436	150	264	28	66	14	19	4.13
仁化县	1556	34	133	442	365	147	299	53	47	16	20	4.31
翁源县	2794	21	124	358	402	500	528	251	334	44	232	5.64
乳源瑶族自治县	1476	27	178	472	271	200	206	19	59	11	33	4.17
新丰县	1476	9	59	387	330	168	192	57	134	28	112	5.04
乐昌市	3376	69	466	990	664	454	426	89	112	35	71	4.15
南雄市	2801	51	226	1156	498	316	343	52	118	14	28	4.04
深圳市	**98783**	**50870**	**22964**	**19432**	**3699**	**1094**	**392**	**60**	**43**	**34**	**195**	**1.83**
罗湖区	8435	3901	2631	1565	230	47	46		3		11	1.83
福田区	10893	3243	2982	3502	895	232	29	1	3	1	4	2.27
南山区	10758	3339	2624	4203	448	117	20	3	1	1	2	2.21
宝安区	42955	27618	7940	5764	1072	266	178	35	4	2	75	1.60
龙岗区	23946	12112	6097	4012	1009	421	115	20	29	29	101	1.87
盐田区	1798	657	690	386	44	12	3		1		3	1.95
珠海市	**14720**	**4123**	**2897**	**5359**	**1262**	**396**	**386**	**59**	**72**	**59**	**106**	**2.58**
香洲区	9260	2549	2034	3609	761	81	168	8	18	16	16	2.42
斗门区	3223	725	512	1021	366	243	173	41	41	28	73	3.14
金湾区	2236	849	352	729	135	72	45	11	13	15	16	2.41
汕头市	**35173**	**2789**	**9556**	**8743**	**7481**	**1960**	**2830**	**380**	**802**	**171**	**459**	**3.41**
龙湖区	4218	355	695	1594	847	269	245	61	72	30	51	3.44
金平区	6858	495	3224	2257	574	136	113	11	29	8	12	2.60
濠江区	1579	114	427	355	268	91	167	17	62	17	59	3.76
潮阳区	9846	1148	2844	2353	1699	548	837	77	216	60	64	3.24
潮南区	6788	339	1069	727	2467	443	973	172	315	45	238	4.28
澄海区	5384	266	1145	1328	1540	440	476	40	105	11	33	3.59
南澳县	501	71	152	129	86	33	20	2	3		2	2.93
佛山市	**61009**	**21129**	**10462**	**14639**	**6345**	**4055**	**2537**	**647**	**571**	**196**	**428**	**2.66**
禅城区	9963	2536	2629	2943	947	387	248	75	104	21	72	2.62
南海区	18930	5896	3372	4330	1821	1496	1139	351	277	117	133	2.87
顺德区	23480	10719	2626	4110	2826	1783	867	178	147	37	187	2.48
三水区	5072	1191	1007	1611	541	332	257	40	39	21	33	2.86
高明区	3563	787	828	1645	208	57	26	4	4	1	4	2.46

11-1 续表 1

单位：户、间/户

地 区	家庭户数	住房间数										平均每户住房间数
		一间	二间	三间	四间	五间	六间	七间	八间	九间	十间及以上	
江门市	**36480**	**4914**	**8777**	**12034**	**5220**	**2639**	**1898**	**433**	**340**	**81**	**145**	**3.07**
蓬江区	5970	810	1804	2227	492	334	228	35	17	13	8	2.80
江海区	2029	314	711	516	219	144	82	12	11	3	19	2.83
新会区	7318	1073	1936	2504	999	484	197	36	56	10	23	2.88
台山市	7903	1352	2017	2579	1205	368	269	52	51	6	5	2.82
开平市	5482	606	1087	2058	898	461	248	67	36	9	11	3.15
鹤山市	3951	644	670	1251	656	331	268	55	47	11	19	3.21
恩平市	3826	116	551	899	750	517	605	177	123	30	59	4.24
湛江市	**47482**	**1373**	**5828**	**11850**	**7764**	**5128**	**6538**	**1668**	**3419**	**1482**	**2432**	**4.66**
赤坎区	2584	163	710	1184	214	52	122	15	36	29	59	3.18
霞山区	4128	323	1372	1738	286	81	134	14	70	17	92	3.00
坡头区	2463	48	204	585	413	205	428	122	187	100	172	5.04
麻章区	3096	95	355	759	451	367	404	93	221	67	283	4.85
遂溪县	5988	52	439	1346	1270	906	742	277	528	89	338	4.91
徐闻县	4711	220	580	1703	838	350	646	74	177	74	50	3.94
廉江市	9702	115	802	1702	1734	1189	1773	421	959	348	658	5.22
雷州市	9173	274	1136	2090	1837	1531	1101	343	505	111	246	4.40
吴川市	5637	83	230	742	722	447	1187	309	738	647	533	6.07
茂名市	**43044**	**628**	**2580**	**7986**	**6035**	**3794**	**6897**	**2245**	**4382**	**2917**	**5580**	**5.74**
茂南区	5896	77	601	2716	736	248	488	150	329	187	364	4.33
电白区	10566	150	602	1906	1677	998	1613	602	1185	510	1323	5.68
高州市	10254	198	582	1359	1293	1009	2090	564	981	1041	1138	5.92
化州市	8799	149	454	979	1206	647	1445	384	954	836	1745	6.37
信宜市	7529	54	341	1026	1123	893	1261	545	931	344	1009	5.95
肇庆市	**30470**	**3467**	**4901**	**7929**	**4635**	**3362**	**3185**	**915**	**1115**	**402**	**561**	**3.81**
端州区	4534	287	1321	2120	404	177	124	25	31	16	31	2.96
鼎湖区	1333	186	234	389	226	119	105	31	34	4	5	3.40
广宁县	3565	155	503	535	579	718	594	241	150	39	49	4.48
怀集县	5801	76	275	920	1168	1090	1094	346	433	181	219	5.13
封开县	2983	83	235	466	603	430	484	114	271	100	197	5.11
德庆县	2447	85	318	548	447	263	438	97	153	53	43	4.46
高要市	5668	1593	1337	1480	719	304	178	21	25	4	7	2.58
四会市	4138	1002	678	1471	487	260	169	38	18	5	11	2.80
惠州市	**33118**	**5646**	**6470**	**9354**	**4481**	**2311**	**2612**	**547**	**853**	**307**	**538**	**3.34**
惠城区	12814	2912	2860	4312	1259	442	487	105	195	99	143	2.84
惠阳区	5313	989	1185	1404	502	339	393	97	166	104	133	3.37
博罗县	6955	913	797	1453	1152	821	1046	192	341	66	174	4.06
惠东县	5721	654	1238	1500	1226	502	403	90	61	11	35	3.33
龙门县	2315	178	390	686	341	207	282	63	90	27	53	3.90
梅州市	**33193**	**622**	**2008**	**5731**	**6715**	**4739**	**5961**	**1613**	**3231**	**627**	**1947**	**5.13**
梅江区	3454	131	405	1218	618	300	395	86	164	47	89	4.10
梅县区	3941	14	156	535	864	613	857	172	427	67	236	5.37
大埔县	3260	60	223	758	899	519	484	88	136	23	71	4.44
丰顺县	3707	258	431	692	673	535	583	167	223	45	100	4.43
五华县	7850	40	197	646	1102	1184	1693	586	1186	296	919	6.15
平远县	1841	11	65	234	455	231	319	90	248	31	158	5.54
蕉岭县	1763	13	89	308	503	240	273	57	144	28	109	5.02
兴宁市	7377	94	442	1341	1601	1117	1357	366	703	90	263	4.98

11-1 续表 2

单位：户、间/户

地区	家庭户数	住房间数										平均每户住房间数
		一间	二间	三间	四间	五间	六间	七间	八间	九间	十间及以上	
汕尾市	**16786**	**1831**	**2993**	**4928**	**3096**	**1802**	**1245**	**255**	**391**	**101**	**144**	**3.50**
城区	3037	670	631	1169	379	116	53	7	8	1	4	2.64
海丰县	4988	329	807	1617	1199	479	403	46	73	17	19	3.54
陆河县	1648	5	33	217	264	373	398	112	145	48	54	5.43
陆丰市	7112	827	1523	1925	1254	834	391	89	164	36	68	3.39
河源市	**20643**	**424**	**865**	**3553**	**4009**	**3266**	**3994**	**1389**	**1629**	**522**	**991**	**5.16**
源城区	2918	202	199	802	664	461	351	102	78	26	32	4.10
紫金县	4283	59	131	669	757	639	815	368	448	135	264	5.47
龙川县	5192	47	211	891	1201	708	1112	271	443	131	176	5.11
连平县	2308	11	63	254	393	457	466	163	230	98	172	5.69
和平县	2897	16	102	439	532	497	556	203	256	84	213	5.47
东源县	3045	90	159	498	462	504	694	282	174	49	134	5.11
阳江市	**18124**	**588**	**2286**	**4194**	**3763**	**2824**	**2387**	**757**	**732**	**249**	**344**	**4.31**
江城区	4851	113	651	1244	1025	783	525	194	152	71	93	4.22
阳西县	3713	134	338	853	734	483	536	168	235	87	145	4.64
阳东县	3245	128	434	744	797	533	378	101	76	17	37	4.06
阳春市	6315	212	863	1353	1206	1026	949	294	268	74	70	4.31
清远市	**28588**	**1468**	**3125**	**9255**	**5221**	**3368**	**3967**	**613**	**840**	**334**	**397**	**4.02**
清城区	6138	489	658	2580	908	423	710	104	103	89	75	3.69
清新区	5237	360	329	1743	1266	653	617	55	128	42	44	3.92
佛冈县	2217	138	389	727	429	212	179	32	63	8	40	3.68
阳山县	2846	78	280	952	381	334	476	65	133	84	64	4.38
连山壮族瑶族自治县	680	19	92	210	102	67	115	13	32	20	11	4.26
连南瑶族自治县	1114	38	120	310	177	116	210	36	61	20	26	4.43
英德市	7210	276	932	1976	1282	1045	1126	209	214	52	98	4.13
连州市	3147	70	327	758	676	517	535	99	105	21	39	4.32
东莞市	**59954**	**29500**	**9606**	**10035**	**4505**	**2663**	**1903**	**292**	**455**	**183**	**813**	**2.29**
中山市	**25890**	**10426**	**4024**	**5734**	**3021**	**1487**	**776**	**199**	**97**	**33**	**94**	**2.44**
潮州市	**18298**	**4082**	**5676**	**3939**	**2360**	**829**	**918**	**103**	**213**	**72**	**107**	**2.76**
湘桥区	4419	786	1720	1046	449	146	140	36	42	19	35	2.68
潮安区	7493	636	1982	1930	1400	526	676	63	162	53	66	3.41
饶平县	6386	2659	1974	963	512	157	103	3	10		5	2.05
揭阳市	**34808**	**8442**	**9434**	**7172**	**5378**	**1568**	**1688**	**248**	**480**	**136**	**261**	**2.81**
榕城区	6062	2299	2189	1015	376	55	89	1	7	3	28	2.05
揭东区	6328	3109	1895	796	300	106	87	13	10	1	11	1.87
揭西县	4946	419	1362	1135	1011	460	261	82	126	28	63	3.42
惠来县	5740	602	1142	1064	1411	420	695	83	177	68	78	3.72
普宁市	11733	2013	2846	3162	2281	528	556	69	161	35	80	3.00
云浮市	**18436**	**567**	**1630**	**3514**	**3299**	**2429**	**3056**	**835**	**1340**	**610**	**1156**	**4.97**
云城区	2621	84	277	769	476	400	344	85	94	42	50	4.25
云安区	1942	37	145	284	370	264	351	135	170	58	129	5.25
新兴县	3156	239	387	887	713	415	360	92	43	11	10	3.78
郁南县	3282	90	316	477	566	336	569	173	313	163	279	5.33
罗定市	7434	117	505	1097	1174	1015	1432	350	720	335	688	5.50

11-1a 各地区家庭户按住房间数分的户数（城市）

单位：户、间/户

地　区	家庭户数	住房间数										平均每户住房间数
		一间	二间	三间	四间	五间	六间	七间	八间	九间	十间及以上	
全　省	**467685**	**149099**	**110028**	**126700**	**37694**	**16508**	**13783**	**2839**	**4409**	**1919**	**4707**	**2.53**
广州市	**101925**	**30449**	**33717**	**28112**	**5405**	**1494**	**1365**	**234**	**410**	**187**	**552**	**2.27**
荔湾区	9199	2694	4117	2068	206	45	36	8	12	2	11	2.03
越秀区	10468	2317	4670	3035	353	56	22		6	5	4	2.17
海珠区	15023	3057	7510	3609	685	63	49	9	14	6	21	2.18
天河区	16388	5475	5436	4423	866	124	39	4	1		19	2.08
白云区	15979	5630	5637	4056	465	48	75	8	6	7	47	2.02
黄埔区	5198	2025	1786	992	306	30	26	4	9	6	14	2.00
番禺区	13517	5518	2398	3644	948	384	324	72	86	44	100	2.33
花都区	4915	812	607	2219	517	199	273	42	76	43	125	3.24
南沙区	2528	820	460	552	265	183	119	24	43	12	51	2.85
萝岗区	3428	1810	402	680	176	113	109	14	60	18	46	2.27
从化区	1760	28	265	1112	168	73	52	11	25	9	16	3.28
增城区	3523	262	431	1722	450	176	240	38	72	35	98	3.56
韶关市	**7834**	**421**	**2732**	**3693**	**426**	**203**	**187**	**22**	**55**	**33**	**62**	**2.85**
武江区	2216	169	947	923	61	11	23	8	10	25	39	2.71
浈江区	3000	179	1319	1172	165	43	71	2	34	2	12	2.69
曲江区	1104	34	307	650	72	11	23	2	1	2	2	2.84
乐昌市	665	14	91	299	81	110	55	7	3	4	3	3.65
南雄市	848	25	67	650	47	27	15	4	6	1	6	3.14
深圳市	**98783**	**50870**	**22964**	**19432**	**3699**	**1094**	**392**	**60**	**43**	**34**	**195**	**1.83**
罗湖区	8435	3901	2631	1565	230	47	46		3		11	1.83
福田区	10893	3243	2982	3502	895	232	29	1	3	1	4	2.27
南山区	10758	3339	2624	4203	448	117	20	3	1	1	2	2.21
宝安区	42955	27618	7940	5764	1072	266	178	35	4	2	75	1.60
龙岗区	23946	12112	6097	4012	1009	421	115	20	29	29	101	1.87
盐田区	1798	657	690	386	44	12	3		1		3	1.95
珠海市	**11337**	**2974**	**2377**	**4711**	**900**	**108**	**199**	**10**	**21**	**18**	**19**	**2.45**
香洲区	9137	2438	2026	3604	761	81	168	8	18	16	16	2.44
斗门区	940	118	167	527	90	15	21		1	1		2.78
金湾区	1260	417	185	580	49	12	10	2	1	1	3	2.31
汕头市	**17011**	**1074**	**5212**	**5452**	**2777**	**745**	**1018**	**137**	**337**	**60**	**198**	**3.23**
龙湖区	3307	349	607	1436	612	143	97	10	24	9	20	3.07
金平区	6740	495	3190	2242	541	133	91	6	25	8	10	2.58
濠江区	987	85	262	212	159	61	109	14	38	6	41	3.76
潮阳区	2104	31	552	714	416	109	194	16	44	10	19	3.51
潮南区	2268	71	279	254	716	163	402	79	173	26	105	4.72
澄海区	1606	43	323	594	334	136	125	12	32	2	4	3.51

11-1a 续表 1

单位：户、间/户

地 区	家庭户数	住房间数										平均每户住房间数
		一间	二间	三间	四间	五间	六间	七间	八间	九间	十间及以上	
佛山市	**54413**	**18747**	**9575**	**13596**	**5491**	**3311**	**2110**	**519**	**513**	**164**	**385**	**2.63**
禅城区	8639	2067	2502	2874	765	130	108	44	77	14	59	2.51
南海区	17322	5292	3191	4119	1611	1323	1027	279	264	98	118	2.85
顺德区	23274	10704	2602	4081	2796	1713	834	176	144	37	187	2.47
三水区	2315	172	606	1080	151	102	125	18	26	15	20	3.09
高明区	2861	513	674	1443	168	43	16	1	3		1	2.52
江门市	**19851**	**2290**	**5319**	**7701**	**2112**	**1281**	**734**	**142**	**138**	**50**	**84**	**2.96**
蓬江区	5951	810	1801	2223	484	332	227	35	17	13	8	2.79
江海区	2029	314	711	516	219	144	82	12	11	3	19	2.83
新会区	3880	368	1199	1492	427	211	96	16	43	8	20	2.91
台山市	2755	404	648	1161	319	104	84	21	10	3	1	2.81
开平市	2523	228	450	1281	261	196	74	6	12	6	8	3.06
鹤山市	1799	152	426	793	250	111	30	17	11	1	9	3.01
恩平市	914	15	84	235	151	183	142	36	33	16	20	4.51
湛江市	**11327**	**627**	**2585**	**4029**	**1226**	**538**	**813**	**180**	**499**	**253**	**577**	**3.85**
赤坎区	2550	163	704	1178	206	51	111	15	34	29	58	3.17
霞山区	3952	317	1334	1696	257	77	110	10	55	12	84	2.94
坡头区	555	15	54	236	74	41	41	7	38	9	41	4.35
麻章区	306	7	38	103	42	29	26	5	22	10	23	4.57
遂溪县	158		16	49	27	41	7	5	6		6	4.33
廉江市	1118	19	181	158	99	82	170	41	151	50	167	5.63
雷州市	1434	75	175	425	362	133	84	42	58	28	52	4.08
吴川市	1254	31	82	184	159	84	265	54	135	115	145	5.85
茂名市	**9840**	**120**	**836**	**3751**	**1258**	**621**	**1037**	**297**	**638**	**408**	**875**	**4.78**
茂南区	4011	53	521	2510	504	100	126	23	66	36	73	3.40
电白区	1456	13	100	502	125	104	184	89	125	74	139	5.17
高州市	1389	32	104	286	256	149	237	45	122	82	77	5.10
化州市	1297	17	70	177	108	96	233	56	128	128	286	6.48
信宜市	1687	4	41	276	265	173	257	84	197	89	301	6.14
肇庆市	**7990**	**722**	**1915**	**3763**	**847**	**361**	**219**	**51**	**53**	**21**	**37**	**2.97**
端州区	4534	287	1321	2120	404	177	124	25	31	16	31	2.96
鼎湖区	389	48	41	157	58	29	44	4	8			3.44
高要市	655	19	126	363	89	32	16	3	7	1		3.13
四会市	2411	369	428	1123	297	123	35	19	8	4	6	2.86
惠州市	**14737**	**3545**	**3659**	**4984**	**1274**	**411**	**347**	**80**	**137**	**141**	**160**	**2.68**
惠城区	10712	2703	2602	3824	970	247	151	26	50	65	74	2.55
惠阳区	3981	836	1049	1143	292	161	196	55	88	75	86	3.05
博罗县	44	6	7	17	12	2						2.90

11-1a 续表 2 单位：户、间/户

地 区	家庭户数	住房间数										平均每户住房间数
		一间	二间	三间	四间	五间	六间	七间	八间	九间	十间及以上	
梅州市	**6659**	**178**	**634**	**2016**	**1336**	**652**	**898**	**198**	**387**	**97**	**264**	**4.43**
梅江区	3083	130	396	1190	549	234	286	68	117	41	73	3.92
梅县区	1146	4	65	214	244	136	208	33	106	32	105	5.32
五华县	109		1	3	10	14	26	6	35		15	6.81
兴宁市	2321	44	172	610	533	268	378	91	129	24	72	4.55
汕尾市	**2937**	**450**	**529**	**1319**	**366**	**137**	**80**	**13**	**22**	**6**	**15**	**2.92**
城区	2002	356	373	938	235	66	27	3	2	1	2	2.70
陆丰市	935	94	156	380	132	71	53	11	20	5	13	3.38
河源市	**2876**	**202**	**199**	**798**	**657**	**460**	**342**	**99**	**66**	**23**	**30**	**4.07**
源城区	2876	202	199	798	657	460	342	99	66	23	30	4.07
阳江市	**4301**	**64**	**618**	**1140**	**865**	**755**	**484**	**160**	**126**	**43**	**48**	**4.15**
江城区	3042	24	404	779	668	576	333	123	73	25	36	4.19
阳春市	1259	39	214	361	196	178	151	37	53	17	12	4.04
清远市	**7319**	**439**	**931**	**3977**	**881**	**331**	**464**	**57**	**124**	**51**	**63**	**3.37**
清城区	3682	234	504	2105	401	87	212	25	46	34	35	3.28
清新区	1454	124	84	965	164	20	66	8	11	2	11	3.17
英德市	1196	57	220	595	150	95	48	9	13	8	1	3.25
连州市	988	24	124	313	166	130	138	15	54	7	17	4.18
东莞市	**53647**	**26526**	**8620**	**9050**	**3967**	**2274**	**1655**	**249**	**392**	**163**	**750**	**2.27**
中山市	**15654**	**5886**	**2652**	**4194**	**1593**	**686**	**376**	**126**	**52**	**23**	**66**	**2.43**
潮州市	**6253**	**798**	**1891**	**1619**	**876**	**369**	**421**	**55**	**119**	**33**	**72**	**3.15**
湘桥区	3230	515	1202	875	328	89	118	22	38	13	31	2.75
潮安区	3023	283	690	744	548	280	302	32	81	20	41	3.56
揭阳市	**9590**	**2659**	**2773**	**2459**	**1135**	**253**	**185**	**23**	**54**	**3**	**47**	**2.46**
榕城区	4165	1619	1618	591	252	38	17		2		27	1.97
揭东区	2025	872	471	406	178	56	28	5	1		8	2.13
普宁市	3400	167	683	1461	704	160	140	18	51	3	12	3.25
云浮市	**3403**	**60**	**289**	**906**	**602**	**422**	**456**	**128**	**225**	**108**	**207**	**4.81**
云城区	1850	44	174	613	358	295	225	42	44	21	34	4.14
云安区	124	2	14	28	31	18	12	7	5	3	4	4.47
罗定市	1429	13	102	265	212	109	219	80	176	84	170	5.69

11-1b 各地区家庭户按住房间数分的户数（镇）

单位：户、间/户

地 区	家庭户数	住房间数										平均每户住房间数
		一间	二间	三间	四间	五间	六间	七间	八间	九间	十间及以上	
全 省	**122552**	**16375**	**18271**	**27932**	**21782**	**12568**	**12423**	**3148**	**4711**	**1844**	**3498**	**3.86**
广州市	**8428**	**1804**	**1411**	**2120**	**1201**	**696**	**555**	**123**	**233**	**67**	**216**	**3.33**
白云区	1367	235	302	283	135	130	153	29	34	11	55	3.60
番禺区	556	173	52	102	77	84	31	3	2	1	32	3.34
花都区	794	82	107	338	84	37	78	9	39	3	17	3.62
南沙区	1782	584	210	292	333	159	103	29	29	17	27	3.07
萝岗区	67	4	1	9	12	18	10	2	3	3	5	5.08
从化区	445	41	92	149	69	49	25	9	4	4	1	3.36
增城区	3418	686	646	947	492	219	156	41	122	29	79	3.26
韶关市	**5906**	**119**	**689**	**2130**	**1115**	**606**	**609**	**143**	**273**	**51**	**171**	**4.13**
武江区	144	1	11	97	21	7	7		1			3.31
浈江区	330	16	78	194	35	4	1	1		2		2.84
曲江区	334	13	40	120	72	41	29	6	10	2	2	3.82
始兴县	712	15	108	251	170	25	102	5	25	3	8	3.85
仁化县	619	21	56	237	106	57	76	27	26	5	9	4.10
翁源县	930	9	70	227	138	146	154	41	79	11	54	4.94
乳源瑶族自治县	661	7	100	243	110	104	38	11	25	4	19	3.98
新丰县	728	5	32	293	180	58	68	12	36	8	38	4.37
乐昌市	1033	29	157	333	187	110	91	34	38	13	40	4.11
南雄市	415	3	38	135	95	56	43	8	33	2	2	4.24
珠海市	**2065**	**779**	**350**	**417**	**188**	**140**	**95**	**24**	**24**	**26**	**24**	**2.70**
香洲区	124	110	8	5								1.15
斗门区	965	237	174	262	102	79	60	15	12	12	10	3.06
金湾区	976	431	167	149	86	60	35	9	12	14	13	2.54
汕头市	**8544**	**633**	**1871**	**1693**	**2262**	**754**	**838**	**117**	**246**	**49**	**82**	**3.67**
龙湖区	358	2	28	58	92	56	47	13	36	13	14	4.99
濠江区	50		13	32			5					3.09
潮阳区	3607	307	914	801	690	341	352	40	121	23	19	3.54
潮南区	1697	113	204	173	663	133	229	60	72	12	38	4.25
澄海区	2440	143	585	522	761	205	193	4	17		11	3.43
南澳县	391	67	128	105	56	19	12	1	1		1	2.70
佛山市	**3711**	**1731**	**401**	**486**	**371**	**383**	**221**	**50**	**34**	**10**	**26**	**2.61**
禅城区	1324	470	127	70	183	257	140	30	27	7	13	3.33
南海区	597	376	48	33	56	35	32	14			5	2.17
三水区	1518	812	174	287	101	84	42	4	6	2	6	2.14
高明区	271	74	51	96	32	8	7	2		1	3	2.63
江门市	**4327**	**531**	**880**	**1335**	**727**	**439**	**267**	**67**	**49**	**15**	**18**	**3.28**
新会区	1080	190	207	429	114	104	30	3	3	1	1	2.87
台山市	899	37	249	282	163	93	44	9	18	2	2	3.34
开平市	590	44	144	218	71	78	25	3	3	1	2	3.21
鹤山市	706	207	94	135	152	46	45	9	10	2	6	3.02
恩平市	1051	53	187	272	227	116	122	42	14	10	8	3.84

11-1b 续表 1 单位：户、间/户

地区	家庭户数	住房间数										平均每户住房间数
		一间	二间	三间	四间	五间	六间	七间	八间	九间	十间及以上	
湛江市	**9385**	**308**	**1159**	**2494**	**1379**	**957**	**1231**	**450**	**568**	**354**	**486**	**4.64**
霞山区	35	3	2	8	1	1	10	3		6	2	5.39
坡头区	465	19	52	111	53	16	96	27	33	30	27	5.01
麻章区	862	29	98	190	141	90	114	36	85	19	59	4.86
遂溪县	1723	26	194	520	252	201	200	97	123	36	75	4.59
徐闻县	1991	146	362	823	227	110	156	35	53	53	27	3.59
廉江市	1804	17	140	380	367	264	274	86	91	90	94	4.96
雷州市	1445	58	268	352	237	178	151	57	70	26	49	4.20
吴川市	1060	10	43	111	100	96	230	109	112	95	154	6.36
茂名市	**7045**	**238**	**485**	**1052**	**1039**	**700**	**1136**	**330**	**740**	**369**	**956**	**5.67**
茂南区	265	3	11	52	19	18	59	9	25	28	41	6.13
电白区	2755	99	211	458	464	264	383	128	276	106	366	5.48
高州市	1692	65	140	237	197	176	298	81	183	132	182	5.65
化州市	1175	63	75	116	148	101	174	39	127	60	271	6.17
信宜市	1158	6	48	188	211	140	223	73	128	43	96	5.56
肇庆市	**6215**	**604**	**904**	**1364**	**1111**	**880**	**675**	**224**	**256**	**71**	**127**	**4.01**
鼎湖区	297	28	73	70	46	34	17	9	12	3	3	3.60
广宁县	1314	82	183	228	268	276	140	53	58	13	15	4.20
怀集县	1355	30	73	253	302	244	215	88	84	27	40	4.86
封开县	938	26	71	195	184	142	146	39	60	19	56	4.86
德庆县	656	17	102	223	106	58	88	23	25	8	6	4.00
高要市	1297	313	365	301	163	91	41	7	11	1	4	2.69
四会市	357	107	37	95	42	34	28	6	6		3	3.03
惠州市	**8886**	**1396**	**1346**	**2338**	**1562**	**856**	**851**	**167**	**178**	**64**	**128**	**3.51**
惠城区	353	98	43	100	33	17	36	7	10	3	7	3.23
惠阳区	469	100	60	71	43	42	68	20	35	18	12	4.11
博罗县	3837	709	459	939	608	430	437	71	85	28	71	3.59
惠东县	3278	401	601	902	752	304	222	50	21	3	20	3.33
龙门县	949	88	184	325	126	64	87	19	27	11	19	3.59
梅州市	**9240**	**288**	**600**	**1543**	**2114**	**1321**	**1608**	**422**	**726**	**172**	**448**	**4.94**
梅江区	59				2	9	25	12	8		4	6.48
梅县区	886	5	35	108	173	153	197	48	100	19	49	5.45
大埔县	1383	32	71	367	435	162	180	31	54	16	35	4.37
丰顺县	1707	196	209	291	335	272	262	35	59	16	32	4.06
五华县	2253	24	94	245	392	360	490	141	250	75	182	5.65
平远县	875	11	51	172	301	82	109	29	65	13	44	4.76
蕉岭县	883	4	45	193	285	133	111	27	42	9	33	4.63
兴宁市	1195	15	95	166	192	150	235	98	148	24	69	5.37
汕尾市	**6676**	**758**	**1026**	**1938**	**1408**	**710**	**472**	**118**	**164**	**41**	**41**	**3.53**
城区	339	112	84	70	50	14	5		3		1	2.42
海丰县	3179	149	327	1149	929	342	177	33	47	14	12	3.65
陆河县	893	4	14	134	142	210	197	64	84	21	22	5.34
陆丰市	2265	493	601	586	287	143	93	20	30	6	6	2.81

11-1b 续表 2 单位：户、间/户

地 区	家庭户数	住房间数										平均每户住房间数
		一间	二间	三间	四间	五间	六间	七间	八间	九间	十间及以上	
河源市	**5432**	**155**	**309**	**1136**	**1189**	**776**	**857**	**296**	**329**	**140**	**246**	**4.86**
紫金县	1589	48	82	296	282	243	262	123	114	47	93	5.12
龙川县	1464	26	101	401	458	146	175	33	61	26	36	4.34
连平县	850	6	38	117	179	166	166	42	58	23	54	5.28
和平县	834	12	45	214	180	94	113	47	62	29	37	4.88
东源县	696	62	44	108	90	128	141	51	33	14	27	4.78
阳江市	**4362**	**164**	**450**	**912**	**902**	**784**	**614**	**168**	**188**	**53**	**126**	**4.46**
江城区	558	14	94	152	87	65	82	9	23	5	27	4.28
阳西县	1311	36	157	329	256	181	146	42	84	21	59	4.49
阳东县	1464	80	130	291	330	276	210	66	44	14	23	4.33
阳春市	1029	34	69	141	229	261	176	52	36	14	17	4.69
清远市	6673	372	750	2022	1255	794	852	159	178	159	132	4.10
清城区	1359	148	113	282	229	203	229	57	35	37	26	4.26
清新区	822	6	50	263	290	63	93	5	11	28	13	4.18
佛冈县	906	48	147	384	168	68	40	12	23	5	12	3.50
阳山县	1016	26	62	421	120	116	147	16	24	52	30	4.37
连山壮族瑶族自治县	265	11	43	123	44	9	25	2	5	2	2	3.47
连南瑶族自治县	510	26	63	144	77	39	79	14	31	16	21	4.43
英德市	1533	89	230	337	273	264	206	45	45	19	23	4.10
连州市	262	17	41	68	52	31	33	8	5	2	5	3.91
东莞市	**403**	**113**	**247**	**3**	**7**	**12**	**17**	**2**	**3**			**2.08**
中山市	**6985**	**3033**	**1128**	**1083**	**852**	**525**	**276**	**45**	**27**	**5**	**10**	**2.42**
潮州市	**5589**	**1435**	**1799**	**1199**	**636**	**250**	**182**	**23**	**44**	**7**	**14**	**2.55**
湘桥区	749	164	275	123	89	54	18	14	3	5	4	2.71
潮安区	1674	111	541	472	276	114	107	7	37	2	7	3.20
饶平县	3166	1160	983	603	271	82	57	2	4		3	2.16
揭阳市	**8926**	**1719**	**2192**	**1880**	**1770**	**531**	**513**	**49**	**172**	**63**	**38**	**3.05**
榕城区	714	191	180	221	62	3	51	1	3	1	1	2.57
揭东区	1488	716	518	164	47	16	19	1	3	1	3	1.81
揭西县	1768	109	366	523	486	158	77	12	31	2	4	3.39
惠来县	2600	255	463	470	729	208	272	28	110	48	14	3.79
普宁市	2355	449	665	501	445	144	93	8	24	11	15	2.90
云浮市	**3754**	**197**	**273**	**788**	**694**	**457**	**555**	**172**	**279**	**129**	**209**	**4.85**
云城区	67	3	12	14	4	7	9	10	4	1	1	4.58
云安区	344	11	30	50	54	46	61	22	40	13	18	5.24
新兴县	1212	144	103	406	284	127	90	27	18	8	7	3.58
郁南县	1284	28	87	208	198	153	237	59	117	87	108	5.47
罗定市	848	11	42	110	153	125	158	54	100	20	75	5.57

11-1c 各地区家庭户按住房间数分的户数（乡村）

单位：户、间/户

地区	家庭户数	住房间数										平均每户住房间数
		一间	二间	三间	四间	五间	六间	七间	八间	九间	十间及以上	
全省	**233307**	**22712**	**29069**	**41644**	**41178**	**26564**	**33189**	**8640**	**14103**	**5585**	**10624**	**4.42**
广州市	**14012**	**2380**	**1790**	**2726**	**2043**	**1425**	**1583**	**383**	**558**	**363**	**761**	**4.06**
白云区	2464	334	330	371	249	227	321	88	164	138	242	4.77
番禺区	2182	489	304	322	298	230	150	31	45	31	281	4.11
花都区	2453	276	206	608	293	232	352	96	142	116	131	4.54
南沙区	1843	697	190	274	297	187	127	31	20	7	13	2.90
萝岗区	511	36	46	67	41	54	89	34	56	34	53	5.53
从化区	2336	81	430	632	506	224	296	50	73	19	24	3.90
增城区	2223	467	283	452	359	269	249	52	57	18	17	3.52
韶关市	**10440**	**124**	**947**	**2112**	**2177**	**1500**	**1926**	**463**	**690**	**130**	**369**	**4.77**
武江区	425	8	76	118	83	62	45	8	16	5	3	3.97
浈江区	491	5	117	111	72	69	58	20	25	2	13	4.14
曲江区	945	8	82	233	172	127	209	33	50	15	16	4.63
始兴县	1000	6	95	262	265	126	162	23	41	10	11	4.33
仁化县	937	13	77	205	259	91	223	26	20	11	11	4.45
翁源县	1863	12	54	130	264	354	373	210	255	33	178	5.99
乳源瑶族自治县	815	20	79	228	160	96	168	8	34	7	14	4.33
新丰县	747	4	27	95	150	111	124	45	98	20	74	5.70
乐昌市	1678	26	218	358	396	233	280	49	72	18	29	4.37
南雄市	1539	23	121	371	355	232	285	40	79	10	20	4.47
珠海市	**1317**	**370**	**170**	**232**	**174**	**148**	**91**	**26**	**27**	**16**	**63**	**3.46**
斗门区	1317	370	170	232	174	148	91	26	27	16	63	3.46
汕头市	**9618**	**1082**	**2473**	**1598**	**2441**	**462**	**974**	**127**	**219**	**62**	**179**	**3.51**
龙湖区	554	3	61	100	143	70	101	38	12	8	17	4.63
金平区	118		35	14	33	3	22	5	4		2	4.04
濠江区	541	29	152	111	109	30	53	3	24	11	19	3.82
潮阳区	4135	810	1379	838	593	99	291	21	50	27	27	2.84
潮南区	2823	155	586	300	1088	147	342	33	70	7	95	3.96
澄海区	1338	80	237	211	444	100	157	25	56	9	18	3.96
南澳县	110	5	24	24	30	14	8	1	3		2	3.73
佛山市	**2886**	**651**	**486**	**557**	**482**	**361**	**206**	**78**	**25**	**22**	**18**	**3.25**
南海区	1011	228	133	178	154	138	80	58	13	19	11	3.56
顺德区	206	15	24	29	30	71	33	2	3			4.15
三水区	1239	208	226	245	289	147	90	17	7	3	7	3.31
高明区	431	200	103	106	9	6	4	1	1			1.93
江门市	**12302**	**2093**	**2577**	**2998**	**2380**	**920**	**897**	**224**	**154**	**16**	**42**	**3.18**
蓬江区	19		3	4	8	2	1					3.68
新会区	2357	515	530	584	458	168	72	17	10	1	3	2.83
台山市	4249	911	1120	1136	722	171	141	22	23	1	2	2.71
开平市	2369	334	494	559	565	187	149	58	21	2	2	3.24
鹤山市	1446	286	150	323	254	173	193	29	25	8	4	3.54
恩平市	1861	48	281	392	372	218	341	99	75	4	32	4.33

11-1c 续表 1

单位：户、间/户

地 区	家庭户数	住房间数										平均每户住房间数
		一间	二间	三间	四间	五间	六间	七间	八间	九间	十间及以上	
湛江市	**26769**	**438**	**2083**	**5327**	**5159**	**3633**	**4493**	**1039**	**2352**	**875**	**1369**	**5.01**
赤坎区	33		5	6	8	1	11		1		1	4.46
霞山区	142	4	36	34	28	3	15	1	15		6	4.11
坡头区	1442	14	97	239	285	148	290	87	116	61	104	5.32
麻章区	1928	59	219	466	267	248	264	52	115	38	201	4.88
遂溪县	4107	26	229	777	991	664	535	176	399	53	257	5.06
徐闻县	2720	74	218	881	611	239	490	39	124	21	24	4.20
廉江市	6780	79	481	1163	1269	843	1329	294	717	208	398	5.23
雷州市	6293	140	693	1314	1238	1220	867	244	376	56	145	4.51
吴川市	3323	43	105	448	462	266	692	146	490	437	234	6.06
茂名市	**26159**	**271**	**1259**	**3183**	**3739**	**2473**	**4724**	**1618**	**3004**	**2140**	**3748**	**6.12**
茂南区	1621	20	70	154	213	130	303	118	238	123	251	6.35
电白区	6355	38	291	946	1089	630	1046	384	785	330	818	5.88
高州市	7173	100	338	836	839	683	1555	438	676	826	880	6.15
化州市	6326	69	309	685	950	450	1038	290	699	648	1188	6.38
信宜市	4684	44	252	562	647	579	782	388	606	212	612	5.98
肇庆市	**16265**	**2141**	**2082**	**2802**	**2677**	**2121**	**2291**	**639**	**806**	**310**	**397**	**4.15**
鼎湖区	647	110	120	163	122	56	44	18	14		1	3.27
广宁县	2251	74	319	308	311	443	454	188	92	26	35	4.65
怀集县	4446	46	203	667	866	846	879	258	349	154	179	5.22
封开县	2045	57	164	271	420	288	338	75	211	81	140	5.23
德庆县	1791	68	216	325	342	204	349	75	128	46	37	4.63
高要市	3716	1261	847	815	468	181	121	12	7	2	3	2.44
四会市	1370	526	213	253	148	103	106	13	5	1	2	2.64
惠州市	**9495**	**705**	**1465**	**2033**	**1645**	**1044**	**1415**	**300**	**538**	**102**	**250**	**4.20**
惠城区	1749	111	215	389	256	177	301	72	136	31	62	4.52
惠阳区	864	54	77	190	167	137	129	23	43	10	35	4.45
博罗县	3074	198	330	497	533	390	609	121	256	37	104	4.67
惠东县	2443	253	637	597	474	197	181	40	40	8	15	3.32
龙门县	1366	90	206	361	215	143	195	44	63	16	34	4.12
梅州市	**17293**	**157**	**775**	**2172**	**3265**	**2767**	**3454**	**994**	**2118**	**357**	**1235**	**5.51**
梅江区	311	2	9	28	67	57	84	6	39	6	12	5.46
梅县区	1908	6	55	214	448	324	453	91	220	16	83	5.37
大埔县	1878	28	152	391	463	357	303	56	82	7	36	4.50
丰顺县	2000	62	222	401	339	263	321	132	164	29	68	4.74
五华县	5488	16	102	397	700	811	1176	439	901	222	723	6.35
平远县	966		15	62	154	149	210	62	183	18	114	6.25
蕉岭县	881	8	44	115	218	107	162	30	102	19	76	5.42
兴宁市	3861	35	175	564	876	699	745	177	426	41	122	5.13

11-1c 续表 2

单位：户、间/户

地区	家庭户数	住房间数										平均每户住房间数
		一间	二间	三间	四间	五间	六间	七间	八间	九间	十间及以上	
汕尾市	**7174**	**623**	**1437**	**1671**	**1321**	**955**	**693**	**124**	**205**	**55**	**89**	**3.71**
城区	696	202	174	161	94	35	21	5	4		1	2.56
海丰县	1810	180	480	468	270	137	226	13	26	3	7	3.35
陆河县	756	1	18	83	122	163	201	48	61	27	32	5.53
陆丰市	3912	240	765	959	835	620	245	59	114	25	49	3.73
河源市	**12334**	**67**	**357**	**1620**	**2163**	**2030**	**2795**	**994**	**1234**	**360**	**715**	**5.55**
源城区	42			4	7	1	9	3	12	3	2	6.38
紫金县	2694	11	50	372	475	396	553	245	334	88	171	5.68
龙川县	3728	20	110	490	743	562	937	239	382	104	141	5.42
连平县	1458	5	26	138	214	291	300	121	172	75	118	5.93
和平县	2063	3	57	225	352	403	443	156	193	55	177	5.70
东源县	2349	28	115	391	372	377	553	231	142	35	107	5.22
阳江市	**9462**	**360**	**1218**	**2142**	**1996**	**1286**	**1289**	**429**	**419**	**153**	**171**	**4.31**
江城区	1251	75	152	313	271	141	110	63	56	41	30	4.25
阳西县	2402	98	182	524	478	301	389	127	151	67	86	4.72
阳东县	1781	48	303	453	467	257	167	35	32	3	14	3.84
阳春市	4027	138	581	851	781	586	622	205	180	43	41	4.30
清远市	14597	657	1445	3255	3085	2243	2652	398	537	124	202	4.32
清城区	1098	107	42	192	278	133	269	22	23	18	15	4.37
清新区	2961	230	195	515	812	571	459	42	106	11	20	4.21
佛冈县	1311	89	242	343	261	145	139	20	41	3	28	3.80
阳山县	1830	52	217	531	260	218	328	49	109	32	33	4.38
连山壮族瑶族自治县	415	8	48	87	58	58	90	11	27	18	9	4.77
连南瑶族自治县	604	12	57	165	100	77	131	23	30	4	4	4.43
英德市	4481	129	481	1044	859	686	871	155	156	25	74	4.38
连州市	1898	30	162	377	458	356	364	76	46	12	18	4.46
东莞市	**5904**	**2861**	**738**	**981**	**531**	**377**	**231**	**41**	**60**	**21**	**62**	**2.41**
中山市	**3251**	**1507**	**243**	**457**	**575**	**277**	**124**	**27**	**18**	**6**	**18**	**2.57**
潮州市	**6457**	**1849**	**1986**	**1122**	**848**	**209**	**316**	**25**	**50**	**31**	**21**	**2.57**
湘桥区	440	108	243	49	32	4	4		1	1	1	2.09
潮安区	2796	242	752	714	575	131	266	24	44	31	18	3.37
饶平县	3220	1499	990	360	241	75	46	1	6		2	1.94
揭阳市	**16292**	**4065**	**4468**	**2834**	**2474**	**785**	**990**	**176**	**255**	**70**	**176**	**2.88**
榕城区	1183	489	390	203	62	14	21		2	2		1.99
揭东区	2814	1521	906	226	75	34	40	7	6			1.71
揭西县	3178	310	996	611	525	301	185	70	95	26	59	3.44
惠来县	3140	347	679	594	681	212	422	55	66	20	64	3.67
普宁市	5978	1397	1498	1200	1131	224	323	44	86	22	53	2.89
云浮市	**11278**	**311**	**1068**	**1820**	**2003**	**1550**	**2045**	**534**	**836**	**372**	**739**	**5.06**
云城区	705	37	92	143	114	98	110	33	45	20	15	4.50
云安区	1475	24	102	206	284	200	278	106	126	43	106	5.32
新兴县	1944	95	284	481	429	288	271	65	26	3	3	3.91
郁南县	1998	62	228	269	368	183	331	114	196	76	171	5.23
罗定市	5157	93	362	722	809	782	1055	216	444	231	444	5.44

11-2 各地区家庭户按人均住房面积分的户数

单位：户

地 区	家庭户数	人均住房建筑面积(平方米)									
		8及以下	9-12	13-16	17-19	20-29	30-39	40-49	50-59	60-69	70及以上
全 省	**823545**	**58062**	**76169**	**89928**	**40465**	**193130**	**119904**	**78806**	**44717**	**36542**	**85821**
广州市	**124365**	**7083**	**11675**	**14617**	**6893**	**31984**	**18616**	**11263**	**5833**	**4799**	**11603**
荔湾区	9199	756	1060	1152	615	2307	1427	727	398	243	515
越秀区	10468	852	1186	1508	706	2564	1390	954	419	382	506
海珠区	15023	768	1357	1942	1124	4213	2476	1273	604	439	828
天河区	16388	763	1376	1946	1039	5009	2558	1340	619	544	1193
白云区	19811	1068	2024	2989	1306	5431	2788	1414	812	617	1362
黄埔区	5198	302	702	695	219	1532	808	374	141	119	304
番禺区	16256	1398	1795	1758	477	3624	2129	1486	739	685	2165
花都区	8161	172	354	627	374	2016	1409	985	531	409	1284
南沙区	6153	488	599	448	262	1126	766	612	412	342	1099
萝岗区	4005	235	596	378	140	906	555	346	216	199	435
从化区	4540	68	256	508	261	1287	782	513	250	204	412
增城区	9164	214	369	666	369	1969	1527	1239	692	616	1501
韶关市	**24180**	**177**	**629**	**1589**	**1081**	**5999**	**4596**	**3293**	**1949**	**1613**	**3254**
武江区	2786	16	66	180	171	889	578	340	148	111	286
浈江区	3821	54	177	345	211	1069	698	441	282	175	371
曲江区	2383	26	56	144	119	570	505	304	188	190	281
始兴县	1712	14	40	135	86	438	334	217	117	107	224
仁化县	1556	7	39	74	62	321	298	233	121	130	271
翁源县	2794	4	40	101	76	541	523	411	315	232	550
乳源瑶族自治县	1476	15	33	97	56	361	282	221	118	99	194
新丰县	1476	5	37	135	88	446	281	177	112	66	128
乐昌市	3376	26	119	280	134	843	585	507	231	232	420
南雄市	2801	9	21	100	79	522	511	442	318	272	529
深圳市	**98783**	**14974**	**16380**	**15517**	**5018**	**22455**	**10703**	**5303**	**2400**	**1616**	**4417**
罗湖区	8435	1106	1113	1163	656	1922	1147	613	169	156	391
福田区	10893	835	1232	1141	755	2798	1580	1111	364	245	832
南山区	10758	1053	973	1232	559	2821	1801	798	473	231	817
宝安区	42955	8211	8486	7691	2110	8954	3543	1573	673	612	1100
龙岗区	23946	3520	4290	4005	820	5529	2462	1082	687	343	1206
盐田区	1798	249	287	285	117	429	171	126	34	29	71
珠海市	**14720**	**1149**	**1233**	**1533**	**841**	**3881**	**2289**	**1527**	**510**	**435**	**1322**
香洲区	9260	644	702	822	559	2532	1498	1090	268	268	879
斗门区	3223	182	273	380	170	838	525	268	173	127	287
金湾区	2236	323	259	331	112	511	266	169	70	40	156
汕头市	**35173**	**1985**	**3129**	**4424**	**2225**	**9187**	**5450**	**3460**	**1579**	**1426**	**2308**
龙湖区	4218	173	148	336	122	857	818	606	386	274	500
金平区	6858	276	569	909	547	2009	1118	638	240	264	288
濠江区	1579	159	183	219	101	386	197	131	47	58	98
潮阳区	9846	795	1168	1456	680	2528	1278	848	309	318	468
潮南区	6788	362	594	868	381	1877	1023	622	293	245	523
澄海区	5384	197	424	578	364	1400	946	558	279	245	394
南澳县	501	25	43	59	30	131	70	58	26	22	37
佛山市	**61009**	**6814**	**6840**	**6034**	**2401**	**12076**	**7801**	**5373**	**3227**	**2717**	**7727**
禅城区	9963	736	897	851	412	1959	1578	1148	625	479	1278
南海区	18930	1867	1814	1967	769	3591	2592	1820	1038	960	2512
顺德区	23480	3674	3496	2369	660	4345	2250	1559	1174	952	3001
三水区	5072	331	306	404	250	1090	821	590	259	254	765
高明区	3563	205	327	442	310	1090	560	256	131	72	171

11-2 续表 1 单位：户

地区	家庭户数	人均住房建筑面积(平方米)									
		8及以下	9-12	13-16	17-19	20-29	30-39	40-49	50-59	60-69	70及以上
江门市	**36480**	**1032**	**1972**	**3406**	**2008**	**9718**	**6090**	**3866**	**2364**	**2023**	**4000**
蓬江区	5970	286	372	467	364	1626	953	651	329	282	639
江海区	2029	137	138	202	145	594	323	144	96	61	189
新会区	7318	198	402	676	431	1893	1340	847	390	409	732
台山市	7903	125	377	838	434	2209	1338	857	558	446	721
开平市	5482	109	348	641	319	1593	978	450	328	223	494
鹤山市	3951	169	283	433	240	1082	595	384	227	167	371
恩平市	3826	8	51	150	74	720	563	533	436	436	854
湛江市	**47482**	**1704**	**2994**	**4861**	**2332**	**11194**	**7362**	**5290**	**3142**	**2799**	**5803**
赤坎区	2584	117	165	204	104	599	577	322	154	111	231
霞山区	4128	301	330	379	266	1010	686	419	239	146	353
坡头区	2463	25	60	128	78	500	433	354	169	248	468
麻章区	3096	182	287	375	154	666	451	343	175	178	284
遂溪县	5988	150	302	577	290	1489	951	742	443	363	682
徐闻县	4711	233	399	672	271	1202	711	490	205	198	331
廉江市	9702	92	356	831	395	2373	1560	1233	744	632	1487
雷州市	9173	517	906	1349	590	2264	1197	740	451	422	737
吴川市	5637	88	189	346	185	1091	796	647	562	503	1230
茂名市	**43044**	**394**	**1060**	**2158**	**1328**	**7980**	**6650**	**5712**	**4018**	**3694**	**10049**
茂南区	5896	92	234	413	298	1320	927	907	436	395	876
电白区	10566	113	263	524	368	2255	1802	1403	973	868	1996
高州市	10254	63	173	383	245	1641	1467	1233	1037	954	3058
化州市	8799	88	243	469	234	1356	1269	1122	833	821	2364
信宜市	7529	38	148	370	183	1408	1185	1046	740	656	1755
肇庆市	**30470**	**842**	**2050**	**3348**	**1666**	**7779**	**5164**	**3415**	**1659**	**1432**	**3114**
端州区	4534	65	175	318	232	1250	968	549	280	217	481
鼎湖区	1333	24	77	130	51	312	237	170	89	79	165
广宁县	3565	8	41	111	123	625	673	499	334	268	884
怀集县	5801	73	317	682	334	1507	914	799	335	266	574
封开县	2983	41	171	347	137	805	507	323	174	164	314
德庆县	2447	46	168	283	139	685	428	276	120	105	198
高要市	5668	425	823	966	407	1439	729	401	167	120	190
四会市	4138	159	279	511	245	1157	708	398	159	213	309
惠州市	**33118**	**1679**	**2569**	**3478**	**1426**	**8625**	**5183**	**3476**	**2095**	**1316**	**3271**
惠城区	12814	746	1117	1440	528	3485	2039	1169	814	377	1099
惠阳区	5313	232	389	585	262	1432	769	545	317	210	571
博罗县	6955	217	405	512	239	1682	1207	897	514	423	860
惠东县	5721	414	507	707	300	1476	771	598	273	195	480
龙门县	2315	69	151	235	97	550	397	269	175	111	260
梅州市	**33193**	**348**	**1198**	**2439**	**1119**	**7818**	**6014**	**4262**	**2916**	**2195**	**4884**
梅江区	3454	29	81	165	122	711	694	486	328	258	580
梅县区	3941	33	131	320	151	1062	728	459	337	211	510
大埔县	3260	29	115	211	101	766	588	476	284	216	475
丰顺县	3707	109	252	370	148	882	606	443	268	214	416
五华县	7850	51	224	520	248	1791	1411	985	732	526	1363
平远县	1841	7	22	69	39	403	326	261	212	170	332
蕉岭县	1763	15	56	84	34	280	304	243	179	152	416
兴宁市	7377	76	318	699	277	1922	1358	909	576	448	793

11-2 续表 2 单位：户

地 区	家庭户数	人均住房建筑面积(平方米)									
		8及以下	9-12	13-16	17-19	20-29	30-39	40-49	50-59	60-69	70及以上
汕尾市	**16786**	**1406**	**2246**	**2642**	**1333**	**4465**	**2035**	**1115**	**411**	**346**	**786**
城区	3037	291	465	520	231	809	312	195	74	58	82
海丰县	4988	251	557	816	424	1463	657	354	105	92	270
陆河县	1648	7	68	178	117	440	339	224	93	72	110
陆丰市	7112	856	1156	1128	561	1753	727	342	139	124	325
河源市	**20643**	**206**	**690**	**1561**	**987**	**5041**	**3647**	**2615**	**1729**	**1302**	**2865**
源城区	2918	36	117	261	136	736	606	400	211	133	284
紫金县	4283	32	134	319	171	1001	684	514	395	337	696
龙川县	5192	51	140	331	227	1191	949	618	481	340	864
连平县	2308	18	81	199	155	650	382	307	158	142	217
和平县	2897	20	82	202	158	815	515	377	228	177	323
东源县	3045	50	137	249	140	649	511	399	255	173	482
阳江市	**18124**	**215**	**659**	**1416**	**708**	**3918**	**3114**	**2451**	**1517**	**1322**	**2804**
江城区	4851	102	255	442	240	1061	836	591	358	306	659
阳西县	3713	26	103	233	128	816	604	563	294	299	648
阳东县	3245	37	119	325	132	787	588	399	250	233	374
阳春市	6315	50	182	416	208	1254	1087	897	615	484	1123
清远市	**28588**	**389**	**1213**	**2552**	**1372**	**7199**	**4584**	**3525**	**1983**	**1625**	**4146**
清城区	6138	101	271	582	378	1643	974	823	326	247	793
清新区	5237	45	208	471	253	1511	862	594	305	277	712
佛冈县	2217	70	185	271	123	639	351	204	98	113	163
阳山县	2846	26	111	220	129	590	450	359	244	200	517
连山壮族瑶族自治县	680	8	17	46	32	163	117	85	59	52	101
连南瑶族自治县	1114	4	23	53	33	220	154	162	110	71	285
英德市	7210	117	326	738	318	1864	1197	871	545	430	803
连州市	3147	17	73	171	108	569	479	427	297	234	772
东莞市	**59954**	**6421**	**8548**	**6624**	**2614**	**12800**	**7790**	**4419**	**2874**	**2202**	**5661**
中山市	**25890**	**4246**	**2716**	**2687**	**909**	**4607**	**3383**	**2188**	**1369**	**1190**	**2595**
潮州市	**18298**	**1225**	**2118**	**2443**	**1150**	**4623**	**2553**	**1826**	**686**	**658**	**1016**
湘桥区	4419	331	445	501	233	1031	686	489	173	174	357
潮安区	7493	383	754	986	473	2101	1086	700	313	293	404
饶平县	6386	512	918	955	445	1492	781	638	200	191	255
揭阳市	**34808**	**5547**	**5520**	**5104**	**2159**	**7640**	**3851**	**2266**	**935**	**669**	**1116**
榕城区	6062	1199	1285	887	329	1054	544	332	171	96	165
揭东区	6328	1754	1176	813	272	856	671	418	124	97	146
揭西县	4946	226	460	735	339	1376	673	430	188	188	330
惠来县	5740	508	758	912	419	1493	681	451	175	138	206
普宁市	11733	1860	1840	1758	800	2861	1282	636	277	150	269
云浮市	**18436**	**228**	**728**	**1493**	**895**	**4142**	**3029**	**2160**	**1518**	**1162**	**3080**
云城区	2621	35	120	267	166	715	530	277	167	121	222
云安区	1942	19	82	185	128	487	297	233	136	101	274
新兴县	3156	56	154	304	193	843	579	371	247	135	275
郁南县	3282	51	115	203	105	536	493	389	314	263	812
罗定市	7434	66	257	533	303	1560	1130	891	655	542	1497

11-2a 各地区家庭户按人均住房面积分的户数（城市）

单位：户

地 区	家庭户数	人均住房建筑面积(平方米)									
		8及以下	9-12	13-16	17-19	20-29	30-39	40-49	50-59	60-69	70及以上
全 省	**467685**	**40988**	**51130**	**54677**	**24128**	**112072**	**67022**	**40200**	**21236**	**16370**	**39861**
广州市	**101925**	**6295**	**10328**	**12844**	**5955**	**27201**	**15319**	**8698**	**4263**	**3396**	**7626**
荔湾区	9199	756	1060	1152	615	2307	1427	727	398	243	515
越秀区	10468	852	1186	1508	706	2564	1390	954	419	382	506
海珠区	15023	768	1357	1942	1124	4213	2476	1273	604	439	828
天河区	16388	763	1376	1946	1039	5009	2558	1340	619	544	1193
白云区	15979	974	1813	2703	1106	4684	2134	1038	546	364	617
黄埔区	5198	302	702	695	219	1532	808	374	141	119	304
番禺区	13517	1320	1566	1591	419	3099	1790	1169	569	548	1446
花都区	4915	86	260	392	240	1355	927	571	307	177	600
南沙区	2528	196	297	212	154	453	310	222	142	123	419
萝岗区	3428	232	587	350	132	830	456	284	150	134	273
从化区	1760	12	41	136	98	492	338	221	100	87	236
增城区	3523	35	81	217	101	664	704	527	267	236	690
韶关市	**7834**	**73**	**246**	**586**	**469**	**2283**	**1571**	**1016**	**494**	**368**	**727**
武江区	2216	11	52	148	146	742	468	260	93	78	219
浈江区	3000	38	136	282	176	857	537	364	205	128	278
曲江区	1104	19	38	81	83	308	250	142	56	67	61
乐昌市	665	3	16	48	26	174	131	110	52	40	66
南雄市	848	2	4	28	38	202	186	141	88	55	104
深圳市	**98783**	**14974**	**16380**	**15517**	**5018**	**22455**	**10703**	**5303**	**2400**	**1616**	**4417**
罗湖区	8435	1106	1113	1163	656	1922	1147	613	169	156	391
福田区	10893	835	1232	1141	755	2798	1580	1111	364	245	832
南山区	10758	1053	973	1232	559	2821	1801	798	473	231	817
宝安区	42955	8211	8486	7691	2110	8954	3543	1573	673	612	1100
龙岗区	23946	3520	4290	4005	820	5529	2462	1082	687	343	1206
盐田区	1798	249	287	285	117	429	171	126	34	29	71
珠海市	**11337**	**794**	**847**	**1011**	**665**	**3079**	**1886**	**1299**	**362**	**327**	**1066**
香洲区	9137	602	672	805	548	2517	1494	1089	265	268	877
斗门区	940	54	48	70	66	256	203	93	41	34	76
金湾区	1260	137	127	137	52	306	189	118	56	25	113
汕头市	**17011**	**754**	**1143**	**1943**	**1095**	**4467**	**2830**	**1935**	**875**	**735**	**1234**
龙湖区	3307	169	119	282	87	666	616	488	285	211	385
金平区	6740	275	559	889	543	1971	1095	631	233	261	282
濠江区	987	104	103	141	61	243	125	78	36	35	61
潮阳区	2104	62	114	238	189	578	341	265	104	68	146
潮南区	2268	113	177	288	118	594	358	256	117	72	174
澄海区	1606	31	72	106	98	415	294	216	99	88	186

11-2a 续表 1 单位：户

地 区	家庭户数	人均住房建筑面积(平方米)									
		8及以下	9-12	13-16	17-19	20-29	30-39	40-49	50-59	60-69	70及以上
佛山市	**54413**	**6164**	**6104**	**5462**	**2165**	**11103**	**7009**	**4778**	**2756**	**2311**	**6561**
禅城区	8639	660	703	779	398	1833	1457	1034	487	358	931
南海区	17322	1626	1614	1845	753	3458	2433	1643	893	848	2209
顺德区	23274	3673	3493	2358	657	4317	2232	1538	1148	931	2927
三水区	2315	35	84	147	119	553	441	346	119	120	350
高明区	2861	170	209	333	237	942	446	217	108	55	144
江门市	**19851**	**620**	**953**	**1688**	**1221**	**5460**	**3504**	**2135**	**1173**	**966**	**2132**
蓬江区	5951	286	372	465	363	1619	947	650	328	281	639
江海区	2029	137	138	202	145	594	323	144	96	61	189
新会区	3880	81	133	281	214	981	770	477	242	253	449
台山市	2755	51	87	254	174	743	545	290	200	125	286
开平市	2523	38	135	291	190	764	486	234	105	95	183
鹤山市	1799	23	77	161	113	574	311	220	103	61	155
恩平市	914	3	12	34	21	184	123	118	100	89	231
湛江市	**11327**	**590**	**695**	**934**	**570**	**2569**	**1921**	**1240**	**766**	**553**	**1489**
赤坎区	2550	117	160	203	102	590	573	318	150	110	229
霞山区	3952	292	312	362	261	971	657	401	225	134	337
坡头区	555	6	14	31	33	145	123	52	25	50	78
麻章区	306	10	19	27	14	72	48	36	19	21	40
遂溪县	158	1	2	18	7	56	25	21	18	5	4
廉江市	1118	2	21	51	57	272	171	125	64	59	296
雷州市	1434	120	116	164	63	274	173	159	122	84	159
吴川市	1254	43	51	78	33	190	151	128	144	91	346
茂名市	**9840**	**114**	**340**	**640**	**419**	**2053**	**1627**	**1383**	**721**	**664**	**1881**
茂南区	4011	67	190	340	244	1053	680	612	221	186	417
电白区	1456	14	33	77	36	234	252	161	135	113	401
高州市	1389	12	53	80	55	266	250	193	95	89	295
化州市	1297	15	34	70	50	224	178	162	128	119	319
信宜市	1687	6	29	73	32	276	267	256	142	157	449
肇庆市	**7990**	**174**	**331**	**653**	**482**	**2246**	**1646**	**970**	**439**	**334**	**714**
端州区	4534	65	175	318	232	1250	968	549	280	217	481
鼎湖区	389	2	6	23	19	99	94	56	28	19	43
高要市	655	10	16	58	49	187	146	102	52	10	24
四会市	2411	97	134	254	181	710	439	263	78	88	167
惠州市	**14737**	**825**	**1254**	**1670**	**643**	**4115**	**2326**	**1344**	**875**	**427**	**1258**
惠城区	10712	634	943	1196	427	2963	1743	974	667	293	872
惠阳区	3981	187	298	461	217	1139	582	369	208	133	387
博罗县	44	3	13	13		13	1	1		1	

11-2a 续表 2 单位：户

地 区	家庭户数	人均住房建筑面积(平方米)									
		8及以下	9-12	13-16	17-19	20-29	30-39	40-49	50-59	60-69	70及以上
梅州市	**6659**	**57**	**165**	**380**	**219**	**1517**	**1366**	**911**	**594**	**492**	**957**
梅江区	3083	28	77	160	117	658	629	428	274	226	486
梅县区	1146	3	21	66	39	298	225	152	99	74	170
五华县	109	1	5	14	5	27	16	12	8	4	17
兴宁市	2321	25	62	140	58	534	496	319	212	189	284
汕尾市	**2937**	**288**	**420**	**475**	**249**	**780**	**323**	**183**	**63**	**55**	**102**
城区	2002	164	250	297	157	565	249	149	59	45	67
陆丰市	935	124	170	177	92	215	74	34	4	10	35
河源市	**2876**	**35**	**114**	**255**	**128**	**723**	**603**	**394**	**210**	**132**	**282**
源城区	2876	35	114	255	128	723	603	394	210	132	282
阳江市	**4301**	**50**	**148**	**272**	**192**	**888**	**750**	**537**	**395**	**307**	**762**
江城区	3042	36	112	198	143	630	538	380	272	221	513
阳春市	1259	14	36	74	49	258	212	157	123	86	249
清远市	**7319**	**55**	**277**	**680**	**440**	**2148**	**1300**	**872**	**435**	**261**	**851**
清城区	3682	27	150	317	261	1054	640	500	174	119	439
清新区	1454	13	56	180	84	528	251	116	96	20	109
英德市	1196	9	42	117	51	356	239	138	78	48	119
连州市	988	6	29	67	44	211	169	119	87	73	183
东莞市	**53647**	**5549**	**7697**	**5969**	**2390**	**11643**	**7105**	**3937**	**2608**	**1917**	**4831**
中山市	**15654**	**2045**	**1556**	**1532**	**641**	**2820**	**2323**	**1440**	**880**	**789**	**1627**
潮州市	**6253**	**259**	**443**	**575**	**296**	**1629**	**1049**	**785**	**343**	**311**	**563**
湘桥区	3230	158	273	291	154	796	563	385	154	157	298
潮安区	3023	101	170	284	142	832	486	400	188	154	265
揭阳市	**9590**	**1246**	**1562**	**1331**	**682**	**2099**	**1205**	**654**	**330**	**197**	**284**
榕城区	4165	717	939	631	252	708	401	218	133	69	97
揭东区	2025	410	319	234	67	282	301	179	68	68	98
普宁市	3400	119	304	467	363	1109	503	257	129	60	89
云浮市	**3403**	**28**	**126**	**259**	**191**	**793**	**657**	**384**	**256**	**212**	**497**
云城区	1850	18	72	172	118	519	420	196	121	70	142
云安区	124	2	4	8	8	41	20	16	7	5	13
罗定市	1429	7	50	79	65	234	216	172	128	136	342

11-2b 各地区家庭户按人均住房面积分的户数（镇）

单位：户

地区	家庭户数	人均住房建筑面积(平方米)									
		8及以下	9-12	13-16	17-19	20-29	30-39	40-49	50-59	60-69	70及以上
全　省	**122552**	**7014**	**8922**	**11580**	**5588**	**27550**	**18522**	**13304**	**7916**	**6633**	**15522**
广州市	**8428**	**310**	**474**	**569**	**359**	**1717**	**1324**	**997**	**642**	**487**	**1548**
白云区	1367	37	95	102	72	248	283	121	80	61	268
番禺区	556	19	49	46	15	105	85	58	47	21	109
花都区	794	5	19	50	39	210	126	100	61	36	147
南沙区	1782	88	140	114	32	363	253	240	145	106	303
萝岗区	67	1	1			3	9	7	9	5	31
从化区	445	12	26	58	36	122	74	37	14	18	48
增城区	3418	148	144	198	164	666	494	433	286	241	643
韶关市	**5906**	**43**	**141**	**334**	**223**	**1381**	**1160**	**854**	**525**	**392**	**854**
武江区	144	1	1	6	10	46	26	20	5	7	23
浈江区	330	8	19	18	11	88	69	23	46	28	21
曲江区	334	1	8	17	7	76	67	47	38	30	44
始兴县	712	8	14	54	25	175	146	96	47	42	106
仁化县	619	1	7	22	19	127	136	115	44	47	101
翁源县	930	2	15	37	32	187	196	132	101	59	171
乳源瑶族自治县	661	8	18	45	25	149	136	104	52	41	83
新丰县	728	3	22	64	53	225	144	81	60	24	53
乐昌市	1033	10	35	62	37	246	173	172	74	70	154
南雄市	415	1	2	10	4	63	68	65	58	44	99
珠海市	**2065**	**287**	**271**	**335**	**123**	**499**	**206**	**126**	**62**	**47**	**110**
香洲区	124	41	30	17	12	14	4	2	3		2
斗门区	965	60	109	124	51	280	126	74	45	32	64
金湾区	976	186	132	194	60	204	76	51	14	15	43
汕头市	**8544**	**488**	**889**	**1165**	**498**	**2183**	**1309**	**754**	**374**	**358**	**527**
龙湖区	358	2	6	8	9	74	81	55	45	26	51
濠江区	50	4	8	7	3	13	6	6	2		2
潮阳区	3607	310	448	572	165	878	507	309	120	143	156
潮南区	1697	57	146	216	112	518	230	122	77	66	152
澄海区	2440	95	248	319	186	596	425	217	109	106	137
南澳县	391	20	32	43	22	104	60	45	21	17	28
佛山市	**3711**	**534**	**521**	**401**	**117**	**549**	**355**	**254**	**243**	**195**	**542**
禅城区	1324	77	194	73	14	125	121	114	138	121	346
南海区	597	155	94	101	3	72	29	39	33	20	51
三水区	1518	286	193	195	75	296	160	77	59	47	130
高明区	271	16	41	33	24	55	45	23	12	8	14
江门市	**4327**	**182**	**238**	**382**	**196**	**950**	**753**	**494**	**342**	**245**	**546**
新会区	1080	49	63	109	55	241	203	136	54	47	123
台山市	899	16	32	83	43	202	173	146	69	56	79
开平市	590	31	44	43	31	145	127	46	50	14	58
鹤山市	706	80	79	96	41	134	82	40	54	34	66
恩平市	1051	6	20	52	26	228	167	126	115	94	219

11-2b 续表 1 单位：户

地 区	家庭户数	人均住房建筑面积(平方米)									
		8及以下	9-12	13-16	17-19	20-29	30-39	40-49	50-59	60-69	70及以上
湛江市	**9385**	**261**	**484**	**838**	**443**	**2067**	**1360**	**1141**	**672**	**687**	**1433**
霞山区	35	1	1	1		9	5	4	4	3	8
坡头区	465	4	9	18	4	62	73	81	36	64	115
麻章区	862	44	67	83	43	193	125	94	61	55	97
遂溪县	1723	53	54	142	91	421	253	244	125	98	241
徐闻县	1991	105	146	225	98	471	318	225	81	122	201
廉江市	1804	14	50	133	74	397	261	244	155	145	332
雷州市	1445	27	111	178	98	339	201	138	101	89	163
吴川市	1060	14	46	58	35	175	124	111	109	112	276
茂名市	**7045**	**120**	**222**	**406**	**251**	**1372**	**1052**	**893**	**616**	**566**	**1548**
茂南区	265	1	4	16	7	24	33	34	35	20	92
电白区	2755	54	67	151	108	632	460	334	226	222	499
高州市	1692	23	33	71	38	253	231	232	165	151	496
化州市	1175	26	74	84	48	196	157	137	90	89	275
信宜市	1158	16	44	85	49	267	171	155	99	84	187
肇庆市	**6215**	**141**	**389**	**595**	**297**	**1553**	**1071**	**720**	**361**	**358**	**730**
鼎湖区	297	5	23	34	11	71	55	28	15	14	39
广宁县	1314	5	18	61	58	285	278	163	116	82	247
怀集县	1355	9	60	135	73	351	234	188	90	76	138
封开县	938	19	27	70	49	253	171	111	51	64	123
德庆县	656	10	33	64	36	183	126	76	31	44	54
高要市	1297	76	181	176	55	349	162	121	43	44	90
四会市	357	16	46	54	16	61	45	32	14	34	38
惠州市	**8886**	**516**	**631**	**806**	**330**	**2111**	**1427**	**1019**	**588**	**454**	**1004**
惠城区	353	28	33	54	13	108	58	13	24	1	20
惠阳区	469	27	39	33	9	80	68	71	43	32	68
博罗县	3837	152	232	240	109	878	694	500	292	258	482
惠东县	3278	259	264	388	164	825	425	338	154	125	336
龙门县	949	49	63	91	36	220	182	97	74	38	98
梅州市	**9240**	**136**	**335**	**597**	**276**	**2002**	**1648**	**1169**	**866**	**662**	**1548**
梅江区	59					2	9	13	8	4	23
梅县区	886	10	27	55	24	195	149	118	87	68	154
大埔县	1383	8	31	69	41	340	271	190	122	101	210
丰顺县	1707	83	138	181	65	402	287	190	122	80	159
五华县	2253	13	59	133	64	474	387	266	226	181	452
平远县	875	4	15	32	19	167	157	137	96	88	161
蕉岭县	883	7	21	46	19	154	171	106	83	64	213
兴宁市	1195	12	44	82	44	270	218	150	122	76	176
汕尾市	**6676**	**582**	**744**	**945**	**501**	**1731**	**934**	**499**	**198**	**177**	**366**
城区	339	39	68	76	31	74	22	14	7	4	6
海丰县	3179	185	267	413	244	961	508	240	92	72	196
陆河县	893	4	29	88	69	250	169	124	52	47	61
陆丰市	2265	354	379	369	157	446	234	120	47	54	103

11-2b 续表 2 单位：户

地 区	家庭户数	人均住房建筑面积(平方米)									
		8及以下	9-12	13-16	17-19	20-29	30-39	40-49	50-59	60-69	70及以上
河源市	**5432**	**68**	**227**	**432**	**256**	**1362**	**952**	**696**	**411**	**348**	**681**
紫金县	1589	18	72	129	61	385	257	189	127	113	238
龙川县	1464	24	58	95	66	367	280	192	125	82	176
连平县	850	9	27	76	58	246	144	111	57	46	75
和平县	834	7	31	77	43	225	131	114	50	57	100
东源县	696	10	39	55	28	139	141	89	53	50	92
阳江市	**4362**	**37**	**110**	**265**	**158**	**838**	**756**	**639**	**415**	**354**	**790**
江城区	558	7	27	61	32	125	99	83	22	38	63
阳西县	1311	15	39	86	66	282	197	186	109	82	248
阳东县	1464	9	26	83	44	297	288	220	156	115	226
阳春市	1029	7	17	35	16	134	172	150	127	119	252
清远市	6673	139	298	578	293	1603	1060	805	517	383	996
清城区	1359	60	74	134	65	332	197	169	101	66	161
清新区	822	2	33	70	47	229	148	98	48	43	104
佛冈县	906	26	56	101	48	256	155	98	48	47	70
阳山县	1016	7	23	56	36	219	169	145	90	70	201
连山壮族瑶族自治县	265	4	9	16	12	68	53	34	18	20	32
连南瑶族自治县	510	4	10	21	13	101	68	70	55	34	135
英德市	1533	34	84	158	64	347	239	154	135	90	228
连州市	262	4	10	21	9	52	31	37	22	13	65
东莞市	**403**	**2**	**35**	**2**	**8**	**80**	**65**	**28**	**17**	**7**	**161**
中山市	**6985**	**1542**	**764**	**676**	**150**	**1230**	**718**	**507**	**334**	**281**	**783**
潮州市	**5589**	**484**	**737**	**837**	**447**	**1336**	**732**	**470**	**145**	**179**	**223**
湘桥区	749	108	87	131	42	155	77	78	15	15	41
潮安区	1674	68	206	265	183	470	244	93	35	61	49
饶平县	3166	308	444	442	221	711	411	299	95	103	132
揭阳市	**8926**	**1086**	**1258**	**1128**	**489**	**2175**	**1037**	**762**	**299**	**246**	**445**
榕城区	714	97	151	86	36	165	52	43	27	7	49
揭东区	1488	353	298	169	46	218	172	153	39	19	21
揭西县	1768	63	107	169	87	479	275	191	107	110	180
惠来县	2600	202	313	376	136	664	325	282	93	88	122
普宁市	2355	370	390	328	185	649	212	93	33	23	72
云浮市	**3754**	**57**	**155**	**288**	**174**	**812**	**604**	**478**	**292**	**206**	**688**
云城区	67		2	7	4	12	13	9	4	7	9
云安区	344	5	18	32	19	70	54	35	28	21	62
新兴县	1212	30	63	114	74	333	216	156	82	43	102
郁南县	1284	18	45	74	49	206	184	156	113	88	350
罗定市	848	5	27	61	28	192	137	121	65	47	165

11-2c 各地区家庭户按人均住房面积分的户数（乡村）

单位：户

地　区	家庭户数	人均住房建筑面积(平方米)									
		8及以下	9-12	13-16	17-19	20-29	30-39	40-49	50-59	60-69	70及以上
全　省	**233307**	**10060**	**16118**	**23671**	**10749**	**53508**	**34360**	**25301**	**15565**	**13539**	**30438**
广州市	**14012**	**477**	**874**	**1204**	**580**	**3065**	**1973**	**1567**	**928**	**915**	**2429**
白云区	2464	57	116	184	128	499	371	255	185	192	477
番禺区	2182	59	179	121	43	419	254	259	123	115	610
花都区	2453	81	75	184	94	451	357	315	162	196	537
南沙区	1843	204	162	122	76	311	203	150	126	113	376
萝岗区	511	2	8	28	8	72	90	55	56	61	131
从化区	2336	43	190	313	127	674	370	255	136	100	128
增城区	2223	31	144	251	103	639	329	278	139	139	168
韶关市	**10440**	**60**	**242**	**669**	**389**	**2335**	**1864**	**1423**	**930**	**854**	**1672**
武江区	425	5	13	27	16	100	85	60	49	26	44
浈江区	491	8	21	45	24	123	93	54	31	19	72
曲江区	945	6	11	46	29	186	188	115	95	94	176
始兴县	1000	6	26	81	61	264	188	121	71	65	118
仁化县	937	6	32	52	43	194	162	119	77	83	170
翁源县	1863	2	26	64	44	354	327	280	214	173	379
乳源瑶族自治县	815	7	15	52	31	213	146	117	66	58	111
新丰县	747	2	16	71	35	222	137	96	52	42	75
乐昌市	1678	13	68	170	71	423	281	225	105	122	200
南雄市	1539	6	15	61	37	257	257	236	171	173	326
珠海市	**1317**	**68**	**115**	**187**	**53**	**302**	**196**	**102**	**87**	**61**	**146**
斗门区	1317	68	115	187	53	302	196	102	87	61	146
汕头市	**9618**	**743**	**1097**	**1316**	**632**	**2537**	**1311**	**772**	**330**	**333**	**547**
龙湖区	554	2	23	45	26	117	121	63	55	37	64
金平区	118	1	10	20	4	38	23	7	7	3	6
濠江区	541	50	72	71	38	129	66	47	10	23	35
潮阳区	4135	423	606	646	325	1072	430	274	85	107	167
潮南区	2823	191	271	364	151	765	434	244	99	107	197
澄海区	1338	71	104	153	80	389	226	124	71	50	70
南澳县	110	5	12	16	9	27	11	13	5	5	9
佛山市	**2886**	**116**	**215**	**171**	**120**	**424**	**437**	**341**	**229**	**210**	**624**
南海区	1011	85	106	21	13	61	130	138	111	93	252
顺德区	206	2	3	11	3	29	18	21	26	21	74
三水区	1239	10	29	62	55	241	221	166	81	88	285
高明区	431	19	77	77	48	93	68	16	11	9	13
江门市	**12302**	**231**	**782**	**1335**	**592**	**3308**	**1832**	**1238**	**849**	**812**	**1323**
蓬江区	19			1	1	7	6	1	1	1	1
新会区	2357	68	206	286	162	671	367	234	94	109	160
台山市	4249	58	259	501	217	1263	620	421	290	265	355
开平市	2369	39	169	307	98	684	364	169	173	114	253
鹤山市	1446	66	128	176	86	374	202	124	70	71	150
恩平市	1861		20	63	28	309	273	289	222	253	404

11-2c 续表 1

单位：户

地 区	家庭户数	人均住房建筑面积(平方米)									
		8及以下	9-12	13-16	17-19	20-29	30-39	40-49	50-59	60-69	70及以上
湛江市	**26769**	**853**	**1815**	**3089**	**1320**	**6558**	**4081**	**2909**	**1703**	**1559**	**2881**
赤坎区	33		5	1	2	9	4	4	4	1	2
霞山区	142	9	17	16	5	30	24	14	10	9	9
坡头区	1442	15	38	79	41	294	237	221	108	134	275
麻章区	1928	128	202	266	97	400	278	213	96	102	147
遂溪县	4107	96	246	417	192	1013	672	476	299	260	437
徐闻县	2720	128	253	447	173	731	393	266	124	76	129
廉江市	6780	75	285	646	264	1704	1129	864	526	428	859
雷州市	6293	370	679	1007	430	1651	823	443	227	249	415
吴川市	3323	31	92	211	116	727	521	409	309	300	608
茂名市	**26159**	**160**	**499**	**1111**	**658**	**4555**	**3972**	**3436**	**2682**	**2464**	**6621**
茂南区	1621	24	39	57	46	243	214	261	180	189	367
电白区	6355	44	163	296	223	1389	1090	908	612	534	1097
高州市	7173	28	87	232	152	1122	986	808	776	713	2268
化州市	6326	47	135	314	135	936	935	824	615	613	1771
信宜市	4684	17	74	212	102	865	747	635	499	415	1118
肇庆市	**16265**	**526**	**1330**	**2101**	**888**	**3980**	**2446**	**1725**	**860**	**740**	**1669**
鼎湖区	647	17	47	73	21	141	88	86	46	46	82
广宁县	2251	3	23	50	65	340	394	336	218	185	636
怀集县	4446	64	256	546	261	1157	680	611	245	190	435
封开县	2045	22	144	276	88	551	336	211	124	101	191
德庆县	1791	36	134	219	103	502	302	200	89	61	144
高要市	3716	338	626	733	303	904	421	178	72	66	76
四会市	1370	46	99	202	47	385	224	103	66	92	104
惠州市	**9495**	**339**	**684**	**1003**	**452**	**2399**	**1430**	**1113**	**632**	**435**	**1009**
惠城区	1749	84	141	190	88	414	237	182	123	82	208
惠阳区	864	18	52	91	37	213	120	104	66	45	117
博罗县	3074	62	160	259	130	791	512	395	222	164	378
惠东县	2443	155	242	319	136	651	346	260	119	71	145
龙门县	1366	20	88	144	61	330	215	172	102	73	162
梅州市	**17293**	**154**	**698**	**1462**	**624**	**4298**	**3001**	**2181**	**1456**	**1041**	**2379**
梅江区	311	1	4	5	5	51	56	45	45	29	71
梅县区	1908	20	82	199	88	570	354	189	151	70	186
大埔县	1878	20	85	142	60	426	317	285	162	115	265
丰顺县	2000	26	114	189	83	480	319	253	146	134	256
五华县	5488	37	160	374	179	1290	1008	708	498	341	894
平远县	966	3	8	37	21	236	169	124	116	82	171
蕉岭县	881	8	35	38	15	126	134	138	96	88	203
兴宁市	3861	39	211	477	174	1118	645	440	241	183	333

11-2c 续表 2

单位：户

地　　区	家庭户数	人均住房建筑面积(平方米)									
		8及以下	9-12	13-16	17-19	20-29	30-39	40-49	50-59	60-69	70及以上
汕尾市	**7174**	**536**	**1083**	**1222**	**584**	**1954**	**779**	**433**	**151**	**114**	**318**
城区	696	89	147	147	43	170	41	32	8	9	9
海丰县	1810	66	289	403	180	503	148	114	13	19	74
陆河县	756	3	39	90	49	190	170	99	41	25	48
陆丰市	3912	378	608	582	311	1092	419	188	89	60	186
河源市	**12334**	**102**	**349**	**874**	**603**	**2956**	**2093**	**1525**	**1108**	**822**	**1902**
源城区	42		2	5	8	13	3	6	1	1	1
紫金县	2694	14	61	190	110	616	428	325	268	224	457
龙川县	3728	27	82	236	161	824	670	426	357	258	688
连平县	1458	9	54	123	97	404	238	196	101	95	142
和平县	2063	12	51	125	115	590	384	263	178	120	223
东源县	2349	40	98	194	112	509	370	310	202	123	391
阳江市	**9462**	**128**	**401**	**880**	**358**	**2192**	**1608**	**1275**	**708**	**660**	**1252**
江城区	1251	59	116	183	65	306	199	129	64	47	83
阳西县	2402	10	64	147	62	534	407	377	185	216	400
阳东县	1781	28	93	242	89	490	300	180	93	118	148
阳春市	4027	30	128	308	143	862	703	590	365	278	622
清远市	14597	195	637	1294	640	3448	2224	1848	1032	981	2299
清城区	1098	15	47	131	52	257	136	154	50	62	193
清新区	2961	30	119	221	121	755	464	380	160	214	499
佛冈县	1311	44	129	170	75	383	196	106	50	66	93
阳山县	1830	20	88	164	93	371	281	214	154	130	315
连山壮族瑶族自治县	415	4	8	30	20	96	64	51	40	32	69
连南瑶族自治县	604	1	13	32	20	119	86	92	56	37	150
英德市	4481	74	200	462	203	1162	719	580	333	292	456
连州市	1898	7	34	84	55	306	280	271	189	149	524
东莞市	**5904**	**870**	**815**	**653**	**216**	**1077**	**621**	**453**	**250**	**278**	**670**
中山市	**3251**	**659**	**396**	**479**	**118**	**557**	**341**	**241**	**155**	**120**	**184**
潮州市	**6457**	**482**	**938**	**1031**	**407**	**1659**	**772**	**571**	**198**	**167**	**231**
湘桥区	440	65	85	80	36	79	47	26	5	2	18
潮安区	2796	213	378	438	148	799	356	207	90	78	90
饶平县	3220	204	475	514	224	781	369	339	104	88	123
揭阳市	**16292**	**3216**	**2700**	**2645**	**988**	**3366**	**1609**	**850**	**306**	**226**	**387**
榕城区	1183	385	195	170	41	181	91	71	11	20	18
揭东区	2814	992	559	410	160	356	197	86	17	10	26
揭西县	3178	163	353	565	252	897	398	239	82	79	150
惠来县	3140	305	446	536	283	828	356	169	83	50	84
普宁市	5978	1371	1147	963	252	1103	567	285	114	67	108
云浮市	**11278**	**143**	**447**	**946**	**530**	**2536**	**1769**	**1298**	**971**	**745**	**1895**
云城区	705	17	45	89	44	185	97	72	41	44	71
云安区	1475	12	60	145	101	377	223	182	102	75	199
新兴县	1944	26	91	191	119	510	363	215	164	92	173
郁南县	1998	33	70	129	56	331	309	232	200	175	462
罗定市	5157	54	181	392	210	1134	777	597	463	359	990

11-3 各地区家庭户按代数和住房间数分的户数

单位：户

地区	家庭户数	一代户				
		一间	二间	三间	四间	五间及以上
全 省	**823545**	**142341**	**56183**	**45781**	**17477**	**27865**
广州市	**124365**	**27767**	**14482**	**8505**	**1772**	**2021**
荔湾区	9199	1673	1409	522	44	16
越秀区	10468	1329	1554	693	79	31
海珠区	15023	1998	2882	865	167	33
天河区	16388	4922	2410	1370	253	83
白云区	19811	4959	2368	1140	142	214
黄埔区	5198	1775	687	232	63	20
番禺区	16256	5445	1294	1184	281	692
花都区	8161	1043	427	706	153	313
南沙区	6153	1917	423	288	176	205
萝岗区	4005	1701	207	258	52	74
从化区	4540	105	230	371	84	51
增城区	9164	900	591	876	279	289
韶关市	**24180**	**436**	**1784**	**2135**	**812**	**1379**
武江区	2786	121	358	267	18	28
浈江区	3821	114	685	469	86	52
曲江区	2383	37	201	271	71	83
始兴县	1712	16	81	122	87	75
仁化县	1556	23	45	101	69	80
翁源县	2794	19	66	120	123	397
乳源瑶族自治县	1476	14	64	126	51	116
新丰县	1476	4	23	59	50	90
乐昌市	3376	48	163	286	133	270
南雄市	2801	40	97	315	124	189
深圳市	**98783**	**41929**	**9154**	**5015**	**763**	**493**
罗湖区	8435	2871	964	401	64	32
福田区	10893	2392	997	827	170	81
南山区	10758	2419	1021	1183	111	39
宝安区	42955	23380	3246	1417	167	145
龙岗区	23946	10359	2688	1103	237	192
盐田区	1798	509	239	84	14	3
珠海市	**14720**	**3391**	**1011**	**1350**	**317**	**171**
香洲区	9260	2186	720	944	247	58
斗门区	3223	510	173	180	50	86
金湾区	2236	695	118	226	20	27
汕头市	**35173**	**1079**	**1996**	**1236**	**613**	**383**
龙湖区	4218	303	237	351	99	39
金平区	6858	222	907	405	70	20
濠江区	1579	33	82	42	28	37
潮阳区	9846	246	301	181	117	62
潮南区	6788	95	97	42	156	157
澄海区	5384	153	328	186	127	56
南澳县	501	27	42	29	16	11
佛山市	**61009**	**17648**	**4089**	**3605**	**1335**	**1254**
禅城区	9963	1978	964	805	226	127
南海区	18930	4819	1403	1104	415	422
顺德区	23480	9414	1082	959	512	574
三水区	5072	907	394	426	142	114
高明区	3563	530	246	310	40	17

11-3 续表 1

单位：户

地 区	二代户					三代户				
	一间	二间	三间	四间	五 间及以上	一间	二间	三间	四间	五 间及以上
全 省	**37629**	**77140**	**108117**	**51664**	**84252**	**8055**	**23612**	**41641**	**30521**	**65989**
广州市	**5976**	**18200**	**18521**	**4690**	**5304**	**889**	**4211**	**5877**	**2136**	**3781**
荔湾区	842	2134	1122	92	55	180	571	416	68	42
越秀区	774	2309	1544	164	37	214	799	792	109	25
海珠区	915	3691	2057	348	71	144	933	682	170	58
天河区	515	2554	2447	474	70	38	470	600	138	35
白云区	1156	3300	2685	429	805	84	600	880	271	746
黄埔区	229	913	585	176	44	21	184	174	65	24
番禺区	676	1240	2327	768	849	58	219	553	265	376
花都区	118	405	1803	471	909	8	89	651	263	770
南沙区	172	359	636	479	586	12	78	193	233	381
萝岗区	136	215	415	144	373	13	27	83	32	268
从化区	36	437	1107	400	439	11	117	407	253	462
增城区	408	643	1792	744	1065	107	124	447	268	597
韶关市	**200**	**2098**	**4246**	**1831**	**3439**	**28**	**474**	**1525**	**1032**	**2531**
武江区	54	564	678	99	138	4	112	191	46	97
浈江区	74	692	765	118	184	11	133	237	64	115
曲江区	13	188	519	137	240	5	40	209	101	242
始兴县	4	86	271	207	212		34	117	138	242
仁化县	11	71	241	178	272	1	16	100	113	216
翁源县	2	46	180	199	917		11	56	78	536
乳源瑶族自治县	11	87	240	137	237	1	27	105	78	166
新丰县	4	30	234	168	303		6	94	108	283
乐昌市	18	233	526	339	546	3	67	175	185	359
南雄市	9	100	592	250	388	1	28	242	122	275
深圳市	**8191**	**10588**	**10314**	**2033**	**843**	**745**	**3214**	**4087**	**894**	**470**
罗湖区	916	1301	843	117	49	114	363	318	49	26
福田区	764	1509	1873	518	130	85	475	802	204	59
南山区	817	1215	2223	232	72	103	389	792	102	34
宝安区	3917	3506	3006	636	266	319	1186	1338	268	147
龙岗区	1642	2704	2153	508	320	111	704	751	262	192
盐田区	135	354	216	21	6	13	97	86	9	11
珠海市	**624**	**1558**	**3001**	**602**	**441**	**102**	**323**	**998**	**335**	**442**
香洲区	344	1114	2034	366	149	19	198	626	145	100
斗门区	140	268	583	166	222	70	68	256	146	270
金湾区	141	177	384	70	70	13	57	117	44	72
汕头市	**1286**	**5188**	**4945**	**3494**	**2755**	**414**	**2314**	**2484**	**3215**	**3237**
龙湖区	52	385	963	432	247		72	271	299	407
金平区	227	1827	1340	290	122	46	487	498	205	159
濠江区	57	226	188	111	165	24	115	121	122	201
潮阳区	663	1543	1353	846	801	234	974	801	716	890
潮南区	185	611	398	1145	1047	56	351	271	1111	919
澄海区	74	520	641	626	350	38	280	482	735	635
南澳县	28	75	61	44	23	15	35	39	26	26
佛山市	**3188**	**5202**	**8104**	**3011**	**3537**	**290**	**1159**	**2901**	**1969**	**3546**
禅城区	524	1357	1572	509	408	34	306	563	210	362
南海区	1002	1624	2471	894	1544	75	339	745	504	1513
顺德区	1200	1253	2218	1274	1182	103	290	928	1025	1399
三水区	243	502	888	237	368	41	109	295	160	231
高明区	219	466	957	97	35	36	115	370	69	42

11-3 续表 2

单位：户

地 区	四代户					五代及以上户				
	一间	二间	三间	四间	五间及以上	一间	二间	三间	四间	五间及以上
全 省	**162**	**433**	**735**	**993**	**2954**			**1**		**1**
广州市	**1**	**25**	**57**	**51**	**99**					
荔湾区		3	8	2	1					
越秀区		7	6	1						
海珠区		5	5							
天河区		1	7	1						
白云区		1	6	7	20					
黄埔区		1	1	2	1					
番禺区	1	1	3	8	14					
花都区			5	7	19					
南沙区			2	6	9					
萝岗区				1	6					
从化区		3	8	7	13					
增城区		2	6	9	16					
韶关市		**13**	**30**	**43**	**145**					
武江区		1	2	2	5					
浈江区		5	5	5	6					
曲江区			4	6	17					
始兴县		2	2	4	11					
仁化县			1	5	14					
翁源县		1	2	2	39					
乳源瑶族自治县		1	1	4	10					
新丰县			1	4	14					
乐昌市		3	3	7	12					
南雄市		1	8	3	18					
深圳市	**4**	**8**	**16**	**9**	**13**					
罗湖区	1	3	2	1						
福田区	1	1	1	3						
南山区			6	2						
宝安区	2	2	2		2					
龙岗区		1	4	3	11					
盐田区			1							
珠海市	**6**	**5**	**10**	**8**	**24**					
香洲区		3	5	3	1					
斗门区	5	2	3	4	20					
金湾区			2	1	3					
汕头市	**11**	**59**	**78**	**159**	**229**					
龙湖区		1	8	16	35					
金平区		4	13	8	6					
濠江区		4	4	7	12					
潮阳区	5	25	18	21	49					
潮南区	2	9	16	55	62					
澄海区	2	16	19	52	64					
南澳县	1			1	2					
佛山市	**4**	**11**	**29**	**30**	**97**					
禅城区		3	4	2	10					
南海区		5	9	8	32					
顺德区	1	1	6	16	44					
三水区		1	2	2	9					
高明区	2	1	8	2	1					

11-3 续表 3

单位：户

地 区	家庭户数	一代户				
		一间	二间	三间	四间	五 间及以上
江门市	**36480**	**2658**	**2986**	**2662**	**814**	**701**
蓬江区	5970	539	544	519	90	73
江海区	2029	207	181	65	32	30
新会区	7318	589	756	578	152	123
台山市	7903	612	721	588	191	82
开平市	5482	238	389	371	132	114
鹤山市	3951	403	210	299	103	74
恩平市	3826	70	185	243	113	205
湛江市	**47482**	**711**	**2086**	**2766**	**1218**	**2306**
赤坎区	2584	77	247	278	42	34
霞山区	4128	140	319	391	50	75
坡头区	2463	26	96	182	78	146
麻章区	3096	42	114	153	49	120
遂溪县	5988	43	203	340	221	344
徐闻县	4711	91	230	323	55	95
廉江市	9702	94	364	453	297	652
雷州市	9173	163	428	515	322	424
吴川市	5637	35	84	130	103	416
茂名市	**43044**	**431**	**1173**	**2199**	**1411**	**5026**
茂南区	5896	45	188	534	124	181
电白区	10566	81	203	414	244	703
高州市	10254	147	312	488	366	1642
化州市	8799	111	264	356	330	1362
信宜市	7529	48	206	407	347	1138
肇庆市	**30470**	**1283**	**1753**	**1777**	**804**	**1289**
端州区	4534	148	485	554	53	37
鼎湖区	1333	93	91	84	44	44
广宁县	3565	77	253	136	127	371
怀集县	5801	37	116	206	202	400
封开县	2983	33	132	137	131	234
德庆县	2447	44	107	136	59	111
高要市	5668	504	331	194	72	38
四会市	4138	345	239	331	116	55
惠州市	**33118**	**4509**	**2410**	**1937**	**743**	**889**
惠城区	12814	2448	1026	909	222	183
惠阳区	5313	858	657	367	89	138
博罗县	6955	687	263	299	185	333
惠东县	5721	388	336	221	179	109
龙门县	2315	128	127	141	67	125
梅州市	**33193**	**378**	**949**	**1870**	**1694**	**3769**
梅江区	3454	103	160	314	145	194
梅县区	3941	12	90	185	178	356
大埔县	3260	47	137	314	273	328
丰顺县	3707	89	142	166	164	344
五华县	7850	36	118	253	367	1515
平远县	1841	6	30	74	110	228
蕉岭县	1763	10	46	118	140	227
兴宁市	7377	75	226	445	317	579

11-3 续表 4

单位：户

地 区	二代户					三代户				
	一间	二间	三间	四间	五 间及以上	一间	二间	三间	四间	五 间及以上
江门市	**1723**	**4512**	**6636**	**2556**	**2545**	**523**	**1260**	**2701**	**1802**	**2228**
蓬江区	259	993	1235	237	277	12	266	469	163	279
江海区	94	442	319	93	114	12	85	132	91	122
新会区	365	939	1403	539	367	116	236	519	302	305
台山市	550	967	1358	491	295	186	326	619	502	368
开平市	241	525	1156	476	398	125	170	524	282	313
鹤山市	170	358	653	301	318	70	99	296	247	325
恩平市	44	288	512	419	777	2	77	143	216	516
湛江市	**608**	**3132**	**6839**	**4407**	**11127**	**54**	**603**	**2218**	**2103**	**7017**
赤坎区	75	383	703	111	174	11	80	202	59	101
霞山区	178	882	1081	170	232	6	169	264	67	101
坡头区	19	100	316	276	727	3	8	86	59	336
麻章区	47	202	441	269	840	7	39	163	131	457
遂溪县	9	200	739	747	1580		35	261	293	914
徐闻县	113	272	897	458	686	16	77	476	318	567
廉江市	18	382	958	966	2721	2	55	284	465	1928
雷州市	108	593	1247	1007	2075	3	113	326	502	1296
吴川市	41	118	457	404	2091	7	28	155	211	1317
茂名市	**167**	**1196**	**4431**	**3327**	**12904**	**30**	**208**	**1346**	**1275**	**7602**
茂南区	31	348	1644	440	837	1	65	537	167	729
电白区	57	335	1155	1011	3304	12	62	333	417	2162
高州市	38	230	635	641	3148	12	39	232	279	1940
化州市	34	175	513	674	3059	5	14	109	201	1538
信宜市	7	108	484	560	2556		27	135	211	1233
肇庆市	**1458**	**2409**	**4521**	**2449**	**4602**	**716**	**726**	**1604**	**1350**	**3486**
端州区	126	649	1240	227	174	13	185	322	121	187
鼎湖区	62	113	237	127	140	29	29	67	55	110
广宁县	53	191	282	297	790	25	57	115	150	610
怀集县	28	130	554	641	1839	9	29	156	317	1063
封开县	25	89	245	315	754	25	14	84	155	579
德庆县	30	167	294	241	490	11	44	117	145	429
高要市	708	711	848	370	229	376	290	431	272	264
四会市	427	359	820	232	188	227	77	313	135	244
惠州市	**1013**	**3236**	**5271**	**2283**	**3138**	**124**	**813**	**2096**	**1403**	**2960**
惠城区	439	1528	2476	667	680	25	304	909	364	582
惠阳区	124	453	770	267	531	7	75	264	139	533
博罗县	197	429	804	599	1210	29	101	339	352	1042
惠东县	210	627	867	601	416	55	272	399	430	532
龙门县	43	200	355	149	300	7	62	186	117	271
梅州市	**185**	**851**	**2763**	**3263**	**7815**	**59**	**206**	**1076**	**1697**	**6274**
梅江区	27	198	588	293	393	2	47	312	175	478
梅县区	2	56	247	400	875		10	100	277	1089
大埔县	13	77	330	416	545		9	111	201	430
丰顺县	119	208	364	347	750	51	81	156	156	536
五华县	5	67	307	548	2855		11	83	181	1433
平远县	4	29	107	212	423	1	7	52	126	406
蕉岭县	2	35	132	209	315		7	56	148	290
兴宁市	14	182	687	837	1658	5	34	206	433	1613

11-3 续表 5

单位：户

地　　区	四代户					五代及以上户				
	一间	二间	三间	四间	五　间及以上	一间	二间	三间	四间	五　间及以上
江门市	**10**	**19**	**35**	**48**	**62**					
蓬江区		2	4	2	7					
江海区	1	3	1	4	4					
新会区	3	5	5	6	10					
台山市	4	3	14	20	6					
开平市	2	3	7	9	8					
鹤山市	1	3	3	6	14					
恩平市				1	13					
湛江市		**7**	**27**	**36**	**218**					
赤坎区			1	3	3					
霞山区		1	2		1					
坡头区			1	1	4					
麻章区			2	2	18					
遂溪县		1	6	8	43					
徐闻县		2	7	6	24					
廉江市		1	6	6	48					
雷州市		3	1	6	41					
吴川市			1	4	36					
茂名市		**4**	**10**	**23**	**283**					
茂南区			2	5	19					
电白区		1	3	4	62					
高州市		2	4	7	93					
化州市		1	1	2	52					
信宜市			1	5	57					
肇庆市	**11**	**13**	**27**	**32**	**161**					
端州区		1	4	4	6					
鼎湖区	1		1		5					
广宁县		1	3	5	22					
怀集县	1	1	4	8	60					
封开县		1	1	3	28					
德庆县	1	1	2	2	18					
高要市	6	6	6	6	8					
四会市	3	3	6	4	15					
惠州市		**11**	**50**	**52**	**182**					
惠城区		3	18	5	26					
惠阳区			3	7	30					
博罗县		5	11	16	55					
惠东县		3	13	17	46					
龙门县		1	4	8	24					
梅州市		**1**	**22**	**61**	**258**					
梅江区		1	4	5	17					
梅县区			2	10	52					
大埔县			4	8	17					
丰顺县			5	7	23					
五华县			2	5	62					
平远县			1	7	20					
蕉岭县			2	5	19					
兴宁市			2	15	48					

11-3 续表 6 单位：户

地 区	家庭户数	一代户				
		一间	二间	三间	四间	五 间及以上
汕尾市	**16786**	**430**	**434**	**547**	**270**	**289**
城区	3037	167	98	115	22	10
海丰县	4988	132	141	208	101	109
陆河县	1648	4	23	44	25	88
陆丰市	7112	127	172	180	122	82
河源市	**20643**	**329**	**413**	**960**	**800**	**1692**
源城区	2918	167	76	125	70	65
紫金县	4283	36	65	190	145	359
龙川县	5192	38	104	300	304	550
连平县	2308	6	37	68	71	150
和平县	2897	10	53	141	127	303
东源县	3045	72	77	137	84	265
阳江市	**18124**	**406**	**895**	**1025**	**621**	**957**
江城区	4851	62	181	199	103	143
阳西县	3713	77	181	284	191	341
阳东县	3245	102	211	198	135	105
阳春市	6315	166	322	344	192	368
清远市	**28588**	**794**	**1327**	**2199**	**1072**	**1509**
清城区	6138	257	262	528	169	165
清新区	5237	155	141	382	279	187
佛冈县	2217	76	161	134	63	74
阳山县	2846	41	147	278	77	226
连山壮族瑶族自治县	680	9	37	51	14	30
连南瑶族自治县	1114	24	40	93	38	115
英德市	7210	184	376	490	251	416
连州市	3147	47	162	244	181	296
东莞市	**59954**	**26120**	**4674**	**2855**	**813**	**1461**
中山市	**25890**	**8643**	**1629**	**1086**	**298**	**214**
潮州市	**18298**	**1525**	**1146**	**546**	**207**	**108**
湘桥区	4419	380	455	234	60	33
潮安区	7493	367	256	144	68	44
饶平县	6386	778	434	168	80	31
揭阳市	**34808**	**1504**	**994**	**539**	**349**	**216**
榕城区	6062	336	202	76	46	10
揭东区	6328	627	179	86	23	11
揭西县	4946	131	248	126	90	63
惠来县	5740	117	148	90	79	73
普宁市	11733	293	216	161	111	58
云浮市	**18436**	**369**	**801**	**969**	**752**	**1737**
云城区	2621	64	111	142	56	115
云安区	1942	29	64	65	71	192
新兴县	3156	125	145	199	104	104
郁南县	3282	62	177	166	194	452
罗定市	7434	89	304	398	327	873

11-3 续表 7

单位：户

地　区	二代户					三代户				
	一间	二间	三间	四间	五　间及以上	一间	二间	三间	四间	五　间及以上
汕尾市	**1027**	**1796**	**3034**	**1733**	**1910**	**366**	**734**	**1320**	**1063**	**1648**
城区	370	373	711	179	80	131	154	336	177	95
海丰县	157	474	959	633	459	39	183	445	454	448
陆河县		9	127	169	537			43	67	472
陆丰市	500	939	1236	752	834	196	397	496	365	634
河源市	**86**	**360**	**1885**	**2052**	**5150**	**9**	**89**	**693**	**1103**	**4651**
源城区	34	103	493	364	414	1	20	181	228	532
紫金县	18	49	342	375	1138	5	16	134	218	1092
龙川县	8	81	443	599	1243	1	24	146	286	987
连平县	5	20	140	216	742		6	45	102	668
和平县	5	42	212	278	871	1	7	84	119	606
东源县	16	65	256	220	741	2	17	101	149	766
阳江市	**115**	**1082**	**2244**	**1976**	**3424**	**64**	**305**	**904**	**1127**	**2805**
江城区	32	389	763	565	913	20	80	274	347	732
阳西县	24	128	412	359	787	31	29	154	182	511
阳东县	21	166	360	415	540	6	56	182	237	476
阳春市	38	399	710	637	1184	8	140	295	360	1086
清远市	**489**	**1375**	**4796**	**2348**	**3929**	**179**	**417**	**2193**	**1713**	**3785**
清城区	173	310	1388	389	631	57	85	648	333	668
清新区	126	133	971	572	611	76	52	378	397	687
佛冈县	42	173	399	188	209	20	53	186	170	236
阳山县	34	99	410	175	433	3	33	253	121	449
连山壮族瑶族自治县	6	41	102	56	121	3	14	56	29	100
连南瑶族自治县	13	63	152	87	194	1	18	64	50	145
英德市	77	439	1027	593	1202	14	115	447	419	1042
连州市	19	117	347	288	526	4	47	162	196	457
东莞市	**3183**	**4232**	**5666**	**2635**	**3028**	**194**	**694**	**1503**	**1033**	**1779**
中山市	**1684**	**1913**	**3199**	**1458**	**1048**	**99**	**480**	**1436**	**1218**	**1366**
潮州市	**1669**	**2720**	**1846**	**972**	**816**	**850**	**1721**	**1483**	**1123**	**1243**
湘桥区	307	808	505	192	168	97	438	297	191	208
潮安区	195	1051	877	549	543	72	652	871	741	901
饶平县	1166	860	463	231	106	682	632	315	191	134
揭阳市	**4608**	**4834**	**3993**	**2856**	**1971**	**2270**	**3491**	**2532**	**2088**	**2092**
榕城区	1274	1017	534	229	95	672	939	383	95	74
揭东区	1578	886	419	155	89	876	799	280	115	125
揭西县	193	617	574	446	377	93	484	420	458	543
惠来县	354	659	620	770	751	125	330	338	548	677
普宁市	1210	1655	1846	1257	658	503	938	1110	873	673
云浮市	**149**	**658**	**1861**	**1690**	**4530**	**49**	**171**	**665**	**842**	**3045**
云城区	15	125	436	269	454	5	41	187	150	426
云安区	7	66	155	180	508	1	16	61	114	392
新兴县	78	174	470	357	416	35	66	212	247	390
郁南县	22	103	226	241	818	5	36	84	128	542
罗定市	26	189	573	644	2334	3	13	122	202	1295

11-3 续表 8

单位：户

地区	四代户					五代及以上户				
	一间	二间	三间	四间	五间及以上	一间	二间	三间	四间	五间及以上
汕尾市	**8**	**29**	**27**	**30**	**92**					
城区	3	5	7	1	5					
海丰县	1	9	5	11	21					
陆河县			2	1	33					
陆丰市	5	15	13	16	32					
河源市		**3**	**14**	**53**	**299**					
源城区			3	2	39					
紫金县		1	3	18	78					
龙川县		2	2	12	62					
连平县			1	4	26					
和平县			2	8	29					
东源县			4	10	65					
阳江市	**2**	**4**	**21**	**39**	**108**					
江城区		1	8	10	29					
阳西县	2	1	3	1	15					
阳东县			4	10	21					
阳春市		3	5	17	42					
清远市	**6**	**7**	**66**	**88**	**295**			**1**		**1**
清城区	1		16	17	39					
清新区	4	2	12	19	54					
佛冈县		2	8	8	15					
阳山县		1	11	8	46					1
连山壮族瑶族自治县			2	3	6					
连南瑶族自治县			1	2	14					
英德市	1	1	11	20	84			1		
连州市		1	6	11	37					
东莞市	**3**	**6**	**11**	**25**	**40**					
中山市		**2**	**13**	**46**	**57**					
潮州市	**37**	**89**	**65**	**58**	**74**					
湘桥区	2	19	10	6	10					
潮安区	2	23	37	42	57					
饶平县	34	47	17	10	7					
揭阳市	**59**	**115**	**108**	**84**	**104**					
榕城区	17	29	21	6	5					
揭东区	28	31	11	6	2					
揭西县	2	13	15	18	37					
惠来县	6	5	17	14	19					
普宁市	6	37	45	40	42					
云浮市		**1**	**18**	**15**	**113**					
云城区			5	1	19					
云安区			3	5	15					
新兴县		1	6	5	21					
郁南县			1	4	20					
罗定市			3	1	38					

11-3a 各地区家庭户按代数和住房间数分的户数（城市）

单位：户

地区	家庭户数	一代户				
		一间	二间	三间	四间	五间及以上
全省	**467685**	**120921**	**41268**	**30381**	**6812**	**6730**
广州市	**101925**	**24413**	**13079**	**7394**	**1197**	**884**
荔湾区	9199	1673	1409	522	44	16
越秀区	10468	1329	1554	693	79	31
海珠区	15023	1998	2882	865	167	33
天河区	16388	4922	2410	1370	253	83
白云区	15979	4505	2110	998	86	28
黄埔区	5198	1775	687	232	63	20
番禺区	13517	4859	1094	1054	181	258
花都区	4915	745	280	509	83	166
南沙区	2528	745	220	148	55	75
萝岗区	3428	1664	171	236	39	45
从化区	1760	18	81	286	45	9
增城区	3523	181	181	482	102	121
韶关市	**7834**	**259**	**1082**	**947**	**83**	**87**
武江区	2216	114	318	216	6	17
浈江区	3000	99	563	317	44	19
曲江区	1104	20	133	165	13	5
乐昌市	665	7	40	88	12	33
南雄市	848	20	28	161	9	14
深圳市	**98783**	**41929**	**9154**	**5015**	**763**	**493**
罗湖区	8435	2871	964	401	64	32
福田区	10893	2392	997	827	170	81
南山区	10758	2419	1021	1183	111	39
宝安区	42955	23380	3246	1417	167	145
龙岗区	23946	10359	2688	1103	237	192
盐田区	1798	509	239	84	14	3
珠海市	**11337**	**2527**	**854**	**1252**	**266**	**66**
香洲区	9137	2088	714	943	247	58
斗门区	940	92	67	109	10	4
金湾区	1260	347	73	200	9	4
汕头市	**17011**	**602**	**1404**	**974**	**285**	**163**
龙湖区	3307	298	219	342	94	22
金平区	6740	222	903	405	68	17
濠江区	987	23	58	29	16	22
潮阳区	2104	17	95	85	35	31
潮南区	2268	9	15	11	39	52
澄海区	1606	34	114	102	34	19

11-3a 续表 1

单位：户

地 区	二代户					三代户				
	一间	二间	三间	四间	五 间及以上	一间	二间	三间	四间	五 间及以上
全 省	**24873**	**54742**	**71176**	**19923**	**20182**	**3266**	**13889**	**24855**	**10699**	**16673**
广州市	**5281**	**16748**	**15748**	**2952**	**2036**	**753**	**3871**	**4926**	**1227**	**1292**
荔湾区	842	2134	1122	92	55	180	571	416	68	42
越秀区	774	2309	1544	164	37	214	799	792	109	25
海珠区	915	3691	2057	348	71	144	933	682	170	58
天河区	515	2554	2447	474	70	38	470	600	138	35
白云区	1054	3005	2334	259	97	72	522	719	117	63
黄埔区	229	913	585	176	44	21	184	174	65	24
番禺区	610	1095	2081	557	502	48	208	506	204	243
花都区	61	272	1262	284	316	6	55	444	145	271
南沙区	67	197	315	141	231	8	43	89	66	123
萝岗区	133	206	369	113	184	13	25	75	23	128
从化区	9	153	635	88	94	1	31	190	34	81
增城区	72	218	996	255	334	9	32	241	88	198
韶关市	**143**	**1367**	**2055**	**217**	**267**	**19**	**279**	**679**	**120**	**199**
武江区	52	525	565	41	52	4	103	139	14	44
浈江区	70	625	641	75	101	10	129	209	43	43
曲江区	10	144	345	31	13	5	30	137	26	22
乐昌市	6	43	159	44	83	1	8	52	25	65
南雄市	5	29	344	26	18		10	142	13	25
深圳市	**8191**	**10588**	**10314**	**2033**	**843**	**745**	**3214**	**4087**	**894**	**470**
罗湖区	916	1301	843	117	49	114	363	318	49	26
福田区	764	1509	1873	518	130	85	475	802	204	59
南山区	817	1215	2223	232	72	103	389	792	102	34
宝安区	3917	3506	3006	636	266	319	1186	1338	268	147
龙岗区	1642	2704	2153	508	320	111	704	751	262	192
盐田区	135	354	216	21	6	13	97	86	9	11
珠海市	**418**	**1284**	**2635**	**432**	**173**	**28**	**237**	**817**	**199**	**134**
香洲区	332	1111	2030	366	149	19	198	626	145	100
斗门区	22	79	308	42	13	3	21	110	39	20
金湾区	64	93	297	25	12	6	18	81	15	14
汕头市	**374**	**2955**	**3225**	**1390**	**1062**	**96**	**840**	**1219**	**1061**	**1190**
龙湖区	51	345	896	342	117		43	192	169	153
金平区	227	1807	1332	274	110	46	475	493	192	139
濠江区	41	136	114	69	107	20	66	67	69	134
潮阳区	12	331	435	207	172	1	121	190	172	180
潮南区	32	168	146	363	469	28	94	91	304	399
澄海区	10	168	302	135	86		41	185	155	185

11-3a 续表 2

单位：户

地　区	四代户					五代及以上户				
	一间	二间	三间	四间	五　间及以上	一间	二间	三间	四间	五　间及以上
全　省	**39**	**128**	**287**	**260**	**579**					
广州市	**1**	**20**	**43**	**29**	**31**					
荔湾区		3	8	2	1					
越秀区		7	6	1						
海珠区		5	5							
天河区		1	7	1						
白云区		1	6	3	3					
黄埔区		1	1	2	1					
番禺区	1	1	3	5	7					
花都区			4	5	6					
南沙区				3	3					
萝岗区				1	3					
从化区			1	1	2					
增城区			3	5	6					
韶关市		**4**	**12**	**6**	**8**					
武江区		1	2		2					
浈江区		3	5	4	2					
曲江区			2	2	2					
乐昌市				1	1					
南雄市			3		1					
深圳市	**4**	**8**	**16**	**9**	**13**					
罗湖区	1	3	2	1						
福田区	1	1	1	3						
南山区			6	2						
宝安区	2	2	2		2					
龙岗区		1	4	3	11					
盐田区			1							
珠海市		**3**	**7**	**3**	**2**					
香洲区		3	5	3	1					
斗门区			1		1					
金湾区			1							
汕头市	**3**	**14**	**34**	**41**	**79**					
龙湖区			7	7	11					
金平区		4	13	7	6					
濠江区		2	2	5	6					
潮阳区		5	4	2	9					
潮南区	2	2	5	10	28					
澄海区			4	11	20					

11-3a 续表 3

单位：户

地 区	家庭户数	一代户				
		一间	二间	三间	四间	五 间及以上
佛山市	**54413**	**15778**	**3717**	**3336**	**1183**	**1065**
禅城区	8639	1608	908	788	195	83
南海区	17322	4271	1320	1038	398	377
顺德区	23274	9401	1078	956	512	565
三水区	2315	130	222	285	49	34
高明区	2861	369	189	269	30	6
江门市	**19851**	**1365**	**1712**	**1705**	**326**	**280**
蓬江区	5951	538	543	519	90	73
江海区	2029	207	181	65	32	30
新会区	3880	244	468	346	76	60
台山市	2755	212	219	323	49	29
开平市	2523	68	153	209	27	29
鹤山市	1799	86	123	188	30	12
恩平市	914	10	25	55	22	48
湛江市	**11327**	**296**	**759**	**1005**	**276**	**412**
赤坎区	2550	77	245	277	42	34
霞山区	3952	137	310	384	48	72
坡头区	555	7	25	86	15	14
麻章区	306	5	19	47	10	15
遂溪县	158		11	16	9	10
廉江市	1118	14	55	37	17	119
雷州市	1434	46	74	130	111	56
吴川市	1254	11	21	29	24	93
茂名市	**9840**	**62**	**284**	**836**	**271**	**642**
茂南区	4011	33	159	476	91	56
电白区	1456	4	32	129	23	114
高州市	1389	13	36	77	48	105
化州市	1297	8	32	50	25	102
信宜市	1687	4	26	102	84	265
肇庆市	**7990**	**308**	**676**	**850**	**148**	**80**
端州区	4534	148	485	554	53	37
鼎湖区	389	19	18	17	12	13
高要市	655	9	28	54	13	10
四会市	2411	132	145	226	71	20
惠州市	**14737**	**3036**	**1534**	**1136**	**243**	**131**
惠城区	10712	2304	946	830	188	64
惠阳区	3981	726	585	303	51	67
博罗县	44	6	3	3	4	

11-3a 续表 4 单位：户

地　区	二代户					三代户				
	一间	二间	三间	四间	五　间及以上	一间	二间	三间	四间	五　间及以上
佛山市	**2735**	**4803**	**7566**	**2581**	**2853**	**231**	**1046**	**2668**	**1699**	**3007**
禅城区	429	1287	1526	395	163	29	304	556	173	181
南海区	947	1548	2367	774	1346	74	318	705	431	1359
顺德区	1198	1239	2201	1259	1129	103	284	919	1010	1354
三水区	39	324	603	74	190	3	60	190	28	80
高明区	121	404	869	80	25	22	80	299	57	33
江门市	**776**	**2884**	**4324**	**1082**	**1168**	**147**	**716**	**1656**	**690**	**959**
蓬江区	259	991	1232	233	275	12	266	468	159	277
江海区	94	442	319	93	114	12	85	132	91	122
新会区	114	594	862	252	182	10	137	282	99	146
台山市	160	331	601	129	98	31	98	233	136	95
开平市	92	242	752	165	163	68	55	316	68	110
鹤山市	52	237	413	122	95	14	65	191	97	70
恩平市	4	47	145	89	240		11	34	40	139
湛江市	**310**	**1530**	**2381**	**696**	**1567**	**21**	**294**	**638**	**250**	**868**
赤坎区	75	380	700	107	170	11	80	200	55	92
霞山区	175	857	1054	149	193	6	166	256	60	82
坡头区	7	27	108	48	116		2	41	11	46
麻章区	2	17	40	23	52	1	3	17	9	47
遂溪县		5	26	15	36			7	3	20
廉江市	5	111	90	66	344		14	31	15	195
雷州市	30	83	252	202	223		19	43	48	117
吴川市	16	51	111	86	433	3	10	43	49	269
茂名市	**50**	**464**	**2240**	**721**	**2028**	**7**	**88**	**670**	**258**	**1164**
茂南区	20	305	1537	315	219	1	57	494	96	146
电白区	8	56	315	73	368	1	12	58	28	231
高州市	15	56	151	141	355	4	12	55	65	243
化州市	8	34	108	61	528	1	4	19	21	284
信宜市		13	129	131	558		2	44	49	260
肇庆市	**325**	**1013**	**2309**	**469**	**335**	**89**	**223**	**597**	**225**	**315**
端州区	126	649	1240	227	174	13	185	322	121	187
鼎湖区	20	18	117	34	49	9	4	22	12	22
高要市	7	93	277	59	28	2	4	32	17	19
四会市	172	252	674	148	84	65	30	220	76	88
惠州市	**486**	**1787**	**2815**	**673**	**585**	**23**	**334**	**1021**	**350**	**534**
惠城区	383	1388	2187	512	289	17	266	798	267	247
惠阳区	103	395	620	156	294	6	68	218	81	286
博罗县		4	8	5	2			5	2	

11-3a 续表 5

单位：户

地 区	四代户					五代及以上户				
	一间	二间	三间	四间	五间及以上	一间	二间	三间	四间	五间及以上
佛山市	**3**	**10**	**26**	**28**	**78**					
禅城区		3	4	2	6					
南海区		5	9	8	27					
顺德区	1	1	6	16	43					
三水区			1	1	1					
高明区	1	1	5	2	1					
江门市	**1**	**7**	**16**	**14**	**22**					
蓬江区		2	4	2	7					
江海区	1	3	1	4	4					
新会区		1	2		5					
台山市	1		5	5	1					
开平市			3	2	1					
鹤山市		2	1	2	1					
恩平市					4					
湛江市		**2**	**5**	**4**	**14**					
赤坎区			1	3	3					
霞山区		1	2		1					
坡头区			1							
麻章区					1					
遂溪县										
廉江市		1			4					
雷州市					1					
吴川市			1	1	4					
茂名市		**1**	**4**	**7**	**42**					
茂南区			2	2	2					
电白区				1	3					
高州市			2	2	9					
化州市		1		1	11					
信宜市			1	1	18					
肇庆市	**1**	**3**	**8**	**5**	**13**					
端州区		1	4	4	6					
鼎湖区					2					
高要市					1					
四会市	1	1	3	1	3					
惠州市		**3**	**11**	**7**	**27**					
惠城区		3	9	3	13					
惠阳区			3	4	14					
博罗县										

11-3a 续表 6 单位：户

地 区	家庭户数	一代户				
		一间	二间	三间	四间	五 间及以上
梅州市	**6659**	**143**	**273**	**581**	**296**	**396**
梅江区	3083	102	154	300	128	142
梅县区	1146	4	33	63	39	71
五华县	109		1	1	1	27
兴宁市	2321	38	85	217	129	156
汕尾市	**2937**	**119**	**87**	**127**	**22**	**8**
城区	2002	107	71	103	12	3
陆丰市	935	12	16	24	10	5
河源市	**2876**	**167**	**76**	**124**	**69**	**63**
源城区	2876	167	76	124	69	63
阳江市	**4301**	**37**	**178**	**209**	**83**	**121**
江城区	3042	13	113	124	69	80
阳春市	1259	25	65	86	14	41
清远市	**7319**	**293**	**351**	**813**	**125**	**112**
清城区	3682	140	203	446	70	51
清新区	1454	98	27	174	17	5
英德市	1196	44	74	108	13	14
连州市	988	11	47	85	24	41
东莞市	**53647**	**23490**	**4117**	**2576**	**725**	**1340**
中山市	**15654**	**5027**	**1020**	**896**	**186**	**124**
潮州市	**6253**	**518**	**506**	**267**	**81**	**44**
湘桥区	3230	303	388	223	50	27
潮安区	3023	216	118	45	31	17
揭阳市	**9590**	**506**	**276**	**164**	**76**	**24**
榕城区	4165	218	161	46	22	3
揭东区	2025	211	36	45	15	9
普宁市	3400	77	78	74	39	12
云浮市	**3403**	**45**	**129**	**174**	**106**	**197**
云城区	1850	33	73	105	42	60
云安区	124	2	9	1	1	6
罗定市	1429	9	47	68	63	131

11-3a 续表 7

单位：户

地 区	二代户					三代户				
	一间	二间	三间	四间	五 间及以上	一间	二间	三间	四间	五 间及以上
梅州市	**31**	**299**	**1001**	**673**	**1011**	**3**	**61**	**428**	**357**	**1059**
梅江区	26	194	576	260	291	2	47	310	158	372
梅县区		26	104	128	230		5	45	75	306
五华县			2	6	43				3	25
兴宁市	5	79	318	280	447	1	8	74	121	355
汕尾市	**227**	**320**	**799**	**187**	**111**	**102**	**120**	**382**	**155**	**147**
城区	175	221	581	122	39	73	80	248	100	56
陆丰市	52	99	219	65	72	29	41	133	55	90
河源市	**34**	**103**	**490**	**359**	**400**	**1**	**20**	**181**	**227**	**520**
源城区	34	103	490	359	400	1	20	181	227	520
阳江市	**23**	**372**	**704**	**503**	**806**	**4**	**66**	**223**	**273**	**664**
江城区	10	253	508	382	631	2	37	144	215	439
阳春市	13	118	196	122	175	2	29	79	58	224
清远市	**127**	**465**	**2243**	**403**	**434**	**19**	**115**	**905**	**332**	**507**
清城区	79	243	1140	180	196	15	58	508	139	182
清新区	26	52	606	75	40		5	181	69	63
英德市	12	119	342	77	74	2	28	143	58	79
连州市	11	51	155	71	123	2	25	73	67	183
东莞市	**2850**	**3884**	**5131**	**2341**	**2596**	**183**	**614**	**1335**	**881**	**1516**
中山市	**817**	**1304**	**2375**	**810**	**525**	**42**	**326**	**915**	**581**	**657**
潮州市	**242**	**976**	**791**	**389**	**397**	**37**	**400**	**540**	**390**	**596**
湘桥区	181	603	439	149	132	31	205	208	127	147
潮安区	60	373	351	240	265	6	195	332	263	449
揭阳市	**1417**	**1468**	**1506**	**693**	**263**	**716**	**996**	**764**	**355**	**273**
榕城区	910	780	329	171	48	479	657	207	58	32
揭东区	431	228	253	105	45	223	198	108	57	45
普宁市	77	461	924	417	170	14	140	449	241	196
云浮市	**14**	**129**	**524**	**318**	**724**	**1**	**31**	**203**	**175**	**605**
云城区	11	75	355	201	297	1	25	149	115	291
云安区		4	21	14	18		1	5	16	24
罗定市	4	50	148	104	408		5	49	44	290

11-3a 续表 8 单位：户

地区	四代户					五代及以上户				
	一间	二间	三间	四间	五间及以上	一间	二间	三间	四间	五间及以上
梅州市		**1**	**6**	**10**	**30**					
梅江区		1	4	4	13					
梅县区			1	2	13					
五华县										
兴宁市			1	4	4					
汕尾市	**1**	**1**	**10**	**2**	**7**					
城区	1	1	6		2					
陆丰市	1		4	2	5					
河源市			**3**	**2**	**38**					
源城区			3	2	38					
阳江市		**3**	**4**	**5**	**24**					
江城区		1	3	2	17					
阳春市		2	1	3	7					
清远市		**1**	**17**	**22**	**37**					
清城区			11	12	9					
清新区			5	3	9					
英德市			1	2	6					
连州市		1	1	5	14					
东莞市	**3**	**5**	**8**	**20**	**32**					
中山市		**2**	**8**	**16**	**23**					
潮州市	**1**	**10**	**20**	**17**	**33**					
湘桥区		6	5	2	5					
潮安区	1	4	16	15	28					
揭阳市	**20**	**34**	**24**	**11**	**6**					
榕城区	13	20	9	2						
揭东区	7	9		1						
普宁市		5	15	8	6					
云浮市			**4**	**2**	**21**					
云城区			3	1	13					
云安区				1	1					
罗定市				1	8					

11-3b 各地区家庭户按代数和住房间数分的户数（镇）

单位：户

地 区	家庭户数	一代户				
		一间	二间	三间	四间	五 间 及以上
全 省	**122552**	**10231**	**6023**	**5854**	**3389**	**5355**
广州市	**8428**	**1572**	**670**	**593**	**253**	**395**
白云区	1367	193	117	66	21	57
番禺区	556	140	22	35	16	91
花都区	794	69	57	82	14	23
南沙区	1782	554	136	75	58	69
萝岗区	67	3	1	6	5	7
从化区	445	36	36	24	5	9
增城区	3418	577	301	305	135	139
韶关市	**5906**	**86**	**297**	**559**	**225**	**386**
武江区	144	1	4	22	1	3
浈江区	330	11	57	110	15	1
曲江区	334	10	18	33	17	18
始兴县	712	12	51	59	30	32
仁化县	619	16	22	53	20	26
翁源县	930	9	30	62	40	117
乳源瑶族自治县	661	3	36	66	24	58
新丰县	728	2	9	36	21	29
乐昌市	1033	20	55	86	38	68
南雄市	415	2	16	33	20	34
珠海市	**2065**	**619**	**109**	**63**	**27**	**51**
香洲区	124	98	5	2		
斗门区	965	172	59	36	16	28
金湾区	976	348	45	25	10	23
汕头市	**8544**	**245**	**299**	**149**	**168**	**97**
龙湖区	358	2	10	5	2	8
濠江区	50		8	4		1
潮阳区	3607	52	64	42	32	12
潮南区	1697	59	18	9	52	46
澄海区	2440	107	165	66	73	22
南澳县	391	25	34	24	9	6
佛山市	**3711**	**1433**	**155**	**112**	**67**	**85**
禅城区	1324	370	56	17	31	44
南海区	597	341	20	11	9	11
三水区	1518	672	63	61	20	22
高明区	271	50	17	23	7	8
江门市	**4327**	**384**	**351**	**308**	**130**	**114**
新会区	1080	98	80	109	27	26
台山市	899	23	105	46	12	11
开平市	590	37	70	42	6	10
鹤山市	706	191	27	41	37	12
恩平市	1051	36	69	70	48	54

11-3b 续表 1

单位：户

地　　区	二代户					三代户				
	一间	二间	三间	四间	五　间及以上	一间	二间	三间	四间	五　间及以上
全　省	**4674**	**8695**	**15325**	**11111**	**17479**	**1430**	**3467**	**6596**	**7015**	**14679**
广州市	**206**	**612**	**1185**	**665**	**879**	**26**	**128**	**340**	**275**	**602**
白云区	34	156	156	75	170	7	29	61	39	181
番禺区	27	26	57	49	45	6	4	10	10	15
花都区	13	40	186	49	94		10	70	22	66
南沙区	28	56	165	175	139	3	18	53	97	152
萝岗区	1		3	6	19			1	1	12
从化区	5	48	95	40	41	1	8	29	24	43
增城区	99	286	524	272	373	10	59	117	82	133
韶关市	**30**	**319**	**1134**	**531**	**817**	**3**	**71**	**430**	**345**	**624**
武江区		7	51	8	8		1	24	11	3
浈江区	3	20	74	14	3	2	2	9	6	3
曲江区	3	17	66	33	35		5	21	22	35
始兴县	3	44	134	84	62		13	57	55	69
仁化县	5	29	134	54	95		5	50	31	73
翁源县	1	30	122	57	229		9	42	41	134
乳源瑶族自治县	4	50	121	56	88		14	56	29	52
新丰县	2	18	180	88	92		4	76	68	98
乐昌市	10	88	182	97	149		13	64	50	105
南雄市	1	16	71	42	56		6	31	33	52
珠海市	**135**	**190**	**247**	**100**	**133**	**24**	**50**	**104**	**59**	**139**
香洲区	12	3	4							
斗门区	47	103	156	55	75	18	12	69	30	81
金湾区	76	83	87	45	58	6	38	36	29	58
汕头市	**291**	**922**	**906**	**1038**	**836**	**92**	**628**	**618**	**998**	**1087**
龙湖区		11	24	36	55		7	30	48	108
濠江区		4	18		2			10		2
潮阳区	189	483	485	352	396	63	359	269	291	461
潮南区	49	110	93	295	233	6	72	68	300	251
澄海区	27	250	236	326	137	8	161	211	342	251
南澳县	26	65	50	29	12	15	29	31	17	15
佛山市	**274**	**204**	**276**	**201**	**360**	**24**	**41**	**96**	**102**	**274**
禅城区	95	70	45	114	245	5	2	7	37	181
南海区	33	18	14	27	42	2	11	9	20	32
三水区	123	90	166	43	66	17	22	59	36	56
高明区	23	26	51	16	6	1	7	22	9	5
江门市	**119**	**422**	**758**	**356**	**363**	**26**	**105**	**267**	**234**	**360**
新会区	68	95	246	55	71	23	30	74	31	43
台山市	12	117	163	67	57	2	27	71	81	97
开平市	7	56	127	44	48		18	48	20	53
鹤山市	16	60	77	69	46		7	16	44	55
恩平市	16	95	145	120	141	1	23	57	58	112

11-3b 续表 2　　　　单位：户

地 区	四代户					五代及以上户				
	一间	二间	三间	四间	五 间 及以上	一间	二间	三间	四间	五 间 及以上
全 省	**40**	**87**	**157**	**268**	**679**					
广州市		**1**	**2**	**9**	**14**					
白云区				1	6					
番禺区				1	1					
花都区										
南沙区				3	3					
萝岗区					1					
从化区			1		1					
增城区		1	1	3	2					
韶关市		**2**	**7**	**14**	**26**					
武江区				1	1					
浈江区										
曲江区			1	1	1					
始兴县			1	2	4					
仁化县				1	5					
翁源县		1	2	1	5					
乳源瑶族自治县			1	2	3					
新丰县				2	1					
乐昌市		1	2	3	4					
南雄市				1	2					
珠海市	**1**	**1**	**2**	**3**	**9**					
香洲区										
斗门区	1	1	1	1	5					
金湾区			1	1	3					
汕头市	**5**	**21**	**19**	**58**	**66**					
龙湖区		1		5	7					
濠江区										
潮阳区	4	7	5	15	26					
潮南区		4	4	16	13					
澄海区	1	9	10	21	20					
南澳县	1			1	1					
佛山市			**1**	**1**	**5**					
禅城区					4					
南海区										
三水区			1	1						
高明区			1		1					
江门市	**1**	**2**	**4**	**7**	**17**					
新会区	1	2		1	2					
台山市			2	3	3					
开平市			1	1	2					
鹤山市			1	2	6					
恩平市				1	5					

11-3b 续表 3

单位：户

地 区	家庭户数	一代户				
		一间	二间	三间	四间	五 间 及以上
湛江市	**9385**	**170**	**476**	**561**	**207**	**451**
霞山区	35	1		1		1
坡头区	465	11	21	27	12	38
麻章区	862	13	35	36	15	29
遂溪县	1723	24	89	107	29	74
徐闻县	1991	73	181	187	27	24
廉江市	1804	11	47	91	59	107
雷州市	1445	33	85	96	43	60
吴川市	1060	3	17	16	23	117
茂名市	**7045**	**157**	**208**	**288**	**217**	**657**
茂南区	265	2	2	19	5	30
电白区	2755	51	56	85	75	155
高州市	1692	54	86	83	50	182
化州市	1175	45	34	35	34	139
信宜市	1158	6	30	66	52	152
肇庆市	**6215**	**237**	**321**	**340**	**188**	**295**
鼎湖区	297	17	33	18	9	16
广宁县	1314	37	90	48	58	97
怀集县	1355	14	28	56	34	66
封开县	938	12	29	49	44	73
德庆县	656	7	32	73	13	21
高要市	1297	111	98	50	16	10
四会市	357	39	12	46	13	12
惠州市	**8886**	**1074**	**488**	**447**	**238**	**307**
惠城区	353	85	10	16	3	9
惠阳区	469	88	27	24	10	33
博罗县	3837	587	166	192	83	152
惠东县	3278	255	224	145	119	70
龙门县	949	59	62	70	23	43
梅州市	**9240**	**121**	**276**	**477**	**511**	**941**
梅江区	59				1	10
梅县区	886	3	22	47	40	107
大埔县	1383	24	41	126	101	99
丰顺县	1707	57	60	63	80	120
五华县	2253	19	55	82	121	335
平远县	875	6	20	45	61	71
蕉岭县	883	3	19	68	72	93
兴宁市	1195	9	58	47	34	105
汕尾市	**6676**	**161**	**179**	**240**	**133**	**122**
城区	339	17	8	5	3	2
海丰县	3179	79	79	155	80	35
陆河县	893	4	9	20	16	61
陆丰市	2265	62	84	60	33	23

11-3b 续表 4

单位：户

地 区	二代户					三代户				
	一间	二间	三间	四间	五 间 及以上	一间	二间	三间	四间	五 间 及以上
湛江市	**127**	**544**	**1422**	**797**	**2135**	**11**	**137**	**501**	**368**	**1411**
霞山区	1	2	6	1	14			1	1	6
坡头区	5	30	71	31	111	2	1	12	11	80
麻章区	13	48	105	86	236	2	15	48	41	130
遂溪县	2	89	309	155	386		16	103	66	257
徐闻县	69	144	438	121	214	4	37	192	79	192
廉江市	6	75	223	221	443		17	64	85	338
雷州市	23	139	201	132	302	1	42	53	60	163
吴川市	5	17	68	52	429	1	9	27	26	245
茂名市	**69**	**232**	**572**	**561**	**2091**	**12**	**44**	**191**	**256**	**1410**
茂南区	2	6	26	7	80		2	7	7	67
电白区	40	128	269	260	799	9	25	104	127	542
高州市	9	44	118	99	493	3	10	36	46	351
化州市	18	36	64	80	381	1	5	17	32	246
信宜市	1	18	94	114	338		1	27	44	205
肇庆市	**252**	**434**	**706**	**586**	**1059**	**114**	**148**	**316**	**333**	**847**
鼎湖区	9	33	34	26	38	2	7	17	11	25
广宁县	26	71	124	137	228	18	23	55	73	221
怀集县	13	38	152	167	381	4	6	46	99	237
封开县	10	34	105	90	210	4	8	41	50	176
德庆县	8	54	108	61	91	2	16	42	32	92
高要市	144	183	152	88	78	58	83	97	57	67
四会市	42	21	31	17	32	26	5	18	12	28
惠州市	**283**	**671**	**1350**	**794**	**950**	**40**	**185**	**523**	**514**	**927**
惠城区	13	26	64	14	33		7	18	16	38
惠阳区	12	29	42	26	83		3	4	8	75
博罗县	112	241	536	326	503	11	52	206	191	442
惠东县	119	281	535	373	232	27	94	213	254	292
龙门县	27	94	172	55	99	2	28	82	46	80
梅州市	**121**	**248**	**772**	**1041**	**2022**	**46**	**75**	**288**	**536**	**1668**
梅江区				1	29					18
梅县区	2	10	43	78	214		3	17	50	235
大埔县	8	27	173	221	189		2	66	108	183
丰顺县	96	100	160	172	309	44	49	67	78	239
五华县	5	35	131	194	723		4	31	75	423
平远县	4	25	83	143	126	1	5	44	90	136
蕉岭县	1	21	88	127	131		4	38	84	126
兴宁市	5	29	94	104	300	1	8	26	52	308
汕尾市	**446**	**603**	**1215**	**775**	**742**	**149**	**235**	**477**	**486**	**650**
城区	71	43	36	17	11	24	30	28	29	9
海丰县	61	196	714	507	280	9	51	277	332	297
陆河县		6	78	85	303			34	40	221
陆丰市	314	358	386	167	148	115	154	138	85	123

11-3b 续表 5

单位：户

地 区	四代户					五代及以上户				
	一间	二间	三间	四间	五 间及以上	一间	二间	三间	四间	五 间及以上
湛江市		**2**	**11**	**7**	**50**					
霞山区										
坡头区					1					
麻章区			1		8					
遂溪县		1	1	2	14					
徐闻县			5	1	5					
廉江市			2	2	11					
雷州市		1	1	1	5					
吴川市					5					
茂名市		**1**	**1**	**6**	**73**					
茂南区					2					
电白区		1		1	28					
高州市				2	27					
化州市			1	1	8					
信宜市				2	9					
肇庆市		**1**	**2**	**4**	**31**					
鼎湖区										
广宁县				1	7					
怀集县				2	14					
封开县					3					
德庆县					4					
高要市		1	1	1	1					
四会市					3					
惠州市		**3**	**18**	**16**	**60**					
惠城区			1							
惠阳区					4					
博罗县		1	5	7	24					
惠东县		2	9	7	27					
龙门县			2	1	4					
梅州市		**1**	**6**	**25**	**66**					
梅江区										
梅县区				4	9					
大埔县			3	5	7					
丰顺县			1	5	8					
五华县			1	2	16					
平远县			1	6	8					
蕉岭县				2	5					
兴宁市				2	12					
汕尾市	**3**	**10**	**7**	**15**	**31**					
城区	1	3	1	1	1					
海丰县	1	2	2	10	13					
陆河县			2	1	14					
陆丰市	1	5	2	3	4					

11-3b 续表 6　　单位：户

地　区	家庭户数	一代户				
		一间	二间	三间	四间	五间及以上
河源市	**5432**	**107**	**121**	**276**	**189**	**335**
紫金县	1589	29	37	67	34	111
龙川县	1464	19	37	95	84	70
连平县	850	3	18	28	22	60
和平县	834	8	15	63	37	56
东源县	696	48	15	24	11	39
阳江市	**4362**	**132**	**183**	**206**	**166**	**242**
江城区	558	13	23	20	8	32
阳西县	1311	25	60	78	50	81
阳东县	1464	68	66	69	62	52
阳春市	1029	26	35	39	46	76
清远市	6673	230	303	506	223	360
清城区	1359	94	38	49	34	64
清新区	822	3	28	76	54	29
佛冈县	906	31	71	74	28	21
阳山县	1016	14	27	112	18	71
连山壮族瑶族自治县	265	3	19	34	8	5
连南瑶族自治县	510	17	21	45	18	50
英德市	1533	58	84	101	47	97
连州市	262	10	15	16	17	24
东莞市	**403**	**111**	**224**		**2**	
中山市	**6985**	**2478**	**555**	**157**	**77**	**58**
潮州市	**5589**	**453**	**344**	**153**	**68**	**30**
湘桥区	749	47	37	10	8	6
潮安区	1674	52	48	28	11	7
饶平县	3166	355	259	115	48	17
揭阳市	**8926**	**360**	**339**	**210**	**141**	**80**
榕城区	714	33	10	17	10	6
揭东区	1488	164	66	20	6	
揭西县	1768	41	134	78	55	21
惠来县	2600	57	76	56	55	38
普宁市	2355	65	53	39	15	15
云浮市	**3754**	**101**	**122**	**212**	**161**	**349**
云城区	67	3	4	3	1	6
云安区	344	7	10	12	10	32
新兴县	1212	64	32	87	41	29
郁南县	1284	17	47	74	63	176
罗定市	848	10	29	35	46	105

11-3b 续表 7　　　　单位：户

地　　区	二代户					三代户				
	一间	二间	三间	四间	五间及以上	一间	二间	三间	四间	五间及以上
河源市	**43**	**144**	**638**	**642**	**1148**	**6**	**41**	**217**	**343**	**1095**
紫金县	16	32	165	149	363	3	12	64	93	389
龙川县	7	48	234	245	200	1	14	71	125	195
连平县	3	15	62	100	234		5	26	55	205
和平县	4	26	109	96	179		4	42	44	142
东源县	12	22	68	51	171	2	7	15	27	164
阳江市	**26**	**209**	**486**	**452**	**954**	**6**	**58**	**217**	**278**	**713**
江城区	1	55	88	33	97		17	43	46	80
阳西县	8	76	172	130	270	3	21	78	75	176
阳东县	10	52	156	191	321	2	12	65	76	250
阳春市	7	26	70	98	266	1	8	32	81	206
清远市	126	341	1005	586	912	15	105	497	431	936
清城区	50	54	147	101	239	4	21	83	92	271
清新区	2	16	120	134	89	1	6	65	99	91
佛冈县	16	61	215	79	67	1	14	91	60	68
阳山县	9	25	192	52	137	2	11	115	47	162
连山壮族瑶族自治县	4	17	60	24	17	3	7	28	11	22
连南瑶族自治县	9	32	72	36	77		10	27	23	67
英德市	29	116	163	136	260	3	30	71	86	227
连州市	7	19	36	23	27	1	7	17	13	29
东莞市	**2**	**23**	**3**	**5**	**22**					**12**
中山市	**536**	**470**	**634**	**408**	**357**	**19**	**103**	**287**	**352**	**450**
潮州市	**641**	**853**	**574**	**266**	**180**	**326**	**580**	**452**	**289**	**297**
湘桥区	79	107	51	34	33	37	125	60	46	55
潮安区	39	306	228	114	96	20	181	206	142	165
饶平县	523	441	296	118	52	269	273	186	101	78
揭阳市	**881**	**1140**	**1030**	**944**	**651**	**463**	**695**	**615**	**650**	**615**
榕城区	113	90	130	37	24	43	80	70	15	29
揭东区	333	247	87	24	17	210	200	53	15	25
揭西县	43	161	280	228	105	25	71	161	197	155
惠来县	139	281	286	440	365	56	102	123	226	271
普宁市	253	361	247	215	140	129	242	208	197	134
云浮市	**68**	**113**	**413**	**365**	**868**	**27**	**38**	**159**	**165**	**563**
云城区	1	6	6	3	14		1	4	1	11
云安区	4	15	28	25	88		5	9	19	75
新兴县	53	45	223	156	137	27	26	94	85	106
郁南县	10	35	95	94	361	1	5	39	40	216
罗定市	1	11	61	87	268		2	13	20	155

11-3b 续表 8　　　　单位：户

地　区	四代户					五代及以上户				
	一间	二间	三间	四间	五　间及以上	一间	二间	三间	四间	五　间及以上
河源市		**3**	**5**	**15**	**65**					
紫金县		1	1	7	19					
龙川县		2	2	4	12					
连平县				1	11					
和平县				3	6					
东源县			1	1	18					
阳江市			**3**	**6**	**24**					
江城区			1		2					
阳西县			1	1	5					
阳东县			1	1	9					
阳春市				4	8					
清远市		1	15	14	66					
清城区			3	2	13					
清新区			2	2	4					
佛冈县		1	4	1	3					
阳山县			3	2	17					
连山壮族瑶族自治县			1	1	1					
连南瑶族自治县					7					
英德市			2	5	18					
连州市				1	3					
东莞市										
中山市			**5**	**15**	**23**					
潮州市	**15**	**22**	**20**	**15**	**12**					
湘桥区	1	6	2	1	5					
潮安区	1	5	11	9	6					
饶平县	13	10	7	5	1					
揭阳市	**15**	**18**	**26**	**34**	**18**					
榕城区	1		4		1					
揭东区	9	5	4	1	1					
揭西县			4	6	3					
惠来县	3	4	6	9	7					
普宁市	2	9	8	18	6					
云浮市			**4**	**3**	**23**					
云城区			1		2					
云安区			1	1	5					
新兴县			2	1	4					
郁南县			1	1	8					
罗定市					5					

11-3c 各地区家庭户按代数和住房间数分的户数（乡村）

单位：户

地　区	家庭户数	一代户				
		一间	二间	三间	四间	五　间及以上
全　省	**233307**	**11188**	**8893**	**9546**	**7276**	**15780**
广州市	**14012**	**1782**	**733**	**518**	**322**	**743**
白云区	2464	262	141	76	36	129
番禺区	2182	447	177	96	84	343
花都区	2453	229	90	115	56	124
南沙区	1843	618	67	65	63	60
萝岗区	511	33	35	16	8	22
从化区	2336	52	113	62	34	34
增城区	2223	142	110	88	42	29
韶关市	**10440**	**91**	**405**	**629**	**505**	**906**
武江区	425	6	36	29	10	8
浈江区	491	4	66	42	27	32
曲江区	945	7	49	73	42	60
始兴县	1000	5	30	63	57	43
仁化县	937	7	23	47	49	54
翁源县	1863	10	36	58	84	280
乳源瑶族自治县	815	12	28	60	27	58
新丰县	747	2	14	23	29	61
乐昌市	1678	21	69	112	83	169
南雄市	1539	18	53	121	96	142
珠海市	**1317**	**245**	**47**	**36**	**24**	**54**
斗门区	1317	245	47	36	24	54
汕头市	**9618**	**232**	**292**	**112**	**159**	**123**
龙湖区	554	3	9	5	3	9
金平区	118		4		2	3
濠江区	541	10	17	8	12	14
潮阳区	4135	177	142	54	50	19
潮南区	2823	28	64	22	64	59
澄海区	1338	12	49	18	20	15
南澳县	110	2	8	5	7	5
佛山市	**2886**	**437**	**217**	**157**	**84**	**105**
南海区	1011	207	64	56	8	34
顺德区	206	14	5	3		9
三水区	1239	105	110	80	73	58
高明区	431	111	39	19	4	4
江门市	**12302**	**909**	**923**	**649**	**358**	**307**
蓬江区	19		1			
新会区	2357	248	208	122	49	37
台山市	4249	377	396	219	129	42
开平市	2369	134	167	120	99	75
鹤山市	1446	126	60	69	37	50
恩平市	1861	24	91	119	44	103

11-3c 续表 1

单位：户

地 区	二代户					三代户				
	一间	二间	三间	四间	五间及以上	一间	二间	三间	四间	五间及以上
全 省	**8082**	**13703**	**21616**	**20630**	**46592**	**3358**	**6255**	**10190**	**12807**	**34637**
广州市	**488**	**840**	**1588**	**1073**	**2388**	**110**	**212**	**610**	**633**	**1887**
白云区	67	140	194	95	538	5	50	100	116	501
番禺区	39	119	189	162	302	4	8	37	51	117
花都区	44	92	355	138	500	2	24	137	96	433
南沙区	78	106	157	163	216	2	17	50	70	106
萝岗区	2	9	43	25	170		2	8	8	127
从化区	21	235	378	272	304	8	78	188	195	338
增城区	237	139	272	217	359	88	33	89	98	265
韶关市	**27**	**412**	**1057**	**1083**	**2354**	**6**	**123**	**416**	**567**	**1709**
武江区	3	32	62	50	79		8	27	21	50
浈江区	1	47	50	29	80		3	18	15	69
曲江区	1	27	108	72	192		6	50	54	186
始兴县	1	43	137	123	150		21	60	83	173
仁化县	6	42	107	125	177	1	11	50	82	142
翁源县	2	16	59	142	688		2	14	37	402
乳源瑶族自治县	7	37	119	81	149	1	13	49	50	113
新丰县	2	12	54	80	211		1	18	40	186
乐昌市	2	101	185	198	315	3	46	60	111	189
南雄市	3	55	177	181	313	1	13	69	76	198
珠海市	**71**	**85**	**119**	**70**	**134**	**50**	**36**	**77**	**77**	**169**
斗门区	71	85	119	70	134	50	36	77	77	169
汕头市	**621**	**1311**	**813**	**1065**	**857**	**227**	**846**	**647**	**1157**	**960**
龙湖区	1	30	43	54	75		22	49	83	146
金平区		19	8	16	13		12	6	13	20
濠江区	15	86	56	42	55	4	49	45	52	65
潮阳区	462	730	434	287	233	170	494	341	253	249
潮南区	105	333	159	487	345	22	186	112	508	269
澄海区	38	102	102	165	127	30	79	86	239	198
南澳县	2	10	11	14	11	1	6	8	9	11
佛山市	**179**	**196**	**262**	**229**	**324**	**35**	**72**	**136**	**168**	**265**
南海区	21	58	90	93	156		11	32	53	122
顺德区	2	14	17	15	53		6	9	15	45
三水区	81	88	119	120	111	22	28	46	96	95
高明区	75	36	37	1	4	13	28	49	4	4
江门市	**828**	**1206**	**1554**	**1117**	**1013**	**349**	**439**	**779**	**879**	**909**
蓬江区		2	3	4	1			1	4	2
新会区	182	250	296	232	114	83	70	162	172	117
台山市	377	519	594	295	140	153	201	315	285	176
开平市	142	227	277	267	187	57	97	160	194	150
鹤山市	102	61	163	109	176	57	28	89	105	199
恩平市	24	147	222	210	396		44	51	119	265

11-3c 续表 2

单位：户

地区	四代户					五代及以上户				
	一间	二间	三间	四间	五间及以上	一间	二间	三间	四间	五间及以上
全省	**83**	**218**	**291**	**465**	**1696**			**1**		**1**
广州市		**5**	**11**	**14**	**54**					
白云区				3	11					
番禺区				2	6					
花都区			1	2	13					
南沙区			2	1	3					
萝岗区					2					
从化区		3	5	6	10					
增城区		1	3	1	9					
韶关市		**7**	**11**	**22**	**112**					
武江区				1	2					
浈江区		2	1	2	5					
曲江区			2	3	13					
始兴县		2	1	2	7					
仁化县			1	4	9					
翁源县				2	34					
乳源瑶族自治县		1	1	2	7					
新丰县				1	13					
乐昌市		3	1	4	8					
南雄市		1	5	2	15					
珠海市	**4**	**1**	**1**	**3**	**13**					
斗门区	4	1	1	3	13					
汕头市	**3**	**24**	**26**	**60**	**83**					
龙湖区			2	4	17					
金平区			1	1						
濠江区		1	2	3	6					
潮阳区	1	13	9	3	14					
潮南区		3	7	29	21					
澄海区	1	7	5	20	25					
南澳县					1					
佛山市	**1**	**1**	**2**		**15**					
南海区					5					
顺德区					2					
三水区		1			8					
高明区	1		2							
江门市	**8**	**10**	**16**	**27**	**23**					
蓬江区										
新会区	2	2	3	5	4					
台山市	3	3	8	12	2					
开平市	2	3	3	6	5					
鹤山市	1	2	2	3	8					
恩平市					4					

11-3c 续表 3

单位：户

地 区	家庭户数	一代户				
		一间	二间	三间	四间	五 间 及以上
湛江市	**26769**	**244**	**851**	**1200**	**736**	**1443**
赤坎区	33		2	1		1
霞山区	142	2	10	7	2	2
坡头区	1442	7	50	69	51	94
麻章区	1928	24	61	71	24	76
遂溪县	4107	19	103	217	184	260
徐闻县	2720	19	49	136	29	71
廉江市	6780	69	261	325	221	426
雷州市	6293	84	269	289	168	308
吴川市	3323	20	46	85	57	206
茂名市	**26159**	**212**	**680**	**1075**	**923**	**3728**
茂南区	1621	10	27	39	28	95
电白区	6355	26	115	200	146	435
高州市	7173	80	189	327	267	1356
化州市	6326	58	199	271	271	1121
信宜市	4684	38	150	238	211	721
肇庆市	**16265**	**738**	**756**	**587**	**468**	**914**
鼎湖区	647	57	40	49	23	15
广宁县	2251	40	163	88	69	274
怀集县	4446	24	87	150	168	334
封开县	2045	22	103	88	87	161
德庆县	1791	37	75	63	46	90
高要市	3716	383	205	90	43	18
四会市	1370	175	82	60	32	23
惠州市	**9495**	**399**	**388**	**355**	**262**	**451**
惠城区	1749	59	70	63	32	111
惠阳区	864	44	45	40	29	38
博罗县	3074	94	94	104	98	181
惠东县	2443	133	113	76	60	39
龙门县	1366	68	66	71	44	82
梅州市	**17293**	**114**	**399**	**812**	**886**	**2433**
梅江区	311	1	5	14	17	42
梅县区	1908	6	35	74	98	178
大埔县	1878	24	96	188	171	229
丰顺县	2000	32	81	103	84	224
五华县	5488	16	62	170	245	1153
平远县	966		10	30	48	157
蕉岭县	881	7	27	51	68	134
兴宁市	3861	29	83	182	154	318

11-3c 续表 4

单位：户

地 区	二代户					三代户				
	一间	二间	三间	四间	五间及以上	一间	二间	三间	四间	五间及以上
湛江市	**171**	**1058**	**3037**	**2914**	**7425**	**23**	**172**	**1080**	**1485**	**4738**
赤坎区		3	3	4	5			2	4	8
霞山区	1	23	21	20	25		3	7	6	13
坡头区	6	43	137	197	500	1	4	33	37	210
麻章区	32	137	296	160	552	4	21	99	81	281
遂溪县	7	106	404	577	1159		19	151	224	637
徐闻县	43	128	459	338	472	12	40	284	239	375
廉江市	7	197	645	679	1934	2	24	189	365	1396
雷州市	55	370	794	673	1549	1	52	230	394	1016
吴川市	20	50	278	266	1229	2	9	85	135	803
茂名市	**48**	**501**	**1619**	**2044**	**8785**	**11**	**76**	**484**	**760**	**5028**
茂南区	10	38	80	118	538		5	35	65	516
电白区	10	151	571	678	2138	2	25	171	263	1389
高州市	15	130	366	401	2299	6	17	141	167	1347
化州市	7	105	341	532	2150	4	5	74	148	1008
信宜市	6	77	261	315	1659		24	64	118	768
肇庆市	**881**	**962**	**1506**	**1394**	**3208**	**512**	**354**	**692**	**792**	**2324**
鼎湖区	33	62	86	66	52	19	18	28	33	63
广宁县	26	120	158	160	561	7	35	59	78	389
怀集县	16	91	403	474	1458	6	23	110	218	827
封开县	15	54	140	225	544	20	6	43	105	403
德庆县	22	112	186	180	399	8	28	75	113	337
高要市	556	434	418	223	123	316	203	302	198	178
四会市	213	87	115	67	71	136	42	75	46	128
惠州市	**245**	**777**	**1106**	**816**	**1603**	**61**	**294**	**551**	**539**	**1500**
惠城区	44	114	225	141	358	8	31	93	81	296
惠阳区	9	28	108	85	154	1	3	41	50	172
博罗县	85	184	259	267	705	19	49	128	159	600
惠东县	92	346	331	228	185	28	178	186	176	240
龙门县	16	106	183	94	201	5	34	104	71	191
梅州市	**32**	**305**	**991**	**1549**	**4782**	**11**	**71**	**360**	**804**	**3548**
梅江区	1	4	12	32	72			2	17	88
梅县区		19	100	194	431		2	38	151	547
大埔县	5	50	157	195	356		7	45	94	247
丰顺县	23	108	204	175	441	7	33	89	78	297
五华县		33	174	349	2089		7	52	103	984
平远县		3	24	69	297		1	8	36	270
蕉岭县	1	14	45	82	183		3	19	65	165
兴宁市	3	74	275	453	911	3	18	106	260	950

11-3c 续表 5

单位：户

地 区	四代户					五代及以上户				
	一间	二间	三间	四间	五 间及以上	一间	二间	三间	四间	五 间及以上
湛江市		**3**	**11**	**25**	**154**					
赤坎区										
霞山区										
坡头区				1	3					
麻章区			1	2	10					
遂溪县			5	6	28					
徐闻县		2	2	5	19					
廉江市			4	4	33					
雷州市		1		4	35					
吴川市				3	27					
茂名市		**2**	**5**	**11**	**167**					
茂南区				3	14					
电白区			3	2	31					
高州市		2	2	4	58					
化州市					33					
信宜市				3	30					
肇庆市	**10**	**10**	**17**	**23**	**117**					
鼎湖区					3					
广宁县		1	3	5	15					
怀集县	1	1	4	6	46					
封开县		1	1	3	26					
德庆县	1	1	1	2	14					
高要市	6	5	5	4	6					
四会市	2	2	3	3	9					
惠州市		**5**	**20**	**29**	**95**					
惠城区			8	2	14					
惠阳区			1	3	12					
博罗县		3	6	8	30					
惠东县		1	4	9	19					
龙门县		1	2	6	20					
梅州市			**9**	**26**	**162**					
梅江区				1	3					
梅县区			1	4	30					
大埔县			1	3	10					
丰顺县			4	2	15					
五华县			1	3	46					
平远县					12					
蕉岭县			1	4	13					
兴宁市			1	9	33					

11-3c 续表 6

单位：户

地区	家庭户数	一代户				
		一间	二间	三间	四间	五间及以上
汕尾市	**7174**	**150**	**168**	**180**	**115**	**159**
城区	696	43	20	7	6	5
海丰县	1810	54	63	52	21	74
陆河县	756		14	24	9	27
陆丰市	3912	53	71	96	79	54
河源市	**12334**	**55**	**216**	**561**	**542**	**1294**
源城区	42			1		2
紫金县	2694	7	29	123	111	249
龙川县	3728	19	67	206	220	480
连平县	1458	3	19	40	48	91
和平县	2063	2	38	78	90	247
东源县	2349	24	62	113	72	226
阳江市	**9462**	**236**	**534**	**610**	**372**	**595**
江城区	1251	36	45	55	26	31
阳西县	2402	51	121	206	141	260
阳东县	1781	34	146	129	72	53
阳春市	4027	115	223	220	132	250
清远市	14597	271	673	880	724	1037
清城区	1098	23	22	33	65	50
清新区	2961	54	86	132	207	152
佛冈县	1311	45	90	60	35	53
阳山县	1830	27	121	167	59	155
连山壮族瑶族自治县	415	7	17	17	7	25
连南瑶族自治县	604	7	19	48	20	66
英德市	4481	82	219	280	191	305
连州市	1898	26	99	144	141	230
东莞市	**5904**	**2518**	**333**	**278**	**86**	**121**
中山市	**3251**	**1138**	**53**	**33**	**35**	**31**
潮州市	**6457**	**554**	**296**	**125**	**59**	**34**
湘桥区	440	31	31	1	2	
潮安区	2796	100	90	72	26	20
饶平县	3220	423	175	53	32	14
揭阳市	**16292**	**639**	**379**	**165**	**131**	**111**
榕城区	1183	85	31	13	13	1
揭东区	2814	251	77	21	2	2
揭西县	3178	90	114	48	35	42
惠来县	3140	61	72	34	25	35
普宁市	5978	152	85	49	56	31
云浮市	**11278**	**223**	**549**	**583**	**485**	**1191**
云城区	705	28	34	33	14	48
云安区	1475	20	45	52	60	154
新兴县	1944	61	113	112	62	75
郁南县	1998	45	129	92	132	276
罗定市	5157	69	227	295	218	637

11-3c 续表 7 单位：户

地 区	二代户					三代户				
	一间	二间	三间	四间	五 间及以上	一间	二间	三间	四间	五 间及以上
汕尾市	**354**	**873**	**1019**	**771**	**1057**	**115**	**379**	**461**	**423**	**851**
城区	123	109	94	40	29	34	43	60	48	29
海丰县	97	278	245	126	179	30	132	168	122	150
陆河县		4	49	84	235			9	28	251
陆丰市	134	481	632	520	614	51	203	225	225	420
河源市	**9**	**113**	**757**	**1051**	**3602**	**2**	**28**	**295**	**533**	**3036**
源城区			2	6	14				1	13
紫金县	2	17	177	226	776	2	4	71	126	703
龙川县	1	33	209	354	1043		10	76	162	792
连平县	2	5	78	115	507		2	19	47	463
和平县	1	15	103	182	692	1	3	43	75	464
东源县	4	43	188	168	570		10	86	122	602
阳江市	**67**	**501**	**1054**	**1021**	**1664**	**54**	**181**	**464**	**576**	**1428**
江城区	21	81	167	150	184	18	26	87	86	213
阳西县	16	51	240	229	517	28	9	76	107	334
阳东县	11	114	204	224	219	3	44	117	161	226
阳春市	18	254	444	417	744	5	103	184	222	655
清远市	236	569	1548	1359	2583	144	197	791	949	2342
清城区	44	14	101	108	196	38	6	56	102	216
清新区	97	65	245	362	482	75	41	132	229	533
佛冈县	26	112	184	109	143	19	39	95	109	168
阳山县	24	73	218	122	296	1	22	138	73	287
连山壮族瑶族自治县	1	23	42	32	104		8	27	17	78
连南瑶族自治县	3	31	80	51	118	1	8	37	27	78
英德市	36	203	522	380	868	9	58	233	275	735
连州市	2	47	156	194	376	1	16	72	116	245
东莞市	**331**	**324**	**532**	**289**	**410**	**12**	**80**	**168**	**151**	**252**
中山市	**332**	**139**	**190**	**239**	**167**	**37**	**51**	**233**	**285**	**259**
潮州市	**787**	**890**	**481**	**318**	**239**	**487**	**742**	**491**	**445**	**350**
湘桥区	47	99	16	10	3	29	108	29	18	6
潮安区	96	372	298	195	183	45	276	333	336	288
饶平县	643	420	167	113	54	413	359	130	91	56
揭阳市	**2310**	**2226**	**1458**	**1220**	**1057**	**1091**	**1800**	**1153**	**1083**	**1204**
榕城区	251	148	75	22	23	150	203	106	23	12
揭东区	814	411	79	25	28	443	400	119	43	55
揭西县	150	455	294	217	272	68	413	258	260	388
惠来县	214	379	334	330	386	69	228	215	322	406
普宁市	880	833	675	625	348	360	556	454	435	343
云浮市	**66**	**416**	**924**	**1007**	**2938**	**21**	**102**	**303**	**501**	**1878**
云城区	4	43	76	65	143	4	14	33	34	125
云安区	3	47	106	141	402	1	10	47	80	293
新兴县	26	129	247	201	279	9	40	117	162	284
郁南县	12	68	131	147	457	5	31	45	87	326
罗定市	21	128	364	453	1658	3	6	61	138	850

11-3c 续表 8

单位：户

地　区	四代户					五代及以上户				
	一间	二间	三间	四间	五 间 及以上	一间	二间	三间	四间	五 间 及以上
汕尾市	**4**	**18**	**10**	**13**	**53**					
城区	1	1			2					
海丰县		7	3	1	8					
陆河县					19					
陆丰市	3	10	6	11	24					
河源市			**7**	**36**	**195**					
源城区					1					
紫金县			2	12	59					
龙川县				7	50					
连平县			1	3	15					
和平县			1	5	23					
东源县			3	9	47					
阳江市	**2**	**2**	**14**	**28**	**59**					
江城区			4	8	11					
阳西县	2	1	2		10					
阳东县			3	10	12					
阳春市		1	4	9	27					
清远市	6	6	35	53	192			1		1
清城区	1		3	3	16					
清新区	4	2	5	14	41					
佛冈县		1	5	7	12					
阳山县		1	8	6	29					1
连山壮族瑶族自治县			1	2	5					
连南瑶族自治县				2	8					
英德市	1	1	8	13	60			1		
连州市			5	6	20					
东莞市		**1**	**3**	**5**	**9**					
中山市				**16**	**12**					
潮州市	**22**	**58**	**25**	**26**	**29**					
湘桥区	1	7	4	3	1					
潮安区		15	11	19	23					
饶平县	21	37	10	5	6					
揭阳市	**25**	**64**	**58**	**39**	**80**					
榕城区	3	9	8	4	4					
揭东区	12	17	7	4	1					
揭西县	2	13	11	12	34					
惠来县	3	1	10	5	11					
普宁市	5	23	22	14	30					
云浮市		**1**	**10**	**10**	**69**					
云城区			1		5					
云安区			1	3	10					
新兴县		1	4	4	17					
郁南县			1	3	12					
罗定市			3		26					

11-4 全省按户主的受教育程度分的家庭户住房状况

受教育程度	户 数（户）	人 数（人）	平均每户住房间数（间/户）	人均住房建筑面积（平方米/人）	人均住房间 数（间/人）
总 计	**800837**	**2701624**	**3.28**	**29.49**	**0.97**
未上过学	28563	98136	3.53	29.74	1.03
小 学	182987	704823	3.77	29.05	0.98
初 中	331077	1142999	3.34	28.39	0.97
普通高中	123220	388171	3.04	30.35	0.96
中 职	35182	92842	2.50	29.80	0.95
大学专科	54083	148360	2.66	33.60	0.97
大学本科	40967	112462	2.66	34.07	0.97
研 究 生	4757	13831	2.76	33.76	0.95

11-4a 全省按户主的受教育程度分的家庭户住房状况（城市）

受教育程度	户 数（户）	人 数（人）	平均每户住房间数（间/户）	人均住房建筑面积（平方米/人）	人均住房间 数（间/人）
总 计	**463424**	**1336202**	**2.57**	**28.51**	**0.89**
未上过学	9166	27898	2.99	31.01	0.98
小 学	70269	236266	3.02	28.99	0.90
初 中	173635	493344	2.43	25.75	0.86
普通高中	89425	253786	2.51	28.58	0.89
中 职	29109	73984	2.29	28.34	0.90
大学专科	48511	131347	2.54	32.78	0.94
大学本科	38626	105940	2.62	33.65	0.96
研 究 生	4684	13636	2.76	33.63	0.95

11-4b 全省按户主的受教育程度分的家庭户住房状况（镇）

受教育程度	户 数（户）	人 数（人）	平均每户住房间数（间/户）	人均住房建筑面积（平方米/人）	人均住房间 数（间/人）
总 计	**119278**	**464977**	**3.88**	**31.15**	**1.00**
未上过学	5848	22052	3.66	28.90	0.97
小 学	33907	140345	3.92	29.05	0.95
初 中	54536	215199	3.95	31.04	1.00
普通高中	15730	59505	4.01	34.35	1.06
中 职	3486	10599	3.27	35.21	1.07
大学专科	3887	11877	3.44	38.86	1.12
大学本科	1832	5250	3.20	39.20	1.12
研 究 生	53	149	2.98	39.16	1.06

11-4c 全省按户主的受教育程度分的家庭户住房状况（乡村）

受教育程度	户 数（户）	人 数（人）	平均每户住房间数（间/户）	人均住房建筑面积（平方米/人）	人均住房间 数（间/人）
总 计	**218134**	**900446**	**4.45**	**30.09**	**1.08**
未上过学	13548	48185	3.84	29.40	1.08
小 学	78812	328213	4.37	29.10	1.05
初 中	102907	434456	4.56	30.07	1.08
普通高中	18065	74880	4.80	33.17	1.16
中 职	2587	8259	3.91	35.90	1.22
大学专科	1686	5136	4.32	42.32	1.42
大学本科	509	1271	3.83	47.43	1.53
研 究 生	20	45	3.42	57.08	1.50

11-5 各地区按住房类型、建筑层数分的家庭户户数

单位：户

地 区	住房类型				建筑层数				
	普通住宅	集体宿舍和工棚	工作地住宿	无住房	平房	2-3层楼房	4-6层楼房	7-9层楼房	10层以上楼房
全 省	**823545**	**38397**	**16868**	**1555**	**165043**	**281617**	**159725**	**128547**	**88612**
广州市	**124365**	**2048**	**1616**	**58**	**6244**	**24443**	**35479**	**33113**	**25087**
荔湾区	9199	23	69	15	297	1447	1403	3339	2712
越秀区	10468	106	100	7	85	704	2264	4931	2483
海珠区	15023	56	131	2	189	1398	2541	5585	5311
天河区	16388	36	94	3	36	430	5487	5210	5225
白云区	19811	91	587	5	503	2187	6852	6856	3413
黄埔区	5198	104	59	1	52	481	2533	1333	799
番禺区	16256	316	91	4	746	4869	6987	1992	1661
花都区	8161	205	120	7	933	2409	2356	1604	859
南沙区	6153	393	218	4	714	3725	1148	326	240
萝岗区	4005	214	11	8	63	770	2168	331	673
从化区	4540	68	19		821	2040	369	890	420
增城区	9164	437	117		1804	3983	1371	717	1289
韶关市	**24180**	**167**	**132**	**29**	**5764**	**9802**	**3040**	**4134**	**1439**
武江区	2786	6	2		346	405	626	1043	365
浈江区	3821	54	3	6	455	644	932	1130	661
曲江区	2383	54	36	2	547	941	501	279	115
始兴县	1712	1		2	725	766	27	158	37
仁化县	1556	36	17		563	763	105	123	2
翁源县	2794	8	11	4	530	1958	190	115	2
乳源瑶族自治县	1476		16	7	524	656	74	193	29
新丰县	1476	5	4	4	414	679	188	134	60
乐昌市	3376	3	32	1	972	1685	237	457	25
南雄市	2801		10	1	688	1304	162	502	145
深圳市	**98783**	**7589**	**1384**	**99**	**2089**	**5277**	**26240**	**33559**	**31617**
罗湖区	8435	184	11		64	275	806	3980	3309
福田区	10893	94	84	3	106	39	948	4792	5008
南山区	10758	243	224	14	112	176	1801	4588	4082
宝安区	42955	4894	801	2	1237	2355	11375	13842	14146
龙岗区	23946	2145	259	80	545	2224	10862	5974	4340
盐田区	1798	28	4		24	210	448	383	732
珠海市	**14720**	**512**	**156**	**25**	**1266**	**2579**	**3816**	**3697**	**3362**
香洲区	9260	214	38	10	347	785	2419	2720	2989
斗门区	3223	195	64	15	616	1275	655	508	169
金湾区	2236	103	54		302	519	742	469	205
汕头市	**35173**	**84**	**195**	**25**	**12619**	**10864**	**3995**	**6711**	**984**
龙湖区	4218	29	42		455	973	567	1544	680
金平区	6858		37	5	568	895	1301	3933	161
濠江区	1579				586	746	78	168	
潮阳区	9846	4	1		5302	3088	686	769	1
潮南区	6788	20	1	19	3965	1961	859	2	
澄海区	5384	32	112	1	1598	2918	486	264	118
南澳县	501		2		146	283	18	31	24
佛山市	**61009**	**5172**	**1494**	**165**	**8511**	**20452**	**17235**	**9140**	**5672**
禅城区	9963	79	22	2	588	1449	2864	2400	2663
南海区	18930	2681	875	97	3114	7226	4973	2154	1463
顺德区	23480	1930	191	63	3059	9105	7867	2417	1032
三水区	5072	336	171	1	942	1923	792	1045	370
高明区	3563	146	235	1	808	749	739	1124	144

11-5 续表 1

单位：户

地区	住房类型				建筑层数				
	普通住宅	集体宿舍和工棚	工作地住宿	无住房	平房	2-3层楼房	4-6层楼房	7-9层楼房	10层以上楼房
江门市	**36480**	**1039**	**585**	**47**	**9423**	**14574**	**4740**	**6253**	**1490**
蓬江区	5970	264	186	1	786	1413	1135	1996	639
江海区	2029	48	45	1	295	719	441	522	53
新会区	7318	433	116	15	1880	2512	957	1410	559
台山市	7903		1	2	3442	3220	712	435	94
开平市	5482	20	105	21	1270	2363	549	1233	68
鹤山市	3951	231	128	6	670	1872	769	563	77
恩平市	3826	44	4		1080	2475	177	94	
湛江市	**47482**	**346**	**230**	**72**	**20642**	**17910**	**4597**	**3030**	**1302**
赤坎区	2584	58	1	5	113	531	788	723	428
霞山区	4128	11	24	2	325	571	1032	1683	518
坡头区	2463	3	6	1	869	1270	284	30	9
麻章区	3096	36	65		1854	1104	99	38	2
遂溪县	5988	8	1	2	3239	2259	328	74	88
徐闻县	4711	4	3	1	2935	1324	262	191	
廉江市	9702	170	6	36	3700	5090	889	17	5
雷州市	9173	27	119	22	6357	2008	324	235	250
吴川市	5637	29	4	4	1252	3753	590	39	3
茂名市	**43044**	**363**	**128**	**80**	**9309**	**26774**	**3548**	**2979**	**434**
茂南区	5896	16	2	8	591	1935	978	2134	258
电白区	10566	2	1	14	2513	6993	717	263	79
高州市	10254	148	87	18	2324	7104	556	270	
化州市	8799	197	38	39	1722	5994	1006	45	31
信宜市	7529				2158	4747	291	268	65
肇庆市	**30470**	**523**	**532**	**29**	**6840**	**17218**	**2191**	**3243**	**978**
端州区	4534	29	9	2	292	1012	845	1717	668
鼎湖区	1333	34	13	3	242	899	65	96	31
广宁县	3565	20	26	1	851	2550	89	74	1
怀集县	5801	68	3	1	1026	4519	242	13	1
封开县	2983	11	1	3	860	1894	112	116	1
德庆县	2447	106	4	1	629	1598	139	79	1
高要市	5668	64	233	17	1772	3308	249	223	116
四会市	4138	191	244	1	1168	1437	450	924	159
惠州市	**33118**	**2440**	**1254**	**171**	**5854**	**12695**	**6199**	**3855**	**4515**
惠城区	12814	1147	329	148	985	2539	3296	2936	3057
惠阳区	5313	814	524	3	616	2092	1180	417	1008
博罗县	6955	283	242	17	1624	4158	865	165	143
惠东县	5721	191	145		1669	2806	698	326	222
龙门县	2315	5	15	2	958	1100	160	12	85
梅州市	**33193**	**42**	**79**	**78**	**9058**	**19913**	**2110**	**1886**	**226**
梅江区	3454	6	19	22	334	1614	646	773	86
梅县区	3941	1	11	2	1286	2369	126	150	11
大埔县	3260			2	1503	1405	106	212	34
丰顺县	3707	4	15	4	1143	2181	347	33	2
五华县	7850	23	22	5	1589	5868	316	42	34
平远县	1841		2		607	864	208	139	23
蕉岭县	1763	4	2	3	455	1051	83	145	29
兴宁市	7377	5	6	40	2141	4561	278	391	6

11-5 续表 2

单位：户

地 区	住房类型				建筑层数				
	普通住宅	集体宿舍和工棚	工作地住宿	无住房	平 房	2-3层楼房	4-6层楼房	7-9层楼房	10层以上楼房
汕尾市	**16786**	**151**	**90**	**17**	**7640**	**7412**	**1141**	**402**	**190**
城区	3037	133	3		906	1473	376	199	83
海丰县	4988	10	79	16	2215	1940	594	132	107
陆河县	1648	1	7		237	1332	78	1	
陆丰市	7112	6	1		4282	2667	93	70	1
河源市	**20643**	**369**	**376**	**39**	**4704**	**13043**	**1322**	**1043**	**530**
源城区	2918	173	124	11	323	1290	529	401	375
紫金县	4283	12	29	6	1063	2879	192	136	13
龙川县	5192	46	33	21	1282	3255	214	348	93
连平县	2308		7		500	1643	115	47	3
和平县	2897	4	23		721	1926	143	106	1
东源县	3045	133	160		815	2051	129	6	45
阳江市	**18124**	**62**	**244**	**19**	**6144**	**9432**	**1936**	**580**	**33**
江城区	4851	5	92	5	1013	2358	1159	318	2
阳西县	3713	5	1	2	1695	1922	96	1	
阳东县	3245	30	31	1	1304	1614	240	56	31
阳春市	6315	22	120	11	2132	3537	441	205	
清远市	**28588**	**142**	**322**	**39**	**7707**	**13678**	**2496**	**3271**	**1437**
清城区	6138	24	47	5	824	2048	865	1527	873
清新区	5237	5	68	8	1684	2046	342	1077	88
佛冈县	2217	13	50	2	867	981	123	189	57
阳山县	2846	9	4	1	883	1578	212	172	1
连山壮族瑶族自治县	680		1	5	218	341	61	35	25
连南瑶族自治县	1114	12	9	2	355	582	136	41	
英德市	7210	31	137	8	2231	4057	367	203	352
连州市	3147	48	5	9	645	2044	390	28	40
东莞市	**59954**	**14176**	**6214**	**441**	**5840**	**16680**	**25733**	**5216**	**6484**
中山市	**25890**	**2955**	**1642**	**107**	**2609**	**10080**	**7962**	**3058**	**2181**
潮州市	**18298**	**44**	**30**		**7457**	**8059**	**1531**	**1075**	**177**
湘桥区	4419	40	21		1612	959	886	853	108
潮安区	7493	3	9		3970	2965	368	122	67
饶平县	6386	1			1874	4135	276	100	1
揭阳市	**34808**	**7**	**49**	**8**	**20318**	**9488**	**3167**	**1629**	**206**
榕城区	6062	3	12		3622	1035	644	659	100
揭东区	6328	1	21	1	4426	1465	320	115	2
揭西县	4946	1	3	1	2151	2150	542	35	68
惠来县	5740		1	3	3106	2429	48	156	1
普宁市	11733	2	13	3	7013	2409	1613	664	35
云浮市	**18436**	**166**	**117**	**7**	**5005**	**11246**	**1245**	**673**	**267**
云城区	2621	28	21	1	518	1241	246	512	103
云安区	1942	42	2		573	1320	49		
新兴县	3156	11	56	1	892	1831	220	112	101
郁南县	3282	56	39	1	736	2199	274	10	63
罗定市	7434	29		5	2285	4655	456	39	

11-5a 各地区按住房类型、建筑层数分的家庭户户数（城市）

单位：户

地　　区	住房类型				建筑层数				
	普通住宅	集体宿舍和工棚	工作地住宿	无住房	平房	2-3层楼房	4-6层楼房	7-9层楼房	10层以上楼房
全　省	**467685**	**30730**	**11984**	**1014**	**37396**	**91584**	**132570**	**120750**	**85385**
广州市	**101925**	**1389**	**984**	**42**	**2137**	**12069**	**31269**	**32186**	**24263**
荔湾区	9199	23	69	15	297	1447	1403	3339	2712
越秀区	10468	106	100	7	85	704	2264	4931	2483
海珠区	15023	56	131	2	189	1398	2541	5585	5311
天河区	16388	36	94	3	36	430	5487	5210	5225
白云区	15979	17	219	1	112	450	5668	6338	3412
黄埔区	5198	104	59	1	52	481	2533	1333	799
番禺区	13517	283	61	4	512	3243	6109	1992	1661
花都区	4915	180	86	6	207	860	1760	1439	650
南沙区	2528	277	117	3	317	1132	616	225	239
萝岗区	3428	178	4		17	433	1988	328	660
从化区	1760				28	252	243	822	415
增城区	3523	130	43		285	1239	658	646	694
韶关市	**7834**	**61**	**15**	**3**	**310**	**1179**	**1971**	**3073**	**1300**
武江区	2216	5	2		75	181	562	1035	363
浈江区	3000	1	1	2	68	430	778	1064	661
曲江区	1104	54	2	1	80	244	401	267	112
乐昌市	665	1			71	244	86	245	20
南雄市	848		10		15	79	145	463	145
深圳市	**98783**	**7589**	**1384**	**99**	**2089**	**5277**	**26240**	**33559**	**31617**
罗湖区	8435	184	11		64	275	806	3980	3309
福田区	10893	94	84	3	106	39	948	4792	5008
南山区	10758	243	224	14	112	176	1801	4588	4082
宝安区	42955	4894	801	2	1237	2355	11375	13842	14146
龙岗区	23946	2145	259	80	545	2224	10862	5974	4340
盐田区	1798	28	4		24	210	448	383	732
珠海市	**11337**	**384**	**81**	**10**	**471**	**1016**	**3153**	**3344**	**3352**
香洲区	9137	211	38	10	341	679	2408	2720	2989
斗门区	940	73	12		49	156	244	332	159
金湾区	1260	100	31		80	182	501	292	205
汕头市	**17011**	**68**	**162**	**10**	**2870**	**3808**	**2926**	**6448**	**958**
龙湖区	3307	29	42		106	478	501	1543	679
金平区	6740		37	5	508	837	1301	3933	161
濠江区	987				294	486	67	140	
潮阳区	2104	4			663	737	127	577	
潮南区	2268	5		5	1039	739	488	2	
澄海区	1606	30	83		261	531	443	253	118

11-5a 续表 1

单位：户

地 区	住房类型				建筑层数				
	普通住宅	集体宿舍和工棚	工作地住宿	无住房	平房	2-3层楼房	4-6层楼房	7-9层楼房	10层以上楼房
佛山市	**54413**	**4888**	**1372**	**162**	**6697**	**17298**	**15828**	**9099**	**5490**
禅城区	8639	17	16	2	429	803	2397	2399	2611
南海区	17322	2667	875	97	2685	6398	4621	2154	1463
顺德区	23274	1930	191	63	3023	8988	7814	2417	1032
三水区	2315	137	74	1	124	638	278	1007	268
高明区	2861	136	216		435	472	718	1121	116
江门市	**19851**	**328**	**330**	**19**	**2954**	**5491**	**3848**	**6070**	**1489**
蓬江区	5951	257	182	1	781	1399	1135	1996	639
江海区	2029	48	45	1	295	719	441	522	53
新会区	3880	10	79		543	770	668	1341	558
台山市	2755			2	797	873	557	435	94
开平市	2523	3	24	11	203	696	436	1121	67
鹤山市	1799	10	1	4	140	550	470	562	77
恩平市	914				195	483	142	94	
湛江市	**11327**	**235**	**70**	**55**	**1337**	**2929**	**3147**	**2708**	**1206**
赤坎区	2550	58	1	5	102	510	787	723	428
霞山区	3952	11	24	2	244	481	1026	1683	518
坡头区	555		6	1	139	249	152	6	9
麻章区	306	10			115	131	40	19	1
遂溪县	158			1	106	52			
廉江市	1118	130	1	31	117	360	622	15	2
雷州市	1434	5	35	16	362	405	198	225	246
吴川市	1254	22	3		152	741	322	37	3
茂名市	**9840**	**169**	**12**	**10**	**864**	**3654**	**2005**	**2919**	**399**
茂南区	4011	11	2	7	189	588	845	2131	258
电白区	1456	1	1		125	654	355	245	76
高州市	1389	130	1	1	158	700	278	253	
化州市	1297	26	8	2	137	770	368	21	1
信宜市	1687				255	942	158	268	64
肇庆市	**7990**	**82**	**90**	**14**	**596**	**2033**	**1446**	**2947**	**969**
端州区	4534	29	9	2	292	1012	845	1717	668
鼎湖区	389	1			20	234	17	88	31
高要市	655	1	6	12	29	159	135	218	113
四会市	2411	50	75		255	628	449	923	157
惠州市	**14737**	**1153**	**489**	**144**	**588**	**2612**	**4122**	**3349**	**4065**
惠城区	10712	660	146	144	301	1334	3086	2934	3057
惠阳区	3981	466	342	1	287	1253	1018	415	1008
博罗县	44	27				25	19		

11-5a 续表 2

单位：户

地 区	住房类型				建筑层数				
	普通住宅	集体宿舍和工棚	工作地住宿	无住房	平房	2-3层楼房	4-6层楼房	7-9层楼房	10层以上楼房
梅州市	**6659**	**9**	**30**	**24**	**804**	**3544**	**922**	**1292**	**97**
梅江区	3083	6	19	22	215	1366	643	773	86
梅县区	1146	1	6	1	188	747	63	143	5
五华县	109				28	80			
兴宁市	2321	3	4	1	373	1350	216	376	5
汕尾市	**2937**	**138**	**3**		**958**	**1213**	**416**	**269**	**82**
城区	2002	132	3		454	894	374	199	82
陆丰市	935	6			504	319	42	70	
河源市	**2876**	**173**	**124**	**11**	**312**	**1260**	**529**	**401**	**375**
源城区	2876	173	124	11	312	1260	529	401	375
阳江市	**4301**	**9**	**31**	**13**	**460**	**1978**	**1359**	**503**	
江城区	3042	5	28	4	299	1369	1057	317	
阳春市	1259	4	2	9	161	609	303	186	
清远市	**7319**	**50**	**39**	**11**	**291**	**1765**	**1323**	**2635**	**1305**
清城区	3682	1	4	4	116	592	638	1463	872
清新区	1454		33	1	48	184	140	1008	75
英德市	1196	1	2		70	473	199	137	318
连州市	988	48	1	6	58	516	346	27	40
东莞市	**53647**	**11836**	**5443**	**310**	**5005**	**14581**	**23030**	**4965**	**6066**
中山市	**15654**	**2068**	**1248**	**74**	**1324**	**5035**	**5213**	**2108**	**1974**
潮州市	**6253**	**40**	**25**		**2094**	**1794**	**1217**	**975**	**173**
湘桥区	3230	40	18		794	602	876	853	105
潮安区	3023		6		1300	1192	342	122	67
揭阳市	**9590**	**4**	**32**		**4730**	**1410**	**2000**	**1349**	**102**
榕城区	4165	3	12		2376	643	463	583	100
揭东区	2025	1	20		1192	504	218	111	1
普宁市	3400				1162	263	1320	655	
云浮市	**3403**	**57**	**21**	**1**	**506**	**1639**	**604**	**551**	**103**
云城区	1850	28	20	1	254	737	243	512	103
云安区	124	29	1		34	78	11		
罗定市	1429			1	218	824	349	39	

11-5b 各地区按住房类型、建筑层数分的家庭户户数（镇）

单位：户

地 区	住房类型				建筑层数				
	普通住宅	集体宿舍和工棚	工作地住宿	无住房	平房	2-3层楼房	4-6层楼房	7-9层楼房	10层以上楼房
全省	**122552**	**4470**	**2708**	**168**	**31652**	**63888**	**17682**	**6695**	**2636**
广州市	**8428**	**552**	**257**	**13**	**1052**	**4321**	**1678**	**627**	**750**
白云区	1367	25	131	3	66	544	410	348	
番禺区	556	25			84	351	122		
花都区	794	3	22	2	103	240	182	118	150
南沙区	1782	89	5		139	1486	135	23	
萝岗区	67	36	7	8	1	29	36		
从化区	445	68	19		71	211	92	66	5
增城区	3418	307	73		588	1461	703	71	595
韶关市	**5906**	**56**	**100**	**10**	**1254**	**2620**	**889**	**1014**	**129**
武江区	144				44	54	38	8	
浈江区	330	19	2	4	149	20	95	66	
曲江区	334		33	1	105	165	63	1	1
始兴县	712	1		1	236	269	21	151	34
仁化县	619	27	5		95	301	100	122	
翁源县	930	7	7	2	89	556	172	114	
乳源瑶族自治县	661		16		150	233	67	182	29
新丰县	728	2	4		118	235	181	134	60
乐昌市	1033	1	32		207	473	142	206	4
南雄市	415			1	62	313	10	30	
珠海市	**2065**	**99**	**54**	**13**	**362**	**885**	**555**	**254**	**9**
香洲区	124	3			6	107	11		
斗门区	965	93	31	13	135	441	303	77	9
金湾区	976	3	23		222	337	241	177	
汕头市	**8544**	**15**	**12**	**11**	**3758**	**3784**	**729**	**247**	**25**
龙湖区	358				137	179	41	1	
濠江区	50				27	5		18	
潮阳区	3607		1		1694	1296	428	188	1
潮南区	1697	13	1	10	1089	395	213		
澄海区	2440	2	8	1	719	1682	28	11	
南澳县	391		2		92	227	18	30	24
佛山市	**3711**	**207**	**72**	**1**	**892**	**1501**	**1096**	**40**	**182**
禅城区	1324	62	6		159	646	467	1	52
南海区	597				285	196	116		
三水区	1518	144	52	1	369	518	493	36	102
高明区	271	1	14	1	80	141	20	3	28
江门市	**4327**	**162**	**75**	**1**	**1182**	**2389**	**586**	**171**	
新会区	1080	2	14		274	477	271	59	
台山市	899				216	643	40		
开平市	590	6	1		199	252	29	111	
鹤山市	706	111	60	1	103	388	215	1	
恩平市	1051	43			390	629	32		

11-5b 续表 1

单位：户

地区	住房类型				建筑层数				
	普通住宅	集体宿舍和工棚	工作地住宿	无住房	平房	2-3层楼房	4-6层楼房	7-9层楼房	10层以上楼房
湛江市	**9385**	**87**	**153**	**3**	**3579**	**4203**	**1197**	**320**	**87**
霞山区	35				8	25	3		
坡头区	465	3			114	212	116	24	
麻章区	862	21	65		426	367	49	19	1
遂溪县	1723	7		1	548	709	310	74	82
徐闻县	1991	2	3		1017	524	260	191	
廉江市	1804	25	2	1	484	1103	216		1
雷州市	1445	22	81		792	520	121	10	2
吴川市	1060	7	1	1	191	743	124	3	
茂名市	**7045**	**192**	**111**	**6**	**1736**	**4620**	**662**	**24**	**3**
茂南区	265	2			35	176	52	2	
电白区	2755	1		1	694	1855	194	8	3
高州市	1692	18	84	1	426	1133	120	13	
化州市	1175	171	26	4	159	743	272	1	
信宜市	1158				422	713	23		
肇庆市	**6215**	**407**	**286**	**12**	**1325**	**3997**	**599**	**289**	**5**
鼎湖区	297	30	13	3	74	168	46	8	
广宁县	1314	20		1	256	904	81	74	
怀集县	1355	68	3		147	1021	174	13	1
封开县	938	10	1	1	205	526	91	116	1
德庆县	656	103	4	1	125	344	108	78	
高要市	1297	61	226	4	350	847	100		1
四会市	357	115	40	1	168	188			2
惠州市	**8886**	**960**	**363**	**3**	**1391**	**4768**	**1782**	**499**	**446**
惠城区	353	475	20		50	159	144		
惠阳区	469	201	51	1	51	320	98		
博罗县	3837	155	193	1	584	2192	758	164	140
惠东县	3278	128	88		429	1665	638	323	222
龙门县	949	1	11	1	278	432	145	12	83
梅州市	**9240**	**32**	**44**	**11**	**2025**	**5514**	**998**	**577**	**125**
梅江区	59				2	56	1		
梅县区	886		2		263	596	20	2	5
大埔县	1383				357	679	100	212	34
丰顺县	1707	4	15	4	417	946	308	33	2
五华县	2253	23	22	2	328	1594	259	39	34
平远县	875		2		170	345	199	139	23
蕉岭县	883	4	2	2	198	445	71	142	27
兴宁市	1195	1	2	2	291	854	40	10	
汕尾市	**6676**	**9**	**87**	**17**	**2121**	**3647**	**669**	**132**	**107**
城区	339				106	230	3		
海丰县	3179	8	79	16	822	1548	572	131	107
陆河县	893	1	7		81	761	49	1	
陆丰市	2265		1		1112	1107	46		1

11-5b 续表 2

单位：户

地 区	住房类型				建筑层数				
	普通住宅	集体宿舍和工棚	工作地住宿	无住房	平房	2-3层楼房	4-6层楼房	7-9层楼房	10层以上楼房
河源市	**5432**	**98**	**150**	**20**	**609**	**3375**	**691**	**611**	**146**
紫金县	1589	10	26	2	160	1106	173	136	13
龙川县	1464	45	31	17	148	713	193	322	88
连平县	850		6		94	597	111	47	
和平县	834	3	18		117	484	126	106	1
东源县	696	39	69		89	475	88	1	44
阳江市	**4362**	**51**	**212**	**4**	**934**	**2818**	**507**	**71**	**31**
江城区	558		63	1	132	332	93	1	
阳西县	1311	5	1	2	325	900	85	1	
阳东县	1464	30	31	1	283	876	219	55	31
阳春市	1029	16	117		193	710	111	15	
清远市	6673	80	263	10	1486	3524	987	564	111
清城区	1359	23	43		345	740	209	65	1
清新区	822		35	7	237	368	167	49	1
佛冈县	906	13	50	1	247	298	115	189	57
阳山县	1016	9			117	566	162	171	
连山壮族瑶族自治县	265		1	1	49	97	58	35	25
连南瑶族自治县	510	10	8		79	279	124	29	
英德市	1533	25	121	1	340	1017	122	27	28
连州市	262		4		73	160	29		
东莞市	**403**	**520**	**25**		**2**	**20**	**382**		
中山市	**6985**	**883**	**392**	**31**	**702**	**3330**	**1992**	**754**	**207**
潮州市	**5589**	**3**	**3**		**2234**	**2967**	**284**	**100**	**4**
湘桥区	749		2		477	260	9		3
潮安区	1674	2	1		1094	570	9		
饶平县	3166	1			662	2137	266	100	1
揭阳市	**8926**		**5**	**5**	**4318**	**3319**	**905**	**280**	**104**
榕城区	714				375	133	130	76	
揭东区	1488		1	1	981	415	87	4	1
揭西县	1768		3	1	608	601	457	35	68
惠来县	2600		1	1	936	1467	40	156	1
普宁市	2355			2	1418	703	191	9	35
云浮市	**3754**	**56**	**44**	**1**	**690**	**2287**	**492**	**121**	**164**
云城区	67				21	45			
云安区	344				70	259	14		
新兴县	1212	1	7		148	641	211	111	101
郁南县	1284	55	37		169	808	234	10	63
罗定市	848			1	281	533	33		

11-5c 各地区按住房类型、建筑层数分的家庭户户数（乡村）

单位：户

地区	住房类型				建筑层数				
	普通住宅	集体宿舍和工棚	工作地住宿	无住房	平房	2-3层楼房	4-6层楼房	7-9层楼房	10层以上楼房
全省	**233307**	**3197**	**2176**	**373**	**95995**	**126145**	**9473**	**1103**	**591**
广州市	**14012**	**106**	**375**	**3**	**3055**	**8052**	**2532**	**300**	**74**
白云区	2464	50	236	1	325	1193	774	170	1
番禺区	2182	8	29		150	1275	757		
花都区	2453	22	12		623	1309	415	47	59
南沙区	1843	27	96	2	259	1108	397	78	1
萝岗区	511				44	307	144	3	13
从化区	2336				722	1577	34	2	
增城区	2223		1		930	1283	10		
韶关市	**10440**	**50**	**18**	**16**	**4200**	**6003**	**180**	**47**	**9**
武江区	425				227	170	27		2
浈江区	491	34			238	194	59		
曲江区	945	1	2	1	362	531	38	12	2
始兴县	1000			1	489	497	5	6	3
仁化县	937	9	11		468	462	5	1	1
翁源县	1863	2	5	2	440	1402	18	1	2
乳源瑶族自治县	815			7	374	423	7	11	
新丰县	747	3		4	297	444	6		
乐昌市	1678	2		1	694	968	9	6	1
南雄市	1539				611	912	7	9	
珠海市	**1317**	**29**	**21**	**2**	**432**	**678**	**108**	**99**	**1**
斗门区	1317	29	21	2	432	678	108	99	1
汕头市	**9618**	**1**	**21**	**5**	**5991**	**3271**	**340**	**16**	**1**
龙湖区	554		1		212	315	25	1	1
金平区	118				60	58			
濠江区	541				266	255	11	10	
潮阳区	4135				2945	1055	131	5	
潮南区	2823	1		4	1838	827	158		
澄海区	1338		20		617	705	15	1	
南澳县	110				54	56			
佛山市	**2886**	**76**	**49**	**1**	**922**	**1653**	**310**	**1**	
南海区	1011	13			143	631	236		
顺德区	206				36	117	53		
三水区	1239	54	45		449	768	21	1	
高明区	431	9	4	1	293	136	1		
江门市	**12302**	**549**	**180**	**27**	**5287**	**6694**	**306**	**13**	**2**
蓬江区	19	7	4		5	14			
新会区	2357	421	23	15	1064	1264	18	11	1
台山市	4249		1		2429	1705	115		
开平市	2369	12	81	10	868	1415	84	2	1
鹤山市	1446	109	67	2	426	934	85	1	
恩平市	1861		4		495	1362	4		

11-5c 续表 1

单位：户

地 区	住房类型				建筑层数				
	普通住宅	集体宿舍和工棚	工作地住宿	无住房	平房	2-3层楼房	4-6层楼房	7-9层楼房	10层以上楼房
湛江市	**26769**	**23**	**6**	**14**	**15726**	**10779**	**253**	**2**	**9**
赤坎区	33				11	21	1		
霞山区	142				73	66	3		
坡头区	1442			1	616	810	17		
麻章区	1928	5			1313	605	10		
遂溪县	4107	1	1		2585	1497	19		7
徐闻县	2720	2		1	1918	800	3		
廉江市	6780	15	2	4	3099	3627	51	2	1
雷州市	6293		3	6	5202	1084	6		1
吴川市	3323			3	909	2270	144		
茂名市	**26159**	**2**	**5**	**64**	**6709**	**18501**	**881**	**37**	**31**
茂南区	1621	2		1	367	1171	81	1	
电白区	6355			13	1694	4484	167	10	
高州市	7173		2	17	1740	5271	158	4	
化州市	6326		4	33	1427	4482	365	23	30
信宜市	4684				1481	3093	109		2
肇庆市	**16265**	**34**	**157**	**3**	**4920**	**11188**	**146**	**7**	**5**
鼎湖区	647	3			148	497	3		
广宁县	2251		26		595	1646	8		1
怀集县	4446			1	879	3498	69		1
封开县	2045	2		2	655	1368	21		
德庆县	1791	2			504	1254	31	1	1
高要市	3716	1	2	1	1393	2302	13	5	3
四会市	1370	26	129		746	621	1	1	
惠州市	**9495**	**328**	**402**	**24**	**3874**	**5315**	**295**	**8**	**4**
惠城区	1749	12	163	5	634	1046	67	2	
惠阳区	864	148	130	2	278	519	64	2	
博罗县	3074	100	49	16	1041	1941	88	1	2
惠东县	2443	63	56		1240	1140	60	2	
龙门县	1366	4	4	2	681	669	15		2
梅州市	**17293**	**1**	**5**	**44**	**6229**	**10855**	**189**	**17**	**4**
梅江区	311				117	192	2		
梅县区	1908		3	1	835	1025	42	5	1
大埔县	1878			2	1146	726	6		
丰顺县	2000		1		726	1235	39		
五华县	5488			3	1234	4194	58	3	
平远县	966				437	519	9		
蕉岭县	881				257	606	12	3	2
兴宁市	3861	1		37	1477	2357	21	5	1

11-5c 续表 2 单位：户

地区	住房类型				建筑层数				
	普通住宅	集体宿舍和工棚	工作地住宿	无住房	平房	2-3层楼房	4-6层楼房	7-9层楼房	10层以上楼房
汕尾市	**7174**	**3**			**4562**	**2553**	**56**	**1**	**1**
城区	696	1			346	349			1
海丰县	1810	2			1394	392	23	1	
陆河县	756				156	571	29		
陆丰市	3912				2666	1241	5		
河源市	**12334**	**98**	**102**	**9**	**3784**	**8409**	**102**	**31**	**9**
源城区	42				11	31			
紫金县	2694	2	3	5	902	1773	19		
龙川县	3728	1	2	4	1134	2542	21	26	5
连平县	1458		1		406	1045	5		2
和平县	2063	1	5		604	1443	17		
东源县	2349	94	91		727	1576	41	5	1
阳江市	**9462**	**2**	**1**	**2**	**4750**	**4636**	**69**	**5**	**2**
江城区	1251				582	657	10		2
阳西县	2402				1370	1022	10		
阳东县	1781				1020	739	21	1	
阳春市	4027	2	1	2	1778	2218	28	4	
清远市	14597	13	19	18	5930	8389	185	72	20
清城区	1098			1	364	716	17		
清新区	2961	5			1399	1494	35	20	12
佛冈县	1311			1	620	683	8		
阳山县	1830		4	1	766	1013	50	1	1
连山壮族瑶族自治县	415			4	169	244	2		
连南瑶族自治县	604	2		1	277	303	12	12	
英德市	4481	6	14	7	1822	2567	46	39	7
连州市	1898		1	3	514	1368	15	1	
东莞市	**5904**	**1821**	**746**	**131**	**834**	**2079**	**2321**	**251**	**419**
中山市	**3251**	**4**	**2**	**2**	**583**	**1715**	**757**	**196**	
潮州市	**6457**	**1**	**2**		**3129**	**3298**	**30**		
湘桥区	440		1		341	98	2		
潮安区	2796	1	2		1576	1203	18		
饶平县	3220				1212	1998	10		
揭阳市	**16292**	**3**	**13**	**3**	**11270**	**4759**	**262**		
榕城区	1183				871	260	52		
揭东区	2814				2252	546	15		
揭西县	3178	1			1543	1549	86		
惠来县	3140			2	2170	962	8		
普宁市	5978	2	13	2	4433	1443	102		
云浮市	**11278**	**52**	**52**	**5**	**3808**	**7320**	**150**	**1**	
云城区	705		1		243	458	3		
云安区	1475	13	1		468	983	24		
新兴县	1944	10	49	1	744	1190	9	1	
郁南县	1998	1	2	1	567	1391	40		
罗定市	5157	29		3	1786	3298	74		

11-6 各地区家庭户按住房建成时间分的住房状况

单位：户、间、平方米

地 区	合计			1949年以前			1949-1959年		
	户数	间数	面积	户数	间数	面积	户数	间数	面积
全 省	**823545**	**2737615**	**82668441**	**7579**	**16568**	**467911**	**4395**	**10004**	**287433**
广州市	**124365**	**322469**	**10295731**	**876**	**1564**	**39482**	**728**	**1181**	**29560**
荔湾区	9199	18704	601277	302	439	9465	281	330	7097
越秀区	10468	22771	698995	327	593	13450	221	373	9389
海珠区	15023	32829	1038251	99	167	4217	58	130	2810
天河区	16388	34310	1066004				3	7	114
白云区	19811	50160	1545655	33	94	3286	15	55	1840
黄埔区	5198	10520	316982	1	2	57	1	1	21
番禺区	16256	44617	1361054	20	47	1833	21	46	1336
花都区	8161	30749	989525	25	76	2521	10	27	1191
南沙区	6153	18289	691219	8	14	503	18	45	1522
萝岗区	4005	11118	360779	4	14	407	2	6	164
从化区	4540	16442	505132	9	16	419	12	33	782
增城区	9164	31961	1120858	48	100	3323	85	128	3294
韶关市	**24180**	**97498**	**2844893**	**115**	**323**	**8518**	**133**	**352**	**8325**
武江区	2786	8284	283836	2	4	158	2	2	83
浈江区	3821	11108	336267	6	15	255	9	35	699
曲江区	2383	8821	278015	31	85	2676	80	184	4294
始兴县	1712	7092	196230	31	84	1900	10	25	651
仁化县	1556	6734	219238	8	18	645	4	11	318
翁源县	2794	16055	400777	3	12	267	5	17	372
乳源瑶族自治县	1476	6203	176362	2	5	160	5	14	375
新丰县	1476	7677	182618	8	31	691	9	39	802
乐昌市	3376	14170	385980	13	40	905	3	10	235
南雄市	2801	11353	385571	12	30	860	7	14	496
深圳市	**98783**	**181975**	**5222237**	**392**	**556**	**12723**	**100**	**174**	**4954**
罗湖区	8435	15516	466501	49	58	843	41	51	1257
福田区	10893	24744	813505				3	6	156
南山区	10758	23766	762128	3	13	260			
宝安区	42955	69035	1849635	9	11	352	29	40	1081
龙岗区	23946	45405	1230893	328	471	11221	27	77	2460
盐田区	1798	3509	99575	3	3	46			
珠海市	**14720**	**38400**	**1178646**	**62**	**106**	**3025**	**37**	**82**	**2161**
香洲区	9260	22450	702073	6	14	303	4	10	206
斗门区	3223	10523	330171	42	70	2104	27	61	1746
金湾区	2236	5427	146402	13	22	618	6	11	210
汕头市	**35173**	**120925**	**4094633**	**517**	**1216**	**31627**	**131**	**300**	**8238**
龙湖区	4218	14603	551675	10	33	697	2	4	130
金平区	6858	17885	568451	32	48	1409	49	98	2433
濠江区	1579	6065	173133	34	77	1832	10	23	645
潮阳区	9846	32034	1123004	147	325	10303	26	57	1805
潮南区	6788	29513	980892	45	128	3914	24	64	2002
澄海区	5384	19348	649356	227	566	12573	13	41	941
南澳县	501	1478	48122	22	39	899	7	13	283
佛山市	**61009**	**163933**	**5815299**	**287**	**613**	**21374**	**434**	**1123**	**40074**
禅城区	9963	26263	978465	71	131	3907	66	123	4114
南海区	18930	54565	1888370	122	284	10145	188	577	23166
顺德区	23480	59718	2168299	41	93	3599	85	173	5312
三水区	5072	14601	520478	45	94	3453	43	115	4280
高明区	3563	8787	259686	8	11	269	52	134	3203

11-6 续表 1　　　　单位：户、间、平方米

地　区	1960-1969年			1970-1979年			1980-1989年		
	户数	间数	面积	户数	间数	面积	户数	间数	面积
全　省	**11650**	**28388**	**788752**	**30371**	**79013**	**2204816**	**109125**	**318660**	**9375241**
广州市	**1533**	**2995**	**76678**	**3787**	**7881**	**226656**	**16295**	**40046**	**1182511**
荔湾区	266	446	10231	663	1065	27088	1577	2871	82368
越秀区	422	783	20105	761	1424	37817	4031	8430	234042
海珠区	308	577	11337	759	1142	30873	2497	4962	140853
天河区	72	117	3109	258	613	15151	1364	2603	66979
白云区	41	172	4399	163	468	14470	1302	3877	120135
黄埔区	49	69	2436	89	178	4598	433	940	28919
番禺区	89	190	5023	235	602	17882	1545	4158	127428
花都区	33	107	3275	184	686	24175	999	3745	107105
南沙区	60	150	4969	243	629	19093	849	2743	97668
萝岗区	8	20	571	28	106	4450	150	604	21864
从化区	41	86	1986	72	203	5121	400	1199	33971
增城区	144	277	9236	331	764	25939	1149	3913	121179
韶关市	**625**	**1868**	**45734**	**1490**	**4696**	**116879**	**3502**	**10933**	**296779**
武江区	44	103	2910	154	460	12552	417	1008	32718
浈江区	187	498	9820	222	524	12634	1100	2796	78078
曲江区	36	100	3026	142	372	10129	279	855	24411
始兴县	67	237	5722	213	742	18205	257	940	24888
仁化县	76	241	7761	187	617	17529	256	893	27020
翁源县	23	88	1827	100	382	7312	244	1047	21641
乳源瑶族自治县	39	105	2826	89	240	6290	117	366	9306
新丰县	22	87	1692	53	201	3908	140	504	12855
乐昌市	57	201	4512	206	782	17626	450	1770	44238
南雄市	73	206	5638	123	375	10694	240	753	21625
深圳市	**241**	**387**	**9831**	**767**	**1367**	**34862**	**7373**	**14407**	**393711**
罗湖区				44	72	1043	1384	2625	72313
福田区				1	3	93	1028	2383	72241
南山区	5	6	225	41	82	2331	1084	2232	61838
宝安区	202	321	7638	315	581	18133	1908	3613	96279
龙岗区	13	24	1077	329	561	11973	1681	2939	74486
盐田区	21	35	891	37	68	1289	289	615	16553
珠海市	**96**	**222**	**6795**	**369**	**847**	**23504**	**1764**	**4598**	**136139**
香洲区	16	34	1098	107	272	7264	1149	2903	84212
斗门区	51	130	4381	140	314	9946	452	1228	39015
金湾区	29	58	1316	121	262	6293	162	466	12912
汕头市	**599**	**1505**	**40203**	**1456**	**3899**	**121889**	**7476**	**21420**	**678443**
龙湖区	18	74	2228	80	326	13340	501	1755	56546
金平区	211	436	10112	107	241	6417	1867	4621	132231
濠江区	23	63	1520	94	272	6396	381	1199	34192
潮阳区	158	446	12777	484	1144	37040	2437	6017	208052
潮南区	127	353	10258	498	1473	46296	1324	4862	159390
澄海区	50	111	2705	152	362	10086	856	2694	79437
南澳县	13	22	603	41	81	2314	111	272	8596
佛山市	**1191**	**2615**	**84644**	**2947**	**7166**	**218318**	**8993**	**24021**	**817204**
禅城区	192	342	10474	311	558	18438	1976	4667	156653
南海区	423	957	31343	739	1710	57679	2620	7505	256436
顺德区	384	867	26732	1376	3602	94906	3113	8079	288323
三水区	121	325	12911	342	977	37386	744	2496	79174
高明区	71	124	3182	178	319	9909	540	1276	36619

11-6 续表 2　　　　单位：户、间、平方米

地 区	1990-1999年			2000-2009年			2010年以后		
	户数	间数	面积	户数	间数	面积	户数	间数	面积
全 省	**240773**	**784860**	**24026586**	**304487**	**1038853**	**31632345**	**115165**	**461268**	**13885357**
广州市	**39190**	**100965**	**3208884**	**46922**	**124979**	**4135580**	**15035**	**42859**	**1396379**
荔湾区	3162	6408	214707	2224	5242	184770	725	1902	65550
越秀区	2918	6509	207863	1518	3880	147560	269	777	28769
海珠区	5985	12191	377480	4501	11427	391260	815	2234	79420
天河区	5647	12583	393799	7596	15832	508134	1447	2556	78717
白云区	6821	17092	523709	8259	19796	612741	3177	8606	265074
黄埔区	1563	3189	102115	2167	4248	123785	895	1893	55051
番禺区	3974	10207	327767	7465	21637	660395	2907	7729	219391
花都区	2834	10622	323596	3439	12541	442402	637	2944	85261
南沙区	1397	4328	164685	2443	6253	234575	1136	4127	168204
萝岗区	583	2095	72709	2392	5862	183957	838	2411	76657
从化区	1800	6296	197804	1645	6375	200947	561	2232	64101
增城区	2504	9444	302649	3273	11886	445054	1629	5449	210185
韶关市	**5455**	**19125**	**574895**	**8610**	**38052**	**1146699**	**4251**	**22151**	**647063**
武江区	910	2392	80540	878	2579	92140	379	1736	62734
浈江区	984	2590	82836	1136	3692	129386	177	958	22559
曲江区	732	2410	80973	694	2812	91453	389	2005	61053
始兴县	310	1233	34497	520	2423	69443	304	1407	40923
仁化县	262	1064	34224	361	1768	60671	402	2121	71072
翁源县	592	2999	72549	1207	7660	194672	619	3850	102137
乳源瑶族自治县	174	698	17996	662	2990	87147	387	1785	52261
新丰县	270	1211	31395	570	3175	75473	404	2429	55801
乐昌市	752	2817	82590	1328	5808	161047	568	2742	74828
南雄市	470	1712	57295	1254	5145	185268	623	3118	103695
深圳市	**30982**	**58841**	**1702430**	**48110**	**84929**	**2449128**	**10817**	**21314**	**614597**
罗湖区	4003	7224	211687	2752	4933	159918	160	554	19439
福田区	6129	13023	401004	3463	8831	319010	270	498	21000
南山区	4612	9202	282215	4102	9770	337420	910	2460	77839
宝安区	7650	13483	382334	24520	35994	927883	8323	14991	415934
龙岗区	8081	14833	396803	12466	23932	661054	1021	2570	71819
盐田区	507	1077	28387	807	1470	43844	133	242	8566
珠海市	**4595**	**12849**	**394163**	**5501**	**13623**	**419990**	**2297**	**6074**	**192869**
香洲区	3172	8191	256331	3792	8385	266149	1013	2641	86508
斗门区	882	3096	94690	1053	3512	106673	575	2112	71617
金湾区	541	1562	43142	656	1726	47169	709	1321	34743
汕头市	**13810**	**46189**	**1556740**	**8980**	**36725**	**1318986**	**2203**	**9670**	**338507**
龙湖区	1827	6062	233863	1236	4773	185760	545	1577	59112
金平区	3124	7798	249459	1269	3839	139673	199	803	26716
濠江区	561	2126	60992	391	1841	52900	84	464	14656
潮阳区	3546	11654	399015	2688	10791	394364	360	1600	59648
潮南区	2350	10149	339015	1918	9561	328337	503	2923	91681
澄海区	2246	7928	258523	1396	5643	208971	443	2003	76120
南澳县	156	472	15872	82	278	8982	70	300	10574
佛山市	**17896**	**51112**	**1873745**	**19763**	**51683**	**1881075**	**9498**	**25601**	**878865**
禅城区	2945	8287	323736	2448	6527	264117	1954	5628	197026
南海区	6007	18892	673201	5444	16110	560931	3388	8529	275470
顺德区	6387	16646	636143	9114	21727	799813	2979	8531	313470
三水区	1382	4265	151243	1729	4666	173857	666	1664	58173
高明区	1175	3022	89422	1028	2653	82357	511	1248	34726

11-6 续表 3 单位：户、间、平方米

地区	合计			1949年以前			1949-1959年		
	户数	间数	面积	户数	间数	面积	户数	间数	面积
江门市	**36480**	**112280**	**3720921**	**1415**	**3003**	**108241**	**394**	**898**	**30291**
蓬江区	5970	16730	574076	71	137	3940	16	37	1178
江海区	2029	5817	193819	10	26	892	11	17	461
新会区	7318	21129	702797	133	222	8092	44	78	2588
台山市	7903	22275	740173	884	1793	68469	216	501	15956
开平市	5482	17311	524923	219	554	16723	58	115	4100
鹤山市	3951	12749	377763	25	88	2414	12	23	706
恩平市	3826	16267	607369	72	183	7710	38	127	5302
湛江市	**47482**	**225551**	**6320765**	**172**	**462**	**11953**	**258**	**707**	**16382**
赤坎区	2584	8392	255910	84	188	3840	27	71	1480
霞山区	4128	12640	377392	2	4	106	59	152	3626
坡头区	2463	12746	384440	12	30	1051	7	22	639
麻章区	3096	15474	404019	6	23	474	42	127	3003
遂溪县	5988	30052	787359	19	58	1480	32	101	2601
徐闻县	4711	18676	524398	1	3	61	5	15	347
廉江市	9702	51739	1465606	5	20	435	68	173	3319
雷州市	9173	40615	1014303	34	107	3395	6	8	169
吴川市	5637	35217	1107338	10	29	1110	13	38	1199
茂名市	**43044**	**259393**	**7277966**	**37**	**150**	**4370**	**117**	**437**	**12045**
茂南区	5896	26333	881607	2	5	187	1	3	98
电白区	10566	62702	1893545	13	97	2589	46	210	6825
高州市	10254	62822	1810444	11	26	983	39	113	2925
化州市	8799	60658	1549319	2	7	187	7	30	415
信宜市	7529	46878	1143053	8	15	425	23	79	1782
肇庆市	**30470**	**116855**	**3208178**	**169**	**351**	**10861**	**152**	**294**	**9358**
端州区	4534	13437	436489						
鼎湖区	1333	4532	146692	15	32	1131	5	8	286
广宁县	3565	16050	518674	37	75	3361	35	64	2814
怀集县	5801	30060	698736	5	10	262	8	13	329
封开县	2983	15507	344006	9	31	612	5	9	185
德庆县	2447	10996	265891	13	23	927	12	30	798
高要市	5668	14655	434112	58	111	1896	44	66	1626
四会市	4138	11618	363578	32	69	2672	44	103	3320
惠州市	**33118**	**111772**	**3471286**	**175**	**533**	**18120**	**94**	**266**	**7319**
惠城区	12814	36734	1116390	17	42	1084	10	24	730
惠阳区	5313	18183	547230	10	30	760	14	39	1038
博罗县	6955	28612	899447	35	103	2780	39	114	2830
惠东县	5721	19140	642726	98	335	12552	23	67	2272
龙门县	2315	9103	265494	14	24	944	8	22	449
梅州市	**33193**	**173189**	**4132346**	**846**	**3106**	**66510**	**325**	**1203**	**26364**
梅江区	3454	14283	457014	147	496	11987	29	86	2330
梅县区	3941	21473	491484	195	777	16678	78	341	6436
大埔县	3260	14578	355360	269	1091	21850	49	205	3973
丰顺县	3707	16556	417595	23	87	2105	36	133	2962
五华县	7850	49851	1041038	32	110	2534	32	159	3545
平远县	1841	10398	264327	31	128	3508	15	54	1959
蕉岭县	1763	9011	245349	25	88	2029	12	43	1224
兴宁市	7377	37041	860179	125	328	5819	75	183	3934

11-6 续表 4

单位：户、间、平方米

地区	1960-1969年			1970-1979年			1980-1989年		
	户数	间数	面积	户数	间数	面积	户数	间数	面积
江门市	**786**	**1685**	**55048**	**2112**	**4965**	**156003**	**7979**	**22383**	**701106**
蓬江区	28	70	1862	162	367	11125	1254	3230	102543
江海区	21	40	1169	70	139	4065	318	824	25617
新会区	175	295	9456	519	1028	30966	1448	3552	109776
台山市	336	752	24113	739	1820	56763	1979	5444	172366
开平市	138	286	9340	280	720	21465	1499	4294	121994
鹤山市	23	57	1515	107	251	7617	658	1877	56249
恩平市	65	185	7594	236	641	24002	824	3161	112562
湛江市	**630**	**1858**	**43355**	**1996**	**6002**	**143307**	**7041**	**25691**	**669872**
赤坎区	31	79	1841	159	343	8830	441	1213	36636
霞山区	31	84	1899	248	553	12102	651	1638	43931
坡头区	17	59	1584	70	235	6284	480	1794	49746
麻章区	80	320	7444	195	617	12895	581	2097	50016
遂溪县	92	314	6888	356	1202	27809	832	3318	74026
徐闻县	25	67	1683	163	476	13143	832	2593	72858
廉江市	106	341	7369	270	774	19137	1370	5345	147398
雷州市	221	506	11633	392	1303	28675	1221	4656	103023
吴川市	26	88	3013	142	499	14431	634	3038	92238
茂名市	**458**	**1555**	**39581**	**1225**	**4602**	**117444**	**3854**	**16708**	**446762**
茂南区	57	148	3175	215	809	21742	917	3258	94318
电白区	71	284	8537	205	725	19916	843	3612	108938
高州市	172	506	13391	244	823	20216	749	3144	83153
化州市	74	276	5984	216	879	22928	894	4700	115312
信宜市	84	342	8494	346	1366	32642	452	1993	45042
肇庆市	**567**	**1224**	**38666**	**1312**	**3008**	**84659**	**3117**	**8256**	**236848**
端州区	6	12	199	131	315	7340	595	1388	43468
鼎湖区	19	35	1062	67	137	5520	207	528	19040
广宁县	131	303	10695	159	368	13743	217	644	23286
怀集县	44	124	3009	88	247	5844	205	711	17616
封开县	38	146	2176	107	340	7144	258	931	19380
德庆县	32	77	2186	123	347	9349	256	840	21957
高要市	156	267	8195	391	676	18884	807	1648	46851
四会市	142	259	11143	245	579	16834	572	1566	45249
惠州市	**338**	**920**	**22592**	**1061**	**2975**	**77260**	**3303**	**10458**	**301690**
惠城区	18	45	1001	202	577	15163	1053	3011	84076
惠阳区	39	121	2454	92	280	6519	414	1583	48178
博罗县	128	340	8644	285	845	20799	669	2230	60516
惠东县	76	203	5636	278	738	20966	840	2678	82890
龙门县	78	211	4857	203	534	13813	327	956	26030
梅州市	**585**	**2135**	**47185**	**1515**	**6341**	**145224**	**4819**	**22286**	**552051**
梅江区	42	148	3701	180	709	19436	1240	5405	164285
梅县区	84	386	8074	210	1035	22097	747	3992	89296
大埔县	146	542	11224	323	1395	28352	515	2382	53357
丰顺县	126	322	8498	208	660	16335	617	2140	55626
五华县	31	131	2853	122	581	12182	395	2079	47035
平远县	23	107	2513	75	381	9342	246	1384	32182
蕉岭县	31	137	3419	137	682	18763	320	1619	40322
兴宁市	102	362	6902	258	899	18715	740	3285	69949

11-6 续表 5　　　　单位：户、间、平方米

地　　区	1990-1999年			2000-2009年			2010年以后		
	户数	间数	面积	户数	间数	面积	户数	间数	面积
江门市	**13118**	**42681**	**1389075**	**7725**	**25934**	**908223**	**2951**	**10729**	**372934**
蓬江区	2500	7005	235936	1511	4421	165555	429	1464	51936
江海区	998	2845	94246	430	1438	51499	172	489	15872
新会区	2471	7693	242487	1750	5511	191998	779	2749	107435
台山市	2155	6644	218465	1065	3483	121509	529	1839	62530
开平市	1843	6238	183239	1165	3988	132195	280	1116	35868
鹤山市	1675	5528	164922	1085	3567	104641	367	1359	39700
恩平市	1476	6728	249780	720	3527	140826	395	1714	59592
湛江市	**12997**	**56528**	**1581534**	**14818**	**79072**	**2260225**	**9569**	**55229**	**1594137**
赤坎区	807	2804	82758	708	2588	83794	327	1106	36730
霞山区	1519	4506	139591	1034	3734	115698	584	1968	60438
坡头区	730	3438	105261	742	4521	135332	406	2648	84543
麻章区	834	3606	92764	877	5365	145710	482	3320	91713
遂溪县	1431	6403	159471	1993	10858	302137	1233	7798	212947
徐闻县	1414	5073	136095	1318	5751	160265	953	4699	139945
廉江市	2347	12029	344692	3397	19763	562262	2138	13293	380992
雷州市	2354	9490	224938	2702	12895	321381	2244	11649	321088
吴川市	1560	9179	295964	2048	13598	433646	1203	8747	265739
茂名市	**11755**	**64694**	**1836398**	**16829**	**110305**	**3097711**	**8770**	**60941**	**1723654**
茂南区	2511	10099	323736	1629	8721	319123	564	3290	119227
电白区	2508	13331	401588	4144	25571	776531	2736	18871	568620
高州市	2947	17726	524508	4236	28511	802024	1856	11974	363244
化州市	2561	16469	419243	3297	24016	625774	1748	14280	359475
信宜市	1227	7070	167323	3522	23486	574259	1867	12526	313087
肇庆市	**7768**	**27348**	**776305**	**12211**	**52166**	**1419967**	**5173**	**24209**	**631515**
端州区	1701	4672	154486	1623	5509	184071	478	1540	46924
鼎湖区	378	1364	42126	467	1777	54154	175	652	23373
广宁县	766	3399	109528	1551	7631	246316	670	3565	108930
怀集县	941	4794	117322	2919	15629	352869	1591	8532	201486
封开县	607	2797	65365	1214	6728	147963	746	4524	101181
德庆县	609	2623	62180	939	4643	109941	464	2413	58554
高要市	1439	3767	115114	2155	6421	188835	619	1699	52710
四会市	1327	3933	110184	1344	3828	135819	432	1282	38357
惠州市	**8324**	**29531**	**904764**	**13233**	**44523**	**1404073**	**6589**	**22566**	**735469**
惠城区	2920	9227	277780	5466	15320	483401	3127	8488	253157
惠阳区	1325	4953	154137	2598	8220	232369	821	2957	101775
博罗县	1782	7163	217166	2665	11856	385901	1352	5961	200811
惠东县	1724	5841	189667	1853	6204	215677	829	3075	113067
龙门县	573	2348	66015	651	2922	86726	461	2085	66659
梅州市	**8871**	**44172**	**1108834**	**11584**	**65955**	**1553232**	**4647**	**27991**	**632947**
梅江区	1229	4880	163927	471	2063	73778	116	495	17569
梅县区	1241	6934	166529	1045	5894	135352	340	2114	47023
大埔县	645	2930	73063	917	4255	116052	396	1778	47488
丰顺县	1046	4606	115533	1096	5683	142792	556	2926	73744
五华县	1713	9763	219020	3991	26144	546177	1534	10884	207692
平远县	345	1868	47532	701	3980	103554	405	2495	63739
蕉岭县	509	2619	66525	535	2703	80261	195	1119	32804
兴宁市	2143	10572	256705	2829	15232	355266	1105	6180	142888

11-6 续表 6 单位：户、间、平方米

地 区	合 计			1949年以前			1949-1959年		
	户数	间数	面积	户数	间数	面积	户数	间数	面积
汕尾市	**16786**	**58863**	**1755161**	**133**	**257**	**7594**	**120**	**299**	**8908**
城区	3037	8022	265430	42	68	2721	18	32	790
海丰县	4988	17663	499063	45	92	2356	25	51	1558
陆河县	1648	9014	234284		4	57	17	104	3767
陆丰市	7112	24164	756384	45	93	2461	61	111	2792
河源市	**20643**	**108052**	**2802048**	**61**	**182**	**4941**	**26**	**92**	**2120**
源城区	2918	12030	390238				1	4	160
紫金县	4283	23760	656692	26	66	2218	5	22	539
龙川县	5192	26855	685626	12	39	1154	3	7	136
连平县	2308	13436	300124	6	18	386	7	25	664
和平县	2897	16181	346855	8	24	529	7	24	466
东源县	3045	15790	422512	9	34	654	3	9	154
阳江市	**18124**	**78619**	**2504277**	**47**	**125**	**4370**	**57**	**166**	**5258**
江城区	4851	20599	672919	13	28	1034	16	34	1021
阳西县	3713	17452	493232	6	22	612	7	19	592
阳东县	3245	13255	401715	14	34	1002	18	64	2166
阳春市	6315	27314	936411	14	40	1722	15	50	1480
清远市	**28588**	**115671**	**3455317**	**244**	**652**	**17699**	**120**	**332**	**8653**
清城区	6138	22807	714384	39	72	2467	8	18	633
清新区	5237	20585	622549	51	204	4854	32	102	2774
佛冈县	2217	8201	218599	14	30	487	19	56	1161
阳山县	2846	12584	370170	10	21	690	7	22	561
连山壮族瑶族自治县	680	2914	93115	1	1	26	3	5	146
连南瑶族自治县	1114	4974	160904	2	7	186	2	8	210
英德市	7210	29948	843610	115	288	8083	39	100	2560
连州市	3147	13658	431986	12	29	906	9	21	609
东莞市	**59954**	**145705**	**4645845**	**184**	**298**	**9980**	**310**	**642**	**20540**
中山市	**25890**	**63677**	**2357624**	**66**	**142**	**4418**	**28**	**55**	**2144**
潮州市	**18298**	**50756**	**1831375**	**782**	**1415**	**37521**	**348**	**521**	**17121**
湘桥区	4419	11944	428948	288	518	10475	45	64	1705
潮安区	7493	25708	872418	164	396	10896	95	207	4844
饶平县	6386	13105	530009	330	501	16149	208	250	10572
揭阳市	**34808**	**98230**	**3340005**	**921**	**1330**	**39749**	**391**	**643**	**21461**
榕城区	6062	12471	484015	260	362	8937	41	56	1804
揭东区	6328	11867	441916	405	481	14566	204	288	8958
揭西县	4946	17026	589185	104	201	6881	58	136	5540
惠来县	5740	21530	684929	11	20	526	23	48	1157
普宁市	11733	35336	1139960	140	266	8838	64	116	4002
云浮市	**18436**	**93801**	**2393887**	**79**	**184**	**4836**	**92**	**238**	**6156**
云城区	2621	11231	296485	5	12	329	29	64	1966
云安区	1942	10375	248232	3	7	138	4	8	204
新兴县	3156	11955	350567	29	58	1704	21	43	1057
郁南县	3282	17977	470406	25	70	1738	15	52	1340
罗定市	7434	42264	1028197	17	36	927	23	71	1588

11-6 续表 7　　　　单位：户、间、平方米

地区	1960-1969年			1970-1979年			1980-1989年		
	户数	间数	面积	户数	间数	面积	户数	间数	面积
汕尾市	**251**	**567**	**16031**	**770**	**2022**	**59477**	**2560**	**7878**	**212837**
城区	26	46	1275	94	197	5723	579	1431	44954
海丰县	78	159	4176	196	494	14261	949	3473	78366
陆河县	7	39	1359	32	170	5351	67	337	9203
陆丰市	139	324	9221	449	1161	34141	966	2637	80314
河源市	**158**	**604**	**14656**	**314**	**1198**	**26480**	**1220**	**5483**	**129541**
源城区	12	32	1027	10	28	974	161	629	18369
紫金县	45	175	4777	70	306	7364	218	963	23926
龙川县	32	89	2570	66	236	6038	429	2054	50668
连平县	28	179	3308	87	367	6582	93	426	7363
和平县	32	103	2397	48	155	3199	166	659	13194
东源县	9	26	578	33	106	2323	153	752	16021
阳江市	**443**	**1235**	**32876**	**1119**	**3533**	**100886**	**2620**	**9458**	**277575**
江城区	187	507	12698	242	816	27300	798	2996	89662
阳西县	74	210	6193	230	733	18786	483	1842	48026
阳东县	96	298	8262	295	926	26702	656	2343	67802
阳春市	87	220	5723	352	1057	28098	683	2278	72084
清远市	**736**	**2248**	**63107**	**1401**	**4355**	**114057**	**3094**	**10924**	**305290**
清城区	153	588	20481	128	463	15237	604	2253	64618
清新区	131	433	13860	276	1004	29644	755	2939	87820
佛冈县	54	119	2693	131	358	8040	205	602	14367
阳山县	35	84	2238	175	497	13433	252	825	22403
连山壮族瑶族自治县	15	39	1255	53	148	4271	81	261	7707
连南瑶族自治县	1	2	66	20	67	1900	96	363	10895
英德市	306	858	19086	535	1609	35289	725	2388	59640
连州市	42	125	3427	82	209	6243	375	1292	37840
东莞市	**533**	**953**	**33303**	**1638**	**3328**	**107222**	**6472**	**19787**	**613632**
中山市	**143**	**333**	**12177**	**472**	**1112**	**39159**	**2108**	**5791**	**203656**
潮州市	**486**	**812**	**26758**	**1225**	**2284**	**74812**	**3891**	**8479**	**286833**
湘桥区	51	89	2361	247	428	13248	1006	2151	71272
潮安区	176	340	8709	446	1072	29795	1528	4057	128329
饶平县	259	383	15688	532	785	31770	1357	2272	87231
揭阳市	**984**	**1869**	**60838**	**2658**	**5046**	**159411**	**9629**	**21562**	**729456**
榕城区	168	278	9176	647	1055	34501	2291	4031	149184
揭东区	187	246	8352	790	1186	39146	2004	3087	110282
揭西县	201	498	16010	334	765	26216	1056	2898	98317
惠来县	115	214	6596	271	754	20518	847	2471	75317
普宁市	313	632	20704	616	1286	39030	3431	9076	296355
云浮市	**267**	**800**	**18694**	**738**	**2385**	**57307**	**2014**	**8091**	**203305**
云城区	45	130	3915	62	175	4837	293	1082	28123
云安区	18	46	1075	48	141	3715	146	591	13897
新兴县	64	150	3664	197	576	14475	497	1459	42269
郁南县	54	176	3791	181	592	12947	384	1747	41173
罗定市	86	298	6249	250	901	21332	693	3212	77842

11-6 续表 8 单位：户、间、平方米

地 区	1990-1999年			2000-2009年			2010年以后		
	户数	间数	面积	户数	间数	面积	户数	间数	面积
汕尾市	**5075**	**16658**	**501798**	**5184**	**20206**	**607802**	**2694**	**10977**	**340714**
城区	1208	3102	102659	731	2153	73275	340	993	34033
海丰县	1715	5988	170301	1226	4492	132294	755	2914	95751
陆河县	446	2480	62879	793	4372	114890	287	1507	36779
陆丰市	1706	5087	165960	2434	9189	287343	1312	5562	174151
河源市	**4653**	**22894**	**611274**	**10085**	**54206**	**1422981**	**4126**	**23393**	**590054**
源城区	990	4349	136782	1414	5719	186271	331	1269	46655
紫金县	625	3348	92188	2200	12578	353191	1092	6303	172490
龙川县	1435	7137	183688	2378	12618	316983	837	4675	124390
连平县	357	1833	44589	1058	6543	149653	671	4044	87581
和平县	454	2300	50636	1411	8059	175655	772	4856	100778
东源县	792	3927	103392	1624	8689	241228	422	2245	58161
阳江市	**5239**	**22439**	**706773**	**6012**	**28374**	**940423**	**2586**	**13290**	**436116**
江城区	1611	6799	216456	1479	6596	238670	504	2823	86078
阳西县	1016	4469	125881	1273	6652	189104	625	3506	104039
阳东县	1015	4249	126678	846	3813	121745	304	1527	47357
阳春市	1597	6922	237758	2414	11313	390904	1153	5434	198642
清远市	**7637**	**30462**	**905960**	**10224**	**43847**	**1340470**	**5134**	**22851**	**700082**
清城区	2234	8541	243761	2013	7338	240146	959	3535	127041
清新区	1455	5705	173709	1926	7702	236554	611	2496	73335
佛冈县	494	1772	45582	924	3622	102880	376	1641	43388
阳山县	634	2568	78250	1182	5869	174396	551	2698	78197
连山壮族瑶族自治县	117	431	13099	238	1228	37757	171	800	28855
连南瑶族自治县	253	1128	34847	505	2325	76261	235	1074	36540
英德市	1240	4964	146462	2330	10606	306723	1919	9136	265768
连州市	1210	5354	170252	1105	5157	165754	312	1472	46956
东莞市	**15402**	**45400**	**1402046**	**28392**	**58724**	**1925218**	**7023**	**16573**	**533904**
中山市	**7291**	**19803**	**745997**	**11398**	**24574**	**880294**	**4382**	**11867**	**469779**
潮州市	**5264**	**14999**	**530847**	**4473**	**15849**	**601325**	**1830**	**6396**	**256159**
湘桥区	1699	4625	165652	861	3263	130939	222	807	33296
潮安区	2109	6979	232986	2167	8904	321139	808	3753	135720
饶平县	1455	3395	132209	1445	3682	149247	800	1836	87143
揭阳市	**9595**	**27816**	**941809**	**7792**	**28643**	**993433**	**2839**	**11321**	**393848**
榕城区	1278	2716	103594	1033	3053	128183	342	920	48635
揭东区	1285	2502	96141	1121	3041	124450	331	1036	40020
揭西县	1239	4248	150295	1417	6039	204039	537	2241	81887
惠来县	1712	6094	190714	1966	8181	265305	794	3746	124795
普宁市	4081	12255	401066	2254	8328	271456	834	3377	98509
云浮市	**5855**	**30353**	**772315**	**6641**	**36484**	**925508**	**2750**	**15267**	**405766**
云城区	810	3198	87042	934	4387	113379	442	2183	56893
云安区	611	3208	79916	799	4496	104362	313	1877	44924
新兴县	829	3057	90210	1026	4378	131494	493	2234	65694
郁南县	947	5482	135892	1084	6364	175589	592	3493	97937
罗定市	2658	15408	379256	2797	16859	400684	910	5480	140319

11-6a 各地区家庭户按住房建成时间分的住房状况（城市）

单位：户、间、平方米

地 区	合 计			1949年以前			1949-1959年		
	户数	间数	面积	户数	间数	面积	户数	间数	面积
全 省	**467685**	**1204910**	**38521735**	**3226**	**6202**	**171037**	**2009**	**4075**	**112901**
广州市	**101925**	**233895**	**7375783**	**764**	**1301**	**30561**	**589**	**890**	**21200**
荔湾区	9199	18704	601277	302	439	9465	281	330	7097
越秀区	10468	22771	698995	327	593	13450	221	373	9389
海珠区	15023	32829	1038251	99	167	4217	58	130	2810
天河区	16388	34310	1066004				3	7	114
白云区	15979	32643	974672	1	4	110			
黄埔区	5198	10520	316982	1	2	57	1	1	21
番禺区	13517	31757	1007210	14	36	1335	16	32	912
花都区	4915	16404	510754	12	36	1083	3	8	498
南沙区	2528	7371	265480	2	3	226			
萝岗区	3428	7842	241368	3	13	380	1	1	40
从化区	1760	5808	194038	1	1	36	1	2	78
增城区	3523	12935	460752	2	6	203	4	7	240
韶关市	**7834**	**22523**	**744499**	**8**	**17**	**375**	**75**	**163**	**4056**
武江区	2216	6112	212095	1	3	127	1	1	38
浈江区	3000	8123	262642	5	11	194	2	6	162
曲江区	1104	3140	99181				73	156	3856
乐昌市	665	2454	71690	1	2	54			
南雄市	848	2694	98892						
深圳市	**98783**	**181975**	**5222237**	**392**	**556**	**12723**	**100**	**174**	**4954**
罗湖区	8435	15516	466501	49	58	843	41	51	1257
福田区	10893	24744	813505				3	6	156
南山区	10758	23766	762128	3	13	260			
宝安区	42955	69035	1849635	9	11	352	29	40	1081
龙岗区	23946	45405	1230893	328	471	11221	27	77	2460
盐田区	1798	3509	99575	3	3	46			
珠海市	**11337**	**27835**	**873325**	**11**	**22**	**476**	**5**	**10**	**222**
香洲区	9137	22307	699114	6	14	303	4	10	206
斗门区	940	2611	87174	4	6	103	1	1	16
金湾区	1260	2917	87037	1	2	70			
汕头市	**17011**	**55430**	**1867484**	**208**	**427**	**10549**	**66**	**149**	**3759**
龙湖区	3307	10224	383282	10	31	659			
金平区	6740	17410	554616	32	48	1409	48	96	2404
濠江区	987	3805	105411	24	44	965	10	22	626
潮阳区	2104	7440	252191	40	80	2288	1	1	49
潮南区	2268	10914	351867	11	39	1365	2	10	280
澄海区	1606	5637	220117	91	185	3863	4	20	399

11-6a 续表 1 单位：户、间、平方米

地　区	1960-1969年			1970-1979年			1980-1989年		
	户数	间数	面积	户数	间数	面积	户数	间数	面积
全　省	**4746**	**9994**	**278216**	**12440**	**27931**	**790451**	**60403**	**157923**	**4785162**
广州市	**1275**	**2335**	**56567**	**2970**	**5496**	**146967**	**13613**	**30144**	**855043**
荔湾区	266	446	10231	663	1065	27088	1577	2871	82368
越秀区	422	783	20105	761	1424	37817	4031	8430	234042
海珠区	308	577	11337	759	1142	30873	2497	4962	140853
天河区	72	117	3109	258	613	15151	1364	2603	66979
白云区	12	34	931	65	168	4745	813	1821	47509
黄埔区	49	69	2436	89	178	4598	433	940	28919
番禺区	82	174	4396	129	303	9224	1275	3306	100847
花都区	14	35	782	44	145	3325	617	1964	53062
南沙区	8	13	490	112	267	7504	282	913	29753
萝岗区	4	7	83	13	47	1362	114	413	13467
从化区	11	23	466	4	10	281	234	656	18318
增城区	28	56	2199	73	135	5000	376	1263	38925
韶关市	**34**	**83**	**2188**	**273**	**640**	**16359**	**1615**	**3962**	**119361**
武江区	13	22	537	45	118	3285	360	827	27157
浈江区	8	18	615	153	346	8824	943	2258	66580
曲江区	3	7	209	59	126	2721	154	395	10764
乐昌市	10	34	798	16	50	1530	80	259	8046
南雄市	1	1	28				78	223	6814
深圳市	**241**	**387**	**9831**	**767**	**1367**	**34862**	**7373**	**14407**	**393711**
罗湖区				44	72	1043	1384	2625	72313
福田区				1	3	93	1028	2383	72241
南山区	5	6	225	41	82	2331	1084	2232	61838
宝安区	202	321	7638	315	581	18133	1908	3613	96279
龙岗区	13	24	1077	329	561	11973	1681	2939	74486
盐田区	21	35	891	37	68	1289	289	615	16553
珠海市	**32**	**66**	**1841**	**196**	**455**	**11610**	**1319**	**3363**	**98265**
香洲区	16	34	1098	107	272	7264	1148	2900	84123
斗门区	2	3	118	14	33	932	100	275	8344
金湾区	14	29	625	74	150	3414	71	188	5799
汕头市	**317**	**753**	**19658**	**287**	**824**	**21669**	**3529**	**10294**	**313878**
龙湖区	5	14	329	9	26	583	251	703	21851
金平区	207	428	9842	104	235	6234	1820	4464	127817
濠江区	16	45	1062	23	66	1412	270	901	25617
潮阳区	84	240	7852	70	214	5938	415	1364	45900
潮南区	1	9	183	77	267	7040	567	2290	74106
澄海区	4	18	390	4	17	461	206	573	18587

11-6a 续表 2

单位：户、间、平方米

地区	1990-1999年			2000-2009年			2010年以后		
	户数	间数	面积	户数	间数	面积	户数	间数	面积
全省	**149746**	**405058**	**12913890**	**179800**	**443160**	**14564501**	**55317**	**150568**	**4905578**
广州市	**33207**	**77342**	**2439484**	**37989**	**89064**	**2954673**	**11518**	**27323**	**871287**
荔湾区	3162	6408	214707	2224	5242	184770	725	1902	65550
越秀区	2918	6509	207863	1518	3880	147560	269	777	28769
海珠区	5985	12191	377480	4501	11427	391260	815	2234	79420
天河区	5647	12583	393799	7596	15832	508134	1447	2556	78717
白云区	5541	11232	335455	6872	13975	423710	2675	5408	162212
黄埔区	1563	3189	102115	2167	4248	123785	895	1893	55051
番禺区	3374	8356	264379	6245	14437	478529	2382	5114	147587
花都区	1797	5894	167972	2146	7143	253726	283	1179	30307
南沙区	682	2138	82821	921	2257	76865	523	1780	67820
萝岗区	460	1424	47618	2056	3971	116731	776	1967	61688
从化区	893	2898	98356	582	2043	72480	33	175	4023
增城区	1184	4519	146918	1162	4610	177125	694	2339	90143
韶关市	**2552**	**7009**	**228022**	**2706**	**8232**	**295360**	**571**	**2416**	**78779**
武江区	795	2000	67105	754	2055	75062	249	1086	38784
浈江区	902	2356	75624	898	2717	98829	90	410	11813
曲江区	407	1182	37586	353	1090	36535	55	183	7511
乐昌市	286	965	30441	162	692	19450	110	450	11370
南雄市	162	505	17265	540	1679	65484	67	286	9301
深圳市	**30982**	**58841**	**1702430**	**48110**	**84929**	**2449128**	**10817**	**21314**	**614597**
罗湖区	4003	7224	211687	2752	4933	159918	160	554	19439
福田区	6129	13023	401004	3463	8831	319010	270	498	21000
南山区	4612	9202	282215	4102	9770	337420	910	2460	77839
宝安区	7650	13483	382334	24520	35994	927883	8323	14991	415934
龙岗区	8081	14833	396803	12466	23932	661054	1021	2570	71819
盐田区	507	1077	28387	807	1470	43844	133	242	8566
珠海市	**3778**	**9940**	**312161**	**4443**	**10062**	**323319**	**1553**	**3916**	**125430**
香洲区	3122	8127	254670	3776	8367	265822	956	2583	85628
斗门区	314	927	30322	338	876	31041	167	490	16299
金湾区	341	886	27169	330	819	26457	429	843	23504
汕头市	**7513**	**23720**	**798979**	**4046**	**15422**	**560976**	**1045**	**3840**	**138016**
龙湖区	1614	5138	198732	923	3053	117249	494	1258	43879
金平区	3094	7680	245957	1253	3758	137365	181	700	23588
濠江区	374	1392	39190	223	1085	29097	48	250	7441
潮阳区	986	3349	112596	490	2096	74396	17	95	3172
潮南区	812	4047	126012	653	3376	113981	144	878	28899
澄海区	632	2114	76492	503	2053	88888	161	659	31037

11-6a 续表 3 单位：户、间、平方米

地 区	合 计			1949年以前			1949-1959年		
	户数	间数	面积	户数	间数	面积	户数	间数	面积
佛山市	**54413**	**144786**	**5050975**	**209**	**449**	**14640**	**294**	**660**	**20026**
禅城区	8639	21843	773644	53	102	2804	56	111	3547
南海区	17322	49635	1688256	94	202	6594	81	163	5324
顺德区	23274	58864	2121299	41	93	3599	85	173	5312
三水区	2315	7227	251528	17	47	1516	29	90	3189
高明区	2861	7217	216248	4	5	126	43	122	2653
江门市	**19851**	**58882**	**1989711**	**435**	**864**	**31561**	**141**	**380**	**11881**
蓬江区	5951	16660	571991	71	137	3940	16	37	1178
江海区	2029	5817	193819	10	26	892	11	17	461
新会区	3880	11308	399972	35	61	2145	4	10	280
台山市	2755	7748	253116	255	470	20123	82	207	5807
开平市	2523	7724	235722	47	124	2926	4	12	279
鹤山市	1799	5482	175361	9	25	751	1	2	32
恩平市	914	4142	159730	8	21	782	23	94	3844
湛江市	**11327**	**44775**	**1330924**	**102**	**227**	**5097**	**94**	**243**	**5652**
赤坎区	2550	8244	250732	84	188	3840	27	71	1480
霞山区	3952	11843	353983	2	3	83	59	152	3626
坡头区	555	2500	71329	2	3	90	1	2	90
麻章区	306	1445	38180						
遂溪县	158	690	16522	1	2	48	3	10	194
廉江市	1118	6532	190425						
雷州市	1434	5939	152777	10	23	722			
吴川市	1254	7582	256977	3	8	315	3	7	262
茂名市	**9840**	**49128**	**1462564**	**4**	**11**	**324**	**19**	**52**	**1335**
茂南区	4011	13811	463317	2	5	187	1	3	98
电白区	1456	7774	270404						
高州市	1389	7232	212367	1	1	21	11	22	680
化州市	1297	9203	245510	1	5	116			
信宜市	1687	11108	270966				7	27	557
肇庆市	**7990**	**23736**	**755175**	**16**	**47**	**1416**	**9**	**24**	**686**
端州区	4534	13437	436489						
鼎湖区	389	1341	45745	4	12	399		1	26
高要市	655	2051	58231						
四会市	2411	6907	214710	12	34	1017	9	23	660
惠州市	**14737**	**40025**	**1249687**	**18**	**47**	**1293**	**11**	**29**	**856**
惠城区	10712	27564	872112	13	33	920	7	18	526
惠阳区	3981	12332	374515	5	14	373	3	10	329
博罗县	44	129	3060						

11-6a 续表 4 单位：户、间、平方米

地区	1960-1969年			1970-1979年			1980-1989年		
	户数	间数	面积	户数	间数	面积	户数	间数	面积
佛山市	**965**	**2109**	**63355**	**2496**	**6070**	**173082**	**7895**	**20657**	**684261**
禅城区	146	272	7745	232	395	11196	1821	4080	131092
南海区	342	699	20086	665	1531	50201	2360	6655	215911
顺德区	384	867	26732	1376	3602	94906	3076	7964	283020
三水区	56	193	6931	123	359	11076	248	977	25843
高明区	35	79	1860	99	183	5704	391	981	28396
江门市	**216**	**519**	**15512**	**742**	**1719**	**52179**	**4114**	**10999**	**337893**
蓬江区	28	68	1821	161	366	11094	1250	3216	102157
江海区	21	40	1169	70	139	4065	318	824	25617
新会区	32	59	1708	131	305	7859	588	1440	43813
台山市	90	229	6632	222	544	16884	760	2127	66706
开平市	24	51	1122	72	139	4546	718	1862	52540
鹤山市	3	6	168	28	57	1985	315	879	26563
恩平市	18	67	2894	57	170	5747	165	650	20498
湛江市	**181**	**448**	**8718**	**559**	**1380**	**31796**	**2093**	**6893**	**197630**
赤坎区	31	79	1841	157	339	8744	437	1200	36284
霞山区	28	77	1701	221	496	10856	617	1526	40871
坡头区				19	45	1347	190	583	15122
麻章区				33	88	1751	100	408	10044
遂溪县	5	16	310	25	75	1729	13	50	1034
廉江市				9	26	805	308	1286	42308
雷州市	105	238	3471	47	178	2930	193	767	13374
吴川市	12	38	1396	49	133	3634	235	1073	38592
茂名市	**67**	**185**	**4306**	**349**	**1228**	**32658**	**1348**	**4983**	**136607**
茂南区	43	105	2087	172	659	17257	696	2073	57714
电白区	3	9	294	21	51	1524	183	764	24595
高州市	9	28	831	28	106	3035	205	837	21669
化州市	2	6	239	45	120	2957	143	786	20565
信宜市	10	38	855	82	293	7884	120	523	12063
肇庆市	**52**	**98**	**2390**	**243**	**570**	**14690**	**890**	**2290**	**69694**
端州区	6	12	199	131	315	7340	595	1388	43468
鼎湖区	3	10	305	15	39	1421	49	144	5557
高要市	2	4	108	6	7	198	33	78	2182
四会市	40	71	1777	91	209	5730	212	681	18487
惠州市	**41**	**117**	**2365**	**134**	**386**	**9697**	**1033**	**2940**	**85958**
惠城区	13	33	721	82	232	6378	761	2002	56644
惠阳区	28	84	1644	51	154	3319	272	938	29315
博罗县									

11-6a 续表 5

单位：户、间、平方米

地 区	1990-1999年			2000-2009年			2010年以后		
	户数	间数	面积	户数	间数	面积	户数	间数	面积
佛山市	**16477**	**45876**	**1644891**	**17923**	**46684**	**1690802**	**8154**	**22282**	**759918**
禅城区	2638	6821	246881	2101	5378	212958	1592	4685	157421
南海区	5753	17878	626697	5080	15078	525188	2948	7430	238254
顺德区	6291	16251	612324	9050	21420	783917	2971	8492	311489
三水区	818	2338	82404	834	2591	97121	189	633	23447
高明区	977	2588	76585	859	2217	71617	453	1041	29307
江门市	**7795**	**23471**	**761094**	**4613**	**14926**	**556182**	**1796**	**6005**	**223409**
蓬江区	2489	6966	234788	1509	4413	165311	428	1457	51702
江海区	998	2845	94246	430	1438	51499	172	489	15872
新会区	1428	4247	140077	1090	3236	122202	572	1949	81888
台山市	734	2269	73215	368	1142	36939	244	760	26809
开平市	915	3037	89228	611	2069	72179	131	431	12903
鹤山市	971	2947	90646	333	1153	41850	140	415	13367
恩平市	260	1160	38895	273	1475	66202	109	505	20868
湛江市	**3809**	**15200**	**455761**	**2855**	**13025**	**397266**	**1634**	**7360**	**229005**
赤坎区	798	2767	81476	698	2543	82170	318	1057	34897
霞山区	1500	4423	137104	983	3452	107254	543	1714	52488
坡头区	122	524	15226	141	835	24113	81	507	15341
麻章区	84	434	11806	52	264	7649	37	250	6930
遂溪县	25	112	2439	75	341	9722	11	85	1048
廉江市	460	2889	87214	251	1598	39166	90	733	20932
雷州市	417	1700	38868	280	1444	38022	383	1589	55389
吴川市	403	2351	81630	376	2546	89169	172	1426	41980
茂名市	**3781**	**16696**	**497973**	**3157**	**18568**	**572425**	**1116**	**7404**	**216936**
茂南区	1915	6446	202517	929	3481	140452	252	1038	43004
电白区	520	2533	86224	556	3261	122413	172	1157	35353
高州市	555	2842	86022	467	2693	77819	114	703	22290
化州市	440	2906	76085	481	3825	107197	185	1554	38350
信宜市	351	1968	47125	723	5307	124543	393	2953	77939
肇庆市	**2825**	**8095**	**253120**	**3055**	**9899**	**333104**	**899**	**2713**	**80075**
端州区	1701	4672	154486	1623	5509	184071	478	1540	46924
鼎湖区	121	462	15122	170	611	20477	26	61	2437
高要市	114	425	9856	379	1227	36698	120	310	9189
四会市	888	2535	73656	884	2552	91858	275	802	21525
惠州市	**3471**	**10689**	**336091**	**6784**	**17903**	**559322**	**3246**	**7915**	**254106**
惠城区	2433	7036	219692	4731	12074	395296	2672	6136	191936
惠阳区	1036	3644	116210	2012	5710	161198	573	1777	62128
博罗县	2	8	190	41	118	2828	1	2	42

11-6a 续表 6

单位：户、间、平方米

地　区	合计			1949年以前			1949-1959年		
	户数	间数	面积	户数	间数	面积	户数	间数	面积
梅州市	**6659**	**29859**	**835050**	**196**	**665**	**15768**	**71**	**241**	**5741**
梅江区	3083	12179	395788	126	411	10112	22	58	1541
梅县区	1146	6260	156703	24	117	3127	3	19	392
五华县	109	765	12065	4	17	354	11	84	1899
兴宁市	2321	10655	270493	42	120	2175	35	80	1909
汕尾市	**2937**	**8594**	**275572**	**41**	**76**	**2810**	**32**	**58**	**1383**
城区	2002	5416	182700	35	60	2425	15	30	716
陆丰市	935	3178	92872	6	16	385	17	29	667
河源市	**2876**	**11754**	**385487**				**1**	**4**	**160**
源城区	2876	11754	385487				1	4	160
阳江市	**4301**	**17881**	**666997**	**15**	**43**	**1956**	**9**	**21**	**553**
江城区	3042	12787	461725	8	16	719	8	17	438
阳春市	1259	5094	205272	7	27	1237	2	5	115
清远市	**7319**	**24769**	**800967**	**22**	**60**	**1746**	**6**	**17**	**522**
清城区	3682	12109	385827				1	1	39
清新区	1454	4626	141516						
英德市	1196	3891	132383	19	52	1485	5	16	483
连州市	988	4143	141240	3	8	261			
东莞市	**53647**	**130424**	**4095795**	**141**	**224**	**7790**	**267**	**566**	**17921**
中山市	**15654**	**38337**	**1441373**	**48**	**110**	**3498**	**11**	**24**	**988**
潮州市	**6253**	**19826**	**743403**	**258**	**535**	**12010**	**100**	**204**	**4815**
湘桥区	3230	8973	325418	173	301	6229	35	48	1227
潮安区	3023	10852	417985	85	234	5781	65	156	3589
揭阳市	**9590**	**23694**	**888877**	**327**	**499**	**15705**	**97**	**134**	**5202**
榕城区	4165	8277	332065	193	265	7381	30	41	1424
揭东区	2025	4352	181051	83	93	2967	58	77	3063
普宁市	3400	11065	375762	51	141	5357	9	17	715
云浮市	**3403**	**16781**	**465848**	**11**	**24**	**739**	**12**	**30**	**988**
云城区	1850	7744	212443	3	8	205	10	27	862
云安区	124	570	17270				1	2	90
罗定市	1429	8467	236135	8	17	534	1	2	35

11-6a 续表 7

单位：户、间、平方米

地 区	1960-1969年			1970-1979年			1980-1989年		
	户数	间数	面积	户数	间数	面积	户数	间数	面积
梅州市	**62**	**196**	**4255**	**263**	**1027**	**25491**	**1632**	**7243**	**204895**
梅江区	28	89	2228	154	578	16246	1161	4934	150656
梅县区	7	29	627	51	251	5642	217	1178	29613
五华县	1	5	155	5	28	523	7	61	877
兴宁市	25	73	1246	53	170	3080	247	1070	23749
汕尾市	**51**	**102**	**2438**	**161**	**418**	**10346**	**582**	**1527**	**48891**
城区	21	39	1047	51	101	2962	408	1010	34166
陆丰市	30	63	1391	110	317	7384	174	517	14725
河源市	**12**	**32**	**1027**	**10**	**28**	**974**	**155**	**591**	**17810**
源城区	12	32	1027	10	28	974	155	591	17810
阳江市	**160**	**453**	**11157**	**197**	**659**	**23043**	**571**	**2155**	**74198**
江城区	152	430	10396	129	491	18215	395	1496	50007
阳春市	8	23	760	68	169	4828	176	659	24191
清远市	**95**	**362**	**12254**	**68**	**213**	**6043**	**609**	**1969**	**57839**
清城区	73	301	10555	24	95	2733	318	1003	26561
清新区				4	15	336	30	106	3175
英德市	17	44	1281	26	70	1876	149	484	16460
连州市	5	17	418	14	33	1098	113	377	11642
东莞市	**476**	**835**	**29949**	**1443**	**2928**	**93219**	**5800**	**18085**	**559724**
中山市	**76**	**150**	**5974**	**336**	**754**	**26711**	**1275**	**3358**	**124264**
潮州市	**124**	**218**	**5862**	**257**	**440**	**12750**	**1271**	**3095**	**107363**
湘桥区	39	71	1710	122	194	5424	657	1419	45671
潮安区	85	146	4151	135	246	7326	614	1676	61693
揭阳市	**242**	**444**	**15698**	**621**	**1114**	**40483**	**3230**	**7020**	**244194**
榕城区	114	194	6944	380	639	23546	1625	2877	109169
揭东区	80	94	3713	110	145	5854	645	1004	35164
普宁市	48	157	5040	131	331	11083	960	3140	99861
云浮市	**27**	**100**	**2869**	**69**	**214**	**5821**	**455**	**1946**	**53686**
云城区	19	73	2171	42	128	3510	246	951	24224
云安区	1	2	41	1	3	97	14	60	1705
罗定市	7	26	657	26	83	2214	195	936	27758

11-6a 续表 8

单位：户、间、平方米

地区	1990-1999年			2000-2009年			2010年以后		
	户数	间数	面积	户数	间数	面积	户数	间数	面积
梅州市	**2491**	**10809**	**318954**	**1499**	**7374**	**199564**	**445**	**2305**	**60381**
梅江区	1101	4103	140063	394	1612	60282	98	395	14661
梅县区	447	2503	64537	304	1572	39427	92	593	13339
五华县	6	38	552	46	313	4603	30	218	3101
兴宁市	937	4165	113802	756	3878	95252	225	1099	29280
汕尾市	**1036**	**2897**	**95275**	**709**	**2262**	**75343**	**324**	**1254**	**39087**
城区	845	2286	76263	443	1341	45520	184	549	19600
陆丰市	192	611	19011	266	921	29823	140	705	19486
河源市	**969**	**4213**	**134532**	**1402**	**5636**	**184790**	**328**	**1250**	**46193**
源城区	969	4213	134532	1402	5636	184790	328	1250	46193
阳江市	**1412**	**5931**	**212741**	**1515**	**6439**	**260383**	**420**	**2178**	**82965**
江城区	996	4210	148011	1062	4546	182078	292	1582	51861
阳春市	416	1722	64730	453	1893	78305	128	596	31104
清远市	**2712**	**9807**	**290079**	**2573**	**8389**	**290866**	**1235**	**3952**	**141618**
清城区	1516	5403	148773	1096	3370	122962	654	1937	74206
清新区	424	1391	42171	808	2553	79421	188	561	16413
英德市	329	1078	34551	350	1103	39357	301	1045	36891
连州市	444	1936	64585	318	1363	49127	91	409	14109
东莞市	**13914**	**41209**	**1262716**	**25464**	**52096**	**1664614**	**6142**	**14480**	**459861**
中山市	**4627**	**12075**	**460492**	**6585**	**14819**	**543867**	**2696**	**7048**	**275578**
潮州市	**2130**	**6591**	**238416**	**1642**	**6716**	**277822**	**471**	**2027**	**84365**
湘桥区	1332	3690	130776	688	2591	106086	184	660	28296
潮安区	798	2901	107639	954	4126	171736	287	1367	56069
揭阳市	**2927**	**7698**	**276865**	**1606**	**5152**	**218575**	**540**	**1632**	**72156**
榕城区	983	2029	81783	590	1621	71393	250	612	30425
揭东区	466	1037	42110	463	1500	70552	119	403	17627
普宁市	1478	4633	152971	552	2030	76630	170	617	24105
云浮市	**1338**	**6949**	**193814**	**1123**	**5562**	**156117**	**368**	**1954**	**51814**
云城区	647	2492	69902	634	2893	80364	247	1172	31204
云安区	54	274	7753	39	171	5833	14	59	1752
罗定市	636	4183	116160	450	2498	69919	106	723	18859

11-6b 各地区家庭户按住房建成时间分的住房状况（镇）

单位：户、间、平方米

地 区	合 计			1949年以前			1949-1959年		
	户数	间数	面积	户数	间数	面积	户数	间数	面积
全 省	**122552**	**479409**	**14940851**	**1463**	**3374**	**98407**	**766**	**1875**	**56294**
广州市	**8428**	**28566**	**1016763**	**28**	**54**	**2019**	**102**	**175**	**4799**
白云区	1367	5058	182005				1	3	113
番禺区	556	2026	48005				1	3	92
花都区	794	2901	102304						
南沙区	1782	5527	212014	5	8	206	17	43	1432
萝岗区	67	352	16819						
从化区	445	1497	49070	1	2	53	6	16	368
增城区	3418	11205	406546	22	44	1760	77	111	2794
韶关市	**5906**	**24721**	**730829**	**53**	**138**	**4230**	**16**	**50**	**1362**
武江区	144	478	17020				1	1	33
浈江区	330	937	22406						
曲江区	334	1280	40347	18	43	1725	1	2	86
始兴县	712	2753	78712	17	38	910	2	3	71
仁化县	619	2555	86388	3	7	236	4	11	318
翁源县	930	4710	125560	1	1	57	1	5	126
乳源瑶族自治县	661	2651	75438	1	4	137		3	53
新丰县	728	3275	88718	7	27	614	5	24	505
乐昌市	1033	4321	128225	5	14	398	1	1	42
南雄市	415	1762	68015	1	2	154	1	2	129
珠海市	**2065**	**5625**	**149529**	**13**	**22**	**639**	**12**	**30**	**755**
香洲区	124	142	2959						
斗门区	965	2972	87205	1	2	91	7	19	545
金湾区	976	2511	59365	12	20	548	6	11	210
汕头市	**8544**	**31484**	**1077566**	**259**	**665**	**17209**	**39**	**93**	**2639**
龙湖区	358	1804	69775						
濠江区	50	159	3635						
潮阳区	3607	12768	461667	90	206	6748	22	52	1586
潮南区	1697	7302	241697	17	50	1244	7	21	555
澄海区	2440	8393	263268	130	369	8319	5	12	318
南澳县	391	1057	37523	22	39	899	4	8	179
佛山市	**3711**	**9755**	**379390**	**29**	**47**	**1896**	**25**	**37**	**1679**
禅城区	1324	4420	204821	18	29	1103	10	12	567
南海区	597	1331	44563	5	11	368	3	6	256
三水区	1518	3264	111313	6	7	405	8	12	593
高明区	271	740	18693	1	1	20	5	7	263
江门市	**4327**	**14215**	**461181**	**98**	**199**	**7555**	**45**	**98**	**3435**
新会区	1080	3122	100946	27	39	1379	9	12	508
台山市	899	3007	99070	13	28	1101	9	23	881
开平市	590	1892	57133	20	40	1456	11	27	795
鹤山市	706	2147	57240	6	28	730	4	11	267
恩平市	1051	4047	146793	32	64	2889	11	24	983

11-6b 续表 1

单位：户、间、平方米

地区	1960-1969年			1970-1979年			1980-1989年		
	户数	间数	面积	户数	间数	面积	户数	间数	面积
全省	**2227**	**5694**	**162867**	**5431**	**14763**	**436300**	**17451**	**56386**	**1705691**
广州市	**160**	**336**	**10971**	**365**	**898**	**30549**	**1224**	**4305**	**145081**
白云区	4	6	269	36	63	2070	148	470	17854
番禺区	3	6	276	16	40	1308	65	222	5482
花都区	5	21	455	3	8	464	48	211	6010
南沙区	38	94	3210	79	208	7282	372	1246	47826
萝岗区	1	2	166				1	11	499
从化区	17	37	868	13	31	765	9	28	876
增城区	92	170	5727	218	548	18660	581	2117	66533
韶关市	**214**	**585**	**12792**	**318**	**1096**	**26352**	**743**	**2546**	**67966**
武江区	2	5	234	29	89	2728	23	70	2325
浈江区	145	385	7149	5	17	310	88	252	5579
曲江区	3	7	223	30	92	2704	38	159	4107
始兴县	4	9	310	71	236	5678	87	297	7674
仁化县	8	19	698	40	130	3707	94	310	9477
翁源县	5	14	426	9	30	638	72	305	6887
乳源瑶族自治县	25	75	1897	37	103	2836	77	224	5947
新丰县	5	20	403	16	63	1136	97	330	9162
乐昌市	14	40	1162	72	316	6013	146	538	14931
南雄市	4	10	289	7	21	601	22	60	1876
珠海市	**45**	**108**	**3618**	**77**	**190**	**5547**	**197**	**596**	**16938**
香洲区							1	3	90
斗门区	30	78	2927	29	78	2668	105	316	9736
金湾区	15	30	691	47	112	2879	91	278	7113
汕头市	**135**	**367**	**8495**	**447**	**1072**	**41065**	**1747**	**5092**	**165481**
龙湖区				39	158	8534	98	454	15180
濠江区				29	85	1455	2	12	181
潮阳区	54	156	3494	151	388	14166	830	2121	74372
潮南区	40	138	3092	106	218	9610	335	1174	37446
澄海区	33	62	1583	94	180	5845	407	1177	32684
南澳县	7	11	326	27	43	1456	75	154	5618
佛山市	**91**	**164**	**6293**	**165**	**366**	**14399**	**403**	**1294**	**52364**
禅城区	45	71	2729	79	163	7242	155	587	25561
南海区	20	51	1682	21	44	1632	77	219	9283
三水区	22	36	1645	43	105	4075	155	448	16470
高明区	4	6	237	23	54	1450	17	41	1051
江门市	**132**	**317**	**9759**	**328**	**814**	**23849**	**985**	**3027**	**96644**
新会区	21	31	1145	57	104	3221	229	623	19350
台山市	34	89	2484	100	284	7212	229	740	20842
开平市	31	68	1501	45	112	2539	189	580	17168
鹤山市	7	23	562	34	88	2641	90	308	9009
恩平市	39	107	4067	92	225	8237	247	777	30275

11-6b 续表 2

单位：户、间、平方米

地区	1990-1999年			2000-2009年			2010年以后		
	户数	间数	面积	户数	间数	面积	户数	间数	面积
全省	**35691**	**141350**	**4406967**	**41712**	**174350**	**5485433**	**17811**	**81617**	**2588891**
广州市	**2265**	**8204**	**280258**	**3166**	**10090**	**379408**	**1118**	**4504**	**163678**
白云区	505	2052	72184	512	1558	55594	161	906	33921
番禺区	149	410	11979	250	855	21000	71	491	7869
花都区	348	1253	39310	351	1232	49757	39	175	6307
南沙区	322	1008	37535	765	2092	82696	185	828	31826
萝岗区	30	148	6254	33	186	9460	1	5	439
从化区	199	618	20060	112	444	15519	87	322	10561
增城区	712	2715	92935	1143	3724	145381	574	1776	72756
韶关市	**1443**	**5504**	**167204**	**1925**	**8753**	**264493**	**1196**	**6049**	**186431**
武江区	32	108	3683	38	125	4790	19	81	3228
浈江区	17	41	1708	67	201	6600	8	42	1060
曲江区	141	460	15999	61	298	8957	42	218	6546
始兴县	179	710	20503	200	853	24132	152	606	19435
仁化县	160	583	20048	158	729	26824	152	765	25080
翁源县	319	1413	38597	325	1868	48262	198	1073	30568
乳源瑶族自治县	107	401	11239	281	1216	36467	131	624	16862
新丰县	188	715	21159	239	1152	30811	172	944	24927
乐昌市	221	791	23992	395	1649	50577	179	972	31110
南雄市	78	281	10277	162	662	27074	141	723	27614
珠海市	**511**	**1575**	**41429**	**709**	**1934**	**50207**	**502**	**1171**	**30396**
香洲区	49	64	1661	16	18	327	57	58	881
斗门区	262	835	23795	366	1010	29168	165	635	18276
金湾区	199	676	15973	326	906	20712	279	478	11240
汕头市	**3189**	**11851**	**395721**	**2144**	**9556**	**344607**	**585**	**2789**	**102349**
龙湖区	104	472	17040	98	582	22560	20	139	6461
濠江区	18	62	2000						
潮阳区	1149	4074	139940	1058	4683	176706	253	1089	44655
潮南区	646	2693	92330	412	2156	71008	133	852	26413
澄海区	1142	4185	131373	504	1904	66255	124	503	16892
南澳县	128	364	13039	72	232	8077	55	206	7928
佛山市	**715**	**2682**	**121576**	**1362**	**3028**	**106108**	**920**	**2137**	**75075**
禅城区	307	1466	76855	347	1149	51159	363	943	39605
南海区	95	282	12424	247	359	8366	130	359	10552
三水区	243	751	27530	663	1244	40283	380	662	20312
高明区	70	184	4767	104	275	6300	48	173	4607
江门市	**1447**	**5397**	**174704**	**1113**	**3634**	**120790**	**180**	**728**	**24445**
新会区	373	1171	37712	324	988	32484	40	154	5147
台山市	324	1114	37260	172	634	26403	19	95	2887
开平市	186	716	21819	103	332	11384	4	17	471
鹤山市	203	772	20082	290	657	15094	72	260	8854
恩平市	361	1624	57831	225	1023	35426	45	203	7086

11-6b 续表 3

单位：户、间、平方米

地　区	合　计			1949年以前			1949-1959年		
	户数	间数	面积	户数	间数	面积	户数	间数	面积
湛江市	**9385**	**44572**	**1377424**	**14**	**46**	**1317**	**50**	**149**	**3774**
霞山区	35	197	6776						
坡头区	465	2375	82798				1	6	130
麻章区	862	4312	125404	1	3	82	37	115	2773
遂溪县	1723	8067	242766	9	29	853	5	13	413
徐闻县	1991	7236	220447	1	3	61			
廉江市	1804	9163	294801						
雷州市	1445	6147	184489	4	11	321	1	1	25
吴川市	1060	7074	219943				5	14	433
茂名市	**7045**	**42101**	**1206102**	**10**	**21**	**697**	**29**	**71**	**2163**
茂南区	265	1715	61041						
电白区	2755	15845	477179	1	2	44	17	40	1259
高州市	1692	9838	317730	7	14	516	6	11	336
化州市	1175	8127	194176				2	6	116
信宜市	1158	6576	155975	2	5	137	4	15	452
肇庆市	**6215**	**25111**	**713688**	**46**	**100**	**2132**	**33**	**51**	**1607**
鼎湖区	297	1071	30317	2	3	81	1	3	86
广宁县	1314	5539	175748	9	15	761	5	10	462
怀集县	1355	6646	176977	1	1	25	6	11	260
封开县	938	4638	118967				1	1	33
德庆县	656	2626	68504	4	6	305	3	6	181
高要市	1297	3507	112506	31	75	959	13	16	336
四会市	357	1085	30670				4	4	248
惠州市	**8886**	**31517**	**1045529**	**69**	**259**	**10925**	**39**	**119**	**3560**
惠城区	353	1183	29944						
惠阳区	469	1950	58572						
博罗县	3837	13993	483342	17	52	1594	31	90	2323
惠东县	3278	10946	370861	48	198	8846	5	20	1028
龙门县	949	3446	102809	4	9	485	3	9	209
梅州市	**9240**	**46178**	**1230541**	**164**	**561**	**14551**	**85**	**292**	**7003**
梅江区	59	387	13140				1	3	56
梅县区	886	4885	120417	61	210	5473	30	114	2251
大埔县	1383	6092	168991	57	195	5241	8	36	796
丰顺县	1707	6998	183296	6	25	637	7	20	442
五华县	2253	12974	333580	3	10	233	5	21	465
平远县	875	4233	130385	6	23	860	10	31	1551
蕉岭县	883	4135	121655	19	73	1672	8	29	744
兴宁市	1195	6475	159077	13	26	436	15	38	697
汕尾市	**6676**	**23584**	**716216**	**52**	**104**	**2597**	**51**	**170**	**5521**
城区	339	821	28550	3	3	213	1	1	51
海丰县	3179	11604	341262	30	61	1365	14	30	724
陆河县	893	4785	124336		4	57	17	104	3767
陆丰市	2265	6374	222068	18	35	962	19	35	980

11-6b 续表 4

单位：户、间、平方米

地 区	1960-1969年			1970-1979年			1980-1989年		
	户数	间数	面积	户数	间数	面积	户数	间数	面积
湛江市	**124**	**449**	**12880**	**426**	**1338**	**37562**	**1492**	**5480**	**154581**
霞山区									
坡头区	1	5	136	3	7	294	94	397	12372
麻章区	39	198	4836	51	153	3347	86	339	8097
遂溪县	13	53	1259	112	383	10005	241	944	23303
徐闻县	5	13	317	79	228	6871	438	1278	39674
廉江市	9	40	861	56	173	4625	338	1337	36251
雷州市	48	101	4223	95	263	7925	185	649	18557
吴川市	10	38	1248	31	130	4494	109	536	16326
茂名市	**69**	**224**	**5912**	**234**	**873**	**22907**	**735**	**3359**	**97918**
茂南区	1	3	74	7	25	730	51	307	10657
电白区	29	76	2286	73	259	7440	264	1090	37910
高州市	26	83	1890	50	157	4044	163	580	18317
化州市	3	12	317	25	94	2672	197	1140	25176
信宜市	10	51	1346	80	338	8021	61	241	5859
肇庆市	**167**	**373**	**11217**	**308**	**687**	**20807**	**690**	**1924**	**53680**
鼎湖区	9	15	349	16	33	989	50	126	3775
广宁县	43	90	3133	40	98	3559	96	260	8515
怀集县	16	53	1496	18	51	1411	77	280	7530
封开县	3	27	122	31	94	2319	83	284	6588
德庆县	8	21	504	44	107	3123	122	370	10085
高要市	84	163	5365	120	246	6819	199	516	12869
四会市	4	4	248	38	57	2587	63	87	4319
惠州市	**89**	**231**	**6016**	**256**	**717**	**19624**	**1039**	**3553**	**108692**
惠城区	1	3	43	6	10	412	33	98	2500
惠阳区				1	3	104	48	244	7171
博罗县	54	142	3712	112	320	9063	389	1259	39073
惠东县	5	13	357	33	110	2713	402	1449	46111
龙门县	28	73	1905	105	274	7332	167	503	13838
梅州市	**183**	**514**	**13386**	**309**	**1179**	**29221**	**1175**	**5203**	**137389**
梅江区	1	4	140	2	13	365	22	156	5375
梅县区	17	82	1737	40	178	4101	148	731	16185
大埔县	32	115	2636	60	278	6089	185	874	22834
丰顺县	84	129	4397	79	201	5824	317	1000	27504
五华县	13	49	1085	33	118	3133	161	764	22356
平远县	8	31	1013	22	107	3245	85	403	11759
蕉岭县	16	68	1518	27	111	2948	126	618	17144
兴宁市	12	36	859	46	174	3516	130	658	14232
汕尾市	**97**	**219**	**6273**	**244**	**570**	**17853**	**670**	**1969**	**54397**
城区				2	3	138	28	47	1849
海丰县	36	81	1846	76	194	5194	329	1181	28840
陆河县	6	28	1060	4	21	858	21	89	2654
陆丰市	56	109	3367	162	352	11663	293	652	21054

11-6b 续表 5

单位：户、间、平方米

地　　区	1990-1999年			2000-2009年			2010年以后		
	户数	间数	面积	户数	间数	面积	户数	间数	面积
湛江市	**2618**	**11505**	**354944**	**2841**	**15223**	**480784**	**1822**	**10381**	**331582**
霞山区				24	117	4003	11	79	2772
坡头区	174	828	30744	118	754	24482	74	378	14641
麻章区	200	844	24201	298	1748	54761	150	913	27306
遂溪县	479	2065	59700	586	3121	99566	279	1459	47665
徐闻县	678	2322	67967	463	1960	58372	327	1432	47184
廉江市	405	1842	61808	616	3443	114164	379	2328	77091
雷州市	322	1194	34981	406	1818	54471	384	2110	63987
吴川市	359	2409	75542	329	2262	70965	218	1684	50934
茂名市	**1865**	**10594**	**303024**	**2541**	**16270**	**465669**	**1562**	**10689**	**307812**
茂南区	120	758	28863	51	368	12794	35	254	7924
电白区	663	3209	97540	1007	6150	180333	702	5018	150367
高州市	485	2898	93891	676	4403	141819	279	1693	56918
化州市	390	2547	55785	342	2597	66604	215	1732	43506
信宜市	207	1181	26944	464	2753	64118	331	1992	49098
肇庆市	**1845**	**7478**	**213722**	**2350**	**10494**	**297250**	**777**	**4004**	**113274**
鼎湖区	104	403	11475	79	345	8961	34	143	4601
广宁县	338	1472	43923	600	2639	85194	183	954	30200
怀集县	361	1815	52938	640	3165	79430	237	1270	33886
封开县	241	1110	29252	412	2123	54759	168	998	25896
德庆县	223	868	21445	169	820	21041	83	427	11820
高要市	407	1155	40456	392	1181	40588	52	154	5113
四会市	171	655	14232	58	221	7278	19	57	1758
惠州市	**2662**	**9574**	**310709**	**3304**	**12030**	**410133**	**1429**	**5035**	**175870**
惠城区	37	151	3805	205	715	19732	71	206	3453
惠阳区	74	324	9912	258	1066	31529	88	312	9857
博罗县	1123	4179	141568	1468	5746	204867	644	2205	81142
惠东县	1148	3815	123500	1196	3784	131805	441	1556	56502
龙门县	280	1104	31924	176	718	22201	185	756	24916
梅州市	**2855**	**14475**	**377706**	**3362**	**18102**	**489241**	**1106**	**5852**	**162044**
梅江区	25	164	5631	7	44	1397	1	4	175
梅县区	274	1621	41432	240	1468	36035	75	481	13202
大埔县	347	1546	40998	522	2305	68625	171	743	21773
丰顺县	546	2397	59582	460	2290	58461	207	936	26448
五华县	866	4620	120670	935	5937	148800	237	1456	36838
平远县	183	875	26450	390	1917	58963	171	846	26546
蕉岭县	276	1316	36060	321	1459	46598	90	462	14972
兴宁市	337	1936	46883	488	2682	70363	155	925	22090
汕尾市	**2167**	**7410**	**223576**	**2159**	**8213**	**248391**	**1235**	**4929**	**157607**
城区	125	266	9639	116	325	11199	63	175	5462
海丰县	1136	4122	118781	904	3377	100378	654	2556	84134
陆河县	248	1385	37457	417	2215	55290	180	939	23193
陆丰市	658	1637	57700	722	2296	81525	338	1259	44818

11-6b 续表 6　　　　单位：户、间、平方米

地　区	合　计			1949年以前			1949-1959年		
	户数	间数	面积	户数	间数	面积	户数	间数	面积
河源市	**5432**	**26727**	**732757**	**29**	**74**	**2373**	**9**	**33**	**870**
紫金县	1589	8285	243014	16	32	1187	2	5	150
龙川县	1464	6421	184263	6	24	833			
连平县	850	4560	108083	5	13	266	5	20	548
和平县	834	4108	97849			9	2	6	136
东源县	696	3353	99549	2	5	79	1	2	36
阳江市	**4362**	**19756**	**672668**	**9**	**26**	**879**	**34**	**110**	**3682**
江城区	558	2487	72463	1	1	49	8	14	481
阳西县	1311	6025	192667	5	14	452	3	8	335
阳东县	1464	6383	220516	2	9	346	12	52	1813
阳春市	1029	4861	187023	1	2	33	12	35	1052
清远市	6673	27613	844128	59	118	3599	25	66	1896
清城区	1359	5883	178602	39	70	2441	6	13	490
清新区	822	3463	92705				5	17	530
佛冈县	906	3181	89468	8	21	268	2	5	126
阳山县	1016	4506	147792	4	8	298	2	5	137
连山壮族瑶族自治县	265	922	31471		1	12			
连南瑶族自治县	510	2297	75363	1	4	114	2	7	167
英德市	1533	6332	192127	6	12	400	6	15	359
连州市	262	1029	36600	2	2	66	2	3	87
东莞市	**403**	**840**	**29466**						
中山市	**6985**	**16908**	**625775**	**18**	**32**	**920**	**13**	**21**	**772**
潮州市	**5589**	**14258**	**500678**	**254**	**463**	**11291**	**44**	**67**	**2002**
湘桥区	749	2038	69680	81	152	2811	1	2	31
潮安区	1674	5366	172571	13	25	690	10	15	359
饶平县	3166	6854	258427	159	285	7790	34	51	1612
揭阳市	**8926**	**27304**	**930727**	**236**	**393**	**12069**	**101**	**206**	**7940**
榕城区	714	1837	70461	10	24	433			
揭东区	1488	2704	96071	94	142	4086	29	37	1335
揭西县	1768	5998	218602	78	153	5483	35	91	4071
惠来县	2600	9861	317986	4	6	165	8	21	466
普宁市	2355	6904	227607	50	68	1901	29	57	2068
云浮市	**3754**	**18573**	**499894**	**25**	**52**	**1510**	**13**	**38**	**835**
云城区	67	305	8543	1	2	42	1	2	50
云安区	344	1828	47706			12			16
新兴县	1212	4353	130760	17	31	908	2	5	113
郁南县	1284	7193	199953	2	12	347			
罗定市	848	4894	112932	4	8	201	9	31	656

11-6b 续表 7

单位：户、间、平方米

地 区	1960-1969年			1970-1979年			1980-1989年		
	户数	间数	面积	户数	间数	面积	户数	间数	面积
河源市	**33**	**95**	**2784**	**70**	**236**	**6251**	**388**	**1654**	**44590**
紫金县	5	11	356	19	60	1663	114	483	11835
龙川县	16	44	1438	20	82	2625	122	560	17700
连平县	4	13	270	21	61	1263	18	83	2010
和平县	8	22	581	9	27	582	85	323	6891
东源县	1	4	139	1	6	118	48	205	6155
阳江市	**96**	**313**	**8857**	**251**	**854**	**25141**	**615**	**2341**	**71910**
江城区	9	26	716	23	67	2071	130	504	14479
阳西县	32	81	2710	79	226	6669	191	688	20288
阳东县	33	136	3783	95	356	10551	204	828	28004
阳春市	22	70	1648	54	205	5850	90	321	9139
清远市	128	422	12076	334	1012	27362	757	2619	75222
清城区	55	204	7275	58	209	7052	143	600	18413
清新区	22	85	2076	88	311	8607	166	624	16998
佛冈县	10	21	437	23	47	1001	63	204	4946
阳山县	3	6	213	15	41	1414	76	278	8600
连山壮族瑶族自治县	3	8	219	16	42	1118	25	75	2248
连南瑶族自治县		1	36	5	18	469	55	197	6169
英德市	31	89	1593	122	326	7133	189	538	14479
连州市	4	8	227	8	18	568	40	102	3370
东莞市							**12**	**41**	**1577**
中山市	**32**	**73**	**2413**	**77**	**179**	**5437**	**460**	**1262**	**43639**
潮州市	**165**	**263**	**9035**	**429**	**839**	**27921**	**1412**	**2961**	**98551**
湘桥区	6	12	415	82	152	5014	222	500	17178
潮安区	25	47	1373	123	326	9942	341	968	28512
饶平县	134	204	7248	224	361	12966	849	1493	52861
揭阳市	**234**	**541**	**17873**	**702**	**1579**	**47786**	**2194**	**5330**	**170539**
榕城区	3	3	126	86	170	4501	246	437	14936
揭东区	21	40	1627	235	454	14405	449	695	25657
揭西县	104	306	9540	104	260	8467	262	830	27421
惠来县	34	59	1799	106	305	8466	473	1362	40503
普宁市	72	132	4782	172	390	11946	765	2006	62022
云浮市	**34**	**101**	**2216**	**90**	**263**	**6667**	**513**	**1829**	**48532**
云城区	1	1	19	3	6	179	8	24	668
云安区	2	3	88	4	14	336	27	109	2270
新兴县	11	15	558	42	100	3097	263	738	21927
郁南县	17	69	1286	29	101	2199	173	732	18026
罗定市	4	13	265	13	41	855	42	225	5640

11-6b 续表 8 单位：户、间、平方米

地 区	1990-1999年			2000-2009年			2010年以后		
	户数	间数	面积	户数	间数	面积	户数	间数	面积
河源市	**1463**	**7157**	**198155**	**2485**	**12484**	**348985**	**955**	**4993**	**128750**
紫金县	401	2172	61274	777	4050	124150	255	1472	42399
龙川县	465	2056	59645	599	2646	73009	236	1009	29015
连平县	202	1002	25196	398	2227	53819	197	1141	24710
和平县	192	914	22702	360	1779	45004	178	1035	21946
东源县	203	1011	29338	351	1782	53004	90	336	10680
阳江市	**1324**	**5932**	**204680**	**1404**	**6816**	**238980**	**629**	**3365**	**118539**
江城区	234	1062	31761	101	539	15928	52	273	6978
阳西县	360	1565	50119	403	2002	63597	238	1441	48497
阳东县	439	1936	66296	510	2297	81855	169	769	27868
阳春市	290	1369	56504	390	1977	77600	171	883	35197
清远市	1854	7730	241381	2495	10874	334059	1022	4772	148531
清城区	367	1697	51535	558	2296	65957	135	794	25438
清新区	274	1112	30371	199	968	26420	68	345	7702
佛冈县	220	790	21624	408	1435	42298	172	656	18767
阳山县	365	1422	46471	341	1771	57836	210	975	32824
连山壮族瑶族自治县	68	211	6852	66	247	8240	87	338	12782
连南瑶族自治县	110	526	16760	233	1034	34314	103	509	17334
英德市	341	1505	50100	616	2795	87989	222	1051	30075
连州市	108	466	17668	74	328	11005	26	103	3610
东莞市	**53**	**194**	**6955**	**339**	**604**	**20934**			
中山市	**2084**	**5511**	**206603**	**3238**	**6898**	**246999**	**1062**	**2932**	**118992**
潮州市	**1581**	**4280**	**147175**	**1323**	**4164**	**154926**	**381**	**1220**	**49778**
湘桥区	200	545	20014	129	556	20305	27	121	3914
潮安区	563	1709	52656	450	1649	55114	149	626	23926
饶平县	817	2027	74506	744	1959	79507	205	473	21938
揭阳市	**2544**	**8019**	**272643**	**2193**	**8390**	**296667**	**721**	**2847**	**105211**
榕城区	148	367	11806	166	640	27255	54	197	11405
揭东区	401	622	25026	188	475	16435	71	238	7499
揭西县	525	1926	72067	538	1979	74199	123	454	17354
惠来县	772	2880	87612	857	3622	121465	346	1605	57509
普宁市	698	2223	76132	442	1674	57313	128	354	11444
云浮市	**1210**	**6276**	**164803**	**1261**	**6792**	**186803**	**609**	**3221**	**88528**
云城区	24	125	3283	20	102	3040	10	43	1262
云安区	128	698	19834	134	728	18914	48	274	6236
新兴县	364	1362	41728	333	1339	39354	181	763	23075
郁南县	429	2474	65421	407	2491	75571	227	1314	37103
罗定市	265	1617	34537	367	2133	49924	143	828	20853

11-6c 各地区家庭户按住房建成时间分的住房状况（乡村）

单位：户、间、平方米

地　区	合　计			1949年以前			1949-1959年		
	户数	间数	面积	户数	间数	面积	户数	间数	面积
全　省	**233307**	**1053296**	**29205855**	**2890**	**6992**	**198468**	**1621**	**4055**	**118238**
广州市	**14012**	**60008**	**1903185**	**84**	**210**	**6902**	**36**	**116**	**3561**
白云区	2464	12459	388979	32	90	3176	14	52	1726
番禺区	2182	10833	305838	6	12	497	4	12	332
花都区	2453	11444	376467	13	40	1439	7	19	692
南沙区	1843	5391	213726	1	4	72	1	2	90
萝岗区	511	2923	102592		1	28	1	5	124
从化区	2336	9136	262024	7	14	330	4	16	336
增城区	2223	7821	253560	24	50	1361	5	10	260
韶关市	**10440**	**50254**	**1369565**	**54**	**168**	**3914**	**42**	**138**	**2907**
武江区	425	1694	54721	1	1	31			13
浈江区	491	2049	51219	1	3	61	8	29	537
曲江区	945	4401	138488	14	41	951	7	25	352
始兴县	1000	4339	117518	13	46	990	8	23	581
仁化县	937	4180	132850	5	11	409			
翁源县	1863	11346	275217	2	11	211	4	12	246
乳源瑶族自治县	815	3552	100924	1	1	24	5	11	322
新丰县	747	4402	93900	1	4	77	3	15	297
乐昌市	1678	7394	186066	7	23	453	2	10	193
南雄市	1539	6897	218664	10	27	706	6	13	367
珠海市	**1317**	**4940**	**155792**	**37**	**62**	**1910**	**20**	**42**	**1184**
斗门区	1317	4940	155792	37	62	1910	20	42	1184
汕头市	**9618**	**34012**	**1149583**	**50**	**125**	**3868**	**25**	**58**	**1840**
龙湖区	554	2575	98618	1	2	38	2	4	130
金平区	118	475	13835				1	2	29
濠江区	541	2101	64087	10	33	867	1	1	19
潮阳区	4135	11826	409145	17	38	1267	2	3	169
潮南区	2823	11297	387329	17	39	1305	14	33	1167
澄海区	1338	5318	165971	5	13	392	4	9	224
南澳县	110	421	10599				2	5	103
佛山市	**2886**	**9392**	**384934**	**49**	**117**	**4838**	**114**	**426**	**18370**
南海区	1011	3599	155552	24	72	3183	103	408	17585
顺德区	206	854	47000						
三水区	1239	4109	157636	22	40	1531	6	13	498
高明区	431	830	24745	4	5	123	5	5	287
江门市	**12302**	**39182**	**1270028**	**881**	**1941**	**69125**	**209**	**421**	**14976**
蓬江区	19	70	2085						
新会区	2357	6699	201879	71	121	4568	31	56	1799
台山市	4249	11520	387988	617	1295	47245	125	270	9268
开平市	2369	7695	232068	152	390	12340	42	76	3026
鹤山市	1446	5120	145162	10	35	932	7	11	407
恩平市	1861	8078	300846	32	99	4039	4	8	475

11-6c 续表 1 单位：户、间、平方米

地 区	1960-1969年			1970-1979年			1980-1989年		
	户数	间数	面积	户数	间数	面积	户数	间数	面积
全 省	**4676**	**12701**	**347669**	**12500**	**36318**	**978065**	**31271**	**104352**	**2884387**
广州市	**98**	**324**	**9139**	**452**	**1487**	**49141**	**1459**	**5597**	**182387**
白云区	24	132	3199	62	236	7656	341	1586	54772
番禺区	4	10	351	90	259	7350	205	630	21099
花都区	15	51	2038	137	533	20386	335	1570	48033
南沙区	14	42	1268	52	154	4306	195	584	20089
萝岗区	4	11	321	15	60	3088	34	180	7897
从化区	13	27	653	56	162	4075	156	515	14777
增城区	24	51	1310	41	82	2278	191	532	15720
韶关市	**377**	**1199**	**30754**	**900**	**2959**	**74168**	**1143**	**4424**	**109453**
武江区	29	76	2139	80	253	6539	34	111	3236
浈江区	35	95	2055	64	161	3500	69	286	5918
曲江区	29	85	2594	52	155	4704	88	300	9540
始兴县	64	228	5412	142	506	12527	171	643	17213
仁化县	68	222	7063	146	487	13821	162	583	17543
翁源县	19	74	1402	91	352	6673	173	742	14754
乳源瑶族自治县	15	30	929	52	137	3454	40	142	3359
新丰县	17	68	1288	37	138	2772	44	174	3692
乐昌市	33	127	2552	118	416	10083	223	973	21261
南雄市	68	195	5320	117	354	10093	140	470	12934
珠海市	**19**	**48**	**1335**	**96**	**202**	**6347**	**248**	**638**	**20936**
斗门区	19	48	1335	96	202	6347	248	638	20936
汕头市	**148**	**385**	**12049**	**723**	**2003**	**59156**	**2200**	**6034**	**199084**
龙湖区	13	60	1899	31	142	4223	152	598	19515
金平区	4	8	270	3	6	183	47	157	4414
濠江区	8	18	458	41	121	3529	109	286	8394
潮阳区	20	51	1431	263	543	16936	1192	2531	87780
潮南区	85	207	6984	315	988	29647	421	1398	47838
澄海区	13	31	731	54	165	3781	243	944	28166
南澳县	5	11	276	14	38	857	36	118	2977
佛山市	**135**	**341**	**14996**	**286**	**730**	**30836**	**694**	**2070**	**80579**
南海区	61	207	9575	53	135	5846	183	631	31242
顺德区							38	114	5303
三水区	43	96	4335	177	513	22235	342	1071	36861
高明区	32	39	1086	56	82	2755	132	254	7172
江门市	**437**	**849**	**29776**	**1042**	**2432**	**79974**	**2881**	**8357**	**266569**
蓬江区		1	41		1	31	4	14	386
新会区	121	206	6602	331	618	19886	631	1488	46614
台山市	212	434	14997	417	991	32667	989	2578	84818
开平市	83	167	6717	163	469	14381	591	1853	52286
鹤山市	12	28	785	44	107	2990	253	690	20676
恩平市	8	12	634	87	246	10018	412	1734	61789

11-6c 续表 2 单位：户、间、平方米

地区	1990-1999年			2000-2009年			2010年以后		
	户数	间数	面积	户数	间数	面积	户数	间数	面积
全省	**55336**	**238453**	**6705730**	**82976**	**421343**	**11582410**	**42037**	**229083**	**6390888**
广州市	**3718**	**15418**	**489142**	**5767**	**25824**	**801498**	**2399**	**11032**	**361414**
白云区	776	3808	116070	875	4264	133437	340	2291	68941
番禺区	450	1441	51410	969	6346	160865	454	2124	63935
花都区	689	3475	116314	942	4166	138919	315	1590	48647
南沙区	394	1181	44328	758	1904	75015	428	1519	68557
萝岗区	93	522	18838	303	1705	57766	61	438	14530
从化区	708	2780	79387	951	3887	112948	440	1736	49517
增城区	608	2211	62796	969	3552	122548	361	1334	47286
韶关市	**1461**	**6612**	**179670**	**3978**	**21066**	**586846**	**2485**	**13686**	**381853**
武江区	83	284	9752	87	399	12288	111	569	20723
浈江区	64	194	5504	172	775	23958	79	505	9685
曲江区	184	767	27388	280	1425	45961	291	1603	46996
始兴县	130	523	13994	321	1570	45311	152	801	21489
仁化县	103	481	14176	203	1039	33847	250	1356	45992
翁源县	273	1586	33952	882	5792	146410	421	2777	71569
乳源瑶族自治县	66	298	6757	380	1773	50680	256	1161	35398
新丰县	81	495	10236	331	2023	44662	232	1485	30874
乐昌市	245	1060	28158	771	3466	91019	279	1320	32347
南雄市	230	925	29753	552	2804	92710	415	2110	66780
珠海市	**306**	**1334**	**40573**	**349**	**1627**	**46464**	**242**	**987**	**37043**
斗门区	306	1334	40573	349	1627	46464	242	987	37043
汕头市	**3108**	**10618**	**362039**	**2791**	**11747**	**413402**	**574**	**3042**	**98143**
龙湖区	109	451	18092	215	1138	45950	31	180	8771
金平区	30	119	3502	15	81	2309	17	103	3128
濠江区	169	672	19802	168	755	23803	36	214	7214
潮阳区	1410	4231	146479	1140	4012	143261	90	416	11822
潮南区	892	3409	120673	853	4030	143347	226	1193	36369
澄海区	471	1629	50659	389	1685	53828	159	841	28192
南澳县	27	108	2833	10	46	905	15	94	2646
佛山市	**705**	**2554**	**107279**	**478**	**1971**	**84165**	**424**	**1182**	**43871**
南海区	159	732	34080	117	674	27377	310	740	26664
顺德区	96	395	23820	65	306	15895	8	39	1981
三水区	321	1177	41309	232	832	36453	97	368	14414
高明区	128	250	8071	65	160	4440	9	34	812
江门市	**3876**	**13813**	**453277**	**2000**	**7375**	**231250**	**976**	**3996**	**125080**
蓬江区	11	39	1148	2	7	244	1	7	234
新会区	669	2276	64698	337	1287	37311	166	647	20400
台山市	1097	3261	107990	526	1707	58168	266	984	32834
开平市	742	2485	72192	451	1587	48631	145	669	22493
鹤山市	501	1808	54194	463	1757	47697	156	684	17480
恩平市	855	3944	153055	222	1030	39198	242	1006	31639

11-6c 续表 3 单位：户、间、平方米

地区	合计			1949年以前			1949-1959年		
	户数	间数	面积	户数	间数	面积	户数	间数	面积
湛江市	**26769**	**136204**	**3612417**	**57**	**188**	**5539**	**115**	**316**	**6956**
赤坎区	33	148	5178						
霞山区	142	601	16634		1	23			
坡头区	1442	7871	230313	10	26	961	4	14	419
麻章区	1928	9717	240435	5	20	393	4	12	230
遂溪县	4107	21294	528071	9	27	579	24	78	1993
徐闻县	2720	11440	303950				5	15	347
廉江市	6780	36043	980380	5	20	435	68	173	3319
雷州市	6293	28529	677036	20	72	2352	4	7	145
吴川市	3323	20561	630419	7	21	795	4	17	504
茂名市	**26159**	**168163**	**4609300**	**23**	**119**	**3349**	**69**	**313**	**8546**
茂南区	1621	10807	357248						
电白区	6355	39083	1145962	11	95	2545	30	171	5566
高州市	7173	45752	1280346	4	11	446	22	80	1909
化州市	6326	43328	1109632	2	2	70	5	25	299
信宜市	4684	29194	716112	6	11	288	12	38	773
肇庆市	**16265**	**68008**	**1739315**	**108**	**204**	**7313**	**109**	**218**	**7065**
鼎湖区	647	2121	70630	9	17	651	3	4	174
广宁县	2251	10511	342926	28	59	2599	29	54	2352
怀集县	4446	23414	521759	4	9	237	2	2	69
封开县	2045	10869	225040	9	31	612	4	8	152
德庆县	1791	8371	197388	9	18	622	9	24	617
高要市	3716	9097	263375	28	36	937	31	50	1290
四会市	1370	3625	118197	20	34	1655	31	76	2412
惠州市	**9495**	**40230**	**1176070**	**88**	**227**	**5902**	**45**	**119**	**2903**
惠城区	1749	7987	214334	5	9	164	3	6	203
惠阳区	864	3901	114143	5	16	387	10	29	709
博罗县	3074	14491	413044	19	51	1186	8	24	507
惠东县	2443	8194	271865	49	136	3706	18	47	1244
龙门县	1366	5656	162684	11	15	459	5	13	240
梅州市	**17293**	**97151**	**2066755**	**486**	**1880**	**36191**	**169**	**671**	**13619**
梅江区	311	1716	48086	22	85	1875	6	25	733
梅县区	1908	10327	214364	110	450	8078	45	208	3792
大埔县	1878	8486	186369	212	896	16609	41	169	3177
丰顺县	2000	9558	234300	17	62	1469	28	113	2520
五华县	5488	36112	695393	25	83	1948	16	53	1181
平远县	966	6166	133942	25	105	2648	5	23	408
蕉岭县	881	4876	123694	6	15	357	4	15	480
兴宁市	3861	19911	430609	70	183	3208	24	65	1328

11-6c 续表 4　　　　单位：户、间、平方米

地　　区	1960-1969年			1970-1979年			1980-1989年		
	户数	间数	面积	户数	间数	面积	户数	间数	面积
湛江市	**325**	**962**	**21757**	**1011**	**3285**	**73949**	**3457**	**13319**	**317662**
赤坎区				2	4	86	4	13	352
霞山区	3	7	199	28	58	1246	35	112	3060
坡头区	16	54	1448	49	182	4643	196	813	22252
麻章区	41	122	2608	112	376	7796	395	1350	31875
遂溪县	75	245	5319	218	744	16075	577	2325	49689
徐闻县	20	53	1366	85	248	6272	393	1315	33184
廉江市	98	301	6508	205	574	13708	724	2722	68839
雷州市	68	166	3939	250	862	17819	843	3241	71093
吴川市	4	12	369	63	236	6303	290	1429	37319
茂名市	**322**	**1146**	**29363**	**642**	**2501**	**61880**	**1771**	**8366**	**212237**
茂南区	13	40	1015	36	125	3755	170	877	25947
电白区	39	199	5958	112	415	10952	396	1758	46433
高州市	137	396	10670	165	561	13136	381	1727	43167
化州市	69	258	5428	146	664	17299	553	2774	69571
信宜市	64	253	6292	183	735	16737	271	1229	27121
肇庆市	**349**	**753**	**25059**	**762**	**1751**	**49162**	**1536**	**4042**	**113473**
鼎湖区	7	10	408	36	64	3109	107	257	9709
广宁县	89	214	7563	119	270	10184	120	384	14772
怀集县	29	71	1513	70	195	4433	128	431	10085
封开县	35	119	2055	76	246	4826	174	647	12792
德庆县	23	56	1683	79	240	6226	134	469	11872
高要市	69	99	2721	265	423	11867	575	1054	31800
四会市	97	183	9118	116	313	8517	297	798	22442
惠州市	**209**	**572**	**14211**	**671**	**1872**	**47939**	**1232**	**3966**	**107040**
惠城区	3	9	237	114	336	8373	260	911	24932
惠阳区	11	37	811	40	123	3096	94	402	11692
博罗县	74	198	4932	173	526	11736	279	971	21443
惠东县	71	190	5279	246	628	18253	438	1228	36779
龙门县	49	138	2952	98	261	6481	160	454	12193
梅州市	**340**	**1425**	**29543**	**942**	**4135**	**90513**	**2012**	**9840**	**209767**
梅江区	13	55	1333	24	118	2826	56	316	8254
梅县区	60	276	5710	119	607	12355	382	2083	43498
大埔县	114	426	8588	263	1116	22263	329	1508	30524
丰顺县	42	193	4101	129	459	10511	300	1141	28122
五华县	18	77	1612	84	434	8526	228	1255	23802
平远县	15	76	1500	53	274	6098	160	981	20423
蕉岭县	14	70	1902	110	571	15815	194	1002	23178
兴宁市	65	253	4798	159	556	12119	363	1556	31967

11-6c 续表 5 单位：户、间、平方米

地 区	1990-1999年			2000-2009年			2010年以后		
	户数	间数	面积	户数	间数	面积	户数	间数	面积
湛江市	**6570**	**29823**	**770829**	**9123**	**50825**	**1382175**	**6113**	**37488**	**1033550**
赤坎区	9	37	1282	10	45	1624	8	50	1834
霞山区	19	83	2487	27	164	4441	30	175	5178
坡头区	434	2085	59292	482	2932	86736	251	1764	54561
麻章区	549	2328	56757	527	3353	83300	296	2157	57477
遂溪县	928	4226	97332	1332	7396	192850	943	6254	164235
徐闻县	735	2750	68128	855	3791	101893	626	3267	92761
廉江市	1482	7298	195670	2530	14722	408932	1669	10232	282969
雷州市	1615	6597	151090	2015	9632	228888	1477	7951	201711
吴川市	798	4419	138792	1344	8790	273511	813	5637	172825
茂名市	**6109**	**37405**	**1035401**	**11131**	**75467**	**2059618**	**6092**	**42848**	**1198906**
茂南区	477	2894	92355	649	4872	165878	277	1998	68299
电白区	1325	7588	217824	2581	16160	473784	1862	12696	382900
高州市	1907	11985	344595	3092	21414	582387	1464	9578	284036
化州市	1730	11017	287373	2474	17594	451972	1347	10994	277620
信宜市	670	3920	93254	2335	15426	385597	1143	7582	186051
肇庆市	**3098**	**11776**	**309463**	**6806**	**31773**	**789613**	**3497**	**17492**	**438166**
鼎湖区	152	499	15529	217	821	24716	115	448	16334
广宁县	428	1927	65605	951	4992	161122	486	2611	78730
怀集县	580	2979	64383	2279	12464	273439	1354	7262	167600
封开县	366	1687	36113	802	4606	93205	579	3525	75285
德庆县	386	1755	40735	770	3822	88900	380	1987	46734
高要市	918	2187	64802	1385	4013	111549	446	1235	38408
四会市	268	743	22296	403	1055	36683	137	423	15075
惠州市	**2192**	**9269**	**257963**	**3146**	**14590**	**434618**	**1913**	**9616**	**305493**
惠城区	450	2041	54283	530	2531	68373	384	2146	57768
惠阳区	216	984	28015	328	1444	39642	159	868	29791
博罗县	657	2975	75408	1156	5992	178205	707	3754	119626
惠东县	576	2025	66166	657	2420	83872	388	1519	56565
龙门县	293	1243	34091	475	2203	64525	275	1329	41743
梅州市	**3525**	**18888**	**412173**	**6723**	**40479**	**864427**	**3096**	**19834**	**410521**
梅江区	103	612	18232	71	408	12100	17	96	2733
梅县区	520	2810	60560	501	2854	59889	173	1040	20482
大埔县	299	1385	32065	395	1950	47427	226	1035	25715
丰顺县	500	2209	55950	636	3393	84331	349	1989	47296
五华县	841	5105	97798	3010	19895	392774	1266	9210	167752
平远县	162	993	21082	311	2063	44591	235	1650	37193
蕉岭县	233	1302	30466	215	1244	33663	105	658	17832
兴宁市	868	4471	96020	1585	8672	189651	726	4156	91519

11-6c 续表 6 单位：户、间、平方米

地区	合计			1949年以前			1949-1959年		
	户数	间数	面积	户数	间数	面积	户数	间数	面积
汕尾市	**7174**	**26684**	**763373**	**40**	**78**	**2187**	**36**	**70**	**2003**
城区	696	1784	54179	4	5	82	1	1	23
海丰县	1810	6059	157802	15	31	990	10	22	834
陆河县	756	4229	109948						
陆丰市	3912	14612	441444	21	43	1114	25	48	1146
河源市	**12334**	**69571**	**1683803**	**32**	**108**	**2568**	**16**	**55**	**1090**
源城区	42	276	4750						
紫金县	2694	15475	413678	10	34	1031	4	17	389
龙川县	3728	20434	501363	5	16	322	3	7	136
连平县	1458	8876	192042	2	6	120	2	6	116
和平县	2063	12074	249007	8	23	521	5	18	330
东源县	2349	12437	322962	7	29	575	2	7	118
阳江市	**9462**	**40982**	**1164612**	**23**	**56**	**1535**	**13**	**35**	**1023**
江城区	1251	5325	138731	4	12	266	1	3	102
阳西县	2402	11427	300566	1	8	160	4	10	256
阳东县	1781	6873	181199	12	25	657	7	12	353
阳春市	4027	17359	544116	6	11	451	2	9	313
清远市	14597	63289	1810223	164	474	12354	89	249	6235
清城区	1098	4815	149955	1	2	26	1	3	104
清新区	2961	12496	388328	51	204	4854	26	85	2244
佛冈县	1311	5020	129131	6	9	219	17	51	1034
阳山县	1830	8079	222377	6	14	392	6	17	425
连山壮族瑶族自治县	415	1991	61643			14	3	5	146
连南瑶族自治县	604	2676	85542	1	3	73		1	43
英德市	4481	19725	519100	91	223	6198	28	69	1718
连州市	1898	8487	254147	8	19	579	8	18	522
东莞市	**5904**	**14441**	**520584**	**43**	**74**	**2189**	**43**	**76**	**2619**
中山市	**3251**	**8431**	**290476**				**4**	**10**	**385**
潮州市	**6457**	**16673**	**587294**	**270**	**417**	**14220**	**204**	**249**	**10303**
湘桥区	440	932	33850	34	65	1436	9	14	448
潮安区	2796	9490	281862	66	137	4425	20	36	895
饶平县	3220	6251	271582	171	216	8359	174	199	8960
揭阳市	**16292**	**47231**	**1520401**	**358**	**438**	**11976**	**193**	**303**	**8318**
榕城区	1183	2357	81489	57	73	1123	11	15	381
揭东区	2814	4810	164794	228	246	7513	117	173	4559
揭西县	3178	11028	370584	27	48	1398	23	45	1469
惠来县	3140	11669	366943	7	14	361	15	28	691
普宁市	5978	17367	536591	39	56	1581	27	42	1219
云浮市	**11278**	**58448**	**1428145**	**43**	**107**	**2588**	**67**	**169**	**4333**
云城区	705	3182	75498	1	3	83	18	35	1054
云安区	1475	7977	183256	3	7	126	3	5	98
新兴县	1944	7602	219807	12	28	797	19	38	944
郁南县	1998	10784	270453	22	59	1390	15	52	1340
罗定市	5157	28902	679130	5	11	192	13	38	897

11-6c 续表 7 单位：户、间、平方米

地 区	1960-1969年			1970-1979年			1980-1989年		
	户数	间数	面积	户数	间数	面积	户数	间数	面积
汕尾市	**102**	**246**	**7320**	**365**	**1034**	**31278**	**1308**	**4381**	**109549**
城区	5	7	228	41	93	2624	143	373	8939
海丰县	42	77	2330	120	300	9067	620	2292	49526
陆河县	1	10	299	28	150	4493	46	248	6548
陆丰市	54	151	4463	176	491	15094	499	1468	44536
河源市	**113**	**477**	**10846**	**234**	**933**	**19255**	**677**	**3238**	**67141**
源城区							7	38	559
紫金县	41	164	4421	52	246	5701	104	480	12091
龙川县	16	45	1132	46	153	3413	307	1494	32968
连平县	24	166	3038	67	306	5318	75	343	5353
和平县	24	81	1817	38	128	2618	80	336	6304
东源县	8	22	439	32	100	2205	105	547	9866
阳江市	**188**	**469**	**12861**	**670**	**2020**	**52702**	**1434**	**4962**	**131467**
江城区	26	51	1586	90	258	7014	272	996	25175
阳西县	42	129	3483	151	507	12117	292	1154	27738
阳东县	62	162	4479	200	570	16152	452	1515	39799
阳春市	56	127	3314	230	684	17419	417	1298	38754
清远市	514	1463	38776	998	3130	80651	1727	6336	172229
清城区	25	82	2652	46	159	5451	144	650	19644
清新区	109	347	11784	185	678	20700	558	2210	67647
佛冈县	44	98	2256	108	311	7039	142	398	9421
阳山县	32	78	2025	160	456	12019	176	547	13804
连山壮族瑶族自治县	12	31	1036	38	107	3153	57	186	5459
连南瑶族自治县		1	30	15	49	1430	41	166	4726
英德市	258	724	16211	387	1213	26280	387	1365	28701
连州市	34	101	2781	60	159	4578	222	813	22828
东莞市	**57**	**118**	**3354**	**195**	**399**	**14003**	**660**	**1660**	**52332**
中山市	**35**	**110**	**3789**	**59**	**179**	**7011**	**373**	**1171**	**35753**
潮州市	**197**	**332**	**11861**	**539**	**1006**	**34141**	**1208**	**2423**	**80919**
湘桥区	6	6	236	43	83	2810	128	232	8424
潮安区	67	147	3185	189	499	12527	573	1413	38125
饶平县	125	179	8441	307	424	18804	508	778	34371
揭阳市	**507**	**884**	**27268**	**1335**	**2353**	**71142**	**4204**	**9213**	**314723**
榕城区	51	82	2106	181	246	6453	421	717	25080
揭东区	86	111	3012	445	587	18887	909	1389	49461
揭西县	97	192	6470	231	505	17749	794	2067	70897
惠来县	81	156	4797	165	449	12052	375	1109	34814
普宁市	193	343	10882	313	565	16001	1706	3930	134473
云浮市	**206**	**598**	**13608**	**579**	**1908**	**44819**	**1046**	**4316**	**101087**
云城区	25	56	1725	17	41	1148	39	107	3230
云安区	15	41	946	43	124	3282	106	422	9922
新兴县	53	135	3105	155	476	11379	234	721	20343
郁南县	37	107	2505	153	491	10747	211	1015	23147
罗定市	75	259	5327	211	777	18263	456	2052	44444

11-6c 续表 8 单位：户、间、平方米

地区	1990-1999年			2000-2009年			2010年以后		
	户数	间数	面积	户数	间数	面积	户数	间数	面积
汕尾市	**1872**	**6350**	**182947**	**2316**	**9731**	**284068**	**1135**	**4793**	**144020**
城区	238	550	16757	171	486	16556	93	269	8970
海丰县	579	1865	51520	322	1114	31916	101	358	11618
陆河县	198	1095	25421	376	2158	59600	107	568	13586
陆丰市	857	2840	89249	1446	5973	175996	834	3598	109847
河源市	**2222**	**11524**	**278587**	**6198**	**36086**	**889206**	**2843**	**17150**	**415111**
源城区	21	136	2250	12	83	1480	3	19	461
紫金县	224	1175	30914	1423	8528	229041	837	4831	130091
龙川县	970	5080	124043	1779	9971	243975	602	3666	95375
连平县	155	831	19392	660	4316	95834	475	2903	62871
和平县	262	1386	27934	1051	6280	130651	595	3821	78833
东源县	590	2916	74054	1274	6907	188225	332	1909	47481
阳江市	**2503**	**10575**	**289352**	**3092**	**15119**	**441061**	**1537**	**7746**	**234611**
江城区	381	1527	36684	316	1511	40665	161	968	27239
阳西县	656	2904	75762	869	4649	125507	387	2064	55542
阳东县	576	2313	60382	336	1516	39890	136	759	19489
阳春市	890	3831	116524	1571	7443	235000	853	3955	132341
清远市	3072	12924	374500	5156	24584	715544	2877	14128	409932
清城区	351	1442	43453	360	1672	51227	170	805	27397
清新区	757	3201	101166	920	4182	130712	355	1589	49220
佛冈县	274	982	23958	516	2187	60582	204	985	24622
阳山县	269	1146	31779	840	4098	116560	341	1722	45374
连山壮族瑶族自治县	49	220	6247	171	981	29517	85	462	16073
连南瑶族自治县	143	602	18086	272	1291	41947	132	565	19207
英德市	570	2380	61812	1364	6709	179378	1396	7040	198802
连州市	658	2952	87999	713	3465	105622	194	960	29237
东莞市	**1435**	**3997**	**132375**	**2590**	**6023**	**239670**	**881**	**2094**	**74043**
中山市	**581**	**2217**	**78902**	**1576**	**2857**	**89428**	**624**	**1888**	**75209**
潮州市	**1553**	**4128**	**145256**	**1507**	**4968**	**168577**	**978**	**3149**	**122016**
湘桥区	167	391	14862	44	116	4548	11	26	1087
潮安区	748	2369	72691	762	3129	94289	372	1760	55725
饶平县	639	1369	57703	702	1723	69740	595	1363	65205
揭阳市	**4124**	**12099**	**392302**	**3993**	**15101**	**478192**	**1578**	**6842**	**216481**
榕城区	148	320	10006	276	792	29535	38	111	6806
揭东区	418	843	29004	470	1066	37464	141	396	14895
揭西县	713	2323	78229	879	4060	129840	414	1788	64533
惠来县	940	3214	103101	1109	4559	143840	449	2141	67287
普宁市	1905	5400	171962	1259	4624	137513	536	2406	62960
云浮市	**3308**	**17128**	**413698**	**4257**	**24130**	**582588**	**1772**	**10092**	**265424**
云城区	139	581	13856	280	1392	29975	185	968	24427
云安区	428	2237	52330	627	3597	79615	251	1544	36937
新兴县	465	1694	48481	693	3039	92139	313	1471	42619
郁南县	518	3008	70471	677	3873	100018	365	2179	60834
罗定市	1757	9608	228559	1980	12228	280840	660	3929	100608

11-7 各地区家庭户住房设施状况

单位：户

地 区	合 计	住房内有无厨房			住房内有无厕所				
		本户独立使用	本户与其他户合用	无	独立使用抽水/冲水式	合用抽水/冲水式	独立使用其他样式	合用其他样式	无
全 省	**823545**	**771184**	**15864**	**36497**	**632996**	**22961**	**113625**	**16965**	**36998**
广州市	**124365**	**121391**	**1221**	**1754**	**108009**	**1939**	**11911**	**1203**	**1303**
荔湾区	9199	8672	396	131	7095	437	1303	182	182
越秀区	10468	10150	156	162	9529	126	529	100	184
海珠区	15023	14897	83	43	13992	96	642	196	97
天河区	16388	16317	11	59	14529	217	1611	22	8
白云区	19811	19625	29	156	17826	266	1510	122	86
黄埔区	5198	5173	20	4	3857	33	1272	26	11
番禺区	16256	15723	109	424	15463	89	464	122	118
花都区	8161	7932	93	135	6290	199	1539	49	84
南沙区	6153	5533	197	423	5162	86	429	207	269
萝岗区	4005	3988	10	8	2631	10	1330	25	9
从化区	4540	4477	23	40	3957	126	347	29	81
增城区	9164	8903	92	168	7677	256	934	122	175
韶关市	**24180**	**23237**	**281**	**662**	**16885**	**485**	**4786**	**333**	**1691**
武江区	2786	2740	11	35	2135	17	525	11	98
浈江区	3821	3726	56	39	3211	175	322	22	90
曲江区	2383	2346	9	28	1764	7	503	16	94
始兴县	1712	1527	6	179	808	25	502	17	360
仁化县	1556	1510	18	28	1065	4	363	32	91
翁源县	2794	2712	45	36	1924	58	662	37	113
乳源瑶族自治县	1476	1441	6	29	990	15	335	12	123
新丰县	1476	1423	32	21	1209	39	145	34	49
乐昌市	3376	3104	75	197	1775	119	915	80	485
南雄市	2801	2706	25	70	2005	25	513	71	188
深圳市	**98783**	**93523**	**1510**	**3751**	**86085**	**1404**	**10010**	**639**	**645**
罗湖区	8435	8014	258	163	7793	291	261	38	52
福田区	10893	10480	147	265	10211	116	479	50	37
南山区	10758	10307	335	116	9906	244	501	81	26
宝安区	42955	39867	464	2623	35426	473	6325	275	456
龙岗区	23946	23263	164	519	21367	186	2221	98	73
盐田区	1798	1591	142	65	1382	93	224	97	2
珠海市	**14720**	**14044**	**340**	**336**	**12754**	**261**	**1278**	**134**	**293**
香洲区	9260	8869	298	93	8467	186	437	115	55
斗门区	3223	3040	7	176	2277	47	703	12	185
金湾区	2236	2134	35	67	2009	28	139	6	54
汕头市	**35173**	**34167**	**339**	**666**	**30831**	**813**	**2895**	**298**	**337**
龙湖区	4218	4162	45	12	3831	6	345	32	4
金平区	6858	6802	28	28	5926	18	894	5	14
濠江区	1579	1438	72	68	1179	75	242	38	45
潮阳区	9846	9424	76	346	8835	268	565	116	63
潮南区	6788	6518	99	170	5629	420	488	97	154
澄海区	5384	5348	19	17	5003	20	322	9	30
南澳县	501	475		26	428	6	40	1	27
佛山市	**61009**	**55071**	**2280**	**3658**	**48901**	**2312**	**6919**	**1806**	**1072**
禅城区	9963	9511	210	242	8536	155	982	187	104
南海区	18930	18029	262	639	15452	385	2166	739	189
顺德区	23480	19494	1692	2294	18906	1716	1914	579	365
三水区	5072	4778	73	221	3643	30	1122	198	80
高明区	3563	3260	43	261	2364	27	735	102	335

11-7 续表 1

单位：户

地　区	合　计	住房内有无厨房			住房内有无厕所				
		本户独立使用	本户与其他户合用	无	独立使用抽水/冲水式	合用抽水/冲水式	独立使用其他样式	合用其他样式	无
江门市	**36480**	**34422**	**693**	**1365**	**21845**	**755**	**8330**	**1057**	**4493**
蓬江区	5970	5670	175	124	4627	164	996	111	72
江海区	2029	1880	74	75	1528	38	394	51	18
新会区	7318	6943	89	286	4726	44	1909	101	538
台山市	7903	7235	169	500	3708	322	1289	474	2111
开平市	5482	5240	74	168	2738	73	1587	233	851
鹤山市	3951	3805	74	72	2453	78	1276	58	86
恩平市	3826	3648	37	141	2065	35	880	29	818
湛江市	**47482**	**40128**	**1342**	**6012**	**27514**	**2560**	**7300**	**1641**	**8468**
赤坎区	2584	2482	43	59	2036	52	383	19	94
霞山区	4128	3947	45	136	3112	28	723	52	213
坡头区	2463	2221	108	133	1598	58	352	134	322
麻章区	3096	2359	133	604	1154	269	681	162	830
遂溪县	5988	4680	186	1122	2524	535	975	460	1494
徐闻县	4711	3456	63	1192	2534	290	746	177	965
廉江市	9702	7916	204	1582	5451	443	1591	329	1888
雷州市	9173	7980	447	746	4956	613	1294	213	2097
吴川市	5637	5087	113	438	4149	273	555	96	565
茂名市	**43044**	**38938**	**1246**	**2860**	**30199**	**2709**	**5815**	**955**	**3367**
茂南区	5896	5588	103	205	4809	190	660	67	171
电白区	10566	8689	394	1483	7453	670	885	261	1297
高州市	10254	9392	263	599	6652	563	2094	231	715
化州市	8799	8092	285	422	5613	935	1518	184	548
信宜市	7529	7177	201	151	5673	351	657	212	636
肇庆市	**30470**	**29513**	**331**	**626**	**22737**	**1312**	**3848**	**544**	**2028**
端州区	4534	4491	15	28	3793	136	551	34	21
鼎湖区	1333	1280	11	42	1020	62	138	11	102
广宁县	3565	3505	30	30	2954	46	256	60	249
怀集县	5801	5616	62	123	4913	274	335	55	224
封开县	2983	2844	43	96	1470	439	661	83	330
德庆县	2447	2307	36	103	1764	97	333	23	229
高要市	5668	5397	99	172	3982	97	879	226	484
四会市	4138	4073	34	31	2840	162	696	51	388
惠州市	**33118**	**31474**	**351**	**1294**	**26627**	**578**	**4539**	**442**	**932**
惠城区	12814	12134	118	561	10678	114	1757	138	127
惠阳区	5313	5069	40	205	3699	45	1485	49	36
博罗县	6955	6607	84	264	5926	259	461	62	247
惠东县	5721	5494	69	157	4518	121	624	162	295
龙门县	2315	2170	39	106	1806	38	211	32	228
梅州市	**33193**	**32048**	**588**	**557**	**26460**	**1013**	**3630**	**739**	**1351**
梅江区	3454	3385	52	16	3314	35	53	21	30
梅县区	3941	3824	87	30	3160	176	366	102	137
大埔县	3260	3039	109	112	2085	126	524	177	348
丰顺县	3707	3539	63	105	2612	168	709	81	136
五华县	7850	7690	91	69	6083	317	1170	183	97
平远县	1841	1776	32	34	1592	14	88	23	124
蕉岭县	1763	1709	32	23	1394	24	263	41	40
兴宁市	7377	7086	122	168	6220	152	456	110	439

11-7 续表 2

单位：户

地 区	合 计	住房内有无厨房			住房内有无厕所				
		本户独立使用	本户与其他户合用	无	独立使用抽水/冲水式	合用抽水/冲水式	独立使用其他样式	合用其他样式	无
汕尾市	**16786**	**16134**	**201**	**451**	**11284**	**999**	**3621**	**469**	**413**
城区	3037	2891	31	116	2348	79	428	84	98
海丰县	4988	4778	86	124	3566	296	853	67	206
陆河县	1648	1641	8		887	109	646	3	4
陆丰市	7112	6824	76	212	4483	515	1694	315	105
河源市	**20643**	**20099**	**324**	**220**	**14280**	**1010**	**4413**	**457**	**483**
源城区	2918	2884	18	15	2274	203	400	37	4
紫金县	4283	4180	75	28	3179	119	731	173	81
龙川县	5192	5085	63	44	3304	262	1410	80	135
连平县	2308	2223	39	45	1774	87	276	37	134
和平县	2897	2800	67	30	1633	275	817	91	80
东源县	3045	2927	62	57	2116	65	778	39	48
阳江市	**18124**	**16882**	**525**	**718**	**11700**	**707**	**2342**	**760**	**2615**
江城区	4851	4702	62	87	3867	79	381	95	428
阳西县	3713	3275	167	271	1972	214	495	149	883
阳东县	3245	3054	59	132	1774	249	364	142	716
阳春市	6315	5851	237	226	4087	165	1101	374	588
清远市	**28588**	**27197**	**358**	**1034**	**18467**	**521**	**5983**	**771**	**2847**
清城区	6138	5933	42	162	4620	108	1125	46	240
清新区	5237	5026	118	93	2859	124	1563	178	514
佛冈县	2217	2095	12	110	1798	53	104	15	247
阳山县	2846	2719	23	103	1966	36	469	24	349
连山壮族瑶族自治县	680	652	1	26	338	5	198	29	109
连南瑶族自治县	1114	992	13	110	405	1	468	13	226
英德市	7210	6837	104	269	4333	94	1635	402	747
连州市	3147	2943	44	160	2148	100	422	63	414
东莞市	**59954**	**52336**	**1184**	**6434**	**52520**	**751**	**5516**	**624**	**543**
中山市	**25890**	**24548**	**269**	**1073**	**21631**	**320**	**2983**	**616**	**340**
潮州市	**18298**	**17291**	**161**	**846**	**13982**	**520**	**2558**	**303**	**935**
湘桥区	4419	4128	31	260	3605	103	328	51	332
潮安区	7493	7312	77	103	6206	139	858	118	172
饶平县	6386	5850	53	483	4171	278	1371	134	432
揭阳市	**34808**	**32395**	**737**	**1675**	**21125**	**1081**	**10062**	**1040**	**1500**
榕城区	6062	5652	77	332	3805	41	1794	80	342
揭东区	6328	5301	145	882	2550	61	2651	291	774
揭西县	4946	4896	33	17	3460	106	1270	49	60
惠来县	5740	5482	127	132	3725	329	1308	262	116
普宁市	11733	11065	355	312	7585	545	3038	358	207
云浮市	**18436**	**16345**	**1584**	**507**	**9160**	**912**	**4888**	**2134**	**1341**
云城区	2621	2529	49	43	1558	8	849	132	73
云安区	1942	1749	171	21	1217	124	319	205	76
新兴县	3156	3033	96	27	2408	77	281	99	291
郁南县	3282	2913	235	133	1618	146	932	229	357
罗定市	7434	6121	1031	282	2358	556	2507	1469	544

11-7a 各地区家庭户住房设施状况（城市）

单位：户

地 区	合 计	住房内有无厨房			住房内有无厕所				
		本户独立使用	本户与其他户合用	无	独立使用抽水/冲水式	合用抽水/冲水式	独立使用其他样式	合用其他样式	无
全 省	**467685**	**443210**	**7867**	**16608**	**395195**	**9103**	**51789**	**5891**	**5707**
广州市	**101925**	**100056**	**851**	**1018**	**89400**	**1449**	**9563**	**767**	**745**
荔湾区	9199	8672	396	131	7095	437	1303	182	182
越秀区	10468	10150	156	162	9529	126	529	100	184
海珠区	15023	14897	83	43	13992	96	642	196	97
天河区	16388	16317	11	59	14529	217	1611	22	8
白云区	15979	15839	18	123	14460	108	1280	112	19
黄埔区	5198	5173	20	4	3857	33	1272	26	11
番禺区	13517	13255	72	191	12871	73	383	90	100
花都区	4915	4743	73	98	3790	150	950	18	7
南沙区	2528	2388	8	133	2305	43	44	7	130
萝岗区	3428	3414	9	5	2131	9	1273	11	3
从化区	1760	1758	1	1	1694	60	1	2	2
增城区	3523	3450	6	67	3146	100	274	1	3
韶关市	**7834**	**7678**	**71**	**85**	**6530**	**177**	**979**	**19**	**129**
武江区	2216	2203	5	8	1769	1	417	3	26
浈江区	3000	2933	44	23	2712	141	113	7	28
曲江区	1104	1083	6	15	797	3	284		19
乐昌市	665	625	13	27	463	30	118	8	46
南雄市	848	834	1	12	789	1	47	1	9
深圳市	**98783**	**93523**	**1510**	**3751**	**86085**	**1404**	**10010**	**639**	**645**
罗湖区	8435	8014	258	163	7793	291	261	38	52
福田区	10893	10480	147	265	10211	116	479	50	37
南山区	10758	10307	335	116	9906	244	501	81	26
宝安区	42955	39867	464	2623	35426	473	6325	275	456
龙岗区	23946	23263	164	519	21367	186	2221	98	73
盐田区	1798	1591	142	65	1382	93	224	97	2
珠海市	**11337**	**10912**	**314**	**112**	**10268**	**207**	**675**	**125**	**62**
香洲区	9137	8770	298	69	8370	184	433	115	34
斗门区	940	938	1	1	811	3	119	6	1
金湾区	1260	1204	14	42	1087	19	123	3	28
汕头市	**17011**	**16709**	**151**	**151**	**14980**	**256**	**1535**	**115**	**125**
龙湖区	3307	3255	40	11	3066	5	206	26	4
金平区	6740	6684	28	28	5809	18	894	5	14
濠江区	987	936	29	22	752	56	153	12	14
潮阳区	2104	2015	6	83	1952	5	79	41	27
潮南区	2268	2218	45	5	1856	166	150	32	65
澄海区	1606	1600	3	3	1545	5	54		1

11-7a 续表 1

单位：户

地 区	合 计	住房内有无厨房			住房内有无厕所				
		本 户 独立使用	本户与其 他户合用	无	独立使用抽 水/冲水式	合用抽水 /冲水式	独立使用 其他样式	合 用 其他样式	无
佛山市	**54413**	**49008**	**2180**	**3225**	**44741**	**2254**	**5190**	**1465**	**763**
禅城区	8639	8248	208	183	7394	134	848	171	92
南海区	17322	16506	244	572	14626	371	1572	605	148
顺德区	23274	19288	1692	2294	18700	1716	1914	579	365
三水区	2315	2296	15	3	1915	11	338	22	29
高明区	2861	2669	20	173	2106	22	517	87	129
江门市	**19851**	**19078**	**341**	**433**	**14342**	**324**	**3803**	**387**	**995**
蓬江区	5951	5651	175	124	4615	164	989	111	72
江海区	2029	1880	74	75	1528	38	394	51	18
新会区	3880	3745	15	120	3154	13	557	2	154
台山市	2755	2670	36	49	1627	32	487	130	480
开平市	2523	2472	12	38	1635	43	577	85	183
鹤山市	1799	1769	22	8	1156	14	613	4	12
恩平市	914	891	5	18	628	20	185	4	75
湛江市	**11327**	**10852**	**176**	**298**	**8378**	**346**	**2018**	**126**	**459**
赤坎区	2550	2460	39	52	2015	52	383	15	86
霞山区	3952	3852	43	57	3098	26	667	48	112
坡头区	555	548	1	6	429	6	93	4	23
麻章区	306	285	4	16	132	19	114	2	39
遂溪县	158	91	5	62		17	75	12	53
廉江市	1118	1103	1	14	927	39	127	5	20
雷州市	1434	1304	74	57	765	154	401	37	77
吴川市	1254	1210	9	35	1012	32	157	3	49
茂名市	**9840**	**9256**	**252**	**332**	**7993**	**473**	**1018**	**123**	**234**
茂南区	4011	3933	33	45	3532	86	331	19	43
电白区	1456	1297	125	34	1075	135	182	20	44
高州市	1389	1189	7	194	936	128	234	26	65
化州市	1297	1201	74	23	1085	32	144	20	16
信宜市	1687	1636	15	36	1365	92	127	39	65
肇庆市	**7990**	**7902**	**44**	**44**	**6723**	**212**	**941**	**59**	**53**
端州区	4534	4491	15	28	3793	136	551	34	21
鼎湖区	389	389			371	2	3	2	11
高要市	655	644	9	1	593	18	40	2	1
四会市	2411	2378	19	14	1967	57	347	21	20
惠州市	**14737**	**14182**	**47**	**508**	**12173**	**66**	**2362**	**94**	**42**
惠城区	10712	10345	31	336	9136	57	1443	58	17
惠阳区	3981	3793	16	173	3027	10	887	32	25
博罗县	44	44			9		32	3	

11-7a 续表 2

单位：户

地区	合计	住房内有无厨房			住房内有无厕所				
		本户独立使用	本户与其他户合用	无	独立使用抽水/冲水式	合用抽水/冲水式	独立使用其他样式	合用其他样式	无
梅州市	**6659**	**6519**	**82**	**58**	**6111**	**123**	**244**	**51**	**130**
梅江区	3083	3033	40	11	2988	33	36	9	17
梅县区	1146	1126	15	5	985	70	74	12	5
五华县	109	109			105		1	2	1
兴宁市	2321	2252	27	42	2033	20	132	29	107
汕尾市	**2937**	**2852**	**28**	**57**	**2314**	**151**	**317**	**125**	**29**
城区	2002	1940	20	42	1597	55	260	76	14
陆丰市	935	912	8	15	717	96	57	49	16
河源市	**2876**	**2842**	**18**	**15**	**2232**	**203**	**400**	**37**	**4**
源城区	2876	2842	18	15	2232	203	400	37	4
阳江市	**4301**	**4244**	**37**	**20**	**3773**	**61**	**383**	**36**	**48**
江城区	3042	3023	17	3	2712	15	276	28	12
阳春市	1259	1221	21	17	1061	47	108	7	36
清远市	**7319**	**7251**	**21**	**47**	**6224**	**114**	**898**	**28**	**56**
清城区	3682	3654	11	17	3074	62	526	1	19
清新区	1454	1443	5	6	1331	4	113	4	2
英德市	1196	1179	2	14	991	8	156	17	25
连州市	988	975	3	9	828	40	102	6	11
东莞市	**53647**	**47088**	**1142**	**5416**	**47027**	**709**	**4832**	**608**	**471**
中山市	**15654**	**15221**	**181**	**252**	**13014**	**228**	**1753**	**562**	**97**
潮州市	**6253**	**6047**	**31**	**175**	**5162**	**173**	**657**	**36**	**226**
湘桥区	3230	3069	18	144	2732	72	216	27	184
潮安区	3023	2978	13	32	2431	101	441	9	42
揭阳市	**9590**	**8907**	**154**	**529**	**5711**	**125**	**3295**	**141**	**319**
榕城区	4165	3824	68	273	2500	12	1350	75	228
揭东区	2025	1882	14	129	843	36	1059	17	70
普宁市	3400	3201	72	126	2369	77	885	48	21
云浮市	**3403**	**3083**	**237**	**83**	**2013**	**49**	**917**	**350**	**74**
云城区	1850	1797	40	12	1239	3	516	74	17
云安区	124	118	2	3	70	7	41	5	
罗定市	1429	1168	194	68	703	39	360	271	56

11-7b 各地区家庭户住房设施状况（镇）

单位：户

地 区	合 计	住房内有无厨房			住房内有无厕所				
		本户独立使用	本户与其他户合用	无	独立使用抽水/冲水式	合用抽水/冲水式	独立使用其他样式	合用其他样式	无
全 省	**122552**	**115649**	**1735**	**5168**	**91126**	**3762**	**19627**	**2441**	**5596**
广州市	**8428**	**8138**	**144**	**146**	**6906**	**137**	**1051**	**258**	**76**
白云区	1367	1364	1	1	1247	22	83	6	10
番禺区	556	549	4	3	537	12	4	3	
花都区	794	784	1	8	621	6	148	17	3
南沙区	1782	1610	89	83	1235	13	363	152	18
萝岗区	67	65	1	1	54			13	
从化区	445	441	1	3	385	12	42	1	4
增城区	3418	3324	46	47	2826	72	411	67	41
韶关市	**5906**	**5761**	**37**	**108**	**4378**	**130**	**1097**	**39**	**262**
武江区	144	140	4	1	124	9	1	7	3
浈江区	330	328		2	183		145		2
曲江区	334	331	1	3	262	1	60	4	7
始兴县	712	694	1	16	408	25	201	1	77
仁化县	619	613	3	2	487	3	123	5	1
翁源县	930	901	18	11	756	15	136	6	17
乳源瑶族自治县	661	656	3	1	524	13	111	4	8
新丰县	728	724	1	3	702	8	5	1	14
乐昌市	1033	972	4	56	619	44	248	8	114
南雄市	415	401	1	13	314	11	68	3	18
珠海市	**2065**	**1949**	**22**	**94**	**1788**	**15**	**163**	**5**	**94**
香洲区	124	99		24	98	2	4		21
斗门区	965	919	1	45	768	4	143	3	47
金湾区	976	930	21	25	922	9	16	2	26
汕头市	**8544**	**8278**	**78**	**188**	**7696**	**233**	**438**	**90**	**86**
龙湖区	358	354	5		297		56	5	
濠江区	50	50			50				
潮阳区	3607	3462	40	106	3362	95	63	59	28
潮南区	1697	1611	29	57	1370	134	154	21	18
澄海区	2440	2426	4	10	2273	4	133	4	27
南澳县	391	376		15	344		33	1	13
佛山市	**3711**	**3329**	**48**	**334**	**2547**	**25**	**992**	**74**	**73**
禅城区	1324	1263	2	60	1142	20	133	16	12
南海区	597	549	15	33	244	3	336	5	9
三水区	1518	1284	31	203	1023	1	421	53	20
高明区	271	233		38	138		101		32
江门市	**4327**	**4025**	**105**	**197**	**2278**	**143**	**1041**	**251**	**614**
新会区	1080	1051	8	21	614		428	14	24
台山市	899	843	52	4	565	97	48	123	66
开平市	590	561	7	22	224	3	175	70	119
鹤山市	706	645	10	51	503	34	139	24	6
恩平市	1051	924	28	99	372	10	251	20	398

11-7b 续表 1

单位：户

地区	合计	住房内有无厨房			住房内有无厕所				
		本户独立使用	本户与其他户合用	无	独立使用抽水/冲水式	合用抽水/冲水式	独立使用其他样式	合用其他样式	无
湛江市	**9385**	**8269**	**163**	**954**	**6094**	**351**	**1603**	**215**	**1122**
霞山区	35	35					34	1	
坡头区	465	448	12	5	414	1	33	12	5
麻章区	862	685	12	164	437	14	218	19	174
遂溪县	1723	1562	37	124	975	183	374	60	132
徐闻县	1991	1649	24	319	1159	57	430	47	298
廉江市	1804	1645	39	120	1297	24	324	11	147
雷州市	1445	1313	19	114	1011	35	131	31	238
吴川市	1060	931	20	109	800	38	59	35	128
茂名市	**7045**	**6383**	**218**	**443**	**4919**	**397**	**967**	**115**	**647**
茂南区	265	248	2	14	194	2	53	1	16
电白区	2755	2386	117	252	2029	156	207	54	309
高州市	1692	1536	48	108	1100	4	469	14	105
化州市	1175	1108	19	48	879	114	106	30	45
信宜市	1158	1106	31	21	717	121	132	16	173
肇庆市	**6215**	**6115**	**24**	**76**	**4968**	**302**	**541**	**75**	**329**
鼎湖区	297	282	4	10	252	7	13	4	20
广宁县	1314	1310	2	3	1179	18	61	5	52
怀集县	1355	1345	3	8	1214	63	33	7	38
封开县	938	913		25	551	126	162	29	70
德庆县	656	635	3	19	516	32	67	2	38
高要市	1297	1274	13	10	1058	44	111	25	59
四会市	357	356	1	1	197	11	94	3	52
惠州市	**8886**	**8471**	**101**	**314**	**7573**	**226**	**941**	**74**	**72**
惠城区	353	282	6	65	340	1	9	1	1
惠阳区	469	448	9	12	225	2	237	4	1
博罗县	3837	3648	32	157	3408	158	241	13	18
惠东县	3278	3186	42	50	2750	56	420	44	8
龙门县	949	908	13	28	850	9	35	12	43
梅州市	**9240**	**8923**	**116**	**201**	**7116**	**358**	**1355**	**154**	**258**
梅江区	59	59			59				
梅县区	886	875	9	2	635	64	133	19	35
大埔县	1383	1325	38	20	1011	75	206	36	55
丰顺县	1707	1608	12	87	1297	48	300	45	17
五华县	2253	2209	16	29	1561	129	503	15	46
平远县	875	832	15	28	813	8	15	2	38
蕉岭县	883	874	5	4	742	9	106	16	9
兴宁市	1195	1142	22	31	998	25	92	22	58
汕尾市	**6676**	**6390**	**87**	**198**	**4619**	**377**	**1389**	**129**	**162**
城区	339	319	5	15	274	9	30	3	23
海丰县	3179	3062	44	72	2537	170	366	27	79
陆河县	893	887	6		407	100	384	2	
陆丰市	2265	2123	32	110	1402	98	609	97	59

11-7b 续表 2

单位：户

地 区	合 计	住房内有无厨房			住房内有无厕所				
		本户独立使用	本户与其他户合用	无	独立使用抽水/冲水式	合用抽水/冲水式	独立使用其他样式	合用其他样式	无
河源市	**5432**	**5275**	**80**	**78**	**4160**	**132**	**999**	**63**	**78**
紫金县	1589	1563	6	21	1298	19	255	5	13
龙川县	1464	1422	19	22	1084	12	328	18	21
连平县	850	812	23	14	687	47	68	27	21
和平县	834	819	6	9	581	49	177	10	17
东源县	696	659	25	12	511	5	170	4	6
阳江市	**4362**	**4158**	**76**	**127**	**3236**	**196**	**440**	**121**	**369**
江城区	558	531	21	6	420	30	32	1	75
阳西县	1311	1250	21	40	1005	72	87	25	122
阳东县	1464	1410	10	44	1094	64	119	72	115
阳春市	1029	968	23	38	717	30	202	23	58
清远市	6673	6349	52	272	4265	121	1656	151	479
清城区	1359	1257	6	96	837	44	339	21	117
清新区	822	784	13	26	396	2	321	41	62
佛冈县	906	856	1	49	770	49	13	3	72
阳山县	1016	981	6	28	869	21	90		35
连山壮族瑶族自治县	265	260		4	194	1	43	9	17
连南瑶族自治县	510	463	4	44	219		237	2	52
英德市	1533	1498	14	21	845	2	516	72	99
连州市	262	250	8	5	136	2	97	3	25
东莞市	**403**	**290**		**113**	**287**	**2**	**115**		
中山市	**6985**	**6331**	**65**	**589**	**5958**	**65**	**828**	**40**	**94**
潮州市	**5589**	**5325**	**23**	**241**	**4110**	**142**	**932**	**172**	**232**
湘桥区	749	642	13	94	530	29	48	23	119
潮安区	1674	1664	3	7	1348	11	191	95	30
饶平县	3166	3019	7	140	2233	103	694	54	83
揭阳市	**8926**	**8387**	**104**	**435**	**5715**	**293**	**2314**	**199**	**404**
榕城区	714	698	6	9	533	26	143	2	9
揭东区	1488	1143	7	338	604	11	510	80	283
揭西县	1768	1738	16	14	1326	6	369	33	35
惠来县	2600	2549	28	23	1752	160	628	33	27
普宁市	2355	2258	47	51	1501	90	664	51	50
云浮市	**3754**	**3502**	**193**	**60**	**2515**	**117**	**764**	**215**	**144**
云城区	67	61	6		2		55	2	7
云安区	344	340	3	1	269	13	58	2	2
新兴县	1212	1176	36	1	1106	31	50	3	22
郁南县	1284	1173	74	38	871	45	221	81	68
罗定市	848	752	75	20	266	28	380	128	46

11-7c 各地区家庭户住房设施状况（乡村）

单位：户

地区	合计	住房内有无厨房			住房内有无厕所				
		本户独立使用	本户与其他户合用	无	独立使用抽水/冲水式	合用抽水/冲水式	独立使用其他样式	合用其他样式	无
全省	**233307**	**212325**	**6261**	**14721**	**146675**	**10096**	**42209**	**8632**	**25695**
广州市	**14012**	**13197**	**226**	**590**	**11703**	**353**	**1296**	**178**	**483**
白云区	2464	2422	10	32	2119	136	147	5	57
番禺区	2182	1919	33	230	2055	4	76	29	18
花都区	2453	2405	19	29	1879	44	442	14	74
南沙区	1843	1535	100	207	1622	30	22	49	121
萝岗区	511	509		2	446	1	57	1	6
从化区	2336	2278	22	36	1877	54	303	27	75
增城区	2223	2129	41	54	1705	84	249	54	131
韶关市	**10440**	**9798**	**174**	**469**	**5976**	**179**	**2710**	**275**	**1300**
武江区	425	397	1	27	241	7	107	1	69
浈江区	491	465	12	15	316	35	65	15	60
曲江区	945	933	3	10	705	2	159	12	67
始兴县	1000	833	4	163	400	1	301	16	283
仁化县	937	897	14	26	579	1	241	27	90
翁源县	1863	1811	27	25	1167	43	526	31	95
乳源瑶族自治县	815	785	3	27	465	2	224	9	114
新丰县	747	700	30	17	507	32	140	33	35
乐昌市	1678	1507	57	114	693	45	549	65	325
南雄市	1539	1472	22	45	902	13	397	66	161
珠海市	**1317**	**1183**	**4**	**130**	**697**	**39**	**440**	**4**	**137**
斗门区	1317	1183	4	130	697	39	440	4	137
汕头市	**9618**	**9181**	**110**	**327**	**8155**	**324**	**921**	**92**	**126**
龙湖区	554	553		1	469	1	83	1	1
金平区	118	118			118				
濠江区	541	451	43	47	377	19	89	26	31
潮阳区	4135	3948	30	157	3521	168	423	16	7
潮南区	2823	2690	25	107	2403	120	184	45	71
澄海区	1338	1322	12	4	1186	11	135	4	2
南澳县	110	99		11	83	6	7		14
佛山市	**2886**	**2734**	**52**	**100**	**1613**	**33**	**737**	**267**	**236**
南海区	1011	973	3	34	581	11	257	130	32
顺德区	206	206			206				
三水区	1239	1198	27	15	706	17	363	122	31
高明区	431	357	23	50	121	5	117	15	173
江门市	**12302**	**11319**	**248**	**735**	**5224**	**287**	**3487**	**419**	**2885**
蓬江区	19	19			12		7		
新会区	2357	2147	66	144	958	31	923	86	360
台山市	4249	3722	81	446	1516	193	754	221	1564
开平市	2369	2207	55	108	879	28	835	78	550
鹤山市	1446	1391	42	13	794	31	524	30	67
恩平市	1861	1833	4	24	1065	4	443	4	345

11-7c 续表 1　　单位：户

地 区	合 计	住房内有无厨房			住房内有无厕所				
		本户独立使用	本户与其他户合用	无	独立使用抽水/冲水式	合用抽水/冲水式	独立使用其他样式	合用其他样式	无
湛江市	**26769**	**21008**	**1002**	**4759**	**13041**	**1863**	**3679**	**1300**	**6887**
赤坎区	33	22	4	7	21			4	8
霞山区	142	61	1	80	13	3	23	2	101
坡头区	1442	1226	95	122	754	51	226	118	294
麻章区	1928	1388	116	424	585	236	349	141	617
遂溪县	4107	3027	144	936	1549	335	526	388	1309
徐闻县	2720	1807	40	873	1375	233	316	130	667
廉江市	6780	5168	164	1449	3227	380	1139	313	1721
雷州市	6293	5363	354	576	3180	424	762	145	1782
吴川市	3323	2946	84	293	2337	203	338	57	389
茂名市	**26159**	**23299**	**775**	**2085**	**17288**	**1839**	**3830**	**716**	**2486**
茂南区	1621	1407	68	146	1083	102	276	47	113
电白区	6355	5006	153	1197	4349	379	496	187	944
高州市	7173	6668	208	297	4615	431	1391	191	544
化州市	6326	5783	191	351	3649	789	1268	134	487
信宜市	4684	4436	155	94	3592	138	399	158	399
肇庆市	**16265**	**15496**	**263**	**506**	**11046**	**798**	**2366**	**409**	**1645**
鼎湖区	647	609	7	32	397	53	121	5	71
广宁县	2251	2195	28	27	1775	27	195	56	197
怀集县	4446	4271	60	115	3699	211	301	48	186
封开县	2045	1931	43	71	919	313	500	53	260
德庆县	1791	1673	33	85	1248	64	267	21	191
高要市	3716	3479	78	160	2332	35	727	199	423
四会市	1370	1339	14	16	677	95	255	26	316
惠州市	**9495**	**8820**	**203**	**472**	**6881**	**285**	**1236**	**275**	**818**
惠城区	1749	1507	81	160	1202	55	305	78	108
惠阳区	864	828	16	20	446	34	362	12	10
博罗县	3074	2914	52	107	2509	101	188	47	229
惠东县	2443	2309	27	107	1768	66	205	118	287
龙门县	1366	1262	26	78	957	29	176	20	184
梅州市	**17293**	**16605**	**390**	**299**	**13234**	**533**	**2031**	**533**	**962**
梅江区	311	293	12	6	267	2	17	12	13
梅县区	1908	1823	63	22	1540	41	159	72	96
大埔县	1878	1714	71	92	1074	52	318	141	293
丰顺县	2000	1931	51	18	1315	120	409	36	119
五华县	5488	5373	75	40	4417	188	666	167	50
平远县	966	943	17	6	780	7	73	21	86
蕉岭县	881	835	27	19	652	15	157	25	31
兴宁市	3861	3692	73	96	3190	107	232	60	273

11-7c 续表 2

单位：户

地　　区	合　计	住房内有无厨房			住房内有无厕所				
		本　户独立使用	本户与其他户合用	无	独立使用抽水/冲水式	合用抽水/冲水式	独立使用其他样式	合　用其他样式	无
汕尾市	**7174**	**6892**	**86**	**196**	**4351**	**471**	**1915**	**216**	**221**
城区	696	632	6	59	477	15	137	6	61
海丰县	1810	1716	42	51	1029	126	488	40	126
陆河县	756	754	1		480	9	262	1	4
陆丰市	3912	3789	36	86	2365	320	1028	169	30
河源市	**12334**	**11981**	**226**	**126**	**7888**	**675**	**3014**	**357**	**401**
源城区	42	42			42				
紫金县	2694	2617	70	7	1881	100	476	168	68
龙川县	3728	3662	44	22	2220	249	1082	63	114
连平县	1458	1411	16	31	1087	39	208	10	114
和平县	2063	1982	61	21	1053	225	640	81	64
东源县	2349	2268	37	45	1605	60	608	35	42
阳江市	**9462**	**8480**	**412**	**570**	**4692**	**450**	**1518**	**604**	**2198**
江城区	1251	1149	24	79	735	35	74	66	342
阳西县	2402	2025	146	232	967	142	409	124	760
阳东县	1781	1644	48	89	680	185	245	70	601
阳春市	4027	3662	194	171	2310	88	791	344	494
清远市	14597	13597	285	715	7978	286	3429	592	2312
清城区	1098	1023	26	49	709	2	260	23	103
清新区	2961	2799	101	61	1132	117	1128	132	451
佛冈县	1311	1239	11	61	1028	4	91	13	175
阳山县	1830	1738	17	75	1097	15	379	24	314
连山壮族瑶族自治县	415	392	1	22	143	5	154	21	92
连南瑶族自治县	604	529	9	66	187		231	11	174
英德市	4481	4160	87	234	2497	85	963	313	623
连州市	1898	1718	34	147	1185	58	222	54	379
东莞市	**5904**	**4958**	**42**	**904**	**5206**	**41**	**569**	**17**	**71**
中山市	**3251**	**2996**	**24**	**232**	**2659**	**27**	**402**	**14**	**149**
潮州市	**6457**	**5919**	**108**	**430**	**4710**	**205**	**969**	**96**	**477**
湘桥区	440	417	1	23	344	2	65	1	29
潮安区	2796	2670	61	65	2428	28	226	15	100
饶平县	3220	2832	46	343	1939	175	678	80	348
揭阳市	**16292**	**15102**	**479**	**711**	**9699**	**663**	**4454**	**700**	**777**
榕城区	1183	1130	3	49	772	3	301	2	104
揭东区	2814	2276	124	415	1103	13	1082	194	421
揭西县	3178	3157	17	3	2135	100	901	16	26
惠来县	3140	2932	99	109	1973	169	680	229	89
普宁市	5978	5606	237	135	3716	378	1490	258	136
云浮市	**11278**	**9761**	**1154**	**364**	**4633**	**746**	**3207**	**1569**	**1123**
云城区	705	671	3	30	317	5	278	57	49
云安区	1475	1291	166	17	878	104	220	198	74
新兴县	1944	1857	60	27	1302	46	231	97	269
郁南县	1998	1741	162	95	748	102	712	148	289
罗定市	5157	4201	762	194	1389	490	1767	1070	442

11-8 各地区家庭户按住房来源分的户数

单位：户

地 区	合 计	购买新建商品房	购买二手房	购买原公有住房	购买经济适用房、两限房	自建住房	租赁廉租房、公租房	租赁其他住房	其 他
全 省	**823545**	**97646**	**35738**	**31978**	**5412**	**403395**	**21995**	**204857**	**22523**
广州市	**124365**	**22904**	**10845**	**12085**	**1283**	**26136**	**3276**	**42714**	**5124**
荔湾区	9199	2363	914	1684	93	661	544	2517	424
越秀区	10468	1229	1122	3701	252	298	426	2235	1204
海珠区	15023	4253	2168	2487	138	873	180	4173	751
天河区	16388	2991	1735	1750	269	413	139	8208	883
白云区	19811	2910	1441	974	331	3912	415	8948	881
黄埔区	5198	702	320	690	27	570	34	2668	187
番禺区	16256	2466	1361	214	8	3897	1080	6944	286
花都区	8161	2192	626	186		3266	125	1616	150
南沙区	6153	424	119	51		3134	74	2259	92
萝岗区	4005	406	144	13	156	1038	49	2044	156
从化区	4540	945	357	162	8	2876	27	118	46
增城区	9164	2025	535	173	1	5197	184	986	64
韶关市	**24180**	**3455**	**956**	**2794**	**195**	**14196**	**503**	**1162**	**919**
武江区	2786	641	312	686	26	620	22	299	180
浈江区	3821	715	278	1137	5	714	242	300	430
曲江区	2383	334	96	409	41	1277	17	123	86
始兴县	1712	140	7	9	15	1467	37	20	16
仁化县	1556	111	41	51	1	1187	36	96	33
翁源县	2794	171	70	71	23	2338	56	40	24
乳源瑶族自治县	1476	95	6	178	36	995	47	51	68
新丰县	1476	216	17	71	1	1100	7	34	29
乐昌市	3376	360	105	152	45	2553	11	115	34
南雄市	2801	671	24	30	1	1945	28	82	20
深圳市	**98783**	**11385**	**6624**	**1487**	**1765**	**2153**	**4487**	**67313**	**3569**
罗湖区	8435	1260	806	350	54	47	276	5132	510
福田区	10893	2591	1630	425	336	76	145	5340	350
南山区	10758	2179	1549	328	587	71	453	5096	496
宝安区	42955	2687	1259	337	651	889	2317	33576	1239
龙岗区	23946	2414	1180	18	133	1032	1213	17006	949
盐田区	1798	254	199	30	3	39	84	1164	25
珠海市	**14720**	**3526**	**1466**	**959**	**158**	**2398**	**878**	**4188**	**1148**
香洲区	9260	2660	1254	688	118	329	82	3191	936
斗门区	3223	518	151	109	12	1635	318	430	49
金湾区	2236	347	61	161	28	434	478	566	162
汕头市	**35173**	**5081**	**1790**	**1052**	**330**	**24107**	**419**	**1414**	**979**
龙湖区	4218	1357	485	139	62	1527	69	552	28
金平区	6858	2378	710	831	254	1394	278	446	566
濠江区	1579	119	27		1	1349	1	20	61
潮阳区	9846	680	242	2	10	8645	17	48	203
潮南区	6788	36	40	1		6530	16	140	25
澄海区	5384	477	278	36	2	4292	36	192	69
南澳县	501	34	7	42	1	371	3	16	27
佛山市	**61009**	**9738**	**2366**	**1745**	**82**	**19737**	**2122**	**24139**	**1079**
禅城区	9963	2457	530	966	21	1430	546	3301	711
南海区	18930	2747	792	364	33	7289	543	6957	205
顺德区	23480	2433	722	124	1	7396	888	11848	68
三水区	5072	1120	186	50	26	2258	78	1280	74
高明区	3563	981	136	243		1364	66	754	21

11-8 续表 1

单位：户

地区	合计	购买新建商品房	购买二手房	购买原公有住房	购买经济适用房、两限房	自建住房	租赁廉租房、公租房	租赁其他住房	其他
江门市	**36480**	**7613**	**1422**	**1434**	**137**	**21254**	**492**	**3306**	**823**
蓬江区	5970	1972	580	543	4	1464	89	1200	117
江海区	2029	518	142	68	3	755	88	426	29
新会区	7318	1980	293	201	7	3896	87	605	248
台山市	7903	818	112	225	71	6093	15	318	251
开平市	5482	1414	113	252	7	3261	116	272	47
鹤山市	3951	836	152	86	2	2268	92	450	67
恩平市	3826	76	31	59	43	3516	5	34	64
湛江市	**47482**	**2509**	**667**	**2573**	**86**	**38140**	**515**	**1791**	**1200**
赤坎区	2584	628	101	720	2	584	65	336	147
霞山区	4128	1059	200	863	9	868	92	795	242
坡头区	2463	9	9	135	9	2193	18	32	58
麻章区	3096	7	13	58	47	2838	4	68	60
遂溪县	5988	136	31	238	1	5394	120	45	23
徐闻县	4711	157	63	192	7	3890	178	83	141
廉江市	9702	38	57	69	2	9107	12	142	273
雷州市	9173	441	175	281	5	7836	9	233	193
吴川市	5637	34	18	18	3	5430	16	56	63
茂名市	**43044**	**1540**	**336**	**2156**	**282**	**37427**	**187**	**781**	**335**
茂南区	5896	808	129	1585	237	2601	110	369	57
电白区	10566	214	35	312	38	9817	3	110	37
高州市	10254	226	69	60	1	9683	12	122	80
化州市	8799	89	48	92	4	8254	51	164	96
信宜市	7529	203	55	107	2	7072	10	15	64
肇庆市	**30470**	**3275**	**567**	**1193**	**86**	**23622**	**142**	**1197**	**388**
端州区	4534	1719	310	838	8	1191	37	391	41
鼎湖区	1333	109	23	13	7	1121	3	54	3
广宁县	3565	60	6	24	8	3435	6	15	9
怀集县	5801	20	10	3	5	5722	14	14	14
封开县	2983	80	21	31	1	2792	5	21	33
德庆县	2447	33	14	112	1	2193	5	9	80
高要市	5668	429	19	23		4967	33	94	102
四会市	4138	825	164	148	57	2199	40	600	106
惠州市	**33118**	**4466**	**1478**	**1135**	**286**	**15318**	**1601**	**8032**	**803**
惠城区	12814	2864	776	712	250	3132	728	4149	202
惠阳区	5313	677	168	76	8	1981	182	1957	265
博罗县	6955	385	184	174	28	4851	342	872	120
惠东县	5721	420	283	74	1	3589	338	868	147
龙门县	2315	120	66	99		1766	10	185	70
梅州市	**33193**	**2309**	**754**	**453**	**96**	**27839**	**212**	**709**	**820**
梅江区	3454	675	338	231	67	1604	100	282	156
梅县区	3941	160	69	8	1	3421	25	28	229
大埔县	3260	331	23	1	1	2775	4	44	81
丰顺县	3707	65	111	49	2	3387	3	68	21
五华县	7850	187	20	38	3	7373	7	92	131
平远县	1841	245	39	16		1442	8	60	31
蕉岭县	1763	209	65	3	1	1427	9	33	17
兴宁市	7377	438	89	106	20	6410	56	102	155

11-8 续表 2

单位：户

地 区	合 计	购买新建商品房	购买二手房	购买原公有住房	购买经济适用房、两限房	自建住房	租赁廉租房、公租房	租赁其他住房	其 他
汕尾市	**16786**	**1286**	**431**	**252**	**59**	**13768**	**107**	**494**	**388**
城区	3037	451	189	105	1	1970	51	180	91
海丰县	4988	658	190	126	55	3497	40	273	149
陆河县	1648	16	14	4	1	1600	4	6	4
陆丰市	7112	161	38	18	2	6701	12	35	144
河源市	**20643**	**1648**	**334**	**166**	**6**	**17237**	**60**	**915**	**278**
源城区	2918	797	162	66	1	1447	13	406	27
紫金县	4283	168	61	8	1	3907	2	93	43
龙川县	5192	458	32	11	1	4422	28	182	58
连平县	2308	83	19	34	1	2090	9	43	30
和平县	2897	92	25	44	1	2616	8	87	24
东源县	3045	51	36	3	1	2755	1	104	95
阳江市	**18124**	**538**	**553**	**260**	**21**	**16132**	**194**	**211**	**216**
江城区	4851	241	344	140	5	3853	87	77	104
阳西县	3713	27	75	8		3538	4	24	38
阳东县	3245	103	69	13	3	2925	67	31	34
阳春市	6315	167	65	99	13	5816	36	80	40
清远市	**28588**	**3520**	**923**	**927**	**154**	**20495**	**344**	**1740**	**485**
清城区	6138	1669	395	188	5	2961	152	681	88
清新区	5237	902	141	138	74	3624	27	261	69
佛冈县	2217	203	31	34	1	1815	3	117	13
阳山县	2846	54	64	74	27	2368	11	77	170
连山壮族瑶族自治县	680	65	11	26		528	23	16	10
连南瑶族自治县	1114	23	25	33		935	8	78	12
英德市	7210	531	200	384	48	5490	100	361	96
连州市	3147	71	56	50		2774	20	148	27
东莞市	**59954**	**4619**	**1988**	**257**	**62**	**14956**	**4951**	**31786**	**1335**
中山市	**25890**	**4107**	**1287**	**168**	**15**	**7604**	**1069**	**11464**	**177**
潮州市	**18298**	**1404**	**385**	**327**	**48**	**14869**	**130**	**768**	**368**
湘桥区	4419	910	278	143	45	2332	107	444	162
潮安区	7493	313	47	2	1	6711	13	275	132
饶平县	6386	181	60	183	2	5825	10	49	75
揭阳市	**34808**	**1871**	**428**	**359**	**206**	**29413**	**284**	**433**	**1815**
榕城区	6062	680	90	202	62	4792	16	68	153
揭东区	6328	120	36	28	75	5757	16	97	198
揭西县	4946	190	63	8	6	4566	16	34	62
惠来县	5740	164	37	62	12	5314	15	35	100
普宁市	11733	717	202	59	51	8984	221	199	1301
云浮市	**18436**	**853**	**138**	**195**	**56**	**16593**	**24**	**302**	**275**
云城区	2621	504	68	43	50	1797	9	135	14
云安区	1942	2	6	1		1883	1	16	33
新兴县	3156	188	15	113	6	2733	6	76	19
郁南县	3282	76	24	24		3039	3	41	75
罗定市	7434	82	26	15		7141	5	33	133

11-8a 各地区家庭户按住房来源分的户数（城市）

单位：户

地　　区	合　计	购买新建商品房	购　买二手房	购买原公有住房	购买经济适用房、两限房	自建住房	租赁廉租房、公租房	租　赁其他住房	其　他
全　省	**467685**	**86878**	**31490**	**27814**	**4941**	**99167**	**18257**	**183326**	**15813**
广州市	**101925**	**21586**	**10380**	**11796**	**1280**	**10871**	**2974**	**38385**	**4652**
荔湾区	9199	2363	914	1684	93	661	544	2517	424
越秀区	10468	1229	1122	3701	252	298	426	2235	1204
海珠区	15023	4253	2168	2487	138	873	180	4173	751
天河区	16388	2991	1735	1750	269	413	139	8208	883
白云区	15979	2719	1358	853	330	1493	406	8139	683
黄埔区	5198	702	320	690	27	570	34	2668	187
番禺区	13517	2435	1358	214	8	2467	955	5877	203
花都区	4915	1870	498	133		1072	79	1149	115
南沙区	2528	372	88	36		941	62	1003	27
萝岗区	3428	397	144	10	156	563	48	1967	142
从化区	1760	842	328	159	8	338	21	46	19
增城区	3523	1412	347	80		1183	82	404	15
韶关市	**7834**	**2324**	**726**	**2086**	**85**	**1137**	**302**	**752**	**421**
武江区	2216	639	296	634	1	170	22	279	176
浈江区	3000	704	277	944	3	390	240	285	158
曲江区	1104	284	78	374	36	188	13	76	56
乐昌市	665	107	58	105	44	293	1	41	16
南雄市	848	590	18	29	1	97	27	71	15
深圳市	**98783**	**11385**	**6624**	**1487**	**1765**	**2153**	**4487**	**67313**	**3569**
罗湖区	8435	1260	806	350	54	47	276	5132	510
福田区	10893	2591	1630	425	336	76	145	5340	350
南山区	10758	2179	1549	328	587	71	453	5096	496
宝安区	42955	2687	1259	337	651	889	2317	33576	1239
龙岗区	23946	2414	1180	18	133	1032	1213	17006	949
盐田区	1798	254	199	30	3	39	84	1164	25
珠海市	**11337**	**3409**	**1428**	**851**	**145**	**527**	**613**	**3315**	**1049**
香洲区	9137	2660	1253	688	118	329	82	3071	934
斗门区	940	403	126	95		103	124	62	27
金湾区	1260	345	49	68	27	95	407	181	88
汕头市	**17011**	**4677**	**1471**	**1005**	**321**	**7078**	**394**	**1232**	**833**
龙湖区	3307	1355	484	139	62	623	69	550	25
金平区	6740	2377	710	831	254	1277	278	446	566
濠江区	987	92	27		1	787		18	61
潮阳区	2104	405	89	1	1	1417	12	25	153
潮南区	2268	28	35	1		2149	4	38	12
澄海区	1606	420	125	33	2	824	31	155	16

11-8a 续表 1

单位：户

地　区	合 计	购买新建商品房	购 买二手房	购 买 原公有住房	购买经济适用房、两 限 房	自建住房	租赁廉租房、公租房	租 赁其他住房	其 他
佛山市	**54413**	**9500**	**2349**	**1734**	**56**	**15661**	**1884**	**22191**	**1039**
禅城区	8639	2406	528	966	20	675	366	2971	708
南海区	17322	2747	792	364	33	6339	543	6312	192
顺德区	23274	2433	722	124	1	7209	881	11837	68
三水区	2315	962	171	49	1	655	29	389	59
高明区	2861	952	136	232		783	65	682	12
江门市	**19851**	**7034**	**1296**	**1332**	**121**	**6554**	**416**	**2552**	**547**
蓬江区	5951	1972	580	543	4	1445	89	1200	117
江海区	2029	518	142	68	3	755	88	426	29
新会区	3880	1817	245	120	7	1021	42	467	162
台山市	2755	653	78	218	69	1335	14	245	143
开平市	2523	1231	76	247	5	766	96	67	35
鹤山市	1799	777	150	86	2	558	85	123	18
恩平市	914	67	25	48	31	674	3	23	44
湛江市	**11327**	**2105**	**512**	**1931**	**70**	**4486**	**194**	**1454**	**573**
赤坎区	2550	628	101	720	2	551	65	336	147
霞山区	3952	1059	200	863	9	694	92	794	239
坡头区	555		6	130	9	394	11	5	1
麻章区	306		6	6	47	215		22	9
遂溪县	158					156			2
廉江市	1118	31	36	59		836	7	80	69
雷州市	1434	374	148	137	4	526	6	167	73
吴川市	1254	13	15	16		1113	12	51	34
茂名市	**9840**	**1438**	**253**	**1984**	**273**	**5156**	**151**	**482**	**103**
茂南区	4011	803	129	1583	237	767	109	335	47
电白区	1456	193	19	245	34	941	2	15	6
高州市	1389	214	27	44		1005	11	69	20
化州市	1297	39	23	6	1	1148	18	48	14
信宜市	1687	188	55	107	1	1294	10	15	16
肇庆市	**7990**	**3046**	**444**	**992**	**65**	**2208**	**75**	**1014**	**146**
端州区	4534	1719	310	838	8	1191	37	391	41
鼎湖区	389	108	21	6		247	1	7	
高要市	655	415	11			170	1	55	2
四会市	2411	804	102	148	57	599	37	561	103
惠州市	**14737**	**3538**	**932**	**732**	**254**	**2326**	**892**	**5697**	**365**
惠城区	10712	2861	775	658	247	1328	720	3987	135
惠阳区	3981	677	157	74	7	995	163	1679	229
博罗县	44					3	9	31	1

11-8a 续表 2

单位：户

地 区	合 计	购买新建商品房	购 买二手房	购 买 原公有住房	购买经济适用房、两 限 房	自建住房	租赁廉租房、公租房	租 赁其他住房	其 他
梅州市	**6659**	**1197**	**426**	**317**	**85**	**3902**	**134**	**364**	**234**
梅江区	3083	674	338	231	67	1244	100	282	148
梅县区	1146	144	24	6	1	914	4	16	36
五华县	109	1				108			
兴宁市	2321	378	64	80	17	1636	30	66	50
汕尾市	**2937**	**541**	**206**	**115**	**1**	**1765**	**53**	**178**	**77**
城区	2002	448	187	105	1	964	50	171	74
陆丰市	935	93	19	11		800	3	7	3
河源市	**2876**	**796**	**161**	**66**	**1**	**1407**	**13**	**406**	**27**
源城区	2876	796	161	66	1	1407	13	406	27
阳江市	**4301**	**381**	**347**	**227**	**17**	**3006**	**118**	**104**	**101**
江城区	3042	238	306	130	5	2135	84	58	88
阳春市	1259	144	41	97	12	871	35	45	13
清远市	**7319**	**2843**	**569**	**325**	**79**	**2218**	**208**	**953**	**124**
清城区	3682	1605	369	188	5	850	145	445	74
清新区	1454	800	78	70	28	248	11	209	9
英德市	1196	368	80	24	46	437	36	180	25
连州市	988	69	42	43		683	16	120	15
东莞市	**53647**	**4386**	**1665**	**206**	**61**	**12817**	**4656**	**28864**	**993**
中山市	**15654**	**3597**	**1006**	**153**	**15**	**3505**	**371**	**6870**	**137**
潮州市	**6253**	**1209**	**321**	**144**	**45**	**3466**	**112**	**703**	**254**
湘桥区	3230	905	277	142	44	1161	106	439	155
潮安区	3023	303	44	2	1	2304	6	264	99
揭阳市	**9590**	**1305**	**287**	**270**	**153**	**6504**	**198**	**327**	**547**
榕城区	4165	552	87	202	62	3135	16	63	49
揭东区	2025	94	9	14	41	1752	15	82	17
普宁市	3400	659	191	54	50	1616	167	182	480
云浮市	**3403**	**583**	**89**	**58**	**50**	**2419**	**13**	**169**	**21**
云城区	1850	501	68	43	50	1034	9	135	9
云安区	124					121		2	
罗定市	1429	82	20	15		1265	3	32	12

11-8b 各地区家庭户按住房来源分的户数（镇）

单位：户

地 区	合 计	购买新建商品房	购买二手房	购买原公有住房	购买经济适用房、两限房	自建住房	租赁廉租房、公租房	租赁其他住房	其 他
全 省	**122552**	**9278**	**3645**	**3474**	**367**	**86176**	**3026**	**13262**	**3324**
广州市	**8428**	**1110**	**410**	**178**	**1**	**4358**	**215**	**1867**	**289**
白云区	1367	124	44	73		644	1	306	174
番禺区	556	29	3			270	94	105	55
花都区	794	247	122	2		276	3	139	6
南沙区	1782	11	25	3		1054	11	675	3
萝岗区	67			3		54		10	
从化区	445	88	28	4		244	6	69	7
增城区	3418	611	188	93	1	1816	101	563	45
韶关市	**5906**	**1007**	**173**	**575**	**87**	**3249**	**183**	**357**	**275**
武江区	144		10	8	26	83		17	1
浈江区	330	8	1	142	2	11	2	14	149
曲江区	334	31	12	11	4	228	1	32	14
始兴县	712	128	5	9	14	486	37	19	14
仁化县	619	100	23	48	1	307	33	79	29
翁源县	930	158	54	65	18	541	49	37	9
乳源瑶族自治县	661	88	6	178	22	248	47	48	24
新丰县	728	210	15	70	1	364	7	34	26
乐昌市	1033	248	43	44		617	6	67	8
南雄市	415	36	4			363	1	10	1
珠海市	**2065**	**115**	**34**	**106**	**12**	**804**	**148**	**751**	**96**
香洲区	124		1					120	3
斗门区	965	113	21	13	12	465	77	246	19
金湾区	976	2	12	93		339	71	385	74
汕头市	**8544**	**375**	**312**	**47**	**7**	**7518**	**13**	**146**	**125**
龙湖区	358	1	1			354		2	2
濠江区	50	18				32			
潮阳区	3607	265	148	1	6	3126	1	15	44
潮南区	1697	5	4			1601	5	77	6
澄海区	2440	52	153	4		2140	4	37	50
南澳县	391	34	6	42	1	265	2	16	24
佛山市	**3711**	**235**	**16**	**12**	**26**	**1568**	**228**	**1597**	**29**
禅城区	1324	52	2		1	756	181	330	3
南海区	597					186		398	14
三水区	1518	156	14	1	25	468	47	801	7
高明区	271	28		11		159		68	5
江门市	**4327**	**328**	**77**	**92**	**12**	**3143**	**61**	**473**	**141**
新会区	1080	102	33	77		663	37	91	75
台山市	899	40	4	1		816		35	3
开平市	590	125	34	3		317	18	92	
鹤山市	706	56				357	3	247	42
恩平市	1051	5	6	10	12	989	2	7	20

11-8b 续表 1

单位：户

地区	合计	购买新建商品房	购买二手房	购买原公有住房	购买经济适用房、两限房	自建住房	租赁廉租房、公租房	租赁其他住房	其他
湛江市	**9385**	**339**	**147**	**623**	**7**	**7287**	**312**	**295**	**377**
霞山区	35					35			
坡头区	465	6	3	4		363	7	27	56
麻章区	862	6	5	51		745	4	45	6
遂溪县	1723	129	30	235	1	1161	117	41	8
徐闻县	1991	149	59	191	4	1206	178	82	123
廉江市	1804	1	20			1632	2	57	91
雷州市	1445	42	26	141		1122	1	41	73
吴川市	1060	5	3	1	2	1023	3	2	21
茂名市	**7045**	**34**	**58**	**94**	**4**	**6489**	**20**	**282**	**64**
茂南区	265	2		2		226	1	34	
电白区	2755	14	13	65	3	2556	1	93	9
高州市	1692	4	40	16	1	1548	1	50	31
化州市	1175	11	4	10		1010	17	106	17
信宜市	1158	2				1148			7
肇庆市	**6215**	**201**	**114**	**200**	**14**	**5274**	**57**	**170**	**184**
鼎湖区	297		2	8	7	229	2	47	3
广宁县	1314	60	5	24	5	1195	6	15	4
怀集县	1355	14	9	3	1	1300	13	12	4
封开县	938	77	21	31	1	760	1	21	26
德庆县	656	27	13	112		424	5	9	66
高要市	1297	7	3	22		1128	28	30	78
四会市	357	17	61			238	1	37	3
惠州市	**8886**	**901**	**494**	**359**	**4**	**4218**	**598**	**1998**	**314**
惠城区	353			54		155	4	91	48
惠阳区	469		10	3	1	236	8	210	2
博罗县	3837	375	167	155	3	1941	313	769	114
惠东县	3278	410	264	59		1390	265	765	124
龙门县	949	116	53	88		496	7	163	26
梅州市	**9240**	**1007**	**264**	**128**	**3**	**7294**	**69**	**322**	**153**
梅江区	59					59			
梅县区	886	13	26	1		774	16	9	47
大埔县	1383	305	16	1	1	989	4	43	22
丰顺县	1707	60	103	48	1	1414	1	63	17
五华县	2253	170	18	38		1912	7	87	21
平远县	875	240	36	13		510	8	58	10
蕉岭县	883	197	52	2		592	8	29	2
兴宁市	1195	21	13	25	1	1043	24	32	34
汕尾市	**6676**	**682**	**196**	**136**	**54**	**5079**	**46**	**297**	**186**
城区	339	1	1			327	1	5	5
海丰县	3179	612	170	126	52	1798	35	262	123
陆河县	893	13	12	4	1	852	3	4	4
陆丰市	2265	56	14	6	1	2102	7	26	55

11-8b 续表 2

单位：户

地区	合计	购买新建商品房	购买二手房	购买原公有住房	购买经济适用房、两限房	自建住房	租赁廉租房、公租房	租赁其他住房	其他
河源市	**5432**	**789**	**159**	**97**	**4**	**3772**	**44**	**474**	**93**
紫金县	1589	161	59	8	1	1239	1	92	27
龙川县	1464	424	29	11	1	771	27	172	30
连平县	850	74	19	33	1	662	9	40	12
和平县	834	88	22	44	1	578	8	86	7
东源县	696	42	30	1		521		85	17
阳江市	**4362**	**140**	**177**	**31**	**1**	**3784**	**75**	**97**	**57**
江城区	558	2	37	11		490	2	15	2
阳西县	1311	23	71	7		1167	4	21	17
阳东县	1464	101	52	12	1	1171	67	31	30
阳春市	1029	14	17	2		956	2	31	7
清远市	6673	538	262	375	73	4428	124	702	170
清城区	1359	60	24			1027	7	229	13
清新区	822	45	51	68	45	539	16	29	30
佛冈县	906	194	28	34		520	2	117	11
阳山县	1016	47	52	71	27	654	11	72	81
连山壮族瑶族自治县	265	65	8	26		122	23	15	6
连南瑶族自治县	510	22	18	16		358	8	78	10
英德市	1533	105	70	154	2	993	56	135	17
连州市	262		10	6		216	1	27	2
东莞市	**403**		**246**			**45**	**113**		
中山市	**6985**	**500**	**279**	**15**		**2346**	**652**	**3169**	**24**
潮州市	**5589**	**184**	**59**	**184**	**1**	**5042**	**9**	**49**	**61**
湘桥区	749	5		1	1	733	1	4	5
潮安区	1674	4				1666		1	3
饶平县	3166	176	59	183		2643	8	45	53
揭阳市	**8926**	**530**	**129**	**88**	**53**	**7328**	**51**	**89**	**656**
榕城区	714	119	3			531		4	57
揭东区	1488	19	21	14	33	1289		15	96
揭西县	1768	188	60	7	6	1422	6	31	48
惠来县	2600	154	36	62	12	2256	12	24	43
普宁市	2355	50	9	5	2	1830	33	15	412
云浮市	**3754**	**262**	**39**	**136**	**5**	**3151**	**7**	**125**	**29**
云城区	67					67			
云安区	344		2			329		11	1
新兴县	1212	186	15	113	5	801	5	76	13
郁南县	1284	76	21	24		1115	2	38	8
罗定市	848		1			839		1	7

11-8c 各地区家庭户按住房来源分的户数（乡村）

单位：户

地区	合计	购买新建商品房	购买二手房	购买原公有住房	购买经济适用房、两限房	自建住房	租赁廉租房、公租房	租赁其他住房	其他
全省	**233307**	**1490**	**603**	**690**	**104**	**218053**	**712**	**8268**	**3387**
广州市	**14012**	**209**	**54**	**111**	**2**	**10906**	**87**	**2461**	**182**
白云区	2464	66	39	48	1	1775	8	503	24
番禺区	2182	2				1160	31	961	27
花都区	2453	75	6	51		1919	43	329	30
南沙区	1843	41	7	11		1139	2	580	63
萝岗区	511	8				421	1	67	14
从化区	2336	16	2		1	2294	1	3	20
增城区	2223	1				2198	1	19	4
韶关市	**10440**	**124**	**57**	**132**	**23**	**9810**	**18**	**52**	**224**
武江区	425	3	6	44		367		3	3
浈江区	491	2		50	1	313		2	123
曲江区	945	19	7	24	1	860	4	15	16
始兴县	1000	12	2		1	982		2	3
仁化县	937	11	18	3		880	3	17	4
翁源县	1863	13	16	6	5	1797	7	3	16
乳源瑶族自治县	815	7	1		15	747		3	43
新丰县	747	5	2	1		736			2
乐昌市	1678	6	5	3	1	1644	4	7	10
南雄市	1539	45	1	1	1	1485	1	1	4
珠海市	**1317**	**2**	**4**	**1**		**1067**	**118**	**122**	**3**
斗门区	1317	2	4	1		1067	118	122	3
汕头市	**9618**	**29**	**7**		**2**	**9511**	**13**	**35**	**20**
龙湖区	554	1				550	1	1	1
金平区	118	1				117			
濠江区	541	10				530	1	1	
潮阳区	4135	9	5		2	4101	3	8	6
潮南区	2823	3	1			2780	7	25	7
澄海区	1338	5	1			1328	1		4
南澳县	110	1				106			3
佛山市	**2886**	**3**	**1**			**2509**	**11**	**352**	**11**
南海区	1011					764		247	
顺德区	206					188	8	11	
三水区	1239	2	1			1135	2	90	8
高明区	431	1				422	1	4	3
江门市	**12302**	**251**	**49**	**10**	**4**	**11557**	**15**	**281**	**135**
蓬江区	19					19			
新会区	2357	61	15	4		2212	8	47	11
台山市	4249	125	30	6	2	3942	1	37	106
开平市	2369	58	3	1	2	2178	2	113	12
鹤山市	1446	3	2			1352	4	79	6
恩平市	1861	4				1853		4	

11-8c 续表 1

单位：户

地 区	合 计	购买新建商品房	购买二手房	购买原公有住房	购买经济适用房、两限房	自建住房	租赁廉租房、公租房	租赁其他住房	其 他
湛江市	**26769**	**65**	**8**	**20**	**9**	**26368**	**8**	**41**	**250**
赤坎区	33					33			
霞山区	142					138			3
坡头区	1442	3		1	1	1436	1	1	1
麻章区	1928	1	1			1879		1	46
遂溪县	4107	7	1	3		4077	3	4	13
徐闻县	2720	8	3	1	3	2684		2	19
廉江市	6780	6	1	11	2	6640	2	5	113
雷州市	6293	25	1	3	1	6188	1	26	48
吴川市	3323	16		1	1	3293	1	3	8
茂名市	**26159**	**68**	**26**	**77**	**5**	**25782**	**16**	**17**	**168**
茂南区	1621	3				1607		1	9
电白区	6355	7	3	2		6319		2	23
高州市	7173	7	2			7130		4	30
化州市	6326	39	21	76	4	6096	16	11	65
信宜市	4684	12			2	4630			41
肇庆市	**16265**	**28**	**10**	**1**	**8**	**16139**	**9**	**13**	**58**
鼎湖区	647					645			1
广宁县	2251		1		3	2240		1	5
怀集县	4446	7	1		4	4422	1	2	10
封开县	2045	3				2032	3		6
德庆县	1791	6	1		1	1768			14
高要市	3716	8	5	1		3669	4	8	22
四会市	1370	4	1			1362	1	2	
惠州市	**9495**	**27**	**52**	**44**	**28**	**8773**	**111**	**336**	**124**
惠城区	1749	3	1		2	1648	5	71	18
惠阳区	864		1			750	11	68	34
博罗县	3074	10	17	19	24	2907	19	72	5
惠东县	2443	9	19	15	1	2198	73	103	24
龙门县	1366	4	13	11		1270	4	22	44
梅州市	**17293**	**106**	**64**	**8**	**8**	**16643**	**9**	**23**	**433**
梅江区	311	1		1		302			8
梅县区	1908	2	19	2		1732	4	2	146
大埔县	1878	26	7			1785		1	59
丰顺县	2000	4	9	1	2	1973	2	4	4
五华县	5488	16	1		3	5353		4	109
平远县	966	4	3	3		932		2	21
蕉岭县	881	12	13	1	1	834	1	4	15
兴宁市	3861	39	12	1	2	3731	2	4	70

11-8c 续表 2

单位：户

地　　区	合　计	购买新建商品房	购　买二手房	购买原公有住房	购买经济适用房、两限房	自建住房	租赁廉租房、公租房	租　赁其他住房	其　他
汕尾市	**7174**	**63**	**30**	**1**	**4**	**6925**	**8**	**19**	**125**
城区	696	1	1			679		4	12
海丰县	1810	46	21		2	1699	5	11	26
陆河县	756	3	2			748		2	
陆丰市	3912	13	6	1	1	3799	3	3	86
河源市	**12334**	**63**	**14**	**3**	**2**	**12058**	**3**	**35**	**158**
源城区	42	1				40			
紫金县	2694	6	2			2668	1	1	16
龙川县	3728	34	3			3651	1	11	28
连平县	1458	9		1		1428		3	18
和平县	2063	4	2		1	2038		1	17
东源县	2349	9	6	2	1	2233	1	19	78
阳江市	**9462**	**16**	**29**	**2**	**3**	**9342**	**1**	**11**	**58**
江城区	1251	2	2			1228	1	4	14
阳西县	2402	3	3	1		2371		3	21
阳东县	1781	2	18	1	2	1755			3
阳春市	4027	9	6		1	3988		3	19
清远市	14597	139	92	227	3	13849	12	84	191
清城区	1098	4	2			1084		7	1
清新区	2961	57	12		1	2837		24	29
佛冈县	1311	9	3		1	1296	1		2
阳山县	1830	7	11	2	1	1714		5	89
连山壮族瑶族自治县	415		3			407			5
连南瑶族自治县	604		7	17		577			3
英德市	4481	58	49	207		4060	8	46	53
连州市	1898	3	4	1		1875	3	2	10
东莞市	**5904**	**233**	**77**	**51**	**1**	**2095**	**182**	**2923**	**343**
中山市	**3251**	**10**	**2**			**1754**	**45**	**1424**	**16**
潮州市	**6457**	**12**	**5**		**2**	**6361**	**9**	**15**	**53**
湘桥区	440		1			438		1	1
潮安区	2796	6	3			2740	7	10	30
饶平县	3220	6	1		2	3182	2	5	22
揭阳市	**16292**	**36**	**11**	**1**		**15581**	**35**	**17**	**612**
榕城区	1183	9				1126		1	47
揭东区	2814	7	6			2716	1		85
揭西县	3178	2	3	1		3144	10	3	14
惠来县	3140	10	1			3057	3	11	57
普宁市	5978	8	2			5537	20	2	409
云浮市	**11278**	**7**	**11**	**1**	**1**	**11023**	**4**	**7**	**224**
云城区	705	3				697			5
云安区	1475	1	3	1		1433	1	3	32
新兴县	1944	3			1	1933	1	1	7
郁南县	1998		3			1924	1	3	67
罗定市	5157		5			5037	2		114

11-9 全省按户主的受教育程度、住房来源分的家庭户户数

单位：户

受教育程度	合 计	购买新建商品房	购买二手房	购买原公有住房	购买经济适用房、两限房	自建住房	租赁廉租房、公租房	租赁其他住房	其他
总 计	**800837**	**96786**	**35423**	**31502**	**5389**	**384208**	**21834**	**203532**	**22162**
未上过学	28563	842	425	727	86	23615	394	1607	867
小 学	182987	7792	3112	4843	454	135565	3537	22956	4729
初 中	331077	22054	8321	8437	1195	173963	10537	99248	7322
普通高中	123220	21844	7170	7855	1279	39164	3618	38206	4084
中 职	35182	7256	2436	2153	301	5339	1294	15142	1261
大学专科	54083	18637	6275	4173	957	4928	1253	15689	2171
大学本科	40967	16424	6555	3035	938	1585	1073	9811	1545
研究生	4757	1936	1129	280	178	49	129	872	183

11-9a 全省按户主的受教育程度、住房来源分的家庭户户数（城市）

单位：户

受教育程度	合 计	购买新建商品房	购买二手房	购买原公有住房	购买经济适用房、两限房	自建住房	租赁廉租房、公租房	租赁其他住房	其他
总 计	**463424**	**86195**	**31235**	**27392**	**4920**	**97741**	**18119**	**182178**	**15643**
未上过学	9166	623	260	569	61	5505	314	1386	448
小 学	70269	6231	2243	4092	337	32641	2725	19383	2617
初 中	173635	18255	6540	7116	990	39838	8677	87374	4845
普通高中	89425	19671	6530	6890	1220	13478	3117	35103	3415
中 职	29109	6585	2193	1875	272	2393	1031	13740	1020
大学专科	48511	17307	5949	3710	930	2780	1129	14884	1821
大学本科	38626	15616	6402	2861	932	1076	1000	9441	1298
研究生	4684	1907	1118	280	178	29	127	866	179

11-9b 全省按户主的受教育程度、住房来源分的家庭户户数（镇）

单位：户

受教育程度	合　计	购买新建商品房	购买二手房	购买原公有住房	购买经济适用房、两限房	自建住房	租赁廉租房、公租房	租赁其他住房	其　他
总　计	**119278**	**9182**	**3599**	**3428**	**366**	**83261**	**3011**	**13148**	**3282**
未上过学	5848	172	140	106	18	5028	58	156	171
小　学	33907	1238	715	559	75	27486	617	2292	924
初　中	54536	3191	1526	1079	158	38513	1504	7378	1187
普通高中	15730	1982	570	848	56	9537	413	1962	362
中　职	3486	626	216	248	29	1254	243	714	156
大学专科	3887	1227	294	421	26	1129	109	413	267
大学本科	1832	724	132	166	4	302	65	227	213
研究生	53	23	7			12	2	6	3

11-9c 全省按户主的受教育程度、住房来源分的家庭户户数（乡村）

单位：户

受教育程度	合　计	购买新建商品房	购买二手房	购买原公有住房	购买经济适用房、两限房	自建住房	租赁廉租房、公租房	租赁其他住房	其　他
总　计	**218134**	**1409**	**589**	**681**	**102**	**203206**	**704**	**8206**	**3237**
未上过学	13548	47	25	52	7	13082	21	66	249
小　学	78812	324	154	191	42	75438	194	1281	1188
初　中	102907	608	255	242	47	95612	356	4497	1290
普通高中	18065	191	70	117	4	16148	87	1141	307
中　职	2587	44	28	29		1693	20	688	85
大学专科	1686	103	32	41		1020	16	391	83
大学本科	509	85	22	8	2	207	8	143	34
研究生	20	7	4			7			2

11-10 全省按户主的职业、住房来源分的家庭户户数

单位：户

职 业	合 计	购买新建商品房	购买二手房	购买原公有住房	购买经济适用房、两限房	自建住房	租赁廉租房、公租房	租赁其他住房	其他
总 计	**559202**	**64821**	**24935**	**11742**	**3333**	**243641**	**17527**	**180315**	**12889**
党的机关、国家机关、群众团体和社会组织、企事业单位负责人	20816	6056	1900	428	107	5563	446	5715	601
专业技术人员	42079	12259	4761	2567	712	6948	1525	11525	1781
办事人员和有关人员	36823	10508	3135	2564	560	9052	889	8728	1386
社会生产服务和生活服务人员	179353	26284	11395	4166	1326	53908	5702	71435	5136
农、林、牧、渔业生产及辅助人员	121294	985	440	221	85	116948	231	1112	1272
生产制造及有关人员	156354	8326	3145	1733	519	50063	8680	81277	2610
不便分类的其他从业人员	2484	402	159	62	23	1159	54	522	103

11-10a 全省按户主的职业、住房来源分的家庭户户数（城市）

单位：户

职 业	合 计	购买新建商品房	购买二手房	购买原公有住房	购买经济适用房、两限房	自建住房	租赁廉租房、公租房	租赁其他住房	其他
总 计	**329111**	**57638**	**22129**	**9754**	**3043**	**52053**	**14423**	**161060**	**9010**
党的机关、国家机关、群众团体和社会组织、企事业单位负责人	16779	5588	1788	367	96	2814	373	5248	505
专业技术人员	34538	11209	4529	2196	668	2644	1341	10696	1256
办事人员和有关人员	30191	9604	2920	2147	545	4923	790	8107	1155
社会生产服务和生活服务人员	132609	23562	10110	3516	1239	19685	4942	65425	4130
农、林、牧、渔业生产及辅助人员	9951	362	120	59	14	8688	35	537	136
生产制造及有关人员	103503	6964	2516	1434	459	12878	6903	70586	1764
不便分类的其他从业人员	1539	348	147	35	22	421	39	462	64

11-10b 全省按户主的职业、住房来源分的家庭户户数（镇）

单位：户

职业	合计	购买新建商品房	购买二手房	购买原公有住房	购买经济适用房、两限房	自建住房	租赁廉租房、公租房	租赁其他住房	其他
总计	**79817**	**6213**	**2384**	**1666**	**225**	**53082**	**2475**	**11695**	**2076**
党的机关、国家机关、群众团体和社会组织、企事业单位负责人	2405	427	94	53	6	1410	60	283	72
专业技术人员	4255	970	208	321	43	1680	166	464	403
办事人员和有关人员	3654	823	192	370	15	1724	83	291	156
社会生产服务和生活服务人员	24532	2446	1140	572	79	14973	631	4147	543
农、林、牧、渔业生产及辅助人员	22689	344	199	84	39	21152	145	336	389
生产制造及有关人员	21855	1159	545	240	42	11867	1376	6149	477
不便分类的其他从业人员	427	44	6	25		277	14	26	35

11-10c 全省按户主的职业、住房来源分的家庭户户数（乡村）

单位：户

职业	合计	购买新建商品房	购买二手房	购买原公有住房	购买经济适用房、两限房	自建住房	租赁廉租房、公租房	租赁其他住房	其他
总计	**150275**	**970**	**422**	**322**	**65**	**138506**	**629**	**7559**	**1803**
党的机关、国家机关、群众团体和社会组织、企事业单位负责人	1632	41	18	7	5	1339	13	184	24
专业技术人员	3285	80	25	50	1	2624	19	365	122
办事人员和有关人员	2978	81	23	47	1	2405	15	330	75
社会生产服务和生活服务人员	22212	276	145	79	8	19249	129	1863	463
农、林、牧、渔业生产及辅助人员	88654	278	122	77	31	87108	51	240	746
生产制造及有关人员	30996	203	83	60	18	25318	401	4542	369
不便分类的其他从业人员	517	10	6	1	1	461	1	34	5

11-11 全省按户主的职业分的家庭户住房状况

职 业	户 数 (户)	人 数 (人)	平均每户 住房间数 (间/户)	人均住房 建筑面积 (平方米/人)	人 均 住房间数 (间/人)
总 计	**559202**	**1840340**	**3.15**	**28.81**	**0.96**
党的机关、国家机关、群众团体和社会组织、企事业单位负责人	20816	71122	3.28	35.15	0.96
专业技术人员	42079	122288	2.80	31.66	0.96
办事人员和有关人员	36823	113050	2.98	33.78	0.97
社会生产服务和生活服务人员	179353	558018	2.81	28.39	0.90
农、林、牧、渔业生产及辅助人员	121294	524339	4.59	29.69	1.06
生产制造及有关人员	156354	442816	2.53	25.24	0.89
不便分类的其他从业人员	2484	8708	3.05	28.62	0.87

11-11a 全省按户主的职业分的家庭户住房状况（城市）

职 业	户 数 (户)	人 数 (人)	平均每户 住房间数 (间/户)	人均住房 建筑面积 (平方米/人)	人 均 住房间数 (间/人)
总 计	**329111**	**902728**	**2.38**	**27.24**	**0.87**
党的机关、国家机关、群众团体和社会组织、企事业单位负责人	16779	54643	2.99	34.35	0.92
专业技术人员	34538	95749	2.52	30.46	0.91
办事人员和有关人员	30191	88248	2.77	33.39	0.95
社会生产服务和生活服务人员	132609	372207	2.39	26.84	0.85
农、林、牧、渔业生产及辅助人员	9951	42706	4.24	31.01	0.99
生产制造及有关人员	103503	244229	1.93	22.11	0.82
不便分类的其他从业人员	1539	4946	2.60	27.09	0.81

11-11b 全省按户主的职业分的家庭户住房状况（镇）

职业	户数（户）	人数（人）	平均每户住房间数（间/户）	人均住房建筑面积（平方米/人）	人均住房间数（间/人）
总计	**79817**	**307782**	**3.80**	**30.90**	**0.98**
党的机关、国家机关、群众团体和社会组织、企事业单位负责人	2405	9535	4.25	38.97	1.07
专业技术人员	4255	13921	3.44	35.28	1.05
办事人员和有关人员	3654	13284	3.72	35.41	1.02
社会生产服务和生活服务人员	24532	94043	3.77	32.14	0.98
农、林、牧、渔业生产及辅助人员	22689	98748	4.44	29.96	1.02
生产制造及有关人员	21855	76559	3.20	28.00	0.91
不便分类的其他从业人员	427	1693	3.60	31.47	0.91

11-11c 全省按户主的职业分的家庭户住房状况（乡村）

职业	户数（户）	人数（人）	平均每户住房间数（间/户）	人均住房建筑面积（平方米/人）	人均住房间数（间/人）
总计	**150275**	**629831**	**4.49**	**30.06**	**1.07**
党的机关、国家机关、群众团体和社会组织、企事业单位负责人	1632	6945	4.90	36.19	1.15
专业技术人员	3285	12618	4.96	36.82	1.29
办事人员和有关人员	2978	11518	4.21	34.95	1.09
社会生产服务和生活服务人员	22212	91768	4.31	30.82	1.04
农、林、牧、渔业生产及辅助人员	88654	382885	4.67	29.48	1.08
生产制造及有关人员	30996	122028	4.06	29.80	1.03
不便分类的其他从业人员	517	2069	3.91	29.92	0.98

11-12 全省按户主职业、人均住房面积分的家庭户户数

单位：户

职 业	合 计	人均住房面积(平方米)									
		8及以下	9-12	13-16	17-19	20-29	30-39	40-49	50-59	60-69	70及以上
总 计	**559202**	**47945**	**58888**	**65146**	**27442**	**135626**	**79973**	**49619**	**27036**	**21490**	**46037**
党的机关、国家机关、群众团体和社会组织、企事业单位负责人	20816	887	1271	1703	1029	5122	3509	2192	1319	1044	2740
专业技术人员	42079	1862	2865	3535	2023	11270	7960	4822	2115	1596	4031
办事人员和有关人员	36823	1507	2173	2778	1639	9286	6972	4726	2201	1702	3839
社会生产服务和生活服务人员	179353	14706	18584	21382	9315	45074	26086	15024	8119	6417	14646
农、林、牧、渔业生产及辅助人员	121294	5021	8447	12817	6286	29697	18599	13356	8010	6696	12367
生产制造及有关人员	156354	23829	25300	22672	7003	34522	16494	9257	5156	3911	8210
不便分类的其他从业人员	2484	134	248	260	148	656	353	242	116	124	203

11-12a 全省按户主职业、人均住房面积分的家庭户户数（城市）

单位：户

职 业	合 计	人均住房面积(平方米)									
		8及以下	9-12	13-16	17-19	20-29	30-39	40-49	50-59	60-69	70及以上
总 计	**329111**	**34827**	**41075**	**41112**	**16421**	**80699**	**45478**	**25306**	**12508**	**9406**	**22277**
党的机关、国家机关、群众团体和社会组织、企事业单位负责人	16779	793	1068	1414	881	4255	2848	1712	974	752	2082
专业技术人员	34538	1564	2447	2997	1768	9554	6637	3868	1608	1211	2885
办事人员和有关人员	30191	1261	1811	2286	1340	7788	5841	3904	1717	1320	2922
社会生产服务和生活服务人员	132609	12065	15125	16638	7163	34032	19021	10226	5101	3904	9334
农、林、牧、渔业生产及辅助人员	9951	457	648	1035	546	2419	1536	1027	717	545	1021
生产制造及有关人员	103503	18590	19811	16577	4630	22223	9372	4431	2334	1611	3924
不便分类的其他从业人员	1539	96	167	165	93	428	224	137	56	63	109

11-12b 全省按户主职业、人均住房面积分的家庭户户数（镇）

单位：户

职业	合计	人均住房面积(平方米)									
		8及以下	9-12	13-16	17-19	20-29	30-39	40-49	50-59	60-69	70及以上
总计	**79817**	**5450**	**6422**	**7877**	**3618**	**18540**	**12208**	**8369**	**4923**	**4007**	**8402**
党的机关、国家机关、群众团体和社会组织、企事业单位负责人	2405	56	104	145	83	518	407	294	202	176	420
专业技术人员	4255	156	213	259	120	997	840	592	296	216	566
办事人员和有关人员	3654	106	171	212	157	855	678	503	301	193	477
社会生产服务和生活服务人员	24532	1363	1731	2397	1122	5718	3832	2529	1563	1318	2957
农、林、牧、渔业生产及辅助人员	22689	1079	1672	2297	1164	5392	3482	2517	1506	1238	2341
生产制造及有关人员	21855	2674	2492	2521	944	4963	2914	1891	1019	838	1601
不便分类的其他从业人员	427	16	39	45	29	97	54	43	36	27	41

11-12c 全省按户主职业、人均住房面积分的家庭户户数（乡村）

单位：户

职业	合计	人均住房面积(平方米)									
		8及以下	9-12	13-16	17-19	20-29	30-39	40-49	50-59	60-69	70及以上
总计	**150275**	**7668**	**11391**	**16157**	**7403**	**36387**	**22287**	**15944**	**9604**	**8077**	**15357**
党的机关、国家机关、群众团体和社会组织、企事业单位负责人	1632	39	100	143	65	349	254	185	142	115	239
专业技术人员	3285	142	206	278	136	719	483	362	210	170	580
办事人员和有关人员	2978	139	191	280	142	643	453	319	184	188	440
社会生产服务和生活服务人员	22212	1277	1728	2347	1030	5325	3232	2269	1455	1194	2355
农、林、牧、渔业生产及辅助人员	88654	3484	6127	9485	4576	21886	13581	9812	5787	4912	9005
生产制造及有关人员	30996	2565	2997	3573	1429	7336	4208	2936	1804	1463	2686
不便分类的其他从业人员	517	21	42	50	26	130	75	62	23	34	53

11-13 各地区按住房来源分的同时拥有厨房和厕所的家庭户户数比重

单位：%

地 区	合 计	购买新建商品房	购 买二手房	购买原公有住房	购买经济适用房、两限房	自建住房	租赁廉租房、公租房	租 赁其他住房	其 他
全 省	**87.88**	**99.08**	**98.47**	**97.51**	**98.86**	**83.75**	**88.86**	**87.32**	**84.47**
广州市	**95.37**	**99.15**	**99.48**	**97.67**	**98.59**	**93.65**	**87.93**	**93.38**	**93.52**
荔湾区	90.23	99.32	98.91	96.56	81.72	92.44	67.28	79.63	86.56
越秀区	95.67	99.66	99.44	99.66	100.00	86.06	78.54	91.40	91.29
海珠区	97.29	99.97	99.89	99.86	100.00	93.72	84.42	93.06	96.27
天河区	98.15	97.08	99.61	96.87	99.58	98.37	96.77	98.39	98.86
白云区	96.81	99.86	99.16	86.12	100.00	95.02	98.44	96.99	98.97
黄埔区	98.41	99.90	99.33	99.69	100.00	99.12	95.74	97.48	97.71
番禺区	95.87	99.67	99.92	100.00	100.00	98.20	94.90	92.62	91.45
花都区	93.75	97.53	99.56	100.00		95.41	88.16	83.40	86.51
南沙区	86.35	99.61	90.40	85.17		89.39	92.78	81.41	33.40
萝岗区	98.69	99.67	99.54	100.00	100.00	97.57	95.40	98.97	98.85
从化区	94.45	99.62	100.00	100.00	100.00	91.71	94.72	96.43	90.09
增城区	92.79	99.36	99.83	95.74	100.00	90.57	96.30	86.16	90.77
韶关市	**88.97**	**98.59**	**98.46**	**99.20**	**98.31**	**83.43**	**89.40**	**92.13**	**91.06**
武江区	95.18	99.92	99.56	98.17	97.92	82.83	100.00	97.08	97.65
浈江区	92.10	96.47	98.62	99.53	85.69	72.21	83.54	96.43	95.91
曲江区	94.74	100.00	100.00	100.00	100.00	92.28	100.00	92.28	79.92
始兴县	75.68	99.67	78.32	100.00	100.00	73.04	75.00	76.91	69.85
仁化县	91.08	100.00	97.47	99.15	100.00	88.97	98.81	96.08	93.20
翁源县	91.42	97.07	94.94	98.14	93.61	90.80	96.20	85.96	77.95
乳源瑶族自治县	89.39	99.44	91.57	99.50	98.55	86.47	100.00	79.86	86.32
新丰县	90.91	99.78	97.24	100.00	100.00	88.66	93.33	86.31	88.40
乐昌市	78.68	98.67	99.43	99.61	100.00	73.60	89.11	76.48	66.42
南雄市	89.23	98.24	92.16	95.57	100.00	85.93	100.00	92.39	66.06
深圳市	**93.95**	**99.56**	**99.36**	**97.87**	**99.64**	**97.91**	**95.10**	**92.40**	**86.86**
罗湖区	94.31	99.93	99.80	99.53	100.00	94.74	98.21	92.00	88.71
福田区	96.02	99.56	99.94	99.75	100.00	100.00	97.84	92.71	92.26
南山区	94.51	98.97	98.41	99.35	98.91	96.97	82.03	91.70	94.38
宝安区	92.18	99.59	99.65	92.16	100.00	97.03	98.96	91.02	79.75
龙岗区	96.41	99.83	99.17	100.00	100.00	98.64	93.99	96.14	89.07
盐田区	85.80	100.00	99.56	98.55	100.00	100.00	60.42	81.18	93.10
珠海市	**94.43**	**99.89**	**99.47**	**97.06**	**100.00**	**88.27**	**96.62**	**90.67**	**93.16**
香洲区	95.41	99.97	99.79	97.79	100.00	92.39	91.30	89.82	94.74
斗门区	91.51	99.62	97.32	97.62	100.00	85.29	98.98	95.66	94.54
金湾区	94.59	99.72	98.37	93.56	100.00	96.36	95.97	91.72	83.59
汕头市	**94.73**	**99.85**	**97.98**	**99.73**	**100.00**	**93.48**	**97.49**	**90.15**	**91.46**
龙湖区	98.10	99.85	99.84	100.00	100.00	98.06	95.64	92.32	91.76
金平区	98.93	99.88	99.46	99.65	100.00	98.41	98.61	96.98	95.74
濠江区	88.16	100.00	97.06	100.00	100.00	86.92	100.00	95.93	85.53
潮阳区	93.49	100.00	89.81	100.00	100.00	93.40	85.95	84.60	82.39
潮南区	88.75	93.17	96.55	100.00		89.36	92.14	55.99	90.35
澄海区	98.69	100.00	98.41	100.00	100.00	98.84	100.00	94.01	92.79
南澳县	92.46	100.00	95.86	100.00	100.00	91.89	100.00	86.01	80.55
佛山市	**86.19**	**99.73**	**99.10**	**98.61**	**100.00**	**91.44**	**74.52**	**74.92**	**93.19**
禅城区	93.28	99.71	99.43	97.80	100.00	97.53	87.25	84.61	96.45
南海区	90.46	99.84	99.43	99.17	100.00	91.66	91.11	83.89	91.91
顺德区	79.42	99.64	98.37	100.00	100.00	94.28	53.15	66.64	71.74
三水区	89.72	99.63	99.25	100.00	100.00	91.39	91.71	76.06	88.77
高明区	83.17	99.87	99.52	100.00		68.63	100.00	78.01	79.70

11-13 续表 1

单位：%

地　区	合　计	购买新建商品房	购买二手房	购买原公有住房	购买经济适用房、两限房	自建住房	租赁廉租房、公租房	租赁其他住房	其　他
江门市	**81.33**	**98.08**	**96.20**	**97.49**	**97.16**	**74.34**	**82.92**	**75.81**	**71.61**
蓬江区	92.65	98.92	98.30	98.64	100.00	96.13	69.44	74.04	95.77
江海区	90.70	99.08	99.63	98.45	100.00	95.32	85.63	69.84	80.00
新会区	89.01	99.58	99.66	100.00	100.00	83.72	89.16	76.80	95.69
台山市	62.44	98.75	95.09	100.00	95.79	55.35	49.33	80.16	36.87
开平市	77.73	92.86	69.30	89.62	87.12	70.70	93.53	69.36	76.10
鹤山市	92.54	99.90	98.95	100.00	100.00	91.43	79.09	84.39	87.10
恩平市	76.62	100.00	97.10	97.73	100.00	75.65	90.91	93.41	47.22
湛江市	**71.12**	**98.97**	**95.31**	**96.79**	**88.76**	**66.10**	**86.63**	**81.68**	**80.20**
赤坎区	93.16	99.16	100.00	95.83	66.67	90.54	34.23	91.58	90.36
霞山区	92.64	99.61	99.31	98.24	76.92	74.83	97.01	93.88	95.30
坡头区	78.13	100.00	100.00	99.54	100.00	75.74	93.12	88.47	97.85
麻章区	57.54	63.77	88.19	97.98	98.77	55.45	100.00	59.69	72.44
遂溪县	56.94	98.72	94.90	96.80	100.00	53.00	97.89	64.09	41.00
徐闻县	65.94	98.27	87.79	96.81	41.03	61.19	95.40	45.31	85.60
廉江市	67.90	96.93	97.95	86.40	100.00	66.69	90.46	94.83	77.92
雷州市	66.92	100.00	90.74	95.60	100.00	64.50	86.06	40.48	56.54
吴川市	81.39	75.84	90.48	100.00	30.48	81.57	45.30	78.76	74.42
茂名市	**80.56**	**99.78**	**96.91**	**98.54**	**99.77**	**78.34**	**86.08**	**90.46**	**66.22**
茂南区	90.88	99.90	100.00	99.95	100.00	80.25	96.27	98.45	78.16
电白区	72.95	99.48	84.36	99.29	100.00	71.50	100.00	71.86	42.68
高州市	82.14	100.00	94.81	87.14	100.00	81.80	42.86	80.10	66.23
化州市	78.37	99.27	97.32	77.52	84.47	77.73	72.32	92.25	83.83
信宜市	83.58	99.60	100.00	100.00	100.00	83.07	92.31	94.74	43.02
肇庆市	**86.56**	**97.93**	**91.90**	**97.93**	**97.37**	**83.87**	**82.52**	**94.93**	**85.24**
端州区	95.38	99.15	91.04	99.56	100.00	88.17	86.00	95.70	98.21
鼎湖区	86.25	98.03	100.00	100.00	100.00	84.30	14.32	96.80	75.28
广宁县	89.90	100.00	100.00	100.00	100.00	89.60	100.00	94.08	79.95
怀集县	89.43	96.92	93.87	100.00	52.02	89.50	100.00	89.34	47.19
封开县	70.72	90.85	93.10	100.00	100.00	70.04	49.07	86.21	29.89
德庆县	85.23	68.28	81.37	83.00	100.00	85.42	72.73	85.00	91.65
高要市	84.60	97.56	92.22	100.00		83.23	90.51	92.01	83.24
四会市	85.00	97.33	92.68	98.60	100.00	75.16	73.85	95.32	100.00
惠州市	**90.83**	**99.10**	**98.99**	**98.11**	**100.00**	**88.64**	**93.40**	**89.95**	**61.90**
惠城区	92.94	99.40	99.27	99.00	100.00	87.54	98.63	90.18	66.87
惠阳区	93.62	100.00	98.97	100.00	100.00	95.88	90.94	96.15	38.06
博罗县	89.06	94.49	98.85	94.10	100.00	90.13	90.45	76.91	87.57
惠东县	87.98	99.72	98.52	96.82	100.00	86.10	86.44	90.73	62.65
龙门县	85.18	99.48	98.23	98.23		83.51	94.01	77.05	92.22
梅州市	**89.83**	**98.14**	**97.15**	**99.31**	**100.00**	**89.62**	**88.91**	**88.21**	**62.15**
梅江区	96.92	99.48	99.38	99.39	100.00	96.11	95.07	94.28	89.81
梅县区	88.58	98.59	88.45	90.09	100.00	89.41	91.76	88.37	68.89
大埔县	78.98	95.00	100.00	100.00	100.00	78.02	100.00	78.83	38.89
丰顺县	87.55	98.88	94.78	100.00	100.00	87.28	72.57	74.21	71.75
五华县	91.81	98.69	90.26	100.00	100.00	91.88	100.00	78.85	84.20
平远县	90.11	98.16	95.59	100.00	100.00	89.81	52.38	84.92	47.70
蕉岭县	93.66	98.12	98.72	100.00	100.00	93.22	100.00	92.43	53.63
兴宁市	90.04	97.96	98.81	99.15	100.00	90.92	79.15	93.69	20.24

11-13 续表 2 单位：%

地 区	合 计	购买新建商品房	购买二手房	购买原公有住房	购买经济适用房、两限房	自建住房	租赁廉租房、公租房	租赁其他住房	其 他
汕尾市	**87.71**	**98.21**	**93.31**	**96.98**	**93.57**	**87.43**	**80.29**	**72.90**	**70.66**
城区	89.93	98.47	98.54	98.68	50.00	88.67	78.38	79.16	75.14
海丰县	87.66	97.86	90.09	96.43	98.35	86.60	80.65	67.69	91.33
陆河县	92.55	91.18	86.21	87.50		92.67	74.98	100.00	100.00
陆丰市	85.68	99.56	86.03	92.91	36.29	86.25	88.58	76.75	45.58
河源市	**89.65**	**98.27**	**97.22**	**98.64**	**92.53**	**89.02**	**92.07**	**85.24**	**77.09**
源城区	91.07	99.36	98.01	100.00	100.00	86.03	85.00	88.29	97.66
紫金县	90.48	100.00	98.46	88.89	100.00	90.39	100.00	83.83	64.56
龙川县	89.95	99.74	100.00	100.00	100.00	89.07	97.91	85.29	82.99
连平县	88.61	82.38	95.12	98.66	50.00	89.19	78.95	65.95	86.05
和平县	83.94	93.45	87.87	98.02	100.00	83.67	94.44	84.71	40.03
东源县	92.80	96.89	96.60	100.00	100.00	93.48	100.00	82.99	79.96
阳江市	**76.49**	**98.34**	**90.81**	**91.60**	**94.79**	**74.90**	**76.92**	**88.83**	**72.17**
江城区	86.94	99.25	99.19	97.92	100.00	84.05	98.87	97.81	91.62
阳西县	65.30	97.41	86.04	17.91		65.09	33.33	82.69	24.40
阳东县	65.41	98.37	73.58	91.78	60.50	63.84	46.09	96.23	84.80
阳春市	80.74	97.17	70.06	88.33	100.00	80.37	86.36	79.07	56.43
清远市	**84.46**	**98.68**	**95.58**	**84.75**	**100.00**	**81.12**	**93.95**	**87.43**	**78.51**
清城区	91.67	99.66	99.27	100.00	100.00	88.55	95.57	77.23	97.80
清新区	83.32	97.01	94.81	98.87	100.00	78.13	100.00	96.65	46.92
佛冈县	85.19	100.00	100.00	100.00	100.00	82.26	80.91	98.62	69.75
阳山县	85.12	100.00	91.49	100.00	100.00	82.90	85.71	96.90	94.73
连山壮族瑶族自治县	78.56	100.00	100.00	97.01		73.71	100.00	87.56	60.86
连南瑶族自治县	76.12	100.00	93.05	98.69		73.62	63.16	86.28	71.92
英德市	81.95	97.42	88.57	63.94	100.00	80.81	92.14	91.83	63.05
连州市	81.16	100.00	99.10	100.00		79.36	94.96	94.14	62.85
东莞市	**85.75**	**99.66**	**99.03**	**97.07**	**94.68**	**95.39**	**88.12**	**78.15**	**79.61**
中山市	**91.70**	**98.23**	**99.25**	**100.00**	**88.89**	**93.68**	**92.75**	**87.10**	**84.11**
潮州市	**88.32**	**99.16**	**97.40**	**99.30**	**95.19**	**87.81**	**84.17**	**74.44**	**77.51**
湘桥区	87.58	98.82	100.00	98.39	100.00	85.46	88.49	66.07	78.93
潮安区	93.21	100.00	96.29	100.00	100.00	93.36	53.55	87.62	83.60
饶平县	83.09	99.44	86.25	100.00		82.36	77.99	76.27	63.68
揭阳市	**87.35**	**98.57**	**96.89**	**98.04**	**99.50**	**86.62**	**68.55**	**88.84**	**84.38**
榕城区	88.75	97.84	95.35	100.00	100.00	86.42	86.67	90.73	97.26
揭东区	78.92	98.31	100.00	96.43	100.00	79.51	93.79	78.13	35.02
揭西县	95.33	100.00	100.00	100.00	100.00	95.47	100.00	100.00	61.42
惠来县	86.14	97.54	91.65	100.00	91.67	86.54	80.76	58.06	45.60
普宁市	88.39	99.16	97.02	89.74	100.00	86.83	62.24	96.97	94.47
云浮市	**74.27**	**99.19**	**92.95**	**91.53**	**93.21**	**72.45**	**91.92**	**93.54**	**58.58**
云城区	90.77	99.56	100.00	100.00	100.00	86.93	100.00	98.77	78.66
云安区	77.49	100.00	89.42			78.21	100.00	92.47	26.79
新兴县	84.39	100.00	95.65	87.01	33.74	83.06	100.00	92.50	76.18
郁南县	75.45	100.00	94.53	94.74		75.42	24.40	75.49	41.06
罗定市	62.80	94.23	72.52	100.00		61.97	100.00	97.62	71.74

11-13a 各地区按住房来源分的同时拥有厨房和厕所的家庭户户数比重（城市）

单位：%

地　　区	合　计	购买新建商品房	购　买二手房	购买原公有住房	购买经济适用房、两限房	自建住房	租赁廉租房、公租房	租　赁其他住房	其　他
全　省	**92.41**	**99.31**	**99.12**	**98.18**	**99.24**	**91.40**	**89.44**	**88.09**	**88.87**
广州市	**96.39**	**99.18**	**99.59**	**97.66**	**98.59**	**95.51**	**87.41**	**94.67**	**94.59**
荔湾区	90.23	99.32	98.91	96.56	81.72	92.44	67.28	79.63	86.56
越秀区	95.67	99.66	99.44	99.66	100.00	86.06	78.54	91.40	91.29
海珠区	97.29	99.97	99.89	99.86	100.00	93.72	84.42	93.06	96.27
天河区	98.15	97.08	99.61	96.87	99.58	98.37	96.77	98.39	98.86
白云区	97.70	99.90	99.39	84.14	100.00	99.82	99.66	97.37	99.60
黄埔区	98.41	99.90	99.33	99.69	100.00	99.12	95.74	97.48	97.71
番禺区	97.23	99.75	99.92	100.00	100.00	98.34	94.43	95.65	91.46
花都区	93.37	97.11	99.45	100.00		96.40	83.72	82.67	84.00
南沙区	91.84	99.55	97.14	81.40		90.14	100.00	90.26	81.25
萝岗区	99.13	99.66	99.54	100.00	100.00	98.34	97.22	99.19	99.07
从化区	96.32	99.92	100.00	100.00	100.00	81.43	93.10	100.00	100.00
增城区	95.37	99.87	100.00	95.40		92.99	98.88	82.42	81.25
韶关市	**95.44**	**98.81**	**99.40**	**99.08**	**99.36**	**82.70**	**86.83**	**95.98**	**90.74**
武江区	98.30	99.91	99.82	98.03		90.71	100.00	98.64	97.83
浈江区	93.78	96.85	98.62	99.43	100.00	75.05	83.39	96.77	94.17
曲江区	97.41	100.00	100.00	100.00	100.00	94.53	100.00	92.48	77.32
乐昌市	87.20	96.07	100.00	99.43	100.00	77.66	100.00	81.16	55.56
南雄市	97.75	99.90	100.00	97.87	100.00	91.72	100.00	94.78	60.00
深圳市	**93.95**	**99.56**	**99.36**	**97.87**	**99.64**	**97.91**	**95.10**	**92.40**	**86.86**
罗湖区	94.31	99.93	99.80	99.53	100.00	94.74	98.21	92.00	88.71
福田区	96.02	99.56	99.94	99.75	100.00	100.00	97.84	92.71	92.26
南山区	94.51	98.97	98.41	99.35	98.91	96.97	82.03	91.70	94.38
宝安区	92.18	99.59	99.65	92.16	100.00	97.03	98.96	91.02	79.75
龙岗区	96.41	99.83	99.17	100.00	100.00	98.64	93.99	96.14	89.07
盐田区	85.80	100.00	99.56	98.55	100.00	100.00	60.42	81.18	93.10
珠海市	**95.84**	**99.89**	**99.60**	**97.50**	**100.00**	**94.94**	**96.07**	**90.36**	**93.29**
香洲区	95.61	99.97	99.79	97.79	100.00	92.39	91.30	90.21	94.73
斗门区	98.82	99.52	97.93	97.26		99.37	97.89	98.96	100.00
金湾区	95.26	99.71	98.99	94.93	100.00	98.96	96.48	89.92	75.98
汕头市	**96.39**	**99.88**	**99.63**	**99.71**	**100.00**	**93.32**	**97.94**	**93.91**	**94.74**
龙湖区	97.87	99.89	99.84	100.00	100.00	96.72	95.60	92.29	90.91
金平区	98.91	99.88	99.46	99.65	100.00	98.26	98.61	96.98	95.74
濠江区	90.68	100.00	97.06	100.00	100.00	89.64		95.65	85.53
潮阳区	95.31	100.00	100.00	100.00	100.00	93.64	90.00	100.00	95.16
潮南区	88.06	95.65	100.00	100.00		88.09	100.00	67.74	90.00
澄海区	99.45	100.00	100.00	100.00	100.00	99.68	100.00	96.00	100.00

11-13a 续表 1 单位：%

地 区	合 计	购买新建商品房	购买二手房	购买原公有住房	购买经济适用房、两限房	自建住房	租赁廉租房、公租房	租赁其他住房	其 他
佛山市	**86.48**	**99.73**	**99.09**	**98.60**	**100.00**	**93.00**	**73.29**	**74.65**	**94.18**
禅城区	93.32	99.71	99.43	97.80	100.00	97.31	89.78	84.33	96.58
南海区	91.06	99.84	99.43	99.17	100.00	93.38	91.11	83.32	92.13
顺德区	79.24	99.64	98.37	100.00	100.00	94.13	52.75	66.61	71.74
三水区	97.02	99.56	99.18	100.00	100.00	94.99	95.24	92.65	98.82
高明区	88.40	99.86	99.52	100.00		74.22	100.00	81.39	89.47
江门市	**89.83**	**98.83**	**97.93**	**97.30**	**97.73**	**83.37**	**83.16**	**76.52**	**79.60**
蓬江区	92.62	98.92	98.30	98.64	100.00	96.08	69.44	74.04	95.77
江海区	90.70	99.08	99.63	98.45	100.00	95.32	85.63	69.84	80.00
新会区	92.93	99.54	100.00	100.00	100.00	84.14	97.78	78.49	98.28
台山市	76.27	100.00	98.81	100.00	97.30	59.96	53.33	82.51	52.94
开平市	87.50	96.18	81.61	89.44	83.33	72.13	94.55	93.51	87.50
鹤山市	97.52	99.90	98.94	100.00	100.00	97.71	79.25	90.91	95.65
恩平市	88.76	100.00	100.00	97.25	100.00	88.79	100.00	100.00	40.82
湛江市	**91.20**	**99.55**	**97.80**	**97.47**	**95.39**	**87.47**	**72.20**	**86.70**	**80.09**
赤坎区	93.58	99.16	100.00	95.83	66.67	92.31	34.23	91.58	90.36
霞山区	95.13	99.61	99.31	98.24	76.92	84.11	97.01	93.92	96.54
坡头区	93.88		100.00	100.00	100.00	91.68	100.00	87.50	50.00
麻章区	78.10		100.00	100.00	98.77	71.00		92.11	73.33
遂溪县	47.24					46.70			100.00
廉江市	93.97	100.00	100.00	100.00		97.16	100.00	98.44	38.18
雷州市	79.86	100.00	93.33	97.30	100.00	75.59	80.00	37.78	42.37
吴川市	92.06	100.00	100.00	100.00		92.94	42.86	81.03	87.18
茂名市	**89.58**	**99.90**	**99.15**	**99.60**	**99.76**	**81.51**	**92.76**	**95.35**	**74.21**
茂南区	95.84	99.90	100.00	99.95	100.00	80.94	96.24	98.29	81.03
电白区	84.76	100.00	100.00	99.55	100.00	77.49	100.00	42.86	100.00
高州市	77.89	100.00	96.77	86.27		71.75	46.15	92.50	73.91
化州市	90.39	98.36	94.44	100.00		89.70	100.00	95.95	86.36
信宜市	87.85	100.00	100.00	100.00	100.00	85.10	92.31	94.74	35.00
肇庆市	**95.51**	**98.47**	**92.64**	**99.42**	**100.00**	**90.53**	**78.84**	**95.31**	**98.99**
端州区	95.38	99.15	91.04	99.56	100.00	88.17	86.00	95.70	98.21
鼎湖区	96.14	98.02	100.00	100.00		95.49	50.00	81.25	
高要市	96.23	97.66	93.33			96.05		89.19	66.67
四会市	95.45	97.51	95.95	98.60	100.00	91.60	74.07	95.82	100.00
惠州市	**95.23**	**99.52**	**99.20**	**99.03**	**100.00**	**97.00**	**97.97**	**92.80**	**52.47**
惠城区	95.66	99.40	99.27	98.92	100.00	95.72	98.81	91.01	91.58
惠阳区	94.10	100.00	98.90	100.00	100.00	98.69	94.15	97.11	29.17
博罗县	92.86					100.00	100.00	89.66	100.00

11-13a 续表 2 单位：%

地 区	合 计	购买新建商品房	购买二手房	购买原公有住房	购买经济适用房、两限房	自建住房	租赁廉租房、公租房	租赁其他住房	其 他
梅州市	**94.98**	**99.50**	**99.36**	**99.56**	**100.00**	**93.90**	**94.07**	**94.41**	**75.38**
梅江区	97.63	99.48	99.38	99.39	100.00	97.23	95.07	94.28	92.89
梅县区	91.67	99.58	97.50	100.00	100.00	90.62	71.43	96.30	81.36
五华县	97.32					98.20			
兴宁市	92.98	99.76	100.00	100.00	100.00	92.91	93.94	94.52	19.64
汕尾市	**88.84**	**98.73**	**98.32**	**98.81**	**50.00**	**85.76**	**77.92**	**80.34**	**77.64**
城区	92.03	98.47	98.53	98.68	50.00	91.08	78.08	79.52	78.70
陆丰市	82.01	100.00	96.15	100.00		79.34	75.00	100.00	50.00
河源市	**90.94**	**99.35**	**98.01**	**100.00**	**100.00**	**85.64**	**85.00**	**88.29**	**97.62**
源城区	90.94	99.35	98.01	100.00	100.00	85.64	85.00	88.29	97.62
阳江市	**96.11**	**99.31**	**95.93**	**93.63**	**100.00**	**95.69**	**96.52**	**97.62**	**100.00**
江城区	97.82	99.59	99.68	97.74	100.00	97.13	100.00	100.00	100.00
阳春市	91.97	98.86	68.00	88.14	100.00	92.17	88.10	94.55	100.00
清远市	**96.88**	**99.64**	**97.59**	**99.03**	**100.00**	**94.63**	**98.15**	**92.12**	**97.69**
清城区	97.20	99.70	99.22	100.00	100.00	96.26	99.34	85.93	100.00
清新区	98.92	99.32	100.00	100.00	100.00	98.74	100.00	97.00	91.67
英德市	95.83	100.00	87.13	86.67	100.00	93.66	93.33	97.36	93.75
连州市	93.97	100.00	98.80	100.00		91.72	96.88	98.73	96.67
东莞市	**86.13**	**99.66**	**98.90**	**99.19**	**94.59**	**95.52**	**90.55**	**78.70**	**75.92**
中山市	**92.78**	**98.03**	**99.36**	**100.00**	**88.89**	**95.03**	**86.96**	**88.20**	**87.06**
潮州市	**91.78**	**99.17**	**99.45**	**98.93**	**100.00**	**92.12**	**88.16**	**74.91**	**85.15**
湘桥区	89.47	98.90	100.00	98.92	100.00	88.03	89.13	66.43	80.20
潮安区	94.26	100.00	96.00	100.00	100.00	94.18	71.43	89.04	92.92
揭阳市	**89.68**	**98.50**	**96.45**	**99.44**	**100.00**	**86.92**	**70.30**	**90.20**	**96.97**
榕城区	87.46	97.53	95.18	100.00	100.00	84.17	86.67	90.00	100.00
揭东区	89.86	100.00	100.00	100.00	100.00	89.72	93.33	74.07	82.35
普宁市	92.30	99.09	96.85	97.22	100.00	89.20	66.67	97.52	97.18
云浮市	**84.39**	**98.81**	**97.33**	**100.00**	**100.00**	**78.92**	**100.00**	**98.07**	**58.79**
云城区	94.51	99.56	100.00	100.00	100.00	90.72	100.00	98.77	82.35
云安区	88.41	100.00	100.00			88.81		60.00	
罗定市	70.93	94.23	88.46	100.00		68.33	100.00	97.56	40.00

11-13b 各地区按住房来源分的同时拥有厨房和厕所的家庭户户数比重（镇）

单位：%

地 区	合 计	购买新建商品房	购买二手房	购买原公有住房	购买经济适用房、两限房	自建住房	租赁廉租房、公租房	租赁其他住房	其 他
全 省	**88.09**	**97.91**	**95.24**	**95.44**	**97.18**	**87.62**	**87.61**	**81.61**	**82.64**
广州市	**92.36**	**98.62**	**97.74**	**97.45**	**100.00**	**94.27**	**95.49**	**81.37**	**97.28**
白云区	97.07	98.89	100.00	100.00		96.57	100.00	94.59	100.00
番禺区	96.69	100.00	100.00			99.24	100.00	89.32	90.74
花都区	96.07	100.00	100.00	100.00		93.02	66.67	92.72	83.33
南沙区	82.79	100.00	66.67	75.00		95.32	61.54	63.86	100.00
萝岗区	80.00			100.00		81.48		66.67	
从化区	96.15	96.75	100.00	100.00		95.61	100.00	94.85	100.00
增城区	93.63	98.19	99.51	96.04	100.00	92.48	95.41	89.51	95.92
韶关市	**91.99**	**99.55**	**96.65**	**99.54**	**99.23**	**88.13**	**93.02**	**85.73**	**96.18**
武江区	86.79		100.00	100.00	100.00	82.89		70.97	100.00
浈江区	99.30	90.91	100.00	100.00	100.00	100.00	100.00	100.00	98.97
曲江区	96.06	100.00	100.00	100.00	100.00	95.74	100.00	92.86	92.00
始兴县	84.88	99.64	81.82	100.00	100.00	81.59	75.00	75.00	79.31
仁化县	98.13	100.00	98.11	99.10	100.00	97.62	98.70	96.74	98.53
翁源县	94.14	98.31	96.30	97.96	96.30	92.14	97.26	91.07	92.31
乳源瑶族自治县	95.86	100.00	100.00	99.50	100.00	93.61	100.00	80.73	94.55
新丰县	96.98	100.00	100.00	100.00	100.00	95.75	93.33	86.11	94.64
乐昌市	82.80	99.76	98.59	100.00		74.61	80.00	74.11	84.62
南雄市	90.80	100.00	57.14			90.51	100.00	82.35	100.00
珠海市	**93.19**	**100.00**	**98.56**	**93.47**	**100.00**	**91.84**	**96.22**	**92.71**	**92.28**
香洲区	80.43		100.00					79.85	100.00
斗门区	94.27	100.00	100.00	100.00	100.00	89.09	99.15	99.21	89.66
金湾区	93.73	100.00	95.83	92.55	100.00	95.63	93.06	92.56	92.67
汕头市	**93.90**	**99.68**	**90.96**	**100.00**	**100.00**	**94.73**	**90.46**	**59.71**	**71.79**
龙湖区	97.89	100.00	100.00			97.86		100.00	100.00
濠江区	99.20	100.00				98.75			
潮阳区	93.12	100.00	84.17	100.00	100.00	93.92	100.00	58.33	36.11
潮南区	87.57	75.00	100.00			89.87	75.00	41.27	80.00
澄海区	98.47	100.00	97.09	100.00		98.88	100.00	85.71	92.86
南澳县	95.63	100.00	95.65	100.00	100.00	95.36	100.00	85.71	90.59
佛山市	**86.71**	**100.00**	**100.00**	**100.00**	**100.00**	**94.97**	**84.57**	**76.67**	**76.76**
禅城区	92.98	100.00	100.00		100.00	97.73	82.12	87.16	66.67
南海区	90.66					94.31		89.02	88.89
三水区	81.85	100.00	100.00	100.00	100.00	95.83	94.03	68.90	40.00
高明区	74.58	100.00		100.00		80.17		44.66	100.00
江门市	**74.97**	**83.78**	**73.94**	**100.00**	**100.00**	**72.06**	**85.96**	**77.30**	**88.84**
新会区	95.95	100.00	100.00	100.00		96.49	82.50	85.71	98.77
台山市	68.15	100.00	100.00	100.00		65.37		97.37	
开平市	66.47	57.34	43.59	100.00		70.60	100.00	65.09	
鹤山市	83.62	100.00				85.71	50.00	76.13	90.57
恩平市	58.20	100.00	84.62	100.00	100.00	56.72	80.00	68.75	60.87

11-13b 续表 1

单位：%

地　区	合 计	购买新建商品房	购买二手房	购买原公有住房	购买经济适用房、两限房	自建住房	租赁廉租房、公租房	租赁其他住房	其 他
湛江市	**80.18**	**98.35**	**90.87**	**96.68**	**71.40**	**77.22**	**96.12**	**62.12**	**90.59**
霞山区	96.08					96.08			
坡头区	94.68	100.00	100.00	100.00		94.04	90.91	90.70	100.00
麻章区	72.84	80.00	100.00	97.73		72.48	100.00	44.87	70.00
遂溪县	77.66	99.39	94.74	97.97	100.00	69.17	98.65	65.38	50.00
徐闻县	78.55	99.32	91.38	96.79	75.00	70.42	95.40	46.25	95.83
廉江市	86.38	100.00	100.00			85.32	100.00	93.48	97.26
雷州市	77.88	100.00	80.95	93.86		76.13	100.00	45.45	77.97
吴川市	78.98	50.00	50.00	100.00	50.00	79.50	33.33	100.00	70.83
茂名市	**81.07**	**94.33**	**88.92**	**95.63**	**100.00**	**80.86**	**25.47**	**83.48**	**72.11**
茂南区	92.59	100.00		100.00		91.34	100.00	100.00	
电白区	78.49	92.31	58.33	98.31	100.00	78.24	100.00	76.19	25.00
高州市	88.15	100.00	97.87	89.47	100.00	88.50		68.97	88.89
化州市	82.57	100.00	100.00	87.50		82.28	18.52	91.46	92.31
信宜市	72.68	66.67				73.09			11.11
肇庆市	**88.34**	**89.83**	**89.16**	**90.48**	**95.42**	**88.00**	**92.18**	**94.39**	**86.33**
鼎湖区	89.29	100.00	100.00	100.00	100.00	87.05		99.08	100.00
广宁县	94.28	100.00	100.00	100.00	100.00	93.70	100.00	100.00	100.00
怀集县	91.77	95.45	93.33	100.00		91.66	100.00	94.74	83.33
封开县	75.51	90.48	93.10	100.00	100.00	73.99	100.00	86.21	22.22
德庆县	88.47	63.33	79.31	83.00		90.63	72.73	85.00	97.33
高要市	89.75	88.89	75.00	100.00		88.74	97.37	95.00	97.14
四会市	81.08	88.00	88.64			76.81	50.00	92.59	100.00
惠州市	**92.27**	**97.71**	**98.72**	**99.41**	**100.00**	**94.88**	**94.37**	**84.66**	**67.56**
惠城区	79.84			100.00		100.00	66.67	71.88	8.82
惠阳区	94.45		100.00	100.00	100.00	98.90	100.00	88.84	100.00
博罗县	91.31	94.65	98.73	98.64	100.00	93.91	92.93	79.84	87.96
惠东县	94.65	100.00	98.41	100.00		95.92	96.44	91.63	66.95
龙门县	91.47	99.47	100.00	100.00		92.27	90.91	76.52	88.10
梅州市	**90.45**	**97.27**	**94.77**	**99.30**	**100.00**	**90.23**	**80.02**	**82.29**	**62.81**
梅江区	100.00					100.00			
梅县区	86.34	100.00	80.95	100.00		86.10	100.00	80.00	85.71
大埔县	86.82	94.57	100.00	100.00	100.00	85.45	100.00	80.88	40.00
丰顺县	90.15	98.80	94.33	100.00	100.00	90.17	100.00	72.41	69.57
五华县	91.01	100.00	89.47	100.00		90.67	100.00	77.78	86.36
平远县	93.07	98.52	97.83	100.00		92.07	52.38	87.67	50.00
蕉岭县	95.78	98.01	99.24	100.00		94.76	100.00	95.95	66.67
兴宁市	90.74	86.96	100.00	96.43	100.00	93.10	59.26	94.44	31.58
汕尾市	**88.39**	**98.70**	**94.96**	**96.33**	**96.58**	**87.76**	**84.73**	**69.46**	**83.92**
城区	89.05	100.00	100.00			89.26	100.00	100.00	57.14
海丰县	90.06	98.82	96.28	96.43	98.28	88.90	84.62	67.59	94.12
陆河县	87.87	92.59	88.00	87.50		87.85	71.43	100.00	100.00
陆丰市	86.16	98.72	84.21	100.00	100.00	86.51	90.00	77.78	62.34

11-13b 续表 2

单位：%

地 区	合 计	购买新建商品房	购买二手房	购买原公有住房	购买经济适用房、两限房	自建住房	租赁廉租房、公租房	租赁其他住房	其 他
河源市	**93.84**	**97.27**	**96.17**	**97.66**	**88.21**	**94.76**	**93.58**	**82.68**	**76.88**
紫金县	96.76	100.00	98.41	88.89	100.00	97.28	100.00	83.67	96.55
龙川县	95.50	99.72	100.00	100.00	100.00	95.20	97.83	85.62	92.16
连平县	88.50	81.37	95.12	98.63	50.00	90.23	78.95	63.22	92.31
和平县	90.70	93.17	86.54	98.02	100.00	90.83	94.44	85.93	68.75
东源县	94.01	98.57	95.92	100.00		98.26		81.56	10.71
阳江市	**83.38**	**99.09**	**89.42**	**82.53**	**100.00**	**83.59**	**45.57**	**81.05**	**66.06**
江城区	79.76	100.00	97.37	100.00		77.73	50.00	100.00	
阳西县	83.08	97.06	86.54	20.00		83.82	33.33	80.00	40.00
阳东县	82.11	99.42	92.13	100.00	100.00	81.46	46.09	96.23	90.38
阳春市	87.54	100.00	76.19	100.00		88.91	50.00	57.89	44.44
清远市	86.60	99.56	97.01	83.33	100.00	85.18	90.13	83.30	79.12
清城区	80.16	100.00	100.00			83.49	14.29	59.66	84.62
清新区	86.22	96.49	95.38	97.70	100.00	84.03	100.00	100.00	28.21
佛冈县	85.99	100.00	100.00	100.00		76.50	75.00	98.62	76.19
阳山县	93.94	100.00	92.75	100.00	100.00	91.51	85.71	98.95	100.00
连山壮族瑶族自治县	89.85	100.00	100.00	97.01		81.17	100.00	87.18	78.57
连南瑶族自治县	85.58	100.00	95.12	100.00		83.92	63.16	86.21	86.36
英德市	87.86	99.25	98.88	60.82	100.00	88.60	98.59	96.49	68.18
连州市	86.32		100.00	100.00		86.48	50.00	81.13	50.00
东莞市	**71.60**		**100.00**			**96.30**			
中山市	**89.39**	**99.68**	**98.84**	**100.00**		**94.63**	**95.54**	**81.86**	**73.33**
潮州市	**88.38**	**99.03**	**87.93**	**99.58**	**100.00**	**87.85**	**91.37**	**79.39**	**73.29**
湘桥区	76.72	83.33			100.00	77.25		20.00	57.14
潮安区	91.83	100.00				91.90		100.00	33.33
饶平县	89.32	99.42	87.93	100.00		88.24	100.00	84.09	76.92
揭阳市	**88.99**	**98.84**	**97.61**	**93.69**	**98.06**	**88.77**	**68.76**	**91.36**	**81.59**
榕城区	93.70	99.12	100.00			92.50		100.00	92.59
揭东区	72.88	89.47	100.00	92.86	100.00	72.68		100.00	49.47
揭西县	95.66	100.00	100.00	100.00	100.00	96.15	100.00	100.00	54.17
惠来县	90.67	97.99	91.43	100.00	91.67	90.67	91.67	73.91	59.52
普宁市	90.86	100.00	100.00		100.00	90.95	54.55	90.00	93.07
云浮市	**85.70**	**100.00**	**96.78**	**88.34**	**25.00**	**84.31**	**82.15**	**88.68**	**78.40**
云城区	81.67					81.67			
云安区	94.99		100.00			94.89		96.30	100.00
新兴县	93.76	100.00	95.65	87.01	25.00	93.80	100.00	92.44	90.00
郁南县	83.00	100.00	97.06	94.74		81.60	33.33	78.69	76.92
罗定市	74.79		100.00			74.91		100.00	55.56

11-13c 各地区按住房来源分的同时拥有厨房和厕所的家庭户户数比重（乡村）

单位：%

地区	合计	购买新建商品房	购买二手房	购买原公有住房	购买经济适用房、两限房	自建住房	租赁廉租房、公租房	租赁其他住房	其他
全省	**78.69**	**93.06**	**84.01**	**80.97**	**86.49**	**78.74**	**79.26**	**79.50**	**65.70**
广州市	**89.70**	**99.07**	**91.82**	**100.00**	**100.00**	**91.55**	**86.80**	**82.48**	**60.46**
白云区	90.88	100.00	90.32	100.00	100.00	90.41	33.33	92.17	73.68
番禺区	87.22					97.65	93.75	74.44	92.86
花都区	93.75	100.00	100.00	100.00		95.20	97.67	82.01	96.67
南沙区	82.26	100.00	90.91	100.00		83.27	33.33	86.53	10.48
萝岗区	98.21	100.00				98.59		97.26	96.67
从化区	92.72	100.00	100.00		100.00	92.81	100.00	75.00	77.42
增城区	87.43	100.00				87.69		66.67	66.67
韶关市	**82.40**	**86.45**	**92.12**	**99.47**	**90.93**	**81.96**	**95.68**	**80.38**	**85.35**
武江区	81.74	100.00	86.67	100.00		79.18		100.00	85.71
浈江区	77.03			100.00		67.65			94.41
曲江区	91.16	100.00	100.00	100.00	100.00	90.87	100.00	90.00	78.13
始兴县	69.13	100.00	66.67		100.00	68.81		100.00	20.00
仁化县	86.42	100.00	96.67	100.00		85.96	100.00	93.10	50.00
翁源县	90.07	82.35	90.48	100.00	83.33	90.40	88.89	25.00	70.00
乳源瑶族自治县	84.14	92.31			96.43	84.10		66.67	81.71
新丰县	84.99	90.91	75.00	100.00		85.16		100.00	20.00
乐昌市	72.77	100.00	100.00	100.00	100.00	72.49	100.00	71.43	70.00
南雄市	84.12	75.38	100.00		100.00	84.44	100.00		83.33
珠海市	**84.26**	**100.00**	**66.67**	**100.00**		**82.27**	**100.00**	**86.83**	**75.00**
斗门区	84.26	100.00	66.67	100.00		82.27	100.00	86.83	75.00
汕头市	**92.54**	**98.16**	**63.97**		**100.00**	**92.60**	**90.82**	**84.89**	**78.47**
龙湖区	99.61	50.00				99.71	100.00	100.00	100.00
金平区	100.00	100.00				100.00			
濠江区	82.55	100.00				82.17	100.00	100.00	
潮阳区	92.90	100.00	75.00		100.00	92.92	66.67	85.71	100.00
潮南区	90.01	100.00				90.06	100.00	83.33	100.00
澄海区	98.17	100.00	100.00			98.26	100.00		60.00
南澳县	81.19	100.00	100.00			83.18	100.00	100.00	
佛山市	**80.00**	**100.00**	**100.00**			**79.50**	**78.07**	**84.59**	**42.17**
南海区	80.05					76.74		90.32	
顺德区	100.00					100.00	100.00	100.00	
三水区	85.74	100.00	100.00			87.49		67.95	57.14
高明区	53.83	100.00				53.91	100.00	66.67	
江门市	**69.85**	**95.62**	**85.58**	**100.00**	**70.17**	**69.85**	**64.33**	**66.84**	**21.25**
蓬江区	100.00					100.00			
新会区	79.38	100.00	93.33	100.00		79.69	75.00	42.55	36.36
台山市	52.26	91.82	84.62	100.00	50.00	51.71		48.48	16.13
开平市	70.15	98.68	50.00	100.00	100.00	70.20		58.50	43.75
鹤山市	90.70	100.00	100.00			90.34	100.00	100.00	37.50
恩平市	81.06	100.00				80.98		100.00	

11-13c 续表 1

单位：%

地 区	合 计	购买新建商品房	购买二手房	购买原公有住房	购买经济适用房、两限房	自建住房	租赁廉租房、公租房	租赁其他住房	其 他
湛江市	**59.44**	**83.23**	**21.27**	**34.06**	**49.51**	**59.38**	**67.29**	**44.49**	**64.82**
赤坎区	61.22					61.22			
霞山区	22.25					22.82			
坡头区	66.72	100.00		50.00	100.00	66.74			
麻章区	47.45					46.92			72.58
遂溪县	48.62	85.71	100.00			48.64	66.67	50.00	28.57
徐闻县	56.70	77.78	25.00	100.00		57.04			18.18
廉江市	58.69	80.00		11.11	100.00	58.28	50.00	50.00	86.46
雷州市	61.45	100.00		100.00	100.00	61.44	100.00	50.00	45.45
吴川市	78.13	64.29		100.00		78.37	100.00	33.33	28.57
茂名市	**77.03**	**100.00**	**92.92**	**74.96**	**100.00**	**77.06**	**100.00**	**67.33**	**59.07**
茂南区	78.33	100.00				78.36		100.00	63.64
电白区	67.84	100.00	100.00	100.00		67.89		100.00	35.71
高州市	81.54	100.00				81.77			37.50
化州市	75.12	100.00	100.00	74.42	100.00	74.73	100.00	83.33	81.08
信宜市	84.73	100.00			100.00	84.98			51.85
肇庆市	**81.49**	**97.45**	**90.06**	**100.00**	**78.30**	**81.60**	**53.30**	**71.65**	**47.28**
鼎湖区	78.90	100.00	100.00			79.03			
广宁县	87.35		100.00		100.00	87.41			66.67
怀集县	88.72	100.00	100.00		60.00	88.86	100.00	50.00	33.33
封开县	68.52	100.00				68.56	25.00		62.50
德庆县	84.05	88.89	100.00		100.00	84.17			65.00
高要市	80.75	100.00	100.00	100.00		80.94	60.00	100.00	34.62
四会市	67.61	100.00				67.64	100.00		
惠州市	**82.67**	**91.27**	**97.74**	**72.43**	**100.00**	**83.42**	**51.40**	**73.00**	**75.30**
惠城区	78.94	100.00	100.00		100.00	79.78	100.00	66.67	37.50
惠阳区	90.94		100.00			91.18	38.46	94.87	94.87
博罗县	86.19	88.89	100.00	56.25	100.00	87.60	43.75	40.32	75.00
惠东县	79.02	87.50	100.00	84.62	100.00	79.89	50.00	84.09	40.00
龙门县	80.81	100.00	91.30	83.33		80.08	100.00	81.08	94.67
梅州市	**87.52**	**91.11**	**92.29**	**90.04**	**100.00**	**88.35**	**80.79**	**72.44**	**54.75**
梅江区	89.25	100.00		100.00		90.70			33.33
梅县区	87.77	33.33	86.96	50.00		90.25	80.00	66.67	60.45
大埔县	73.21	100.00	100.00			73.91			38.46
丰顺县	85.32	100.00	100.00	100.00	100.00	85.22	50.00	100.00	80.00
五华县	92.03	90.91	100.00		100.00	92.19		100.00	83.78
平远县	87.43	77.78	66.67	100.00	100.00	88.58			46.67
蕉岭县	91.54	100.00	96.67	100.00	100.00	92.13	100.00	66.67	51.52
兴宁市	88.06	86.49	90.91	100.00	100.00	89.43	100.00	75.00	15.15

11-13c 续表 2

单位：%

地　　区	合　计	购买新建商品房	购　买二手房	购买原公有住房	购买经济适用房、两限房	自建住房	租赁廉租房、公租房	租　赁其他住房	其　他
汕尾市	**86.62**	**88.32**	**48.00**		**64.57**	**87.62**	**69.73**	**57.16**	**46.54**
城区	84.32	100.00	100.00			84.95		33.33	60.00
海丰县	83.44	85.00	38.89		100.00	84.17	50.00	70.00	78.26
陆河县	98.07	85.71	75.00			98.17	100.00	100.00	100.00
陆丰市	86.29	100.00	60.00			87.56	100.00		34.78
河源市	**87.50**	**97.14**	**100.00**	**100.00**	**100.00**	**87.61**	**100.00**	**84.65**	**73.71**
源城区	100.00	100.00	100.00			100.00			100.00
紫金县	86.78	100.00	100.00			87.19	100.00	100.00	11.11
龙川县	87.77	100.00	100.00			87.78	100.00	80.00	73.08
连平县	88.68	90.91		100.00		88.71		100.00	81.82
和平县	81.20	100.00	100.00		100.00	81.64			28.57
东源县	92.45	88.89	100.00	100.00	100.00	92.37	100.00	89.47	94.94
阳江市	**64.40**	**69.25**	**37.24**		**65.95**	**64.69**	**100.00**	**74.15**	**29.78**
江城区	63.69	50.00	50.00			63.84	100.00	60.00	52.94
阳西县	55.60	100.00	75.00			55.86		100.00	11.54
阳东县	51.69	50.00	18.75		50.00	52.09			33.33
阳春市	75.50	66.67	66.67		100.00	75.75		66.67	31.58
清远市	77.25	75.64	79.16	66.63	100.00	77.65	59.99	68.90	65.50
清城区	87.36	80.00	100.00			87.28		100.00	100.00
清新区	74.85	65.22	60.00		100.00	75.21		89.47	52.17
佛冈县	84.65	100.00	100.00		100.00	84.57	100.00		33.33
阳山县	80.23	100.00	85.71	100.00	100.00	79.61		66.67	89.91
连山壮族瑶族自治县	71.35		100.00			71.48		100.00	40.00
连南瑶族自治县	68.13	100.00	87.50	97.44		67.23		100.00	16.67
英德市	76.22	77.55	76.19	63.64		77.52	42.86	56.41	46.67
连州市	73.79	100.00	100.00	100.00		74.04	100.00		14.29
东莞市	**83.26**	**99.58**	**98.73**	**88.46**	**100.00**	**94.59**	**80.65**	**72.67**	**90.31**
中山市	**91.43**	**100.00**	**100.00**			**89.71**	**100.00**	**93.39**	**75.00**
潮州市	**84.90**	**100.00**	**77.35**			**85.43**	**28.07**	**36.68**	**45.48**
湘桥区	92.16		100.00			92.35		100.00	
潮安区	92.89	100.00	100.00			93.55	37.50	50.00	57.14
饶平县	76.97	100.00				77.49			31.58
揭阳市	**85.08**	**97.33**	**100.00**	**100.00**		**85.49**	**58.20**	**49.17**	**76.14**
榕城区	90.31	100.00				89.83		100.00	100.00
揭东区	74.25	100.00	100.00			76.16	100.00		9.09
揭西县	95.15	100.00	100.00	100.00		95.16	100.00	100.00	85.71
惠来县	82.39	90.91	100.00			83.49	33.33	25.00	35.00
普宁市	85.19	100.00	100.00			84.78	38.46	100.00	92.72
云浮市	**67.42**	**100.00**	**42.98**		**100.00**	**67.64**	**83.94**	**71.99**	**55.99**
云城区	81.82	100.00				81.80			71.43
云安区	72.49	100.00	80.00			73.48	100.00	100.00	24.00
新兴县	78.56	100.00			100.00	78.60	100.00	100.00	50.00
郁南县	70.59		75.00			71.84		40.00	36.73
罗定市	58.57					58.22	100.00		76.06

11-14 各地区按拥有家用汽车情况分的家庭户户数

单位：户

地　区	合　计	100万元以上	50万-100万元	30万-50万元	20万-30万元	10万-20万元	10万元以下	没有汽车
全　省	**823545**	**794**	**2479**	**6381**	**18253**	**71483**	**56114**	**668040**
广州市	**124365**	**115**	**490**	**1446**	**4787**	**14223**	**7144**	**96160**
荔湾区	9199	8	31	55	191	683	293	7939
越秀区	10468	7	41	182	537	978	248	8475
海珠区	15023	12	68	209	649	1542	522	12021
天河区	16388	9	59	329	1020	2123	530	12317
白云区	19811	15	58	171	644	1845	1044	16034
黄埔区	5198	3	12	29	136	567	163	4288
番禺区	16256	25	84	160	617	1996	1123	12250
花都区	8161	11	47	104	322	1427	892	5359
南沙区	6153	3	8	25	104	508	374	5131
萝岗区	4005	1	8	30	130	606	250	2979
从化区	4540		7	11	52	426	529	3516
增城区	9164	21	68	141	384	1523	1176	5850
韶关市	**24180**	**3**	**8**	**28**	**146**	**1336**	**1395**	**21264**
武江区	2786	1	2	7	26	271	204	2275
浈江区	3821		2	6	33	309	203	3267
曲江区	2383			2	20	119	146	2095
始兴县	1712				5	57	87	1562
仁化县	1556			3	9	79	98	1366
翁源县	2794		2	3	14	126	169	2480
乳源瑶族自治县	1476				6	60	61	1348
新丰县	1476		1	1	14	87	114	1258
乐昌市	3376	1	1	3	5	68	158	3142
南雄市	2801			3	14	159	154	2471
深圳市	**98783**	**250**	**821**	**2072**	**5065**	**10144**	**4078**	**76354**
罗湖区	8435	30	75	171	421	698	180	6860
福田区	10893	66	208	506	1177	1638	423	6875
南山区	10758	60	163	440	998	1555	660	6882
宝安区	42955	64	220	563	1375	3796	1604	35332
龙岗区	23946	28	149	356	976	2247	1159	19030
盐田区	1798	3	7	35	117	210	51	1375
珠海市	**14720**	**17**	**62**	**123**	**406**	**2181**	**1122**	**10810**
香洲区	9260	15	56	114	348	1735	724	6268
斗门区	3223	1	3	6	34	296	272	2611
金湾区	2236	1	2	3	24	150	125	1930
汕头市	**35173**	**15**	**57**	**157**	**513**	**2275**	**2401**	**29754**
龙湖区	4218		20	52	199	729	476	2744
金平区	6858	1	4	11	69	610	618	5545
濠江区	1579		1	2	4	40	55	1476
潮阳区	9846	2	9	21	68	222	305	9219
潮南区	6788	10	17	42	78	281	269	6091
澄海区	5384	2	6	29	93	382	650	4221
南澳县	501			1	3	11	29	458
佛山市	**61009**	**142**	**373**	**734**	**2184**	**10005**	**5836**	**41735**
禅城区	9963	16	53	171	516	2244	1069	5895
南海区	18930	27	122	244	799	3454	2097	12186
顺德区	23480	94	178	275	674	3037	1759	17463
三水区	5072	4	19	39	135	740	479	3657
高明区	3563	1	2	5	60	529	432	2534

11-14　续表 1

单位：户

地　　区	合　计	100万元以　　上	50万－100万元	30万－50万元	20万－30万元	10万－20万元	10万元以　下	没有汽车
江门市	**36480**	**15**	**63**	**189**	**329**	**2940**	**2879**	**30067**
蓬江区	5970	7	21	49	106	915	632	4241
江海区	2029		3	6	18	181	149	1673
新会区	7318	3	29	102	82	706	583	5814
台山市	7903	3	2	8	15	224	349	7302
开平市	5482		1	13	21	332	498	4618
鹤山市	3951	1	2	6	62	467	450	2964
恩平市	3826	1	5	5	25	117	218	3455
湛江市	**47482**	**5**	**22**	**70**	**244**	**1473**	**1815**	**43852**
赤坎区	2584	1	2	11	52	274	149	2095
霞山区	4128	1	2	8	39	324	253	3501
坡头区	2463	1	1	6	5	69	111	2271
麻章区	3096	1	2	4	8	71	124	2885
遂溪县	5988	1	2	5	14	98	228	5639
徐闻县	4711		3	2	14	83	125	4486
廉江市	9702		5	23	51	244	386	8992
雷州市	9173			3	8	78	178	8906
吴川市	5637	1	5	8	52	232	262	5076
茂名市	**43044**	**7**	**23**	**81**	**236**	**2217**	**2867**	**37613**
茂南区	5896		4	13	45	668	501	4665
电白区	10566	3	12	36	83	482	548	9402
高州市	10254		1	14	43	430	653	9113
化州市	8799		6	13	55	406	685	7635
信宜市	7529	4		5	10	231	481	6798
肇庆市	**30470**	**18**	**12**	**39**	**220**	**1820**	**2516**	**25844**
端州区	4534	5	1	18	78	752	505	3176
鼎湖区	1333	3	1	1	8	149	154	1018
广宁县	3565	4	3	4	20	133	239	3163
怀集县	5801	2	2	5	16	126	381	5269
封开县	2983	1			8	35	141	2799
德庆县	2447		1	2	8	42	116	2279
高要市	5668		2	3	36	240	672	4715
四会市	4138	3	1	8	47	345	309	3426
惠州市	**33118**	**37**	**68**	**233**	**628**	**3496**	**3171**	**25485**
惠城区	12814	20	41	154	366	1833	1183	9216
惠阳区	5313	4	6	29	95	550	536	4093
博罗县	6955	2	10	23	86	628	814	5393
惠东县	5721	9	10	20	65	351	448	4820
龙门县	2315	2	2	7	16	135	191	1963
梅州市	**33193**	**23**	**25**	**64**	**260**	**2005**	**2783**	**28033**
梅江区	3454	1	5	19	80	441	237	2671
梅县区	3941	1	3	5	36	286	405	3204
大埔县	3260	4	3	13	39	119	199	2883
丰顺县	3707		2	3	19	187	310	3186
五华县	7850	8	5	10	24	393	873	6535
平远县	1841	1	2	4	19	161	156	1500
蕉岭县	1763	2	2	4	11	99	147	1500
兴宁市	7377	6	3	7	33	319	456	6553

11-14 续表 2

单位：户

地 区	合 计	100万元以 上	50万-100万元	30万-50万元	20万-30万元	10万-20万元	10万元以 下	没有汽车
汕尾市	**16786**	**6**	**6**	**19**	**48**	**425**	**797**	**15485**
城区	3037	2		3	7	39	103	2884
海丰县	4988	3	3	3	18	181	314	4467
陆河县	1648			1	2	103	195	1347
陆丰市	7112	1	3	12	21	102	185	6787
河源市	**20643**	**4**	**14**	**30**	**160**	**1214**	**1641**	**17579**
源城区	2918	1	6	13	78	466	287	2067
紫金县	4283		1	2	39	272	451	3518
龙川县	5192	2	2	4	13	218	303	4650
连平县	2308		1	1	6	64	185	2051
和平县	2897	1	1	1	6	92	194	2601
东源县	3045	1	3	8	17	102	222	2693
阳江市	**18124**	**1**	**9**	**58**	**122**	**967**	**1293**	**15674**
江城区	4851		5	13	73	472	503	3785
阳西县	3713	1	2	4	15	108	139	3445
阳东县	3245	1	1	37	11	115	256	2824
阳春市	6315		2	3	23	272	395	5620
清远市	**28588**	**4**	**31**	**57**	**186**	**1352**	**2133**	**24826**
清城区	6138		8	27	101	585	600	4817
清新区	5237	2	10	8	22	171	286	4737
佛冈县	2217	1	4	5	10	62	152	1983
阳山县	2846		1	2	5	75	213	2550
连山壮族瑶族自治县	680				2	16	28	633
连南瑶族自治县	1114		1	1	1	28	66	1017
英德市	7210		8	9	30	301	590	6273
连州市	3147	1		5	14	115	196	2817
东莞市	**59954**	**84**	**201**	**595**	**1670**	**7259**	**4461**	**45684**
中山市	**25890**	**24**	**145**	**242**	**512**	**3045**	**2164**	**19757**
潮州市	**18298**	**9**	**18**	**50**	**184**	**1059**	**1571**	**15407**
湘桥区	4419	2	6	15	49	361	430	3557
潮安区	7493	6	10	31	121	547	844	5932
饶平县	6386	1	1	4	14	151	297	5918
揭阳市	**34808**	**10**	**19**	**75**	**275**	**1331**	**2379**	**30720**
榕城区	6062	3	6	13	85	428	373	5155
揭东区	6328	1	4	23	57	238	408	5597
揭西县	4946	2	2	8	41	214	333	4345
惠来县	5740	1	2	2	17	54	152	5513
普宁市	11733	3	5	29	75	397	1114	10110
云浮市	**18436**	**5**	**12**	**21**	**79**	**713**	**1669**	**15937**
云城区	2621	2	6	10	23	248	520	1813
云安区	1942	1	2	3	10	75	302	1550
新兴县	3156		1	3	22	180	260	2690
郁南县	3282	1	1	1	9	78	175	3017
罗定市	7434	2	2	5	15	133	411	6866

11-14a 各地区按拥有家用汽车情况分的家庭户户数（城市）

单位：户

地区	合计	100万元以上	50万－100万元	30万－50万元	20万－30万元	10万－20万元	10万元以下	没有汽车
全省	**467685**	**678**	**2179**	**5596**	**15722**	**55549**	**32080**	**355881**
广州市	**101925**	**102**	**426**	**1311**	**4296**	**11928**	**5009**	**78854**
荔湾区	9199	8	31	55	191	683	293	7939
越秀区	10468	7	41	182	537	978	248	8475
海珠区	15023	12	68	209	649	1542	522	12021
天河区	16388	9	59	329	1020	2123	530	12317
白云区	15979	12	51	155	567	1502	740	12952
黄埔区	5198	3	12	29	136	567	163	4288
番禺区	13517	22	80	155	567	1640	929	10123
花都区	4915	10	19	53	227	1028	501	3077
南沙区	2528	2	4	13	50	250	150	2060
萝岗区	3428	1	8	26	117	531	191	2553
从化区	1760		2	6	31	320	236	1164
增城区	3523	16	51	99	203	765	506	1883
韶关市	**7834**	**2**	**3**	**15**	**80**	**727**	**499**	**6509**
武江区	2216	1	1	6	24	250	172	1762
浈江区	3000		2	6	31	253	167	2541
曲江区	1104			2	12	82	65	943
乐昌市	665	1		1	2	23	35	605
南雄市	848				10	119	61	657
深圳市	**98783**	**250**	**821**	**2072**	**5065**	**10144**	**4078**	**76354**
罗湖区	8435	30	75	171	421	698	180	6860
福田区	10893	66	208	506	1177	1638	423	6875
南山区	10758	60	163	440	998	1555	660	6882
宝安区	42955	64	220	563	1375	3796	1604	35332
龙岗区	23946	28	149	356	976	2247	1159	19030
盐田区	1798	3	7	35	117	210	51	1375
珠海市	**11337**	**16**	**59**	**119**	**385**	**1963**	**929**	**7865**
香洲区	9137	15	56	114	348	1735	724	6144
斗门区	940		1	3	20	129	129	657
金湾区	1260	1	1	2	16	99	76	1064
汕头市	**17011**	**11**	**45**	**116**	**347**	**1672**	**1329**	**13491**
龙湖区	3307		19	47	180	660	381	2020
金平区	6740	1	4	11	69	609	595	5451
濠江区	987			2	3	27	31	924
潮阳区	2104		5	6	5	44	30	2014
潮南区	2268	9	13	29	32	127	105	1953
澄海区	1606	1	4	21	58	205	188	1129

11-14a 续表 1 单位：户

地　　区	合　计	100万元以　上	50万-100万元	30万-50万元	20万-30万元	10万-20万元	10万元以　下	没有汽车
佛山市	**54413**	**132**	**344**	**651**	**1950**	**9066**	**5181**	**37088**
禅城区	8639	6	38	119	395	1930	932	5218
南海区	17322	27	122	229	748	3215	1955	11025
顺德区	23274	94	169	269	660	2971	1726	17384
三水区	2315	4	13	29	91	464	225	1489
高明区	2861	1	2	5	55	486	342	1971
江门市	**19851**	**10**	**52**	**163**	**256**	**2398**	**1906**	**15066**
蓬江区	5951	7	21	49	106	912	631	4227
江海区	2029		3	6	18	181	149	1673
新会区	3880	2	27	96	67	553	389	2747
台山市	2755	1	1	3	8	138	163	2441
开平市	2523			5	9	255	258	1996
鹤山市	1799		1	5	45	327	232	1189
恩平市	914				3	32	84	794
湛江市	**11327**	**4**	**9**	**28**	**120**	**770**	**651**	**9744**
赤坎区	2550	1	2	11	52	272	147	2066
霞山区	3952	1	2	8	36	317	242	3347
坡头区	555	1		1	2	36	24	490
麻章区	306	1	1	1	1	12	38	253
遂溪县	158		1	1	1	2	3	151
廉江市	1118		2	5	17	60	95	938
雷州市	1434			1		19	22	1392
吴川市	1254	1	1	1	10	54	80	1106
茂名市	**9840**	**1**	**8**	**25**	**90**	**1035**	**792**	**7890**
茂南区	4011		4	12	39	560	316	3079
电白区	1456		2	6	31	169	108	1140
高州市	1389		1	3	8	107	111	1160
化州市	1297		1	3	8	75	135	1077
信宜市	1687	1		1	5	124	122	1434
肇庆市	**7990**	**7**	**3**	**22**	**124**	**1171**	**909**	**5754**
端州区	4534	5	1	18	78	752	505	3176
鼎湖区	389				3	77	52	256
高要市	655				4	58	190	403
四会市	2411	2	1	4	38	284	162	1920
惠州市	**14737**	**23**	**45**	**174**	**419**	**2140**	**1272**	**10664**
惠城区	10712	20	40	149	338	1679	884	7601
惠阳区	3981	3	5	24	81	460	388	3019
博罗县	44							44

11-14a 续表 2

单位：户

地 区	合 计	100万元以 上	50万－100万元	30万－50万元	20万－30万元	10万－20万元	10万元以 下	没有汽车
梅州市	**6659**	**3**	**7**	**21**	**111**	**660**	**431**	**5425**
梅江区	3083	1	5	19	77	422	199	2361
梅县区	1146	1	2	1	19	128	137	859
五华县	109					6	10	93
兴宁市	2321	2		2	15	104	85	2112
汕尾市	**2937**	**1**		**3**	**13**	**70**	**114**	**2734**
城区	2002	1		1	7	30	67	1895
陆丰市	935	1		1	6	40	47	839
河源市	**2876**	**1**	**6**	**13**	**78**	**465**	**285**	**2028**
源城区	2876	1	6	13	78	465	285	2028
阳江市	**4301**		**5**	**12**	**61**	**512**	**488**	**3223**
江城区	3042		4	9	51	390	396	2192
阳春市	1259		1	3	10	122	92	1031
清远市	**7319**		**11**	**34**	**109**	**680**	**567**	**5918**
清城区	3682		7	23	84	437	313	2818
清新区	1454		2	5	7	54	88	1298
英德市	1196		2	3	13	118	98	961
连州市	988			2	6	71	69	841
东莞市	**53647**	**80**	**184**	**541**	**1522**	**6389**	**3966**	**40965**
中山市	**15654**	**21**	**124**	**202**	**400**	**2205**	**1522**	**11179**
潮州市	**6253**	**7**	**12**	**32**	**134**	**639**	**604**	**4826**
湘桥区	3230	2	5	14	46	322	306	2535
潮安区	3023	5	6	18	88	317	298	2290
揭阳市	**9590**	**4**	**10**	**31**	**133**	**611**	**1032**	**7770**
榕城区	4165	2	5	12	80	345	236	3486
揭东区	2025		2	13	33	95	153	1729
普宁市	3400	2	3	6	20	170	644	2556
云浮市	**3403**	**3**	**6**	**12**	**28**	**305**	**515**	**2535**
云城区	1850	1	4	9	22	225	419	1170
云安区	124				1	4	24	95
罗定市	1429	2	2	3	5	76	72	1270

11-14b 各地区按拥有家用汽车情况分的家庭户户数（镇）

单位：户

地 区	合 计	100万元以上	50万-100万元	30万-50万元	20万-30万元	10万-20万元	10万元以下	没有汽车
全 省	**122552**	**60**	**155**	**437**	**1298**	**7599**	**8965**	**104039**
广州市	**8428**	**6**	**43**	**97**	**296**	**1132**	**765**	**6089**
白云区	1367		3	10	32	142	88	1093
番禺区	556	1	2	3	8	76	59	407
花都区	794	1	17	39	41	110	98	486
南沙区	1782		2	6	29	142	87	1516
萝岗区	67				3	14	14	35
从化区	445		1	1	10	31	56	346
增城区	3418	4	18	39	172	617	362	2206
韶关市	**5906**		**1**	**5**	**43**	**380**	**345**	**5132**
武江区	144				1	5	11	127
浈江区	330					34	9	287
曲江区	334				3	15	27	288
始兴县	712				3	36	27	646
仁化县	619			1	6	54	47	511
翁源县	930		1	1	10	74	70	774
乳源瑶族自治县	661				6	54	37	562
新丰县	728			1	11	65	43	608
乐昌市	1033				2	27	46	958
南雄市	415			1	1	15	28	370
珠海市	**2065**	**1**	**2**	**2**	**12**	**130**	**114**	**1804**
香洲区	124							124
斗门区	965	1	1	1	5	79	65	814
金湾区	976		1	1	7	51	49	866
汕头市	**8544**	**4**	**8**	**29**	**93**	**324**	**491**	**7595**
龙湖区	358		1	2	8	25	38	285
濠江区	50					2	3	45
潮阳区	3607	2	2	14	38	78	85	3388
潮南区	1697	1	2	9	21	84	59	1522
澄海区	2440		3	4	24	126	287	1996
南澳县	391			1	2	10	19	360
佛山市	**3711**	**10**	**16**	**64**	**141**	**506**	**336**	**2638**
禅城区	1324	10	14	52	121	314	136	677
南海区	597			5	6	35	57	495
三水区	1518		1	8	13	141	105	1250
高明区	271				1	16	38	217
江门市	**4327**	**2**	**2**	**4**	**21**	**174**	**235**	**3890**
新会区	1080	1	1	2	4	71	63	939
台山市	899				1	20	43	836
开平市	590			1	2	24	39	525
鹤山市	706				12	47	39	608
恩平市	1051	1	1	1	2	13	51	983

11-14b 续表 1

单位：户

地　区	合　计	100万元以　上	50万-100万元	30万-50万元	20万-30万元	10万-20万元	10万元以　下	没有汽车
湛江市	**9385**	**1**	**3**	**19**	**60**	**282**	**435**	**8586**
霞山区	35					3	6	26
坡头区	465			2	2	21	36	403
麻章区	862	1	1	2	5	29	40	785
遂溪县	1723		2	2	10	45	106	1558
徐闻县	1991		1	1	10	57	76	1846
廉江市	1804			10	11	49	77	1657
雷州市	1445				2	15	56	1373
吴川市	1060			2	18	63	38	939
茂名市	**7045**	**1**	**3**	**24**	**45**	**302**	**491**	**6179**
茂南区	265			1	2	16	27	219
电白区	2755	1	3	15	25	118	161	2430
高州市	1692			3	6	83	133	1466
化州市	1175			3	10	69	103	989
信宜市	1158			1	1	16	66	1074
肇庆市	**6215**	**4**	**6**	**8**	**37**	**255**	**464**	**5440**
鼎湖区	297	1	1	1	1	16	21	255
广宁县	1314	2	3	2	8	67	82	1151
怀集县	1355	1	1	3	8	59	100	1184
封开县	938				3	19	55	862
德庆县	656		1	2	4	16	32	600
高要市	1297		1		12	70	121	1093
四会市	357				1	8	54	295
惠州市	**8886**	**10**	**19**	**39**	**135**	**891**	**933**	**6859**
惠城区	353				4	40	36	273
惠阳区	469		1	3	3	41	60	361
博罗县	3837	1	7	16	61	458	458	2836
惠东县	3278	7	8	18	58	272	286	2629
龙门县	949	1	2	3	9	81	93	760
梅州市	**9240**	**12**	**10**	**24**	**88**	**633**	**847**	**7626**
梅江区	59					3	12	44
梅县区	886		1	2	7	54	75	748
大埔县	1383	3	2	8	22	87	90	1172
丰顺县	1707		1	3	17	106	154	1427
五华县	2253	4	4	4	11	123	283	1825
平远县	875		1	3	16	124	82	649
蕉岭县	883	1	2	2	6	60	73	739
兴宁市	1195	4	1	2	10	76	78	1024
汕尾市	**6676**	**2**	**3**	**4**	**19**	**218**	**414**	**6015**
城区	339					2	11	326
海丰县	3179	1	3	3	15	122	247	2788
陆河县	893			1	1	80	116	694
陆丰市	2265	1	1	1	2	14	41	2206

11-14b 续表 2 单位：户

地 区	合 计	100万元以 上	50万－100万元	30万－50万元	20万－30万元	10万－20万元	10万元以 下	没有汽车
河源市	**5432**	**2**	**3**	**6**	**34**	**389**	**488**	**4510**
紫金县	1589		1	1	15	162	189	1221
龙川县	1464	1	1	1	6	104	93	1258
连平县	850				4	43	67	734
和平县	834	1	1	1	4	45	76	706
东源县	696	1		3	5	34	62	590
阳江市	**4362**	**1**	**1**	**37**	**35**	**203**	**300**	**3784**
江城区	558			3	15	38	21	481
阳西县	1311	1	1		3	32	57	1217
阳东县	1464	1	1	34	8	76	153	1192
阳春市	1029				9	58	69	894
清远市	6673	1	3	12	40	323	595	5700
清城区	1359			4	16	110	185	1044
清新区	822			2	2	30	54	735
佛冈县	906	1	2	3	6	43	74	776
阳山县	1016			1	2	30	72	910
连山壮族瑶族自治县	265				1	11	13	238
连南瑶族自治县	510				1	17	45	446
英德市	1533		1	1	10	77	136	1309
连州市	262			1	1	4	15	242
东莞市	**403**				**7**	**86**	**80**	**231**
中山市	**6985**	**3**	**21**	**34**	**90**	**693**	**416**	**5727**
潮州市	**5589**		**3**	**7**	**20**	**179**	**415**	**4965**
湘桥区	749		1		1	20	82	645
潮安区	1674		1	4	12	82	208	1366
饶平县	3166		1	3	7	76	125	2954
揭阳市	**8926**	**1**	**4**	**17**	**56**	**310**	**422**	**8116**
榕城区	714		1	1	5	49	60	598
揭东区	1488	1	2	5	10	67	101	1302
揭西县	1768			5	15	93	81	1575
惠来县	2600		1	1	6	23	56	2513
普宁市	2355			5	20	78	125	2128
云浮市	**3754**		**2**	**5**	**26**	**191**	**376**	**3153**
云城区	67		1		1	4	8	53
云安区	344				2	17	62	263
新兴县	1212		1	3	17	123	133	936
郁南县	1284		1	1	6	36	79	1161
罗定市	848			2	1	11	94	740

11-14c 各地区按拥有家用汽车情况分的家庭户户数（乡村）

单位：户

地区	合计	100万元以上	50万-100万元	30万-50万元	20万-30万元	10万-20万元	10万元以下	没有汽车
全省	**233307**	**57**	**146**	**348**	**1233**	**8334**	**15069**	**208120**
广州市	**14012**	**7**	**21**	**38**	**194**	**1164**	**1370**	**11218**
白云区	2464	3	4	6	46	201	216	1989
番禺区	2182	2	2	2	41	281	135	1720
花都区	2453		10	11	54	290	293	1795
南沙区	1843	1	2	7	25	117	138	1554
萝岗区	511			4	10	61	45	391
从化区	2336		3	4	10	74	237	2007
增城区	2223	1		4	9	140	308	1761
韶关市	**10440**		**5**	**8**	**23**	**230**	**550**	**9623**
武江区	425			1	2	16	21	385
浈江区	491		1		2	22	27	439
曲江区	945				5	22	54	864
始兴县	1000				2	21	61	916
仁化县	937			2	3	26	51	855
翁源县	1863		2	2	4	52	98	1705
乳源瑶族自治县	815					6	23	786
新丰县	747		1		3	22	71	649
乐昌市	1678		1	2	1	18	77	1579
南雄市	1539			1	3	25	66	1444
珠海市	**1317**		**1**	**1**	**9**	**88**	**78**	**1140**
斗门区	1317		1	1	9	88	78	1140
汕头市	**9618**	**1**	**4**	**13**	**73**	**279**	**580**	**8668**
龙湖区	554			3	10	44	57	439
金平区	118					1	23	94
濠江区	541		1	1	1	11	20	507
潮阳区	4135		1	1	24	100	190	3818
潮南区	2823		1	4	25	70	106	2616
澄海区	1338	1		4	12	51	175	1096
南澳县	110				1	2	10	98
佛山市	**2886**		**14**	**19**	**93**	**433**	**319**	**2009**
南海区	1011			11	45	204	85	666
顺德区	206		9	6	14	66	33	78
三水区	1239		5	2	30	135	149	918
高明区	431				4	28	52	347
江门市	**12302**	**3**	**8**	**22**	**52**	**368**	**738**	**11111**
蓬江区	19					3	2	14
新会区	2357		1	4	11	83	130	2128
台山市	4249	2	1	6	6	66	143	4025
开平市	2369		1	7	11	53	200	2098
鹤山市	1446	1	1	2	5	92	179	1167
恩平市	1861		4	4	20	71	83	1679

11-14c 续表 1 单位：户

地 区	合 计	100万元以 上	50万-100万元	30万-50万元	20万-30万元	10万-20万元	10万元以 下	没有汽车
湛江市	**26769**	**1**	**10**	**23**	**64**	**421**	**729**	**25522**
赤坎区	33					2	2	29
霞山区	142			1	3	4	5	128
坡头区	1442		1	2		12	50	1378
麻章区	1928		1	1	3	31	47	1846
遂溪县	4107	1		3	3	51	119	3931
徐闻县	2720		2	1	3	25	49	2640
廉江市	6780		2	8	22	135	214	6398
雷州市	6293			1	6	45	100	6141
吴川市	3323		4	6	24	115	143	3031
茂名市	**26159**	**5**	**12**	**32**	**101**	**881**	**1584**	**23545**
茂南区	1621				3	93	158	1367
电白区	6355	2	7	15	26	195	279	5832
高州市	7173			7	30	240	409	6487
化州市	6326		5	7	37	262	446	5569
信宜市	4684	3		3	5	91	292	4290
肇庆市	**16265**	**7**	**3**	**10**	**59**	**395**	**1142**	**14649**
鼎湖区	647	2			3	55	81	506
广宁县	2251	2		2	12	66	157	2012
怀集县	4446	2	2	2	8	67	281	4085
封开县	2045	1			5	15	86	1938
德庆县	1791				4	25	83	1679
高要市	3716		2	3	20	113	361	3219
四会市	1370	1		4	8	53	93	1212
惠州市	**9495**	**4**	**5**	**20**	**73**	**465**	**966**	**7962**
惠城区	1749		1	5	24	114	263	1342
惠阳区	864	1		3	10	49	89	712
博罗县	3074	1	2	7	24	170	356	2513
惠东县	2443	1	1	2	7	79	161	2191
龙门县	1366	1		4	8	54	97	1203
梅州市	**17293**	**8**	**8**	**19**	**61**	**712**	**1505**	**14981**
梅江区	311			1	3	16	26	265
梅县区	1908	1	1	2	11	103	193	1597
大埔县	1878	1	1	5	17	33	109	1712
丰顺县	2000		1		3	80	156	1760
五华县	5488	4	1	6	13	264	581	4618
平远县	966		1	1	2	37	74	851
蕉岭县	881	1		1	5	39	73	761
兴宁市	3861		2	3	7	139	292	3417

11-14c 续表 2 单位：户

地 区	合 计	100万元以 上	50万－100万元	30万－50万元	20万－30万元	10万－20万元	10万元以 下	没有汽车
汕尾市	**7174**	**3**	**3**	**12**	**16**	**136**	**268**	**6736**
城区	696	1		1		7	25	662
海丰县	1810	2			2	59	67	1679
陆河县	756				1	23	79	653
陆丰市	3912		3	10	13	48	98	3742
河源市	**12334**	**1**	**5**	**10**	**47**	**360**	**868**	**11042**
源城区	42						2	40
紫金县	2694			1	24	110	261	2297
龙川县	3728	1	1	3	7	114	210	3392
连平县	1458		1	1	2	21	118	1316
和平县	2063			1	2	48	118	1895
东源县	2349		3	5	12	67	160	2102
阳江市	**9462**		**3**	**9**	**26**	**252**	**504**	**8667**
江城区	1251		1	2	8	44	85	1111
阳西县	2402		2	4	11	76	82	2228
阳东县	1781			3	3	39	103	1632
阳春市	4027		1		4	92	234	3696
清远市	14597	3	18	11	37	350	971	13208
清城区	1098		1		1	38	102	955
清新区	2961	2	9	1	14	86	145	2704
佛冈县	1311		2	2	4	19	78	1206
阳山县	1830		1	1	2	45	141	1640
连山壮族瑶族自治县	415					4	15	395
连南瑶族自治县	604					12	21	570
英德市	4481		5	5	8	106	355	4002
连州市	1898	1		2	7	40	113	1735
东莞市	**5904**	**4**	**17**	**54**	**142**	**783**	**416**	**4489**
中山市	**3251**			**6**	**22**	**147**	**226**	**2851**
潮州市	**6457**	**2**	**3**	**11**	**30**	**242**	**552**	**5617**
湘桥区	440			1	2	20	42	376
潮安区	2796	1	3	9	21	148	339	2276
饶平县	3220	1		1	7	75	172	2965
揭阳市	**16292**	**5**	**5**	**27**	**86**	**411**	**925**	**14833**
榕城区	1183	1				33	78	1072
揭东区	2814			4	13	76	154	2566
揭西县	3178	2	2	3	27	121	252	2771
惠来县	3140	1	1	1	10	31	96	3000
普宁市	5978	2	2	19	36	149	345	5426
云浮市	**11278**	**2**	**3**	**3**	**25**	**218**	**778**	**10249**
云城区	705	1	1	1		19	93	591
云安区	1475	1	2	3	7	54	216	1192
新兴县	1944				5	56	128	1755
郁南县	1998	1			3	42	96	1856
罗定市	5157				10	46	245	4856

12 迁移和户口登记地

12-1 全省按现住地、户口登记地、性别分的户口登记地在外乡镇街道的人口

单位：人

现住地	户口登记地					
	合计			省内		
				省内		
	合计	男	女	合计	男	女
全省	**1036313**	**565686**	**470627**	**466872**	**241661**	**225211**
广州市	**185186**	**96773**	**88413**	**104184**	**52308**	**51876**
荔湾区	12046	5897	6150	8508	4076	4433
越秀区	10162	5023	5139	6805	3357	3448
海珠区	24531	11996	12535	16431	7836	8596
天河区	27704	14345	13360	17690	9004	8686
白云区	42877	22262	20615	23882	11746	12137
黄埔区	8223	4580	3644	3832	2042	1790
番禺区	25158	13449	11708	10998	5712	5286
花都区	10004	5367	4637	5178	2700	2478
南沙区	7440	4292	3148	2502	1412	1090
萝岗区	5744	3502	2241	2051	1170	881
从化区	2462	1266	1196	2011	986	1024
增城区	8835	4795	4040	4296	2268	2028
韶关市	**12280**	**5791**	**6489**	**9854**	**4561**	**5293**
武江区	2224	1081	1143	1748	848	899
浈江区	3151	1550	1601	2392	1146	1246
曲江区	1696	595	1100	1382	426	956
始兴县	415	204	212	337	167	170
仁化县	840	416	424	659	332	328
翁源县	298	142	155	256	125	131
乳源瑶族自治县	605	282	323	498	231	268
新丰县	494	236	258	406	195	211
乐昌市	1119	542	577	941	471	471
南雄市	1438	744	695	1235	620	615
深圳市	**271391**	**149159**	**122232**	**98626**	**52583**	**46042**
罗湖区	22207	11278	10928	11453	5793	5660
福田区	28729	15350	13379	13865	7386	6479
南山区	23841	12599	11241	9457	5122	4335
宝安区	127165	71878	55287	37391	20310	17082
龙岗区	64269	35229	29040	24104	12719	11385
盐田区	5181	2825	2356	2356	1254	1102
珠海市	**22453**	**11948**	**10505**	**10807**	**5654**	**5153**
香洲区	13823	7307	6516	6948	3681	3267
斗门区	4318	2342	1976	2147	1141	1007
金湾区	4312	2298	2013	1711	832	879
汕头市	**15373**	**8192**	**7181**	**10669**	**5269**	**5400**
龙湖区	3799	1968	1830	2636	1297	1338
金平区	4965	2425	2540	4188	1975	2213
濠江区	598	335	263	521	306	215
潮阳区	1414	757	658	1044	539	506
潮南区	2284	1453	832	823	428	395
澄海区	2262	1228	1034	1416	704	712
南澳县	50	26	24	40	20	20
佛山市	**108552**	**62670**	**45882**	**40593**	**22396**	**18197**
禅城区	14673	7857	6816	8429	4347	4082
南海区	43818	26145	17672	16067	9339	6728
顺德区	38046	21421	16625	10851	5604	5248
三水区	7483	4688	2795	3235	1995	1239
高明区	4531	2557	1974	2011	1111	900

12-1 续表 1

单位：人

现住地	户口登记地								
	省内						省外		
	市区内人户分离			省内-市区内人户分离					
	合计	男	女	合计	男	女	合计	男	女
全　省	**93031**	**43144**	**49887**	**373840**	**198516**	**175324**	**569441**	**324025**	**245416**
广州市	**33972**	**15751**	**18221**	**70212**	**36557**	**33654**	**81002**	**44465**	**36537**
荔湾区	4725	2161	2565	3783	1915	1868	3538	1821	1717
越秀区	2658	1226	1433	4146	2131	2015	3358	1666	1691
海珠区	7590	3534	4056	8841	4301	4540	8099	4160	3939
天河区	4124	1956	2168	13566	7048	6518	10014	5341	4674
白云区	7151	3309	3841	16732	8436	8295	18995	10516	8479
黄埔区	903	404	499	2928	1637	1291	4392	2538	1854
番禺区	2338	1079	1259	8660	4633	4027	14160	7737	6422
花都区	1523	741	782	3655	1959	1696	4827	2667	2159
南沙区	268	100	169	2233	1312	921	4938	2880	2058
萝岗区	326	150	177	1724	1020	704	3693	2332	1361
从化区	931	398	534	1079	589	491	451	280	171
增城区	1432	693	739	2864	1575	1289	4539	2526	2012
韶关市	**2573**	**1062**	**1511**	**7281**	**3499**	**3782**	**2425**	**1230**	**1195**
武江区	941	437	504	806	411	395	476	232	244
浈江区	1177	494	683	1215	651	563	759	404	354
曲江区	454	130	324	928	296	631	314	169	144
始兴县				337	167	170	78	37	41
仁化县				659	332	328	181	84	97
翁源县				256	125	131	42	17	25
乳源瑶族自治县				498	231	268	107	51	56
新丰县				406	195	211	87	40	47
乐昌市				941	471	471	178	71	107
南雄市				1235	620	615	203	124	79
深圳市	**11138**	**5505**	**5633**	**87488**	**47078**	**40409**	**172766**	**96576**	**76190**
罗湖区	1498	671	828	9954	5122	4832	10754	5485	5269
福田区	2540	1187	1353	11325	6200	5125	14864	7964	6900
南山区	2189	1188	1001	7267	3934	3333	14384	7477	6906
宝安区	2903	1481	1422	34489	18829	15660	89774	51568	38206
龙岗区	1764	857	907	22340	11862	10478	40165	22510	17655
盐田区	244	122	122	2112	1131	981	2825	1571	1254
珠海市	**2393**	**1249**	**1144**	**8414**	**4405**	**4009**	**11646**	**6294**	**5352**
香洲区	1850	960	891	5098	2721	2377	6875	3626	3249
斗门区	466	260	206	1681	881	800	2170	1201	969
金湾区	76	29	47	1635	803	832	2600	1467	1134
汕头市	**6033**	**2781**	**3252**	**4636**	**2488**	**2148**	**4705**	**2924**	**1781**
龙湖区	1519	688	831	1117	610	507	1163	671	492
金平区	2626	1160	1466	1563	816	747	777	450	327
濠江区	339	205	134	182	101	81	77	29	48
潮阳区	690	325	365	354	214	140	370	218	152
潮南区	132	73	59	692	355	336	1461	1025	436
澄海区	728	331	396	688	372	316	846	525	322
南澳县				40	20	20	10	6	4
佛山市	**5216**	**2275**	**2941**	**35377**	**20121**	**15256**	**67959**	**40274**	**27685**
禅城区	1592	717	875	6837	3630	3207	6244	3510	2734
南海区	774	362	412	15293	8976	6316	27751	16807	10944
顺德区	1757	641	1116	9094	4963	4132	27195	15818	11377
三水区	581	298	284	2653	1698	956	4249	2693	1556
高明区	511	257	255	1500	854	645	2520	1447	1074

12-1 续表 2 单位：人

现住地	户口登记地					
	合计			省内		
				省内		
	合计	男	女	合计	男	女
江门市	**26743**	**13866**	**12877**	**14979**	**7412**	**7567**
蓬江区	8334	4259	4075	4223	2031	2192
江海区	2977	1531	1446	1377	630	747
新会区	5801	3100	2701	3299	1693	1606
台山市	1706	833	874	1047	501	545
开平市	4068	2105	1963	3137	1594	1544
鹤山市	2936	1507	1430	1255	610	646
恩平市	920	531	389	641	354	287
湛江市	**18563**	**9363**	**9200**	**16896**	**8485**	**8411**
赤坎区	3185	1555	1630	2957	1445	1512
霞山区	5781	2962	2818	5108	2563	2545
坡头区	295	143	152	247	120	127
麻章区	570	233	337	449	167	281
遂溪县	1214	613	601	1162	591	571
徐闻县	1542	798	744	1405	729	676
廉江市	1619	741	878	1403	655	748
雷州市	3328	1804	1524	3254	1763	1491
吴川市	1029	514	515	913	452	461
茂名市	**9631**	**5217**	**4414**	**8786**	**4873**	**3913**
茂南区	3381	1708	1674	2992	1525	1467
电白区	1803	914	889	1639	863	777
高州市	2051	1198	853	1893	1133	760
化州市	1868	1156	712	1817	1134	682
信宜市	527	241	286	445	218	227
肇庆市	**13779**	**7260**	**6519**	**9930**	**5120**	**4810**
端州区	3335	1639	1696	2674	1310	1364
鼎湖区	868	359	508	679	275	404
广宁县	462	226	236	449	222	227
怀集县	1245	740	505	1216	732	484
封开县	389	203	186	359	191	168
德庆县	457	222	235	423	209	214
高要市	695	369	325	491	261	229
四会市	6328	3500	2828	3640	1920	1720
惠州市	**56662**	**31104**	**25558**	**28063**	**14399**	**13664**
惠城区	25272	13664	11608	12999	6623	6376
惠阳区	13698	8115	5583	5529	3081	2448
博罗县	7845	4399	3446	3002	1603	1399
惠东县	8663	4315	4348	5693	2674	3019
龙门县	1184	611	573	840	418	422
梅州市	**11634**	**5469**	**6165**	**10873**	**5118**	**5755**
梅江区	4109	1987	2122	3814	1842	1972
梅县区	1196	578	617	1126	552	574
大埔县	916	475	441	878	457	421
丰顺县	717	327	390	619	284	336
五华县	1580	534	1046	1540	514	1026
平远县	810	402	409	744	373	371
蕉岭县	738	356	382	651	313	339
兴宁市	1568	810	758	1500	784	717

12-1 续表 3

单位：人

现住地	户口登记地								
	省内						省外		
	市区内人户分离			省内-市区内人户分离					
	合计	男	女	合计	男	女	合计	男	女
江门市	**3484**	**1529**	**1956**	**11495**	**5884**	**5611**	**11764**	**6453**	**5310**
蓬江区	1707	717	990	2516	1314	1202	4111	2227	1883
江海区	563	230	333	814	400	414	1600	901	699
新会区	1215	582	633	2084	1111	974	2502	1408	1094
台山市				1047	501	545	660	331	328
开平市				3137	1594	1544	931	512	419
鹤山市				1255	610	646	1681	897	784
恩平市				641	354	287	279	177	102
湛江市	**5147**	**2423**	**2725**	**11749**	**6062**	**5687**	**1667**	**878**	**789**
赤坎区	2003	960	1043	954	485	469	228	110	118
霞山区	2885	1350	1535	2223	1213	1010	673	399	274
坡头区	145	66	79	102	54	48	48	23	25
麻章区	115	47	67	334	120	214	121	66	55
遂溪县				1162	591	571	52	22	31
徐闻县				1405	729	676	137	68	68
廉江市				1403	655	748	217	86	131
雷州市				3254	1763	1491	75	41	33
吴川市				913	452	461	116	62	54
茂名市	**2455**	**1203**	**1253**	**6331**	**3670**	**2660**	**845**	**344**	**501**
茂南区	1961	999	962	1031	526	504	389	183	207
电白区	494	204	290	1145	659	486	164	52	112
高州市				1893	1133	760	158	65	93
化州市				1817	1134	682	51	21	30
信宜市				445	218	227	82	23	59
肇庆市	**1391**	**632**	**758**	**8540**	**4488**	**4052**	**3849**	**2140**	**1709**
端州区	1244	565	679	1430	745	685	661	329	332
鼎湖区	147	68	79	532	207	325	189	84	105
广宁县				449	222	227	14	5	9
怀集县				1216	732	484	29	8	21
封开县				359	191	168	30	12	18
德庆县				423	209	214	34	13	21
高要市				491	261	229	204	108	96
四会市				3640	1920	1720	2688	1580	1108
惠州市	**4731**	**2117**	**2614**	**23332**	**12282**	**11049**	**28599**	**16705**	**11894**
惠城区	3601	1651	1949	9398	4972	4426	12273	7041	5232
惠阳区	1131	466	665	4399	2616	1783	8169	5034	3135
博罗县				3002	1603	1399	4844	2796	2047
惠东县				5693	2674	3019	2970	1641	1329
龙门县				840	418	422	344	193	151
梅州市	**2678**	**1217**	**1461**	**8195**	**3900**	**4294**	**761**	**352**	**410**
梅江区	2254	1026	1228	1560	815	744	295	145	149
梅县区	424	191	233	703	361	342	69	26	43
大埔县				878	457	421	39	18	21
丰顺县				619	284	336	98	44	54
五华县				1540	514	1026	40	20	20
平远县				744	373	371	67	29	38
蕉岭县				651	313	339	87	43	43
兴宁市				1500	784	717	68	26	42

12-1 续表 4

单位：人

现住地	户口登记地					
	合 计			省 内		
				省 内		
	合计	男	女	合计	男	女
汕尾市	**5215**	**2737**	**2478**	**4354**	**2259**	**2095**
城区	1581	836	745	1239	638	600
海丰县	2614	1373	1242	2168	1138	1030
陆河县	178	92	86	175	91	84
陆丰市	842	436	406	772	392	380
河源市	**10644**	**5508**	**5135**	**8784**	**4488**	**4296**
源城区	5387	2791	2596	4174	2105	2069
紫金县	1468	767	702	1323	688	636
龙川县	1691	891	800	1523	800	724
连平县	640	323	317	585	304	282
和平县	665	349	316	611	322	289
东源县	792	388	404	567	270	297
阳江市	**8341**	**4344**	**3997**	**7351**	**3746**	**3605**
江城区	3653	1917	1735	3213	1644	1569
阳西县	1048	523	524	963	481	483
阳东县	1821	1003	817	1444	755	689
阳春市	1820	901	919	1731	866	865
清远市	**19272**	**9592**	**9679**	**16163**	**7912**	**8251**
清城区	8394	4418	3975	6824	3496	3328
清新区	3748	1913	1836	3362	1703	1659
佛冈县	817	420	397	674	335	339
阳山县	851	409	442	800	387	413
连山壮族瑶族自治县	259	120	139	238	111	127
连南瑶族自治县	355	165	190	303	140	163
英德市	3454	1545	1909	2698	1194	1504
连州市	1393	603	791	1265	546	719
东莞市	**172828**	**99383**	**73445**	**38568**	**20792**	**17776**
中山市	**50210**	**28295**	**21915**	**14168**	**7737**	**6431**
潮州市	**6930**	**3491**	**3439**	**4617**	**2107**	**2510**
湘桥区	4649	2191	2457	3410	1482	1927
潮安区	1643	972	671	625	321	304
饶平县	638	328	310	582	303	279
揭阳市	**4978**	**2626**	**2352**	**3883**	**2043**	**1839**
榕城区	785	444	340	598	315	283
揭东区	848	459	389	508	276	232
揭西县	599	288	312	562	273	289
惠来县	592	309	284	567	296	271
普宁市	2153	1126	1027	1647	882	765
云浮市	**5648**	**2897**	**2752**	**4725**	**2401**	**2324**
云城区	1607	834	773	1345	686	659
云安区	397	224	173	307	172	136
新兴县	1507	799	708	1160	576	584
郁南县	787	359	428	677	326	351
罗定市	1351	681	670	1235	641	595

12-1 续表 5

单位：人

现住地	户口登记地								
	省内						省外		
	市区内人户分离			省内-市区内人户分离					
	合计	男	女	合计	男	女	合计	男	女
汕尾市	**831**	**385**	**445**	**3523**	**1874**	**1649**	**861**	**478**	**384**
城区	831	385	445	408	253	155	342	198	144
海丰县				2168	1138	1030	446	234	212
陆河县				175	91	84	2	1	1
陆丰市				772	392	380	70	44	26
河源市	**1648**	**748**	**900**	**7136**	**3740**	**3396**	**1860**	**1020**	**839**
源城区	1648	748	900	2527	1358	1169	1213	685	527
紫金县				1323	688	636	145	79	66
龙川县				1523	800	724	168	91	77
连平县				585	304	282	55	19	36
和平县				611	322	289	55	28	27
东源县				567	270	297	225	118	107
阳江市	**2008**	**970**	**1038**	**5343**	**2775**	**2568**	**990**	**599**	**391**
江城区	2008	970	1038	1205	674	531	440	273	166
阳西县				963	481	483	84	43	42
阳东县				1444	755	689	377	248	129
阳春市				1731	866	865	89	35	55
清远市	**4109**	**1854**	**2255**	**12054**	**6058**	**5996**	**3109**	**1681**	**1428**
清城区	3063	1414	1648	3761	2082	1680	1570	922	648
清新区	1047	440	607	2315	1263	1052	386	210	176
佛冈县				674	335	339	143	85	58
阳山县				800	387	413	51	22	29
连山壮族瑶族自治县				238	111	127	21	9	12
连南瑶族自治县				303	140	163	53	26	27
英德市				2698	1194	1504	757	351	406
连州市				1265	546	719	128	57	71
东莞市				**38568**	**20792**	**17776**	**134260**	**78591**	**55669**
中山市				**14168**	**7737**	**6431**	**36042**	**20558**	**15483**
潮州市	**2412**	**1093**	**1318**	**2206**	**1014**	**1192**	**2313**	**1384**	**929**
湘桥区	2173	980	1193	1237	503	734	1239	709	530
潮安区	238	113	125	387	208	179	1018	650	367
饶平县				582	303	279	56	25	31
揭阳市	**218**	**95**	**123**	**3664**	**1948**	**1716**	**1095**	**582**	**512**
榕城区	159	70	88	440	245	195	186	129	57
揭东区	60	25	35	449	251	198	340	183	157
揭西县				562	273	289	37	14	23
惠来县				567	296	271	25	12	13
普宁市				1647	882	765	506	244	262
云浮市	**594**	**256**	**338**	**4131**	**2144**	**1987**	**924**	**496**	**427**
云城区	554	239	316	791	448	343	261	148	114
云安区	40	18	22	268	154	114	89	52	37
新兴县				1160	576	584	348	223	124
郁南县				677	326	351	110	33	77
罗定市				1235	641	595	116	40	76

12-2 全省按户口登记地年龄、性别分的户口登记地在外乡镇街道的人口

单位：人

年龄	户口登记地											
	合计			省内						省外		
				省内			其中：市区内人户分离					
	合计	男	女	小计	男	女	小计	男	女	小计	男	女
总计	**1036313**	**565686**	**470627**	**466872**	**241661**	**225211**	**93031**	**43144**	**49887**	**569441**	**324025**	**245416**
0-4岁	**41862**	**22793**	**19069**	**22443**	**12213**	**10230**	**6533**	**3578**	**2955**	**19419**	**10580**	**8839**
0	2953	1586	1366	1556	861	695	482	254	228	1396	725	671
1	8419	4620	3799	4399	2397	2002	1368	739	629	4021	2223	1798
2	9841	5295	4546	5243	2835	2408	1510	820	690	4598	2460	2138
3	10956	5927	5029	5920	3197	2723	1673	939	733	5036	2730	2306
4	9694	5365	4329	5325	2923	2402	1500	826	674	4369	2442	1927
5-9岁	**45446**	**25114**	**20333**	**25340**	**13934**	**11407**	**6781**	**3580**	**3201**	**20106**	**11180**	**8926**
5	9608	5375	4233	5321	2977	2344	1394	742	652	4287	2398	1889
6	9669	5301	4368	5465	3000	2465	1427	725	702	4204	2301	1903
7	9423	5119	4304	5186	2816	2370	1395	726	669	4237	2304	1934
8	8674	4774	3900	4884	2673	2211	1337	745	592	3790	2101	1689
9	8072	4544	3529	4485	2468	2017	1228	642	586	3588	2076	1511
10-14岁	**31773**	**17994**	**13779**	**19039**	**10582**	**8457**	**5577**	**3058**	**2519**	**12733**	**7412**	**5322**
10	7361	4162	3199	4167	2324	1842	1185	648	537	3194	1837	1357
11	6758	3803	2955	3960	2193	1767	1138	627	511	2798	1609	1188
12	6030	3408	2621	3631	2041	1590	1067	589	478	2399	1367	1032
13	5493	3136	2357	3444	1919	1525	1037	559	478	2048	1217	831
14	6132	3485	2647	3837	2104	1733	1149	635	514	2294	1381	914
15-19岁	**64901**	**35394**	**29506**	**38747**	**20437**	**18311**	**7530**	**4124**	**3406**	**26153**	**14957**	**11196**
15	7966	4604	3362	5078	2892	2186	1347	786	560	2888	1712	1176
16	10382	5659	4722	6623	3489	3134	1715	940	774	3759	2171	1588
17	13652	7243	6409	8449	4267	4182	1711	888	823	5203	2976	2227
18	14833	8221	6612	8620	4676	3944	1411	801	610	6213	3545	2668
19	18068	9667	8401	9978	5113	4865	1347	708	639	8090	4554	3537
20-24岁	**118971**	**62892**	**56079**	**56714**	**28080**	**28634**	**5819**	**2662**	**3157**	**62257**	**34812**	**27445**
20	21189	11006	10182	11460	5630	5830	1317	595	722	9728	5376	4352
21	21010	10744	10265	11182	5290	5892	1157	513	644	9828	5454	4374
22	23877	12584	11293	11458	5692	5766	1177	576	601	12419	6892	5527
23	25752	13808	11944	11342	5765	5577	1025	477	548	14410	8043	6367
24	27143	14749	12394	11272	5703	5569	1142	500	641	15871	9046	6825
25-29岁	**164925**	**88517**	**76408**	**61608**	**30338**	**31270**	**7047**	**2676**	**4371**	**103317**	**58179**	**45138**
25	34365	18519	15846	13211	6518	6694	1344	551	793	21153	12001	9152
26	32825	17720	15104	12230	6117	6114	1326	575	750	20595	11604	8991
27	32083	17072	15011	12010	5859	6151	1432	528	904	20074	11213	8861
28	33876	18260	15617	12241	6084	6157	1468	526	942	21636	12175	9460
29	31776	16946	14830	11916	5760	6156	1477	496	982	19860	11185	8674

12-2 续表 1

单位：人

年 龄	户口登记地											
	合 计			省 内						省 外		
				省 内			其中：市区内人户分离					
	合计	男	女	小计	男	女	小计	男	女	小计	男	女
30-34岁	**139431**	**76326**	**63105**	**56397**	**28622**	**27775**	**7563**	**2780**	**4784**	**83033**	**47703**	**35330**
30	28955	15727	13229	11295	5658	5637	1543	545	998	17660	10068	7592
31	28118	15314	12804	11520	5913	5608	1475	563	912	16598	9402	7196
32	27621	15131	12490	11181	5672	5509	1505	565	940	16440	9459	6981
33	29156	15992	13164	11634	5904	5730	1598	596	1002	17522	10088	7434
34	25580	14162	11418	10767	5476	5291	1442	510	932	14813	8686	6127
35-39岁	**110216**	**61847**	**48369**	**42562**	**22183**	**20379**	**6795**	**2624**	**4171**	**67654**	**39663**	**27991**
35	23564	13050	10514	9611	4915	4696	1442	552	890	13954	8136	5818
36	24472	13786	10686	10011	5267	4744	1589	612	978	14460	8519	5942
37	21803	12167	9635	8418	4323	4096	1336	484	853	13384	7845	5540
38	18886	10592	8294	6829	3602	3227	1165	469	696	12057	6990	5067
39	21491	12251	9240	7693	4077	3616	1262	507	755	13799	8174	5624
40-44岁	**107672**	**60353**	**47319**	**40183**	**21273**	**18910**	**7478**	**3241**	**4237**	**67490**	**39081**	**28409**
40	21869	12345	9524	7704	4044	3660	1381	588	793	14165	8301	5864
41	22587	12683	9904	8371	4451	3921	1506	653	852	14215	8232	5983
42	22379	12636	9743	8468	4499	3969	1562	673	889	13911	8137	5774
43	20867	11649	9218	7850	4167	3682	1523	648	876	13017	7482	5536
44	19970	11040	8930	7789	4112	3678	1506	678	828	12181	6928	5253
45-49岁	**84580**	**47305**	**37275**	**32399**	**17607**	**14792**	**6821**	**3118**	**3703**	**52181**	**29698**	**22483**
45	20561	11498	9062	7948	4245	3704	1641	748	893	12612	7253	5359
46	17808	10037	7771	6716	3726	2990	1375	609	765	11092	6311	4780
47	18643	10368	8275	7066	3810	3257	1531	715	817	11577	6558	5018
48	13587	7580	6007	5281	2896	2385	1088	501	587	8306	4684	3622
49	13981	7821	6160	5387	2930	2456	1186	545	641	8595	4891	3704
50-54岁	**51192**	**28838**	**22354**	**23638**	**12785**	**10853**	**6575**	**3093**	**3482**	**27554**	**16053**	**11501**
50	13314	7540	5774	5634	3129	2505	1330	631	699	7680	4412	3268
51	11614	6599	5015	5099	2771	2328	1415	652	763	6516	3828	2687
52	12188	6894	5294	5377	2878	2500	1607	751	856	6811	4016	2794
53	9363	5217	4146	4807	2580	2227	1391	656	736	4556	2637	1919
54	4713	2588	2125	2722	1428	1294	832	403	430	1991	1160	832
55-59岁	**27111**	**14516**	**12594**	**15341**	**7827**	**7514**	**5432**	**2555**	**2877**	**11770**	**6689**	**5081**
55	5020	2757	2263	2792	1456	1336	1037	502	536	2227	1301	927
56	4870	2613	2257	2905	1478	1426	1005	432	573	1966	1135	831
57	6058	3298	2760	3362	1725	1637	1138	544	594	2696	1573	1123
58	5977	3178	2799	3400	1735	1665	1177	565	612	2577	1443	1134
59	5186	2670	2515	2882	1433	1449	1075	512	562	2303	1237	1066
60-64岁	**20671**	**10434**	**10237**	**12430**	**6101**	**6329**	**4505**	**2119**	**2386**	**8241**	**4333**	**3908**
60	5089	2566	2522	2954	1445	1509	1019	486	534	2135	1121	1013
61	4712	2397	2315	2772	1377	1395	1020	496	523	1940	1020	920
62	4082	2067	2015	2451	1196	1256	875	404	472	1631	872	759
63	3745	1890	1855	2304	1154	1150	835	388	447	1441	736	705
64	3044	1513	1530	1948	929	1019	755	346	409	1095	585	511

12-2 续表 2 单位：人

年 龄	户口登记地											
	合 计			省 内						省 外		
				省 内			其中：市区内人户分离					
	合计	男	女	小计	男	女	小计	男	女	小计	男	女
65-69岁	**11946**	**5964**	**5981**	**7897**	**3947**	**3950**	**3042**	**1463**	**1579**	**4049**	**2018**	**2032**
65	3138	1580	1558	2024	1012	1012	730	356	374	1114	568	546
66	2913	1434	1479	1899	930	969	726	335	391	1014	504	510
67	2270	1103	1167	1480	715	764	565	272	293	790	387	403
68	1950	992	958	1348	697	651	559	279	280	602	295	307
69	1675	856	820	1146	592	554	462	222	240	529	263	266
70-74岁	**6451**	**3286**	**3165**	**4607**	**2375**	**2232**	**1859**	**882**	**976**	**1844**	**912**	**933**
70	1673	891	782	1157	625	532	462	233	229	517	267	250
71	1394	723	671	974	516	458	386	194	192	419	207	213
72	1199	604	595	869	431	437	342	161	181	330	173	157
73	1139	549	590	847	416	431	331	140	190	292	132	159
74	1047	520	527	760	387	374	338	154	184	287	133	154
75-79岁	**4468**	**2188**	**2280**	**3495**	**1732**	**1763**	**1639**	**797**	**842**	**973**	**456**	**517**
75	1110	543	567	861	425	436	359	169	190	249	117	132
76	889	436	453	688	344	344	335	162	173	201	92	109
77	872	418	455	678	334	344	332	162	170	194	84	111
78	820	396	425	658	320	338	306	147	159	162	75	87
79	776	396	381	610	308	302	306	157	149	166	88	79
80-84岁	**2826**	**1246**	**1581**	**2370**	**1031**	**1339**	**1158**	**494**	**664**	**456**	**214**	**242**
80	743	332	411	604	265	339	297	136	161	139	67	72
81	644	294	350	543	247	296	248	105	143	100	47	54
82	574	239	335	501	205	296	251	92	158	73	35	38
83	490	221	269	407	177	230	210	93	117	83	44	39
84	376	160	216	315	137	178	153	67	86	60	22	38
85-89岁	**1314**	**503**	**811**	**1173**	**449**	**724**	**621**	**227**	**394**	**141**	**54**	**87**
85	388	160	228	347	143	204	175	66	109	41	17	24
86	257	83	174	233	74	159	129	36	92	24	9	16
87	267	103	164	230	91	138	121	52	68	37	12	25
88	233	89	144	215	78	136	115	40	74	18	11	7
89	169	68	101	149	62	87	82	32	50	20	6	14
90-94岁	**446**	**145**	**301**	**388**	**118**	**270**	**201**	**63**	**138**	**57**	**26**	**31**
90	162	55	106	143	43	100	71	22	49	18	12	6
91	72	25	47	67	24	43	37	15	22	5	1	4
92	93	37	56	80	32	48	41	16	25	13	5	9
93	61	18	44	47	10	37	27	6	21	14	7	7
94	58	11	48	51	9	43	24	4	20	7	2	5
95-99岁	**103**	**29**	**74**	**91**	**25**	**66**	**54**	**12**	**42**	**12**	**4**	**8**
95	38	14	24	35	13	21	20	6	14	3	1	2
96	34	10	24	27	7	20	20	5	15	7	2	5
97	16	3	14	15	3	13	5	1	5	1		1
98	9	3	7	8	2	7	3		3	1	1	
99	6		6	6		6	5		5			
100岁及以上	**9**	**3**	**6**	**8**	**2**	**6**	**4**		**4**	**1**	**1**	

12-3 全省按现住地、性别分的户口登记地在外省的人口

单位：人

现住地	户口登记地											
	合计			北京			天津			河北		
	合计	男	女	小计	男	女	小计	男	女	小计	男	女
全省	**569441**	**324025**	**245416**	**973**	**688**	**286**	**318**	**200**	**118**	**2602**	**1521**	**1081**
广州市	**81002**	**44465**	**36537**	**169**	**96**	**72**	**58**	**33**	**25**	**562**	**321**	**241**
荔湾区	3538	1821	1717	4	2	2	2	1	1	31	22	9
越秀区	3358	1666	1691	29	14	16	2	1	1	45	22	23
海珠区	8099	4160	3939	23	16	7	7	2	5	48	27	21
天河区	10014	5341	4674	51	29	22	21	12	9	115	69	46
白云区	18995	10516	8479	23	8	15	10	6	4	116	58	58
黄埔区	4392	2538	1854	6	4	1	3	1	1	28	16	11
番禺区	14160	7737	6422	19	12	7	1	1		42	25	16
花都区	4827	2667	2159	3	2	1	7	5	3	61	36	25
南沙区	4938	2880	2058				1	1		25	19	7
萝岗区	3693	2332	1361	3	3	1				19	12	7
从化区	451	280	171				1	1		4	2	1
增城区	4539	2526	2012	6	6		3	2	1	29	12	17
韶关市	**2425**	**1230**	**1195**	**5**	**3**	**3**	**1**	**1**		**12**	**9**	**4**
武江区	476	232	244	1		1				5	3	2
浈江区	759	404	354				1	1		5	4	1
曲江区	314	169	144	1	1	1						
始兴县	78	37	41									
仁化县	181	84	97							1	1	
翁源县	42	17	25	1	1					1	1	
乳源瑶族自治县	107	51	56									
新丰县	87	40	47	1		1						
乐昌市	178	71	107	2	1	1						
南雄市	203	124	79				1	1		1		1
深圳市	**172766**	**96576**	**76190**	**625**	**478**	**147**	**143**	**87**	**56**	**994**	**566**	**429**
罗湖区	10754	5485	5269	36	27	9	13	8	5	77	37	40
福田区	14864	7964	6900	138	80	58	53	25	28	144	90	54
南山区	14384	7477	6906	353	307	46	44	30	14	147	81	65
宝安区	89774	51568	38206	64	44	20	15	11	4	447	253	194
龙岗区	40165	22510	17655	25	14	11	13	10	3	164	95	69
盐田区	2825	1571	1254	8	5	3	4	3	2	16	9	7
珠海市	**11646**	**6294**	**5352**	**42**	**22**	**20**	**17**	**14**	**2**	**87**	**52**	**35**
香洲区	6875	3626	3249	33	18	15	14	13	2	64	38	27
斗门区	2170	1201	969	8	5	4	1	1	1	10	8	3
金湾区	2600	1467	1134				1	1		12	7	5
汕头市	**4705**	**2924**	**1781**	**3**	**1**	**2**	**9**	**3**	**6**	**26**	**14**	**12**
龙湖区	1163	671	492	1	1					4	2	2
金平区	777	450	327	2		2	3	1	2	2	1	1
濠江区	77	29	48							1		1
潮阳区	370	218	152				6	2	4	9	3	6
潮南区	1461	1025	436							4	4	
澄海区	846	525	322							6	4	3
南澳县	10	6	4									
佛山市	**67959**	**40274**	**27685**	**14**	**10**	**5**	**20**	**14**	**6**	**159**	**113**	**46**
禅城区	6244	3510	2734	2	1	1	6	4	2	21	12	9
南海区	27751	16807	10944				5	5		92	66	26
顺德区	27195	15818	11377	9	6	3	9	6	3	38	28	10
三水区	4249	2693	1556	2	2		1		1	6	6	1
高明区	2520	1447	1074	1	1	1				1	1	1

12-3 续表 1　　　　单位：人

现住地	户口登记地											
	山西			内蒙古			辽宁			吉林		
	小计	男	女	小计	男	女	小计	男	女	小计	男	女
全省	**1715**	**996**	**719**	**766**	**428**	**338**	**2227**	**1213**	**1015**	**2377**	**1355**	**1022**
广州市	**366**	**197**	**169**	**163**	**86**	**78**	**604**	**319**	**285**	**461**	**254**	**207**
荔湾区	9	6	3	14	7	7	39	19	20	24	12	12
越秀区	17	8	8	8	4	4	25	12	12	19	7	11
海珠区	41	25	16	23	8	15	67	32	35	63	35	28
天河区	70	37	34	31	15	17	107	50	57	93	48	45
白云区	78	42	36	25	15	10	144	77	67	96	58	39
黄埔区	17	10	7	17	11	6	33	14	19	14	6	7
番禺区	74	39	35	17	11	6	68	33	36	77	42	36
花都区	17	7	9	8	4	5	41	20	20	32	19	13
南沙区	14	7	7	3	3	1	27	21	6	6	3	3
萝岗区	9	7	3	4	3	1	35	28	7	20	15	5
从化区	1	1					4	4	1	1	1	
增城区	18	7	10	11	4	7	14	9	5	17	8	8
韶关市	**11**	**8**	**3**	**4**	**4**		**7**	**3**	**3**	**5**	**2**	**3**
武江区	1	1	1				3	1	2	1		1
浈江区	3	3		2	2					2	2	1
曲江区	1	1		1	1		2	2				
始兴县												
仁化县	7	4	2									
翁源县												
乳源瑶族自治县												
新丰县												
乐昌市				1	1							
南雄市							2	1	1	2	1	2
深圳市	**616**	**345**	**271**	**375**	**216**	**159**	**974**	**519**	**455**	**1066**	**542**	**524**
罗湖区	63	35	27	34	20	14	139	72	67	151	67	84
福田区	125	66	59	85	47	39	214	110	104	253	132	121
南山区	110	50	60	65	37	28	194	101	93	163	81	81
宝安区	213	128	86	112	68	44	275	156	119	279	139	141
龙岗区	97	60	36	69	38	31	132	69	63	191	107	84
盐田区	8	6	2	10	6	4	20	11	9	29	16	13
珠海市	**72**	**35**	**36**	**33**	**15**	**18**	**105**	**46**	**59**	**113**	**49**	**64**
香洲区	47	21	26	22	10	13	86	36	50	82	36	47
斗门区	9	5	4	5	3	2	10	5	5	14	7	7
金湾区	15	9	6	6	2	4	9	6	3	17	7	10
汕头市	**13**	**6**	**7**				**9**	**4**	**4**	**3**	**1**	**2**
龙湖区	4	2	2				5	2	2			
金平区	6	2	4				2	1	1	2	1	1
濠江区												
潮阳区							1	1				
潮南区	1	1					1		1	1		1
澄海区	2		2									
南澳县												
佛山市	**100**	**56**	**44**	**58**	**31**	**26**	**119**	**63**	**56**	**291**	**252**	**39**
禅城区	14	7	7	6	2	4	14	8	6	19	10	9
南海区	32	20	12	35	21	14	69	38	32	238	226	12
顺德区	43	24	19	15	6	9	24	10	13	28	13	15
三水区	9	5	4	2	2		7	5	2	3	1	2
高明区	3	1	2				5	1	3	2	1	1

12-3 续表 2

单位：人

现住地	户口登记地											
	黑龙江			上 海			江 苏			浙 江		
	小计	男	女	小计	男	女	小计	男	女	小计	男	女
全 省	**3703**	**2023**	**1680**	**577**	**343**	**233**	**3958**	**2377**	**1581**	**5031**	**2838**	**2194**
广州市	**850**	**463**	**388**	**132**	**73**	**59**	**878**	**510**	**367**	**1678**	**902**	**776**
荔湾区	52	26	26	9	9		89	53	36	181	101	80
越秀区	56	24	32	12	3	9	54	31	23	136	74	62
海珠区	93	42	51	25	13	12	82	48	34	481	257	224
天河区	163	92	72	46	28	18	162	81	82	173	79	94
白云区	228	129	99	15	7	8	198	114	84	420	230	190
黄埔区	34	22	11	4	3	1	52	36	16	10	5	5
番禺区	92	51	41	9	5	4	111	67	44	127	69	58
花都区	48	27	21	3		3	34	17	18	55	33	22
南沙区	18	9	9				26	21	5	15	9	6
萝岗区	26	17	10	3	1	2	24	19	5	23	12	11
从化区	3	1	1	2	1	1	3	1	1	5	3	2
增城区	37	23	14	4	3	1	42	22	20	52	30	22
韶关市	**8**	**6**	**2**	**6**	**4**	**2**	**13**	**6**	**7**	**44**	**27**	**16**
武江区	3	2	2	1		1	1		1	10	6	4
浈江区	2	2		2	2		7	2	5	9	7	2
曲江区	1	1					1	1		2	1	1
始兴县												
仁化县							1		1	1		1
翁源县										1	1	
乳源瑶族自治县	1	1								5	3	2
新丰县												
乐昌市							3	2	1	5	2	3
南雄市	1	1		3	2	1	1	1		10	7	3
深圳市	**1719**	**923**	**796**	**244**	**136**	**109**	**1675**	**973**	**702**	**1427**	**785**	**642**
罗湖区	225	114	110	41	21	20	205	119	86	137	67	69
福田区	386	196	191	56	28	28	334	188	146	347	177	170
南山区	262	138	124	74	37	36	304	161	144	196	105	91
宝安区	502	275	227	48	35	13	533	321	211	451	275	176
龙岗区	290	168	122	18	10	8	258	158	100	280	151	129
盐田区	54	31	23	6	3	3	41	25	16	17	9	7
珠海市	**152**	**75**	**77**	**22**	**16**	**6**	**137**	**80**	**57**	**81**	**48**	**32**
香洲区	111	53	58	18	14	4	107	63	45	66	41	25
斗门区	15	9	7	5	2	3	12	7	5	8	5	3
金湾区	26	13	12				17	10	7	6	2	4
汕头市	**15**	**6**	**10**	**10**	**9**	**1**	**30**	**16**	**14**	**48**	**28**	**19**
龙湖区	7	4	3	2	2	1	8	2	6	10	5	5
金平区	3		3	4	4		3	1	2	13	6	7
濠江区										2	2	
潮阳区				2	2		4	2	1	6	4	2
潮南区	1		1	1	1		7	5	1	12	9	3
澄海区	4	2	3				9	5	4	5	3	3
南澳县												
佛山市	**191**	**105**	**86**	**24**	**14**	**10**	**203**	**133**	**70**	**348**	**219**	**130**
禅城区	27	12	15	3	3		38	20	18	74	40	33
南海区	84	51	33	11	6	5	95	66	29	140	89	51
顺德区	62	31	31	9	4	4	53	35	18	109	72	37
三水区	12	8	4	1	1		7	4	3	15	11	4
高明区	5	3	3	1		1	9	7	3	11	7	4

12-3 续表 3

单位：人

现住地	户口登记地											
	安徽			福建			江西			山东		
	小计	男	女	小计	男	女	小计	男	女	小计	男	女
全　省	**11937**	**6947**	**4991**	**12911**	**7392**	**5518**	**51496**	**29630**	**21866**	**3921**	**2398**	**1523**
广州市	**1650**	**937**	**713**	**2439**	**1344**	**1095**	**7269**	**4087**	**3182**	**756**	**477**	**279**
荔湾区	71	41	30	392	194	198	185	103	82	23	16	7
越秀区	102	57	45	156	85	71	178	76	102	65	38	27
海珠区	162	79	83	360	200	160	737	400	336	62	35	27
天河区	285	158	128	336	195	141	863	469	394	149	88	60
白云区	449	267	182	580	313	267	1882	1077	804	152	96	56
黄埔区	82	51	31	81	46	35	327	194	133	56	34	22
番禺区	205	122	82	244	145	100	1607	908	699	73	52	21
花都区	75	38	37	95	53	42	345	193	152	43	27	16
南沙区	69	44	25	42	24	17	345	198	147	29	19	11
萝岗区	66	41	24	42	26	16	221	136	86	64	50	14
从化区	5	3	2	17	9	9	48	28	20	4	3	1
增城区	79	36	43	95	55	40	533	305	228	35	19	16
韶关市	**39**	**23**	**16**	**45**	**26**	**19**	**307**	**166**	**141**	**15**	**10**	**5**
武江区	3	3	1	13	8	4	68	34	34	3	2	1
浈江区	11	5	5	8	3	5	77	41	37	8	5	3
曲江区	11	7	4	5	3	2	33	19	14	1	1	
始兴县							16	8	8			
仁化县	6	4	2	1	1		18	11	7			
翁源县	1		1	3	1	1	13	5	7			
乳源瑶族自治县	3	1	2				14	7	6			
新丰县				3	2	1	7	3	4			
乐昌市	3	2	1	4	2	1	5	2	3	1	1	
南雄市	1	1		9	6	3	56	35	22	2	2	
深圳市	**4620**	**2695**	**1925**	**4246**	**2417**	**1829**	**18792**	**10637**	**8155**	**1737**	**1014**	**723**
罗湖区	338	183	155	355	197	157	1405	729	676	166	94	72
福田区	616	330	286	592	332	260	1450	772	678	327	195	132
南山区	553	311	242	277	156	121	1337	692	645	315	170	145
宝安区	1972	1184	788	1701	970	731	9945	5819	4126	599	359	240
龙岗区	1037	629	408	1256	725	531	4426	2497	1929	289	174	115
盐田区	103	58	45	64	35	29	229	129	100	42	23	19
珠海市	**222**	**140**	**82**	**205**	**113**	**92**	**690**	**370**	**320**	**130**	**71**	**59**
香洲区	167	106	61	141	75	66	429	220	209	102	56	47
斗门区	19	13	6	37	22	15	99	55	45	11	5	6
金湾区	37	22	15	27	16	11	162	95	67	17	10	6
汕头市	**181**	**118**	**63**	**490**	**297**	**193**	**979**	**585**	**394**	**23**	**12**	**11**
龙湖区	38	23	16	170	98	71	472	273	199	8	4	4
金平区	42	25	17	110	70	40	163	100	63	4	2	2
濠江区	1		1	9	3	6	11	6	6	2	2	1
潮阳区	15	12	2	20	7	12	33	19	15	6	2	4
潮南区	66	49	17	82	58	24	162	109	53			
澄海区	16	7	9	100	60	40	136	78	59	4	3	1
南澳县	3	2	1									
佛山市	**706**	**414**	**292**	**898**	**531**	**367**	**3993**	**2432**	**1560**	**247**	**154**	**93**
禅城区	92	49	42	170	105	65	332	199	133	34	18	16
南海区	275	178	97	461	276	185	1569	982	587	68	42	26
顺德区	272	148	124	215	119	96	1815	1080	735	107	69	38
三水区	31	20	11	40	23	17	157	102	55	14	10	4
高明区	37	18	18	12	7	5	119	69	50	24	15	9

12-3　续表 4

单位：人

现住地	户口登记地											
	河　南			湖　北			湖　南			广　东		
	小计	男	女	小计	男	女	小计	男	女	小计	男	女
全　省	**39091**	**22738**	**16353**	**59333**	**33352**	**25981**	**127037**	**71222**	**55815**			
广州市	**5712**	**3276**	**2436**	**9854**	**5392**	**4462**	**21455**	**11599**	**9857**			
荔湾区	282	163	119	244	126	118	755	355	400			
越秀区	320	166	154	261	118	142	835	421	415			
海珠区	370	194	176	2311	1203	1108	1392	677	715			
天河区	821	437	384	1241	672	568	2769	1481	1288			
白云区	1251	708	544	2054	1105	949	5226	2816	2409			
黄埔区	464	279	185	532	308	224	1378	780	597			
番禺区	762	450	312	1293	727	566	3831	2086	1745			
花都区	335	189	146	432	238	195	1589	862	727			
南沙区	402	254	148	495	303	192	1223	693	529			
萝岗区	449	289	160	449	276	173	1009	622	387			
从化区	42	25	17	46	36	11	124	70	53			
增城区	212	122	90	496	279	216	1326	735	591			
韶关市	**105**	**56**	**49**	**100**	**53**	**46**	**1223**	**593**	**631**			
武江区	18	8	10	26	14	12	249	117	132			
浈江区	41	22	18	29	17	12	404	208	196			
曲江区	23	13	10	14	9	5	154	78	76			
始兴县	2	1	1	7	3	4	42	21	21			
仁化县	3	2	1	2	1	1	118	54	64			
翁源县				2		2	11	5	6			
乳源瑶族自治县	1	1		2	1	1	53	28	25			
新丰县	4	1	2	3		2	29	12	16			
乐昌市	3	1	3	8	4	4	113	44	69			
南雄市	9	7	2	6	4	2	52	26	25			
深圳市	**13139**	**7571**	**5569**	**23445**	**12841**	**10604**	**35898**	**19632**	**16266**			
罗湖区	762	422	340	1795	886	909	1938	939	1000			
福田区	1188	688	500	1857	963	894	2330	1176	1153			
南山区	1019	556	463	2239	1100	1139	3011	1478	1533			
宝安区	6730	3950	2779	12123	6884	5240	19947	11215	8732			
龙岗区	3135	1790	1344	5027	2779	2249	7935	4415	3520			
盐田区	307	164	143	403	230	173	737	409	328			
珠海市	**967**	**543**	**424**	**945**	**509**	**437**	**2620**	**1364**	**1256**			
香洲区	578	308	270	571	297	274	1512	755	757			
斗门区	158	96	62	155	81	74	399	213	185			
金湾区	231	139	92	219	131	88	709	396	313			
汕头市	**543**	**341**	**203**	**333**	**211**	**122**	**259**	**159**	**100**			
龙湖区	106	61	44	60	36	24	38	20	17			
金平区	92	53	39	81	44	37	80	45	35			
濠江区	1		1	7	2	5	8	2	6			
潮阳区	15	10	5	15	6	9	27	20	7			
潮南区	86	61	25	82	66	16	70	48	21			
澄海区	244	155	89	88	56	32	36	23	13			
南澳县				1								
佛山市	**2926**	**1756**	**1171**	**4140**	**2406**	**1734**	**12994**	**7762**	**5231**			
禅城区	268	160	108	395	200	195	1380	791	589			
南海区	1417	867	550	1785	1053	733	6209	3711	2498			
顺德区	901	522	379	1509	857	651	3930	2335	1595			
三水区	231	141	90	286	200	85	902	609	292			
高明区	109	66	43	166	96	70	573	316	257			

12-3 续表 5

单位：人

现住地	户口登记地 广西 小计	广西 男	广西 女	海南 小计	海南 男	海南 女	重庆 小计	重庆 男	重庆 女	四川 小计	四川 男	四川 女
全　省	**100480**	**57501**	**42980**	**4562**	**2516**	**2046**	**22646**	**12756**	**9889**	**61067**	**34375**	**26692**
广州市	**10936**	**5964**	**4972**	**857**	**445**	**412**	**2382**	**1263**	**1119**	**6924**	**3758**	**3166**
荔湾区	549	281	268	46	26	20	58	25	33	343	166	177
越秀区	588	273	315	68	27	41	69	34	34	152	75	77
海珠区	730	372	357	91	32	60	168	84	84	520	258	262
天河区	1069	566	502	160	87	73	223	107	115	530	271	260
白云区	2702	1534	1168	188	117	71	510	266	244	1642	926	716
黄埔区	481	279	202	54	28	26	144	81	63	308	172	136
番禺区	2409	1281	1128	132	59	72	508	269	240	1406	746	660
花都区	602	341	261	32	19	13	178	93	85	462	256	206
南沙区	800	456	344	27	18	10	247	136	111	667	374	293
萝岗区	442	270	171	36	23	13	101	67	34	287	172	115
从化区	58	37	21	2	1	1	21	13	8	27	18	8
增城区	506	272	234	22	9	12	154	87	68	579	323	256
韶关市	**176**	**72**	**103**	**13**	**4**	**9**	**33**	**20**	**13**	**145**	**72**	**73**
武江区	28	12	16	1	1	1	4	2	2	22	11	11
浈江区	52	29	23	1		1	11	7	5	47	18	28
曲江区	21	8	13				3	2	1	31	17	14
始兴县	3		3	1	1	1	2	1	1	3	1	1
仁化县	13	3	10	1		1	2	1	1	1		1
翁源县	6	2	4	1		1	2	1	1	1		1
乳源瑶族自治县	16	4	13	1		1	4	2	1	4	2	2
新丰县	8	3	5	3		2	2	1	1	22	14	8
乐昌市	10	2	8	4	2	2	1	1	1	5	2	4
南雄市	18	10	8	1	1	1	2	2		9	7	2
深圳市	**22459**	**12867**	**9592**	**1502**	**828**	**674**	**6512**	**3585**	**2927**	**15605**	**8504**	**7101**
罗湖区	674	326	348	125	58	67	419	214	205	1040	528	512
福田区	893	454	439	155	79	76	834	461	373	1323	720	603
南山区	934	487	447	120	57	63	385	190	195	1384	694	690
宝安区	14698	8589	6109	728	434	295	2432	1378	1054	8120	4575	3545
龙岗区	5022	2866	2156	349	185	164	2367	1302	1064	3502	1870	1632
盐田区	238	145	93	24	15	9	77	41	36	236	116	120
珠海市	**1829**	**963**	**866**	**327**	**182**	**144**	**597**	**341**	**256**	**1358**	**766**	**592**
香洲区	836	423	414	198	105	93	407	233	175	815	465	350
斗门区	482	259	223	101	64	37	79	43	36	339	191	148
金湾区	511	282	229	28	13	15	111	66	45	204	111	94
汕头市	**142**	**81**	**61**	**55**	**30**	**25**	**112**	**66**	**46**	**1075**	**716**	**358**
龙湖区	9	5	4	5	5	1	23	12	11	132	77	56
金平区	16	11	6	12	5	7	27	12	15	73	45	28
濠江区	9	4	5	3		2				9	3	6
潮阳区	13	5	8	7	5	2	12	9	4	153	94	59
潮南区	61	36	25	19	10	9	40	29	11	637	448	189
澄海区	32	20	12	10	5	4	8	4	4	70	50	20
南澳县	1	1		1		1	1	1				
佛山市	**22126**	**13213**	**8913**	**300**	**159**	**141**	**2535**	**1444**	**1091**	**9916**	**5683**	**4233**
禅城区	1761	989	772	40	21	19	371	205	166	869	475	394
南海区	8889	5387	3502	121	66	54	818	485	333	3148	1868	1279
顺德区	9643	5718	3924	103	51	51	953	523	429	5317	2988	2329
三水区	1201	748	453	20	11	9	154	95	59	319	194	125
高明区	633	371	262	16	9	7	239	135	104	263	158	105

12-3 续表 6 单位：人

现住地	户口登记地											
	贵州			云南			西藏			陕西		
	小计	男	女	小计	男	女	小计	男	女	小计	男	女
全省	**25864**	**14621**	**11243**	**11421**	**6725**	**4696**	**10**	**6**	**4**	**9276**	**5507**	**3769**
广州市	**2255**	**1205**	**1050**	**965**	**548**	**417**	**7**	**3**	**4**	**948**	**532**	**416**
荔湾区	38	20	18	31	15	16	3	2	1	34	15	19
越秀区	46	24	22	31	18	14				17	11	5
海珠区	76	33	43	41	23	18	1		1	74	40	34
天河区	160	79	81	82	43	39				157	76	81
白云区	467	254	213	245	127	117				160	89	72
黄埔区	71	38	33	44	24	20				98	58	40
番禺区	682	336	345	160	95	65	1		1	125	61	64
花都区	211	123	88	67	39	28	2	1	1	26	14	12
南沙区	214	117	97	129	75	53				90	63	27
萝岗区	125	82	43	68	48	20				118	79	39
从化区	11	6	5	9	6	3				13	8	4
增城区	156	93	63	58	34	24				37	18	19
韶关市	**46**	**24**	**22**	**21**	**9**	**11**				**22**	**14**	**8**
武江区	8	5	3	2		2				4	2	3
浈江区	8	5	3	11	4	7				6	5	2
曲江区	4	2	2	3	3					1	1	
始兴县										1	1	
仁化县	1		1	1	1					2	1	1
翁源县	2	1	1									
乳源瑶族自治县	3	1	2									
新丰县	5	2	3									
乐昌市	5	2	3	3		3				1		1
南雄市	9	6	3	1	1					4	4	
深圳市	**5916**	**3246**	**2669**	**2952**	**1724**	**1228**	**1**	**1**		**4042**	**2297**	**1745**
罗湖区	201	95	105	76	35	40	1	1		195	109	86
福田区	222	128	94	192	118	74				473	256	217
南山区	200	104	96	79	43	36				418	212	206
宝安区	3325	1818	1507	1657	1001	656				2007	1186	821
龙岗区	1923	1080	844	917	510	407				900	508	393
盐田区	44	22	22	32	17	15				50	27	23
珠海市	**301**	**156**	**145**	**231**	**120**	**112**	**1**	**1**		**247**	**135**	**112**
香洲区	150	78	73	73	32	41	1	1		153	79	74
斗门区	77	38	39	53	30	23				46	29	18
金湾区	74	39	34	105	57	48				48	28	20
汕头市	**254**	**167**	**87**	**64**	**41**	**23**				**20**	**7**	**14**
龙湖区	48	30	17	5	3	2				4	2	2
金平区	24	13	12	11	7	4				2		2
濠江区	4	3	1							9	2	7
潮阳区	19	11	8	6	3	2				1		1
潮南区	106	75	30	21	13	9				1	1	
澄海区	50	34	17	21	15	6				4	2	2
南澳县	4	2	2									
佛山市	**3889**	**2279**	**1609**	**1112**	**621**	**491**				**472**	**307**	**165**
禅城区	196	114	82	37	18	19				52	34	17
南海区	1396	841	555	514	291	223				204	128	75
顺德区	1452	843	609	366	197	169				159	100	59
三水区	651	371	279	113	69	44				44	36	8
高明区	195	110	84	81	45	36				14	8	6

12-3 续表 7

单位：人

现住地	户口登记地											
	甘肃			青海			宁夏			新疆		
	小计	男	女	小计	男	女	小计	男	女	小计	男	女
全省	**2929**	**1665**	**1263**	**350**	**211**	**139**	**270**	**165**	**106**	**592**	**317**	**275**
广州市	**349**	**200**	**149**	**73**	**40**	**33**	**71**	**42**	**29**	**181**	**101**	**80**
荔湾区	8	4	4	8	5	3				16	7	9
越秀区	29	17	12	20	10	9	14	11	2	6	3	3
海珠区	30	14	16	2	1	1	11	2	8	11	8	2
天河区	65	32	32	13	7	7	13	6	8	44	25	19
白云区	56	30	26	8	6	3	26	17	10	44	26	18
黄埔区	36	25	11	9	4	4	1	1		6	3	3
番禺区	38	19	18	7	4	3	2	1	1	36	20	15
花都区	10	6	4	4	1	3				10	6	5
南沙区	20	13	6							1		1
萝岗区	43	31	12	1	1		4	3	1	3	2	1
从化区												
增城区	15	9	6	1	1					4	1	3
韶关市	**14**	**11**	**3**	**2**	**1**	**1**				**4**	**3**	**1**
武江区	1		1	1	1	1				1		1
浈江区	9	9								4	3	1
曲江区	2	1	1									
始兴县												
仁化县												
翁源县												
乳源瑶族自治县												
新丰县												
乐昌市												
南雄市	2	1	2									
深圳市	**1535**	**854**	**681**	**145**	**90**	**55**	**111**	**72**	**39**	**248**	**130**	**118**
罗湖区	93	51	42	11	7	3	6	5	1	35	16	18
福田区	160	82	78	35	24	11	19	10	8	61	35	26
南山区	106	47	59	28	16	12	20	12	9	47	22	25
宝安区	693	407	286	51	31	20	37	26	11	68	37	31
龙岗区	463	257	206	20	11	8	27	17	10	34	15	18
盐田区	20	10	10	1			2	1	1	3	3	
珠海市	**69**	**37**	**32**	**10**	**9**	**1**	**17**	**13**	**3**	**21**	**8**	**13**
香洲区	48	27	21	8	7	1	15	13	3	17	7	10
斗门区	16	8	8	1	1		1	1	1	3	1	2
金湾区	5	2	3	1	1					1		1
汕头市	**2**	**1**	**1**	**2**	**1**	**1**				**4**	**3**	**2**
龙湖区	1		1	2	1	1				2	1	2
金平区										2	2	
濠江区												
潮阳区												
潮南区												
澄海区	1	1										
南澳县												
佛山市	**106**	**66**	**40**	**39**	**20**	**19**	**8**	**5**	**3**	**27**	**13**	**13**
禅城区	13	7	6	3	1	2	4	2	2	3	1	2
南海区	47	30	17	24	11	14	2	2		5	2	3
顺德区	28	15	13	10	7	3	1		1	16	9	7
三水区	15	12	3	2	1	1	1	1		3	2	1
高明区	3	2	1									

12-3 续表 8

单位：人

现住地	户口登记地											
	合计			北京			天津			河北		
	合计	男	女	小计	男	女	小计	男	女	小计	男	女
江门市	**11764**	**6453**	**5310**	**3**	**2**	**2**	**2**	**1**	**2**	**37**	**20**	**17**
蓬江区	4111	2227	1883	2	2	1	1		1	12	7	5
江海区	1600	901	699				1	1		5	3	2
新会区	2502	1408	1094	1		1				1		1
台山市	660	331	328							2	1	1
开平市	931	512	419							12	8	4
鹤山市	1681	897	784				1		1	2		2
恩平市	279	177	102							2	1	1
湛江市	**1667**	**878**	**789**	**3**	**3**		**8**	**6**	**2**	**12**	**3**	**9**
赤坎区	228	110	118	1	1		4	2	1	6	2	4
霞山区	673	399	274	1	1		3	3		1		1
坡头区	48	23	25							1	1	1
麻章区	121	66	55				1		1	1		1
遂溪县	52	22	31	1	1							
徐闻县	137	68	68							1		1
廉江市	217	86	131							1		1
雷州市	75	41	33									
吴川市	116	62	54									
茂名市	**845**	**344**	**501**	**7**	**3**	**4**				**7**	**4**	**2**
茂南区	389	183	207	2		2				7	4	2
电白区	164	52	112	6	3	2						
高州市	158	65	93									
化州市	51	21	30									
信宜市	82	23	59									
肇庆市	**3849**	**2140**	**1709**	**6**	**3**	**3**	**1**	**1**	**1**	**10**	**4**	**6**
端州区	661	329	332	1		1				8	4	4
鼎湖区	189	84	105							1		
广宁县	14	5	9							1		1
怀集县	29	8	21	2	2							
封开县	30	12	18	1		1						
德庆县	34	13	21				1		1			
高要市	204	108	96									
四会市	2688	1580	1108	2	1	1	1	1		1		1
惠州市	**28599**	**16705**	**11894**	**14**	**10**	**4**	**17**	**8**	**9**	**112**	**61**	**50**
惠城区	12273	7041	5232	6	3	3	7	3	4	58	34	24
惠阳区	8169	5034	3135	4	3	1	5	3	3	23	15	9
博罗县	4844	2796	2047	3	3		1	1		8	3	5
惠东县	2970	1641	1329				4	1	2	21	9	12
龙门县	344	193	151	1	1	1				1		1
梅州市	**761**	**352**	**410**	**3**	**3**					**2**	**1**	**1**
梅江区	295	145	149	1	1					1	1	1
梅县区	69	26	43									
大埔县	39	18	21									
丰顺县	98	44	54									
五华县	40	20	20	1	1							
平远县	67	29	38									
蕉岭县	87	43	43									
兴宁市	68	26	42									

12-3 续表 9　　单位：人

现住地	户口登记地											
	山西			内蒙古			辽宁			吉林		
	小计	男	女	小计	男	女	小计	男	女	小计	男	女
江门市	**18**	**11**	**7**	**3**	**2**	**2**	**10**	**8**	**3**	**17**	**10**	**7**
蓬江区	7	4	3	1	1		6	4	2	5	3	2
江海区	3	2	2							2	2	
新会区	5	4	1				2	2		5	3	2
台山市				1		1	3	2	1			
开平市				1		1				3	1	2
鹤山市	3	2	2	1	1					2	1	2
恩平市												
湛江市	**13**	**5**	**8**	**2**	**1**	**1**	**10**	**4**	**6**	**4**	**1**	**3**
赤坎区	8	4	5				5	3	2	1		1
霞山区	1	1		2	1	1	5	1	3	2	1	1
坡头区												
麻章区	3		3									
遂溪县												
徐闻县												
廉江市										1		1
雷州市												
吴川市												
茂名市	**12**	**3**	**8**				**5**	**4**	**1**	**2**	**1**	**2**
茂南区	10	2	8							2	1	2
电白区							1	1				
高州市							4	3	1			
化州市	2	2										
信宜市												
肇庆市	**4**	**3**	**1**	**3**	**1**	**2**	**4**	**3**	**2**	**4**	**3**	**1**
端州区	3	1	1	2	1	1	3	2	1			
鼎湖区							1		1	1		
广宁县												
怀集县												
封开县												
德庆县	1	1										
高要市												
四会市				1		1				3	3	1
惠州市	**103**	**74**	**29**	**29**	**16**	**13**	**82**	**55**	**27**	**72**	**37**	**35**
惠城区	41	30	11	18	9	10	34	20	14	36	20	16
惠阳区	18	13	5	10	8	3	44	32	12	32	16	16
博罗县	3	3					2	2				
惠东县	21	13	8				2	1	1	4	1	3
龙门县	19	15	4									
梅州市	**3**	**2**	**1**	**1**	**1**		**3**	**1**	**1**			
梅江区				1	1		2	1	1			
梅县区	1	1					1	1				
大埔县	1	1										
丰顺县												
五华县	2	1	1									
平远县												
蕉岭县												
兴宁市												

12-3 续表 10

单位：人

现住地	户口登记地											
	黑龙江			上海			江苏			浙江		
	小计	男	女	小计	男	女	小计	男	女	小计	男	女
江门市	**26**	**15**	**11**	**3**	**3**		**38**	**23**	**15**	**87**	**51**	**36**
蓬江区	5	2	2	1	1		12	7	4	16	11	5
江海区	7	3	4	1	1		1	1		9	6	3
新会区	2	1	1	1	1		17	8	8	24	14	10
台山市	3	2	1				1	1		3	1	2
开平市	2	1	1				1	1		4	2	3
鹤山市	7	6	2	1	1		7	5	2	7	6	2
恩平市										24	12	12
湛江市	**12**	**6**	**6**	**15**	**12**	**2**	**10**	**6**	**5**	**28**	**16**	**12**
赤坎区	4	3	1	1	1	1	4	1	2	4	3	1
霞山区	6	3	3	7	5	2	3	2	1	11	5	6
坡头区										4	2	2
麻章区	2	1	1	3	3		3	2	1			
遂溪县										3	2	1
徐闻县												
廉江市										4	2	1
雷州市				1	1							
吴川市				2	2					3	2	2
茂名市	**9**	**6**	**3**	**6**	**3**	**3**	**2**	**1**	**1**	**4**	**1**	**3**
茂南区	2	2	1	1		1	1		1	1		1
电白区	4	3	1				1	1				
高州市				4	2	2				3	1	2
化州市	2	1	1	1	1							
信宜市												
肇庆市	**6**	**4**	**1**	**7**	**5**	**2**	**9**	**7**	**2**	**18**	**11**	**7**
端州区	4	3	1	3	1	1	1	1		5	2	3
鼎湖区							6	5	1			
广宁县							1	1				
怀集县				1	1							
封开县												
德庆县				1	1					1	1	
高要市												
四会市	1	1		2	1	1	1		1	13	8	4
惠州市	**137**	**71**	**66**	**19**	**12**	**7**	**171**	**113**	**58**	**196**	**121**	**75**
惠城区	57	28	28	11	9	3	89	52	37	68	44	24
惠阳区	62	35	28	3	3	1	62	49	13	54	39	15
博罗县	11	6	5	2	1	1	9	7	2	11	5	5
惠东县	6	2	4	2		2	8	3	4	63	32	31
龙门县	1	1					3	2	1	1	1	
梅州市	**3**	**2**	**1**	**2**	**1**	**1**	**9**	**5**	**4**	**16**	**11**	**5**
梅江区	2	1	1				4	3	1	8	6	3
梅县区				1		1						
大埔县										2	2	
丰顺县							2	1	1			
五华县	1	1								1	1	
平远县												
蕉岭县										1	1	
兴宁市				1	1		2	1	1	4	2	2

12-3 续表 11　　　　　　　　　　　　　　　　　　　　　　　　单位：人

现住地	户口登记地											
	安徽			福建			江西			山东		
	小计	男	女	小计	男	女	小计	男	女	小计	男	女
江门市	**153**	**83**	**71**	**136**	**74**	**61**	**621**	**347**	**275**	**61**	**38**	**23**
蓬江区	69	37	32	52	28	24	210	121	89	38	23	15
江海区	18	9	9	16	12	4	60	36	24	3	2	2
新会区	40	23	17	27	14	13	203	108	95	8	6	3
台山市	5	3	2	4	2	2	16	9	7	1	1	
开平市	7	2	4	15	8	7	44	23	21	3	2	2
鹤山市	13	6	7	22	11	11	84	47	37	6	4	2
恩平市	1	1					4	3	2	1	1	
湛江市	**33**	**16**	**17**	**32**	**18**	**14**	**48**	**27**	**21**	**20**	**13**	**8**
赤坎区	7	2	5	1		1	8	4	4	4	1	3
霞山区	12	7	6	17	11	6	9	6	3	8	6	2
坡头区	3	2	1							2	1	1
麻章区	6	2	3	2	1	1	10	5	5	4	3	1
遂溪县				7	3	3	4	3	2			
徐闻县	2	1	1				8	5	3			
廉江市	2	1	1	5	2	2	4	1	2	2	1	1
雷州市												
吴川市							5	4	2	1	1	
茂名市	**7**	**3**	**4**	**8**	**4**	**4**	**19**	**2**	**17**	**2**		**2**
茂南区	7	3	3	3	2	2	2		2			
电白区				2	1	1	6	1	5	2		2
高州市				3	2	1	4	1	4			
化州市	1		1				2		2			
信宜市							5		5			
肇庆市	**60**	**32**	**28**	**486**	**263**	**223**	**77**	**44**	**33**	**6**	**3**	**3**
端州区	14	7	7	28	16	12	17	8	9	1		1
鼎湖区	3	1	2	1	1		5	3	2			
广宁县							2	1	1			
怀集县	1		1	1	1		1		1			
封开县												
德庆县												
高要市				13	9	5	1		1			
四会市	42	23	19	441	236	206	51	32	19	5	3	2
惠州市	**798**	**447**	**351**	**668**	**406**	**263**	**2509**	**1478**	**1031**	**180**	**122**	**57**
惠城区	274	149	125	270	165	105	1126	658	468	83	57	26
惠阳区	294	169	125	222	135	87	638	397	241	71	49	22
博罗县	69	43	25	102	63	39	469	271	197	21	14	7
惠东县	152	83	69	54	31	23	255	140	115	4	2	2
龙门县	10	4	6	21	11	9	21	12	9			
梅州市	**17**	**10**	**7**	**137**	**73**	**64**	**263**	**123**	**139**	**3**	**1**	**1**
梅江区	5	4	1	36	22	15	119	55	65	2	1	1
梅县区	1	1	1	17	8	9	28	11	17			
大埔县				20	9	11	4	3	2			
丰顺县	2	1	1	8	5	3	36	18	19	1		1
五华县				6	4	2	8	2	5			
平远县	1			5	3	3	34	16	17			
蕉岭县	7	4	3	39	20	19	23	13	11			
兴宁市	1		1	5	1	4	10	6	4			

12-3 续表 12

单位：人

现住地	户口登记地											
	河南			湖北			湖南			广东		
	小计	男	女	小计	男	女	小计	男	女	小计	男	女
江门市	**618**	**329**	**288**	**596**	**322**	**274**	**1851**	**977**	**874**			
蓬江区	236	126	110	223	118	104	617	320	298			
江海区	76	45	31	88	50	38	258	145	113			
新会区	87	45	41	118	72	46	456	257	199			
台山市	68	35	33	26	13	13	88	34	54			
开平市	43	24	19	25	13	12	97	56	41			
鹤山市	86	41	45	114	55	60	317	154	163			
恩平市	22	13	9	2	2		20	12	7			
湛江市	**78**	**40**	**38**	**164**	**115**	**49**	**206**	**103**	**103**			
赤坎区	19	9	10	20	9	11	23	12	11			
霞山区	37	23	14	116	89	27	93	46	48			
坡头区	2	1	1	2	1	1	19	10	9			
麻章区	11	3	8	5	2	2	36	19	16			
遂溪县				2	2		4	4				
徐闻县	3	1	2	1		1	14	7	7			
廉江市				9	5	4	12	2	10			
雷州市	5	3	3	9	6	2	3		3			
吴川市				1	1		3	3				
茂名市	**18**	**2**	**16**	**26**	**9**	**17**	**50**	**24**	**26**			
茂南区	15	2	13	20	9	11	32	19	13			
电白区	2		2	2		2	5		5			
高州市	2	1	1	2		2	6	3	3			
化州市				2		2	2		2			
信宜市							5	2	3			
肇庆市	**262**	**160**	**103**	**158**	**92**	**65**	**705**	**394**	**311**			
端州区	31	15	16	26	13	12	86	42	45			
鼎湖区	11	5	6	3	2	1	23	9	14			
广宁县				1		1						
怀集县	1	1	1				6	1	5			
封开县	4	2	1	1		1						
德庆县				3	2	1	8	4	4			
高要市	18	12	6	4	4	1	45	23	22			
四会市	197	125	73	119	72	47	537	315	222			
惠州市	**2559**	**1526**	**1032**	**3025**	**1742**	**1283**	**5867**	**3390**	**2477**			
惠城区	1272	717	555	1581	874	707	2471	1417	1055			
惠阳区	815	527	288	782	496	286	1544	941	604			
博罗县	368	216	152	465	258	207	1133	619	514			
惠东县	87	56	31	182	107	75	605	352	253			
龙门县	17	11	6	14	7	7	113	61	52			
梅州市	**18**	**11**	**7**	**49**	**19**	**30**	**61**	**21**	**40**			
梅江区	4	4	1	19	8	11	25	11	15			
梅县区	2	1	2	1		1	7	2	5			
大埔县	1		1				1		1			
丰顺县	5	5	1	8	3	6	7	2	5			
五华县				6	2	4	7	3	4			
平远县	1		1	3		2	2	1	1			
蕉岭县	3	2	2	1		1	3	1	2			
兴宁市	1		1	12	5	6	7	1	6			

12-3 续表 13

单位：人

现住地	户口登记地											
	广西			海南			重庆			四川		
	小计	男	女	小计	男	女	小计	男	女	小计	男	女
江门市	**3749**	**2091**	**1658**	**78**	**40**	**38**	**651**	**344**	**306**	**1455**	**815**	**639**
蓬江区	1314	703	610	27	12	16	195	97	98	522	290	232
江海区	408	226	183	7	4	3	109	60	48	287	163	124
新会区	748	440	309	13	8	6	131	70	61	277	148	129
台山市	157	80	77	5	2	3	53	26	27	141	76	66
开平市	410	223	186	12	7	5	88	49	38	72	48	24
鹤山市	590	331	259	12	7	5	71	39	31	136	79	57
恩平市	122	88	34	2	1	1	4	3	1	19	11	8
湛江市	**493**	**221**	**272**	**79**	**38**	**41**	**56**	**28**	**28**	**124**	**65**	**59**
赤坎区	42	19	23	5	1	5	19	11	9	23	13	10
霞山区	94	47	47	13	8	6	29	13	16	74	37	38
坡头区	6	2	4	4	1	3	2	1	1			
麻章区	5	3	2	3	2	1	4	3	1	13	9	3
遂溪县	23	5	19	2		2	2	1	1	2	1	1
徐闻县	72	37	35	22	11	12				1		1
廉江市	156	61	94	1		1				1		1
雷州市	24	9	14	23	15	7				1		1
吴川市	71	37	34	6	1	5				8	5	4
茂名市	**391**	**165**	**226**	**90**	**50**	**40**	**10**	**4**	**5**	**75**	**36**	**40**
茂南区	179	95	84	17	7	10	4	3	1	56	28	29
电白区	48	16	32	37	19	18	2		2	2		2
高州市	90	39	51	9	5	4	1		1	16	6	10
化州市	36	13	23							2	2	
信宜市	38	2	35	27	19	8	2	1	2			
肇庆市	**869**	**468**	**401**	**25**	**13**	**12**	**199**	**116**	**83**	**468**	**269**	**199**
端州区	137	72	65	9	5	4	20	8	12	136	69	66
鼎湖区	79	35	44	4	2	2	3	1	2	25	11	14
广宁县	6	1	5							2	1	1
怀集县	14	2	12	1		1	2	1	1			
封开县	21	9	12				1		1	2	1	1
德庆县	15	3	12							2	1	
高要市	42	21	21	2		2	10	7	2	52	25	28
四会市	555	326	229	8	5	3	163	98	64	249	160	89
惠州市	**2844**	**1677**	**1166**	**203**	**114**	**90**	**1793**	**1048**	**745**	**3793**	**2128**	**1665**
惠城区	1039	599	441	101	61	40	957	546	411	1430	809	621
惠阳区	833	508	324	54	27	27	422	259	163	1078	632	446
博罗县	750	454	296	38	21	17	277	165	112	439	244	196
惠东县	187	101	86	9	4	4	124	70	54	800	415	385
龙门县	35	15	20	2		2	14	10	4	47	29	18
梅州市	**49**	**12**	**37**	**25**	**13**	**12**	**13**	**5**	**8**	**41**	**19**	**22**
梅江区	13	5	8	5	3	2	9	4	6	15	8	6
梅县区	3		3	2	1	1	2		2	1		1
大埔县	4	1	3	3	2	1	1	1		3	1	2
丰顺县	7		7	4	1	2				11	5	6
五华县	5	3	2							1	1	
平远县	9	1	8				1	1		5	3	2
蕉岭县	2		2	1	1					1		1
兴宁市	7	2	5	11	5	5				5	1	4

12-3 续表 14 单位：人

现住地	户口登记地											
	贵州			云南			西藏			陕西		
	小计	男	女	小计	男	女	小计	男	女	小计	男	女
江门市	**949**	**506**	**443**	**426**	**238**	**188**				**136**	**84**	**53**
蓬江区	347	195	153	91	54	37				89	56	33
江海区	178	94	84	37	21	16				18	11	7
新会区	221	121	100	103	55	47				9	7	3
台山市	49	27	23	29	15	14				3	2	1
开平市	63	27	36	17	10	7				6	3	3
鹤山市	83	40	43	103	59	44				9	4	5
恩平市	7	3	4	47	24	23				2	1	
湛江市	**102**	**55**	**47**	**96**	**67**	**30**				**12**	**7**	**5**
赤坎区	9	4	5	4	2	1				2	1	1
霞山区	40	23	18	77	57	20				7	3	3
坡头区	1	1	1	2	1	1						
麻章区	8	5	3	1	1	1				1	1	1
遂溪县	3		3							1	1	
徐闻县	11	6	5							1	1	
廉江市	12	6	6	6	2	4						
雷州市	9	6	2									
吴川市	8	4	4	7	3	3						
茂名市	**48**	**7**	**41**	**45**	**9**	**36**				**2**	**1**	**2**
茂南区	16	3	13	11	2	8				1	1	
电白区	20	1	19	25	5	20						
高州市	10	3	7	5		5						
化州市				2	2							
信宜市	2		2	2		2				2		2
肇庆市	**358**	**184**	**175**	**75**	**43**	**32**				**24**	**14**	**10**
端州区	109	50	58	9	4	5				4	2	2
鼎湖区	18	4	14	2	1					1		
广宁县										1	1	
怀集县												
封开县	1		1									
德庆县	1		1							1	1	
高要市	13	5	8							1	1	
四会市	217	124	93	64	38	26				15	8	7
惠州市	**1731**	**1013**	**718**	**974**	**606**	**368**				**516**	**308**	**208**
惠城区	547	313	234	378	244	135				220	121	100
惠阳区	523	323	199	324	193	131				188	122	66
博罗县	353	204	149	221	139	82				74	46	29
惠东县	290	162	127	47	28	19				32	20	12
龙门县	18	10	8	3	2	1				1		1
梅州市	**16**	**7**	**9**	**11**	**4**	**7**				**5**	**2**	**3**
梅江区	7	4	4	6	1	4				2	1	1
梅县区	2		2	1	1							
大埔县												
丰顺县	3	2	1	1		1				2		2
五华县				1		1						
平远县	2	1	1							1		
蕉岭县				2	2							
兴宁市	2		2									

12-3 续表 15　　　　单位：人

现住地	户口登记地											
	甘肃			青海			宁夏			新疆		
	小计	男	女	小计	男	女	小计	男	女	小计	男	女
江门市	**24**	**10**	**13**	**4**	**4**	**1**	**1**	**1**		**11**	**5**	**6**
蓬江区	13	5	8							1	1	
江海区	4	3	2	4	4	1	1	1		1	1	
新会区	4	2	2									
台山市										3	1	2
开平市	2	1	1							5	3	3
鹤山市	1		1							2		2
恩平市												
湛江市	**4**	**1**	**2**				**1**		**1**	**1**	**1**	
赤坎区	2	1	1				1		1	1	1	
霞山区	1	1										
坡头区												
麻章区	1		1									
遂溪县												
徐闻县												
廉江市												
雷州市												
吴川市												
茂名市	**1**		**1**									
茂南区	1		1									
电白区												
高州市												
化州市												
信宜市												
肇庆市	**2**	**2**					**1**	**1**		**1**	**1**	**1**
端州区							1	1		1	1	1
鼎湖区												
广宁县												
怀集县	1	1										
封开县												
德庆县												
高要市												
四会市	1	1										
惠州市	**148**	**95**	**53**	**21**	**13**	**8**	**6**	**4**	**1**	**13**	**7**	**6**
惠城区	74	47	27	11	7	4	6	4	1	7	4	3
惠阳区	54	36	18	3	1	2				5	3	3
博罗县	14	9	5									
惠东县	4	3	1	7	5	2				1		1
龙门县	2	1	1									
梅州市	**4**	**1**	**3**	**1**						**5**	**2**	**2**
梅江区	4	1	2							3	1	1
梅县区										1		1
大埔县												
丰顺县												
五华县												
平远县				1								
蕉岭县	1		1									
兴宁市										1	1	

12-3 续表 16

单位：人

现住地	户口登记地											
	合计			北京			天津			河北		
	合计	男	女	小计	男	女	小计	男	女	小计	男	女
汕尾市	**861**	**478**	**384**									
城区	342	198	144									
海丰县	446	234	212									
陆河县	2	1	1									
陆丰市	70	44	26									
河源市	**1860**	**1020**	**839**	**2**		**1**				**7**	**3**	**4**
源城区	1213	685	527							4	2	2
紫金县	145	79	66							2	1	1
龙川县	168	91	77	1		1				1	1	1
连平县	55	19	36									
和平县	55	28	27									
东源县	225	118	107									
阳江市	**990**	**599**	**391**	**3**	**3**	**1**	**1**	**1**		**8**	**4**	**4**
江城区	440	273	166	1	1					4	1	3
阳西县	84	43	42	1		1						
阳东县	377	248	129	2	2		1	1		5	3	1
阳春市	89	35	55									
清远市	**3109**	**1681**	**1428**	**3**		**3**	**1**		**1**	**25**	**15**	**9**
清城区	1570	922	648	1		1				13	8	5
清新区	386	210	176							4	2	1
佛冈县	143	85	58	1		1						
阳山县	51	22	29							2	2	1
连山壮族瑶族自治县	21	9	12									
连南瑶族自治县	53	26	27							2	1	
英德市	757	351	406	2		2	1		1	4	2	2
连州市	128	57	71							1	1	
东莞市	**134260**	**78591**	**55669**	**46**	**39**	**7**	**20**	**12**	**8**	**396**	**240**	**156**
中山市	**36042**	**20558**	**15483**	**21**	**10**	**11**	**21**	**19**	**2**	**120**	**73**	**47**
潮州市	**2313**	**1384**	**929**	**1**	**1**					**5**	**4**	**1**
湘桥区	1239	709	530							2	2	
潮安区	1018	650	367	1	1					4	3	1
饶平县	56	25	31									
揭阳市	**1095**	**582**	**512**							**14**	**8**	**6**
榕城区	186	129	57									
揭东区	340	183	157									
揭西县	37	14	23									
惠来县	25	12	13									
普宁市	506	244	262							14	8	6
云浮市	**924**	**496**	**427**	**3**	**2**	**1**				**7**	**5**	**2**
云城区	261	148	114							6	4	2
云安区	89	52	37	2	1	1				1	1	
新兴县	348	223	124	1	1					1	1	1
郁南县	110	33	77									
罗定市	116	40	76									

12-3 续表 17　　单位：人

现住地	户口登记地											
	山西			内蒙古			辽宁			吉林		
	小计	男	女	小计	男	女	小计	男	女	小计	男	女
汕尾市	**2**	**1**	**1**				**2**	**1**	**1**			
城区	2	1	1				2	1	1			
海丰县												
陆河县												
陆丰市												
河源市	**4**	**2**	**1**	**3**	**3**		**1**	**1**		**1**	**1**	
源城区	3	1	1	2	2					1	1	
紫金县				1	1							
龙川县	1	1		1	1		1	1		1	1	
连平县												
和平县												
东源县												
阳江市	**2**	**1**	**1**	**5**	**3**	**2**	**2**	**1**	**1**	**1**		**1**
江城区												
阳西县												
阳东县	2	1	1	2	2		2	1	1			
阳春市				2	1	2				1		1
清远市	**11**	**5**	**7**	**23**	**13**	**10**	**6**	**4**	**2**	**11**	**4**	**6**
清城区	4	1	3	21	13	9	5	4	1	3	2	1
清新区	2		2				1		1	7	2	5
佛冈县	1		1							1		1
阳山县												
连山壮族瑶族自治县												
连南瑶族自治县												
英德市	4	3	1	2		2						
连州市	1	1										
东莞市	**239**	**149**	**90**	**54**	**32**	**21**	**163**	**101**	**62**	**257**	**155**	**102**
中山市	**118**	**90**	**27**	**8**	**3**	**5**	**103**	**64**	**39**	**61**	**37**	**24**
潮州市	**5**	**1**	**5**	**1**		**1**						
湘桥区	5	1	5									
潮安区				1		1						
饶平县												
揭阳市							**14**	**10**	**4**	**3**	**2**	**2**
榕城区												
揭东区							2	1	1			
揭西县												
惠来县												
普宁市							12	9	3	3	2	2
云浮市	**2**	**1**	**1**	**1**	**1**		**4**	**3**	**1**	**4**	**3**	**1**
云城区	2	1	1				2	1	1			
云安区				1	1		1	1		3	3	1
新兴县												
郁南县	1		1							1		1
罗定市							2	1	1			

12-3 续表 18

单位：人

现住地	户口登记地											
	黑龙江			上海			江苏			浙江		
	小计	男	女	小计	男	女	小计	男	女	小计	男	女
汕尾市							**1**		**1**	**5**	**3**	**2**
城区							1		1			
海丰县										5	3	2
陆河县												
陆丰市												
河源市	**7**	**5**	**2**	**3**	**3**		**10**	**7**	**3**	**9**	**5**	**4**
源城区	4	3	1				6	4	2	4	3	1
紫金县				3	3		5	4	1	1	1	
龙川县	2	1	1							1	1	
连平县										1	1	
和平县										1		1
东源县	1	1	1							2		2
阳江市				**3**	**2**	**1**	**16**	**14**	**3**	**6**	**4**	**3**
江城区							2	1	1	4	2	2
阳西县							10	9	1			
阳东县							2	2		3	2	1
阳春市				3	2	1	3	2	1			
清远市	**6**	**6**		**6**	**4**	**3**	**18**	**8**	**10**	**38**	**23**	**15**
清城区	2	2					6	3	3	13	8	5
清新区	3	3		1	1		1		1	12	8	4
佛冈县	1	1		1		1	2	1	1	2	2	1
阳山县				1		1	2	2	1	1		1
连山壮族瑶族自治县												
连南瑶族自治县							1					
英德市				2	2	1	6	2	4	11	6	6
连州市				1	1		1	1	1			
东莞市	**422**	**249**	**173**	**33**	**24**	**8**	**581**	**369**	**212**	**690**	**403**	**287**
中山市	**136**	**78**	**58**	**27**	**15**	**12**	**144**	**97**	**47**	**255**	**155**	**100**
潮州市				**1**	**1**		**3**	**3**		**20**	**8**	**12**
湘桥区							2	2		3	1	2
潮安区							1	1		12	6	6
饶平县				1	1					4	1	3
揭阳市	**1**	**1**		**9**	**3**	**6**	**8**	**5**	**3**	**25**	**12**	**13**
榕城区				1	1							
揭东区										6	3	3
揭西县				7	2	5				1		1
惠来县	1	1		1		1						
普宁市							8	5	3	18	9	9
云浮市	**4**	**4**	**1**	**5**	**3**	**2**	**3**	**1**	**2**	**7**	**4**	**3**
云城区	1		1							3	2	1
云安区	4	4		1	1		1	1				
新兴县										4	3	1
郁南县				1		1				1		1
罗定市				4	2	2	2		2			

12-3 续表 19 单位：人

现住地	户口登记地											
	安徽			福建			江西			山东		
	小计	男	女	小计	男	女	小计	男	女	小计	男	女
汕尾市	**24**	**13**	**11**	**34**	**24**	**10**	**42**	**22**	**19**			
城区	3	2	1	10	10		17	10	6			
海丰县	17	10	7	24	14	10	21	9	12			
陆河县	2	1	1									
陆丰市	2	1	1				4	3	1			
河源市	**38**	**20**	**18**	**52**	**27**	**25**	**250**	**140**	**110**	**6**	**4**	**2**
源城区	22	10	12	29	17	12	160	93	67	4	3	1
紫金县	1	1		1		1	26	15	11			
龙川县	9	6	3	12	6	6	21	10	11			
连平县	1	1		6	1	4	6	2	4			
和平县	2	1	1	1			14	8	5			
东源县	4	1	2	4	2	1	23	11	12	1	1	1
阳江市	**7**	**5**	**2**	**5**	**5**		**41**	**28**	**13**	**11**	**11**	
江城区	3	2	1	5	5		21	16	6	1	1	
阳西县							4	1	2	6	6	
阳东县	3	3		1	1		14	9	5	4	4	
阳春市	1		1				2	2	1			
清远市	**62**	**37**	**25**	**51**	**28**	**23**	**302**	**179**	**124**	**16**	**13**	**3**
清城区	34	19	14	18	11	8	180	115	65	10	8	2
清新区	14	9	5	7	5	2	14	6	8	2	2	
佛冈县	2	2	1	4	2	2	15	10	5			
阳山县	2	1	1				3	2	1			
连山壮族瑶族自治县												
连南瑶族自治县	1			1			2	1	1			
英德市	8	5	3	19	9	11	83	45	39	2	1	1
连州市	2	1	1	2	2	1	6	1	5	2	2	
东莞市	**2734**	**1624**	**1110**	**2235**	**1304**	**932**	**11600**	**6792**	**4809**	**583**	**372**	**211**
中山市	**397**	**227**	**171**	**485**	**289**	**195**	**2781**	**1612**	**1169**	**110**	**71**	**39**
潮州市	**110**	**60**	**50**	**195**	**114**	**81**	**512**	**321**	**191**	**3**	**2**	**1**
湘桥区	46	15	31	78	47	31	154	94	60	2	1	1
潮安区	64	45	19	101	61	39	351	222	129			
饶平县				17	6	11	6	4	2	1	1	
揭阳市	**68**	**38**	**30**	**48**	**26**	**21**	**371**	**221**	**151**	**5**	**2**	**3**
榕城区	1	1		6	4	2	128	95	32			
揭东区	7	4	3	12	7	5	144	76	68			
揭西县	1	1					2		2			
惠来县	9	5	4	5	3	2				1	1	
普宁市	50	27	23	24	12	12	98	50	48	5	2	3
云浮市	**11**	**4**	**7**	**15**	**8**	**6**	**32**	**18**	**14**	**8**	**7**	**2**
云城区	3	2	2	8	4	4	17	11	7	8	6	2
云安区	1		1	3	2	1	1		1	1	1	
新兴县				1		1	7	4	3			
郁南县	3	1	2	1	1		4	2	2			
罗定市	4	2	2	1	1		2	1	2			

12-3 续表 20 单位：人

现住地	户口登记地											
	河南			湖北			湖南			广东		
	小计	男	女	小计	男	女	小计	男	女	小计	男	女
汕尾市	**29**	**14**	**15**	**39**	**21**	**18**	**81**	**43**	**38**			
城区	12	7	6	14	9	5	25	16	9			
海丰县	7	5	3	22	10	12	45	19	26			
陆河县												
陆丰市	9	3	6	2	1	1	11	8	3			
河源市	**141**	**84**	**57**	**132**	**72**	**60**	**395**	**212**	**184**			
源城区	92	55	37	108	63	45	248	140	108			
紫金县	13	8	6				47	25	21			
龙川县	24	16	7	5	3	2	36	18	18			
连平县				7	1	6	18	6	12			
和平县	3	2		1		1	5	2	3			
东源县	10	4	6	11	5	6	43	21	21			
阳江市	**32**	**22**	**9**	**26**	**14**	**12**	**179**	**117**	**62**			
江城区	11	5	5	17	9	9	108	76	32			
阳西县	6	6		1		1	6	3	4			
阳东县	11	8	3	8	5	3	43	30	13			
阳春市	3	2	1				22	8	13			
清远市	**252**	**140**	**112**	**174**	**105**	**70**	**1097**	**582**	**514**			
清城区	132	73	59	89	54	35	562	312	250			
清新区	57	32	25	10	6	4	141	75	67			
佛冈县	6	3	3	13	10	3	38	23	15			
阳山县	2	2		2	2		13	4	9			
连山壮族瑶族自治县				1		1	11	6	5			
连南瑶族自治县	1			2		1	29	15	14			
英德市	48	27	21	51	28	23	235	117	118			
连州市	6	3	3	7	4	3	68	31	37			
东莞市	**9752**	**5785**	**3968**	**13181**	**7801**	**5380**	**34290**	**19758**	**14532**			
中山市	**1816**	**999**	**817**	**2760**	**1524**	**1236**	**7320**	**4213**	**3107**			
潮州市	**62**	**41**	**21**	**82**	**45**	**37**	**311**	**199**	**112**			
湘桥区	39	24	15	56	31	25	200	117	83			
潮安区	18	14	4	23	14	9	102	78	24			
饶平县	5	3	2	3		3	9	4	4			
揭阳市	**18**	**12**	**6**	**57**	**31**	**27**	**74**	**28**	**46**			
榕城区	1	1		4	2	2	2	2				
揭东区	5	3	2	8	3	5	25	11	14			
揭西县	4	3	1				9	2	7			
惠来县							3	1	2			
普宁市	8	5	3	45	26	20	35	12	23			
云浮市	**45**	**31**	**14**	**46**	**27**	**20**	**101**	**53**	**48**			
云城区	14	10	4	13	6	7	32	17	15			
云安区	3	2	1	5	4	1	9	6	3			
新兴县	18	11	7	21	13	8	32	19	13			
郁南县	3	1	1	3	1	2	10	4	6			
罗定市	7	6	1	4	2	2	17	6	11			

12-3 续表 21

单位：人

现住地	户口登记地											
	广西			海南			重庆			四川		
	小计	男	女	小计	男	女	小计	男	女	小计	男	女
汕尾市	**61**	**34**	**27**	**14**	**5**	**9**	**137**	**73**	**64**	**277**	**148**	**130**
城区	15	8	6	1		1	59	30	30	172	96	76
海丰县	45	26	19	3	1	2	78	43	34	104	51	53
陆河县												
陆丰市	1		1	11	4	6				1	1	1
河源市	**204**	**108**	**95**	**23**	**12**	**11**	**62**	**32**	**30**	**339**	**188**	**151**
源城区	99	57	42	5	3	2	37	21	16	268	150	119
紫金县	11	4	7	9	5	5	4	2	2	13	7	6
龙川县	20	6	14	3	1	2	3	2	1	15	8	7
连平县	7	3	4				1		1	5	2	3
和平县	13	4	9	1	1		4	1	2	8	5	3
东源县	54	34	20	5	2	3	13	6	7	30	16	14
阳江市	**276**	**156**	**121**	**17**	**10**	**7**	**78**	**38**	**40**	**64**	**39**	**25**
江城区	102	59	43	13	8	5	47	23	23	29	19	9
阳西县	22	5	17	2		2	1	1		4	1	3
阳东县	128	81	47	1	1		27	13	14	20	16	3
阳春市	24	10	14	2	2	1	3	1	3	11	2	9
清远市	**443**	**205**	**238**	**41**	**17**	**24**	**78**	**45**	**33**	**193**	**110**	**83**
清城区	179	110	69	17	10	8	26	17	9	94	58	36
清新区	48	23	25	3	1	2	5	2	2	22	14	8
佛冈县	26	17	9	1		1	3	1	2	15	7	8
阳山县	18	7	11	1		1				2		2
连山壮族瑶族自治县	7	2	5									
连南瑶族自治县	10	5	5				1	1		3	1	2
英德市	136	36	100	14	3	11	41	23	18	53	29	25
连州市	20	5	15	5	3	2	1		1	3	1	2
东莞市	**23046**	**13349**	**9697**	**639**	**406**	**233**	**5716**	**3346**	**2370**	**13498**	**7845**	**5654**
中山市	**9888**	**5608**	**4280**	**212**	**121**	**91**	**1334**	**754**	**580**	**5186**	**2922**	**2264**
潮州市	**66**	**36**	**29**	**20**	**10**	**10**	**263**	**160**	**103**	**312**	**180**	**132**
湘桥区	25	15	10	9	5	5	211	126	85	174	101	73
潮安区	40	22	18	9	4	5	52	34	18	134	78	56
饶平县	1		1	1	1					5	1	3
揭阳市	**58**	**24**	**34**	**25**	**12**	**13**	**57**	**30**	**27**	**145**	**72**	**73**
榕城区	4	2	2	5	2	3	6	4	2	9	6	3
揭东区	28	15	14	4	2	2	14	6	8	26	16	10
揭西县	2	1	1	8	5	3				1		1
惠来县	2		2							1		1
普宁市	22	6	15	8	3	5	36	20	17	107	50	57
云浮市	**376**	**186**	**190**	**15**	**6**	**10**	**29**	**15**	**14**	**75**	**42**	**33**
云城区	86	48	38	3	1	2	5	4	1	39	21	18
云安区	27	12	15	1						2		2
新兴县	150	101	49	4	3	1	19	10	9	20	15	5
郁南县	68	15	53	1		1	1		1	6	4	2
罗定市	45	9	35	7	2	6	4	1	3	7	2	6

12-3 续表 22

单位：人

现住地	户口登记地											
	贵州			云南			西藏			陕西		
	小计	男	女	小计	男	女	小计	男	女	小计	男	女
汕尾市	**69**	**40**	**30**	**37**	**29**	**7**				**8**	**6**	**2**
城区	2	1	1	3	3					5	4	1
海丰县	67	38	29	7	5	3				1	1	
陆河县												
陆丰市	1	1		26	22	4				1	1	1
河源市	**106**	**51**	**55**	**29**	**16**	**13**				**25**	**14**	**11**
源城区	78	36	42	20	12	8				15	8	7
紫金县	7	3	4	1		1				2	1	1
龙川县	4	2	3	1	1					4	2	1
连平县	1	1								2	1	1
和平县	1	1								2	1	1
东源县	16	9	7	8	4	4				2	1	1
阳江市	**97**	**57**	**40**	**88**	**49**	**39**				**16**	**13**	**4**
江城区	36	25	11	34	20	15				2	1	1
阳西县	17	7	10	6	3	3						
阳东县	35	22	13	46	26	19				15	12	3
阳春市	9	3	5	2		2						
清远市	**161**	**85**	**76**	**38**	**20**	**18**				**38**	**27**	**11**
清城区	104	56	48	27	16	11				21	18	3
清新区	17	10	7	6	4	2				6	2	5
佛冈县	12	6	5							1	1	
阳山县	2	1	2									
连山壮族瑶族自治县				1		1						
连南瑶族自治县										1		1
英德市	24	10	13	3		3				8	6	2
连州市	2	1	1	2	1	1				1	1	
东莞市	**7416**	**4342**	**3073**	**3621**	**2178**	**1443**				**2382**	**1528**	**854**
中山市	**1661**	**926**	**736**	**591**	**373**	**218**	**2**	**2**		**342**	**199**	**143**
潮州市	**316**	**189**	**127**	**11**	**5**	**6**				**6**	**5**	**1**
湘桥区	214	123	91	8	3	5				3	3	
潮安区	100	65	35	3	1	2				3	2	1
饶平县	2	1	1	1	1							
揭阳市	**82**	**40**	**42**	**5**	**1**	**4**				**7**	**4**	**3**
榕城区	18	8	9							1		1
揭东区	49	30	18	2	1	1				6	4	2
揭西县	1		1	1		1						
惠来县	2	1	1									
普宁市	12		12	2		2						
云浮市	**92**	**44**	**48**	**29**	**24**	**5**				**6**	**4**	**2**
云城区	13	4	8	3	3					1	1	
云安区	18	9	10	3	3	1				3	1	2
新兴县	49	26	23	19	17	2				1	1	
郁南县	4	1	3	3	1	1				1	1	
罗定市	8	4	4	1		1				2	2	

12-3 续表 23　　单位：人

现住地	户口登记地											
	甘肃			青海			宁夏			新疆		
	小计	男	女	小计	男	女	小计	男	女	小计	男	女
汕尾市												
城区												
海丰县												
陆河县												
陆丰市												
河源市	**8**	**6**	**2**	**3**	**1**	**1**	**1**	**1**				
源城区	3	1	2	3	1	1	1	1				
紫金县												
龙川县	5	5										
连平县												
和平县												
东源县												
阳江市	**3**	**3**	**1**	**1**	**1**							
江城区												
阳西县												
阳东县	3	3	1	1	1							
阳春市												
清远市	**3**	**2**	**1**	**3**	**1**	**2**	**3**	**2**	**2**	**6**	**4**	**2**
清城区	2	2		3	1	2				6	4	2
清新区							3	2	2			
佛冈县												
阳山县												
连山壮族瑶族自治县												
连南瑶族自治县												
英德市	1		1									
连州市												
东莞市	**557**	**323**	**234**	**34**	**25**	**9**	**25**	**14**	**12**	**49**	**28**	**22**
中山市	**87**	**49**	**38**	**13**	**6**	**6**	**26**	**11**	**15**	**18**	**10**	**8**
潮州市	**8**		**8**							**1**		**1**
湘桥区	8		8									
潮安区										1		1
饶平县												
揭阳市	**2**	**2**										
榕城区												
揭东区												
揭西县												
惠来县												
普宁市	2	2										
云浮市	**3**	**2**	**2**							**1**	**1**	
云城区	3	2	2									
云安区										1	1	
新兴县												
郁南县												
罗定市												

12-4 全省按现住地、离开户口登记地时间分的户口登记地在外乡镇街道的人口

单位：人

现住地	离开户口登记地时间							
	合计							
	合计	半年至一年	一年至二年	二年至三年	三年至四年	四年至五年	五年至十年	十年以上
全省	**1036313**	**85211**	**135705**	**116606**	**90473**	**126806**	**235824**	**245688**
广州市	**185186**	**14107**	**25489**	**21963**	**15331**	**22809**	**40716**	**44772**
荔湾区	12046	732	956	1164	972	1177	3222	3822
越秀区	10162	822	1219	1105	713	1391	2280	2632
海珠区	24531	2063	3446	2347	1820	3281	5367	6207
天河区	27704	2199	4488	3694	2500	3346	5832	5647
白云区	42877	3308	5770	5286	3315	5251	9057	10890
黄埔区	8223	406	1023	977	935	1212	2140	1530
番禺区	25158	2131	3655	3235	2015	2794	5349	5979
花都区	10004	699	1181	1192	833	1332	2196	2572
南沙区	7440	676	1114	850	632	985	1600	1582
萝岗区	5744	468	1416	762	548	774	995	780
从化区	2462	161	236	246	164	311	619	725
增城区	8835	442	986	1105	883	954	2058	2406
韶关市	**12280**	**838**	**1334**	**1481**	**1002**	**1543**	**2762**	**3320**
武江区	2224	140	197	248	186	384	462	608
浈江区	3151	156	276	333	333	282	742	1029
曲江区	1696	154	229	355	87	149	337	385
始兴县	415	18	154	36	29	52	78	48
仁化县	840	51	72	88	67	105	176	280
翁源县	298	12	31	25	24	24	69	113
乳源瑶族自治县	605	68	53	73	39	61	71	240
新丰县	494	43	44	54	41	41	127	144
乐昌市	1119	104	138	129	104	161	254	229
南雄市	1438	93	140	140	92	283	445	245
深圳市	**271391**	**21094**	**37921**	**31751**	**25789**	**33428**	**61854**	**59555**
罗湖区	22207	1022	2046	2255	1970	2542	5776	6594
福田区	28729	1543	3477	2997	2566	3749	7519	6878
南山区	23841	1673	2336	2223	1978	2537	5974	7120
宝安区	127165	11545	21500	17055	13004	16333	27132	20596
龙岗区	64269	5048	8028	6767	5824	7575	14136	16891
盐田区	5181	263	533	454	446	691	1317	1476
珠海市	**22453**	**2149**	**2678**	**1873**	**2068**	**2516**	**4999**	**6169**
香洲区	13823	1420	1633	1150	1183	1629	3175	3633
斗门区	4318	354	549	376	358	514	945	1222
金湾区	4312	375	496	347	527	374	879	1314
汕头市	**15373**	**1205**	**1692**	**1377**	**1058**	**1854**	**4205**	**3982**
龙湖区	3799	243	416	368	223	436	1119	993
金平区	4965	282	452	370	396	619	1335	1511
濠江区	598	167	207	14	7	37	66	100
潮阳区	1414	128	61	106	121	194	346	459
潮南区	2284	218	280	204	136	386	775	286
澄海区	2262	162	267	310	169	178	553	624
南澳县	50	5	10	4	5	4	11	11
佛山市	**108552**	**9265**	**14119**	**12104**	**9047**	**13537**	**25973**	**24508**
禅城区	14673	1158	1829	1653	1226	2173	3218	3416
南海区	43818	4148	5982	4438	3570	5959	10355	9365
顺德区	38046	3026	4523	4544	3139	4151	9450	9214
三水区	7483	685	1197	971	715	719	1777	1419
高明区	4531	248	588	498	396	534	1173	1094

12-4 续表 1

单位：人

现住地	离开户口登记地时间							
	省内							
	小计	半年至一年	一年至二年	二年至三年	三年至四年	四年至五年	五年至十年	十年以上
全省	**466872**	**33731**	**56846**	**50901**	**37000**	**54083**	**104515**	**129796**
广州市	**104184**	**7141**	**13324**	**12180**	**7800**	**11673**	**22349**	**29718**
荔湾区	8508	519	623	853	697	697	2139	2982
越秀区	6805	485	795	680	450	921	1517	1956
海珠区	16431	1041	2231	1458	1022	1964	3680	5035
天河区	17690	1400	2804	2341	1494	2061	3549	4042
白云区	23882	1668	3051	3270	1528	2436	4686	7244
黄埔区	3832	207	476	420	379	469	1001	880
番禺区	10998	814	1368	1409	872	1198	2376	2961
花都区	5178	299	530	524	420	594	1108	1704
南沙区	2502	200	404	285	223	316	454	620
萝岗区	2051	177	417	256	204	302	372	323
从化区	2011	127	186	193	136	246	499	623
增城区	4296	205	438	490	378	468	968	1349
韶关市	**9854**	**677**	**1086**	**1251**	**779**	**1203**	**2161**	**2696**
武江区	1748	111	158	218	149	275	337	501
浈江区	2392	113	216	254	254	202	555	798
曲江区	1382	133	189	333	65	121	246	294
始兴县	337	13	141	26	19	39	61	38
仁化县	659	41	49	69	47	86	141	226
翁源县	256	10	27	19	19	24	58	99
乳源瑶族自治县	498	58	44	61	31	38	53	212
新丰县	406	31	34	46	38	38	99	121
乐昌市	941	89	112	118	83	135	212	192
南雄市	1235	78	115	107	74	245	399	217
深圳市	**98626**	**5991**	**11783**	**10306**	**8128**	**11578**	**22803**	**28037**
罗湖区	11453	488	992	1129	963	1302	2824	3754
福田区	13865	647	1476	1380	1233	1791	3566	3773
南山区	9457	546	861	933	702	888	2115	3411
宝安区	37391	2876	5660	4340	3202	4683	8343	8288
龙岗区	24104	1315	2554	2323	1844	2640	5400	8028
盐田区	2356	119	239	201	185	275	554	783
珠海市	**10807**	**781**	**1408**	**861**	**1031**	**1171**	**2323**	**3231**
香洲区	6948	531	892	546	571	828	1583	1997
斗门区	2147	137	305	165	157	219	469	695
金湾区	1711	113	211	151	303	124	271	539
汕头市	**10669**	**851**	**1173**	**909**	**686**	**1065**	**2731**	**3253**
龙湖区	2636	164	316	246	137	268	720	785
金平区	4188	225	332	329	330	497	1123	1353
濠江区	521	148	197	7	5	32	57	74
潮阳区	1044	112	46	68	77	102	260	379
潮南区	823	120	132	92	45	72	201	160
澄海区	1416	78	142	163	87	91	363	493
南澳县	40	4	8	3	5	3	7	9
佛山市	**40593**	**3222**	**5391**	**4638**	**3270**	**4741**	**9284**	**10046**
禅城区	8429	593	1076	947	709	1208	1847	2048
南海区	16067	1554	2022	1554	1236	1994	3963	3743
顺德区	10851	712	1475	1466	891	1100	2417	2791
三水区	3235	252	560	490	254	256	625	797
高明区	2011	111	258	180	180	183	431	667

12-4 续表 2

单位：人

现住地	离开户口登记地时间							
	省外							
	小计	半年至一年	一年至二年	二年至三年	三年至四年	四年至五年	五年至十年	十年以上
全 省	**569441**	**51480**	**78859**	**65705**	**53472**	**72723**	**131309**	**115892**
广州市	**81002**	**6965**	**12166**	**9783**	**7531**	**11136**	**18367**	**15055**
荔湾区	3538	213	334	312	276	481	1083	840
越秀区	3358	337	424	425	263	470	764	676
海珠区	8099	1022	1214	889	799	1317	1687	1172
天河区	10014	799	1684	1353	1006	1285	2283	1606
白云区	18995	1641	2719	2016	1788	2815	4371	3646
黄埔区	4392	199	547	557	557	743	1139	650
番禺区	14160	1317	2287	1826	1143	1596	2973	3018
花都区	4827	400	651	668	414	738	1088	868
南沙区	4938	476	710	565	409	669	1147	963
萝岗区	3693	291	1000	507	344	472	622	457
从化区	451	33	50	53	28	65	120	102
增城区	4539	238	548	614	506	486	1090	1057
韶关市	**2425**	**161**	**248**	**230**	**223**	**340**	**600**	**623**
武江区	476	29	39	30	37	109	125	107
浈江区	759	43	61	79	79	80	187	231
曲江区	314	20	40	22	22	28	91	91
始兴县	78	5	13	10	10	13	17	11
仁化县	181	10	23	19	20	20	35	54
翁源县	42	2	3	6	5	1	11	14
乳源瑶族自治县	107	9	9	12	8	23	18	28
新丰县	87	12	9	8	3	3	29	23
乐昌市	178	15	26	11	21	26	42	36
南雄市	203	15	25	33	18	38	46	28
深圳市	**172766**	**15103**	**26137**	**21445**	**17661**	**21850**	**39051**	**31518**
罗湖区	10754	534	1054	1126	1007	1241	2952	2840
福田区	14864	896	2001	1617	1334	1958	3953	3105
南山区	14384	1127	1475	1290	1277	1650	3858	3708
宝安区	89774	8668	15840	12715	9802	11650	18789	12308
龙岗区	40165	3733	5473	4444	3980	4935	8736	8863
盐田区	2825	144	294	253	262	416	763	693
珠海市	**11646**	**1368**	**1271**	**1011**	**1036**	**1345**	**2676**	**2938**
香洲区	6875	889	740	604	611	801	1592	1636
斗门区	2170	218	245	211	200	294	476	527
金湾区	2600	262	286	196	225	250	608	775
汕头市	**4705**	**353**	**519**	**468**	**372**	**789**	**1474**	**730**
龙湖区	1163	79	100	122	87	168	399	209
金平区	777	58	120	41	67	121	212	157
濠江区	77	19	10	7	2	5	9	26
潮阳区	370	16	15	37	44	92	86	80
潮南区	1461	98	148	112	91	314	573	125
澄海区	846	84	125	147	83	87	190	131
南澳县	10	1	2	1		1	4	2
佛山市	**67959**	**6043**	**8728**	**7466**	**5777**	**8796**	**16688**	**14461**
禅城区	6244	565	754	706	517	965	1371	1368
南海区	27751	2594	3960	2884	2334	3966	6392	5622
顺德区	27195	2314	3048	3078	2248	3051	7032	6424
三水区	4249	433	637	481	461	463	1152	622
高明区	2520	137	330	318	216	352	741	427

12-4 续表 3　　　　单位：人

现住地	离开户口登记地时间							
	合 计							
	合 计	半年至一年	一年至二年	二年至三年	三年至四年	四年至五年	五年至十年	十年以上
江门市	**26743**	**1880**	**3493**	**3008**	**2465**	**3664**	**6635**	**5599**
蓬江区	8334	577	1037	949	949	1170	2030	1622
江海区	2977	190	529	287	244	377	716	634
新会区	5801	344	744	834	482	668	1581	1147
台山市	1706	126	269	205	191	182	416	317
开平市	4068	285	343	344	308	725	1101	962
鹤山市	2936	298	358	345	258	467	658	554
恩平市	920	59	212	44	33	75	134	362
湛江市	**18563**	**1457**	**2015**	**2123**	**1770**	**2559**	**3919**	**4719**
赤坎区	3185	167	347	385	214	405	661	1006
霞山区	5781	343	789	742	583	1001	1293	1030
坡头区	295	39	35	44	18	15	53	92
麻章区	570	82	69	165	31	44	65	114
遂溪县	1214	141	192	141	103	137	277	221
徐闻县	1542	90	108	91	102	166	443	542
廉江市	1619	129	149	124	178	205	319	515
雷州市	3328	292	204	353	487	534	631	828
吴川市	1029	174	122	78	54	52	177	372
茂名市	**9631**	**1252**	**2003**	**982**	**642**	**1064**	**1925**	**1763**
茂南区	3381	186	780	396	271	519	782	448
电白区	1803	606	162	132	83	116	290	415
高州市	2051	193	511	236	158	208	367	378
化州市	1868	190	515	166	92	172	378	356
信宜市	527	77	35	53	38	50	108	166
肇庆市	**13779**	**1258**	**1673**	**1286**	**1109**	**1853**	**3382**	**3218**
端州区	3335	171	374	432	269	434	949	706
鼎湖区	868	35	264	72	41	89	139	227
广宁县	462	94	44	35	35	92	105	57
怀集县	1245	413	170	136	185	100	121	120
封开县	389	35	49	37	30	48	117	74
德庆县	457	49	62	31	32	48	87	148
高要市	695	36	64	46	68	118	150	212
四会市	6328	425	646	496	448	924	1713	1675
惠州市	**56662**	**4938**	**7455**	**5933**	**4678**	**6362**	**12869**	**14427**
惠城区	25272	2336	3125	2455	2287	2823	5762	6484
惠阳区	13698	1234	1839	1471	1085	1589	3313	3167
博罗县	7845	825	1523	993	671	928	1365	1541
惠东县	8663	463	818	819	522	908	2227	2907
龙门县	1184	80	152	196	113	114	203	327
梅州市	**11634**	**898**	**1131**	**1116**	**713**	**1246**	**2373**	**4156**
梅江区	4109	178	385	269	207	384	799	1886
梅县区	1196	50	73	76	60	149	291	496
大埔县	916	154	57	72	82	119	258	174
丰顺县	717	43	49	57	61	74	176	259
五华县	1580	199	269	409	108	121	158	316
平远县	810	56	72	81	48	83	214	256
蕉岭县	738	40	61	56	41	89	151	299
兴宁市	1568	177	166	97	106	228	327	468

12-4 续表 4

单位：人

现住地	离开户口登记地时间							
	省内							
	小计	半年至一年	一年至二年	二年至三年	三年至四年	四年至五年	五年至十年	十年以上
江门市	**14979**	**806**	**1698**	**1359**	**1280**	**1953**	**4126**	**3757**
蓬江区	4223	239	487	451	497	532	1015	1002
江海区	1377	59	287	110	113	162	319	326
新会区	3299	154	364	329	231	365	1104	752
台山市	1047	81	167	80	98	103	286	232
开平市	3137	154	209	261	222	532	915	845
鹤山市	1255	93	122	108	91	208	373	262
恩平市	641	26	63	20	28	53	113	338
湛江市	**16896**	**1254**	**1693**	**1931**	**1626**	**2365**	**3635**	**4392**
赤坎区	2957	146	336	342	198	377	607	950
霞山区	5108	248	599	686	514	912	1187	961
坡头区	247	36	29	38	17	12	38	75
麻章区	449	52	55	133	27	35	48	100
遂溪县	1162	137	188	133	102	130	266	205
徐闻县	1405	87	95	86	100	138	408	491
廉江市	1403	103	133	97	139	181	295	455
雷州市	3254	283	199	339	481	530	611	811
吴川市	913	162	58	77	48	49	175	344
茂名市	**8786**	**1194**	**1882**	**892**	**567**	**946**	**1753**	**1552**
茂南区	2992	171	702	350	224	443	706	396
电白区	1639	593	145	121	75	105	262	338
高州市	1893	178	497	217	147	188	327	338
化州市	1817	182	510	156	82	166	367	353
信宜市	445	70	28	49	38	43	91	126
肇庆市	**9930**	**974**	**1242**	**869**	**789**	**1330**	**2242**	**2484**
端州区	2674	135	283	335	202	349	765	605
鼎湖区	679	22	227	45	26	50	112	196
广宁县	449	94	43	34	35	87	101	56
怀集县	1216	407	168	131	180	95	118	116
封开县	359	32	46	31	28	42	111	68
德庆县	423	43	54	29	29	41	82	145
高要市	491	22	48	30	55	100	110	125
四会市	3640	220	372	235	233	565	842	1174
惠州市	**28063**	**2066**	**3451**	**2785**	**2292**	**2940**	**6449**	**8080**
惠城区	12999	1049	1522	1197	1311	1476	2958	3486
惠阳区	5529	474	565	484	375	504	1434	1693
博罗县	3002	187	610	319	218	362	548	758
惠东县	5693	296	636	622	326	531	1389	1893
龙门县	840	60	117	163	62	67	120	251
梅州市	**10873**	**832**	**1019**	**1050**	**669**	**1168**	**2214**	**3920**
梅江区	3814	156	338	236	187	351	745	1801
梅县区	1126	43	60	74	58	142	274	475
大埔县	878	150	54	69	79	114	245	166
丰顺县	619	35	40	49	57	65	151	224
五华县	1540	198	263	403	107	117	151	301
平远县	744	49	64	76	40	76	204	235
蕉岭县	651	34	50	51	39	83	128	267
兴宁市	1500	169	149	93	102	220	316	451

12-4 续表 5　　单位：人

现住地	离开户口登记地时间							
	省外							
	小计	半年至一年	一年至二年	二年至三年	三年至四年	四年至五年	五年至十年	十年以上
江门市	**11764**	**1074**	**1795**	**1649**	**1184**	**1710**	**2509**	**1842**
蓬江区	4111	338	549	498	452	638	1014	620
江海区	1600	131	242	177	131	214	397	308
新会区	2502	191	380	505	251	304	477	395
台山市	660	45	103	124	93	79	130	85
开平市	931	131	134	83	86	194	185	117
鹤山市	1681	205	236	237	166	259	284	292
恩平市	279	32	150	24	5	23	21	24
湛江市	**1667**	**203**	**323**	**192**	**143**	**194**	**283**	**328**
赤坎区	228	21	11	43	16	28	53	56
霞山区	673	95	190	56	69	88	106	69
坡头区	48	2	6	6	1	2	14	17
麻章区	121	31	14	32	4	9	18	14
遂溪县	52	4	4	8	1	7	11	17
徐闻县	137	3	13	5	2	28	34	51
廉江市	217	27	16	28	39	24	24	60
雷州市	75	8	6	13	7	4	20	17
吴川市	116	12	63	2	6	3	3	28
茂名市	**845**	**58**	**122**	**90**	**75**	**118**	**172**	**211**
茂南区	389	16	79	46	47	75	76	51
电白区	164	13	17	11	7	10	29	76
高州市	158	15	13	18	11	20	40	41
化州市	51	7	6	10	10	6	11	2
信宜市	82	7	7	5		7	16	40
肇庆市	**3849**	**285**	**431**	**416**	**320**	**523**	**1140**	**734**
端州区	661	36	91	98	67	85	184	101
鼎湖区	189	12	37	27	15	39	27	31
广宁县	14	1	1	2	1	5	4	1
怀集县	29	7	2	5	5	5	3	4
封开县	30	4	2	6	1	5	6	6
德庆县	34	6	8	2	3	7	5	3
高要市	204	14	16	17	13	18	40	87
四会市	2688	205	274	261	215	360	871	502
惠州市	**28599**	**2872**	**4005**	**3149**	**2386**	**3421**	**6420**	**6346**
惠城区	12273	1287	1603	1258	976	1347	2804	2999
惠阳区	8169	760	1273	988	709	1086	1878	1474
博罗县	4844	638	913	674	453	566	817	783
惠东县	2970	167	182	197	196	377	838	1015
龙门县	344	20	35	33	51	46	83	76
梅州市	**761**	**66**	**111**	**66**	**45**	**79**	**159**	**236**
梅江区	295	22	46	33	20	33	54	85
梅县区	69	7	13	2	2	7	17	21
大埔县	39	4	3	3	3	4	13	8
丰顺县	98	8	9	8	4	9	25	35
五华县	40	2	6	5	1	4	7	15
平远县	67	7	8	5	8	7	10	21
蕉岭县	87	6	11	5	2	6	23	33
兴宁市	68	8	16	4	4	8	10	17

12-4 续表 6

单位：人

现住地	离开户口登记地时间							
	合计							
	合计	半年至一年	一年至二年	二年至三年	三年至四年	四年至五年	五年至十年	十年以上
汕尾市	**5215**	**277**	**422**	**439**	**384**	**851**	**1161**	**1682**
城区	1581	87	127	133	106	270	396	462
海丰县	2614	112	193	195	189	450	489	986
陆河县	178	5	3	6	3	37	102	22
陆丰市	842	73	98	104	86	94	174	212
河源市	**10644**	**1092**	**1523**	**1178**	**860**	**1408**	**2332**	**2251**
源城区	5387	362	875	557	425	796	1236	1137
紫金县	1468	64	146	215	118	178	416	330
龙川县	1691	324	191	212	124	195	297	347
连平县	640	227	33	43	54	45	112	127
和平县	665	53	187	60	47	85	118	115
东源县	792	61	92	90	91	109	153	195
阳江市	**8341**	**428**	**629**	**833**	**717**	**1283**	**2195**	**2256**
江城区	3653	97	193	258	368	551	1086	1101
阳西县	1048	100	120	91	76	131	217	313
阳东县	1821	124	167	178	138	409	455	351
阳春市	1820	108	149	306	135	193	438	491
清远市	**19272**	**1458**	**2221**	**2148**	**1697**	**2281**	**4551**	**4915**
清城区	8394	631	837	1002	781	906	2131	2106
清新区	3748	244	394	368	270	410	1010	1053
佛冈县	817	51	73	116	91	102	182	201
阳山县	851	86	90	94	66	66	186	264
连山壮族瑶族自治县	259	56	28	28	14	18	45	70
连南瑶族自治县	355	37	61	36	44	27	67	82
英德市	3454	246	437	369	302	628	695	777
连州市	1393	107	302	135	129	124	235	362
东莞市	**172828**	**15366**	**21357**	**18954**	**15082**	**20931**	**39749**	**41390**
中山市	**50210**	**4436**	**6868**	**6224**	**4491**	**5316**	**10543**	**12331**
潮州市	**6930**	**549**	**536**	**764**	**544**	**628**	**1586**	**2322**
湘桥区	4649	368	309	434	358	344	912	1925
潮安区	1643	106	139	250	122	220	531	275
饶平县	638	75	88	81	64	65	144	121
揭阳市	**4978**	**469**	**539**	**480**	**588**	**1003**	**1005**	**893**
榕城区	785	141	62	58	69	144	151	159
揭东区	848	141	90	85	117	232	81	103
揭西县	599	54	81	76	70	94	123	100
惠来县	592	66	86	94	88	84	75	100
普宁市	2153	67	220	168	243	448	575	431
云浮市	**5648**	**796**	**606**	**589**	**440**	**670**	**1088**	**1460**
云城区	1607	161	202	194	140	157	281	473
云安区	397	44	31	43	31	117	71	60
新兴县	1507	309	173	169	136	221	278	221
郁南县	787	141	105	80	47	68	135	211
罗定市	1351	141	95	104	86	108	323	495

12-4 续表 7 单位：人

现住地	离开户口登记地时间							
	省内							
	小计	半年至一年	一年至二年	二年至三年	三年至四年	四年至五年	五年至十年	十年以上
汕尾市	**4354**	**232**	**299**	**350**	**277**	**709**	**977**	**1510**
城区	1239	64	89	96	68	237	299	386
海丰县	2168	93	134	161	133	349	407	892
陆河县	175	5	2	6	3	37	101	21
陆丰市	772	70	73	88	72	87	170	211
河源市	**8784**	**903**	**1221**	**966**	**680**	**1145**	**1918**	**1951**
源城区	4174	244	672	407	295	619	949	989
紫金县	1323	53	112	204	111	158	382	303
龙川县	1523	301	163	187	113	181	268	310
连平县	585	222	28	39	51	42	92	112
和平县	611	47	182	52	42	77	108	101
东源县	567	35	64	77	69	68	118	135
阳江市	**7351**	**341**	**552**	**742**	**503**	**1103**	**2027**	**2083**
江城区	3213	85	175	223	189	453	1022	1066
阳西县	963	75	107	86	74	116	208	296
阳东县	1444	85	130	134	112	346	377	259
阳春市	1731	96	140	299	128	188	419	462
清远市	**16163**	**1158**	**1811**	**1800**	**1382**	**1787**	**3788**	**4437**
清城区	6824	467	636	818	620	689	1713	1880
清新区	3362	220	367	335	245	332	860	1003
佛冈县	674	39	60	104	80	79	140	174
阳山县	800	77	85	87	61	62	177	252
连山壮族瑶族自治县	238	53	25	24	13	18	43	62
连南瑶族自治县	303	33	55	30	39	23	58	64
英德市	2698	185	307	284	205	472	580	665
连州市	1265	84	276	119	119	113	217	338
东莞市	**38568**	**3021**	**4764**	**4945**	**2914**	**4126**	**8147**	**10653**
中山市	**14168**	**939**	**1913**	**1782**	**1182**	**1470**	**2887**	**3996**
潮州市	**4617**	**404**	**292**	**432**	**367**	**291**	**911**	**1920**
湘桥区	3410	304	168	306	273	172	578	1608
潮安区	625	36	40	55	39	58	195	201
饶平县	582	64	84	71	54	61	137	111
揭阳市	**3883**	**250**	**376**	**373**	**419**	**798**	**870**	**797**
榕城区	598	58	52	37	48	134	128	141
揭东区	508	30	33	67	82	140	61	94
揭西县	562	54	75	71	70	92	113	85
惠来县	567	60	79	92	85	83	70	98
普宁市	1647	48	137	105	133	349	498	378
云浮市	**4725**	**694**	**469**	**477**	**359**	**521**	**921**	**1284**
云城区	1345	118	162	152	109	125	243	437
云安区	307	36	16	37	28	81	58	51
新兴县	1160	278	119	124	97	154	217	170
郁南县	677	128	96	70	41	61	117	165
罗定市	1235	135	75	94	84	101	285	461

12-4 续表 8 单位：人

现住地	离开户口登记地时间							
	省外							
	小计	半年至一年	一年至二年	二年至三年	三年至四年	四年至五年	五年至十年	十年以上
汕尾市	**861**	**45**	**123**	**88**	**107**	**142**	**184**	**172**
城区	342	23	38	37	38	33	98	76
海丰县	446	19	59	35	56	101	81	94
陆河县	2						1	
陆丰市	70	3	25	16	14	7	4	1
河源市	**1860**	**189**	**302**	**212**	**180**	**263**	**414**	**300**
源城区	1213	118	203	150	131	177	287	148
紫金县	145	11	34	11	7	19	35	27
龙川县	168	23	27	25	12	14	28	37
连平县	55	4	5	5	3	3	20	15
和平县	55	6	4	7	5	8	10	14
东源县	225	26	28	13	22	41	35	59
阳江市	**990**	**87**	**77**	**90**	**214**	**180**	**169**	**173**
江城区	440	12	18	35	180	98	63	34
阳西县	84	24	13	4	1	15	9	18
阳东县	377	39	37	44	26	62	77	92
阳春市	89	12	9	7	7	5	19	29
清远市	**3109**	**300**	**411**	**347**	**315**	**495**	**763**	**478**
清城区	1570	164	200	184	161	217	418	225
清新区	386	23	27	33	25	78	150	49
佛冈县	143	13	13	13	11	23	42	27
阳山县	51	9	5	7	5	4	10	12
连山壮族瑶族自治县	21	3	3	4	1		2	8
连南瑶族自治县	53	4	6	5	5	4	9	19
英德市	757	61	130	85	96	156	114	113
连州市	128	24	26	15	10	11	18	24
东莞市	**134260**	**12345**	**16593**	**14009**	**12168**	**16805**	**31603**	**30737**
中山市	**36042**	**3498**	**4955**	**4443**	**3309**	**3846**	**7657**	**8335**
潮州市	**2313**	**145**	**244**	**332**	**177**	**337**	**675**	**402**
湘桥区	1239	64	141	128	84	171	333	317
潮安区	1018	70	99	194	83	162	335	74
饶平县	56	12	4	10	9	4	7	11
揭阳市	**1095**	**219**	**163**	**107**	**169**	**205**	**136**	**97**
榕城区	186	83	10	21	21	10	23	18
揭东区	340	110	57	17	34	92	21	8
揭西县	37		6	4		2	10	15
惠来县	25	6	7	1	3	1	5	2
普宁市	506	20	83	63	110	100	77	54
云浮市	**924**	**102**	**137**	**112**	**81**	**148**	**167**	**177**
云城区	261	43	40	42	31	32	38	36
云安区	89	8	14	6	3	36	13	9
新兴县	348	31	54	45	39	67	61	51
郁南县	110	13	9	10	7	7	18	46
罗定市	116	6	20	10	2	7	37	33

12-5 全省按户口登记地、受教育程度、性别分的户口登记地在外乡镇街道的人口

单位：人

受教育程度	户口登记地					
	合计			省内		
				省内		
	合计	男	女	小计	男	女
总计	**984843**	**537517**	**447326**	**439108**	**226470**	**212637**
未上过学	13235	4040	9195	6544	1795	4749
小学	155747	76542	79205	65730	30836	34894
初中	420846	234711	186135	152600	79861	72738
普通高中	173476	101305	72171	86476	47535	38942
中职	76692	42819	33873	36249	19264	16985
大学专科	83916	44586	39330	50129	25241	24888
大学本科	56654	30903	25751	38344	20189	18155
研究生	4277	2612	1665	3036	1749	1287

12-5 续表

单位：人

受教育程度	户口登记地					
	省内			省外		
	其中：市区内人户分离					
	小计	男	女	小计	男	女
总计	**85104**	**38825**	**46279**	**545735**	**311047**	**234688**
未上过学	1622	424	1198	6692	2246	4446
小学	14223	6304	7919	90017	45706	44311
初中	18444	7951	10493	268246	154849	113397
普通高中	18319	8688	9631	87000	53770	33229
中职	5798	2670	3128	40443	23555	16888
大学专科	13359	6110	7249	33787	19345	14442
大学本科	12030	5948	6082	18310	10713	7596
研究生	1309	730	579	1241	862	378

12-6 全省分年龄、性别、迁移原因的户口登记地在外乡镇街道的人口

单位：人

年龄	合计			工作就业			学习培训		
	合计	男	女	小计	男	女	小计	男	女
总计	**1036313**	**565686**	**470627**	**679196**	**405588**	**273609**	**52958**	**27455**	**25503**
0-4岁	**41862**	**22793**	**19069**						
0	2953	1586	1366						
1	8419	4620	3799						
2	9841	5295	4546						
3	10956	5927	5029						
4	9694	5365	4329						
5-9岁	**45446**	**25114**	**20333**				**9140**	**5181**	**3959**
5	9608	5375	4233						
6	9669	5301	4368				2177	1226	952
7	9423	5119	4304				2395	1329	1066
8	8674	4774	3900				2278	1276	1002
9	8072	4544	3529				2290	1351	939
10-14岁	**31773**	**17994**	**13779**				**9335**	**5342**	**3993**
10	7361	4162	3199				2045	1199	846
11	6758	3803	2955				1916	1111	806
12	6030	3408	2621				1779	981	798
13	5493	3136	2357				1601	910	691
14	6132	3485	2647				1994	1142	853
15-19岁	**64901**	**35394**	**29506**	**26678**	**15171**	**11508**	**20918**	**10760**	**10159**
15	7966	4604	3362	23	19	4	3793	2165	1628
16	10382	5659	4722	2276	1296	980	4580	2455	2125
17	13652	7243	6409	5183	3017	2166	4996	2373	2622
18	14833	8221	6612	8053	4651	3402	3585	1859	1726
19	18068	9667	8401	11144	6188	4955	3966	1907	2058
20-24岁	**118971**	**62892**	**56079**	**91505**	**51127**	**40379**	**11059**	**4793**	**6266**
20	21189	11006	10182	13888	7669	6219	4138	1805	2332
21	21010	10744	10265	14760	8114	6646	3319	1252	2067
22	23877	12584	11293	18575	10312	8263	2020	867	1153
23	25752	13808	11944	21345	11971	9375	998	523	476
24	27143	14749	12394	22937	13062	9876	584	346	238
25-29岁	**164925**	**88517**	**76408**	**140535**	**81106**	**59429**	**1431**	**800**	**631**
25	34365	18519	15846	29281	16677	12605	488	300	188
26	32825	17720	15104	28179	16197	11982	308	170	139
27	32083	17072	15011	27324	15660	11664	258	136	122
28	33876	18260	15617	28852	16887	11965	209	112	97
29	31776	16946	14830	26899	15686	11212	167	83	85

12-6 续表 1

单位：人

年龄	随同迁移			房屋拆迁			改善住房		
	小计	男	女	小计	男	女	小计	男	女
总计	**162770**	**72084**	**90686**	**4236**	**2260**	**1976**	**47306**	**26293**	**21012**
0-4岁	**31304**	**17141**	**14162**	**70**	**42**	**28**	**575**	**314**	**261**
0	2194	1217	977	4	3	1	38	18	20
1	6453	3518	2935	16	8	8	92	52	40
2	7500	4057	3443	15	12	4	135	73	63
3	8122	4460	3663	20	12	8	163	92	71
4	7034	3890	3144	14	7	7	147	80	67
5-9岁	**29577**	**16226**	**13352**	**80**	**44**	**36**	**774**	**422**	**352**
5	6709	3733	2976	17	9	8	150	86	64
6	6381	3476	2904	19	7	12	160	85	74
7	5997	3234	2763	18	13	5	163	77	86
8	5528	3044	2484	15	7	8	155	87	67
9	4963	2739	2225	12	9	3	147	86	61
10-14岁	**19187**	**10810**	**8377**	**62**	**38**	**24**	**715**	**391**	**324**
10	4571	2565	2006	11	3	8	144	77	68
11	4225	2337	1889	11	8	3	115	62	53
12	3617	2061	1556	11	10	1	141	81	59
13	3305	1896	1409	19	11	7	139	75	63
14	3468	1950	1518	10	6	5	177	96	81
15-19岁	**13525**	**7435**	**6089**	**122**	**66**	**55**	**1049**	**564**	**485**
15	3339	1945	1394	19	12	7	190	107	82
16	2867	1566	1300	22	14	8	201	105	96
17	2709	1410	1299	25	11	14	221	125	95
18	2431	1321	1110	26	13	13	231	118	113
19	2179	1193	986	29	16	13	206	107	99
20-24岁	**9771**	**4729**	**5042**	**189**	**97**	**92**	**1479**	**813**	**667**
20	2209	1126	1083	36	23	13	255	139	117
21	1867	966	901	38	14	23	266	155	111
22	1948	932	1016	43	22	21	314	183	131
23	1839	845	994	33	23	10	292	160	132
24	1909	861	1048	39	15	24	352	175	177
25-29岁	**9334**	**3098**	**6236**	**255**	**130**	**124**	**2959**	**1558**	**1401**
25	2207	888	1320	54	25	29	489	257	231
26	1828	645	1182	41	21	21	518	283	235
27	1763	584	1179	54	27	27	618	323	295
28	1800	516	1285	61	31	30	677	350	327
29	1736	465	1271	45	27	18	657	346	312

12-6 续表 2

单位：人

年 龄	寄挂户口			婚姻嫁娶			为子女就学			其 他		
	小计	男	女	小计	男	女	小计	男	女	小计	男	女
总 计	**2035**	**1093**	**942**	**25806**	**2569**	**23236**	**4405**	**1594**	**2810**	**57602**	**26748**	**30853**
0-4岁	**163**	**82**	**81**							**9751**	**5214**	**4537**
0	14	9	5							703	340	364
1	35	20	16							1823	1023	800
2	36	20	17							2154	1134	1020
3	41	18	23							2608	1345	1264
4	37	15	21							2462	1373	1089
5-9岁	**155**	**76**	**78**							**5720**	**3164**	**2556**
5	37	17	19							2696	1530	1166
6	35	16	20							898	491	406
7	33	15	18							818	451	366
8	27	14	13							672	346	326
9	23	14	9							637	346	292
10-14岁	**113**	**60**	**52**							**2361**	**1353**	**1008**
10	35	17	17							555	300	255
11	19	11	8							471	274	197
12	22	14	8							459	262	198
13	13	7	6							417	237	180
14	24	11	12							459	280	178
15-19岁	**129**	**63**	**66**	**114**	**1**	**113**	**4**	**1**	**2**	**2362**	**1333**	**1029**
15	26	18	8							577	338	239
16	22	5	17	2		2	1	1		412	218	194
17	26	13	13	13		13				480	292	187
18	29	10	18	41	1	40				437	248	189
19	26	16	10	58		58	3	1	2	457	237	220
20-24岁	**142**	**73**	**69**	**2088**	**28**	**2060**	**45**	**2**	**43**	**2692**	**1230**	**1462**
20	28	18	10	160	2	158	4		4	470	224	246
21	23	15	8	262	1	261	1		1	474	227	247
22	27	12	15	374		374	7		7	569	257	313
23	29	13	16	600	8	592	13	2	11	603	264	339
24	36	16	20	692	16	676	19		19	575	258	317
25-29岁	**158**	**87**	**72**	**6345**	**254**	**6091**	**257**	**33**	**224**	**3651**	**1450**	**2201**
25	33	17	16	1002	21	982	28	4	24	782	332	450
26	32	19	13	1117	48	1069	38	4	34	764	335	429
27	26	12	14	1291	56	1236	46	5	41	703	270	434
28	35	26	8	1431	66	1365	73	9	64	739	264	475
29	33	13	20	1504	64	1440	72	13	60	663	249	414

12-6 续表 3 单位：人

年 龄	合 计			工作就业			学习培训		
	合计	男	女	小计	男	女	小计	男	女
30-34岁	**139431**	**76326**	**63105**	**116545**	**69812**	**46733**	**560**	**315**	**244**
30	28955	15727	13229	24299	14437	9862	140	82	58
31	28118	15314	12804	23480	13946	9534	124	62	62
32	27621	15131	12490	23141	13862	9278	115	73	43
33	29156	15992	13164	24362	14659	9703	89	46	43
34	25580	14162	11418	21264	12908	8356	90	52	38
35-39岁	**110216**	**61847**	**48369**	**91634**	**55911**	**35723**	**221**	**116**	**106**
35	23564	13050	10514	19555	11792	7763	59	31	27
36	24472	13786	10686	20176	12419	7757	52	37	15
37	21803	12167	9635	18079	11003	7076	37	19	18
38	18886	10592	8294	15747	9589	6158	39	12	27
39	21491	12251	9240	18077	11108	6969	35	17	18
40-44岁	**107672**	**60353**	**47319**	**89168**	**53577**	**35592**	**148**	**73**	**75**
40	21869	12345	9524	18206	11045	7161	29	13	16
41	22587	12683	9904	18765	11273	7492	38	22	16
42	22379	12636	9743	18552	11225	7327	35	13	22
43	20867	11649	9218	17249	10321	6929	20	11	10
44	19970	11040	8930	16396	9712	6684	25	15	10
45-49岁	**84580**	**47305**	**37275**	**67801**	**41045**	**26756**	**80**	**41**	**39**
45	20561	11498	9062	16831	10043	6788	20	11	9
46	17808	10037	7771	14456	8763	5693	20	9	11
47	18643	10368	8275	14945	8990	5955	19	10	9
48	13587	7580	6007	10751	6560	4191	11	7	4
49	13981	7821	6160	10817	6689	4128	10	3	6
50-54岁	**51192**	**28838**	**22354**	**34668**	**22765**	**11903**	**26**	**14**	**12**
50	13314	7540	5774	9829	6246	3582	3	3	
51	11614	6599	5015	8153	5329	2824	8	3	5
52	12188	6894	5294	8217	5450	2767	11	6	5
53	9363	5217	4146	5807	3921	1886	3	1	2
54	4713	2588	2125	2662	1820	843	1	1	
55-59岁	**27111**	**14516**	**12594**	**11953**	**8737**	**3216**	**12**	**5**	**6**
55	5020	2757	2263	2569	1835	733	2	1	1
56	4870	2613	2257	2277	1687	591	2	2	
57	6058	3298	2760	2743	2037	706	1		1
58	5977	3178	2799	2477	1808	669	7	3	5
59	5186	2670	2515	1886	1369	517			
60-64岁	**20671**	**10434**	**10237**	**5560**	**4090**	**1471**	**12**	**6**	**6**
60	5089	2566	2522	1602	1147	455	2		2
61	4712	2397	2315	1349	1004	345	3	2	1
62	4082	2067	2015	1098	837	262	1		1
63	3745	1890	1855	899	640	259	4	2	1
64	3044	1513	1530	612	462	150	3	2	1
65岁及以上	**27563**	**13364**	**14199**	**3147**	**2247**	**900**	**15**	**7**	**7**

12-6 续表 4 单位：人

年 龄	随同迁移			房屋拆迁			改善住房		
	小计	男	女	小计	男	女	小计	男	女
30-34岁	**7356**	**1718**	**5638**	**237**	**132**	**105**	**4462**	**2367**	**2095**
30	1508	403	1105	50	29	21	794	401	393
31	1497	392	1105	47	28	19	829	464	366
32	1468	346	1122	46	26	20	857	466	391
33	1538	311	1226	56	28	28	1014	538	477
34	1345	265	1080	38	21	17	967	498	468
35-39岁	**5515**	**991**	**4524**	**264**	**135**	**129**	**4802**	**2626**	**2176**
35	1170	222	948	58	33	25	958	535	423
36	1261	229	1033	58	26	32	1094	619	475
37	1119	203	917	40	22	18	969	496	472
38	955	163	792	42	24	18	844	476	368
39	1009	175	834	66	29	37	938	500	438
40-44岁	**5153**	**831**	**4322**	**347**	**192**	**155**	**5770**	**3286**	**2484**
40	1048	179	869	51	32	19	1036	587	449
41	1084	170	914	64	37	27	1194	691	503
42	1050	169	882	88	48	40	1175	658	516
43	1039	176	863	71	39	32	1184	677	507
44	933	138	795	74	37	37	1182	673	509
45-49岁	**4894**	**747**	**4146**	**435**	**214**	**221**	**5801**	**3300**	**2501**
45	937	157	780	87	54	34	1322	757	566
46	978	161	817	86	34	51	1185	653	532
47	1077	149	928	97	48	49	1288	755	533
48	887	142	745	84	41	42	944	525	419
49	1014	138	876	82	36	45	1061	610	451
50-54岁	**5323**	**925**	**4398**	**545**	**283**	**263**	**5646**	**3187**	**2459**
50	1106	177	929	97	44	53	1183	696	486
51	1117	186	931	112	61	51	1216	671	544
52	1304	232	1071	147	84	63	1338	744	594
53	1167	223	943	115	58	57	1206	671	535
54	629	107	523	75	36	38	703	404	299
55-59岁	**5496**	**1349**	**4147**	**544**	**297**	**247**	**4333**	**2423**	**1910**
55	789	156	633	102	55	47	815	456	359
56	942	204	738	88	42	46	779	414	365
57	1182	300	882	128	77	51	909	501	408
58	1279	342	937	112	57	55	975	551	424
59	1304	347	956	114	66	48	856	502	354
60-64岁	**6227**	**2077**	**4151**	**371**	**214**	**157**	**3630**	**2054**	**1576**
60	1423	434	989	82	46	35	864	493	371
61	1384	446	938	83	48	36	834	473	362
62	1251	400	852	83	50	33	698	411	287
63	1176	431	745	61	31	30	658	375	283
64	994	366	627	61	38	23	575	302	273
65岁及以上	**10110**	**4008**	**6102**	**717**	**377**	**341**	**5311**	**2989**	**2322**

12-6 续表 5

单位：人

年 龄	寄挂户口			婚姻嫁娶			为子女就学			其 他		
	小计	男	女	小计	男	女	小计	男	女	小计	男	女
30-34岁	**153**	**82**	**72**	**6224**	**462**	**5762**	**670**	**152**	**518**	**3225**	**1287**	**1938**
30	36	18	18	1388	77	1311	80	15	65	660	265	395
31	30	17	13	1290	102	1188	120	19	101	700	285	416
32	28	15	12	1250	88	1162	116	22	94	601	233	369
33	33	18	14	1220	96	1124	183	42	141	662	254	409
34	27	13	14	1076	99	977	172	54	117	601	251	350
35-39岁	**139**	**70**	**69**	**3910**	**449**	**3461**	**924**	**302**	**622**	**2806**	**1248**	**1558**
35	36	16	20	989	108	881	178	53	126	561	260	302
36	31	17	14	956	96	860	205	67	139	638	276	362
37	27	15	12	775	93	682	192	68	124	563	247	316
38	18	10	8	615	73	542	160	44	116	466	201	265
39	27	11	16	574	78	496	188	70	118	578	264	314
40-44岁	**206**	**109**	**96**	**2976**	**478**	**2498**	**886**	**380**	**506**	**3017**	**1427**	**1591**
40	33	24	9	650	97	552	176	60	116	641	309	333
41	37	14	22	628	102	526	196	89	107	581	285	296
42	48	22	25	641	114	527	192	91	101	599	295	304
43	41	23	18	533	74	459	163	71	92	567	259	308
44	47	26	21	524	91	433	159	69	90	630	279	350
45-49岁	**177**	**104**	**74**	**1735**	**342**	**1394**	**598**	**257**	**341**	**3059**	**1255**	**1804**
45	39	25	14	539	105	434	172	77	95	612	270	342
46	36	23	13	331	70	262	122	60	62	593	262	330
47	47	29	17	361	65	296	123	47	76	686	272	414
48	23	12	11	249	48	201	99	45	55	539	202	337
49	33	15	19	255	54	201	81	28	53	629	249	381
50-54岁	**136**	**77**	**59**	**1038**	**208**	**830**	**322**	**147**	**175**	**3489**	**1231**	**2257**
50	33	24	10	261	51	211	65	27	37	736	272	465
51	37	18	19	243	54	189	77	26	50	653	251	402
52	23	14	9	239	40	199	65	37	28	844	287	556
53	32	15	16	191	38	153	71	38	33	771	251	520
54	11	6	5	104	26	77	44	18	26	485	170	315
55-59岁	**86**	**48**	**38**	**551**	**137**	**414**	**239**	**107**	**132**	**3898**	**1414**	**2484**
55	16	9	7	117	27	91	41	19	22	569	200	369
56	13	10	3	115	15	99	47	17	30	607	223	385
57	22	13	10	106	33	72	52	23	29	914	314	600
58	23	11	13	118	36	83	40	17	23	945	355	591
59	11	5	6	95	26	69	59	32	27	862	322	540
60-64岁	**90**	**52**	**38**	**414**	**104**	**310**	**215**	**90**	**125**	**4152**	**1748**	**2404**
60	23	14	9	125	28	97	48	25	24	919	379	540
61	15	9	6	79	23	56	46	22	24	919	371	548
62	16	7	10	70	12	58	39	12	27	825	339	486
63	18	11	7	75	23	51	39	18	21	816	358	458
64	18	12	7	65	17	48	42	14	28	674	301	373
65岁及以上	**187**	**110**	**77**	**411**	**107**	**303**	**246**	**124**	**123**	**7418**	**3395**	**4024**

12-7 全省按现住地、性别、迁移原因分的户口登记地在本省其他乡镇街道人口

单位：人

现住地	合计			工作就业			学习培训		
	合计	男	女	小计	男	女	小计	男	女
全省	**466872**	**241661**	**225211**	**221729**	**130684**	**91045**	**36575**	**18163**	**18412**
广州市	**104184**	**52308**	**51876**	**46685**	**26811**	**19874**	**8116**	**3327**	**4788**
荔湾区	8508	4076	4433	2578	1434	1143	183	91	92
越秀区	6805	3357	3448	3187	1734	1453	233	119	113
海珠区	16431	7836	8596	5586	3198	2388	1207	205	1002
天河区	17690	9004	8686	9300	5237	4064	1949	831	1118
白云区	23882	11746	12137	10510	5905	4605	2993	1230	1763
黄埔区	3832	2042	1790	2069	1266	804	129	81	49
番禺区	10998	5712	5286	6057	3445	2613	909	466	443
花都区	5178	2700	2478	2211	1317	894	157	76	82
南沙区	2502	1412	1090	1656	1087	569	53	30	23
萝岗区	2051	1170	881	1400	870	530	83	58	25
从化区	2011	986	1024	540	373	167	72	34	39
增城区	4296	2268	2028	1590	947	644	147	105	41
韶关市	**9854**	**4561**	**5293**	**2753**	**1654**	**1099**	**1088**	**289**	**800**
武江区	1748	848	899	508	292	216	45	21	24
浈江区	2392	1146	1246	685	399	286	299	132	167
曲江区	1382	426	956	312	191	121	505	10	496
始兴县	337	167	170	104	63	41	25	12	12
仁化县	659	332	328	200	133	67	20	11	10
翁源县	256	125	131	72	46	27	14	7	7
乳源瑶族自治县	498	231	268	131	83	47	17	8	9
新丰县	406	195	211	128	78	50	16	8	8
乐昌市	941	471	471	349	200	149	62	33	29
南雄市	1235	620	615	265	170	95	85	48	37
深圳市	**98626**	**52583**	**46042**	**63683**	**36243**	**27440**	**6473**	**3727**	**2747**
罗湖区	11453	5793	5660	7164	3946	3218	402	205	197
福田区	13865	7386	6479	8725	5060	3666	743	422	322
南山区	9457	5122	4335	5339	3010	2330	893	601	292
宝安区	37391	20310	17082	25796	14784	11012	2551	1485	1065
龙岗区	24104	12719	11385	15199	8631	6568	1720	913	808
盐田区	2356	1254	1102	1459	813	646	164	101	62
珠海市	**10807**	**5654**	**5153**	**4858**	**2734**	**2124**	**1238**	**871**	**367**
香洲区	6948	3681	3267	3194	1754	1440	649	543	106
斗门区	2147	1141	1007	851	508	343	189	168	20
金湾区	1711	832	879	813	472	341	401	160	241
汕头市	**10669**	**5269**	**5400**	**2360**	**1511**	**848**	**719**	**384**	**335**
龙湖区	2636	1297	1338	559	372	188	202	70	132
金平区	4188	1975	2213	756	471	284	101	40	62
濠江区	521	306	215	28	20	8	318	222	97
潮阳区	1044	539	506	198	143	55	56	33	23
潮南区	823	428	395	451	260	191	13	7	6
澄海区	1416	704	712	346	231	116	24	12	12
南澳县	40	20	20	21	14	7	5	3	3
佛山市	**40593**	**22396**	**18197**	**25049**	**15153**	**9895**	**2182**	**1253**	**929**
禅城区	8429	4347	4082	4783	2656	2126	387	220	167
南海区	16067	9339	6728	11011	6831	4179	619	468	151
顺德区	10851	5604	5248	6659	4019	2641	669	106	563
三水区	3235	1995	1239	1625	1067	558	397	375	22
高明区	2011	1111	900	971	580	391	110	84	26

12-7 续表 1

单位：人

现住地	随同迁移			房屋拆迁			改善住房		
	小计	男	女	小计	男	女	小计	男	女
全　省	**100602**	**45238**	**55365**	**4052**	**2176**	**1876**	**45077**	**25200**	**19877**
广州市	**20077**	**9042**	**11036**	**1881**	**958**	**923**	**15484**	**8182**	**7302**
荔湾区	1993	852	1141	217	125	92	2325	1213	1111
越秀区	927	437	489	160	89	71	951	503	448
海珠区	3218	1506	1712	259	132	127	4209	2161	2048
天河区	2823	1254	1569	154	79	75	1547	811	736
白云区	4787	2087	2700	900	448	452	2843	1511	1333
黄埔区	690	315	374	64	29	34	259	140	119
番禺区	1990	931	1058	27	11	15	1225	642	583
花都区	1376	633	743	39	17	22	706	393	313
南沙区	403	179	225	3	2	1	68	34	34
萝岗区	222	94	128	8	2	5	148	83	65
从化区	406	177	229	5	3	2	383	222	161
增城区	1244	576	668	46	19	27	821	468	352
韶关市	**2425**	**1033**	**1392**	**255**	**134**	**121**	**1459**	**824**	**636**
武江区	491	219	271	25	14	11	273	151	122
浈江区	526	233	293	53	27	26	380	201	179
曲江区	247	100	147	2	1	1	102	61	41
始兴县	52	24	28	16	7	9	104	52	52
仁化县	239	103	136	32	18	14	45	31	14
翁源县	73	30	42	5	3	2	27	15	12
乳源瑶族自治县	126	52	74	79	43	36	21	13	9
新丰县	81	34	47	4	2	1	54	31	23
乐昌市	248	113	135	22	11	11	103	64	39
南雄市	343	124	219	18	9	9	348	204	144
深圳市	**14263**	**6428**	**7835**	**146**	**75**	**71**	**2802**	**1488**	**1314**
罗湖区	2499	1090	1409	50	26	25	254	137	117
福田区	2099	904	1195	22	11	10	464	230	234
南山区	1147	546	601	26	11	15	518	268	251
宝安区	4355	2022	2333	15	9	7	1056	572	484
龙岗区	3711	1647	2064	24	14	10	428	237	191
盐田区	452	218	234	9	4	4	81	44	38
珠海市	**2591**	**1186**	**1405**	**38**	**23**	**15**	**746**	**395**	**351**
香洲区	1551	722	830	29	18	11	570	300	270
斗门区	682	308	374	9	5	4	161	86	75
金湾区	358	156	201				15	9	6
汕头市	**3310**	**1335**	**1975**	**218**	**117**	**101**	**2421**	**1354**	**1067**
龙湖区	836	310	526	27	14	13	700	407	292
金平区	1478	587	891	135	75	60	1057	595	463
濠江区	73	34	38				26	14	12
潮阳区	363	178	185	43	22	21	216	110	106
潮南区	89	41	48				1	1	
澄海区	465	183	282	12	5	7	421	227	194
南澳县	7	2	5						
佛山市	**7844**	**3713**	**4131**	**139**	**67**	**72**	**2265**	**1249**	**1016**
禅城区	1770	852	917	39	15	24	627	333	294
南海区	2958	1388	1571	36	20	17	487	288	199
顺德区	1886	893	994	40	19	21	653	351	301
三水区	584	268	315	8	3	4	359	188	172
高明区	646	312	334	16	9	7	139	89	50

12-7 续表 2

单位：人

现住地	寄挂户口			婚姻嫁娶			为子女就学			其他		
	小计	男	女	小计	男	女	小计	男	女	小计	男	女
全省	**1913**	**1038**	**875**	**20902**	**2074**	**18828**	**3316**	**1328**	**1987**	**32706**	**15759**	**16947**
广州市	**434**	**217**	**217**	**5175**	**877**	**4298**	**570**	**242**	**327**	**5761**	**2652**	**3109**
荔湾区	39	24	15	659	132	527	30	13	17	486	192	294
越秀区	72	35	36	589	150	439	137	59	78	550	230	320
海珠区	91	37	54	1075	223	852	50	23	27	736	349	386
天河区	64	34	30	514	96	417	135	68	67	1203	593	610
白云区	34	14	21	727	114	613	55	11	44	1032	426	606
黄埔区	39	21	18	232	31	201	29	14	15	321	145	176
番禺区	31	15	15	463	61	402	46	18	28	251	122	129
花都区	17	9	8	217	25	192	24	10	14	430	219	210
南沙区	11	5	6	178	15	163	2		2	128	60	69
萝岗区	5	4	1	75	6	69	15	7	9	96	46	50
从化区	25	15	10	276	16	261	24	11	13	280	136	143
增城区	6	4	2	171	9	162	22	7	15	250	133	117
韶关市	**57**	**30**	**27**	**794**	**90**	**704**	**191**	**86**	**105**	**830**	**420**	**410**
武江区	12	6	6	172	26	146	16	9	8	205	109	97
浈江区	13	8	5	180	23	157	27	11	16	230	113	116
曲江区	11	6	5	95	6	89	6	2	5	101	50	51
始兴县	1	1		23	2	20	3	1	2	9	4	5
仁化县	1	1	1	59	6	53	26	9	17	37	20	18
翁源县				27	6	22	11	5	6	26	14	12
乳源瑶族自治县	3	1	2	59	3	56	7	3	4	56	25	31
新丰县				64	8	56	21	11	9	38	22	16
乐昌市	12	6	5	57	2	56	18	7	11	70	35	36
南雄市	4	1	3	58	8	50	55	28	27	58	29	29
深圳市	**287**	**149**	**138**	**793**	**54**	**740**	**658**	**186**	**472**	**9521**	**4234**	**5287**
罗湖区	12	7	5	130	7	123	86	32	53	856	344	513
福田区	148	79	69	148	18	130	187	76	111	1328	587	741
南山区	78	46	32	82	10	73	90	36	54	1282	594	688
宝安区	13	7	7	216	15	200	163	18	145	3226	1397	1829
龙岗区	32	8	24	188	3	185	125	22	102	2678	1244	1434
盐田区	4	3	2	30	2	28	7	1	6	150	68	82
珠海市	**58**	**32**	**26**	**499**	**64**	**435**	**69**	**29**	**40**	**710**	**320**	**390**
香洲区	47	26	21	278	44	234	62	26	36	569	249	320
斗门区	10	6	4	152	14	138	6	2	4	87	43	44
金湾区	1		1	69	6	63	1	1		54	28	26
汕头市	**80**	**45**	**34**	**731**	**83**	**648**	**89**	**42**	**47**	**741**	**396**	**345**
龙湖区	10	7	3	113	20	93	17	8	8	172	88	84
金平区	38	21	16	320	38	282	42	18	24	261	130	131
濠江区	4	2	2	56	4	52				15	8	6
潮阳区	4	2	1	90	7	83	17	7	10	59	37	22
潮南区	17	9	8	68	5	63				183	105	78
澄海区	7	4	4	77	8	69	12	8	4	50	27	23
南澳县				7	1	6				1	1	
佛山市	**71**	**37**	**34**	**1564**	**201**	**1363**	**105**	**43**	**62**	**1374**	**680**	**695**
禅城区	13	8	5	376	59	317	25	8	17	409	195	214
南海区	5	3	2	378	59	319	21	8	14	551	274	277
顺德区	29	13	16	657	71	587	41	21	21	216	112	104
三水区	13	7	6	86	10	76	13	5	8	151	73	79
高明区	11	5	5	67	3	64	5	2	3	47	26	21

12-7 续表 3

单位：人

现住地	合计			工作就业			学习培训		
	合计	男	女	小计	男	女	小计	男	女
江门市	**14979**	**7412**	**7567**	**4444**	**2705**	**1739**	**602**	**170**	**433**
蓬江区	4223	2031	2192	1578	946	632	282	60	222
江海区	1377	630	747	426	260	166	132	15	116
新会区	3299	1693	1606	932	555	377	64	38	25
台山市	1047	501	545	270	158	112	30	16	13
开平市	3137	1594	1544	541	358	183	74	31	43
鹤山市	1255	610	646	530	310	220	20	8	12
恩平市	641	354	287	168	119	49	2	1	
湛江市	**16896**	**8485**	**8411**	**4051**	**2529**	**1522**	**1219**	**581**	**639**
赤坎区	2957	1445	1512	529	325	204	205	55	150
霞山区	5108	2563	2545	1147	737	410	206	121	86
坡头区	247	120	127	47	28	19	17	13	4
麻章区	449	167	281	147	89	59	144	12	132
遂溪县	1162	591	571	481	285	196	86	43	43
徐闻县	1405	729	676	291	189	102	113	67	47
廉江市	1403	655	748	425	252	173	91	59	32
雷州市	3254	1763	1491	778	483	295	254	155	99
吴川市	913	452	461	206	141	65	101	55	46
茂名市	**8786**	**4873**	**3913**	**2831**	**1783**	**1049**	**1496**	**1162**	**334**
茂南区	2992	1525	1467	591	395	195	504	292	212
电白区	1639	863	777	754	498	257	72	39	33
高州市	1893	1133	760	826	490	336	439	397	43
化州市	1817	1134	682	467	272	195	458	420	39
信宜市	445	218	227	194	128	66	23	15	8
肇庆市	**9930**	**5120**	**4810**	**3935**	**2447**	**1488**	**627**	**299**	**328**
端州区	2674	1310	1364	894	532	362	34	18	15
鼎湖区	679	275	404	172	82	90	205	56	148
广宁县	449	222	227	260	140	120	11	5	5
怀集县	1216	732	484	759	505	254	72	52	20
封开县	359	191	168	169	108	61	28	15	13
德庆县	423	209	214	165	101	64	18	10	8
高要市	491	261	229	201	134	67	11	8	3
四会市	3640	1920	1720	1316	846	469	248	134	115
惠州市	**28063**	**14399**	**13664**	**11300**	**7098**	**4201**	**2301**	**1004**	**1297**
惠城区	12999	6623	6376	5483	3272	2210	890	416	474
惠阳区	5529	3081	2448	2475	1718	757	261	196	65
博罗县	3002	1603	1399	1425	868	557	443	228	215
惠东县	5693	2674	3019	1696	1092	604	567	63	504
龙门县	840	418	422	221	149	73	141	101	40
梅州市	**10873**	**5118**	**5755**	**3246**	**2011**	**1235**	**1263**	**364**	**899**
梅江区	3814	1842	1972	766	469	297	182	112	70
梅县区	1126	552	574	338	208	130	61	37	25
大埔县	878	457	421	387	249	137	109	55	54
丰顺县	619	284	336	213	130	82	57	30	27
五华县	1540	514	1026	609	366	243	712	58	654
平远县	744	373	371	209	131	78	32	17	15
蕉岭县	651	313	339	147	94	52	34	15	19
兴宁市	1500	784	717	577	364	214	76	40	36

12-7 续表 4 单位：人

现 住 地	随同迁移			房屋拆迁			改善住房		
	小计	男	女	小计	男	女	小计	男	女
江门市	**4404**	**2000**	**2404**	**57**	**32**	**25**	**3028**	**1724**	**1304**
蓬江区	1140	516	625	16	7	8	552	310	243
江海区	405	186	219	17	14	4	216	110	105
新会区	853	402	451	6	3	3	960	534	426
台山市	296	123	172	3	1	2	259	163	96
开平市	1150	537	613	10	4	6	696	420	276
鹤山市	331	131	200	2	1	2	203	109	93
恩平市	230	105	124	2	2		143	78	65
湛江市	**4791**	**2238**	**2553**	**176**	**104**	**71**	**2477**	**1482**	**995**
赤坎区	872	440	432	31	18	13	518	299	219
霞山区	1706	752	953	32	18	14	709	415	294
坡头区	78	39	39				13	12	1
麻章区	55	29	25	1	1	1	30	17	13
遂溪县	203	100	103	17	9	8	70	46	24
徐闻县	427	221	206	3	1	2	204	126	79
廉江市	329	150	180	24	15	9	102	61	41
雷州市	965	444	521	66	42	24	589	360	228
吴川市	157	64	94	2	1	1	243	146	97
茂名市	**1622**	**756**	**865**	**24**	**15**	**9**	**662**	**418**	**244**
茂南区	806	371	436	6	3	2	326	191	135
电白区	204	92	112	13	9	4	75	49	26
高州市	207	91	116				59	33	27
化州市	335	176	159	5	3	2	172	126	46
信宜市	69	27	42	1	1		29	19	10
肇庆市	**2785**	**1226**	**1559**	**114**	**67**	**47**	**1250**	**711**	**539**
端州区	873	364	509	9	6	3	424	237	186
鼎湖区	192	85	107	13	7	6	30	21	9
广宁县	66	34	32	4	3	1	5	5	1
怀集县	137	71	66	18	9	9	135	75	60
封开县	69	36	33	18	7	11	14	7	7
德庆县	101	48	53				31	24	7
高要市	154	70	83	4	2	2	55	30	24
四会市	1193	516	676	48	33	15	556	311	245
惠州市	**8971**	**3970**	**5000**	**133**	**87**	**46**	**2004**	**1153**	**851**
惠城区	3902	1737	2164	58	34	24	1288	653	635
惠阳区	1897	775	1122	32	24	8	268	181	87
博罗县	624	288	337	7	4	2	40	31	9
惠东县	2325	1076	1249	30	21	10	343	245	98
龙门县	223	94	128	6	4	2	65	43	22
梅州市	**2605**	**1110**	**1495**	**92**	**50**	**42**	**1477**	**855**	**622**
梅江区	1286	536	749	60	34	26	705	426	279
梅县区	225	89	136	10	5	5	198	117	81
大埔县	156	63	93	5	3	2	65	38	27
丰顺县	124	56	68	1	1		23	14	9
五华县	115	60	56	3	1	2	5	3	2
平远县	220	91	129	3	1	2	136	78	58
蕉岭县	195	79	116	1		1	89	51	39
兴宁市	284	136	148	9	4	4	255	129	126

12-7 续表 5 单位：人

现住地	寄挂户口			婚姻嫁娶			为子女就学			其他		
	小计	男	女	小计	男	女	小计	男	女	小计	男	女
江门市	**73**	**36**	**37**	**1109**	**95**	**1014**	**107**	**49**	**59**	**1155**	**602**	**553**
蓬江区	17	10	7	319	28	291	34	14	20	285	141	144
江海区	3	2	1	96	7	90	6	3	3	75	33	42
新会区	34	16	19	246	37	208	13	5	9	192	103	89
台山市				100	5	95	17	7	10	73	29	44
开平市	9	4	5	250	10	240	32	17	15	375	211	163
鹤山市	5	2	3	65	6	58	4	2	2	96	40	56
恩平市	4	3	1	33	1	32	1			60	45	15
湛江市	**233**	**133**	**100**	**1314**	**67**	**1247**	**443**	**201**	**241**	**2192**	**1150**	**1043**
赤坎区	49	29	21	228	25	203	48	17	31	478	237	241
霞山区	48	25	23	288	20	268	126	46	80	845	430	415
坡头区	2	2		51	1	50	15	11	5	23	15	8
麻章区	2	1	1	38	3	35	2	1	2	29	16	14
遂溪县	2	1	1	95	2	93	26	14	12	183	91	91
徐闻县	8	7	1	136	4	131	58	32	27	166	84	82
廉江市	106	61	45	216	5	212	21	9	12	88	43	44
雷州市	14	6	8	147	7	140	124	68	56	316	197	119
吴川市	3	2	1	115	1	114	21	4	16	65	38	27
茂名市	**74**	**46**	**28**	**832**	**44**	**788**	**137**	**57**	**80**	**1108**	**592**	**516**
茂南区	48	32	16	299	27	272	56	29	27	357	185	172
电白区	12	6	6	210	7	203	15	6	10	283	158	125
高州市	8	6	2	132	5	127	44	13	31	178	98	80
化州市	4		4	116	1	115	14	6	8	246	132	114
信宜市	2	2		75	4	71	9	4	5	44	18	26
肇庆市	**81**	**44**	**36**	**592**	**59**	**532**	**64**	**28**	**36**	**483**	**239**	**244**
端州区	47	22	25	195	37	158	13	5	8	186	89	97
鼎湖区				25	1	24	5	2	3	38	20	18
广宁县	2	2		43	5	37	12	5	7	46	23	24
怀集县	5	4	1	58		58	9	4	5	24	13	11
封开县	1	1		25		25	12	7	5	24	11	12
德庆县	17	11	6	64	3	62	2	1	1	24	11	13
高要市	5	3	2	38	1	36	4	2	2	19	9	9
四会市	5	2	3	144	12	132	8	2	5	123	63	60
惠州市	**81**	**48**	**33**	**1367**	**88**	**1279**	**110**	**42**	**68**	**1796**	**908**	**888**
惠城区	38	22	16	401	48	352	76	28	48	864	412	452
惠阳区	7	3	4	246	13	233	11	3	8	332	168	164
博罗县	10	7	3	148	9	139	2	2		303	166	136
惠东县	18	13	5	433	13	420	8	3	5	272	147	124
龙门县	8	4	4	139	5	135	12	6	7	25	14	11
梅州市	**67**	**43**	**24**	**916**	**70**	**845**	**194**	**83**	**112**	**1013**	**531**	**481**
梅江区	20	11	8	353	37	316	53	20	32	389	196	194
梅县区	7	3	3	114	7	107	9	3	6	165	83	82
大埔县	4	2	1	53	4	49	47	18	30	52	25	27
丰顺县	13	7	6	112	6	106	12	5	7	64	34	30
五华县				37	1	36	2		2	56	26	30
平远县	14	11	3	59	8	50	4	2	3	66	34	32
蕉岭县	9	7	2	69	5	63	37	19	17	71	41	30
兴宁市	1	1		119	2	117	31	16	15	147	91	56

12-7 续表 6　　单位：人

现住地	合计			工作就业			学习培训		
	合计	男	女	小计	男	女	小计	男	女
汕尾市	**4354**	**2259**	**2095**	**905**	**650**	**255**	**97**	**53**	**44**
城区	1239	638	600	289	206	82	39	21	18
海丰县	2168	1138	1030	384	299	85	34	20	14
陆河县	175	91	84	8	8		3	2	
陆丰市	772	392	380	225	137	88	21	9	12
河源市	**8784**	**4488**	**4296**	**3067**	**1808**	**1259**	**996**	**610**	**385**
源城区	4174	2105	2069	1328	766	562	346	218	129
紫金县	1323	688	636	405	236	169	151	122	28
龙川县	1523	800	724	628	393	235	120	72	48
连平县	585	304	282	188	130	59	201	91	109
和平县	611	322	289	180	113	67	149	87	62
东源县	567	270	297	337	170	166	29	21	8
阳江市	**7351**	**3746**	**3605**	**1617**	**1064**	**553**	**173**	**97**	**76**
江城区	3213	1644	1569	478	322	156	45	25	20
阳西县	963	481	483	277	186	91	48	26	22
阳东县	1444	755	689	527	345	182	25	15	10
阳春市	1731	866	865	334	210	124	55	30	24
清远市	**16163**	**7912**	**8251**	**5409**	**3325**	**2083**	**782**	**359**	**422**
清城区	6824	3496	3328	2264	1435	828	132	77	56
清新区	3362	1703	1659	1168	724	444	179	108	71
佛冈县	674	335	339	290	193	98	53	24	29
阳山县	800	387	413	254	147	107	34	21	13
连山壮族瑶族自治县	238	111	127	70	46	24	13	4	9
连南瑶族自治县	303	140	163	86	47	40	43	23	20
英德市	2698	1194	1504	1013	566	447	119	68	51
连州市	1265	546	719	263	168	94	209	36	173
东莞市	**38568**	**20792**	**17776**	**24331**	**14513**	**9818**	**4801**	**2067**	**2734**
中山市	**14168**	**7737**	**6431**	**7167**	**4073**	**3093**	**1468**	**1293**	**175**
潮州市	**4617**	**2107**	**2510**	**869**	**569**	**300**	**458**	**51**	**407**
湘桥区	3410	1482	1927	466	314	152	400	16	384
潮安区	625	321	304	203	126	77	16	9	8
饶平县	582	303	279	200	129	71	42	26	15
揭阳市	**3883**	**2043**	**1839**	**1402**	**863**	**539**	**152**	**97**	**55**
榕城区	598	315	283	198	126	72	40	24	16
揭东区	508	276	232	192	120	72	24	16	8
揭西县	562	273	289	158	95	63	30	19	11
惠来县	567	296	271	306	181	124	33	22	12
普宁市	1647	882	765	548	341	208	25	17	8
云浮市	**4725**	**2401**	**2324**	**1768**	**1138**	**630**	**322**	**104**	**218**
云城区	1345	686	659	497	315	182	55	27	28
云安区	307	172	136	177	123	54	18	10	8
新兴县	1160	576	584	489	310	178	172	24	148
郁南县	677	326	351	264	153	111	31	19	12
罗定市	1235	641	595	341	236	105	46	24	22

12-7 续表 7

单位：人

现住地	随同迁移			房屋拆迁			改善住房		
	小计	男	女	小计	男	女	小计	男	女
汕尾市	**2272**	**1023**	**1249**	**36**	**21**	**15**	**509**	**369**	**140**
城区	537	244	293	9	3	6	158	108	50
海丰县	1228	551	676	13	10	3	270	194	76
陆河县	127	54	73	10	6	4	20	17	2
陆丰市	380	173	207	4	2	2	61	49	11
河源市	**2813**	**1227**	**1586**	**79**	**49**	**30**	**684**	**456**	**228**
源城区	1674	725	949	31	21	10	427	282	145
紫金县	441	196	246	34	18	16	101	73	29
龙川县	298	132	166	5	2	2	94	57	38
连平县	130	54	76	8	7	1	17	16	1
和平县	147	64	83	1	1		32	23	9
东源县	122	55	67	1	1		13	7	6
阳江市	**2311**	**1043**	**1267**	**177**	**109**	**68**	**1655**	**1011**	**643**
江城区	1106	511	595	51	32	19	1055	632	423
阳西县	196	94	102	8	5	3	167	96	70
阳东县	528	234	294	9	9	1	130	92	39
阳春市	480	204	276	108	62	45	303	192	111
清远市	**5164**	**2317**	**2847**	**166**	**92**	**74**	**2096**	**1203**	**893**
清城区	2516	1132	1384	18	8	11	1014	595	420
清新区	1003	450	553	75	39	36	536	294	242
佛冈县	122	50	72	3	2	1	56	31	26
阳山县	215	100	115	16	10	6	80	52	28
连山壮族瑶族自治县	62	27	35	1	1		34	18	16
连南瑶族自治县	59	29	30				20	12	9
英德市	755	335	420	7	5	2	229	129	100
连州市	432	194	238	46	28	17	126	73	53
东莞市	**5671**	**2554**	**3117**	**123**	**68**	**55**	**1175**	**638**	**537**
中山市	**2809**	**1300**	**1509**	**29**	**11**	**18**	**903**	**504**	**399**
潮州市	**1456**	**619**	**837**	**98**	**51**	**47**	**1113**	**642**	**471**
湘桥区	1090	456	635	91	48	43	995	565	431
潮安区	238	106	132	3	2	1	66	46	20
饶平县	128	57	71	5	2	3	52	31	20
揭阳市	**1172**	**566**	**606**	**44**	**25**	**19**	**236**	**152**	**84**
榕城区	116	47	69	27	15	13	36	20	16
揭东区	139	59	80				17	14	3
揭西县	164	75	89	7	5	2	34	26	8
惠来县	72	38	35	5	2	3	3	2	1
普宁市	681	347	334	5	3	2	146	90	56
云浮市	**1246**	**551**	**695**	**28**	**21**	**8**	**630**	**390**	**241**
云城区	456	192	264	7	4	3	144	94	50
云安区	34	19	15				4	3	1
新兴县	236	111	125	1	1	1	167	92	75
郁南县	116	52	65	2	1	1	101	57	44
罗定市	404	178	226	18	15	3	214	144	70

12-7 续表 8

单位：人

现住地	寄挂户口			婚姻嫁娶			为子女就学			其 他		
	小计	男	女	小计	男	女	小计	男	女	小计	男	女
汕尾市	**14**	**9**	**6**	**299**	**7**	**292**	**19**	**10**	**9**	**203**	**117**	**86**
城区	12	7	6	117	3	114	10	5	5	68	40	28
海丰县	2	2		137	3	135	6	3	4	94	56	39
陆河县				1		1	1	1		5	2	2
陆丰市				43	1	42	1	1	1	36	19	17
河源市	**28**	**18**	**10**	**528**	**28**	**500**	**154**	**59**	**95**	**436**	**232**	**204**
源城区	12	8	4	203	8	195	19	8	11	134	71	64
紫金县	10	6	4	117	8	109	18	7	10	46	21	25
龙川县	2	2		101	7	94	90	35	55	185	100	86
连平县				29	1	29	5	2	3	7	4	3
和平县	1	1		37	3	34	19	5	14	44	24	20
东源县	3	1	2	40	1	39	3	1	2	19	13	7
阳江市	**95**	**53**	**42**	**691**	**20**	**671**	**34**	**18**	**15**	**600**	**331**	**269**
江城区	19	11	9	275	14	261	16	9	7	167	88	79
阳西县	23	13	10	141	1	140	6	3	3	97	55	42
阳东县	20	9	11	106	2	104	5	3	2	94	47	47
阳春市	33	21	13	169	3	166	7	3	4	241	141	101
清远市	**43**	**26**	**18**	**1275**	**28**	**1247**	**148**	**57**	**91**	**1079**	**504**	**576**
清城区	8	6	2	359	1	358	21	11	11	491	232	259
清新区	11	8	3	226	1	225	14	5	9	150	74	77
佛冈县	4	2	2	75	2	73	17	7	10	54	26	29
阳山县	2	2	1	76	1	75	19	7	12	103	48	55
连山壮族瑶族自治县	1		1	29	2	28	11	4	7	16	10	7
连南瑶族自治县	2	1		28	3	25	20	6	14	44	20	24
英德市	9	3	6	377	6	370	15	8	7	173	74	100
连州市	6	3	3	105	12	93	32	10	22	47	21	26
东莞市	**40**	**22**	**18**	**688**	**74**	**614**	**77**	**35**	**42**	**1662**	**821**	**841**
中山市	**18**	**5**	**13**	**763**	**71**	**692**	**47**	**16**	**31**	**964**	**462**	**502**
潮州市	**20**	**10**	**10**	**341**	**28**	**313**	**38**	**18**	**20**	**224**	**118**	**106**
湘桥区	10	5	4	231	18	213	15	7	8	112	54	58
潮安区	1		1	51	3	48	2	1	1	45	28	17
饶平县	9	5	5	58	6	52	22	10	11	67	36	31
揭阳市	**13**	**5**	**7**	**254**	**14**	**240**	**25**	**11**	**14**	**585**	**311**	**274**
榕城区	4	1	3	22	3	19	2	1	1	153	79	74
揭东区				16		16				121	68	54
揭西县	1		1	53		53	6	2	4	109	51	58
惠来县	3	1	2	43		43	6	3	3	95	47	47
普宁市	5	3	2	120	11	109	11	5	6	107	66	41
云浮市	**47**	**29**	**17**	**378**	**12**	**366**	**37**	**15**	**22**	**268**	**141**	**127**
云城区	10	7	3	97	4	93	11	6	6	68	38	30
云安区	7	5	1	49	2	48				18	10	8
新兴县	3	3	1	18	1	16	10	3	6	65	32	33
郁南县	18	10	8	80	3	77	7	2	5	57	29	28
罗定市	9	5	4	134	2	132	9	5	5	60	32	28

12-8 全省按现住地、性别、迁移原因分的户口登记地在外省人口

单位：人

现住地	合计			工作就业			学习培训		
	合计	男	女	小计	男	女	小计	男	女
全省	**569441**	**324025**	**245416**	**457468**	**274904**	**182564**	**16382**	**9292**	**7091**
广州市	**81002**	**44465**	**36537**	**64385**	**37485**	**26900**	**2074**	**982**	**1092**
荔湾区	3538	1821	1717	2712	1470	1242	65	37	28
越秀区	3358	1666	1691	2620	1376	1244	93	50	44
海珠区	8099	4160	3939	6236	3479	2757	309	69	241
天河区	10014	5341	4674	7633	4363	3271	262	149	113
白云区	18995	10516	8479	15153	8848	6305	550	241	309
黄埔区	4392	2538	1854	3416	2119	1297	84	57	26
番禺区	14160	7737	6422	11562	6622	4940	359	173	186
花都区	4827	2667	2159	3664	2179	1485	109	59	50
南沙区	4938	2880	2058	4355	2634	1721	79	46	33
萝岗区	3693	2332	1361	3240	2115	1126	68	47	21
从化区	451	280	171	339	234	105	3	2	1
增城区	4539	2526	2012	3454	2046	1408	92	53	40
韶关市	**2425**	**1230**	**1195**	**1099**	**716**	**383**	**138**	**63**	**75**
武江区	476	232	244	217	125	91	14	6	8
浈江区	759	404	354	357	232	125	51	23	28
曲江区	314	169	144	144	110	35	16	4	12
始兴县	78	37	41	35	20	15	7	3	4
仁化县	181	84	97	58	39	19	18	10	8
翁源县	42	17	25	18	13	5	1		1
乳源瑶族自治县	107	51	56	53	31	22	3	2	1
新丰县	87	40	47	43	26	17	3	1	1
乐昌市	178	71	107	52	28	24	14	8	7
南雄市	203	124	79	122	93	30	13	6	6
深圳市	**172766**	**96576**	**76190**	**138448**	**81877**	**56571**	**5592**	**3299**	**2292**
罗湖区	10754	5485	5269	8320	4494	3826	235	118	117
福田区	14864	7964	6900	11203	6459	4744	377	186	191
南山区	14384	7477	6906	10084	5538	4547	844	572	272
宝安区	89774	51568	38206	74849	45206	29643	2755	1635	1120
龙岗区	40165	22510	17655	31861	18914	12947	1258	716	541
盐田区	2825	1571	1254	2131	1267	864	123	71	51
珠海市	**11646**	**6294**	**5352**	**8321**	**4791**	**3530**	**449**	**284**	**165**
香洲区	6875	3626	3249	4863	2704	2158	303	211	92
斗门区	2170	1201	969	1475	873	601	44	33	11
金湾区	2600	1467	1134	1984	1213	770	101	40	61
汕头市	**4705**	**2924**	**1781**	**3340**	**2323**	**1017**	**84**	**54**	**29**
龙湖区	1163	671	492	744	493	251	18	11	8
金平区	777	450	327	469	309	160	9	6	3
濠江区	77	29	48	24	12	11	16	11	5
潮阳区	370	218	152	196	128	68	13	9	5
潮南区	1461	1025	436	1286	939	347	24	18	6
澄海区	846	525	322	617	439	179	3		3
南澳县	10	6	4	3	3	1			
佛山市	**67959**	**40274**	**27685**	**57314**	**35244**	**22071**	**1206**	**667**	**539**
禅城区	6244	3510	2734	4896	2879	2017	137	88	49
南海区	27751	16807	10944	24071	15037	9034	355	204	151
顺德区	27195	15818	11377	23031	13893	9139	606	306	300
三水区	4249	2693	1556	3479	2302	1177	54	36	17
高明区	2520	1447	1074	1837	1132	704	54	33	21

12-8 续表 1

单位：人

现住地	随同迁移			房屋拆迁			改善住房		
	小计	男	女	小计	男	女	小计	男	女
全　省	**62168**	**26846**	**35321**	**184**	**84**	**100**	**2229**	**1093**	**1135**
广州市	**9919**	**4213**	**5706**	**32**	**15**	**17**	**774**	**384**	**390**
荔湾区	578	247	331	3	1	2	39	20	19
越秀区	370	162	208				18	7	10
海珠区	1037	426	611	2		2	98	48	50
天河区	1212	487	725	10	4	6	126	55	72
白云区	2394	1059	1335	3		3	186	90	96
黄埔区	530	236	294				4	2	2
番禺区	1701	715	986	3	3		186	94	92
花都区	698	278	420	8	4	5	42	24	18
南沙区	342	139	203				13	6	7
萝岗区	260	122	138				5	2	3
从化区	32	16	16				11	6	4
增城区	766	327	439	3	3		46	30	17
韶关市	**610**	**260**	**350**	**5**	**4**	**1**	**60**	**31**	**29**
武江区	134	56	79				8	3	5
浈江区	197	85	112	3	2	1	21	11	9
曲江区	83	33	50				3	1	2
始兴县	20	8	12				6	4	2
仁化县	54	22	32				4	3	2
翁源县	6	1	4				1	1	
乳源瑶族自治县	23	12	12						
新丰县	21	9	12						
乐昌市	44	21	23	1	1		10	4	5
南雄市	29	14	15				7	4	3
深圳市	**14489**	**5872**	**8616**	**51**	**20**	**32**	**328**	**164**	**165**
罗湖区	1357	568	789	4	2	2	12	5	7
福田区	1660	682	979	3	1	2	39	19	20
南山区	1456	587	869	13	6	6	47	16	31
宝安区	5940	2328	3611	13	4	9	150	88	62
龙岗区	3680	1542	2138	17	6	11	73	32	41
盐田区	396	165	231	1		1	9	3	5
珠海市	**2072**	**922**	**1150**	**6**	**2**	**4**	**71**	**35**	**36**
香洲区	1137	500	637	4	2	3	38	17	21
斗门区	496	239	257	1		1	27	15	12
金湾区	439	183	256				5	3	2
汕头市	**967**	**424**	**543**	**3**	**1**	**2**	**32**	**18**	**14**
龙湖区	359	147	212	1	1		11	7	5
金平区	208	97	111	1		1	18	9	10
濠江区	5	3	2						
潮阳区	115	64	50				1	1	
潮南区	68	30	39						
澄海区	208	80	128	1		1	1	1	
南澳县	4	2	2						
佛山市	**7556**	**3544**	**4013**	**9**	**4**	**5**	**167**	**80**	**87**
禅城区	940	431	509				14	6	8
南海区	2588	1217	1371				62	35	27
顺德区	2885	1342	1542	3		3	50	22	28
三水区	600	300	300	3	1	1	31	13	17
高明区	543	253	290	3	3	1	10	4	6

12-8 续表 2 单位：人

现住地	寄挂户口			婚姻嫁娶			为子女就学			其他		
	小计	男	女	小计	男	女	小计	男	女	小计	男	女
全 省	**122**	**55**	**67**	**4904**	**496**	**4409**	**1089**	**266**	**823**	**24896**	**10989**	**13906**
广州市	**16**	**8**	**8**	**929**	**127**	**802**	**132**	**39**	**93**	**2740**	**1212**	**1528**
荔湾区	2	2		66	11	55	3		3	70	33	37
越秀区	1		1	82	11	71	16	4	11	158	55	103
海珠区				152	26	126	19	7	12	246	105	141
天河区				132	11	121	32	9	23	606	263	344
白云区				154	23	131	11	3	8	545	253	292
黄埔区				59	4	55	8	1	7	292	120	171
番禺区	3	1	2	117	21	96	13	5	8	214	103	111
花都区	6	3	3	47	8	39	11	4	8	242	109	132
南沙区	1		1	38	7	31	2	2		108	46	62
萝岗区				19		19	5	2	3	96	45	51
从化区	1	1	1	27	5	22	6	1	4	31	14	17
增城区	2	2		37		37	7	2	6	132	65	67
韶关市	**8**	**3**	**4**	**231**	**25**	**206**	**22**	**7**	**15**	**252**	**120**	**132**
武江区				37	7	29	1	1	1	66	34	32
浈江区	3	1	2	34	4	31	10	2	8	83	44	40
曲江区	1	1	1	25	1	24				40	20	20
始兴县				9	2	7				2		1
仁化县	1	1		28	3	25	6	2	4	13	5	8
翁源县				13	1	12	1		1	4	1	3
乳源瑶族自治县				20	4	16				7	3	4
新丰县				14	1	12				8	3	5
乐昌市	2	1	1	37	2	35	4	2	2	14	5	9
南雄市	1	1	1	15	1	14	1	1	1	15	5	10
深圳市	**41**	**15**	**26**	**722**	**39**	**683**	**471**	**72**	**399**	**12625**	**5219**	**7406**
罗湖区				76	2	74	23	7	16	728	290	439
福田区	4	2	2	85	4	81	60	15	46	1433	597	836
南山区	28	11	17	103	5	97	69	14	55	1741	728	1012
宝安区	9	2	7	266	20	246	194	18	176	5598	2267	3332
龙岗区				168	7	161	122	18	104	2986	1274	1712
盐田区				23	1	22	3		3	139	63	76
珠海市	**2**		**2**	**161**	**27**	**134**	**39**	**16**	**24**	**526**	**218**	**308**
香洲区	1		1	90	19	71	31	13	18	407	160	247
斗门区	1		1	43	4	39	5	1	3	79	35	43
金湾区				29	4	25	3	1	2	40	22	18
汕头市	**9**	**3**	**6**	**125**	**14**	**112**	**17**	**11**	**6**	**128**	**76**	**51**
龙湖区				12		12				17	12	5
金平区	5	1	4	29	6	23	12	8	4	26	14	12
濠江区				28	1	27				2	1	2
潮阳区	1	1		25	2	23	1		1	18	13	5
潮南区	2	1	1	20	3	17	1	1		59	32	26
澄海区	1		1	9	1	9	3	2	1	4	3	2
南澳县				2	1	1				1	1	
佛山市	**9**	**7**	**1**	**359**	**75**	**284**	**100**	**38**	**62**	**1240**	**616**	**624**
禅城区				65	12	53	6	1	5	186	93	93
南海区				101	21	80	6	3	3	568	290	278
顺德区	9	7	1	162	35	126	81	32	49	368	180	188
三水区				18	6	11	5	1	4	60	32	28
高明区				15		15	2	1	1	57	21	36

12-8 续表 3 单位：人

现住地	合计			工作就业			学习培训		
	合计	男	女	小计	男	女	小计	男	女
江门市	**11764**	**6453**	**5310**	**8381**	**4917**	**3464**	**364**	**175**	**188**
蓬江区	4111	2227	1883	2960	1711	1249	174	77	97
江海区	1600	901	699	1101	670	431	53	24	30
新会区	2502	1408	1094	1915	1136	778	56	31	25
台山市	660	331	328	419	220	199	16	9	7
开平市	931	512	419	451	293	158	20	7	13
鹤山市	1681	897	784	1296	727	569	38	22	16
恩平市	279	177	102	239	159	80	5	5	
湛江市	**1667**	**878**	**789**	**843**	**580**	**263**	**146**	**57**	**88**
赤坎区	228	110	118	74	49	24	17	4	14
霞山区	673	399	274	405	287	118	53	30	22
坡头区	48	23	25	17	14	3	3	1	2
麻章区	121	66	55	72	55	17	33	2	30
遂溪县	52	22	31	20	14	6	3	1	3
徐闻县	137	68	68	63	32	31	10	5	5
廉江市	217	86	131	80	57	23	5	2	2
雷州市	75	41	33	43	27	16	4	1	3
吴川市	116	62	54	70	45	25	18	11	7
茂名市	**845**	**344**	**501**	**336**	**208**	**128**	**67**	**16**	**51**
茂南区	389	183	207	153	98	55	47	4	43
电白区	164	52	112	53	36	17	10	6	4
高州市	158	65	93	87	51	36	4	4	
化州市	51	21	30	22	13	10	4	2	2
信宜市	82	23	59	20	10	10	2		2
肇庆市	**3849**	**2140**	**1709**	**2566**	**1577**	**989**	**67**	**35**	**33**
端州区	661	329	332	373	204	169	12	7	4
鼎湖区	189	84	105	125	57	68	5	1	4
广宁县	14	5	9	2	2				
怀集县	29	8	21	10	7	3	1		1
封开县	30	12	18	14	10	4	3	1	2
德庆县	34	13	21	14	10	4	1		1
高要市	204	108	96	169	90	79	2	1	1
四会市	2688	1580	1108	1860	1199	661	43	24	19
惠州市	**28599**	**16705**	**11894**	**21479**	**13733**	**7747**	**554**	**311**	**243**
惠城区	12273	7041	5232	9248	5753	3496	278	164	114
惠阳区	8169	5034	3135	6310	4279	2031	98	64	34
博罗县	4844	2796	2047	3722	2322	1400	142	63	79
惠东县	2970	1641	1329	1973	1231	742	30	16	14
龙门县	344	193	151	226	148	79	7	4	3
梅州市	**761**	**352**	**410**	**297**	**176**	**121**	**24**	**13**	**11**
梅江区	295	145	149	128	74	54	10	4	6
梅县区	69	26	43	22	11	11	4	3	1
大埔县	39	18	21	12	8	4	2	2	
丰顺县	98	44	54	37	23	14	1		1
五华县	40	20	20	19	12	8	2	1	1
平远县	67	29	38	17	11	6	3	2	1
蕉岭县	87	43	43	34	20	13	2		1
兴宁市	68	26	42	27	17	10			

12-8 续表 4　　单位：人

现住地	随同迁移			房屋拆迁			改善住房		
	小计	男	女	小计	男	女	小计	男	女
江门市	**2275**	**1046**	**1228**	**1**	**1**		**102**	**52**	**50**
蓬江区	752	363	389				27	17	10
江海区	347	167	180	1	1		19	10	9
新会区	411	190	222				27	12	15
台山市	188	90	98				12	6	7
开平市	307	135	172				4	1	3
鹤山市	247	94	153				13	6	6
恩平市	23	9	13						
湛江市	**243**	**109**	**134**	**1**		**1**	**26**	**16**	**10**
赤坎区	51	23	28	1		1	6	4	3
霞山区	85	38	48				13	8	6
坡头区	3	1	2						
麻章区	5	3	2				1	1	1
遂溪县	10	3	6						
徐闻县	22	8	14						
廉江市	44	21	23				5	4	1
雷州市	16	9	7						
吴川市	8	3	4						
茂名市	**109**	**52**	**57**	**1**		**1**	**8**	**5**	**3**
茂南区	78	36	42				8	5	3
电白区	3		3						
高州市	11	5	6						
化州市	8	6	2						
信宜市	9	5	4	1		1			
肇庆市	**985**	**444**	**541**	**5**	**3**	**2**	**39**	**24**	**15**
端州区	176	75	101				21	11	10
鼎湖区	43	19	24	3	2	1	6	4	2
广宁县	3	1	2						
怀集县	4	1	3						
封开县	3	1	2						
德庆县	7	3	4						
高要市	31	16	15						
四会市	719	328	391	2	1	1	12	9	3
惠州市	**4922**	**2076**	**2846**	**20**	**10**	**10**	**117**	**56**	**61**
惠城区	2165	927	1238	13	6	7	50	18	31
惠阳区	1368	553	815	2	2		29	17	11
博罗县	534	211	323	2	1	1	8	4	4
惠东县	788	353	435	3	1	2	30	16	15
龙门县	67	31	36						
梅州市	**187**	**89**	**98**	**4**	**3**	**1**	**37**	**19**	**18**
梅江区	81	36	44	1		1	17	9	8
梅县区	16	7	9				2	1	1
大埔县	9	4	5				3	2	1
丰顺县	19	13	7						
五华县	3	3							
平远县	16	9	7	1			9	4	5
蕉岭县	29	11	17	2	2		4	2	3
兴宁市	14	5	9				2	1	1

12-8 续表 5

单位：人

现住地	寄挂户口			婚姻嫁娶			为子女就学			其他		
	小计	男	女	小计	男	女	小计	男	女	小计	男	女
江门市	**1**		**1**	**151**	**20**	**131**	**13**	**2**	**11**	**476**	**240**	**237**
蓬江区	1		1	60	5	55	7	1	7	129	53	76
江海区	1		1	22	3	19	2	1	1	55	27	28
新会区				19	3	16	2		2	72	36	37
台山市				12	2	10				12	5	7
开平市				19	3	17	2	1	1	128	73	55
鹤山市				11	4	7	1		1	75	44	31
恩平市				8	1	6				4	2	2
湛江市	**3**	**3**		**205**	**13**	**192**	**19**	**6**	**13**	**183**	**95**	**87**
赤坎区	1	1		24	3	22	4	2	2	50	25	25
霞山区	1	1		32	3	28	12	1	10	73	31	41
坡头区				12	1	12				13	7	6
麻章区				4	1	4				6	4	2
遂溪县				16		16				4	4	
徐闻县				14	2	12	2	1	1	25	20	5
廉江市	1	1		77		77				5	1	4
雷州市				8	1	7				4	3	1
吴川市				17	2	15	1	1		3		3
茂名市	**2**	**2**		**210**	**7**	**202**	**3**		**3**	**109**	**53**	**56**
茂南区				36	6	30	1		1	66	34	33
电白区	1	1		86		86				11	9	2
高州市	1	1		39		39	2		2	13	3	10
化州市				8		8				8	1	8
信宜市				41	2	39				10	7	3
肇庆市	**2**		**2**	**76**	**9**	**67**	**2**		**2**	**106**	**47**	**58**
端州区	1		1	19	5	14	1		1	58	27	31
鼎湖区				5		4				2	1	1
广宁县				6		6				3	2	1
怀集县				13		13				2	1	1
封开县				8	1	8	1		1	2	1	1
德庆县	1		1	8		8				3		3
高要市				2	1	1						
四会市				15	2	13				37	16	21
惠州市	**2**		**2**	**356**	**17**	**339**	**46**	**16**	**30**	**1102**	**487**	**615**
惠城区	1		1	98	7	91	24	11	13	395	154	241
惠阳区	1		1	97	3	94	12	2	10	252	114	139
博罗县				41	2	39	7	3	4	387	190	197
惠东县				86	2	84	2		2	57	21	36
龙门县				33	2	30				11	8	3
梅州市	**2**	**1**	**1**	**126**	**14**	**112**	**3**		**3**	**81**	**37**	**45**
梅江区	1	1		13	3	10	1		1	44	18	25
梅县区	1		1	17	1	16	1		1	6	2	3
大埔县				8		8	1		1	4	2	2
丰顺县	1	1		29	3	26				10	4	7
五华县				9	1	8				6	3	3
平远县				18	2	16				2	1	1
蕉岭县				9	4	5				7	3	4
兴宁市				22		22				3	3	

12-8 续表 6 单位：人

现 住 地	合 计			工作就业			学习培训		
	合计	男	女	小计	男	女	小计	男	女
汕尾市	**861**	**478**	**384**	**608**	**379**	**230**	**14**	**4**	**10**
城区	342	198	144	256	165	91	6	1	4
海丰县	446	234	212	292	172	119	8	3	5
陆河县	2	1	1						
陆丰市	70	44	26	60	41	19			
河源市	**1860**	**1020**	**839**	**1230**	**763**	**467**	**28**	**17**	**11**
源城区	1213	685	527	847	528	319	21	13	8
紫金县	145	79	66	67	44	22	2	1	1
龙川县	168	91	77	95	70	25	2	2	1
连平县	55	19	36	22	11	11	1	1	
和平县	55	28	27	32	19	13	1		1
东源县	225	118	107	168	91	77	1		1
阳江市	**990**	**599**	**391**	**650**	**459**	**191**	**17**	**9**	**8**
江城区	440	273	166	336	231	105	10	4	6
阳西县	84	43	42	13	8	5	2	1	1
阳东县	377	248	129	274	206	67	3	2	1
阳春市	89	35	55	28	15	14	2	2	1
清远市	**3109**	**1681**	**1428**	**1938**	**1262**	**677**	**87**	**44**	**43**
清城区	1570	922	648	1055	704	351	28	17	11
清新区	386	210	176	242	154	88	9	2	6
佛冈县	143	85	58	98	69	29	2	2	
阳山县	51	22	29	13	8	6	4	1	3
连山壮族瑶族自治县	21	9	12	5	4	1			
连南瑶族自治县	53	26	27	28	18	11	5	3	2
英德市	757	351	406	438	270	167	35	17	19
连州市	128	57	71	59	35	24	4	2	2
东莞市	**134260**	**78591**	**55669**	**113889**	**69102**	**44787**	**4463**	**2599**	**1864**
中山市	**36042**	**20558**	**15483**	**29286**	**17355**	**11931**	**879**	**605**	**273**
潮州市	**2313**	**1384**	**929**	**1864**	**1185**	**679**	**102**	**43**	**59**
湘桥区	1239	709	530	970	589	381	78	28	49
潮安区	1018	650	367	867	577	291	22	13	9
饶平县	56	25	31	26	19	8	2	1	1
揭阳市	**1095**	**582**	**512**	**620**	**389**	**231**	**10**	**6**	**4**
榕城区	186	129	57	133	109	24	3	1	2
揭东区	340	183	157	191	113	78	2		2
揭西县	37	14	23	13	5	8	2	2	
惠来县	25	12	13	13	9	4			
普宁市	506	244	262	270	152	118	3	3	
云浮市	**924**	**496**	**427**	**573**	**384**	**189**	**20**	**9**	**11**
云城区	261	148	114	169	110	59	11	5	6
云安区	89	52	37	58	43	15	1	1	
新兴县	348	223	124	270	183	87	1		1
郁南县	110	33	77	32	21	12	4	2	2
罗定市	116	40	76	43	27	17	2	1	2

12-8 续表 7 单位：人

现 住 地	随同迁移			房屋拆迁			改善住房		
	小计	男	女	小计	男	女	小计	男	女
汕尾市	**185**	**82**	**104**						
城区	66	28	38						
海丰县	111	50	61						
陆河县									
陆丰市	8	3	5						
河源市	**408**	**176**	**232**	**3**	**1**	**2**	**11**	**7**	**4**
源城区	280	119	160	1		1	4	2	2
紫金县	33	14	19				6	4	2
龙川县	38	12	26	3	1	2	1	1	
连平县	7	4	4						
和平县	8	4	4						
东源县	42	22	19				1	1	
阳江市	**152**	**73**	**79**				**9**	**5**	**4**
江城区	56	25	31				5	2	3
阳西县	13	6	7						
阳东县	62	29	33				5	3	1
阳春市	20	12	7						
清远市	**625**	**264**	**361**	**4**	**2**	**2**	**40**	**25**	**16**
清城区	334	142	191	1	1		29	18	11
清新区	86	40	46	2		2	5	3	2
佛冈县	21	7	14				1		1
阳山县	14	8	6						
连山壮族瑶族自治县	4	1	2				1	1	
连南瑶族自治县	4	1	3	1			1		
英德市	128	49	79				2	1	2
连州市	33	14	19	1	1		1	1	
东莞市	**11299**	**4849**	**6450**	**24**	**13**	**12**	**276**	**117**	**159**
中山市	**4551**	**2068**	**2483**	**10**	**3**	**6**	**115**	**50**	**65**
潮州市	**241**	**121**	**120**				**4**	**2**	**2**
湘桥区	152	77	75				3	2	2
潮安区	78	41	37				1	1	
饶平县	11	3	8						
揭阳市	**237**	**102**	**135**	**6**	**4**	**2**	**3**	**2**	**2**
榕城区	38	14	24						
揭东区	32	10	21						
揭西县	3	1	2	1	1				
惠来县	5	3	2						
普宁市	160	74	86	5	3	2	3	2	2
云浮市	**135**	**62**	**74**	**1**		**1**	**9**	**3**	**6**
云城区	41	13	27	1		1	6	2	4
云安区	11	4	6						
新兴县	58	34	23				1	1	1
郁南县	16	5	11				2	1	2
罗定市	11	5	6						

12-8 续表 8 单位：人

现住地	寄挂户口			婚姻嫁娶			为子女就学			其他		
	小计	男	女	小计	男	女	小计	男	女	小计	男	女
汕尾市	**1**	**1**		**33**	**2**	**31**				**20**	**10**	**10**
城区	1	1		8		8				6	3	3
海丰县				22	2	20				14	7	6
陆河县										1		
陆丰市				3		3						
河源市	**1**	**1**		**101**	**15**	**87**	**2**	**1**	**1**	**76**	**40**	**36**
源城区	1	1		22	3	19	2	1	1	36	18	18
紫金县				15	2	13				23	14	9
龙川县				22	2	20				7	4	4
连平县				21	2	19				3	1	2
和平县				13	3	9				1	1	
东源县				9	2	7				6	3	3
阳江市	**3**	**2**	**1**	**91**	**6**	**84**	**2**	**2**	**1**	**66**	**43**	**23**
江城区				17	4	14				16	8	8
阳西县				23		23				34	28	5
阳东县	3	2	1	20	1	19				10	5	6
阳春市				30	2	28	2	2	1	7	2	4
清远市	**4**	**2**	**2**	**242**	**12**	**230**	**12**	**4**	**8**	**156**	**66**	**90**
清城区				35	3	32	6	3	3	83	34	49
清新区	3	2	1	22		22				17	8	9
佛冈县				12	1	11				10	6	3
阳山县				13	1	13	1		1	5	5	1
连山壮族瑶族自治县				8	1	7	1	1		3	1	2
连南瑶族自治县				8	1	7				4	1	3
英德市	1		1	120	4	117	3		3	28	10	18
连州市				24	3	21	1		1	5	1	4
东莞市	**7**	**3**	**3**	**341**	**31**	**310**	**162**	**40**	**122**	**3799**	**1837**	**1961**
中山市	**2**	**2**		**221**	**34**	**187**	**37**	**10**	**27**	**942**	**431**	**511**
潮州市	**1**		**1**	**42**	**3**	**39**	**2**	**1**	**1**	**58**	**30**	**28**
湘桥区				15	1	14	1	1		21	12	9
潮安区				14	1	13	1		1	35	17	17
饶平县	1		1	13	1	12				2	1	1
揭阳市				**74**	**4**	**70**	**3**	**2**	**2**	**142**	**75**	**67**
榕城区				2		2				10	5	5
揭东区				2		2				113	60	54
揭西县				10	1	9				8	4	4
惠来县				7		7						
普宁市				53	3	49	3	2	2	11	6	5
云浮市	**7**	**1**	**5**	**108**	**1**	**107**	**1**		**1**	**69**	**36**	**33**
云城区				5		5				29	17	12
云安区				11		11				7	4	4
新兴县				4	1	3	1		1	13	5	8
郁南县	2	1	1	45		45				8	4	4
罗定市	5	1	4	42	1	42				12	6	6

12-9 全省按现住地、户口登记地类型分的迁移人口

单位：人

现住地	合计				本县				本省其他县			
	合计	城市	镇	乡村	小计	城市	镇	乡村	小计	城市	镇	乡村
全省	**1036313**	**226334**	**246339**	**563640**	**121082**	**61584**	**18905**	**40593**	**345790**	**105011**	**85798**	**154981**
广州市	**185186**	**62913**	**41792**	**80481**	**19004**	**14331**	**1392**	**3281**	**85179**	**36680**	**18813**	**29687**
荔湾区	12046	6357	1980	3709	2611	2611			5898	3167	1035	1695
越秀区	10162	4820	2200	3142	1597	1597			5208	2429	1239	1540
海珠区	24531	11698	4671	8161	3379	3379			13052	6890	2246	3916
天河区	27704	11028	6684	9992	1904	1904			15786	6819	3848	5119
白云区	42877	13343	9772	19762	1846	1137	223	487	22036	9650	4582	7804
黄埔区	8223	2072	2116	4035	481	481			3351	1128	816	1407
番禺区	25158	5939	5848	13371	1434	1268	86	81	9564	3147	2392	4024
花都区	10004	2479	2417	5108	2068	857	190	1021	3110	870	999	1240
南沙区	7440	1017	1774	4649	241	83	85	73	2261	612	525	1124
萝岗区	5744	1195	1515	3034	131	117	5	9	1920	651	476	792
从化区	2462	789	424	1249	1455	451	169	835	556	269	122	164
增城区	8835	2175	2391	4269	1856	446	635	775	2440	1048	531	862
韶关市	**12280**	**3545**	**2846**	**5889**	**4805**	**1046**	**1106**	**2652**	**5049**	**2177**	**1070**	**1802**
武江区	2224	893	453	877	373	248	26	98	1375	590	290	494
浈江区	3151	1173	661	1317	706	524	64	119	1686	535	406	746
曲江区	1696	518	404	774	648	190	145	313	734	301	166	267
始兴县	415	69	113	233	233		68	165	104	63	15	26
仁化县	840	238	145	457	295		61	234	364	221	42	100
翁源县	298	34	91	172	186		53	133	69	30	25	15
乳源瑶族自治县	605	69	165	371	384		95	289	114	47	38	29
新丰县	494	131	95	268	241		48	193	165	107	28	30
乐昌市	1119	254	305	559	681	49	232	400	260	183	26	51
南雄市	1438	167	412	859	1057	36	314	707	178	101	33	44
深圳市	**271391**	**56646**	**69690**	**145055**	**7541**	**7539**	**2**		**91085**	**25281**	**24632**	**41172**
罗湖区	22207	6450	6183	9573	1215	1215			10237	3089	3186	3962
福田区	28729	10617	6863	11250	2504	2504			11361	4439	3035	3887
南山区	23841	10074	5775	7992	1625	1623	2		7832	3667	1823	2341
宝安区	127165	17236	31837	78093	1221	1221			36170	8270	9375	18525
龙岗区	64269	11118	17626	35526	803	803			23301	5283	6607	11411
盐田区	5181	1152	1406	2622	172	172			2184	532	606	1046
珠海市	**22453**	**5921**	**5883**	**10649**	**2549**	**2102**	**198**	**248**	**8258**	**2018**	**2442**	**3798**
香洲区	13823	4426	3474	5923	2015	1973	38	4	4933	1180	1499	2255
斗门区	4318	750	1176	2393	507	118	146	243	1640	375	464	801
金湾区	4312	746	1233	2333	27	11	15		1685	463	479	742
汕头市	**15373**	**6741**	**3109**	**5523**	**4722**	**3669**	**504**	**550**	**5946**	**2574**	**1374**	**1998**
龙湖区	3799	1503	862	1433	480	301	60	119	2156	1130	457	569
金平区	4965	2917	780	1269	2194	2148		46	1994	637	565	792
濠江区	598	270	108	220	127	95	2	30	393	163	81	150
潮阳区	1414	825	243	346	655	501	80	74	389	220	64	106
潮南区	2284	477	502	1306	136	23	64	48	688	326	116	247
澄海区	2262	723	607	932	1122	600	295	227	293	75	89	129
南澳县	50	25	9	17	8		3	5	32	24	4	5
佛山市	**108552**	**15343**	**23957**	**69251**	**5953**	**4329**	**734**	**890**	**34639**	**7029**	**8225**	**19386**
禅城区	14673	3352	3027	8294	1178	1105	73		7251	1697	1513	4041
南海区	43818	5350	9809	28660	998	914	10	74	15068	2806	3706	8557
顺德区	38046	4858	8134	25053	1623	1601		22	9228	1814	2311	5102
三水区	7483	871	1943	4669	1108	196	443	469	2127	477	500	1150
高明区	4531	912	1044	2576	1046	513	208	325	965	235	194	535

12-9 续表 1

单位：人

现住地	省外							
	北京				天津			
	小计	城市	镇	乡村	小计	城市	镇	乡村
全　省	**973**	**917**	**22**	**34**	**318**	**259**	**23**	**37**
广州市	**169**	**153**	**2**	**13**	**58**	**51**	**2**	**5**
荔湾区	4	4			2	2		
越秀区	29	23	1	5	2	2		
海珠区	23	22	1		7	7		
天河区	51	49		2	21	16	1	4
白云区	23	19		4	10	10		
黄埔区	6	6			3	2		1
番禺区	19	18		1	1		1	
花都区	3	3			7	7		
南沙区					1	1		
萝岗区	3	3		1				
从化区					1	1		
增城区	6	6			3	3		
韶关市	**5**	**5**	**1**		**1**			**1**
武江区	1	1						
浈江区					1			1
曲江区	1	1						
始兴县								
仁化县								
翁源县	1	1						
乳源瑶族自治县								
新丰县	1	1						
乐昌市	2	1	1					
南雄市					1			1
深圳市	**625**	**602**	**8**	**15**	**143**	**123**	**7**	**13**
罗湖区	36	32	3	1	13	12	1	
福田区	138	135		3	53	47	2	4
南山区	353	350	2	1	44	36	3	4
宝安区	64	53	2	9	15	15		
龙岗区	25	24		1	13	10		3
盐田区	8	8			4	2		2
珠海市	**42**	**40**	**2**		**17**	**11**	**1**	**4**
香洲区	33	31	2		14	9	1	4
斗门区	8	8	1		1	1		
金湾区					1			
汕头市	**3**	**3**			**9**	**9**		
龙湖区	1	1						
金平区	2	2			3	3		
濠江区								
潮阳区					6	6		
潮南区								
澄海区								
南澳县								
佛山市	**14**	**13**	**1**	**1**	**20**	**19**		**2**
禅城区	2	2			6	6		
南海区					5	3		2
顺德区	9	9			9	9		
三水区	2	1		1	1	1		
高明区	1	1	1					

12-9 续表 2 单位：人

现住地	省外							
	河北				山西			
	小计	城市	镇	乡村	小计	城市	镇	乡村
全 省	**2602**	**632**	**670**	**1300**	**1715**	**443**	**335**	**936**
广州市	**562**	**157**	**154**	**251**	**366**	**126**	**60**	**181**
荔湾区	31	3	15	13	9	3	2	4
越秀区	45	11	11	22	17	12	2	2
海珠区	48	13	11	25	41	16	11	14
天河区	115	45	22	48	70	23	13	34
白云区	116	31	30	55	78	33	11	35
黄埔区	28	1	14	13	17	1	1	16
番禺区	42	15	7	19	74	15	8	51
花都区	61	21	21	18	17	6	4	7
南沙区	25	3	10	12	14	3	3	8
萝岗区	19	5	6	8	9	3	2	4
从化区	4	1	1	1	1	1		
增城区	29	6	6	17	18	8	4	6
韶关市	**12**	**2**	**5**	**6**	**11**	**7**	**3**	**2**
武江区	5	1	1	3	1	1	1	
浈江区	5	1	2	2	3	1	1	2
曲江区					1			1
始兴县								
仁化县	1		1		7	5	1	
翁源县	1		1					
乳源瑶族自治县								
新丰县								
乐昌市								
南雄市	1		1					
深圳市	**994**	**241**	**260**	**493**	**616**	**174**	**141**	**301**
罗湖区	77	21	17	39	63	21	14	27
福田区	144	56	31	56	125	44	26	55
南山区	147	60	32	55	110	49	25	36
宝安区	447	51	128	268	213	46	48	119
龙岗区	164	50	49	64	97	11	28	57
盐田区	16	3	2	10	8	3		6
珠海市	**87**	**32**	**28**	**26**	**72**	**34**	**10**	**28**
香洲区	64	25	22	17	47	25	7	15
斗门区	10	3	2	5	9	3	1	4
金湾区	12	4	4	4	15	6	1	8
汕头市	**26**	**14**	**3**	**8**	**13**	**3**	**2**	**8**
龙湖区	4	2		2	4			4
金平区	2			2	6	3	2	1
濠江区	1			1				
潮阳区	9	8	1					
潮南区	4	1	1	1	1			1
澄海区	6	3	1	3	2			2
南澳县								
佛山市	**159**	**28**	**69**	**62**	**100**	**7**	**20**	**74**
禅城区	21	4	9	8	14	3	2	9
南海区	92	12	45	35	32	2	11	20
顺德区	38	9	13	16	43	1	4	37
三水区	6	2	1	3	9	1	1	7
高明区	1	1		1	3		1	1

12-9 续表 3

单位：人

现住地	省外											
	内蒙古				辽宁				吉林			
	小计	城市	镇	乡村	小计	城市	镇	乡村	小计	城市	镇	乡村
全　省	**766**	**308**	**191**	**268**	**2227**	**1367**	**280**	**581**	**2377**	**1109**	**472**	**797**
广州市	**163**	**78**	**40**	**46**	**604**	**405**	**68**	**132**	**461**	**230**	**112**	**120**
荔湾区	14	7	2	5	39	19	5	15	24	12	9	3
越秀区	8	2	1	5	25	19	2	4	19	8	4	6
海珠区	23	12	4	8	67	58	4	5	63	33	19	12
天河区	31	12	7	12	107	85	10	12	93	55	20	18
白云区	25	10	14	1	144	84	21	40	96	52	18	26
黄埔区	17	6	6	6	33	17	6	10	14	7		6
番禺区	17	10	5	2	68	50	3	15	77	30	17	30
花都区	8	5	2	2	41	26	5	10	32	10	10	11
南沙区	3	1		3	27	14	3	10	6	2	1	3
萝岗区	4	3		1	35	17	7	11	20	12	5	3
从化区					4	3	1		1	1		
增城区	11	10		1	14	13	1		17	7	7	2
韶关市	**4**	**3**	**1**		**7**	**2**	**1**	**4**	**5**	**2**	**1**	**2**
武江区					3	1	1	1	1			1
浈江区	2	1	1						2		1	2
曲江区	1	1			2		1	1				
始兴县												
仁化县												
翁源县												
乳源瑶族自治县												
新丰县												
乐昌市	1	1										
南雄市					2			2	2	2		
深圳市	**375**	**150**	**102**	**123**	**974**	**595**	**123**	**257**	**1066**	**580**	**196**	**289**
罗湖区	34	15	8	11	139	95	17	27	151	82	32	37
福田区	85	27	26	32	214	143	30	42	253	147	44	62
南山区	65	30	27	9	194	132	22	40	163	96	34	32
宝安区	112	48	20	44	275	150	29	97	279	152	48	79
龙岗区	69	25	20	24	132	64	22	45	191	87	31	73
盐田区	10	5	2	3	20	12	2	7	29	16	7	6
珠海市	**33**	**14**	**2**	**17**	**105**	**81**	**11**	**13**	**113**	**66**	**28**	**19**
香洲区	22	6	1	15	86	71	6	9	82	52	18	13
斗门区	5	5			10	5	2	3	14	6	7	1
金湾区	6	3	1	2	9	5	3	1	17	8	4	5
汕头市					**9**	**7**		**2**	**3**	**1**	**1**	**1**
龙湖区					5	3		2				
金平区					2	2			2	1	1	
濠江区												
潮阳区					1	1						
潮南区					1	1			1			1
澄海区												
南澳县												
佛山市	**58**	**16**	**19**	**23**	**119**	**59**	**23**	**38**	**291**	**64**	**46**	**180**
禅城区	6	3	1	2	14	4	1	9	19	12	4	3
南海区	35	9	12	14	69	33	15	21	238	45	38	155
顺德区	15	3	6	6	24	13	4	6	28	4	3	21
三水区	2	1		1	7	3	3	1	3	1	1	1
高明区					5	5			2	2		

12-9 续表 4

单位：人

现住地	省外											
	黑龙江				上海				江苏			
	小计	城市	镇	乡村	小计	城市	镇	乡村	小计	城市	镇	乡村
全　省	**3703**	**1777**	**733**	**1193**	**577**	**519**	**33**	**24**	**3958**	**1435**	**1321**	**1202**
广州市	**850**	**443**	**151**	**257**	**132**	**125**	**3**	**4**	**878**	**325**	**288**	**265**
荔湾区	52	29	9	14	9	9			89	28	30	31
越秀区	56	22	15	20	12	12			54	18	15	22
海珠区	93	49	26	19	25	22	1	1	82	37	34	11
天河区	163	81	29	54	46	46			162	68	37	57
白云区	228	124	39	66	15	14		1	198	62	84	52
黄埔区	34	13	8	13	4	4			52	9	27	16
番禺区	92	61	8	22	9	6	1	2	111	43	31	38
花都区	48	23	5	20	3	3			34	12	13	9
南沙区	18	8	4	6					26	9	7	10
萝岗区	26	12	3	11	3	3	1		24	13	5	5
从化区	3	3			2	2			3	1	1	1
增城区	37	18	6	13	4	4			42	26	5	12
韶关市	**8**	**3**	**4**	**1**	**6**	**3**	**3**		**13**	**7**	**3**	**3**
武江区	3	1	1	1	1	1			1		1	
浈江区	2	1		1	2	2			7	4	2	2
曲江区	1		1						1	1	1	
始兴县												
仁化县									1			1
翁源县												
乳源瑶族自治县	1	1										
新丰县												
乐昌市									3	2		1
南雄市	1		1		3		3		1	1		
深圳市	**1719**	**880**	**324**	**515**	**244**	**231**	**9**	**4**	**1675**	**678**	**586**	**411**
罗湖区	225	128	37	60	41	39	2		205	83	70	52
福田区	386	205	61	120	56	56			334	155	91	88
南山区	262	155	46	61	74	72	1	1	304	150	99	56
宝安区	502	216	114	172	48	42	4	2	533	191	202	139
龙岗区	290	150	53	87	18	17	1		258	86	115	57
盐田区	54	27	12	16	6	5		1	41	13	9	19
珠海市	**152**	**75**	**34**	**42**	**22**	**18**	**4**		**137**	**52**	**44**	**41**
香洲区	111	54	25	32	18	17	1		107	40	38	30
斗门区	15	10	3	1	5	1	3		12	7		5
金湾区	26	11	6	9					17	5	6	6
汕头市	**15**	**9**	**2**	**5**	**10**	**9**		**1**	**30**	**16**	**7**	**8**
龙湖区	7	7			2	2			8	7	2	
金平区	3	1	1	1	4	4			3		3	
濠江区												
潮阳区					2	2			4	4		
潮南区	1	1			1			1	7	3	3	1
澄海区	4		1	4					9	3		6
南澳县												
佛山市	**191**	**82**	**45**	**64**	**24**	**17**	**2**	**5**	**203**	**49**	**80**	**74**
禅城区	27	18	4	5	3	2	1		38	13	15	10
南海区	84	35	18	32	11	6		5	95	15	38	42
顺德区	62	24	16	22	9	7	1		53	15	22	16
三水区	12	3	6	3	1	1			7	3	1	3
高明区	5	3		2	1	1			9	3	3	3

12-9 续表 5

单位：人

现住地	省外											
	浙江				安徽				福建			
	小计	城市	镇	乡村	小计	城市	镇	乡村	小计	城市	镇	乡村
全省	**5031**	**1277**	**1523**	**2231**	**11937**	**1517**	**3804**	**6616**	**12911**	**1830**	**3241**	**7839**
广州市	**1678**	**431**	**589**	**658**	**1650**	**302**	**521**	**827**	**2439**	**473**	**672**	**1294**
荔湾区	181	39	70	72	71	11	29	31	392	56	114	222
越秀区	136	51	41	45	102	22	28	52	156	47	62	47
海珠区	481	89	208	184	162	23	46	93	360	77	118	165
天河区	173	60	47	66	285	60	103	122	336	94	87	154
白云区	420	118	146	155	449	75	139	234	580	97	142	340
黄埔区	10	2	1	6	82	16	29	36	81	14	17	50
番禺区	127	42	39	47	205	40	63	102	244	57	74	113
花都区	55	10	14	31	75	16	18	41	95	8	17	70
南沙区	15	3	4	9	69	9	14	46	42	3	8	30
萝岗区	23	5	7	11	66	5	18	42	42	10	9	22
从化区	5	1	1	3	5	1	3	1	17	1	5	11
增城区	52	11	12	29	79	23	31	25	95	8	18	69
韶关市	**44**	**10**	**16**	**18**	**39**	**3**	**15**	**21**	**45**	**5**	**10**	**31**
武江区	10	2	4	4	3	1	2		13	3	1	8
浈江区	9	7	1	2	11		2	9	8		2	7
曲江区	2			2	11	1	3	7	5		3	2
始兴县												
仁化县	1	1	1		6		4	1	1	1		
翁源县	1			1	1		1		3			3
乳源瑶族自治县	5		1	4	3		3					
新丰县									3			3
乐昌市	5	1	5		3	1	1	2	4		1	3
南雄市	10		4	6	1			1	9	1	4	4
深圳市	**1427**	**436**	**357**	**635**	**4620**	**608**	**1581**	**2431**	**4246**	**651**	**1095**	**2500**
罗湖区	137	43	35	59	338	56	153	129	355	81	93	180
福田区	347	121	94	132	616	113	207	296	592	148	168	277
南山区	196	71	63	62	553	129	181	243	277	82	79	116
宝安区	451	114	95	242	1972	198	643	1131	1701	147	423	1131
龙岗区	280	81	66	133	1037	98	355	585	1256	184	313	760
盐田区	17	6	5	6	103	14	42	47	64	8	20	36
珠海市	**81**	**22**	**24**	**34**	**222**	**43**	**69**	**110**	**205**	**48**	**46**	**110**
香洲区	66	19	20	28	167	35	53	79	141	40	22	79
斗门区	8	2	1	5	19	3	6	10	37	4	15	18
金湾区	6	1	3	1	37	5	10	22	27	4	9	14
汕头市	**48**	**22**	**7**	**20**	**181**	**36**	**38**	**107**	**490**	**14**	**141**	**335**
龙湖区	10	7	3		38	5	13	20	170	1	49	120
金平区	13	5		8	42	17	6	19	110	1	50	59
濠江区	2	1			1		1		9	1	3	4
潮阳区	6	6			15	1		14	20	5	11	4
潮南区	12	3	1	8	66	7	17	41	82	1	2	79
澄海区	5		2	4	16	4	1	10	100	4	25	70
南澳县					3			3				
佛山市	**348**	**66**	**95**	**188**	**706**	**48**	**222**	**437**	**898**	**100**	**221**	**576**
禅城区	74	21	19	33	92	11	25	56	170	15	56	99
南海区	140	24	35	81	275	12	89	173	461	62	81	318
顺德区	109	18	31	60	272	18	84	171	215	19	69	126
三水区	15	1	6	9	31	4	8	19	40	1	13	26
高明区	11	2	5	4	37	3	15	18	12	3	3	6

12-9 续表 6 单位：人

现住地	省外											
	江西				山东				河南			
	小计	城市	镇	乡村	小计	城市	镇	乡村	小计	城市	镇	乡村
全省	**51496**	**4626**	**15720**	**31150**	**3921**	**949**	**1152**	**1820**	**39091**	**3336**	**9681**	**26074**
广州市	**7269**	**811**	**2336**	**4122**	**756**	**211**	**244**	**301**	**5712**	**582**	**1613**	**3517**
荔湾区	185	25	75	85	23	9	7	7	282	38	88	156
越秀区	178	33	62	82	65	27	20	19	320	34	93	192
海珠区	737	84	227	426	62	27	14	21	370	43	133	194
天河区	863	175	335	354	149	54	38	57	821	132	218	471
白云区	1882	173	566	1143	152	48	50	54	1251	118	329	805
黄埔区	327	37	125	165	56	4	19	33	464	35	142	287
番禺区	1607	136	457	1013	73	12	32	29	762	68	185	509
花都区	345	53	106	186	43	12	23	8	335	44	95	195
南沙区	345	20	118	207	29	3	5	21	402	11	96	296
萝岗区	221	26	79	116	64	6	30	28	449	27	149	273
从化区	48	9	16	23	4	1		3	42	3	16	24
增城区	533	40	171	323	35	6	6	23	212	29	69	114
韶关市	**307**	**34**	**115**	**158**	**15**	**6**	**3**	**6**	**105**	**17**	**31**	**57**
武江区	68	3	25	40	3	1		2	18	4	2	12
浈江区	77	20	34	24	8	2	2	4	41	5	18	18
曲江区	33		10	23	1	1			23	2	5	15
始兴县	16	1	8	7					2	1		2
仁化县	18	2	5	11					3	1	1	2
翁源县	13	1	5	7								
乳源瑶族自治县	14		7	7					1			
新丰县	7		4	2					4	3		
乐昌市	5		2	4	1		1		3		1	2
南雄市	56	7	16	33	2	2			9	2	3	4
深圳市	**18792**	**2098**	**5936**	**10758**	**1737**	**466**	**485**	**786**	**13139**	**1267**	**3294**	**8578**
罗湖区	1405	181	440	784	166	46	60	60	762	102	205	455
福田区	1450	217	474	760	327	117	90	121	1188	218	294	677
南山区	1337	323	455	558	315	119	94	102	1019	272	292	454
宝安区	9945	871	3019	6054	599	117	161	321	6730	317	1602	4811
龙岗区	4426	477	1471	2479	289	56	73	160	3135	318	809	2008
盐田区	229	28	77	123	42	12	7	22	307	41	92	174
珠海市	**690**	**94**	**248**	**348**	**130**	**37**	**33**	**60**	**967**	**134**	**294**	**539**
香洲区	429	73	152	203	102	30	30	43	578	103	174	302
斗门区	99	8	42	49	11	3		8	158	20	42	96
金湾区	162	13	54	95	17	4	4	9	231	11	78	141
汕头市	**979**	**44**	**281**	**654**	**23**	**15**	**3**	**5**	**543**	**48**	**174**	**321**
龙湖区	472	14	138	321	8	5		3	106	4	43	59
金平区	163	16	46	100	4	4			92	13	32	46
濠江区	11	2	3	7	2	1		1	1		1	
潮阳区	33		14	20	6	6			15			15
潮南区	162	5	37	120					86	20	14	52
澄海区	136	7	43	86	4		3	1	244	12	85	148
南澳县												
佛山市	**3993**	**246**	**1113**	**2634**	**247**	**54**	**72**	**121**	**2926**	**198**	**582**	**2146**
禅城区	332	40	101	191	34	10	5	19	268	24	64	180
南海区	1569	103	448	1018	68	5	32	32	1417	98	259	1059
顺德区	1815	84	488	1243	107	34	19	54	901	60	166	675
三水区	157	13	36	109	14	2	4	8	231	13	62	156
高明区	119	7	39	73	24	3	12	8	109	3	30	76

12-9 续表 7

单位：人

现住地	省外											
	湖北				湖南				广东			
	小计	城市	镇	乡村	小计	城市	镇	乡村	小计	城市	镇	乡村
全 省	**59333**	**10239**	**16108**	**32986**	**127037**	**9935**	**31025**	**86077**				
广州市	**9854**	**2021**	**2858**	**4975**	**21455**	**2019**	**5423**	**14013**				
荔湾区	244	57	68	119	755	83	157	515				
越秀区	261	95	74	92	835	150	232	454				
海珠区	2311	351	719	1240	1392	158	410	824				
天河区	1241	365	364	512	2769	354	778	1638				
白云区	2054	413	634	1007	5226	457	1308	3460				
黄埔区	532	102	153	277	1378	68	395	915				
番禺区	1293	220	316	757	3831	277	859	2695				
花都区	432	140	133	159	1589	168	370	1051				
南沙区	495	51	119	326	1223	53	253	917				
萝岗区	449	94	130	224	1009	74	256	679				
从化区	46	9	12	26	124	20	39	65				
增城区	496	124	136	235	1326	158	367	800				
韶关市	**100**	**29**	**28**	**42**	**1223**	**112**	**303**	**808**				
武江区	26	7	9	10	249	20	69	159				
浈江区	29	9	8	12	404	42	80	282				
曲江区	14	5	2	7	154	11	50	94				
始兴县	7		2	5	42	3	17	22				
仁化县	2		1	1	118	3	26	89				
翁源县	2		1	1	11	3	2	6				
乳源瑶族自治县	2	1	1	1	53	11	12	30				
新丰县	3	3			29	5	5	18				
乐昌市	8	4	2	2	113	5	28	80				
南雄市	6	1	3	2	52	9	14	28				
深圳市	**23445**	**4491**	**6357**	**12597**	**35898**	**3658**	**9337**	**22904**				
罗湖区	1795	372	527	896	1938	276	544	1119				
福田区	1857	554	495	809	2330	431	644	1254				
南山区	2239	786	563	889	3011	741	989	1281				
宝安区	12123	1767	3407	6950	19947	1298	4808	13840				
龙岗区	5027	920	1267	2840	7935	840	2114	4981				
盐田区	403	92	98	213	737	72	237	428				
珠海市	**945**	**224**	**241**	**480**	**2620**	**244**	**704**	**1671**				
香洲区	571	141	142	287	1512	154	389	969				
斗门区	155	34	43	78	399	56	101	243				
金湾区	219	48	56	114	709	35	214	460				
汕头市	**333**	**47**	**87**	**199**	**259**	**28**	**53**	**178**				
龙湖区	60	4	19	37	38	1	13	24				
金平区	81	21	27	33	80	13	13	55				
濠江区	7	2	2	3	8	1	1	7				
潮阳区	15	4	2	9	27	9	4	15				
潮南区	82	7	20	55	70	5	15	50				
澄海区	88	9	18	62	36	1	8	27				
南澳县	1			1								
佛山市	**4140**	**511**	**1084**	**2545**	**12994**	**734**	**2869**	**9391**				
禅城区	395	68	105	222	1380	100	316	964				
南海区	1785	200	485	1100	6209	359	1334	4516				
顺德区	1509	187	349	973	3930	188	840	2903				
三水区	286	26	98	161	902	58	230	613				
高明区	166	30	47	89	573	29	149	396				

12-9 续表 8　　单位：人

现住地	省外											
	广西				海南				重庆			
	小计	城市	镇	乡村	小计	城市	镇	乡村	小计	城市	镇	乡村
全　省	**100480**	**5960**	**22388**	**72132**	**4562**	**861**	**1502**	**2200**	**22646**	**1880**	**6100**	**14666**
广州市	**10936**	**1039**	**2714**	**7183**	**857**	**205**	**274**	**378**	**2382**	**369**	**563**	**1450**
荔湾区	549	39	124	386	46	16	4	26	58	18	12	28
越秀区	588	92	161	335	68	23	22	23	69	22	21	26
海珠区	730	113	202	414	91	26	21	44	168	29	49	90
天河区	1069	171	321	576	160	39	54	67	223	73	44	106
白云区	2702	218	631	1853	188	42	66	79	510	92	105	313
黄埔区	481	37	138	306	54	4	20	31	144	23	31	90
番禺区	2409	165	532	1712	132	28	52	52	508	45	112	352
花都区	602	64	141	398	32	9	6	18	178	23	51	104
南沙区	800	46	195	560	27	3	7	17	247	12	63	172
萝岗区	442	39	120	282	36	7	16	12	101	13	26	62
从化区	58	3	12	44	2	1	1		21	2	4	15
增城区	506	51	138	317	22	7	6	9	154	17	44	93
韶关市	**176**	**23**	**46**	**107**	**13**	**9**	**3**	**1**	**33**	**4**	**17**	**12**
武江区	28	4	9	15	1	1		1	4		3	1
浈江区	52	7	8	37	1		1		11	3	6	2
曲江区	21	1	7	14					3		2	1
始兴县	3		1	2	1	1			2		1	
仁化县	13	1		11	1				2			2
翁源县	6		3	3	1		1		2			2
乳源瑶族自治县	16	6	4	6	1	1			4		3	1
新丰县	8	3		5	3	2			2			2
乐昌市	10	1	5	4	4	4			1	1		1
南雄市	18	1	8	10	1	1	1		2		1	1
深圳市	**22459**	**1601**	**5253**	**15605**	**1502**	**255**	**451**	**796**	**6512**	**617**	**1846**	**4049**
罗湖区	674	109	167	397	125	31	43	51	419	67	113	239
福田区	893	100	225	568	155	41	45	70	834	95	202	537
南山区	934	257	229	448	120	37	37	45	385	96	131	157
宝安区	14698	640	3299	10759	728	95	196	438	2432	185	651	1595
龙岗区	5022	471	1265	3286	349	46	121	182	2367	163	730	1473
盐田区	238	23	69	146	24	4	10	10	77	11	19	47
珠海市	**1829**	**144**	**489**	**1196**	**327**	**40**	**180**	**107**	**597**	**34**	**179**	**384**
香洲区	836	89	231	517	198	21	132	45	407	26	117	264
斗门区	482	21	120	341	101	10	34	56	79	3	20	55
金湾区	511	34	139	339	28	9	13	6	111	5	41	65
汕头市	**142**	**25**	**15**	**102**	**55**	**16**	**18**	**21**	**112**	**8**	**29**	**75**
龙湖区	9			9	5	1	1	4	23	2	5	17
金平区	16	2		14	12	3	8	1	27	5	9	13
濠江区	9	1	6	2	3	1	1	1				
潮阳区	13	13			7	6		1	12		9	4
潮南区	61	9	5	47	19	5	5	9	40		6	34
澄海区	32		4	28	10	1	4	5	8	1	1	6
南澳县	1			1	1	1			1			1
佛山市	**22126**	**937**	**4701**	**16487**	**300**	**32**	**114**	**154**	**2535**	**152**	**711**	**1672**
禅城区	1761	93	344	1323	40	4	18	18	371	18	88	265
南海区	8889	374	1857	6658	121	9	44	68	818	35	252	532
顺德区	9643	407	2055	7180	103	18	37	49	953	65	266	622
三水区	1201	40	313	848	20	1	7	12	154	3	44	107
高明区	633	23	131	478	16	1	8	7	239	32	61	147

12-9 续表 9

单位：人

现住地	省外											
	四川				贵州				云南			
	小计	城市	镇	乡村	小计	城市	镇	乡村	小计	城市	镇	乡村
全　省	**61067**	**4124**	**13012**	**43931**	**25864**	**1503**	**6103**	**18259**	**11421**	**516**	**2234**	**8671**
广州市	**6924**	**609**	**1615**	**4699**	**2255**	**172**	**602**	**1482**	**965**	**90**	**209**	**666**
荔湾区	343	30	85	228	38	6	14	18	31	3	6	22
越秀区	152	26	47	79	46	5	12	28	31	14	8	9
海珠区	520	61	107	351	76	11	20	46	41	8	12	21
天河区	530	97	171	262	160	26	40	94	82	11	12	58
白云区	1642	125	341	1176	467	26	138	303	245	18	73	153
黄埔区	308	19	74	216	71	9	24	37	44	3	18	24
番禺区	1406	80	319	1007	682	35	163	484	160	12	23	125
花都区	462	50	115	297	211	17	56	138	67	8	9	51
南沙区	667	34	144	489	214	13	57	144	129	7	26	96
萝岗区	287	21	75	191	125	4	25	95	68	3	13	52
从化区	27	3	6	18	11	1	5	4	9	1	2	6
增城区	579	63	132	385	156	19	47	90	58	2	7	48
韶关市	**145**	**16**	**35**	**94**	**46**	**4**	**12**	**30**	**21**	**6**	**4**	**11**
武江区	22	2	4	17	8		2	6	2		1	1
浈江区	47	2	16	29	8		4	5	11	3	2	5
曲江区	31	2	9	20	4			4	3	2		1
始兴县	3	1		2								
仁化县	1			1	1		1		1			1
翁源县	1			1	2		1	1				
乳源瑶族自治县	4	2	1	2	3			3				
新丰县	22	4	5	13	5	1	3	1				
乐昌市	5	2		4	5		1	4	3	1		2
南雄市	9	2		7	9	2	1	6	1		1	1
深圳市	**15605**	**1462**	**3362**	**10781**	**5916**	**570**	**1510**	**3835**	**2952**	**161**	**686**	**2105**
罗湖区	1040	95	250	695	201	39	49	113	76	14	18	44
福田区	1323	185	295	843	222	34	57	130	192	45	44	103
南山区	1384	367	326	691	200	69	56	76	79	11	15	54
宝安区	8120	434	1648	6039	3325	207	733	2386	1657	31	354	1272
龙岗区	3502	366	789	2347	1923	216	606	1102	917	57	250	610
盐田区	236	16	54	166	44	5	10	29	32	3	6	23
珠海市	**1358**	**141**	**362**	**856**	**301**	**34**	**74**	**193**	**231**	**13**	**38**	**180**
香洲区	815	87	239	489	150	18	41	91	73	6	14	53
斗门区	339	21	80	238	77	7	16	54	53	1	8	43
金湾区	204	33	42	129	74	8	17	48	105	6	16	83
汕头市	**1075**	**101**	**301**	**672**	**254**	**11**	**50**	**193**	**64**	**7**	**12**	**45**
龙湖区	132	8	45	79	48		9	39	5		2	4
金平区	73	13	13	47	24	1	3	20	11	1	1	9
濠江区	9	1	2	6	4		2	1				
潮阳区	153	26	48	79	19	1	10	7	6	6		
潮南区	637	52	176	408	106	8	11	87	21		9	13
澄海区	70	3	16	52	50		12	38	21		1	20
南澳县					4	1	2	1				
佛山市	**9916**	**333**	**1789**	**7794**	**3889**	**87**	**727**	**3075**	**1112**	**38**	**227**	**847**
禅城区	869	38	178	653	196	11	54	131	37	2	8	27
南海区	3148	92	593	2462	1396	38	237	1122	514	26	104	385
顺德区	5317	182	901	4233	1452	31	294	1127	366	9	91	266
三水区	319	9	50	260	651	6	90	555	113	1	13	99
高明区	263	11	66	186	195	2	53	139	81	1	11	70

12-9 续表 10

单位：人

现住地	省外											
	西藏				陕西				甘肃			
	小计	城市	镇	乡村	小计	城市	镇	乡村	小计	城市	镇	乡村
全省	**10**	**7**		**4**	**9276**	**1411**	**3132**	**4733**	**2929**	**508**	**530**	**1891**
广州市	**7**	**5**		**2**	**948**	**214**	**343**	**391**	**349**	**116**	**56**	**178**
荔湾区	3	3			34	13	14	7	8	4	2	2
越秀区					17	4	6	6	29	16	2	11
海珠区	1			1	74	27	25	22	30	20	5	6
天河区					157	48	59	49	65	23	11	30
白云区					160	48	52	60	56	16	10	30
黄埔区					98	12	42	44	36	7	7	22
番禺区	1			1	125	26	53	47	38	12	4	21
花都区	2	2			26	5	10	11	10	3		7
南沙区					90	8	25	56	20	3	2	16
萝岗区					118	12	38	68	43	5	11	26
从化区					13		8	5				
增城区					37	11	11	15	15	6	2	6
韶关市					**22**	**6**	**5**	**11**	**14**	**1**	**5**	**8**
武江区					4	1	1	3	1			1
浈江区					6	4		2	9	1	2	7
曲江区					1			1	2	1	1	1
始兴县					1			1				
仁化县					2		1	1				
翁源县												
乳源瑶族自治县												
新丰县												
乐昌市					1	1		1				
南雄市					4	1	2	1	2		2	
深圳市	**1**	**1**			**4042**	**733**	**1340**	**1969**	**1535**	**250**	**290**	**996**
罗湖区	1	1			195	56	71	68	93	25	16	52
福田区					473	111	152	209	160	59	20	81
南山区					418	185	111	121	106	46	20	40
宝安区					2007	229	656	1122	693	64	130	500
龙岗区					900	140	334	426	463	52	101	310
盐田区					50	12	16	22	20	4	3	14
珠海市	**1**	**1**			**247**	**61**	**80**	**106**	**69**	**42**	**5**	**22**
香洲区	1	1			153	51	48	54	48	31	4	13
斗门区					46	3	16	28	16	8	1	7
金湾区					48	7	16	25	5	2		2
汕头市					**20**	**2**	**4**	**15**	**2**	**1**		**1**
龙湖区					4	1	2	2	1			1
金平区					2	1		1				
濠江区					9	1	2	6				
潮阳区					1			1				
潮南区					1			1				
澄海区					4			4	1	1		
南澳县												
佛山市					**472**	**70**	**132**	**269**	**106**	**12**	**10**	**84**
禅城区					52	19	18	14	13	2	1	10
南海区					204	26	57	121	47	8	2	38
顺德区					159	24	46	90	28	1	4	22
三水区					44	2	7	35	15	1	3	11
高明区					14		5	9	3			3

12-9 续表 11 单位：人

现住地	省外											
	青海				宁夏				新疆			
	小计	城市	镇	乡村	小计	城市	镇	乡村	小计	城市	镇	乡村
全省	**350**	**126**	**97**	**126**	**270**	**93**	**66**	**111**	**592**	**277**	**138**	**177**
广州市	**73**	**26**	**23**	**24**	**71**	**19**	**23**	**29**	**181**	**97**	**31**	**53**
荔湾区	8	5	2	1					16	9	2	5
越秀区	20	1	12	6	14	2	4	7	6	2	2	2
海珠区	2	1	1		11	4	1	6	11	8		2
天河区	13	6	1	7	13	6	6	2	44	31	8	4
白云区	8	3	4	1	26	7	10	10	44	23	7	14
黄埔区	9	3	1	4	1		1	1	6	2		4
番禺区	7	4		3	2	1	1		36	15	4	16
花都区	4	3	1						10	3	4	4
南沙区									1		1	
萝岗区	1	1			4		1	3	3	1	1	1
从化区												
增城区	1			1					4	2	2	
韶关市	**2**	**1**							**4**	**2**	**2**	
武江区	1	1							1	1		
浈江区									4	2	2	
曲江区												
始兴县												
仁化县												
翁源县												
乳源瑶族自治县												
新丰县												
乐昌市												
南雄市												
深圳市	**145**	**64**	**42**	**39**	**111**	**53**	**26**	**32**	**248**	**129**	**52**	**67**
罗湖区	11	3	6	2	6	5	1		35	16	5	14
福田区	35	23	7	5	19	11	2	5	61	36	4	21
南山区	28	12	3	13	20	14	1	5	47	34	12	1
宝安区	51	18	20	13	37	13	9	15	68	35	13	20
龙岗区	20	8	6	6	27	8	13	6	34	6	18	10
盐田区	1				2	1	1		3	2		2
珠海市	**10**	**3**	**4**	**4**	**17**	**7**	**2**	**8**	**21**	**12**	**4**	**4**
香洲区	8	1	4	4	15	6	1	8	17	11	4	3
斗门区	1	1			1	1	1		3	1	1	1
金湾区	1	1							1			
汕头市	**2**		**2**						**4**	**1**	**2**	**1**
龙湖区	2		2						2		2	1
金平区									2	1	1	
濠江区												
潮阳区												
潮南区												
澄海区												
南澳县												
佛山市	**39**	**7**	**8**	**24**	**8**	**5**	**1**	**3**	**27**	**3**	**16**	**8**
禅城区	3	2	1		4	3		1	3		3	
南海区	24		5	20	2			2	5	2	3	
顺德区	10	3	3	4	1	1			16		9	7
三水区	2	2			1		1		3	1	1	1
高明区												

12-9 续表 12 单位：人

现住地	合计				本县				本省其他县			
	合计	城市	镇	乡村	小计	城市	镇	乡村	小计	城市	镇	乡村
江门市	**26743**	**5012**	**5326**	**16404**	**7382**	**2236**	**1094**	**4052**	**7597**	**2069**	**1536**	**3992**
蓬江区	8334	2083	1633	4617	1209	1196		12	3015	667	685	1663
江海区	2977	613	650	1714	92	92			1284	440	240	605
新会区	5801	789	1251	3761	2287	257	532	1499	1012	358	183	471
台山市	1706	312	253	1141	792	156	81	554	255	116	38	100
开平市	4068	731	601	2736	1866	373	115	1379	1271	314	238	719
鹤山市	2936	364	619	1953	814	84	147	583	441	138	95	208
恩平市	920	119	319	482	322	78	219	25	319	36	58	225
湛江市	**18563**	**6419**	**3852**	**8292**	**8447**	**3408**	**1476**	**3564**	**8449**	**2695**	**1984**	**3770**
赤坎区	3185	1540	641	1005	870	861		9	2087	600	571	916
霞山区	5781	1873	1165	2742	1344	1244	4	97	3763	528	1016	2220
坡头区	295	115	46	133	101	14	23	65	145	90	15	41
麻章区	570	206	91	273	46	3	17	26	403	185	57	161
遂溪县	1214	524	376	314	478	10	278	189	684	498	76	110
徐闻县	1542	105	465	972	1081		336	744	325	99	97	129
廉江市	1619	465	391	764	1134	280	272	582	269	149	52	68
雷州市	3328	1194	500	1635	2787	840	421	1526	466	325	70	71
吴川市	1029	397	177	455	606	157	125	324	307	222	32	53
茂名市	**9631**	**4594**	**1998**	**3039**	**4817**	**1956**	**1100**	**1760**	**3969**	**2474**	**693**	**803**
茂南区	3381	1456	616	1310	1746	976	133	637	1246	423	391	432
电白区	1803	916	394	493	738	158	267	313	901	717	89	95
高州市	2051	1017	432	602	899	259	290	351	994	726	99	170
化州市	1868	964	478	426	1229	498	370	361	588	451	93	44
信宜市	527	240	78	209	206	66	42	98	239	156	21	62
肇庆市	**13779**	**3811**	**2973**	**6996**	**4427**	**1468**	**854**	**2105**	**5503**	**1959**	**1201**	**2343**
端州区	3335	1094	740	1501	660	660			2014	333	549	1133
鼎湖区	868	164	198	506	234	49	36	149	445	95	119	231
广宁县	462	192	79	192	200		45	154	249	189	32	28
怀集县	1245	608	292	345	511		232	279	705	598	54	53
封开县	389	135	103	151	201		76	126	157	130	15	12
德庆县	457	132	163	163	245		132	113	178	117	23	38
高要市	695	198	134	363	278	39	77	163	212	141	26	45
四会市	6328	1288	1263	3777	2098	720	255	1123	1542	355	384	803
惠州市	**56662**	**9658**	**14122**	**32882**	**10221**	**3702**	**1706**	**4813**	**17842**	**2912**	**5137**	**9793**
惠城区	25272	5857	6193	13222	4103	3198	136	769	8896	1223	2839	4834
惠阳区	13698	1949	3072	8676	966	504	62	400	4563	683	1114	2766
博罗县	7845	861	1973	5011	884		371	513	2118	566	407	1145
惠东县	8663	870	2559	5234	3684		935	2749	2009	346	732	931
龙门县	1184	121	324	738	584		202	382	256	93	45	118
梅州市	**11634**	**4015**	**2659**	**4960**	**5678**	**1616**	**1350**	**2712**	**5195**	**2272**	**1111**	**1812**
梅江区	4109	1458	937	1713	1362	1091	57	214	2452	317	802	1333
梅县区	1196	672	203	321	475	182	111	181	652	476	64	112
大埔县	916	288	243	384	526		206	319	352	282	31	38
丰顺县	717	112	139	466	424		87	337	195	98	35	63
五华县	1580	572	285	724	852	22	241	588	688	535	38	115
平远县	810	104	213	494	591		167	425	152	97	29	26
蕉岭县	738	75	239	424	505		185	320	146	72	33	41
兴宁市	1568	735	399	434	943	320	294	328	558	394	80	84

12-9 续表 13

单位：人

现住地	省外							
	北京				天津			
	小计	城市	镇	乡村	小计	城市	镇	乡村
江门市	**3**	**2**		**1**	**2**	**1**	**1**	**1**
蓬江区	2	2			1	1		
江海区					1		1	
新会区	1			1				
台山市								
开平市								
鹤山市					1			1
恩平市								
湛江市	**3**	**3**			**8**	**6**	**1**	
赤坎区	1	1			4	4		
霞山区	1	1			3	3	1	
坡头区								
麻章区					1		1	
遂溪县	1	1						
徐闻县								
廉江市								
雷州市								
吴川市								
茂名市	**7**	**6**	**1**					
茂南区	2	1	1					
电白区	6	6						
高州市								
化州市								
信宜市								
肇庆市	**6**	**6**			**1**	**1**		
端州区	1	1						
鼎湖区								
广宁县								
怀集县	2	2						
封开县	1	1						
德庆县					1	1		
高要市								
四会市	2	2			1	1		
惠州市	**14**	**10**	**2**	**2**	**17**	**17**		
惠城区	6	4		1	7	7		
惠阳区	4	3		1	5	5		
博罗县	3	2	1		1	1		
惠东县					4	4		
龙门县	1		1					
梅州市	**3**	**2**						
梅江区	1	1						
梅县区								
大埔县								
丰顺县								
五华县	1	1						
平远县								
蕉岭县								
兴宁市								

12-9 续表 14

单位：人

现住地	省外							
	河北				山西			
	小计	城市	镇	乡村	小计	城市	镇	乡村
江门市	**37**	**5**	**10**	**22**	**18**	**1**	**4**	**13**
蓬江区	12	2	2	8	7		3	4
江海区	5	1	2	2	3	1	1	2
新会区	1		1		5			5
台山市	2		2					
开平市	12	1	3	9				
鹤山市	2	1		2	3	1		2
恩平市	2		1	1				
湛江市	**12**	**5**	**1**	**6**	**13**	**5**	**4**	**4**
赤坎区	6	5		2	8	3	3	2
霞山区	1			1	1			1
坡头区	1		1					
麻章区	1			1	3	2	1	1
遂溪县								
徐闻县	1			1				
廉江市	1			1				
雷州市								
吴川市								
茂名市	**7**	**2**	**2**	**2**	**12**	**2**		**9**
茂南区	7	2	2	2	10	2		7
电白区								
高州市								
化州市					2			2
信宜市								
肇庆市	**10**	**3**	**4**	**4**	**4**	**3**	**1**	**1**
端州区	8	2	2	4	3	2		1
鼎湖区	1							
广宁县	1		1					
怀集县								
封开县								
德庆县					1		1	
高要市								
四会市	1		1					
惠州市	**112**	**29**	**15**	**67**	**103**	**7**	**12**	**84**
惠城区	58	9	9	41	41	6	6	30
惠阳区	23	6	4	13	18	2	3	13
博罗县	8	1	1	6	3		1	2
惠东县	21	14	1	6	21		1	20
龙门县	1			1	19		1	19
梅州市	**2**		**1**		**3**			**3**
梅江区	1		1					
梅县区					1			1
大埔县					1			1
丰顺县								
五华县					2			2
平远县								
蕉岭县								
兴宁市								

12-9 续表 15 单位：人

现住地	省外											
	内蒙古				辽宁				吉林			
	小计	城市	镇	乡村	小计	城市	镇	乡村	小计	城市	镇	乡村
江门市	**3**		**1**	**2**	**10**	**5**		**5**	**17**	**1**	**8**	**8**
蓬江区	1			1	6	3		2	5			5
江海区									2		1	1
新会区					2	2			5		4	1
台山市	1		1		3			3				
开平市	1			1					3		3	
鹤山市	1			1					2	1	1	1
恩平市												
湛江市	**2**		**1**	**1**	**10**	**7**		**3**	**4**	**4**		
赤坎区					5	3		2	1	1		
霞山区	2		1	1	5	4		1	2	2		
坡头区												
麻章区												
遂溪县												
徐闻县												
廉江市									1	1		
雷州市												
吴川市												
茂名市					**5**	**3**		**2**	**2**			**2**
茂南区									2			2
电白区					1	1						
高州市					4	2		2				
化州市												
信宜市												
肇庆市	**3**	**2**	**1**		**4**	**3**	**1**		**4**	**1**	**1**	**2**
端州区	2	1	1		3	3						
鼎湖区					1		1		1			1
广宁县												
怀集县												
封开县												
德庆县												
高要市												
四会市	1	1							3	1	1	1
惠州市	**29**	**6**	**5**	**18**	**82**	**45**	**6**	**31**	**72**	**24**	**28**	**21**
惠城区	18	4	1	13	34	17	1	16	36	9	14	13
惠阳区	10	2	3	5	44	29	2	14	32	13	11	8
博罗县					2		1	1				
惠东县					2		2		4	2	2	
龙门县												
梅州市	**1**	**1**			**3**	**3**						
梅江区	1	1			2	2						
梅县区					1	1						
大埔县												
丰顺县												
五华县												
平远县												
蕉岭县												
兴宁市												

12-9 续表 16 单位：人

现住地	省外											
	黑龙江				上海				江苏			
	小计	城市	镇	乡村	小计	城市	镇	乡村	小计	城市	镇	乡村
江门市	**26**	**5**	**6**	**15**	**3**	**2**	**1**	**1**	**38**	**12**	**13**	**13**
蓬江区	5	2		2	1	1			12	4	5	2
江海区	7		2	5	1		1		1		1	1
新会区	2		1	1	1	1			17	8	6	3
台山市	3	1		2					1		1	
开平市	2		2						1			1
鹤山市	7	2	2	4	1			1	7		1	6
恩平市												
湛江市	**12**	**7**	**5**	**1**	**15**	**10**	**4**	**1**	**10**	**7**	**1**	**2**
赤坎区	4	4			1	1			4	2	1	
霞山区	6	1	5		7	6	1		3	3		
坡头区												
麻章区	2	1		1	3	2	1	1	3	1		2
遂溪县												
徐闻县												
廉江市												
雷州市					1		1					
吴川市					2	1	1					
茂名市	**9**	**5**		**4**	**6**	**6**			**2**		**2**	
茂南区	2	1		2	1	1			1		1	
电白区	4	4							1		1	
高州市					4	4						
化州市	2			2	1	1						
信宜市												
肇庆市	**6**	**1**	**4**		**7**	**6**		**1**	**9**	**2**	**2**	**4**
端州区	4	1	3		3	2		1	1		1	
鼎湖区									6	1	1	4
广宁县									1	1		
怀集县					1	1						
封开县												
德庆县					1	1						
高要市												
四会市	1		1		2	2			1		1	
惠州市	**137**	**44**	**45**	**47**	**19**	**18**	**1**		**171**	**45**	**61**	**64**
惠城区	57	21	14	21	11	11			89	33	27	29
惠阳区	62	21	25	16	3	3			62	10	22	29
博罗县	11	2	5	3	2	2			9		5	4
惠东县	6			6	2	1	1		8	1	7	
龙门县	1		1						3	1	1	1
梅州市	**3**		**2**	**1**	**2**	**2**			**9**	**2**	**3**	**4**
梅江区	2		2						4		1	4
梅县区					1	1						
大埔县												
丰顺县									2		2	
五华县	1			1								
平远县												
蕉岭县												
兴宁市					1	1			2	2		

12-9 续表 17 单位：人

现住地	省外											
	浙江				安徽				福建			
	小计	城市	镇	乡村	小计	城市	镇	乡村	小计	城市	镇	乡村
江门市	**87**	**19**	**19**	**49**	**153**	**16**	**49**	**88**	**136**	**12**	**42**	**82**
蓬江区	16	11	1	4	69	6	25	39	52	2	14	36
江海区	9	2	1	6	18	1	4	14	16	1	6	9
新会区	24	3	16	6	40	5	12	23	27	8	12	7
台山市	3			3	5	1		4	4	1		3
开平市	4			4	7		4	3	15		8	7
鹤山市	7	3	2	2	13	3	5	6	22		2	21
恩平市	24			24	1			1				
湛江市	**28**	**8**	**4**	**16**	**33**	**7**	**7**	**18**	**32**	**15**	**11**	**7**
赤坎区	4	1	3		7	2	2	3	1	1		
霞山区	11	6		6	12	5	1	7	17	7	4	6
坡头区	4			4	3		3					
麻章区					6	1	1	4	2	1	1	1
遂溪县	3		1	2					7	6	1	
徐闻县					2			2				
廉江市	4			4	2			2	5		5	
雷州市												
吴川市	3	2		2								
茂名市	**4**	**3**		**1**	**7**	**5**	**2**		**8**	**1**	**1**	**6**
茂南区	1	1			7	4	2		3	1	1	2
电白区									2			2
高州市	3	2		1					3			3
化州市					1	1						
信宜市												
肇庆市	**18**	**6**	**6**	**7**	**60**	**10**	**19**	**31**	**486**	**107**	**56**	**323**
端州区	5	4		1	14	5	1	7	28	4	8	17
鼎湖区					3		2	1	1	1		
广宁县												
怀集县					1	1			1	1		
封开县												
德庆县	1	1										
高要市									13	4	1	9
四会市	13	1	6	6	42	4	16	22	441	97	48	297
惠州市	**196**	**36**	**74**	**87**	**798**	**87**	**305**	**406**	**668**	**74**	**157**	**437**
惠城区	68	16	33	20	274	24	92	158	270	21	81	168
惠阳区	54	4	21	29	294	32	94	168	222	26	35	161
博罗县	11	1	4	5	69	18	18	32	102	16	22	63
惠东县	63	15	16	32	152	13	98	41	54	10	16	28
龙门县	1			1	10		3	7	21		3	18
梅州市	**16**	**8**	**3**	**5**	**17**	**3**	**6**	**8**	**137**	**17**	**33**	**87**
梅江区	8	6	3		5	2	3		36	8	5	23
梅县区					1			1	17		10	7
大埔县	2	1	1						20	1	4	15
丰顺县					2		1	1	8	2	4	3
五华县	1			1					6	2		4
平远县					1				5			4
蕉岭县	1			1	7		2	6	39		9	30
兴宁市	4	1		3	1	1			5	3	2	

12-9 续表 18 单位：人

现住地	省外											
	江西				山东				河南			
	小计	城市	镇	乡村	小计	城市	镇	乡村	小计	城市	镇	乡村
江门市	**621**	**35**	**187**	**399**	**61**	**11**	**17**	**33**	**618**	**27**	**135**	**456**
蓬江区	210	9	70	131	38	3	14	21	236	14	55	167
江海区	60	3	20	36	3		1	3	76	4	25	47
新会区	203	15	54	134	8	3	1	5	87	4	17	66
台山市	16			16	1		1		68		4	64
开平市	44	2	15	28	3	3			43		12	31
鹤山市	84	6	26	53	6	2	1	4	86	5	19	62
恩平市	4		2	2	1			1	22		4	18
湛江市	**48**	**8**	**13**	**27**	**20**	**7**	**8**	**6**	**78**	**8**	**25**	**45**
赤坎区	8	2	5	1	4	1		3	19	1	9	9
霞山区	9	1	3	5	8	4	3	1	37	3	12	21
坡头区					2	2			2		1	1
麻章区	10	1	1	8	4		1	2	11	2	2	6
遂溪县	4	1		3								
徐闻县	8		4	4					3			3
廉江市	4	2		1	2		2					
雷州市									5	1		4
吴川市	5	1		5	1		1					
茂名市	**19**		**4**	**14**	**2**			**2**	**18**	**3**	**3**	**12**
茂南区	2			2					15	3	3	8
电白区	6		2	4	2			2	2			2
高州市	4		2	3					2			2
化州市	2			2								
信宜市	5		1	4								
肇庆市	**77**	**6**	**24**	**46**	**6**	**1**	**1**	**4**	**262**	**19**	**76**	**167**
端州区	17	1	7	9	1	1			31	8	8	15
鼎湖区	5	2	2	1					11		3	8
广宁县	2			2								
怀集县	1			1					1		1	1
封开县									4		3	1
德庆县												
高要市	1			1					18	1	1	16
四会市	51	4	15	32	5		1	4	197	11	61	126
惠州市	**2509**	**252**	**732**	**1524**	**180**	**34**	**53**	**92**	**2559**	**208**	**676**	**1674**
惠城区	1126	106	314	706	83	16	23	45	1272	95	387	790
惠阳区	638	56	180	401	71	16	24	30	815	75	188	552
博罗县	469	17	148	303	21	1	3	17	368	16	62	289
惠东县	255	68	88	99	4	1	3		87	22	34	30
龙门县	21	6	2	13					17	1	4	13
梅州市	**263**	**23**	**64**	**176**	**3**	**1**		**1**	**18**	**1**	**7**	**10**
梅江区	119	10	32	78	2	1		1	4		1	3
梅县区	28	5	12	11					2		2	1
大埔县	4	1	1	3					1		1	
丰顺县	36	1	3	32	1	1			5			5
五华县	8	3	2	3								
平远县	34		7	27					1	1		
蕉岭县	23	1	6	17					3		2	1
兴宁市	10	2	2	6					1		1	

12-9 续表 19

单位：人

现住地	省外											
	湖北				湖南				广东			
	小计	城市	镇	乡村	小计	城市	镇	乡村	小计	城市	镇	乡村
江门市	**596**	**81**	**157**	**357**	**1851**	**103**	**418**	**1331**				
蓬江区	223	29	49	144	617	21	145	452				
江海区	88	10	24	54	258	14	58	186				
新会区	118	21	43	53	456	22	95	338				
台山市	26		6	21	88	9	18	60				
开平市	25	9	7	9	97	6	23	68				
鹤山市	114	12	28	74	317	31	74	212				
恩平市	2			2	20		4	15				
湛江市	**164**	**20**	**33**	**112**	**206**	**29**	**48**	**129**				
赤坎区	20	10	3	7	23	8	7	8				
霞山区	116	5	27	85	93	13	23	57				
坡头区	2	2		1	19	3	2	14				
麻章区	5	1	1	3	36	1	1	33				
遂溪县	2		2		4	1	2	2				
徐闻县	1			1	14		3	11				
廉江市	9	2		6	12	2	7	2				
雷州市	9			9	3		1	1				
吴川市	1			1	3		2	1				
茂名市	**26**	**9**	**2**	**14**	**50**	**7**	**14**	**29**				
茂南区	20	7	1	12	32	2	9	21				
电白区	2		2		5		2	3				
高州市	2	2			6	2	2	3				
化州市	2			2	2	2						
信宜市					5	2	2	2				
肇庆市	**158**	**26**	**40**	**92**	**705**	**62**	**174**	**468**				
端州区	26	4	1	20	86	17	20	49				
鼎湖区	3			2	23	4	6	13				
广宁县	1			1								
怀集县					6	1	1	4				
封开县	1	1										
德庆县	3	2		1	8		2	6				
高要市	4	1	1	2	45	7	6	32				
四会市	119	16	37	66	537	33	140	364				
惠州市	**3025**	**646**	**749**	**1630**	**5867**	**539**	**1578**	**3749**				
惠城区	1581	386	417	778	2471	253	679	1539				
惠阳区	782	143	187	452	1544	120	397	1028				
博罗县	465	58	102	305	1133	59	305	769				
惠东县	182	57	41	84	605	100	175	330				
龙门县	14	3	1	11	113	8	22	84				
梅州市	**49**	**12**	**20**	**18**	**61**	**16**	**10**	**35**				
梅江区	19	6	5	8	25	5	5	15				
梅县区	1	1			7	2	1	4				
大埔县					1	1						
丰顺县	8	2		6	7	2	1	4				
五华县	6	3	3		7	2		5				
平远县	3		1	2	2	1						
蕉岭县	1				3			3				
兴宁市	12		10	1	7	2	3	2				

12-9 续表 20 单位：人

现住地	省外											
	广西				海南				重庆			
	小计	城市	镇	乡村	小计	城市	镇	乡村	小计	城市	镇	乡村
江门市	**3749**	**184**	**786**	**2778**	**78**	**13**	**33**	**32**	**651**	**48**	**194**	**409**
蓬江区	1314	49	294	971	27	7	10	11	195	15	58	122
江海区	408	14	116	278	7	2	3	2	109	13	35	61
新会区	748	44	123	581	13	2	2	9	131	11	23	97
台山市	157	9	35	113	5		5		53	3	24	26
开平市	410	16	96	298	12		10	3	88	3	32	52
鹤山市	590	49	104	437	12	2	5	6	71	3	20	47
恩平市	122	2	19	100	2			1	4		1	3
湛江市	**493**	**76**	**131**	**287**	**79**	**38**	**13**	**27**	**56**	**8**	**16**	**32**
赤坎区	42	14	16	12	5	5	1		19	4	8	8
霞山区	94	7	22	66	13	8	1	4	29	3	6	20
坡头区	6	4		2	4	1	1	2	2	1		2
麻章区	5	1	1	2	3	1	1	1	4	1	1	3
遂溪县	23	5	13	6	2	1		1	2		2	
徐闻县	72	2	14	56	22	4	9	9				
廉江市	156	25	47	84	1			1				
雷州市	24	13	5	6	23	13	1	8				
吴川市	71	5	12	54	6	6						
茂名市	**391**	**54**	**82**	**256**	**90**	**27**	**38**	**26**	**10**	**2**	**2**	**6**
茂南区	179	19	37	123	17	5	8	4	4	2		2
电白区	48	9	3	36	37	7	18	12	2		1	1
高州市	90	13	23	54	9	5	4		1		1	
化州市	36	8	14	14								
信宜市	38	5	4	29	27	10	7	9	2			2
肇庆市	**869**	**66**	**224**	**578**	**25**	**5**	**5**	**15**	**199**	**11**	**39**	**149**
端州区	137	18	40	79	9	3		7	20	4	9	7
鼎湖区	79	7	12	60	4		3	1	3			3
广宁县	6	2		5								
怀集县	14	3	4	7	1			1	2	1	1	
封开县	21	2	9	10					1			1
德庆县	15	8	5	3								
高要市	42	4	14	25	2		1	1	10		1	9
四会市	555	23	141	390	8	1	1	6	163	6	27	130
惠州市	**2844**	**222**	**669**	**1953**	**203**	**22**	**53**	**128**	**1793**	**108**	**403**	**1283**
惠城区	1039	102	269	668	101	8	24	68	957	60	220	677
惠阳区	833	37	153	642	54	8	18	28	422	28	95	298
博罗县	750	37	183	531	38		7	31	277	8	69	200
惠东县	187	42	46	99	9	6	3		124	10	15	99
龙门县	35	4	17	13	2	1		1	14	1	4	8
梅州市	**49**	**10**	**8**	**31**	**25**	**8**	**9**	**8**	**13**	**3**	**4**	**7**
梅江区	13	1	2	10	5		4	1	9	3	1	6
梅县区	3		1	2	2	2			2		2	1
大埔县	4	1		2	3			3	1			1
丰顺县	7	2		4	4		2	2				
五华县	5	2	1	2								
平远县	9	2	3	4					1		1	
蕉岭县	2	1		1	1							
兴宁市	7		2	5	11	6	2	3				

12-9 续表 21

单位：人

现住地	省外											
	四川				贵州				云南			
	小计	城市	镇	乡村	小计	城市	镇	乡村	小计	城市	镇	乡村
江门市	**1455**	**69**	**268**	**1118**	**949**	**23**	**243**	**684**	**426**	**11**	**55**	**360**
蓬江区	522	14	90	418	347	10	77	260	91	3	9	78
江海区	287	6	47	234	178	3	46	129	37	1	8	28
新会区	277	20	56	201	221	2	60	159	103	3	7	93
台山市	141	11	21	110	49	4	10	35	29		7	22
开平市	72	5	13	54	63		17	46	17		2	16
鹤山市	136	12	36	87	83	5	30	49	103	5	19	79
恩平市	19	1	5	13	7		2	4	47		3	44
湛江市	**124**	**22**	**34**	**67**	**102**	**6**	**17**	**79**	**96**	**5**	**10**	**81**
赤坎区	23	4	6	13	9	2	2	6	4		2	1
霞山区	74	12	22	40	40	3	9	28	77	1	2	74
坡头区					1			1	2	1	1	1
麻章区	13	2	3	8	8	1	1	7	1	1		1
遂溪县	2	1	1		3		2	1				
徐闻县	1		1		11			11				
廉江市	1			1	12		2	10	6	2	2	1
雷州市	1	1			9			9				
吴川市	8	2	1	5	8	1	1	6	7	1	2	3
茂名市	**75**	**3**	**28**	**44**	**48**	**9**	**17**	**22**	**45**	**14**	**5**	**25**
茂南区	56	1	20	36	16	2	5	9	11	2	2	7
电白区	2			2	20	4	7	9	25	10	3	12
高州市	16	1	9	6	10	2	4	5	5	1		4
化州市	2	2							2	1	1	
信宜市					2	1	2		2			2
肇庆市	**468**	**22**	**130**	**315**	**358**	**11**	**87**	**260**	**75**		**12**	**62**
端州区	136	12	50	74	109	7	37	65	9			9
鼎湖区	25	1	9	15	18		4	14	2			1
广宁县	2			2								
怀集县												
封开县	2			2	1	1						
德庆县	2			1	1			1				
高要市	52	1	7	45	13		1	12				
四会市	249	8	64	177	217	4	44	169	64		12	52
惠州市	**3793**	**302**	**808**	**2683**	**1731**	**137**	**424**	**1170**	**974**	**45**	**187**	**742**
惠城区	1430	112	280	1038	547	47	146	355	378	24	65	289
惠阳区	1078	57	179	841	523	22	129	372	324	13	52	259
博罗县	439	30	84	325	353	19	81	253	221	1	61	160
惠东县	800	103	250	446	290	47	66	177	47	6	7	33
龙门县	47	1	14	32	18	3	2	13	3		2	1
梅州市	**41**	**8**	**5**	**29**	**16**	**2**	**9**	**5**	**11**	**1**	**3**	**7**
梅江区	15	1	4	10	7		2	5	6	1	2	3
梅县区	1	1			2	2			1		1	
大埔县	3			3								
丰顺县	11	3		7	3		3		1			1
五华县	1			1					1			1
平远县	5			4	2		2					
蕉岭县	1		1						2			2
兴宁市	5	2		3	2		2					

12-9 续表 22　　　　单位：人

现住地	省外											
	西藏				陕西				甘肃			
	小计	城市	镇	乡村	小计	城市	镇	乡村	小计	城市	镇	乡村
江门市					**136**	**7**	**44**	**84**	**24**	**6**	**6**	**12**
蓬江区					89	7	23	59	13	4	6	3
江海区					18		8	9	4	2	1	2
新会区					9		6	4	4			4
台山市					3			3				
开平市					6		3	3	2			2
鹤山市					9	1	4	5	1			1
恩平市					2			2				
湛江市					**12**	**5**	**4**	**3**	**4**	**1**	**1**	**2**
赤坎区					2	2			2		1	1
霞山区					7	1	3	2	1	1		
坡头区												
麻章区					1	1		1	1			1
遂溪县					1	1						
徐闻县					1		1					
廉江市												
雷州市												
吴川市												
茂名市					**2**	**2**	**1**		**1**		**1**	
茂南区					1		1		1		1	
电白区												
高州市												
化州市												
信宜市					2	2						
肇庆市					**24**	**2**	**9**	**12**	**2**		**1**	**1**
端州区					4	1		3				
鼎湖区					1		1					
广宁县					1		1					
怀集县									1			1
封开县												
德庆县					1	1						
高要市					1			1				
四会市					15		7	8	1		1	1
惠州市					**516**	**47**	**189**	**280**	**148**	**18**	**33**	**96**
惠城区					220	24	91	105	74	6	21	47
惠阳区					188	16	59	113	54	10	8	36
博罗县					74	5	26	42	14		3	11
惠东县					32	1	13	18	4	1	1	2
龙门县					1			1	2	1		1
梅州市					**5**		**4**	**1**	**4**		**4**	**1**
梅江区					2		2		4		4	
梅县区												
大埔县												
丰顺县					2		1	1				
五华县												
平远县					1		1					
蕉岭县									1			1
兴宁市												

12-9 续表 23

单位：人

现住地	省外											
	青海				宁夏				新疆			
	小计	城市	镇	乡村	小计	城市	镇	乡村	小计	城市	镇	乡村
江门市	**4**	**4**			**1**	**1**			**11**	**2**		**9**
蓬江区									1	1		
江海区	4	4			1	1			1			1
新会区												
台山市									3			3
开平市									5			5
鹤山市									2	2		
恩平市												
湛江市					**1**			**1**	**1**	**1**		**1**
赤坎区					1			1	1	1		1
霞山区												
坡头区												
麻章区												
遂溪县												
徐闻县												
廉江市												
雷州市												
吴川市												
茂名市												
茂南区												
电白区												
高州市												
化州市												
信宜市												
肇庆市					**1**			**1**	**1**	**1**		
端州区					1			1	1	1		
鼎湖区												
广宁县												
怀集县												
封开县												
德庆县												
高要市												
四会市												
惠州市	**21**	**11**	**6**	**5**	**6**	**1**	**3**	**1**	**13**	**7**	**4**	**2**
惠城区	11	10		1	6	1	3	1	7	4	1	1
惠阳区	3	1	1	1					5	3	3	
博罗县												
惠东县	7		5	2					1			1
龙门县												
梅州市	**1**	**1**							**5**	**2**	**2**	
梅江区									3	2	1	
梅县区									1		1	
大埔县												
丰顺县												
五华县												
平远县	1	1										
蕉岭县												
兴宁市									1		1	

12-9 续表 24

单位：人

现住地	合计				本县				本省其他县			
	合计	城市	镇	乡村	小计	城市	镇	乡村	小计	城市	镇	乡村
汕尾市	**5215**	**1255**	**1626**	**2334**	**3188**	**704**	**1073**	**1411**	**1166**	**482**	**325**	**358**
城区	1581	491	338	752	866	438	117	312	372	30	141	201
海丰县	2614	257	1088	1269	1689		831	858	479	225	119	135
陆河县	178	3	38	137	160		27	133	16	3	11	1
陆丰市	842	503	162	177	473	266	98	109	299	224	53	21
河源市	**10644**	**1843**	**2548**	**6253**	**3628**	**504**	**898**	**2226**	**5156**	**1093**	**1219**	**2845**
源城区	5387	788	1253	3346	521	504		17	3653	153	980	2520
紫金县	1468	341	353	775	867		253	614	457	313	66	78
龙川县	1691	294	405	992	1100		317	783	423	267	48	108
连平县	640	57	210	373	476		166	310	109	50	29	30
和平县	665	88	149	428	478		113	366	132	78	23	30
东源县	792	274	178	340	186		49	137	381	231	71	79
阳江市	**8341**	**2192**	**1824**	**4325**	**4399**	**1164**	**880**	**2355**	**2952**	**928**	**701**	**1323**
江城区	3653	1203	721	1729	1896	1090	208	598	1317	92	403	822
阳西县	1048	332	241	475	396		92	304	567	318	124	125
阳东县	1821	409	467	944	662		265	397	782	364	121	297
阳春市	1820	248	394	1177	1445	74	315	1055	286	154	52	80
清远市	**19272**	**3248**	**5162**	**10862**	**8445**	**1123**	**2538**	**4784**	**7718**	**1740**	**1823**	**4155**
清城区	8394	1537	2147	4709	2285	880	629	775	4539	531	1117	2891
清新区	3748	379	1031	2338	2267	61	690	1516	1095	270	251	574
佛冈县	817	165	263	389	407		172	234	268	138	53	76
阳山县	851	137	200	514	525		122	403	274	130	61	83
连山壮族瑶族自治县	259	40	107	111	169		88	81	69	35	15	19
连南瑶族自治县	355	26	88	241	192		37	154	111	23	27	61
英德市	3454	775	1034	1645	1726	161	622	943	972	460	210	302
连州市	1393	188	291	914	875	21	176	678	390	153	88	149
东莞市	**172828**	**19005**	**41304**	**112520**	**5122**	**4676**	**31**	**415**	**33446**	**5495**	**9469**	**18483**
中山市	**50210**	**7234**	**12237**	**30739**	**3925**	**2903**	**706**	**316**	**10243**	**1734**	**2901**	**5608**
潮州市	**6930**	**2770**	**1364**	**2796**	**2606**	**1831**	**346**	**428**	**2011**	**798**	**449**	**764**
湘桥区	4649	2106	807	1736	2009	1673	169	167	1401	362	365	675
潮安区	1643	437	366	840	299	158	52	88	327	220	39	67
饶平县	638	227	190	221	298		125	173	284	216	45	23
揭阳市	**4978**	**2480**	**870**	**1628**	**1745**	**710**	**368**	**666**	**2138**	**1606**	**268**	**264**
榕城区	785	480	79	226	180	163	9	7	419	312	26	81
揭东区	848	341	183	324	113	27	36	50	395	293	62	40
揭西县	599	263	150	186	241		106	135	321	245	37	38
惠来县	592	380	120	93	134		77	56	433	376	40	18
普宁市	2153	1016	338	799	1077	520	139	418	570	381	103	87
云浮市	**5648**	**1690**	**1198**	**2761**	**2478**	**565**	**548**	**1365**	**2247**	**995**	**428**	**824**
云城区	1607	462	349	796	416	239	56	121	929	190	232	508
云安区	397	207	65	125	48	10	8	31	259	183	26	50
新兴县	1507	250	273	985	732		127	605	428	214	79	135
郁南县	787	156	263	368	421		177	244	255	133	45	77
罗定市	1351	616	248	488	860	316	180	364	376	275	45	55

12-9 续表 25

单位：人

现住地	省外							
	北京				天津			
	小计	城市	镇	乡村	小计	城市	镇	乡村
汕尾市								
城区								
海丰县								
陆河县								
陆丰市								
河源市	**2**	**2**						
源城区								
紫金县								
龙川县	1	1						
连平县								
和平县								
东源县								
阳江市	**3**	**3**			**1**	**1**		
江城区	1	1						
阳西县	1	1						
阳东县	2	2			1	1		
阳春市								
清远市	**3**	**3**			**1**			**1**
清城区	1	1						
清新区								
佛冈县	1	1						
阳山县								
连山壮族瑶族自治县								
连南瑶族自治县								
英德市	2	2			1			1
连州市								
东莞市	**46**	**41**	**3**	**2**	**20**	**11**	**4**	**4**
中山市	**21**	**21**			**21**	**10**	**6**	**5**
潮州市	**1**	**1**						
湘桥区								
潮安区	1	1						
饶平县								
揭阳市								
榕城区								
揭东区								
揭西县								
惠来县								
普宁市								
云浮市	**3**	**1**	**2**					
云城区								
云安区	2		2					
新兴县	1	1						
郁南县								
罗定市								

12-9 续表 26

单位：人

现住地	省外							
	河北				山西			
	小计	城市	镇	乡村	小计	城市	镇	乡村
汕尾市					**2**			**2**
城区					2			2
海丰县								
陆河县								
陆丰市								
河源市	**7**	**5**	**1**	**1**	**4**	**1**	**1**	**2**
源城区	4	3	1	1	3	1	1	1
紫金县	2	2						
龙川县	1	1	1		1			1
连平县								
和平县								
东源县								
阳江市	**8**	**1**	**2**	**6**	**2**		**1**	**2**
江城区	4			4				
阳西县								
阳东县	5	1	2	2	2		1	2
阳春市								
清远市	**25**	**9**	**2**	**14**	**11**	**3**	**4**	**5**
清城区	13	2	2	9	4	2		2
清新区	4			4	2	1	1	
佛冈县					1			1
阳山县	2	2						
连山壮族瑶族自治县								
连南瑶族自治县	2	1						
英德市	4	3		1	4		2	2
连州市	1	1			1	1		
东莞市	**396**	**43**	**96**	**257**	**239**	**45**	**49**	**145**
中山市	**120**	**37**	**15**	**68**	**118**	**23**	**24**	**71**
潮州市	**5**	**2**	**2**	**1**	**5**	**1**	**1**	**4**
湘桥区	2	2			5	1	1	4
潮安区	4	1	2	1				
饶平县								
揭阳市	**14**	**14**						
榕城区								
揭东区								
揭西县								
惠来县								
普宁市	14	14						
云浮市	**7**	**1**	**1**	**6**	**2**	**1**	**1**	**1**
云城区	6			6	2	1	1	1
云安区	1		1					
新兴县	1	1						
郁南县					1	1		
罗定市								

12-9 续表 27 单位：人

现住地	省外											
	内蒙古				辽宁				吉林			
	小计	城市	镇	乡村	小计	城市	镇	乡村	小计	城市	镇	乡村
汕尾市					**2**	**2**						
城区					2	2						
海丰县												
陆河县												
陆丰市												
河源市	**3**	**2**		**2**	**1**		**1**		**1**	**1**	**1**	
源城区	2	2							1	1		
紫金县	1			1								
龙川县	1			1	1		1		1		1	
连平县												
和平县												
东源县												
阳江市	**5**	**1**	**1**	**4**	**2**	**1**		**1**	**1**	**1**		
江城区												
阳西县												
阳东县	2	1	1	1	2	1		1				
阳春市	2			2					1	1		
清远市	**23**	**6**	**3**	**13**	**6**	**3**		**3**	**11**	**3**	**5**	**2**
清城区	21	5	3	13	5	3		2	3	2		1
清新区					1			1	7	1	5	1
佛冈县									1	1		
阳山县												
连山壮族瑶族自治县												
连南瑶族自治县												
英德市	2	2										
连州市												
东莞市	**54**	**28**	**8**	**18**	**163**	**74**	**25**	**64**	**257**	**97**	**30**	**130**
中山市	**8**	**2**	**6**		**103**	**60**	**20**	**23**	**61**	**32**	**11**	**18**
潮州市	**1**			**1**								
湘桥区												
潮安区	1			1								
饶平县												
揭阳市					**14**	**12**		**2**	**3**		**3**	
榕城区												
揭东区					2			2				
揭西县												
惠来县												
普宁市					12	12			3		3	
云浮市	**1**	**1**			**4**	**2**		**2**	**4**	**2**	**1**	**1**
云城区					2	2						
云安区	1	1			1			1	3	2		1
新兴县												
郁南县									1		1	
罗定市					2			2				

12-9 续表 28

单位：人

现住地	省外											
	黑龙江				上海				江苏			
	小计	城市	镇	乡村	小计	城市	镇	乡村	小计	城市	镇	乡村
汕尾市									**1**			**1**
城区									1			1
海丰县												
陆河县												
陆丰市												
河源市	**7**	**3**	**4**		**3**	**3**			**10**	**6**	**1**	**3**
源城区	4	1	3						6	1	1	3
紫金县					3	3			5	5		
龙川县	2	1	1									
连平县												
和平县												
东源县	1	1	1									
阳江市					**3**	**1**	**2**		**16**	**2**	**11**	**3**
江城区									2		2	
阳西县									10		7	2
阳东县									2		1	1
阳春市					3	1	2		3	2	1	
清远市	**6**	**1**	**2**	**3**	**6**	**5**	**1**	**1**	**18**	**7**	**5**	**6**
清城区	2		1	1					6	1	3	2
清新区	3	1	1	1	1			1	1	1		
佛冈县	1			1	1	1	1		2	1		1
阳山县					1	1			2			2
连山壮族瑶族自治县												
连南瑶族自治县									1			
英德市					2	2			6	4	2	
连州市					1	1			1	1		1
东莞市	**422**	**164**	**77**	**181**	**33**	**28**	**3**	**2**	**581**	**155**	**168**	**257**
中山市	**136**	**52**	**29**	**55**	**27**	**22**		**5**	**144**	**68**	**41**	**36**
潮州市					**1**	**1**			**3**	**1**	**1**	**2**
湘桥区									2	1	1	1
潮安区									1			1
饶平县					1	1						
揭阳市	**1**			**1**	**9**	**9**			**8**		**3**	**5**
榕城区					1	1						
揭东区												
揭西县					7	7						
惠来县	1			1	1	1						
普宁市									8		3	5
云浮市	**4**	**1**	**1**	**2**	**5**	**5**			**3**		**1**	**2**
云城区	1			1								
云安区	4	1	1	2	1	1			1		1	
新兴县												
郁南县					1	1						
罗定市					4	4			2			2

12-9 续表 29

单位：人

现住地	省外											
	浙江				安徽				福建			
	小计	城市	镇	乡村	小计	城市	镇	乡村	小计	城市	镇	乡村
汕尾市	**5**	**1**	**2**	**2**	**24**	**5**	**14**	**6**	**34**	**2**	**13**	**20**
城区					3		2	1	10		4	7
海丰县	5	1	2	2	17	5	12	1	24	2	9	13
陆河县					2			2				
陆丰市					2			2				
河源市	**9**	**6**	**1**	**2**	**38**	**3**	**9**	**26**	**52**	**6**	**7**	**40**
源城区	4	3		1	22	1	7	13	29	3	3	22
紫金县	1	1			1	1			1	1		
龙川县	1		1		9			9	12	1	2	9
连平县	1			1	1			1	6			6
和平县	1	1			2	1	1		1			
东源县	2	1		1	4		1	3	4		2	2
阳江市	**6**		**1**	**5**	**7**	**1**	**2**	**5**	**5**			**5**
江城区	4			4	3		1	2	5			5
阳西县												
阳东县	3		1	2	3	1	1	2	1			1
阳春市					1			1				
清远市	**38**	**15**	**3**	**20**	**62**	**19**	**14**	**29**	**51**	**7**	**14**	**30**
清城区	13	4	3	6	34	7	6	21	18	4	3	12
清新区	12	1		11	14	6	3	5	7		2	5
佛冈县	2	1	1	1	2	2			4	1	1	2
阳山县	1	1			2			2				
连山壮族瑶族自治县												
连南瑶族自治县					1		1		1			1
英德市	11	9		2	8	4	2	2	19	1	8	10
连州市					2		2		2	1		1
东莞市	**690**	**116**	**217**	**357**	**2734**	**260**	**754**	**1720**	**2235**	**239**	**560**	**1437**
中山市	**255**	**56**	**86**	**113**	**397**	**40**	**116**	**241**	**485**	**44**	**102**	**339**
潮州市	**20**	**3**	**14**	**3**	**110**	**11**	**36**	**63**	**195**	**7**	**51**	**137**
湘桥区	3	1	2	1	46	4	15	28	78	5	22	50
潮安区	12	1	11	1	64	7	22	35	101	1	19	81
饶平县	4	1	2	1					17	1	9	6
揭阳市	**25**	**12**	**4**	**9**	**68**	**9**	**25**	**33**	**48**	**7**	**2**	**39**
榕城区					1	1			6	1	1	4
揭东区	6		4	2	7		2	5	12		1	11
揭西县	1			1	1	1						
惠来县					9		2	7	5			5
普宁市	18	12		6	50	8	21	21	24	6		18
云浮市	**7**	**3**	**1**	**3**	**11**	**1**	**1**	**9**	**15**	**3**	**8**	**4**
云城区	3	2	1		3			3	8	2	5	2
云安区					1			1	3		1	2
新兴县	4	1		3					1	1	1	
郁南县	1	1			3	1	1	1	1	1	1	
罗定市					4			4	1		1	

12-9 续表 30

单位：人

现住地	省外											
	江西				山东				河南			
	小计	城市	镇	乡村	小计	城市	镇	乡村	小计	城市	镇	乡村
汕尾市	**42**	**5**	**3**	**34**					**29**		**10**	**19**
城区	17		2	14					12		1	11
海丰县	21	5		16					7		6	1
陆河县												
陆丰市	4		1	3					9		2	7
河源市	**250**	**22**	**52**	**177**	**6**		**1**	**4**	**141**	**13**	**35**	**94**
源城区	160	9	38	114	4			4	92	6	21	65
紫金县	26	2	3	21					13		3	10
龙川县	21	5	3	13					24	4	9	11
连平县	6		1	5								
和平县	14	1	4	9					3	1	1	1
东源县	23	5	3	16	1		1		10	2	1	6
阳江市	**41**	**5**	**11**	**25**	**11**	**1**	**3**	**7**	**32**	**5**	**15**	**12**
江城区	21	1	3	18	1		1		11	3	5	3
阳西县	4	3	1		6		1	5	6		5	2
阳东县	14	2	5	7	4	1	1	2	11	2	5	4
阳春市	2		2						3			3
清远市	**302**	**42**	**88**	**173**	**16**		**6**	**10**	**252**	**16**	**35**	**201**
清城区	180	16	54	110	10		2	8	132	2	17	113
清新区	14	4	2	8	2		2		57	7		50
佛冈县	15	3	4	7					6	1	1	5
阳山县	3			3					2			2
连山壮族瑶族自治县												
连南瑶族自治县	2			1					1			
英德市	83	17	26	40	2		1	1	48	6	14	27
连州市	6	1	1	4	2		1	1	6		2	4
东莞市	**11600**	**747**	**3354**	**7500**	**583**	**74**	**199**	**309**	**9752**	**631**	**2160**	**6962**
中山市	**2781**	**133**	**926**	**1721**	**110**	**23**	**23**	**65**	**1816**	**140**	**488**	**1187**
潮州市	**512**	**10**	**139**	**363**	**3**	**1**		**2**	**62**	**11**	**15**	**36**
湘桥区	154	5	39	111	2			2	39	11	5	24
潮安区	351	4	100	247					18		11	7
饶平县	6	1		5	1	1			5			5
揭阳市	**371**	**8**	**87**	**276**	**5**	**5**			**18**	**4**	**7**	**7**
榕城区	128		18	110					1			1
揭东区	144	2	58	84					5		4	1
揭西县	2		1	1					4	4		
惠来县					1	1						
普宁市	98	6	11	81	5	5			8		3	5
云浮市	**32**	**5**	**7**	**21**	**8**	**1**	**1**	**6**	**45**	**3**	**6**	**36**
云城区	17	4	3	11	8	1	1	6	14		1	13
云安区	1			1	1	1			3	2		1
新兴县	7		1	5					18	1	4	13
郁南县	4	1	2	1					3		1	1
罗定市	2			2					7			7

12-9 续表 31

单位：人

现住地	省外											
	湖北				湖南				广东			
	小计	城市	镇	乡村	小计	城市	镇	乡村	小计	城市	镇	乡村
汕尾市	**39**	**2**	**20**	**17**	**81**	**6**	**33**	**42**				
城区	14	1	8	5	25	4	4	17				
海丰县	22	1	11	10	45	1	28	16				
陆河县												
陆丰市	2		1	1	11	1	1	9				
河源市	**132**	**35**	**35**	**62**	**395**	**51**	**103**	**241**				
源城区	108	30	26	53	248	38	56	153				
紫金县					47	5	13	29				
龙川县	5	2	2	2	36	4	12	20				
连平县	7	2	4	1	18	2	6	10				
和平县	1				5	1		3				
东源县	11	1	3	6	43	2	16	24				
阳江市	**26**	**5**	**9**	**12**	**179**	**8**	**43**	**128**				
江城区	17	1	6	11	108	2	17	90				
阳西县	1	1			6	1	1	5				
阳东县	8	3	3	2	43	5	15	24				
阳春市					22	1	10	10				
清远市	**174**	**39**	**40**	**96**	**1097**	**91**	**290**	**715**				
清城区	89	19	20	49	562	29	141	393				
清新区	10	1	3	6	141	16	39	86				
佛冈县	13	4	5	4	38	3	14	20				
阳山县	2			2	13		6	6				
连山壮族瑶族自治县	1				11	2	1	7				
连南瑶族自治县	2			1	29	1	12	15				
英德市	51	13	8	30	235	37	66	131				
连州市	7	2	2	3	68	2	10	56				
东莞市	**13181**	**1609**	**3581**	**7990**	**34290**	**1717**	**8009**	**24564**				
中山市	**2760**	**391**	**733**	**1637**	**7320**	**465**	**1493**	**5362**				
潮州市	**82**	**6**	**21**	**55**	**311**	**15**	**73**	**222**				
湘桥区	56	2	15	39	200	6	29	164				
潮安区	23	4	4	15	102	6	42	54				
饶平县	3		2	1	9	3	2	3				
揭阳市	**57**	**24**	**5**	**29**	**74**	**8**	**25**	**42**				
榕城区	4	1	2	1	2	1		1				
揭东区	8	3		5	25	1	6	18				
揭西县					9		1	8				
惠来县					3	1	1	1				
普宁市	45	20	3	23	35	5	17	14				
云浮市	**46**	**12**	**6**	**28**	**101**	**21**	**25**	**54**				
云城区	13	3	2	8	32	9	9	14				
云安区	5	1	1	3	9	1	2	6				
新兴县	21	6	3	12	32	10	7	15				
郁南县	3	2		1	10	1	5	4				
罗定市	4		1	3	17	1	2	15				

12-9 续表 32

单位：人

现住地	省外											
	广西				海南				重庆			
	小计	城市	镇	乡村	小计	城市	镇	乡村	小计	城市	镇	乡村
汕尾市	**61**	**10**	**10**	**42**	**14**	**14**			**137**	**7**	**40**	**90**
城区	15	1	2	12	1	1			59	4	19	36
海丰县	45	9	7	30	3	3			78	3	22	53
陆河县												
陆丰市	1		1	1	11	11						
河源市	**204**	**38**	**40**	**125**	**23**	**5**	**14**	**3**	**62**	**4**	**17**	**40**
源城区	99	8	24	67	5	1	3	1	37	1	12	24
紫金县	11	5	2	5	9		8	1	4		4	
龙川县	20	1	5	14	3	1	1	1	3	3		
连平县	7	2		6					1		1	
和平县	13	3	3	8	1			1	4			4
东源县	54	20	7	26	5	3	2		13		1	12
阳江市	**276**	**29**	**53**	**194**	**17**	**3**	**8**	**7**	**78**	**2**	**27**	**48**
江城区	102	10	23	69	13	2	8	3	47		18	28
阳西县	22	6	3	13	2	1		1	1		1	
阳东县	128	7	20	102	1			1	27	2	6	19
阳春市	24	8	7	10	2			2	3	1	2	1
清远市	**443**	**53**	**121**	**269**	**41**	**12**	**20**	**9**	**78**	**12**	**26**	**40**
清城区	179	16	51	112	17	1	12	5	26	2	13	11
清新区	48	3	9	37	3	1	2		5	2	2	2
佛冈县	26	6	4	15	1	1		1	3		1	2
阳山县	18	2	8	8	1			1				
连山壮族瑶族自治县	7	2	2	3								
连南瑶族自治县	10		7	3					1			1
英德市	136	22	35	80	14	6	5	3	41	9	10	23
连州市	20	2	6	12	5	4	2		1			1
东莞市	**23046**	**951**	**4737**	**17358**	**639**	**86**	**192**	**362**	**5716**	**360**	**1487**	**3869**
中山市	**9888**	**424**	**2196**	**7268**	**212**	**48**	**56**	**107**	**1334**	**108**	**416**	**810**
潮州市	**66**	**13**	**12**	**41**	**20**	**9**	**4**	**7**	**263**	**18**	**72**	**173**
湘桥区	25	6	5	14	9	1	4	5	211	18	59	134
潮安区	40	5	8	27	9	7		3	52		13	39
饶平县	1	1			1	1						
揭阳市	**58**	**17**	**9**	**32**	**25**	**10**	**8**	**8**	**57**	**3**	**9**	**45**
榕城区	4		1	3	5		4	1	6			6
揭东区	28	6	1	22	4	3		1	14			14
揭西县	2	1	1		8	5	2	1				
惠来县	2	1		1								
普宁市	22	9	6	6	8	2	2	5	36	3	9	24
云浮市	**376**	**44**	**91**	**240**	**15**	**4**	**8**	**3**	**29**	**1**	**4**	**24**
云城区	86	5	18	63	3			3	5			5
云安区	27	4	10	13	1		1					
新兴县	150	10	25	115	4	1	3		19	1	4	15
郁南县	68	12	24	32	1			1	1			1
罗定市	45	13	14	17	7	2	5		4			4

12-9 续表 33

单位：人

现住地	省外											
	四川				贵州				云南			
	小计	城市	镇	乡村	小计	城市	镇	乡村	小计	城市	镇	乡村
汕尾市	**277**	**10**	**55**	**213**	**69**	**1**	**20**	**48**	**37**	**3**	**5**	**28**
城区	172	10	34	128	2			2	3			3
海丰县	104		20	84	67	1	19	46	7	3	2	3
陆河县												
陆丰市	1		1	1	1		1		26		4	23
河源市	**339**	**26**	**66**	**247**	**106**	**8**	**27**	**71**	**29**	**2**	**5**	**22**
源城区	268	15	52	201	78	4	16	57	20	1	2	17
紫金县	13	3		10	7	1	1	5	1			1
龙川县	15	2	4	9	4			4	1		1	
连平县	5		3	2	1	1						
和平县	8		2	6	1		1					
东源县	30	6	6	18	16	2	10	4	8	1	2	5
阳江市	**64**	**9**	**14**	**40**	**97**	**5**	**24**	**67**	**88**	**10**	**10**	**68**
江城区	29	2	12	15	36		10	26	34		4	30
阳西县	4	1		4	17	1	6	11	6	1	1	4
阳东县	20	3	2	14	35	1	6	28	46	9	5	31
阳春市	11	3		8	9	3	3	3	2			2
清远市	**193**	**23**	**37**	**133**	**161**	**6**	**53**	**102**	**38**	**3**	**15**	**20**
清城区	94	5	15	74	104	2	33	69	27	3	8	16
清新区	22	2	8	13	17		5	11	6		3	3
佛冈县	15	1	5	9	12	2	1	10				
阳山县	2	1	2		2		1	2				
连山壮族瑶族自治县									1			1
连南瑶族自治县	3		1	2								
英德市	53	14	6	34	24	3	13	8	3		3	
连州市	3	1		2	2			2	2		1	1
东莞市	**13498**	**649**	**2853**	**9996**	**7416**	**336**	**1718**	**5361**	**3621**	**95**	**599**	**2927**
中山市	**5186**	**279**	**1142**	**3766**	**1661**	**60**	**388**	**1214**	**591**	**10**	**142**	**439**
潮州市	**312**	**14**	**52**	**246**	**316**	**16**	**66**	**234**	**11**		**4**	**7**
湘桥区	174	7	28	138	214	2	45	167	8		2	5
潮安区	134	6	21	107	100	14	19	66	3		2	1
饶平县	5	1	2	1	2		2		1			1
揭阳市	**145**	**18**	**24**	**103**	**82**		**18**	**64**	**5**		**1**	**4**
榕城区	9		4	5	18		13	5				
揭东区	26	4	2	20	49		4	45	2			2
揭西县	1			1	1			1	1		1	
惠来县	1			1	2			2				
普宁市	107	14	18	75	12		2	11	2			2
云浮市	**75**	**8**	**32**	**35**	**92**	**3**	**18**	**71**	**29**	**2**	**4**	**23**
云城区	39	3	17	19	13		3	10	3			3
云安区	2	1		1	18		9	9	3			3
新兴县	20	1	11	9	49	1	5	43	19		3	15
郁南县	6		4	2	4	2	1	1	3	2	1	
罗定市	7	2	1	4	8			8	1			1

12-9 续表 34

单位：人

现住地	省外											
	西藏				陕西				甘肃			
	小计	城市	镇	乡村	小计	城市	镇	乡村	小计	城市	镇	乡村
汕尾市					**8**	**3**	**4**	**1**				
城区					5	2	3	1				
海丰县					1		1					
陆河县												
陆丰市					1	1						
河源市					**25**	**4**	**9**	**12**	**8**	**1**	**2**	**5**
源城区					15	1	6	7	3		1	2
紫金县					2	2						
龙川县					4	1		3	5	1	1	4
连平县					2			2				
和平县					2	1	1					
东源县					2		1	1				
阳江市					**16**	**5**	**5**	**6**	**3**		**2**	**1**
江城区					2			2				
阳西县												
阳东县					15	5	5	4	3		2	1
阳春市												
清远市					**38**	**4**	**12**	**21**	**3**	**1**	**1**	**1**
清城区					21	1	7	13	2		1	1
清新区					6	2	4	1				
佛冈县					1	1	1					
阳山县												
连山壮族瑶族自治县												
连南瑶族自治县					1							
英德市					8	1	1	6	1	1		
连州市					1	1						
东莞市					**2382**	**206**	**792**	**1384**	**557**	**49**	**103**	**404**
中山市	**2**			**2**	**342**	**32**	**147**	**163**	**87**	**6**	**8**	**72**
潮州市					**6**		**3**	**3**	**8**	**1**	**2**	**5**
湘桥区					3			3	8	1	2	5
潮安区					3		3					
饶平县												
揭阳市					**7**	**3**	**2**	**2**	**2**	**2**		
榕城区					1	1						
揭东区					6	2	2	2				
揭西县												
惠来县												
普宁市									2	2		
云浮市					**6**	**2**	**3**	**1**	**3**	**3**		
云城区					1		1		3	3		
云安区					3		3					
新兴县					1	1						
郁南县					1			1				
罗定市					2	2						

12-9 续表 35

单位：人

现住地	省外											
	青海				宁夏				新疆			
	小计	城市	镇	乡村	小计	城市	镇	乡村	小计	城市	镇	乡村
汕尾市												
城区												
海丰县												
陆河县												
陆丰市												
河源市	**3**			**3**	**1**			**1**				
源城区	3			3	1			1				
紫金县												
龙川县												
连平县												
和平县												
东源县												
阳江市	**1**	**1**										
江城区												
阳西县												
阳东县	1	1										
阳春市												
清远市	**3**		**3**		**3**			**3**	**6**		**4**	**2**
清城区	3		3						6		4	2
清新区					3			3				
佛冈县												
阳山县												
连山壮族瑶族自治县												
连南瑶族自治县												
英德市												
连州市												
东莞市	**34**	**6**	**5**	**23**	**25**	**6**	**7**	**13**	**49**	**11**	**13**	**25**
中山市	**13**	**3**	**5**	**5**	**26**	**2**	**5**	**19**	**18**	**6**	**6**	**5**
潮州市									**1**	**1**		
湘桥区												
潮安区									1	1		
饶平县												
揭阳市												
榕城区												
揭东区												
揭西县												
惠来县												
普宁市												
云浮市									**1**	**1**	**1**	
云城区												
云安区									1	1	1	
新兴县												
郁南县												
罗定市												

12-10　全省按现住地和一年前常住地分的人口

单位：人

地　区	合　计			现住房			本乡(镇、街道)其他调查小区			本县(市、区)其他乡(镇、街道)		
	合计	男	女	小计	男	女	小计	男	女	小计	男	女
全　省	**3053295**	**1596205**	**1457090**	**2913393**	**1520118**	**1393275**	**32176**	**16333**	**15843**	**22624**	**11592**	**11032**
广州市	**379847**	**194617**	**185230**	**360903**	**184278**	**176625**	**3621**	**1946**	**1675**	**3022**	**1548**	**1474**
荔湾区	25897	12717	13180	24733	12148	12585	181	90	91	191	90	101
越秀区	32374	15912	16462	30433	14956	15477	218	106	112	316	145	170
海珠区	45463	22221	23242	43566	21231	22335	243	133	110	290	141	148
天河区	43556	22203	21353	40369	20408	19961	544	297	247	514	277	236
白云区	67864	34954	32909	64127	32731	31395	596	334	263	566	332	234
黄埔区	13550	7346	6204	12880	6957	5923	114	64	49	129	66	63
番禺区	43575	22604	20970	41028	21264	19764	649	338	311	444	214	229
花都区	28600	14889	13711	27369	14253	13116	409	202	207	245	127	118
南沙区	18520	9847	8673	17766	9402	8364	200	129	71	67	33	34
萝岗区	11730	6570	5160	10957	6126	4832	174	91	83	36	19	17
从化区	17565	8963	8602	17249	8821	8428	79	35	44	87	34	53
增城区	31153	16390	14763	30424	15980	14445	213	127	86	138	68	70
韶关市	**82398**	**41155**	**41243**	**79613**	**39759**	**39855**	**541**	**241**	**300**	**429**	**199**	**229**
武江区	8718	4336	4382	8410	4182	4228	53	23	30	65	32	33
浈江区	11425	5656	5770	11103	5494	5609	47	24	23	51	25	25
曲江区	8842	4187	4655	8479	4012	4467	95	39	56	60	29	31
始兴县	5977	2960	3018	5822	2878	2944	25	10	15	20	6	14
仁化县	5839	2949	2890	5656	2860	2796	20	8	11	27	15	12
翁源县	9626	4910	4716	9253	4704	4549	60	28	33	40	24	16
乳源瑶族自治县	5164	2601	2563	4950	2506	2443	54	22	32	49	24	25
新丰县	5999	3067	2932	5769	2952	2816	22	5	17	29	12	17
乐昌市	11560	5875	5685	11150	5682	5467	139	68	70	59	17	41
南雄市	9246	4615	4631	9022	4486	4536	25	13	13	30	15	15
深圳市	**321510**	**174592**	**146918**	**287942**	**155692**	**132250**	**8308**	**4598**	**3709**	**4012**	**2287**	**1725**
罗湖区	27543	13906	13637	25873	13095	12778	291	137	154	240	103	137
福田区	40637	21343	19294	38011	19866	18146	699	364	334	306	155	151
南山区	36404	18955	17448	34204	17776	16428	335	180	155	312	152	160
宝安区	138728	77859	60868	119963	67098	52864	5196	2958	2238	2104	1281	823
龙岗区	71963	39181	32782	64162	34807	29356	1647	882	765	995	562	433
盐田区	6236	3347	2889	5729	3051	2679	140	77	62	55	34	21
珠海市	**45952**	**23879**	**22074**	**43479**	**22466**	**21013**	**539**	**295**	**243**	**321**	**154**	**167**
香洲区	26578	13640	12939	24894	12660	12234	371	207	164	261	129	132
斗门区	12059	6382	5676	11620	6150	5470	105	53	53	54	21	34
金湾区	7315	3857	3459	6964	3655	3309	63	36	27	5	4	1
汕头市	**156184**	**78400**	**77784**	**153817**	**77168**	**76649**	**296**	**120**	**176**	**490**	**238**	**253**
龙湖区	15585	7802	7783	15329	7680	7650	31	13	18	44	21	23
金平区	23448	11585	11863	22802	11290	11513	76	36	40	243	119	124
濠江区	7753	3799	3954	7495	3646	3849	21	8	13	34	16	18
潮阳区	47094	23532	23562	46720	23329	23391	58	9	49	26	12	15
潮南区	37356	19175	18180	36797	18843	17955	43	26	17	74	39	35
澄海区	23205	11646	11560	22958	11530	11427	64	29	35	68	31	37
南澳县	1743	862	881	1715	850	865	3		3	1		
佛山市	**209437**	**113036**	**96400**	**196186**	**105757**	**90429**	**4860**	**2302**	**2558**	**1304**	**698**	**606**
禅城区	31490	16265	15225	29664	15321	14343	591	300	291	230	105	125
南海区	76187	42246	33941	71627	39503	32125	1483	839	644	333	200	133
顺德区	71637	38188	33449	66346	35503	30843	2280	901	1379	468	250	218
三水区	18026	9898	8128	17072	9322	7750	220	115	105	114	58	56
高明区	12097	6438	5658	11477	6108	5368	285	147	139	160	86	74

12-10 续表 1

单位：人

地区	本地(市)其他县(市、区)			本省其他地(市)			省外			港澳台或国外		
	小计	男	女	小计	男	女	小计	男	女	小计	男	女
全省	**14577**	**7881**	**6696**	**36574**	**21162**	**15412**	**31738**	**18040**	**13698**	**2213**	**1079**	**1134**
广州市	**3757**	**2104**	**1653**	**4211**	**2438**	**1773**	**3648**	**1969**	**1679**	**685**	**333**	**352**
荔湾区	334	164	170	254	124	130	146	71	75	58	30	28
越秀区	636	302	333	261	144	116	274	143	131	236	114	122
海珠区	342	153	189	354	207	147	548	300	248	121	56	65
天河区	538	302	236	986	603	383	540	288	253	65	28	37
白云区	625	450	175	1166	668	498	718	404	314	66	36	30
黄埔区	209	126	84	103	66	36	99	59	40	16	8	9
番禺区	346	200	146	510	285	224	592	300	292	6	3	3
花都区	139	77	62	132	72	60	200	105	95	105	52	53
南沙区	118	58	60	115	76	40	246	143	103	6	5	2
萝岗区	292	177	115	128	79	49	142	77	65	1	1	1
从化区	80	37	43	38	18	21	31	18	12	1		1
增城区	98	59	39	164	96	68	112	60	52	3	1	2
韶关市	**401**	**175**	**227**	**1216**	**680**	**535**	**169**	**88**	**81**	**29**	**13**	**16**
武江区	68	33	35	96	52	44	16	8	8	10	5	5
浈江区	106	44	63	93	54	39	23	13	10	2	1	1
曲江区	80	33	47	101	56	45	22	15	7	5	3	2
始兴县	9	4	5	96	59	36	4	2	2	1		1
仁化县	28	11	17	85	44	41	21	10	12	2	1	1
翁源县	43	21	22	210	124	86	18	8	10	2		2
乳源瑶族自治县	34	15	20	67	29	38	10	6	4	1		1
新丰县	3	1	1	168	92	77	7	4	3	1		1
乐昌市	19	8	11	161	86	75	29	12	17	5	1	3
南雄市	10	5	5	138	84	54	20	11	8			
深圳市	**4784**	**2781**	**2003**	**5411**	**3026**	**2386**	**10979**	**6180**	**4799**	**74**	**27**	**47**
罗湖区	367	178	189	336	174	161	427	213	214	9	6	3
福田区	501	293	208	385	226	159	715	432	283	20	7	12
南山区	297	178	119	370	226	144	868	438	430	19	5	14
宝安区	2412	1428	984	2942	1670	1272	6094	3418	2676	18	7	11
龙岗区	1085	625	460	1302	688	614	2765	1615	1150	6	1	4
盐田区	123	80	43	76	41	36	111	64	47	3	1	2
珠海市	**115**	**58**	**56**	**648**	**388**	**260**	**777**	**488**	**289**	**73**	**28**	**45**
香洲区	47	21	26	439	268	171	529	341	188	37	13	23
斗门区	40	20	20	93	56	37	115	69	46	30	14	17
金湾区	27	17	10	116	65	52	133	78	55	6	1	5
汕头市	**419**	**238**	**181**	**889**	**481**	**409**	**235**	**142**	**92**	**37**	**12**	**25**
龙湖区	61	31	30	81	40	41	26	12	14	13	5	8
金平区	102	49	53	165	61	104	43	26	17	16	5	12
濠江区	118	74	43	72	48	25	11	7	5	1	1	1
潮阳区	64	40	24	191	119	71	33	23	11	1		1
潮南区	55	36	19	309	181	128	75	51	25	1		1
澄海区	9	3	6	58	27	31	44	24	20	4	2	3
南澳县	10	5	5	14	6	8	1		1			
佛山市	**1058**	**612**	**446**	**2831**	**1756**	**1075**	**3069**	**1862**	**1206**	**129**	**48**	**81**
禅城区	369	196	173	371	193	178	216	132	84	49	18	31
南海区	244	161	83	1314	846	468	1160	684	476	26	14	12
顺德区	278	168	110	848	529	319	1378	828	550	38	9	29
三水区	103	52	51	247	159	87	255	183	72	14	8	6
高明区	64	35	29	51	28	23	59	35	24	1		1

12-10 续表 2 单位：人

地　区	合计			现住房			本乡(镇、街道)其他调查小区			本县(市、区)其他乡(镇、街道)		
	合计	男	女	小计	男	女	小计	男	女	小计	男	女
江门市	**126429**	**63895**	**62534**	**121940**	**61589**	**60350**	**950**	**460**	**491**	**1011**	**488**	**523**
蓬江区	20694	10334	10359	19774	9858	9915	203	96	107	252	124	127
江海区	7342	3740	3602	7071	3617	3454	70	32	38	27	11	16
新会区	24216	12308	11908	23442	11918	11524	197	95	102	200	96	105
台山市	26095	12965	13130	25205	12505	12700	219	109	109	137	69	68
开平市	19837	9991	9846	19172	9648	9524	111	63	48	285	136	149
鹤山市	14171	7117	7055	13733	6891	6841	119	52	66	75	38	37
恩平市	14074	7440	6634	13543	7152	6391	31	12	19	34	14	20
湛江市	**203781**	**107774**	**96007**	**199874**	**105860**	**94014**	**645**	**268**	**377**	**991**	**416**	**575**
赤坎区	8879	4446	4433	8567	4303	4265	47	21	25	92	41	51
霞山区	14251	7396	6855	13804	7161	6644	61	31	30	161	75	86
坡头区	9763	5183	4580	9626	5127	4499	22	6	16	8		8
麻章区	14312	7607	6705	14118	7508	6610	34	10	24	9	5	4
遂溪县	25852	13646	12206	25195	13316	11879	189	85	104	101	47	53
徐闻县	20321	10825	9495	20164	10745	9419	27	13	15	41	19	22
廉江市	41800	22515	19285	41029	22165	18865	101	32	68	259	92	167
雷州市	41524	21893	19631	40630	21445	19185	121	54	67	267	125	142
吴川市	27077	14261	12816	26740	14091	12649	43	15	28	53	12	41
茂名市	**170937**	**89687**	**81250**	**166424**	**87360**	**79064**	**750**	**457**	**294**	**895**	**390**	**505**
茂南区	23879	12554	11325	22678	11954	10724	350	281	69	299	130	169
电白区	46792	24466	22327	46030	24055	21975	191	83	108	119	45	74
高州市	38072	20133	17939	36803	19465	17338	96	38	57	232	111	120
化州市	35052	18625	16428	34220	18200	16020	98	47	51	205	86	119
信宜市	27141	13910	13231	26692	13686	13006	16	8	8	40	18	22
肇庆市	**114178**	**58305**	**55873**	**111046**	**56715**	**54331**	**833**	**385**	**448**	**571**	**276**	**295**
端州区	13925	6897	7028	13644	6774	6870	74	36	38	80	33	47
鼎湖区	4836	2366	2470	4696	2301	2395	35	17	19	17	9	8
广宁县	12242	6211	6032	11969	6089	5880	21	7	14	43	22	21
怀集县	23601	11836	11764	23193	11615	11578	46	14	33	33	10	24
封开县	11547	5807	5740	11331	5694	5636	33	16	17	23	10	14
德庆县	9895	5128	4766	9725	5045	4680	22	6	15	41	19	22
高要市	22005	11478	10527	21625	11286	10339	95	43	53	73	36	36
四会市	16127	8581	7546	14862	7909	6953	507	246	260	261	139	122
惠州市	**133943**	**70597**	**63346**	**127100**	**66652**	**60448**	**1311**	**663**	**648**	**1383**	**722**	**661**
惠城区	46167	24056	22110	41982	21636	20346	771	393	378	1010	544	466
惠阳区	22599	12598	10002	21664	12024	9640	127	69	58	69	34	36
博罗县	30132	15810	14322	29179	15227	13953	163	87	76	125	67	58
惠东县	26229	13569	12660	25751	13355	12396	166	73	93	146	66	80
龙门县	8816	4563	4253	8524	4411	4113	85	42	43	32	11	21
梅州市	**121555**	**60007**	**61547**	**117912**	**58236**	**59677**	**389**	**141**	**248**	**682**	**252**	**430**
梅江区	11859	5791	6068	11610	5685	5925	50	26	24	51	20	30
梅县区	15196	7371	7825	14521	7034	7487	27	10	17	202	100	103
大埔县	10602	5337	5266	10208	5130	5078	46	16	31	31	16	15
丰顺县	13747	6909	6838	13489	6782	6707	35	14	21	24	8	15
五华县	30003	14522	15481	29102	14143	14959	130	35	96	167	16	151
平远县	6587	3299	3288	6270	3131	3138	28	9	19	42	21	21
蕉岭县	5882	2900	2982	5599	2762	2837	24	10	14	102	42	60
兴宁市	27678	13879	13799	27114	13568	13546	47	21	26	63	29	34

12-10 续表 3　　　　　　　　　　　　　　　　　　　　　　　　单位：人

地　　区	本地(市)其他县(市、区)			本省其他地(市)			省　外			港澳台或国外		
	小计	男	女	小计	男	女	小计	男	女	小计	男	女
江门市	**430**	**204**	**226**	**727**	**397**	**330**	**469**	**269**	**200**	**902**	**487**	**414**
蓬江区	126	62	63	145	81	64	164	94	71	30	19	12
江海区	57	21	36	59	30	30	50	25	25	7	4	3
新会区	104	52	52	126	71	55	84	45	39	64	32	32
台山市	49	27	22	182	104	79	20	10	9	283	141	142
开平市	59	24	35	104	59	45	30	20	10	77	41	35
鹤山市	30	16	13	83	41	42	88	55	33	44	22	22
恩平市	7	2	5	28	13	15	33	19	14	397	228	169
湛江市	**597**	**266**	**331**	**1384**	**786**	**598**	**270**	**165**	**104**	**19**	**12**	**8**
赤坎区	90	42	48	65	32	33	15	8	7	4	1	4
霞山区	77	37	41	86	47	39	60	44	16	2	2	
坡头区	38	15	22	60	29	31	6	4	2	2	2	1
麻章区	83	35	48	42	25	17	26	24	3			
遂溪县	104	47	57	249	141	108	14	8	6	1	1	
徐闻县	15	9	6	65	37	28	8	3	5			
廉江市	40	10	30	319	192	126	49	22	27	4	2	1
雷州市	137	63	74	304	169	135	64	36	29	1	1	
吴川市	13	9	5	195	114	81	28	18	9	5	3	2
茂名市	**281**	**107**	**173**	**2342**	**1253**	**1089**	**227**	**111**	**116**	**17**	**9**	**8**
茂南区	117	34	83	358	134	224	73	22	51	4		4
电白区	18	7	12	370	235	135	61	40	21	3	1	2
高州市	72	34	38	814	454	360	49	25	23	7	5	2
化州市	52	23	28	461	257	204	16	10	6	2	2	
信宜市	22	9	12	340	173	167	29	14	15	2	1	1
肇庆市	**489**	**239**	**250**	**1029**	**575**	**454**	**182**	**101**	**81**	**29**	**14**	**16**
端州区	42	15	26	65	32	33	13	4	9	7	3	4
鼎湖区	37	14	22	47	23	23	5	2	3			
广宁县	24	7	16	172	79	93	12	5	7	2	1	1
怀集县	13	6	7	305	188	117	10	4	5			
封开县	15	8	7	140	77	63	5	2	4			
德庆县	28	15	12	67	39	29	9	3	6	3	1	2
高要市	131	63	68	61	37	24	5	4	1	16	8	7
四会市	201	110	91	170	98	72	124	78	45	2	1	2
惠州市	**574**	**342**	**232**	**2037**	**1333**	**704**	**1516**	**878**	**638**	**23**	**7**	**16**
惠城区	370	226	144	1125	733	392	901	521	380	7	4	4
惠阳区	91	52	39	291	196	95	353	222	131	4	2	3
博罗县	67	46	22	415	292	123	180	92	89	2		2
惠东县	19	7	13	77	37	40	62	30	32	8	1	7
龙门县	26	11	14	129	75	54	19	13	7	1		1
梅州市	**307**	**123**	**184**	**2154**	**1194**	**960**	**93**	**55**	**39**	**17**	**7**	**10**
梅江区	73	24	49	61	29	32	10	6	4	4	1	3
梅县区	107	43	64	317	173	144	17	9	8	4	2	2
大埔县	17	4	13	291	165	126	8	6	2	1		1
丰顺县	18	10	7	173	90	83	8	4	4	2	1	1
五华县	16	8	7	581	313	268	5	5		1	1	
平远县	23	12	11	213	120	93	11	6	5			
蕉岭县	20	9	10	125	71	54	10	6	4	3		2
兴宁市	34	12	22	394	233	161	25	14	11	1	1	

12-10 续表 4 单位：人

地区	合计			现住房			本乡(镇、街道)其他调查小区			本县(市、区)其他乡(镇、街道)		
	合计	男	女	小计	男	女	小计	男	女	小计	男	女
汕尾市	**85104**	**44918**	**40186**	**83761**	**44217**	**39545**	**316**	**139**	**177**	**193**	**92**	**101**
城区	14134	7362	6772	13884	7246	6638	136	61	74	25	13	12
海丰县	23045	12249	10796	22645	12040	10606	140	68	72	94	44	51
陆河县	8100	4301	3799	8017	4247	3770	1		1	14	7	7
陆丰市	39824	21005	18819	39215	20684	18531	39	9	29	59	29	31
河源市	**86009**	**43653**	**42356**	**83528**	**42390**	**41138**	**335**	**141**	**195**	**504**	**241**	**263**
源城区	13668	6931	6737	13281	6749	6533	93	44	49	57	30	27
紫金县	18681	9506	9175	18171	9242	8929	83	26	57	57	30	26
龙川县	20040	10121	9919	19375	9771	9605	54	21	33	116	57	59
连平县	9851	4998	4853	9456	4802	4653	64	35	29	197	88	109
和平县	10906	5507	5399	10600	5334	5265	27	11	16	53	25	28
东源县	12863	6590	6274	12645	6491	6154	14	4	10	24	10	14
阳江市	**70534**	**37224**	**33310**	**68288**	**36065**	**32224**	**502**	**205**	**298**	**533**	**243**	**290**
江城区	19967	10406	9561	19566	10217	9348	85	40	45	196	92	104
阳西县	13088	6978	6110	12497	6665	5832	92	32	59	82	31	52
阳东县	12887	7054	5833	12370	6786	5584	159	77	83	145	76	70
阳春市	24593	12786	11806	23856	12397	11459	167	55	112	109	45	64
清远市	**107242**	**54859**	**52383**	**103382**	**52990**	**50392**	**784**	**343**	**441**	**909**	**398**	**511**
清城区	23596	12186	11409	22767	11733	11034	159	76	83	243	126	116
清新区	20282	10491	9791	19752	10242	9510	72	34	39	173	70	103
佛冈县	8802	4549	4254	8403	4362	4041	157	71	86	90	38	52
阳山县	10270	5179	5090	9970	5034	4936	55	26	29	46	15	30
连山壮族瑶族自治县	2626	1355	1271	2423	1259	1163	78	35	43	60	26	33
连南瑶族自治县	3737	1866	1871	3614	1807	1807	35	14	21	15	7	9
英德市	27339	13964	13375	26176	13439	12737	179	69	110	243	102	142
连州市	10589	5268	5321	10278	5113	5164	48	18	31	40	14	26
东莞市	**233752**	**130662**	**103090**	**214699**	**119890**	**94809**	**4657**	**2415**	**2242**	**3402**	**1941**	**1462**
中山市	**90531**	**48711**	**41820**	**84885**	**45578**	**39307**	**1693**	**847**	**846**	**1015**	**570**	**444**
潮州市	**74510**	**37349**	**37161**	**73046**	**36625**	**36421**	**326**	**145**	**181**	**324**	**151**	**173**
湘桥区	16442	8078	8364	15868	7812	8056	196	86	110	222	103	118
潮安区	33483	16986	16496	33131	16807	16324	28	10	18	42	20	22
饶平县	24585	12285	12300	24047	12006	12041	102	50	52	60	28	33
揭阳市	**170493**	**87675**	**82818**	**168418**	**86554**	**81864**	**179**	**66**	**113**	**223**	**94**	**130**
榕城区	27563	14148	13415	27165	13902	13263	58	30	28	20	10	10
揭东区	27384	14296	13088	27114	14147	12967	17	3	14	13	7	6
揭西县	24046	12242	11804	23617	12023	11595	28	9	19	48	23	25
惠来县	31920	16192	15728	31488	15972	15516	44	10	34	26	6	20
普宁市	59580	30797	28783	59033	30510	28523	32	14	18	116	48	68
云浮市	**68971**	**35212**	**33758**	**67148**	**34280**	**32869**	**342**	**155**	**187**	**409**	**192**	**217**
云城区	10377	5326	5051	10001	5138	4863	71	30	41	100	52	48
云安区	7886	4051	3835	7706	3964	3742	37	14	23	13	7	6
新兴县	12581	6401	6181	12149	6179	5970	74	34	40	151	70	81
郁南县	11282	5744	5538	10871	5546	5325	117	57	61	69	29	40
罗定市	26845	13692	13153	26421	13453	12968	42	19	23	76	34	42

12-10 续表 5

单位：人

地　区	本地(市)其他县(市、区)			本省其他地(市)			省　外			港澳台或国外		
	小计	男	女	小计	男	女	小计	男	女	小计	男	女
汕尾市	**76**	**31**	**44**	**712**	**414**	**298**	**43**	**24**	**19**	**3**	**1**	**3**
城区	24	9	15	48	27	21	15	6	9	3		3
海丰县	21	10	11	135	83	52	9	5	5	1	1	
陆河县	4	2	2	59	40	19	5	5				
陆丰市	26	10	16	471	265	206	13	8	5			
河源市	**255**	**95**	**160**	**1254**	**713**	**541**	**119**	**67**	**52**	**13**	**6**	**7**
源城区	96	30	67	68	40	28	67	36	31	5	2	3
紫金县	25	11	15	327	187	140	17	10	7			
龙川县	28	11	18	447	249	198	15	12	3	5	2	3
连平县	21	10	11	109	60	49	2	1	1	2	2	
和平县	18	8	10	199	123	75	9	5	4	1		1
东源县	65	25	40	104	55	50	9	3	6	1	1	
阳江市	**264**	**125**	**139**	**857**	**517**	**340**	**74**	**57**	**17**	**15**	**11**	**4**
江城区	37	10	26	77	42	35	5	2	3	2	2	
阳西县	87	46	41	291	169	122	32	28	4	7	7	1
阳东县	101	44	57	83	52	32	24	18	5	4	2	2
阳春市	39	25	14	406	254	152	14	9	5	2	1	1
清远市	**375**	**188**	**188**	**1567**	**834**	**733**	**195**	**91**	**104**	**29**	**15**	**14**
清城区	160	90	70	187	112	75	79	49	30	2		2
清新区	78	37	41	183	95	88	19	11	7	6	3	3
佛冈县	11	5	6	128	67	60	12	4	8	1		1
阳山县	38	17	21	148	82	66	10	4	6	2	1	2
连山壮族瑶族自治县	8	5	4	54	28	26	3	1	2			
连南瑶族自治县	15	6	9	52	30	22	6	2	4			
英德市	52	21	31	622	310	312	52	14	38	14	9	6
连州市	13	7	6	193	109	83	14	5	9	4	2	2
东莞市				**3546**	**2212**	**1334**	**7415**	**4188**	**3227**	**32**	**16**	**16**
中山市				**988**	**620**	**368**	**1889**	**1075**	**814**	**60**	**20**	**40**
潮州市	**116**	**58**	**58**	**583**	**310**	**273**	**109**	**57**	**52**	**7**	**5**	**3**
湘桥区	51	22	29	75	36	39	27	17	11	3	2	1
潮安区	56	30	26	160	87	74	62	31	31	4	3	2
饶平县	9	6	3	347	187	161	19	9	11			
揭阳市	**88**	**42**	**45**	**1431**	**806**	**625**	**152**	**112**	**40**	**2**	**1**	**1**
榕城区	11	3	8	220	126	94	87	76	10	2	1	1
揭东区	12	6	5	206	123	83	22	10	13			
揭西县	6	2	4	311	164	147	35	21	13			
惠来县	40	24	17	318	178	140	4	2	2			
普宁市	18	8	11	376	215	161	5	3	2			
云浮市	**191**	**90**	**101**	**757**	**429**	**327**	**110**	**61**	**49**	**15**	**6**	**9**
云城区	52	23	29	121	61	59	29	20	9	3	1	1
云安区	81	40	41	41	22	19	6	3	3	2	1	1
新兴县	24	10	14	148	82	67	32	24	8	3	1	1
郁南县	26	13	13	172	93	80	21	5	16	6	3	3
罗定市	8	5	3	274	172	102	22	9	13	2		2

12-11　全省按现住地和五年前常住地分的人口

单位：人

现住地	五年前常住地											
	合计	现住房	本县其他地区	本省其他县	省外							
					北京	天津	河北	山西	内蒙古	辽宁	吉林	黑龙江
全省	**2901416**	**2314823**	**171451**	**178118**	**1156**	**404**	**1298**	**1005**	**341**	**1058**	**1078**	**1532**
广州市	**363696**	**261603**	**24267**	**43778**	**205**	**71**	**230**	**185**	**65**	**258**	**177**	**310**
荔湾区	24936	19348	1712	2717	23	12	11	8	15	15	4	14
越秀区	31396	25529	1331	2989	26	2	17	7	4	16	9	22
海珠区	43684	30857	3218	5790	30	6	26	26	6	28	18	34
天河区	41842	25456	3266	8585	56	12	47	29	10	46	50	72
白云区	65005	42323	4702	10350	23	21	45	40	7	44	41	67
黄埔区	12914	8518	934	1836	11	4	12	6	6	11	1	13
番禺区	41738	28018	2860	4990	17	6	23	40	9	33	20	36
花都区	27193	22253	1839	1340	5	4	18	11	2	17	11	24
南沙区	17835	13547	711	1495	3	2	15	7	2	13	4	6
萝岗区	11161	6653	592	1832	7	1	9	8	1	26	11	12
从化区	16430	15140	856	285	1	1		1		3		1
增城区	29563	23960	2247	1568	3	2	7	3	3	6	6	10
韶关市	**77668**	**70852**	**3669**	**2402**	**4**	**2**	**9**	**5**	**1**	**6**	**5**	**3**
武江区	8269	6995	614	527			2	1		3	2	1
浈江区	10971	9781	292	703	2	1	5	4	1	1	1	
曲江区	8413	7202	725	390	1					1		
始兴县	5588	5091	367	96								
仁化县	5385	5078	118	120		1				1		
翁源县	8960	8648	144	140			1	1				1
乳源瑶族自治县	4854	4354	389	75								
新丰县	5690	5424	139	108	1							
乐昌市	10835	10138	523	113								
南雄市	8704	8141	358	129		1					2	1
深圳市	**306842**	**147408**	**32505**	**47032**	**566**	**130**	**459**	**371**	**146**	**476**	**422**	**725**
罗湖区	26369	15782	2278	4477	53	8	31	30	14	55	55	72
福田区	38856	23283	3343	5931	90	40	54	64	29	106	96	158
南山区	34715	23562	2384	3439	138	34	90	65	22	111	52	111
宝安区	132586	45820	17429	22000	200	31	205	147	55	136	139	273
龙岗区	68371	35656	6296	10209	79	15	72	60	21	62	73	98
盐田区	5946	3304	774	976	7	2	7	5	4	5	7	12
珠海市	**43765**	**31887**	**3359**	**4093**	**42**	**21**	**47**	**33**	**16**	**39**	**52**	**73**
香洲区	25328	18025	2297	2283	31	19	34	18	11	32	32	51
斗门区	11414	9398	580	735	8	1	5	3	1	2	5	6
金湾区	7023	4465	483	1076	2		8	12	4	4	14	16
汕头市	**148853**	**141418**	**3102**	**2936**	**8**	**1**	**6**	**3**		**7**	**2**	**15**
龙湖区	14831	13181	578	792	1		3			1		11
金平区	22535	20441	1010	806		1				4	1	1
濠江区	7290	6711	158	392			1	1				
潮阳区	44805	44222	237	259						1		
潮南区	35598	34287	476	496	5		3			1	1	1
澄海区	22116	20924	638	175	3			3				2
南澳县	1678	1653	4	17								
佛山市	**200481**	**137358**	**17905**	**19063**	**86**	**53**	**110**	**72**	**32**	**58**	**251**	**67**
禅城区	30141	20386	3663	3682	36	42	34	19	9	13	13	14
南海区	72826	48946	5742	7498	24	8	50	18	21	24	215	24
顺德区	68675	46361	6218	5725	24	3	24	31		15	19	25
三水区	17272	12753	941	1647	2		1	3	1	6	3	4
高明区	11567	8911	1341	511			1	1	1			

12-11 续表 1 单位：人

现住地	五年前常住地											
	省外											
	上海	江苏	浙江	安徽	福建	江西	山东	河南	湖北	湖南	广东	广西
全省	**1109**	**2214**	**2981**	**4388**	**5011**	**20088**	**1748**	**15655**	**24233**	**48555**		**45077**
广州市	**200**	**427**	**665**	**637**	**833**	**3044**	**356**	**2272**	**4306**	**8328**		**4720**
荔湾区	15	50	39	26	125	66	11	83	74	222		144
越秀区	8	21	55	39	33	79	28	127	127	331		246
海珠区	22	28	168	68	120	323	30	166	1257	594		302
天河区	32	62	72	102	140	407	72	356	587	1113		535
白云区	48	109	185	169	180	756	72	456	776	1977		1213
黄埔区	6	21	9	27	22	124	26	164	171	502		177
番禺区	38	78	75	92	123	656	39	306	586	1476		996
花都区	11	8	18	25	19	127	9	112	138	522		218
南沙区	2	17	13	31	22	121	13	200	177	513		354
萝岗区	11	19	16	31	23	104	46	224	234	559		265
从化区	1	2	3	2	1	18	2	9	24	30		27
增城区	5	13	13	25	25	262	8	70	155	488		244
韶关市	**7**	**9**	**17**	**14**	**17**	**76**	**9**	**40**	**43**	**304**		**64**
武江区	1		4	1	4	17	2	9	4	61		9
浈江区	1	5	1	1		13	4	11	8	88		17
曲江区		2	2	6	2	6	1	9	11	38		6
始兴县			1			6		1	5	13		4
仁化县	1	1	1	2	1	7		3	3	36		6
翁源县			1	1	3	6			1	1		8
乳源瑶族自治县			1	2		1		2	1	16		4
新丰县					2	1		2		4		1
乐昌市	1		2	2	3	1	1	1	5	36		4
南雄市	3	1	6	1	2	17	1	4	4	10		4
深圳市	**473**	**904**	**960**	**1777**	**1665**	**8219**	**742**	**5684**	**10463**	**15945**		**12161**
罗湖区	31	86	72	94	125	433	67	252	564	726		297
福田区	46	121	133	195	236	589	126	518	798	1051		443
南山区	60	132	79	179	126	507	159	371	823	951		358
宝安区	249	418	467	937	805	4956	282	3220	6168	9778		8693
龙岗区	76	132	202	343	353	1667	97	1234	1985	3219		2280
盐田区	11	16	7	29	18	68	12	90	124	219		90
珠海市	**36**	**65**	**64**	**97**	**80**	**244**	**58**	**328**	**323**	**824**		**682**
香洲区	21	40	40	78	58	162	44	177	210	488		349
斗门区	7	7	6	6	10	31	7	48	35	116		141
金湾区	8	18	18	13	12	51	7	103	77	220		192
汕头市	**7**	**11**	**28**	**48**	**215**	**273**	**12**	**155**	**74**	**76**		**53**
龙湖区	2	1	4	8	60	103	1	15	9	9		2
金平区	3	2	2	15	44	71	2	28	20	21		1
濠江区					2	5	2		3	1		2
潮阳区		2	11		12	1	4	9	1			2
潮南区	1	5	11	20	29	39		14	10	24		30
澄海区	1	1		3	67	53	4	89	30	21		16
南澳县				1								
佛山市	**81**	**164**	**272**	**257**	**455**	**1416**	**109**	**1031**	**1577**	**4561**		**8759**
禅城区	12	27	23	38	87	130	9	87	155	425		636
南海区	30	53	119	97	173	522	35	462	638	2098		3556
顺德区	29	69	112	101	160	660	56	356	596	1457		3774
三水区	6	10	17	10	28	75	4	96	128	414		552
高明区	4	4	1	11	7	28	5	30	60	167		241

12-11 续表 2

单位：人

现住地	五年前常住地											
	省外											港澳台或国外
	海南	重庆	四川	贵州	云南	西藏	陕西	甘肃	青海	宁夏	新疆	
全省	**2287**	**7646**	**20572**	**12438**	**7201**	**20**	**4283**	**1658**	**160**	**119**	**294**	**1414**
广州市	**413**	**860**	**2628**	**1047**	**603**	**9**	**437**	**159**	**31**	**29**	**65**	**476**
荔湾区	12	22	84	13	17	3	1	2	6		3	39
越秀区	29	30	58	17	17		16	8	4	8	3	160
海珠区	51	62	208	57	28	1	30	14	5	9	9	91
天河区	72	92	258	77	53	1	69	29	6	3	12	62
白云区	104	176	600	234	137		74	22	3	3	11	37
黄埔区	29	41	104	33	27		45	19	3	1		11
番禺区	57	183	492	272	103	3	59	24	4	2	15	6
花都区	14	50	165	113	39		12				9	62
南沙区	13	72	254	93	83		39	11			1	3
萝岗区	23	62	155	73	57		79	23	1	2	1	1
从化区	1	5	4	2	5	1	4			1		1
增城区	10	66	245	61	38		9	7				4
韶关市	**3**	**12**	**30**	**15**	**18**		**8**	**10**	**2**		**1**	**13**
武江区		1	5	1	1		1		1			4
浈江区	2	6	5	3	8		1	7			1	1
曲江区		1	4	1	2		1	1				3
始兴县	1		2				1					
仁化县				1	3							2
翁源县			2				1					1
乳源瑶族自治县		1	3	2			1					
新丰县			1	2								1
乐昌市		1	1	1	2							1
南雄市	1	1	6	4	2		4	2				
深圳市	**841**	**2338**	**5945**	**3184**	**1996**	**3**	**2018**	**929**	**61**	**41**	**142**	**110**
罗湖区	67	139	282	87	40	1	70	44	2	2	18	13
福田区	85	200	518	106	125		200	75	23	7	39	26
南山区	43	93	382	78	46	1	201	50	9	3	18	34
宝安区	497	1180	3558	2018	1219		1149	458	13	15	46	24
龙岗区	137	704	1148	878	551	1	377	293	14	13	18	8
盐田区	11	23	55	17	14		21	8		1	3	4
珠海市	**165**	**229**	**425**	**130**	**138**		**110**	**33**	**8**	**14**	**13**	**36**
香洲区	93	177	300	67	47		70	25	5	13	9	20
斗门区	57	24	66	31	34		22	6	1	1	1	14
金湾区	15	28	59	32	57		19	2	1		3	2
汕头市	**17**	**23**	**211**	**87**	**25**		**10**	**2**			**5**	**21**
龙湖区	1	2	20	14	2			1			2	8
金平区	4	13	13	13	9		1				1	9
濠江区	1		2				6					1
潮阳区	6		33		2							1
潮南区		5	108	28	4							1
澄海区	6	3	33	30	8		4	1			1	2
南澳县				2								
佛山市	**153**	**799**	**3125**	**1676**	**610**		**223**	**58**	**13**	**5**	**7**	**75**
禅城区	15	96	305	101	23		18	7	2	3	1	27
南海区	77	294	1001	687	273		92	23	9	2		15
顺德区	38	298	1628	569	194		85	19			6	22
三水区	17	59	112	264	75		27	6	2			10
高明区	5	51	80	55	45		1	3				1

12-11 续表 3

单位：人

现住地	五年前常住地											
	合计	现住房	本县其他地区	本省其他县	省外							
					北京	天津	河北	山西	内蒙古	辽宁	吉林	黑龙江
江门市	**121355**	**106513**	**5657**	**3620**	**9**	**6**	**22**	**18**	**4**	**14**	**7**	**13**
蓬江区	19816	15489	1247	1528	9	3	6	7		5	3	5
江海区	7005	5365	325	683		1	1	3	2	1	2	3
新会区	23125	19678	1814	402			1	4		3	1	
台山市	25202	23824	705	185			2			3		2
开平市	19066	17589	711	412		1	11	2	1			
鹤山市	13623	11815	666	296		1	1	2	2	3	1	4
恩平市	13519	12753	189	113				1				
湛江市	**190792**	**181468**	**5055**	**3557**	**4**	**3**	**10**	**11**	**2**	**5**	**2**	**6**
赤坎区	8412	7051	419	842	1	1	4	5	1	1		2
霞山区	13527	10860	1111	1284	1	1				3	1	3
坡头区	9120	8885	131	88					1			
麻章区	13430	12991	114	245	1	2	3	5		1	1	1
遂溪县	24224	23484	495	232	1							
徐闻县	18994	18470	414	91					1			
廉江市	38864	37710	735	323			1					
雷州市	38856	37074	1420	318			1					
吴川市	25365	24942	215	133								
茂名市	**158888**	**152032**	**4495**	**1980**	**7**	**5**	**13**	**11**		**2**		**7**
茂南区	22568	20396	1368	613	3	2	5	9				2
电白区	43276	42410	605	205	4	1	5			1		3
高州市	35449	33670	1000	703			2			1		
化州市	32508	31038	1203	243		2	2	2				2
信宜市	25086	24518	319	215								
肇庆市	**107960**	**101236**	**3047**	**2398**	**11**	**3**	**1**	**3**	**1**	**2**	**1**	**10**
端州区	13243	11478	726	810	4			1	1			8
鼎湖区	4582	4120	163	223								1
广宁县	11549	11288	119	133	2	1						
怀集县	22025	21548	279	185	1							
封开县	10894	10713	84	86	1							
德庆县	9303	9138	81	67				1				
高要市	20969	20126	550	222	1	1						
四会市	15395	12825	1044	673	2	1	1	1		2	1	1
惠州市	**126017**	**94957**	**10337**	**9090**	**39**	**18**	**59**	**59**	**16**	**57**	**32**	**67**
惠城区	43410	28124	5590	4736	31	8	36	21	9	30	14	30
惠阳区	21426	14441	944	2291	3	8	11	17	5	23	15	27
博罗县	28470	23715	1109	1394	1		7	2				7
惠东县	24588	21633	1981	446		1	5		2	3	3	2
龙门县	8123	7044	712	223	3	1		19				1
梅州市	**114961**	**109097**	**3253**	**2370**	**1**		**2**	**1**				**2**
梅江区	11301	10255	389	587			1					1
梅县区	14413	13718	318	350				1				
大埔县	10100	9567	357	163								
丰顺县	12976	12599	185	167			1					
五华县	28110	26510	1149	441								
平远县	6244	5768	274	170	1							
蕉岭县	5562	5148	262	128								
兴宁市	26255	25532	319	363								1

12-11 续表 4 单位：人

现住地	五年前常住地											
	省外											
	上海	江苏	浙江	安徽	福建	江西	山东	河南	湖北	湖南	广东	广西
江门市	**10**	**22**	**58**	**64**	**64**	**269**	**32**	**275**	**228**	**739**		**1604**
蓬江区	2	7	9	25	24	77	13	100	66	213		486
江海区	2	2	7	8	9	22	2	25	38	95		162
新会区	5	11	16	15	7	102	6	43	54	212		351
台山市			3	4	3	5	1	43	14	53		68
开平市		1	5	3	10	19	4	11	9	22		117
鹤山市	2	2	2	6	11	39	5	38	43	124		310
恩平市			16	1		5	1	15	3	21		111
湛江市	**18**	**9**	**16**	**16**	**14**	**21**	**10**	**35**	**35**	**60**		**206**
赤坎区	1	2	4	3	1	2	2	5	8	6		12
霞山区	6	1	10	6	4	6	2	18	15	37		36
坡头区	1			2		1		1	1	3		2
麻章区	8	3	1	5	1	6	1	8	3	4		6
遂溪县									1	1		7
徐闻县		1				4		1		1		8
廉江市	2			1	7	2	2		5	5		60
雷州市		1	1				3	1	1	3		18
吴川市						1		1	1			57
茂名市	**5**	**2**	**6**	**6**	**8**	**15**	**4**	**16**	**11**	**24**		**125**
茂南区	2	1	3	5	4	4	2	12	11	12		53
电白区					1	4	2			2		13
高州市	4		1		2	4		2		7		38
化州市			2	1				2		1		9
信宜市		2			1	2				2		12
肇庆市	**6**	**16**	**12**	**22**	**123**	**30**	**4**	**87**	**71**	**212**		**266**
端州区	1	1	1	2	4	14	1	4	12	31		34
鼎湖区				1		2		2	1	11		40
广宁县									1			4
怀集县								1		3		5
封开县								3	1	1		5
德庆县									1	4		7
高要市					5	1		3	3	10		18
四会市	4	14	12	18	113	13	3	73	52	154		153
惠州市	**53**	**119**	**136**	**286**	**278**	**862**	**83**	**1023**	**1302**	**2180**		**1235**
惠城区	31	71	77	123	131	359	41	419	614	873		412
惠阳区	6	39	31	103	78	291	23	392	352	672		470
博罗县	9	5	10	26	45	151	16	191	284	503		303
惠东县	5	2	15	27	10	52	2	19	48	101		38
龙门县	2	1	2	7	15	9	1	3	4	31		12
梅州市	**5**	**4**	**5**	**8**	**21**	**76**	**4**	**4**	**19**	**21**		**24**
梅江区		1	3		2	31	1	1	5	8		5
梅县区	2				2	12		1	2	1		1
大埔县			1		7	1						1
丰顺县				3	2	6	1		1	2		2
五华县									6	1		2
平远县	1					14	2		1	1		4
蕉岭县	1	1		1	8	4		2				2
兴宁市	1	2	1	4		8		1	4	7		7

12-11 续表 5

单位：人

现住地	五年前常住地											
	省外											港澳台或国外
	海南	重庆	四川	贵州	云南	西藏	陕西	甘肃	青海	宁夏	新疆	
江门市	**36**	**217**	**515**	**461**	**278**	**2**	**52**	**11**	**5**	**1**	**9**	**521**
蓬江区	12	63	169	153	48	2	26	4	2		2	12
江海区	3	31	100	74	22		9	3	4	1	1	2
新会区	10	45	100	124	79		5	1			1	38
台山市	1	29	51	33	22						2	150
开平市	3	22	23	19	10			2			3	55
鹤山市	6	24	65	53	64		9	2				27
恩平市		3	8	5	33		2					237
湛江市	**32**	**23**	**57**	**53**	**52**		**5**	**3**				**5**
赤坎区	4	6	12	6	5		1	2				3
霞山区	6	13	30	26	46		1					1
坡头区	2			1	1							1
麻章区	1	2	8	6	1		2	1				
遂溪县	3		1									
徐闻县	3						1					
廉江市	4	1		5								
雷州市	7		1	5								
吴川市	3		5	5								1
茂名市	**45**	**3**	**26**	**17**	**14**		**1**	**1**			**2**	**4**
茂南区	13	2	22	14	7			1				2
电白区	16	1			2							
高州市	3		4	2	3						2	2
化州市	2						1					
信宜市	11			2	3							1
肇庆市	**8**	**70**	**114**	**112**	**53**	**1**	**11**	**2**			**2**	**25**
端州区	4	7	45	41	1	1	3				1	7
鼎湖区	1	3	4	7	1							
广宁县							1					1
怀集县	1						1	1				
封开县				1								
德庆县			1				1					2
高要市		2	7	4								15
四会市	3	58	57	59	51	1	6	1				1
惠州市	**103**	**649**	**1114**	**815**	**668**	**2**	**245**	**97**	**11**	**4**	**7**	**13**
惠城区	67	357	481	282	274	1	105	40	10	4	5	3
惠阳区	23	157	349	296	210	1	95	41	1		2	6
博罗县	9	110	201	166	161		34	11				
惠东县	3	20	67	61	21		11	5				3
龙门县		5	15	10	2			1				1
梅州市	**4**	**3**	**17**	**5**	**4**		**2**				**1**	**10**
梅江区	1		4	1	2		1					3
梅县区		1	2	1								3
大埔县	1		1	1								1
丰顺县	1	1	6									2
五华县			1									
平远县		1	2	2								
蕉岭县					2							2
兴宁市	1		2				1				1	

12-11 续表 6

单位：人

现住地	五年前常住地											
	合 计	现住房	本 县其他地区	本 省其他县	省 外							
					北 京	天 津	河 北	山 西	内蒙古	辽 宁	吉 林	黑龙江
汕尾市	**81226**	**78245**	**1893**	**710**			**1**	**2**				
城区	13479	12664	526	150				2				
海丰县	21833	20396	1059	202			1					
陆河县	7836	7646	164	23								
陆丰市	38077	37539	144	335								
河源市	**81038**	**74916**	**2808**	**2486**	**9**	**3**	**5**	**1**	**1**	**1**	**1**	**4**
源城区	12966	10367	705	1327		1	4	1			1	4
紫金县	17540	16569	638	284	2	3						
龙川县	18820	17704	577	450	1		1	1	1	1		1
连平县	9339	8869	403	57								
和平县	10198	9575	383	211								
东源县	12175	11831	102	156	6							
阳江市	**66689**	**62742**	**2213**	**1278**	**2**	**1**	**5**	**1**	**1**	**2**	**2**	**1**
江城区	19117	18055	549	353								1
阳西县	12325	11718	317	237	1							
阳东县	12302	11285	460	355	1	1	5	1	1	2		
阳春市	22945	21684	888	333							2	
清远市	**100093**	**88679**	**6605**	**3503**	**9**	**3**	**18**	**10**	**11**	**1**	**7**	**4**
清城区	22126	17755	2109	1666	7		11	3	10	1	1	4
清新区	19072	17497	1009	477				2				
佛冈县	8233	7562	463	164							1	
阳山县	9506	9020	325	134	2							
连山壮族瑶族自治县	2445	2208	174	48								
连南瑶族自治县	3422	3137	195	72								
英德市	25464	22585	1801	653		2	5	4	2		4	
连州市	9825	8916	530	290	1		1	2			2	
东莞市	**226517**	**127546**	**28062**	**19250**	**110**	**59**	**225**	**139**	**33**	**84**	**99**	**156**
中山市	**86524**	**57710**	**8992**	**5647**	**42**	**23**	**68**	**69**	**11**	**45**	**16**	**67**
潮州市	**70998**	**68113**	**1093**	**1036**	**2**	**1**	**2**	**5**	**1**			**1**
湘桥区	15727	14017	717	636	2	1	2	5				1
潮安区	31889	31135	184	188				1	1			
饶平县	23382	22961	192	212								
揭阳市	**163005**	**160345**	**1252**	**856**				**2**				
榕城区	26535	25881	371	159								
揭东区	26121	25710	128	116				2				
揭西县	22988	22591	215	158								
惠来县	30360	30151	104	103								
普宁市	57001	56013	435	319								
云浮市	**64050**	**60698**	**1880**	**1033**	**1**	**1**	**7**	**2**		**1**	**1**	**1**
云城区	9670	8588	570	371			6	1		1		1
云安区	7207	6985	80	115								
新兴县	11934	11145	425	177			1					
郁南县	10457	9824	402	188	1	1		1			1	
罗定市	24782	24157	404	182								

12-11 续表 7 单位：人

现住地	五年前常住地											
	省外											
	上海	江苏	浙江	安徽	福建	江西	山东	河南	湖北	湖南	广东	广西
汕尾市		**1**	**3**	**13**	**17**	**14**	**1**	**17**	**21**	**41**		**39**
城区				1	9	1		6	8	10		9
海丰县		1	3	10	7	9	1	2	9	20		29
陆河县									1			1
陆丰市				2	1	4		9	2	10		
河源市	**5**	**3**	**7**	**17**	**18**	**112**	**2**	**67**	**63**	**150**		**98**
源城区	1	1	1	9	12	67	1	42	53	106		64
紫金县	2	1				23		8		5		1
龙川县		1	2	6	4	8		15	5	21		6
连平县									1	3		2
和平县	1			1	1	8		1		3		6
东源县	1		4	1	1	4	1	1	4	13		18
阳江市	**2**	**15**	**8**	**5**	**16**	**17**	**11**	**19**	**7**	**76**		**115**
江城区	2	1	5		14		2	4	2	36		27
阳西县		10			1	1	6	6		5		9
阳东县		2	3	5	1	13	3	8	5	27		62
阳春市		2			1	3		1		8		17
清远市	**4**	**6**	**16**	**25**	**34**	**107**	**10**	**59**	**66**	**450**		**195**
清城区	1	2	5	13	11	57	6	32	33	207		72
清新区			2		3	3		3	2	25		16
佛冈县	1	1	2	1	1	1		2	3	19		7
阳山县	1	2	1	2	1	3				5		9
连山壮族瑶族自治县										7		6
连南瑶族自治县						1				9		4
英德市		1	5	8	15	38	1	19	21	137		71
连州市	2	1	1	2	4	3	3	4	5	42		11
东莞市	**154**	**330**	**533**	**884**	**849**	**3911**	**237**	**3817**	**4514**	**11588**		**10422**
中山市	**33**	**106**	**152**	**129**	**209**	**999**	**57**	**664**	**1068**	**2785**		**4048**
潮州市			**10**	**50**	**67**	**175**	**2**	**17**	**17**	**99**		**36**
湘桥区			4	18	25	57	1	9	14	32		15
潮安区			3	31	41	117	1	8	4	62		19
饶平县			3	2	1	1				4		1
揭阳市	**8**	**2**	**9**	**30**	**20**	**196**		**15**	**11**	**50**		**29**
榕城区	1				1	93		2	3	2		6
揭东区			6	6	7	57		3	2	28		11
揭西县	7			1				4		6		3
惠来县										1		1
普宁市		2	3	23	12	47		6	6	14		8
云浮市	**3**	**2**	**5**	**2**	**8**	**13**	**7**	**28**	**13**	**43**		**196**
云城区			4		4	8	7	8	6	14		47
云安区	1				1			1		4		11
新兴县	1		1	1	1	5		11	5	19		91
郁南县				1	1			1	1	3		30
罗定市	2	2			1			7	1	3		17

12-11　续表 8　　　　单位：人

现住地	五年前常住地											
	省外											港澳台或国外
	海南	重庆	四川	贵州	云南	西藏	陕西	甘肃	青海	宁夏	新疆	
汕尾市	**3**	**50**	**94**	**22**	**33**		**2**			**1**		**3**
城区		19	65	1	2		2			1		3
海丰县	1	31	27	20	5							1
陆河县												
陆丰市	2		1	1	26							
河源市	**8**	**24**	**123**	**54**	**26**		**14**	**7**		**1**	**2**	**4**
源城区	2	16	107	38	19		11	3		1	1	3
紫金县	3	1	1	1								
龙川县	2		6	1			2	4			1	
连平县			2									1
和平县	1		4	1			1					
东源县	1	7	3	13	7							1
阳江市	**16**	**21**	**24**	**38**	**24**		**14**	**3**	**2**			**7**
江城区	15	17	8	7	19							2
阳西县				10	4							1
阳东县	1	4	15	19	1		14	3	2			3
阳春市	1	1	1	2								1
清远市	**15**	**38**	**87**	**67**	**21**		**23**	**4**			**4**	**12**
清城区	7	10	38	35	13		13	4			4	
清新区		1	11	12	4		2					1
佛冈县			5	2			1				1	
阳山县	2			1	1							1
连山壮族瑶族自治县												
连南瑶族自治县			2									
英德市	4	26	29	16	3		7					9
连州市	2	1	1	2			1					1
东莞市	**336**	**1761**	**4173**	**3670**	**2235**	**2**	**970**	**279**	**14**	**16**	**30**	**27**
中山市	**70**	**445**	**1651**	**805**	**370**		**129**	**49**	**13**	**8**	**5**	**39**
潮州市	**3**	**33**	**77**	**137**	**6**		**2**	**8**				**6**
湘桥区		24	49	84	5		2	8				2
潮安区	2	10	26	51	2							3
饶平县	1		1	2								
揭阳市	**9**	**31**	**112**	**17**	**4**		**4**	**2**				
榕城区	5	1	6	4								
揭东区	1	6	19	10	3		4					
揭西县			2		1							
惠来县				1								
普宁市	3	24	85	2				2				
云浮市	**6**	**17**	**26**	**28**	**20**		**1**	**3**				**4**
云城区	3	3	16	6	3		1	3				
云安区			1	8								1
新兴县	3	11	8	11	15		1					1
郁南县				1								2
罗定市		3	2	2	2							

附录

国务院办公厅关于开展2015年全国1%人口抽样调查的通知

国办发〔2014〕33号

各省、自治区、直辖市人民政府，国务院各部委、各直属机构：

根据《全国人口普查条例》的规定，国务院决定于2015年开展全国1%人口抽样调查。现将有关事项通知如下：

一、调查目的

了解2010年以来我国人口在数量、素质、结构、分布以及居住等方面的变化情况，为制定国民经济和社会发展规划提供科学准确的统计信息支持。

二、对象和范围

在我国境内抽取约6万个调查小区，调查对象为小区内的全部人口（不包括港澳台居民和外国人），共约1400万人。

三、内容和时间

调查内容为人口和住户的基本情况，主要包括姓名、性别、年龄、民族、受教育程度、行业、职业、迁移流动、社会保障、婚姻、生育、死亡、住房情况等。调查时点为2015年11月1日零时。

四、组织和实施

按照“统一领导、分工协作、分级负责、共同参与”的原则，做好调查的组织和实施工作。

为加强领导和协调，由统计局会同有关部门成立2015年全国1%人口抽样调查工作协调小组（以下简称协调小组）。协调小组办公室设在统计局，负责调查的组织实施和日常工作，督促落实协调小组议定事项。发展改革部门负责做好调查方案与国民经济和社会发展总体规划及有关专项规划编制实施的衔接；公安部门负责提供各级户籍人口、流动人口等资料并协助做好现场登记；宣传部门负责做好新闻宣传，以及新闻媒体的组织协调。其他部门按照职能分工，认真做好相关工作。

县级以上地方各级人民政府要切实加强组织领导，建立相应机构，确保调查任务顺利完成。

五、经费保障

2015年全国1%人口抽样调查所需经费，按照分级负担原则，由中央和地方各级人民政府共同负担，并列入相应年度的财政预算，按时拨付、确保到位。

六、工作要求

坚持依法调查。要严格执行《中华人民共和国统计法》和《全国人口普查条例》的有关规定。调查取得的数据，严格限定用于调查目的，不得作为任何部门和单位对各级行政管理工作实施考核、奖惩的依据，不得作为对调查对象实施处罚的依据；各级调查机构及其工作人员，必须严格履行保密义务。

做好宣传引导。要通过报刊、广播、电视和网络等方式，广泛深入宣传调查的重要意义和工作要求，引导广大调查对象依法配合调查，如实申报调查项目，为调查工作顺利实施创造良好舆论环境。

附件：2015年全国1%人口抽样调查工作协调小组组成人员名单

国务院办公厅
2014年6月23日
（此件公开发布）

附件

2015年全国1%人口抽样调查工作协调小组组成人员名单

组　长：马建堂　　统计局局长

副组长：朱之鑫　　发展改革委副主任

　　　　黄　明　　公安部副部长

　　　　孙志刚　　卫生计生委副主任

成　员：蔡名照　　中央宣传部副部长、新闻办主任

　　　　鲁　昕　　教育部副部长

　　　　罗黎明　　国家民委副主任

　　　　宫蒲光　　民政部副部长

　　　　刘红薇　　财政部部长助理

　　　　杨志明　　人力资源社会保障部副部长

　　　　齐　骥　　住房城乡建设部副部长

　　　　孙鸿志　　工商总局副局长

　　　　田　进　　新闻出版广电总局副局长

　　　　张为民　　统计局副局长

协调小组办公室主任由统计局副局长张为民兼任。

广东省人民政府办公厅转发国务院办公厅关于开展 2015 年全国 1%人口抽样调查的通知

粤府办〔2014〕47 号

各地级以上市人民政府，各县（市、区）人民政府，省政府各部门、各直属机构：

经省人民政府同意，现将《国务院办公厅关于开展 2015 年全国 1%人口抽样调查的通知》（国办发〔2014〕33 号）转发给你们，请认真抓好贯彻落实。

人口资料是最基本的国情、省情资料，开展人口抽样调查对制定社会经济发展规划及相关政策具有重要意义。各地各有关部门要按照国家的统一部署，认真做好各项准备工作，广泛开展社会动员，切实做好调查员的选调和培训，确保调查质量。省统计局会同有关部门成立我省 2015 年全国 1%人口抽样调查工作协调小组，负责此次调查的组织协调工作；县级以上政府也要建立相应调查协调机制，明确职责分工，加强协调配合，及时研究解决调查工作中遇到的问题，确保调查任务顺利完成。开展调查所需经费按照分级负责原则，由中央、省和省以下各级政府共同负担，列入相应年度的财政预算，按时拨付使用。

附件：广东省 2015 年全国 1%人口抽样调查工作协调小组组成人员名单

广东省人民政府办公厅

2014 年 9 月 15 日

附件

广东省2015年全国1%人口抽样调查工作协调小组组成人员名单

组　长：幸晓维　　省统计局局长

副组长：张力军　　省发展改革委巡视员

　　　　彭　会　　省公安厅副厅长

　　　　江效东　　省卫生计生委副主任

成　员：郑广宁　　省委宣传部副部长

　　　　魏中林　　省教育厅副厅长

　　　　李秀英　　省民族宗教委纪检组长

　　　　王长胜　　省民政厅副厅长

　　　　叶梅芬　　省财政厅副厅长

　　　　郑朝阳　　省人力资源社会保障厅副厅长

　　　　陈英松　　省住房城乡建筑厅副厅长

　　　　黄伟平　　省工商局副局长

　　　　钱永红　　省新闻出版广电局副局长

　　　　叶建新　　省统计局副巡视员

协调小组办公室主任由省统计局副巡视员叶建新兼任。

关于扩大我省 2015 年全国 1%人口抽样调查抽样比例的通知

粤统字〔2014〕61号

各市、县、区统计局：

根据《广东省人民政府办公厅转发国务院办公厅关于开展 2015 年全国 1%人口抽样调查的通知》（粤府办〔2014〕47 号）精神，为使全国 1%人口抽样调查结果对各县（市、区）具有代表性，满足各级政府、部门和社会各界对市、县一级人口数据的需求，决定将我省 2015 年全国 1%人口抽样调查的样本量扩大到 3%。现就有关事项通知如下：

一、调查样本量将在国家下达的约占常住人口的 1%的基础上扩大到 3%约 320 万人。全省调查样本将采用二阶段、分层、概率比例、整群抽样的方法，以不等抽样比例分配到各县（市、区），以此增强县一级单位的代表性。按照上述方法，全省拟抽取约 5000 个村（居）委会、社区，20000 多个调查小区。按原则上 50 个住房单元划分一个调查小区（常住人口大约 160 人左右）计算，届时全省常住人口样本量将达到 320 万人（各地常住人口样本量见附件）。

二、此次人口抽样调查对象与 2010 年人口普查基本一致。2015 年全国 1%人口抽样调查仍以现有人口+本户户籍外出人口作为调查对象，不调查港、澳、台及外籍人员。由于调查对象不仅包含常住人口，也包括部分非常住人口，因此全省实际登记人数将远超 320 万人。各地要参照 2010 年人口普查资料，认真做好实际登记工作量的测算工作。

三、现场登记方式有所改变。2015 年全国 1%人口抽样调查工作流程基本上沿用 2010 年人口普查时的方法（包括调查区域划分、绘制调查小区地图和编制调查小区户主姓名底册等），但现场登记方式改为调查员手持电子终端设备（PDA）入户登记与互联网自主填报相结合。由于调查登记方式的改变，这次调查工作增加了电子终端设备（PDA）成本。此外，随着调查小区规模缩小，调查人员数量也明显增加，调查组织难度与以往相比有所增大。各级统计局要切实加强领导、精心组织，尽快向当地政府汇报有关情况，妥善做好人员与经费保障工作，确保我省 2015 年全国 1%人口抽样调查工作顺利开展。

四、关于此次人口抽样调查的规范表述。为了统一和规范，我省扩大调查样本比例后对外仍将统一使用全国规范表述，即“广东省 2015 年全国 1%人口抽样调查”。

附件：广东省 2015 年全国 1%人口抽样调查常住人口样本量

广东省统计局

2014 年 10 月 31 日

附件

广东省2015年全国1%人口抽样调查常住人口样本量

地　区	拟抽取的调查小区个数	按每个小区 160 人计算的常住人口样本量(人)
全省合计	**20392**	**3262720**
广州市	**2338**	**374080**
荔湾区	182	29120
越秀区	206	32960
海珠区	243	38880
天河区	235	37600
白云区	291	46560
黄埔区	133	21280
番禺区	232	37120
花都区	190	30400
南沙区	154	24640
萝岗区	122	19520
增城区	198	31680
从化区	150	24000
韶关市	**1027**	**164320**
武江区	107	17120
浈江区	122	19520
曲江区	107	17120
始兴县	88	14080
仁化县	88	14080
翁源县	112	17920
乳源县	82	13120
新丰县	88	14080
乐昌市	123	19680
南雄市	110	17600
深圳市	**1421**	**227360**
罗湖区	187	29920
福田区	224	35840
南山区	205	32800
宝安区	416	66560
龙岗区	299	47840
盐田区	90	14400
珠海市	**408**	**65280**
香洲区	186	29760

续表

地　区	拟抽取的调查小区个数	按每个小区 160 人计算的常住人口样本量(人)
斗门区	125	20000
金湾区	98	15680
汕头市	**1110**	**177600**
龙湖区	142	22720
金平区	176	28160
濠江区	101	16160
潮阳区	248	39680
潮南区	221	35360
澄海区	174	27840
南澳县	48	7680
佛山市	**1102**	**176320**
禅城区	203	32480
南海区	314	50240
顺德区	306	48960
三水区	154	24640
高明区	126	20160
江门市	**1064**	**170240**
蓬江区	165	26400
江海区	98	15680
新会区	179	28640
台山市	189	30240
开平市	162	25920
鹤山市	136	21760
恩平市	136	21760
湛江市	**1498**	**239680**
赤坎区	107	17120
霞山区	136	21760
坡头区	114	18240
麻章区	136	21760
遂溪县	184	29440
徐闻县	163	26080
廉江市	235	37600
雷州市	234	37440
吴川市	189	30240
茂名市	**1144**	**183040**
茂南区	178	28480
茂港区	123	19680

续表

地　区	拟抽取的调查小区个数	按每个小区 160 人计算的常住人口样本量(人)
电白县	216	34560
高州市	224	35840
化州市	214	34240
信宜市	189	30240
肇庆市	**1072**	**171520**
端州区	136	21760
鼎湖区	80	12800
广宁县	128	20480
怀集县	176	28160
封开县	123	19680
德庆县	114	18240
高要市	170	27200
四会市	146	23360
惠州市	**910**	**145600**
惠城区	246	39360
惠阳区	171	27360
博罗县	198	31680
惠东县	186	29760
龙门县	109	17440
梅州市	**1091**	**174560**
梅江区	125	20000
梅　县	141	22560
大埔县	118	18880
丰顺县	134	21440
五华县	200	32000
平远县	93	14880
蕉岭县	88	14080
兴宁市	192	30720
汕尾市	**641**	**102560**
市城区	136	21760
海丰县	174	27840
陆丰市	229	36640
陆河县	102	16320
河源市	**818**	**130880**
源城区	134	21440
紫金县	157	25120
龙川县	163	26080

续表

地　区	拟抽取的调查小区个数	按每个小区 160 人计算的常住人口样本量(人)
连平县	114	18240
和平县	120	19200
东源县	130	20800
阳江市	**602**	**96320**
江城区	162	25920
阳东县	130	20800
阳西县	131	20960
阳春市	179	28640
清远市	**1002**	**160320**
清城区	176	28160
佛冈县	107	17120
清新区	163	26080
阳山县	117	18720
连山县	59	9440
连南县	70	11200
英德市	190	30400
连州市	118	18880
东莞市	**557**	**89120**
东莞市	557	89120
中山市	**344**	**55040**
中山市	344	55040
潮州市	**546**	**87360**
湘桥区	150	24000
潮安县	213	34080
饶平县	182	29120
揭阳市	**1043**	**166880**
榕城区	190	30400
揭东县	190	30400
揭西县	178	28480
惠来县	205	32800
普宁市	280	44800
云浮市	**654**	**104640**
云城区	110	17600
新兴县	128	20480
郁南县	122	19520
云安区	102	16320
罗定市	192	30720

2015年全国1%人口抽样调查方案

根据《国务院办公厅关于开展2015年全国1%人口抽样调查的通知》（国办发〔2014〕33号）和《全国人口普查条例》（中华人民共和国国务院令第576号），制定2015年全国1%人口抽样调查方案。

一、调查目的和组织实施

（一）2015年全国1%人口抽样调查的目的是了解2010年以来我国人口在数量、素质、结构、分布以及居住等方面的变化情况，为制定国民经济和社会发展规划提供科学准确的统计信息支持。

（二）调查工作按照“统一领导、分工协作、分级负责、共同参与”的原则组织实施。

国家和县以上地方各级人民政府成立2015年全国1%人口抽样调查工作领导机构及其办公室，被抽中的乡、镇和街道办事处成立1%人口抽样调查办公室，领导和组织实施全国和本地区的1%人口抽样调查工作。

2015年全国1%人口抽样调查领导机构各成员单位要按照各自职能分工，认真做好相关工作。

（三）2015年全国1%人口抽样调查所需经费，按照分级负担原则，由中央和地方各级人民政府共同负担，并列入相应年度的财政预算，按时拨付、确保到位。

（四）各级调查机构及其工作人员要坚持依法调查。严格执行《中华人民共和国统计法》和《全国人口普查条例》的有关规定。调查取得的数据，严格限定用于调查目的，不得作为任何部门和单位对各级行政管理工作实施考核、奖惩的依据，不得作为对调查对象实施处罚的依据。

（五）各级宣传部门和调查机构应采取多种方式，积极做好1%人口抽样调查的宣传工作，为1%人口抽样调查工作的开展营造良好的社会氛围。

（六）各级1%人口抽样调查领导机构对本行政区域的调查数据质量负责，确保调查数据真实、准确、完整、及时。

二、调查标准时点、对象、内容和方式

（七）调查的标准时点为2015年11月1日零时。

（八）调查对象为抽中调查小区内的全部人口（不包括港澳台居民和外国人）。

应在抽中调查小区内登记的人包括：2015年10月31日晚居住在本调查小区的人；户口在本调查小区，2015年10月31日晚未居住在本调查小区的人。

中国人民解放军现役军人由军队领导机关统一进行调查。

（九）调查内容主要包括姓名、性别、年龄、民族、受教育程度、行业、职业、迁移流动、社会保障、婚姻、生育、死亡、住房情况等。

（十）调查以户为单位进行登记，户分为家庭户和集体户。

（十一）调查采用调查员手持电子终端设备（PDA）入户登记与互联网自主填报相结合的方式。

住户可以选择由调查员手持电子终端设备（PDA）入户登记的方式，也可以选择在互联网上填写调查表直接上报的方式。

（十二）调查表分为《2015年全国1%人口抽样调查表》、《2015年全国1%人口抽样调查死亡人口调查表》。

三、抽样方法、调查小区划分和绘图

（十三）全国调查的样本量约占全国总人口的1%左右。调查以全国为总体，各地级市为子总体，采取分层、二阶段、概率比例、整群抽样方法，其中群即最终样本单位为调查小区。

（十四）二阶段抽样的方法为：第一阶段抽取村级单位，第二阶段抽取调查小区。在第一阶段抽样时，抽取方法为分层、概率比例抽样。

样本的抽取由全国1%人口抽样调查办公室负责实施。

（十五）调查小区的划分、编码和绘图。2015年全国1%人口抽样调查小区规模划分原则为80个住房单元，常住人口大约250人左右。在划分调查小区的同时，绘制抽中村级单位内调查小区分布图、并给调查小区升序编码，绘制抽中调查小区内所有建筑物的分布图。

四、调查的宣传、试点和物资准备

（十六）各级宣传部门和调查机构要组织协调新闻媒体，通过报刊、广播、电视、互联网、新媒体和户外广告等多种渠道，宣传调查的重大意义、政策规定和工作要求，积极营造良好的调查氛围。

（十七）全国1%人口抽样调查办公室负责组织国家级试点。省级1%人口抽样调查办公室负责组织本地区的试点。

（十八）调查所需的物资由各级1%人口抽样调查办公室根据所承担的工作任务负责准备。

五、调查指导员和调查员的借调、招聘和培训

（十九）每个调查小区至少配备一名调查员，每个被抽中的乡、镇、街道至少配备一名调查指导员。

（二十）调查指导员和调查员应当由具有初中以上文化水平、身体健康、经培训能够使用手持电子终端设备（PDA），工作认真负责、能够胜任调查工作的人员担任。

（二十一）调查指导员和调查员的借调、招聘工作由县级1%人口抽样调查领导机构负责。

（二十二）调查指导员和调查员可以从党政机关、社会团体、企业事业单位借调，也可以从村民委员会、居民委员会或者社会招聘。

（二十三）培训工作分级进行。全国1%人口抽样调查办公室负责对省级1%人口抽样调查办公室的业务骨干进行培训；省级1%人口抽样调查办公室负责对市、县级1%人口抽样调查办公室的业务骨干进行培训；市、县级1%人口抽样调查办公室共同负责培训调查指导员和调查员。

培训工作应于2015年10月15日前完成。

六、调查摸底、登记

（二十四）调查登记以前，调查员和调查指导员要对调查小区的人口状况进行摸底工作，明确调查登记的范围、绘制调查小区图、编制调查小区户主姓名底册。

摸底工作应于2015年10月31日前完成。

（二十五）现场登记工作从2015年11月1日开始，采用调查员手持PDA入户询问、现场填报，或由住户通过互联网自主填报的方式进行。

对完成PDA登记的住户，调查指导员应及时组织调查员进行复查，经核实无误后上报。

选择互联网填报的住户应于2015年11月7日前完成调查表的填写和提交。对在规定时间内没有完成的住户，调查员将再次入户使用PDA进行登记。

全部登记工作应于11月15日前完成。

七、事后质量抽查

（二十六）登记工作完成后进行事后质量抽查。全国1%人口抽样调查办公室负责事后质量抽查样本的抽取，省级1%人口抽样调查办公室负责事后质量抽查工作的组织实施。

（二十七）事后质量抽查工作应于2015年11月25日以前完成。

（二十八）事后质量抽查结果只作为评价全国调查数据质量的依据。

八、调查数据的汇总、发布和管理

（二十九）登记工作结束后，县级1%人口抽样调查办公室负责组织调查表的行业和职业编码。编码前应对编码人员进行严格培训。

编码工作应于2015年11月20日以前完成。

（三十）调查数据的处理工作由1%人口抽样调查办公室负责。汇总程序由全国1%人口抽样调查办公室统一下发。

（三十一）国家统计局和全国1%人口抽样调查办公室对数据进行审核后发布主要数据公报。各省、自治区、直辖市的主要数据应于国家公报发布之后发布。

（三十二）调查的原始数据由全国和省级1%人口抽样调查办公室负责管理。

九、其他

（三十三）调查工作全部结束后，各级1%人口抽样调查办公室要对这次调查工作进行全面的总结，并报同级人民政府和上级调查领导机构。

（三十四）交通极为不便的地区，需采用其他登记时间和方法的，须报请全国1%人口抽样调查工作协调小组批准。

（三十五）全国1%人口抽样调查办公室根据本方案制定各项工作实施细则和有关技术文件。

（三十六）本方案由全国1%人口抽样调查办公室负责解释。

2015年全国1%人口抽样调查表

表　　号：R 5 0 1 表
制定机关：国 家 统 计 局
文　　号：国统字（2015）50号
有效期至：2015 年12 月

一、住户项目

问题1 您家现住房的详细地址？______________________

问题2 您家2014年11月1日至2015年10月31日期间的人口变化情况？

出生人口_______人

死亡人口_______人

问题3 您家的住户类别？

○ 家庭户

○ 集体户（转至个人项目）

问题4 您家的住房类型？

○ 普通住宅

○ 集体宿舍和工棚 (转至个人项目）

○ 工作地住宿 (转至个人项目）

○ 无住房 (转至个人项目）

问题5 您家住房的建筑面积？_______平方米

问题6 您家的住房间数？_______间

问题7 您家住房所在的建筑物一共有多少层？

○ 平房

○ 2-3层楼房

○ 4-6层楼房

○ 7-9层楼房

○ 10层以上楼房

问题8 您家住房的建成年代？

○ 1949年以前

○ 1949-1959年

○ 1960-1969年

○ 1970-1979年

○ 1980-1989年

○ 1990-1999年

○ 2000-2009年

○ 2010年以后

问题9 您家住房内有无厨房？

○ 独立使用

○ 与其他户合用

○ 无

问题10 您家住房内有无厕所？

○ 独立使用抽水/冲水式

○ 合用抽水/冲水式

○ 独立使用其他样式

○ 合用其他样式

○ 无

问题11 您家住房的来源？

○ 购买新建商品房

○ 购买二手房

○ 购买原公有住房

○ 购买经济适用房、两限房

○ 自建住房

○ 租赁廉租房、公租房

○ 租赁其他住房

○ 其他

问题12 您家拥有家用汽车的情况？

○ 拥有100万元以上的汽车

○ 拥有50-100万元的汽车

○ 拥有30-50万元的汽车

○ 拥有20-30万元的汽车

○ 拥有10-20万元的汽车

○ 拥有10万元以下的汽车

○ 没有汽车

二、个人项目

每个人都填报的项目（问题1—问题11）

问题1 姓名？

姓名_______

问题2 与户主关系？

○ 户主

○ 配偶

○ 子女

○ 父母

○ 岳父母或公婆

○ 祖父母

○ 媳婿

○ 孙子女

○ 兄弟姐妹

○ 其他

问题3 性别？

○ 男

○ 女

问题4 出生年月？

出生年_______

出生月_______

问题5 民族？

_______族

问题6 户口登记地址？

○ 户口登记地址与本户现住房地址相同

○ 户口登记地址与本户现住房地址不同（请填报户口登记地址）（跳至问题8）

_____省(区、市)

_____市（地）

_____县（市、区）

_____乡（镇、街道）

_____村（居）委会

○ 户口待定（跳至问题11）

问题7 调查时点居住地址？

○ 现住房

○ 其他地区（请填报具体地址）

_____省（区、市）

_____市（地）

_____县（市、区）

（跳至问题9）

问题8 在本市居住时间？

○ 不满半年

○ 半年至一年

○ 一至二年

○ 二至三年

○ 三至四年

○ 四至五年

○ 五至十年

○ 十年以上

问题9 离开户口登记地的时间？

○ 没有离开户口登记地（跳至问题11）

○ 不满半年

○ 半年至一年

○ 一至二年

○ 二至三年

○ 三至四年

○ 四至五年

○ 五至十年

○ 十年以上

问题10 离开户口登记地的原因？

○ 工作就业

○ 学习培训

○ 随同迁移

○ 房屋拆迁

○ 改善住房

○ 寄挂户口

○ 婚姻嫁娶

○ 为子女就学

○ 其他

问题11 是否有农村土地承包权？

○ 有

○ 无

1周岁及以上的人填报的项目（问题12）

问题12 一年前常住地？

○ 现住房

○ 其他地区（请填报具体地址）

______省（区、市）

_____市（地）

_____县（市、区）

_____乡（镇、街道）

_____村（居）委会

5周岁及以上的人填报的项目（问题13）

问题13 五年前常住地？

○ 现住房

○ 其他地区（请填报具体地址）

_____省（区、市）

_____市（地）

_____县（市、区）

6周岁及以上的人填报的项目（问题14—问题16）

问题14 是否识字？

○ 是

○ 否

问题15 受教育程度？

○ 未上过学（跳至问题17）

○ 小学

○ 初中

○ 普通高中

○ 中职

○ 大学专科

○ 大学本科

○ 研究生

问题16 学业完成情况？

○ 在校

○ 毕业

○ 肄业

○ 辍学

○ 其他

15周岁及以上的人填报的项目（问题17—问题27）

问题17 上周工作情况？

○ 在工作

○ 在职休假、在职学习培训、临时停工或季节性歇业

○ 未做任何工作（跳至问题22）

问题18 行业？

单位详细名称：_______

单位的主要产品或主要业务：_______

问题19 职业？

本人从事的具体工作：_______

（设区的地级市和直辖市以外的人跳至问题25）

问题20 工作地点？

○ 现住房所在的街道（乡、镇）

○ 本市其他街道（乡、镇）（请填报具体地址）

_____区（县）

_____街道（乡、镇）

○ 本市以外

问题21 前往工作地所乘主要交通工具及所需时间？

○ 步行

○ 自行车

○ 电动车

○ 摩托车

○ 小轿车

○ 公共汽车

○ 轨道交通

○ 其他

时间：_______分钟

（跳至问题25）

问题22 未工作原因？

○ 在校学习（跳至问题25）

○ 丧失工作能力（跳至问题25）

○ 毕业后未工作

○ 因单位原因失去工作

○ 因本人原因失去工作

○ 承包土地被征用

○ 离退休

○ 料理家务

○ 其他

问题23 三个月内是否找过工作？

○ 在职业介绍机构求职

○ 委托亲友找工作

○ 应答或刊登广告

○ 参加招聘会

○ 为自己经营作准备

○ 其他

○ 未找过工作

问题24 如果有合适的工作，能否在两周内开始工作？

○ 能

○ 不能

问题25 参加社会养老保险的情况？

○ 城镇职工基本养老保险

○ 城镇（乡）居民社会养老保险

○ 新型农村社会养老保险

○ 机关事业单位养老保险

○ 未参加以上四种社会养老保险

问题26 参加社会医疗保险的情况？

○ 职工基本医疗保险

○ 城镇（乡）居民基本医疗保险

○ 新型农村合作医疗

○ 公费医疗

○ 未参加以上四种基本医疗保险

问题27 婚姻状况？

○ 未婚（跳至问题31）

○ 有配偶

○ 离婚（跳至问题29）

○ 丧偶（跳至问题29）

15-50周岁的妇女填报的项目（问题28—问题30）

问题28 夫妇为独生子女情况？

○ 双独

○ 单独，女方为独生子女

○ 单独，男方为独生子女

○ 均非独生子女

问题29 生育子女数？

○ 未生育（结束）

○ 有生育（请填报生育的子女数）

生过几个孩子：

男_______人

女________人

其中现在存活几个孩子：

男________人

女________人

问题30 过去一年（2014年11月1日至2015年10月31日期间）的生育情况？

○ 未生育（结束）

○ 有生育（请填报生育时间和孩子的性别）

生育时间是：

____月

婴儿性别是：

○ 男

○ 女

如果一年内有两次生育或生育多胞胎的，请填报其他孩子的生育时间和性别。

60周岁及以上的人填报的项目（问题31—问题32）

问题31 主要生活来源？

○ 劳动收入

○ 离退休金养老金

○ 最低生活保障金

○ 财产性收入

○ 家庭其他成员供养

○ 其他

问题32 身体健康状况？

○ 健康

○ 基本健康

○ 不健康，但生活能自理

○ 生活不能自理

2015年全国1%人口抽样调查死亡人口调查表

(2014.11.01-2015.10.31死亡的人口登记)

表　　号：R 5 0 2 表
制定机关：国 家 统 计 局
文　　号：国统字（2015）50号
有效期至：2 0 1 5 年 1 2 月

每个死亡人口都登记的项目（问题1—问题5）

问题1 姓名？

姓名_______

问题2 性别？

○ 男

○ 女

问题3 出生年月？

出生年_______

出生月_______

问题4 死亡时间？

死亡月_______

问题5 民族？

_______族

死亡时满6周岁的人登记的项目（问题6）

问题6 受教育程度？

○ 未上过学

○ 小学

○ 初中

○ 普通高中

○ 中职

○ 大学专科

○ 大学本科

○ 研究生

死亡时满15周岁的人登记的项目（问题7）

问题7 婚姻状况？

○ 未婚

○ 有配偶

○ 离婚

○ 丧偶

2015年全国1%人口抽样调查表填写说明

一、调查表的种类

2015年全国1%人口抽样调查的表式分为:《2015年全国1%人口抽样调查表》(以下简称调查表)和《2015年全国1%人口抽样调查死亡人口调查表》(以下简称死亡表)两种表。

二、标准时点

2015年全国1%人口抽样调查的标准时点为:2015年11月1日零时。调查员在掌握调查标准时点时，应该注意以下两点:

(一)2015年11月1日零时以后出生的人不登记;2015年11月1日零时以后死亡的人仍要登记调查表。

(二)2015年11月1日零时以后发生迁移的人，仍在原住地登记。

三、调查登记对象

(一)调查表的登记对象

登记对象为调查小区内的全部人口。即2015年10月31日晚住本调查小区的人口和户口登记在本调查小区但2015年10月31日晚未住本调查小区人口。分为两种情况:

1. 2015年10月31日晚住在本调查小区的人，不管其户口登记在何处。

2. 户口登记在本调查小区，但2015年10月31日晚未住本调查小区的人，无论其外出时间长短、外出原因如何，均调查登记。

为便于理解登记对象，并考虑到调查中可能遇到的特殊情况，调查员在入户登记时可采取以下方式询问住户:

本次调查应在您家登记的人包括:

• 2015年10月31日晚住在您家里的人，但不包括由于临时出差、探亲或旅游等2015年10月31日晚暂住在您家的人。

• 户口登记在您家现住房地址的人。

• 经常居住在您家，由于临时出差、探亲、旅游或值夜班等2015年10月31日晚未住在您家的人。

• 幼儿园全托孩子、小学和初中住校生。

不包括:

• 现役军人和武警。

• 港澳台居民和外国人。

• 2015年11月1日零时以后出生的人。

（二）死亡表的登记对象

死亡表的登记对象是在2014年11月1日至2015年10月31日这12月中本调查小区的死亡人口。

四、调查表的填写方法

（一）调查表以户为单位进行登记，采用调查员手持PDA入户询问、现场填报，或由住户通过互联网自主填报的登记方式。

（二）调查表填写按户记录、人记录的顺序进行。先填写户记录，再逐人填写人记录。填写按人登记的项目时，表内第一人应填户主，然后填户主的配偶和其他亲属。

（三）调查员每填完一户，应即刻进行审核,将通过审核的信息，向申报人当面宣读，核对无误后，由申报人在PDA中手写签字确认。

（四）调查表每户最多可以填写45人。对于超过45人的大集体户，可酌情分成若干集体户填写。

（五）有标准答案的项目，根据实际情况填报，并且每个问题只能选择一个标准答案。户口登记地址、调查时点居住地址、一年前常住地、五年前常住地和工作地点等项目可根据行政区划地址列表栏进行选择。没有标准答案的项目，用文字或阿拉伯数字据情填写。

填写文字的项目，包括您家现住房的详细地址、姓名、行业和职业。其中，姓名不能填写非汉字字符。

（六）如果填写错误或发生逻辑关系异常，PDA程序或互联网填报程序会给出审核提示。若为强制性审核错误，请根据提示信息对错误项目进行修改；若为确认性审核提示，可根据提示信息对异常项目进行确认，若情况属实，可忽略该条确认性审核提示。

五、调查表的指标解释

（一）按户填报的项目

问题1 您家现住房的详细地址—您家现住房是指调查时被登记人居住的房屋，详细地址请填写到门牌号。

问题2 您家2014年11月1日至2015年10月31日期间的人口变化情况—填写本户在2014年11月1日至2015年10月31日期间出生和死亡的人数。若本户在此期间没有出生和死亡人口，请填写“0”。

特别注意不要漏掉出生时有某种生命现象（如在胎儿脱离母体时，有呼吸或心跳，脐带搏动、随意肌收缩等），不久即死亡的婴儿，既要填写出生数，也要填写死亡数。

问题3 您家的住户类别—按家庭户、集体户的类别填报。

家庭户：以家庭成员关系为主，居住一处共同生活的人口，作为一个家庭户。单身居住独自生活的，也作为一个家庭户。

集体户：相互之间没有家庭成员关系，集体居住共同生活的人口作为一个集体户。填报此项的人，不再填报后面的户记录项目。

这里的住户类别与户口本上的“户别”无关，集体户口未必是集体户，应以实际居住情况为准。

问题4 您家的住房类型—按居住的住房类型填报。

普通住宅：指人工建造的，有墙、顶、门、窗等结构，具有独立入口，专门供人居住的房屋或场所。

如公寓、四合院、筒子楼等传统意义上的住宅。

集体宿舍和工棚：指厂区内、工地上临时或永久搭建供雇工住宿用的住房。

工作地住宿：指餐馆、发廊、商铺、办公楼等可供人居住的工作场所。

无住房：指居无定所的户（如流动人口中那些睡在桥下、公园、车站或睡在运载货物、商品车辆上的人等）。

本题填报“普通住宅”以外答案的，不再填报后面的户记录项目。

问题5 您家住房的建筑面积—住房的建筑面积按住房的外墙计算。

建筑面积应填报1-999之间的整数，不为整数时四舍五入。

若只知道使用面积的，可用使用面积乘以1.33，换算成建筑面积。

合住在同一所住房里的住户，其建筑面积为各户所独立使用的房间面积加上公共使用面积（包括厨房、厕所、门厅、阳台等）的一部分：两户合住的，各按二分之一计算；三户合住的各按三分之一计算；四户及以上合住的依此类推。

在租借的房屋居住的户，按现住房的实际情况填写住房建筑面积。

问题6 您家的住房间数—指您家现住房中除厨房、厕所、过道和厅以外的自然间数（包括扩建的房间）。填报范围是1-99。

合住同一所住房的住户，在填写住房间数时，填写您家独立使用的房间数。

在租借的房屋居住的户，按现住房的实际情况填写住房间数。

问题7 您家住房所在的建筑物一共有多少层—指住房所属建筑物的层数。

层数是指房屋的自然层数，一般按室内地坪以上计算。

采光窗在室外地坪以上的半地下室，其室内层高在2.20m以上（不含2.20m）的，计算自然层数；假层、附层（夹层）、插层、阁楼（暗楼）、装饰性塔楼，以及突出屋面的楼梯间、水箱间不计层数。

问题8 您家住房的建成年代—指住房所属建筑的建成时间。

住房翻修过的，按翻修时的年份填报；住房经过改建的，如改建面积大于原面积的，建成时间填报改建时的时间；如改建面积小于原面积的，建成时间填报原住房的建成时间。

问题9 您家住房内有无厨房—厨房是指专供做饭使用，不论是否装有上下水道及固定灶具的房间。

在过道、客堂等处烧饭的和在庭院、路边搭建的、低矮的临时简陋设施中做饭的都不算有厨房。

问题10 您家住房内有无厕所—厕所是指住房内的正式厕所（可以是抽水或冲水式的，也可以是其他形式的），露天的简易厕所不算有厕所。

问题11 您家住房的来源—指获取住房的几种情况。

购买新建商品房：指个人从房地产开发部门以市场价购买的房屋，享有对房屋的全部产权。

购买二手房：指购买那些进入房屋市场进行交易，第二次及以上进行产权登记的房屋，包括二手商品房、允许上市交易的已售公房、经济适用房。

购买原公有住房：指个人以成本价或优惠价购买的企事业单位原作为福利分配给本单位职工的住房，享有对房屋的全部产权或部分产权。

购买经济适用房、两限房：指购买政府为中低收入住房困难家庭所提供的保障性住房，包括经济适用房、两限房、安居工程住房和集资合作建设住房。

自建住房：指城镇或农村中个人自筹资金建造的住房，其产权属于个人所有。

租赁廉租房、公租房：指政府以租金补贴或实物配租的方式，向符合城镇居民最低生活保障标准且住房困难的家庭提供社会保障性质的住房。

租赁其他住房：指本户住房是向私人、单位或房地产开发部门租借，并按市场价格交纳房租的。

其他：指不属于以上几种房屋产权性质的填报此项。

问题12 您家拥有家用汽车的情况—家用汽车是指供家庭生活使用的汽车。

如果有多辆家用汽车，则按照多辆汽车的价值总和进行填写。汽车价值请按购买时的价格计算。

注意，每个选项的区间范围包含下限，不包含上限，如10-20万元，应为小于20万元且大于等于10万元的区间范围。

（二）按人填报的项目

每个人都填报的项目（问题1—问题11）

问题1 姓名—填写被登记人的正式姓名。没有正式姓名的可填小名或某某氏，但不能填笔名、代号等。婴儿未起名的，可填"未取名"。

问题2 与户主关系—指被登记人与本户户主的关系。根据申报人的回答据情填报。申报人不是户主的，在填写本户家庭成员时，应注意填写每个家庭成员与户主的关系，而不应填写成与申报人的关系。例如，某一户的申报人张顺来，该户户主是张顺来的爸爸张长远，张顺来在填报他的弟弟张顺强时，与户主关系应选择与户主张长远的关系，即子女，而不是选择与申报人张顺来的关系即兄弟姐妹。

设有十个标准答案：

户主：按家庭日常生活习惯确定户主。

配偶：指户主的妻子或丈夫。

子女：指户主的子女。

父母：指户主的父母或继父母、养父母。

岳父母或公婆：指户主配偶的父母或继父母、养父母。

祖父母：指户主或配偶的祖父母、外祖父母、曾祖父母、外曾祖父母。

媳婿：指户主子女的配偶。

孙子女：指户主的孙子女、外孙子女、孙媳婿、外孙媳婿、重孙子女、重孙媳婿、重外孙子女、重外孙媳婿。

兄弟姐妹：指户主及其配偶的兄弟姐妹以及他们的配偶。

其他：指本户除以上九种人以外的成员。

如果户主的配偶也在本户登记，应登记为第二人，填报"配偶"；然后再登记该户的其他成员。如果户主没有配偶，或户主配偶不在本户登记，第二人也可登记本户其他成员。

在登记集体户时，第一人登记为户主，本户其他成员与户主关系一律登记为其他。

问题3 性别—指被登记人的性别。

问题4 出生年月—指被登记人的出生年、月，在年月列表栏中选择。

出生年月按公历填写，只知道农历的，要换算成公历。按照一般的规律，农历的月份与公历的月份相差一个月左右，换算时农历的月份加1即可作为公历的月份，但要注意农历的12月应当是公历下一年的1月。

问题5 民族—指被登记人的民族成份，在民族列表栏中选择。

外国人加入中国籍，其民族和我国的某一民族相同的，就填某一民族；没有相同民族的，按外国人加入中国籍填写，简填“入籍”。

问题6 户口登记地址—指被登记人居民户口簿上的登记住址。

若户口登记地址与本户现住房地址不同，请依据居民户口簿据实填报户口登记地址。对于农村地区，户口登记在本村委会或村民小组的，视为户口登记地址与本户现住房地址相同。

户口登记地址需填报到村（居）委会一级，可在行政区划地址列表中选择。填报完五级户口登记地址后，直接跳至问题8。

户口待定是指在任何地方都没有登记常住户口的人。包括手持户口迁移证、出生证、退伍证、释放证等情况的人。选择“户口待定”项的人直接跳至问题11。

问题7 调查时点居住地址—指被登记人2015年10月31日晚居住在何处。

经常居住在现住房，由于临时出差、探亲、旅游或值夜班等2015年10月31日晚未住此处的人，也应选择现住房。

选择其他地区的，可在行政区划地址列表中选择具体居住地址。居住在港澳台或国外的，也应在地址列表中选择。

填完本题，直接跳至问题9。

问题8 在本市居住时间—指到调查标准时点为止，被登记人在本市的累计居住时间。

本市是指本地级市或直辖市的全部行政区域，包括区、县和县级市。若曾离开过本市半年以上，应从最近一次来本市的时间算起。

本题仅要求设区地级市中的跨市外来人口或直辖市中的跨省外来人口填报。

半年至一年是指半年以上（含半年），但不满一年。一至二年是指一年以上（含一年），但不满二年。其余依此类推。

问题9 离开户口登记地的时间—指到调查标准时点为止，被登记人离开户口登记地的时间。

没有离开户口登记地是指户口登记地址与本户现住房地址相同、调查时点居住在现住房。填报此项的人直接跳至问题11。

如果常年外出的人由于农忙或节假日等原因偶尔回家的，还应该从第一次离开户口登记地的时间开始计算。如果回家半年以上后再外出的，才能按再外出的时间算起。

半年至一年是指半年以上（含半年），但不满一年。一至二年是指一年以上（含一年），但不满二年。其余依此类推。

问题10 离开户口登记地的原因—指被登记人居住地与户口登记地不一致的原因。

凡具有两种以上原因的，按其主要的原因选择一个答案。被登记人有过多次迁移的，应填报其离开户口登记地时的原因，而不应填报到现住地的原因。

工作就业：指十五周岁及以上因务工经商、工作招聘、调动、入伍等工作原因离开户口登记地的人。

学习培训：指六周岁及以上因考入各级各类学校或参加本地各单位举办的各种学习班、培训班，而离开户口登记地的人。

随同迁移：指随同家人而离开户口登记地的人。

房屋拆迁：指因房屋拆迁、改造而离开户口登记地的人。

改善住房：指因改善住房条件及环境而离开户口登记地的人。

寄挂户口：指户口登记地与居住地不一致，但户口落在集体户或落在与其无直接亲戚关系的家庭户中的人，以及没有在户口登记地居住、只在户口登记地落户口的人。

婚姻嫁娶：指十五周岁及以上因结婚而离开户口登记地的人。

为子女就学：指为方便子女就学而离开户口登记地的人。

其他：指除上述以外的其他原因。

问题11 是否有农村土地承包权—指被登记人户口所在的家庭是否有农村土地承包权。

户口所在家庭应以被登记人的户口簿为准，单独一个户口簿的，按本人情况填报。拥有农村土地承包权是指被登记人户口登记地在农村地区或以前的农村地区，其本人或户口所在家庭曾经是农业户口，目前本人或户口所在家庭拥有农村土地承包权。

拥有农村土地承包权的人或家庭，目前可能实际经营承包地，也可能因各种原因不再经营承包地。以转包、转让、出租、入股、托管等方式出让了所承包土地经营权的也视为拥有农村土地承包权。

1周岁及以上（2014年10月31日以前出生）的人填报的项目（问题12）

问题12 一年前常住地—填写被登记人在调查标准时点的一年前，即2014年11月1日零时的常住地。

填报“其他地区”的，请填报具体地址。具体地址需填报到村（居）委会一级，可在行政区划地址列表中选择。

一年前居住在我国大陆以外地方的，可在地址栏中选择“香港”、“澳门”、“台湾”或“国外”。

5周岁及以上（2010年10月31日以前出生）的人填报的项目（问题13）

问题13 五年前常住地—填写被登记人在调查标准时点的五年前，即2010年11月1日零时的常住地。

填报“其他地区”的，请填报具体地址。具体地址需填报到县（市、区）一级，可在行政区划地址列表中选择。

五年前居住在我国大陆以外地方的，可在地址栏中选择“香港”、“澳门”、“台湾”或“国外”。

6周岁及以上（2009年10月31日以前出生）的人填报的项目（问题14—问题16）

问题14 是否识字—指被登记人是否达到国家规定的脱盲标准（城市居民和乡、镇企业职工识字2000个，乡村居民识字1500个）。

登记时可询问，日常生活中是否能读懂简单的书信或书写简短的句子。如果能阅读通俗书报、能写便条就认为具有识字能力。

小学在校学生无论几年级，都应选择“是”。

问题15 受教育程度—指按照国家教育体制，被登记人接受教育的最高学历。通过自学或成人学历教育经国家统一考试合格的，分别归入相应的受教育程度。

在问题14填报了“否”的人，只能选择本项目标准答案“未上过学”或“小学”。

未上过学：指从未接受过国家或其他办学机构实施的各级各类学校教育的人。包括参加过各种扫盲班或成人识字班学习，且以后再没有接受过各级各类学校教育的人。

小学：指接受的最高一级教育为小学，无论其是否在校、毕业、肄业或辍学的人。

初中：指接受的最高一级教育为初中，无论其是否在校、毕业、肄业或辍学的人。相当于初中程度的技工学校，也填报此标准答案。

普通高中：指接受的最高一级教育为普通高中，无论其是否在校、毕业、肄业或辍学的人。

中职：指接受的最高一级教育为中等职业学校，包括职业高中、中等专业学校和技工学校，无论其是否在校、毕业、肄业或辍学。

大学专科：指接受的最高一级教育为大学专科。在普通高等学校学习大学专科的，无论其是否在校、毕业、肄业或辍学的人，都填报此标准答案。

凡在国家授权承认学历的广播电视大学、职工大学、高等院校举办的函授大学、夜大学和其他形式的大学，按教育部颁布的大学专科教学大纲进行授课的，其毕业生填报此标准答案；其肄业生、在校生按原有受教育程度填报。

通过自学，经国家统一举办的自学考试合格，并取得大学专科毕业证书的，也填报此标准答案。

大学本科：指接受的最高一级教育为大学本科。在普通高等学校学习大学本科的，无论其是否在校、毕业、肄业或辍学，均填报此标准答案。

凡在国家授权承认学历的广播电视大学、职工大学、高等院校举办的函授大学、夜大学和其他形式的大学，按教育部颁布的大学本科教学大纲进行授课的，其毕业生填报此标准答案；其肄业生、在校生按原有受教育程度填报。

通过自学和进修大学课程，经考试合格，并取得大学本科毕业证书的，也填报此标准答案。

研究生：指接受的最高一级教育为硕士、博士研究生，无论其是否在校、毕业、肄业或辍学，均填报此标准答案。

在职接受研究生教育的，其毕业生填报此标准答案；肄业生和在校生按原有受教育程度填报。

凡是没有按教育部的教学大纲培训或只学单科的人，不能填报“大学专科”、“大学本科”或“研究生”，一律按原有受教育程度填报。

填报选项“未上过学”的人，直接跳至问题17。

问题16 学业完成情况—具有小学以上受教育程度的人填报此题。

在校：指正在接受各级各类学校教育并有学籍的人。

毕业：指已修完全部课程，并经过考试鉴定合格者。

肄业：指修完全部课程,但考试不及格或因种种原因未取得毕业资格的人。

辍学：指未能修完所规定的全部课程,中途退学的人。

其他：指私塾、自学等其他方式获得某种文化程度的人。

15周岁及以上（2000年10月31日以前出生）的人填报的项目（问题17—问题27）

问题17 上周工作情况—指被登记人在10月25—31日期间，即调查标准时点前一周，是否为取得收入而工作了1小时以上。

这里所说的工作是指为获取工资、实物报酬或经营收入而实际从事的各种生产、经营和服务性活动。义务劳动和公益性劳动都不是以取得收入为目的的，所以不属于这里所说的工作。

为取得收入而工作，是强调工作的目的性。只要是目的在于取得收入的工作，无论实际是否取得了收入，都应属于这里所说的工作。

对于平时主要在家做家务，有时也从事一些临时性工作（如干农活、销售商品）的人，只要在10月25—31日期间，工作时间达到一个小时，就算进行了工作。

在工作：指在10月25—31日期间，为取得收入而做过固定的、临时的或兼职的工作，并且工作时间达到了一小时。有正式学籍的在校学生利用课余或假期以及正式办理离休、退休手续的人为取得收入而从事了工作，也填报此项。

家庭成员在自家经营的摊位、商店、门市部、工厂劳动，即使没有任何收入，也应视作为取得收入而工作。

在职休假、在职学习培训、临时停工或季节性歇业：

休假是指在10月25—31日期间，因各种原因休假未工作(包括正常的年休假、疗养假及空勤人员、船员、火车乘务人员的轮休假等)以及各种原因的请假未工作(包括病假、工伤假、产假、事假、婚丧假、探亲假等)。个人档案、人事关系已在某单位，但因各种原因本人尚未到新单位报到上班，如军人转业或工作调动等，可视为休假。

在职学习培训是指有工作单位，在10月25—31日期间正参加脱产学习或培训。

临时停工是指在10月25—31日期间，由于机械或电力故障、原料或燃料短缺、天气灾害或其他灾害等原因引起的暂时未工作。

季节性歇业指从事季节性工作，在10月25—31日期间，正值歇业。

承包土地的农民，如果从事农活或其他工作的时间超过一个小时，则填报“在工作”；如果外出打工，但在10月25—31日期间，未从事任何工作，则填报“未做任何工作”；如果在10月25—31日期间，没有外出打工，且未干任何农活或从事其他任何有收入的工作，则填报本项。

未做任何工作：指没有工作单位，且在10月25—31日期间未从事过任何临时性工作的人，填报此项。对于未与原单位解除劳动关系，在原单位已无工作岗位的下岗、内退人员，在10月25—31日期间未从事任何工作的，也填报此项。填报此标准答案的人，直接跳至问题22。

问题18 行业—行业是根据被登记人的工作单位或其本人的经济活动的同一性进行分类，不是按其所属的行政管理系统来分的。

填写行业时应注意以下几种情况：

1.有工作单位的，既要填写单位名称，也要填写单位的主要产品或从事的主要业务。

单位名称要填写全称，并要具体到分厂或车间，不能笼统地只填写总厂名称。

单位的主要产品或从事的主要业务也要详细填写，如“生产服装”或“服装批发”、“服装零售”，不能简写为“服装”。

保密单位，填写其公开使用的名称和公开的主要产品或从事的主要业务。

2.没有工作单位的，有招牌的要在单位名称处按招牌填写，如“××鞋铺”，并在主要产品或从事的主要业务处填写具体的产品或业务，如“做鞋”或“修鞋”。没有招牌的，应在主要产品或从事的主要业务处填写其所从事的具体业务。

工作变动频繁的人，要按在10月25—31日期间所从事的主要工作填写。

务农人员不能笼统地填写“农业”，要根据其具体的农业生产活动或农户具体从事的主要业务填写。如种粮食、养猪等。

3.如果在10月25—31日期间在一个以上单位工作的，按工作时间最长的单位填写。不能确定时间长短的，可按经济收入较多的填写。

4.遇到申报人对本人或本户其他成员的行业不清楚时，不要急于登记，经询问查明后再填报。

问题19 职业—职业是按被登记人所从事的具体工作性质的同一性进行分类的。所谓“同一性”，是指不论其所在工作单位是什么经济类型，不论用工形式是固定工还是临时工，也不论其隶属于哪个行业，凡是从事同一性质工作的人都划分为同一类。

填写职业时应注意以下几种情况：

1.应填写被登记人所从事的主要工作，填写职业要具体、详细。不能笼统地填写“工人”、“杂工”等，而应具体填写其实际工作种类，如“铸轧工”、“采煤工”等；机关工作人员不能笼统填写“干部”，应详细填写其工作性质和种类，如：“打字员”、“统计工作者”；专业技术人员，不能笼统地填写“研究员”、“工程师”等，而应把他们研究或从事的专业和学科也填上，如“通信工程技术员”等。

2.具有各类专业技术职务的人员，同时担任行政负责人的，按行政职务填写其职业；同时担任党和行政职务的领导干部，应按主要职务填写其职业。

3.工种尚未确定，暂时又无具体工作的，要填写“工种未定”。

4.工作变动频繁的人，填写具体所做的工作时要按在10月25—31日期间所从事的主要工作填写。

5.如果在10月25—31日期间同时从事一种以上工作的，按所从事时间最长的工作填写；不能确定时间长短的，可按经济收入较多的工作填写。在同一工作场所，从事一种以上职业的，按技术性较高的工作填写。

6.遇到申报人对本人或本户其他成员的职业不清楚时，不要急于登记，经询问查明后再填写。

设区的地级市和直辖市以外的人填完此题，直接跳至问题25。

问题20 工作地点—指被登记人10月25-31日期间所从事主要工作的具体地点。

选择“本市其他街道（乡、镇）”的请填报具体地址，要求填到街道、乡、镇一级，可在行政区划地址列表中选择。

本题仅要求设区的地级市或直辖市的人填报。

问题21 前往工作地所乘主要交通工具及所需时间—指被登记人从家到工作地点经常乘坐的交通工具及单程花费的平均时间。

若前往工作地乘坐多种交通工具的，请选择乘坐距离最长的一种。

前往工作地所需时间的填报范围是0-300。超过300分钟的，请直接填报为300。

本题仅要求设区的地级市或直辖市的人填报。

填完此题的人，直接跳至问题25。

问题22 未工作原因—指被登记人在10月25—31日期间没有工作的主要原因。

在校学习：即在校学生，指在各级教育主管部门承认的各级各类学校学习，并有正式学籍的人员。不包括有工作单位，脱产学习的人员。填报此项的人，直接跳至问题25。

丧失工作能力：指经专门机构鉴定或虽未鉴定但本人或其法定监护人认为，其因生理或心理疾患已丧失了从事劳动的能力。包括年老体弱生活不能自理的人员，但不包括离休、退休人员，这些人不论是身体残疾还是年老体弱生活不能自理，均填报“离退休”。填报此项的人，直接跳至问题25。

毕业后未工作：指从学校毕业后从未工作过的人。

因单位原因失去工作：指用人单位或雇主提出与劳动者本人中断劳动关系而失去原工作的人。包括被原单位或雇主辞退、除名、开除的人，劳动合同到期后单位或雇主不同意续签劳动合同的人，因单位破产而失去工作的人，单位要求其“内退”的人，以及仍与原工作单位保留劳动关系的下岗人员。

因本人原因失去工作：指本人因各种原因提出与单位中断劳动关系而失去原工作的人。包括辞职的人、劳动合同到期后本人不同意与单位续签劳动合同的人，以及本人提出要求而 “内退”的人。

承包土地被征用：指本人承包或转包、租用他人的土地被有关部门和单位依据土地征用制度规定征作公益性用地或经营性用地，而失去工作。受雇在别人承包的土地上工作，因土地被征用而失去工作的人，不填报此项，而应填报“因单位原因失去原工作”。

离退休：指已正式办理离休、退休手续，定期领取离退休生活费，且未从事任何有收入劳动的人。单位“内退”人员，由于没有正式办理离、退休手续，不能作为离、退休人员，故不填报此项，而应据情填报本项中的“因单位原因失去工作”或“因本人原因失去工作”。

料理家务：指主要在自己家里从事家务劳动，且没有劳动收入的人。离、退休人员从事家务劳动的不填此项，而填“离退休”。为自家经营的摊位、商店、门市部、工厂工作的人，农村中既料理家务又务农或从事家庭副业的人，在别人家干家务活的临时工或小时工，均属于有工作的人，不填报此项。

对于料理家务的人要从严掌握，年龄男在五十岁以下，女在四十五岁以下者如申报为料理家务，应仔细询问，认真核对。

其他：指除以上几种情况之外的其他未工作的原因。

问题23 三个月内是否找过工作—被登记人如果已在职业介绍机构登记，无论是否又采取了其他方式，均填报“在职业介绍机构求职”，采用多种方式寻找工作但未在职业介绍机构登记的，只填一种本人认为最主要的方式。

在职业介绍机构求职：指通过劳动保障部门和其他政府部门以及私人开办的职业介绍机构登记找工作。

委托亲友找工作：指通过亲戚朋友向有关单位推荐找工作，这种委托可以是口头的。

应答或刊登广告：指通过应答各种媒体(电视、报纸、网络等) 或其他渠道的招聘广告或在各种媒体上刊登求职广告寻找工作。

参加招聘会：指通过参加各种形式的招聘会找工作。

为自己经营作准备：指正在为自己开公司和做生意做准备。

其他：指以上未涉及的找工作方式，如查看报刊、广告栏或店头的招聘广告，去自发的劳务市场等活等。

未找过工作：没有采取任何找工作的行动。

问题24 如果有合适的工作，能否在两周内开始工作—被登记人根据自己目前所处的客观条件去判断，如果有就业机会是否能在两周内开始工作。这里不考虑具体是什么工作。这里的两周指的是调查时点的前一周和后一周，即10月25日—11月7日期间。

能：指被登记人目前没有不能脱身的事，如必须在家照顾家人或上学读书等，而且也没有妨碍工作的伤病，能够在两周内开始工作。

不能：指被登记人有事或有病，即使有适合的工作在两周内也不能开始工作。

此项一般情况下都应填报“能”，只有当被登记人因还有不能脱身的事务或有妨碍工作的伤病等而不能工作时，才可填报“不能”。为自己经营作准备的，均应视作能够工作。

问题25 参加社会养老保险的情况—指调查标准时点被登记人参加社会养老保险的情况。

城镇职工基本养老保险：指由政府推行的、面向城镇职工的养老保险制度。

城镇（乡）居民社会养老保险：指由政府推行的、面向城乡居民的养老保险制度。

新型农村社会养老保险：简称“新农保”，指由政府推行的、面向农村居民的养老保险制度。

机关事业单位养老保险：指国家机关或事业单位人员等能享受养老保障的情况。

问题26 参加社会医疗保险的情况—指调查标准时点被登记人参加社会医疗保险的情况。

职工基本医疗保险：指由政府推行的、面向企业职工的医疗保险制度。

城镇（乡）居民基本医疗保险：指由政府推行的、面向城镇居民的医疗保险制度。部分地区推行的、统一面向城乡居民的基本医疗保险制度，也归为此类。

新型农村合作医疗：简称“新农合”，指由政府推行的、面向农村居民的合作医疗制度。

公费医疗：指面向部分国家公职人员的医疗保险制度。

问题27 婚姻状况—指被登记人在调查标准时点的实际婚姻状况。

未婚：指从未结过婚的人。填报此项的人，直接跳至问题31。

有配偶：指有配偶，处于婚姻中的人。

离婚：指曾经结过婚，但到调查标准时点已办理了离婚手续且没有再婚，或正在办理离婚手续的人。填报此项的人，直接跳至问题29。

丧偶：指配偶已去世，且到调查标准时点没有再婚的人。填报此项的人，直接跳至问题29。

这里的婚姻是指事实婚姻，不是单指法律意义上的婚姻，对不到法定结婚年龄，或未办理结婚手续而实际结婚、同居的人，应根据其在调查标准时点的实际情况，依照申报人的申报填报。

15-50周岁（1964年11月1日-2000年10月31日出生）的妇女填报的项目（问题28—问题30）

问题28 夫妇为独生子女情况—指被登记人与其配偶是否为独生子女。

双独：指夫妇双方均为独生子女。

单独，女方为独生子女：指夫妇双方中，女方为独生子女，男方不是独生子女。

单独，男方为独生子女：指夫妇双方中，男方为独生子女，女方不是独生子女。

均非独生子女：指夫妇双方均不是独生子女。

问题29 生育子女数—指截止到调查标准时点，15至50周岁妇女生育子女数。

填报“未生育”的，本人调查项目到此结束。

填报“有生育”的，还要填写生过的孩子数和存活的孩子数。

生过几个孩子填写妇女生育的活产男孩和女孩数，包括产后不久就死亡的婴儿。胎儿脱离母体时（不管孕期长短），凡有过呼吸或心跳、脐带搏动、随意肌收缩等生命现象的，都视为“活产”。这里所说的“子女”是指该妇女的亲生子女，不包括丈夫前妻的子女和领养的子女，但鉴于有些家庭不愿公开领养关系,可尊重填报人的意愿，按亲生子女填报。

其中现在存活的孩子数填报活产子女中仍然存活的男孩和女孩数。包括与父母住在一起的孩子，也包括没有与父母住在一起的孩子。到调查标准时点已死亡的孩子不包括在内。无存活子女的填写“0”。

问题30 过去一年（2014年11月1日至2015年10月31日期间）的生育情况—此题登记调查标准时点前12个月以内15-50周岁妇女是否有过生育。

填报“未生育”的，本人调查项目到此结束。

填报“有生育”的，还要填写生育孩子的月份和所生孩子的性别。

如果一年内有两次生育或生育多胞胎的，请填报其他孩子的生育时间和性别。最多可以填报三个孩子，第四个及以上的孩子可忽略不计。

60周岁以上（1955年10月31日以前出生）的人填报的项目（问题31—问题32）

问题31 主要生活来源—指被登记人主要依靠什么生活。

如果被登记人同时有几种生活来源，选择其认为最主要的一项填报，当被登记人难以确定时，按收入最高的填报。

劳动收入：指主要依靠劳动报酬、经营利润或家庭收益（包括现金和实物收入）生活。

离退休金养老金：指办理了离休、退休或退职手续，主要依靠从原工作单位或社会保险经办机构领取的离退休金（包括退职费）生活。

最低生活保障金：指建立最低生活保障制度的地区，家庭人均收入低于当地规定的最低生活保障线，主要依靠从政府有关部门或集体领取最低生活保障金生活的人，以及依靠民政部门发放的烈军属、五保户、残疾人等的生活抚恤金等生活。

财产性收入：指以资金储蓄、借贷入股以及财产运营、房屋租赁等所取得的利息、股息、红利、租金等收入。

家庭其他成员供养：指主要依靠家庭其他成员或亲属的供养和资助生活。

其他：指依靠以上几种情况之外的其他收入生活。

问题32 身体健康状况—指被登记人根据自身健康状况对过去一个月能否保证正常生活做出的自我判断。

健康：指过去一个月健康状况良好，完全可以保证日常的生活。

基本健康：指过去一个月健康状况一般，可以保证日常的生活。

不健康，但生活能自理：指过去一个月健康状况不是太好，但可以基本保证正常的生活。

生活不能自理：指过去一个月健康状况较差，不能照顾自己日常的生活起居，如吃饭、穿衣、自行走动等。

六、死亡表的指标解释

凡在调查表户记录“问题2 您家2014年11月1日至2015年10月31日期间的人口变化情况”登记了死亡人口的户，还要登记死亡人口的具体情况。

采用互联网调查的户，如果有死亡人口，也由住户通过互联网自主申报。

死亡表共有七个项目：

问题1 姓名—填写死亡人口的姓名。

问题2 性别—填写死亡人口的性别。

问题3 出生年月—填写死亡人口出生时的年份和月份。

问题4 死亡时间—填写死亡人口死亡时的月份。

问题5 民族—填写死亡人口的民族成份。具体填写要求与调查表按人填报的项目问题5相同。

问题6 受教育程度—填写死亡人口死亡时的受教育程度。具体填写要求与调查表按人填报的项目问题15相同。

问题7 婚姻状况—填写死亡人口死亡时的婚姻状况。具体填写要求与调查表按人填报的项目问题27相同。

为了保证死亡人口的登记质量，调查员在入户登记时应该特别注意以下几点：

1.登记死亡人口时，一般以死亡人口死亡前的经常居住地为其登记地，而不以死亡发生时的地点（如医院等）为登记地。

2.本户常住人口中有死亡的，不论其与该户有无亲属关系，都应该作为该户的死亡人口予以登记。

3.对于无法确定死亡人口经常居住地，或调查登记时与死亡人口的经常居住地联系不上的，如孤寡老人、流动人口死亡的，一律在死亡发生地登记。